카이제곱분포

확률(probability)

자유도(df)	.99	.98	.95	.90	.80	.70	.50
1	$.0^{3}157$	$.0^{3}628$	.00393	.0158	.0642	.148	.455
2	.0201	.0404	.103	.211	.446	.713	1.386
3	.115	.185	.352	.584	1.005	1.424	2.366
4	.297	.429	.711	1.064	1.649	2.195	3.357
5	.554	.752	1.145	1.610	2.343	3.000	4.351
6	.872	1.134	1.635	2.204	3.070	3.828	5.348
7	1.239	1.564	2.167	2.833	3.822	4.671	6.346
8	1.646	2.032	2.733	3.490	4.594	5.528	7.344
9	2.088	2.532	3.325	4.168	5.380	6.393	8.343
10	2.558	3.059	3.940	4.865	6.179	7.267	9.342
11	3.053	3.609	4.575	5.578	6.989	8.148	10.341
12	3.571	4.178	5.226	6.304	7.807	9.034	11.340
13	4.107	4.765	5.892	7.042	8.634	9.926	12.340
14	4.660	5.368	6.571	7.790	9.467	10.821	13.339
15	5.229	5.985	7.261	8.547	10.307	11.721	14.339
16	5.812	6.614	7.962	9.312	11.152	12.624	15.338
17	6.408	7.255	8.672	10.085	12.002	13.531	16.338
18	7.015	7.906	9.390	10.865	12.857	14.440	17.338
19	7.633	8.567	10.117	11.651	13.716	15.352	18.338
20	8.260	9.237	10.851	12.443	14.578	16.266	19.337
21	8.897	9.915	11.591	13.240	15.445	17.182	20.337
22	9.542	10.600	12.338	14.041	16.314	18.101	21.337
23	10.196	11.293	13.091	14.848	17.187	19.021	22.337
24	10.856	11.992	13.848	15.659	18.062	19.943	23.337
25	11.524	12.697	14.611	16.473	18.940	20.867	24.337
26	12.198	13.409	15.379	17.292	19.820	21.792	25.336
27	12.879	14.125	16.151	18.114	20.703	22.719	26.336
28	13.565	14.847	16.928	18.939	21.588	23.647	27.336
29	14.256	15.574	17.708	19.768	22.475	24.577	28.336
30	14.953	16.306	18.493	20.599	23.364	25.508	29.336

카이제곱의 확률은 정규 곡선의 단측 확률과 상응한다는 점(카이제곱분포는 정규분포를 제곱하여 얻어지는 분포이다. _옮긴이 주)을 기억하라. 자유도의 값이 클 경우, $=2x^{2}-=2df-1$과 같은 표현은 단위 변량을 갖는 정규 편차(표준정규분포를 갖는 변수 _옮긴이 주)로 사용될 수도 있다.

확률(probability)

자유도(df)	.30	.20	.10	.05	.02	.01	.001
1	1.074	1.642	2.706	3.841	5.412	6.635	10.827
2	2.408	3.219	4.605	5.991	7.824	9.210	13.815
3	3.665	4.642	6.251	7.815	9.837	11.341	16.268
4	4.878	5.989	7.779	9.488	11.668	13.277	18.465
5	6.064	7.289	9.236	11.070	13.388	15.086	20.517
6	7.231	8.558	10.645	12.592	15.033	16.812	22.457
7	8.383	9.803	12.017	14.067	16.622	18.475	24.322
8	9.524	11.030	13.362	15.507	18.168	20.090	29.125
9	10.656	12.242	14.684	16.919	19.679	21.666	27.877
10	11.781	13.442	15.987	18.307	21.161	23.209	29.588
11	12.899	14.631	17.275	19.675	22.618	24.725	31.264
12	14.011	15.812	18.549	21.026	24.054	26.217	32.909
13	15.119	16.985	19.812	22.362	25.472	27.688	34.528
14	16.222	18.151	21.064	23.685	26.873	29.141	36.123
15	17.322	19.311	22.307	24.996	28.259	30.578	37.697
16	18.841	20.465	23.542	26.296	29.633	32.000	39.252
17	15.511	21.615	24.769	27.587	30.995	33.409	40.790
18	20.601	22.760	25.989	28.869	32.346	34.805	42.312
19	21.689	23.900	27.204	30.144	33.687	36.191	43.820
20	22.775	25.038	28.412	31.410	35.020	37.566	45.315
21	23.858	26.171	29.615	32.671	36.343	38.932	46.797
22	24.939	27.301	30.813	33.924	37.659	40.289	48.268
23	26.018	28.429	32.007	35.172	38.968	41.638	49.728
24	27.096	29.553	33.196	36.415	40.270	42.980	51.179
25	28.172	30.675	34.382	37.652	41.566	44.314	52.620
26	29.246	31.795	35.563	38.885	42.856	45.642	54.052
27	30.319	32.912	36.741	40.113	44.140	46.963	55.476
28	31.391	34.027	37.916	41.337	45.419	48.278	56.893
29	32.461	35.139	39.087	42.557	46.693	49.588	58.302
30	35.530	36.250	40.256	43.773	47.962	50.892	59.703

출처: 우리는 왕립학회회원(FRS)인 고 로널드 A. 피셔 경(Sir Ronald A. Fisher)의 유고(遺稿) 관리자, 왕립학회회원 프랭크 예이츠 박사(Dr. Frank Yates), 그리고 런던 롱맨 그룹(Longman Group)(주)에 대해, 그들의 저서, 『생물학, 농학, 의학 연구를 위한 통계표(Statistical Tables for Biological, Agricultural, and Medical Research)』(6판, 1974)로부터 표 IV의 재인쇄를 허가해 주심에 깊이 감사드린다.

범죄학 연구방법론

RESEARCH METHODS

for CRIMINAL JUSTICE and CRIMINOLOGY

8e

Cengage

Research Methods for Criminal Justice and Criminology, **Eighth Edition**

Michael G. Maxfield,
Earl R. Babbie

Original edition © 2018 Wadsworth, a part of Cengage Learning.
Research Methods for Criminal Justice and Criminology, Eighth Edition
by Michael G. Maxfield, Earl R. Babbie
ISBN: 9781337091824

ISBN-13: 978-89-6218-543-0

Cengage Learning Korea Ltd.
14F YTN Newsquare 76 Sangamsan-ro
Mapo-gu Seoul 03926 Korea
Tel: (82) 2 330 7000
Fax: (82) 2 330 7001

Printed in Korea
Print Number: 01 Print Year: 2022

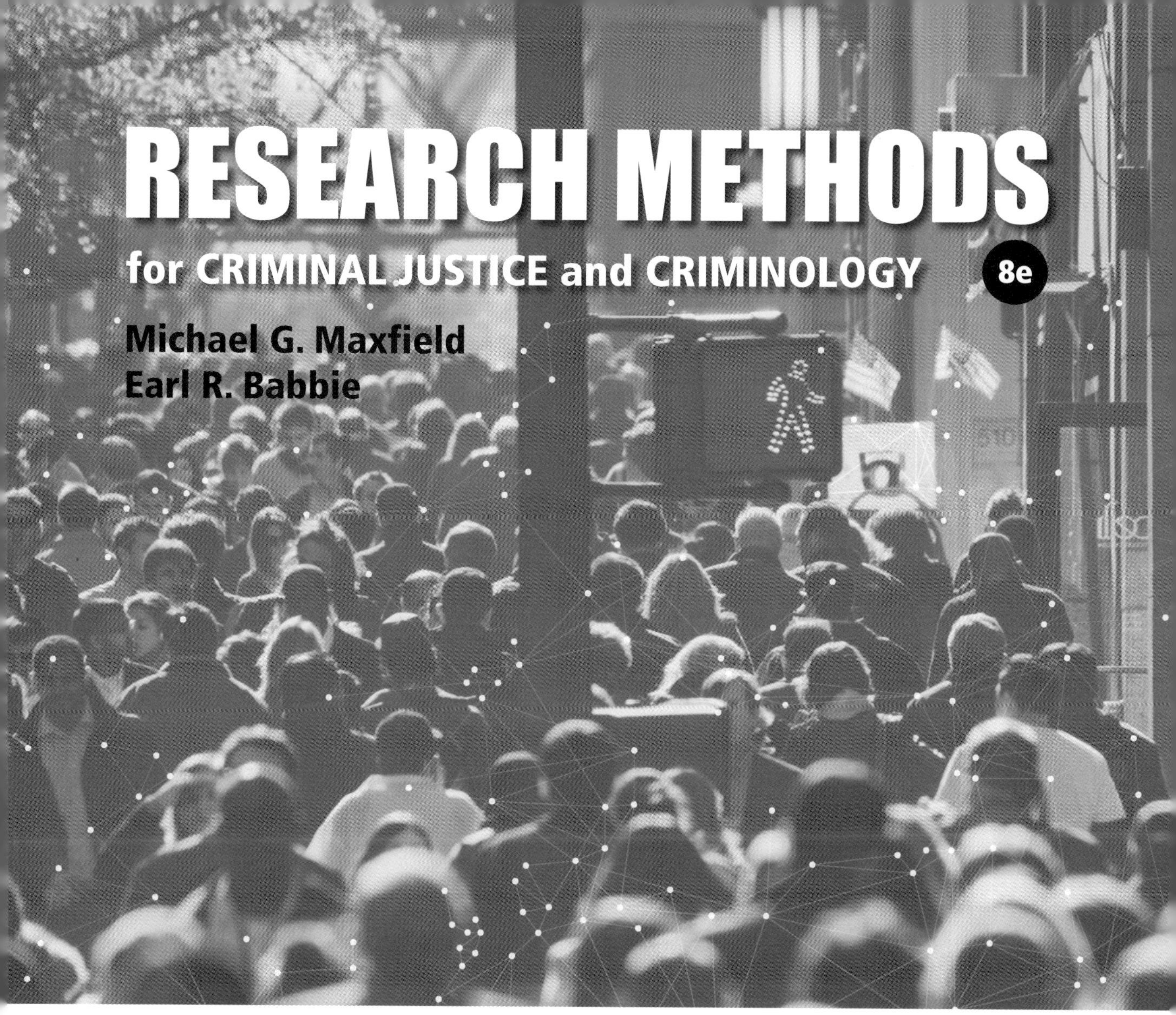

RESEARCH METHODS
for CRIMINAL JUSTICE and CRIMINOLOGY 8e

Michael G. Maxfield
Earl R. Babbie

범죄학 연구방법론

박정선 곽대경 김상원 박철현 신동준 이민식 이웅혁 옮김

Cengage

Australia • Brazil • Canada • Mexico • Singapore • United Kingdom • United States

옮긴이 소개

박정선

국립경찰대학 행정학과 교수
미국 시카고대학교(The University of Chicago) 범죄사회학 박사
미국 신시내티대학교(University of Cincinnati) 교환교수
주요경력: 한국형사정책연구원 부연구위원

곽대경

동국대학교 경찰사법대학 교수
미국 하와이주립대학교(University of Hawaii) 사회학 박사(범죄학)
주요경력: 대한범죄학회 회장 역임, 경찰청 과학수사 자문위원

김상원

동의대학교 경찰행정학과 교수
미국 오클라호마주립대학교(University of Oklahoma) 사회학 박사
주요경력: 미국 하버드대학교(Harvard University) 박사후연구원(Post-Doctoral Research Fellow)

박철현

동의대학교 경찰행정학과 교수
고려대학교 대학원 사회학 박사(범죄학)
미국 신시내티대학교(University of Cincinnati) Visiting Scholar
주요경력: 한국형사정책연구원 부연구위원

신동준

국민대학교 사회학과 교수
미국 아이오와대학교(The University of Iowa) 사회학 박사
주요경력: 계명대학교 경찰행정학과 조교수

이민식

경기대학교 경찰행정학과 교수
미국 퍼듀대학교(Purdue University) 범죄사회학 박사
주요경력: 한국형사정책연구원 부연구위원

이웅혁

건국대학교 경찰학과 교수
미국 미시간주립대학교(Michigan State University) 형사정의학 박사
주요경력: 미국 털리도대학교(The University of Toledo) 형사정의학과 교수

범죄학 연구방법론 | 제8판

Research Methods for Criminal Justice and Criminology, Eighth Edition

제8판 1쇄 인쇄 | 2022년 8월 10일
제8판 1쇄 발행 | 2022년 8월 19일

지은이 | Michael G. Maxfield, Earl R. Babbie
옮긴이 | 박정선, 곽대경, 김상원, 박철현, 신동준, 이민식, 이웅혁
발행인 | 송성헌
발행처 | 센게이지러닝코리아㈜
등록번호 | 제313-2007-000074호(2007. 3. 19.)
이메일 | asia.infokorea@cengage.com
홈페이지 | www.cengage.co.kr

ISBN-13: 978-89-6218-543-0

공급처 | ㈜교우
주 소 | 서울시 동대문구 약령시로 8 교우빌딩 2층
도서안내 및 주문 | Tel 02) 925-2861 Fax 02) 925-2860
홈페이지 | www.kyowoo.co.kr

정가 35,000원

역자 머리말

오늘날 사회과학을 연구하는 데 있어 사회조사에 대한 기초적인 이론과 방법론이 차지하는 중요성은 아무리 강조해도 지나치지 않다. 다양한 사회현상을 탐색하고 기술하며 인과성을 발견하여 미래를 예측하는 일은 각종 자료를 활용하고 분석하는 사회과학적 훈련이 담보되지 않으면 불가능한 일이다. 이와 같은 인식과 더불어 우리나라의 학계에서도 소위 연구방법론의 중요성을 깊이 깨닫고 학생들에게 연구방법론의 중요성을 강조하고 있으며 대학에서도 이를 중점적으로 강의하고 있다.

사회과학의 한 분과인 범죄학 분야에 있어서도 연구방법론이 중요하기는 마찬가지이다. 날로 지능화되고 첨단화되는 범죄문제를 제대로 이해하고 그에 대한 대책을 마련하기 위해서는 범죄학을 과학으로서 연구하는 방법론적 지식이 필수적이기 때문이다. 우리나라에 범죄학이라는 학문이 처음 소개된 이후 많은 세월이 흘렀음에도 불구하고 국내의 범죄학과 형사정책은 주로 형법 및 형사사법 분야에서의 규범학적 논의 쪽으로 기울어져 있었고 따라서 경험적 자료에 근거한 실증적 연구방법론이 제자리를 찾지 못했던 점은 아쉬운 대목이다.

범죄학과 직접적인 관련은 없지만 방법론적인 내용을 다루고 있는 교재를 찾아보면 사회학, 교육학, 심리학, 교육학 등 다양한 학문분과에서 방법론 교재를 출판하고 있다. 이들 교과서가 범죄학에 관련된 방법론 교재가 없는 상황에서 범죄학과 경찰학 및 형사정책을 공부하는 학자와 학생들에게 많은 도움을 주었음을 부인할 수 없다. 그러나 다른 학문분과에서 출간된 방법론 교재는 범죄학이나 경찰학 분야를 공부하는 사람들에게는 다소 생소한 이론과 사례로 이루어져 있어 범죄 관련 사례와 범죄학 특유의 색채를 느끼지 못했던 것은 아쉬운 점이다. 이러한 한계를 넘어 범죄학, 경찰학 및 형사정책 분야를 공부하는 많은 학생들이 자료를 수집하고 이에 근거하여 정책을 입안하는 실증과학으로서의 범죄학을 공부할 수 있도록 기획한 것이 본 번역서이다.

이러한 점에서 많은 학자들과 학생들이 기다려왔던 범죄학 분야에 특화된 방법론 교과서가 2009년 처음 5판 번역으로 출간된 이후 13년 만에 다시 8판 번역으로 재출간되게 된 것을 기쁘게 생각한다. 이처럼 재출간되기까지 다소 시간이 걸렸지만 기다림의 시간이 더 큰 결실로 돌아오게 될 것을 믿어 의심치 않는다.

이 책의 저자인 마이클 맥스필드(Michael Maxfield)와 얼 바비(Earl Babbie)는 범죄학과 방법론 분야에서 큰 업적을 이룬 학자들이다. 먼저 마이클 맥스필드 교수는 럿거스 대학교 뉴어크 캠퍼스, 형사사법 대학에서 학생들을 가르치고 있다. 그는 피해자학, 경찰학, 살인, 지역사회교정, 아동학대 및 경시의 장기적인 결과 등 다양한 분야에 대해 관심을 가지고 많은 책과 논문을 저술하였을 뿐 아니라『Journal of Quantitative Criminology and Criminal Justice』와『The International Journal of Policy and Practice』의 편집위원으로 활동하기도 하였다. 또한 얼 바비는 하버드 대학교에서 학부를 마치고 캘리포니아 주립대학 버클리 분교에서 박사학위를 받았으며 학위 취득 후 하와이 대학교, 채프먼 대학교 등에서 강의하였다. 바비는『사회조사방법론(The Practice of Social Research)』이라는 베스트셀러를 포함하여 워즈워스 출판사에서 많은 책을 출간하였다. 그가 출간한 책은 1973년 초판이 발행된 이후 2020년 15판이 출판될 정도로 여러 대학에서 널리 사용되고 있으며 그 실용성을 널리 인정받은 책이다. 이렇듯 저명한 두 학자가 만남으로써 범죄학 분야에서도 널리 인정받는 방법론 책을 출간하게 되었다.

탁월한 범죄학자인 맥스필드 교수와 연구방법론 분야에서 이미 명성을 얻은 바비 교수의 합작인 이 책은 독자들로 하여금 작가의 전지적 관점에서 방법론적 주제를 접하게 해주고 수많은 범죄학 연구로부터 도출된 실제적이자 실용적인 사례들을 중심으로 생생한 경험을 전달해 줄 것이다. 또한 이러한 과정을 통해 마치 자신이 실제 연구에 참여하고 있는 것과 같은 느낌을 갖게 함으로써 독자들이 범죄학을 연구하고 형사정책을 수립하는 데 필요한 방법론적 테마들을 효과적으로 활용할 수 있도록 도와줄 것이다. 이 책은 독자들과의 대화방식으로 구성되어 편하게 읽어나갈 수 있고, 사례 중심의 서술과 풍부한 연습문제로 학생들의 기초 및 전문 지식 습득에 도움이 되도록 구성되어 있다는 점에서 다른 연구방법론 책들과 차별화된다.

제4부 13개의 장으로 이루어진 5판 번역본에 비해 '제10장 질적 면접'이 추가되어 한 장씩 밀리게 된 8판 번역본은 제4부 제14장으로 이루어져 있다. 먼저 범죄학적 질문에 대한 소개, 범죄학적 질문의 구조화, 관찰법, 그리고 적용 및 분석이라는 네 개의 부(part)는 동일하다. 제1부에서는 범죄학적 지식에 대한 과학적 접근방식이 다른 접근방식과 차별화되는 기본적인 특성에 대해 설명하고 있다. 제2부에서는 과학적 방식에 기초하여 범죄문제를 이해하기 위한 적절한 연구 질문을 제기하는 방법을 설명하고 있다. 제3부에서는 이러한 질문에 대답하기 위하여 다양한 방식의 관찰을 통해 자료를 수집하는 방법에 대해 설명하고 있으며, 마지막으로 제4부에서는 이론 정립, 측정, 자료수집 등 기본적인 개념과 과정을 종합하여 앞서 제기된 연구 질문에 답하는 방법을 설명하고 있다. 이러한 과정에서 독자들의 이해를 돕기 위해 하나의 예(흑인과 백인의 과속문제)를 각 장마다 지속적으로 소개하고 있다. 앰버 호닝(Amber Horning)이 기여해 추가된 제10장은 질적 면접에 관한 것으로 다양한 유형의 심층 면접과 질문을 설계하는 방법, 그리고 그 면접에

참가하는 사람들과 상호작용하는 방법 및 그 결과를 기록하고 분석하는 방법에 관해 설명하고 있다. 이 외에 8판에서 새롭게 추가되고 업데이트된 부분에 대해서는 저자 머리말에 보다 상세히 설명되고 있다.

이 책의 번역에는 모두 여덟 분의 학자들이 참여하였다. 번역자들은 모두 범죄학을 전공한 분들로서 대학에서 사회과학방법론이나 범죄학방법론을 강의하고 있다. 먼저 역자 머리말과 제7장(실험설계과 의사실험설계) 및 제10장(질적 면접)은 박정선 교수, 제1장(범죄, 형사사법, 과학적 탐구)과 제5장(개념, 조작화, 측정)은 이민식 교수, 제2장(형사사법 연구의 기초)과 제9장(설문조사연구)은 곽대경 교수, 제3장(윤리와 형사사법 연구)과 제4장(연구설계에서의 일반적 쟁점)은 김상원 교수, 제6장(범죄의 측정)과 제12장(기관 기록, 내용 분석, 이차 자료)은 신동준 교수, 제8장(표집)과 제14장(자료 해석)은 박철현 교수, 제11장(현장관찰 연구)과 제13장(평가연구와 문제 분석)은 이웅혁 교수가 각각 번역하였다. 번역이 끝난 후에도 각 장을 담당한 번역자들이 자신이 맡은 부분에 두 차례 검토를 하였으며, 마지막 전체 점검을 박정선 교수가 담당하였다.

기본적으로 모든 번역서들이 그러하듯 이 책 역시 몇 가지 한계를 지니고 있다. 먼저 낱낱 전문용어의 경우 국제화 시대에 걸맞게 원어와 국어의 혼용을 원칙으로 가능하면 한국어로 번역하여 표기하되 원어를 병기해 언어 간 연결성을 유지하였다. 특히 원어와 한국어가 동일한 수준으로 같이 활용되는 용어의 경우엔 어느 하나로 통일하기보다는 양자를 다 활용하여 문맥이 흐트러지지 않도록 독자들의 이해를 도왔고 아울러 필요한 경우 원어를 병기함으로써 독자들의 혼동을 최소화하고자 하였다. 그럼에도 불구하고 용어나 표현상의 일관성이 유지되지 못하는 문제가 있을 수 있음에 양해를 구한다. 아울러 번역상의 오류는 전적으로 역자들의 한계이다. 다만 앞으로 이러한 문제들은 독자들의 지속적인 관심과 함께 계속해서 개선해 나갈 것이다.

아쉬운 점을 하나 더 든다면 본 번역서에는 원서에서 제공되는 CD-ROM과 부록들이 제공되지 않는다는 점과 번역서에서 제공된 웹상의 주소들이 정확하지 않을 수가 있다는 점이다. 부록 제공 문제는 번역 관련 계약상 이들을 제공할 수 없었다는 점에 대해 양해를 바란다. 웹사이트 주소의 문제는 번역자들이 최신 주소를 제공하기 위하여 많은 노력을 기울였음에도 불구하고 시간이 지나면서 수정되거나 삭제된 사이트들이 존재할 수밖에 없는 상황에 대해 이해를 바란다. 비록 번역서에는 포함되지 않았지만 장차 유학을 준비하거나 박사과정에 진학하기를 원하는 학생들은 CD-ROM과 부록이 제공된 원서를 활용하는 것도 많은 도움이 될 것으로 생각된다.

이 책이 출판되기까지 많은 분들의 노력이 있었다. 무엇보다도 바쁘신 가운데 이 책의 번역을 위해 노고를 아끼지 않으신 여러 교수님들께 깊은 감사의 말씀을 전한다. 또한 이 책의 번역과정에서 여러 가지로 도움을 아끼지 않으신 센게이지러닝코리아㈜ 관계자 여러분과 교정을 맡은 이정란 님 및 여러 분야에서 보이지 않게 도움을 주신 분들께 감사드린다. 모쪼록 이번 번역서가 판을 바꿔 두 번째로 출간되는 것을 계기로 범죄학, 경찰학 및 형사사법 분야에서 다양한 방법론에 기초한 논문들이 쏟아져 나오고 과학적인 방법론에 근거한 형사정책이 수립됨으로써 우리나라의 범죄문제 해결에 도움이 되는 것은 물론, 학문으로서의 범죄학, 경찰학 및 형사정책이 더욱 과학적으로 발전하게 되기를 진심으로 희망한다.

2022년 8월 1일
황산리 자택 연구실에서
역자 대표 박정선

저자 머리말

내가[1] 강의를 통해 가장 특이하게 보상받은 경험 가운데 하나는 교실이 아닌 인디애나폴리스 시내 거리 위에서 일어났다. 인디애나 교정국 직원과 회의를 하러 가는 길에 나는 우연히 지난 학기에 내 연구방법론 강의를 수강한 학생과 마주쳤다. 라이언(Ryan)은 메모장을 손에 쥔 채 그늘진 벤치에 앉아 보행자가 보도를 따라 내려가고 있는 것을 관찰하고 있었다. 서로 인사를 나눈 후 나는 라이언이 시청 기획실에서 여름 인턴십을 시작했다는 사실과 현재 보행자 통행에 대한 연구작업을 수행하고 있다는 사실을 알게 되었다.

연구방법론이 실용적 의미가 없다는 학생들의 불만을 회상하며 나는 "아하!"라고 외쳤다(나는 그 이후로 이것을 '라이언의 한탄'이라고 이름 붙였다). "그리고 자네는 우리가 교실에서 이야기했던 것들을 절대로 활용하지 않게 될 것이라고 투덜댔었지!" 라이언은 보행자에 대해 체계적으로 연구하는 것이 흥미롭다는 이야기로 응답하면서 사실상 자신이 수강했던 몇몇 강좌의 주제는 인턴으로서의 일과도 관련이 있다는 사실을 인정하였다. 그는 또한 현재의 프로젝트를 시작하기 전까지는 실제 조사연구가 무엇을 포함하는지를 잘 알지 못했다고도 말했다. 라이언은 우리가 대화를 나누던 그 몇 분 동안에도 지나가는 행인들에게 주의를 기울이고 있었다. 나는 그가 학기를 마친 뒤 단지 몇 주 만에 이미 내 강의에서 배웠던 기술들을 실제로 적용하는 세심한 관찰자임을 알고 매우 기뻤다.

훗날, 그 만남에 대해 더 많이 회고하면서 그 과목을 가르치는 나의 방식을 변화시킬 필요가 있음을 깨달았다. 라이언은 분명 연구를 수행하는 자신의 경험을 즐기고 있었지만, 사실상 그는 교실을 떠날 때까지 연구가 얼마나 재미있을 수 있는지 깨닫지 못했다. 그 결과 나는 학생들이 연구과정에 보다 적극적으로 참여하도록 강의를 재구성하였다. 나는 연구방법론의 기초개념을 더 넓은 스펙트럼을 가진 사례들과 연결하는 작업에 더욱 부지런해질 것을, 그리고 라이언이 그랬던 것처럼, 스스로 체계적인 질문과 관찰기법을 형사사법 및 기타 정책 영역의 다양한 상황에 적용하는 방법을 학생들에게 보여줄 것을 다짐했다.

---

1 저자 머리말에서 '나'는 마이클 맥스필드를, '우리'는 마이클 맥스필드와 얼 바비를 나타낸다.

목적과 목표

형사사법은, 부분적으로 뉴스 기사, 허구 및 많은 대중 오락의 소재이기 때문에, 항상 학생들에게 매력적인 주제였다. 형사사법 연구는 헤드라인을 넘어 누가, 무엇을, 왜, 어떻게 등의 중요한 질문을 심각하게 다룬다. 누가 가해자, 피해자, 사법 전문가로 참여했는가? 다양한 유형의 범죄 및 무질서 문제의 본질과 빈도는 무엇인가? 어떤 새로운 문제가 부상하고 있는가? 특정 장소에서 사건이 발생하는 이유는 무엇인가? 가해자가 특정 행동 패턴에 연루된 이유는 무엇인가? 다른 유형의 범죄는 어떻게 저질러지는가? 사법기관은 범죄와 안전 문제를 어떻게 예방하고 대응해야 하는가?

새 판의 교과서를 저술하는 데 있어 우리의 기본 목적은 변화하지 않았다. 학생들이 앞의 질문 및 관련된 질문에 대답하기 위해 연구 수행 방법을 배우도록 돕는 것이다. 그 목적을 위해 다음과 같은 몇 가지 원칙이 각 개정판을 이끌어왔다.

- 형사사법상의 연구를 수행하기 위한 다양한 옵션에 대한 세심한 설명을 제공할 것
- 모든 수준의 학생들에게 전통적으로 도전적인 주제였던 것을 명확히 그리고 분명히 설명할 것
- 유익하고 흥미로운 사례를 들어 연구방법을 설명할 것
- 해당 분야의 방법론적 발전을 반영하는 새로운 접근 방식을 포함할 것
- 형사사법 연구를 현실-세계의 문제와 사법 정책 사례에 적용하는 것을 강조할 것
- 우리 저자들의 연구, 특히 학생들과 동료로서 함께 수행한 연구의 사례들을 활용하여 저자, 강사 및 학생 사이에 존재하는 간극을 메울 것

이 교과서를 출판하기 위해 얼 바비와 협력하기 시작했을 때, 나는 학생들을 학습 과정에 참여시키려는 나의 노력을 구현한 글을 쓴 동료와 합류한 셈이었다. 얼의 고전적 교과서 『사회조사방법론(The Practice of Social Research)』은 사회과학 연구방법을 엄격하게 취급하는 동시에 학생들의 관심을 불러일으키는 명료함을 지닌 부러움의 모델이었다. 얼의 교과서 집필 정신에 따라 우리는 라이언이 인디애나폴리스 시내에서 보행자를 관찰하면서 발견한 연구의 흥분감을 전달하고자 했다.

본문의 구성

『범죄학 연구방법론(Research Methods for Criminal Justice and Criminology)』 8판은 14개의 장으로 구성되어 있다.

- 제1장 '범죄, 형사사법, 과학적 탐구'에서는 연구방법을 소개한다. 이 장의 내용은 사회과학적 탐구가 다른 학습 방법과 어떻게 다른지 설명한다. 이 장은 또한 연구 주제를 선택하고, 문헌 검토를 수행하고, 연구계획서를 작성하는 방법에 대해 학생들에게 조언한다
- 제2장 '형사사법 연구의 기초'에서는 사회과학 연구의 원칙을 요약하고 연구에 대한 다양한 일반적 접근 방식을 검토한다. 이 장은 또한 모든 연구에서 이론의 중요한 역할을 설명한다. 우리는 이론을 과학적 탐구에 대한 논리적 지침이라고 설명함으로써 이론에 대한 신화를 떨쳐 버린다. 사례는 이론이 어떻게 응용 및 기초 연구를 주도하는지를 보여준다.
- 제3장 '윤리와 형사사법 연구'에서는 형사사법 연구가 어떻게 피험자에게 피해를 줄 수 있는지, 그리고 그러한 피해의 위험을 최소화하기 위한 연구자의 의무는 무엇인지를 검토한다. 사례는 윤리적 쟁점의 범위와 연구자가 이를 고심해서 다루기 위해 취하는 단계를 보여준다.
- 제4장 '연구설계에서의 일반적인 쟁점'에서는 연구 프로젝트를 계획할 때 고려해야 하는 모든 조사연구의 기본적 기능을 설명한다.
- 제5장 '개념, 조작화, 측정'에서는 형사사법 연구에서의 중심 주제인 측정을 고려한다. 모든 조사연구에는 모종의 측정이 필요하며 이 장에서는 이 중요한 주제의 핵심 요소를 검토한다.
- 제6장 '범죄의 측정'에서는 형사사법 연구의 중심적 종속변수와 독립변수에 초점을 맞춘다. 이는 범죄를 측정하는 다른 방법들을 설명하고 다양한 측정이 필요한 이유를 설명하면서 보다 일반적으로 측정에 대한 심층적인 사례를 제공한다.
- 제7장 '실험설계와 의사실험설계'에서는 설명 및 응용 목적을 갖는 조사연구를 계획하는 방법을 검토한다. 연구설계에는 다양한 방식으로 결합할 수 있는 구성요소들의 집합이 포함된다. 흥미롭고 창의적인 사례를 바탕으로 연구설계의 유연성을 강조한다.
- 제8장 '표집'에서는 연구대상을 선택하는 방식을 설명한다. 확률표집과 비확률표집이라는 두 가지 일반적인 범주를 다루며, 각 범주의 상이한 하위 유형을 설명한다. 확률이론의 기본이 표집과 통계적 유의도의 기저에 깔린 핵심 원리로 소개된다.
- 제9장 '설문조사연구'에서는 전통적인 설문조사연구, 기타 유형의 면접을 살펴보고 아울러 기술 변화가 어떻게 설문조사 수행 방식에 지속적으로 영향을 미치는지를 탐구한다.
- 제10장 '질적 면접'에서는 질적 면접과 전문화된 면접의 다양한 응용에 관해 설명한다. 얼과 나는 앰버 호닝이 이 장에서 우리와 합류하여 그녀의 작업과 다른 사람들의 연구에 기반해 이러한 자료수집 기술 유형들을 검토하게 되어 기쁘다.
- 제11장 '현장관찰 연구'에는 구조화된 환경 조사뿐만 아니라 전통적인 접근방식에 대

한 논의가 포함되어 있다. 사례는 다양한 접근방식의 사용을 보여준다.

- 제12장 '기관 기록, 내용 분석, 이차 자료'에서는 행정 기록에서 추출한 자료와 연구자 및 정부 기관에서 정기적으로 수집하는 자료 시리즈를 다룬다. 사례는 다양한 이차 출처의 자료로 뒷받침되는 광범위한 연구 기회를 보여준다.
- 제13장 '평가연구 및 문제 분석'에서는 형사사법 정책을 개선하는 것을 목표로 하는 응용연구에 초점을 맞춘다. 이 장에서는 범죄 및 관련 문제를 해결하기 위해 사법기관에서 문제 분석이 어떻게 점점 더 많이 사용되는지 설명한다.
- 제14장 '자료 해석'에서는 형사사법 연구에서 널리 사용되는 자료 분석 기법을 소개한다. 기술 및 설명적 접근 방식이 사례와 함께 설명되고 시각적으로 예시된다.

이 판에서 새로워진 것

이 8판을 준비하면서 우리는 인기 있는 공식으로 검증된 방식을 유지했지만 이전의 구판을 사용한 검토자, 동료 및 강사와 같은 여러 사람으로부터의 제안에도 응답했다.

테러리즘

미국 및 다른 나라에서의 테러 공격은 뉴스 기사에서 눈에 잘 띈다. 동시에 테러 행위에서 나온 테러리즘과 범죄 및 다른 종류의 폭력에서 나온 테러 행위를 구분하기란 여간 까다로운 것이 아니다. 이 판에서 우리는 이 중요한 문제를 이해하기 위해 연구기반 접근이 제공하는 핵심 특징을 시각적으로 보여주기 위해 설명하기 위해 테러리즘에 대한 체계적인 연구를 포함한다. 특히 메릴랜드 대학교의 글로벌 테러리즘 데이터베이스(Global Terrorism Database: GTD)는 테러 행위를 신중하게 정의하고 대규모 글로벌 데이터를 체계적으로 수집한 좋은 예이다. GTD가 내용 분석의 좋은 예이기 때문에 GTD의 새 사례들이 제6장 '범죄의 측정'과 제12장 '기관 기록, 내용 분석, 이차 자료'에 포함되었다.

제12장에서 마리사 만달라(Marissa Mandala)는 테러 행위로서의 정치적 암살에 대해 중요한 문제를 제기한다. 공무원의 살인은 특정 유형의 테러 행위라고 주장하면서, 만달라는 암살과 다른 공격 사이의 상관요인(correlator)에 국가 차원의 차이가 있는지를 조사하려는 그녀의 노력에 관해 설명한다. 이것은 연구 목적으로 국제 자료를 집대성하는 도전적 시도에 중요한 교훈을 제공한다.

웹 기반 표본 및 설문조사

제8장 '표집' 및 제9장 '설문조사연구'는 대규모 설문조사를 수행할 수 있는 방법의 근본적인 변화를 반영하여 업데이트되었다. 전통적인 방법에 대한 교과서는 표집 및 면접 방

법이 가용한 기술을 반영한다는 사실을 인식하지 못한 채 온라인 표본을 사용하는 것에서 발생할 수 있는 편향의 잠재성을 우려한다. 사람들이 온라인상에 존재하던 것이 과거 폭발적으로 증가해오다 최근 포화지점에 이르러 안정되었기에, 제한된 접근에 대한 우려는 훨씬 덜 중요하다. 우리는 제8장에서 웹 기반 표본의 사례를 설명한다. 제9장에는 아동의 행동과 사진에 대한 설명을 체계적으로 변화시킴으로써 사람들이 어떻게 아동의 행동을 해석하는지에 대한 실험을 수행하기 위해 온라인 표본과 설문조사를 사용하는 방법을 보여주는 새로운 글상자(352쪽)가 포함된다.

기술 및 데이터 수집

웹 기반 표본 및 설문조사는 기술의 보다 일반적인 발전이 어떻게 연구자들에 의해 사용될 수 있는지 보여주는 사례이다. 다른 예로는 미국 각 도시에서 비디오카메라의 존재가 증가하고 있으며, 전 세계적으로 구글 지도 및 유사품의 범위가 확대되고 있다는 것을 들 수 있다. 우리는 아프리카에서 야생 동물 밀렵의 증거를 추적하기 위해 지오코딩된(geo-coded) 카메라를 사용하는 것을 포함하여 이러한 것들의 몇 가지 사례를 설명한다. 다른 나라들에서는 낙서 예술가(graffiti artist)의 예상되는 경로를 추적하는 데 유사한 기술이 사용되었다.

응용연구

형사사법 및 범죄학 연구방법론은 일반적으로 사법 전문가와 형사사법 실무가에 의해 사용되지만, 그들은 그것을 '연구'라고 부르지는 않는다. 우리는 증거 생성을 사법 전문가가 관심 있는 문제를 더 잘 이해하기 위해 체계적으로 데이터를 수집하는 과정이라고 설명한다. 그들은 연구 프로젝트를 완성하지는 않지만 체계적인 방식으로 연구방법론을 사용한다. 이것은 사법기관 또는 관련 조직에서 경력을 쌓아갈 형사사법 전공 학생들에게 중요한 메시지이다. 증거기반 실무도 중요하지만 실무기반 증거도 중요하다. 제13장은 한 가지 엄청난 사례를 제시한다. 남아프리카공화국의 흑인 거주지에로의 참여적 범죄분석이 그것이다. 범죄와 무질서 문제를 더 잘 이해하기 위해 유사한 기술이 많은 지역사회에서 사용될 수 있다.

학생 연구의 확장된 예

검토자들과 동료들은 이전 판들에서 학생 연구의 예를 사용하는 것에 대해 호의적인 의견을 제시했는데, 그것은 여러 목적을 수행하는 기능이었다. 첫째, 그것은 일부 강사가 교과서의 '어깨너머' 어조(tone)라고 부르는 것을 더 자세히 진술하는데, 여기서 독자는 페이지 위에 인쇄된 단순한 단어들 이상을 경험하고 있다고 느낀다. 둘째, 학생 연구 사례는 대학원생과 교수진 사이에 존재하는 일종의 협력 감독을 구현한다. 셋째, 나는 내 학생들 작업의 상세한 내용에 대해 상당히 잘 알고 있음에도 불구하고 출간된 신문기사에는 그러한 상세한 내용이 거의 기술되지 않는다. 그러한 내용을 보도할 수 있다는 것은 다른 곳에서는 쉽게 구할 수 없는 비하인드스토리 정보를 추가하는 것이다. 마지막으로 얼과 나는 여기에 제시된 사례들이 독자들에게 시사적인 내용임과 동시에 본질적으로 흥미롭다고 믿는다. 이번 판의 사례 중에는 테러리즘, 뉴욕시 폭력 감소, 인신매매 및 성범죄자를 다루는 프로젝트들이 있다.

장별 변경 사항

우리는 교과서의 각 장에서 다양한 변화를 시도했다.

- 제1장　8판에서 광범위하게 개정되었다. 이러한 개정 사항에 대해 긍정적인 피드백을 받았지만 일부 참조문헌과 사례를 업데이트하는 것을 멈추지 않았다. 이 장은 연구 프로젝트를 계획하고, 문헌을 검토하고, 연구계획서를 작성하는 방법에 대한 일종의 사용지침서가 되었다.
- 제2장　유사하게 개정되어 제1장과 제2장과의 내용적 균형이 매끄럽게 맞추어졌다. 일부 사례 및 참고문헌이 업데이트되었다.
- 제3장　사회과학 연구 과정에서 인간 피험자의 보호를 감독하는 기관 검토위원회의 자료를 업데이트한다. 미국범죄학회(American Society of Criminology)는 마침내 윤리강령을 채택하였고 여기에서 그것에 관해 설명한다. 우리는 또한 활동 중인 범죄자들과의 협력에서 비롯된 윤리적 문제에 대한 일부 논의를 개정하였다.
- 제4장　사회과학 연구를 설계하기 위한 다음 세 가지 주요 원칙을 보다 간결하게 취급한다. 인과성, 분석단위 및 시간차원이 그것이다.
- 제5장　측정 원리를 시각화하는 그림을 개정한다. 또한 지속적인 혼란의 원인인 타당도를 설명하는 자료를 명료화하였다. 일부 사례들이 개정되었다.
- 제6장　상이한 유형의 범죄를 개념화하고 측정하는 다양한 방법을 업데이트한다. 두 가지 작업을 수행하는 글로벌 테러리즘 데이터베이스(GTD)에 하위 섹션을 추가했다. 첫째, 범국가적 측정치 개발의 어려움을 보여준다. 둘째, 공개 출처 측정치를 정리하고 검증하는 데 사용되는 광범위한 절차를 설명하면서, 공개 출처(open-source) 자료라는 개념을 소개한다. 또한 공개 출처 보고서를 위한 코딩 절차 중 일부를 상세히 설명하는 개시 삽화(opening vignette)를 추가하였다.
- 제7장　이중맹검 실험과 코호트설계에 대한 새로운 예를 제시한다. 참고문헌과 기타 사례들은 선택적으로 업데이트되었다.

- 제8장　표집의 새로운 방식을 요구하는 기술이 지속적으로 변화해온 점을 업데이트한다. 아마존의 메케니컬 터크(Mechanical Turk: MTurk)에 대한 새로운 글상자를 추가하여 목적표본의 출처로 그것이 사용되었음을 설명하였다. 일부 연구에서는 MTurk 표본이 형사사법 연구에서 일반적으로 사용되는 대학생 및 기타 집단의 표본보다 더 대표성이 있음을 발견했다.
- 제9장　광범위한 개정 사항이 있다. 첫째, 설문조사 방식의 지속적인 변화를 반영하고 있다. 우리는 우편 및 전화 조사에 대한 논의를 줄이고 업데이트했다. 두 가지 전미범죄조사(national crime survey)에 대한 설명이 간소화되었다. 다른 사례 및 참고문헌도 개정되었다. 새 글상자는 온라인 설문조사 플랫폼을 통해 MTurk 표본을 복잡한 설문조사와 결합하는 예를 설명한다. 이 글상자를 제8장의 글상자와 결합하면 온라인 표본 및 설문지를 개발하는 방법에 대한 간략한 입문서가 만들어진다.
- 제10장　검토자들의 의견에 따라 앰버 호닝 박사에 의해 약간의 수정이 이루어졌다.
- 제11장　관찰 기록을 위한 GPS 지원 카메라와 같은 기술을 포함하여 현장 관찰의 몇 가지 새로운 사례가 포함된다. 우리는 관찰 자료에 구글 거리 보기(Google Street View)를 사용하는 또 다른 예를 추가했다. 뉴욕시 연간 노숙자 그림자 수(shadow count)[뉴욕시 노숙자 서비스부(Department of Homeless Services: DHS)는 HOPE(Homeless Outreach Population Estimate) 추정치를 재기 위해 뉴욕시 전역에 자원봉사자를 파견하여 식물처럼 심어둔 후 특정 장소 및 특정 시간에 관찰된 노숙자 수를 집계한다. _옮긴이 주]는 현장 관찰의 신뢰도를 높이기 위한 식물 포착(plant-capture) 기술을 보여준다.
- 제12장　콘텐츠 분석의 예로 글로벌 테러리즘 데이터베이스(GTD)를 추가한다. 이 장은 핫스팟을 설명할 때 '장소의 범죄학'에 대한 새로운 논의를 포함한다. 새 글상자에서 마리사 만달라는 테러 관련 암살을 분석하는 데 이차 자료를 사용하여 자신의 작업을 설명한다.
- 제13장　증거 생성의 개념을 소개한다. 셰일라 델가두(Sheyla Delgado)와 제프리 버츠(Jeffrey Butts)의 새 글상자는 현장면접과 창의적인 표집 기술을 사용하여 뉴욕시의 폭력 치유(cure violence)에 대한 대규모 평가를 설명한다. 우리는 응용연구에서 정치에 대한 논의를 업데이트했다. 새로운 글상자에서 티너스 크루거(Tinus Kruger)는 참여적 범죄 분석을 응용연구 방법론으로 요약한다.
- 제14장　선택된 사례에서 범죄 자료를 업데이트했다.

학습 도구

다양한 관심과 능력을 가진 학생들이 이 책에 더 쉽게 접근할 수 있도록, 저자들은 각 장마다 학습 도구를 포함시켰다.

- **학습 목표** 장들은 각 장의 끝에 제시되는 요약에 맞추어진 학습 목표로 시작한다. 이러한 특징은 학생들이 각 장을 읽고 되새기면서 내용을 정리하는 데 도움이 될 것이다.
- **본문 아래 핵심 용어** 이 판에는 간단한 정의와 함께 본문 아래 핵심 용어가 포함되어 있다. 이 핵심 용어는 각 장의 끝에 함께 모아진 핵심 용어의 하위 집합이며, 이들은 이어 본문 뒤쪽에 나와 있는 용어 풀이에 충분히 정의되어 있다.
- **장별 요약** 이전 판의 상이한 절들에서 수정된 장별 요약은 각 장을 여는 학습 목표에 맞추어졌다.

감사의 말

사이먼 프레이저 대학교(Simon Fraser University)의 패트리샤 브란팅햄(Patricia Brantingham), 미시간 주립대학교(Michigan State University)의 주디스 콜린스(Judith Collins), 존 제이 형사사법대학(John Jay College of Criminal Justice)의 제프리 버츠(Jeffrey Butts), 카네기 멜런 대학교(Carnegie Mellon University)의 로빈 도스(Robyn Dawes), 럿거스 대학교(Rutgers University)의 조엘 밀러(Joel Miller), 존 제이 형사사법대학의 만가이 나타라잔(Mangai Natarajan), 존 셰인(Jon Shane), 캐시 스파츠 위덤(Cathy Spatz Widom), 성석 바이올렛 유(Sung-suk Violet Yu) 등을 포함하여 많은 동료들이 이번 판과 이전 판에 대해 제안, 의견 및 조언을 제공했다.

럿거스 대학교 형사사법 대학에 다녔던 많은 학생들이 이 판과 이전 판에 대해 조언, 피드백 및 기여를 제공했다. 그들은 이제 교수 또는 다른 연구원으로서 자신의 학문적 경력을 만들어 나갔다. 나는 캘리포니아 주립대학교 샌버너디노 캠퍼스(California State University, San Bernardino)의 기젤라 비츨러 박사(Dr. Gisela Bichler), 센트럴 코네티컷 주립대학교(Central Connecticut State University)의 스티븐 블록 박사(Dr. Stephen Block), 알래스카 대학교(University of Alaska)의 샤론 샤마드 박사(Dr. Sharon Chamard), 터키 국가 경찰(Turkish National Police)인 니야지 이키치 박사(Dr. Niyazi Ekici)는, 캘리포니아 주립대학교 샌버너디노 캠퍼스의 수료 후지타 박사(Dr. Shuryo Fujita), 터키 이스탄불 빌기 대학교(Istanbul Bilgi University, Turkey)의 갈마 자히크 박스(Dr. Galma Jahic), 캘리포니아 주립대학교 풀러턴(Fullerton) 캠퍼스의 재럿 로벌 박사(Dr. Jarret Lovell), 캘리포니아 주립대학교 샌버너디노 캠퍼스의 네리아 마르티아슈 박사(Dr. Nerea Marteache), 몬머스 대학교(Monmouth University)의 마리 멜리 박사(Dr. Marie Mele), 미국법무연구원(National Institute of Justice)의 낸시 메릿 박사(Dr. Nancy Merritt), 워싱턴 주립대학교(Washington State University)의 멜라니 앤젤라 뇌이 박사(Dr. Melanie Angela Neuilly), 캘리포니아 주립대학교 롱비치 캠퍼스의 디나 페론 박사(Dr. Dina Perrone), 존 제이 형사사법대학의 고허 페트로시안 박사(Dr. Gohar Petrossian), 스크랜턴 대학교(University of

Scranton)의 제임스 로버츠 박사(Dr. James Roberts), 네바다 대학교 라스베이거스 캠퍼스(University of Nevada, Las Vegas)의 윌리엄 소사 박사(Dr. William Sousa), 신시내티 대학교(University of Cincinnati)의 크리스토퍼 설리번 박사(Dr. Christopher Sullivan) 등에게 감사를 표한다. 트래비스(Travis) 카운티 지역사회 교정 및 감독부의 카르스텐 안드레센 박사(Dr. Carsten Andresen)가 자신의 연구에 대한 정보를 아낌없이 공유해 주신 데 대해 우리는 특별한 감사를 드린다.

2010년에 존 제이 대학으로 전직하면서 나는 새로운 학생들의 공헌과 제안을 즐거운 마음으로 수용했는데, 그중 다수는 현재 학계 및 다른 유사한 환경에서 연구하는 연구원들이다. 윌리엄 패터슨 대학교(William Paterson University)의 앰버 호닝(Dr. Amber Horning), 센트럴 코네티컷 주립대학교의 미셸 쿠벨리스 박사(Dr. Michelle Cubellis), 샘 휴스턴 주립대학교(Sam Houston State University)의 브리타니 헤이스 박사(Dr. Brittany Hayes), RTI 국제(RTI International)의 알라나 헤닝어 박사(Dr. Alana Henninger), 미국무부(U.S. Department of State)의 레오니트 란츠만 박사(Dr. Leonid Lantsman), 뉴욕시 경찰국(New York City Police Department)의 대원 리 박사(Dr. Daiwon Lee), 도시연구원(Urban Institute)의 브라이스 패터슨 박사(Dr. Bryce Peterson), 존 제이 대학의 연구 및 평가 센터(Research and Evaluation Center, John Jay College)의 쉴라 델가도(Sheyla Delgado), 유엔 인터폴(Interpol, United Nations)의 줄리 바이올렛 박사(Dr. Julie Viollaz), 뉴욕시 경찰국의 마리사 만달라(Marissa Mandala), 마위아 코갈리(Mawia Khogali)가 그들이다. 친절한 동료이자 호스트가 되어준 존 제이 대학의 연구 및 평가 센터 소장인 제프리 버츠 박사(Dr. Jeffrey Butts)에게 특별한 감사를 드린다.

끝으로 얼과 나는 콘텐츠 개발자인, 루미아 데이터믹스(Lumina Datamatics)의 줄리 앤더슨(Julie Anderson)의 전문적인 지원과 센게이지의 전문가인 캐롤린 헨더슨 마이어(Carolyn Henderson Meier), 크리스티 프레임(Christy Frame), 세스 슈와르츠(Seth Schwartz) 및 전체 도서 팀에 인내심을 가지고 전문적인 지원을 해주신 것에 감사드린다.

차례

CHAPTER 02

CHAPTER 03

PART 02
형사사법 탐구의 구조

CHAPTER 04

PART 01

형사사법 탐구의 소개

여러분은 '과학(science)'이란 단어를 접하게 되면 어떤 생각을 하게 되는가? 형사사법을 하나의 사회과학으로 묘사할 때는 어떤 생각을 하게 되는가? 어떤 사람에게는 과학이 수학이지만, 다른 사람에게는 흰색 가운과 실험실이다. 어떤 사람은 과학을 기술과 혼동하거나, 어려운 고등학교나 대학의 과목과 동일시한다.

이 책의 목적상, 우리는 과학을 하나의 탐구방식, 즉 우리를 둘러싼 세상을 학습하고 인지하는 방식으로 본다. 세상을 학습하고 인지하는 다른 방식과 마찬가지로, 과학도 몇 가지 특별한 특성을 지닌다. 우리는 그러한 특성을 앞부분의 장에서 검토할 것이다. 또한 과학적 탐구방법이 범죄와 형사사법의 연구에 어떻게 적용될 수 있는지를 살펴볼 것이다.

이 책의 제1부는 현상(things)을 인지하는 다른 방식과 과학을 구분해 주는 기본적인 특성과 쟁점을 검토함으로써, 책의 나머지 부분을 위한 토대를 마련할 것이다. 제1장은 타고난 인간의 탐구, 즉 우리 모두가 일상생활에서 하고 있는 것을 검토하면서 시작할 것이다. 또한 다양한 연구 목적과 연구 프로젝트 설계 관련 기본 사항을 고려할 것이다.

제2장은 형사사법 탐구를 위한 사회과학적 접근법 및 이론과 조사연구의 연결을 구체적으로 다룬다. 제1장의 내용이 범죄와 형사사법의 연구에 적용된다. 사람과 조직의 연구에 중점을 두지만, 모든 과학의 기본 논리는 동일하다.

윤리는 사람을 연구할 때 직면하게 되는 특별한 관심사 중 하나이다. 제3장에서 대부분의 윤리 문제는 다음 두 가지 기본 원리에 근거하고 있음을 보게 될 것이다. (1) 연구대상자가 해를 입어서는 안 되며, (2) 그들의 참여는 자발적이어야 한다.

요약하면, 제1부의 전반적인 목적은 연구설계와 실행의 좀 더 구체적인 양상을 보기 위한 배경을 설치하는 것이다. 여러분은 제1부의 내용을 마칠 때쯤이면, 형사사법 연구의 좀 더 구체적인 모습을 볼 준비가 되어 있을 것이다.

CHAPTER 01

범죄, 형사사법, 과학적 탐구

사람들은 다양한 방식으로 세상을 배우며, 방법상 실수를 범하기도 한다. 과학은 여타 학습 및 인지 방식과는 다르다. 이 장에서는 사람들이 흔히 저지르는 오류와 과학이 그러한 오류를 어떻게 피하는지 살펴보고, 다양한 연구 목적에 대해 논의하며, 연구 프로젝트를 설계하는 방법을 설명한다.

학습목표

1. 연구방법에 대한 지식이 형사사법 전문가에게 왜 중요한지 이해한다.
2. 우리가 현상을 이해하는 다양한 방법을 설명한다.
3. 자연적 인간 활동으로서의 탐구와 체계적인 경험적 연구를 통한 탐구를 구별한다.
4. 우리 지식의 많은 부분이 직접적인 경험보다는 동의에 기반하고 있음을 인식한다.
5. 전통과 권위가 지식의 중요한 원천임을 설명한다.
6. 형사사법 연구에서 경험과 체계적인 관찰의 역할을 이해한다.
7. 사회과학은 정치적 신념이 연구결과에 영향을 미치는 것을 경계는 하지만 막지는 않는다는 것을 인식한다.
8. 다양한 연구 목적을 구분한다.
9. 연구 프로젝트를 설계하는 방법을 이해한다.
10. 연구 문헌 검토를 수행할 수 있어야 한다.
11. 연구계획서를 작성하는 방법을 설명한다.

구치소 및 교도소에서의 성폭행

교도소와 구치소 내 성폭행의 신고에 대응하여 2003년에 '교도소 강간 근절법(Prison Rape Elimination Act)'이 제정되었다. 이 법은 대부분의 구금시설에서 성폭력에 대한 처벌을 강화하고, 법무부가 그 문제에 대해 체계적인 자료를 수집하도록 요구했다. 신문기사 "카운티 당국이 청소년 구치소의 성폭력 자료를 잘못 보고하다"는 캘리포니아 샌디에이고에서 성폭행이 어떻게 계속 문제가 되고 있는지를 보여주는 사례이다(Maass, 2012). 연구자들은 그 문제를 더 잘 이해하고 성폭력을 줄이는 방법을 평가하기 위한 연구를 수행했다.

앨런 베크와 동료들(Allen Beck et al., 2010)은 법무통계국(Bureau of Justice Statistics)이 교도소와 구치소 표본에서 수집한 자료를 설명한다. 그들은 교도소 재소자의 4%와 구치소 재소자의 3%가 지난 12개월 동안 또는 시설에 수용된 이후에 성폭행 피해를 당했다고 보고한다. 이 비율을 미국의 모든 교도소와 구치소에 적용하면, 성인 피해자가 88,500명인 것으로 추산된다. 또한, 연구자들은 교도소 재소자의 약 3%와 구치소 재소자의 2%가 종종 자발적으로 시설 직원과 성적 접촉을 했다고 보고한다.

낸시 라빈(Nancy La Vigne)과 도시연구원(Urban Institute, 2011)의 연구자들은 구치소에서 성폭행을 예방하는 방법에 관한 그들의 연구를 설명한다. 3개 시설과 협력하여 수감자와 교도관에 대한 감독을 개선하고, 감시 카메라를 설치하며, 위기에 개입하는 교도관을 훈련시켰다. 그들의 평가를 바탕으로, 라빈과 동료들은 구치소 관리자가 체계적인 프로세스를 사용하여 특정 시설의 문제를 평가하고, 이러한 문제를 해결하기 위한 변화를 설계하며, 새로운 조치의 효과를 평가하기 위한 자료의 수집을 권장하였다.

이 예는 연구자들이 어떤 문제의 범위를 더 잘 이해하기 위해 조치를 취하고 문제를 줄이기 위해 다른 접근 방식을 시도하는 방법을 보여준다. 도시연구원의 분석가는 교정 공무원이 자체적으로 응용연구를 수행하도록 훈련시키는 노력에서 한 걸음 더 나아갔다. 구치소 관리자는 라빈과 동료들이 생산한 연구의 소비자였으며, 또한 자신의 시설에서 응용 연구의 생산자가 되는 데 필요한 일부 기술을 습득했다.

도입

형사사법 전문가는 연구의 소비자이자 생산자이다.

형사사법 연구방법론을 공부하며 한 학기를 보내는 것은 여러분의 '재미있는 일 목록'에서 높은 위치를 차지하지 못할 것이다. 아마도 여러분은 형사사법 전문가가 될 예정이거나 그것을 계획하고 있을 것이며, 그래서 '왜 내가 연구방법론을 공부해야 하지? 난 졸업하면, 연구 활동이 아니라 경찰직(또는 검찰직, 보호관찰직, 교정직, 법원직)에 종사할 텐데! 경찰행정(또는 형사정책, 보호관찰 상담, 교정 정책, 법원행정)을 배우는 것이 나에겐 더 큰 이익이 될 거야.'라고 생각하고 있을 것이다. 충분히 일리가 있다. 그러나 형사사법 전문가로서, 여러분은 조사연구의 수요자가 되어야 한다. 이 책의 한 가지 목적은 여러분이 그렇게 되도록 돕는 것이다. 그리고 우리가 곧 보게 되겠지만, 형사사법 전문가들은 종종 스스로 연구를 생산해야 할 때도 있다.

예를 들어, '두 가지 실재'라는 아래의 절에서는 치안활동에 관한 초기의 실험적 연구에서 나온 발견이 법집행의 한 가지 전통적 원리(가시적인 순찰 활동이 범죄를 예방한다)와 어떻게 모순되는지 알게 될 것이다. 연구결과의 소비자로서 경찰관, 감독관, 또는 집행관은 연구가 어떻게 수행되었으며, 연구결과가 자신의 부서에서 어떻게 적용될 수 있는지를 이해할 수 있어야 한다. 경찰의 실제 업무는 도시마다 다르기 때문에 경찰 집행부는 관련 연구방법과 결과의 해석방법을 앎으로써 많은 이익을 취할 수 있다.

대부분의 형사사법 전문가, 특히 감독직을 맡고 있는 사람들은 일상적으로 다양한 수행 보고서와 통계표를 검토하게 된다. 지난 30여 년간 수천 건의 형사사법 관련 조사연구와 평가연구가 수행되었다. 국가 형사사법 조회서비스(National Criminal Justice Reference Service. http://ncjrs.gov)는 전 세계 형사사법 전문가 및 연구자로부터 자료와 보고서를 수집하고 또한 그들에게 제공하기 위하여 1972년에 설립되었다. 그러한 보고서 중 많은 것들이 특별히 형사사법 공동체에 새로운 연구개발 정보를 제공하기 위해 준비되었다. 좀 더 최근에는 문제지향 경찰활동센터(Center for Problem-Oriented Policing: POP center. http://www.popcenter.org)와 범죄해법(CrimeSolutions.gov)이 다양한 법집행 및 일반사법 문제에 관한 응용연구를 공유하기 위해 설립되었다. 연구방법을 이해함으로써, 의사결정자는 연구보고서를 비판적으로 평가하고, 사용된 방법이 적절한지 부적절한지를 판단하기 위한 능력을 갖추게 된다. 아래에서 '가택구금'이라는 제목의 글상자는 연구방법에 관한 지식이 정책 입안자들이 실수를 피할 수 있게 도와주는 점을 예시해준다.

이 책의 또 다른 목적은 여러분의 연구 생산을 돕는 것이다. 여러분이 이수하는 다른 과목에서 혹은 여러분의 직업활동에서 여러분은 조사연구의 생산자가 될 수 있다. 예를 들어, 보호관찰 공무원은 때때로 의뢰인을 감독하거나 상담할 때 새로운 접근법을 시험하고, 경찰관은 특수한 문제를 해결하고 지역사회와 함께 일하는 새로운 방법을 시도한다. 많은 도시와 주가 양형법 개정 이후에 형기를 마치고 돌아오는 성인과 청소년을 더 잘 처우할 방안을 평가할 필요성을 갖는다. 그러한 변화가 효과적인지 여부를 결정하는 것은 응용연구의 예가 된다. 체계적인 연구에 근거한 문제해결적 접근법(problem-solving approach)은 점점 더 많은 경찰관서에서 그리고 그 외의 형사사법 기관에서도 사용되고

가택구금

전자감시(electronic monitoring: ELMO)에 의한 가택구금은 1980년대에 미국에서 하나의 대안적 처벌로서 폭넓게 채택되었다. 이 새로운 제재 기술은 원거리 통신 및 컴퓨터시스템의 발전으로 가능하게 되었다. 장비 제조업자의 로비뿐만 아니라 시설구금 인구의 증가가 형사사법 공무원으로 하여금 ELMO를 채택하도록 촉구하였다. 그러나 이 프로그램의 효과에 관한 의문이 즉각 제기되었으며, 그 기술이 합당하게 작동하는지를 판단하기 위한 연구를 이끌게 되었다. 종합적인 평가가 인디애나폴리스(Indianapolis)의 매리언(Marion)카운티에서 이루어졌다. 이들 연구로부터 나온 몇 가지 결과는 일반적으로는 연구방법을 이해하는 것의 중요성을, 그리고 특수하게는 프로그램의 성공을 측정하는 다양한 방법의 의미를 예시해 준다.

다음 세 집단에서 시행된 ELMO 프로그램이 연구되었다. (1) 유죄가 입증된 성인 범죄자, (2) 기소되어 재판을 기다리고 있는 성인, (3) 침입절도로 기소된 청소년. 각 집단의 사람들은 일정 기간 동안 가택구금에 처해졌다. 그들은 다음 세 가지 중 한 가지 방법으로 프로그램을 완수할 수 있었다. (1) 정해진 요건을 잘 완수한 후 석방됨, (2) 재차 체포되거나 프로그램 규칙을 위반하여 프로그램에서 제외됨, (3) 도망침.

각 프로그램을 시행한 기관은 해당 범주에서 몇 명이 가택구금 요건을 완수했는지에 대한 보고서를 작성하여 카운티 공무원에게 규칙적으로 제출하도록 요구되었다. 다음 표는 평가연구 기간 동안의 프로그램 완수 유형을 요약해 준다.

	유죄가 입증된 성인	공판 전 회합 절차의 성인	청소년
성공	81%	73%	99%
규칙 위반	14	13	1
도망	5	14	0

이 자료는 기관별로 카운티 공무원들에게 보고되었는데, 청소년 프로그램이 가장 큰 성공을 거두었음을 나타낸다. 사실상 모든 청소년이 성공적으로 석방되었다.

이제, 평가 팀에 의해 수집된 각 프로그램에서의 몇 가지 추가 정보를 고려해 보자. 프로그램 참여자의 재범과 그들의 가정에 보낸 전산화된 전화 호출의 성공률에 대한 자료가 수집되었다.

	유죄가 입증된 성인	공판 전 회합 절차의 성인	청소년
새로운 체포	5%	1%	11%
호출 성공	53	52	17

표가 보여주는 것처럼, 청소년의 체포율이 가장 높으며, 그들의 가정에 보낸 전화 호출에 성공적으로 응답한 청소년의 비율도 훨씬 낮았다. 무슨 일이 일어난 것인가?

단순한 대답은 청소년 프로그램을 관리할 책임이 있는 스태프들이 그 관리를 제대로 하지 않았다는 것이다. 전자감시 장비가 제대로 관리되지 않았으며, 경찰도 청소년의 가정을 계획대로 방문하지 않았다. 스태프들은 프로그램 참가자를 제대로 관리하지 않았기 때문에 많은 청소년이 가택구금의 조건을 위반하고 있는 것을 알아차리지 못했다. 그리고 그러한 위반을 발견하지 못했기 때문에, 스태프들은 당연히 대다수의 청소년 침입절도범이 가택구금 조건을 성공적으로 완수한 것으로 보고하였다.

프로그램의 성공 여부를 단순히 기관의 보고에만 의존하는 카운티 관료라면 청소년 프로그램의 성공률이 99%에 이른다고 판단하는 큰 실수를 저질렀을 것이다. 반면에, 그러한 보고서에 정통한 소비자라면, 99%라는 성공률에 대해 의문을 갖고 더 많은 정보를 찾았을 것이다.

출처: Maxfield and Baumer(1991)와 Baumer, Maxfield, and Mendelsohn(1993)에서 발췌함.

있다. 문제지향 경찰활동(POP) 센터 웹사이트에 있는 많은 아이템들은 경찰관서에서 행해진 응용연구의 산물이다. 따라서 형사사법 전문가들은 연구를 정확하게 해석하는 방법뿐 아니라, 정확한 연구를 생산하는 방법도 알아야 한다.

이 책은 무엇에 관한 책인가?

이 책은 우리가 아는 것을 우리가 어떻게 아는가 하는 것에 초점을 둔다.

이 책은 우리가 알고 있는 것에 초점을 두는 것이 아니라, 우리가 현상을 배우고 아는 방법에 초점을 둔다. 즉, 이 책의 일차적인 목적은 여러분이 현상을 이해하는 방법에 눈을 뜨도록 놉는 것이다.

두 가지 실재

궁극적으로, 우리는 두 가지 실재(지식)의 세계 속에서 산다. 우리가 알고 있는 것의 일부는 '경험적 실재(experiential reality)'(직접 경험하여 아는 것)라고 할 수 있다. 예를 들어, 만일 여러분이 캐나다 로키산맥에서 흘러내리는 얼음장 같은 개울물에 다이빙하려 할 때, 그 물이 차갑다고 말해줄 누군가를 필요로 하지는 않을 것이다. 여러분 스스로 그것을 알고 있기 때문이다. 여러분이 처음으로 가시를 밟으려 할 때 누군가가 여러분에게 말해 주기 전에 다칠 수 있다는 것을 스스로 안다. 우리가 알고 있는 또 다른 부분은 '동의에 의한 실재(agreement reality)'(그것들이 실재라고 들어왔으며, 모든 사람이 그렇다고 동의할 것 같기 때문에 실재라고 생각하는 것)라고 부를 수 있다. 사실, 우리 주변의 모든 사람이 진실이라고 '알고 있는' 것을 받아들일 줄 아는 것은 우리가 성숙해나가는 하나의 과정이다. 만일 우리가 그와 같은 것을 알지 못한다면, 우리는 정말로 그 집단의 일부분일 수가 없다. 만일 여러분이 어떤 지리학 교수에게 해가 정말로 서쪽으로 지는지를 진지하게 질문한다면, 여러분은 당장 다른 사람들로부터 따돌림당할 것이다. 첫 번째 실재는 우리 자신의 경험의 산물이고, 두 번째 실재는 사람들이 우리에게 알려준 것의 산물이다.

동의에 의한 실재와 경험적 실재 간의 차이를 보기 위해서 경찰의 예방적 순찰 활동을 생각해 보라. **예방적**(preventive)이란 말은 경찰이 할당된 구역을 순찰하며 범죄를 예방한다는 것을 함축한다. 물론 경찰이 모든 범죄를 예방할 수는 없다. 그러나 경찰의 가시성과 기동성이 어느 정도 범죄를 예방할 것이라는 점은 상식적인 믿음이다. 사실, 범죄예방에 있어서 순찰 활동의 가치는 오랫동안 경찰 작동의 기본원리였다. 시카고의 전설적인 경찰청장이며 경찰행정에 영향력 있는 책의 저자인 윌슨(O. W. Wilson)은 순찰이 비행의 유인과 기회를 제거하여 범죄를 예방하는 절대적인 것이라고 썼다(Wilson and McLaren, 1963: 320). '법집행 및 사법행정에 관한 린든 존슨(Lyndon Johnson) 대통령위원회'가 작성한 1967년 경찰활동 보고서는 다음과 같이 말하고 있다. "범죄에 대처하는 경찰의 노력에서 핵심은 순찰 활동이다. …… 순찰의 목적은 비행의 기회를 제거하거나 감소시키는 방식으로 경찰관을 분산 배치하고, 범죄자가 죄를 범하는 동안에 또는 직후에 체포할 가능성을 증가시키는 것이다."

7년 후, 민간연구조직인 경찰재단(Police Foundation)은 전통적인 지식에 극적으로 도전하는 한 가지 실험연구의 결과를 발표하였다. '캔자스시 예방적 순찰실험'이라고 알려진 이 고전적 연구는 예방적 순찰의 수준이 다른 세 군데 경찰구역을 비교하였다. (1) 구역당 한 대의 순찰차를 배치한 통제구역(control beats), (2) 구역당 2~3대의 순찰차를 배치한 사전행동구역(proactive beats), (3) 어떠한 일상적인 예방적 순찰도 없는 반응행동구역(reactive beats). 약 1년 후, 연구자들은 세 유형의 구역에서 나온 자료를 검토하였으나, 범죄율, 시민의 경찰에 대한 만족도, 범죄의 두려움, 기타 경찰 수행 측정치에서 구역 유형에 따른 어떠한 차이도 발견하지 못했다(Kelling et al., 1974).

연구자와 법집행 전문가 모두 이러한 사실에 놀랐다. 그러나 캔자스시 연구자들은, 기록상으로는 예방적 순찰이 범죄에 아무런 영향도 미치지 않는다는 것을 입증했다고 주장하지 않았다. 대신에 그들은 경찰이 지역사회 구성원과 좀 더 밀접하게 움직여야 하며, 일상적인 순찰은 경찰자원을 좀 더 신중한 방식으로 사용하는 다른 전략과 결합될 때 좀 더 효과적일 것이라고 주장하였다. 후속 연구는 이 마지막 진술을 뒷받침했다. 필라델피아의 도보순찰에 대한 실험적 연구에 의하면, 분석적으로 식별된 범죄 '핫스팟(hot spot, 범죄다발지역)' 기반으로 순찰경찰관을 배치하면 12주 후에 폭력범죄가 23% 감소하는 것으로 나타났다(Ratcliffe et al., 2011).

1970년대에 수행된 추가 연구는 경찰업무에 관한 다른 기본 가정에 의문을 제기하였다. 캔자스시에서의 조사연구에 따르면, 범죄 신고에 대한 재빠른 반응이 체포율에 어떠한 차이도 가져오지 못했다(Van Kirk, 1977). 그리고 형사의 범죄 수사가 체포로 연결되는 경우도 많지 않았다(Greenwood, 1975).

일상적인 법집행 관행을 공격하기 위해 이러한 예를 언급하는 것은 아니다. 다만, 전통적인 신념(동의에 의한 실재)도 우리를 오도할 수 있다는 사실을 경찰활동을 체계적으로 연구함으로써 알 수 있다는 점을 보여주고자 하는 것이다. 단순히 순찰경찰관의 수를 증가시키는 것은 경찰의 순찰이 상부의 통제 밖에 있는 경우가 많기 때문에 범죄를 줄이지 못한다. 대개 범죄가 발생한 시간과 경찰에 신고되는 시간 사이의 간격이 길기 때문에, 긴급한 도움 요청에 경찰이 더 빨리 반응해도 체포율을 뚜렷이 증가시키지는 못한다. 유능한 형사도 좀처럼 범죄를 해결하지 못한다. 왜냐하면 수사관은 그들 정보의 대부분을 순찰경찰관이 작성한 보고서에 의존하며, 또한 순찰경찰관은 피해자와 목격자로부터 정보를 구하기 때문이다. 이러한 초기 연구는 사건을 '해결 가능성'에 따라 몇 가지 범주로 분류하는 것이 수사를 개선하고 더 많은 체포로 이어질 수 있다는 점을 알려주었다

(Robb et al., 2011).

순찰의 효과와 반응시간, 형사업무에 관한 전통적인 믿음은 동의에 의한 실재의 예이다. 대조적으로, 각 법집행 업무에 관한 대안적 견해를 낳은 연구 프로젝트는 경험적 실재를 나타낸다. 이들 연구는 **경험적**(empirical)[1] 연구, 즉 경험이나 관찰에 기초한 지식생산의 예이다.

각 경우에서, 연구자들은 경찰업무에 관한 연구를 수행하였으며, 관찰과 경험에 입각하여 그들의 결론을 내렸다. 경험적 연구는 범죄와 형사사법을 학습하는 한 가지 방식이고, 경험적 연구를 수행하는 방법을 설명하는 것이 이 책의 목적이다.

과학의 역할

과학은 동의에 의한 실재와 경험적 실재 모두에 대한 접근법을 제공해 준다. 과학자들은 개인적으로 경험해 보지 않은 어떤 것의 실재에 대하여 동의하기 전에 충족되어야만 하는 어떤 기준을 가지고 있다. 일반적으로, 주장은 논리적이고 경험적인 지지를 받아야 한다. 즉, 그것은 이해할 수 있는 것이어야 하고, 실제 관찰과 일치해야 한다. 예를 들어, 왜 평범한 과학자(지구과학자나 천체물리학자가 아닌 과학자)가 '달의 어두운 쪽은 춥다.'는 주장을 받아들일까? 첫째, 달 표면의 열은 태양광선으로부터 나오기 때문으로 이해할 수 있다. 둘째, 달의 어두운 면에서 이루어진 과학적 측정이 그 주장을 확인해 준다. 이처럼 과학자는 그들이 개인적으로 경험하지 않은 것의 실재를 받아들이지만(그들도 동의에 의한 실재를 받아들인다), 그것은 특별한 기준을 가지고 그렇게 하는 것이다.

그러나 더 중요한 것으로, 과학은 개인적 경험을 통한 실재의 발견을 위한 특별한 접근법을 제공해 준다. 인식론은 아는 것의 과학이고, 방법론(인식론의 하위분야)은 (실재를) '발견하는 것'의 과학이다. 이 책은 형사사법 **연구방법론**(methodology. 범죄와 형사사법적 문제를 더 잘 이해하기 위해서 사회과학 방법이 어떻게 사용될 수 있는가)에 초점을 둔다. 과학적 탐구를 이해하기 위해서 우리 모두가 일상에서 행하는 탐구 유형을 먼저 살펴보기로 하자.

경험적(empirical) 지식이 우리가 경험한 것에 기반을 둘 때, 사회과학은 이를 경험적 지식이라고 부른다.
연구방법론(methodology) 어떤 것을 이해하는 데 사용되는 방법에 대한 연구.

---

1 볼드체로 된 단어들은 이 책의 끝에 있는 용어 풀이에 정리되어 있다.

일상적인 인간의 탐구

일상적인 인간의 탐구는 개인적인 경험과 간접적인 권위에 의존한다.

사람들은 대부분 주위에서 일어나고 있는 일을 이해하고, 미래 상황을 예측할 수 있을 때 좀 더 편안함을 느낀다. 게다가, 이러한 일을 인과적이고 확률적인 추론을 사용하여 상당히 자발적으로 한다. 첫째, 우리는 일반적으로 미래 상황이 다소간 현재 상황에 의해서 유발되거나 좌우된다는 것을 인식한다. 예를 들어, 우리는 교육을 받는 것이 나중에 우리가 버는 돈의 양에 영향을 미칠 것이라는 사실과 정지신호를 무시하고 달리면 교통경찰이 딱지를 뗄 수 있다는 것을 안다. 또한 학생으로서 열심히 공부하면 더 좋은 학점을 받을 것이라는 사실을 안다.

둘째, 우리는 그와 같은 인과적 패턴이 본질적으로 확률적임을 안다. 항상 그런 것은 아니지만, 결과는 원인이 없을 때보다 원인이 있을 때 더 자주 발생한다. 그래서 우리는 학생으로서 열심히 공부하는 것이 항상 그런 것은 아니지만, 대부분 좋은 학점을 받게 한다는 것을 안다. 또한 모든 정지신호 위반이 딱지를 떼이게 하는 것은 아니지만, 그것을 무시하면 위험하다는 것을 인정한다.

인과성과 개연성(또는 확률)의 개념은 이 책에서 매우 중요한 역할을 수행한다. 과학은 인과성과 확률을 좀 더 명백하게 해 주며, 그것들을 일상적인 인간의 탐구가 하는 것보다 더 엄격하게 다루는 기법을 제공해 준다. 과학은 탐구에서 우리를 더 의식적이고, 엄격하고, 명확하게 함으로써 우리가 이미 가지고 있는 기법을 더 예리하게 만들어 준다.

그러나 세상을 알기 위한 우리의 시도는 개인적 탐구나 직접적 경험과는 단지 부분적으로만 관련된다. 그보다 훨씬 큰 부분은 다른 사람들이 우리에게 제공해 주는 합의된 지식으로부터 온다. 이 합의에 의한 실재는 우리 스스로 현상을 이해하려는 시도를 도울 수도 방해할 수도 있다. 이제 간접적 지식의 두 가지 주요한 원천인 전통과 권위에 대해서 간략히 고찰해 보자.

전통

우리 각자는 세상의 작동에 관해 부분적이지만 확고하게 합의된 지식으로 구성된 문화 속에서 태어나고 문화를 물려받는다. 우리는 봄에 옥수수를 심어야 가장 많은 수확을 얻을 수 있고, 원의 둘레는 지름×3.14이며, (미국에서) 좌측 길로 운전하면 위험하다는 것을 타인으로부터 배운다. 우리가 이러한 '진리' 중 일부를 검증해 볼 수는 있으나, 대부분은 그것을 단순히 받아들인다. 이것은 '모든 사람이 알고 있는' 것이다.

이 점에서 전통은 인간의 탐구를 위한 몇 가지 분명한 이점을 갖는다. 모든 사람이 알고 있는 것을 받아들임으로써, 우리는 스스로 규칙성을 찾아내고 이해를 해야 하는 엄청난 과제로부터 여유를 가질 수 있다. 지식은 축적되며, 물려받은 정보와 깨달음은 더 많은 지식을 획득하기 위한 시발점이 된다.

동시에 전통은 인간의 탐구를 방해할 수도 있다. 모든 사람이 이미 이해하고 항상 이해해 왔던 것을 여러분이 새롭게 이해하려고 하면, 그 노력을 인정받기보다는 오히려 어리석은 사람으로 치부될 수 있다. 그러나 더 중요한 것은 우리 모두가 사실이라고 '알고 있는' 것에 대해 다른 이해를 구하는 경우 그 자체가 거의 없다는 것이다.

권위

전통의 힘에도 불구하고, 새로운 지식이 매일 나타난다. 우리 자신의 개인적 탐구에 더하여, 전 생애를 통해 우리는 새로운 발견을 배우고 다른 것에 대한 깨달음을 구한다. 이 새로운 지식의 수용 여부는 흔히 그것을 발견한 사람의 지위에 달려 있다. 예를 들어, '다음에 또 교통법규를 위반하면 면허가 정지될 것이다.'라는 말을 부모에게 듣는 것보다 판사에게 들으면 믿을 가능성이 더 클 것이다.

전통과 마찬가지로 권위도 우리의 탐구를 도울 수도 방해할 수도 있다. 우리는 어떤 주어진 문제에 대해 상호 모순된 주장을 접하게 되면 특별한 훈련을 받았거나, 전문지식이 있거나, 자격증이 있는 사람의 판단을 더 존중하게 된다. 동시에, 탐구는 자신의 특수 분야에서 실수를 범하는 전통적인 권위자에 의해 크게 방해를 받을 수도 있다. 어쨌든, 생물학자들은 생물학의 영역에서 실수를 저지르고, 그래서 생물학적 지식은 시간에 따라서 수정되고 발전하게 된다. 사람들은 대개 의사의 처방전 없이 팔리는 일반의약품도 제약사와 정부 당국의 권위를 믿으며, 지시한 대로 복용하면 안전할 것이라고 기대한다. 그러나 이러한 믿음이 19세기 후반에 우리로 하여금 바이엘(Bayer) 헤로인을 사서 비처방 진통제로 사용하도록 만들었다(Inciardi, 1986). '체포와 가정폭력'이란 제목의 글상자는 형사사법 정책 입안자가 관련 연구의 결과를 지나치게 빨리 수용할 때 발생할 수 있는 난감한 문제를 예시해 준다. 알베르트 아인슈타인(Albert Einstein)은 "권위에 대한 생각 없는 존경은 진실의 적"이라고 썼다(Highfield and Carter, 1994: 79에서 인용).

또한, 탐구는 자신의 전문영역 밖의 것을 언급하는 전문가의 권위에 의존할 때도 방해를 받는다. 예를 들어, 생화학적 전문지식이 전혀 없으면서 마리화나가 위험한 약물이라고 선언하는 정치 또는 종교 지도자를 생각해 보라. 광고 산업이 인기 있는 운동선수를 동원하여 상품을 보증 · 선전하는 것은 유명인의 권위를 오용하는 사례이다.

그래서 전통과 권위는 모두 세상에 관한 지식을 추구함에 있어서 양날의 검이 된다. 간단히 말해서, 그것은 우리에게 탐구를 위한 출발점을 제시해 주기도 하지만, 우리를 잘못된 지점에서 시작하게 하거나, 잘못된 방향으로 가게 할 수도 있는 것이다.

체포와 가정폭력

1983년에 가정폭력 사건에서 체포의 억제효과에 관한 한 연구의 예비결과가 발표되었다. 그 연구는 체포된 남성 가해자가 체포되지 않은 가해자에 비해 미래에 다시 폭력을 행사할 가능성이 작다고 보고하였다. 경찰재단 연구자가 수행한 이 연구는 자연과학에서 채택된 엄격한 실험적 방법을 사용하였다. 형사사법 학자들은 일반적으로 그 연구가 잘 설계되고 엄밀히 실행되었다고 인정하였다. 공무원들은 가정폭력의 가해자를 체포하는 것이 미래의 폭력을 억제하는 것이라는 연구결과를 재빨리 수용하였다.

체포가 가정폭력에 대처하는 효과적인 정책이라는 것을 입증하는 경험적 증거도 나타났다. 미니애폴리스 가정폭력의 실험결과는 폭넓게 소개되었는데, 그것은 부분적으로는 자신의 발견을 선전하려는 연구자의 적극적인 노력 때문이기도 하였다(Sherman and Cohn, 1989). 미 연방법무장관은 경미한 가정폭력 사건의 경우에도 모두 가해자를 체포하도록 경찰에 권고하였다. 5년도 지나지 않아, 미국 도시의 80% 이상의 법집행기관이 가정폭력에 대처하는 우선적인 방법으로 체포를 채택하기에 이르렀다(Sherman, 1992: 2).

가정폭력 억제를 위한 체포 정책을 재빨리 채택하기까지에는 여러 가지가 영향을 미쳤다. 먼저, 실험적 연구가 저명한 연구자들에 의해 신중하게 수행되었다. 둘째, 연구결과가 신문, 전문저널, TV 프로그램 등을 통해서 폭넓게 소개되었다. 셋째, 공무원들이 그 연구를 쉽게 이해할 수 있었으며, 대부분 그 결과에 공감하였다. 마지막으로 덜 심각한 가정폭력의 경우에도 체포를 강제하는 것은 점증하고 있는 문제에 대한 간단하고 정치적으로 매력적인 접근법이었다.

그러나 셔먼과 버크(Sherman and Berk, 1984)는 자신들의 연구결과를 비판 없이 채택하는 것에 주의를 촉구하였다. 일부 학자는 미니애폴리스의 연구결과를 검증하기 위해 다른 도시에서도 유사한 연구를 수행할 것을 요청하였다(Lempert, 1984). 이러한 주장을 수용하여, 미국법무연구원(National Institute of Justice: NIJ)은 여섯 개의 다른 도시에서 소위 반복실험을 하도록 후원하였다. 그러나 모두가 새 연구를 찬성한 것은 아니었다. 예를 들어, 밀워키의 한 페미니스트 단체는 체포의 효과가 이미 입증되었다고 믿었기 때문에 자기 시에서 반복해서 연구하는 것을 반대하였다(Sherman and Cohn, 1989: 138).

반복연구의 결과는 체포 정책의 효과성에 대해 문제를 제기하였다. 세 도시에서 경찰 기록상 아무런 억제효과도 발견되지 않았다. 다른 도시에서는 억제효과가 별로 오래 지속되지 않는 것(6~12개월)으로 나타났고, 세 도시에서는 가해자가 체포될 경우, 폭력이 사실상 강화되는 것으로 나타났다(Sherman, 1992: 30). 예를 들어, 셔먼과 동료들(Sherman et al., 1992: 167)은 밀워키에서 "관찰된 초기 억제효과는 30일에 이르는 동안 재빠르게 사라져갔다. 1년 후에 이르면 (체포는 폭력의) 가중효과(escalation effect)를 낳는다."라고 보고하였다. 체포는 어떤 경우에는 효과가 있으나, 어떤 경우에는 효과가 없다. 많은 다른 사건과 마찬가지로, 가정폭력에 대처할 때도 가해자의 특성과 가해자-피해자 관계의 본질을 신중하게 고려하는 것이 중요하다.

전국의 경찰관서들이 미니애폴리스 연구에 따라 체포 정책을 채택한 후, 연구자들은 왜 초기의 연구결과가 제한되어야 하는지를 설명해야 하는 어려운 과제에 직면하게 되었다. 체포의 효과는 그럴듯해 보였다. 즉, 공무원과 일반 대중은 자신이 신문에서 읽고 TV로 본 것을 믿었다. 복잡한 연구결과를 제시해 주면서 그들의 마음을 바꾸는 것은 더 어려웠다. 장기추적연구에 따르면, 체포된 범죄자는 (가정폭력 피해자 등에 의해 _옮긴이 주) 살해될 가능성이 더 크다는 사실이 밝혀졌다(Sherman and Harris, 2013). 더 놀랍게도, 체포된 범죄자의 가정폭력 피해자는 체포되지 않은 범죄자의 피해자보다 실험 후 23년 이내에 (보복에 의해) 사망할 가능성이 더 컸다(Sherman and Harris, 2015).

일상적 탐구에서의 오류

개인의 일상적 탐구는 수많은 잠재적 오류를 드러낸다.

전통과 권위에 의존하는 것이 갖는 잠재적 위험과는 별개로, 우리는 스스로 무언가를 배우려 할 때 실수를 하기 쉽다. 우리가 일상의 탐구에서 흔히 범하게 되는 몇 가지 오류를 고찰한 후, 과학이 그러한 오류에 대해 안전장치를 제공해 주는 방식을 살펴보자.

부정확한 관찰

탐구의 요지는 관찰이다. 우리는 먼저 이해할 무언가를 갖지 않고서는 현상이 존재하는 방식을 결코 이해할 수 없다. 우리는 왜(why)를 설명할 수 있기 전에 무엇(what)인지를 알아야 한다. 그러나 사람들은 대체로 생활 속 사건의 흐름을 다소 엉성하게 관찰한다. 우리는 바로 앞에 있는 사물도 정확하게 관찰하지 못할 수 있다. 예를 들어, 여러분은 교수님이 수업 첫날에 무슨 옷을 입고 있었는지 기억하는가? 여러분이 지금 추측해야 한다면, 맞출 확률은 얼마나 되는가?

일상의 우연한 탐구와는 대조적으로, 과학적 관찰은 신중하게 통제된 활동이다. 간단히 해서, 좀 더 세심하게 관찰하는 것이 오류를 줄이는 데 도움이 된다. 교수님이 무슨 옷을 입고 있는지 관찰하고 기록할 의식적 계획을 가지고 첫 수업에 갔더라면 여러분은 좀 더 정확하게 기억할 것이다.

많은 경우에, 적절한 측정 도구를 사용하면 부정확한 관찰을 막는 데 도움이 된다. 예를 들어, 여러분이 수업 첫날에 교수님의 사진을 찍었다고 가정해 보라. 사진은 아무런 도움도 받지 못하는 상태에 있는 인간의 감각이 해줄 수 있는 것보다 훨씬 더 정확한 정보를 제공해 줄 것이다.

과잉일반화

우리는 주변에서 관찰하는 특정한 현상 가운데서 어떤 패턴을 찾을 때 흔히 소수의 유사한 사건이 일반적 패턴의 증거가 된다고 가정한다. 일반화의 경향성은 일반적 이해에 도달하려는 압력이 있을 때 아마도 가장 클 것이지만, 그러한 압력이 있을 때는 과잉일반화(overgeneralization)도 발생한다. 과잉일반화는 언제나 탐구를 잘못 이끌거나 방해할 수 있다.

여러분이 어떤 도시 근린에서 새롭게 도보 순찰의 임무를 부여받은 신임 경찰관이라고 상상해 보라. 여러분의 상관은 업무 교대 때 여러분이 생각하는 그 구역의 주요 현안이 무엇인지 논의하기 위해 여러분을 만나려 할 것이다. 상관의 신임을 얻는 데 열성인 여러분은 어느 조그만 쇼핑구역에서 장사가 잘되는 상점을 하나 찾아 매니저와 인터뷰를 할 것이다. 만일 그 매니저가 손괴(vandalism)가 가장 큰 걱정거리라고 말한다면, (비록 주민과 다른 상점의 매니저는 마약 거래가 주된 문제이고, 나아가 그것이 지역의 침입절도, 차량 내 절도, 강도, 손괴를 유발한다고 믿을지라도) 여러분은 아마도 손괴가 담당구역의 주된 문제라고 보고할 것이다. 이처럼 과잉일반화는 담당구역의 문제에 대한 오해와 단순화를 초래할 것이다.

형사사법 연구자들은 관찰할 표본의 수를 미리 충분히 크게 함으로써, 그리고 그 표본의 대표성에 주의함으로써 과잉일반화를 피하려 한다. **반복연구**(replication)는 또 하나의 안전장치이다. 반복연구란 매번 유사한 결과가 나오는지를 확인하면서 어떤 연구를 반복하는 것을 말한다. 또한 연구가 약간 다른 조건에서 또는 다른 장소에서 반복될 수도 있다. (앞에서 본) '체포와 가정폭력'이라는 제목의 글상자는 반복연구가 특별히 응용연구에서 중요할 수 있는 이유를 예시해 준다. 반복연구는 앞선 발견 사실을 지지해 주거나 선행 연구의 정확성에 대해 의문을 제기할 수 있게 해 준다.

선별적 관찰

과잉일반화의 한 가지 위험은 그것이 선별적 관찰을 이끌 수 있다는 것이다. 일단 우리가 어떤 특별한 패턴이 존재한다고 결론 내리고, 그 이유에 대한 일반적 이해를 구성해 버리면, 이후에는 그 패턴과 일치하는 사건과 상황에만 관심을 갖고, 그렇지 않은 경우는 무시해 버리고자 하는 유혹을 받게 될 것이다. 인종적, 민족적, 그리고 기타의 편견은 선별적 관찰에 의해 강화된다.

연구자들은 흔히 특정 프로젝트에 대한 결론을 내리기 전에 관찰할 사례의 수와 종류를 미리 특정화한다. 예를 들어, 만일 여성이 남성에 비해 성범죄자에 대한 장기구금형을 지지할 가능성이 더 큰지 여부를 알고자 한다면, 우리는 그 문제에 관하여 관찰할 사례수를 구체화해야 할 것이다. 우리는 200명의 인터뷰 대상자를 선정할 수 있다. 비록 처음 10명의 여성이 장기형을 지지하고, 처음 10명의 남성이 그것을 반대하더라도, 우리는 연구를 위해 선정된 모든 사람을 끝까지 인터뷰하고 각 사례를 기록해야 할 것이다. 처음 20명에 대해서만이 아니라, 모든 사례에 대한 분석에 기초하여 결론을 내려야 할 것이다.

비논리적 추론

사람들은 무언가가 존재하는 방식에 대한 자신의 판단과 모순되는 관찰사례를 다루는 다양한 방법을 가지고 있다. 인간 정신의 가장 주목할 만한 창조물 중 하나는 도무지 이해

반복연구(replication) 선행 연구의 발견 사실을 검증하기 위해 연구를 반복하는 것. 때로는 약간 다른 조건하에서 또는 다른 대상 집단에 대해서도 이루어질 수 있다.

할 수 없는 관념인 '규칙을 입증하는 예외'이다. 예외는 (가정된) 규칙에 관심을 끌 수는 있으나, 어떠한 논리체계에서도 그것과 모순되는 규칙을 입증할 수는 없다. 그러나 우리는 흔히 간단한 일필의 비논리로써 모순을 털어내기 위해 이 함축적인 말을 사용한다.

통계학자들이 '도박꾼의 오류(gambler's fallacy)'라고 부르는 것이 일상적 추론에서의 비논리성에 대한 또 하나의 예증이 된다. 이 오류에 따르면, 지속되는 행운이나 불행은 그 반대의 징조로 추정된다. 그래서 어느 날 밤 포커에서 불운이 지속되면 승리가 임박하고 있다는 생각에 불을 붙일지 모른다. 대개 포커를 하는 사람들이 지나치게 오래 빠지는 것은 그와 같은 잘못된 믿음 때문이다. 반대로, 오랫동안 좋은 날씨가 계속되는 것은 주말 소풍 때 비가 올 것이 확실하구나 하는 걱정을 하게 만든다.

비록 우리 모두가 종종 당혹스럽게도 비논리적인 추론을 하지만, 과학자들은 의식적이고 명백하게 논리적인 체계를 사용함으로써 이러한 함정을 피한다. 제2장과 제4장에서는 과학에서 논리의 역할을 좀 더 깊이 있게 검토한다.

이데올로기와 정치

물론 범죄는 중요한 사회문제이고, 그것을 다루는 정책을 둘러싼 논쟁도 매우 분분하다. 많은 사람이 범죄를 줄이기 위한 방법인 사형, 총기규제, 장기구금 등에 대해 특정 방향의 의견을 가지고 있다. 경찰의 업무와 양형 정책에 있어서의 인종적 편견에 관한 관심도 지속적이다. 성범죄자에 대해 더 엄격하게 대응하는 것은 주 입법부가 좋아하는 논제인 것 같다. 그와 같은 쟁점들에 대한 관념적 또는 정치적 견해는 연구과정에서 객관성을 침해할 수 있다. 형사사법 전문가들이 범죄에 대한 과학적 연구에서 이데올로기와 정치를 분리할 때는 특별한 어려움을 겪을 수 있다.

범죄학자 사무엘 워커(Samuel Walker, 1994: 16)는 형사사법 연구에서의 관념적 편견을 신학에 비유한다. "기본적인 문제는 …… 신념이 사실을 이긴다는 것이다. 자유주의자와 보수주의자 모두에게 어떤 관념은 경험적 사실에도 불구하고 흔들리지 않는 종교적 신념과 같이 도전받지 않는 신조이다."

우리 대부분은 범죄를 다루는 정책을 비롯하여 공공정책에 대한 나름의 신념을 가지고 있다. 그러한 신념을 허용하는 것은 연구문제가 정의되고 연구결과가 해석되는 방식을 왜곡할 수 있는 위험이 있다. 범죄와 형사사법 정책에 대한 과학적 접근은 이데올로기, 신학, 권위의 맹목적 수용이 연구과정을 채색하는 것을 막지는 못하지만, 어느 정도는 억제해 준다. 경험적 연구에서 소위 신조는 경험과 대비된다.

오류는 인간적이다

지금까지 우리는 세계를 알고 이해하려는 시도에서 잘못된 방향으로 갈 수 있는 몇 가지 경우와 과학이 그러한 함정에 빠지는 것을 막아주는 몇 가지 방식을 보아왔다. 사회과학은 우리의 우연적인 일상의 탐구와는 두 가지 중요한 점에서 다르다.

첫째, 사회과학적 탐구는 의식적 활동이다. 비록 우리가 일상생활에서 끊임없는 관찰을 하고 있지만, 그중 많은 것이 무의식적이거나 반의식적(semiconscious)이다. 대조적으로, 사회과학적 탐구에서는 관찰을 위한 의식적인 결정을 하고, 실제 관찰할 때는 경계를 늦추지 않는다. 둘째, 사회과학적 탐구는 우리의 우연적 노력보다 더 신중한 과정이다. 우리는 실수를 예방하기 위해 더욱 주의한다.

사회과학 연구방법이 정말로 사람들이 개인적 탐구에서 저지를 수 있는 실수에 대한 완전한 보호망을 제공해 주는가? 물론 아니다. 우리가 본 것처럼, 개인은 모든 종류의 실수를 저지를 수 있을 뿐만 아니라, 하나의 집단으로서 사회과학자들 역시 그러한 함정에 굴복하고 장기간 헤어나지 못할 수 있다.

연구 목적

우리는 다양한 목적에서 형사사법 연구를 수행한다.

형사사법 연구는 다양한 목적에서 수행된다. 둘 이상의 변수 간 관계를 설명하는 것은 그러한 목적 중 하나이다. 그 외의 목적으로는 탐색, 기술과 응용이 있다. 하나의 주어진 연구가 복수의 목적을 가질 수 있지만, 각각의 목적은 연구설계의 다른 측면에 대해 다른 함의를 갖기 때문에 그것들을 각기 따로 검토하는 것이 유용하다.

탐색

형사사법 연구가 특정한 문제를 탐색하기 위해 수행되면 그것은 **탐색적 연구**(exploratory research)가 된다. 연구자나 관료는 별로 알려진 것이 없는 특정 범죄나 형사사법 정책 문제에 관심을 가질 수 있다. 혹은 치안활동, 법정관리, 교정에 대한 어떤 혁신적인 접근법이 일부 사법권에서 시행되어왔으며, 그래서 연구자가 그와 같은 업무 방식이 다른 도시나 주에서는 얼마나 흔한지 판단하고자 할 수 있다. 어떤 탐색적 프로젝트는 미래의 변화를 비교할 수 있는 기준선을 확립하기 위해 특정 측정도구를 사용하여 자료를 수집할 수도 있다.

예를 들어, 왕따 또는 괴롭힘(bullying)에 대해 고조된 관심은 각 고등학교에서 이런 행위가 어느 정도로 발생하는지 추정하는 노력을 촉구할 수 있다. 교사에게 얼마나 많은 신고가 이루어지는가? 부모는 자녀가 학교에서 협박을 당한 사실에 대해 불만을 호소하고 있는가? 괴롭힘 대상자의 성별에 따라 그 행위의 형태가 다른가? 게이, 레즈비언, 양성애 학생은 피해에 특별히 취약한가? 괴롭힘 혐의를 받는 학생이 비행에도 관여하는가?

괴롭힘이 학교 출석에 부정적 영향을 미치는가? 이것들은 괴롭힘 문제의 다양한 양상을 탐색할 목적을 갖는 연구 질문의 예이다. 또한 탐색적 질문은 괴롭힘 문제에 대해 부모와 학교가 대응하는 방식과 관련해서도 공식화될 수 있다. 얼마나 많은 학교가 괴롭힘 방지 특별교육 프로그램을 만들었는가? 피해자가 이용할 수 있는 서비스는 있는가? 『학교 범죄 및 안전성의 지표(Indicators of School Crime and Safety)』라는 정부간행물은 괴롭힘 및 학교 안전의 다양한 차원에 관한 정보를 개관해 준다. 이 간행물은 다음의 목적을 갖는다.

> 이 보고서는 학교 범죄 및 안전 정보를 철저하게 망라하기 위한 것은 아니며, 학교 범죄 및 폭력의 원인을 탐구하려는 시도도 아니다. 그보다는 다양한 자료 출처로부터의 정보에 대한 간략한 요약을 제공하고, 전국의 학교 범죄 및 안전에 관한 자료를 정책 입안자, 교육자, 학부모, 일반 대중이 쉽게 접근할 수 있도록 만들기 위해 설계되었다. (Robers, Kemp, Rathburn et al., 2014: 2)

탐색적 연구는 또한 어떤 정책적 변화를 모색하고 있을 때도 적절하다. 더 엄격한 법집행과 더 장기의 구금형은 수년 동안 약물남용에 대한 일반적인 정책적 대응이어서, 구치소와 교도소는 새로 체포되고 처벌받은 마약 범죄자로 금방 가득 찼다. 이러한 상황은 구금형에 대한 대안으로서 치료를 수반한 다이버전(전환)과 같은 방안을 찾도록 촉구하였다. 관료들이 어떤 새로운 정책을 고려할 때 전형적으로 가장 먼저 묻는 질문 중 하나는 '다른 도시(주)들은 이 문제를 어떻게 다루고 있나?' 하는 것이다.

형사사법에 있어서 탐색적 연구는 단순할 수도 있지만, 다양한 방법을 사용하는 복잡한 것일 수도 있다. 예를 들어, 어떤 시장이 자기 시에서 발생하는 약물 관련 체포에 관해 알고자 한다면, 그는 간단히 경찰서장에게 전화해서 보고서를 요청할 것이다. 대조적으로, 얼마나 많은 고등학생이 마리화나를 사용하고 있는지 추정하려면 좀 더 세련된 조사방법이 필요하다. 1975년 이후로 다양한 연방 기관이 학생의 마약 복용에 관한 전국 규모의 조사를 매년 수행해 오고 있다.

기술

형사사법 연구의 한 가지 핵심 목적은 범죄문제의 범위와 그 문제에 대한 정책적 대응을 기술하는 것이다. **기술적 연구**(descriptive research)에서 연구자나 관료는 연구대상을 관찰하고 관찰한 것을 기술한다. 형사사법적 관찰과 기술은 사회과학에 토대한 방법으로서, 예를 들어 오늘날 얼마나 많은 범죄가 발생하고 폭력적인 10대는 얼마나 되는지에 관한 사람들의 우연한 관찰보다 일반적으로 훨씬 정확하다. 기술적 연구는 흔히 관찰사례를 세거나 기록하는 것과 관계가 있다. 반면에, 탐색적 연구는 새롭거나 생소한 문제에 관한 예비적 이해를 추구하는 데 더 초점을 둔다.

기술적 연구는 형사사법 영역에서 자주 수행된다. FBI는 1930년대 이후로 표준범죄보고서(Uniform Crime Reports: UCR)를 발간해왔다. 표준범죄보고서의 자료는 신문에 일상적으로 보도되며, 미국에서 발생하는 범죄를 정확하게 기술하는 것으로 일반적으로 이해된다. 예를 들어, 2008년도 표준범죄보고서 자료(FBI, 2009)는 자동차 절도 범죄의 경우 네바다주가 전국에서 가장 높은 비율(인구 10만 명당 611.6건)을, 그리고 메인주가 가장 낮은 비율(인구 10만 명당 89.3건)을 갖는다는 것을 보여주었다.

미국에서는 형사사법 정책이 대개 주 및 지방 정부의 통제하에 있기 때문에 기술적 연구는 지방 정부로부터 정보를 수집하고 요약하는 경우가 많다. 표준범죄보고서가 그 한 예이다. 1850년 이후로 연방정부는 매년 주 및 지방 교정시설에 수용된 죄수에 대한 인구조사를 실시해 왔다. 10년 단위의 미국 인구조사와 마찬가지로, 그것은 특정 인구(이 경우, 구금시설에 있거나 보호관찰 또는 가석방 상태에 있는 인구)의 기본적 특성을 잘 보여준다.

형사사법 분야의 기술적 연구는 다른 용도도 갖는다. 연구자는 근린 범죄예방 단체의 모임에 참석하여 블록 감시팀을 조직하려는 그들의 노력을 관찰할 수도 있다. 이러한 관찰은 근린 범죄예방 단체의 활동을 기술하는 사례연구의 토대를 형성한다. 그와 같은 기술적 연구는 타 도시의 공무원과 주민이 자체 조직을 설립할 때 참고할 수 있는 정보를 제공해 줄 수 있다. 또한, 자동차 강탈범이 피해자의 저항을 극복하기 위해 다양한 기법을 사용하는 방식을 기술한 헤이스 콥스와 동료들의 연구(Heith Copes, Andy Hochstetler, and Michael Cherbonneau, 2012)도 살펴보라.

설명

형사사법 연구의 세 번째 일반적 목적은 현상을 설명하는 것이다. 도시 주민들은 일반적으로 경찰에 대해 우호적인 태도를 갖는다고 보고하는 것은 기술적 활동이지만, 왜 다른 사람들은 그렇지 않은 데 반해, 일부 사람들은 경찰이 일을 잘하고 있다고 믿는지 그 이유를 보고한다면 그것은 **설명적 연구**(explanatory research)의 예가 된다. 유사하게, 네바다주가 전국에서 자동차 절도 범죄율이 가장 높은 이유를 보고하는 것은 설명이지만, 단순히 주별 자동차 절도 범죄율을 보고하는 것은 기술이다. 연구자가 단순히 갱 조직원의 변화를 기술하는 것과는 달리, 갱 활동을 하는 14세 아이들의 수가 증가한 이유를 알고자 한다면 이는 설명적 목적을 갖는 것이다.

응용

연구자들은 또한 응용적 성격을 갖는 형사사법 연구를 수행한다. **응용연구**(applied research)는 정책적 함의를 갖는 특정 사실이나 발견을 위해서 수행한다. 그러므로 형사사법 연구의 또 하나의 목적은 공공정책에 대한 그것의 적용이다. 우리는 두 가지 유형의 응용연구, 즉 **평가**와 **문제분석**을 구분할 수 있다.

먼저, 응용연구는 흔히 특정 형사사법 프로그램의 효과를 평가하기 위해서 사용된다. 침입절도를 줄이기 위해 설계된 프로그램이 실제로 의도한 목표를 달성했는지 결정하는 것은 평가의 한 예이다. 가장 기본적인 형태로서, 평가는 어떤 프로그램의 목적을 결과와 비교하는 것을 포함한다. 예를 들어, 만일 경찰의 도보 순찰 강화가 갖는 한 가지 목적이 시민의 범죄 신고를 높이기 위한 것이라면, 도보 순찰에 대한 평가는 순찰 경찰관 수를 증가시키기 전후의 신고 수준을 비교하면 될 것이다. 제리 랫클리프와 동료들(Jerry Ratcliffe et al., 2011)이 필라델피아에서 도보 순찰을 평가할 때 이와 비슷한 일을 했다.

대부분의 평가연구는 어떤 프로그램 혹은 정책 변화의 결과를 검증하기 위해 사회과학 방법을 사용한다. 이 점에서 평가는 설명적 연구와 많은 공통점을 갖는다. 범죄문제는 지속적이고 자주 변화할 수 있기 때문에 관료들은 끊임없이 새로운 접근법을 찾으며, 그래서 새로운 프로그램을 평가하는 것은 관료나 연구자에게 점점 흔한 일이 되고 있다.

응용연구의 두 번째 유형은 일반적인 형사정책과 보다 구체적인 문제를 분석하는 것이다. 만일 우리가 판사와 검사를 오직 마약거래 사건만을 처리하기 위해 임명한다면, 법원의 잔무(backlog)에 어떤 영향이 발생할까? 경찰의 야간 순환근무를 2인 1조 순찰차로 전환한다면 얼마나 많은 경찰을 새로 충원해야 할까? 이 질문은 문제분석을 위해 묻게 될 what if 질문의 예이다. 이와 같은 질문에 답하는 것은 일종의 프로그램에 대한 평가이다. 문제분석은 그것이 주로 미래의 사건에 초점을 둔다는 점에서 여타 형태의 형사사법 연구와는 다르다. 정책 분석은 현재 혹은 과거의 행위를 관찰하고 분석하기보다, 대안적 행위의 미래 결과를 예기하려고 한다.

유사하게, 사법조직은 사건의 패턴을 연구하고 적절한 대응을 모색하기 위해 문제분석 기법을 점점 많이 사용한다. 문제지향 경찰활동(POP)이 아마 가장 잘 알려진 예인데, POP에서 범죄 분석가들은 재발하는 문제를 검토하기 위해 경찰 및 기타 다른 조직과 함께 작업한다. 론 클라크와 존 에크(Ron Clarke and John Eck, 2005)는 이런 종류의 응용연구를 위한 포괄적인 가이드를 준비하였다.

개별적인 연구 목적에 대한 우리의 논의가 연구 목적들이 상호 배타적이라는 점을 함축하고자 의도한 것은 아니다. 많은 형사사법 연구가 한 가지 이상의 목적을 갖는다. 여러분이 다니는 대학에서 자전거 절도의 문제를 조사해 보려 한다고 가정해 보라. 먼저, 여러분은 캠퍼스의 자전거 절도 문제를 '기술'해 주는 약간의 정보가 필요하다. 일부 위치에서의 자전거 절도는 감소했으나, 기숙사 바깥에 있는 자전거 보관대에서의 절도는 증가했다는 사실을 여러분이 '평가'를 통해 발견했다고 가정하자. 여러분은 기숙사 바깥에 주차된 자전거는 장기간 사용되지 않는 경향이 있으나, 교실 근처에 주차된 자전거는 좀 더 자주 사용된다는 사실에 주목하면서 이 발견 사실을 설명할 수 있을 것이다. 절도를 줄이기 위한 한 가지 방안은 보다 안전성이 강화된 자전거 보관대를 설치하는 일일 것이다. 정책 분석은 안전한 보관대의 설치비용과 자전거 절도의 감소로 얻을 수 있는 이익의 예측치를 비교하는 것이다.

덧붙여서, POP 센터는 자전거 절도 문제에 대한 매우 유용한 가이드를 출간했다(Johnson, Sidebottom, and Thorpe, 2008). 실질적인 가치 외에도, 이 안내서는 사법 전문가가 수행하고 사용할 수 있는 응용 연구의 한 예이다. 더 많은 정보와 예시를 보려면 POP 센터 웹사이트(http://www.popcenter.org)를 방문하라. 여러분 자신이 자전거 절도에 관한 연구를 직접 수행할 수도 있다.

연구 프로젝트 설계 방법

연구설계는 몇 단계를 거쳐 이루어지지만 그 단계가 항상 같은 순서를 따를 필요는 없다.

우리는 앞에서 사람들의 우연적 탐구가 오류를 발생시키는 방식과 연구의 기본적인 목적을 요약적으로 살펴보았다. 그러나 만약 여러분 자신이 연구 프로젝트를 수행한다면 무엇을 할 것인가? 어디서 시작할 것인가? 어떻게 진행해 나갈 것인가? 연구계획을 어떻게 시작할 것인가? 대학의 형사사법 연구방법 과목은 흔히 학생들에게 스스로 연구 프로젝트를 설계해 볼 것을 요구한다. 이 장의 나머지는 연구계획 및 연구계획서(proposal) 작성의 기본 사항에 대해 다룬다.

모든 프로젝트에는 출발점이 있다. 하지만 시작할 때 이미 이후의 단계 전부를 생각해 보는 것이 중요하다. 그림 1-1은 사회과학 연구과정 전체를 도식화한 것이다. 연구의 특정 구성요소에 대한 세부 사항을 다루기 전에 전체 프로세스에 대한 개요를 제공하는 일종의 지도라고 생각하라.

연구과정

그림 1-1 도식의 맨 윗부분에는 흥미, 아이디어, 이론, 새로운 프로그램이 있는데, 이들은 연구수행의 출발점이 된다. 문자(A, B, X, Y 등)는 억제 혹은 침입절도와 같은 개념을 나타낸다. 이처럼 여러분은 왜 처벌의 위협이 모든 사람이 아닌, 일부 사람에게서 범행을 억제시키는지 그 이유를 발견하는 데 흥미를 갖거나 혹은 침입절도범이 어떻게 범행대상을 선택하는지 조사하고자 할 수도 있다. 도식에 있는 의문부호는 각 개념 간의 인과적 관계를 우리가 확신하지 못한다는 것을 나타낸다. 이론은 일련의 복합적인 개념 간 관계로 표현된다(A, B, E, F).

또한, 연구과정은 그림 1-1의 오른쪽 꼭대기에서 보듯이, 새로운 프로그램을 위한 아이디어와 함께 시작할 수도 있다. 여러분이 보호관찰서비스 부서의 부서장이라고 가정하

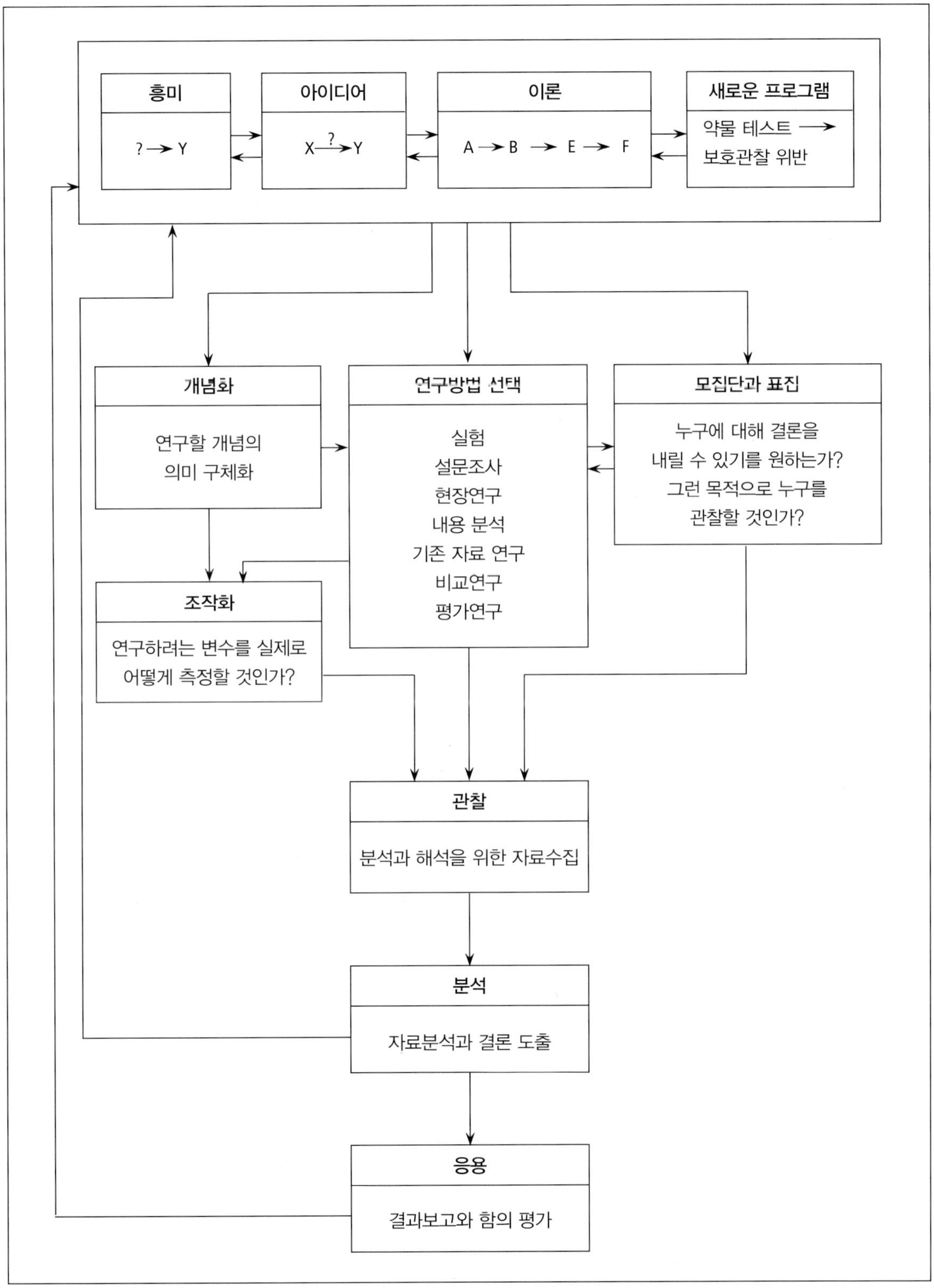

흥미
? → Y
아이디어
X →?→ Y
이론
A → B → E → F
새로운 프로그램
약물 테스트 →
보호관찰 위반
개념화
연구할 개념의
의미 구체화
연구방법 선택
실험
설문조사
현장연구
내용 분석
기존 자료 연구
비교연구
평가연구
모집단과 표집
누구에 대해 결론을
내릴 수 있기를 원하는가?
그런 목적으로 누구를
관찰할 것인가?
조작화
연구하려는 변수를 실제로
어떻게 측정할 것인가?
관찰
분석과 해석을 위한 자료수집
분석
자료분석과 결론 도출
응용
결과보고와 함의 평가

그림 1-1 연구과정

고, 보호관찰 중에 있는 사람들에게 매주 약물 테스트를 요구하는 새로운 프로그램을 도입하기를 원한다고 생각해 보자. 여러분은 형사사법 연구방법론 수업을 듣고 있으므로 새로운 프로그램을 시행하기 전에 그 프로그램에 대한 평가연구를 설계하기로 결정한다. 연구과정은 새로운 약물검사 프로그램에 대한 여러분의 아이디어와 함께 시작한다.

이러한 복수의 가능한 시작점 사이에서 왔다 갔다 하는 움직임에 주목하자. 초기의 흥미로부터 아이디어가 나오고, 이 아이디어로부터 좀 더 큰 이론이 만들어지며, 이론은 새로운 아이디어를 만들고 새로운 흥미를 유발한다. 혹은 어떤 이론에 대한 여러분의 이해가 새로운 정책을 생각해 보도록 자극할 수도 있다.

이러한 논의를 좀 더 구체화하기 위해 특정 연구를 예로 들어 보자. 여러분은 캠퍼스에서 발생하는 범죄문제에 관심이 있고, 다른 학생들은 이 쟁점을 어떻게 바라보고 그것에 대해 무슨 조치가 취해져야 한다고 생각하는지 알아내는 데 특별한 관심이 있다고 가정해 보자. 한 걸음 더 나아가, 학생들이 특별히 폭행이나 강도와 같은 폭력범죄에 대해 우려하고 있으며, 많은 학생이 대학 당국이 범죄예방을 위해 더 많은 일을 해야 한다고 느낀다고 가정해 보자. 이 아이디어의 출처는 대학을 몇 년 다니는 동안 갖게 된 여러분 자신의 관심일 수도 있다. 여러분은 이 아이디어를 수업에서 범죄이론을 배우는 동안에 발전시킬 수 있다. 아마도 여러분은 최근 캠퍼스의 범죄 동향에 관한 기사를 읽었을 것이다. 혹은 어떤 현상이 결합하여 여러분으로 하여금 캠퍼스 범죄에 관해 더 많이 알기를 원하게끔 만들지도 모른다.

이 장의 앞부분에서 다룬 연구 목적을 생각하면, 여러분의 연구는 주로 탐색적인 것일 것이다. 여러분은 아마도 기술적이거나 설명적인 관심도 가질 수 있다. 캠퍼스에서의 폭력범죄가 어느 정도 문제인가? 학생들이 특정 장소에서의 범죄에 관해 특별히 걱정하는가? 왜 어떤 학생들은 다른 학생들보다 범죄에 대해 더 걱정하는가? 학생들은 캠퍼스 범죄 문제를 완화하기 위해서 무엇이 효과적인 변화가 될 수 있다고 생각하는가?

출발

폭력범죄를 걱정하는 학생들에 대한 여러분의 연구를 수행하기 위해서 여러분은 당연히 이 쟁점에 관한 문헌부터 읽기를 원할 것이다. 여러분은 아마도 범죄에 대한 두려움과 사람들이 가장 걱정하는 범죄의 종류에 관해 행해진 선행 연구를 찾는 것에서부터 시작할 것이다. 캠퍼스 웹사이트에 게재된 기사가 최근에 발생한 폭력범죄에 관한 정보를 제공해 줄 수도 있다. 또한 여러분은 사람들, 예를 들어 다른 학생들이나 캠퍼스 경찰관들과 그 문제에 관해 대화하기를 원할 수도 있다. 이러한 활동은 연구설계와 관련한 다양한 결정 사항을 여러분 스스로 처리할 수 있도록 여러분을 준비시켜 줄 것이다. 연구 문헌을 검토할 때는 다른 연구자들이 그 문제에 대해 어떻게 접근했는지 주목하고, 동일한 연구설계가 여러분의 연구 목적에도 부합하는 것인지 숙고해야 한다.

그런데 여러분이 목적하는 바는 무엇인가? 연구를 설계하기 전에 이에 대해 명확히 하는 것이 중요하다. 교과목의 요건을 충족하기 위해 여러분의 연구에 기초한 보고서를 쓸 계획인가, 아니면 전문적인 논문을 쓸 작정인가? 경찰의 보호력 강화 또는 캠퍼스 조명 개선에 대한 주장을 뒷받침할 정보를 얻는 것이 목적인가? 캠퍼스 신문이나 블로그에 기사를 올리고 싶은가?

일반적으로, 연구를 수행하는 목적은 보고서에서 명시된다. 여러분이 어떤 프로젝트를 설계할 때는 첫 번째 단계로 이러한 보고서의 개요를 작성하는 것이 좋다. 연구가 완료되면 어떤 진술을 하고 싶은지 명확해져야 한다. 다음은 그러한 진술의 두 가지 예이다.

"주립대 학생들의 X%는 성폭행이 캠퍼스에서 큰 문제라고 믿는다."

"캠퍼스 바깥에서 거주하는 여학생들은 학교 기숙사에서 사는 여학생들보다 저녁 수업이 있는 건물 근처에 긴급 전화기를 설치해야 한다고 더 많이 느끼는 경향이 있다."

비록 여러분의 최종보고서가 처음의 모습과 흡사하지는 않겠지만, 계획된 보고서의 윤곽을 잡는 일은 여러분이 연구설계에 관한 더 나은 결정을 하는 데 도움이 될 것이다.

개념화

우리는 종종 억제, 재범, 범죄예방, 지역사회 경찰활동, 아동학대와 같은 형사사법 개념에 관해 우연히 이야기를 나눈다. 그러나 그것에 관한 연구를 하기 위해서는 이들 개념이 의미하는 바를 구체화할 필요가 있다. 제5장에서 이 **개념화**(conceptualization) 과정이 구체적으로 검토될 것이다. 지금은 가상적 사례에서 그것이 내포하는 바를 알아보기로 한다.

만약 여러분이 폭력범죄에 관해 학생들이 염려하는 바를 연구한다면, 여러분은 먼저 '폭력범죄에 대한 염려'가 무엇을 의미하는지 명확히 해야 한다. 이 모호한 문구는 사람에 따라 다르게 해석될 수 있다. 캠퍼스 경찰은 그것이 업무의 하나이기 때문에 폭력범죄에 관심을 가진다. 그러나 학생들은 두 가지 서로 다른 종류의 걱정을 할 수 있다. 먼저, 학생들은 이민, 건강 보호, 세계 경제와 같은 다른 사회문제를 걱정하는 것과 같은 방식으로 범죄를 걱정할 수 있다. 그들은 이러한 쟁점을 사회가 처리해야 할 문제로 인식하고 있다. 그러나 이러한 쟁점이 그들에게 직접적인 영향을 준다고 느끼지는 않는다. 그래서 우리는 이 개념을 '폭력범죄에 대한 일반적인 염려'로서 특정화할 수 있다. 다른 한편으로, 학생들은 폭력범죄의 위협이 그들에게 직접적인 영향을 준다고 느낄지도 모르며, 피해자가 될 가능성에 대한 어느 정도의 두려움을 표현할 수 있다. 이것은 '개인의 안전에 대한 두려움'이라고 부르도록 하자.

물론 여러분은 연구하려는 모든 개념을 구체화할 필요가 있다. 여러분이 범죄에 대한 염려가 학생의 '행위'에 미치는 가능한 영향에 관해 연구하려 한다면, 초점을 문을 잠그는 것과 같은 특정한 예방적 행위로 국한시킬 것인지, 아니면 수업, 파티, 미식축구장에 가는 것과 같은 일반적 행위를 다룰 것인지 여부를 결정해야 할 것이다.

연구방법 선택

형사사법 연구자는 다양한 방법을 사용할 수 있다. 각 연구방법에는 강점과 약점이 있으며, 어떤 개념은 특정한 방법을 통해서만 보다 적절히 연구될 수 있다.

설문조사는 개인의 안전에 대한 일반적 염려와 두려움을 연구하는 데 가장 적절한 방법이다. 염려와 두려움은 사람들이 생각하는 것이고, 그래서 보통은 직접 관찰할 수 없는 것이다. 여러분은 학생들을 직접 면접하든지, 아니면 온라인에서 설문지에 답하도록 요청할 수 있다. 제9장에서 보게 되겠지만, 설문조사는 개인의 태도와 의견을 연구하는 데 특히 적합하다. 따라서 범죄를 두려워하는 학생들이 그렇지 않은 학생들보다 캠퍼스의 가로등을 더 밝게 해야 한다고 믿는지 조사하고 싶다면, 설문조사가 좋은 방법이 될 것이다. 다른 방법으로, 여러분은 소수의 학생들로 초점집단(focus group. 제10장 참고)을 만들어 심층면접을 수행할 수도 있다.

제3부에서 다루는 또 다른 방법도 적절할 수 있다. 여러분은 캠퍼스의 안전을 개선하기 위해 내용분석(제12장 참고)을 통해서 캠퍼스 블로그의 항목을 검토하고 작성자의 권장 사항을 분석할 수 있다. 학생들이 캠퍼스의 어두운 장소를 회피하는 경향이 있는지 관찰하기 위한 현장조사연구(제11장 참고)는 밤중에 캠퍼스의 특정 구역을 피하려 하는 학생들의 행동을 이해하는 데 도움을 줄 것이다. 혹은 캠퍼스 범죄문제와 관련하여 학생들이 경찰이나 학교 행정당국에 대해 갖는 공식적 불만을 연구할 수도 있다. 여러분은 제3부에서 다른 연구방법들도 이러한 주제의 연구에 사용될 수 있음을 보게 될 것이다. 최선의 연구설계는 종종 복수의 연구방법을 사용하며 각자의 다른 장점을 이용하는 것이다.

조작화

연구되는 개념을 구체화하고 연구방법을 선택했다면, 여러분은 이제 구체적인 측정절차를 결정해야 한다. 제5장에서 논의되는 **조작화**(operationalization)는 특정 개념을 측정하는 데 사용되는 구체적 단계 혹은 조작을 의미한다.

여러분이 폭력범죄에 대한 염려를 연구하기 위해 설문조사를 하기로 결정한다면, 조작화는 설문 문항의 형태를 취할 것이다. 여러분은 개인의 안전에 대한 두려움을 다음 질문으로 조작화할 수 있다. "귀하는 어두워진 후 캠퍼스에 혼자 있을 때 얼마나 안전하다고 느낍니까?" 그 뒤에는 아마도 '안전'과 '불안전'이라는 대답을 표시하는 체크박스가 따를 것이다. 캠퍼스의 안전을 향상시키는 방법에 대한 학생들의 의견(태도)은 다음 문항으로 조작화할 수 있을 것이다. "아래에 열거된 목록은 캠퍼스의 폭력범죄를 줄이기 위해 취해질 수 있는 다양한 조치입니다. 각각의 조치에 대해 여러분이 찬성 혹은 반대하는지를 표시해 주세요." 그 뒤에는 '찬성'과 '반대'라는 체크박스가 붙은 다양한 조치가 나열될 것이다.

모집단과 표집

개념 정의와 측정을 세련되게 하는 것에 더해, 누구를 그리고 무엇을 연구할지 결정해야 한다. 연구 모집단은 우리가 결론을 적용하고자 하는 집단이다. 모집단은 보통 사람들로 구성되지만, 때로는 약물 갱생 클리닉 같은 집단(단체)들이 될 수도 있다. 그러나 관심 있는 모집단의 구성요소 모두를 연구하는 것이 거의 불가능하기 때문에, 우리는 대개 연구대상 중 일부를 표집한다. 제8장은 관심 모집단을 적절히 반영하는 표본의 선정 방법을 기술한다. 모집단과 표집에 관한 결정은 사용할 연구방법의 결정과 관련 있다는 점을 그림 1-1에서 주목하라.

'폭력범죄에 대한 염려'에 관한 연구에서 적절한 모집단은 여러분 대학의 학생 모집단이다. 그러나 제8장에서 논의되겠지만, 표본을 선정하는 작업은 그보다 더 구체적일 것을 요구한다. 풀타임 학생은 물론 파트타임 학생도 포함시킬 것인가? 캠퍼스 내 거주 학생을 선택할 것인가, 캠퍼스 밖에서 거주하는 학생만 선택할 것인가, 아니면 둘 다를 모두 포함시킬 것인가? 만일 여러분의 목적이 성희롱에 관한 염려를 연구하는 것이라면, 모집단을 여학생으로 한정할 것을 고려해야 한다. 만약 증오범죄가 특별한 관심사라면, 여러분의 연구 모집단은 소수인종이나 증오범죄에 특별히 취약할 것으로 생각되는 사람들을 확실히 포함하도록 해야 한다.

관찰

연구대상, 연구 모집단, 연구방법을 결정했다면, 여러분은 이제 관찰, 즉 경험적 자료의 수집을 할 준비가 되었다. 다양한 연구방법을 기술하는 제3부의 각 장에는 각각에 적합한 상이한 관찰 기법이 제시되어 있다.

폭력범죄에 대한 염려를 조사하기 위해서, 여러분은 전체 학생 중 선정된 표본을 대상으로 웹에 기반한 전자 설문조사를 실시할 수 있다. 아니면 인터뷰 팀을 구성하여 전화 설문조사를 할 수도 있다. 이런 방법의 상대적 장점과 단점, 그리고 다른 가능성에 대해서는 제9장에서 논의된다.

분석

이제, 우리의 탐구를 시작하게 한 흥미, 아이디어, 이론을 반영하는 결론을 도출할 목적에서 수집한 자료를 처리한다. 제14장은 자료를 분석할 때 사용할 수 있는 일부 선택사항을 기술한다. 그림 1-1에서 분석결과는 최초의 흥미, 아이디어, 이론으로 되돌아간다는 점에 주목하라. 실제로 이 피드백은 또 하나의 탐구과정을 시작하게 할 수 있다. 폭력범죄에 대한 학생들의 염려에 관한 연구에서, 분석 단계는 기술적 그리고 설명적 목적 모두를 추구할 수 있다. 여러분은 어두워진 후에 특정 주차시설을 이용하는 것에 두려움을 느끼는 학생의 비율과 캠퍼스의 안전을 향상시키기 위한 각각의 방안에 찬성 혹은 반대하는 학생의 비율을 계산하면서 연구를 시작할 수도 있다. 이런 몇 개의 비율을 종합해 보면, 이 쟁점에 관한 학생들의 견해를 쉽게 이해할 수 있을 것이다.

단순한 기술을 넘어서, 전체 학생의 다양한 하위집단의 의견을 조사할 수도 있다. 예를 들어, 남학생 대 여학생, 또는 신입생, 2학년, 3학년, 4학년, 대학원생, 그리고 기숙사에 거주하는 학생 대 학교 밖 아파트에 거주하는 학생을 비교할 수 있다. 그런 뒤에 여러분은 저녁 수업에 등록한 학생들이 캠퍼스 가로등을 개선하는 데 가장 찬성한다는 점을 주장하기 위해 어떤 설명적 분석을 수행할 수도 있다.

응용

연구과정의 마지막 단계는 여러분이 수행한 연구와 도출한 결론을 이용하는 것과 관련 있다. 먼저 여러분은 연구에서 발견한 사실을 다른 사람들도 알 수 있도록 전달하고자 할 것이다. 그래서 대개 보고서를 작성할 것이며, 아마도 수업시간이나 학회에서 구두발표를 할 것이다. 혹은 여러분의 연구결과를 알리는 웹페이지를 준비할 수도 있을 것이다. 다른 학생들도 캠퍼스 폭력범죄에 대한 그들의 염려에 관해 여러분이 발견한 것을 듣고 싶어 할 것이다.

여러분의 연구는 또한 캠퍼스 안전을 위해 실제로 무언가 조치를 하는 데 사용될 수도 있다. 만약 여러분이 면접한 학생 중 많은 수가 도서관 근처 주차장이 너무 어둡다고 믿는다면, 대학 당국이 가로등을 더 많이 설치하거나, 혹은 캠퍼스 경찰이 그 지점을 더 자주 순찰할 수도 있다. 만약 기숙사에 사는 학생들이 다른 유형의 주거지에 사는 학생들보다 더 폭력범죄를 두려워한다면, 범죄예방 프로그램이 기숙사에서 시작될 수도 있다. 럿거스 대학교(Rutgers University)에서 범죄예방론 수업을 듣는 학생들은 뉴저지주 뉴어크 캠퍼스 주변의 자동차 절도와 침입절도에 초점을 맞추었다. 그들의 기말 프로젝트는 대학과 시가 범죄를 줄일 수 있는 방법에 관해 구체적인 추천방안을 제시해 주었다.

연구문제에 관한 생각

연구과정 중 가장 중요한 하나는, 놀랍도록 어렵지만, 특정 문제나 의문점에 대한 여러분의 관심을 구체화하는 것이다.

여러분은 무엇을 이해하는 데 관심이 있는가? 물론 여러분은 범죄와 가능한 정책적 대응에 관해 몇 가지 의문점을 가지고 있을 것이다. 왜 어떤 청소년 갱은 마약을 판매하는 반면에, 다른 청소년 갱은 자동차를 훔치는가? 왜 캠퍼스 근처의 특정 근린이 더 높은 침입절도율을 보일까? 불시검문 작전에서는 총기가 얼마나 자주 발견되는가? 양형 정책은 소수집단을 차별하는가? 총기통제법이 있는 도시는 살인율이 낮은가? 침입절도는 단독가구에서 더 흔한가, 아니면 아파트에서 더 흔한가? 강간범에 대한 처벌의 엄격성이 주마다 많이 다른가? 상습음주운전을 줄이는 데는 의무적 구금형이 면허정지보다 더 효과적인가? 여러분의 흥미와 관심을 끄는 질문에 대해 잠시 생각해 보라.

여러분에게 가능한 연구 주제에 관한 아이디어를 주기 위해 맥스필드(Maxfield)가 2010년 가을 학기에 존 제이 대학(John Jay College)에서 가르쳤던 학생들이 제출한 과제의 주제를 아래에 몇 가지 제시하였다.

- 소년 가석방 심리에서의 위험 평가
- 종교와 문화가 자살에 대한 태도에 미치는 영향
- 체포 빈도가 약물 중독 및 정신 질환과 관련되는 정도의 결정
- 별거 이후의 가정폭력과 간접적 배우자 학대의 연관성
- 뉴저지주 애틀랜틱시티의 포주에 대한 탐색적 연구
- 스페인의 성범죄자에 대한 태도에 관한 실험적 연구
- 가톨릭 사제의 성적 학대가 성적 취향이나 상황적 요인의 결과인지 여부
- 아메리카 원주민 거주 지역의 커뮤니티 해체 및 범죄

대부분의 경우 연구자들은 연구를 진행하면서 연구 주제에 대해 더 많이 알게 되고, 이에 따라 연구문제를 수정하거나 명확히 하게 된다. 맥스필드의 반 학생들도 그랬다. 포주를 연구한 학생인 앰버 호닝(Amber Horning)은 애틀랜틱시티에서 소수의 매춘부만이 포주와 전형적인 노동자/관리자 관계를 맺고 있다는 사실을 알고 놀랐다. 그 결과 매춘 여성이 포주 및 포주의 역할을 하는 다른 사람과 일하는 방식들을 분류함으로써 연구를 재구성했다. (참고로 앰버 호닝은 이 책 '제10장 질적 면접'의 저자다.)

대개, 자신의 관심과 경험에 기초하여 주제를 선정한 다음, 과거 어떤 연구가 수행되었는지 자세히 알아보는 것이 좋다. 예를 들어, 교정 영역에서 상당한 경험을 가진 학생은 앞서 나열된 세 번째 주제를 조사했다. 그녀는 경미한 범죄로 자주 체포되는 사람들은 어떤 명백한 범행 의도보다 약물남용과 정신 건강 문제에 의해 더 범죄로 내몰리는 것 같

연구 주제에 대한 아이디어 얻기

사람들은 자신이 관심을 갖는 연구 질문의 종류에 대해 일정한 아이디어를 가지고 있을 것이다(물론 그 아이디어가 얼마나 일반적인지는 상관없다). 그렇더라도 초보 연구자가 연구를 시작하는 것은 쉬운 일이 아니다. 다음은 연구 주제에 대한 예비적 아이디어를 찾고 구체화하기 위한 몇 가지 팁이다.

인터넷 검색을 하되 전문화된 도구를 사용하라

예를 들어, 구글(Google) 검색 패널에 '성범죄자 거주 제한'이라는 문구를 입력해 보라. 2013년 4월 현재, 이 항목은 대중 매체 기사, 입법 링크 및 기타 여러 유형의 사이트를 포함하여 약 203,000개의 결과를 생성했다. 이제 구글 스칼라(Google Scholar) 검색 패널(http://scholar.google.com)에 동일한 문구를 입력해 보라. 2013년 4월 현재, 이 검색을 통해 상기 주제에 관한 약 238개의 학술 서적 및 논문 관련 결과를 얻었다. 이러한 결과의 항목 또는 그 문제에 대한 대중 매체 기사를 읽으면, '성범죄자 거주 제한'에 관한 연구를 시작하는 방법에 대한 아이디어를 얻을 수 있다.

기존 연구의 반복

재클린 베런슨과 폴 아펠바움(Jacqueline Berenson and Paul Appelbaum, 2010)은 두 개의 뉴욕 카운티에서 성범죄자들이 살았던 곳을 조사했다. 그들은 성범죄자가 학교 및 기타 공공시설과 같은 장소에서 최소한의 거리를 유지하도록 요구하는 법률과 그러한 법률이 성범죄자의 주거 선택에 미치는 영향에 관심이 있었다. 두 가지 발견이 주목할 만하다. 첫째, 두 카운티의 기존 주택 중 73~97%가 특정 시설과 너무 가까워 성범죄자가 출입할 수 없었다. 둘째, 첫 번째 발견의 결과로서, 두 카운티에 거주하는 대부분의 성범죄자는 제한 사항을 위반했다. 여러분의 도시 또는 카운티에서는 어떠한가?

성범죄자의 거주 장소에 대한 자료는 널리 이용 가능하기 때문에 다른 장소에서도 유사한 종류의 연구를 수행할 수 있을 것이다.

추가 연구를 위한 제언에 따른 후속 조치

대부분의 연구 논문과 책은 후속 연구가 지식에 어떻게 추가될 수 있는지 설명하는 것으로 결론을 내린다. 따라서 여러분이 흥미로운 논문을 찾으면 추가 연구에 대한 저자의 제안에서 연구 아이디어를 얻을 수 있다. 예를 들어, 노먼 화이트와 롤프 뢰버(Norman White and Rolf Loeber, 2008)는 학교에서의 따돌림, 특수 교육 프로그램에의 배치, 차후 심각한 비행에의 관여 사이의 연관성을 조사했다. 그들은 특수 교육 프로그램에의 배치와는 상관없이 차후의 비행이 종종 따돌림에 뒤따른다는 것을 발견했다. 그들의 연구는 펜실베이니아주 피츠버그의 학생들에 대한 수년간의 인터뷰를 기반으로 했다. 논문 말미에서 그들은 미래의 연구가 다양한 유형의 학교 활동에서 학생들의 행위를 체계적으로 관찰할 것을 권장하였다(White and Loeber, 2008: 393). 만일 여러분이 중학생의 따돌림이나 폭력 문제에 관심이 있다면, 해당 주제에 대한 연구를 보고하는 논문을 읽으면 여러분 자신의 연구를 설계하기 위한 아이디어를 얻을 수 있을 것이다.

교수님께 문의하라

만일 연구방법론 과목의 요건 중 하나가 연구계획서를 작성하거나 실제로 연구를 수행하는 것이라면, 기왕에 교수님이 관심을 갖는 주제를 선정하는 것이 좋을 것이다. 이 말은 여러분이 쓸데없이 교수님께 아첨해야 한다는 것을 의미하지는 않는다. 대신, 교수님을 전문가로 또는 책이나 논문을 쓰기 위해 연구를 수행하는 사람으로 생각하라. 교수님은 특정 분야에서 수행해야 할 연구가 무엇인지 잘 아는 전문가이다. 그러니 주저하지 말고 아이디어를 요청하라. '교수님은 어떤 종류의 주제에 관심이 있습니까?'와 같은 집중된 질문을 사용하라. 그것이 '저에게 아이디어 좀 주실 수 있습니까? 어디에서부터 시작해야 할지 모르겠습니다.'라고 부탁하는 것보다 낫다.

다는 자신의 관찰에서 시작했다. 그런 다음 그 학생은 구치소 수용자에 관한 선행 연구를 탐색하였으며, 연구 문헌을 더 많이 읽으면서 주제를 수정했다.

학생들은 때때로 실제 연구가 가능한 주제로 관심을 좁히는 데 어려움을 겪는다. 우리는 모두 범죄와 사법 문제에 대해 어느 정도 우려하지만, 우리의 우연적 관심은 (그 문제의 경중을) 오도하는 것일 수 있다. 범죄 및 사법 문제에 관한 연구를 읽는 것은 연구 주제에 대한 아이디어를 얻고, 사회과학이 대중 문헌에서 더 가볍게(casually) 언급되는 문제를 다루는 방식을 보기 위한 좋은 방법이다. '연구 주제에 대한 아이디어 얻기'라는 제목의 글상자는 이와 관련하여 더 많은 조언을 제공한다.

문헌 검토

연구자들은 문헌 검토와 함께 연구 프로젝트를 시작한다.

연구는 특정 주제에 대해 이전에 알려진 것을 확장하는 것으로 간주되어야 한다. 문헌 검토는 이미 알려진 것과 알려지지 않은 것을 말해줄 것이다. 대부분의 경우, 연구하고자 하는 핵심 개념을 중심으로 문헌 검색을 조직해야 한다. 또는 여러분은 교정 공무원, 성범죄자, 마약 상담가, 컴퓨터 해커 등과 같은 특정 인구를 연구하려 들 수도 있다. 어떤 경우든, 여러분은 핵심 관심사를 나타내는 일련의 용어들을 확인하게 될 것이다.

인터넷에서 정보와 검색 도구가 확장됨에 따라 문헌 검토를 하는 것은 더 쉬워졌지만 동시에 더 도전적인 일이 되었다. 오프라인 도서관을 방문하지 않고도 인터넷을 통해 많은 정보에 접근할 수 있다는 점에서 더 쉽다. 대부분 대학에서 이제 학술지에 접근하는 것은 온라인으로 가능하다. 정부 기관 및 민간 조직의 보고서는 온라인 접근 권한이 있는 모든 사람이 쉽게 사용할 수 있다.

특정 문제에 관해 다른 사람들이 발견한 내용을 검토하는 것은 거의 같은 이유로 더욱 어렵게 되었다. 끝없이 제공되는 문서에 접근하는 것이 쉽기 때문이다. 이것은 연구결과를 이론가들의 횡설수설로부터 분리하여 모든 정보를 정렬하는 방법과 관련된 문제를 낳았다. 아래에서는 관련 문헌을 찾는 방법에 대한 지침을 제공한 후, 몇 가지 주의 전략을 제안할 것이다.

일반 전략

문헌 검토는 기본적으로 정보를 축적하고 분류하고 종합하는 과정이다. 우리는 매일 다른 방식으로, 보통 비공식적인 방식으로 이 작업을 수행한다. 연구를 위한 문헌 검토는 연구과정 그 자체와 마찬가지로, 보다 체계적이고 신중하게 이루어진다. 여러분이 논문, 책, 웹사이트 또는 기타 출처를 검토할 때는 미리 메모해 두는 것이 가장 좋다. 또한 연구

문헌은 축적된다는 점을 명심하라. 연구는 일반적으로 앞의 '연구 주제에 대한 아이디어 얻기' 글상자에서 언급한 바와 같이 선행 연구를 기반으로 한다.

시작하기 여러분의 주제를 다루는 책이나 논문에서 시작하고 거기에서 확장해 나가라. 이것을 소스 자료라고 부를 것이다. 확장은 뒤로 가거나(소스 자료에 인용된 자료를 참조하는 것), 앞으로 가는 것(소스 자료를 기반으로 이후의 연구를 찾는 것)을 의미한다. 예를 들어, 여러분이 테러에 관심이 있다면 (소스 자료로) 로널드 클라크와 그레임 뉴먼(Ronald Clarke and Graeme Newman)의 책, 『테러리스트를 압도하기(Outsmarting the Terrorists)』(2006)를 읽을 수 있다. (뒤로 가는) 문헌 검토를 할 때는 그 책의 참고문헌 목록에 나와 있는 문헌을 선택하여 읽는다.

그러나 여러분은 클라크와 뉴먼이 2006년에 출판한 책의 내용을 확장한 후속연구에도 관심이 있을 것이다(앞으로 가는 문헌 검토). 이것을 검색하는 최상의 방법 중 하나는 웹사이트 구글 스칼라(http://scholar.google.com)를 사용하는 것이다. 검색 상자에 'clarke newman outsmarting'을 입력하면 가장 먼저 나타나는 참조 중 하나가 해당 책이어야 한다. 2016년 3월 현재, 이 검색에서는 221개의 후속 출판물이 그 책을 인용한 것으로 나타났다. "221건에서 인용"을 클릭하면, 이러한 출판물의 목록이 클라크와 뉴먼을 인용한 책이나 저널의 추가 정보에 대한 링크와 함께 생성된다. 예를 들어, 2015년에 조슈아 프레일리치(Joshua Freilich)와 동료들은 다양한 범죄학 이론이 테러 공격을 이해하는 데 얼마나 유용한지를 검토했다. 그들의 연구는 클라크와 뉴먼의 앞의 책을 기반으로 한다. 이것은 소스 자료 이후에 출판된 최신 연구를 어떻게 찾을 수 있는지 보여주는 예이다.

선택적이기 구글 스칼라와 같은 소스는 학술지 및 관련 출판물로 검색을 제한함으로써 자동 품질 관리 기능을 제공한다. 그러나 정부 보고서나 다른 형태의 조직에서 발행한 연구서와 같은 다른 유형의 자료를 찾고 싶을 때도 있다. 로널드 클라크와 필리스 슐츠(Ronald Clarke and Phyllis Schultze, 2005: 24)가 이에 유용한 경고와 지침을 제공한다.

> 학술 서적 및 저널 논문과 달리, 웹사이트는 거의 검토되거나 참조되지 않는다. 누구나 전문가처럼 보이는 웹사이트를 만들 수 있기 때문에 웹에서 이용할 수 있는 정보에 대해서는 비판적일 필요가 있다. 일반적으로 대학, 정부 기관 및 전문 조직이 후원하는 사이트는 상대적으로 더 신뢰할 수 있다.

일부 대학 도서관은 여러분이 연구에서 발견한 정보를 평가하는 방법에 대한 보다 자세한 제언을 준다. 예를 들어, 치코 소재 캘리포니아 주립대학(California State University at Chico)의 메리엄(Meriam) 도서관(2010)은 'CRAAP 테스트'라고 불리는 평가 기준을 기술한다.

현재성(Currency): 정보의 적시성
관련성(Relevance): 정보가 여러분의 특정 주제에 적합한가?
권위(Authority): 정보의 출처
정확성(Accuracy): 정보가 사실 또는 의견을 기반으로 하는가?
목적(Purpose): 정보의 존재 이유가 무엇인가? 제시되는 이유가 무엇인가?

도서관 이용 많은 출판된 연구 자료에 접근하기 위해 더는 실제 도서관을 방문할 필요는 없지만, 그래도 도서관과 사서는 연구를 위한 중요한 자원으로 남아 있다. 사서는 문헌을 검색하고 여러분이 찾은 다양한 출처를 평가하는 전략을 개발하는 데 도움을 줄 수 있다. 클라크와 슐츠(Ronald Clarke and Phyllis Schultze, 2005)는 다양한 유형의 도서관을 이용하는 방법에 대한 훌륭한 조언을 준다. 범죄와 사법에 관한 연구에 있어서는, 필리스 슐츠(Phyllis Schultze)가 지도하는 럿거스 대학교의 갓프레드슨 형사사법도서관(Don M. Gottfredson Library of Criminal Justice at Rutgers University)이 최고의 실물 자료 및 온라인 자원을 갖추고 어디에서나 이용 가능한 최고의 단일 도서관 자원으로 평가된다. '세계 형사사법도서관 전자네트워크(World Criminal Justice Library Electronic Network. http://andromeda.rutgers.edu/~wcjlen/WCJ/)'를 통해 도서관을 방문해 보라.

학술 연구를 읽는 방법

여러분은 소설을 읽는 것처럼 사회조사 보고서를 읽지는 않는다. 물론 그럴 수도 있지만, 가장 효과적인 방법은 아니다. 저널 논문과 책은 다소 다르게 구성되어 있다. 아래에 각각을 읽는 데 도움이 되는 몇 가지 초기 지침이 있다.

저널 논문 읽기 대부분의 저널에서 개별 논문은 초록으로 시작한다. 그것을 먼저 읽어 보라. 초록은 연구의 목적, 사용된 방법 및 주요 결과를 알려준다. 그것은 두 가지 주요 기능을 수행한다. 첫째, 논문의 나머지 부분(본문)을 읽고 싶은지 여부를 판단할 수 있는 정보를 제공한다. 만약 여러분이 논문을 쓰기 위해 문헌을 검토 중이라면, 초록은 해당 논문이 여러분의 연구와 유관 적합한 것인지를 알려줄 것이다. 둘째, 초록은 논문의 나머지 부분을 읽는 데 도움이 되는 뼈대를 설정해 준다. 초록을 읽음으로써 여러분은 마음속으로 연구방법이나 결론에 대한 질문을 제기할 수 있으며, 그렇게 함으로써 여러분이 추구할 의제를 만들 수 있다. 형사사법의 여러 저널은 이제, 출판된 각 논문에 대해 내용을 더 쉽게 파악할 수 있도록 표준화된 형식으로 초록을 제공한다. 초록은 **연구 목적, 방법, 결과, 결론**의 네 가지 항목으로 제시된다.

초록을 읽은 후 논문 끝에 있는 요약 또는 결론으로 바로 이동할 수도 있다. 그러면 논문의 내용이 무엇인지 더 자세히 알 수 있다. 여러분에게 생기는 새로운 질문이나 관찰을 기록하라.

다음으로, 논문 제목과 표 또는 그래프에 주목하면서 논문을 훑어보라. 관심을 끄는 것은 무엇이든 검토하는 것이 좋지만, 훑어보는 단계에서 이러한 항목을 연구할 필요는 없다. 이 단계가 끝나면 논문에 익숙해지기 시작할 것이다. 연구자의 결론을 명확하게 파악해야 하고, 그러한 결론에 도달하는 데 사용된 방법에 대해 일반적인 이해가 있어야 한다.

전체 논문을 주의 깊게 읽기로 결정했다면, 논문의 제목과 각 부분이 전체 논리에 어떻게 들어맞는지에 대한 이해를 얻을 수 있을 것이다. 계속 메모하라. 나중에 인용하고 싶은 구절을 표시하라. 논문을 꼼꼼히 읽은 후 한 번 더 빠르게 훑어보는 것이 좋다. 이렇게 하면 나무에 집중한 후 다시 숲과 접촉할 수 있다.

방금 읽은 내용을 완전히 이해하려면, 그것을 다른 사람에게 설명해 보는 것이 좋다. 수강하는 과목과 관련하여 논문을 읽고 있다면, 기꺼이 들어줄 사람을 찾는 것이 어렵지 않을 것이다. 그러나 그 주제에 대한 사전 인지가 전혀 없는 사람에게조차 조리 있게 설명할 수 있다면, 그것은 여러분이 해당 자료에 대한 절대적인 이해에 도달하였음을 의미한다.

책 한 권 분량의 보고서 읽기 책 한 권 분량의 연구보고서를 읽는 데에도 논문을 읽을 때와 유사한 접근법을 적용할 수 있다. 긴 연구보고서도 기본적 영역이 같고 거의 동일한 구조를 사용한다. 책은 서문과 맨 앞장이 논문의 초록처럼 연구의 목적과 방법, 주요 발견을 제시해 준다. 서문은 일반적으로 비공식적으로 작성되므로 초록보다 이해하기 더 쉬울 수 있다.

논문에서와 마찬가지로, 책도 먼저 전체적으로 훑어보면서 전체 구성, 표와 그래프, 주요 발견 사항에 대해 감을 잡는 것이 좋다. 책과 다소 친숙해진 느낌으로 이 단계에서 벗어나야 한다. 쭉 진행하면서 메모하고, 관찰한 내용과 제기된 질문을 기록하라.

책을 더 주의 깊게 읽는 것에 익숙해지면, 각 장마다 동일한 과정을 반복해야 한다. 앞으로 나올 내용에 대해 감을 잡기 위해, 시작 단락을 읽은 후 요약 및 결론 단락으로 건너뛰라. 각 장을 훑어보고 친숙도를 높인 다음, 진행하면서 메모하면서 더 신중하게 읽으라.

때때로 학술 서적의 일부를 건너뛰는 것은 괜찮지만, 그것은 처음에 그 책을 읽는 목적에 달려 있다. 아마도 책의 일부만이 여러분의 연구와 관련 있을 것이다. 그러나 저자의 연구결과에 관심이 있다면, 결론의 질을 판단하기 위해 연구에 사용된 방법(누가, 어떻게, 언제 연구되었는가 등)에 일정한 주의를 기울여야 한다.

연구계획서

연구계획서는 계획된 활동을 기술하며, 예산과 시간 계획을 포함한다.

만약 여러분이 (이 수업의 과제물로서, 또는 대학이나 연구재단의 자금지원을 받은 과제로서) 어떤 연구 프로젝트를 떠맡게 되면, 여러분은 무엇을 연구하고 어떻게 그것을 수행할 것인지 기술한 연구계획서(또는 연구제안서)를 제출해야 할지 모른다. 여기서는 여러분이 그런 연구계획서를 준비하는 방법에 대해 간략히 논의할 것이다. 이는 또한 전체 연구과정을 요약하는 기회가 될 것이다.

연구계획서의 요소

일부 연구지원 기관은 연구계획서의 요소, 구조 혹은 둘 모두에 대해 구체적인 요건을 갖추고 있다. 예를 들면, 대학원 연구지원을 위한 연구 모집공고에서 미국법무연구원(National Institute of Justice: NIJ)은 연구 주제와 상관없이 연구계획서에 포함되어야 할 요소를 기술한다(http://www.nij.gov/nij/funding/fellowships/graduate-research-fellowship). 여러분의 교수님도 이 과목을 위한 연구계획서에 대해 어떤 요건을 가질 수 있다. 아래에 거의 모든 연구계획서에 모두 포함되어야 할 기본적인 요소가 나와 있다.

문제 또는 목적 정확히 무엇을 연구하고자 하는가? 왜 그것이 연구할 가치가 있는가? 제안된 연구가 범죄 혹은 범죄에 대한 정책적 대응에 관한 우리의 일반적 이해에 기여하는가? 그것이 실제적 중요성을 갖는가? 만일 여러분의 계획서가 평가연구를 의도한다면, 문제, 목적, 혹은 연구 질문이 이미 구체적이어야 한다. 예를 들어, NIJ는 치안 변화와 관련된 평가연구를 요청하면서, 계획서가 21세기 치안 보고서에서 기술된 특정한 주제를 다루어 줄 것을 요구했다. 일련의 질문은 경찰의 무력 사용 관련 훈련 및 교육에 중점을 두었다(National Institute of Justice, 2016: 10).

문헌 검토 앞에서 설명한 바와 같이, 연구는 대개 여러분의 주제와 관련한 선행 연구를 검토하면서 시작한다.

연구 질문 여러분의 연구는 어떤 구체적인 질문에 대해 답하려고 하는가? 문헌 검토에서 서술했듯이, 기존의 다른 연구에서 발견한 것을 감안할 때, 여러분은 어떤 새로운 발견을 할 것으로 기대하는가? 연구 질문은 앞서 기술한 문제나 목적에 대한 보다 구체화된 버전으로 보는 것이 유용하다. 물론 여러분의 구체적인 질문은 다른 연구 발견의 맥락에서 구성되어야 한다.

연구대상자 자료를 수집하기 위해 누구를 또는 무엇을 연구할 것인가? 연구대상자를 일

종합적 사고 흑인으로서 운전하기

도입

미국에서 운전자에 대한 인종적 프로파일링은 1990년대 후반에 주요한 쟁점이었다. 경찰이 경미하게 교통법규를 위반한 소수인종 운전자들을 세워서 공격적으로 심문 · 수색하고, 심지어 체포까지 하는 일이 비일비재했다. 가장 잘 알려진 한 가지 사례가 있다.

> …… 하버드 로스쿨을 졸업하고 워싱턴 DC에서 관선변호사로 일하는 로버트 윌킨스(Robert Wilkins)는 1992년 5월, 오하이오주에 있는 가족의 장례식에 갔다. 집으로 돌아오는 길에, 그와 그의 삼촌, 숙모, 그리고 29세인 사촌은 캐딜락을 렌트하였다. 사촌이 운전 중이었는데, 메릴랜드주 서쪽 지역 고속도로의 제한속도 55마일 지점에서 60마일로 달리던 중 경찰에 의해 과속으로 적발되었다. 그들은 경찰관과 마약탐지견이 차를 수색하는 동안 비가 쏟아지는 갓길에 장시간 서 있게 되었다. 차에서는 아무것도 발견되지 않았다. 결국 윌킨스는 미국시민자유연합(American Civil Liberties Union: ACLU)을 통해 소송을 제기하였고, 메릴랜드주로부터 화해 요청을 받게 되었다. (Ramirez, McDevitt, and Farrell, 2000: 6)

이와 유사한 사건들은 수많은 소송을 야기하였으며, 결국 주와 연방에서의 법제화를 가져왔다.

핵심은 차량 검문이 아프리카계 미국인과 기타 소수집단을 의도적으로 차별하여 이루어졌는가 하는 것이었다. 미국 헌법이 법집행 공무원의 인종차별적 행위를 금하고 있기 때문에, 인종적 프로파일링이라는 주장은 수많은 법적 이의신청과 소송을 유발하였다.

본질적으로, 소송은 로버트 윌킨스 사건처럼, 개별 사건과 차별의 증거가 존재했느냐 하는 것을 둘러싸고 이루어진다. 이 점에서 법정소송은 개별 사건에서 발생한 일에 대한 사례기술적 설명을 추구하는 경향이 있다. 그러나 결국 사회과학자들은 인종적 프로파일링의 범위와 어떤 종류의 사항이 그러한 관행과 관련될 수 있는지를 평가하는 데 몰두하게 되었다. 즉, 어떤 종류의 사항이 경찰의 보다 일반적인 교통업무(차량 검문) 패턴을 설명하는지에 대한 법칙정립적 설명에 더 집중하였다.

인종적 프로파일링은 또한 전통적인 인간의 탐구에서 발생하는 다양한 오류의 예를 보여준다. 여러분은 대부분의 편견에서 과잉일반화가 갖는 역할을 인식할 것이다. 선택적 관찰(selective observation)은 또 다른 예이다. 만일 경찰이 소수집단은 마약 또는 무기 밀거래에 연루되기 쉽다고 믿는다면, 그들은 소수집단이 운전하는 차를 선별적으로 검문할 것이다. 경찰이 소수집단만 세우는 극단적인 사례를 가정한다면, 그들은 오로지 소수집단 운전자 가운데서만 무기 및 마약범죄를 발견할 수 있을 것이다. 그 경우에 인종적 프로파일링은 자기완성적 예언(self-fulfilling prophecy)이 될 수 있다.

이 글상자는 앞으로 매 장에서 계속될 '종합적 사고'의 첫 번째 예이다. 우리는 몇 가지 이유에서 인종적 프로파일링을 검토한다. 첫째, 그것은 미국 전역에서 정책적 조치와 연구를 촉진해온 매우 잘 알려진 쟁점이다. 둘째, 교통경찰의 차량 검문은 누구나 겪을 수 있는 흔

반적인 용어로 확인하라. 그리고 누가 (또는 무엇이) 연구될 수 있는지, 어떻게 그들과 접촉할 것인지 구체적으로 확인하라. 표본을 선정하는 것이 적절한가? 그렇다면 어떻게 표본을 선정할 것인가? 여러분의 연구가 연구대상자에게 어떠한 영향을 미칠 가능성이 있는가? 만일 그렇다면, 어떻게 그들이 연구로부터 해를 입지 않도록 보장할 것인가? 마지막으로 여러분이 인간 피험자와 직접 상호작용할 것이라면, 아마도 연구계획서에 동의 양식을 포함시켜야 할 것이다(제3장 참고).

한 경험이다. 사람들이 경찰을 접하게 되는 대부분의 경우는 범죄를 저질러 체포될 때보다는 운전하는 도중에 발생한다. 나아가, 데이비드 해리스(David Harris, 1999)의 말처럼, "이 나라 흑인의 대부분이" 교통경찰의 차별적인 차량 검문을 경험해 보았을 것이다. 셋째, 경찰과 그 밖의 공무원들은 흑인 운전자에 대한 차별적인 차량 검문은 교통위반의 서로 다른 비율을 반영하는 것일 뿐이라고 주장하면서 이의를 제기하였다. 이것은 개별적인 차량 검문 또는 차량 검문의 패턴이 운전자의 인종이나 그 밖의 어떤 것에 영향을 받는지 여부를 결정하는 방법에 문제를 제기하는 것이다. 이런 식으로, 차량 검문의 패턴과 그러한 패턴에 깔려 있는 이유를 측정하는 것이 한 가지 주요한 연구 주제가 되었다.

마지막으로 럿거스 대학교의 연구자들은 많은 사람들에게 인종차별이 심한 주로 인식된 뉴저지주에서 인종적 프로파일링에 대한 연구를 수행하였다. 맥스필드는 뉴저지주 경찰에 대한 연구를 수행하기 위해 동료인 조지 켈링(George Kelling), 카르스텐 안드레센(Carsten Andresen)과 협력하였다(Maxfield and Andresen, 2002; Maxfield and Kelling, 2005). 그리고 카르스텐 안드레센은 이 주제로 자신의 학위논문을 썼다(Andresen, 2005).

이처럼, 종합적 사고를 위한 예는 형사사법 연구의 번잡한 현실, 즉 출판된 연구에서는 보통 서술되지 않는 현실 속에서의 몇 가지 직접적인 경험을 반영한다.

어떻게 알 수 있는가?

우리가 지금까지 다루어왔던 것을 생각해 보고, 이러한 일반적인 방법론적 쟁점이 전국의 고속도로에서 일어나는 인종적 프로파일링의 문제에 어떻게 반영되는지 검토해 보자.

- 차량 검문을 받은 차 중 몇 퍼센트가 소수집단이 운전하는 차인가?(기술적) 특정 차량을 세우려는 경찰의 결정에 영향을 미치는 것이 무엇인가?(설명적) 경찰의 차량 검문 관행에 어떠한 변화가 이루어져야 하는가?(응용적)
- 어떻게 해서 우리가 경찰의 차량 검문 패턴에 차별적 관행이 있다고 믿게 되는가? 그러한 믿음을 뒷받침하는 증거가 있는가? 그리고 경찰의 처분이 인종이나 민족성에 영향을 받지 않는다는 주장을 어떤 증거가 뒷받침해 주는가?
- 위에서 언급한 것에 덧붙여, 전통적인 인간의 탐구가 갖는 오류 중 어떤 것이 개입될 수 있는가? 이데올로기와 정치는 어떠한가?
- 특정 이론이 우리의 탐구를 인도하는 데 도움이 되는가?
- 자치도시 경찰의 치안활동 및 범죄에 대한 대응에 관해서는 꽤 많은 연구가 이루어져 왔으나, 주 경찰과 교통경찰의 경우 별로 연구된 것이 없다. 다른 경찰에 관한 연구의 결과가 교통경찰을 이해하는 데 도움이 되는가?

인종적 프로파일링의 문제가 이 장에서 기술된 다른 주제를 어떻게 예시해 주는가?

측정 여러분의 연구에서 핵심변수는 무엇인가? 그 변수를 어떻게 정의하고 측정할 것인가? 여러분의 정의와 측정방법은 이 주제에 관한 기존의 연구와 동일한가, 아니면 다른가?

자료수집 방법 연구 자료는 어떻게 수집할 것인가? 직접 행동을 관찰할 것인가, 아니면 설문조사를 할 것인가? 현장조사를 할 것인가, 아니면 다른 사람이 이미 수집한 자료를 재분석할 것인가? 형사사법 연구는 종종 하나 이상의 방법을 포함한다.

분석 여러분이 수행하고자 하는 분석유형을 간단히 기술하라. 분석의 목적과 논리를 명확히 하라. 정밀한 기술에 관심이 있는가? 현상이 왜 그러한지 설명하고자 하는가? 새로운 프로그램의 영향을 분석할 것인가? 여러분의 분석이 고려하는 가능한 설명변수는 무엇이며, 그 프로그램의 영향을 적절히 설명했는지 어떻게 알 수 있는가?

참고문헌 연구계획서 작성을 위해 참고했거나 인용한 모든 자료의 목록을 반드시 포함하라. 인용의 형식은 다양하다. 여러분의 교수님이 형식을 구체적으로 정해 주거나, 아니면 책, 논문, 그리고 웹 기반 자료를 인용하는 방식에 대한 지침이 되는 특정 매뉴얼을 알려줄 것이다.

시간 계획 다양한 연구단계에 대한 시간 계획을 제시하는 것도 적절할 수 있다. 연구계획서에는 제시하지 않는다 하더라도, 여러분 자신을 위해 그렇게 하라. 연구단계별 시간 계획과 성취도에 대한 점검이 없으면 결국은 어려움을 겪게 될 것이다.

예산 다른 누군가에게 연구비를 요청할 때는 구체적인 예산 계획을 제시할 필요가 있다. 비용이 많이 드는 대규모 프로젝트에는 인력, 장비, 소모품, 그리고 각종 비용(교통비, 복사비 등)과 같은 예산 항목이 포함된다. 자비로 진행하는 간단한 프로젝트라도 시간을 들여 사무용품, 복사, 통신, 교통 등의 비용을 예상하는 것이 좋다.

여러분이 형사사법 연구 프로젝트를 수행하는 데 관심이 있다면, 교수님이나 연구비 지원기관이 요구하지 않더라도 여러분 자신의 목적을 위해서 연구계획서를 미리 준비하는 것이 좋다. 그런 프로젝트에 여러분의 시간과 정열을 투자하려면, 그 투자에 대한 보상을 받을 수 있을 만큼 많은 계획을 해야 한다.

경험을 통해 알아가기: 요약 및 미리 보기

경험적 연구에는 측정과 해석이 포함된다.

이 장은 경험적 연구 또는 경험을 통한 학습이라는 형사사법 연구의 토대를 소개했다. 형사사법에 대한 과학적 연구를 수행하는 것은 우리가 현상에 대해 배우는 일반적인 방식과는 다르다. 일반적인 탐구방식에는 몇 가지 내재적 한계가 있기 때문이다. 다음 장들은 과학이 그러한 한계와 편견을 피하려 시도하는 방법을 설명한다.

우리는 또한 탐색에서부터 정책 조치와 사법 문제 간 연관성 검토에 이르기까지, 형사사법 연구를 수행함에 있어서 염두에 둘 수 있는 다양한 목적을 고찰했다.

연구 프로젝트를 설계하는 방법에 대한 우리의 조언은 두 가지 측면에서 유용할 것이다. 첫째, 일반적인 연구보고서에 포함되는 내용에 대한 주석이 달린 개요를 살펴보라. 그것은 여러분이 이 과목을 위한 연구보고서 또는 연구계획서를 준비할 때 유용할 수 있다. 둘째, 그림 1-1과 연구 프로젝트 설계방법에 대한 우리의 논의는 이후 장들에 대한 소개 및 개요를 제공해 준다.

'종합적 사고: 흑인으로서 운전하기' 글상자는 우리가 이 책 전체에서 살펴볼 형사사법 연구의 한 예를 보여준다. 이 실행 예제는 주로 럿거스 대학교의 마이클 맥스필드(Michael Maxfield)와 그 이전 동료들이 완료한 연구를 기반으로 하며, 각 장에서 논의되는 주제의 특징을 예시해 줄 것이다. 이 장의 예에서는 그 주제를 소개하고, 그것이 법원과 언론에서 일반적으로 제시되어온 방식에 비해 연구자들은 어떻게 달리 접근하는지를 보여준다.

마지막으로, 많은 형사사법 연구가 측정과 해석이라는 두 가지 기본적 활동에 중점을 둔다. 연구자들은 실재의 양상을 측정한 다음 측정한 것의 의미를 해석한다. 우리 모두 일상적으로 세상을 관찰하고 있지만, 측정은 일반적인 인간의 탐구보다 더 신중하고 엄격한 어떤 것을 말한다. 이 책의 제2부와 제3부에서는 보다 신중하고 엄격한 측정을 하기 위해 관찰을 구조화하는 방법을 설명한다.

형사사법 연구의 또 다른 핵심은 해석이다. 해석의 대부분은 제4부에서 소개하는 자료분석을 기반으로 한다. 그러나 일반적으로 해석은 우리가 반복적으로 마주하게 되겠지만, 관찰이 구조화되는 방법에 따라 크게 달라진다.

측정과 해석을 함께 둠으로써 우리는 무언가를 기술하거나 설명하거나 예측할 수 있게 된다. 그리고 그것이 사회과학의 핵심이다.

요약

- 연구방법의 지식은 연구의 소비자임과 동시에 생산자인 형사사법 전문가에게는 소중한 것이다.
- 연구방법의 공부는 우리가 아는 것을 아는 방법에 관한 공부이다.
- 탐구는 우리를 둘러싼 세상에 대한 이해를 구하는 인간의 자연적인 활동이다.
- 우리들 지식의 대부분은 직접적인 경험보다 합의에 토대하고 있다.
- 전통과 권위는 지식의 중요한 근원이다.
- 경험적 연구는 경험에 토대하고, 체계적 관찰을 통해 지식을 만들어낸다.
- 과학자들은 대상을 관찰할 때 신중한 사고를 함으로써 비논리적 추론을 피한다.
- 범죄에 관한 과학적 연구는 관념적, 정치적 신념이 연구결과에 영향을 미치지 못하도록 감시는 하지만, 그것을 막지는 못한다.
- 연구 목적은 탐색, 기술, 설명, 응용으로 나뉜다.
- 연구과정은 여러 가지 단계를 포함하는 유동적인 것이다. 그 과정은 보통 일반적인 흥미와 아이디어로 시작한다.
- 선행 연구에 대한 신중한 검토는 연구과정의 핵심

적 부분이다.

- 연구계획서는 왜 연구를 수행하며 어떻게 수행할 것인지에 대한 개관을 제공한다. 이것은 계획을 위한 유용한 도구이며, 특정한 상황에서는 반드시 요구되기도 한다.

핵심 용어

핵심 용어는 본문 속에 굵은 글씨로 표시되어 있으며, 이 책의 끝에 있는 용어풀이에서도 찾을 수 있다.

개념화(conceptualization)
경험적(empirical)
기술적 연구(descriptive research)
반복(연구)(replication)
설명적 연구(explanatory research)
연구방법론(methodology)
응용연구(applied research)
조작화(operationalization)
탐색적 연구(exploratory research)

복습문제 및 연습문제

1. 이 장에서 논의한 개인적 탐구가 갖는 흔한 오류를 검토해 보라. 인터넷이나 신문을 검색하며 그러한 오류를 예증해 주는 범죄 관련 논문을 찾아보라. 사회과학자들이 그러한 오류를 피하는 방법에 대해서도 논의하라.
2. 여러분 대학 근처 어느 대도시의 범죄율에 관한 기술적 연구와 설명적 연구의 예를 간략히 논의하라.
3. 종종 우리가 사실로 생각하고 상당한 경험과 증거에 의해 지지되던 것이 사실이 아닌 것으로 드러나거나, 최소한 우리가 기대한 것만큼은 사실이 아닌 것으로 나타난다. 형사사법은 특별히 이러한 현상에 취약한 것 같은데, 그것은 아마도 범죄와 형사사법 정책이 대중매체의 주요 관심 대상이기 때문일 것이다. 만일 뉴스, 영화, TV 쇼 모두가 점증하는 갱 또는 마약 관련 폭력을 지적한다면, 이것이 체계적인 연구에 의해 확인된 실재적 문제라고 잘못 가정하기 쉽다. 현재 뉴스나 오락에서 화제가 되고 있는 특정 형사사법 주제를 하나 선택하라. 구글 스칼라 또는 기타 서지 도구를 사용하여, 우리가 이 장에서 설명한 체계적 방식으로 그 주제를 검토하는 두 가지 연구를 인터넷에서 검색하라. 연구결과를 간략하게 요약하라.

CHAPTER 02

형사사법 연구의 기초

우리는 과학적 이론을 일상의 추론과 구별할 수 있게 해 주는 것이 무엇이고, 어떻게 형사사법 연구에 대한 사회과학적 접근방법이 이론에 연관되는지를 살펴볼 것이다. 또한 이 책의 나머지 부분에 걸쳐 논의가 되는 조사 방법을 이해하기 위한 기초를 닦을 것이다.

학습목표

1. 사회과학의 세 가지의 근본적인 특징인 이론, 자료수집, 자료분석을 요약한다.
2. 사회과학자들이 왜 개인이 아닌 집합체를 설명하는 데에 관심을 가지는지를 기술한다.
3. 사회과학자들은 변수들을 연결하는 관계에 주로 관심이 있다는 것을 이해한다.
4. 사례기술적 법칙 및 법칙정립적 법칙에 있어서 설명의 차이를 이해한다.
5. 귀납적 추론과 연역적 추론 방식의 차이를 구별한다.
6. 연구에 대한 양적 접근법과 질적 접근법을 구별한다.
7. 객관성이 아닌 상호주관적 합의가 과학의 기본적인 규범임을 인식한다.
8. 사회과학 이론의 전통적인 이미지를 기술한다.
9. 과학적 탐구가 귀납과 연역 사이에서 어떻게 번갈아 나타나는지를 이해한다.
10. 어떻게 관찰이 근거이론에서 이론 발전에 기여하는지를 기술한다.
11. 어떻게 범죄학적 이론들이 다른 사회과학 그리고 때때로 자연과학 분야에 의존하는지 논의한다.
12. 어떻게 이론과 공공정책이 밀접하게 연관되어 있는지 기술한다.

이론과 연쇄 성범죄자

범죄학자 에릭 보러가드, 킴 로스모와 진 프롤스(Eric Beauregard, D. Kim Rossmo, and Jean Proulx, 2007)는 캐나다에서 수감된 69명의 연쇄 성범죄자를 연구했다. 그 연구는 두 가지의 목적을 가지고 있었다. 먼저, 연구자들은 성범죄자가 어떻게 피해자를 '사냥'했는지에 대한 기술적인 모델(descriptive model)을 개발하였다. 그들은 연구대상자와의 긴 인터뷰를 통해 범죄자가 피해자를 찾는 장소와 다양한 범행수법을 체계적으로 분류하였다. 범죄에 관련한 이론 중 합리적 선택이론과 일상활동이론은 보러가드와 동료들이 성범죄자의 행동을 그들의 기술적인 모델에 대한 요약된 범주로 분류할 수 있도록 도움을 주었는데, 그 모델의 설명은 다음과 같다.

피해자 탐색 방법

- 가해자의 일상활동
- 피해자의 일상활동
- 납치(사냥) 장소의 선택
- 선호하는 피해자 선택

가해자 공격 방법

- 공격 장소 선택
- 피해자를 이동하는 방법
- 범행 장소 선택

두 번째 목적은 이 모델이 연쇄 성범죄 **프로파일링**에 유용한지 확인하는 것이었다. 만약 연구자들이 성범죄자의 행동 패턴을 식별할 수 있다면, 현재 잠재적 범죄자의 행동을 전반적으로 프로파일링하는 것이 가능할 것이다. 결과는 공격 단계의 명확한 패턴과 순서를 밝혀내는 데 도움을 주는 것으로 나타났다. 성범죄자의 행동은 피해자와 마주친 특정 상황에만 국한되었다. 예를 들어, 57%의 성범죄자는 공원이나 쇼핑몰과 같은 공공장소를 그들의 '사냥터'로 선택하였다. 이와 관련하여, 이러한 연쇄 성범죄자는 범행 대상을 가족 구성원으로 제한하는 경향이 있는 성범죄자와는 상당히 다른 특성을 보였다(Leclerc, Wortley, and Smallbone, 2011).

이 사례는 이론이 형사사법 연구에 기여하는 세 가지 방법을 보여준다. 첫째, 보러가드와 동료들은 연쇄 성범죄자의 행동에 대한 분석을 위해 기존의 이론을 이용했다. 우리는 이번 장에서 이러한 이론의 **연역적** 사용에 대한 더 많은 사례를 살펴볼 것이다. 둘째, 예비 모델로부터의 발견은 "또한 범죄자 프로파일링에 관한 이론적 가정에도 기여한다"(Beauregard, Rossmo, and Proulx, 2007: 461). 이는 귀납적 이론을 구축하는 것으로, 연구결과를 더 일반적인 진술이나 예측으로 이끌어낸다. 셋째는 형사사법이론과 정책 사이에 존재하는 많은 공통점이다. 형사사법이론과 정책은 일반적인 설명과 행동의 패턴에 의존한다.

또한 이 사례가 개인이 아닌 성범죄자 집단을 어떻게 조사하는지에 주목해야 한다. 마지막으로, 연구자들은 장소와 성범죄자의 행동 사이의 관계에 관심을 갖고 있다.

도입

구체적으로는 형사사법 분야, 일반적으로는 인간행동 분야를 과학적으로 연구할 수 있다.

사회과학의 진화는 이전에 사물에 대한 묘사를 강조한 것에서부터 벗어나 체계적인 설명을 강조하도록 하였다. 예를 들면, 정치학자들은 오늘날 정치적인 제도를 기술하는 것보다는 정치적인 행동을 설명하는 데 초점을 맞춘다. 계량경제학과 같은 하위분야의 성장은 역사학에서 사료편찬학이 그랬던 것과 같이, 이러한 효과를 경제학에 미쳤다. 그리고 형사사법 분야와 범죄학도 동일한 경향을 따랐다. 범죄의 원인과 형사사법 정책의 효과에 관한 연구는 경찰수사 또는 교정관리를 위한 전략을 설명하는 이전의 강조점을 보충해 주었다.

이 책은 물리학자의 원자 또는 생물학자의 세포가 그럴 수 있는 것과 마찬가지로 인간의 행동도 과학적인 연구에 맡겨질 수 있다는 입장에 기초를 두고 있다. 범죄와 형사사법에 관한 연구는 인간행동의 특별한 형태에 집중하기 때문에 과학적인 방법을 결코 받아들일 수 없는 것이 아니다. 우리의 관심은 이제 그것이 범죄학과 형사사법 분야에 적용되는 전반적인 사회과학적 탐구의 논리로 돌아간다. 그 논리는 탐구를 이끌어주는 이론의 사용에 근본적으로 뿌리를 두고 있다.

동시에 형사사법 분야의 연구는 과학적인 측정으로 쉽게 환원될 수 없는 질문을 흔히 조사한다. 연구자들은 때때로 특정한 개인이나 소규모의 사람들에 대한 구체적인 이해를 갖는 것에 관심을 더 가질 때도 있다. 예를 들어, 앰버 호닝(Amber Horning)의 매춘 포주에 관한 연구에서는 성매매업 종사자와 소비자를 연결하는 역할의 범위에 대해 더 알아보려 하였다(제10장 참고). 그러한 연구 질문을 다루려면 자연과학 분야의 과학자들이 사용하는 방식과는 다른 방식으로 정보를 얻어야만 한다.

사회과학 이론의 기초

사회과학적 연구는 논리와 관찰을 통해 지식을 창출한다.

과학은 때때로 논리학적 경험으로 특정된다. 게다가 이 용어는 중요한 메시지를 담고 있다. 과학에서 두 가지의 핵심 특징은 (1) 논리 또는 합리성과 (2) 관찰이다. 세상을 과학적으로 이해하려면 이치에 맞아야 하고 우리가 관찰하는 것에 동의해야 한다. 이 두 요소 모두 사회과학에 필수적이며 전체 과학의 세 가지 핵심 측면인 **이론, 자료수집, 자료분석**과 관련이 있다.

포괄적인 일반화로서 과학적 이론은 과학의 논리적 측면을 다루고, 자료수집은 관찰적인 측면을 다루며, 자료분석은 관찰된 것의 패턴을 찾는다. 이 책은 주로 자료수집과 관련된 문제(경험적 연구를 수행하는 방법)에 초점을 맞추고 있지만, 사회과학은 세 가지 요소를 모두 포함한다. 이 장의 후반부에서는 연구를 설계하고 실행하는 이론적 맥락을 고려하고, 제14장에서는 자료의 통계 분석에 대한 개념적 소개를 제시할 것이다.

그럼 지금부터 사회과학 안에서 사회현상을 바라보는 다른 방법과 구별되는 몇 가지 근본적인 문제에 대해 알아보도록 하겠다.

철학 혹은 믿음이 아닌 이론

사회과학 이론은 그것이 무엇이 되어야 하는가가 아니라 그것이 무엇인가와 관련이 있다. 이것은 과학적 이론, 더 넓게는 과학 그 자체가 가치에 대한 논쟁을 해결할 수 없다는 것을 의미한다. 예를 들어, 사회과학은 어떤 합의된 기준을 제외하고는, 선출된 검사(대부분의 주)가 주지사에 의해 임명된 검사(뉴저지주)보다 더 나은지를 판단하지 못한다. 우리는 선출직 검사와 임명직 검사 중 그 어느 쪽이 그들이 봉사하는 시민들로부터 더 존중받는지를 과학적으로 판단할 수 있을 것이다. 하지만 시민 존중을 측정하는 방법에 대해 합의되어야만 그렇게 할 수 있고, 우리의 결론은 전적으로 그 합의된 측정에 달려 있을 것이다.

같은 의미로 유죄판결률이나 평균 형량이 검사의 자질을 가늠하는 좋은 척도라는 데에 동의한다면 한 도시의 검사가 다른 도시의 검사보다 나은지 나쁜지를 과학적으로 판단할 수 있게 될 것이다. 그러나 다시 한 번 우리의 결론은 합의된 기준에서 벗어나지 못할 것이다. 그러나 실제적인 문제로서, 사람들은 가치 있는 문제를 결정하는 기준에 좀처럼 동의할 수 없으며, 과학은 그러한 논쟁을 해결하는 데 거의 도움이 되지 않는다.

한 가지 예로, 좋은 가석방 담당자를 식별하는 방법에 대한 딜레마를 생각해 보라. 한편으로, 담당하고 있는 수용자가 규칙을 위반하지 않을 경우 가석방 담당자는 좋은 담당자로 간주될 수 있다. 그러나 가석방 담당자는 감독해야 할 수용자의 잘못된 행동을 무시함으로써 낮은 위반율을 달성할 수 있다. 따라서, 우리는 대상자들을 규칙 위반으로 자주 소환하는 가석방 담당자가 자신의 업무에 더 충실한 것으로 보아야 할지도 모른다. 또한, 가석방 담당자를 평가할 때 다른 요인도 고려해야 한다. 또한 사소한 규칙 위반으로 교도소의 과밀화를 초래한다면 가석방 담당자가 반드시 좋은 가석방 담당자로 인식되는 것은 아닐 것이다. 실제로 미국연구평의회(National Research Council, 2007)는 가석방 및 범죄자 감독에 관한 연구에서 가석방의 목적을 검토할 때 이 문제를 고려하였다.

이처럼 사회과학은 무엇이 있고 왜 그런지만 알 수 있도록 도와줄 수 있다. 그것은 사람들이 무엇이 어떤 것을 다른 것보다 더 좋게 만드는지 결정하는 기준에 동의할 때만이 무엇이 되어야 하는지에 대한 질문에 답을 하기 위해 사용될 수 있다. 그러나 이 기준의 합의는 거의 이루어지지 않는다. 이러한 이해와 함께, 지금부터는 사회과학자들이 무엇이고 왜 그런지에 대한 이론을 개발하기 위해 사용하는 몇 가지 기본사항에 관해 설명하도록 하겠다.

규칙성

궁극적으로 사회과학은 사회현상에서 규칙성의 패턴을 찾는 것을 목표로 한다. 이것은 물론 삶이 규칙적이고, 혼란스럽거나 무질서하지 않다고 가정한다. 그러한 가정은 모든 과학에 적용되지만, 사람들이 사회과학에 처음 접근할 때 가끔은 장벽으로 작용하기도 한다.

언뜻 보기에는 자연과학의 주제는 사회과학의 주제보다 더 규칙적인 것처럼 보인다. 자연과학에서 무거운 물체를 떨어뜨릴 때마다 물체가 지구로 떨어지는 것과는 대조적으로, 판사는 같은 죄로 유죄를 선고받더라도 한 사람에게는 징역형을 선고하고 또 다른 사람에게는 보호관찰을 선고할 수 있다. 또한 제한속도보다 시속 10마일을 넘으면 오하이오에서는 속도위반이지만 뉴저지에서는 그렇지 않다.

사회의 수많은 규범과 규칙이 규칙성을 만들어낸다. 예를 들어, 일정 연령에 도달한 사람만이 운전면허를 취득할 수 있다. 오직 변호사들만이 미국 연방대법원의 직책을 맡을 대상으로 고려될 수 있다. 이렇게 사회과학에서는 비공식적이고 공식적인 처방 이후에 사회적 행동을 규제하거나 정규화하게 된다.

사회과학은 규범과 규칙성에 의해 생성된 규칙 외에도 관찰에 기초한 다른 유형의 규칙을 다룬다. 예를 들어, 십대는 중년층보다 더 많은 범죄를 저지른다. 남성이 살인을 저지르면 보통 다른 남성을 살해하지만, 여성 살인범은 남성을 살해하는 경우가 더 많다. 평균적으로, 백인 도시 거주자들은 백인이 아닌 사람들보다 경찰을 더 호의적으로 본다. 판사는 경찰관보다 더 많은 월급을 받는다. 마지막으로 보호관찰관은 교도관보다 감독하는 사람에 대해 더 동정적일 수 있다.

예외 사항

어떤 사회적 규칙성에도 예외가 있다는 반론은 규칙성 자체가 중요하지 않다는 뜻은 아니다. 대도시의 경찰관이 작은 마을의 판사보다 더 많은 돈을 벌 수 있지만, 전반적으로 판사가 경찰보다 더 많은 돈을 번다. 이렇듯 패턴은 여전히 존재하는 것이다. 사회적 규칙성은 **확률적** 패턴을 나타내며, 일반적인 패턴이 되기 위해 관측 가능한 사례의 100%가 반영될 필요는 없다.

이 규칙은 사회과학뿐만 아니라 물리과학에도 적용된다. 예를 들어 유전학에서 푸른 눈을 가진 사람과 갈색 눈을 가진 사람의 사이에서는 아마도 갈색 눈을 가진 자손을 낳을 것이다. 그러나 푸른 눈을 가진 아이의 탄생은 관찰된 규칙성에 도전하지 않는다. 오히려, 유전학자는 갈색 눈의 자손이 나올 가능성이 더 크고, 더 나아가 갈색 눈의 자손은 단지 특정 비율의 경우에만 태어날 것이라고 설명한다. 사회과학자는 비슷한 확률론적 예측을 한다. 여성은 전반적으로 누군가를 살해할 가능성이 작지만, 그들이 살해할 때 피해자는 대부분 남성이다.

개인이 아닌 집합체

사회과학자들은 주로 개인보다는 사회적 패턴을 연구한다. 모든 규칙적인 패턴은 많은 개인의 종합적이거나 결합된 행동과 상황을 반영한다. 사회과학자들이 개인에게 영향을 미치는 동기를 연구하기는 하지만, **집합체**(aggregate)가 사회과학 연구의 대상이 되는 경우가 더 많다.

개인보다는 집합체의 패턴에 초점을 맞추는 것은 형사사법 연구자의 활동과, 대부분의 형사사법 실무자의 일상 활동을 구분한다. 예를 들어, 교정 시설에 새로 수용된 개인을 처리하고 분류하는 작업을 고려해 보자. 교도관들은 보안 위험, 프로그램 필요성 및 직업 선택권을 결정하기 위해 심리 검사를 실시하고 각 신규 수감자의 이전 기록을 검토한다. 하지만 백인 수용자가 유색인 수용자보다 더 바람직한 직업에 배정되는 경향이 있는지를 연구하는 연구자는 직무 할당 패턴에 더 관심이 있을 것이다. 연구자들은 특정 개인에 대한 직무 할당보다는 백인과 백인이 아닌 인구 집단의 직무 할당 집계에 초점을 맞춘다.

사회과학 이론은 전형적으로 개인의 행동이 아닌 집합 전체의 행동을 다룬다. 이들의 목적은 행동을 수행하는 개인들이 시간이 지남에 따라 변화하는 데도 불구하고 왜 집단적인 행동 패턴이 규칙적인지를 설명하는 것이다. 다른 중요한 의미에서 사회과학은 사람들을 설명하려고 하지도 않는다. 오히려, 사람들이 운용하는 체계를 이해하려고 한다. 그러한 체계의 요소는 사람이 아니라 변수이다.

변수 언어

우리가 이해하려는 자연스러운 시도는 대개 구체적이고 독특한 수준에서 일어난다. 누군가가 여러분에게 '여성은 경찰이 되기에는 너무 마음이 여리고 나약하다.'라고 말한다고 가정해 보자. 여러분은 그 화자에 대해 알고 있는 것과 관련하여 그 견해를 '받아들일' 가능성이 크다. 만약 여러분 생각에 일광절약시간제, 휴대폰, 그리고 실내 배관에 강하게 반대하는 여러분의 늙은 앨버트 삼촌이라면, 여러분은 위 발언이 단순히 전반적으로 시대에 뒤떨어진 관점에 들어맞다고 생각하기 쉽다. 그러나 만약 이 발언이 여성 후보를 뒤쫓으면서 여성이 공직에 부적합하다는 발언을 하기 시작한 보안관 후보에게서 나왔다면, 여러분은 그의 발언이 정치적 도전이란 맥락에서 '받아들인' 것이다.

이 두 가지 사례에서 우리는 특정하고 구체적인 개인의 생각을 이해하려고 노력한다. 그러나 사회과학에서 우리는 개인의 계층이나 유형에 대한 통찰력을 찾기 위해 그 이상을 이해하려 한다. 앞의 두 사례에서 우리는 의견을 낸 사람을 설명하기 위해 **'구식'** 혹은 **'편협하다'**라는 용어를 사용할 수 있다. 다시 말해, 우리는 실제 개인을 유사한 개인의 집단으로 식별하려고 노력하며, 그 식별은 추상적인 개념에 기초해 작동하게 된다.

이 접근법의 한 가지 의미는 우리가 한 사람 이상을 이해할 수 있게 한다는 것이다. 편견이 심한 후보자가 그가 하는 방식으로 생각하도록 만드는 것이 무엇인지 이해하면서, 우리는 또한 그와 같은 다른 사람들에 대해 배울 수 있다. 이것은 우리가 **'편협성'**을 연구해온 반큼 **'편협한 사람'**을 연구하지 않았기 때문에 가능한 일이다.

또 다른 사례로는 가정폭력의 경우 경찰의 체포 여부에 대한 문제이다. 가정폭력 사건을 처리할 때 경찰관이 주목하는 대상은 개별 사건이다. 물론 각각의 사건에는 최소 2명(피해자와 가해자)이 포함되며, 경찰은 관련자에게 더 이상의 피해가 발생하지 않도록 하는 데 관심 있다. 경찰관은 누군가를 체포할지 아니면 다른 조치를 취할지 여부를 결정해야 한다. 하지만 형사사법 연구자의 주제는 다르다. 연구자의 경우 하나의 일반적인 정책으로서 체포하는 것이 향후의 폭행을 예방하는가에 초점을 맞춘다. 연구자가 개별 사건(피해자, 가해자)을 연구할 수도 있지만, 그 사건은 체포 정책이 발동될 수 있다는 이유만으로 흥미를 이끌 수 있는 것인데, 여기서의 구속 정책이 형사사법 연구자들이 연구하는 주제와 관련이 있는 것이다.

이것은 형사사법 연구자들이 개인을 배려하지 않는다는 말은 아니다. 가정폭력 사건을 연구하는 데 있어 그들의 궁극적인 목적은 미래의 폭행으로부터 잠재적 피해자를 보호하는 방법을 알아내는 것이다. 그러나 이 사례에서 피해자와 범죄자는 체포 정책의 효과와 관련이 있다. 하지만 연구자로서의 관심은 개인이 아니라 변수와 집합체에 집중된다.

변수와 속성

사회과학자들은 변수와 변수를 구성하는 속성을 연구한다. 사회과학 이론은 변수 언어로 쓰이고 사람들은 대부분 그 변수의 매개체로서 관여한다. 사회과학자들이 속성과 변수를 정의하는 방법은 다음과 같다.

속성(attribute)은 사람과 같은 어떤 대상을 묘사하는 특성이나 자질이다. 그 예로는 '편협하다', '구식이다', '결혼했다', '실업 상태다', '중독되다' 등이 있다. 또한 우리가 우리 자신이나 다른 사람을 묘사하기 위해 사용할 수 있는 어떤 자질도 속성이다.

변수(variable)는 속성의 논리적 묶음이다. 예를 들어, '남성'과 '여성'은 속성이고, '성별'은 두 속성의 논리적 묶음으로 구성된 변수이다. '직업'이라는 변수는 '치과의사', '교수', '보안관'과 같은 속성으로 구성되어 있다. '전과기록'은 '사전 유죄판결', '사전 체포', '체포 없음' 등의 속성으로 구성된 변수이다. 속성을 변수를 구성하는 범주로 생각하면 도움이 될 것이다. 그림 2-1은 사회과학자들이 변수와 속성으로 어떠한 의미를 부여하는지에 대한 도식적인 관점을 제공한다.

속성과 변수 사이의 관계는 과학에서 서술과 설명의 핵심이다. 예를 들어, 검사의 사무실에 대해 '남성'과 '여성'이라는 속성의 관찰 빈도를 보고함으로써 '성별' 변수를 설명

A.

형사사법 분야의 흔한 개념
여성 보호관찰 절도범 성별 형량 재산범죄 중년 나이 차량 절도 직업

B.

다른 두 가지 개념	
변수	**속성**
성별 형량 재산범죄 나이 직업	여성 보호관찰 차량 절도 중년 절도범

C.

변수와 속성 간의 관계	
변수	**속성**
성별	여성, 남성
나이	젊음, 중년, 노인
형량	벌금, 수감, 보호관찰
재산범죄	차량 절도, 침입절도, 절도
직업	판사, 변호사, 절도범

그림 2-1 변수와 속성

변수(variable) 논리적으로 속성을 묶은 것. 예를 들어, '성별'이라는 변수에는 '여성'과 '남성'의 속성을 포함하고 있다.

할 수 있다. 즉, '사무실 직원은 60%의 남성과 40%의 여성으로 구성되어 있다'로 '성별' 변수를 설명할 수 있다. 구속률은 '감금'과 '감금되지 않음'의 속성 측면에서 설명할 수 있다. 도시의 가족 소득 역시 소득 변수를 구성하는 속성을 설명한 것으로 '47,124달러', '64,980달러', '86,000달러' 등이 있다.

속성과 변수의 관계는 설명할수록 복잡해진다. 예를 들어, 피고 측 변호사의 유형과 선고를 단순성을 위해 변수 '변호사'의 속성이 '개인 변호사'와 '국선 변호사' 두 가지로 가정해 보고, 선고의 경우 '보호관찰'과 '수감'으로 설명해 보겠다. 국선 변호사가 변호한 사람 중 90%가 실형을 선고받고 나머지 10%가 보호관찰을 받는다고 가정해 보자. 그리고 개인 변호사를 선임한 사람 중 30%가 수감되고 나머지 70%가 보호관찰을 받는다고 가정해 보자. 이는 그림 2-2A에서 볼 수 있다.

그림 2-2A는 변수 '변호사'와 '선고' 사이의 관계를 보여준다. 이 관계는 두 변수의 속

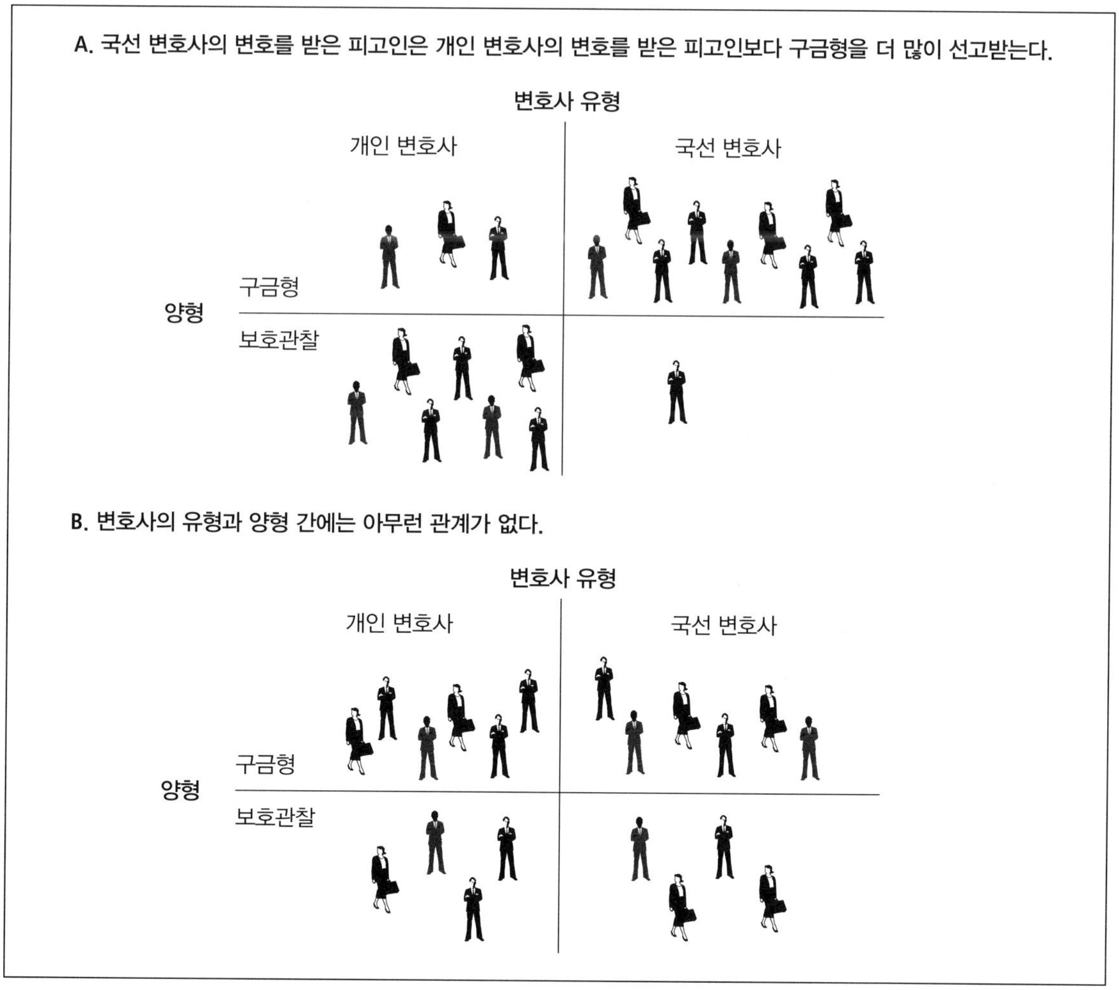

그림 2-2 두 변수 간 관계의 예

성을 통해 확인할 수 있다. 다음과 같은 눈에 띄는 두 가지가 있다. (1) 개인 변호사가 변론을 맡아서 보호관찰을 선고받은 피고인과 (2) 국선 변호사가 변론을 맡아서 실형을 선고받은 피고인이다. 또한 이 관계를 유용하게 볼 수 있는 두 가지 방법이 존재한다.

먼저, 어떤 사람이 실형을 받는지 보호관찰을 받는지 추측하는 여러분의 능력에 돈을 거는 게임을 한다고 상상해 보자. 어떤 사람을 뽑았는지는 말하지 않고 한 번에 한 사람씩 뽑으면, 여기서 여러분은 그들 각자가 어떤 선고를 받았는지를 추측해야 한다. 그림 2-2A에 나와 있는 20명을 대상으로 게임을 진행할 것이며, 이 경우의 최고의 전략은 누가 실형을 받았는지를 예측하는 것이다. 왜냐하면 20명 중 12명이 실형 선고를 받았기 때문이다. 그렇게 되면 여러분은 최종적인 성공 점수 4점 때문에 12개를 맞추고 8개를 틀리게 될 것이다.

이제 그림 2-2A에서 한 사람을 선택한다고 가정해 보자. 그리고 이제는 선택한 여러분에게 그 사람이 개인 변호사가 있는지 국선 변호사가 있는지를 알려줘야 한다. 지금 여러분에게 최선의 전략은 국선 변호사에게 변호받는 사람에게는 실형 선고를, 개인 변호사에게서 변호받는 사람에게는 보호 관찰을 추측하는 것이다. 이 전략에 따르면 16개를 맞추고 4개를 틀릴 것이다. 변호사의 유형을 알고 형량을 추측하는 능력이 향상된 것은 변수들이 연관되어 있다는 말의 의미를 잘 보여준다. 따라서 여러분은 변호사와 형량 사이의 관계에 대한 몇 가지 경험적 관찰을 바탕으로 확률론적 진술을 했을 것이다.

두 번째로, 피고 측 변호사의 유형과 형량이 무관할 경우 20명을 어떻게 배분할 것인지 생각해 보자. 그림 2-2B를 참고하면 절반의 사람들이 개인 변호사를 두고 있고 절반의 사람들은 국선 변호사를 두고 있다. 또한 20명 중 12명(60%)이 실형을 선고받았으며, 이들 중 6명은 개인 변호사를 두고 있고 6명은 국선 변호사를 두고 있다. 변호사 유형을 불문하고 보호관찰을 선고받은 사람과 실형을 선고받은 사람이 균등하게 배분된다는 점은 두 변수가 무관하다는 결론을 내릴 수 있게 한다. 이 경우에는 어떤 유형의 변호사를 선임했는지 아는 것은 그 사람이 징역 또는 보호관찰을 선고받았는지를 추측하는 데에 아무런 도움이 되지 않는다.

변수와 관계

우리는 이 책의 후반부에서 변수들 간의 관계에 대해 더 자세히 살펴볼 것이다. 그전에 사회과학 이론의 논리와 형사사법 연구에 활용되는 것을 보여주는 변수와 관계에 대한 기본적인 관찰을 설명하겠다.

이론은 변수들 사이에서 논리적으로 예상될 수 있는 관계를 설명한다. 이러한 예상은 종종 인과관계의 개념을 포함한다. 한 변수에 대한 한 개인의 속성은 다른 변수에 대한 특정 속성을 유발할 것으로 예상된다. 예를 들면, 개인 변호사나 국선 변호사를 두는 것은 각각 보호관찰이나 실형을 선고받는 경우와 비슷하다. 앞의 사례에 따르면 국선 변호사가 있으면 개인 변호사로부터 변호받는 것보다 실형을 선고받는 경우가 더 많은 것처럼 보였다.

변호사 유형과 형량이 각각 독립변수와 종속변수의 예시이다. 이 두 개념은 설명적 연구의 핵심인 인과관계에 내재되어 있다. 이 예시에서, 우리는 범죄 형량이 무언가에 의해 결정되거나 야기된다고 가정한다. 선고의 유형은 무언가에 따라 달라지기 때문에 종속변수라고 불린다. **종속변수**(dependant variable)는 **독립변수**(independant variable)에 따라 달라진다. 앞의 사례의 경우에는 형량은 변호사의 유형에 따라 달라진다고 설명할 수 있다.

동시에 변호사의 유형은 다른 것에 의존할 수 있다. 예를 들어, 피고인의 고용 상태이다. 정규직인 사람은 실직자보다 개인 변호사를 선임할 가능성이 크다. 이러한 관계에서 변호사의 유형은 종속변수이고, 피고인의 고용 상태는 독립변수이다. 따라서 독립변수는 원인이고 종속변수는 결과라고 설명할 수 있다.

이것이 이론과 어떤 관련이 있을까? 그림 2-2에 대한 논의는 자료의 해석을 포함한다. 우리는 두 변수의 관점에서 20명의 분포를 분석하였다. 이론을 구성할 때, 우리는 우리가 각각에 대해 알고 있는 것을 바탕으로 두 변수 사이의 관계에 대한 기대를 형성한다. 예를 들어, 국선 변호사보다 개인 변호사가 경험이 많은 경향이 있다는 것을 우리는 알고 있다. 로스쿨을 갓 졸업한 많은 사람들은 개인 변호사 일을 시작하기 전에 국선 변호사로 몇 년간의 경험을 쌓는다. 논리적으로 볼 때, 우리는 경험이 많은 개인 변호사가 의뢰인에게 더 관대한 판결을 이끌어낼 수 있기를 기대한다. 어쩌면 경험이 부족한 국선 변호사와 몇 년간 근무한 국선 변호사를 비교하며 변호사 경험과 형량과의 관계를 조사하면서 이 문제를 직접 탐구해 볼 수도 있을 것이다. 이러한 추론을 통해 우리는 경험 많은 개인 변호사와 로스쿨을 갓 졸업한 개인 변호사를 비교할 수도 있다.

이 이론은 개별적인 사람에 따른 것이 아니라 '변호사', '선고', '재직 연수' 변수와 관련이 있다는 것에 주목해야 한다. 사람들은 그 변수의 매개체이다. 우리는 사람들을 관찰함으로써 변수들 사이의 관계를 연구한다. 그러나 궁극적으로 이 이론은 변수 측면에서 구성된다. 그것은 서로 다른 변수의 특정 속성 사이에 논리적으로 존재할 것이라고 예상되는 연관성에 관해 설명한다.

이 장에서 앞부분에 설명한 '이론과 연쇄 성범죄자'는 연구자들이 이론을 이용해 성범죄자의 행위에 관한 연구를 어떻게 실시하였는지를 보여준다.

다양한 연구방법

사회과학 연구는 다양한 방법으로 진행된다.

사회과학 연구의 많은 변형의 기초가 되는 세 가지의 포괄적이고 서로 밀접한 관련이 있는 기준에 의해 구분된다. (1) 사례기술적 설명과 법칙정립적 설명, (2) 귀납적 추론과 연역적 추론, (3) 양적 자료와 질적 자료 활용 등. 비록 이러한 연구방법이 서로 대립하는 것처럼 보일지라도, 훌륭한 연구자는 각각의 연구방법에 숙달해 있다.

사례기술적 설명과 법칙정립적 설명

우리 모두는 매일매일 무언가를 설명하며 삶을 살아간다. 일상의 설명에서 비록 우리는 일반적으로 구별하지는 않지만, 인과 추론에 대한 두 가지의 구분되는 형태가 관여한다. 때때로 우리는 한 가지 상황을 철저히 설명하려고 한다. 여러분은 시험을 못 보았을 수도 있는데, 왜냐하면 (1) 그날 시험이 있다는 것을 잊었거나, (2) 최악의 과목이었거나, (3) 교통 체증으로 수업에 늦었거나, (4) 룸메이트가 전날 밤 시끄러운 음악을 틀어 잠을 못 잤기 때문이다. 이 모든 상황을 고려했을 때, 여러분이 시험을 못 본 것은 당연하게 된다.

이러한 유형의 인과적 추론은 **사례기술적**(idiographic) 설명이라고 부른다. 이 문맥에서 idio는 idiosyncrasy라는 단어에서와 같이 '고유하다, 분리되다, 독특하다, 또는 구별되다'라는 뜻을 의미한다. 우리가 사례기술적 설명을 할 때 이러한 특별한 사례에서 발생했던 것의 원인을 완벽하게 이해했다고 느끼게 된다. 동시에 설명 범위는 바로 그 시점에 가까이에 발생한 사건에 국한될 것이다. 사례기술적 설명의 일부가 다른 상황에 적용될지라도 우리의 의도는 한 가지 사례만을 완벽하게 설명하는 것이 된다.

다른 유형의 설명을 고려해 보자. 예를 들어, 여러분이 여럿이서 함께 공부한다면 혼자 공부하는 것보다는 시험을 더 잘 볼 수 있다. 좋아하는 팀이 원정 경기보다 홈 경기에서 결과가 더 좋다. 캠퍼스 주변은 주말보다 평일에 교통량이 더 많다. 이러한 설명을 **법칙정립적**(nomothetic) 설명이라고 부른다. 이러한 유형의 설명은 상황이나 사건의 종류를 설명하기 위한 것이다. 게다가 단지 한 가지나 몇 가지 설명적 요인을 사용하여 효율적으로 설명하려고 한다. 마지막으로 상황의 형태에 대해 완벽한 설명보다는 부분적인 설명이 가능하다.

앞서 설명한 법칙정립적 설명의 각 예시에서, 여러분은 '전체적으로' 또는 '일반적으로'와 같은 구절로 인과 진술을 검증할 수 있다. 하지만 여럿이 함께 공부했다고 해서 시험을 못 볼 수도 있으며, 원정 경기에서 이기고 홈 경기에서 질 수도 있고, 주말 캠퍼스의 교통체증이 심각했을 수 있다. 이러한 예외는 더 넓은 범위의 전반적인 설명에 대해 허용 가능한 오차이다.

이해를 위한 사례기술적 설명과 법칙정립적 설명 방식 모두 일상생활에서 유용할 수 있다. 또한 이러한 접근방법은 형사사법 연구를 위한 강력한 도구이다. 특정 청소년 갱의 내막이나 특정 판사의 판결에 대한 철저한 이해를 구하는 연구자들은 특정한 과학적 법칙의 연구에 관여할 것이다. 왜냐하면, 이 연구의 목표는 특정 집단이나 개인을 완전히 이해하는 것이다.

릭 브라운과 론 클라크(Rick Brown and Ron Clarke, 2004)는 영국 남부에서 발생한 특정 모델의 닛산 트럭 도난 사건을 연구하고자 했다. 도난당한 트럭은 대부분 회수되지 않았다. 브라운과 클라크는 연구 도중, 트럭을 분해하여 고철로 프랑스와 나이지리아의 항구로 운송하는 선적장을 발견하였다. 그들은 나중에 트럭이 재조립되어 개인과 소규모 회사에 판매된다는 것을 알게 되었다. 연구과정에서 그들은 영국에 있는 대부분의 절도범과 해외의 대부분의 재판매상이 합법적인 운송 및 고철 사업과 연관되어 있다는 것을 발견하였다. 브라운과 클라크는 영국의 한 지역에서 도난당한 트럭의 특이한 문제에 대한 해답을 찾았지만 이와 더불어 국제 절도 조직에 대한 결론 또한 도출하였다.

닛산 트럭 도난에 대한 사례기술적 설명 연구와는 대조적으로 아키 로버츠와 스티븐 블록(Aki Roberts and Steven Block, 2012)의 연구는 미국 310개 도시에서 일시적인 자동차 도난과 영구적인 자동차 도난의 차이를 연구하였다. 일시적 도난의 경우 도난 차량은 결국 회수되지만 영구적 도난의 경우 차량은 회수되지 않았다. 연구자들은 다른 유형의 요인이 일시적 절도와 영구적 절도와 관련이 있음을 발견하였다. 일시적 절도는 젊은 남성 거주자가 더 많고, 많은 수의 가구들이 차량을 소유하지 않은 도시에서 더 흔했다. 로버츠와 블록은 이러한 현상을 드라이브에 관심이 있는 사람들의 수와 일시적인 임시 교통수단에 대한 수요 증가 때문이라고 분석했다. 반면, 영구 절도는 성인 재산범죄자가 더 많이 사는 도시와 미국과 멕시코 국경에 가까운 도시에서 더 높았다. 영구적 차량 도난과 일시적 차량 도난에 대한 이러한 다양한 패턴을 드러내는 것은 연구가 일반적인 설명적 연구로 접근하였음을 보여준다.

사회과학자들은 두 가지의 구별되는 설명 논리에 접근할 수 있다. 다시 말해, 우리는 광범위하고 덜 상세하지만, 일반적인 것을 찾는 것(법칙정립적 접근)과 더 구체적인 사례를 더 깊게 조사하는 것(사례기술적 접근) 사이에서 선택할 수 있다.

귀납적 추론과 연역적 추론

귀납적 추론과 연역적 추론의 구분은 형사사법 분야뿐만 아니라 일상생활에서도 찾아볼 수 있다. 다른 사람들과 함께 공부하면 시험을 더 잘 본다는 결론에 도달하기 위해 우리는 서로 다른 두 가지 다른 경로를 택할 수 있다. 대학 생활에서 어떤 때는 시험을 잘 보고, 또 어떤 때는 잘 보지 못하는 이유에 대해서 헷갈리는 자신을 발견했다고 가정해 볼 수 있다. 응시한 모든 시험의 결과를 나열한 후, 각 시험에서 얼마나 좋은 결과를 받았는지 기록한다. 그런 다음 좋은 결과를 받은 시험과 좋은 결과를 받지 못한 시험이 존재하는 모든 상황을 회상할 수 있다. 여러분은 객관식 시험에서 더 좋은 결과가 나오는가? 아니면 논술형 시험에서 점수가 더 잘 나오는가? 오전 시험 또는 오후 시험인지에 따라 결과가 다르게 나오는가? 자연과학, 인문학 또는 사회과학 중 어느 분야의 시험을 잘 봤는가? 혼자 공부할 때와 여럿이 공부할 때의 결과가 달라지는가? 문득 혼자 공부할 때보다 다른 사람들과 함께 공부할 때 거의 항상 시험을 더 잘 본다는 생각이 갑자기 떠오를 수 있다.

이것이 귀납적 연구로 잘 알려진 방법이다. **귀납적 추론**(induction reasoning)은 특정한 관찰에서 일반적인 것으로, 즉 일련의 특정 관찰들에서 조사 중인 다양한 사건 사이에 어느 정도의 질서를 나타내는 패턴의 발견으로 이동한다.

시험공부에 대해 같은 결론에 도달할 수 있는 서로 다른 두 가지의 방법이 있다. 대학에서의 첫 시험을 앞두고 있을 때, 가장 좋은 공부 방법에 대해 궁금할 수 있다. 이를 위해 읽기를 얼마나 복습해야 하고 수업 노트에 얼마나 집중해야 하는지를 고민할 수 있다. 또한 일정한 속도로 규칙적인 공부를 해야 하는지, 아니면 시험 직전에 밤샘을 해야 하는지, 그리고 다른 학생들과 함께 공부를 해야 하는지, 아니면 혼자 해야 하는지 의문도 가질 수 있다. 이 두 가지 선택의 장단점을 평가하여 공부방법을 선택할 수 있는 한편, 어떤 사람은 이미 알고 있는 자료가 있을 경우, 다른 사람들과 함께 공부하게 되면 이미 알고 있는 자료까지 하게 되어 시간의 손실이 많아 효율적이지 않을 수 있으며, 다른 사람들과 함께 공부해서 분위기가 산만해질 수 있다. 하지만 다른 사람들과 함께 공부를 하는 것은 다른 사람들에게 아는 것을 설명하는 과정에서 그것에 대한 이해를 높일 수 있다. 그리고 다른 학생들은 여러분이 어려움을 겪었던 내용을 이해할 수도 있고, 여러분을 비껴간 관점을 드러나게 해줄 수도 있다.

그래서 여러분은 이 둘의 장단점을 비교하여, 논리적으로 다른 사람들과 함께 공부하면 유익할 것이라고 결론을 내릴 것이다. 이러한 결과 도출 방법은 이론적으로는 합리적인 것 같다. 따라서 그것이 실제로 사실인지 확인하기 위해 한 학기는 혼자 공부하고 한 학기는 다른 사람들과 함께 공부하여 이를 검증하려 한다.

다음으로 두 번째 접근 방식은 연역적 연구방법이다. **연역적 추론**(deductive reasoning)은 일반적인 것에서 구체적인 것으로 옮겨간다. 논리적 또는 이론적으로 예상되는 패턴에서 예상 패턴이 실제로 적용되는지, 실제로 발생하는지를 확인하기 위한 관찰로 이동한다. 연역법은 '왜'에서 시작하여 '가부간'으로 이동하는 반면, 귀납법은 이와 반대 방향으로 결과를 추론한다. 귀납적 추론과 연역적 추론 모두 형사사법 및 기타 사회과학 연구를 위한 유효한 방법으로 여겨지고 있다. 더욱이, 이 두 가지의 방법은 보다 강력하고 완전한 이해를 위해 함께 사용되기도 한다.

양적 자료와 질적 자료

간단히 말해서, 양적 자료와 질적 자료는 수치적 자료와 비수치적 자료의 구분이다. 누군가가 재치있는 사람이라고 말할 때 우리는 질적 주장을 하는 것이며, 그 사람이 동네 개그 클럽에 세 번이나 나왔다는 것은 우리의 질적 주장을 정량화하려는 것이다.

대부분의 관찰은 누군가의 유머 감각에 대한 우리의 경험이든, 측정 척도의 선택지든, 설문지에 표시한 확인 표시든 상관없이 처음에는 정성적이다. 이 중 어느 것도 본질적인 숫자라고 할 수 없다. 그러나 이러한 정성적인 관측치를 숫자 형식으로 변환하는 것이 보다 유용할 수 있다. 수량화는 우리의 관찰을 더 명확하게 만들고, 자료를 더 쉽게 집계하고 요약할 수 있으며, 단순한 기술에서 변수 간의 관계에 대한 더 복잡한 검증에 이르기까지 많은 통계 분석의 가능성을 열어준다.

수량화는 보다 명확하고, 주의깊게 정의 내려야 한다. 누군가가 여러분에게 여러분의 친구들이 여러분보다 나이가 많거나 적은지 묻는다고 가정해 보면, 정량적인 대답은 쉬울 수 있다. 각 친구의 나이를 생각하고 평균을 계산하여 자신의 나이보다 높거나 낮은지를 확인하면 된다. 그러면 의문이 해소된다.

혹은 과연 그럴까? 우리는 사람들이 살아온 연수의 관점에서 '나이가 많거나 적거나'에 주의를 집중했지만, 그 개념과 다른 의미를 가질 수 있다. 예를 들어, '성숙' 또는 '세상 경험 많음'의 관점이다. 여러분의 친구들은 여러분보다 나이가 조금 어리지만 더 성숙한 행동을 하는 경향이 있을 수 있으며, 또 우리는 친구들이 외형적으로 얼마나 어리거나 늙어 보이는지, 그들의 삶의 경험, 세속적인 경험의 다양성에 대해 생각할 수도 있다. 이는 모두 다른 의미를 가지며 실제 평균으로 연령의 수치 계산할 때 이러한 의미는 손실된다.

추가적인 세부사항에 대해서, 비수치적 관찰은 정량화된 자료보다 더 풍부한 의미를 전달할 수 있다. '그는 나이보다 늙었다'라는 진부한 표현을 생각해 본다. 그 표현의 의미는 나이가 얼마인지 지정하려는 것에서부터 그 의미를 상실하게 된다. 이러한 관점에서 의미의 풍부함은 부분적으로 모호성과 함수관계를 나타내곤 한다. 그 표현이 여러분에게 의미가 있었다면, 그 의미는 여러분 자신의 경험, 즉 '나이보다 늙었다'는 표현에 적합한 사람들에게서 나온 것이다. 두 가지가 확실하다. (1) 표현에 대한 여러분의 이해가 우리의 것과 다르고, (2) 우리 둘 중 하나가 표현이 의미하는 바를 정확히 알지 못한다.

미리엄(Miriam)은 뉴욕의 존 제이 대학(John Jay College in New York City)에서 심리학을 전공하는 대학원생으로 독일 프랑크푸르트에서 태어났다. 그녀의 어머니는 아프리카 에티오피아 지역에서 에리트레아(Eritrea)를 형성한 내전의 소년병이었다. 사우디아라비아의 삼촌은 미리엄의 어머니가 독일로 망명하는 것을 도왔고 그곳에서 미리엄의 어머니는 미리엄의 아버지가 될 남자를 만났다. 미리엄의 부모님은 미리엄이 7살쯤 되었을 때 이혼하였으며, 그녀의 아버지는 라스베이거스로 이사했고 그녀는 어머니와 함께 살게 되었다. 미리엄은 독일에 많은 이민자, 특히 이슬람 국가에서 온 이민자가 직면한 심각한 편견에 점점 더 불안해졌다. 결국 어머니의 강한 반대를 이겨내고 미리엄이 14살이 되었을 무렵, 아버지를 만나기 위해 미국으로 이주했다. 미리엄은 네바다 대학교에서 학사 학위를 취득하고 2009년 9월 대학원 과정을 시작하기 위해 뉴욕으로 떠났다.

이때 우리는 미리엄이 아마도 세상 경험이 많으면서 '나이보다 나이가 많은' 사람처럼 보인다는 것에 동의할 것이다. 그러나 미리엄의 경험에 대한 간략한 설명은 비록 그 말의 의미를 구체화하기는 하지만, 여전히 얼마나 나이가 많은지, 다른 사람들보다 더 '세상 경험이 많은 것'인지를 우리가 명확하게 비교하기에는 아직 부족할 수 있다.

그러나 이 개념은 어느 정도 정량화될 수 있다. 예를 들어, 우리는 '세상 경험이 많다'라는 의미에 기여하는 삶의 경험 목록을 만들 수 있다.

결혼하기/ 이혼하기/ 부모의 사망/ 직장에서 해고됨/ 다른 나라로 이주함

우리는 사람들이 이러한 경험을 얼마나 많이 했는지를 수치를 부여함으로써 사람들의 세상 경험 많음을 수량화할 수 있다. 우리는 그러한 경험이 많을수록 세상 경험이 더 많다고 말한다. 어떤 경험이 다른 경험보다 더 강력하다고 생각한다면 그 경험에 다른 경험보다 더 많은 점수를 줄 수 있다. 고려해야 할 특정 경험과 각 득점 수를 결정하고 나면 사람들에게 점수를 매기고 그들의 '세상 경험 많음'을 비교하는 것은 매우 간단하다.

세상 경험 많음과 같은 개념을 수량화하려면 우리가 의미하는 바를 명시해야 한다. 여기에서 했던 것처럼 개념 측정에 포함할 내용에 특히 초점을 맞춤으로써 다른 가능한 의미도 배제해야 한다. 그렇다면 필연적으로 양적 측정은 질적 설명보다 더 피상적일 수 있으며 이것이 절충안이 될 수 있다.

딜레마란 무엇일까? 우리는 어떤 접근 방식을 선택해야 하며, 어떤 것이 더 좋은 것일까? 또한 어떠한 방법이 형사사법 연구에 더욱 적합한 것일까?

그래도 좋은 소식은 우리가 선택할 필요가 없다는 것이다. 사실, 질적 연구 또는 양적 연구를 선택함으로써 연구자들은 연구 범위를 인위적으로 제한할 위험이 있다. 그러나 정성적 방법과 정량적 방법 모두 유용하다. 그리고 일부 연구 상황과 주제에는 두 가지 접근 방식의 요소가 모두 필요하기도 하다.

이론의 기초

이론과 관찰은 과학에서 함께 존재하지만, 때로는 이론이 관찰보다 앞서기도 하고, 관찰이 이론보다 앞서기도 한다.

우리는 이제 이론과 연구의 관계를 좀 더 깊게 고려한다. 먼저 이론의 기초부터 살펴본 후, 전통적인 과학적 방법의 예를 들어 설명할 것이다. 그런 다음 사회과학 연구에서 이론과 연구가 어떻게 함께 작용하는지를 설명하기 위한 두 가지 모델을 알아보겠다. 마지막으로, 이론, 연구, 정책 사이의 중요한 연결고리를 검토할 것이다.

우리는 이미 사회과학 이론과 관련된 일반적인 용어 중 일부를 사용하였다. 대부분의 사람들은 그들이 일상 언어가 무엇을 의미하는지 대략 알고 있을 것이다. 그러나 이번 장에서는 이론과 형사사법 연구의 연관성에 대한 검토를 위해 그 의미를 좀 더 정확하게 살펴보려 한다.

이론

이론(theory)은 청소년 비행, 사회 계층화, 정치 혁명 등과 같은 삶의 특정 측면과 관련된 관찰된 사실과 법칙에 대한 체계적인 설명이다. 조셉 맥스웰(Joseph Maxwell, 2013: 48)은 이론을 "개념의 집합과 이들 사이의 제안된 관계, 세상에 대해 무언가를 나타내거나 모델링하기 위한 구조"로 정의하였다.

객관성과 주관성

우리는 어떤 것에 대한 태도, 의견이 주관적인 관점의 영역에 속한다는 것을 인식한다. 예를 들어, 바흐와 베토벤 중 누가 더 나은 작곡가였는가 하는 질문은 그러한 판단을 하는 사람의 경험과 취향에 따라 좌우되는 주관적인 문제이다. 그러나 여러분의 컴퓨터나 여러분의 손에 이 책이 있는지 여부는 경험과는 무관하게 객관적인 문제이다. 객관성은 일반적으로 '마음으로부터 독립적'이라고 정의되지만, 객관적으로 존재할 수 있는 것에 대한 우리의 인식은 우리의 생각을 통해 나타난다. 사회과학자들은 **객관성**(objectivity) 대신 **상호주관적 합의**(intersubjective agreement)라는 표현을 선호한다. 만약 우리 중 몇 명이 어떤 것이 존재한다는 것에 동의한다면, 우리는 그것이 객관적인 존재인 것처럼 생각한다. 상호주관적 합의를 실무에서 객관성으로 보는 이러한 관점은 제1장에서 우리가 살펴보았던 '동의에 의한 실재(agreement reality)'와 일치한다.

가설

가설(hypothesis)은 명제로부터 나오게 된 경험적 실재에 관한 구체화된 기대이다. 만약 우리가 지금의 예시로 계속해서 설명하자면, 이론은 '2세대 청소년 이주자는 1세대 청소년 이민자보다 비행률이 더 높을 것이다.'라는 가설을 포함하고 있을 수 있다. 이러한 가설은 위의 사회해체이론과 비행에 관련한 사례에서 볼 수 있는 것처럼, 조사를 통해 검증받을 수도 있다

가설을 고려하는 다른 방법은 연구문제에 잠정적인 답을 찾아내는 것이다. 예를 들면, 우리가 '이민자 신분과 폭행으로 인한 체포의 관계가 무엇인가?'에 관한 연구문제의 답을 원한다면, 우리는 가설로 그 연구문제에 대한 잠정적인 답을 제시한다. 예시에 대한 가설로는 '2세대 청소년 이민자는 1세대 청소년 이민자보다 폭행으로 체포될 가능성이 더 많다.'라고 제시할 수 있다.

이론(theory) 관찰된 사실과 법칙을 서술하고 예측하는 체계적인 설명.

상호주관적 합의(intersubjective agreement) 같은 문제를 연구하는 다른 연구자들이 동일한 결론에 도달하는 과학의 규범.

패러다임

아무도 완전히 군더더기 없는 이론을 창시하는 것으로 시작하지 않는다. 우리가 이론 구성에 관련한 주제에서 살펴본 예시로 청소년 비행을 언급할 때, 여러분은 아마도 청소년 비행에 관련한 암묵적인 견해를 이미 가지고 있었을 것이다. 만약 우리가 청소년 비행에 대한 이론과 관련 있는 여러 개념을 정리하라고 하였더라면, 여러분은 아마 의견을 제시할 수 있었을 것이다. 우리는 이러한 일반적인 견해를 이미 가지고 있는 것을 참조의 틀 또는 패러다임이라고 부른다. 이처럼 **패러다임**(paradigm)은 무언가에 대한 견해를 체계화하는 근본적인 모형 또는 설계이다.

이러한 패러다임은 '이론'의 정의와 비슷하다고 생각이 들 것이고, 이것으로 인해 혼란을 가져올 수 있다. 하지만 패러다임과 이론의 가장 기본적인 차이는 체계와 구조를 바탕으로 구분할 수 있다. 패러다임은 구조화되어 있지만, 연구자들이 연구문제에 어떻게 접근하는지에 영향을 미치는 것에 대한 견해의 폭이 더 넓다. 패러다임을 색안경으로 생각한다면 좀 더 이해하는 데에 도움이 될 것이다. 왜냐하면 색안경을 쓰면 우리가 관찰하는 것이 어떻게 구조화되었든 상관없이 모든 것은 색상이 입혀져서 보이게 된다. 그에 반해 이론은 우리가 패러다임의 렌즈를 통해 무엇을 보는지를 좀 더 신중하게 구조화하는 데에 도움을 준다. 하지만 여기서도 여전히 우리가 무엇을 보든 색상이 입혀져서 보인다. 즉, 패러다임은 관점을 제공하는 반면에, 이론은 우리가 무엇을 보고 있는지에 대해 설명하기 위한 목적이 있다.

패러다임은 필연적으로 연구문제에 대해 답을 내놓지 않아도 되지만, 어디서 그리고 어떻게 답을 찾는지에 대해 알려준다. 그리고 반복적으로 살펴보겠지만, 우리가 어디를 보는지에 따라 주로 우리가 찾는 것이 결정된다. 토머스 쿤(Thomas Kuhn, 1996: 37)은 패러다임의 중요성을 다음과 같은 방식으로 서술하였다.

> 과학적인 공동체가 패러다임을 상대로 얻을 수 있는 것 중 하나는 패러다임은 당연한 것으로 인정되지만, 해결책을 가지고 있는 것으로 간주할 수도 있는 문제를 선택하기 위한 척도라는 것이다. 대부분은 이것들이 공동체가 과학적이라고 인정하거나 또는 그 구성원들로 하여금 수행하도록 격려할 바로 그 문제이다. 이전에는 일반적이었던 것을 많은 것을 포함하여, 다른 문제들은 매우 추상적이기 때문에 거부되기도 하고, 다른 학문 분야의 관심 사항이기 때문에 거부될 수 있으며, 또는 때때로 시간을 쏟기에는 너무 문제가 많아서 거부된다. 그 문제에 있어서, 패러다임은 심지어 사회적으로 중요한 문제로부터 공동체를 격리시킬 수도 있는데 그 문제는 패러다임이 제공하는 개념적이고 수단적인 도구의 용어로 쓰일 수가 없기 때문에, 문제의 형식으로 줄여질 수가 없는 것들이다.

패러다임(paradigm) 견해와 논리를 체계화하는 데에 사용하는 근본적인 모형 또는 이론적 틀.

쿤의 핵심적인 관심은 어떻게 과학이 진보하는가 하는 것이었다. 비록 어떤 진보는 기존의 확립된 패러다임의 느리고, 꾸준하며, 그리고 점진적인 향상(쿤은 이것을 '정상적인 과학'이라고 부른다)을 포함할지라도, 그는 중요한 과학적인 진보는 새로운 것에 편을 들면서 기존에 동의된 패러다임이 폐기되는 패러다임의 전환이라는 형식을 취한다고 주장하였다. 그래서 예를 들면, 뉴턴의 물리학은 아인슈타인의 상대성 이론에 의해 대체되어 버렸는데, 쿤은 이것을 '과학적인 혁명'이라 부른다.

과학의 전통적인 모델

전통적인 모델은 이론으로 시작된 후 연역적 추리로 이루어진다.

이론은 과학의 전통적인 모델에서 핵심적인 역할을 한다. 과학자들은 현실 세계의 어떠한 양상에 먼저 관심을 갖는 것으로 시작한다. 만약 우리가 도시에서 범죄가 집중되는 원인에 대한 광범위한 사회적 요인을 밝히는 것에 관심을 갖는다고 가정한다면, 도시의 어떤 사회적 문제와 특성의 종류가 높은 범죄율과 관련이 있는가?

이 질문에 관해 생각해 보면, 인구 밀집, 붐비는 주거환경, 빈곤, 실업, 제한된 경제적 기회, 약화된 가족유대감, 적절한 역할 모델의 부재와 같은 것을 찾아낼 수 있을 것이다. 이것들은 범죄에 대한 사회해체이론의 발전에 영향을 준 몇몇 생각이다. 20세기 초에, 사회학자들은 시카고에서 급격한 인구성장에 의해 만들어진 사회적 혼란을 검증하기 시작했다. 범죄학의 '시카고학파'라고 알려지게 된 것은 사회문제의 광범위한 스펙트럼의 뿌리에 대한 좀 더 일반적인 연구에서 시작되었다.

개념화

사회학자 어니스트 버제스(Ernest Burgess)와 로버트 파크(Robert Park)는 시카고의 성장을 동심원 지대의 형태로 설명으로 시작하였다(Burgess, 1925; Park and Burgess, 1921). 중심지역은 도시의 한 가운데에 있는 상업지구 또는 시내 중심가 지역이었다. 시카고 도시가 확장됨에 따라 그 도시는 방사로 퍼지는 원의 형태로 발전하였다. 각 지역은 토지 사용에 있어서 독특한 형태를 보여주었는데, 상업과 산업은 중심가 지역에 집중된 반면에, 부유한 가족은 도시 외곽에 있는 주거지역에 자리를 잡았다. 시카고로 온 수입이 적은 이주자는 중심지역과 좀 더 먼 지역 사이에 있는 전이지대에 정착하였다.

전이지대라는 명칭은 해당 지역으로 오고 가는 사람들의 지속적인 이동 때문에 그렇게 이름이 붙여졌다. 수입이 높은 거주자는 그 도시의 중심지역으로부터 확산되는 산업활동의 유입을 피하기 위해 외곽으로 이사를 가는 경향이 있었다. 외곽으로 이사를 가는 가정은 경제적인 기회를 찾거나 정치적인 억압을 피하기 위해 미국으로 이주한 유럽의 저소득층 이민자로 대체되었다(나중에는 불황을 겪은 남부 주에서 온 백인과 흑인 이주자로 대체되었다). 전이지대로 이사를 온 사람들은 주거시설이 황폐화되고 사람들이 붐비는 것을 알았지만 그들을 시카고로 이주하게 만든 주원인인 공장의 일자리와 가깝다는 것을 발견하였다. 그리고 그들의 경제적 상황이 좋아지게 되면서 그들은 외곽으로 이사를 나가고, 다시 새로운 '진입이주자(in-migrants)'로 대체됨에 따라 전이의 순환은 계속되었다.

버제스는 이러한 패턴의 인구이동과 지역의 환경이 가족, 사회제도, 그리고 그 외 공동체의 결속을 약화시키고, 이는 곧 그가 '사회해체(social disorganization)'라고 부르는 일반적인 현상을 만들어낸다고 주장하였다. 그리고 높은 비율의 질병, 정신병, 범죄를 포함한 여러 문제가 사회해체로부터 나타나는 것으로 믿어졌다. 이러한 개념이 범죄에 대한 사회해체이론의 기초를 형성하였다.

하지만 버제스가 기술한 전이지대의 사회적 환경은 높은 범죄율에 대한 다른 가능한 설명을 제시하였다. 예를 들어, 만약 20세기 초의 유럽에서 온 이민자가 전이지대에 몰려들었다면, 그러한 집단은 범죄와 그 밖의 사회적 병리현상에 원인이 되는 문화적 차이를 도시지역으로 가져왔을 수도 있다. 다시 말해, 전이지대의 범죄는 사회해체의 결과라기보다는 그러한 지역의 특정한 문화적 배경들로부터 온 개인의 집중 현상으로부터 나타났을 수도 있다는 것이다.

'사회해체 또는 문화적 차이 중에서 무엇이 전이지대에서의 범죄 집중현상에 대해 설명을 할 수 있는가'에 대한 문제를 어떻게 해결해야 할까? 과학의 전통적인 모델의 다음 단계에서 이에 대한 답을 할 수 있도록 도움을 준다.

조작화

조작화는 우리가 관찰하기 원하는 변수를 실제로 확인하고 측정하기 위해서 단계, 절차, 또는 조작을 구체화하는 것을 의미한다. 현재의 사례에서, 조작화는 범죄, 사회해체, 문화적 배경 등과 같은 것을 어떻게 측정하는지를 결정하는 것을 포함한다.

파크와 버제스가 도시성장과 이로 인한 사회적 결과에 대해 대략적인 이론을 개발하고 있는 동안, 사회학자인 클리퍼드 쇼(Clifford Shaw)와 헨리 매케이(Henry McKay)는 전이지대에서의 범죄에 대한 사회해체적인 설명을 검증하는 일련의 연구를 시작하였다. 원래 1942년에 출판이 되었던 그들의 기념비적인 연구는 개념을 조작화하는 것이 얼마나 중요한지를 기술하였다(Shaw and McKay, 1969).

첫째, 그들은 범죄를 측정하기 위해 각각 공식적인 기록에서 얻은 세 가지의 비행 지표를 선택하였는데, (1) 소년법원에 보내진 소위 비행자, (2) 시설에 수용된 청소년, (3) 경찰에 의해 구금되었지만 소년법원에는 보내지지 않은 소위 말하는 비행자의 기록이다.

둘째, 사회해체는 사회조사연구에서 자주 그런 것처럼, 보다 덜 직접적으로 측정되었다. 지표는 인구조사자료와 지역기관에 의해 제공된 정보로부터 구성되었다. 이러한 지표는 구호대상(복지수당과 실업수당의 이전 버전)인 가족, 평균 월 임대료, 집 소유권, 직업적 지위, 인종을 포함했다. 인종에 대한 하나의 측정방법은 가구의 가장이 다른 나라에서 태어났는지의 여부인데, '외국 태생'이라고 언급되었고, 또 다른 것은 흑인 가구의 비율이었다.

이러한 지표는 비행을 사회해체와 인종적 배경과 비교하는 것을 가능하게 만들었다. 그러나 쇼와 매케이는 어떻게 이 두 가지 요인 중에서 어떤 것이 비행을 설명하는 데 있어 더욱 중요한지를 결정할 수 있을까? 전이지대의 개념을 상기해 보자. 사람들은 중심 상업 지대와 좀 더 부유한 주거지역 사이에서 끊임없이 이사를 들어왔다가 나갔다가 했다. 전이라는 개념은 인구 이동을 암시하고, 시카고에서 도시 거주민의 이동은 해답을 제시했다.

쇼와 매케이는 세 기간, 즉 1900~1906년, 1917~1923년, 1927~1933년에 초점을 두고, 시간 흐름에 따른 비행률에 대한 변화를 비교해 보았다. 그들은 또한 각 지대 내의 서로 다른 인종집단 간의 비행을 검증해 보았다. 한편으로, 그들은 만약 문화적 차이가 범죄를 설명한다면, 서로 다른 문화적 배경을 가진 사람들이 전이지대에서 이사를 나와서 좀 더 안정적인 주거지역으로 이사를 들어가기 때문에, 외곽지대의 비행률이 증가해야만 한다고 주장했다. 다른 한편으로는, 만약 사회해체가 비행을 만들어낸다면, 외곽지대의 낮은 범죄율과 전이지대의 높은 범죄율이라는 형태는 인종집단이 바깥으로 이동했음에도 불구하고 안정적으로 남아있어야만 한다.

파크와 버제스는 시카고에서 다섯 개의 동심원지대를 확인하였다. 지대 I과 II는 각 도심 내부의 중심지대와 전이지대이고, 더 바깥으로 나가서 지대 III은 노동계급 가족의 집을 포함하며, 지대 IV는 중간 정도의 수입이 있는 거주민의 지역이고, 지대 V는 교외 또는 더 먼 교외지역이다.

각 지대 내에는 몇몇의 뚜렷한 구역으로 있었는데, 쇼와 매케이는 도시를 대략 1제곱마일씩으로 140개의 지역으로 나누었고, 이를 몇 개의 지역은 각 다섯 개의 지대 중 하나에 포함되도록 하였다. 이러한 140개의 지역을 분석단위로 나타냈다.

관찰

과학의 전통적인 모델 방식에서 마지막 단계는 실제 관찰을 포함하고 있다. 여기서 실제 관찰은 세상을 살펴보고, 거기서 본 것을 측정하는 것을 의미한다. 이론적 기대를 발전시키고 관찰을 위한 전략을 개발한 후에 연구자들은 그것을 살펴본다. 연구자들의 관찰은 구체적인 가설 검증에 맞춰 구조화될 수도 있고, 연구가 덜 구조화될 수도 있다. 쇼와 매케이에게 있어서, 관찰은 조작화와 관련 있는 자료를 구하는 과정에서 공표된 통계를 자세히 살펴본 후에, 140개의 지리적 영역에 따라 비행과 다른 지표에 대한 자료를 체계적으로 분류하는 것을 의미하였다.

인종 간의 비행을 비교하였을 때, 쇼와 매케이는 중심지역과 전이지역이 전체 집단에서 비행률이 가장 높다는 것을 발견하였다. 비록 집단 간에 큰 차이가 있었지만(외국 태생, 흑인과 백인), 유사한 유형의 지역에서 각각의 인종집단은 유사한 비행률을 보여주었다. 시간이 지남에 따른 비행률을 비교하였을 때, 쇼와 매케이는 외국 태생의 가족이 먼 교외지역으로 이사 나가게 되면서 중심지역보다 그 교외지역에서 비행률이 낮게 유지되는 것을 발견하였다(1969: 162, 315). 이러한 결과를 요약하자면, 쇼와 매케이는 아래와 같이 결론지었다.

> 이러한 사실에도 불구하고 인종, 태생, 국적의 요인이 그것 자체로 청소년 비행의 문제와 결정적으로 관련되어 있다는 주장을 계속하기는 어렵다. 오히려 흑인, 외국 태생, 그리고 보다 최근 이민자 자녀 사이에서 발견되는 매우 더 높은 비행률은 그 도시 내에서 그들 각각의 지리적 분포 형태의 현존하는 차이와 밀접하게 관련되어 있다고 결론을 짓는 것이 필요한 것으로 보인다. ……

더군다나, 시카고에서 상업과 중공업의 중심지와 인접한 지역에서 인구의 출생과 국적의 구성에 있어서 연속적인 변화에도 불구하고, 여러 해 동안 비행률이 상대적으로 일정하다는 사실은 비행을 생산하는 요인이 지역공동체에 내재한다는 결론을 명확하게 지지한다.

비록 후속 연구에서 쇼와 매케이가 도출한 결론 중 일부에 대해 이의제기를 하였지만, 사회해체이론은 형사사법과 그 밖의 분야의 이론과 연구에 계속해서 영향을 미치고 있다. 예를 들면, 미국에서 가장 최근에 수행된 사회해체에 관련한 연구를 살펴보면, 발디마스도티르와 번버그(Valdimarsdottir and Bernburg, 2015)는 사회해체는 아이슬란드에서 가장 기본적인 구조로 작용하고 있다는 것을 발견하였다. 그들은 "사회해체 연구는 선진화된 복지제도를 가지고 있는 작은 단일민족국가에서 일반화할 수 있다."(p. 236)고 한 이래로 그들의 발견은 매우 주목할 만한 점이었다. 이는 원칙적으로 사회과학 분야의 이론은 다양한 사회 상황에 적용할 수 있는 증거를 제시한다면 더 강력해진다.

도시의 형태와 그것이 인간의 행동에 미치는 영향에 대한 개념을 강조하는 현대의 범죄에 대한 환경적 이론은 파크와 버제스, 그리고 쇼와 매케이의 초기 업적에 뿌리를 두고 있다(예: Brantingham and Jeffery, 1991을 살펴보라). 네덜란드의 연구자들은 대도시에 지역사회의 사업체가 존재하면 사회해체를 감소시키는 데에 도움을 준다는 것을 발견하였다(Steenbeek et al., 2012).

쇼와 매케이의 연구는 도시의 이웃지역의 조건과 폭넓은 종류의 사회적 병리 사이의 연계에 대한 좀 더 일반적인 이론에 기초를 두고 있다. 만약 특정한 이론적 설명이 정확했다면, 그들이 다수로 찾을 수 있는 패턴에 대한 확실한 기대를 가지고 있었다. 사회문제의 예 중 하나로 비행을 조작화하면서 인종적 또는 문화적 구성에 상관없이 그들은 전이지대에서 더 높은 비행률을 발견하였다. 물론, 이러한 특정 자료 자체로는 이 사례를 입증하지 못하는데, 왜냐하면 사회해체가 비행을 초래한다는 결정적인 증거를 제시하지 못했기 때문이다. 그렇지만 이러한 자료는 쇼와 매케이가 모은 증거의 중심을 이루는 일부분이다.

우리는 이러한 사례를 세 가지 이유 때문에 심도 있게 검토해왔다. 첫째, 이 사례는 이론에서부터 조작화, 그리고 관찰까지로 이동하는 과학적 연구의 전통적인 모델을 보여주고 있다. 둘째, 그것은 여러분이 과학수업에서 생각해 낼 수 있는 가상적인 물리학 실험보다 더욱 현실적이다. 마지막으로, 형사사법 분야의 최근의 연구도 범죄와 도시환경 사이의 관계에 대한 이러한 이론적 견해를 기반으로 한다.

그림 2-3은 과학적 탐구의 전통적인 모델에 대한 도식적인 그림이다. 그림에 보면, 어떤 것에 관한 관심 또는 그것에 관한 생각을 가지고 시작하는 연구자가 있다. 그 다음으로는 A, B, C 그리고 기타 문자에 의해 표시되는 다수의 개념이 어떻게 서로 관련될 수 있는지에 대한 이론적인 이해로 발전된다. 이론적인 검토는 만약 이론적인 기대가 옳다면 가설, 또는 현실 세계에서 사물이 어떤 방식이 되어야만 하는지에 관한 기대를 낳는

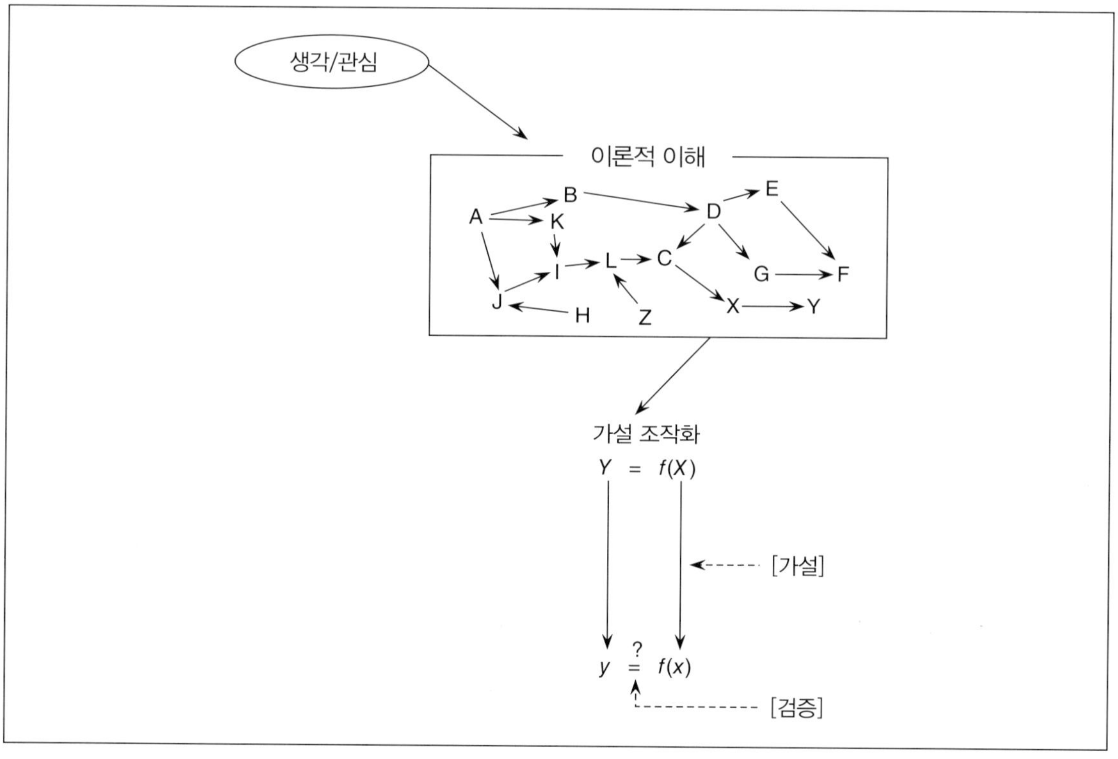

그림 2-3 과학의 전통적 이미지

다. $Y=f(X)$라는 기호법은 Y(예: 비행)는 X(예: 표준 이하의 주거환경)의 기능이거나, 또는 어떤 방식으로든 유발된 것이라는 것을 말하는 통상적인 방법이다. 그렇지만 그러한 수준에서 X와 Y는 구체적인 의미보다는 일반적인 의미가 있다.

조작화 과정에서, 일반적인 개념은 구체적인 지표로 전환된다. 따라서 소문자 x는 대문자 X의 구체적인 지표이다. 예로서, 실내의 배관시설(x)이 없는 주거지들의 수에 대한 인구조사 자료는 표준 이하의 주거환경(X)에 대한 구체적인 지표이다. 이러한 조작화 과정은 검증할 수 있는 가설의 형성을 낳는다. 예를 들면, 이탈리아 이민자 사이의 비행률이 그들이 전이지대의 기준 이하의 주거지에서부터 교외의 주거지역에 있는 좀 더 나은 집으로 이사를 감에 따라 실제로 감소했는가와 같은 사실을 밝혀내려는 목적을 가진 관찰은 **가설 검증**(hypothesis testing)의 일환이다.

이러한 과학의 전통적인 모델은 어떻게 우리가 어떤 것을 주의 깊고 논리적으로 연구할 수 있는지에 대한 명백하고 이해할 만한 지침을 제공한다. 그렇지만 형사사법 분야에서의 이론과 연구는 다른 방식으로 관련이 있다.

귀납적 추론의 실례

연구는 귀납적으로도 관찰에서부터 이론을 세우는 것으로 추론할 수 있다.

쇼와 매케이의 업적은 전통적인 과학의 이미지에 기초를 둔 연역적 추론 방식이다. 우리가 이 장의 초반부에서 서술한 것처럼, 형사사법 분야의 연구자들은 대개 귀납적 추론 방식을 사용하여 그들이 관찰한 것에 대한 일반적인 진술을 이끌어내기 위한 증거를 모은다. 이렇듯 귀납적 추론의 접근 방식은 대개 사회과학 분야에서 이론을 발전시키기 위해 사용되곤 한다.

사회과학자들은 자주 다소 보편적인 원칙을 가리킬 수 있는 양식을 발견하는 것을 추구하면서 사회생활의 측면을 관찰함으로써 이론을 구성하는 것을 시작한다. 바니 글레이저와 안젤름 슈트라우스(Barney Glaser and Anselm Strauss, 1967)는 이론 구성에서의 귀납적인 방법을 설명하기 위해 **근거이론**(grounded theory)이라는 용어를 만들었다. 현장조사(진행 중인 사건에 대한 직접적인 관찰)는 이론을 개발하기 위해 자주 사용된다. 또는 설문조사로부터 얻어지는 자료에 의존한 연구는 특정한 이론적 설명을 제시하는 결과의 패턴을 밝혀낼 수도 있다. 여기 아래에 한 가지 예시를 살펴보자.

근거이론(grounded theory) 현장에서 관찰된 사실을 기초로 하는 귀납적 방법의 이론.

범죄 집중 현상

형사사법 연구자들은 많은 범죄가 범죄자와 장소, 그리고 심지어 피해자에 집중이 된다는 사실을 점점 더 인식을 하게 되었다. 필라델피아에서의 청소년을 대상으로 한 기념비적인 연구에서 상대적으로 적은 수의 청소년 간에 비행이 집중된다는 것을 강조하였다(Wolfgang, Figlio, and Sellin, 1972). 연구자들은 또한 상대적으로 적은 수의 장소에서 많은 범죄가 집중되는 현상인 핫스팟(hot spot. 범죄다발지역)이라는 개념도 만들어냈다(Weisburd, 2015). 대부분 영국에서 수행된 연구에서는 몇몇의 개인이나 장소는 반복적으로 범죄의 피해를 받는 것을 발견하였다. 예를 들어, 캔 피즈(Ken Pease)는 영국의 약 2%의 재산범죄 피해자가 약 40% 이상 비율의 재산범죄피해를 차지하고 있다는 사실을 보고하였다(Pease, 1998: 3). 미국 고속도로 손실사료연구소(Highway Loss Data Institute, 2016)에서는 차량 절도로 인한 보험금 청구를 추적하였는데, BMW M6 컨버터블 모델은 차량 절도 위험이 가장 컸으며, 이는 평균보다 9.4배 높다는 것을 보고하였다. 반면에, Smart for Two 모델 차량은 절도 위험이 가장 낮은 차량으로 나타났다.

마이클 타운슬리, 로스 호멜, 재닛 체슬링(Michael Townsley, Ross Homel, and Janet Chaseling, 2003)은 핫스팟 지역에서 발생하는 주거침입범죄는 '근접반복 피해자화(near repeat victimizations)'로 생각될 수 있지 않을까 의구심을 갖고 한 단계 더 나아가보았다. 이를 통해, 그들은 반복적인 주거침입범죄의 피해자화에 대한 두 가지의 다른 메커니즘에 관한 이해를 이끌어냈다. 첫째, 사람들과 장소는 **위험 이질성**(risk heterogeneity)이라고 부르는, 본질적으로 불평등한 위험 때문에 반복해서 피해를 당할 수 있다. 주거침입범이 살고 있는 지역에 위치하는 집은 다른 지역에 위치하는 목표물보다 더 큰 위험에 처해 있다. 빽빽한 식물로 가려진 집은 주거침입범이 드러나지 않고 작업을 할 수 있기 때문에 더 큰 위험에 놓여 있다.

반복 피해자화에 대한 두 번째 설명은 범죄자가 개인의 주거지를 침입하는 것으로부터 무언가를 배운다고 가정한다. 다시 말하면, 주거침입범이 특정한 집이나 아파트를 침입해 들어간 후에야 나중에 그곳을 어떻게 침입할 수 있는지 알게 된다. 범죄자들이 어떻게 주거지에 침입하는지 알게 될 때, 잘 알려지지 않은 것을 목표로 선택하면 생길 수 있는 어떤 불확실성의 요소를 줄여준다. 주거침입범은 또한 이후에 무엇을 훔쳐갈 수 있는지 알 수 있다. 이러한 반복 주거침입의 메커니즘은 **사건 의존성**(event dependency)이라 알려져 있는데, 이는 차후에 발생하는 주거침입범죄는 처음 범죄를 저지르면서 배운 것에 부분적으로 의존한다는 것이다.

이러한 근접반복 주거침입범에 대한 개념은 어떻게 각각의 메커니즘이 주거침입범죄의 핫스팟에 대해 기여할 수 있는지를 인지하는 것이다. 위험 이질성은 주거침입범이 활동을 하는 지역에 있는 집이 더 큰 위험에 처해 있다는 것을 의미한다. 그래서 만약 주거침입범죄가 이전에 주거침입범죄가 발생했던 집에서 몇 채 아래에서 발생한다면, 그것은 주거침입범이 특정한 이웃지역에서 활동을 하고 있기 때문에 인접지역에 사는 반복 주거침입범에 의해 범죄가 발생한 것이다. 사건 의존성에 관해서 타운슬리와 동료들은 주거침입범이 한 집을 침입하는 과정에서 그 지역에 대해 배우게 된다는 의견을 제시하였다. 이는 이미 피해를 입은 적이 있는 집 주변의 주거지는 더 큰 위험에 놓여 있다는 것을 의미하는데, 그 이유는 범죄자는 또 다른 피해 목표대상을 선택을 하기 위한 단서를 제공하는 그 지역의 특징에 관한 것을 배우게 되기 때문이다. 주거침입범은 도로의 배치, 그 지역에 관심을 끌지 않고 섞여들어 갈 수 있는 방법, 그리고 지역 거주민의 오고 가는 일상에 관한 것을 배우게 될 수 있다.

연구자들은 오스트레일리아의 퀸즐랜드(Queensland)주에 있는 다섯 개의 도시지역과 교외지역에 있는 경찰의 주거침입범죄 보고서를 검토하였다. 공교롭게도, 오스트레일리아와 영국의 경찰 기록은 미국 다른 지역들의 경찰 기록보다 더욱 일관된 형식에 맞춰 자세하게 작성되어 있다. 반복 주거침입범죄는 34개월의 기간 동안 두 번 이상의 주거침입범죄를 당했던 주소로 한정되었다. 상당히 복잡한 통계적 추정 과정을 통하여 확인된 **근접반복**범죄는 34개월의 학습 기간을 통해 이전의 주거침입범죄 발생지로부터 약 200야드 이내에서 일어난 주거침입범죄다.

다음으로, 타운슬리와 동료들은 그들의 연구지역 내에 있는 주거지의 특성에 관한 것을 알기 위해 부동산 중개업체의 도움을 청하였다. 이것은 어떻게 지역의 물리적 특징이 주거침입범죄 발생률과 관련되는지를 알아보려는 연구전략에 있어서 중요한 부분이었다. 그들은 더 오래되고 다양한 집으로 이루어진 경향이 있는 기존의 지역과 비슷한 형태의 주택을 가진 새로운 교외 개발 주거지를 구별하였다. 그 업체는 또한 연구자들에게 서로 다른 동네에 있는 집의 시장가격과 집들의 연수, 그리고 대규모의 개발지역의 여부를 확인하는 데 도움을 주었다.

공식적인 경찰 자료를 분석하면서, 타운슬리와 동료들은 반복적으로 피해를 당하는 집의 형태와 특징이 매우 다양한 오래된 주택이 있는 지역에서 좀 더 흔히 발생된다는 것을 발견하였다. 이것은 사건 의존성이 메커니즘이었다는 것을 제시하는 이전의 연구와 일치하였다. 먼저 주거침입범죄자가 오래된 집을 목표로 삼았다면, 이후의 주거침입범죄는 같은 집을 습격할 가능성이 좀 더 높은데, 이는 아마도 범죄자가 어떻게 들어가고 무엇을 그들이 찾을 수 있는지를 알기 때문이다.

좀 더 새롭게 대규모의 개발이 진행된 곳에서의 조사결과는 달랐다. 여기서 연구자들은 더 수준 높은 근접반복 주거침입범죄를 발견하였다. 이 주거침입범은 처음의 목표물로 되돌아가기보다는 이전에 피해를 당한 집에서 거리가 가까운 집을 침입할 가능성이 더 컸다.

이러한 결과의 유형을 검토하면서, 타운슬리와 동료들은 반복 그리고 근접반복 주거침입범죄를 이해하기 위해 **전염**(contagion)의 메커니즘을 제안하였다.

주택 다양성과 목표 취약성 관계에 대해 생각하는 한 가지 방법은 감염 유사성을 통해서이다. …… 주택의 다양성은 주거침입범죄의 피해가 얼마나 전염성 있는지 나타내는 하나의 지표이다. 비슷한 지역은 주거침입범죄의 전염을 허용하는 반면에, 다양한 지역은 전염을 제한하기 때문이다. (2003: 630)

비행기 또는 버스에 있을 때처럼, 사람들이 함께 있을 때 전염병이 퍼지는 것과 마찬가지로, 비슷한 디자인으로 지어진 새집들으로 이루어진 지역으로 주거침입범죄가 이동을 한다. 주거침입범이 한 집을 어떻게 침입하는지를 학습하게 되면, 비슷한 디자인으로 지어진 다른 근접한 집을 좀 더 쉽게 침입할 수 있다. 그러나 집들이 보다 더 다양한 형태로 이루어진 더 오래된 지역에서는 주거침입범이 같은 목표물을 다시 찾는 경향이 있다.

연구자들은 이러한 주거침입범죄의 설명에 관한 전염이론(contagion theory)을 발전시키기 위해 귀납적인 추론을 사용하였다. 다른 유형의 지역을 걸쳐 범죄의 유형을 살펴보는 것은 그들로 하여금 범죄의 전염을 질병의 전염과 유사한지 비교하도록 이끌었다. 결국 연구자들은 그 연구결과를 장소의 중심 역할을 강조하는 환경범죄학의 이론적 토대에 연결하였다. 버제스, 쇼, 그리고 매케이가 비행률이 도시의 지대와 연관되어 있다는 것을 발견한 것과 마찬가지로, 타운슬리, 호멜, 그리고 체슬링은 주거지 정착의 유형이 어떻게 주거침입범죄가 지역공동체를 통해 퍼져 나가는지에 영향을 미친다고 제안한다.

실무에서의 귀납적 이론

가정폭력에 대항하는 펜실베이니아 연합(Pennsylvania Coalition Against Domestic Violence)의 법률 담당 이사인 바버라 하트(Barbara Hart)에 의해 제안된 귀납적 이론 구성을 바라보는 하나의 다른 방법을 고려해 보자.[1] 어떻게 사법기관 전문가에 의해 수행된 형사사법 분야의 연구 활용을 증가시킬 것인가라는 주제에 관해 이야기하면서 하트는 근거이론의 발전은 많은 실무자 사이에서는 진부한 이야기라고 주장하였다. 그녀에 따르면 이는 보호관찰 직원, 판사, 사건 관리자, 피해자 담당 상담자, 그리고 여러 관계자들은 관찰한 사례의 유형에 끼워 맞추기 위해 일반적인 설명을 공식화하려는 경향이 있었다는 것을 의미하고 있다. 하트는 이것에 대해 실무자들이 그 경험을 해석하면서 이론 구성에 관여하는 것이라고 말했다. 다른 사람들은 공공기관의 직원을 이해시키는 경험에 기반을 둔 이론을 수용하는 것을 "행위이론(theory of action)"이라고 언급하였다(Santos and Santos, 2015).

행위이론은 그들의 이론에 부합하지 않는 사례지만 그 유형을 알아낼 때까지 사법기관

1 1995년 7월 12일에 워싱턴 DC에서 열렸던 미국법무연구원(National Institute of Justice)의 가족폭력 집단 콘퍼런스(Family Violence Cluster Conference)에서의 발표에서 인용하였다.

전문가의 향후 조치를 이끌어줄 수 있다. 한 예시로 '근거이론과 지역사회의 기소활동'이라는 제목의 글상자를 보라.

요약하면, 논리적 추론의 과학적 규범은 이론과 연구의 관계를 이어주는 쌍방향의 다리 역할을 한다. 실생활에서의 과학적 조사는 일반적으로 연역법과 귀납법 사이를 번갈아 활용하는 것을 수반한다. 연역적 단계에서는 연구자들은 관찰한 것을 위해 추론하지만, 귀납적 단계에서는 관찰한 것으로부터 추론한다. 여기서 논리와 관찰은 모두 필수적으로 이루어져야 한다. 실무에서 연역법과 귀납법 모두 사회적 이론을 구성하는 방법이다.

이론, 연구, 공공정책

형사사법 분야에서의 이론은 연구와 공공정책 모두를 이끈다.

범죄는 중요한 사회문제이기 때문에, 그리고 연구자들에게 단순히 관심이 있는 사회적 가공물이 아니기 때문에, 형사사법 분야에서의 많은 연구는 공공정책에 밀접하게 관련이 된다. 다른 사람들은 그렇게 하지 않는데, 왜 어떤 사람들은 범죄를 저지르는지를 밝히는 것은 흥미롭고 중요하지만, 그러한 연구는 새로운 지식이 어떻게 정책 수립에 활용될 수 있는지를 고려할 수 있을 때 또 다른 의미를 갖는다. 형사사법 정책에 관한 연구는 응용연구의 한 사례로, 연구결과는 어떻게 정부의 공직자와 일반 대중이 범죄에 대응해야 하는지에 관한 구체적인 문제에 응용된다.

형사사법이론은 기초적인 연구의 방향을 이끌어주는 데 있어 중요한 것만큼이나 응용연구 질문을 구성하는 데 있어서도 마찬가지로 중요하다. 이론, 연구, 형사사법 정책은 두 가지 방식으로 관련되어 있다. 첫째, 이론은 기초적인 연구의 방향을 이끌어주는 데 사용된다. 이러한 연구로부터의 결과는 특정한 정책으로 이르게 한다. 예를 들면, 버제스, 쇼, 그리고 매케이가 수행한 초기의 연구는 범죄와 장소의 이론으로 발전하였다. 와이즈버드와 동료들(Weisburd et al., 2012)은 『장소의 범죄학(Criminology of Place)』이라는 책에 이것을 요약하였다. 범죄 집중 현상에 대한 연구지식이 증가하게 됨에 따라 경찰은 사람이 아닌 장소에 좀 더 초점을 두게 되었다. 이러한 현상은 범죄 감소를 위한 전술로서 핫스팟 중심의 순찰 활동으로 연결되었다(Braga et al., 2014).

형사사법이론과 정책이 관련된 두 번째 방식을 이해하기 위해 가설과 특정한 프로그램 사이의 유사성을 고려하라. 이 장의 초반부에서, 우리는 가설을 경험적인 현실에 대한 구체적인 기대로서 설명하였다. 이것은 또한 공공정책 프로그램에도 해당되는데, 그 이유는 특정한 정책 조치로부터 어떤 경험적인 현실의 결과가 나타날지에 관한 특정한 기대이기 때문이다. 사회해체에 대한 이론은 '만약 도시의 이웃 지역이 사회해체의 신호를 보여준다면, 그러면 그 지역의 범죄와 비행은 사회해체의 신호를 더 적게 가지고 있는 이웃

근거이론과 지역사회의 기소활동

지역사회 경찰활동과 마찬가지로, 지역사회 기소활동은 전통적인 범죄를 다루는 방식과 두 가지 측면에서 다르다. 첫째, 지역사회 경찰활동과 기소활동은 지역사회의 조직과 일반 주민과 함께 일하는 것을 포함한다. 둘째, 경찰과 검사는 범죄가 발생하면 개별적인 사건에만 대응하기보다는 범죄의 유형과 관련된 문제를 확인하기 위해 노력한다. '유형을 찾아라. 그리고 도움을 구하라.'라는 이러한 접근방식을 요약하는 한 가지 방법으로 사건보다는 문제에 집중하고 다른 조직과 격리된 채 범죄 신고에 대응하거나 사건을 기소하기보다는 지역사회의 주민과 다른 사람들과 협력하라는 것이다.

오리건주의 포틀랜드에서 일했던 한 지역 검사는 처음에 지역주민의 걱정이 반복범죄자가 행하는 심각한 범죄에 몰려 있다고 가정했었다. 그렇지만 범죄와 적절한 반응에 관한 전통적인 생각은 검사가 지역주민과 대화를 한 번 시작하고 나서 곧바로 바뀌었다. 그들은 매춘, 공공장소에서의 음주, 마약 복용, 기물 파괴, 오물 투기, 폭행, 쓰레기, 자동차 절도에 대해 무언가가 이루어지기를 원했다. 이러한 것은 전통적인 중범죄의 개념과는 연결되지 않는 문제였다.

그 지역 내에 있는 '설리반의 협곡(Sullivan's Gulch)'이라는 한 특정 지역은 주민들을 괴롭히는 것이 무엇인지를 보여준다. 두 개의 철도 노선이 교차하는 자연적 침하지대인 설리반의 협곡에, 오랫동안 이 지역에서 불법적인 캠프를 세우고 때로는 장기간 체류하기 위해 남아 있는 임시 체류자들이 모여들었다. 1980년대 말에는 불법적인 캠프 체류자의 숫자가 폭발적으로 증가하였다. 이 협곡의 체류자들은 술을 사고 소비하며, 오물을 버리고, 빈둥거리며, 소변을 보고, 싸우며 인근 상업지역과 주거지역을 돌아다녔다. 이러한 문제는 심각한 범죄는 아니었고, 그러한 성가신 일에 대한 신고는 범죄 집계에 거의 기록되지 않았다. 그럼에도 불구하고, 그러한 사소한 문제는 인근 주민을 괴롭히고, 그 지역의 상업을 부흥시키려는 노력을 약화시켰다. 그 지역의 검사는 지역주민들과 사업주들과 대화를 하고 그 문제에 관해 생각한 후에 순찰의 증가, 경찰의 가시성, 체포와 같은 전통적인 접근방법은 잠시 동안만 효과가 있을 것이라고 추론을 하였다. 경찰 수를 늘려도 오랜 기간에 걸쳐 유지될 수가 없을뿐더러, 의심할 여지 없이 경찰이 다른 지역으로 이동하면 문제는 다시 나타날 것이었다.

그 대신, 그 검사는 그 협곡에서 캠프 체류자들을 분산시키기 위해 처음 시도하는 경찰 소탕 작전을 마련하였다. 이것은 텐트, 버려진 구조물, 그리고 셀 수 없이 많은 쓰레기를 제거하기 위해 시의 지원을 받은 청소작업과 함께하였다. 그 다음 단계는 경찰과 지역주민 사이의 협력적인 노력이었다. 한쪽 면에는 '캠핑 금지'로, 그리고 그 반대 면에는 근처의 노숙자 보호소를 나열한 글을 적은 안내 간판을 그 지역에 게시하였다. 시민들은 그 협곡을 정기적으로 순찰하고 캠프장이 나타나기라도 하면 적극적으로 경찰에게 알렸다. 경찰과 그 검사의 사무실에서 받은 지원에 고무된 지역주민들은 캠프 체류자를 감시하고 새로 도착한 사람들이 캠프를 설치하는 것을 포기하도록 설득하는 데 열심이었다.

설리반의 협곡에 관한 주민의 우려는 제임스 윌슨과 조지 켈링(James Wilson and George Kelling, 1982)이 쓴 『깨어진 유리창(Broken Windows)』이란 논문과 그 이후에 출간된 웨슬리 스코건(Wesley Skogan, 1990)이 쓴 책에서 기술한 무질서와 범죄 간의 관련에 관한 고전적인 사례를 제공한다. 범죄에 대한 '깨어진 유리창 이론'은 다음과 같이 주장한다. "심각한 범죄는 무질서한 행동을 점검하지 않고 내버려두는 지역에서 융성한다"(Wilson and Kelling, 1982: 34).

설리반의 협곡 주위의 주민들과 사업주들의 우려를 듣고 그 지역을 먼저 관찰한 다음에, 그 지역 검사는 하나의 이론을 '세웠다'. 그의 이론은 거리 수준의 경험에 기반을 두었는데, 그 경험은 전통적인 기소에서 지배적인 고급 수준의 경험을 기초로 하는 것과는 전혀 다른 것이었다. 그 이론은 포틀랜드의 한 지역에서 무질서와 심각한 범죄 간의 관련성에 관해 더 일반적인 서술로 표현하는 데에 사용된 관찰을 기반으로 한 귀납적인 이론이었다. 그리고 이러한 관련성은 사법 정책을 이끌어주는 한 행위이론을 제시하였다.

_ 바버라 볼랜드(Barbara Boland)

출처: Boland(1996: 36~37)를 재수정함.

종합적 사고　자유재량과 차별의 이론

경찰활동에서 인종적 편견의 가능성은 여러 해 동안 형사사법 연구를 위한 주제가 되어왔다. 대부분의 연구자들은 차별적인 처리를 자유재량(정기적으로 재검토의 대상이 되지 않는 경찰과 다른 형사사법 행위자가 결정을 내리는 능력)으로 연결한다. 로이드 올린(Lloyd Ohlin, 1993)은 어떻게 경찰의 자유재량권이 미국 변호사재단에 의해 1950년대에 실시된 형사사법 기관에 대한 대규모 관찰연구에 의해서 '발견되었는지'를 기술한다. 앨버트 라이스(Albert Reiss, 1971)의 고전적인 한 연구는 관찰연구를 이용하여 대도시에서 경찰에 의한 차별적인 처리로 보이는 것을 보고하였다. 더글러스 스미스와 크리스티 비셔(Douglas Smith and Christy Visher, 1981)의 후속 연구에서는 경찰이 흑인 용의자를 좀 더 많이 구속시킨다는 것을 발견하였다. 그러나 쇼와 매케이의 연구를 상기해 보면, 이 중 많은 부분은 사건이 발생하는 지역과 관련된 것으로 보였다. 로버트 샘슨(Robert Sampson, 1986)은 소년사법에 대한 연구에서도 유사한 결과, 즉 사회적 그리고 경제적 특성이 인종과 청소년을 구금하는 경찰의 행동 간의 관계를 혼돈스럽게 만드는 것처럼 보였다고 보고하였다.

인종과 형사사법 공무원의 행동 사이의 관련성에 관한 연구는 많은 방향으로 확장이 되었다. 그러나 대부분의 경우, 체포되거나 수감된 사람 중에서 소수인종의 과잉 대표성(overrepresentation)에 대한 이론적인 설명은 두 개의 형태 중 하나를 취한다. (1) 범죄자 집단 중에서 소수인종의 과잉 대표성, 또는 (2) 사법 공무원에 의한 명백한 차별이 그것이다.

이러한 이론적인 유산에도 불구하고, 인종적으로 편견을 띤 교통 단속에 대한 우려는 체계적인 연구가 아니라 광범위하게 알려진 '공포스러운 이야기'로부터 나타났다. 그 주제에 대한 가장 잘 알려진 법률 연구자 중 한 사람인 데이비드 해리스(David Harris, 1999)는 여러 사례를 설명한다. 이러한 방식으로, 차별적인 교통 단속에 관한 대중매체의 보고와 개인적인 법률소송은 사회과학자들이 일반적인 설명을 찾으려는 노력에서 관찰을 결합하려고 시도함에 따라 연구와 일종의 귀납적인 이론화를 이끌어내었다. 이러한 방식으로, 편견에 대한 보고는 가능한 메커니즘을 이해하는 것을 도와주기 위한 이론 개발로 점차 이끌어주는 탐색적인 연구를 촉진하였다.

엥겔, 칼논, 버나드(Engel, Calnon, and Bernard, 2002)는 이해에 대한 장애물로 이론의 결핍을 확인한 최초의 사람에 속한다. 그들은 공포스러운 이야기에 기초한 연구는 공포스러운 이야기 그 자체가 교통 단속에서 경찰 조치의 전형으로 간주하는 것과 같다고 주장한다. 개선책으로서, 그들은 소수인종의 자동차 운전자의 불균등한 검문을 설명할 수 있는 다양한 사회과학 이론을 제시하고, 그런 후에 어떻게 연구가 그러한 이론을 검증하기 위해 구조화될 수 있는지를 제시한다. 여기에 두 가지 간단한 사례가 있다.

지역보다 더 높을 것이다.'와 같은 '만약…… 그러면'의 진술을 포함한다. 이는 다음과 같은 곧 '만약…… 그러면'으로 진술된 공공정책을 암시한다. '만약 우리가 어떤 교외의 이웃 지역에서 사회해체를 줄이는 새로운 프로그램을 실시한다면 범죄와 비행이 줄어들 것이다.' 이와 같은 상호 보완적인 '만약…… 그러면' 형식의 진술은 지역사회 경찰활동과 볼랜드(Boland)의 연구에서 언급되는 지역사회의 검사(앞 페이지의 글상자 참고)에 의해 취해졌던 조치를 위한 논리적 정당성의 기초가 된다. 지역사회에 기반을 둔 범죄통제 전략으로 말미암아, 경찰과 검사는 범죄와 비행에 기여하는 사회해체의 지역 문제에 대항하는 조치를 취한다.

- **행위는 잠재되어 있는 태도의 산물** 심리학적 이론에 뿌리를 둔 이 관점은 잠재되어 있는 편견 때문에 경찰이 교통 단속할 때 소수인종 운전자를 더 많이 검문한다고 가정한다. 이것을 검증하는 것은 표준 설문지 조사를 실시함으로써 이러한 바탕에 깔려 있는 태도를 측정하는 것을 요구할 것이다.
- **조직의 행위와 신념** 조직이론은 교통 단속 검문에 있어서 개별 경찰관의 행동은 조직 정책의 결과라고 주장할 것이다. 인종적 프로파일링에 대한 설명으로서, 이 관점은 경찰 관리자들이 개별 경찰관에게 소수인종 운전자를 검문하도록 독려한다는 것을 의미할 것이다. 게다가, 크랭크와 랭워시(Crank and Langworthy, 1992)는 어떻게 조직이 개인의 행동에 영향을 미칠 수 있는 전통, 믿음, 신념을 가지게 되는지를 설명한다. 만약 조직의 신념이 소수인종은 마약이나 총기 관련 위반행위에 더 자주 관련된다고 가정하면, 그러한 신념은 교통법규 집행에 있어서 경찰관에 의한 행동에 영향을 미칠 수 있다.

교통법규 집행은 다르다

뉴저지주 경찰에 대한 연구에서, 카르스텐 안드레센(Carsten Andresen, 2005)은 두 개의 기본적인 연구 질문을 이끌어주는 이론의 두 가지 주요부분을 끌어냈다. 그것은 (1) 무엇이 특정한 차량을 검문하는 경찰의 결정에 영향을 미치는가, 그리고 (2) 무엇이 차량 검문 후에 경찰이 취하는 조치에 영향을 미치는가이다.

안드레센은 첫 번째 질문에 답하기 위해 경찰재량권에 대한 이론을 채택하였다. 명확한 지령이 없는 경우에, 경찰은 그들이 사용하고 싶은 어떠한 기준에 입각하여 어떤 차량을 단속할지를 선택할 수 있다. 그는 이러한 설명을 순찰자의 면접과, 순찰자와 함께 수많은 순찰에 동행하여 그들의 행동을 관찰하여 검증하였다.

상호작용에 대한 심리학에 뿌리를 둔 이론의 통합은 안드레센의 두 번째 질문에 관한 연구를 이끌어주었다. 그는 차량 검문이 경찰과 운전자 사이의 거래라고 추론했다. 비록 우리가 창고 세일을 하는 곳에서 어떤 물건을 살 때 협상을 하는 것처럼 명백하지는 않지만, 당사자들은 협상하였다. 순찰자는 운전자로부터 잘못이나 회개에 대한 어떤 양보를 청했다. 대신 그들은 벌금 고지서를 발부하지 않거나 좀 더 가벼운 교통위반에 대한 벌금 고지서를 발부함으로써 협조적인 운전자를 한 번 봐주었다. 하지만 만약 운전자가 공격적이고, 교통위반 사실을 부인하거나, 또는 다른 모든 사람도 속도위반을 한다고 항의하면 협상은 실패한다. 이러한 운전자들은 보통 교통법규 위반 소환장을 받는다.

안드레센은 이론을 두 가지 방식으로 사용하였다. 경찰과 운전자 사이의 '협상'의 유형을 관찰하면서, 그는 귀납적인 추론을 통해 보다 일반적인 설명을 형성하기 시작하였다. 그러고 나서 그가 관찰하기는 했지만, 부분적으로밖에 설명할 수 없는 패턴에 대한 설명을 '연역하기' 위해 조직심리학의 호혜성 이론에 의존하여 다른 분야에 있는 연구문헌을 검토하였다.

그리하여 이론, 연구, 정책은 두 가지의 유사한 방식으로 관련되어 있다. 첫째, 이론은 연구를 구성하고, 이는 결국 연구가 정책을 개발하는 데 참조된다. 둘째, 정책은 '만약…… 그러면'의 진술의 형식을 취하는 것은, 그것들이 실증적인 검증을 받아야만 한다는 것을 암시한다. 우리가 이 장에서 다룬 예시 중 '종합적 사고: 자유재량과 차별의 이론'은 어떻게 이론이 연구자에게 차량 검문(traffic stops)의 패턴에 대한 설명을 고안하고 검증하는지를 보여주는 것을 도와준다. 반대로, 어떤 연구자들은 연구에 대한 이론의 부족은 인종 프로파일링에 대한 연구에서 문제가 되었다고 주장하고 있다.

범죄학적 진화: 생태학적 이론과 범죄예방 정책

이 장은 어떻게 이론, 연구, 정책이 서로 연관되어 있는지에 대한 예시를 제공하면서 마무리 지으려고 한다. 더 나아가 이 장의 마지막 부분을 읽은 후에 여러분이 현대의 범죄학적 이론의 원리를 앞에서 논의했던 시카고학파로부터의 기초로 추적해 갈 수 있을 것이라고 생각한다.

로널드 클라크(Ronald Clarke, 1997b)는 상황적 범죄예방에 대한 사례연구 모음집의 서론에서 어떻게 이러한 형사사법 정책에 대한 접근방법이 보다 일반적인 범죄의 생태학적 이론에서부터 발전되었는지를 기술하였다. '생태학적(ecological)'이라는 용어는 중요한데, 그 이유는 인간과 그 밖의 생물체는 본성적으로 환경적인 압력에 의해 영향을 받는 것처럼(예: 날씨, 지구의 기온 변화, 물의 품질 등), 인간의 행위는 부분적으로 그 행위가 발생하는 물리적 및 사회적 환경의 기능이다. 환경범죄학자들은 범죄행위를 물리적 공간 및 사회적 공간에 연관 짓는다.

폴(Paul)과 패트리샤 브란팅햄(Patricia Brantingham)이 설명한 것과 마찬가지로(Brantingham and Brantingham, 1991), 사회생태학적 원리를 범죄학에 적용하는 것은 두 가지 요소를 가지고 있다. 첫째, 한 도시의 물리적 특성(도시의 형태)은 부분적으로 공간이라는 부족한 자원에 대한 갈등의 결과이다. 도시는 밀집되어 있는데, 왜냐하면 토지의 가격은 높고, 많은 사람이 일터, 상점, 유흥가에 가깝게 자리를 잡고 싶어 하기 때문이다. 둘째, 인간의 행위는 물리적 형태에 의해 영향을 받는다. 예를 들면, 사람들은 교외의 쇼핑몰과 대도시의 시내 지역에서 다르게 행동을 한다(Wikström, 1995).

다양한 도시의 형태는 잠재적인 범죄자와 피해자를 서로 가깝게 만들어서 범죄에 대한 더 많거나 더 적은 기회를 제공한다. 예를 들면, 브란팅햄(Brantingham, 1991: 49)은 어떻게 흩어져 있는 쇼핑지역과 집단 상가가 재산범죄의 높은 발생 비율에 특히 취약한지를 기술한다. 이것은 그러한 쇼핑지역이 자동차를 탄 많은 사람들이 편리하게 접근할 수 있도록 설계되었기 때문이다. 그리고 쇼핑객과 마찬가지로, 재산범죄자는 접근의 수월성과 익명성을 높이 평가하고 그래서 거대한 대도시 지역에서 흩어져 있는 쇼핑센터와 집단 상가 개발지역에 마음이 끌리는 것이다.

어떻게 이러한 생태학적 이론의 기본적인 원칙이 사회해체이론과 일치하는지에 주목하라. 범죄는 물리적 환경(밀집한 주거지)이 쾌적하지 못하고 사회적 환경(빈곤, 실업, 질병)이 바람직하지 못한 도시의 전이지대에서 더욱 흔하다.

쇼와 매케이의 연구에 뿌리를 두고 있는 생태학적 이론은 궁극적으로 그들의 일이 건물, 도로, 공원의 디자인과 그리고 그 외의 다른 도시풍경의 물리적 특징에 집중하는 건축가와 도시기획자의 생각에 영향을 미쳤다. 도시의 디자인과 형사사법의 개념을 혼합시킨 가장 영향력이 있는 연구 중 하나는 오스카 뉴먼(Oscar Newman)의 『방어할 수 있는 공간(Defensible Space)』(1972)이라는 책이다. 뉴먼은 도시의 주거지는 거주민들이 환경을 감시하고 통제할 수 있는 능력을 강화할 수 있게 건축되어야 한다고 주장하였다. 또한 미국의 도시에서 대규모 공공주거단지의 설계는 거주민이 위협적인 이방인과 일 때문에 출입하는 이웃과 구분하는 것을 어렵게 만들었다.

뉴먼의 책이 출판된 비슷한 시기에, 도시 설계, 인간의 행위, 범죄 간의 관계에 관련한 비슷한 아이디어들이 영국에서 범죄예방 정책의 발전에 영향을 미쳤다. 합리적 선택의 경제학적 패러다임에 의존해서, 영국내무성 연구단(British Home Office Research Unit)은 어떻게 물리적 환경이 잠재적인 피해자(사람 또는 장소)에게 영향을 미치는지에 관한 뉴먼의 생각을 확장시켰는데, 그들은 범죄자에 의해서 내려진 결정은 또한 도시 디자인에 의해 영향을 받는다고 제안하였다(Clarke and Mayhew, 1980; Cornish and Clarke, 1986). 범죄자들은 범죄를 저지르는 것의 비용과 장점을 공식적으로 평가하지는 않을 것이지만, 코니시(Cornish)와 클라크(Clarke)는 범죄자들은 잠재적인 목표대상을 평가하고 적어도 어느 정도는 기회에 기초하여 선택한다고 주장한다.

그러한 추론은 클라크와 다른 사람들을 범죄를 위한 기회를 감소시키도록 노력하는 범죄예방 정책을 제안하도록 이끌었다. 클라크는 이러한 접근방법을 '상황적 범죄예방'이라고 부르고, "(1) 상당히 특징화된 범죄의 형태를 향하고, (2) 가능하면 체계적이고 영구적인 방식으로 환경에 대한 관리, 설계, 또는 조작을 포함하는 것이며, (3) 광범위한 범죄자에 의해서 범죄에 대한 노력과 위험을 증가시키고 범죄로 얻는 보상은 감소시키는 것으로 인식되도록 하여 기회를 줄이는 조치"로 정의되었다(Clarke, 1997b: 4). 클라크는 상황적 범죄예방 기술의 여러 가지 사례에 관해 다음과 같이 서술하였다. 먼저, 차량을 훔치는 데에 요구되는 노력은 운전대 잠금장치의 사용으로 증가할 수 있고, 자동차 절도에 대한 보상은 차량 소유주가 탈부착이 가능한 스테레오 시스템을 설치한다면 감소할 수 있고, 절도범에게 있어서 자동차 절도의 위험은 주차장에 대한 보다 세심한 설계로 증가될 수 있다.

이러한 사례는 이론으로부터 정책 개발로 이동하는 연역적 접근방법을 보여준다. 상황적 범죄예방 정책은 여러 해 기간에 걸친 범죄와 도시지역의 물리적 그리고 사회적 환경 사이의 관계를 기술했던 생태학적 이론으로부터 연역된 것이다.

이제 구체적인 상황적 범죄예방 프로그램을 설계하는 데에 포함된 단계에 대한 클라크의 설명이 어떻게 정책 개발에 대한 귀납적 접근방법을 보여주고 있는지를 검토해 보자(Clarke, 1997b: 5).

1. 구체적인 범죄예방의 속성과 차원에 관한 자료를 수집한다.
2. 문제가 되는 범죄의 범행을 촉진하는 상황적 조건에 대해 분석한다.
3. 비용분석을 포함하여, 특정한 범죄를 위한 기회를 차단할 수 있는 가능한 수단에 대해 체계적으로 연구한다.

4. 가장 조짐이 좋고, 실행 가능한 경제적인 조치를 이행한다.
5. 결과를 추적하고 경험을 전파한다.

1과 2의 단계는 자료수집과 유형을 찾는 것을 포함한다. 3과 4의 단계는 잠정적인 결론을 도출하고, 관찰된 패턴에 기반을 둔 가설을 조작하는 것과 상응한다. 5의 단계에서는 가설 검증에 대한 응용연구에서의 대응물이다. 여기서는 결과를 추적하고 평가한다. 그런 후에 그 프로그램이 의도했던 목표를 달성했는지 여부를 보고한다.

이 장에 걸쳐, 우리는 형사사법 분야의 탐구에 있어서 이론과 연구 사이의 연관성의 다양한 측면을 살펴보았다. 연역적인 모델에서는 조사연구가 이론을 검증하기 위해 사용된다. 귀납적인 모델에서는 조사연구 자료의 분석으로부터 이론이 개발된다. 비록 우리가 이론과 연구를 연관시키기 위해 두 가지 논리적인 모델에 관심을 가졌지만, 형사사법 분야의 연구자들은 이러한 주제를 상당히 다양하게 발전시켜왔다. 이론적 문제들은 가끔은 경험적 분석을 위한 배경으로 소개된다. 다른 연구들은 이론적인 주장을 강화하기 위해 선택된 경험적인 자료를 인용한다.

이 장에서 다룬 주제에서는 형사사법 연구를 수행하기 위한 간단한 방법은 결코 없다는 우리의 주장을 강화시켜 준다. 이는 전통적인 과학에 대한 견해가 제시하는 것보다 훨씬 폭넓은 것을 알 수 있다. 궁극적으로 과학은 두 개의 기둥, 즉 논리와 관찰에 의존하는데, 우리가 이 책을 통해 내내 살펴보겠지만, 논리와 관찰은 많은 패턴으로 서로 잘 어울릴 수가 있다.

요약

- 사회과학 분야는 세 가지의 기초적인 측면을 포함하고 있다. 이론, 자료수집, 자료분석이 그것이다.
- 사회과학자들은 개인이 아닌 집합체를 설명하는 것에 관심을 가진다.
- 비록 사회과학자들은 사람을 관찰하지만, 그들은 근본적으로 변수를 연결하는 관계를 밝히는 것에 관심을 갖는다.
- 설명은 사례기술적(idiographic)이거나 법칙정립적(nomothetic)일 수 있다.
- 과학은 연역법과 귀납법을 번갈아 활용하는 과정이다.
- 자료는 양적이거나 질적일 수 있다.
- 비록 사람들은 과학이 '객관적'이어야 한다고 주장하지만, 상호주관적 합의의 문제가 더 중요하다. 즉, 다양한 과학자들은 그들의 관찰과 결론에 동의해야 한다.
- 과학의 전통적인 이미지는 이론, 조작화, 관찰을 포함하고 있다.
- 사회과학 분야의 이론과 연구는 두 가지의 논리적 방식을 통해 연결된다. 먼저, 연역법은 이론으로부터 기대와 가설을 이끌어내는 반면에, 귀납법은 특

정한 관찰로부터 일반화로 발전되는 것을 수반한다.

- 근거이론에서 관찰은 이론을 개발하는 데에 기여한다.
- 범죄학과 형사사법 분야에서의 이론은 다른 사회과학 분야나, 자주는 아니지만 때때로 자연과학 분야의 원리로부터 채택이 된다.
- 형사사법 분야의 이론, 연구, 정책은 두 가지 방법으로 연결된다. (1) 이론은 새로운 정책 개발을 제안할 수 있는 기초 연구에 영향을 미칠 수 있고, (2) 정책은 가설처럼 형성될 수 있고, 이 때문에 실증적인 검증의 대상이 된다.

핵심 용어

가설(hypothesis)
가설검증(hypothesis testing)
객관성(objectivity)
귀납적 추론(inductive reasoning)
근거이론(grounded theory)
독립변수(independent variable)
법칙정립적(nomothetic)
변수(variable)
사례기술적(idiographic)
상호주관적 합의(intersubjective agreement)
속성(attribute)
연역적 추론(deductive reasoning)
이론(theory)
종속변수(dependent variable)
집합체(aggregate)
패러다임(paradigm)

복습문제 및 연습문제

1. 『범죄와 일상생활(Crime and Everyday Life)』(2002)이라는 그의 책에서 마커스 펠슨(Marcus Felson)은 왜 범죄가 발생하는지에 대한 설명으로 '일상활동이론'을 확장하였다. 이 이론에 따르면, 범죄는 세 가지 요소가 함께 결합할 때에 발생한다. (1) 동기를 가진 범죄자, (2) 매력적인 피해대상, (3) 방어 능력이 있는 보호수단의 부재가 그것이다. 하나의 재산범죄와 하나의 폭력범죄를 선택하라. 각각의 사례를 설명하기 위해 일상활동이론을 적용하라. 여러분은 이론을 귀납적인 방법으로 이용하는가, 아니면 연역적인 방법을 이용하는가?
2. 이 장에서 논의된 이론과 연구 간의 관계를 검토하라. 한 학술잡지에서 한 연구논문을 선택하고, 거기에서 발견한 이론과 연구 간의 관계를 명확하게 밝히라.
3. 데이비드 레스터(David Lester, 2012)는 영국에서 요리와 난방에 사용되는 가정용 가스를 사용하는 것을 다시 만드는 것에 따른 자살률 변화를 연구자들이 어떻게 조사하였는지를 서술하였다(1960년대부터 가정용 가스는 '무독형'으로, 들이마실 때 일산화탄소 내용물이 급격하게 감소되어 덜 해롭게 만든다). 이 장에서 다루었던 이론에 대한 이해를 바탕으로 다음과 같은 질문에 답하라. (1) 여러분이 생각하기에 자살률은 변화가 있을 것인가? 만약 그렇게 생각한다면 어떻게 변할 것인가? (2) 여러분이 생각하기에 어떤 메커니즘이 작용하는지 설명하라.

CHAPTER 03

윤리와 형사사법 연구

이 장에서는 연구자가 연구를 설계하고 수행할 때 과학적 고려사항과 함께 생각해야 할 일련의 윤리적 고려사항에 대해 검토해 볼 것이다. 그리고 다양한 유형의 윤리적 쟁점과 그것을 다루는 방법에 대해 생각해 볼 것이다.

학습목표

1. 형사사법 연구가 어떻게 윤리적 고려에 의해 이루어지는지를 알아본다.
2. 연구에서 무엇이 윤리적으로 '옳고 그른지'는 궁극적으로 사람들이 옳고 그른 것에 동의하는 것이 무엇인지에 달린 문제임을 이해한다.
3. 연구자들이 자신의 연구가 왜 윤리적 쟁점을 적절하게 언급하였는지에 대해 인식하지 못할 수 있는지를 이해한다.
4. 윤리적 문제가 어떻게 일상적으로 연구를 통해 얻는 가능한 이익과 연구대상자에게 줄 수 있는 잠재적 유해 사이를 저울질하는 일인지를 요약해 본다.
5. 자발적 참여 규범을 이해하고 어떻게 이 규범이 일반화와 갈등을 일으킬 수 있는지를 이해한다.
6. 형사사법 연구에 의해 가끔 발생되는 특별한 윤리적 문제의 예를 들어본다.
7. 동의서가 어떻게 많은 윤리적 문제를 다루는지를 토론해 본다.
8. 연구대상의 사생활을 보호하기 위한 방법으로서 익명성과 기밀성을 구분해 본다.
9. 벨몬트 보고서에 제시된 윤리적 원칙을 요약해 본다.
10. 수감자와 청소년에게 왜 특별한 윤리적 고려를 요구하는지 설명해 본다.
11. 생명윤리심의위원회(IRB)가 인간 피험자의 보호에 있어서 수행하는 역할을 이해한다.

윤리와 매춘 알선업자에 관한 연구

성 노동을 위한 여성의 인신매매는 뉴스 보도와 대중문화에서 상당히 관심 있는 형사사법 주제이다. 미국에서 태어난 아동, 특히 자주 가출한 아동들이 약탈적 매춘 알선업자에 의해 성 노동을 강요받았다는 것은 널리 알려진 일이다. 여기에 클리블랜드 신문에 소개된 예가 있다.

> 에릭 턴스톤(Eric Turnstone)은 구매자에게 그가 다음번에 성매매할 때 값을 더 치러야 한다고 경고했다. 그러나 2010년 그날 그는 적어도 약간의 잔돈이라도 더 주어야 한다고 말하면서 300달러에 만족했다. 턴스톤이 클리블랜드의 웨어하우스 지구의 스타벅스 내에서 매매한 사람은 16살짜리 여자아이였다. 맞다. 그것은 사실이다. 그는 그 여자아이를 상업적 성 산업에 종사하는 마담에게 **팔았다.** 더 나아가 매춘 알선업자는 연약한 10대를 성매매에 강제로 편입시켰다. 그들은 그 여자아이들에게 예쁘다고 아첨을 떨었고, 아이들과의 신뢰를 형성하면서 아이들이 가족의 품에서 떠나도록 유인하였다. (Bernstein, 2012, 원저에서 강조).

대중매체는 착취와 성 노예를 전형적으로 묘사한다. 물론 문제점은 현실이지만 형사사법 연구는 상황이 보다 복잡하다는 것을 보여왔다. 아시아에서의 성적 인신매매 연구에서 연구자인 코린 친과 제임스 핑케누어(Ko-lin Chin and James Finckenauer, 2012)는 아시아 국가와 미국의 10개 도시에서 여성 성매매 종사자들을 인터뷰하였다. 연구를 통해 연구자들은 여성들이 일반적으로 다른 나라에서 자신이 성매매 종사자가 되리라는 것을 알았고, 중국에서 인터뷰를 한 여성의 40% 정도는 그 국가를 떠나기 전에 성매매 업종에서 일한 적이 있었다.

성매매 노동자를 강제하기 위한 폭력과 협박을 사용하는 착취자로서의 매춘 알선업자 이미지는 비슷하게 단순화되었다. 나와 앤서니 마커스(Anthony Marcus), 그리고 동료들(2012)이 쓴 연구보고서는 뉴욕시와 뉴저지주 애틀랜틱시티에서 2년간의 민속지학적 연구에서 발견한 결과를 기술하고 있다. 다른 여러 가지 것들과 함께, 우리는 청소년들이 많은 이유로 인해 성매매에 가담하게 된다는 것을 배웠다. 그리고 여성과 '시장 활성자'로서 활동하는 매춘 알선업자 사이의 관계는 복잡할 수 있다. 그리고 또한 나는 최근에 1년간의 프로젝트를 마쳤는데, 이것은 할렘에 있는 이전의 그리고 현재의 성매매 시장 활성자 혹은 매춘 알선업자를 인터뷰하는 것이었다. 이 연구는 나중에 이후의 장에서 더 상세히 논의될 것이다. 여기에서 나는 상업적 성매매 시장에서 수행되는 연구에서 발생하는 윤리적 문제에 대해 주목하려고 한다.

연구를 위한 접근이 어려운 집단의 사람들을 모집하고 인터뷰할 때 첫 번째 쟁점은 인터뷰가 비밀로 이루어짐을 확신시켜 주는 것이었다. 현대 매춘 알선업을 하는 사람들 중 몇몇 경우에는 특별히 조심스러워하며 나를 위장 경찰공무원인 줄 알고 걱정했다. 기밀성의 실제적 보장뿐만 아니라 연구대상은 그들이 어떻게 모집이 되었는지, 구두 혹은 문서로 동의를 요구받았는지 여부, 그리고 어디서 인터뷰가 이루어지는지에 관한 기밀이 보장되어야 할 수도 있다.

할렘의 매춘 알선업에 관한 프로젝트에서 우리는 인터뷰할 사람을 정하기 위해 공동체 내에서 몇몇 연락원에게 도움을 요청하였다. 한 연락원은 이 지역에서 자랐고 또 다른 사람은 그들 공동체에서 고정적인 토박이 사람이었다. 그들은 친구, 지인, 그리고 가끔은 낯선 사람에게조차도 우리를 정당한 연구자로서 보증해 주었다. 우리의 연락원은 인터뷰 동안에 기다리고 있으면서, 잠재적 연구대상자들이 상황이 안전하다는 것을 확신시켜 주었다. 연락원은 이러한 유형의 연구에서 이 같은 신뢰를 형성하기 위해 필수적이었다.

자발적 참여의 윤리적 원칙은 범죄 행동 혹은 생활양식에 관한 연구에서 다루기 까다로운 문제일 수 있다. 우리는 생명윤리심의위원회(Institutional Review Board: IRB)를 통해 조심스럽게 이것을 다루어야 했다. 예를 들면, 연구대상이 연구에 참여하는 데 동의한다는 것을 나타내는 문서에 서명을 하도록 하는 것은 관례이다. 우리가 인터뷰했던 사람들은 무언가에 사인을 하는 것을 망설였기 때문에 구두 동의서 양식을 사용했다. 장소가 신뢰를 형성하는 중요한 역할을 했다. 나는 할렘의 저소득층 주택단지 바깥과 두 개의 비영리 조직 내에서 다수의 인터뷰를 수행했다. 나는 비영리 조직 중 하나인 빈 사무실을 이용하였다. 여기에는 몇 개의 의자를 제외하고는 다른 가구는 없었다. 더욱이 헝클어진 전선이 천정에서 삐죽 나와 있었고, 전화기가 때때로 울렸다. 한 연구대상자는 우리에게 이것이 함정 수사인지를 노골적으로 물어보았다. 이러한 질문은 인터뷰가 (대부분 이루어지는) 야외에서 수행되었을 때는 결코 발생하지 않았다.

우리는 연구대상자에게 성매매 종사자, 친구, 그들 자신과 토론할 때 가짜 이름을 사용하라고 요청했다. 우리는 연구대상자에게 질문이 불편하면 그냥 넘어가라고 말했다. 매춘 알선업자 프로젝트에서는 연구대상자 그 누구도 질문을 건너뛰라고 요청하지 않았다. 그러나 그들은 때때로 자신의 스토리를 편집하였다. 특히 체포 경험, 수감 경험, 혹은 갱 소속이 화제에 오를 때, 예를 들어 "나는 갱 조직원이다. 하지만 어느 갱인지는 말하지 않겠다."라고 말했다.

성매매 종사자와 알선업자와의 인터뷰는 트라우마, 폭력, 기타 범죄, 그리고 체포 경험 혹은 수감 경험에 관한 민감한 정보를 드러낼 수도 있다. 관련된 사람이 성인인지 혹은 청소년인지 확인하기도 어렵다. 면접 대상자가 나이를 속일 수도 있으며, 접근이 곤란한 집단에게는 신원확인을 위한 질문을 할 수도 없다. 여러분은 그들을 믿어야만 한다. 이것이 곤란한 부분인데, 왜냐하면 청소년을 대상으로 한 연구는 특별한 보호를 요구하기 때문이다.

면접 대상자는 금전적 보상을 통해 유인할 수 있다. 특별히 그들이 돈이 필요하다면 더욱 그럴 것이다. 우리는 면접당 20달러에서 30달러를 지불하였다. 매춘 알선업자의 대중적 이미지는 상류사회 생활방식임에도 불구하고 우리가 마주한 이들 가운데는 그러한 사람이 드물었다. 많은 이들이 재정적으로 궁핍했다.

마지막으로 형사사법 연구의 많은 윤리적 쟁점은 취약한 집단의 보호에 관한 것이다. 우리의 연구대상은 복잡하고 다원적인 측면에서 취약하였다. 상업적 성매매 시장에서의 노동은 그들로 하여금 종종 다른 불법적 시장과 뒤얽혀져 있는 불법행위에 가담하게 한다. 그들 중 일부는 청소년이라고 의심은 되지만 나이는 확인할 수가 없다. 많은 연구대상자가 폭력과 마약 시장으로 인해 골치를 앓는 공동체에서 살고 일한다.

여러분이 이 장에서 연구 윤리에 관해 읽으면서, 매춘 알선업자와 성매매 노동자에 관한 이 연구가 어떻게 윤리에 대한 질문을 떠올리게 하는지 생각해 보자. 그리고 연구가 윤리의 기본원칙을 따르도록 어떻게 조직되는지를 생각해 보자. 어떤 종류의 보호조치가 연구대상자에게 제공되는가? 이러한 보호조치가 적절한지를 누가 결정하는가? 그런 조치가 어떻게 작동해야 하는가?

_앰버 호닝(Amber Horning)

도입

우리의 의도에도 불구하고, 연구에서 문제될 수 있는 윤리적 문제를 항상 인식하지는 못한다.

이 책의 대부분은 과학적이고 절차적인 것과 그 한계에 초점을 맞추고 있다. 우리는 과학의 논리가 특정한 연구절차를 제시한다는 것을 알게 될 것이다. 그러나 과학적으로 '완벽한' 연구설계는 불가능하다는 것을 역시 알게 될 것이다. 왜냐하면 그것을 수행하기 위해서는 비용이 너무 많이 들거나 시간이 많이 소요되기 때문이다. 그래서 이 책 전체를 통해서 우리는 적용이 가능한 타협점에 대해 논의해 볼 것이다.

연구에 대한 과학적이고 실제적인 한계를 논의하기 전에, 현실 세계에서 형사사법 연구를 수행할 때 다른 필수적인 고려사항, 즉 윤리 문제를 탐색해 보는 것이 중요하다. 어떤 연구설계나 측정절차는 실행이 불가능한 것처럼, 다른 설계나 측정절차는 윤리적인 문제로 인해 제한을 받기도 한다. 얼 바비(Earl Babbie)의 책 『사회연구의 실행(The Practice of Social Research)』의 일부(2004: 62)를 인용함으로써 윤리 문제를 소개해 보고자 한다.

> 나는 몇 년 전 캘리포니아에서 법률교육에 관한 연구설계 모임에 초대받아 참석한 적이 있었다. 그 협동 프로젝트는 대학연구소와 주 법률가협회가 공동으로 수행할 예정이었다. 프로젝트의 목적은 법학 전문대학원에서 사법시험의 성공과 관련된 경험이 무엇인지를 알아내어 법률교육을 개선하는 것이었다. 본질적으로 그 계획은 개인의 법학 전문대학원 경험에 관한 상세한 자료

를 얻기 위한 설문지를 작성하는 것이었다. 사람들은 사법시험을 치를 때 그 설문지에 응답하게 될 것이다. 우리는 상이한 법학 전문대학원 경험이 있는 사람들이 사법시험을 어떻게 치렀는지 분석함으로써 어떤 유형이 도움이 되었고 어떤 유형이 도움이 되지 않았는지를 알아낼 수 있다. 그 연구결과는 법학 전문대학원에서 활용할 수 있을 것이며, 궁극적으로는 법률교육을 개선시킬 수 있다.

법률가협회와 협동을 하면서 흥미로운 점은 보통 있는 성가신 잔무가 해결될 수 있다는 것이었다. 예를 들면, 그 시험과 관련된 설문지를 돌리기 위해 허가를 받는 문제도 없을 것이고, 무응답 문제도 함께 제거될 수 있었다.

나는 연구의 전망에 대해 흥분한 상태에서 모임을 나섰다. 나는 그 연구에 대해 동료에게 말하면서, 무응답을 절대적으로 통제할 수 있다는 점에 대해 자랑했다. 그러나 그녀의 즉각적인 말 한마디에 모든 것이 완전히 뒤집혔다.

"그것은 비윤리적이지요. 설문지를 요구할 수 있는 아무런 법도 없으며, 연구에 자발적으로 참여해야 됩니다." 결국 그 연구는 수행되지 않았다.

지금 보면 참여를 강요하는 것이 부적절하다는 것은 명백하다. 여러분은 바비의 동료의 말을 읽기 전에 이 문제를 알아차렸을지도 모른다.

우리 모두는 스스로를 윤리적이라고 생각한다. 완벽하지는 못하더라도 대부분의 다른 사람들보다는 좀 더 윤리적이라고 생각한다. 일상생활에서도 그렇겠지만, 형사사법 연구에서의 문제는 윤리적 고려사항이 항상 겉으로 드러나는 것이 아니라는 점이다. 그 결과, 우리는 종종 다른 사람에게는 드러날 수도 있고 우리에게도 지적을 받는다면 명백해질 수 있는 윤리적 쟁점을 알지 못한 채 일을 시작한다. 새로운 연구 프로젝트에 대한 기대로 인해 생겨난 흥분이 윤리적 고려사항이 제기하는 장애물을 보지 못하게 할 수도 있다.

우리는 누구나 청소년 갱의 조직원들이 어떻게 자동차를 훔치는지를 보여주는 연구는 비윤리적이라는 점을 즉시 알 수 있다. 만약 우리가 사람들의 마약 복용에 대하여 인터뷰를 하고 지방 신문에 그들이 말한 것을 발표하고자 한다면 여러분은 즉시 목소리를 높일 것이다. 그러나 여러분이 아무리 윤리적이라고 하더라도, 어떤 다른 상황에서는 윤리적 문제를 놓칠 가능성도 있다. 이것은 우리가 나쁘기 때문이 아니라 우리가 인간이기 때문이다.

이 장의 대부분은 형사사법 연구의 윤리를 다룬다. 부분적으로, 연구에서 윤리적인 것과 윤리적이지 않은 것을 기술하는 널리 합의된 규범의 일부를 제시하고 있다. 그러나 단순히 그 지침을 안다는 것보다 더 중요한 것은 연구의 윤리적 요소에 민감해져서 여러분이 연구할 때 이런 부분을 세심하게 챙기도록 하는 것이다. 많은 전문가들이 윤리적 제약하에 연구를 진행하고 이러한 제약이 전문직종마다 다르다는 것을 주목할 필요가 있다. 따라서 성직자, 의사, 법조인, 기자, TV 프로듀서는 다른 윤리적 제한 속에서 일한다. 이 장에서 우리는 오직 사회 연구를 통제하는 윤리적 원칙에만 국한해서 볼 것이다.

연구에서 정치적 고려 또한 미묘하고 모호하며 논쟁의 소지가 있다. 법학전문대학원의 예가 윤리적일 뿐 아니라 정치적이라는 사실에 주목하라. 비록 연구자는 연구의 참여가 자발적이라야 한다는 윤리적 규범을 가지고 있지만, 이러한 규범은 분명히 시민의 자유를 보호하려는 미국의 정치적 규범에서 나온 것이다. 어떤 국가에서는 제안된 연구가 꽤 윤리적이라고 간주될 수도 있을 것이다.

이 장의 마지막 부분에서 우리는 심각한 윤리적 문제를 일으키는 두 가지 연구 프로젝트를 살펴볼 것이다. 주어진 상황에 '정확한' 방법이라는 것이 없기 때문에 우리는 무엇을 받아들일 수 있고, 무엇을 받아들일 수 없는지에 대한 명확한 답을 여러분에게 줄 수 없을 것이다. 각각의 예는 중요하고, 어떻게 그것이 연구 윤리의 원칙을 보여 주는지에 대한 논의를 자극할 것이다.

형사사법 연구의 윤리적 쟁점

약간의 기본적인 원칙이 형사사법 연구에서의 윤리적 문제의 다양성을 포함한다.

대부분의 사전과 일반적 용법에서, 윤리(ethics)는 전형적으로 도덕성과 관련되어 있으며, 이 둘은 모두 옳고 그름의 문제를 다룬다. 그러나 과연 무엇이 옳고 무엇이 그른 것인가? 무엇이 그 구별의 원천인가? 개인에게 있어서 그 원천은 종교에서부터 정치적 이데올로기, 작동하는 것과 그렇지 않은 것에 대한 실용적 관찰에 이르기까지 다양하다.

『웹스터 뉴월드사전(Webster's New World Dictionary)』(2001)에서 전형적으로 **윤리적**(ethical)이라는 단어를 "특정 직업이나 집단의 행위 표준에 순응하는 것"으로 정의하고 있다. 비록 이 정의가 가지고 있는 상대성은 도덕적 절대성을 찾는 사람들에게는 좌절감을 느끼게 할 수도 있지만, 우리가 일상생활에서 도덕과 윤리로 간주하는 것은 집단구성원 간 동의의 문제임을 알 수 있다. 그리고 놀랄 필요도 없이, 상이한 집단은 상이한 행동강령에 동의한다. 만약 누군가가 어떤 특정한 사회에서 살아가려고 한다면 그 사회가 무엇을 윤리적으로 그리고 비윤리적으로 간주하는지를 아는 것은 매우 유용하다. 형사사법 연구 '공동체'도 마찬가지이다.

형사사법 연구를 하려고 준비하는 사람은 누구나 과학적 탐구를 수행할 때 무엇이 적절하며 무엇이 부적절한지에 대하여 연구자들이 공유하는 일반적 동의에 대하여 알고 있어야 한다. 형사사법 연구에서의 윤리적 쟁점은 특히 문제가 될 수 있는데, 왜냐하면 우리의 연구 질문이 사람들이 자주 숨기고 싶어 하는 불법적 행동에 관한 것이기 때문이다.

윤리적(ethical) 집단의 규범이나 기준을 따르는 것.

이것은 가해자에게는 정말 그럴 뿐만 아니라 가끔은 형사사법 기관에서 일하고 있는 사람들에게도 해당된다.

다음의 절에서는 형사사법 연구에서 좀 더 중요한 윤리적 쟁점과 합의점에 대해 살펴볼 것이다. 우리의 논의는 형사사법 정책과 실행에서의 윤리 문제가 아닌, 형사사법 연구에서의 윤리적 쟁점에만 한정시킬 것이다. 따라서 사형제도의 도덕성, 수용 가능한 경찰활동, 처벌에 있어서의 윤리, 혹은 변호사나 판사의 행동강령 등은 고려되지 않을 것이다. 만약 형사사법 정책에서의 실질적인 윤리적 쟁점에 대해 관심이 있다면, 조슬린 폴록(Jocelyn Pollock, 2012)의 책이나 존 제이 형사사법대학(John Jay College of Criminal Justice)에서 출판하는 학술지인 『형사사법 윤리(Criminal Justice Ethics)』를 참고하기 바란다.

참여자에 대한 무해

연구로부터 얻어지는 잠재적인 이익과 연구되는 사람들에게 해를 줄 가능성을 비교 검토하는 일은 모든 연구에 있어서 근본적인 윤리적 딜레마이다. 예를 들면, 생의학 연구는 사람에게나 동물에게 잠재적인 해를 입힐 수 있다. 사회조사연구는 자신에 대한 정보를 공개하도록 요구받은 사람들로 하여금 심리적인 해 혹은 당혹감을 야기할지도 모른다. 형사사법 연구는 당혹감뿐만 아니라 육체적이고 심리적인 해를 입힐 가능성을 지니고 있다. 비록 육체적 해를 입힐 가능성이 매우 적다고 할지라도 그런 일이 발생할 수 있는 가능한 방식을 고려하는 것은 중요하다.

범죄행위에 관여된 사람들로부터 혹은 그들에 대한 정보를 모으는 현장조사에서는 연구대상자, 연구자, 혹은 제3자에게 해를 줄 가능성이 존재한다. 현장조사에서는 특히 이런 가능성이 있다. 마약범죄에 관한 연구는 현재 활동 중인 마약 복용자나 판매자를 찾아내고 인터뷰하는 것이 포함될 수 있다. 예를 들면, 스콧 자크와 리처드 라이트(Scott Jacques and Richard Wright, 2008)는 애틀랜타와 세인트루이스에서 활동 중인 마약 판매상을 연구했는데, 다양한 수단을 통해 언질을 줌으로써 연구대상자를 모집했다. 활동 중인 범죄자로부터 정보를 수집하는 일은 적어도 다른 마약 밀매업자에 의해 연구대상자가 폭행을 당할 가능성을 제공한다.

현장조사자에 대한 잠재적인 위험도 역시 고려되어야 한다. 예를 들면, 피터 로이터, 로버트 매쿤, 패트릭 머피(Peter Reuter, Robert MacCoun, and Patrick Murphy, 1990)는 보호관찰 자문부의 기록을 참고하여 마약 밀매업자를 연구대상자로 선택했다. 연구자들은 다른 워싱턴 DC의 이웃 동네에서 표집된 사람들이 좀 더 일반적인 연구대상자 집단일 수 있다는 것을 인식하였다. 그러나 그들은 그 방법을 선택하지 않았다. 왜냐하면 마약과 관련된 폭력이 광범위하게 퍼져 있다는 언론의 보도가 연구 스태프의 안전에 대한 걱정을 낳게 했기 때문이다(1990: 119). 그러한 두려움이 충분한 이유가 될지는 확

윤리와 극단적인 현장조사

나는 뉴욕 댄스클럽에서의 활동적인 마약 복용에 관한 연구를 하고 있는 여성 민속지학자로서 난처하고 어려운 상황과 마주한 적이 있다. 연구의 주요 목적은 열광적인 클럽 환경에서 엑스터시와 기타 약물의 사용을 연구하는 것이었다. 나는 마약 복용이 일반적인 장소인 올나이트 댄스클럽(The Plant)에서 참여관찰자가 되었다. 나는 클럽의 단골 고객의 역할로 연구자로서의 역할을 부분적으로 가장함으로써 그 클럽에서의 행위를 비밀리에 관찰했다.

비록 나는 대학의 생명윤리심의위원회(IRB) 지침을 따르도록 요구받았으나, 출판된 강령과 규정은 내가 경험한 많은 상황에 대해 제한된 지침을 제공하였다. 그 결과, 윤리적 쟁점과 관련한 즉각적인 결정을 내리기 위해서 과거의 경험에 입각해서 최선의 판단을 해야만 했다. 나는 내 연구나 나의 정보 제공자를 어떤 위험에도 놓이지 않게 하기 위한 약물 관련 에피소드를 다룰 방법을 결정해야만 했다. 내 연구는 또한 남성이 여성을 유혹하려고 오는 장소인 댄스클럽에서 수행되었기 때문에, 나의 신체적 안전에 주의를 기울여야 했으며 연구대상자에게 정보를 얻는 데 있어서 문제에 직면했다.

약물 사건과 연구대상자의 안전

나는 클럽 'The Plant'를 방문했을 때, 다양한 클럽 마약에 대해 적대적인 반응을 하는 많은 약물 사건을 목격했다. 나는 무리가 자신의 친구를 케타민이나 'Special K'로부터 생겨난 'K-holes'로부터 벗어나게 해주려는 것을 보았다. 나는 심지어 연구대상자가 토하는 것을 도와주었다. 위장한 관찰자가 되는 것은 이러한 사건을 다루기가 힘들게 만들었다. 클럽 내에서 향정신성 약물의 영향을 받지 않은 사람이 마치 나 하나뿐인 듯 느껴지는 때도 있었다. 이 점이 내가 다른 단골보다 더 옳은 판단을 한다고 믿도록 나를 이끌었다. 그러나 이러한 사건에 연루되는 것이 나의 연구를 위험에 빠지게 하기도 했다.

첫 번째 관찰을 하는 동안, 나는 심각한 약물 사건으로 보이는 일에 개입하려고 했다. 그러나 정보 제공자에 의해 접근하지 말 것을 충고받았다. 나는 그 클럽이 처음이었고, 만약 내가 개입했을 때 무슨 일이 일어날지 알 수 없었다. 만약 내가 심각한 약물반응에 대처하기 위해 클럽 스태프나 외부인에게 도움을 요청했다면, 경비원뿐만 아니라 단골손님들은 내가 계속해서 거기에 오는 이유를 물어보기 시작했을 것이다. 나는 내 연구에 참여자의 협력을 얻기 위해 단골들의 신뢰를 얻어야만 했다. 더욱이, 경비원들이 내가 관계 당국을 불러들일 말썽꾼이라고 걱정하게 되면 나를 클럽에서 쫓아낼 수도 있었다.

연구자로서 나는 나의 참여자들에게 윤리적 책임이 있었고, 또한 인간으로서 나는 양심에 대한 윤리적 책임이 있었다. 나는 연구를 하는 동안 각별히 신중하기로 결심했고, 약물 사건이 어떻게 다루어지는지에 세심한 관심을 기울이겠다고 결심했다. 나는 첫 번째로 정보제공자에게 조언을 구하고 그들의 제안대로 따랐다. 그러나 만약 내가 약물 사건을 겪은 사람이 다른 단골들이 도울 능력이 없거나 도울 의도가 없어서 위험에 처했다고 한 번이라도 느꼈다면, 나는 할 수 있는 모든 능력을 다해서 개입하려 했을 것이다.

댄스클럽에서의 성적 구애

클럽 'The Plant'는 또한 부분적으로 '섹스 상대를 물색하는 장소'이다. 대부분의 술집이나 댄스클럽과는 달리, 단골들의 복장과 댄스클럽의 연회는 매우 에로틱하다. 클럽 내 대부분의 남성은 상의를 벗었고, 대다수의 여성은

실하지 않지만, 이러한 것은 어떻게 안전에 관한 쟁점이 형사사법 연구에 영향을 줄 수 있는지를 보여주는 한 예라고 할 수 있다. 보다 일반적으로, 바버라 패터슨과 동료들(Barbara Paterson et al., 1999)은 질적 현장연구에서 연구자의 안전에 대한 발생 가능한 위협을 평가하기 위한 지침을 제시하였다. 반면에 브루스 제이콥스(Bruce Jacobs, 2006)는

노출이 심한 옷을 입었다. 무대공연에서, 남성과 여성은 옷을 부분적으로 벗은 상태에서 성적인 연상이 담긴 춤을 공연한다. 이런 분위기는 성적인 만남을 촉진시킨다. 남성은 짝을 찾아서 혼자 온 여성에게 접근한다. 남성들은 내게 접근하는 경향이 있었다. 내가 싱글처럼 보였고, 연구자로서의 역할 때문에 나는 가능한 한 많은 사람과 만날 약속을 하였다. 이러한 행동이 어떻게 오해될 수 있는지는 상상하기 어렵지 않을 것이다.

남성들은 성적으로 공격적이고 완고해질 때가 있다. 그럴 때 나는 거의 대부분의 경우 그 자리를 벗어나려는 경향이 있었고, 남성들은 대부분 낌새를 챘다. 그러나 어떤 남성들은 다른 남성들에 비해 더 완고한데, 특히 엑스터시에 취해 있을 때 더 그렇다. 남성들이 성적 구애(sexual advance)를 하는 상황에서, 테리 윌리엄스와 동료들(Terry Williams et al., 1992)은 보호 역할을 해줄 수 있는 핵심 인물과 신뢰관계를 형성하기를 제안한다. 내 연구를 통해서, 나는 보호 역할을 맡아 준 정보 제공자와 좋은 관계를 형성하였다. 불행히도, 이 역할을 취하는 것이 이 정보 제공자를 신체적으로 위험한 상황에 놓이게 할 가능성이 있었다.

한 관찰이 이루어지는 동안, '탐(Tom)'은 내가 춤 신청을 거절한 후에 나를 잡아채었다. 탐은 완고했고, 나를 다시 붙잡은 후, 나를 도우러 온 정규 정보 제공자 중 하나인 '제리(Jerry)'와 다투기 시작했다. 이것은 주먹싸움으로까지 확대되었고, 두 경비원이 탐을 클럽 밖으로 쫓아낸 후에야 이 사태가 끝났다.

나는 정보 제공자와 나 자신을 위험한 상황에 놓이게 했다. 비록 내가 정말 제리의 행위를 통제할 수 없었다고 나 스스로를 설득시키려고 노력했지만 그 싸움에 책임을 느꼈다. 현장조사의 기본원칙은 참가자에게 해를 입히지 않는 것이다. 대부분의 형사사법 연구에서, 유해는 주로 체포 가능성이나 사적인 쟁점을 논의하는 것에서 야기되는 정신적 피해와 관련이 있다. 이후에 나는 어떻게 사건이 확대되고, 장래에 유사한 문제를 어떻게 보호해 줄 수 있는지에 대해 생각해 보려고 했다.

경험에서 발전된 윤리적 결정 규칙

학회는 윤리강령과 전문가 행동지침을 공식화하였지만, 민속지학적 연구의 일부 유형에서 발생하는 쟁점을 다루는 데서는 제한적인 지침만 사용할 수 있다. 대신, 형사사법 실무가와 같은 연구자는 상황이 어떻게 전개될 것인지도 모른 채, 경험과 훈련에 근거한 즉각적인 결정을 내려야 한다. 연구를 통해서 나는 평소라면 피했을, 아마도 결코 마주치지 않았을 상황에 있는 나를 발견했다. 내가 그녀를 약물 사건에서 벗어나도록 도와야만 할 것인가? 만약 내가 그렇게 하지 않는다면 그녀는 무사할까? 만약 내가 이 공격적인 남자로부터 도망친다면, 그는 나를 따라올까? 그가 과연 내가 단지 연구를 위해 그와 대화하고 싶어 하는 것을 이해할까?

이러한 쟁점과 논쟁하기 위해서 내가 개발한 접근법은 대부분 동료와 상담하고 다른 연구서를 읽음으로써 얻어졌다. 모든 윤리강령과 관련해서 무엇보다 중요한 주제는 민속지학자는 안정성과 참여자의 이익을 우선시해야 하고, 정보 제공자가 그들보다 많은 상황에 대해 더 정통하다는 것을 인식해야 한다. 연구를 통틀어, 나는 이러한 상황을 다룰 때 가능한 최선의 결정을 내리기 위해서 내 판단력을 사용하였다. 약물 사건 중에 언제 끼어들 것인지를 결정하기 위해 나는 내 정보 제공자의 지시를 따랐다. 접근하는 남성에게 내 정보 제공자가 나의 남자친구라고 말하고 떠나는 것은 성적 구애를 거부하는 성공적인 전략이었다.

_ 디나 페론(Dina Perrone)
캘리포니아 주립대학교 롱비치 캠퍼스
(California State University, Long Beach)

현장연구에 대한 다른 접근방법이 어떻게 잠재적 위험을 감소시킬 수 있는지를 요약하였다.

가능성이 있는 안정성의 관심에 관한 좀 더 진지한 예는 비브 라태느와 존 달리(Bibb Latané and John Darley, 1970)에 의한 일련의 구경꾼 개입(bystander intervention) 실험연구이다. 연구자들은 범죄가 어떤 경우에서는 연구대상자나 혹은 연구 스태프에게 해를 줄 수 있도록 연구를 계획했다. 그들은 사람들이 '범죄'를 목격했을 때 개입할 것인지, 하지 않을 것인지에 관심을 가졌다. 주류 판매점에서 금품을 강탈하게 한 실험에서, 한 구경꾼이 경찰을 불렀고 경찰은 권총을 빼 들어 대응하였다.

다른 연구자들은 윤리적 원칙에 대한 존중의 맥락 속에서 해가 될 수 있는 잠재성을 인정한다. '윤리와 극단적인 현장조사'라는 제목의 글상자는 난장판으로 노는 클럽(rave clubs)에서의 마약 복용에 관한 그녀의 연구에서 럿거스 대학교 연구자들이 맞닥뜨리게 된 미묘하거나 혹은 그렇게 매우 미묘하지는 않은 윤리적 딜레마의 예를 제공한다. 이 연구에 관한 더 많은 정보는 디나 페론(Dina Perrone)의 책 『상류사회 생활방식(The High Life)』(2009)을 보면 된다.

좀 더 폭넓은 관점을 적용시켜서, 존 모나한과 동료들(John Monahan et al., 1993)은 폭력에 관한 연구에서 육체적 해를 입을 수 있는 잠재적 위험에 놓여 있는 세 개의 다른 집단을 구분한다. 첫째는 연구대상자 자신이다. 예를 들면, 가정폭력의 위험에 처한 여성은 만약 가해자가 그 여성이 연구자에게 과거의 피해사실을 폭로했다는 사실을 안다면 좀 더 큰 위험에 노출될 수도 있다. 둘째, 연구자가 과거에 폭행을 범한 전력이 있는 사람을 연구대상자로 인터뷰를 할 때에는 연구대상자가 연구자 자신을 공격하도록 유발하게 될지도 모른다. 셋째는 가장 문제가 될 수 있는데, 불안정한 상태의 개인으로부터 정보를 수집하는 것이 다른 제3자에게 해를 끼칠 위험을 증가시킬 가능성이 있다는 것이다. 마지막 범주는 만약 연구자가 연구대상자가 어떤 제3자를 공격할 의도를 가지고 있다는 사실을 알게 된다면 새로운 딜레마에 빠질 수 있다는 것을 제공한다. 이때 연구자는 연구대상자의 기밀성 유지에 대한 약속을 지켜야 하는가, 아니면 이러한 해를 막을 수 있도록 개입을 해야 하는가?

면접이 정보수집을 위해 사용될 때 연구대상자에 대해 심리적인 해를 입힐 잠재성이 존재한다. 예를 들면, 응답자에게 범죄의 피해를 겪은 경험에 대해 질문하는 범죄 설문조사는 잊지 못할 상처를 다시 상기시키거나 적어도 불쾌한 경험을 기억하도록 하는 것이 될 수 있다. 설문조사는 또한 응답자에게 마약 복용이나 자기가 저지른 범죄와 같은 불법적 행동에 대해 질문할 수도 있다. 이러한 행위에 관해 얘기하는 것이 응답자에게는 당혹스러울 수 있을 것이다.

연구자들은 가정폭력 피해자와의 면접에서 감정적인 정신적 외상(trauma)을 줄이기 위해 특별한 조치를 취해왔다(Bumiller, 2010). 가장 흥미 있는 예 중 하나는 영국범죄조사(British Crime Survey)에서의 자기보고 컴퓨터 설문지(self-completed computer questionnaires)의 사용이다(Mirrlees-Black, 1999). 면접자의 질문에 말로 답변하지 않고, 응답자가 노트북 컴퓨터로 질문을 읽고 대답하게 한 것이다. 이러한 절차는 연구대상자에게 보다 큰 정도의 사생활 보장을 제공한다.

비록 연구대상자는 종종 그 사실을 알지 못한 채 지나쳐 버리지만, 그들 또한 자료의 분석이나 보고서에 의해 해를 입을 수도 있다. 때때로 연구대상자는 그들이 참여한 연구에 대해 출판한 책을 읽게 된다. 지식이 있는 연구대상자는 출판된 연구물의 다양한 지표나 표에서 자신을 찾아낼 수 있다. 그렇게 함으로써, 그들은 비록 이름은 밝혀지지 않았지만 자신이 범죄자, 일탈자, 집행유예의 규칙을 어긴 자 등으로 묘사된 것을 발견하게 될지도 모른다.

대부분 이러한 이유 때문에, 전미범죄피해조사(National Crime Victimization Survey)에서 밝혀진 범죄피해를 입은 도시 거주자에 관한 정보는 연구자나 일반 대중에게 공개되지 않는다. 범죄의 어떤 유형의 상대적 희귀함은 만약 도시 거주자의 개인적 피해 보고에 의해 범죄피해 사실이 보도되는 것은 그들의 경험을 묘사한 것이라는 것을 알게 되거나 제3자에 의해 밝혀질 수 있다는 것을 의미한다.

최근의 범죄 지도(crime mapping) 소프트웨어의 발전은 비슷한 문제점을 야기하고 있다. 많은 경찰부서에서 지금은 어떤 형태든지 컴퓨터 운영방식의 범죄 지도를 사용하고 있고, 일부는 웹을 통해 일반 대중도 이용할 수 있는 작은 지역의 지도를 만들어내고 있다. 코우나디, 바워즈, 레이트너(Kounadi, Bowers, and Leitner, 2014)는 온라인 범죄 지도의 이용 가능성이 사람들이 어디에 범죄 피해자가 살고 있는지를 알 수 있게 함으로써 어떻게 사생활 관련 문제를 양산시키는지에 대해 논의한다. 뉴욕 같은 도시는 사건의 일반적 빈도와 유형을 보여주는 지도를 보여준다(http://maps.nyc.gov/crime. 2016년 3월 접속). 그러나 시카고는 도시의 블록 수준에서 개별적 사건의 상세한 내용을 보는 것이 가능하도록 만든다(http://gis.chicagopolice.org/clearmap/startpage.htm# 2016년 3월 접속).

지금까지는 사실상 모든 연구가 어떤 방식이든 간에 다른 사람들에게 피해를 줄 위험을 안고 진행되었다. 어떤 연구자도 모든 가능한 피해를 완벽하게 보호할 수는 없다. 그러나 어떤 연구설계는 다른 것보다 피해를 줄 가능성이 더 클 수는 있다. 만약 특정한 연구절차가 연구대상자에게 불쾌한 영향을 줄 것 같으면(예: 설문조사 대상자에게 일탈행동을 보고하기를 묻는 경우), 연구자는 그렇게 하기 위해서는 반드시 과학적 근거를 확고히 해야만 한다. 만약 연구자가 필수적이지만 연구대상자에게 불쾌할 수 있는 연구설계를 추구하려고 한다면, 특정 개인의 괴롭힘을 강요하는, 윤리적 지옥 속에 있는 자기 자신을 발견하게 될 수도 있다.

일반적인 원칙으로, 만약 연구의 잠재적 이익이 피해보다 크다면 연구대상자에 가해질 수 있는 피해가 정당화될지도 모른다. 물론 이것은 가능한 이익이 가능한 피해보다 큰지 여부를 어떻게 결정할 수 있는가라는 또 다른 문제를 제기한다. 여기에 대한 간단한 대답은 없지만, 나중에 보게 되듯이, 연구공동체는 그런 결정을 스스로 내리기 위해 연구대상자를 돕는 특정한 안전장치를 채택해왔다.

사람들에게 무해하도록 한다는 것은 이론적으로 받아들이기 쉬운 규범이다. 그러나 실행 측면에서는 확실히 보장하기 어려울 때가 흔히 있다. 그러나 연구방법론에서의 쟁점에 대한 민감성과 경험이 조사연구에서의 세심한 영역에 있어서 연구자의 노력을 향상시킬 것이다. 예를 들어, '윤리와 극단적인 현장조사'라는 제목의 글상자에 있는 디나 페론(Dina Perrone)의 관찰을 상기해 보자.

자발적 참여

형사사법 연구는 사람들의 생활에 자주 침투하게 된다. 면접자가 전화를 걸든지, 아니면 전자메일로 우송된 설문지가 도착하면서 응답자가 요청하지 않은, 그리고 상당한 시간과 정열을 필요로 하는 활동이 시작된다. 어떤 종류의 연구이든지 간에 거기에 참여하도록 선택되면 연구대상자의 일상적 활동은 방해받게 된다.

의료연구 윤리의 핵심적 원리는 실험 참여자는 반드시 자발적이어야 한다는 것이다. 똑같은 규범이 형사사법 연구에도 적용된다. 아무도 참여를 강요할 수 없다. 그러나 이 규범은 이론적으로는 수용하기 쉬워도 실제로 적용하는 것은 어렵다.

예를 들면, 수감자들이 때때로 실험연구에서 연구대상자로 이용되었다. 가장 엄격한 윤리적 경우에는 수감자에게 그 실험의 성격(그리고 가능한 위험)에 대해서 말해 준다. 참여는 완전히 자발적이며, 아울러 참여한다고 해서 조기 가석방과 같은 특별한 보상을 기대할 수 없다는 점도 고지한다. 비록 이런 조건에서도 참여자는, 협조함으로써 개인적인 혜택이 있을 것이라는 믿음에서 종종 동기를 얻게 된다. 다른 경우에는, 수감자(혹은 다른 연구대상자)에게 참여의 대가로 약간의 보상이 지불될 수도 있을 것이다. 수입이 적은 사람에게는 작은 보상이 여느 때 같으면 참아내지 못할 연구에 참여하게 하는 유인이 될 수도 있다. 앰버 호닝(Amber Horning)은 매춘 알선업자 연구의 토론 부분에서 이 점을 지적하였다.

형사사법학개론 수업시간에 교수가 학생들에게 자신이 분석해서 발표하고자 하는 설문지에 응답하라고 요구할 때는 언제나 학생들에게 그 설문조사 참여가 완전히 자발적이라는 것을 주지시켜야 한다. 그렇다 하더라도, 학생들은 만약 참여하지 않는다면 성적에 영향을 받을지도 모른다고 두려워할 수도 있다. 따라서 교수는 이러한 내포된 제재에 특별히 신경을 써야 하며, 이를 불식시키기 위해 필요한 조치를 취해야 한다. 예를 들면, 설문지를 다음 수업까지 교실 문 옆의 상자에 갖다 놓으라고 할 수 있다.

이러한 자발적 참여라는 규범이 어떤 과학적 관심사항이나 목표에 잠재적으로 어떻게 작용하는지를 주목해 보자. 실험대상자나 설문조사 응답자가 의도적으로 참여하는 유형의 사람이라면 일반화라는 목표는 위협을 받는다. 연구대상자의 참여가 작은 보상 때문에 이루어질 때도 마찬가지의 결과를 얻게 된다. 기술적(descriptive) 연구의 경우에, 과학적으로 선택된 표본의 절대 다수(참여의사가 있는 응답자와 참여의사가 없는 응답자 모두)가 실제로 참여하지 않는다면 연구자는 그 표본 연구의 결과를 모집단 전체에 일반화시킬 수 없는 것이 분명하다.

질적 면접과 현장조사(제10장과 제11장에서 다룰 주제)는 이와 관련하여 고유한 윤리적 딜레마를 가지고 있다. 현장에서 관찰하는 연구자는 연구가 노출되면 연구되고 있는 과정에 유의미한 영향을 행사할 것이라는 점이 두려워서 연구가 진행 중이라는 것조차도 드러낼 수 없다. 예를 들면, 무선 헤드폰의 경우, 할인점에 진열되어 있는 방식이 절도 비율에 영향을 미치는지에 대해 여러분이 관심 있다고 상상해 보자. 그러면 여러분은 상점 진열과 절도를 관찰하는 현장조사를 계획한다. 여러분은 모든 상점 주인에게 연구에 참여하는 것에 동의하는지를 묻기가 쉽지 않을 것이다.

자발적 참여라는 규범은 중요한 것이다. 그러나 이 규범은 때때로 지키기가 어렵다. 연구자가 그 규범을 어기는 것이 궁극적으로 정당하다고 느낄 경우, 과학적 연구에서의 다른 윤리적 규범을 지키는 것이 더 중요하다.

익명성과 기밀성

연구대상자의 이익과 복지의 보호에서 가장 분명한 목적은 신원보호이다. 그들의 행동이나 응답을 공개함으로써 어떤 방식으로든 해를 끼친다면, 이 규범의 준수는 더욱 중요해진다. 종종 사람들이 혼동하기도 하지만, 여기서 두 가지 기법, 즉 익명성과 기밀성이 연구자에게 도움을 준다.

익명성 연구자가 연구대상자와 주어진 정보 사이를 연상할 수 없을 때 연구대상자는 익명성을 지닌다고 할 수 있다. 익명성(anonymity)은 많은 잠재적인 윤리적 문제를 해결한다. 현장관찰 연구 방법을 사용하는 연구는 종종 연구대상자가 확인되지 않는 상황을 견딜 수 있다. 연구자도 역시 법원, 교정부, 혹은 다른 형사사법 기관으로부터 사람의 이름이 지워진 상태로 비공개 자료에 접근할 수 있다.

익명성의 한 예는 로그인이나 다른 신원확인을 위한 정보가 필요 없는 웹 설문조사이다. 응답자는 익명으로 온라인 질문을 완성하고 그 다음에 자료화시킨다. 마찬가지로, 전화 설문조사는 만약 거주자의 전화번호가 무작위로 선택되고, 응답자에게 신원확인에 관한 정보를 묻지 않는다면 익명성이 보장된다. 현장에서 연구대상자와의 인터뷰는 연구자가 대상자의 이름을 묻거나 기록하지 않는다면 익명성이 보장될 것이다.

연구자가 피면접자의 이름을 기록하지 않기 때문에 익명성을 보장하는 것은 면접에 응한 표집에 선택된 응답자를 기억하기가 어렵게 만든다. 그럼에도 불구하고, 어떤 경우에 익명성은 지불할 가치가 있다. 예를 들면, 마약 복용에 관한 설문조사에서 우리는 익명성의 보장이 응답의 가능성과 정확성을 확보할 수 있다고 결정할 수도 있다. 유용한 절충안은 이 장 앞부분에서 살펴본 앰버 호닝의 '윤리와 매춘 알선업자에 관한 연구(Ethics and Research with Pimps)'라는 짧은 글에서 묘사하고 있듯이 연구대상자의 가명(street names)을 기록하는 것이다.

많은 설문조사에서 면접자가 이름과 주소를 알고 있는 개인으로부터 정보를 모으기 때문에 응답자는 익명적으로 간주될 수 없다. 다른 자료 모집 방법도 비슷하게 연구대상자의 익명성을 보장하는 것이 불가능할지도 모른다. 예를 들면, 9학년 학생 표본의 청소년 범죄 체포기록을 조사하기를 원한다면, 비록 우리가 그들을 면접하거나 그들로 하여금 설문지에 써넣도록 하지 않을지라도 이름을 아는 것이 필요할 수도 있다.

기밀성 기밀성(confidentiality)은 연구자가 정보를 특정인의 신원과 연결시킬 수 있지만 본질적으로 공개하지 않을 것이라고 약속하는 것을 의미한다. 예를 들면, 마약 복용에 관한 자기보고식 설문조사에서 연구자는 특정 응답자에 의한 불법 마약 복용을 공개할 수 있는 위치에 있어도 그렇게 하지 않을 것이라는 점이 응답자에게 보장되어야 한다. 비슷하게, 현장면접이 청소년 갱 조직원을 상대로 이루어질 때에도 연구자는 정보가 경찰이나 다른 공무원들에게 공개되지 않는다는 것을 보증해야 한다. 개인의 이름을 포함하고 있는 법원이나 경찰 기록을 사용하는 연구도 신원과 관련된 어떠한 정보를 포함시키지 않음으로써 기밀성을 보호할 수 있다.

어떤 기술은 이런 보장을 좀 더 잘 실행할 수 있도록 확실하게 해 준다. 응답자의 신원 정보에 접근할 수 있는 현장 혹은 설문조사 면접자는 윤리적 책임에 대해 훈련을 받아야 한다. 가능한 한 빨리 모든 성명이나 주소는 자료수집 양식으로부터 제거시키고 신원확인 번호(identification number)로 대체시켜야 한다. 핵심 신원확인 파일은 나중에 결측 자료나 모순적인 정보를 수정할 수 있도록 숫자와 이름이 연결되도록 만들어져야 한다. 이 파일은 자물쇠로 잠그고, 정당한 목적에만 열어볼 수 있도록 해야 한다.

설문조사가 익명이라기보다는 비밀일 경우에 언제든지 연구자는 응답자에게 그 사실을 명확하게 해줄 의무가 있다. 연구자는 익명이라는 용어를 **기밀성**을 의미하는 것으로 사용해서는 결코 안 된다. 그러나 연구대상자나 다른 사람은 이 둘의 차이를 이해하지 못할 수도 있다는 것에 주의해야 한다. 예를 들면, 뉴저지주의 전 부법무장관이 한때 맥스필드(Maxfield)로 하여금 익명 연구에 참여했던 경찰관의 신원을 공개하라고 요구한 적이 있다. 이 부법무장관이 결국 참여자의 신원을 밝히는 것이 불가능하다는 것을 이해할 때까지 '익명성'과 '기밀성'의 차이에 대해 거듭 설명해야 했다. 어떤 경우에서든, 연구대상자는 그들이 제공한 정보가 오로지 연구 목적으로만 사용될 것이고 제3자에게 공개되지 않을 것이라는 것을 보장받아야 한다.

연구대상자 기만

연구대상자의 신원에 관한 취급은 중요한 윤리적 고려사항이라는 점을 알았다. 연구자로서 여러분 자신의 신원을 다루는 것 또한 미묘한 문제이다. 가끔은 연구하고자 하는 사람들에게 여러분 자신이 연구자라고 신원을 밝히는 것은 유용하고 필수적이기도 하다. 사람들을 실험실 실험에 참여시키거나 혹은 연구를 수행 중이라는 사실을 밝히지 않고 긴 설문지를 채우도록 하기 위해서는 노련한 사기 예술가가 되어야 할 것이다. 우리는 사람을 속이는 것은 비윤리적이라는 사실도 명심해야 한다. 형사사법 연구에서 기만은 긴박한 과학적 혹은 행정적 관심으로 정당화될 필요가 있다.

가끔 연구자는 연구를 하고 있지만 왜 그 연구를 하는지 그리고 누구를 대상으로 하는지에 대해서는 둘러대는 경향이 있다고 인정한다. 예를 들면, 캐시 스파츠 위덤, 샐리 차자, 메리 앤 더턴(Cathy Spatz Widom, Sally J. Czaja, and Mary Ann Dutton, 2008)은 아동학대 피해자를 형사법원이나 소년법원의 심리가 이루어진 뒤 꽤 세월이 흐른 후에 면접을 했다. 위덤과 동료들은 아동학대의 피해자가 이러한 피해 경험이 없는 비교집단에 비해 만년에 범죄 피해자가 되는 경향이 더 있는지가 관심이었다. 면접자들은 잠재적으로 편견을 지닌 응답 없이는 연구 목적을 설명할 수 없었다. 여전히 개인적이며 가족의 경험에 대한 상세한 질문을 하는 것에 대한 그럴듯한 설명을 제공하는 것은 필수적이었다. 위덤의 해결책은 연구대상자에게 그들이 인간개발(human development) 연구에 참여하도록 선택되었다고 알려주는 것이었다. 그녀는 또한 연구가 인간개발에 관한 것이라는 것을 나타내는 안내서를 준비해서 응답자에게 나누어 주었다.

속임수가 실험연구에서 가끔 사용된다. 그러나 연구대상은 결국에는 그들이 속았음을 알게 된다. 예를 들면, 레이먼드 페터노스터(Raymond Paternoster)와 동료들은 강의 과제에서 일부러 연출된 부정행위를 목격한 학생이 이러한 연출된 부정행위에 노출되지 않은 학생에 비해 본인 스스로 부정행위를 사용하는지를 연구하였다. 나중에 실험연구가 끝난 후에, 참여자는 연구에 대해 보고를 하였고 속임수에 대해 알게 되었다.

> 만약 여러분이 르프렉 홀(LeFrak Hall)의 컴퓨터 랩에서 실행된 기억 회상 연구의 참여자라면, 그 실험은 속임수가 들어가 있는 것이었다. 여러분은 단어의 기억과 회상능력에 관한 연구라는 계획하에 모집된 것이다. 실제 연구 목적은 기만 행동에 관한 동료의 영향을 조사하는 것이었다. 연구기간에는 연구자에 의해 고용된 전문 배우로서 역할을 수행한 공모자도 있다. (Paternoster, McGloin, Nguyen et al., 2013: 496)

비록 우리가 처음에는 연구 목적을 기만하여 숨기는 것이 활동적인 범죄자를 연구하는 데 특별히 유용하다고 생각할 수 있을는지 모르나, '마약 밀매업소(crack houses)' 연구를 위한 방법론을 기술하는 데서, 제임스 인시아디(James Inciardi, 1993)는 이것은 현명하지 못하다고 확신한다. 첫째, 마약 밀매자나 사용자에 대해 관찰할 때 우리의 연구 역할을 숨기는 것은 우리가 불법 약물을 획득하기 위한 목적을 위해 그들과 연루되어 있다는 것을 의미한다. 이런 상황에 마주쳤을 때, 연구자는 불법적 행동에 가담하거나 아니면 그런 행동에 가담하는 것을 정중히 거절하는 이유를 설명해서 납득시키는 선택이 있을 것이다. 둘째, 마약 밀매업소 후원자로 가장하는 것은 연구자가 그런 곳에서 흔하게 발생하는 상당한 폭력의 위험에 노출될 수도 있다. 불법행동을 저지르거나 폭력의 피해자가 되는 것은 정말 선택할 수 없기 때문에 인시아디는 현장에서 활동적인 범죄자를 연구하는 연구자들에게 "비밀스러운 연구 활동은 하지 말라."(Inciardi, 1993: 152)고 조언한다.

분석과 보고

형사사법 연구자로서 우리는 연구대상자에 대한 윤리적 의무를 가진다. 그와 동시에, 연구자들은 학문공동체의 동료에게도 윤리적 의무가 있다. 이러한 의무에 대한 몇 가지 사항을 차례대로 정리해 보았다. 어떤 엄밀한 연구에서도, 연구자는 연구의 기술적 한계와 실패에 대해 그 누구보다도 더 잘 알고 있어야 한다. 연구자는 이러한 한계점을 독자에게 알릴 의무가 있다. 비록 이런 실수를 인정해서 어리석게 보일지라도 연구자는 윤리적으로 그렇게 해야 할 의무가 있다.

어떤 부정적 발견도 보고해야 한다. 사회과학적 보고에는 긍정적 발견만 보고할 가치가 있다는 믿음이 있다. 학술지『범죄와 일탈 연구(Journal of Research in Crime and Delinquency)』의 편집장인 마이클 맥스필드(Michael Maxfield)도 가끔은 이러한 믿음을 가지고 있음을 고백한다. 이것은 사회과학에서만 국한되는 것은 아니다. 예를 들면, 헬레 크로그 요한센과 페터 고체(Helle Krogh Johansen and Peter Gotzsche, 1999)는 새로운 약물에 관해 출판된 책이 어떻게 성공적인 실험에 초점을 맞추려고 하는지를 묘사한다. 새로운 공식화에 관한 성공적이지 못한 연구는 출판이 덜 될 것이며, 이것은 조제학 연구자들로 하여금 이미 비효과적이라고 알려진 약물 연구를 반복하도록 만들 것이다. 대부분 이러한 편견 때문에, 하버드 대학교 치의과대학의 연구자들은 생의학 연구로부터의 부정적 발견의 출판에 헌신하는 "생의학의 부정적 관찰 저널(Journal of Negative Observations in Biomedicine)"을 설립하였다(http://www.jnrbm.com. 2016년 3월 접속). 의학에서처럼, 사회과학에서도 두 개의 변수가 관련되어 있다는 점을 아는 것만큼이나 관련이 없다는 점을 아는 것도 때때로 중요하다.

마찬가지로 연구자들은 자신들의 발견을 실제는 그렇지 않은데 마치 주의 깊게 사전에 계획된 분석전략의 산물인 양 기술함으로써 체면치레를 하고자 하는 유혹에서 벗어나야 한다. 돌이켜보면 당연한 것으로 보일지 모르지만, 수많은 발견은 우연히 이루어진다. 여러분이 흥미로운 관계를 우연히 발견했다고 가정하자. 그래서 어떻단 말인가? 그런 상황을 가공의 가설로 기술하여 장식하는 것은 정직하지 못한 것이다. 또한 이것은 경험이 적은 연구자로 하여금 모든 과학적 탐구는 견고하게 사전에 계획되고 조직된다고 잘못 이끌게 된다. 다행스럽게도, 응용 연구자들은 기대와는 다른 발견을 보고하는 것이 가치가 있다는 것을 인식하고 예상하지 않던 유익함 발견할 가능성을 높이는 평가방법을 발전시켜왔다(Tilley, 2000).

일반적으로 과학은 정직함과 개방성을 통해서 진보하며, 자기방어와 기만에 의해 과학의 성장이 지체된다. 연구자는 특정한 탐구과정에서 경험한 모든 잘못과 문제에 대해 진실을 말함으로써 자신의 동료 그리고 학문공동체 전체에 기여할 수 있다. 다행히 이것이 다른 사람이 같은 문제에 빠지지 않도록 구원해 줄 것이다.

법적 책임성

두 가지 유형의 윤리적 문제가 연구자에게 잠재적인 법적 책임성의 문제를 던진다. 첫째, 여러분이 경찰에 보고되지 않은 길거리 매춘과 같은 범죄활동의 현장관찰을 하려 한다고 가정하자. 많은 국가의 형법에서는 사법권을 방해한 이유로 혹은 범죄를 방조한 혐의로 체포될 수도 있다. 잠재적으로 좀 더 문제가 되는 것은 범죄나 일탈(예: 구금자의 협조를 얻기 위해서 구치소로 담배를 몰래 반입하는 것)의 참여관찰이 연구자 자신으로 하여금 범죄적 혹은 일탈적 역할을 수행하도록 이끄는 상황이 생길 수 있다는 것이다.

둘째, 좀 더 일상적인 법적 문제의 잠재적 원천으로서 연구대상자가 불법적 행동을 저질러왔다는 지식과 관련된 것이다. 자기보고식 설문조사나 현장면접은 연구대상자에게 그들이 저지른 범죄에 대해 질문할지도 모른다. 만약 응답자가 그동안 체포되거나 고발되지 않은 범죄를 저질렀다고 보고한다면, 그것에 관한 연구자의 지식은 사법권을 방해한 것으로 해석될 수도 있다. 혹은 연구자료가 형사법원에 의해 소환이 될지도 모른다. 개인 연구대상자를 추적할 수도 있는 연구자료의 공개는 기밀성이라는 윤리원칙을 어기는 것이기 때문에 새로운 딜레마가 출현하게 된다.

다행스럽게도, 연방법은 대부분의 상황에서 연구자를 법적 소송으로부터 보호한다. 이것은 연구자료를 보호하는 데 사용되는 적절한 보호장치를 제공했다. 미국법무연구원(National Institute of Justice: NIJ)은 인간 피험자 보호를 위한 웹페이지에 다음과 같은 정보를 포함시키고 있다(http://www.nij.gov/nij/funding/humansubjects/confidentiality.htm. 2016년 4월 접속).

> NIJ 정책은 28 CFR 제22부(Part 22)의 "신원보장에 관한 보고와 통계정보(Confidentiality of Identifiable Research and Statistical Information)"에 있는 42 U.S.C. §3789g 기타 법무부 규정(the other DOJ regulations)에 따라 개인 정보에 제공되는 법적 보호를 통해 NIJ 연구에 참여하는 개인의 정보보호와 안녕에 대한 보호를 제공하고 있다. 이러한 규제는 다음과 같다.
>
> 1. 연구와 통계 목적의 개인 식별 가능한 정보의 사용을 제한함으로써 개인의 사생활을 보호한다.
> 2. 개인의 사전 동의가 없는 어떠한 사법적, 법적, 혹은 행정적 절차의 이용에서 개인에 의해 제

공되는 개인 정보를 보호한다.

3. 자료 사용 과정에서 연구대상자의 우려를 최소화함으로써 NIJ 연구 프로그램의 과학적 질을 향상시킨다.
4. 연구 혹은 통계적 목적만을 위한 개인 식별 가능한 정보의 사용에 대한 제한을 연구자에게 명확하게 해 둔다.

이러한 조항은 단지 연구자를 법적 소송으로부터 보호할 뿐만 아니라 연구대상자에게 그들이 면접자나 현장 활동가에게 묘사한 범죄로 인해 기소될 수 없다는 것을 확신시켜 준다는 점에서도 귀중하다.

현장조사자가 법집행으로부터 갖게 되는 잠재적 위험은 법적 책임과 육체적 위험 사이의 어딘가에 놓여 있다. 인시아디(Inciardi, 1993)는 마약 복용자에게 연구자로서의 자신의 역할을 솔직히 고백했지만, 경찰이 자신과 자신의 연구대상자인 마약 복용자를 구별할 것이라고 기대할 수는 없었음을 지적했다. 자연스러운 상태에서 범죄자와 눈에 띄게 접촉하는 것은 체포되거나 부주의하게 범죄를 방조하게 되는 위험을 가져온다. 따라서 인시아디는 어떤 때는 강도 현장에서 달아났고, 또 어떤 때는 마약 거래소 불시 단속에서 잡히기도 했다. 또 다른 예는 브루스 제이콥스(Bruce Jacobs, 1996)가 길거리 마약 밀매자를 연구하는 동안에 경찰관과의 계약에 관한 설명이다. 이 장의 마지막 부분에 있는 연습문제가 여러분에게 제이콥스와 경찰의 계약에 연루된 쟁점에 대해 좀 더 조심스럽게 생각해 보도록 질문한다.

특별한 문제

특정 유형의 형사사법 연구는 이미 언급된 이외의 특별한 윤리적 문제를 제시한다. 예를 들면, 응용연구는 어떤 기존 프로그램이나 새로운 프로그램을 평가할지도 모른다. 평가는 자주 연구되고 있는 기관의 일상적인 기능을 방해하는 잠재성을 가진다. 분명하게도, 가능한 한 언제든지 그런 방해를 최소화하는 것이 최선이다.

스태프의 부정행위 응용연구를 수행하는 동안, 연구자는 공공기관의 스태프에 의한 변칙적이고 불법적인 실행을 알게 될지도 모른다. 그러면 그들은 그러한 정보를 보고할 것인지 말 것인지에 대한 윤리적 문제에 직면한다(마지막 토론의 예 참고). 예를 들어, 혁신적인 보호관찰 프로그램 평가를 수행하는 수사관은 경찰이 계획된 대로 행해지지 않고 있는 보호관찰을 받는 자의 거주지를 방문하는 것을 알았다.[1] 그럼에도 불구하고, 프로그램을 할당받은 경찰은 위조된 보고서를 제출해 왔고 보호관찰 대상자를 실제로 조사하지

1 이것에 관한 정보는 연구자와 저자 중의 한 사람 사이의 개인적 대화 중에서 예로 든 것이다.

않았다.

이런 경우에 윤리적 딜레마는 무엇인가? 한편으로는 연구자가 보호관찰 프로그램을 평가하였고, 그것이 계획대로 작동되었는지 아닌지에 대한 이유를 보고하도록 의무가 부과되었다. 치료 프로그램(가정방문)을 제공하는 것에서의 실패는 계획대로 작동하지 않았던 프로그램의 한 예이다. 수사관은 보호관찰에 배정된 범죄자와 같은 프로그램 내담자에게 기밀성을 보장하지만 그런 합의가 프로그램 스태프에게 미치는 경우는 없었다. 다른 한편으로는, 연구자는 기관원에게 그들의 목표가 개인적 직무수행이 아니라 보호관찰 프로그램을 평가하는 것이라고 확신시켜 왔다. 만약 연구자가 경찰이 보고서를 위조한다는 사실을 폭로한다면 암묵적 신뢰를 어기는 것이 된다.

여러분이라면 이 상황에서 어떻게 했겠는가? 이 장의 마지막 부뷰에 여러뷰에게 연구자가 어떤 결정을 내렸는지를 알려주려고 한다. 그러나 여러분은 형사사법 기관에서 응용연구가 어떻게 다양한 윤리적 문제에 개입하는지를 인식해야만 한다.

범죄를 야기하는 연구 범죄자의 행동과 그들의 상황이 복잡하고 부정확하게 이해되어 어떤 연구 프로젝트는 범죄를 유발하거나, 범죄의 위치나 대상에 영향을 미칠 잠재성을 가진다. 확실하게도, 이것은 연구자에게 잠재적으로 심각한 윤리적 쟁점이다.

사람들은 대부분 단지 연구 프로젝트의 목적 때문에 누군가로 하여금 범죄를 저지르도록 조장하는 것은 비윤리적인 것임에 동의할 것이다. 더 문제가 되는 것은 연구가 간접적으로 범죄행위를 조장할 수 있는 상황을 인식하는 것이다. 스콧 데커와 배릭 반 윙클(Scott Decker and Barrik Van Winkle, 1996)은 갱 조직원에 대한 연구에서 이와 같은 가능성을 검토하였다. 몇몇 갱 조직원은 자동차에서의 총격의 목격을 위해 연구자를 데려감으로써 폭력을 사용하려는 의지를 보여줄 수 있음을 제안하였다. 연구자는 그런 모든 초대를 거절하였다(1996: 46). 또 다른 윤리적 쟁점은 연구대상자가 인터뷰의 대가로 받은 현금 20달러를 어떻게 사용했는가에 대한 질문이다(1996: 51).

> 우리는 범죄 유발 효과를 가지지 않을 만큼 적은 사례금을 지정하였다. 20달러는 적은 돈은 아니지만 총을 구입하거나 많은 양의 마약 구매 자금원으로는 충분하지 않다. 우리는 연구대상자 중 일부는 불법적인 목적으로 돈을 사용하리라는 것을 확신한다. 그러나 결국에는 이러한 사람들은 정기적으로 비행이나 범죄행위에 관여하는 개인이었다.

여러분은 마지막 문장에 있는 저자의 추론에 동의할 수도 동의하지 않을 수도 있다. 그러나 활동 중인 범죄자가 어떻게 현금 지불액을 사용하는지에 대한 그들의 생각은 활동 중인 범죄자를 연구하는 데 제기되는 윤리적 딜레마에 대한 유난히 주의 깊은 인식을 나타낸다.

앤서니 브라가(Anthony Braga, 2016)는 더 심각한 예를 들었는데, 피닉스의 갱 폭력 억제를 위한 가두 소년 선도원(street worker)의 개입이 실제로 총격 사건의 증가와 관련이 있었다. 유사하게도, 보스턴의 갱 폭력 프로그램에 관한 연구에서 프로그램 치료를 받은 갱이 프로그램 치료를 받지 않은 갱과 비교하여 14% 더 높은 총격 사건 가담률을 보인 것으로 나타났다.

다른 유형의 윤리적 문제는 범죄예방 프로그램 연구에서 범죄 전이(displacement)의 가능성이다. 예를 들어, 도시의 한 구역에서 길거리 매춘 감소를 위한 실험 프로그램을 생각해 보자. 이러한 프로그램을 연구하는 연구자는 집행을 강화하기 위한 실험대상지역뿐만 아니라 프로그램에 개입되지 않을 근처 비교지역까지도 선정할지 모른다. 만약 매춘이 대상지역으로부터 근처 이웃지역으로 전이된다면, 평가연구는 비교지역에서 매춘이 증가되었다고 보고한다.

200건 이상의 범죄예방 프로젝트 평가에 대한 검토에서, 롭 게레트와 케이트 바워즈(Rob Guerette and Kate Bowers, 2009)는 전이의 범위는 제한적이라고 보고하였다. 이보다 먼저 연구했던 르네 헤셀링(René Hesseling, 1994)의 연구에서는 범죄예방 활동의 유형이 대상강화 프로그램에서 좀 더 흔한 전이와 함께 차이를 만들어낸다는 것을 보여주었다. 예를 들어, 어떤 건물 1층 창문에 방범창을 설치하는 것은 설치하지 않은 건물로 침입절도를 전이시키는 것으로 보인다. 비슷하게, 새 자동차에 핸들 잠금장치를 추가하는 것은 낡은 자동차에 대한 절도를 증가시키는 경향이 있었다(Felson and Clarke, 1998).

어쨌든 전이가 발생할 때 그 전이는 형사사법 연구와 결부되지 않는 주요 정책 변화를 뒤쫓아 발생하는 경향이 있다. 어떤 사람을 희생시켜 다른 사람을 이롭게 하는 형사사법 기관 공무원의 행위를 연구자가 통제할 수 있을 것이라고 기대할 수는 없는 노릇이다. 그러나 평가연구의 기획에 참여한 연구자가 전이현상과 같은 것의 발생 가능성을 예상하고 프로그램 스태프의 주의를 환기시킬 것을 기대하는 것은 타당하다.

요구되는 조치의 억제 형사사법에 있어서 특정 종류의 연구설계는 다른 종류의 윤리문제를 야기할 수 있다. 예를 들면, 연구자가 가정폭력범을 기소에서 상담으로 전환하는 것이 폭력의 반복 가능성을 줄일 것이라고 생각한다고 가정해 보자. 어떤 범죄자는 기소되지만 또 어떤 범죄자는 기소되지 않는 실험의 실행은 윤리적인가?

여러분은 이 질문과 실험적 약물의 효과성을 테스트하는 의학 연구자가 직면하는 문제 사이의 유사성을 알게 될 수도 있다. 의사는 전형적으로 약물의 효과성이 그 실험 없이는 설명될 수 없다는 점을 지적함으로써 그러한 질문에 답하고 있다. 심지어 시험적 약물을 받지 않는 연구대상자의 잠재적 비용조차 포함된 연구수행에서의 실패는 결과적으로 새로운 약물 개발을 불가능하게 하거나 혹은 효과가 없고 심지어 해롭기까지 한 치료로부터 유용한 치료를 구분하는 것을 불가능하도록 만든다.

이 딜레마에 대한 단 한 가지 해결책은 만약 예비적 결과가 새로운 정책 또는 약물이 사실상 치료집단에 개선효과가 있음을 보여준다면 실험을 중단하는 것이다. 예를 들어, 마이클 데니스(Michael Dennis, 1990)는 어떻게 이러한 계획이 강화된 약물치료 상담의 장기간 평가에 구체화될 수 있는지를 묘사한다. 만약 예비적 결과가 새로운 상담 프로그램이 마약 복용을 줄인다고 나타낸다면, 연구자와 프로그램 스태프는 통제집단의 연구대상자에게 강화된 상담을 제공하려고 준비할 것이다. 데니스는 이런 잠재적인 윤리적 쟁점을 인식하고 실험 도중의(midstream) 변화를 수용하기 위한 정교한 연구설계를 계획했다. 유사하게 마틴 킬리아스, 마르셀로 아에비, 데니스 리보(Martin Killias, Marcelo F. Aebi, and Denis Ribeaud, 2000)는 만약 강제적인 증거가 약물 의존성을 치료하기 위한 접근법의 유효성을 지적한다면 스위스에서의 헤로인 처방에 관한 그들의 실험연구를 중단하기로 계획하였다.

형사사법 연구, 특히 응용연구는 다양한 윤리적 딜레마를 일으킬 수 있으며, 여기에서 다룬 것은 단지 몇 가지에 불과하다. 우리가 일관되게 예시한 글상자인 '종합적 사고'에서도 인종 프로파일링과 교통 단속에 관한 연구의 수행에서 생기는 다양한 윤리적 질문을 보여준다.

윤리적 원칙의 준수 장려

윤리강령과 생명윤리심의위원회(IRB)는 윤리적 원칙의 준수를 장려하는 두 가지 주요방안이다.

개인의 권리에 얼마나 민감하고 연구대상자에게 얼마나 가능한 방법으로 해를 입힐 수 있는지에 상관없이 연구자는 항상 적당한 예방수단이 사용되었는지에 대한 최고의 심판자일 수 없다. 의학과 사회과학에서 꽤 잘 알려진 비윤리적 실행의 사례가 있은 후 1974년에 국가연구법(National Research Act)이 통과되었다.[2] 몇 년 뒤에 『**벨몬트 보고서**(The Belmont Report)』라고 알려진 보고서에 간략하지만 인간 피험자 보호를 위한 포괄적인 윤리적 규칙을 정했다(National Commission for the Protection of Human Subjects of Biomedical and Behavioral Research, 1979). 단 여섯 페이지에 걸쳐 세 가지 원칙이 제시되었다.

1. **개인의 존중:** 개인은 연구의 참여에 있어서 그들 자신이 결정할 수 있도록 해야 하며, 그러한 결정을 할 능력이 부족한 사람은 특별한 보호를 받아야 한다.
2. **유익:** 연구가 참여자에게 유해해서는 안 되며, 이익이 되도록 해줘야 한다.
3. **정의:** 연구의 참여로 인한 이익과 부담은 공평하게 분배되어야 한다.

2 이 장의 마지막 부분에서 이러한 예 중 하나를 자세히 살펴볼 것이다.

종합적 사고 윤리와 인종적 프로파일링 연구

인종적 프로파일링에 관한 연구를 수행하는 것은 잠재적으로 연구자를 다양한 윤리적 문제로 이끈다. 첫째, 뉴저지(Andresen, 2005; Maxfield and Kelling, 2005), 노스캐롤라이나(Smith, Tomaskovic-Devey, Zingraff et al., 2003), 펜실베이니아(Engel, Calnon, Liu et al., 2004; Engel, Calnon, Tillyer et al., 2005)의 연구자들이 인간 피험자와 상호작용하였는데, 주로 경찰, 감독관, 지휘관, 행정 스태프였다. 둘째, 모든 프로젝트는 주 경찰기관에 의해 관리되는 기밀 파일에 대한 접근을 요구했다. 셋째, 럿거스 대학교의 연구자들이 순찰 중인 뉴저지 기동경찰대원과 동행할 때 시민과 접촉을 하였는데, 사람들은 자주 교통범죄 때문에 검문당해야 했다. 넷째, 일상적으로 순찰하는 기동경찰과 동행하는 것은 연구자들을 복잡한 고속도로에서의 고속운전과 그 밖의 잠재적인 위험에 노출시킨다. 마지막으로, 주 기동경찰대원의 자발적 참여가 항상 전적으로 자발적인 것이 아니었음이 명백해졌다.

인간 피험자로서의 경찰

뉴저지의 고속도로를 순찰하는 주 기동경찰대를 연구하는 것은 사적인 개인이나 그들의 일상생활과 연관되는 윤리적 쟁점과는 어느 정도 다른 윤리적 쟁점을 야기했다. 한편으로, 연구자는 공무원이 임금을 받고 하는 일을 단순히 관찰했다. 기동경찰대는 대중 앞에서 순찰하고 일상의 하나로서 운전자와 상호작용한다. 어떤 점에서, 연구자는 텔레비전 드라마에 나오는 것의 실제 생활의 예로 자연스럽게 이끌린 호기심 많은 방관자와 크게 다르지 않게 되었다.

그러나 경찰을 관찰하는 현장조사는 어떤 측면에서는 다르다. 연구자는 연장된 시간 동안 서로 간의 대화를 듣고, 라디오에서 방송되는 메시지를 들어가면서 기동경찰대와 동행했다. 기동경찰대는 대로변을 운전하지만, 순찰대 내부에서 일어나는 많은 일은 마치 일반대중이 일종의 사생활을 개인 자가용 안에서 즐기는 것처럼 사적인 것이다. 주 경찰과의 동승은 솔직한 행위과 의견을 드러냈다. 맥스필드(Maxifield)와 안드레센(Andresen)은 무슨 종류의 위반이 보통 감시당하는지, 그리고 어떤 것이 차량 검문을 보장하는 데 확실한지를 직접 배웠다. 연구자들은 뉴저지주 경찰 규정과 맞지 않는 행위들을 목격했고, 인종주의자와 성 차별주의자 견해의 정당한 몫에 관해 들었다.

펜실베이니아의 연구자들은 경찰 교통 단속에 관한 모든 기록에 접근할 수 있었다. 그중 그들은 일부 기동경찰대가 소수인종 운전자를 더 많이 검문하는지에 관심이 있었다. 그러나 연구자들은 개인 기동경찰대원의 신원을 보호하기를 원했다. 그들은 개인 경찰관이 아니라, 단지 전체적인 패턴을 연구하길 원했다. 따라서 그들이 교통 단속 기록을 얻은 후에, 그 차량 검문을 한 기동경찰대원의 신원을 알려주는 배지 번호를 각각의 자료 기록에서 지웠다.

비밀정보

뉴저지의 연구기간에, 주 경찰은 미국 법무부에 의해 감사를 받는 중이었다. 연방관리와 그 대표자가 경찰의 단속 기록에 대한 정보에 접근할 수 있었다. 이 기록 중 일부는 이 정보의 기밀성을 보호해야 할 의무가 있는 럿거스 대학교의 연구자들도 공유하고 있었다. 게다가, 뉴저지의 모든 순찰차에는 기동경찰대와 자동차 운전자 사이의 상호작용을 기록하기 위해 비디오카메라와 마이크로폰이 설치되어 있다. 안드레센과 맥스필드는 주 경찰 감독관과 지휘관에게만 접근이 허락된 이들 테이프로 묶인 자료의 표본을 검토했다.

다수의 연방 법규가 이 세 가지 원칙에서 생겨났다. 그러나 대부분의 경우, 연구공동체는 윤리적 연구수행을 위해 두 가지 일반적 메커니즘(mechanism)을 채택했다. 전문가 윤리강령과 생명윤리심의위원회가 바로 그것이다.

일반대중과의 접촉

순찰 중인 주 경찰과의 동행은 연구자들이 경찰과 대중 사이의 상호작용을 목격한다는 것을 의미한다. 대부분의 경우에, 럿거스 대학교의 스태프는 순찰차 안에 남겨져 있다. 하지만 각 순찰차 안에 있는 비디오나 오디오 모니터를 통해 관찰하거나 듣고 있다. 비록 연구자들은 잠재적으로 개인의 신원을 확인하기 위해 자동차 번호판을 기록할 수 있겠지만, 이것이 연구 목적은 아니다. 안드레센은 차량 검문당한 각 운전자의 대략적인 나이, 성별, 민족을 기록하였다. 이것은 연구 목적을 위해 충분했다.

여러분이 예상할 수 있듯이, 교통법규 위반으로 검문당한 사람들은 가끔 기분이 상하고 막무가내로 행동한다. 때때로 기동경찰대는 여성 운전자를 집적거리도 한다. 어떤 때는, 한 여성 운전자가 차량 검문을 당하고 있는 동안 그녀의 셔츠를 걷어 올리고는 기동경찰대원에게 발끈했다고 보고하였다. 그 대원은 웃으며 그 운전자를 떠나보내 주었다.

연구자에 대한 잠재적 유해

전국에 걸쳐 시 경찰국은 연구자와 기타 관찰자가 순찰 중인 경찰관과 동행할 수 있도록 허락해 주었다. 그러나 안드레센과 맥스필드의 연구 이전에는 개인적으로 거리에서 활동 중인 뉴저지주 경찰과 동행을 허락받은 사람은 거의 없다. 가장 자주 인용되는 이유는 연구자의 안전에 대한 잠재적 위험이었다. 주 경찰관은 두 가지 상황을 가장 신경썼다. 폭력사태로까지 확대되거나 고속 추격의 가능성이 상존하는 차량 검문이 바로 그것이다. 연구자는 보통 방탄복을 입을 것을 요구받았다. 그리고 기동경찰대의 다른 지시사항이 없는 한 차량 검문 상황 동안 우리는 순찰차 안에 그대로 있어 줄 것을 요청받았다. 어떤 때는, 맥스필드는 다른 기동경찰대를 피해 달아나고 있는 무장한 용의자를 중간에서 가로막기 위해 고속도로 요금소로 급파된 기동경찰대에 탑승하기도 했다. 그 기동경찰대원은 제일 먼저 요금소 감독관이 있는 건물로 운전해 간 다음, 맥스필드에게 다른 지시사항이 있을 때까지 거기서 기다리라고 요청했다.

대개 기동경찰대는 사건 현장에 서둘러 출동해야 했기 때문에 몇몇 사건의 경우엔 시속 100마일이 넘는 속도를 내기도 했다. 이러한 경우 연구자는 실제 사건에서 오는 위험보다 차량 탑승을 더 두려워했다. 엥겔과 동료들(Engel et al., 2004)은 펜실베이니아주에서 안정된 연구관찰(stationary observation)을 위해 지역을 선정하는 방식의 일부는 안전에 관한 관심 때문에 지침이 내려졌다고 기술하였다. 맥스필드는 안전성이 또한 '낚시 구멍(fishing hole)'(속도를 감시하기 위해 레이더와 레이저를 가진 순찰대가 주차하고 있는 장소)을 선택하는 데 도주 경찰에 의해 사용되는 기준이라는 것을 알았다.

동의란?

경찰부서는 명령과 통제에 관한 엄격한 규율을 가진 준군사조직으로 자주 묘사된다. 이와 같은 상황에서, 동의는 명확하지 않은 개념이다. 만약 감독관이 기동경찰대에게 연구관찰자를 접대하도록 명령했다면, 그것은 자발적 동의에 의해 움직인다고 보기 어렵다. 안드레센의 보고에 따르면 그는 분명히 비자발적으로 접대했던 몇몇 기동경찰대원과 동행했다. 만약 경찰대원의 거부 결정이 상관의 눈살을 찌푸리게 할 것이라고 예상한다면 개별 기동경찰대원은 참여거부를 주저할 것이다.

그래서 어느 정도 역설적이게도, 동의는 수감원을 연구하는 것과 매우 같은 방식으로 경찰에 관한 연구에서도 중요하다. 경찰과 수감자는 참여를 강요하는 미묘한 형태에 처해진다.

전문가 윤리강령

만약 연구 프로젝트를 설계하고 수행하는 전문가가 윤리적 문제를 인식하는 데 실패한다면, 어떻게 이러한 문제를 막을 수 있을까? 한 가지 방법은 연구자가 전문학회에서 만든 윤리강령 중 하나를 참고하는 것이다. 연구 수행의 공식적 강령은 무엇이 받아들여지고 무엇이 받아들여질 수 없는 전문가 행동인지를 명시하고 있다. 미국심리학회(American Psychological Association, 2010) 윤리강령은 연구, 클리닉 치료, 교육적 상황에서 심리학자의 상이한 역할을 반영하고 있는, 상당히 상세한 윤리강령이다.

형사사법 연구자들이 마주치는 많은 윤리적 질문은 미국사회학회(American Sociological Association, 1999)의 윤리강령에서 설명된다. 전미과학협회(National Academy of Sciences)는 사기(fraud)와 기타 형태의 과학적 위반 문제를 포함한 다양한 윤리적 문제에 대한 매우 유용한 소책자를 발간하였다(Committee on Science, Engineering, and Public Policy, 2009).

범죄학과 형사사법 연구자들을 대표하는 두 전미학회는 둘 사이에 공유하는 하나의 윤리강령을 가지고 있다. 형사사법학회(Academy of Criminal Justice Science: ACJS)는 윤리강령을 미국사회학회에서 개발된 것에 기초하고 있다. ACJS 구성원들은 회원의 다양성을 반영하는 매우 일반적인 강령에 의해 결속되어 있다. "대부분의 윤리기준은 다양한 역할과 다양한 상황에서의 적용을 제공하기 위해 폭넓게 작성되었다. 윤리기준은 완전하지 않다. 윤리기준에 포함되지 않은 행위가 반드시 윤리적이라거나 비윤리적이라는 것은 아니다"(Academy of Criminal Justice Sciences, 2000: 1).

몇 년간의 휴식기 이후에, 윤리강령 초안을 마련하려는 시도가 실패한 후에 미국범죄학회(American Society of Criminology: ASC)의 회원들은 2016년에 윤리강령을 승인했다. 이 윤리강령은 ACJS처럼 사회학의 강령에서 광범위하게 가져왔다. 새 강령의 서문은 이 책 제1장에서 우리가 논의한 부분과 매우 유사한 언어로 시작한다. "범죄학은 과학적 학문이고 범죄학자는 과학과 학자의 일반적 교리를 따라야 한다"(American Society of Criminology, 2016: 1). 그리고 이 강령은 기본 원칙을 제시하고, 연구집단(research populations)의 권리를 존중하는 조항을 제시했다.

미국 범죄학회 회원은

1. 인간과 관련된 대상, 재료, 그리고 절차가 개입된 연구의 적절한 검토와 승인에 관계된 연방정부와 제도의 적절한 요구조건을 따른다.
2. 연구가 수행되도록 하기 위한 목적으로 연구대상을 오도해서는 안 된다.
3. 연구 참여자가 권리를 포기하지 않는 한 참여자의 개별 자율성의 권리를 보장한다.
4. 공개조사에 의한 기록으로부터 획득한 자료가 아닌 그 어떤 자료의 비밀을 보장한다.

(American Society of Criminology, 2016: 3)

이 강령은 미국 범죄학회 회원들이 인간 피험자 보호를 위한 또 다른 한 발을 내딛도록 한층 더 상세한 방향으로 나아가고 있다.

강령이 적용되기까지는 수년간 많은 논쟁이 있었다. 심지어는 일부 미국범죄학회 회원들은 특정 조항에 대해 강한 이의를 제기했다. 연구를 하는 접근방법의 다양성은 아마도 이러한 문제와 관련이 있다. 범죄학자 또한 윤리적 쟁점에 부딪히게 되고 이러한 문제에 어떻게 대처해야 하는지에 대해 다른 견해를 가진다. 결국 우리는 범죄학자들이 윤리와 연구의 균형을 유지할 때 직면하게 되는 특별한 문제점의 예를 보았다.

그들의 공표에도 불구하고, 사회과학자를 위한 전문가 윤리강령이 형사사법 연구에서의 비윤리적 실행을 예방하는 것이, 미국법률가협회(American Bar Association)의 전문가 책임강령(Code of Professional Responsibility)이 변호사의 윤리위반을 제거하는 것 이상의 효과를 기대할 수는 없을 것이다. 이러한 이유로, 그리고 몇몇 논란의 여지가 있는 의학과 사회과학 연구에 대한 반응으로서, 미국 보건복지부(U. S. Department of Health and Human Services: HHS)는 인간 연구대상자의 보호를 위한 규정을 제정했다. 이 규정은 모든 사회과학이나 형사사법 연구에 적용되지는 않는다. 그러나 그 규정의 일반적 조항의 일부를 이해하는 것은 필요하다. 다음 절의 내용은 2005년 6월 23일에 개정된 연방규정강령(Code of Federal Regulations), 제45편(Title 45), 제46부(Part 46)에 기초하고 있다. 그리고 이러한 규제 자체는『벨몬트 보고서』에 기초를 두고 있다(생의학과 행동연구의 인간 피험자 보호를 위한 국가위원회, 1979).

생명윤리심의위원회

인간 피험자를 포함하는 연구를 수행하는 정부기관과 비정부조직(대학 포함)은 생명윤리심의위원회(Institutional Review Board: IRB)라고 알려진 심의위원회를 설립해야 한다. 이런 IRB는 두 가지 일반적인 목적을 가지고 있다. 첫째, 위원회 구성원은 연구대상자에 대한 전반적 위험성과 실제 연구수행에서 얻을 것으로 예상되는 이익에서 이러한 위험성이 받아들여질 만한 것인지를 판단한다. 둘째, 위원회 구성원은 연구에 사용되는 절차가 안정성, 기밀성, 인간 피험자의 일반적 복지와 관련된 적절한 안전장치를 포함하고 있는지를 결정한다.

HHS의 규정에는, 단순히 사람들에게 질문을 던지는 것을 포함하여 어떠한 방법으로든 인간 피험자를 이용하는 사실상의 모든 연구는 IRB의 검토대상이다. 아주 약간의 예외에는 교육 목적으로 수행된 연구와 익명적 정보만을 수집한 연구가 잠재적으로 포함된다. 그러나 심지어 그러한 연구가 특정의 특별한 모집단(나중에 논의할 것임)이나 참가자에게 피해를 줄 수도 있는 절차를 사용한다면 검토의 대상이 될 수 있다. 다시 말해, 만약 원래의 자료가 신원이 알려진 개인으로부터 수집되었다면 이러한 대부분의 연구는 IRB의 검토대상이 된다고 볼 수 있다. 만약 여러분이 연구대상자가 해를 입을 수 있는 다양한 방법과 익명적 연구수행의 어려움에 대해 생각한다면, 이것이 왜 그러한 경우에 해당되는지를 이해할 수 있을 것이다.

연방규정과 IRB 지침은 사회연구에 있어서 다른 잠재적인 윤리적 쟁점을 언급하고 있다. 이 쟁점 중에 첫 번째는 자발적 참여에 대한 윤리적 원칙을 다루는 전형적인 IRB 요구조건이다.

사전 동의 자발적 참여의 기준은 연구대상자에게 연구절차를 고지하고 참여를 위한 그들의 승낙을 구하는 **사전 동의**(informed consent)를 통해 일반적으로 충족된다. 이것이 단순한 요구조건처럼 보임에도 불구하고, 사전 동의를 얻어내는 것은 몇 가지 실행에서의 어려움을 보여준다. 이는 연구대상자가 연구의 목적, 있을 수 있는 위험과 부작용, 연구대상자에게 가능한 이익, 사용될 절차를 이해하는 것이 요구된다.

만약 여러분이 기만이 때때로 필요하다는 것을 받아들인다면, 연구대상자에게 연구절차에 대해 고지하는 요구조건이 어떻게 일종의 딜레마를 만들 수 있는지를 깨닫게 될 것이다. 연구자들은 보통 이러한 문제를 연구대상자에게 적어도 진실의 일부분을 말하거나 연구가 수행되고 있는 이유를 조금 수정된 형태로 제공함으로써 언급한다. 아동학대에 대한 위덤(Widom)의 연구에서 연구대상자는 인간개발이라는 연구 목적에 대해 부분적으로 통지받는다. 이 인간개발이라는 연구 목적의 한 구성요소가 아동학대의 피해자가 되는 것이고, 이것은 연구대상자에게 고지되지 않는다.

사전 동의를 얻을 때 또 다른 잠재적 문제점은 연구대상자가 연구에서의 위험, 이익, 절차 등에 관한 설명을 이해할 수 있는 능력이 있다는 것에 대해 확신하는 것이다. 연구자는 읽을 능력이 없는 연구 참여자에게 구두설명을 해야 할지도 모른다. 영어를 말할 줄 모르는 연구대상자에게, 연구자는 연구대상자의 모국어로 연구절차에 관해 설명해 줄 준비를 해야만 한다. 그리고 만약 연구자가 형사사법 연구에서는 일반적인 특별한 전문용어를 사용한다면, 연구대상자가 그 의미를 이해하지 못할 것이며, 따라서 동의에 응하지 않을 수도 있을 것이다. 예를 들면, 이 문장을 생각해 보라. "이 연구의 목적은 보상과 같은 덜 한정적인 처벌이 지속적인 청소년 범죄자 사이에 사회적 책임감에 대한 민감한 정도를 강화시키거나 장기적 상습비행의 감소를 만들어낼 수 있는지를 결정하는 것이다." 여러분은 14세 비행청소년에게 이 연구를 설명해 줄 수 있는 더 나은 방법에 대해 생각해 볼 수 있는가? 그림 3-1은 청소년 침입절도자 연구에 사용된 동의서의 좋은 예이다. 이 동의서가 어떻게 연구절차를 명확하게 설명하고 연구대상자에게 참여가 자발적임을 명료하게 전달하는지를 주목하라.

사전 동의를 얻기 위한 기타 지침은 명확하게 사람들에게 참여는 자율적임을 말하고, 기밀성을 확신시키는 것을 포함한다. 그러나 어떻게 사전 동의가 형사사법 연구를 수행하는 데 있어서 주요한 윤리적 쟁점을 언급하는지를 이해하는 것이 좀 더 중요하다. 첫

사전 동의(informed consent) 연구의 목적, 절차, 잠재적 위험에 대해 알린 후 연구 참여에 대한 동의를 받는 것.

귀하와 부모님 혹은 보호자는 소년법원에 의해 할당된 모니터링 프로그램의 연구에 참여하도록 선발되었습니다. 이 연구의 목적은 프로그램과 여러분의 반응을 연구하는 것입니다. 이것을 진행하기 위해 여러분이 모니터링 프로그램을 끝마칠 때 연구팀에서 귀하의 부모/보호자와 면접을 할 것입니다. 이 면접은 15분 정도 걸릴 것이며, 법정이나 모니터링 프로그램에서 귀하가 한 행동, 귀하에게 일어난 일, 그리고 귀하가 생각한 것과 같은 경험이 초점이 될 것입니다. 나아가, 우리는 법원 기록에서 귀하가 모니터링 프로그램에 배정된 사건, 이전의 사례, 모니터링 프로그램에서 해제된 후 기록에 포함된 기타 정보를 기록할 것입니다.

귀하나 부모 혹은 보호자가 우리에게 말하는 어떤 것도 엄격하게 비밀에 부쳐질 것입니다. 이것은 오직 연구자만이 여러분의 답변을 알게 될 것이라는 것을 의미합니다. 법원, 경찰, 보호관찰관, 귀하의 부모, 혹은 자녀에게 주어지는 어떤 조건에도(본인의 요구가 있을 때만 제외하고) 제공되지 않을 것입니다.

이 연구에 참여하는 것은 자발적입니다. 만약 참여하고 싶지 않다면 참여하지도 않아도 좋습니다. 만약 참여하기로 결정하면, 언제든지 귀하의 마음을 바꿀 수 있습니다. 귀하의 참여 여부가 프로그램, 보호관찰, 혹은 법원과 귀하의 관계에 대해 아무런 영향을 미치지 않을 것입니다.

연구는 이곳 인디애나폴리스 인디애나 대학교의 공공 및 환경문제대학(School of Public and Environmental Affairs)의 테리 바우머(Terry Baumer) 박사와 로버트 멘델슨(Robert Mendelsohn) 박사가 지도하게 될 것입니다. 만약 연구에 대해 어떤 질문이나 혹은 우리가 반드시 알고 있어야 하거나, 귀하가 생각하는 모니터링 프로그램에 대한 의견이 있다면 전화 274-0531로 연락해서 우리 연구자와 통화하길 바랍니다.

동의 양식

우리는 매리언 카운티(Marion County) 청소년 모니터링 프로그램에 관한 이 연구에 참여하는 것에 동의합니다. 우리는 위의 진술을 읽었고 무엇이 요구되는지에 대해 이해하며, 모든 정보는 비밀이라는 사실도 이해합니다. 또한 우리는 아무런 벌칙 없이 언제든지 연구에서 빠질 수 있다는 것도 이해합니다.

청소년 ______________________ 날짜 ______________________

부모/보호자 ______________________

부모/보호자 ______________________

연구자 ______________________

그림 3-1 매리언 카운티(인디애나주) 청소년 모니터링 프로그램 평가를 위한 동의서

째, 사전 동의는 참가가 자율적임을 보증한다. 둘째, 연구대상자에게 절차, 위험, 이익을 고지함으로써 연구자는 연구에서의 가능한 이익이 연구의 참여로 인해 생길 수 있는 위험을 상쇄시키는지에 대한 근본적인 윤리적 딜레마를 해결하기 위한 권리를 연구대상자에게 부여한다.

특별 모집단 인간 피험자에 대한 연방규정은 **특별 모집단**(special populations)이라고 부르는 특정 유형의 연구대상자를 위한 특별 조항을 포함하고 있으며, 이들 중에서 청소년과 수감자는 형사사법 연구에서 특히 중요하다. 당연히 청소년은 법률의 모든 측면에서

특별 모집단(special populations) 연구대상이 되었을 때 특별한 보호가 요구되는 청소년과 수감자와 같은 집단.

윤리와 청소년 갱 조직원

스콧 데커(Scott Decker)와 배릭 반 윙클(Barrik Van Winkle)은 갱 조직원에 관한 연구에서 윤리적 쟁점의 범위를 다루었다. 이 중 많은 부분은 이 장에서 지금까지 언급되었듯이 명백한 것일 수 있다. 폭력은 연구대상자 사이에서 흔하며, 연구자에게 현실적인 위험을 제기한다. 데커와 반 윙클(Decker and Van Winkle, 1996: 252)은 1990년에 프로젝트가 시작된 이래로 원래 표본의 99명 가운데 11명이 살해당했다고 보고했다. 또한, 확실히 연구대상자에 대한 기밀성을 보장해 줄 필요도 있다.

데커와 반 윙클의 프로젝트는 연방기관이 지원하였고 대학을 통해 집행되었기 때문에 대학의 생명윤리심의위원회(IRB)에서 관리하는 연방 인간 피험자 지침을 따라야만 했다. 그리고 많은 연구대상자가 청소년이었기 때문에, 그들은 특별 모집단과 관련한 연방규정을 표시해야만 했다. 이들 중 첫 번째가 청소년의 동의가 부모님의 고지와 승인을 포함하고 있다는 일반적 요구조건이었다.

여러분은 갈등의 잠재성과 함께, 이 작업에서 대립되는 윤리적 원칙을 즉시 인식할지도 모른다. 갱 조직원에게 한 기밀성의 약속은 폭력과 다른 위법행동에 관한 솔직한 보고를 얻기 위해서 연구자에게는 필수적인 대원칙이다. 하지만 기밀성의 필요는 아이들이 연구에 참여하기 위해 부모의 동의를 얻기 위한 처음의 IRB 요구사항과 충돌하였다.

> 이는 각각의 부모를 찾고 고지하는 것에 관한 윤리적이고 현실적인 어려움에 관한 토로가 아니라, 연구대상자 각각의 기밀성을 유지해 주기 위한 우리의 약속을 어기는 것이었다. 우리는 인간피험자위원회(Human Subjects Committee)에, 그 부모가 아직 몰랐을 수도 있겠지만, 부모에게 자녀가 활동적인 갱 조직원이었기에 사실상 인터뷰 대상이 되었다는 사실을 알리지 않겠다고 말했다.(Decker and Van Winkle, 1996: 52)

여러분은 예를 들어 자녀가 청소년개발 연구를 위해 선택되었다는 고지를 부모에게 하는 것이 기만의 가능성이 있다고 생각할 수도 있다. 그러나 이것은 자녀와 연락이 끊긴 부모나 보호자 일부를 포함해서, 부모나 보호자를 찾지 못하는 것과 같은 어려움을 해결해 주지 않는다. 게다가, 비록 부모나 보호자가 자녀와 있다 하더라도, 연구 프로젝트에 대한 의심과 자신의 자녀가 선택된 이유에 대해 미심쩍음이 많은 부모로부터 동의서를 승인받기 힘들 수 있다. 이러한 이유로 인한 청소년 연구대상자의 상실은 이 장과 그 밖의 다른 부분에서 설명한 것처럼 일반성의 기준과 타협한다.

마침내, 부모의 동의를 위한 요구조건을 포기하는 것은 청소년의 이익은 감독하는 어른에 의해 보호되어야 한다는 법적 원칙을 훼손시킬 것이다. 연구자가 연구대상자의 보호를 위해 충분한 예방조치가 취해졌는지에 대해 항상 최선의 판단자가 될 수는 없다는 것을 상기하자. 데커와 반 윙클(Decker and Van Winkle, 1996: 52)은 어떻게 이 쟁점을 IRB와 함께 해결했는지를 아래에 소개하고 있다.

> 우리는 표본에 있는 각 청소년 구성원을 위한 변호사를 찾는 조건으로 타협에 이르렀다. 대학에서 고용한 이 변호사는 연구대상자가 (1) 벌칙 없이 언제든 면접을 거부하거나 그만둘 수 있는 권리와 (2) 프로젝트의 기밀성을 이해하도록 확실하게 해 줄 책임이 있다. 모든 연구대상자는 동의서에 서명하였다.

출처: Decker and Van Winkle(1996)

성인과는 다르게 처우된다. 인간 피험자 중 특별 모집단으로서 청소년의 지위는 청소년의 법적 지위와 사전 동의를 반영할 뿐만 아니라 동의를 승인하기 위한 그들의 능력도 반영한다. 청소년을 포함하는 대부분의 연구에서 동의는 부모나 보호자, 그리고 청소년 연구대상자 자체, 둘 모두에게서 얻어야 한다.

그러나 아동학대에 초점을 둔 연구와 같은 몇몇 연구에서는 부모의 동의를 얻는 것이 확실하게 바람직한 것은 아니다. 데커(Decker)와 반 윙클(Van Winkle)은 세인트루이스(St. Louis) 갱 조직원 연구에서 이러한 문제에 봉착하게 되었다. 이들이 어떻게 두 가지 윤리원칙 사이의 갈등을 조화시키고, 그들이 속한 대학의 IRB의 걱정을 충족시켰는지를 논의하기 위해서 '윤리와 청소년 갱 조직원(Ethics and Juvenile Gang Members)' 글상자를 참조하라.

수감자는 다소 다른 이유로 특별 모집단으로 다루어진다. 실험과 면접을 위한 준비된 접근성 때문에 수감자는 종종 심각한 해를 입힐 수 있는 생의학적 실험의 대상이 되어왔다(Mitford, 1973). 이것을 인식하고는, HHS 규정은 수감자 연구대상자도 비수감자 연구대상자에게는 지나치다고 생각되는 위험에 노출되어서는 안 된다는 것을 명시하고 있다. 더욱이 적절하지 않은 영향이나 강압이 수감자 연구대상자를 모집하는 데 사용될 수는 없다. 장래의 연구대상자에게 제시된 동의서는 연구에 참여하지 않겠다는 결정이 작업 할당, 특권, 혹은 가석방 결정에 영향을 미치지 않는다는 점을 표시해야 한다. 만약 IRB가 수감자가 연구대상자가 될 프로젝트를 검토한다면, 이러한 윤리적 쟁점이 인식되도록

5. 생명윤리심의위원회(IRB) 승인을 위한 조건

연구대상으로서 수감자를 포함하는 연구를 승인하기 위해서 뉴욕 시립대학교(CUNY) 생명윤리심의위원회는 다음과 같은 조건을 만족시키는 서류를 제출해야 한다.

5.2 감옥 내 일반적인 생활조건, 의료 환경, 쾌적한 시설과 교도소 안에서의 수입 기회를 비교했을 때 수감자의 연구 참여를 통하여 얻게 되는 누적된 이익이 교도소에 존재하는 제한된 선택환경에서 연구 참여의 위험/이익에 대한 수감자의 판단능력을 손상시키는 정도는 아니어야 한다.

5.3 연구의 위험이 비수감자 참여자가 받는 위험에 상응하는 것이어야 한다.

5.4 수감자 연구의 참여자 선발이 공정하고 공평하며 수감자를 관리하는 당국에 의한 독단적인 개입으로부터 자유로워야 한다. 만약 연구책임자(PI)가 연속되는 일련의 절차를 위한 집필에서 심의위원회에 정당한 이유를 제공하지 못하면, 특정 연구 프로젝트에 필요한 특성에 부합하는 이용 가능한 수감자 집단으로부터 통제집단의 연구대상을 무작위로 선택해야 한다.

5.5 동의서 양식이나 구두 동의서에 참여자가 이해할 수 있는 언어로 연구대상자에게 정보를 제시해야 한다.

5.6 가석방위원회가 수감자의 가석방을 결정할 때 수감자의 연구 참여를 고려하지 않을 것이며 수감자는 연구에 참여하기 이전에 연구 참여가 수감자의 가석방에 아무 영향을 주지 않을 것임을 분명히 통보받을 것에 관한 충분한 보장이 존재해야 한다.

5.7 심의위원회가 수감자의 참여가 끝난 후에 후속조사 혹은 참여자 보호가 필요하다고 판단되면 개별 수감자의 형기의 다양성을 고려하여 그러한 조사나 보호조치를 위한 적절한 준비, 그리고 이러한 사실을 참여자에게 알리기 위한 준비가 마련되어야 한다.

출처: 뉴욕 시립대학교, H.R.P.P.(2013. 7. 31.). *CUNY HRPP Policy: Prisoners as Research Subjects*에서 발췌함(http://www.cuny.edu/research/compliance/human-subjects-research-1/hrpp-policies-procedures/Prisoners.pdf. 2016년 5월 4일 접속).

그림 3-2 연구 피험자로서 수감자에 대한 뉴욕 시립대학교의 정책에서 발췌

보장하기 위해서 적어도 그 IRB 중 한 사람은 수감자이거나 수감자의 이익을 대변하기 위해 특별히 지정된 사람이어야 한다. 그림 3-2는 연구대상자로서 수감자를 사용한 뉴욕 시립대학교로부터 선택된 요구조건을 보여준다.

그림 3-2의 5.4 사항과 관련해서, 임의추출은 일반적으로 연구대상자의 선택이나 어떤 연구대상자가 실험적 처우를 받을 것인지를 결정하기 위한 윤리적 절차로 인정된다. HHS 규정은 이를 수감자 연구대상자 이용을 위한 특별조항의 설명에서 강조하고 있다. "연구책임자(Principal Investigator: PI)가 어떤 다른 절차를 따르는 것을 대비해서 [IRB] 이유서를 서면으로 제출하지 않는 한, 특정 연구 프로젝트에 필요한 특성에 부합하는 이용 가능한 수감자 집단으로부터 통제집단의 연구대상(control subjects)을 무작위로 선택해야 한다"[45 CFR 46.304(4)].

생명윤리심의위원회(IRB)의 요구조건과 연구자의 권리

연방규정은 IRB를 위한 더 많은 조항과 인간 피험자를 위한 보호를 포함하고 있다. 어떤 연구자들은 이러한 규정이 실제로 연구수행에 있어서 자유와 전문가적 판단을 속박함으로써 문제를 만들 수 있다고 믿는다. 새로운 지식을 발견하는 연구자의 권리와 불필요한 해를 당하지 않을 연구대상자의 권리 사이의 잠재적 갈등에 대해 상기해 보도록 하자. 적어도 외부인이 자기의 연구계획서를 검토하는 것은 불편한 일이긴 하다. 혹은 연구자가 인간 피험자에게 주는 해나 불편함이 연구의 잠재적 이익보다 더 클 것이라는 추정 때문에 모욕감을 느낄 수도 있다.

때때로 IRB 승인을 위해 연구 심의를 하는 사람이 형사사법 연구의 다양한 유형에 익숙하지 않을 수 있다. 예를 들면 존 제이 대학(John Jay College)의 맥스필드 교수의 동료 중 한 사람이 교도소 수감자에 두 차례에 걸쳐 설문조사를 계획하였다. 두 번째 시점의 조사는 후속 면접(follow-up interview)이라고 불렀다. 그녀는 IRB의 심의 의견에 대한 당황스러움을 기술하였다.

> IRB 위원으로부터 받은 심사의견서는 IRB 구성원 중 적어도 일부는 존 제이 대학 교수진에 의해 수행된 연구에 대해 잘 알고 있지 못하다는 인상을 나에게 주었다. 예를 들면, 위원회 구성원들은 종단연구가 무엇인지 알지 못하는 것처럼 보였다. 위원회 구성원들은 후속 설문조사에서 논의되기로 한 것이 어떤 종류의 의료 절차인지 알기를 원했다. 나중에 나는 IRB 구성원들이 관례상 주로 생의학 연구를 심의해왔고, 따라서 후속 설문조사가 의학 연구를 시사하는 것으로 가정했다는 것을 알게 되었다. (개인적 대화)

사실, IRB를 설립하기 위한 본래의 동기는 인간에 대한 의료실험과 관계가 깊었다. 많은 사회연구 계획은 연방지침[45 CFR 46.101(b)]에서 IRB 검토가 면제되는 것으로 여겨졌다. 여기에 형사사법 연구와 가장 관련이 있는 것을 제시하면 다음과 같다.

1. 기존의 혹은 통상적으로 인정되는 교육기관에서 수행된 연구.
2. 교육 목적의 테스트(인지, 진단, 적성, 성취), 설문조사 절차, 면접 절차, 혹은 대중 행동의 관찰을 포함하는 연구로서 다음을 예외로 한다. (1) 획득된 정보가 기록되어 인간 피험자의 신원을 직접적으로 혹은 연구대상자와 연관된 착안 사항을 통해 확인할 수 있는 경우, (2) 인간 피험자의 응답 내용이 연구 목적 이외에 외부로 어떠한 형태든 공개되어 연구대상자를 형사상 혹은 민사상 책임의 위험에 놓이게 하거나 연구대상자의 재정상태, 고용상태, 혹은 명성에 악영향을 끼칠 수 있는 경우.
3. 교육 목적의 테스트(인지, 진단, 적성, 성취), 설문조사 절차, 면접 절차, 혹은 대중행동의 관찰을 포함하는 연구로서, (1) 인간 피험자가 공무원에 선출 혹은 임명되거나 공직에 지원하는 경우, 혹은 (2) 어떤 형태든 개인적으로 신원을 확인할 수 있는 정보는 연구가 진행되는 전체 기간과 그 후에도 비밀로 유지되는 경우.
4. 기존 자료, 문서, 기록물, 병리적 견본(specimens), 혹은 진단적 견본의 모집이나 검토를 포함하는 연구로서, 만약 이런 자료가 공개적으로 접근 가능하거나 혹은 정보가 연구대상자의 신원을 직접적으로 혹은 그 연구대상자와 연관된 착안 사항을 통해 알 수 없도록 연구자가 정보를 기록한 경우.
5. 부서의 장이나 기관장의 승인에 의해 혹은 승인을 받아야 하는 연구나 발표(demonstration) 프로젝트로서, 다음의 내용을 연구, 평가, 혹은 기타 검토하기 위해 설계된 경우이다. (1) 공공의 이익이나 서비스 프로그램, (2) 이러한 프로그램에서의 이익이나 서비스를 얻기 위한 절차, (3) 이러한 프로그램 또는 절차에서의 가능한 변화나 대안, (4) 이러한 프로그램에서의 이익이나 서비스에 대한 지불 방법이나 지불 수준에서의 가능한 변화.

이러한 면제된 범주는 형사사법 연구의 실행을 위한 상당히 많은 일반적 모델을 포함한다. 그러나 **면제**는 연구계획서가 **완전한**(full) IRB의 검토를 받을 필요가 없다는 것을 의미하는 것이다. 대부분의 경우, 자신의 프로젝트가 이러한 범주하의 면제에 적합하다고 믿는 연구자는 이 면제를 확인하기 위해 그 연구가 IRB에 의해 검토받도록 해야만 한다.

만약 이것이 여러분을 혼란스럽게 만든다면, 여러분은 연구자, IRB, 연방규제자도 역시 종종 혼란스러워 했다는 것을 알고서 안심할 것이다. 이 장의 앞부분에서 언급했듯이, 미국법무연구원은 연구자를 안내하는 유용한 자료를 발전시켜왔다. HHS의 불명확한 어휘로 인해, 많은 대학 IRB는 연구계획서를 검토하는 데 매우 조심스러워 하고 있다. 이런 원인으로부터 발생되는 문제점의 예시는 리처드 슈위더(Richard Shweder, 2006)의 논의를 살펴보라. 전문학회와 연구 목적의 연방기관은 다양한 수준의 IRB 승인을 받아야 하는 것과 받지 않아도 되는 것이 무엇인지에 관한 지침을 제공해왔다. 조안 시버(Joan Sieber, 2001)는 미국 법무통계국(Bureau of Justice Statistics)의 대규모 설문조사와 관련된 인간 피험자 쟁점의 분석을 준비했다. 항상 학술적 자유에 대한 가능한 제한에 대해 경계하도록, 미국대학교수협의회(American Association of University Professors, 2006)는 IRB가 어떻게 사회과학연구를 규제해왔는지에 관한 유용한 요약서를 발간하였다.

이러한 고려에는 약간의 이점이 있기도 하다. 하지만 IRB 요구사항이나 기타 규정이 만들어진 원인의 측면을 놓쳐서는 안 된다. 연구자가 연구 작업이 개인에게 유해한지 그 잠재성에 대해 항상 최고의 판단을 하는 것은 아니다. 형사사법 연구를 설계하고 수행할 때 연구자는 범죄를 더 잘 예방하거나 코카인 중독을 더 효과적으로 치료하는 방법을 배우는 것에 흥분될지도 모른다. 그러한 과학적 진보에 대한 흥분과 관여는 연구자가 개인의 권리나 안녕을 향해 끼칠 수 있는 가능한 유해함을 무시할 수 있도록 만들 수도 있다. 여러분은 이것이 목적이 수단을 정당화하는지를 묻는 또 다른 방법임을 알게 될지도 모른다. 연구자는 이러한 질문에 대답하는 것에 항상 무관심할 수는 없기 때문에, IRB는 외부적 판단을 제공하기 위해 설립된다. 또한 IRB는 윤리적 딜레마를 해결하는 방법에 대한 전문가적 조언의 자원이 될 수 있음을 인식하자. 데커와 반 윙클(Decker and Van Winkle, 1996)은 청소년 연구대상자에게서 동의서를 확보하기 위한 필요성과 기밀성 사이의 균형을 잡는 것에 관한 그들이 속한 대학 측의 고민을 공유하였다. 그와 함께, 그들은 실행 가능한 절충안을 만들 수 있었다.

실질적으로, 모든 단과대학이나 종합대학은 IRB를 가지고 있다. 하나의 예시로서, 뉴욕 시립대학교의 연구규정 준수 웹사이트(http://www.cuny.edu/research/compliance.html. 2016년 5월 4일 접속)를 참고하거나 여러분이 속한 연구기관의 IRB 웹사이트를 방문해 보라.

인간 피험자 보호를 위한 규정 만들기와 IRB가 이런 규정을 따르는지를 감시하도록 하는 또 다른 이유는 어떤 실제 연구에서 제기되는 윤리적 논란과 함께, 기타 수단의 감지된 실패이다(Mertens and Ginsberg, 2008). 다음 절에서는 널리 알려진 윤리적 논쟁과 논의를 일으킨 두 가지 연구 프로젝트에 대해서 간략하게 설명할 것이다. 이제껏 있어왔던 논쟁적 프로젝트가 단지 이 두 연구 프로젝트뿐이라는 것은 아니다. 단지 이 연구가 실제 세계에서의 윤리적 쟁점을 잘 보여주고 있기 때문이다.

두 가지 윤리적 논쟁

논쟁적인 연구의 두 예는 윤리에서의 주요쟁점을 보여준다.

첫 번째 프로젝트는 공중화장실에서의 동성애 행위를 연구했고, 두 번째 연구는 가상 교도소 환경에서 '수감자'와 '교도관'이 어떻게 서로 반응했는지를 조사하였다.

찻집 사건

대학원생인 로드 험프리스(Laud Humphreys)는 동성애 행위에 관한 연구에 흥미가 있었다. 그는 일부 남성 비동성애자가 참여하는 우연하고도 일시적인 동성애 행위에 특히 관심이 있었다. 특히 그의 연구 관심사는 동성애자 사이에서 '찻집'이라고 부르는 공원의 공중화장실에서 만나는 이방인끼리의 동성애 행위에 초점이 맞춰져 있었다. 그 결과 1970년에 『찻집의 거래(The Tearoom Trade)』(Humphreys, 1975)가 출판되었다.

찻집의 활동에서 특히 험프리스의 흥미를 끈 것은 참여자가 '가족구성원'으로서 전통적인 삶을 살고 있는 것으로 보인다는 점이다. 따라서 그들은 찻집을 방문할 때 익명을 유지하는 것이 중요했다. 여러분이라면 이 행위를 어떻게 연구하겠는가?

험프리스의 방법은 상황의 사회적 구조를 이용하는 것이었다. 전형적으로, 찻집에서의 만남은 3명으로 이루어진다. 두 사람은 성행위에 실제로 가담하며 한 사람은 '감시여왕(watchqueen)'이라고 부르는 망꾼이다. 험프리스는 공중화장실에 가서 필요하다고 생각할 때마다 감시여왕이 되겠다고 제안하기 시작했다. 감시여왕의 반대급부는 성행위를 지켜볼 수 있는 기회이므로, 험프리스는 마약 밀매자나 무단횡단 행위를 연구하듯이 자연스러운 환경에서 행동을 관찰할 수 있었다.

험프리스는 찻집의 거래에 대한 이해를 완성하기 위해 참여한 사람들에 관한 추가 정보가 필요했다. 참여한 사람들이 십중팔구 면접을 탐탁하게 생각하지 않을 것이기 때문에 험프리스는 다른 해결책을 모색했다. 가능한 한 그는 참여자의 승용차 번호를 적고는 경찰을 통해 참여자의 이름과 주소를 추적했다. 그러고는 알아보지 못할 만큼 변장하여 참여자의 집을 방문하고는 설문조사를 실시하고 있다고 말했다. 이런 방법을 통해서, 그는 화장실에서는 얻을 수 없는 개인적 정보를 수집했다.

험프리스의 연구는 사회과학공동체 안팎에서 커다란 논쟁을 불러일으켰다. 일부 비판가들은 과학이라는 이름으로 사생활을 크게 침해했다고 비난했다. 공중화장실에서 무엇을 했는지는 그들 자신의 일이지 험프리스의 일이 아니다. 다른 사람들 대부분은 연구자가 사용한 기만을 우려했다. 험프리스가 참여자로 하여금 자신이 단지 관음증 환자라고 믿게 함으로써 참여자를 속였다는 것이다. 찻집 참여자들이 공공시설을 사용했기 때문에 이들을 관찰하는 것이 정당하다고 믿는 사람들도 추적 설문조사(follow-up survey)에 대해서는 반대했다. 그들은 험프리스가 가장한 채 참여자를 집까지 찾아가서 면접을 한 것은 비윤리적이라고 주장했다. 어떤 사람들은 험프리스의 조사를 정당화했다. 그들은 연구주제가 연구가치가 있으며, 다른 방법으로는 연구할 수 없다고 말했다. 그들은 험프리스가 찻집 활동을 공개하여 연구대상자에게 피해를 입히지 않도록 주의했다는 점을 지적하면서 그 기만은 본질적으로 무해한 것으로 여겼다.

물론 험프리스의 책이 출판된 이후로 성적 지향에 대한 사회적 규범이 변화해 왔다. 그러나 찻집의 거래 논쟁은 결말을 보지 못했다. 연구윤리와 관련한 논쟁적 주제로 남아있고, 감정을 유발하고 사람들이 동의하지 않는 윤리적 쟁점을 포함하고 있기 때문에 앞으로도 계속 논쟁이 될 것이다. 여러분은 어떻게 생각하는가? 험프리스가 그렇게 한 것이 윤리적인가? 그 연구에서 여러분이 생각하기에 수용할 수 있는 부분과 수용할 수 없는 부분이 있는가? 여러분의 의견이 무엇이든 간에, 여러분은 여러분의 의견에 동의하지 않는 사람들을 발견하게 될 것임은 분명하다.

스탠퍼드 교도소 실험

두 번째 연구의 논쟁은 많은 면에서 첫 번째와는 다르다. 험프리스의 연구는 참여관찰이 개입된 연구인 반면에, 이 연구 환경은 실험실이다. 그리고 첫 번째 연구는 인간 비행의 한 형태를 조사했다면, 두 번째는 사람들이 공식적 기관에서 어떻게 행동하는지에 초점을 맞추었다.

교도소가 비인간화되어가고 있다는 데 동의하지 않는 사람은 거의 없을 것이다. 물론 수감자들은 자유가 몰수된다. 하지만, 그들의 투옥은 사생활과 개인적 정체성을 잃어버리게 한다. 폭력은 교도소의 일상을 나타내는 것 중 하나이고 사람들은 이것을 수감자의 갱생에 대한 교도소의 실패를 보여주는 증거로서 지적한다.

비록 교도소의 문제점은 많은 원인이 있겠지만, 심리학자인 크레이그 헤이니, 커티스 뱅크스, 필립 짐바르도(Craig Haney, Curtis Banks, and Philip Zimbardo, 1973)는 두 가지 일반적 설명에 관심을 가졌다. 첫 번째는 기질적 가설이다. 교도소가 그곳을 운영하는 사람과 그곳에 감금되는 사람의 유형 때문에 잔인하고 비인간화된다고 보는 것이다. 수감자들은 법질서를 무시하거나 사기와 폭력을 사용하려는 의지를 보여왔다. 교도관으로 있는 사람들은 지나치게 권위주의적이고 가학적이다. 두 번째는 상황적 가설이다. 교도소라는 환경 그 자체가 그곳에서 생활하거나 일하는 사람의 종류와는 상관없이 잔인함과 비인간적 상황을 만든다는 것이다.

헤이니와 동료들은 건강하고 심리적으로 정상인 남자 대학생들에게 수감인과 교도관의 역할을 할당하여 기능적 가상 교도소를 만들어서 상황적 가설의 검증에 착수했다. '교도소'는 심리학과 건물의 지하에 만들어졌다. 6×9피트의 세 '작은 방'에는 단지 간이침대 하나만 제공되고, 복도에는 교도소 '운동장'이 있다. 그리고 2×7피트의 '독방'이 하나 있다. 육체적 혹은 정신적 문제가 있는 사람을 제외한 후에 75명의 지원자 가운데 21명이 선발되었다. 참여의 대가로 하루에 15달러를 받기로 하고, 21명은 무작위로 교도관 혹은 수감자로 할당되었다.

모든 실험 대상자들은 계획된 2주간의 실험에서 교도관과 수감자로서의 역할에 대한 지시 사항을 포함한 계약서에 서명했다. '수감자' 실험 기간 동안 제한을 받고 감독을 받게 된다고 통고받으며, 그들의 시민권은 정지될 수 있다. 그러나 육체적으로 학대받는 일은 없을 것임을 보장받는다.

'교도관'에게는 최소한의 지시사항이 주어진다. '수감자'에 대한 신체적인 공격 혹은 신체적 처벌은 금지된다. '교도소장'과 함께 교도관은 일반적으로 자유롭게 교도소 규칙과 절차를 만들 수 있다. 연구자는 교도관과 수감자 둘 모두가 어떻게 그들의 역할에 반응하는지를 연구하도록 계획을 세웠다. 하지만 교도관은 실험의 목적이 수감자를 연구하기 위한 것으로 믿도록 이끌어졌다.

만일 여러분이 이 실험에서 수감자였다면, 여러분은 계약서에 서명한 후에 다음과 같은 것을 경험했을 것이다. 첫째, 실제 경찰관에 의해 아마도 이웃이 보는 가운데, 여러분의 집에서 사전통고도 없이 체포되었을 것이다. 몸수색을 한 후 수갑을 채운 채 경찰서로 호송된 후, 여러분은 경찰 기록 장부에 등록되고, 지문을 채취하게 된 후, 구금시설에 수용되었을 것이다. 그다음에, 눈이 가려진 채 '교도소'로 인도되고, 그곳에서 탈의를 당하고 이 잡는 소독약이 뿌려지고 난 뒤, '교도소 운동장'에서 한동안 알몸상태로 내버려지게 된다. 마침내 여러분은 죄수복(여러분의 ID 숫자가 찍힌 느슨한 오버셔츠)을 지급받고, 발목에 쇠사슬이 채워진 채 수감될 감방으로 인도되고 난 뒤, 조용히 있으라고 명령을 받았을 것이다. 여러분의 형기는 완전히 교도관에 의해 통제되었을 것이다. 반사되는 선글라스를 쓰고, 카키색 유니폼을 입고, 견장을 달고, 야경봉을 든 채 교도관은 수형자의 작업 할당을 감독하고, 하루에 세 번씩 정렬식(lineup)을 가진다. 비록 정렬식이 최초에는 단지 몇 분만 지속되었지만, 나중에는 이것을 몇 시간으로 늘렸다. 수감자는 무미건조한 식사를 하게 되고, 하루에 세 번 허가된 화장실 사용을 위해 교도관과 동행하게 된다.

교도소 운동장과 다른 공개된 지역에서의 모든 대상자의 행동은 비디오로 촬영되었다. 수감자들이 감방에 있는 동안에도 오디오 녹음은 계속해서 이루어졌다. 연구자들은 수감자와 교도관의 감정적 변화를 평가하기 위해 실험기간 동안 내내 간단한 설문지를 작성했다. 실험이 끝난 약 4주 후에, 연구자들은 모든 연구대상자의 반응을 평가하기 위해서 그들 모두와 면접을 수행하였다.

헤이니와 동료들(Haney et al., 1973: 88)은 2주 동안 교도소를 운영하기로 계획했다. 그러나 실험대상자들이 '예상하지 못할 정도의 격렬한 반응'을 보였기 때문에 연구자들은 6일이 지나서 그 연구를 중지했다. 5명의 수감자는 심각한 우울증이나 불안의 징조를 보였기 때문에 심지어 그 이전에 석방시켜야 했다.

각 집단의 실험대상자들은 그들의 역할을 모두 너무 쉽게 받아들였다. 교도관이 교도소의 규칙을 만들 수 있는 권한이 있기 때문에 수감자나 교도관은 서로 우호적인 방법으로 상호작용할 수 있다. 그러나 상호작용이 압도적으로 적대적이고 부정적인 것으로 나타났다. 교도관은 공격적으로 바뀌었고, 수감자는 수동적으로 나타났다. 실험이 조기에 끝났을 때, 수감자는 조기 '가석방'에 기뻐했지만, 교도관은 이 연구가 계속되지 않은 것에 실망했다.

헤이니와 동료들은 기질적/상황적 가설이 다른 연구설계를 사용해서는 평가될 수 없다고 주장함으로써 교도소 모의실험을 부분적으로 정당화한다. 명확하게, 연구자는 윤리적 논쟁에 민감하다. 그들은 계약서의 서명을 통해 실험에 관한 실험대상자의 동의를 얻었다. 심각한 고통 증세를 보인 수감자들은 일찍 석방되었다. 전체 연구는 실험이 실험대상자에게 예기치 않은 가혹한 영향을 끼친다는 것이 명백해졌을 때, 계획된 2주의 반도 경과되지 않아서 종료되었다. 마지막으로, 연구자는 교도관, 그리고 수감자와 집단 치료 임무 보고 회기를 수행했고 실험대상자의 부정적 경험이 일시적이었음을 확증하기 위해서 1년간 후속계약을 유지했다.

이 실험의 두 가지 연관된 특징은 윤리적 질문을 제기한다. 첫째, 실험대상자는 연구 절차를 충분히 통지받지 못했다. 비록 우리는 완전한 발표보다는 덜한 것을 포함해서, 기만이 가끔 정당화될 수 있음을 보아왔지만, 이 경우에서의 기만은 부분적으로 교도소 모의실험이 어떻게 전개될 수 있는지에 대한 연구자의 불확실성에 기인하였다. 이것은 더 중요한 두 번째 윤리적 문제와 관련이 있다. 교도관은 연구가 진행되는 규칙을 만들고 수정할 수 있는 권력이 보장되었고, 따라서 그들의 행동은 점차 권위주의적이게 되었다. 교도관의 논평은 실험이 전개됨에 따른 그들의 반응을 보여준다(Haney, Banks, and Zimbardo, 1973: 88).

> "그들(수감자들)은 그것을 실험으로 보지 않았다. 그것은 실제 상황이었고 그들의 신원을 지키기 위해 싸우고 있었다. 그러나 우리는 그들에게 단지 누가 보스인지를 보여주기 위해 항상 거기에 있었다."
>
> "조사하는 동안, 나는 수감자들이 만든 침상을 엉망으로 만들기 위해 2호 감방으로 갔고, 그는 나를 거머쥐고서 자기가 방금 그것을 만들었다고 소리 질렀다. …… 그는 나의 멱살을 잡았는데, 비록 그가 웃고 있었지만 나는 무척 무서웠다. 나는 막대기로 그를 호되게 내리쳤고 그의 턱을 때렸다(비록 아주 강하게는 아니지만). 내가 풀려났을 때, 나는 무척 화가 났다."
>
> "권위적으로 행동하는 것은 재미날 수 있다. 권력은 큰 쾌락일 수 있다."

이 실험에 대한 여러분의 느낌은 어떠한가? 한편으로, 이 실험은 어떤 점에서는 정상적인 사람이 가상 교도소 환경에서 어떻게 반응하는지에 관한 귀중한 통찰력을 제공하였다. 실험대상자는 장기적 유해함으로 인해 고통을 겪는 것처럼 보이지는 않는다. 이것은 부분적으로 연구자에 의해 예방조치가 이루어졌기 때문이다. 폴 레이놀즈(Paul Reynolds, 1979: 139)는 대학생 실험대상자의 계속되는 단기간의 불안에서 명백한 아이러니를 발견했다. "대부분의 부담은 혜택받은 사회 범주에 속하는 개인에 의해 생겨났고, 대부분의 후원자는 덜 혜택받은 사회 범주(실제 수감자)의 개인이었다는, 즉 많은 사람이 공평하다고 여기지만 비용과 이익의 불공평한 분배가 있다는 증거가 있다."

다른 한편으로, 연구자는 실험대상자가 얼마나 많이, 그리고 얼마나 빨리 자신의 역할을 받아들이는지를 예상하지 않았다. 실험은 지나치게 빨리 중지되어야만 했다. 헤이니와 동료들(Haney et al., 1973: 90)은 연구결과를 발표하면서 지적하기를 "우리의 연구결과는 …… 악마적 행위는 반드시 악마의 행위일 필요는 없다. 그것은 강한 사회적 힘의 작용 탓일 수도 있다는 명제를 가장 확실하게 보여준 밀그램(Milgram)[3]의 연구결과와 일치한다." 이러한 인용은 연구수행의 권리와 연구대상자의 권리 사이의 균형이라는 근본적인 딜레마를 제시하고 있다. 연구자가 악마적 행위를 이끌어내는 강한 사회적 힘을 만드는 것은 과연 윤리적인가? 여러분은 '체포'와 '교도소' 장면의 비디오를 보면서 교도소와 수감자가 경험한 것에 대해 좋은 인상을 받을 수 있다. '스탠퍼드 교도소 실험 비디오'를 인터넷에서 찾아보자.

토론 예

연구 윤리는 중요하고도 모호한 주제이다. 그러나 윤리적 쟁점을 해결하기 어렵다는 이유로 그 문제를 무시하는 것이 양해될 수는 없다. 여러분은 이 책의 다른 장에서 읽은 것처럼, 연구 프로젝트를 계획할 때면 언제든지 윤리문제를 늘 염두에 두어야 한다.

여러분이 형사사법과 그 밖의 사회연구의 윤리적 요소에 더 민감해지도록 하기 위해서, 우리는 10가지의 실제적, 그리고 가설적 연구 상황에 대한 간단한 묘사를 준비하였다. 여러분은 각각의 윤리적 쟁점을 볼 수 있는가? 그것에 대해 어떤 느낌이 드는가? 설명된 절차가 궁극적으로 받아들일 만한 것인가, 혹은 받아들일 수 없는가? 여러분의 강의에서 다른 학생과 이러한 예를 가지고 토론하는 것은 매우 유용한 일이다.

1. 연구자는 속도 위반자를 발견하기 위해서 작은 레이더 총을 이용하여 도시 고속도로에서의 과속을 연구한다. 반면에, 보조원은 제한속도를 시속 10마일 이상 초과하여 달리는 자동차의 번호판을 기록한다. 속도 위반자의 주소가 추적되고, "여러분은 특정일, 특정 장소에서 제한속도를 시속 10마일 이상 초과해서 주행한 것으로 목격되었다."라는 문구로 시작하는 겉표지 편지와 함께 우편으로 배달된 설문지를 받게 된다.
2. 연구자는 특정 이웃의 범죄를 줄이기 위한 경찰 전략 연구의 한 일부로서 사회행위의 현장 관찰을 한다. 주중의 한 오후 동안에 관찰을 하면서, 연구자는 주거침입절도(residential burglary)를 목격했다. 그 사건은 현장 노트에는 기록되지만, 경찰에게는 보고되지 않는다.
3. 연방정부에서 지원한 보호관찰에 관한 연구에서 한 연구자는 보호관찰 기간 중에

3 여기서 우리 저자들은 레스터 밀그램(Lester Milgram, 1965)의 권위에 대한 복종에 관한 논쟁적 연구를 가리키고 있다.

살인에 연루된 연구참여자를 발견한다. 연구자가 생각할 때는 이 사건을 대중에게 알리는 것이 사람들에게 도움이 될 것이라고 믿는 이 프로그램을 위협할지도 모른다. 이 살인자를 아주 이례적인 경우라고 판단하고, 연구자는 이 사실을 연방정부의 지원기관에 알리지 않거나 출판될 보고서에 이 사실에 관해서는 기술하지 않는다.

4. 가정폭력에 관한 수업의 일환으로, 교수가 학생들에게 가정폭력 핫라인에 전화를 걸어서 피해자인 척하고서 도움을 요청하라고 요구한다. 그런 후에 학생들은 핫라인 스태프가 제공한 도움에 관해 기술한 뒤 교수에게 제출한다.
5. 술집과 나이트클럽에서의 공격성에 관한 연구에서, 연구자는 세 사람이 심각한 부상을 당한 잔혹한 싸움에 대한 관찰을 기록한다. 피해자 중 한 사람의 도와달라는 호소를 무시한 채, 연구자는 이 관찰에 대한 노트를 작성하기 위해 화장실로 피신한다.
6. 아래 인용의 출처는 크랙 딜러인 브루스 제이콥스(Bruce Jacobs, 1996: 364~365, n. 5)의 보고서이다.

> 나는 내 연구를 경찰에게 알렸는데, 만약 그것에 대해 소환장을 발부한다면, 관계 당국에 정보를 주지 않을 수 없다는 사실을 깨달았다. 이 일이 발생하지는 않았는데, 아마도 그것은 내가 경찰에게 내 연구가 갱이나 마약의 배포 그 자체에 있는 것이 아니라 길거리의 삶과 도시생활에 관한 것이라고 말했기 때문인 것 같다. 비록 이것이 기술적으로는 위법이지만, 일탈집단을 연구하는 많은 다른 사회학자들은 타당한 관찰자료를 얻기 위해 이와 비슷한 방법을 써왔다. …… 게다가 내가 속한 대학의 인간 피험자 검토위원회는 내가 모든 응답자로부터 서면 동의서를 얻었고 그들의 익명성과 기밀성의 보호를 위한 안전지침을 포함하고 있었기 때문에 이 연구를 승인해 주었다.

7. 주 경찰에 관한 연구에서, 연구자는 경찰관이 상관에 의해 '아무것도 사인하지 말라.'고 지시받아 왔다는 것을 알았다. 경찰관에게 동의서에 사인해 달라고 요구하는 것에 대한 걱정이 참여를 감소시켰고, 연구자는 대학 IRB를 만족시키기 위해 다른 방법을 강구하였다. 그들은 어떻게 해야 하는가?
8. 미국법무연구원(National Institute of Justice)이 지원하고 있는 지역사회경찰(community policing)에 대한 평가의 일환으로서 경찰서를 방문하는 동안, 두 명의 연구자가 경찰서장과 점심을 같이 하기 위해 동네 음식점에 동행했다. 경찰서장이 식사비를 내겠다고 했다. 계산서에 나온 음식값은 경찰서장과 두 연구자가 주문한 실제 가격(메뉴판기준 가격)의 절반도 되지 않는 것이다.
9. 청소년 갱을 연구하는 연구자가 연방정부 자금지원기관으로부터 부탁을 받았다.

갱 조직원이 갱 조직원이 아닌 청소년에 비해 불법 약물거래에 덜 가담한다는 것을 보여주는 연구결과를 출판하지 말아 달라는 부탁이었다.

10. '스태프의 부정행위' 부분에서 언급한 예에서, 연구자는 경찰이 프로그램 개입에서 요구하는 대로 보호관찰 중인 사람을 방문하지 않았다는 것을 발표하였다. 출판된 보고서는 이러한 문제점을 '프로그램 전달에서의 불규칙성'으로 묘사하였다.

요약

- 형사사법 연구 프로젝트는 기술적, 그리고 과학적 고려뿐만 아니라 윤리적 고려에 의해 형성된다.
- 연구에서 무엇이 윤리적으로 '옳다' 그리고 '나쁘다'라는 문제는 궁극적으로 사람들이 동의하는 것이 옳은가 혹은 나쁜가의 문제이다.
- 연구자들은 자신의 연구에서 윤리적 쟁점을 적절하게 언급하였는지에 대해 최선의 판단자가 되지 않는 경향이 있다.
- 대부분의 윤리적 문제는 연구에서의 가능한 이익과 연구대상자에게 생길 수 있는 잠재적 유해 사이의 비교와 관련이 있다.
- 과학자들은 연구의 참여는 일반적으로 자발적이어야 한다는 데 동의한다. 그러나 이러한 규범은 일반성을 위한 과학적 필요와 갈등이 생길 수 있다.
- 형사사법 연구는 법적 책임과 신체적 유해에 대한 잠재성을 포함해서, 특수한 윤리 문제를 발생시킬 수도 있다.
- 대부분의 과학자는 연구가 연구대상자가 기꺼이, 그리고 알면서 유해의 위험을 받아들이지 않는 한, 연구대상자에게 해를 입혀서는 안 된다는 데 동의한다.
- 익명성과 기밀성은 연구대상자의 사생활을 보호하기 위한 두 방법이다.
- 윤리강령의 준수는 전문가학회와 미국 보건복지부(HHS)에 의해 발효된 규정에 의해 장려된다.
- 미국 보건복지부는 많은 형사사법 연구자에게 특별한 관심대상인 두 유형인 수감자와 청소년에 관한 특별조항을 포함하고 있다.
- 생명윤리심의위원회(IRB)는 인간 피험자의 보호에 관한 권리와 관심을 지속시키는 데 중요한 역할을 담당한다. 그러나 어떤 사회과학 연구자들은 IRB가 지나치게 제한적으로 변해가고 있다고 믿는다.

핵심 용어

기밀성(confidentiality)
동의(informed consent)
윤리적(ethical)
익명성(anonymity)
특별 모집단(special populations)
『벨몬트 보고서(Belmont Report)』

복습문제 및 연습문제

1. 미국범죄학학회(2016)의 웹사이트인 http://www.asc41.com/code_of_ethics_copies/ASC_Code_of_Ethics.pdf에서 범죄학회 윤리강령의 사본을 구해 주의하여 읽어 보자. 이 강령을 로드 험프리스(Laud Humphreys)의 '찻집 연구'에 어떻게 적용할 수 있겠는가? '교도소 모의실험'은 어떠한가? 특히 1쪽에 시작하는 '일반적 원칙' 절을 주목하자.
2. 이 장의 앞부분 글상자에서 언급했듯이, 코린 친과 제임스 핑케누어(Ko-lin Chin and James Finckenauer,

2012)는 중국에서의 성매매에 관한 연구를 수행했다. 여러분이 상상하는 것처럼 이 연구는 연구자에게 연구자의 안전을 포함하여, 인간 피험자 보호와 관련한 다수의 윤리적 문제를 고려하도록 요구한다. 저자가 기술하고 있듯이, 그들의 연구 작업은 WHO(2003)에 의해 개발된 원칙에 의해 인도된다. WHO 보고서의 복사본을 내려받고 그것이 형사사법 연구에서 윤리에 대한 우리 논쟁을 어떻게 보여주고 있는지 토론해 보자. http://www.who.int/gender-equity-rights/knowledge/9789242595499/en/

3. 글상자 '윤리와 청소년 갱 조직원'에서 데커와 반 윙클이 연구대상자를 위한 사전 동의를 발전시킨 것을 회고해 보자. 이 장에서 논의된 다양한 윤리적 원칙을 상기하면서, 이러한 사전 동의를 준비하는 일을 시험해 보라.

PART 02

형사사법 탐구의 구조

적절한 질문을 하는 것이 그 질문에 대답하는 것보다 더 어려운 경우가 종종 있다. 사실 적절히 구성된 질문은 자주 그 자체로 대답을 내포하는 것 같다. 우리는 가끔 다른 사람에게 질문을 명확히 하는 바로 그 과정에서 그 질문에 대한 대답을 발견하기도 한다.

기본적으로, 과학적 연구는 관찰을 통해 일반화된 이해를 성취해나가는 과정이다. 이 책의 3부에서 형사사법 연구를 위한 구체적인 관찰방법 일부를 기술할 것이다. 하지만, 우선 2부에서는 탐구의 구조로서 적절한 질문을 하는 방법을 다룬다.

제4장에서는 연구 프로젝트를 계획할 때 반드시 고려해야 할 근본적인 쟁점 중 일부를 다룬다. 인과관계의 문제, 연구 프로젝트에서의 분석단위, 시간의 중요한 역할, 그리고 그 밖에 연구 프로젝트를 계획할 때 반드시 고려해야 할 여러 사항을 검토한다.

제5장에서는 연구하고자 하는 것이 무엇인지에 대한 구체화, 즉 개념화(conceptualization) 과정과 우리가 구체화시키고자 하는 개념의 측정을 다룬다. 우리가 일상적으로 사용하는 몇몇 용어를 살펴보고, 연구 시 그 용어가 실제로 무엇을 의미하는지를 반드시 명확히 해야 한다는 점을 보게 될 것이다. 우리가 어떤 용어를 사용할 때 그 용어가 무엇을 의미하는지를 명확히 하고 나면, 그 용어가 지시하는 것을 측정할 수 있게 된다. 우리가 연구하고자 하는 것을 측정하는 절차나 조작을 고안하는 과정을 조작화(operationalization)라고 한다.

제6장에서는 구체적이고 어려운, 그러나 중요한 측정의 문제에 초점을 맞춘다. 바로 범죄의 측정에 관한 문제이다. 우리는 범죄를 측정할 때 개념화와 조작화를 위한 아주 다양한 방식을 볼 것이고, 각각의 장점과 단점에 대해 논의할 것이다. 그렇게 하는 과정에서, 제5장에서 기술한 측정 질의 기준에 대해 언급할 것이다.

제7장에서는 형사사법 연구 프로젝트의 일반적 설계에 집중한다. 형사사법 연구설계는 연구 프로젝트의 구조를 위한 것으로 무언가를 발견하기 위한 전략을 구체화한다. 제7장은 실험연구와 의사실험(quasi-experiment)연구에서 흔히 사용되는 전략을 기술한다. 각각은 고전적 과학실험으로부터 어떠한 방법으로든 응용된다.

CHAPTER 04

연구설계에서의 일반적 쟁점

여기서는 경험적 연구를 수행할 때 기본적 원칙, 즉 누가 또는 무엇이 연구대상이며, 언제, 그리고 어떻게 할 것인지에 관한 인과관계, 그리고 변이에 대해 살펴볼 것이다. 또한, 연구절차에 대해서도 폭넓게 살펴볼 것이다.

학습목표

1. 설명적인 과학적 연구가 어떻게 인과관계의 개념에 집중하는지, 그리고 왜 이것이 확률적 인과관계 모델인지를 알아본다.
2. 과학에서 인과관계를 설정하는 세 가지 기본 요구사항을 기술하고, 필요원인과 충분원인이 무엇인지도 함께 기술한다.
3. 타당도의 역할과 인과적 추론에서 타당도의 위협에 대해 이해한다.
4. 타당도를 위협하는 세 종류에 대해 요약하고, 이것이 어떻게 인과관계에 관한 질문들에 해당되는지를 요약해 본다.
5. 과학적 실재론 방법이 어떻게 인과관계에 대한 사례기술적 접근과 법칙정립적 접근을 연결해 주는지 토론해 본다.
6. 형사사법 연구에서 다양한 분석단위를 기술해 본다.
7. 생태학적 오류가 어떻게 분석단위와 관계가 있는지 설명해 본다.
8. 횡단적 연구와 종단적 연구 사이의 차이점과 함께 시간차원을 이해한다.
9. 회고적 연구가 어떻게 종단연구의 근접화로 사용될 수 있는지를 기술한다.

부품 마킹과 자동차 절도

로널드 클라크(Ronald Clarke)와 마이클 맥스필드(Michael Maxfield)는 자동차 절도에서 부품의 마킹(parts-marking) 효과를 조사하는 연구를 수행했다. 그들의 연구는 미국 도로교통안전국(NHTSA)에서 의뢰한 것이었다. 1987년에 시작했는데, NHTSA는 자동차 절도율이 높은 자동차를 대상으로 특정 몸체와 다른 부품에 자동차식별번호(VIN)를 표시하도록 요구했다. '부품 마킹이 자동차 절도를 감소시켰는가?'라는 질문이 처음에는 너무 직설적인 것처럼 보이지만, 클라크와 맥스필드는 그런 일반적인 질문으로부터 일련의 연구 질문으로 나아가기 시작했다.

- 1987년 이후 자동차 절도의 감소가 다른 시기에 비해 더 커졌는가?
- 자동차에 달린 **부품** 절도는 어떤 추세인가? 자동차 절도와는 추세가 달라졌는가?
- 부품 마킹이 필요한 자동차는 어떤 것인가?
- 부품 마킹이 요구되지 않는 자동차에 비해 부품 마킹이 요구된 자동차의 절도가 더 많이 감소되었는가?
- 어떤 종류의 자동차가 트랜스폰더(transponder, 위성에 탑재되는 장치 _옮긴이 주) 자동차 키와 자동차 도난방지 전자장치와 같은 다른 형태의 안전장치를 가지고 있는가?
- 부품 마킹이 이루어진 자동차의 추세와 비교하여 다른 형태의 안전장치가 설치된 자동차의 추세는 어떠한가?

이러한 질문은 클라크와 맥스필드가 처음 생각했던 것보다 상당히 복잡하게 된 연구 프로젝트를 이끌기 위해 만들어진 질문 중 몇 가지이다. 그들의 작업은 이 장에서 다루는 많은 주제를 보여준다. 자동차 절도가 시간이 지나면서 다른 범죄에 비해 더 많이 감소했는지에 관한 질문은 **시간차원**에 관한 것이고 **인과관계**에 대한 기본 질문이다. 만약 자동차 절도가 다른 범죄보다 더 많이 감소하지 않았다면 연방정부의 부품 마킹 의무조건은 자동차 절도의 원인이 되었다고 볼 수 없다.

다양한 분석단위도 관련이 있다. 클라크와 맥스필드는 기본적으로 오랜 시간에 걸친 자동차 절도의 **집단적** 추세에 관심이 있었다. 그러나 그들은 어떤 개별 자동차가 다양한 범주 속의 어디에 들어맞는지를 결정해야 했다. 이것은 5리터 엔진의 2009년식 포드 머스탱과 같이 **연식과 모델**을 조사해야 하는 것이다.

연구설계에서 이러한 쟁점과 여러 다른 일반적 쟁점은 프로젝트 초기 단계에서 맨 처음 제기되었다. 그러나 클라크와 맥스필드는 더 배워감에 따라 그들의 연구접근방법을 수정하고 새로운 측정을 발전시켜야 했다. 그것이 이 책의 바로 이 부분에서 우리가 처음 시작할 글의 예시이다. 질문을 적절히 제시하는 것은 가끔은 그 질문에 대답하는 것보다 더 어렵다.

연구자가 특정 연구 프로젝트를 계획하는 것에서 실제 수행함에 따라 연구 수정이 이루어지는 것은 흔한 일이다.

여러분이 이 장을 읽으면서 이 부분을 재검토해 보라. 간단하게 보이지만 더 복잡할 수 있는 질문의 다른 예도 고려해 보자. 온라인 쇼핑의 성장이 신원도용의 증가에 기여했는가? 혹은 간단하게 보이지만 여러분이 심사숙고함에 따라 더 복잡하게 보이는 연구 질문의 다른 예에 대해서 생각해 보라.

도입

인과관계, 단위, 시간은 조사연구를 계획하는 데 있어서 핵심적 요소이다.

과학은 '발견하기(finding out)'에 몰두하는 작업이다. 하지만 우리가 무엇을 발견하려고 하든지 간에, 그 방법은 무수히 많다. 이 장에서 검토하는 주제는 어떻게 과학적 조사를 계획할 것인지, 무언가를 발견하기 위해서 어떻게 전략을 설계할 것인지에 대해 언급하고 있다. 종종 형사사법 연구자들은 원인과 결과에 관한 질문과 관련된 무언가를 발견하기를 원한다. 그들은 범죄가 더 잘 발생하도록 하는 무언가를 발견하거나 혹은 어떤 방법으로 범죄를 줄이기 위한 정책을 발견하려고 할지도 모른다.

여러분이 정부의 부패에 관한 연구에 대해 관심을 갖고 있다고 하자. 물론 이것은 형사사법 연구에서 중요하고 적절한 주제이다. 그러나 여러분은 무엇에 특별히 관심이 있는가? 여러분이 말하는 '부패'는 정확히 무슨 의미인가? 어떤 종류의 행동을 여러분 마음속에 두고 있는가? 그리고 여러분에게 '정부'는 무슨 의미인가? 누구를 연구하기를 원하는가? 모든 일반 고용자인가? 단지 공식적 경찰관만을 대상으로 하는가? 일반 시민 고용자인가? 선출직 공무원인가? 여러분의 목적은 무엇인가? 여러분은 부패가 거기에 얼마나 있는지 알아내기를 원하는가? 여러분은 왜 부패가 존재하는지를 알고 싶은가? 이러한 질문이 연구설계에서 대답을 필요로 하는 질문이다. 하나의 질문이 어떻게 더 많은 질문을 이끌어 내는지의 예로서 이 장 첫 부분에 나오는 '부품 마킹과 자동차 절도'를 읽어보자.

실제로는 연구설계의 모든 측면은 상호연관되어 있다. 이후의 장에서는 그것들이 분리되어 있는데, 그것은 우리가 특정 주제에 대해 상세히 알아보기 위해서이다. 우리는 설명적 연구의 기초라고 할 수 있는 사회과학에서의 인과관계에 대한 논의에서부터 시작하려고 한다. 그런 다음에, 분석단위(**무엇**, 혹은 **누구**를 연구하는가)에 대해 조사한다. 분석단위를 결정하는 것은 모든 연구에서 매우 중요한 부분인데, 그 부분적인 이유로는 사람들이 실제로 다른 단위 유형(type of unit)에 대해 무언가를 말하기 위해 어느 한 단위 유형을 측정한 자료를 부적절하게 사용하기 때문이다.

다음으로는, 형사사법 연구에서 시간을 다루는 선택적인 방법을 고려해 볼 것이다. 때로는 사회생활의 정적인 횡단을 조사하는 것이 적절할 것이다. 그러나 또 어떤 연구는 여러 시간에 걸친 사회적 과정을 추적한다. 이런 측면에서, 연구자들은 원인에 관한 진술을 하는 데 있어서 사건의 시간적 순서와 과정을 고려해야 한다.

사회과학에서의 인과관계

인과관계가 설명적 연구에서의 초점이다.

원인과 결과는 지금까지 조사한 많은 것들에 함축되어 있다. 사회과학 연구자들의 중요한 목적 중 하나는 왜 무언가가 그들의 방식대로 작동하는지를 설명하는 것이다. 전형적으로, 우리는 어떤 것이 작동하는 방식의 원인을 밝힘으로써 이런 일을 수행한다. 어떤 무언가가 다른 무언가에 의해 야기된 것이다.

인과관계의 일반적인 개념은 단순하기도 하고 복잡하기도 하다. 한편으로 우리는 이와 관련한 쟁점을 모두 함께 무시해 버릴 수도 있다. 원인과 결과라는 용어 속으로 단순하게 연결시켜 버릴 수도 있다. 그러면 이것을 이해하는 데 큰 어려움이 없을지도 모른다. 다른 한편으로는, 인과관계에 관한 적절한 언설은 책 한 권 전체 혹은 심지어 일련의 여러 권으로 된 책들을 요구할지도 모른다. 우리는 인과관계에 관해서 상식 수준의 관점보다는 더 나아가며 그렇다고 완성된 것을 시도하지도 않는 중간지점을 채택하려고 한다.

이 절에 나오는 논의의 많은 부분은 사회과학에서의 일반적인 인과관계와 타당도와 관련한 쟁점을 기술한다. 형사사법 연구와 이론은 대부분 사회과학에 강하게 뿌리를 두고 있다고 한 제1장과 제2장을 상기하도록 하자. 더욱이, 사회과학 연구방법은 물리학에서 사용되어온 방법을 수정한 것이다. 인과성과 타당도에 관한 많은 중요하고도 어려운 질문들이 형사사법 연구자들을 괴롭히고 있지만, 우리의 기본적 접근방식은 우리가 어떤 원인이 실제로 어떤 결과를 가져 왔는가를 주장할 수 있는지 혹은 주장할 수 없는지에 대한 좀 더 큰 그림을 그려보기 위해 한 걸음 뒤로 물러설 것을 요구한다.

처음부터, 사회과학에서의 원인은 제2장에서 소개한 것처럼 본질적으로 **확률적**(probabilistic)이라는 것을 명심하는 것이 중요하다. 예를 들면, 우리는 사람들의 집단 내에서 특정 요인이 비행을 더 저지르게 하거나 덜 저지르게 하는 경향이 있다고 말한다. 따라서 아동학대 혹은 방임의 피해자들은 성인이 되었을 때 알코올 남용을 더 많이 보고하는 경향이 있다(Schuck and Widom, 2001). 침입절도는 비공식적 감시의 기회가 더 많은 이웃에서 더 적게 발생한다(Reynald, 2011).

인과관계의 판단 기준

우리가 어떤 무언가가 다른 무언가의 원인이라고 추론하기 전에 어떤 기준들이 만족되어야 하는지를 조사해 봄으로써 원인에 관한 논의를 시작해 보도록 하자. 제2장의 사례기술적(idiographic) 그리고 법칙정립적(nomothetic) 설명에 관한 논의를 상기해 보도록 하자. 우리는 첫 번째로 사례기술적 인과관계 추론을 위한 기준을 살펴보고 난 뒤, 법칙정립적 설명에서의 원인을 추론하기 위한 기준을 논의해 볼 것이다.

조셉 맥스웰(Joseph Maxwell, 2013: 122~123)은 사례기술적 설명을 평가하기 위한 기준들로서 (1) 얼마나 신뢰할 만하고 믿을 만한지, 그리고 (2) 다른 설명들('라이벌 가설')이 진지하게 고려되었는지, 그리고 빠진 부분이 발견되었는지를 제시하였다. 첫 번째 기준은 과학의 근간 중 하나로서 논리와 관련이 있다. 우리는 비록 논리가 복잡하더라도 우리의 설명이 이해되기를 요구한다. 두 번째 기준은 우리로 하여금 모든 가능성이 제거되었을 때 아무리 있을 법하지 않더라도 남아있는 설명이 진실임에 틀림없다는 셜록 홈스(Sherlock Holmes)의 명언을 떠올리게 한다.

법칙정립적 설명과 관련해서, 윌리엄 섀디시, 토머스 쿡, 도널드 캠벨(William Shadish, Thomas Cook, and Donald Campbell, 2002)이 묘사한 것처럼 인과관계를 위한 세 가지 기준을 살펴보도록 하자.

- 두 변수는 함께 변화해야 한다. 경험적으로 상호 연관되어야만 한다.
- 원인이 결과보다 먼저 발생해야 한다.
- 원인과 결과 사이의 경험적 상관관계가 다른 요소에 의한 것이 아니어야 한다.

두 변수 사이의 인과관계에서의 첫 번째 필요조건은 두 변수가 경험적으로 서로 상호연관되어 있다(두 변수는 함께 발생해야 한다). 만약 관찰된 실제상황에서 화약이 폭발한 후에 탄알이 발사되지 않는다면 화약의 폭발이 탄알이 총구에서 발사되게 한 원인이라고 말할 수는 없을 것이다.

그것이 명백해 보이는 만큼, 형사사법 연구에서 이 필요조건을 만족시키기에는 어려움이 따른다. 적어도 법칙정립적 설명모델의 확률적 세계에서는 우리는 상관관계의 완벽한 측정을 만나기가 거의 어렵다. 대부분의 판사의 판결은 마약 밀매자에게 금고형을 선고하지만, 일부는 그렇지 않다. 많은 갱 조직원들은 불법 마약을 사용하지만, 다른 많은 이들은 사용하지 않는다. 그러므로 우리는 얼마나 강한 경험적 관계를 두고 그 관계를 인과적이라고 볼 수 있는가를 묻게 될 수밖에 없다.

두 변수 사이의 인과관계 추론을 위한 두 번째 필요조건은 시간적으로 원인이 결과보다 앞서야 한다는 것이다. 시간적으로 나중에 일어난 일이 다른 무언가의 원인이 된다는 것을 상상하는 것은 논리에 맞지 않는 것이다. 총구에서 발사된 탄알은 화약의 폭발을 일으킨 원인이 아니다. 그것은 여기저기서 다른 방식으로 작동한다.

이 기준이 간단하고 명백해 보이는 만큼, 형사사법 연구에서는 이와 관련해서 많은 문제를 겪고 있다. 가끔은 두 변수 간에 연결된 시간적 순서가 불확실하다. 어떤 것이 먼저일까? 마약 복용 혹은 범죄? 그리고 심지어는 시간적 순서가 명확할 때조차도 예외가 있을 수 있다. 예를 들면, 우리는 보통 경영학으로 석사학위를 취득하면 주정부 내 교정부서(department of correction)에서 좀 더 빨리 승진할 수 있다고 가정한다. 그러나 교정부 관리들이 이미 승진한 후에 대학원 교육을 받을 수도 있으며, 경영기술에서의 나은 훈련이 그들로 하여금 일을 더 잘하도록 할 것이라고 인식하였을 수도 있다.

인과관계를 위한 세 번째 필요조건은 두 변수 사이의 관찰된 경험적 상관관계가 두 변수 모두의 원인이 되는 어떤 제3의 변수의 영향 때문으로 설명되지는 않아야 한다는 것이다. 예를 들면, 마약은 버스 정류장 근처에서 자주 거래된다. 하지만, 이것이 버스 정류장이 마약 거래를 부추긴다는 것을 의미하는 것은 아니다. 제3의 변수가 여기에 작동하고 있다. 사람이 모이는 집단들은 자연스럽게 버스 정류장 부근에 모여들기 마련이고, 거리의 마약 거래는 자연히 사람들이 자주 모여 있는 장소에서 발견되기 마련이다. 사실, 성석 바이올렛 유(Sung-Suk Violet Yu, 2011)는 버스 정류장과 범죄 사이의 복잡한 관계에서 연관된 다수의 변수들에 대해 기술하고 있다.

요약하면, 대부분의 사회 연구자들은 다음의 세 경우를 만족하면 두 변수들이 인과적인 관계를 가지고 있다고 본다. 어느 하나가 다른 하나의 원인이다. 만약 (1) 두 변수 사이에 경험적 상관관계가 존재한다면, (2) 원인이 시간적으로 결과보다 앞선다면, 그리고 (3) 그 관계가 다른 제3의 변수에 의해 처음 관찰된 각각의 두 변수에 영향을 준 결과라는 것이 발견되지 않는다면 말이다. 이 모든 기준을 만족시키는 그 어떤 관계도 인과관계이다.

필요원인과 충분원인

사실상 형사사법 연구에서의 모든 인과관계는 확률적이라는 것을 인식하는 것이 원인에 관한 다른 중요 사항들을 이해하는 데 핵심이 된다. 확률적 모델 내에서 두 가지 유형의 원인, 즉 필요원인과 충분원인을 구분하는 것이 유용할 것이다. **필요원인**(necessary cause)은 결과가 뒤따르기 위해 반드시 존재해야 하는 조건이다. 예를 들면, 사람이 유죄판결을 받기 전에 그 사람이 범죄인으로 고소되는 것이 필요하다. 그러나 고소되는 것만이 충분한 것은 아니다. 고소된 사람들 중 일부는 무죄로 판명 나기도 한다. 여러분은 반드시 유죄를 인정하거나 법정에서 유죄가 밝혀져야만 한다. 그림 4-1A는 필요원인을 보여주고 있다. 어떤 사람이 유죄판결을 받기 위해서는 반드시 고소되어야 한다.

그림 4-1A 필요원인

그림 4-1B 충분원인

반면에, **충분원인**(sufficient cause)은 다소간 그 결과가 보장되는 조건을 말한다. 따라서 예를 들면, 어떤 범죄 혐의의 고소에 대해 유죄를 인정하는 것은 유죄 선고를 받기 위한 충분한 원인이다. 물론 재판을 통해서도 유죄판결을 받는 것은 가능하다. 그러나 유죄를 인정하는 것은 유죄판결의 충분원인이 된다. 그림 4-1B는 이러한 상태를 잘 보여주고 있다.

어떤 결과를 만들어 내기 위한 필요하고도 충분한 원인을 발견하는 것은 연구에서 가장 만족스러운 결과이다. 만약 우리가 청소년 비행을 연구 중이라고 하면, 우리는 (1) 일탈이 진행되기 위해서는 반드시 있어야만 하고, (2) 항상 일탈을 초래하는 유일한 조건을 발견하기를 원할 것이다. 그렇게 된다면 우리는 무엇이 청소년 비행을 일으키는지 정확하게 알고 있다고 확신할 것이다. 불행히도, 필요하고도 충분한 원인을 결코 찾지 못한다. 형사사법 연구자들이 다루게 되는 대부분의 인과관계는 확률적이고 부분적이다. 우리는 관찰한 사례들 중의 약간의 퍼센트 중에서 원인과 결과를 부분적으로만 설명할 수 있다.

타당도와 인과적 추론

과학자들은 타당도에 대한 위협을 고려해 봄으로써 원인에 관한 진술의 진실을 평가한다.

인과관계에 대해 주의 깊게 살피는 일은 형사사법 연구에서 아주 중요하다. 원인과 결과는, 연구자가 새로운 의무형량법(mandatory sentencing law)이 실제로 수감자 인구를 증가시키는 원인인지에 대해 관심을 가지는 연구와 같은 응용연구(applied studies)에서 핵심요소이다.

우리가 한 원인이 결과를 만들어냈다고 추론을 하는 데 있어서 옳은지 아닌지를 생각하게 될 때, 인과적 추론의 **타당도**(validity)를 생각하게 된다. 섀디시, 쿡, 캠벨의 표현에 의하면(2002: 34), 타당도는 "추론의 근사진실(approximate truth of an inference)이다. …… 우리가 어떤 무언가가 타당하다고 말할 때, 관련 증거가 진실이거나 옳다고 여기는 추론을 지지하는 정도에 대해 판단을 한다." 그들은 **근사하다**(approximate)라는 용어를 강조하는데, 이것은 아무도 원인에 대해 절대적으로 확신할 수는 없기 때문이다.

거의 인과적 추론의 타당도를 확실하게 확립하기는 불가능하다. 원인이 진실이라는 우리의 진술에 대한 어떠한 절대적 판단도 우리는 내릴 수 없다. 대신에, 사회과학자들은 어떤 원인이 어떤 결과를 만들었다는 진술을 하는 데 있어서 틀릴 수도 있는 이유인 인과적 추론에서의 여러 가지 **타당도 위협**(validity threat)에 대해 언급하려 한다. 맥스웰(Maxwell, 2013: 123)이 말하고 있는 것처럼, "타당도의 핵심개념은 바로 **타당도 위협**, 즉 여러분이 틀릴 수도 있다는 점이다."(원문에서 강조) 여기서는 네 가지 일반적인 타당도, 즉 통계학적 결과 타당도, 내적 타당도, 구성 타당도, 외적 타당도의 범주에 대한 위협에 대해 요약해 보고자 한다. 제7장에서 연구설계에서의 다양한 방법의 타당도와 관련지어서 각 유형에 대해 보다 자세히 설명할 것이다.

통계학적 결과 타당도

통계학적 결과 타당도(statistical conclusion validity)는 의사(suspected) 원인에서의 변화가 의사 결과에서의 변화와 통계학적으로 관련되어 있는지를 결정할 수 있는 능력을 의미한다. 이것은 인과적 추론을 위한 첫 번째 기준에 부합하는 것이다. 두 변수가 각각 서로 관련되어 있는가? 만약 우리가 불법 약물을 사용하는 것이 사람들이 범죄를 저지르는 원인이라고 의심한다면, 가장 첫 번째로 관심을 가지게 되는 것 중 하나는 마약 복용과 범죄 사이의 공통적 변이(variation)이다. 만약 마약 복용자와 비사용자가 같은 비율의 범죄를 저지르고, 범죄자나 비범죄자가 거의 같은 비율로 약물을 사용한다면, 마약 복용

타당도(validity) 원인 또는 측정에 대한 진술이 참인지, 거짓인지의 여부.

타당도 위협(validity threat) 원인 또는 측정에 대한 거짓된 결론을 도출하는 원천.

의 측정과 범죄 사이에는 아무런 통계학적 관계가 존재하지 않을 것이다. 이것으로 약물과 범죄 사이의 인과관계 조사는 끝난 것으로 보인다. 클라크와 맥스필드에 의해 고려되었던 첫 번째 연구 질문으로서 또 다른 예시로 다룬 이 장의 처음에 등장한 시작 글을 다시 검토해 보자.

적은 사례 수로 이루어진 결론에 기초하는 것은 통계학적 결과 타당도에 대한 일반적인 위협이다. 예를 들면, 연구자가 10명의 마약 복용자와 10명의 비사용자를 연구하기로 하고 이 연구대상자들이 6개월에 걸쳐서 다른 범죄들로 체포된 횟수를 비교한다고 가정하자. 10명의 마약 복용자들은 평균적으로 3회 체포된 데 반해 비복용자들은 6개월 동안 평균 2회 체포되었다. 체포 비율에 있어서 두 집단 간에 차이가 존재한다. 하지만, 이것이 유의미한 차이인가? 통계학적으로, 그에 대한 답은 '아니다'라고 할 수 있다. 왜냐하면, 이 연구에서 포함된 마약 복용자 수가 너무 적기 때문이다. 연구자는 그의 발견이 너무 적은 사례 수에 기반을 둔 것이라면 원인에 대한 진술에서 크게 확신을 할 수 없다.

통계학적 결과 타당도에 대한 위협은 또한 실제로는 인과관계가 존재하지 않을 때 상호변이(covariation)가 존재한다고 주장하는 반대의 결과를 가질 수도 있다. 이러한 현상의 원인도 역시 어느 정도 기술적인 것이며 통계적 추론의 기본적 이해를 요구한다. 그러나 도박꾼들의 미신적인 행동이 조잡하지만 하나의 예를 보여준다.

여러분이 주에서 관장하는 복권을 좋아한다고 가정하자. 단순히 매주 복권 몇 장을 산다고 치자. 많은 사람들은 자신의 생일 날짜나 자동차 번호판의 번호에 해당하는 숫자를 뽑는 방식을 택한다. 이런 행운의 숫자가 복권에 당첨될 기회에 영향을 줄 것이라고 기대하는 것은 당첨번호가 무작위 과정을 통해 뽑힌다는 것을 인식하지 못한 한 예이다. 만약 여러분이 항상 좋아하는 삼촌의 생일 날짜[그 날짜가 1977년 7월 7일(7777)이라고 하자]를 선택해서 5년 동안 매주 2장의 복권을 산다고 한다면, 여러분의 행운의 숫자가 당첨번호를 뽑는 데 사용되는 무작위 과정으로 단순히 우연하게 뽑힐 수도 있다. 그러나 계속 여러분의 삼촌의 생일 날짜를 뽑는 것이 복권에 당첨되게 한 원인이라고 추론할 수 있는 통계학적 결과 타당도는 없는 것이다. 여러분의 복권 당첨은 숫자가 선택되는 무작위의 결과에 기인한 것이다.

내적 타당도

비록 두 변수가 서로 연관되어 보인다는 것을 발견했다고 하더라도, **내적 타당도**(internal validity)가 관찰된 상호변이에 대한 인과적 진술에 도전하는 위협을 가할 수 있다. 만약 두 변수 사이의 관계가 하나 이상의 다른 변수의 결과 때문이 아니라 사실상의 인과관계라면, 관찰된 두 변수 사이의 상호연관은 내적 타당도를 갖게 된다. 통계학적 결과 타당도 위협이 대부분 무작위 오차(random error)에 의한 것인 반면에, 내적 타당도 문제는 비무작위 혹은 체계적 오차(systematic error)의 결과이다. 간단히 말해서, 두 변수 간의 제시된 인과관계의 내적 타당도에 대한 위협은 보통 하나 혹은 그 이상의 다른 변수들의 결과로부터 생겨난다. 이 타당도의 위협이 어떻게 인과관계의 설정을 위한 제3의 요구조건과 관계가 되는지를 주의 깊게 살펴보도록 하라. 그 요구조건은 관찰된 관계를 위한 다른 가능한 설명들을 제거하는 것이다.

예를 들면, 만약에 유죄판결을 받은 마약 복용자가 보호관찰을 받은 경우가 그렇지 않고 교도소로 가게 된 경우보다 다시 체포될 경우가 적다면 수감형 처분이 재범의 원인이라고 추정할 가능성도 생길 수 있다. 비록 수감 중에 있는 것이 미래에 범죄를 더 잘 저지르게 하도록 어떤 영향을 줄 수 있다고 하더라도, 이 경우에 있어서 재범의 다른 원인들을 살펴보는 것이 중요하다. 하나의 가능성으로서는 이전의 범죄 기록이 될 수 있다. 이전의 범죄 기록이 없는 유죄판결의 마약 복용자는 보호관찰 처분을 받을 가능성이 높은 반면에, 이전의 범죄 기록이 있는 마약 복용자는 교도소 수감형에 처해질 가능성이 높다. 범죄 경력 연구자는 이전의 체포나 유죄판결의 횟수가 많을수록 재범의 가능성도 증가한다는 것을 발견하였다(Blumstein et al., 2010). 이 경우에, 제3의 변수(이전의 유죄판결)가 수감형 처분과 재범 사이에 관계가 있다는 관찰된 경향의 일정 부분 혹은 전부를 설명할 수도 있다. 이전의 유죄판결은 선고(교도소 수감 혹은 보호관찰)와 이후의 유죄판결 모두와 관련이 있다.

외적 타당도

미니애폴리스(Minneapolis)에서의 가정폭력에 대한 의무적 체포(mandatory arrest)의 영향에 대한 발견이 밀워키(Milwaukee)에서의 발견과 유사한가? 지역사회 범죄예방 조직들이 도시 전체의 마약 복용과의 대결에서 성공적으로 싸울 수 있을까? 아니면 단지 경미한 약물 관련 문제만이 있는 지역에서만 제대로 작동하고 말 것인가? 전자 감시가 유죄판결을 받은 범죄자의 대안적 처벌로서 적당할지도 모른다. 그러나 재판을 기다리고 있는 피고인을 구치소에 보내는 대안으로서 전자 감시는 과연 어떨까? 이러한 질문들이 **외적 타당도**(external validity)와 관련된 쟁점의 예들이다. 원인과 결과에 대한 연구결과를 다른 도시나 이웃, 모집단 전체에 동등하게 적용할 것인가?

일반적으로, 외적 타당도는 한 연구로부터의 연구결과가 자주 상이한 조건하의 다른 연구에서도 재생산될 수 있는가라는 문제와 관련되어 있다. 범죄문제나 형사사법의 반응은 도시와 도시, 혹은 주와 주 사이에 따라 아주 많은 다양성이 존재하기 때문에, 연구자나 공공기관의 담당자는 흔히 특별하게 외적 타당도에 관심을 갖는다. 예를 들면, 캔자스시의 한 평가는 초점적 경찰 순찰의 대상이 되었던 범죄다발지역(hot spot)에서 총기류 관련 범죄가 현격하게 감소했음을 발견했다(Sherman, Shaw, and Rogan, 1995). 이러한 결과는 희망적인 것이어서 비슷한 프로젝트가 다른 두 도시, 즉 인디애나폴리스(McGarrell et al., 2001)와 피츠버그(Cohen and Ludwig, 2003)에서도 시작되었다. 이 두 경우에서, 연구자들은 총기 폭력이 일어나는 범죄다발지역을 대상으로 한 경찰 활동이 총기류 관련 범죄를 감소시켰고 불법 무기류의 압류를 증가시켰다는 것을 발견했다. 인디애나폴리스와 피츠버그에서의 유사한 발견은 캔자스시의 원래 결과의 외적 타당도를 강화시켰다.

구성 타당도

이러한 유형의 타당도는 연구자가 측정한 변수들 사이의 관찰된 관계가 관심 대상의 근원적인 원인과정을 얼마나 잘 대변하는지에 관심을 갖는다. 이러한 측면에서, **구성 타당도**(construct validity)는 우리가 관심을 가지고 있는 실세계(real-world)의 것을 관찰하고 측정한 것부터 일반화하는 것이라고 말할 수 있다. 그렇기 때문에 구성 타당도의 개념은 제5장과 제6장에서 곧 보게 되겠지만, 측정에서의 쟁점과 밀접하게 관련되어 있다.

구성 타당도를 보여주기 위해서, 경찰관의 감독, 명확하게 말하자면 면밀한 감독이 경찰관으로 하여금 더 많은 교통위반 딱지를 쓰도록 하는 원인인지에 대해서 생각해 보자. 우리는 '면밀한 감독'을 이렇게 정의할 수도 있다. 경찰관의 경사는 항상 순찰차가 눈에 띄도록 표시된 경찰차를 운전하는 것이라고 말이다.

이것은 분명 면밀한 감독이라고 볼 수는 있지만, 몇 가지 문제점을 발견할 수 있다. 첫째, 표시가 있는 두 대의 순찰차는 자동차 운전자에게 높은 가시적 존재(visible presence)를 보여줄 수 있을 것이고, 자동차 운전자는 좀 더 조심스럽게 운전할 가능성이 높아지며, 따라서 교통 순찰관이 교통위반 딱지를 쓸 기회가 줄어들 수 있다. 둘째, 구성 타당도의 쟁점에서보다 핵심적인 것으로서, 이것은 '면밀한 감독'이라는 구성의 좁은 정의를 대변하는 것이다. 교통 순찰관이 더 많은 교통위반 딱지를 쓰도록 하는 원인이 되는 다른 방법들로서 면밀하게 감독을 받을 수도 있다. 예를 들면, 경사는 그의 부하 경관들의 교통위반 딱지 발급 정도를 매 교대조의 교체 시기가 끝날 때마다 조사함으로써 그들을 면밀히 감독할지도 모른다. 부하 직원들을 감시하에 놓음으로써 그들을 감독하는 것은 그들의 행동을 통제하는 한 가지 방안에 지나지 않는다. 그것이 공장의 노동자들에게는 적당한 방법일 수 있지만, '감독'이라는 구성의 매우 제한적인 버전을 대표하는 것으로서, 경찰에게는 실제적이지 않다.

제1장에서 언급했던, 고전적 캔자스시의 예방적 순찰실험(Preventive Patrol Experiment)은 구성 타당도의 또 다른 문제점을 보여준다. 실험은 일상적인 예방적 순찰이 범죄와 범죄에 대한 두려움을 감소시키고 범죄인 체포를 증가시키는 원인인지를 결정하고자 하였다는 것을 상기하자. 이 인과관계 명제는 사전행동적 순찰구역(정상적인 예방적 순찰의 2배 정도), 반응적 순찰구역(예방적 순찰이 없음), 통제적 순찰구역(정상적 수준의 예방적 순찰)에서의 범죄, 두려움, 체포의 측정을 비교함으로써 검증되었다. 연구자는 범죄, 두려움, 혹은 체포에서 유의미한 차이를 발견할 수 없었다.

리처드 라슨(Richard Larson, 1975)은 실험설계에서의 몇 가지 어려움에 대해 논의를 하였다. 하나의 중요한 문제점은 예방적 순찰의 핵심개념이라고 할 수 있는 경찰 출현의 가시성과 관련된 것이다. 범죄예방을 위한 일상적 순찰 능력과 안전하다는 느낌의 강화는 경찰의 가시성에 결정적으로 의존한다고 가정할 수 있다. 반응적 순찰에서 행해진 것처럼, 예방적 순찰의 철회는 경찰의 가시성을 감소시킨다. 그러나 어느 정도까지인가? 라슨은 이 물음에 대해 자세히 연구하였고, 예방적 순찰의 부재를 위해 부분적으로 보완되고 가시적 경찰의 존재를 만들어낸 캔자스시 실험 동안의 경찰 운영에 대한 다른 두 가지 특징에 대해 주장하였다.

첫째, 다른 유형의 실험 순찰구역은 서로 인접해 있었다. 하나의 반응적 순찰구역은 세 통제적 순찰구역과 세 사전행동적 순찰구역의 경계면에 위치하고 있었다. 이것은 두 가지 측면에서 반응적 순찰구역에서의 경찰의 가시성을 높였다. (1) 사전행동적 순찰구역과 통제적 순찰구역의 경계면에 있는 경찰은 때때로 반응적 순찰구역 경계선 주위를 지나갔고, (2) 경찰은 도시의 어떤 지역을 가는 도중에 자주 반응적 순찰구역을 통해서 지나갔다.

두 번째, 많은 캔자스시 경찰관들은 실험에 대해 회의적이었고 반응적 순찰구역에서 예방적 순찰의 철회가 문제를 만들지도 모른다는 두려움을 갖고 있었다. 그 결과의 일부로서, 반응적 순찰구역에서의 서비스에 대한 요청에 응답했던 경찰은 고충인의 지역으로 찾아갈 때보다 더 자주 라이트와 사이렌을 사용하였다. 관련된 행위는 서비스 요청에 대한 업무를 할당받지 않았음에도 불구하고 경찰은 지원업무를 위해서 반응적 순찰구역으로 들어갔다.

이러한 각각의 행위들은 반응적 순찰구역에서의 가시적인 경찰의 존재를 제공한다. 이들 지역에 사는 사람들은 실험에 대해서 알지 못했으며, 여러분이 짐작하듯이, 그들은 경찰 순찰차가 출동하게 된 것이 일상적 순찰 활동 때문인지, 도시의 다른 지역을 가는 도중에 지나쳤는지, 혹은 도움을 요구하는 요청에 대한 응답이었는지에 대해서는 알지 못했다. 그리고 물론 라이트나 사이렌의 사용은 경찰 순찰차를 보다 가시적이게 하였다.

라슨의 핵심 주장은 경찰의 가시성이라는 구성은 일상적 예방 순찰 활동에 의해 단지 부분적으로만 대표될 뿐이라는 것이다. 캔자스시에서의 가시적인 경찰의 존재는 다른 방법들을 통해서 만들어졌다. 그래서 연구자들이 일상적 예방 순찰 활동은 범죄의 감소나 체포 증가의 원인이 아니라고 내린 결론은 구성 타당도의 위협을 경험하게 만든다. 구성 타당도는 연구자가 복잡한 정책과 정책 목적을 지나치게 단순화할 수 있는 응용연구에서는 빈번하게 일어나는 문제이다. 그것은 기본적으로 측정의 문제인데, 우리가 제5장에서 보게 될 것이다.

타당도와 인과관계의 요약

타당도 위협의 네 가지 유형은 오류(bias)와 일반화 가능성(generalizability)이라는 두 범주로 분류할 수 있다. 내적 타당도와 통계적 결과 타당도 위협은 상대적으로 체계적 그리고 비체계적 오류와 관련되어 있다. 통계적 절차와 관련된 문제는 비체계적 오류를 만들어 내는 반면에, 관찰된 관계의 대안적 설명은 체계적 오류의 예라고 할 수 있다. 둘 중의 한 경우에서, 오류는 어떤 원인이 어떤 결과를 만든다는 추론에 의문을 제기한다.

관찰된 인과관계에서 작동한 것을 보다 일반적인 인과관계로 간주하는 데 실패하는 것은 실제 세계에서의 행동과 조건으로 일반화할 수 없는 연구결과로 귀착된다. 그리고 하나의 환경(setting)이나 어떤 한 시점에 관찰된 인과관계가 상이한 환경이나 다른 시점에서는 같은 방법에 의해서 작동되지 않을 수도 있다.

섀디시, 쿡, 캠벨(Shadish, Cook, and Campbell, 2002: 39)은 연구자들이 인과관계의 성립을 위해 물어보는 실문의 유형과 네 가지 유형의 타당도 위협을 연결시킴으로써 다당도 위협의 네 가지 유형에 관한 그들의 논의를 요약하고 있다. 섀디시,쿡, 캠벨로부터 적절한 질문을 찾아서 각각 해당되는 타당도 위협의 이름을 적어봄으로써 여러분이 잘 이해하고 있는지를 점검해 보도록 하자.

1. 원인과 결과로 추정되는 두 변수 사이의 상호변이는 얼마나 크고 얼마나 믿을 만해야 하는가?
2. 그 상호변수는 인과적인가? 아니면, 처리(treatment)가 없이도 같은 상호변이가 얻어질 수 있는가?
3. 지역적 맥락에 기초한 인과관계가 다양한 사람, 처리, 관찰, 환경에 걸쳐서 얼마나 일반적일 수 있는가?
4. 실험에서 사용되는 사람, 환경, 처리, 관찰에서 어떤 일반적 구성(constructs)이 포함될 수 있는가?

마약 복용이 범죄의 원인인가?

타당도와 인과관계 추론의 쟁점을 설명하기 위해서, 마약 복용과 범죄 사이의 관계를 생각해 볼 것이다. 약물중독은 곤경으로 인해 절망하거나 합법적 수입을 보장받을 수 없는 사람이 그들의 습성을 지탱하기 위해서 범죄를 저지르게 하는 원인이라고 생각되었다.

마약 복용과 범죄에 관한 인과적 진술의 이해는 두 가지 핵심개념(마약 복용과 범죄)을 조심스럽게 특정화하는 것과 이 개념이 관련될 수 있는 상이한 방식을 생각해 보는 것을 요구한다. 잰 체이켄과 마르시아 체이켄(Jan Chaiken and Marcia Chaiken, 1990)은 약물과 범죄 사이의 연결에 관한 우리의 생각을 안내해 주는 드물게 주의 깊고 사리에 맞는 통찰을 제공해 주고 있다. 약물–범죄의 관계에 관한 기본적인 연구에서의 쟁점으로 시작해 보고, 다음에는 이러한 연구가 형사사법 정책에서 갖는 함의에 관해 토론해 보도록 하자.

첫 번째는 시간적 순서에 관한 질문이다. 마약 복용과 범죄 중에서 어떤 것이 먼저인가? 체이켄과 체이켄(Chaiken and Chaiken, 1982)에 의해 요약된 연구에서는 결정적 대답을 제공하지는 않는다. 체이켄과 체이켄은 초기 교도소 수감자의 연구에서 성인 연구 대상자의 12%가 적어도 2년 동안 약물을 사용한 후에 범죄를 저질렀음을 발견한 반면에, 15%는 마약 복용 2년 혹은 그보다 더 이전에 약탈범죄(predatory crimes)를 저질렀다는 것을 알아내었다.

경험적 관계와 관련하여, 많은 연구들은 일부 마약 복용자가 범죄를 저지르고 일부 범죄자는 약물을 사용한다는 것을 발견해왔다. 트레버 베넷과 동료들(Trevor Bennett et al., 2008)은 마약 복용과 범죄에 관한 30개 연구의 요약 분석을 수행하였다. 그들은 마약 복용자가 약물을 사용하지 않는 사람에 비해 3배 이상 범죄를 저지른다는 것을 알아냈다. 따라서 마약 복용과 범죄 사이에 통계적 관계는 분명히 존재한다.

약물과 범죄 둘 모두와 관련이 있는 다른 요인이 영향을 미치는 것은 가능한가? 체이켄과 체이켄(Chaiken and Chaiken, 1990: 234)은 "마약 복용과 범죄의 참여는 전통적인 미국의 생활양식과는 일반적으로 대조적인 요소의 동시대적인 산물로서 약한 관계를 갖고 있다."고 결론을 내렸다. 약간 다른 설명으로서, 마약 복용과 범죄(비행도 포함해서)는 다른 근원적인 원인에 의해 일어나는 각각의 일탈적 행위로 보는 견해도 있다. 마약 복용과 범죄 사이에 통계학적 관련성은 명백히 존재한다. 그러나 다른 요인들의 출현은 둘 사이의 관계가 직접적인 인과관계가 아니라는 것을 보여주며, 따라서 마약 복용과 범죄에 대한 인과적 주장의 내적 타당도에 의문을 제기한다.

약물과 범죄에 관한 연구의 구성 타당도를 평가하기 위해서 마약 복용과 범죄가 변화가 없는 획일적 행동이라고 가정하는 대신에 각각의 행동에 있어서 상이한 패턴에 대해서 잠시 생각해 보도록 하자. 미국의 많은 청소년들은 마치 많은 청소년(특히 남자 청소년들)이 비행이나 경범죄를 저지르는 것과 마찬가지로 약물을 시도해 본다. 많은 성인들은 이따금 불법 약물을 사용할 수도 있을 것이다. 다른 국가들의 연구에서 마약 복용, 비행행위, 성인 범죄성의 많은 상이한 유형들이 발견되었다. 스티븐 푸드니(Stephen Pudney, 2002) 그리고 트레버 베넷과 케이티 홀러웨이(Trevor Bennett and Katy Holloway, 2005)는 잉글랜드(England)와 웨일스(Wales)에서의 다양한 유형들을 보고하고 있다. 왜냐하면, 어느 구성(construct)을 묘사할 단순한 방법이 존재하지 않기 때문에 단일한 인과관계를 찾는 것은 복잡한 인과적 과정을 잘못 전달할 수 있다.

구성 타당도와 외적 타당도 모두 일반화와 관련되어 있는 것이다. 약물과 범죄에 관한 연구에서의 외적 타당도의 문제는 구성 타당도와 관련해서 주기적으로 마주치게 되는 문제와 흡사하다. 10대 청소년들 사이에서 가끔 하는 마리화나 사용과 비행 사이의 관계는 간헐적인 코카인 사용과 성인범죄 사이의 관계와는 다르다. 더 나아가서 각각의 관계는 성인들 사이에서의 헤로인 중독과 지속적인 범죄 행동 사이의 관계와도 다르다.

외적 타당도와 관련된 쟁점은 우리가 기초적인 인과관계를 발견하고자 하는 기본적 연구로부터 형사사법 정책으로 방향을 바꾸고자 할 때 보다 더 날카로워진다. 체이켄과 체이켄은 모집단 전체에서 모든 약물을 줄이고자 하는 어떠한 일정한 정책도 중범죄에는 거의 영향을 끼치지 못할 것이라고 주장한다. 베넷(Bennett)과 동료들도 비슷한 결론에 도달했는데, 그들은 정부의 반약물 정책(antidrug policy)은 마약 복용 유형들 사이에서 보다 면밀히 구분해야 한다고 주장한다(2008: 117~118).

마약 복용과 범죄 사이의 관계에 관한 기본연구와 응용연구는 인과적 추론의 타당도를 위협하는 것을 쉽사리 보여준다. 관계를 발견하는 것은 가끔 어려운데, 그것은 마약 복용과 범죄의 참여에는 너무나 많은 변이가 존재하기 때문이다(통계학적 결과 타당도 위협). 통계학적 관계가 발견되었을 때, 많은 연구가 마약 복용과 범죄 둘 모두가 다른 제3의, 가끔은 여러 원인에 의한 것으로 추정될 수 있음을 보여왔다(내적 타당도 위협). 다른 모집단 사이의 다른 패턴은 아무런 이의가 없는 동일한 원인-결과 구성들(구성 타당도)이 존재하지 않는다는 것을 의미한다. 이러한 차이 때문에, 전체 모집단 중에서의 마약 복용에 철퇴를 가하기 위해 마련된 정책이 중범죄에 큰 영향을 가질 것이라는 기대를 할 수 없다(외적 타당도).

앞에서 제기한 것들 중 어느 하나도 마약 복용과 범죄 사이에는 인과관계가 존재하지 않는다고 말하는 것은 아니다. 그러나 체이켄과 체이켄은 단일한 인과적 연결은 없다는 것을 명확하게 보여주었다.

과학적 실재론의 소개

이 장에서의 원인과 결과에 관한 마지막 고려사항으로서, 사례기술적(idiographic) 설명 방식과 법칙정립적(nomothetic) 설명 방식 사이의 구분을 다시 생각해 보려고 한다. 어떤 원인이 얼마나 자주 영향을 미치는지를 발견하려는 연구를 수행하는 것은 법칙정립적 관심을 반영하는 것이다. 우리는 우리의 연구에서 실제로 연구하는 것들을 넘어서는 상황들에 일반적으로 적용하는 인과적 설명을 찾기를 희망한다. 동시에, 연구자들과 공공기관의 관리들은 종종 우리가 사례기술적 설명 방식이라고 표현하는, 보다 좁게 정의되는 상황에서 특정한 인과적 메커니즘 (mechanism)을 이해하는 데 관심을 가진다.

과학적 실재론(scientific realism)은 어떻게 원인 **메커니즘**이 특정 **맥락**(contexts)에서 작동하는지를 이해하려고 시도함으로써 설명에 대한 사례기술적 접근과 법칙정립적 접근을 연결해 준다. 원인과 결과를 찾으려는 전통적 접근은 보통 지금 여러분이 내적 타당도에 대한 위협을 통제하려는 시도로서 인식하는 그 무엇으로서, 다른 가능한 영향으로부터 원인 메커니즘을 분리시키려고 시도한다. 과학적 실재론자 접근은 이런 다른 가능한 영향들을 원인 메커니즘이 작동하는 맥락으로 바라본다. 외부의 가능성 있는 영향을 배제하거나 혹은 통제하기보다는 과학적 실재론은 그러한 영향이 어떻게 인과관계 속에 관련되는지를 연구한다.

예를 들면, 이 장의 앞부분에서 보호관찰의 조건으로서 전자 감시가 어떤 집단에게는 적합하지만 다른 집단은 그렇지 않을 수 있음을 알았다. 우리는 이것을 법칙정립적 원인을 고려하는 전통적 방법에 있어서 외적 타당도의 문제로 정리하였다. 과학적 실재론자 접근은 전자 감시의 기초가 되는 인과적 메커니즘이 어떤 맥락에서는 효과적인 반면에 다른 맥락에서는 그렇지 않다고 생각할 수 있다. 또 다른 예로서, 우리는 마약 복용과 범죄를 둘러싸고 있는 문제점을 상당히 자세히 살펴보았다. 이러한 검토는 인과관계를 설정하기 위한 전통적인 법칙정립적 연구에 의해 구성되었다. 문제에 대한 과학적 실재론 접근은 약물과 범죄가 어떤 맥락에서는 함께 발생할 수 있지만 다른 맥락에서는 그렇지 않다는 것을 인식할 것이다.

과학적 실재론은 사례기술적 측면과 법칙정립적 측면 둘 모두를 나타내고 있기 때문에 이 두 설명 방식을 연결시켜 준다고 말한다. 과학적 실재론은 우리의 초점을 매우 특정적인 문제에 맞추도록 하기 때문에, 그것이 사례기술적인 것처럼 보인다. 니콜라스 자닌, 존 셰인, 로널드 클라크(Nicholas Zanin, Jon Shane, and Ronald Clarke, 2004)는 이렇게 질문했다. "뉴저지(New Jersey)주, 뉴어크(Newark)에 있는 고속도로 78의 출구를 새로 설계하는 것이 이 지역 이웃에서 헤로인을 사고자 하는 교외 거주자들을 감소시키는 원인이 될 것인가?" 그러나 이 접근법은 보다 일반적인 인과관계 문제와 양립할 수 있다. "거리나 교차로의 설계를 길거리 마약 시장이 좀 더 작동되기 어렵게끔 하도록 수정할 수 있는가?" 뉴어크의 약물 판매를 줄이기 위해 고속도로 출구 램프를 바꾸는 것은 교통 패턴과 약물 시장 사이의 보다 일반적인 인과관계에 기초하고 있는 원인과 결과의 특정한 예이다.

이러한 원인과 결과에 대한 과학적 실재론 접근의 보기들은 응용목적을 위한 연구의 예들로서, 영국의 연구자들 레이 포슨과 닉 틸리(Ray Pawson and Nick Tilley, 1997)에 의해 상세히 다루어진 주제이다. 응용은 제1장에서 지적했듯이 설명적 연구의 한 유형이다. 뒷장에서 다루는 과학적 실재론은 설명적 연구의 설계를 위한 전략으로서 필요할 것이고(제7장), 평가의 수행을 위한 전략으로서도 필요할 것이다(제13장).

원인과 결과를 구분하는 일은 설명적 연구에서 가장 어려운 도전들 가운데 하나이다. 우리의 관심은 이제 설명과 다른 목적들을 위한 연구에서 발생하는 두 가지 다른 중요한 고려들로 옮기려 한다. 그것은 바로 분석단위와 시간차원이다.

분석단위

잘못된 추론을 피하기 위해서 연구자들은 연구대상자가 될 사람 혹은 현상을 조심스럽게 분명히 진술해야만 한다.

형사사법 연구에서는 무엇을 또는 누구를 연구할 것인지, 다시 말해, 보통 기술적으로

분석단위(units of analysis)라고 부르는 것에는 아주 많은 변이가 존재한다. 개별적인 사람들은 자주 분석단위가 된다. 연구자들은 관찰 결과를 나이, 성별, 혹은 인종과 같은 범죄자나 범죄 피해자의 특정한 특성으로 묘사할 것이다. 많은 개인들에 대한 묘사는 이러한 개인들을 구성하는 전체 집단의 그림을 제공하는 것과 결합된다.

예를 들면, 우리는 특정 기간 동안 포트로더데일(Fort Lauderdale)에서 음주운전의 판결을 받은 사람들의 연령, 성별, 혹은 인종을 적어 놓을 수도 있다. 이러한 관찰을 한 다음, 음주운전 위반자를 평균연령 26.4세 정도에다가 72%가 남성이고 28%가 여성이라고 특징지을 수 있을 것이다. 이것이 포트로더데일에서 유죄판결을 받은 음주운전자들의 기술적(descriptive) 분석이다. 비록 이 기술이 음주운전자 전체에게 적용되지만, 음주운전의 판결을 받은 개별적 사람들의 특징에 기초하고 있다.

같은 상황이 평가연구에서도 있을 수 있다. 음주교육 프로그램이 음주운전 위반 초범자들의 되풀이되는 체포를 감소시키는지 여부를 예상할 수 있기를 바란다고 가정하자. 첫째, 우리는 두 달 동안 포트로더데일에서 음주운전 판결을 받은 사람의 절반을 대상으로 교육 프로그램을 실시한다. 나머지 절반은 프로그램 교육을 받지 않는다. 다음으로, 이전에 유죄판결 기록이 있는 사람과 그들이 음주교육 프로그램을 받았는지를 추적하면서, 12개월 동안 음주운전 체포기록을 관찰한다. 관찰을 종합해 보니, 음주교육 프로그램을 받은 사람의 5%가 다시 체포되었고, 음주 교육을 받지 않은 사람의 20%가 1년 내에 다시 체포되었다는 사실을 발견한다. 이 연구의 목적은 프로그램을 평가하는 것이지만, 개별적 음주 운전자가 여전히 분석단위이다.

한 연구에서 분석단위는 보통 관찰단위이기도 한다. 따라서 침입절도로부터 그들의 가정을 보호하기 위해서 사람들이 취할 수 있는 단계를 연구하기 위해서 아마도 우리는 면접을 통해 개인 가족 거주자들을 관찰할 수도 있다. 그러나 가끔 우리는 분석단위를 직접 '관찰한다'. 예를 들면, 우리는 가구(households)를 설명할 목적으로 범죄예방 수단에 대해 개인들에게 물어볼지도 모른다. 우리는 더블실린더 데드볼트 자물쇠가 있는 가정이 덜 견고한 보호장치를 가진 가정에 비해 침입절도를 덜 당하는지를 알고 싶어 할 수도 있다. 이 경우에, 분석단위는 가구이다. 그러나 관찰의 단위는 침입절도와 가정 보호장치에 대해 면접자에게 설명해 주길 요청받은 개별 가구 구성원들이 된다.

몇몇 연구는 하나의 분석단위 이상을 가지고 기술 혹은 설명을 하려고 한다. 이러한 경우에, 연구자는 어느 특정 분석단위와 관련지어서 그들이 바랐던 결론을 예상해야만 한다. 예를 들면, 우리는 어떤 대학교 학생(개인)이 경력 면에서 가장 성공적인지를 알고 싶어 할 수 있다. 또한 우리는 어떤 대학(조직)이 가장 성공적인 졸업생을 양산하는지를 알고 싶어 할 수 있다.

분석단위(units of analysis) 연구 프로젝트에서 연구대상이 되는 사람 또는 사물.

여기에 바로 분석단위의 복잡성을 보여주는 예가 있다. 살인자는 보통 한 개인이 다른 한 개인을 살해하는 것이다. 그러나 카리스 쿠브린과 로널드 와이처(Charis Kubrin and Ronald Weitzer, 2003: 157)는 “왜 이러한 이웃은 높은 살인율을 양산하는가?”를 질문했을 때 이 문장에서 분석단위는 이웃이다. 여러분은 아마도 높은 살인율이 발생하는 어떤 이웃 공동체(가난한 도심)와 낮은 살인율이 발생하는 이웃 공동체(부유한 교외지역)를 상상할 수 있다. 이런 특정한 대화에서 분석단위(이웃)는 경제적 수준, 사건 현장, 살인율과 같은 변수의 측면에서 분류될 것이다.

그러나 그들의 분석에서 쿠브린과 와이처는 살인의 다양한 유형들에도 관심을 가졌다. 특히 폭행이나 모욕과 같은 이전의 사건에 대한 보복으로 발생하는 살인에 관심을 가졌다. 여러분은 다음의 인용된 모든 문구에 공통된 분석단위를 찾을 수 있는가(Kubrin and Weitzer, 2003: 163)?

1. “살인의 표본……”
2. “코딩 도구는 살인과 관련이 있는 80개 이상의 항목을 포함한다.”
3. “1985년부터 1995년까지 발생한 2,161건의 살인 중에서……”
4. “확인된 동기 중에서 19.5%(n=337)는 보복에 의한 것이다.”

각각의 인용문에서 분석단위는 살인(살해)이다. 때때로, 첫째 인용문에서처럼, 여러분은 표집방법의 기술에서 분석단위를 찾을 수 있다. 두 번째 인용문에서처럼, 분류방법에 관한 논의에서도 분석단위를 찾을 수 있다(살인을 코딩하는 80가지 방법). 가끔, 숫자로 나타낸 요약이 방법을 제시한다. 예를 들어, 2,161건의 살인, (살인 중의) 19.5%와 같이 나타낸다.

이 주제에 관해 더 알기 위해 형사사법 연구에서 공통된 몇 개의 분석단위에 대해 살펴보자.

개인

어떤 유형의 개인도 형사사법 연구의 분석단위가 될 수 있다. 이 점은 보기보다 더 중요하다. 사회과학에서의 일반화된 이해에 관한 규범은 과학적 발견은 모든 유형의 사람들에게 적용될 때 가장 가치가 있다는 것을 제시하는 것이다. 그러나 실제로 연구자들이 모든 유형의 사람을 연구하는 경우는 거의 없다. 일부 비교연구가 국경을 초월하기도 하지만, 대개 연구들은 한 나라에 살고 있는 사람들에게 국한되어 있다.

분석단위로서 개인은 서로 다른 집단에서 회원 자격이라는 맥락에서 생각될 수 있다. 회원들이 개인 수준에서의 분석단위일 수 있는 경계가 정해진 집단의 예로서는 경찰, 피해자, 형사법정에서의 피고인, 교정시설의 수감자, 갱 조직원, 활동적인 침입절도범이다. 이런 각각의 용어가 개개인의 특정 모집단을 암시한다는 점에 주목하라. 개인을 분석단위로 삼는 기술적 연구에서는 전형적으로 그 개인을 포함하는 모집단을 기술하고자 한다.

집단

다양한 집단도 형사사법 연구를 위한 분석단위가 될 수 있다. 이것은 집단 내에 속해 있는 개인을 연구하는 것과는 다르다. 만약에 갱에 들어간 10대에 대해 알기 위해서 청소년 갱 조직원을 연구한다면, 개인(10대 갱 조직원)이 분석단위가 된다. 그러나 어느 도시에 있는 모든 청소년 갱을 연구하면서 대규모 갱과 소규모 갱의 차이를 알아보고자 한다거나, 마약 거래를 하는 갱과 자동차를 훔치는 갱 사이의 차이를 알아보고자 한다면, 분석단위는 사회집단(갱)이 되는 것이다.

경찰순찰구역 또는 순찰 관할도 연구에서 분석단위가 될 수 있다. 경찰순찰구역은 그 경계 내에 살고 있는 사람들의 총인원수, 전체 거리의 마일리지, 연간 범죄 기록, 그리고 그 관할구역이 공원이나 학교와 같은 특별한 시설물을 포함하고 있는지의 여부와 같은 측면에서 기술될 수 있다. 그런 뒤에야, 예를 들면 공원을 포함하고 있는 관할구역이 그런 시설이 없는 관할구역보다 더 많은 폭행이 보고되는지 혹은 거리의 마일리지가 더 많은 관할구역에서 자동차 절도가 더 흔하게 일어나는지를 결정할 수 있다. 여기서는 개별적 경찰관할구역이 분석단위이다.

집단차원에서의 분석단위의 다른 예로서는 **가구, 도시 블록, 인구 조사 구역, 도시, 카운티, 그리고 그 밖의 지리적 지역**이 있을 수 있다. 이러한 각각의 용어가 역시 집단의 특정 모집단을 암시한다. **길거리의 갱**은 모든 길거리 갱들을 포함하는 모집단을 의미할 것이다. 길거리 갱의 모집단은 도시 전체에 걸친 갱 모집단의 지리적 분포로서 기술할 수 있다. 예를 들면, 길거리 갱의 설명적 연구는 대규모 갱이 소규모 갱보다 패싸움에 가담할 가능성이 더 큰지를 알아볼 수 있다.

조직

공식적인 정치 혹은 사회조직도 형사사법 연구의 분석단위가 될 수 있다. 하나의 예가 교정시설이다. 물론 이것은 모든 교정시설의 모집단을 의미하는 것이다. 개별적 시설은 고용원의 수, 주 혹은 연방 교도소와 같은 지위, 안정성에 관한 분류, 인종이나 민족적 소수집단 출신의 수감자의 비율, 각 수용시설로 판결을 받은 수감자의 범죄유형, 형을 사는 평균 기간 등과 같은 측면에서 특징지을 수 있다. 연방 교도소가 주 교도소에 비해 화이트칼라 범죄의 판결을 받은 범죄자의 비율이 더 높은지 혹은 낮은지를 알 수 있다. 분석단위로 적당한 다른 공식적 조직의 예는 **경찰, 법정, 보호관찰소, 약물 치료 시설, 피해자 서비스기관**이다.

사회집단 혹은 공식적 조직들이 분석단위일 때, 그 특징은 그 개별적 구성원의 특성으로부터 자주 획득된다. 따라서 교정시설은 그곳에 수용된 수감자의 특징(성별 분포, 형을 사는 평균 기간, 종족 등)의 측면에서 묘사될 수 있다. 기술적 연구에서는 오직 여성만을 수용하는 시설의 비율에 관심이 있을 수도 있다. 혹은 설명적 연구에서는 남성과 여성 둘 모두를 수용하는 시설이 남성만을 수용하는 시설에 비해 평균적으로 스태프에 대한 수감자들의 폭행이 더 적은지 혹은 많은지를 알 수 있을 것이다. 이러한 각각의 예에서, 교정시설이 분석단위가 된다. 대조적으로, 만약 우리가 남성 혹은 여성 수감자들 중에서 누가 더 자주 스태프의 폭행에 연루되는지를 묻는다면, 개별적 수감자가 분석단위가 된다.

일부 연구들은 하나 이상의 분석단위의 기술이나 설명을 포함하기도 한다. 예를 들면, 큰 도시 안에서 선택된 동네의 지역사회 경찰 프로그램의 평가를 생각해 보라. 그런 평가에서, 우리는 프로그램에 대해 시민들이 어떻게 느끼는지(개인), 새로운 프로그램이 실시된 동네가 그 프로그램이 실시되지 않은 동네에 비해서 체포가 증가하였는지(집단), 그 도시의 경찰 예산이 비슷한 도시의 경찰 예산보다 더 증가했는지(조직)에 대해서 관심을 가질 수 있다.

사회적 가공물

또 하나의 잠재적 분석단위는 '사회적 가공물(social artifacts)'이라고 일컬어지는 것, 혹은 사회적 존재의 생산물과 행동이 될 수 있다. 사회적 가공물에는 신문과 잡지, 혹은 TV에 나오는 범죄에 관한 스토리가 될 수 있다. 신문기사는 길이, 전면 혹은 후면에 배치되는지의 여부, 헤드라인의 크기, 사진의 제공 등으로 특징지어진다. 연구자는 TV 뉴스의 기사 혹은 신문의 보도 내용이 약물 사범의 체포를 증가시키는 새로운 경찰 프로그램에 대해 가장 상세한 내용을 제공하는지 여부를 분석할 수도 있다.

사회적 상호작용 역시 형사사법 연구를 위한 적절한 사회적 가공물의 예가 될 수 있다. 경찰 범죄 기록이 한 예이다. 얼마나 많은 사람이 두세 명의 사람과 연루되는지, 폭행이 낯선 사람에 의한 것인지, 혹은 어느 정도 이전에 알고 있는 사람에 의한 것인지, 폭행이 공공장소에서 더 자주 일어나는지, 혹은 사적인 장소에서 더 자주 발생하는지를 알기 위해 폭행기록을 분석한다.

처음에는 범죄 기록이 사회적 가공물처럼 보이지 않을 수도 있다. 그러나 잠깐 동안 그 기록이 대표하고 있는 것을 생각해 보도록 하자. 범죄가 경찰에게 보고될 때, 경찰관은 보통 피해자나 목격자의 진술로부터 무엇이 발생했는지를 기록한다. 예를 들면, 폭행 피해자는 퇴근 후에 별일 없이 찬 맥주를 즐기고 있는 동안 어떻게 유발하지도 않은 공격을 당하게 되었는지를 묘사할 수 있다. 그러나 그 사건의 목격자는 '피해자'가 '가해자'를 모욕함으로써 그 싸움의 발단을 일으켰다고 주장할지도 모른다. 담당 경찰관은 폭력적인 사회적 상호작용의 상황을 가려내려는 시도에서 누가 진실을 말하고 있는지를 밝혀야만 한다. 그 경찰관의 기록이 모든 폭행의 모집단 중에 하나를 대변하는 사회적 가공물이 되는 것이다.

사회적 상호작용의 서로 다른 유형의 기록들은 형사사법 연구에서 널리 알려진 분석단위이다. 범죄의 역사 기록, 반범죄(anticrime) 집단공동체 회의, 판결전조사(presentence investigation), 그리고 경찰과 시민 사이의 상호작용이 그 예들이다. 각 예는 개인에 관한 정보를 요구하지만, 사람들 사이의 상호작용이 분석단위라는 것에 주목하자.

청소년 체포에 관한 연간 보고서에서, 찰스 푸잔체라(Charles Puzzanchera)는 어떻게 체포가 사회적 가공물을 대표하는지 예를 기술하고 있다. 그의 논평은 또한 사회적 가공물에서 전체 수로 계산되는 서로 다른 단위로부터 생기는 혼동도 보여주고 있다.

> 체포 건수는 체포된 사람의 수와는 같지 않다. 왜냐하면 알려지지 않은 개인들이 한 해 동안 한 번 이상 체포되기 때문이다. 체포 통계가 개인이 범죄를 저지르고 체포된 범죄의 수를 대표하지도 않는다. 왜냐하면 연쇄범죄처럼 한 사람이 저지른 여러 범죄가 결국 단일한 체포로 끝나기 때문이다. …… (Puzzanchera, 2014: 2)

생태학적 오류

이 시점에서, 분석단위와 인과관계라는 것과 관련해서 중요한 두 개념을 소개하는 것이 적절하다고 본다. 그것은 바로 생태학적 오류와 환원주의이다. 첫 번째 개념인 **생태학적 오류**(ecological fallacy)는 집단이나 그 외 집합체의 조사에 기초한 분석단위로서 개인들에 대해 주장하려고 하는 위험을 의미하는 것이다. 그러한 주장은 연구자가 집합적 단위들 사이의 관계를 관찰하고 나서 이것을 개인 단위들 사이의 인과관계에 대한 진술로 만들면서, 인과성의 관계로 연결시키고자 할 때 자주 발생한다.

대도시 경찰의 서로 다른 관할구역에서의 강도 사건에 대해서 알아보는 것에 관심이 있다고 가정하자. 우리는 2015년 당해 연도 시카고의 각 경찰 관할구역에서 얼마나 많은 강도 사건이 저질러졌는지에 대한 정보를 가지고 있다고 가정하자. 그리고 이러한 관할구역에 대한 약간의 특성을 기술해 주는 인구조사 자료도 가지고 있다고 역시 가정하자. 그러한 자료의 분석은 도심지 관할구역에서 2015년에 많은 강도가 발생하였다는 사실과, 시카고 도심지에 사는 사람들의 가족소득 평균이 그 도시의 다른 구역에 사는 사람들의 가족소득 평균보다 더 많다는 것을 보여줄지도 모른다. 우리는 고소득인 도심지 거주자가 도시의 다른 지역에 사는 사람보다 강도의 피해자가 될 가능성이 높다는 결론을 내리고 싶어질 수도 있다. 즉, 강도가 부자를 범행 대상자로 삼았다고 보는 것이다.

그러한 결론에 도달하는 데 있어서, 우리는 개별적 강도 피해자의 사회경제적 지위에 관한 어떤 진술을 하기 위해서 경찰 관할구역 내의 집합적 관찰을 사용함으로써 생태학적 오류를 범할 위험에 놓이게 된다. 우리가 이것을 오류라고 보는 이유는 도심지역에 살지 않는 저소득 사람들도 2015년에 강도의 피해자가 되었을 수도 있기 때문이다. 피해자들은 도심에 있는 직장에 통근하는 사람일 수도 있고, 도심의 극장이나 레스토랑을 방문한 사람, 지하철이나 기차 플랫폼을 오르고 있는 승객일 수도 있으며, 혹은 인구조사에 포함되지 않은 노숙자일 수도 있다. 여기서 문제점은 우리가 분석단위로서 경찰 관할구역을 조사했지만, 개별적 사람에 대해 결론을 이끌어 내기를 원하기 때문에 발생한다.

만약 우리가 노인 거주자가 높은 비율을 차지하고 있는 주에서 수감률이 높다는 것을 발견한다면, 여기서도 같은 문제가 발생할 것이다. 노인이 실제로 더 자주 수감되는지를 우리는 알지 못할 것이다. 혹은 만약 우리가 백인이 아닌 유색인종의 인구가 많은 도시에서 자살률이 높다는 것을 발견하더라도, 백인보다 유색인종이 더 자살을 많이 했는지 확신할 수는 없다.

생태학적 오류에 대한 이러한 경고가 여러분으로 하여금 '개인주의적 오류(individualistic fallacy)'라고 부르는 것을 범하도록 내버려 두지는 말자. 형사사법 연구를 처음 접하는 일부 학생들은 일반적인 태도 및 행위 유형과 그들이 알고 있는 개별적인 예외를 일치시키는 문제 때문에 고생한다. 예를 들면, 여러분이 뉴욕을 방문한 유타주의 거주자가 지하철역에서 살해된 신문기사를 읽는다고 해도, 뉴욕을 방문하는 대부분의 방문객과 지하철 탑승객은 살인을 당할 위험이 없다는 것은 사실로 남는다. 비슷한 예로, 미국 도시의 마약 관련 매스미디어 기사나 대중영화가 종종 흑인들 사이에서의 마약 복용과 매매에 초점을 맞춘다. 그러나 이것이 대부분의 흑인들이 마약 복용자라거나 마약이 백인들 사이에서는 문제가 되지 않는다는 것을 의미하는 것은 아니다.

개인주의적 오류는 형사사법학을 처음 접하는 학생들에게는 특히 골치 아플 수 있다. 신문, 지역 TV 뉴스, TV 경찰 드라마에서는 범죄문제나 형사사법 정책에서 흔하지 않거나 지나치게 극화된 형태를 제시한다. 이러한 메시지는 많은 사람들이 처음 형사사법 연구에서의 연구문제에 접근하는 방식을 왜곡할 수도 있다.

환원주의

분석단위와 관련한 두 번째 개념은 환원주의이다. 기본적으로, 환원주의(reductionism)는 범죄와 형사사법 정책으로 대표되는 인간행동의 넓은 범위를 설명하는 데 있어서 원인으로 생각되는 개념과 변수에 대해서 과도하게 엄격한 한정을 두는 것이다. 경제학자들은 오로지 경제학적 변수(한계가치, 기대효용성)만을 고려하는 경향이 있으며, 사회학자들은 사회학적 변수(가치, 규범, 역할)만을 생각하며, 심리학자들은 오로지 심리학적 변수(인성 유형, 강압적 인성증후군)만을 고려한다. 예를 들면, 1984년부터 약 1994년까지 청소년에 의한 폭력범죄가 증가한 후에 1994년부터 2010년까지는 왜 감소하였는가? 가족구조의 변화에 의한 결과인가? 10대를 위한 경제적 기회의 변동 때문인가? 대중매체에서 마약 매매업자 사이의 폭력, 권력, 화려한 생활양식의 이미지에 대한 매혹이 감소했기 때문인가? 다른 영역에 속한 사회과학자들은 범죄문제에 대해 어떤 특정한 설명에만 관심을 가지려고 하고 다른 설명 가능성은 무시하려는 경향이 있다. 범죄를 오로지 경제적 요인만으로 설명하려는 것은 경제적 환원주의이다. 범죄를 오로지 심리적 요인만으로 설명하려는 것은 심리적 환원주의이다.

어떤 유형이든 환원주의는 특정 분석단위 혹은 변수가 다른 어떤 것보다 관련성이 더 크다고 주장하려고 든다. 만약 우리가 가족구조의 변화를 증가하는 청소년범죄의 원인으로 생각한다면, 분석단위는 가족이 될 것이다. 하지만 경제학자는 50개 주를 분석단위로 사용하여 청소년 범죄율과 경제적 조건을 비교할 수도 있다. 심리학자는 폭력 영화를 보는 것이 인성 개발에 어떤 영향을 미치는지를 알아보기 위해서 개별 청소년들을 분석단위로 삼을지도 모른다.

생태학적 오류와 마찬가지로, 환원주의는 부적절한 분석단위의 사용과 관련이 있다. 주어진 연구문제를 위한 적절한 분석단위를 찾는 것이 항상 명확할 수는 없으며, 사회과학자들 사이에 종종 논쟁이 발생하는데, 특히 학제 간의 영역일 경우는 더욱 그러하다.

'미국청소년갱설문조사에서의 분석단위'라는 제목의 글상자는 부적절한 분석단위의 사용과 관련된 몇 개의 추가적인 예를 제공한다. 이것은 또한 부분적으로는 우리가 연구하길 원하는 개념을 직접 측정하기 어렵기 때문에 형사사법 연구에서의 분석단위에 대한 명확성이 부족해진다.

분석단위 복습

이 절의 목적은 가끔 혼란스러운 주제를 명확히 하는 것이다. 왜냐하면, 형사사법 연구자들은 다양한 분석단위를 사용하기 때문이다. 비록 개인이 자주 분석단위가 되지만, 항상 그런 것은 아니다. 많은 연구 질문들은 다른 분석단위의 조사를 통하여 보다 적절히 대답을 얻을 수 있게 된다.

분석단위의 논리를 이해하는 것은 단위들의 일부 목록을 외우는 일보다 더 중요하다. 우리가 기존에 분석단위라고 부르는 것(집단, 공식 조직, 사회적 가공물)은 서로 관련성이 없다. 그러나 우리의 분석단위가 무엇인지를 반드시 명확히 밝힐 수 있어야 한다. 우리가 폭행을 연구하고 있는지, 아니면 폭행 피해자를 연구하고 있는지, 경찰부서 혹은 경찰관을 연구하고 있는지, 법정 혹은 판사를 연구하는지, 교도소 혹은 수감자를 연구하는지를 결정해야 한다. 이 점을 염두에 두지 않는다면, 실제로 다른 연구대상자의 조사에 기초한 어느 한 분석단위에 대해 주장을 하는 위험에 빠질 수 있다.

여러분이 분석단위의 개념을 제대로 이해했는지를 테스트하기 위해 실제 연구 주제의 예를 여기에 제시해 보았다. 각 연구에서 분석단위를 결정할 수 있는지를 시험해 보도록 하라. (정답은 이 장의 뒷부분에 제시되어 있다.)

미국청소년갱설문조사에서의 분석단위

1997년에 세 번째 연중 미국청소년갱설문조사(National Youth Gang Survey)가 소년사법과 비행예방 연방사무소(federal Office of Juvenile Justice and Delinquency Prevention: OJJDP)를 위해 이루어졌다. 이 설문조사는 청소년 갱과 미국 전역의 다른 유형의 지역사회에서 행해지는 그들의 활동 범위에 대한 보다 나은 정보를 형성하는 것에 대한 강한 관심을 반영한다. 이러한 노력의 중요성이나 유용성만큼 이 미국청소년갱설문조사(특히 결과의 보고에 있어서)는 분석단위와 관련해서 어떻게 다소의 모호성이 나타날 수 있는지를 보여준다.

다양하고도 종종 창조적인 시도들이 활동 중인 범죄자로부터, 혹은 그들에 대한 정보를 얻는 데 사용되었다. 이것은 부분적으로 연구에서 범죄자들을 체계적으로 확인하기가 어렵기 때문이다. 청소년 갱에 관한 연구는 분석단위와 관련된 일반적으로 공유하는 문제점 이상의 것을 생기게 한다. 갱(집단)에 관심이 있는 것인가, 갱 조직원(개인)에 관심이 있는 것인가, 아니면 범죄(사회적 가공물)에 관심이 있는 것인가?

초창기에 형성된 방법에 따라, 1997년 미국청소년갱설문조사는 법집행기관의 표본에 기초해서 이루어졌다. 표본은 농촌, 도시 주변 카운티, 소도시, 대도시와 같은 지역사회 공동체의 서로 다른 유형을 대표하도록 설계되었다. 설문지는 시의 경찰청장과 카운티의 보안관에게 우편으로 배달되었다(National Youth Gang Center, 1999: 3). 질문은 응답자에게 그들의 관할구역(경찰청이 관할하는 도시와 자치단체로서 인가되지 않아서 보안관이 관할하는 지역)에서의 갱들과 갱의 활동에 대해 보고하도록 요청하였다. 설문조사에 포함되어 있는 질문의 유형의 예는 다음과 같다.

1. 여러분의 관할구역에서는 얼마나 많은 청소년 갱이 활동하고 있는가?
2. 여러분의 관할구역에서는 활동 중인 청소년 갱 조직원이 얼마나 많은가?
3. 여러분의 관할구역에서는 길거리 마약 매매의 몇 퍼센트가 청소년 갱 조직원에 의해서 이루어지는가? (이어서 목록이 뒤따름: 분말 코카인, 크랙 코카인, 마리화나, 헤로인, 메스암페타민, 기타)
4. 여러분의 관계기관은 다음의 것들을 가지고 있는가? (청년 갱을 담당하기 위한 특별 편성 목록)

이러한 질문에 들어있는 서로 다른 분석단위에 대해 주목해 보자. 다음 7개가 언급되거나 암시되고 있다.

---

1. "기존의 교통시설의 양상과 몇몇 다른 관련 요소를 고려해 보았을 때, 긴급셀룰러폰의 실행이 알코올 관련 치명적 자동차 충돌의 월간 비율의 실질적이고도 영구적인 감소를 가져왔다."(D'Alessio, Stolzenberg, and Terry, 1999: 463~464)
2. "기껏해야 우리의 분석은 야간 통행금지가 청소년범죄율을 감소시킬 것이라는 가설을 아주 미미할 정도로 약하게 지지한다는 것을 보여준다. 가해와 피해에 관한 측정에서, 도시들이 야간 통행금지 법령을 적용한 후에, 단지 침입절도, 절도, 단순폭행 체포만이 유의미하게 감소했을 뿐이다. 이러한 감소도 개정된 법령에서만 발생하였고, 절도에서의 감소만 카운티와 도시-카운티 표본 둘 다에서 나타났다."(McDowall, Loftin, and Wiersema, 2000: 88)
3. "설문조사에서 강도율은 캐나다와 네덜란드에서 가장 높았고, 스코틀랜드에서 가장 낮았다. …… 1997년에 설문조사에서는 강도율이 미국에서 가장 낮았

1. 갱: 문항 1
2. 갱 조직원: 문항 2, 3
3. 관할구역(도시 혹은 카운티 지역의 부분): 문항 1, 2, 3
4. 길거리 마약 매매: 문항 3
5. 마약 유형: 문항 3
6. 관계기관: 문항 4
7. 특별 편성: 문항 4

이제 1997년 설문조사(National Youth Gang Center, 1999)의 요약 보고서에서 몇 개의 인용구들을 가지고 생각해 보도록 하자. 어느 것이 설문조사로부터 실제의 분석단위를 합리적으로 반영하고 있고 어느 것이 그러하지 못한가?

- "설문조사 응답자의 51%는 1997년 그들의 관할구역에 활동 중인 청소년 갱이 있다는 것을 보여주었다."(7쪽)
- "노스이스트에서는 관할구역의 38%가, 미들 애틀랜틱 지역에서는 관할구역의 26%가 1997년에 활동 중인 청소년 갱을 보고하였다."(10쪽, 표 3 참고)
- "1997년의 설문조사 결과는 1997년 미국에서 30,533개의 청소년 갱과 815,986명의 갱 조직원이 활동 중인 것으로 추정된다는 것을 알려주었다."(13쪽)
- "청소년 갱 조직원들에 의해 수행되는 크랙 코카인, 헤로인, 메스암페타민의 길거리 매매의 비율은 사실상 지역적으로 차이가 많다. …… 청소년 갱이 연관되어 있는 크랙 코카인 판매는 중서부(38%)에서 대부분 행해지고 있고, 헤로인 판매는 북동부(15%)에서 널리 행해지고 있으며, 메스암페타민 판매는 서부(21%)에서 대부분 이루어지고 있다."(27쪽)
- "응답자의 대부분(66%)은 갱 문제에 역점을 두고 다루기 위한 특정 유형의 특별 편성을 가지고 있다고 말했다."(33쪽)

청소년 갱 설문조사 보고서는 분석단위를 부정확하게 기술하는 약간의 진술과 표를 포함하고 있다. 여러분은 아마도 여기에서 보여준 일부 진술에서 이러한 예를 찾을 수 있을 것이다. 다른 진술은 설문조사에서 측정된 분석단위를 정확히 반영하고 있다.

만약 여러분이 1997년 설문조사 보고서를 읽고 분석단위에 관한 우리의 논의를 명심한다면, 잘못된 판단을 하도록 하는 보다 많은 진술과 표를 찾을 수 있을 것이다. 이러한 일들이 분석단위에 대한 여러분의 이해를 강화시켜 줄 것이다.

출처: 전미청소년갱센터(1999)

다."(Farrington, Langan, and Tonry, 2004: xii)

4. "평균적으로 보호관찰을 받는 사람은 31세의 흑인, 남성이면서 약물이나 재산범죄로 유죄를 받은 적이 있는 사람들이었다. 대부분은 가족과 함께 살고 있고, 결혼을 하지 않았더라도 동거하고 있고(44%), 자녀가 있다(47%)."(MacKenzie et al., 1999: 433)
5. "전체 사례 중 75%($n=158$)가 지방법원(district courts)에 배정되었고, 3%($n=6$)가 미결로 남았다. 통제집단의 1%와 실험집단의 4%가 약물치료 법정으로 보내졌다."(Taxman and Elis, 1999: 42)
6. "132개 대마초 경작지 표본의 위치와 특징에 관한 상세한 공간 자료를 제작하면서, 우리는 거리의 3가지 특징에 대한 부지 위치에서의 패턴을 조사하고 다 자란 작물의 수에 미치는 영향을 조사한다."(Bouchard, Beauregard, and Kalacska,

2013: 37)

7. "비록 알바니아(Albania)와 코소보(Kosovo)는 10년간 살인율의 급격한 감소를 경험했지만, 2009년 유럽 국가들과 비교하여 몬테네그로(Montenegro)와 함께 이들 국가는 여전히 높은 살인율을 보이고 있다."(del Frate and Mugellini, 2012: 146)
8. "아랍인 가운데 공개된 모든 파일 중에서 32%는 대인범죄였던 반면에, 유대인 가운데 공개된 모든 파일 중에서 30%가 거기에 해당되었다. 비율적으로, 아랍인에 비해 유대인에게서 재산범죄와 약물범죄 파일이 더 많았다. 게다가 아랍인들은 공중질서 위반범죄를 비율적으로 지나치게 많이 저질렀다."(Mesch and Fishman, 1999: 184)
9. "아동을 대상으로 범죄를 저지르는 여성에 관한 이야기는 7.5% 대 1% 정도로 신문 1면에 더 잘 실리는 경향이 있다."(Grabe at al., 2006: 149)
10. "대략 침입절도의 절반가량(54%)이 평생 동안 침입절도를 50회 이상 침입절도를 저질렀다고 인정했다. 이 집단을 포함해서 범죄를 적어도 100회 저질렀다는 범죄인이 44명이었다. 또 하나의 극단으로서, 9회 이하의 가택침입에 가담했다고 한 사람이 11명이었다."(Wright and Decker, 1994: 13)

시간차원

시간적 순서는 인과적 추론을 위한 필요조건이므로 연구의 시간차원은 조심스러운 계획을 요구한다.

우리는 이 장의 앞부분에서 사건과 상황의 시차가 인과관계를 결정하는 데 결정적이라는 점을 알았다. 시간은 연구결과의 일반화에도 개입된다. 특정한 연구에서 나온 기술과 설명은 10년 전의 상황이나 10년 후의 상황을 정확히 대표하는가, 아니면 현재의 상황만을 대표하는가? 일반적으로, 관찰은 얼마간 한 시점에서 이루어질 수도 있고, 혹은 긴 기간에 걸치도록 일부러 펼쳐놓을 수도 있다. 한 시점 이상으로 이루어진 관찰은 전망을 내다보거나 혹은 과거를 회고할 수도 있다.

횡단연구

많은 형사사법 연구 프로젝트는 어떤 현상을 어느 한 시점에서 횡단적으로 다루고 분석함으로써 연구하도록 설계된다. 탐색적이고 기술적인 연구는 종종 **횡단연구**(cross-sectional study)이다. 예를 들면, 미국 인구조사는 주어진 한 시점의 미국의 인구 전체

횡단연구(cross-sectional study) 하나의 시간적인 시점을 대표하는 관찰에 기초한 연구.

를 설명하고자 하는 목적의 연구이다. 전미범죄피해조사(National Crime Victimization Survey: NCVS)의 단일 조사는 주어진 한 시점에서 얼마나 많은 사람이 범죄피해를 입었는지를 측정하는 기술적 횡단연구이다.

횡단적 탐색을 위한 연구는 경찰관서에서 거주자들이 동네의 범죄문제의 원인을 제공하는 것이 무엇인지를 조사하는 설문조사 형태로서 수행될 수도 있다. 십중팔구 그 연구는 단일 시간 틀 안에서 범죄문제에 대해 질문할 것이고, 그 결과는 경찰관청이 지역사회 경찰활동 도입을 위한 다양한 방법을 탐색하는 데 도움을 얻을 수 있게 하도록 사용될 것이다.

탐색이나 평가 목적의 횡단연구는 내재적 문제를 안고 있다. 인과적 추론은 원인이 결과보다 시간적 순서에서 앞서야 함을 요구한다는 사실을 우리는 알고 있다. 그러나 횡단연구는 오직 한 시점에서 이루어진 관찰만을 다룬다. 예를 들면, 설문조사가 거주자에게 주거침입절도를 당한 적이 있는지, 그리고 특별 잠금장치가 침입절도를 예방하는지를 설명할 수 있기를 바라면서, 그들이 어떤 형태든 특별 잠금장치를 갖추고 있는지를 물어볼 수 있을 것이다. 침입절도의 피해나 잠금장치에 관한 질문은 단지 한 번만 물어보기 때문에, 침입절도 피해자가 침입절도를 당한 후에 잠금장치를 설치했는지 아니면 특별 잠금장치를 이미 설치했지만 범죄를 예방하지 못한 건지 알 수가 없다. 시간적 순서를 결정하는 데 있어서의 어려운 문제점을 다룰 수 있는 몇 가지 방법들이 종단연구 근접화에 관한 절에서 논의될 것이다.

종단연구

종단연구(longitudinal study)로 알려진 연구 프로젝트는 오랜 기간 동안 관찰할 수 있도록 설계된다. 그 한 예는 연구자가 개시부터 종료 때까지 이웃의 안티범죄 기구의 활동을 관찰하는 것이다. 시간에 따른 범죄 혹은 교도소 수감자 수에 관한 신문기사의 분석은 또 다른 예이다. 후자의 예에서는, 연구자의 관찰이 연구하의 실제 사건의 진행에 걸쳐서 이루어진 것인지 아니면 한 번의 시간에서 이루어진 것인지와 관계가 없다. 예를 들면, 도서관에서 1년의 가치 있는 신문을 조사하든지 혹은 교정 인구 전체에 관한 10년 동안의 연중 보고서이든지는 관계없다는 것이다.

우리가 알아야 할 종단연구에는 세 가지 특수한 유형, 즉 추세연구, 코호트연구, 패널연구가 있다. **추세연구**(trend study)는 시간에 걸쳐서 어떤 일반 모집단 내에서의 변화를 보는 것이다. 한 예는 시간에 따른 표준범죄보고서(UCR) 수치의 비교이다. 이 비교는 1960년부터 1993년까지 보고된 범죄 건수가 증가하다가 2010년까지 감소하고 있음을 보

종단연구(longitudinal study) 여러 시점에서 수집된 자료를 포함하는 연구설계.

여준다. 혹은 연구자가 특정 범죄에 대한 판결의 변화가 주의 수용기관에 수감된 사람들의 증가에 뒤이은 것인지를 알고 싶어 할 수 있다. 이 경우에, 추세연구는 시간에 따른 수감 인구의 연중 수치를 조사할 것이며, 이것을 가지고 새로운 판결법이 효과를 미치기 전과 후의 연도의 총계를 비교해 볼 것이다.

코호트연구(cohort study)는 시간에 따라 변화하는 보다 특정한 모집단(코호트)을 조사한다. 전형적으로 코호트는 1990년대에 태어난 사람들과 같은 연령집단이지만, 어떤 다른 시간집단일 수도 있다. 코호트는 7월 중에 약물치료센터에 들어온 사람들, 2013년에 구금에서 풀려난 범죄자들, 혹은 2016년 3월 고등학교 3학년생들처럼 동시에 어떤 시설이나 기관에 들어오거나 떠나간 사람들의 집단으로 보통 정의된다.

전통적인 코호트연구에서, 마빈 볼프강(Marvin Wolfgang)과 동료들(Wolfgang, Figlio, and Sellin, 1972)은 10세 생일에서부터 18세 이상의 나이에 이를 때까지 필라델피아에서 살았던 1945년에 출생한 모든 남성들을 연구했다. 연구자들은 경찰기관과 공립학교로부터 기록을 넘겨받아 조사하여, 얼마나 많은 코호트 소년들이 비행 혐의를 받았거나 체포되었는지, 몇 살 때 그들이 처음으로 체포되었는지, 그리고 비행소년과 일반 소년들 사이에 학교 성적에는 어떤 차이가 있는지를 알아낸다.

패널연구(panel study)는 두 번 혹은 그 이상의 시점에서 동일한 사람들을 조사한다는 것을 제외하고는 추세연구나 코호트연구와 비슷하다. 전미범죄피해조사(NCVS)가 기술적 패널연구의 좋은 예이다. 설문조사에 포함되기로 선택된 각 가구에 속해 있는 구성원은 6개월을 주기로 7회 면접을 하게 된다. NCVS는 많은 목적으로 사용되지만, 우선 매년 얼마나 많은 사람들이 다양한 범죄의 피해자가 되었는지를 측정하기 위해 개발되었다. 사람들에게 지난 6개월 동안 일어났던 범죄에 관해 묻고, 패널 자료의 두 조사를 결합시켜서 1년간의 기간에 걸친 범죄피해 경험의 전국적 빈도를 측정한다. 패널연구는 종종 평가연구에서도 사용되는데, 동일한 사람들에게 새로운 프로그램이 도입되기 전과 도입된 후에 면접을 한다.

종단연구는 비용이 많이 들고 수행하기 어려운 점이 있다. 그 외에 종단연구는 특별한 문제점에 마주치게 된다. 즉, 패널 소실(panel attrition)이다. 연구의 첫 번째 조사에서 연구에 참여한 응답자의 일부는 나중에 이후의 조사에서는 참여하지 않을 수도 있다. 그 위험은 연구에서 이탈하는 사람들이 전형적이지 않기 때문에 연구결과를 왜곡할 수 있다는 점이다. 10개월 동안에 걸쳐서 패널의 참여자가 일주일당 약물 테스트를 수행함으로써 새로운 약물치료 프로그램의 성공 여부를 측정하는 일에 관심이 있다고 가정해 보자. 10개월 후에 그 프로그램이 얼마나 성공적으로 보이는지와는 상관없이, 만약 상당수의 사람들이 이 연구에서 참여를 그만둔다면, 그들이 약물을 멀리하도록 하는 데 치료가 덜 효과적이게 될 것이라는 사실을 알 수 있다.

종단연구 근접화

횡단적 자료만을 가지고도 여러 시점에서 발생하는 과정에 대해 종단연구와 근접한 결론을 얻을 수 있다. 그렇게 하는 방법의 일부를 알아두는 것이 필요하다. 가끔 횡단적 자료는 단순한 논리에 근거해 시간적 과정을 내포한다. 예를 들어, 스위스의 연구자인 마틴 킬리아스(Martin Killias, 1993)에 의해 수행된 총기 소유와 폭력에 관한 연구를 생각해 보자. 킬리아스는 국제범죄 설문조사에 보고된 총기 소유 비율을 총기에 의한 살인율이나 자살률과 비교하였다. 그는 총기의 접근성이 폭력에 미칠 수 있는 가능한 영향에 대해 관심을 가졌다. 총기 소유 비율이 높은 국가가 총기 폭력의 비율 또한 높을까?

킬리아스는 총기 소유와 총기에 의한 살인의 횡단적 비교를 통해 인과관계를 추론하는 것은 모호하다고 판단했다. 총기 살인율은 총기의 접근성이 높기 때문에 총기 소유 비율이 높은 국가들에서 높을 수 있다. 혹은 총기 소유 비율이 높은 국가의 사람들이 살인율에 반응해서 그들 자신을 보호하기 위해 총을 구입했을 수도 있다. 횡단분석을 통해 총기 소유와 총기 살인 사이의 시간적 순서를 밝혀내는 것은 불가능하다.

그러나 이러한 판단이 총기 자살에도 유효한가? 킬리아스는 총기 소유와 총기 자살 사이의 시간적 순서는 덜 모호하다고 주장했다. 총기와 연루된 자살은 적어도 부분적으로는 총기의 접근성의 결과라는 사실은 훨씬 더 이해하기 쉽다. 그러나 사람들이 높은 총기 자살의 반응으로서 총기를 구입할 수 있다는 가정은 이치에 맞지 않는다.

킬리아스가 한 것과 같은 논리적 추론은 변수들의 시간적 순서가 명확할 때면 언제든지 이따금 이루어지곤 한다. 예를 들면, 고등학교 학생들의 횡단연구에서 남성이 여성보다 마리화나를 더 많이 핀다는 사실을 발견한다면, 우리는 성별이 마리화나 사용의 경향에 영향을 준다고 결론을 내릴 수는 있지만, 그 반대는 아니다. 따라서 비록 우리의 관찰이 오직 한 시점에서만 이루어졌다고 하더라도, 여러 시점에 걸쳐서 발생한 과정들에 대한 결론으로 이끌어 내는 것을 정당화할 수 있다.

회고적 연구와 전망적 연구

응답자에게 과거를 회상하도록 하는 **회고적**(retrospective) 연구는 여러 시점에서 이루어지는 관찰에 근접하는 또 하나의 보편적 방법이다. 예를 들면, 재범에 관한 연구에서, 교도소 수감원을 선정해 그 비행이나 범죄경력을 분석할 수도 있다. 혹은 음주운전 판결을 받은 경험이 있는 대학생이 음주운전 판결을 받은 경험이 없는 대학생에 비해서 음주문제가 있는 부모가 있을 가능성이 더 큰지에 관해서 관심이 있다고 가정하자. 이러한 연구는 대학생이 음주운전의 판결을 받은 적이 있는지 혹은 없는지에 관한 경력에 초점을 두기 때문에 회고적 연구이다.

이러한 방법이 갖고 있는 위험은 명백하다. 사람들이 기억을 잘 못하는 경우가 종종 있기 때문이다. 회고적 기억은 여러 시점에서 관찰에 근접하는 하나의 방법이지만, 조심스럽게 사용해야만 한다. 과거의 체포나 판결의 기록을 분석하는 회고적 연구는 다른 문제를 겪게 된다. 기록이 입수 불가능하거나, 불완전하거나, 부정확할 수도 있다.

회고적 연구에서 보다 근본적인 문제는 연구대상자가 어떻게 선정되는지와 연구대상자 선정이 이런 연구가 표현할 수 있는 질문의 종류에 어떻게 영향을 미치는지에 달려 있다.

여러분이 소년법원의 판사이고 법정에서 많은 아동학대 사례에 의해 고민하고 있다고 상상해 보자. 청소년 담당자와 이야기를 나누고, 여러분은 이 아동의 부모가 어린 시절에 학대당하거나 방임당하지는 않았는지 궁금해진다. 이를 종합해서, 세대 간 폭력의 전수에 대해 가설을 만든다. 아동학대의 피해자는 나중에 자신의 자녀를 학대한다. 여러분은 이 가설을 검증하기 위해 어떻게 할 수 있겠는가?

피해자의 학대를 정기적으로 보아온 판사로서의 주어진 여러분의 위치 때문에, 아마도 여러분은 법정에 서는 가족의 배경을 조사하는 회고적 방법을 고려해 볼 것이다. 여러분과 사례 담당자는 앞으로 3개월 동안 법정에 서는 20명의 학대 피해자의 가족 배경을 조사한다고 가정하자. 사례 담당자는 지역 대학의 임상심리학자와 상의하고 설문지나 혹은 아동학대 피해자의 가족을 연구하기 위해서 연구자가 사용해왔던 '설문지 사본'을 얻을 것이다. 20명의 피해자 가족을 면접한 후에, 사례 담당자는 여러분에게 20명의 피해 아동 중에 18명은 어머니나 아버지가 어린 시절에 학대를 당한 경험이 있는 것으로 보고한다. 폭력의 세대 간 전달이라는 여러분의 가설이 강력하게 지지되었다고 결론을 내려도 무방할 것 같다. 왜냐하면, 여러분의 법정에 불려나온 학대/방임의 피해자의 90%(20명 중에 18명)가 아동학대의 가족력이 있는 사람들이기 때문이다.

여러분이 아동학대가 아동학대를 낳는지에 관한 질문을 어떻게 만들어갈 것인지에 대해 잠시 동안 생각해 보도록 하자. 여러분은 학대 피해자와 함께 시작할 것이고 그 부모들의 상당수가 학대를 경험했다는 것을 회고적으로 입증해나갈 것이다. 그러나 이것은 얼마나 많은 유년기 학대의 피해자가 나중에 자신의 자녀를 학대하는가라는 질문과는 다르다. 그러한 질문은 **전망적**(prospective) 접근을 요구하는데, 여러분은 아동기 학대 피해자들과 함께 시작을 해서, 그들 중에 얼마나 많은 사람들이 나중에 자신의 자녀를 학대하는지를 측정한다.

이 부분을 명확히 하기 위해서, 가설적 연구로부터 같은 질문을 위한 전망적 접근과 회고적 접근 사이의 차이를 보여주는 실질적 연구로 옮겨가 보도록 하자. 로즈메리 헌터와 낸시 킬스트롬(Rosemary Hunter and Nancy Kilstrom, 1979)은 신생아 255명과 그들의 부모에 대한 연구를 수행했다. 연구는 신생아실에서 조산아의 가족을 추출하는 일로 시작했다. 신생아 255명의 부모를 면접한 결과, 49가족에게서 어머니나 아버지가 학대나 방임의 피해자였다는 사실이 밝혀졌다. 206가족은 학대 경험이 없는 것으로 나타났다. 전망적 추적연구(follow-up study)에서, 헌터와 킬스트롬은 1년 이내에 신생아 255명 중에 10명이 학대를 당해왔음을 발견했다. 이들 신생아 피해자 10명 가운데 9명은 학대 경력이 있는 49가족인 반면에, 학대당한 신생아 1명은 학대 경험이 없었던 206가족이었다.

그림 4-2A는 이러한 전망적 결과를 그래프로 보여주고 있다. 학대 경험이 있는 가족 중에 18%(49명 중에 9명)가 태어난 지 1년 이내에 학대의 징후를 보인 반면에, 학대 경험이 없는 가족에서 태어난 신생아의 1%가 채 못 되는 숫자가 1년 이내에 학대를 당하는 것으로 나타났다. 이것은 제법 큰 차이이긴 하지만, 학대의 계속성의 수치가 18%인 것은

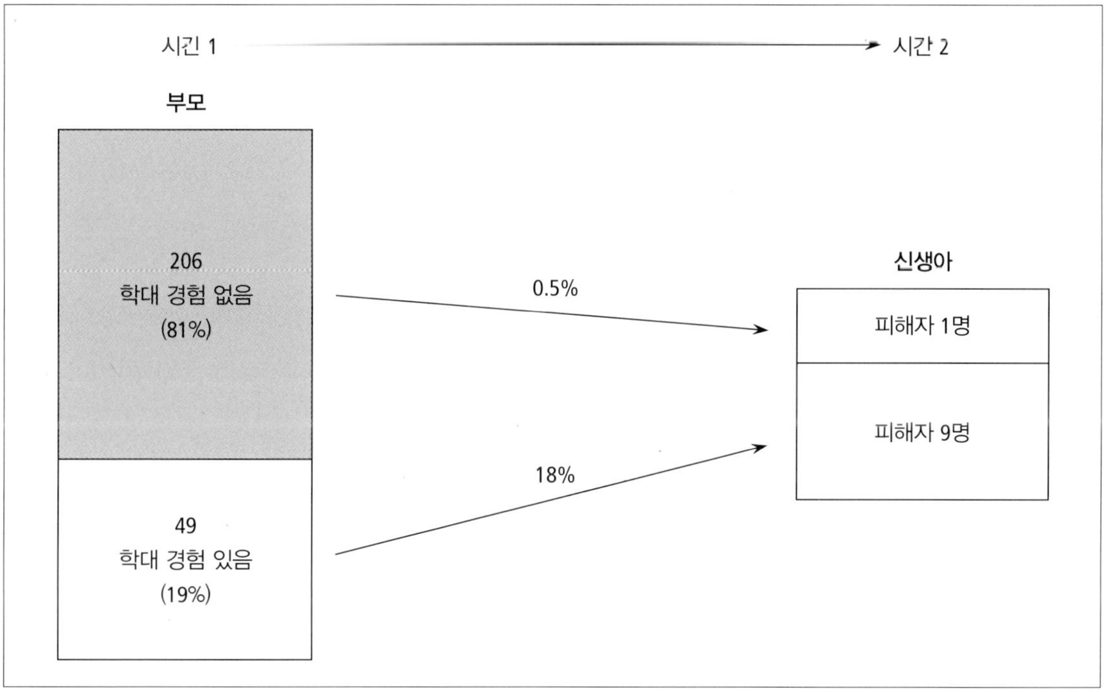

그림 4-2A 연구대상자에 대한 전망적 접근

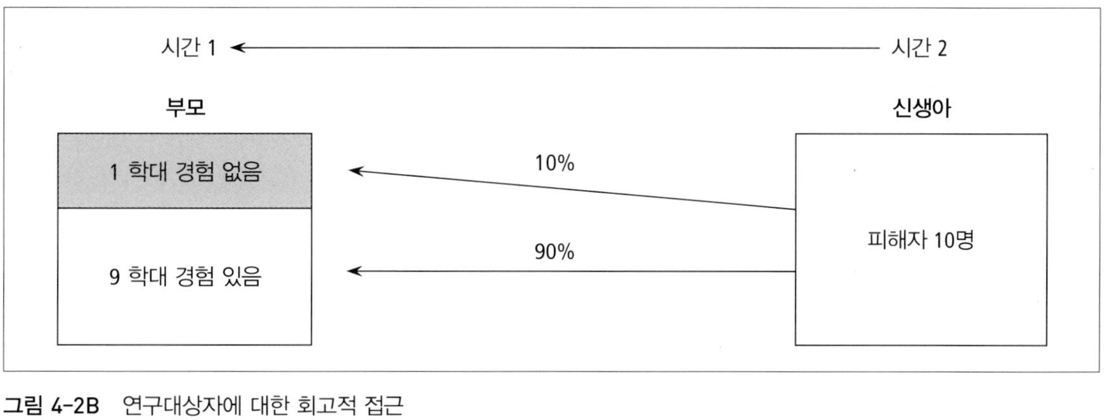

그림 4-2B 연구대상자에 대한 회고적 접근

출처: Widom(1989)이 제시했던 것처럼, Hunter and Kilstrom(1979)에서 발췌함.

전체 255가족의 경력 속에서 학대 경험이 있는 것으로 발견된 가족이 19%라는 비율과 매우 유사하다.

이제 헌터와 킬스트롬이 만약 시간 2에서 학대받은 신생아 10명으로부터 연구를 시작해서 그들 가족의 배경을 조사했다면 과연 그들이 무엇을 발견했을지를 생각해 보자. 그림 4-2B는 이러한 회고적 접근을 보여주고 있다. 신생아 피해자 10명의 대다수(90%)는 그들 부모가 학대 경험이 있었다.

질문이 겉보기에는 유사해 보일지라도, 여러분은 아마도 이제 전망적 접근과 회고적 접근이 근본적으로 다른 질문을 표현한다는 것을 깨달았을 것이다.

전망적 접근: 학대 피해자의 몇 %가 나중에 자녀를 학대하는가?(18%; 그림 4-2A)
회고적 접근: 학대 피해자의 몇 %가 학대 경험이 있는 부모가 있는가?(90%; 그림 4-2B)

아동학대나 방임이 어떻게 마약 복용에 영향을 미치는지를 조사한 한 연구에서, 캐시 스파츠 위덤(Cathy Spatz Widom)과 동료들(Widom, Weiler, and Cotler, 1999)은 전망적 분석과 회고적 분석의 유사한 대조를 제시하고 있다. 회고적 연구에서는 임상적 면접에서 약물남용 진단을 받은 연구대상자의 75%가 아동학대나 방임의 피해자였다. 전망적 연구에서는 아동학대 피해자의 35%가 약물남용 진단을 받았고, 아동학대 피해 경험이 없는 사람의 34%가 약물남용 진단을 받았다.

좀 더 일반적으로는, 로버트 샘슨과 존 라웁(Robert Sampson and John Laub, 1993: 14)은 회고적 관점과 전망적 관점이 시간에 따른 범죄행위의 패턴에 대해 어떻게 다른 해석을 낳을 수 있는지에 대해 언급하고 있다.

> 성인 범죄자 경력에 걸친 **회고**는 안정성(stability)의 파급을 과장한다. 청소년기로부터의 **전망**은 정상적인 성인이 될 비행 청소년을 포함해서 성공자와 실패자를 예측한다. 이것은 [리 로빈스(Lee Robins)에 의해] 일찍이 언급된 역설이다. 성인 범죄는 항상 아동 비행에 뒤따르는 것으로 보이지만, 대부분의 품행장애 아동은 반사회적 혹은 범죄적 성인이 되지 않는다. (Robins, 1978) (강조체는 원저자 강조)

여기에서 우리의 목적은 회고적 연구가 가치가 없다는 것을 말하려는 것이 아니다. 오히려, 우리는 시간차원이 어떻게 연구를 위한 질문의 구성과 관련되는가를 지적하길 원하는 것이다. 회고적 접근은 어떻게 인과적 과정이 시간에 걸쳐서 전개되는지를 밝히는 데 한계를 지닌다. 따라서 회고적 접근은 아동학대나 방임 피해자 중에 얼마나 많은 사람들이 나중에 자신의 자녀를 학대하는가와 같은 질문에 대답하기에는 적당하지 않다. 그러나 회고적 연구는 아동기 학대 피해자가 학대 경험이 없는 사람들에 비해 그들 가족 배경에서 학대 경력을 가지고 있을 가능성이 더 높을 것인지를 비교하는 것에는 사용될 수 있다.

시간차원의 요약

조엘 디바인과 제임스 라이트(Joel Devine and James Wright, 1993: 19)는 횡단연구와 종단연구를 구분하는 재치 있는 비유를 제공한다. 횡단연구는 한 장의 사진(single photograph), 추세연구는 슬라이드쇼, 패널연구는 비디오라고 생각해 보자. 사진처럼, 횡단연구는 시간의 한 시점에서의 이미지를 생산한다. 이것은 단일한 시점, 그리고 아마도 단일 장소에서의 범죄(예: 침입절도)에 대해 유용한 정보를 제공한다. 추세연구는 시간 순서에 따른 일련의 사진인 슬라이드쇼와 유사하다. 슬라이드쇼를 봄으로써 특정 지표(침입절도율의 변화)가 시간에 따라 어떻게 변하는지를 말할 수 있다. 그러나 추세연구는 보통 집합적 정보에 기초하고 있다. 이것은 시간에 따른 침입절도의 집합적 총계에 대한 무언가를 말해줄 수는 있다. 그러나 예를 들면, 동일한 사람들이 증가하는 비율 혹은 감소하는 비율로 침입절도를 저지르고 있는지의 여부, 또는 범죄를 저지름에 있어 상대적으로 일정한 비율을 유지하는 침입절도범이 더 많이 혹은 더 적게 있는지의 여부는 말해줄 수 없다. 비디오처럼, 패널연구는 동일한 개인의 움직이는 이미지를 담아낼 수 있고, 우리에게 시간에 따른 개별적 범죄율에 대한 정보를 제공한다.

결국 이러한 것은 형사사법 연구에서의 시간도식의 여러 방법 중 한 가지이며 연구자가 그것을 다루도록 배워온 방법 중 한 가지이다. 어떤 연구를 설계할 때 시간을 구성하는 명확하고 함축적인 가정들 둘 모두를 살필 필요가 있다. 의무적 구금 판결이 음주운전을 감소시키는지와 같이, 여러분은 여러 시간에 걸쳐 발생하는 어떤 과정을 묘사하는데 관심이 있는가? 혹은 단순히 지난해에 얼마나 많은 사람들이 음주운전으로 체포되었는지를 기술할 예정인가? 만약 여러 시간에 걸쳐 발생하는 과정을 묘사하기를 원한다면, 여러분은 그 과정 속의 여러 다른 시점에서 관찰하는 것이 가능한가? 혹은 여러분이 현재 관찰할 수 있는 것으로부터 논리적 추론을 끌어냄으로써 그러한 종단적 관찰 근접화를 시도할 것인가?

이 장의 '종합적 사고'의 예시는 지금까지 우리가 논의해 온 연구설계에서의 많은 일반적 주제를 보여주고 있다.

차량 검문의 원인

운전자의 인종에 따라 차량 검문 비율이 관찰되는 원인은 무엇일까? 이것이 인종 프로파일링 문제를 해결하고자 하는 연구자들과 공공 관료들이 직면한 핵심 질문이다. 이러한 질문에 입각한 세 연구들이 어느 정도 다르기는 하지만, 각기 하나의 기술적 질문과 인과적 질문에 관심을 가지고 있다.

1. 차량 검문에 인종적 혹은 종족적 불균형이 있는가?
2. 만약 있다면, 무엇이 이러한 불균형의 원인이라고 보는가?
   - 경찰에 의한 공공연한 차별인가?
   - 그밖에 다른 무엇이 있는가?

첫 번째 질문은 원인의 기준으로서 상호변이와 관련이 있는 것이다. 차별이 존재한다고 결정짓기 전에 인종에 의한 불일치나 불균형을 보여주는 것이 필수적이다. 다시 말하면, 소수인종의 운전자가 그들의 전체 모집단 수에 비해 훨씬 높은 비율로 검문당하거나 교통 딱지를 받지 않는다면 차별이 존재한다고 할 수 없다.

두 번째 질문과 관련해서, 대부분의 뉴스 기사와 공포 이야기는 차별에 관한 얼마간의 형태는 어떠한 것이든 관찰된 불균형에 기인하다고 가정하였다. 사실 어떤 연구자들은 차별이 차량 검문에서의 불균형에 유일한 원인인 것으로 믿는 것처럼 보였다(예: Lamberth, 2003). 이외의 다른 연구자들은 다른 설명도 가능하다는 것을 인식하였다. 예를 들면, 스미스(Smith)와 동료들은 이렇게 적었다.

> …… 경찰활동에서의 인종적 불균형에 관한 논의는 특정한 경찰이 차량 검문에서 인종적 프로파일링을 했다는 결론을 내리기 전에 운전 행동과 연관된 교통 단속에 있어서 인종적 불균형의 비차별적 원인을 설명해 보려는 성실한 노력이 요구된다. (2003: 39)

여러분은 이 진술을 차별이 불균형의 원인이라는 추론의 내적 타당도에 대한 암묵적 도전으로서 인식할 수도 있다. 사실 스미스와 동료들은 차량 검문에서의 불균형과 연관된 다수의 다른 변수를 발견하였다.

맥스필드와 켈링(Maxfield and Kelling, 2005: 5~6)은 보다 좁혀진 질문을 던졌다. 왜 뉴저지 유료 고속도로의 한 부분에서 소수인종 운전자의 검문 비율이 다른 부분보다 더 높을까? 그들의 연구는 실제의 차별 이외의 5가지 가능한 인과적 요인을 생각해 보았다.

- **배치** 소수인종 운전자의 비율이 높은 지역에 경찰대원을 더 많이 배치하는 것은 아닌가?
- **행동** 백인종과 비교해 볼 때, 소수인종 운전자가 비율적인 측면에서 불균형적으로 불법적 운전 습관을 많이 가지고 있기 때문에 뉴저지주 경찰이 더 주의 깊게 관찰하는 것은 아닌가?
- **도구화** 과거의 실행에 비해 현재의 뉴저지주 경찰이 교통법규 위반자의 인종과 종족을 더 정확하게, 또한 더 지속적으로 보고하는 것은 아닌가?
- **회피** 유료 고속도로에서 백인 교통법규 위반자가 소수인종 교통법규 위반자보다 뉴저지주 경찰의 탐지를 더 잘 피하는 것은 아닌가?
- **상호작용** 교통 단속과 관련한 자료에서 여러 시간에 걸쳐서 인종적으로 불균형적인 검문이 계속되는 것은 가설을 넘어서 있는 어떤 복합적 요소에 의한 것은 아닌가?

미국 대부분의 다른 지역에서 많은 다른 연구자들이 이와 비슷한 대안적 설명을 생각해왔다. 이후의 장에서 이러한 문제에 대해 논의하기 위한 단계를 기술할 것이다.

단위

교통법규 집행과 인종에 기초한 차별에 관한 연구는 몇 개의 다른 분석단위를 포함한다. 펜실베이니아와 노스캐롤라이나에서 행해진 연구는 최소 단계에서 최고 단계의 집합적 단위로 옮겨가면서 자료를 모았다.

- **차량 검문** 운전자의 특징과 검문의 이유.
- **경찰관** 모든 운전자와 차량 검문에 관한 집합적 특징. 이에 추가해서, 개별적 경찰관의 자료.
- **작은 지역의 부분** 모든 경찰관, 운전자, 그리고 차량 검문에 관한 집합적 특징. 이에 추가해서, 도로의 부분(segment)과 개별적 지역에 관한 자료.
- **스테이션 혹은 카운티** 낮은 단계의 단위로부터의 집합체. 이에 추가해서, 카운티 거주자에 관한 요점 자료

따라서 물론 다른 주에서 이루어진 연구는 각 주의 법과 다른 특징들을 반영하였다. 예를 들면, 펜실베이니아에서는 표시된 속도제한을 시속 7마일(시속 약 11킬로미터) 이상 초과하지 않은 운전자는 검문할 수 없도록 하고 있나. 뉴저지에서는 명문화된 정책은 없지만, 비공식적 규범은 많은 고속도로 상에 표시된 속도제한의 시속 15마일(시속 약 24킬로미터) 초과까지는 허용해 주고 있다.

시간차원

시간차원은 교통법규 집행에서의 특정한 추세를 보여주고 있다. 노스캐롤라이나에서는 연구자들이 주 의회가 인종적 프로파일링의 가능성을 감독하기로 결정한 1999년 한 해 동안 교통법규 집행이 급격하게 감소했음을 발견하였다(Smith et al., 2003: 28~29). 이것은 경찰이 곤란한 상황에 빠지는 것을 피하기 위해 법집행을 줄이는 것을 일컬어 엥겔(Engel)과 동료들이 '이탈(disengagement)'이라 부르는 것을 증명해 보이는 것이었다.

시간차원은 뉴저지 연구의 계기가 된 하나의 요소였다. 아래의 그림은 2년에 걸쳐서 교통법규 위반으로 검문을 당한 흑인 운전자의 비율은 얼마나 되는지를 보여주고 있다. 전반적으로 안정적인 두 선이 제시되어 있다. 아래의 선은 전체 뉴저지주의 턴파이크(turnpike. 통행료 징수 고속도로)의 자료를 보여주며, 위의 선은 이보다 약 50마일 정도 긴 남쪽 부분의 자료를 보여주고 있다. 여러분은 검문당한 흑인 운전자의 비율이 전체 턴파이크에서보다 남쪽 부분의 턴파이크에서 2배 정도 높다는 것을 볼 수 있을 것이다. 크기와 안정성에서의 이러한 차이점이 뉴저지 연구를 시작하게 한 주요 원인들 중 하나이다. 여기에 시간차원이 여러 시간에 걸친 인종적 불균형의 지속을 증거로 보여주는 데 중요한 역할을 하였다.

차량 검문당한 흑인 운전자의 비율

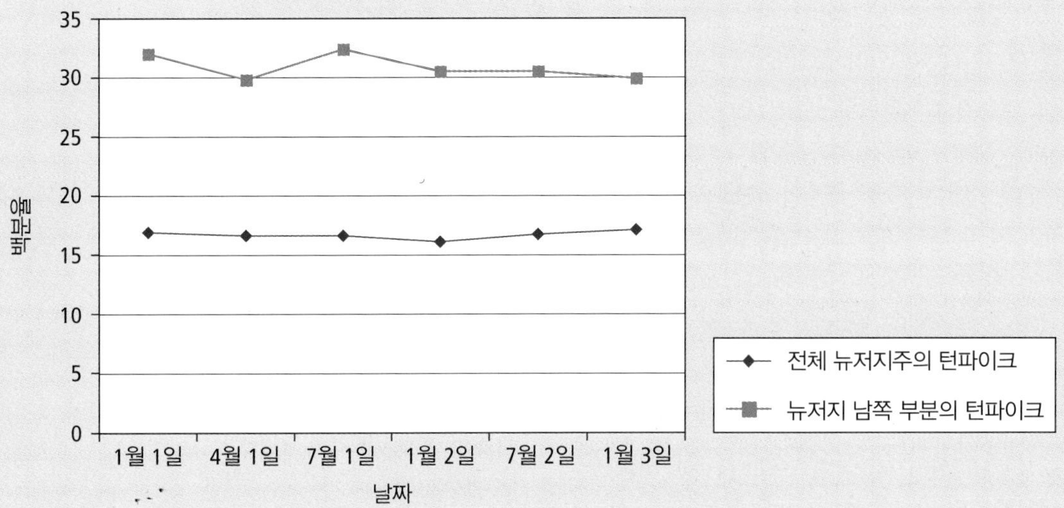

분석단위 연습문제의 정답

1. 사회적 가공물(알코올 관련 치명적 사고)
2. 집단(도시와 카운티)
3. 집단(국가)
4. 개인(보호관찰자)
5. 사회적 가공물(법정 사례)
6. 집단(대마초 경작지)
7. 집단(국가)
8. 사회적 가공물(범죄 파일)
9. 사회적 가공물(뉴스 기사)
10. 개인(침입절도범)

요약

- 설명적인 과학적 연구는 인과관계의 개념에 집중한다.
- 대부분 설명적인 사회연구는 확률적인 인과 모델을 사용한다. *X*가 *Y*에 어떤 영향을 주는 것 같다면, *X*가 아마도 *Y*의 원인이 될 수도 있다고 본다.
- 만약 *X*가 없이는 *Y*가 발생할 수 없다면, *X*는 *Y*의 필요원인이다. 만약 *X*가 있으면 *Y*가 항상 발생한다면, *X*는 *Y*의 충분원인이다.
- 과학적 연구에서 인과관계를 설정하는 데는 다음과 같이 세 가지 기본적 요구사항이 있다. (1) 독립변수는 종속변수보다 시간적으로 앞서 발생해야 하며, (2) 독립변수와 종속변수는 상호 간에 경험적으로 관련, 즉 상관이 있어야 하며, (3) 관찰된 관계는 다른 변수의 효과로 나타나서는 안 된다.
- 과학자들이 인과적 진술이 참인지 거짓인지를 고려할 때, 그들은 인과적 추론의 타당도를 따진다.
- 타당도를 위협하는 네 종류는 인과관계의 설정을 시도하는 데 있어서 연구자가 묻고자 하는 질문의 유형에 해당된다. 통계학적 결과 타당도와 내적 타당도에 대한 위협은 통계학적 편향(bias)으로부터 생겨난다. 외적 타당도와 구성 타당도는 관찰된 관계를 일반화시키는 우리의 능력을 제한시킬 수도 있다.
- 특정 맥락(contexts)에서 작동하는 원인 메커니즘을 조사하려는 과학적 실재론의 방법은 인과관계에 대한 사례기술적 접근과 법칙정립적 접근을 연결해준다.
- 분석단위는 연구자가 관찰, 기술, 그리고 설명하는 사람 또는 사물이다. 형사사법 연구의 분석단위는 개인이 전형적이지만, 사회집단, 공조직, 혹은 사회적 가공물이 될 수도 있다.
- 연구자는 가끔 분석단위를 혼동해서, 생태학적 오류를 초래할 수 있다.
- 횡단연구는 한 시점에서 이루어진 관찰에 기반을 두고 있다. 이런 연구는 이러한 특징에 의해 제한을 받지만, 연구자들은 가끔 시간에 따라 일어나는 과정을 추론할 수 있다.
- 종단연구의 경우, 여러 시점에서 관찰이 이루어진다. 그런 관찰은 모든 사람으로부터 추출된 표본(추세연구)이나 구체적 하위집단에서 추출된 표본(코호트연구), 또는 매번 동일한 사람들(패널연구)에 대해 이루어질 수 있다.
- 회고적 연구는 때때로 종단연구 근접화로서 사용할 수 있지만, 회고적 연구는 조심스럽게 사용해야만 한다.

핵심 용어

과학적 실재론(scientific realism)
구성 타당도(construct validity)
내적 타당도(internal validity)
분석단위(units of analysis)
생태학적 오류(ecological fallacy)
외적 타당도(external validity)
전망적(prospective)
종단연구(longitudinal study)
추세연구(trend study)
코호트연구(cohort study)
타당도 위협(validity threat)
타당도(validity)

통계학적 결과 타당도(statistical conclusion validity)
패널연구(panel study)
확률적(probabilistic)
회고적(retrospective)
횡단연구(cross-sectional study)

복습문제 및 연습문제

1. 여러분이 인과관계의 기준과 인과적 추론의 타당도에 대한 위협에 관해 배운 것을 통해 다음의 진술 중 하나를 골라 토론해 보라. 어떤 인과관계를 함축할 수 있는가? 다른 대안적 설명은 무엇인가?
   ㄱ. 총이 사람을 죽이는 것이 아니다. 사람이 사람을 죽이는 것이다.
   ㄴ. 사형제도는 살인을 예방한다.
   ㄷ. 마리화나는 다른 종류의 마약 복용을 이끌어내는 통로 역할을 하는 마약이다.
2. 몇 번에 걸쳐서, 우리는 마약 복용과 범죄와의 관계에 대해 논의해왔다. 우리가 결론을 내리도록 하는 조건턴파이크(turnpike. 통행료 징수 고속도로)을 기술해 보라. 마약 복용은
   ㄱ. 필요원인
   ㄴ. 충분원인
   ㄷ. 필요원인과 충분원인
   이다.
3. 시간차원에 대한 여러 다른 방법을 기술하는 데 있어서, 범죄학자 로런스 셔먼(Lawrence Sherman, 1995)은 횡단연구는 차이점을 보여줄 수 있고 종단연구는 변화를 보여줄 수 있다고 주장한다. 이러한 진술이 어떻게 인과관계의 추론을 위한 3가지 기준과 연결될 수 있는가?
4. 윌리엄 줄리어스 윌슨(William Julius Wilson, 1996: 167)은 단위(units)와 시간을 주의 깊게 생각하는 것이 왜 중요한지를 설명하면서 다음의 예를 인용하였다. 침대 13개가 있는 병원이 있고, 그중 침대 12개를 1년 동안 같은 사람이 차지했다고 상상을 해 보자. 다른 병원은 52명의 사람들이 각각 1주일 동안 차지하였다. 주어진 어느 시점에서는, 병원 침대의 92%(13개 중 12개)를 장기 환자가 사용하였다. 하지만 전체 한 해에 걸쳐서, 81%(64명 중 52명)의 환자는 단기 환자였다. '병원 침대' 대신에 '교도소의 감방'으로 바꾸어서 비슷한 예를 가지고 그것이 함축하는 것에 관해서 토론해 보라.

CHAPTER 05

개념, 조작화, 측정

우리가 사용하는 용어가 의미하는(그리고 의미하지 않는) 바를 정확하게 특정화하는 것이 중요하다. 이것이 측정 과정의 첫 단계이며, 우리는 그것을 이 장에서 깊이 있게 다룰 것이다.

학습목표

1. 공통점을 갖는 관찰과 경험을 통합하기 위한 요약 장치로서 개념의 역할을 이해한다.
2. 개념은 실재하는 단어에 존재하지 않는 정신적 이미지라는 것을 설명한다.
3. 조작화가 변수 측정을 위한 구체적인 경험적 절차를 특정화하는 방법을 설명한다.
4. 조작화는 연구설계와 함께 시작하지만 연구기간 내내 계속된다는 점을 인식한다.
5. 측정범주가 상호배타적이고 포괄적이어야 하는 이유를 설명한다.
6. 다양한 측정의 수준과 다양한 수준의 속성을 구별한다.
7. 측정 품질의 차원으로서 정밀도, 신뢰도, 타당도를 이해한다.
8. 구체적이고 신뢰할 수 있는 측정이 어떻게 하면 우리가 연구하려는 개념의 복잡성을 반영하지 못할 수 있는지 요약한다.
9. 개념의 복합측정(multiple measures)이 신뢰도와 타당도를 향상시킬 수 있는 방법을 이해한다.
10. 혼합측정(composite measures)과 그것의 장점을 설명한다.

근린의 특성 측정하기

범죄학자들은 항상 근린의 특징이 범죄문제와 어떻게 연결될 수 있는지에 관심을 가져왔다. 우리는 시카고 근린의 범죄에 관한 초기의 연구를 논의했던 제2장에서 이 중 일부를 보았다. 연구자들은 전통적으로 미국 센서스(인구주택총조사)에서 10년마다 수집되는 것과 같은 사회적, 경제적 특성의 측정을 사용해 왔다. 인구 조사 지역 및 구역은 인구학적, 사회적, 경제적 특성의 측정값이 집계되는 작은 지역들이다. 많은 범죄학적 연구가 센서스 데이터를 사용하여 근린의 어떤 특성이 범죄와 관련되는지 검토하였다.

근린의 특성을 측정하는 또 다른 방법은 그것을 관찰하는 것이다. 센서스 데이터는 근린 주민들이 작성하는 설문지를 통해 수집되는 반면, 최근의 연구들은 주거 조건, 낙서 및 쓰레기(즉, 무질서)의 존재, 지역의 건물 유형과 같은 특성을 관찰하기 위해 조사원을 현장으로 보냈다. 그러나 그러한 방법은 측정이 어렵고 비용이 많이 든다. 현장 관찰자(제10장 참고)는 훈련된 후에 현장에 보내져야 한다. 로버트 샘슨과 스티븐 로덴부시(Robert Sampson and Stephen Raudenbush, 1999)는 관찰자들이 시카고 근린을 운전하면서, 표집된 거리의 사람과 물리적 조건에 대한 비디오 녹화를 한 사례를 설명한다.

한 가지 대안은 구글 스트리트 뷰(Google Street View: GSV)를 통해 웹상에서 도시 거리의 기존 이미지를 보는 것이다. 여러분이 구글 지도 사이트에서 GSV를 사용해 보지 않았더라도, 스마트폰이나 기타 모바일 장치에서 다른 응용 프로그램을 통해 이러한 이미지를 보았을 수 있다. http://www.google.com/maps로 이동하여 지금 사용해 보라.

완전한 적용은 미국의 주요 도시에서만 가능하지만, GSV는 점점 더 많은 작은 도시와 다른 국가의 여러 장소들을 포함할 것이다. 검색창에 주소를 입력하라. 또는 '899 Tenth Ave, New York, NY'를 입력하여 존 제이 형사사법대학(John Jay College of Criminal Justice)에 있는 건물을 보라. 브라우저의 설정 방식에 따라 지도 또는 위성 이미지가 표시될 것이다. 또한 뉴욕시의 10번가와 59번가의 교차로를 보여주는 사진을 별도의 패널에서 볼 수 있다. 마우스로 이미지를 이동하며 그 지역을 둘러볼 수 있다. 또한 가상으로 뉴욕시 거리를 오르내리며 길을 따라 계속되는 이미지를 볼 수도 있다.

뉴욕과 대부분 다른 주요 도시에 대한 검색결과는 거리를 달리는 차량(구글의 카메라가 장착된 차량)에서 볼 수 있는 모든 것에 대한 사진 기록(archive)이다. 이것은 넓은 지역을 저렴하게 관찰할 수 있는 방법을 제공함으로써 연구자에게 엄청난 잠재력을 갖게 한다.

그러나 그러한 이미지를 통해 만들어진 측정의 품질은 어떠한가? 보다 근본적으로 어떤 개념이 GSV 이미지로 측정될 수 있는가? 여기서는 그냥 GSV를 서로 다른 개념을 측정하는 다양한 소스 중의 하나로 생각하라. 예를 들어, 영상이나 이미지는 주거 조건에 대한 측정은 가능하게 하지만, 가구 소득이나 가족 규모와 같은 사회경제적 특성을 측정하는 데에는 그다지 유용하지 않다. 이 장의 많은 부분이 타당하고 신뢰할 수 있는 측정을 하는 방법을 설명한다. 그러한 측정의 신뢰도와 타당도를 어떻게 결정할 수 있을까? 이 장을 읽는 동안 GSV를 시도하는 것이 도움이 될 것이다. 또는 GSV를 사용하여 뉴욕시 근린의 물리적 무질서를 측정한 퀸과 동료들의 최근 연구를 참조하라(Quinn et al., 2016). GSV의 매력적인 기능 중 하나는 미국 아이다호주의 모스코(Moscow)에서 컴퓨터로 러시아 모스크바(Moscow)의 거리를 관찰할 수 있다는 것이다.

도입

측정은 어렵고 엄밀하지 못하기 때문에 연구자들은 측정 과정을 명백하게 기술하려고 한다.

이 장에서는 우리가 연구하려는 것에 관한 막연한 생각을 가지는 것에서부터 그것을 인식하고 현실 세계에서 측정할 수 있기까지의 진행 과정을 기술한다. 우리는 개념화(conceptualization)라는 일반적 쟁점과 함께 시작하는데, 그것은 조작화(operationalization) 및 실제 측정의 검토를 위한 토대를 마련해 준다. 이어 우리는 측정의 질을 평가하는 다양한 접근법을 살펴볼 것이다. 이 장은 개별적인 측정을 보다 복잡한 지표로 조합하는 전략을 개관하면서 마칠 것이다. 측정에 관한 우리의 검토는 제6장에서도 계속되는데, 다음 장에서는 범죄를 측정하기 위한 다양한 전략에 초점을 둘 것이다.

이 장을 읽을 때는 한 가지 중심적인 주제, 즉 커뮤니케이션 또는 소통을 염두에 두기 바란다. 궁극적으로, 형사사법 및 사회과학 연구는 그 발견 사실을 청중(교수, 학생, 독자, 보호관찰 공무원 등)에게 전달하려고 한다. 우리가 제1장에서 기술한 것처럼, 막연한 아이디어와 관심에서부터 시작하여 주요 용어에 대한 엄밀한 정의를 거쳐 완성된 연구보고서에 이르기까지의 모든 단계는 커뮤니케이션을 수반한다. 현상을 보다 엄밀히 정의함으로써 비로소 실제 세계에서 적용할 수 있는 측정의 개발을 시작할 수 있다.

구상개념과 개념

추상적인 정신적 관념을 명료화하는 것이 측정의 중요한 첫 번째 단계이다.

여러분은 재범(recidivism)이라는 말을 들을 때 어떤 생각을 하게 되는가? 아마도 침입절도로 복역한 적 있는 사람이 교도소에서 석방된 지 얼마 되지 않아 다시 남의 집에 난입한 경우를 생각해 볼 수 있을 것이다. 혹은, 그와 같은 구체적인 이미지가 아니고, 단순히 습관적인 범죄자라는 보다 일반적인 관념을 가질 수도 있다. 형사사법기관에 종사하는 사람은 또 다른 정신적 관념을 가질 수 있다. 경찰관들은 체포한 특정 개인에 대해 다양한 범죄 혐의가 있는 것으로 생각할 수 있으며, 판사는 피고에게 여러 건의 절도범죄 전과가 있는 것을 주시할 것이다.

결국, **재범**(recidivism)은 단순히 우리가 소통과정에서 사용하는 용어(우리가 어딘가에서 관찰했거나 들은 적 있는 관련 현상의 모음을 나타내는 말)이다. 마치 우리가 마음속에, 각 장마다 오른쪽 상단 모퉁이에 꼬리표를 갖는 수천 장의 서류를 철해서 보관하는 서랍장을 갖고 있는 것과 같다. 파일 서랍장 속의 서류 중 한 장이 재범이라는 용어를 가지고 있고, 여러분 옆에서 함께 강의를 듣고 있는 친구도 역시 그 서류를 가지고 있다.

그 정신적 이미지, 즉 파일 서랍장 속 서류의 기술적(technical) 이름이 **구상개념**(conception)이다. 각 장의 서류가 하나의 **구상개념**인데, 이는 우리가 일상생활에서 접하는 현상에 관한 주관적 사고이다. 그러나 정신적 관념은 직접적으로 소통될 수 없다. 우리의 정신적 이미지 위에 쓰여 있는 것을 직접적으로 드러낼 방법은 없다. 그러므로 우리는 구상개념 및 그것과 관련하여 관찰하는 현상에 관한 소통의 수단으로서 오른쪽 상단 모퉁이에 쓰인 용어를 사용한다.

예를 들어, **범죄**(crime)라는 용어는 특정 종류의 행위에 관한 우리의 구상개념을 나타낸다. 그러나 개인들은 서로 다른 구상개념을 갖는다. 그들은 범죄라는 말을 들을 때 서로 다른 종류의 행위를 생각할 수 있다. 예를 들어, 대부분의 주에서 경찰관은 마리화나 소지를 그들이 가진 범죄의 구상개념에 포함시키겠지만, 반면에 오락용 마리화나 사용이 허용되는 주의 주민은 그렇지 않을 것이다. 최근에 침입절도 피해를 당한 사람은 범죄라는 구상개념 속에서 자신의 경험을 회상할 수 있지만, 그러한 피해를 당하지 않은 이웃은 어제 신문에서 본 살인사건에 관해 생각할지 모른다.

구상개념은 주관적이고 직접 소통될 수 없기 때문에, 우리는 구상개념과 그와 관련하여 관찰하는 현상에 대한 소통의 수단으로서 언어라는 말과 상징을 사용한다.

개념(concept)은 이러한 정신적 이미지를 나타내기 위해 우리가 사용하는 언어로 된 말과 상징이다. 우리는 타인과 소통하기 위해 그리고 우리의 정신적 이미지를 공유하기 위해 개념을 사용한다. 비록 공통된 언어가 우리의 소통을 가능하게 해주지만, 우리가 사용하는 말과 문구가 추상개념을 표현한다는 점을 인식하는 것이 중요하다. 개념은 우리가 그것에 붙이는 라벨과 무관하기 때문에 추상적이다. 하나의 개념으로서 범죄(crime)는 추상적이며, 영어로 이 라벨은 불법적 행위에 대한 정신적 이미지를 나타낸다. 물론, 실제 범죄는 실재하는 사건이며, 범죄에 대한 우리의 정신적 이미지도 실제 사건(또는 영화에서 보는 것)에 토대할 수 있다. 그러나 우리가 구체성 없이 '범죄'를 말할 때는 추상개념에 관해 말하고 있는 것이다. 예를 들어, 마이클 갓프레드슨과 트래비스 허쉬

개념(concept) 우리가 정신적 이미지를 나타내기 위해 사용하는 언어로 된 말 또는 상징.

(Michael Gottfredson and Travis Hirschi, 1990: 15)가 제안한 범죄의 개념(자신의 이익을 위하여 힘이나 부정한 수단을 쓰는 것)은 추상적이다. '범죄'는 그들이 이 개념에 할당한 상징이나 라벨이다.

한 가지 구체적인 예를 살펴보자. '심각한 범죄'에 대한 여러분의 구상개념은 무엇인가? 어떤 정신적 이미지가 다가오는가? 대부분의 사람들은 강간, 은행강도, 살인이 심각한 범죄라는 점에 동의한다. 뇌진탕과 안면 부상을 초래한 폭행은 어떠한가? 많은 사람이 그것을 심각한 범죄로 분류할 것이지만, 그 사건이 복싱경기 도중에 발생한다면 그렇게 분류하지 않을 것이다. 침입절도는 심각한 범죄인가? 그것이 달리는 차에서 총격을 가하는 것만큼 순위가 높지는 않을 것이나, 가게 들치기보다는 심각한 범죄라는 점에는 아마 동의할 것이다. 마약 복용과 마약 거래는 어떠한가?

심각한 범죄에 대한 정신적 이미지는 우리의 배경과 경험에 따라서 다를 수 있다. 만일 여러분 집이 침입절도 피해를 당한 적이 있다면, 당해보지 않은 사람들보다 그것을 심각한 범죄로 평가할 가능성이 더 클 것이다. 만일 여러분이 침입절도와 총기 강도를 모두 당한 적이 있다면, 아마도 침입절도가 강도보다는 덜 심각한 것으로 생각할 것이다.

마약 복용의 심각성에 대한 논쟁은 계속되고 있다. 약물을 사용한 적이 있든 없든 간에, 젊은 사람일수록 마약 복용을 심각한 범죄로 보지 않는 경향이 있을 것이며, 반면에 경찰과 다른 공무원들은 그것을 매우 심각한 범죄로 순위 매길 것이다. 알래스카, 캘리포니아, 워싱턴은 마리화나 사용을 합법화한 주들이다. 그러나 미 법무성은 마리화나 시약소가 신용카드를 받거나 은행계좌를 개설하는 것을 금하는 등, 마리화나 사용을 범죄로 본다(Popper, 2016).

'심각한 범죄'는 우리가 어떤 개념을 표현하기 위해 사용하는 라벨, 즉 추상개념이다. 그러나 우리는 개념을 위해 사용하는 라벨과 그 개념이 나타내는 실재를 조심스럽게 구분해야 한다. 강도는 실재하며, 그것은 심각한 범죄이다. 그러나 범죄의 심각성이란 개념은 실재적이지 않다. 오락용이든 의료용이든 마리화나 사용은 실재적이지만, 심각성의 개념은 추상적이다.

구상개념, 개념, 그리고 측정을 연결하기 위해서, 과학자들이 측정하는 현상의 세 가지 부류—직접 관찰 가능한 것, 간접 관찰 가능한 것, 그리고 구성물—에 대한 에이브러햄 캐플런(Abraham Kaplan, 1964)의 논의를 숙고해 보라. 첫 번째, 직접 관찰 가능한 부류는 사과의 색깔이나 범죄 보고서의 글처럼 우리가 간단하게 그리고 직접 관찰할 수 있는 것을 말한다. 간접 관찰 가능한 것은 "비교적 더 세심하고 복잡하고 간접적인 관찰"(1964: 55)을 요한다. 우리는 경찰관이 범죄 보고서의 '위반유형'란에 '강도'라고 적은 것을 보고, 그래서 어떤 범죄가 발생했는지 간접적으로 관찰한다. 신문기사, 법정 속기록, 범죄경력 조회서 등은 과거 행위에 대한 간접 관찰을 가능하게 해준다. 마지막으로 구성물(construct)은 직접적으로도 간접적으로도 관찰할 수 없는 것에 기초한 이론적 창조물이다. IQ가 좋은 예이다. 그것은 IQ 테스트 문항에 대한 답으로부터 수학적으로 구성된다.

캐플런(Kaplan, 1964: 49)은 개념을 "일군(family)의 구상개념들"로 정의했다. 캐플런이 주시한 것처럼 개념은 하나의 구성물이다. 그래서 심각한 범죄란 개념은 그것에 대한 여러분의, 우리의, 그리고 그 용어를 사용한 적 있는 모든 사람의 구상개념으로부터 만들어진 구성물이다. 심각한 범죄란 개념은 직접적으로도 간접적으로도 관찰될 수 없다. 그러나 우리는 그 개념을 의미심장하게 논의하고, 심각한 범죄의 예들을 관찰하며, 그것을 간접적으로 측정할 수 있다.

개념화

일상의 의사소통은 용어들의 사용에 관한 일반적이지만 때로는 모호하고 언명되지 않은 약속을 통해 가능해진다. 대개 타인들은 우리가 소통하고자 하는 것을 정확하게 이해하지 못하지만, 우리가 의미하는 것에 대한 일반적인 이해는 가지고 있다. 예를 들어, 비록 우리가 심각한 범죄라는 용어의 의미에 대해 완전히 동의할 수는 없을지라도, 은행 강도 범죄가 자전거 절도 범죄보다 더 심각하다고 가정하는 것은 안전하다. 오해의 많은 부분이 우리의 엄밀하지 못함에 대한 대가이지만, 어쨌든 우리는 얼렁뚱땅 넘어간다. 그러나 과학은 대충하는 것으로는 안 되며, 그와 같은 부정확한 맥락에서는 작동할 수 없다.

개념화(conceptualization)는 우리가 특정 용어들을 사용할 때 의미하는 바를 엄밀하게 특정화하는 과정이다. 우리가 폭력범죄가 비폭력범죄보다 더 심각한지 여부를 알아내고자 한다고 가정해 보라. 우리 대부분은 아마도 그것이 사실이라고 가정하겠지만, 정말 그러한지를 밝혀내는 것은 재미있을 것 같다. 우리가 사용하고 있는 용어의 의미에 관한 엄밀한 실행 약속 없이는, 그 대답에 대한 동의 여부는 차치하고, 그 문제를 의미 있게 연구할 수 없다는 점에 주의하라. 우리가 그 문제를 다룰 수 있게 해준다는 의미에서 그것은 실행 약속이다.

우리는 폭력범죄와 비폭력범죄를 명백히 구분함으로써 시작한다. 폭력범죄에서는 가해자가 피해자에게 폭력을 사용하거나 폭력의 위협을 가한다. 비폭력범죄에서는 피해자와 가해자 간의 어떠한 직접적인 접촉도 없거나, 접촉이 있다 해도 폭력은 개입되지 않는다. 예를 들어, 소매치기는 직접적인 접촉이 있지만 어떠한 폭력도 개입되지 않는다. 반대로, 강도는 최소한 피해자에 대한 폭력 사용의 위협을 수반한다. 침입절도, 자동차 절도, 가게 들치기, 그리고 자전거와 같이 방치된 개인 재산의 절도는 비폭력범죄의 예다. 그에 반해 폭행, 강간, 강도, 살인은 폭력범죄다.

개념화(conceptualization) 개념(concepts)과 같이 불분명하고 부정확한 관념을 보다 구체적이고 엄밀하게 만드는 정신적 과정.

지표와 차원

개념화 과정의 최종 산물은 우리가 마음속에 갖고 있는 것의 지표에 대한 특정화인데, 이 지표는 우리가 연구하고 있는 개념의 존재 또는 부재를 나타낸다. 이 과정을 예시하기 위해서, '범죄의 심각성'이라는 좀 더 포괄적인 개념을 논의하겠다. 이 개념은 어떤 범죄는 다른 범죄보다 더 심각하다는 점을 함축하므로 '심각한 범죄'보다 더 일반적이다.

'범죄의 심각성'의 한 가지 좋은 지표는 '범죄 피해자에 끼치는 해악(피해)'이다. 신체적 부상은 해악의 한 가지 예이며, 그것은 확실히 비폭력범죄보다는 폭력범죄로부터 초래되기 쉽다. 다른 종류의 해악은 어떠한가? 침입절도 피해자는 주거 손상 및 재산 손실로 인한 경제적 해악으로 고생한다. 침입절도에 의한 800달러의 손실이 상해를 초래하지 않은 강도에서의 10달러 손실보다 더 심각한 범죄의 지표인가? 폭력범죄 피해자와 비폭력범죄 피해자 모두가 정신적 고통을 겪을 수 있다. 찰스 실버맨(Charles Silberman, 1978: 18~19)은 자기 집이 침입절도 피해를 당한 것을 알게 된 사람들이 이후 어떤 개인적 모독감을 느끼는지 기술했다. 제리 랫클리프(Jerry Ratcliffe, 2014)는 필라델피아 데이터의 분석에 기초하여 피해 유형의 분류 및 하위 묶음을 제안하면서, 피해에 대해 생각하는 다양한 방식을 논의한다. 또한, 그는 수사 중지 및 몸수색과 같은 경찰 조치로 인해 발생할 수 있는 피해의 예도 설명한다.

그와 같은 묶음에 대한 기술적(technical) 용어가 **차원**(dimension. 개념의 다소간 특정화 가능한 측면)이다. 이처럼, 우리는 범죄 심각성의 '피해자에 대한 해악의 차원'을 말할 수 있다. 이 차원은 신체적 부상, 경제적 손실, 혹은 정신적 결과라는 지표를 포함할 수 있다. 그리고 우리는 범죄의 심각성이라는 일반적 개념과 관련된 다른 지표와 차원도 쉽사리 생각할 수 있다. 만일 우리가 가난한 사람의 돈 20달러를 훔치는 것이 부유한 석유회사 CEO의 돈 2,000달러를 훔치는 것보다 더 심각하다고 생각한다면, 피해자의 부(富)가 또 하나의 차원이 될 수 있을 것이다. 또한 피해자의 정체성 차원도 생각해 보라. 자기방어를 위해 침입절도범을 죽이는 것은 미국 대통령을 죽이려고 위협하는 것만큼 심각하지는 않을 것이다.

이처럼, 범죄의 심각성이라는 개념은 몇 가지 차원으로 세분할 수 있다. 차원을 구체화(특정화)하고 각 차원을 위한 다양한 지표를 확인하는 것이 개념화의 양대 부분이다.

어떤 개념의 다양한 차원을 구체화하는 것은 우리가 연구하고 있는 것에 대한 좀 더 정교한 이해를 위한 토대를 마련해 준다. 예를 들어, 우리는 고등학생들 간의 주먹다짐이 해마다 수천 건의 부상을 초래하는 것을 보지만, 자동차 절도로 인한 연간 비용이 수백 개의 보험회사와 수백만 명의 자동차보험 계약자에게 직접적인 경제적 손실을 끼치는 것도 볼 수 있다. 우리가 범죄 심각성의 다양한 차원을 인식한다면, 폭력범죄가 항상 비폭력범죄보다 더 심각하다고 말할 수 없다.

공교롭게도, 범죄의 심각성을 정의하고 측정하는 것은 형사사법 정책과 연구에서 중요한 쟁점이다. 가정폭력과 지인에 의한 강간은 낯선 사람들 간의 신체적 혹은 성적 폭력과는 종종 다르게 다루어지는데, 이는 소위 피해자-가해자 관계라는 차원을 제안한다. 예를 들어, 매 맞는 여성의 정당한 방어는 장기간의 폭력 피해 끝에 배우자나 애인을 살해한 여성에 대한 재판에서 자주 등장한다(Williams, 1991). 그처럼 정상참작이 가능한 상황은 일부 유형의 살인이, 부분적으로는 범행동기와 피해자-가해자 관계에 근거하여, 다른 유형의 살인과는 다르게 다루어진다는 것을 의미한다. 강간범에 대해 그들이 피해자와 이전부터 알고 지내던 사이인 경우 덜 엄격하게 처벌하는 법원의 관행은 점점 많은 저항을 받아왔다(Lopez, 1992). 여대생 대상의 성폭행에 관한 연구에 따르면, 피해자는 지인에 의한 강간은 범죄로 인식하는 정도가 덜한 것으로 나타났다(Fisher, Cullen, and Turner, 2000). 여러 연구가 백인을 살해한 흑인에게 좀 더 자주 사형이 선고된다는 것을 발견하였는데, 이는 피해자의 인종이 양형과 관련되며, 따라서 범죄 심각성의 지표로서 고려될 수 있다는 것을 시사한다(Baldus, Pulaski, and Woodworth, 1983; Baldus et al., 2011). 이 장의 후반부에서는 범죄의 심각성 척도를 개발하려는 특정한 시도에 대해 논의할 것이다.

정의와 실재의 혼동

간략히 요약해서 말하면, 개념은 외관상 관련된 관찰과 경험의 모음을 요약하는 구상개념(정신적 관념)으로부터 파생된다. 비록 관찰과 경험이 실재적일지라도, 우리의 개념은 정신적 창조물이다. 개념과 관련된 용어는 단순히 소통을 위해 만들어진 장치이다. **범죄의 심각성**(crime seriousness)이라는 용어가 하나의 예이다. 궁극적으로, 그 문구는 단지 글자들의 모음에 불과하며, 어떠한 고유한 의미도 갖지 않는다. 우리는 동일한 목적에서 **범죄의 사소함**(crime pettiness)이라는 상반된 용어를 쉽사리 만들 수 있을 것이다.

그러나 우리는 종종 용어가 실제 의미를 갖는다고 믿는 함정에 빠진다. 그러한 위험은 우리가 용어를 심각하게 받아들이고 그것을 엄밀하게 사용하려고 할 때 더 강해지는 것 같다. 그리고 위험은 그 용어가 실제로 의미하는 것에 관해 더 잘 알 것으로 생각되는 전문가 앞에서 더 커진다. 그와 같은 상황에서는 전문가의 권위에 굴복하기 쉽다.

일단 용어가 실제 의미를 갖는다고 (잘못) 가정하고 나면, 그러한 실제 의미가 무엇인지, 그리고 무엇이 그것에 대한 올바른 측정을 구성하는지 찾는 일을 시작하게 된다. 우리는 실제 관찰사례에 대한 개념적 요약을 하는데, 그 이유는 요약이 편리하기 때문이다. 그러나 너무나 편리해서 그것이 실재한다고 생각하기 시작한다. 실재하지 않는 것을 실재하는 것으로 인식하는 과정이 구상화 또는 **물화**(reification)이다. 일상생활에서 개념을 물화하는 것은 매우 흔한 일이다.

개념적 순서 만들기

형사사법 연구의 설계와 실행은 우리가 개념과 실재에 대한 혼동을 극복할 것을 요구한다. 논리학자와 과학자는 이를 위해 정의의 세 가지 종류, 즉 실제적, 개념적, 그리고 조작적 정의를 구분하는 것이 유용하다는 것을 발견하였다. 이들 중 첫 번째는 용어의 물화를 반영한다. 칼 G. 헴펠(Carl G. Hempel, 1952: 6)은 다음과 같이 경고하였다.

> 전통적 논리에 따르면, '실제적' 정의는 어떤 표현의 의미를 결정하는 규정이 아니라, 어떤 실체의 '본질적 성질' 또는 '본질적 속성'에 대한 진술이다. 그러나 본질적 성질이란 관념은 이 특성화(characterization)를 엄격한 탐구 목적에는 쓸모없게 만들 정도로 모호하다.

'실제적' 또는 '본질적' 정의는 원래 주관적이다. 과학적 탐구에서 개념의 특정화는 그것보다는 개념적, 조작적 정의에 달려 있다. **개념적 정의**(conceptual definition)는 어떤 용어에 특정하게 할당된 실행 정의이다. 용어의 실제 의미에 대한 불일치와 혼동이 있을 때, 과학자는 탐구 목적을 위해 실행 정의를 명시한다. 예를 들어, 사회경제적 지위(socioeconomic status: SES)를 검토하려 할 때, 우리는 그것을 수입과 교육적 성취의 조합으로 다룰 것이라고 간단히 특정화할 수 있다. 물론 그렇게 결정함으로써 우리는 직업적 지위, 은행 잔고, 자산, 혈통, 생활양식 등 SES의 다른 가능한 측면은 배제하게 된다.

개념적 정의의 특정화는 두 가지 중요한 일을 한다. 첫째, 그것은 우리가 제시하는 특정한 실행 정의의 역할을 하며, 그래서 독자들은 우리가 그 개념으로써 의미하는 바를 정확하게 이해하게 될 것이다. 둘째, 그것은 우리의 관찰 전략을 명확하게 한다. 개념적 정의가 직접 관찰을 낳는 것은 아니고, 오히려 그것은 실제의 측정을 개발하려는 우리의 노력에 길을 터준다는 사실에 주목하라.

다음 단계로, 우리는 관찰할 것과 어떻게 관찰할 것인지, 그리고 다양한 가능한 관찰에 대해 우리가 어떤 해석을 할 것인지 정확하게 특정화해야 한다. 이러한 진전된 특정화는 개념에 대한 **조작적 정의**(operational definition. 개념이 어떻게 측정될 것인지를 엄밀히 밝히는 정의)를 구성한다. 엄밀히 말해서, 조작적 정의는 개념을 측정하는 과정에서 시도되는 '조작'에 대한 묘사이다.

SES의 정의를 위해서는 우리가 연구하고 있는 사람들에게 세 가지 질문을 할 수 있다.

1. 지난 12개월 동안 당신의 총가구소득은 얼마인가?
2. 당신의 가구원은 모두 몇 명인가?
3. 당신의 최종 학력은 무엇인가?

개념적 정의(conceptual definition) 어떤 개념이나 용어의 실행 정의.
조작적 정의(operational definition) 어떤 개념을 측정하기 위해서는 어떤 조작이 이루어져야 하는지를 구체화한 진술.

재범이란 무엇인가?

상원 형사사법위원회는 교정체계의 수행도를 평가하기 위한 수단으로서 체계의 기록과 재범률을 연구할 것이다. 위원회의 첫 번째 과업은 재범을 명확히 정의하고, 그것이 어떻게 측정되는지 이해하며, 수행도 척도로서 재범률을 사용하는 것이 갖는 함의를 결정하는 것이어야 한다.

재범의 정의

재범은 범죄행위를 반복하는 것이다. 재범률이란 특정 범죄자 집단(예: 가석방된 사람들)에서 어떤 주어진 기간 내에 범법행위를 한 사람들의 비율을 말한다. 범법행위의 지표로는 재체포, 재유죄판결, 재구금 등이 있다.

각 지표는 형사사법 공무원들과의 접촉에 좌우되며, 따라서 범죄행위의 재발을 과소평가할 것이다. 그러나 사법기관에 보고되지 않거나 달리 알려지지 않은 범죄행위는 일관성 있고 경제적으로 실행 가능한 방식으로 측정하기 어렵다.

1991년에 형사사법정책심의회(Criminal Justice Policy Council)는 의회와 주 형사사법기관에 재범을 다음과 같은 방식으로 측정하도록 권고하였다.

재범률은 교도소 출감 횟수를 세거나 또는 일정 기간 내에 어떤 기술적 위반이나 새로운 범죄로 인하여 재감금되고 지역사회의 감독에 처해진 범죄자의 수를 셈으로써 계산되어야 한다.

재범의 가능성이 높은 기간(at-risk street time)은 1년, 2년, 혹은 3년일 수 있으나, 결과가 왜곡되지 않도록 하기 위해, 추적하는 기간을 모든 이에게 동일하게 해야 한다.

재구금은 텍사스 공공안전과에 의해 전산화된 범죄경력 체계로 수집되는 '전과기록(rap sheets)'의 자료를 사용하여 측정해야 한다. 정보의 소스가 집중되면 보고상의 오류가 감소된다.

전 교정체계에 걸친 재범률

재범률은 체계의 모든 범죄자(교도소에서 석방된 모든 범죄자나 보호관찰에 처한 모든 범죄자)에 대해 보고될 수 있다. 이것이 내가 말하는 전 체계에 걸친 재범률이

다음으로 우리는 사람들의 응답을 범주화하기 위한 체계를 특정화해야 한다. 소득의 경우는 '50,000달러 이하'와 '50,000~75,000달러'의 범주를 사용할 수 있다. 교육수준도 유사하게 범주로 구분할 수 있으나, 가구원은 단순히 각 가구에 있는 사람의 수를 세면 된다. 마지막으로 SES의 측정을 위해 세 가지 질문에 대한 각각의 응답을 조합하는 방법을 특정화해야 한다.

궁극적 결과는 SES에 대한 실행 가능한 정의이다. 다른 사람들은 우리의 개념화와 조작화에 동의하지 않을 수 있으나, 이 정의는 한 가지 중요한 과학적 이점을 갖는다. 그것은 매우 구체적이며 명백하다는 것이다. 비록 누군가 우리의 정의에 동의하지 않더라도, 그 사람은 우리의 연구결과를 해석하는 방법에 대한 좋은 아이디어를 갖게 되는데, 그것은 우리가 SES라는 용어를 가지고 의미하는 바(우리의 분석과 결론에 반영되어 있음)가 명확하기 때문이다.

과학적 연구에서 어떤 용어의 의미에 대한 우리의 모호한 감각에서부터 구체적인 측정에 이르기까지의 과정을 아래에서 보여주고 있다.

다. 1991년에 가석방이나 강제적 감독을 조건으로 교도소(prison)에서 석방됐거나 카운티 구치소(jail)에서 가석방된 범죄자의 약 48%가 1994년까지 새로운 범죄 또는 가석방 조건위반으로 재구금되었다.

교도소에서 석방된 범죄자의 경우, 석방된 지 3년 후에 재범으로 구금되어 유죄판결 받은 비율(재구금 재범률)은 아래와 같다.

침입절도	56%	폭행	44%
강도	54%	살인	40%
절도	52%	성폭행	39%
마약	43%	기타 성범죄	34%

동일 집단에서, 석방 3년 후의 재구금 재범률을 연령 집단별로 보면 다음과 같다.

17~25	56%
26~30	52%
31~35	48%
36~40	46%
41+	35%

전 체계에 걸친 재범률의 의미

교도소 출소자의 전 체계에 걸친 재범률이 기관 프로그램의 수행도를 평가하기 위해 사용되어서는 안 된다. 전 체계에 걸친 재범률에 영향을 미칠 수 있는 많은 사회경제적 요인이 있다.

예를 들어, 1995년에 교도소에서 석방된 범죄자의 전 체계에 걸친 재범률은 교도소에서 석방된 인구의 특성 변화로 인해 감소하였다. 범죄자들은 좀 더 장기형을 선고받고 복역하고 있는데, 그것이 석방 시의 평균 연령을 높일 것이다. 그러므로 전 체계적 재범이란 맥락에서 '수행도'는 향상될 것이지만 그것이 반드시 교도소 체계 내의 서비스 전달이 개선되었기 때문은 아닐 것이다.

다른 한편으로, 주의 구치소 시설에서 석방된 중범죄자의 전 체계에 걸친 재범률은 비교적 높을 것이라 기대되어야 한다. 왜냐하면 주 구치소의 중범죄자는 재범률이 높은 경향이 있는 재산범죄자거나 마약범죄자이기 때문이다.

_ 토니 파블로(Tony Fabelo)

개념화 → 개념적 정의 → 조작적 정의 → 실제 세계에서의 측정

이러한 측정 단계에 대한 여러분의 이해를 테스트하기 위해, '재범'이라는 단어와 관련해서 여러분의 마음속에 어떤 이미지가 떠오르는지 물었던 이 장의 시작 부분으로 돌아가 보라. 여러분의 정신적 이미지를 회상하고, 그것을 '재범이란 무엇인가?'라는 제목의 글상자에 있는 토니 파블로(Tony Fabelo, 1995)의 논의와 비교해 보라.

조작화 선택

실제 경험적 측정을 하는 방법에 대한 설명은 조작화로 시작한다.

연구과정은 대개 시작부터 끝까지 어떤 정해진 순서에 따라 진행되는 일련의 단계가 아니다. 이것은 특히 조작화, 즉 조작적 정의를 하는 과정에서는 더 그러하다. 비록 우리가 연구하려는 것을 개념화함으로써 시작하지만, 조작화를 고려하기 시작할 때도 우리의 개

념적 정의를 수정할 수 있다. 조작적 정의를 진전시키는 것은 또한 우리가 측정에 더 가까이 가도록 해주며, 나아가 자료수집 방법의 선택까지도 생각할 것을 요구한다. 다시 말해서, 조작화는 대개 체계적인 체크리스트에 따라서 진행되지 않는다는 것이다.

이러한 유동적 과정을 예증하기 위해서 범죄의 심각성 쟁점으로 되돌아가 보자. 어느 범죄가 더 심각하고 어느 범죄가 덜 심각한지 보여주는 기술적 연구를 한다고 가정해 보라.

범죄의 심각성의 한 가지 명백한 차원은 법이 다양한 범죄에 부과한 처벌이다. 이 개념화로 시작하자. 따라서, 범죄의 심각성에 대한 우리의 개념적 정의는 국가의 형법전이 다양한 범죄에 대해 규정해 놓은 처벌수준이다. 이 정의는 명백함이라는 뚜렷한 장점을 갖는다는 것에 주목하라. 우리는 이제 전진하고 있다. 그것은 우리를 다음과 같은 조작적 정의로 이끈다.

> 텍사스주의 형법전을 참조하라. (1) 사형으로 처벌될 수 있는 범죄는 가장 심각한 것으로 판단될 것이다. (2) 그 다음은 1년 이상의 교도소(prison) 구금형으로 처벌될 수 있는 범죄일 것이다. (3) 가장 덜 심각한 범죄는 1년 이하의 구치소 구금형이나 벌금으로 처벌되는 것이다.

범죄의 심각성을 측정하기 위해 취해진 조작은 특수한 것이다. 우리의 자료수집 전략 또한 분명하다. 웹을 탐색하거나 도서관으로 간다. 텍사스주 법전에 기술된 범죄의 목록을 만든다. 그리고 각각의 범죄를 위 세 가지 집단 중 하나로 분류한다.

우리는 범죄의 심각성에 대한 다소간 좁은 개념적 정의와 조작적 정의를 해왔다는 점에 주의하라. 우리는 텍사스주 법전의 처벌규정이 피해자에 끼친 해악, 범죄자의 동기, 그리고 기타 개별 범죄의 상황과 같은 추가적인 차원을 참작하였다고 추정할 수 있다. 그러나 위 세 가지 집단은 매우 다른 유형의 사건을 포괄하며, 따라서 범죄의 심각성에 관해서 우리에게 많은 것을 알려주지는 않는다.

범죄의 심각성에 대한 하나의 대안적 개념화가 사람들이 심각한 범죄로 생각하는 것과 관련하여 만들어질 수 있다. 이 견해에서는 범죄의 심각성이 사람들의 신념에 기초하는데, 신념은 피해자에 끼친 해악, 범죄자의 동기, 혹은 여타 차원에 대한 사람들의 지각을 반영할 수 있다. 이런 식으로 범죄의 심각성을 개념화하는 것은 조작화에 대한 한 가지 다른 접근법을 제안한다. 여러분이 다양한 범죄에 대해 묘사한 것을 같은 클래스의 다른 학생들에게 주고, 그들에게 각 범죄가 얼마나 심각하다고 생각하는지 표시하도록 부탁해 보라. 만일 범죄의 심각성이 이런 식으로 조작화된다면, 설문지가 가장 적절한 자료수집 방법이 될 것이다.

실제로 범죄의 심각성을 측정하기 전에 우리는 다른 많은 결정을 내려야 한다. 범죄가 어떻게 묘사되어야 하고, 학생들은 각 범죄가 심각한지 또는 그렇지 않은지를 어떻게 표시해야 하는가? 범죄의 묘사가 가장 심각한 것에서 가장 덜 심각한 것으로 간단히 서열화될 수 있는가? 아니면, 예를 들어 강간을 마리화나 흡연과 비교하기 위한 보다 정밀한 측정 도구를 만들도록 애써야 할 것인가?

'점수 매기기'로서의 측정

조작화는 실제 측정이 어떻게 이루어질 것인지 기술하는 것을 포함한다. 물론, 다음 단계는 측정을 하는 것이다. 로이스 싱글톤과 동료들(Royce Singleton et al., 2010: 100)은 측정을 "개념적 특성을 나타내기 위하여 분석단위에 숫자나 라벨을 할당하는 과정으로 정의한다. 이 과정은 정의와는 달리, 독자들에게 상당히 익숙해야 한다."

이 과정의 몇 가지 예를 생각해 보자. 여러분의 교수님은 상의 교재에 대한 여러분의 학습 정도를 보여주는 시험과 리포트에 숫자나 문자로 된 등급을 부여한다. 여러분은 이번 주 역사 과제를 위해 몇 시간을 공부해야 할 것인지를 나타내는 페이지 수를 센다. 미국변호사협회는 연방대법원의 대법관 후보로 지명된 사람들을 매우 적격, 적격, 부적격의 세 집단으로 평가한다. 여러분은 간밤의 데이트를 그 중요성에 따라 1에서 10까지의 척도상에서 서열화할 수 있다.

측정은 또한 점수 매기기의 맥락에서 생각해 볼 수 있다. 여러분 교수님은 맞는 답을 세고 각 답에 일정한 점수를 할당함으로써 시험의 점수를 매긴다. 농구경기에서 심판은 필드 골에는 2~3점, 자유투에는 1점을 주면서 각 팀의 점수를 매긴다. 판사나 배심원은 범죄로 기소된 사람에게 '유죄' 또는 '무죄'를 선언함으로써 점수를 매긴다. 도시의 살인율은 살인 피해자의 수를 세고, 이를 도시 주민의 수로 나눔으로써 산정한다.

측정은 실제로 관찰을 하는 것과 그 관찰에 점수(숫자나 라벨)를 부여하는 것을 포함한다는 점에서 조작화와는 구분된다. 물론 관찰을 하는 것은 자료수집 방법과 관련되며, 바꾸어 자료수집 방법은 조작화에 의해 암시된다. 그러나 측정과정은 훨씬 앞에, 대개는 개념화와 함께 시작한다.

많은 사람이 측정을 형사사법 연구에서 가장 중요하며 어려운 단계로 생각한다. 그것은 부분적으로 형사사법 분야의 많은 기본 개념이 우리가 원하는 만큼 명확하게 정의되지 않기 때문이다. 개념적 정의에 동의할 수 없으면 현상을 조작화하고 측정하는 것이 어렵다. 이 점은 '수감기간'이란 제목의 글상자에서 예증된다.

게다가, 서로 다른 조작화의 선택은 서로 다른 결과를 낳을 수 있다. 여기에 뉴욕시 소재 존 제이 형사사법대학(John Jay College of Criminal Justice)의 연구방법론 강의(CRJ 715−03, 2003. 10. 9.)에서 학생들의 도움으로 개발된 세 가지 간단한 예가 있다.

첫째, 머리 스트라우스(Murray Straus, 1999)는 일반적 목적의 범죄피해 조사를 전문화된 가족갈등 연구와 비교하여, 가정폭력의 비율이 가족갈등 조사에서 16배 이상 높게 나

수감기간

연구의 일반적 목적 중 두 가지는 기술과 설명임을 우리는 제1장에서 보았다. 그 둘 간의 구분은 정의와 측정과정에 대해 중요한 함의를 갖는다. 만일 여러분이 기술이 설명보다 더 쉬운 작업이라는 의견을 가졌다면, 정의가 설명적 연구보다 기술적 연구에서 더 문제일 수 있다는 사실을 알고는 놀라게 될 것이다. 이를 예증하기 위해서 우리 저자 중 한 사람이 간단한 개념으로 생각하고 기술하려한 것의 예를 제시하겠다.

어떤 평가 프로젝트 과정에서 맥스필드는 인디애나주 매리언 카운티 구치소에 수감된 사람들의 평균 수감일수를 알고자 하였다. 이 개념은 '수감기간'이라고 명명되었다. 카운티 구치소에 수감되는 사람들은 세 가지 부류이다. (1) 1년 미만의 형을 선고받고 복역 중인 사람, (2) 재판을 기다리고 있는 사람, (3) 다른 카운티 또는 주의 구치소나 교도소로 옮겨가기 전에 일시적으로 수감되는 사람. 세 번째 범주는 교도소 구금형을 선고받고 수용공간을 기다리고 있는 사람, 혹은 체포되어 어떤 이유로 다른 사법권에서 수사받는 사람을 포함한다.

맥스필드는 이러한 사실을 어렴풋이 알고 있었지만, 그것이 수감기간을 정의하고 궁극적으로 측정하는 일을 얼마나 복잡하게 만드는지는 인식하지 못하였다. 그래서 처음의 질문은 '평균 수감기간이 얼마입니까?'였으나 나중에 '형을 복역 중인 사람들과 재판을 기다리고 있는 사람들의 평균 수감기간은 각각 얼마나 됩니까?'로 수정하였다.

사람들이 서로 다른 이유로 구치소에 수감되는 것과 마찬가지로 개인도 한 가지 이상의 이유로 구치소에 있을 수 있다. 예를 들어, 앨런(Allan)이란 가설적인 구치소 수감자가 있다고 하자. 그는 2002년 7월에 침입절도로 유죄판결을 받고, 1년의 구치소 구금형을 선고받았다. 그러나 30일을 제외한 나머지는 집행이 유예되었는데, 그것은 남은 11개월 동안 재범을 하거나 유예조건을 위반할 경우 재수감된다는 것을 의미한다. 그러나 오래 가지 않았다. 석방된 지 두 달 후 앨런은 강도로 체포되어 구치소에 재수감되었다.

이제 일이 복잡해진다. 판사는 앨런의 유예된 나머지

타났다고 보고하였다. 그는 이것을 범죄조사의 경우 범죄에 명백히 초점을 두는 반면, 가족갈등 연구는 응답자에게 범죄라는 키워드로 단서를 주지 않기 때문으로 보았다. 결과적으로 가족 구성원 간의 물리적 폭력이 일반적인 범죄조사에서보다 스트라우스의 연구에서 훨씬 만연하는 것으로 보이게 된 것이다. 그러나 상해의 경우는 반대로 나타났다. 스트라우스는 가정폭력 사건의 4% 미만이 상해를 초래하였는데, 이는 전미범죄피해조사(National Crime Victimization Survey: NCVS)에서의 75%와 대비된다고 보고하였다. 이러한 상반된 발견은 이해할 수 있는 것이다. 스트라우스는 높은 비율의 덜 심각한 폭력을 발견한 반면, 범죄조사는 낮은 비율의 더 심각한 폭력을 드러내기 때문이다.

둘째, FBI의 표준범죄보고서(Uniform Crime Report: UCR)에 따르면, 2001년에 약 700만 건의 경절도가 보고된 반면(Federal Bureau of Investigation, 2002), NCVS는 같은 해에 전국적으로 1,400만 건 이상의 경절도가 발생한 것으로 추정하였다(Rennison, 2002). UCR 자료는 경찰에 신고된 범죄만 집계하는 반면, NCVS는 신고되지 않은 사건도 포함한다. 경절도의 절반 이하만이 신고되는데, 이것이 둘 간 차이의 대부분을 설명한다. 그러나 자동차 절도의 경우는 그 양상이 역전된다. 2001년 UCR에서는 1,226,000건 이상의 형기 11개월을 부과하였다. 앨런은 보석도 거부되고 구치소에서 재판을 기다려야 한다. 앨런이 수표사기로 일리노이주 경찰에 수배 중이라는 사실도 곧 밝혀졌다. 많은 사람이 앨런을 일리노이로 보내줄 것을 요구하였다. 그들은 관료들로 하여금 매리언 카운티에서의 상황 해결을 보류케 하고, 그를 자기들 주로 데려오도록 압력을 넣었다. 앨런은 이제 다음 세 가지 이유로 구치소에 있다. (1) 침입절도에 대한 잔여형기를 복역하고, (2) 강도 건으로 재판을 기다리고, (3) 일리노이로의 이송을 기다린다.

이것은 한 건의 수감기간인가, 세 건의 수감기간인가?

어떤 의미에서, 앨런 한 사람이 감방 한 칸을 차지하고 있으므로 한 건의 수감기간이다. 그러나 앨런의 강도 건에 대한 재판이 그가 침입절도로 인한 형기를 완료한 이후로 연기된다고 하자. 그는 수감 상태에서 새로운 형기를 시작해야 한다. 그가 재판에 출두할 때, 검찰은 그를 일리노이주로 보내는 것을 이유로 강도 건에 대한 처벌은 보류해줄 것을 재판부에 요청하고, 앨런이 일리노이로의 이송을 기다릴 때 새로운 수감기간이 시작한다.

여러분은 이것을 분석단위와 관련된 문제로 인식할 수 있다. 구치소에 수감된 사람이 분석단위인가? 아니면, 앨런을 구치소에 있게 하는 개별 이유들이 분석단위(사회적 인공물로서의)인가? 곰곰이 생각한 후에, 맥스필드는 사회적 인공물이 가장 적절한 단위라고 결론을 내렸는데, 그것은 그가 구치소가 형기를 복역하는 사람들에 의해 더 많이 점유되는지, 재판을 기다리는 사람들에 의해 더 많이 점유되는지를 파악하는 데 관심이 있었기 때문이다. 그러나 그것은 앨런과 같은 경우를 다루는 방법에 대한 새로운 문제를 제기하였다. 그가 침입절도에 대해 유예된 형기를 복역하고 강도 건에 대한 재판을 기다리며 두 건의 수감기간을 채우고 있으므로, 우리는 앨런의 수감기간에 있어서 중복되는 부분을 이중 계산해야 하는가? 이것은 그럴듯하다. 그러면 앨런의 두 건의 수감기간을 각자 한 건의 수감기간을 갖는 두 명의 다른 사람과 같게 셀 것인가? 다시 말해서, 앨런은 동시에 두 개의 감방 침상을 점유하는 것으로 보일 것이다. 이것은 사실이 아닐뿐더러, 사람들이 서로 다른 이유에서 얼마나 오래 구치소에 머무르는지를 기술하는 데도 도움이 되지 않는다.

자동차 절도가 기록되었는데, 이는 NCVS의 1,009,000건 이하와 비교된다. 둘의 조작화 규칙이 서로 다르다. NCVS는 가구에 대한 범죄를 측정하고 사업체나 다른 조직 소유의 자동차 절도는 계산할 수 없으나, UCR은 이들 범죄를 포함한다.

셋째, '재범이란 무엇인가?'라는 제목의 글상자에서 토니 파블로는 다양한 범죄자 집단의 재범을 비교하기 위해서 '위험기간'은 동일해야 한다고 주장했다. 1년, 2년, 혹은 3년간의 비율을 검토하는 것이 가능하지만, 비교를 위해서는 표준화된 위험기간을 사용해야 한다. 위험기간을 달리하는 것은 당연히 재범률에 있어서의 차이를 유발한다. 텍사스주의 약물남용 치료 프로그램을 평가한 마이클 아이젠버그(Michael Eisenberg, 1999: 8)는 서로 다른 위험기간에 따른 재범률을 보고하였다.

	1년	2년	3년
모든 참가자	14%	37%	42%

1년과 2년 비율 간의 차이는 2년과 3년 비율 간의 차이보다 훨씬 크다는 점에 주목하

라. '재범'을 1년간의 실패율로 조작화하는 것은 그 개념을 2년간 비율로 조작화하는 것보다 훨씬 덜 정확할 것이다. 그것은 재범률이 2년의 시점에서 안정화되는 것 같기 때문이다.

포괄적 측정과 배타적 측정

제2장에서 소개한 용어들을 잠깐 되돌아보면, 속성은 어떤 것의 특성이나 질이다. '여성', '노인', '학생' 등이 그 예이다. 반대로, 변수는 속성들의 논리적 조합이다. 그래서 '성'은 '여성'과 '남성'이라는 속성들로 구성되는 변수이다. 개념화와 조작화의 과정은 변수와 변수를 구성하는 속성들의 특정화로 보일 수 있다. 그래서 '고용상태'는 '고용'과 '비고용(실업)'이란 속성을 갖는 변수이거나, 혹은 속성의 목록을 확장하여 '파트타임 고용', '풀타임 고용', '은퇴'와 같은 것들을 포함할 수도 있다.

모든 변수는 두 가지 중요한 성질을 가져야 한다. 첫째, 변수를 구성하는 속성들은 **포괄적**(exhaustive)이어야 한다. 변수가 연구에서 효용성을 가지려면, 연구자가 모든 관찰사례를 그 변수를 구성하는 속성 중 하나의 맥락에서 분류할 수 있어야 한다. 만일 우리가 '양형'이란 변수를 '구금형'과 '벌금형'이란 속성만으로 개념화한다면 곤란에 처할 것이다. 결국, 유죄가 선고된 사람 중 일부는 보호관찰을 받고, 다른 사람은 구금형의 집행을 유예받고, 또 다른 사람은 구금형, 보호관찰, 집행유예, 사회봉사명령을 조합하여 받을 수 있다. 따라서 '기타'와 '조합'을 추가함으로써 속성의 목록을 포괄적으로 만들어야 함에 유의해야 한다. 우리가 어떠한 접근방법을 취하든, 모든 관찰사례를 분류할 수 있어야 한다.

동시에, 변수를 구성하는 속성들은 **상호배타적**(mutually exclusive)이어야 한다. 연구자는 모든 관찰 사례를 어느 한 가지 그리고 단 한 가지 속성으로 분류할 수 있어야 한다. 예를 들어, 어느 누구도 '구금형'과 '벌금형' 둘 다에 동시에 해당되지 않도록 정의해야 한다. 그것은 우리가 구금형과 벌금형 둘 다를 받는 사람도 다룰 수 있어야 함을 의미한다. 이 경우에는 속성을 '구금형만', '벌금형만', 그리고 '둘 다'와 같이 특정화함으로써 보다 엄밀하게 정의할 수 있다.

측정 수준

변수를 구성하는 속성들은 상호배타적이고 포괄적이어야 한다. 속성은 다른 방식으로도 설명될 수 있다. 특히 흥미로운 것은 변수가 서로 다른 측정 수준, 즉 명목, 서열, 등간, 비율 수준을 나타낼 수 있다는 것이다. 측정 수준은 변수의 값에 할당된 '점수'로부터 우리가 어떤 종류의 정보를 구할 수 있는지 알려준다.

명목측정 속성이 포괄성과 상호배타성의 특성만 갖는 변수가 **명목측정**(nominal measure)이다. 성별, 인종, 거주 도시, 대학전공, 사회보장번호, 혼인상태 등이 그 예이다. 비록 이들 각 변수를 구성하는 속성들('성별' 변수의 경우 '남성', '여성', '성전환함')은 서로 다르고 포괄적이지만, 나중에 언급되는 추가 구조의 어떠한 것도 갖지 않는다. 명목측정은 단순히 특성의 이름이나 라벨만을 제공한다.

특정 명목변수의 맥락에서 일군의 사람들을 특징짓고 적절한 속성으로써 그들을 물리적으로 묶는 것을 상상해 보라. 우리가 수백 명의 주 판사들이 참석한 어떤 회합에 있다고 가정해 보라. 거기서 그들에게 현재 거주하는 주별로 따로 서 줄 것을 요청한다. 버몬트 출신 집단, 캘리포니아 출신 집단 등. 이때 변수는 '현재 거주하는 주'이고, 속성은 '버몬트에서 거주함', '캘리포니아에서 거주함' 등이다. 어떤 주어진 집단에 서 있는 모든 사람은 최소한 한 가지 특성을 공유한다. 어느 한 집단에 속한 사람들은 그 동일 특성에서 다른 모든 집단의 사람들과는 다르다. 개별 집단이 어디에서 형성되는지, 그들이 서로 얼마나 가까운지, 그리고 그들이 각 집단 내부적으로 어떻게 배열되는지 하는 것은 상관없다. 중요한 것은 어떤 주어진 집단의 전 구성원들이 거주하는 주가 동일하다는 것과 서로 다른 집단의 구성원들은 공통으로 거주하는 주가 서로 다르다는 점이다.

서열측정 속성이 논리적으로 서열화될 수 있는 변수가 **서열측정**(ordinal measure)이다. 서로 다른 속성들은 그 변수를 상대적으로 더 많거나 더 적게 나타낸다. 속성이 서열화될 수 있는 변수의 예로는 '경찰에 대한 견해', '직업적 지위', '범죄의 심각성', '범죄의 두려움' 등이 있다.

회합에 참석한 주 판사들의 예를 다시 보자. 우리가 항소법원의 전 판사에게 한 집단에 서고, 중범죄 법원의 전 판사에게 다른 집단에 서고, 경범죄 법원의 전 판사에게 세 번째 집단에 서도록 요청한다고 상상해 보라. 사람들을 이런 식으로 묶는 것은 포괄성과 상호배타성의 요건을 충족시킨다. 게다가 우리는 세 집단을 그들이 근무하는 법원의 수준이라는 맥락(공유하는 속성)에서 논리적으로 정렬할 수 있다. 즉, 세 집단을 최상급 법원에서 최하급 법원에 이르기까지 일렬로 나열할 수 있다. 이러한 정렬은 서열측정의 물리적 특성을 보여준다. 만일 우리가 어떤 두 사람이 어느 집단에 속하는지 안다면, 그들이 근무하는 법원의 수준을 쉽게 파악할 수 있다.

이 예에서는 집단 간의 거리가 균등한지 여부는 중요치 않다는 점에 주목하라. 그들은 1미터 떨어져 설 수도, 100미터 떨어져 설 수도 있다. 이들의 물리적 거리는 아무런 의미도 갖지 않는다. 그러나 중범죄 집단은 경범죄 집단과 항소 집단 사이에 위치해야 하며, 그렇지 않으면 서열이 부정확한 것이다.

등간측정 어떤 변수의 속성들을 구분하는 실제 거리가 의미를 가지면 그 변수는 **등간측정**(interval measure)이 된다. 이때 속성 간의 논리적 거리는 의미 있는 표준 간격으로 표현될 수 있다.

예를 들어, 화씨(fahrenheit) 기온 척도에서 80도와 90도 사이의 차이 또는 거리는 40도와 50도 사이의 차이와 동일하다. 그러나 화씨 80도는 40도보다 두 배 더 뜨겁지 않다. 화씨 척도의 영점은 임의적이기 때문이다. 0도는 열이 없는 것을 의미하지는 않는다. 유사하게, 이 척도에서 영하 30도는 열이 없는 것보다 30도 낮은 것을 나타내지 않는다. 이것은 섭씨(celsius) 척도에서도 마찬가지다. 대조적으로, 켈빈(Kelvin) 척도는 절대 0도를 기반으로 하며, 이는 열이 완전히 없음을 의미한다.

형사사법 연구자는 혼합 등간측정을 만들기 위해 종종 개별 명목측정과 서열측정을 조합한다. 우리는 이 장의 말미에서 그 예를 볼 것이다.

비율측정 등간측정의 최소 요건을 충족하는 사회과학 변수들 대부분은 **비율측정**(ratio measure)의 요건 또한 충족한다. 비율측정에서, 특정 변수를 구성하는 속성들은 앞에서 언급한 구조적 특성 모두를 갖는 것에 더하여, 절대영점의 요건을 충족시킨다. 형사사법 연구에서의 예로는 '연령', '침입절도로 인한 재산피해액', '체포경력수', '혈중알코올농도', '구금기간' 등이 있다.

판사들을 분류하는 여러 가지 방법에 관한 예로 다시 돌아가서, 판사들에게 현 직위에 재직한 연수에 따라서 모이도록 요청할 수 있다. 신규로 임용된 이들끼리 모이고, 1년, 2년, 3년 등 경력자끼리 모일 것이다. 각 집단의 구성원이 동일한 경력 연수를 공유한다는 사실과 구성원이 공유하는 연수가 집단마다 다르다는 사실은 명목측정의 최소 요건을 충족시킨다. 최소 경력 연수를 갖는 집단에서부터 최대 경력 연수를 갖는 집단에 이르기까지 집단들을 일렬로 배열하는 것은 서열측정을 위한 추가 요건을 충족하고, 어떤 사람이 다른 사람에 비해 경험이 더 많은지, 더 적은지, 혹은 같은 수준인지를 결정할 수 있게 해준다. 만일 두 인접한 집단 간의 거리가 동일하도록 집단을 배열한다면, 이는 등간측정의 추가 요건을 충족시키며, 우리는 어떤 판사가 다른 판사에 비해 얼마나 더 많은 경험을 갖고 있는지 말할 수 있다. 마지막으로, 포함된 속성 중 하나(경험)가 절대영점(막 그 직위에 임명된 판사)을 갖기 때문에, 모임에 참석한 판사들의 대형은 비율측정의 요건 또한 충족하며, 그래서 우리는 어떤 사람이 다른 사람보다 두 배로 경험이 많다고 말할 수 있다.

따라서 비율 변수의 맥락에서 어떤 두 사람을 비교하면, (1) 그들이 다른지(또는 같은지), (2) 한 사람이 다른 사람보다 더 많은지, (3) 그들이 얼마나 다른지, (4) 서로의 비율이 얼마인지를 결정하는 것이 가능하다. 그림 5-1은 4가지 측정 수준을 그래픽으로 보여줌으로써 이 논의를 요약한 것이다.

측정 수준의 함의

앞의 논의를 재검토하고 측정 수준이 중요한 이유를 이해하기 위해서 표 5-1을 보라. 그

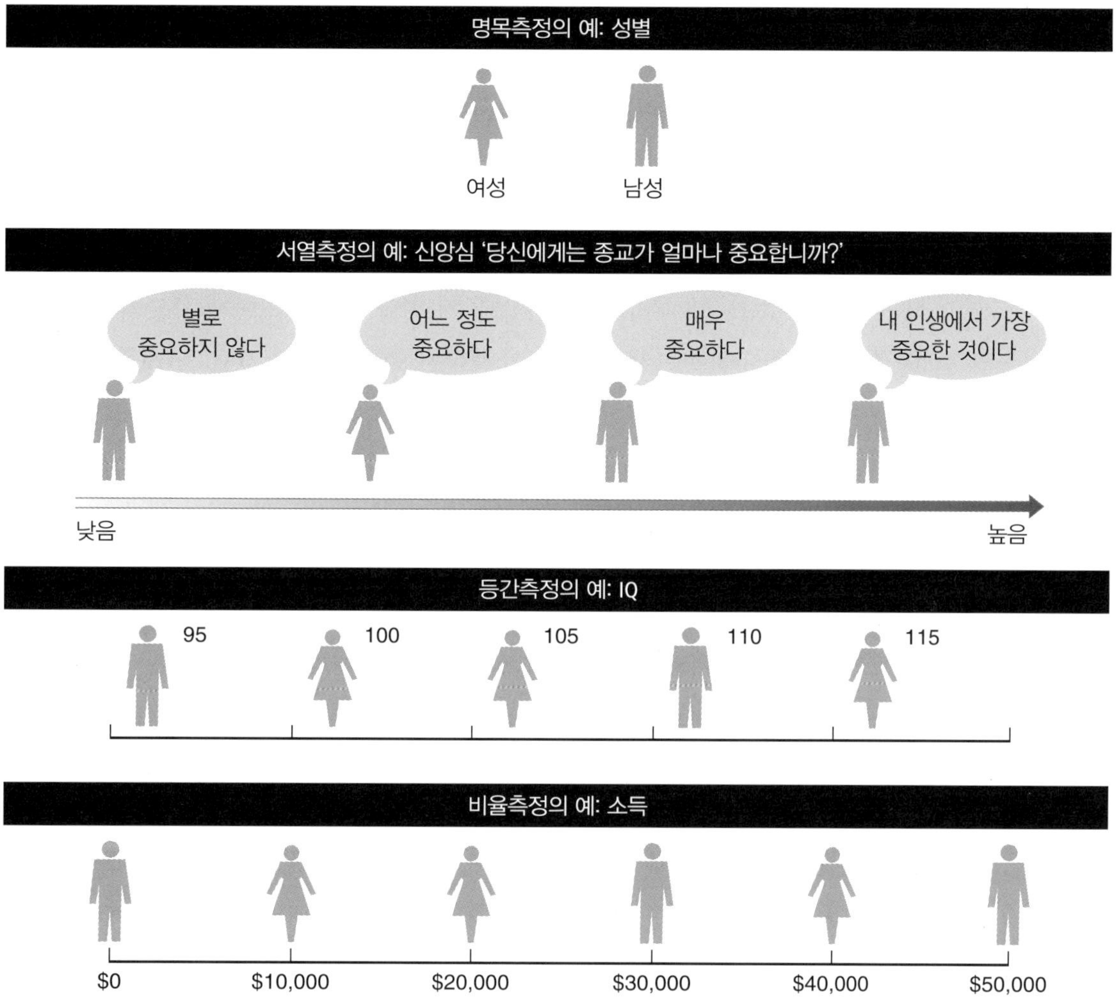

그림 5-1 측정의 수준들

것은 법무통계국(Bureau of Justice Statistics) 과제인 범죄 심각성 조사에서 발췌한 정보를 보여준다(Wolfgang et al., 1985). 이 조사는 60,000명의 표본을 대상으로 200가지 이상의 범죄에 대한 간략한 묘사를 제시해 주었다. 응답자들은 각각의 범죄가 자전거 절도(10점)와 비교하여 얼마나 심각하다고 생각하는지 각 범죄에 점수를 부여하도록 요청받았다.

표 5-1의 첫 번째 열은 묘사된 범죄 중 몇 가지를 열거한 것이다. 두 번째 열은 그 범죄에서 피해자 또는 피해대상을 특정한 명목측정을 보여준다(가정, 개인, 사업체, 혹은 사회). 피해자의 유형은 각 범죄의 한 가지 속성이다. 세 번째 열은 조사결과로부터 계산된 심각성 점수(주거침입의 0.6점에서 살인의 35.7점에 이르기까지)를 보여준다. 이 심각성 점수는, 예를 들어 자동차 절도(8.0점)와 뇌물수수(9.0점) 간의 거리가 뇌물수수(9.0점)와 사법 방해(10.0점) 간의 거리와 동일하기 때문에 등간측정이다. 심각성 점수는 비율측정이 아니다. 절대영점을 갖지 않으며, 세 건의 사법 방해(10.0점)가 한 건의 강간상해(30.0

점)와 동일하지 않다.

네 번째 열은 표에 있는 17가지 범죄 각각의 심각성 서열을 보여준다. 살인이 가장 심각하여 1위이고, 그다음은 강간상해 등의 순이다. 그러나 서열은 단지 심각성의 순서만을 나타낼 뿐인데, 그것은 살인(1위)과 강간(2위)의 점수 차이(5.7)가 강간과 강도상해(3위) 간의 차이(9.0)보다 작기 때문이다.

마지막으로, 응답자들에게 제시된 범죄의 묘사는 각 범죄에 따른 재산손실가를 표시했다. 이것은 절대영점을 갖는 비율측정이어서, 한 건당 1,000달러의 손실을 유발하는 침입절도(가정) 10건은 10,000달러의 손실을 초래하는 방화범죄 1건과 같은 재산가치를 갖는다.

특정한 통계분석 기법은 어떤 최소한의 측정 수준을 충족하는 변수를 요구한다. 예를 들어, 표 5-1에 열거된 범죄로 인한 평균재산손실은 다섯 번째 열에 있는 개별 수치를 합치고, 나열된 범죄의 수(17)로 나눔으로써 계산할 수 있을 것이다. 그러나 피해자 유형은 명목변수이기 때문에 평균을 계산할 수 없다. 그 경우에 우리는 피해자 유형의 최빈치(가장 흔한 사례)를 보고할 수 있는데, 표 5-1에서는 그것이 사회이다.

표 5-1 범죄의 심각성과 측정수준

범죄	피해자	심각성 점수	서열	재산 손실가
뇌물수수	사회	9.0	9	0
방화	사업체	12.7	6	$10,000
자동차 절도	가정	8.0	10	$12,000
침입절도(사업체)	사업체	15.5	5	$100,000
침입절도(가정)	가정	9.6	8	$1,000
장물취득	사회	5.0	12	0
헤로인 판매	사회	20.6	4	0
헤로인 사용	사회	6.5	11	0
살인	개인	35.7	1	0
사법 방해	사회	10.0	7	0
공공장소에서의 음주	사회	0.8	15	0
강간상해	개인	30.0	2	0
강도상해	개인	21.0	3	$1,000
강도미수	개인	3.3	13	0
강도(부상 없음)	개인	8.0	10	$1,000
가게 들치기	사업체	2.2	14	$10
주거침입	가정	0.6	16	0

출처: Wolfgang, Figlio, Tracy, and Singer(1985)에서 발췌함.

연구자들은 어떤 변수를 서로 다른 수준의 측정을 나타내는 것으로 다룰 수 있다. 비율측정이 가장 높은 수준이며, 그다음은 등간측정, 서열측정, 명목측정이다. 어떤 주어진 측정 수준(예: 비율측정)을 갖는 변수는 보다 낮은 측정 수준(예: 서열측정)을 갖는 것으로 다루어질 수 있다. 예를 들어, 연령은 비율측정이다. 만일 우리가 연령과 비행관여도(상, 중, 하)와 같은 어떤 서열 수준 변수 간의 관계만을 검토하고자 한다면, 우리의 선택에 의해, 연령도 마찬가지로 서열 수준의 변수로 다룰 수 있다. 우리는 각 연구대상자 집단의 연령 범주를 특정화하면서 젊은이, 중년, 노인으로 특징지을 수도 있다. 마지막으로, 연령은 어떤 연구 목적을 위해서는 명목 수준의 변수로 사용될 수도 있다. 그래서 만일 사람들의 나이가 12~20세 사이라면 그들은 10대로 함께 묶일 수 있다.

그런데 어떤 주어진 변수에 대한 분석 목적이 계획되어 있다면, 일부 변수는 본질적으로 특정 수준에 한정된다는 사실을 인식하면서, 추구하는 측정 수준을 결정해야 한다. 만일 어떤 변수가 서로 다른 측정 수준을 요구하는 다양한 방식으로 사용될 예정이라면, 그 연구는 가능한 가장 높은 수준을 갖도록 설계되어야 한다. 체포 건수와 같은 비율측정을 나중에 서열 혹은 명목 수준으로 낮추는 것은 가능해도, 명목 혹은 서열측정을 비율측정으로 바꾸는 것은 불가능하다. 좀 더 일반적으로, 낮은 수준의 측정을 높은 수준의 측정으로 바꿀 수는 없다. 그것은 기억할 가치가 있는 일방도로인 것이다.

측정의 질을 평가하는 기준

측정의 질을 나타내는 주요 표준은 신뢰도와 타당도이다.

측정은 다양한 수준의 정밀도(precision)를 가지고 이루어지는데, 정밀함이란 변수를 구성하는 속성 사이에 만들어지는 차이의 미세함을 말한다. 어떤 여성이 '43세'라고 말하는 것은 그녀가 '40대'라고 말하는 것보다 더 정밀하다. 어떤 중죄의 형량을 '18개월'이라고 말하는 것은 '1년 이상'이라고 말하는 것보다 더 정밀하다.

일반적 규칙으로서, 그리고 상식으로서, 정밀한 측정은 정밀하지 않은 측정보다 우월하다. 그러나 정밀함이 항상 필요하거나 항상 바람직한 것은 아니다. 어떤 중죄의 형량이 1년 이상이라는 것을 아는 것만으로 여러분의 연구 목적이 충족된다면, 정밀한 형량을 알기 위해 투자되는 추가적 노력은 낭비에 불과할 것이다. 그래서 개념의 조작화는 요구되는 정밀도를 감안하여 이루어져야 한다. 만일 여러분의 요구가 명확하지 않다면, 가급적 정밀하도록 노력하라.

정밀도를 정확도(accuracy)와 혼동하지 마라. 누군가가 '버몬트주 스토(Stowe)에서 태어났다'라고 기술하는 것은 '뉴잉글랜드에서 태어났다'라고 하는 것보다 더 정밀하지만, 문제의 그 사람이 실제로는 보스턴에서 태어났다면 어떻게 되는가? 때로는 덜 정밀한 기술이 더 정확하고 실제 세계를 더 잘 반영할 수 있다. 이 점은 명심할 가치가 있는 것이다. 많은 형사사법 측정이 정밀하지 못하기 때문에 때로는 근사치를 보고하는 것이 더 선호된다.

정밀성과 정확성은 연구측정에 있어서 명백히 중요한 특성이고, 아마도 더 이상의 설명을 필요로 하지 않을 것이다. 형사사법 연구자들이 측정을 구성하고 평가할 때는 두 가지 기술적 항목, 즉 신뢰도와 타당도에 특별한 관심을 둔다.

신뢰도

이론적으로, **신뢰도**(reliability)는 특정 측정 기법이 동일한 것에 반복해서 적용될 때, 매번 같은 결과를 가져오는지 여부의 문제이다. 다시 말해서, 측정의 신뢰도는 측정의 일관성 내지 안정성과 대체로 같은 것이다. 예를 들어, 도로 순찰 중인 어떤 경찰관이 지나가는 차의 속도를 추측하면서, 그러한 추측에 근거하여 속도위반 딱지를 발부하는 것을 상상해 보라. 만일 여러분이 이 경찰관으로부터 딱지를 받고, 그것을 따지기 위해 법원에 간다면, 여러분은 거의 확실하게 승소할 것이다. 판사는 그 경찰관의 경험과는 무관하게 이런 식의 속도 측정을 당연히 거부할 것이다. 이러한 속도 측정방법은 신뢰도도 일관성도 없다. 그러나 만일 그 경찰관이 레이저 속도 탐지기를 사용하였다면, 여러분이 그 딱지를 무효로 하는 것은 아마도 불가능할 것이다. 레이저 장비의 사용은 훨씬 더 신뢰할 수 있는 속도 측정 방식이다.

그러나 신뢰도는 정밀성이 하는 것 이상으로 정확성을 보장해 주지는 않는다. 여러분 차의 속도계가 대체로 신뢰할 만한 속도 측정 도구이기는 하나, 그것이 특히 고속에서 시속 몇 마일 정도의 오류를 범하는 경우는 흔하다. 만일 여러분의 실제 속도가 시속 70마일임에도 불구하고 속도계가 65마일을 나타낸다면, 그것은 여러분에게 일관성은 있지만 부정확한 정보를 주고, 마침내 보다 정확한 레이저 건을 갖춘 경찰관들의 관심을 끌게 할 것이다.

측정의 신뢰도는 특히 형사사법 연구에서 사용되는 지표가 갖기 쉬운 문제이다. 많은 연구들이 경찰의 기록에 근거한 범죄의 측정은 신뢰도 문제를 갖기 쉽다는 것을 보여왔다. 한 가지 고전적인 사례가 리처드 매클리어리와 동료들(Richard McCleary et al., 1982: 362)의 연구인데, 이 연구는 한 대도시에서 침입절도 사건이 수사되는 방식의 변화에 따른 경찰의 침입절도 기록의 변화를 분석하였다. 새로운 체계하에서, 형사들은 이전에는 순찰경관에 의해서만 조사되었던 침입절도를 공식적으로 수사하게 되었다. 새로운 수사절차가 시행되자마자 침입절도는 급격하게 감소하였다. 감소한 이유는 일부 순찰경관들

신뢰도(reliability) 일관성. 어떤 것을 한 번 이상 측정할 때 매번 같은 결과를 가져오는 것.

이 침입절도의 공식적 정의에 맞지 않는 범죄를 침입절도로 집계했기 때문이었다. 침입절도를 수사하는 형사의 수가 적을수록, 공식 정의를 적용함에 있어서 더 일관성이 있었다.

신뢰도 문제의 다른 예가 형사사법 연구와 정책적 환경에서 발견될 수 있다. 피고가 재판 전에 도주할 우려가 있는지를 결정할 때 판사의 평가는 얼마나 정확한가? 실라 로요 맥스웰(Sheila Royo Maxwell, 1999)의 연구는 법관들이 피고인의 보석 여부를 결정할 때 사용하는 요소는 피고인이 법정에 출두하지 않을 가능성에 대한 신뢰할 수 있고 효과적인 예측 변수가 아니라는 것을 발견하였다. 일부 주에서는 혈중알코올농도 테스트의 비일관성으로 인해 연구자들이 새로운 음주측정 방법을 찾게 되었다(Heeren et al., 1985; Voas, Romano, and Peck, 2009). 법의학 DNA 증거는 폭력범죄 사건에서 점차 많이 사용되고 있다. 그러나 미국연구평의회의 연구(National Research Council, 1996, 2009)는 표본 조작 오류, 증거 오염, 분석자의 편향 등 실험 절차에 있어서의 다양한 오류를 발견하였다. 이것은 증거의 부당한 배제나 무고한 사람에 대한 유죄판결을 이끌 수 있는 측정의 신뢰도 문제이다(Roth, 2010).

신뢰도 문제는 여러 가지 형태로 나타난다. 신뢰도는 단일 관찰자가 자료의 출처일 때는 항상 염려되는데, 그것은 우리가 그 관찰자의 주관성을 통제할 어떠한 수단도 갖지 못하기 때문이다. 우리는 보고되는 것 중에서 어느 정도가 참된 변이를 나타내는지 그리고 어느 정도가 관찰자의 독특한 지각에 기인하는 것인지 확실히 말할 수 없다.

신뢰도는 또한 한 명 이상의 관찰자가 측정할 때도 문제가 될 수 있다. 조사연구자는 면접원들의 서로 다른 태도와 품행이 응답자의 서로 다른 응답을 유발할 수 있다는 사실을 익히 알고 있다. 우리가 다양한 유형의 극우 조직을 미국법무연구원이 만든 일련의 범주와 같은 어떤 표준적 부호화 도식의 맥락에서 분류하려 한다고 가정해 보라. 그러나 '불법 총기를 반대하는 시장(Mayors Against Illegal Guns)'의 지지자와 미국총기협회(National Rifle Association)의 성원이 모든 집단을 같은 범주로 부호화할 것 같지는 않다.

이러한 예는 신뢰도의 문제를 예증해 준다. 사람들에게 자신에 관한 정보를 물을 때도 유사한 문제가 발생한다. 때때로 우리는 사람들이 답을 알 수 없는 질문을 하기도 한다('당신은 지난달에 경찰관을 몇 번 보았습니까?'). 때때로 우리는 사람들에게 전혀 관계없는 것을 질문하기도 한다('당신은 황색 경고 표식의 위치에 관한 FBI 가이드라인에 대해 만족하십니까?'). 그리고 때때로 우리는 질문이 지나치게 복잡해서 그 문제에 관한 명백한 의견을 가지고 있는 사람조차도 두 번째로 물으면 달리 해석할 수 있는 질문을 하기도 한다.

어떻게 하면 신뢰할 수 있는 측정을 할 수 있는가? 신뢰도의 문제는 형사사법 측정에서 기본적인 것이기 때문에 연구자들은 그것을 다루기 위한 많은 기법을 개발하였다.

검사-재검사법 때때로 동일한 측정을 한 번 이상 하는 것이 적절할 수 있다. 만일 어떤 정보가 바뀔 것을 기대할 아무런 이유가 없다면, 두 번 다 같은 대답이 나올 것을 기대해야 한다. 그러나 만일 대답이 달라진다면, 그 변이의 정도만큼 측정방법이 신뢰할 수 없는 것이다. 여기에 하나의 예증이 있다.

영국에서 실시한 비행에 관한 고전적 연구에서, 도널드 웨스트와 데이비드 패링턴(Donald West and David Farrington, 1977)은 런던의 노동계급 거주지역에서 411명의 남성 표본을 대상으로 그들이 16세일 때와 18세일 때 두 차례 인터뷰를 실시하였다. 연구대상자들은 교육 및 노동 이력, 여가활동, 음주 및 흡연 습관, 비행, 경찰 및 법원과의 접촉 경험 등 자신들 삶의 다양한 측면을 기술하도록 요청받았다.

이러한 주제의 많은 것이 불법적이거나 최소한 반사회적인 행위를 내포하기 때문에, 웨스트와 패링턴은 그들의 인터뷰에서 획득되는 정보의 정확성에 관심이 많았다. 그들은 여러 가지 방식으로 신뢰도를 평가하였다. 한 가지는 18세 때 인터뷰의 응답과 16세 때 인터뷰의 응답을 비교하는 것이었다. 예를 들어, 각각의 인터뷰에서 청소년들은 몇 살 때 학교를 그만두었는지 답하게 되었다. 대부분의 경우, 두 차례 인터뷰의 응답 간 차이가 거의 없었으며, 따라서 연구자들은 다음과 같이 결론지었다. "만일 청소년들이 자신들의 교육적 성취를 과장하거나 소극적으로 연기할 작정이었으면 가능했겠지만, 나이가 많을수록 자신들의 재학 기간을 의도적으로 늘리거나 줄이는 체계적인 경향성은 발견할 수 없었다"(1977: 76~77). 만일 웨스트와 패링턴이 이들 문항에 대한 대답에서 일관성이 부족함을 발견했다면, 보다 민감한 질문에 대한 대답의 경우 그 진실성을 의심할 만한 충분한 이유가 되었을 것이다. 검사-재검사법(test-retest method)은 저자들에게 기억상의 착오가 경미한 차이의 가장 흔한 원인임을 시사해 주었다.

비록 이 방법이 유용한 신뢰도 검사일 수 있지만, 몇 가지 점에서 한계를 갖는다. 불완전한 기억은 최초 인터뷰와 재검사 간의 시간 간격이 클 경우, 일관성 없는 응답을 낳을 수 있다. 아동기 피해에 관한 연구에서 크리스틴 월시와 동료들(Christine Walsh et al., 2008)은 응답자에게 폭력 피해의 경험을 묻고 또 4주 후에 동일 표본에 대해 같은 질문을 반복하는 재검사를 함으로써 이 문제를 다루었다. 또 다른 문제는 태도나 여론 측정의 신뢰도를 점검하기 위해 검사-재검사법을 사용할 때 발생할 수 있다. 만일 검사-재검사의 시간 간격이 짧고 연구대상자가 일관성을 유지하려 애쓸 경우에는, 두 번째 인터뷰에서 받는 대답이 앞의 응답에 의해 영향을 받을 수 있다.

평가자 간 신뢰도 측정의 비신뢰성이 연구 인력(예: 면접원과 코딩 담당자)에 의해 발생하는 경우도 가능하다. 사회조사에서 면접원의 비신뢰성을 경계하기 위해 감독자로 하여금 응답자의 일부분에 대해 전화하여 선택된 정보에 대해 확인케 하는 일은 흔하다. 웨스트와 패링턴(West and Farrington, 1977: 173)은 런던 청소년들에 대한 연구에서 평가자 간 신뢰도(inter-rater reliability)를 점검했으나, 여러 면접원을 통해 구한 결과에 있어서 중대한 차이를 발견하지는 못하였다.

여러 평가자에 의한 측정들을 비교하는 것은 다른 상황에서도 마찬가지로 효과가 있다. 예를 들어, 마이클 기어켄(Michael Geerken, 1994)은 연구자들이 경찰의 '전과기록'을 통해 이전의 체포 경력을 측정하는 과정에서 직면하기 쉬운 신뢰도 문제에 대한 중요한 논의를 제시해 준다. 기어켄이 열거한 문제 중에는 이중기재, 가명 사용, 그리고 공식 범죄 범주를 분석 목적에서 소수의 범주로 변환해야 할 필요성이 있다. 공식기록을 연구용 측정으로 옮기는 과정(흔히 코딩이라 불리는 과정)에서 일관성을 높이는 한 가지 방법은 기록의 일부분에 대해 한 사람 이상에게 코딩을 시키고, 그러고 나서 각자의 코딩 결정에 있어서의 일관성을 비교하는 것이다. 이러한 접근은 마이클 맥스필드와 케시 스피츠 위덤(Michael Maxfield and Cathy Spatz Widom, 1996)이 아동학대 피해자의 성인기 체포를 분석할 때 사용하였다.

일반적으로, 코딩을 통해 획득되는 측정들이 신뢰성 있게 분류되지 않을 수 있다는 염려가 들 때는, 각각을 다른 사람들에 의해 독립적으로 부호화되도록 해야 한다. 특정 근로석방센터에 관한 신문사설에 대한 가설적 연구에서, 불일치를 유발하는 코딩 결정은 보다 신중하게 평가되고 해결되어야 한다. 만일 우리가 상당한 양의 불일치를 발견한다면, 신문사설의 코딩방법에 대한 우리의 조작적 정의는 신중하게 재검토되고 보다 명확해져야 한다.

반분법 일반적 규칙으로서, 편견이나 범죄의 두려움 같은 어떤 민감하고 복잡한 사회적 개념에 대해서는 한 가지 이상의 측정을 하는 것이 항상 좋은 생각이다. 이러한 절차는 또 다른 신뢰도 점검 방법의 토대가 된다. 여러분이 흑인 미국인과 비행에 관한 왜곡된 신념을 측정한다고 믿는 10가지 문항의 설문지를 만들었다고 가정해 보라. 반분법을 사용하여 10문항을 2세트의 5문항으로 무작위 할당한다. 각 세트는 편견을 잘 측정해 주어야 하며, 각 세트에 대해 응답자를 할당하는 방식도 무작위여야 한다. 만일 두 세트의 문항이 사람들을 다르게 측정한다면, 여러분이 그 변수를 측정하는 방법의 신뢰도에 있어서 문제가 있음을 가리킨다.

아동기 경험과 청소년 비행의 관계에 대한 종단적 연구에서, 우드워드와 퍼거슨(Woodward and Fergusson, 2000)은 단축 IQ 검사와 같은 것을 포함하는 인터뷰 자료를 사용하였다. IQ 검사는 지능의 복합적 차원을 측정하는 다수의 검사 항목을 포함해야 하기 때문에 대개 상당히 길다. 그래서 많은 수의 다른 질문도 포함하는 조사에서는 표준 IQ 검사를 사용하는 것이 가능하지 않으며, 따라서 연구자들은 표준지능검사 문항의 일부 하위 세트를 주로 사용한다. 예를 들어, 만일 표준지능검사가 20개의 문항을 포함한다면, 10문항씩의 두 세트 각각이 절반의 응답자들에게 무작위로 제시될 수 있다(반분한다). 그리고 각 세트 문항들의 점수가 계산되고, 다른 세트 문항들의 점수와 비교된다. 우드워드와 퍼거슨은 그들의 연구에서 반분법(split-half method)에 의한 신뢰도를 .93으로 보고하였는데, 이는 대략 두 세트 간 점수의 93%가 일치한다는 것을 의미한다.

측정의 신뢰도는 형사사법 연구에서 기본적인 쟁점이며, 이후 장들에서 다시 다루게 될 것이다. 그러나 지금으로서는, 완벽한 신뢰도조차도 우리의 측정이 측정하고자 하는 것을 실제로 측정한다고 보장해 주지는 않는다는 사실을 반드시 지적해야 한다. 이것은 우리에게 타당도의 문제를 생각하게 한다.

타당도

제4장에서 우리는 인과관계의 맥락에서 타당도(validity) 개념을 다루었다. 타당도는 또한 측정의 질을 판단하는 중요한 기준이다. 전통적 용법으로 타당도라는 용어는 어떤 경험적 측정이 고려하고 있는 개념의 의미를 적절하게 반영한다는 것을 의미한다. 다시 말해서, 측정의 타당도는 여러분이 측정하고 있다고 말하는 것을 정말로 측정하고 있는지의 문제를 말한다. 조작적 정의는 어떤 개념을 측정하기 위해 여러분이 수행할 조작을 특정화한다는 점을 상기하라. 조작적 정의가 여러분이 관심을 두는 개념을 정확하게 반영하는가? 그 대답이 '예'라면 여러분은 타당한 측정을 하는 것이다. 레이저 속도 탐지기는 자동차의 속도를 재는 타당한 척도이지만, 풍속계는 타당하지 않다. 왜냐하면 느리게 움직이는 트럭에 의해 옮겨지는 공기의 용적이 빨리 가는 스포츠카에 의해 옮겨지는 공기의 용적보다 더 높게 기록할 것이기 때문이다.

신뢰도를 평가하는 방법은 상대적으로 간단하지만, 개별 측정이 타당함을 입증하는 것은 좀 더 어렵다. 개념은 실재하지 않고 추상적이기 때문에, 측정이 추상적인 개념을 실제로 측정하는지는 우리가 직접적으로 입증할 수 없다. 그럼에도 불구하고, 연구자들은 타당도의 쟁점을 다루는 몇 가지 방법을 가지고 있다.

액면 타당도 먼저, **액면 타당도**(face validity)라 불리는 것이 있다. 특정한 경험적 측정은 특정 개념에 관한 우리 공통의 약속 및 우리 개인의 정신적 이미지와 일치할 수도 일치하지 않을 수도 있다. 우리가 시장 사무실에 접수된 시민들의 민원수를 가지고 경찰 서비스에 대한 만족도를 측정하는 것의 적절성에 대해서는 논쟁할 수 있으나, 시민들의 민원수가 만족 수준과 일정한 관계가 있다는 점에 대해서는 확실히 동의할 수 있을 것이다. 만일 누군가가 사람들이 TV에서 경찰 드라마 보는 것을 좋아하는지 여부를 파악함으로써 경찰에 대한 만족 여부를 측정할 것을 제안한다면, 우리는 그 측정이 이치에 맞지 않으며, 따라서 아무런 액면 타당성을 갖지 않는다는 점에 아마 동의할 것이다.

액면 타당도에 관한 한 가지 좋은 예는 디테 조한센과 동료들(Ditte Johansen et al.,

2006)의 식품 구매 습관에 관한 연구이다. 그들은 와인을 마시는 사람들이 맥주를 마시는 사람들보다 더 건강한 음식을 먹는지 알아보고자 하였다. 연구자들은 계산원이 '할인' 카드를 긁을 때 생성되는 식음료 구매의 전자 기록을 조사함으로써 사람들이 마신 것과 먹은 것을 측정했다. 조한센과 동료들은 사람들이 구입한 것을 먹고 마시기 때문에, 그들의 측정이 액면 타당성을 갖는다고 추론했다.

일정한 기본적 개념을 측정하는 방법에 대해서는 연구자들 간에 상당히 구체적인 약속이 되어 있다. 예를 들어, 센서스국은 가족, 가구, 고용상태와 같은 개념에 대해서는 그러한 개념을 사용하는 대부분의 연구에서 실행 가능한 타당도를 가질 수 있는 조작적 정의를 해두었다.

기준 관련 타당도 **기준 관련 타당도**(criterion-related validity)는 측정을 어떤 외적 기준과 비교하는 것이 핵심이다. 측정은 그것이 일반적으로 타당한 것으로 인정되는 다른 척도 상의 점수를 예측해 주는 것을 보여줌으로써 타당화될 수 있다. 이것은 때때로 수렴 타당도(convergent validity)라고 불리기도 한다. 예를 들어, 대학위원회 시험의 타당도는 그것이 대학에서 학생들의 성공을 예측하는 능력에 의해 입증된다.

로버트 보아스, 에두아르드도 로마노, 레이먼드 펙(Robert Voas, Eduardo Romano, and Raymond Peck, 2009)은 알코올 관련 자동차 사고의 측정을 타당화하려는 노력에서 기준 관련 타당도의 좋은 예를 제공한다. 물론 자동차 사고와 관련된 모든 사람에 대해 혈중알코올농도 검사를 실시하는 것이 타당한 측정일 것이다. 그러나 이것이 일상적으로 행해지지는 않으므로, 보아스와 동료들은 알코올 관련 **치명적** 사고를 추정하는 데 사용되는 것에서 채택된 한 가지 대안적 측정(자정에서 오전 3시 사이에 발생한 단일 차량 사고)을 테스트했다. 이 측정의 타당성은 두 곳의 시험장소(캘리포니아주 롱비치와 플로리다주 포트 로더데일)에서 비치명적인 사고에 연루된 운전자의 표본으로부터 구한 혈중알코올농도 검사 결과와의 비교를 통해 평가되었다. 두 가지 측정이 밀접하게 관련되었기 때문에 보아스와 동료들은 대리 측정이 다른 장소에서도 타당할 것이라고 주장했다.

기준 관련 타당도에 대한 또 하나의 접근은 어떤 개념에 대한 우리의 측정이 그와 유사하지만 별개인 개념에 대한 측정과는 다르다는 것을 보여주는 것이다. 이것을 **판별적 타당도**(discriminant validity)라고 부르는데, 그것은 측정이 서로 다른 개념을 구별할 수 있다는 것을 의미한다. 예를 들어, 자신타 가우(Jacinta Gau, 2011)는 경찰에 대한 보다 구체적인 지각에서의 차이와 절차적 정의에 대한 보다 일반적인 신념을 조사하였다. 그녀는 절차적 정의의 한 부분인 법적 권위에 대한 복종 의무의 측정이 경찰에 대한 신뢰의 측정과는 다르다는 것을 발견하였다. 이는 사람들이 경찰을 불신하면서도 절차적 정의에는 찬성할 수 있다는 것을 의미한다.

때로, 여기서 기술된 예와 같이 직접적으로 측정을 타당화하기 위해 사용할 수 있는 행위 기준을 찾는 것은 쉽지 않다. 그러나 그러한 예에서 우리는 문제의 변수가 이론적으로 다른 변수들과 어떻게 관련되어야 하는지를 고려함으로써 그러한 기준에 접근할 수는 있다.

구성 타당도 **구성 타당도**(construct validity)는 변수들 사이의 논리적 관계에 기초한다. 예를 들어, 우리가 범죄의 두려움(그것의 원인과 결과)을 연구하는 데 관심이 있다고 가정해 보자. 연구의 한 부분으로서, 우리는 범죄에 대한 두려움을 측정하고 그 타당도를 평가하고자 한다.

측정과 더불어, 우리는 또한 '범죄의 두려움'이라는 변수가 다른 변수와 관련되는 방식에 관한 어떤 이론적 기대를 발전시킬 것이다. 예를 들어, 범죄를 두려워하는 사람들은 그렇지 않은 사람들에 비해 밤에 유흥을 위해 집을 나설 가능성이 적을 것이라고 결론짓는 것은 합리적이다. 만일 범죄에 대한 두려움의 측정이 예상대로 사람들이 밤에 유흥을 위해 외출하는 정도와 관련이 있다면, 그것은 우리 측정의 구성 타당도에 대한 증거가 된다. 그러나 만일 범죄를 두려워하는 사람들이 두려워하지 않은 사람들과 같은 정도로 밤에 외출하는 경향이 있다면, 그것은 우리 측정의 타당도에 이의를 제기할 것이다. 두려움의 측정에 관한 사항들은 영국의 데이터를 분석한 제이슨 디톤과 스티븐 패럴의 연구(Jason Ditton and Stephen Farrall, 2007)에 의해 잘 예시된다.

그래서 구성 타당도의 검증은 결정적인 증거를 제시하지 않고서도, 우리의 측정이 원하는 수준의 질을 갖는다는(또는 그렇지 않다는) 비중 있는 증거를 제공해 줄 수 있다. 우리는 여기서 구성 타당도의 검증이 기준 타당도의 검증보다 덜 강제적임을 시사하였다. 그러나 주어진 상황에서 어떤 종류의 검증이 행해져야 하는지에 관해서는 의견이 분분하다. 이 두 가지 유형을 구분하는 것은 그것들이 공통적으로 가지는 타당화의 논리를 이해하는 것보다 덜 중요하다. 만일 우리가 어떤 변수를 성공적으로 측정한다면, 그러한 측정은 논리적으로 다른 측정들과 관련이 있어야 한다.

내용 타당도 마지막으로, **내용 타당도**(content validity)는 측정이 그 개념 안에 포괄되는 전체 의미를 커버하는 정도를 말한다. 예를 들어, 다음 질문은 범죄의 두려움을 측정하는 조사에서 자주 사용되어온 것이다.

> 여러분은 이 지역에서 어두워진 후 혼자 산책할 때 얼마나 안전하다고 느끼는가(또는 느낄 것인가)? 매우 안전, 상당히 안전, 상당히 불안전, 매우 불안전 중에서 어떻게 답하겠는가?

비록 이 질문이 거리범죄(street crime)와 관련한 두려움에는 타당한 측정을 제공할지 모르지만, 침입절도, 자동차 절도, 혹은 비행기 납치의 두려움에 대한 좋은 측정은 아니다. 범죄에 대한 두려움의 개념은 이 질문에서 묘사된 개념보다 더 포괄적이다.

복합측정 개별 측정의 타당화를 위한 또 다른 접근은 그것을 동일 개념에 대한 대안적 측정과 비교하는 것이다. 복합측정을 사용하는 것은 기준 타당도를 확립하는 것과 유사하다. 그러나 복합측정을 사용한다고 해서 반드시 기준측정이 항상 더 정확하다고 가정하는 것은 아니다. 예를 들어, 많은 범죄가 체포로 귀결되지 않으며, 그래서 체포는 사람들이 얼마나 많은 범죄를 저지르는지에 대한 좋은 측정이 아니다. 자기보고식 조사는 비행과 범죄성을 측정하기 위해 자주 사용되어왔다. 그러나 사람들에게 '당신은 얼마나 많은 범죄를 저질렀습니까?'라고 묻는 것이 과연 타당한 질문인가?

도널드 웨스트와 데이비드 패링턴(Donald West and David Farrington, 1977) 등이 사용한 방법은, 예를 들어 누군가가 강도를 몇 번이나 저질렀으며, 그러한 범죄로 인해 몇 번이나 체포되었는지를 묻는 것이다. 강도로 체포된 것을 인정한 이들은 그 체포가 언제 어디서 이루어졌는지 추가로 질문을 받는다. 그다음에 자기보고는 경찰의 체포기록을 점검함으로써 타당화될 수 있다. 이것은 두 가지 방식으로 작동한다. (1) 강도로 인한 체포에 대한 개인의 보고를 타당화하는 것은 가능하며, (2) 연구자는 응답자가 면접원에게 밝히지 않은 강도-체포 기록이 있는지 보기 위해 인터뷰한 모든 사람에 대해 경찰 기록을 점검할 수 있다.

그림 5-2는 타당도와 신뢰도의 차이를 예증해 준다. 측정을 표적에 있는 황소의 눈을 맞히는 것에 유추해 보라. 신뢰할 수 있는 측정은 그것이 어디를 맞히든 간에 '빈틈없는 패턴'을 보이는데, 그것은 신뢰도가 일관성의 함수이기 때문이다. 대조적으로, 타당도는 황소의 눈 주위를 집중적으로 맞히는 것을 의미한다. 그림에서 신뢰도의 실패는 무작위적 오차로 보일 수 있으나, 타당도의 실패는 체계적 오차이다. 신뢰할 수도 없고 타당하지도 않은 측정은 유용성이 없을 것 같지 않은가?

'종합적 사고: 인종의 측정'에서는 운전자의 인종을 측정하는 다양한 접근법의 신뢰도와 타당도가 논의된다.

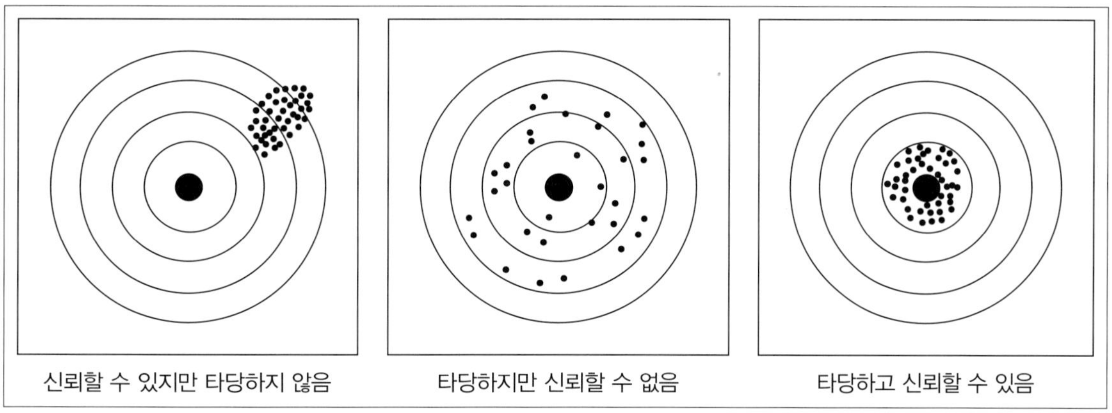

그림 5-2 타당도와 신뢰도 차이 유추

종합적 사고 인종의 측정

인종에 대한 어떤 측정을 구하는 것이 교통경찰 업무상의 인종적 프로파일링을 연구하기 위해 필요하다. 그러나 인종의 측정은 결코 쉽지 않다. 그 어려움은 개념화와 함께 시작된다.

인종의 개념화

가장 일반적인 수준에서, 우리는 인종을 유전학적인 또는 생물학적인 특성으로 생각할 수 있지만, 그것은 인종을 지나치게 단순화한 것이다. 마거릿 윙커(Margaret Winker, 2004)는 세계의 인구를 유전자형으로 분류하는 연구들이 인종 간에는 물론이고 동일 인종집단 내에서도 많은 유전적 변이를 발견한다고 보고하였다. 의학적 목적에서, 윙커는 사람들이 자신의 인종을 스스로 명명하도록 하고, 그래서 응답 항목은 "사람들이 자신의 개별적 · 문화적 배경을 가장 잘 반영한다고 생각하는 범주로 구성할 것"(p. 1613)을 추천하였다.

사람들이 자신의 인종이나 민족적 배경을 어떻게 보는지 스스로 표시하게 하는 것은 센서스국과 다른 연방기관도 사용하는 접근법이다. 그러나 이것조차도 과거에는 문제가 되었다. 레이첼 스완스(Rachel Swarns, 2004)는 자신의 유산이 히스패닉계이거나 라틴계인 사람들이 다섯 가지 표준 센서스 범주(알래스카 토착민, 아메리칸 인디언, 아시아인, 흑인, 백인)를 제시받을 때 '어떤 다른 인종을' 선택하는지 기술하였다.

인종을 개념화하는 마지막 방법은 사람들이 어떻게 보이는지를 생각하는 것인데, 이것은 아마도 '사람들의 색깔'이라는 문구를 떠올리는 것이다. 사람들이 어떻게 보이는지 혹은 인종적 외관이 어떤지를 생각하는 것은 편협해 보일 수 있다. 그러나 이것은 경찰이 인종을 개념화하는 방식은 아니지 않는가? 즉, 만일 경찰이 인종에 기초하여 운전자를 프로파일링한다면, 경찰은 궁극적으로 어떻게 인종을 측정할까? 경찰은 유전자형이나 다른 유전적 자료에 대한 접근수단을 갖지 못한다. 그들은 차를 세울 것인지 여부를 결정하기 전에는 사람들에게 스스로 인종을 표시해 달라고 요청할 수도 없다. 그래서 만일 우리가 경찰의 인종적 프로파일링의 가능성을 탐색하는 방식으로 인종을 측정한다면, 우리는 경찰의 방식을 모방하는 것이다.

인종과 민족성의 조작화

두 가지 일반적인 접근, 즉 자기보고와 관찰이 인종과 민족성의 개념을 조작화하기 위해 사용되어왔다. 여러분은 이것들이 두 번째와 세 번째의 개념화에 해당한다는 것을 알 수 있다.

대부분의 연구자들은 어떤 종류의 관찰에 의존해왔다. 그러나 그들은 히스패닉계 운전자들을 백인 대 비백인(아시아인 포함)의 이분법으로 구분함에 있어서 어려움을 겪어왔다. 다양한 연구들이 관찰로 인종을 측정하는 다양한 접근법을 보여준다. 펜실베이니아에서의 한 연구에서, 연구자들은 길의 가장자리에 주차된 차 속에 두 명의 관찰자를 배치하였다(Engel et al., 2004). 노스캐롤라이나에서는 연구팀들이 밴을 타고 이동하면서, 길의 몇 구간에서 운전자들의 인종을 기록하였다. 뉴저지에서는 연구자들이 운전자의 사진을 찍기 위해 디지털

혼합측정

개별 측정을 혼합하면 종종 더 타당하고 신뢰할 만한 지표가 산출된다.

때때로 관심 있는 변수를 공략하는 단일 측정을 구성하는 것이 가능하다. 예를 들어, 자동차 소유자들에게 지난 6개월 동안에 차를 도둑맞은 적이 있는지 묻는 것은 자동차 절도 피해를 측정하는 간단한 방법이다. 그러나 어떤 변수들은 하나 이상의 지표로 더 정확

카메라를 사용하였다(Lange et al., 2005). 컴퓨터 영상을 평정팀에게 보이고, 운전자의 인종을 백인, 흑인, 아시아인, 아메리칸 인디언, 기타로 분류하도록 시켰다. 히스패닉 대 비히스패닉은 별도로 부호화되었다.

뉴저지에서는 자기보고된 인종도 측정되었다. 뉴저지 턴파이크는 유료 고속도로이다. 자료가 수집된 2000년도와 2001년도에, 운전자들은 통행료를 내기 위해 턴파이크를 나갈 때 어느 한 부스에서 멈추도록 요구받았다. 연구자들은 톨 부스 뒤에 서 있다가, 턴파이크를 벗어나는 운전자 표본에게 자신들의 인종/민족 집단을 여섯 가지 범주(아시아인, 흑인, 백인, 아메리칸 인디언, 히스패닉/라틴, 기타) 중에서 선택하도록 부탁하였다.

마지막으로, (자기보고식 조사와는 별도로) 멈춘 운전자들의 인종이 뉴저지 경관들에 의해 기록되었으며, 모든 차량 검문 자료기록에 나타내졌다. 이것은 관찰에 의해 수집된 것이다. 이들 세 가지 자료의 출처는 인종에 대한 세 가지 서로 다른 측정을 제공해 주었다. 여기에 랭과 동료들(Lange et al., 2005: 209)의 연구에서 발췌한 요약표가 있다. 이 자료는 턴파이크의 남쪽 구간에 대한 것이다(제4장 참고).

	요금소 조사	경찰의 검문 자료	사진 코딩 (속도위반자만)
백인	66%	52%	58%
흑인	15%	29%	26%
히스패닉	11%	10%	7%
기타	9%	10%	9%

마지막 열은 속도위반(이 경우 시속 15마일 이상 위반)으로 분류된 운전자의 인종 분포를 보여준다. 우리는 제6장에서 속도가 측정되는 방법에 관해 좀 더 자세히 언급할 것이다.

신뢰도와 타당도

평가자 간 신뢰도는 복수의 관찰자에 의한 인종 코딩에 적절하다. 펜실베이니아에서 엥겔(Engel)과 동료들은 두 명의 관찰자가 운전자의 인종 분류에 동의할 것을 요구하였다. 만일 그들이 동의하지 못한다면, 그 운전자의 인종은 알 수 없는 것으로 기록되었다. 그러나 이런 경우는 펜실베이니아 연구에서 관찰된 16만 명 이상의 운전자 중에서 단지 2.7%에 불과하였다.

어떤 점에서, 뉴저지 조사의 신뢰도는 디지털 사진을 사용함으로써 향상되었다. 즉, 운전자를 사진을 통해 비교적 오래 검토할 수 있었다. 그러나 고속으로 움직이는 자동차 속의 운전자를 전면유리를 통해 정지된 카메라로 정확하게 찍기는 기술적으로 쉽지 않다. 많은 영상의 질이 형편없었다. 38,747개의 영상 중 24%가 사용 불가능한 것으로 판단되었다. 세 명의 연구조교들이 고해상도 컴퓨터 모니터에서 나머지 영상을 독립적으로 보았다. 그들 셋 중 둘이 운전자의 인종에 대해 동의할 것이 요구되었다. 이 기준은 사용이 불가한 영상을 제외한 나머지 영상의 89%에서 충족되었다.

우리는 이미 타당도의 문제를 다루었다. 만일 우리가 운전자를 세우려는 경찰의 결정이 운전자의 인종에 기초하는지 여부에 관심이 있다면, 인종적 외관의 측정이 스스로 확인한 인종보다 더 타당하다. 다만, 이것은 히스패닉계의 민족성을 측정하는 경우에는 사실이 아니다.

하게 측정될 수 있다. 예를 들어, '재산범죄' 지수는 침입절도, 경절도, 자동차 절도를 혼합해 만들 수 있고, '폭력범죄' 지수는 살인, 강간, 강도, 폭행이 결합된 것일 수 있다.

혼합측정은 세 가지 이유에서 형사사법 연구에 자주 사용된다. 첫째, 변수에 대한 타당하고 신뢰할 수 있는 측정을 위해 연구를 신중하게 설계함에도 불구하고, 복잡한 개념에 대한 단일 지표를 개발하는 것이 불가능한 경우가 많다. 사회조사를 통해 측정되는 태도나 여론의 경우 더욱 그러하다. 예를 들어, 우리는 앞에서 근린의 거리에서 느끼는 안전감을 묻는 하나의 질문을 통해 범죄의 두려움을 측정하는 것은 두려움의 다양한 차원을 전부 측정하는 것이 아니라는 점을 보았다. 이것은 두려움을 측정하기 위해 단일 질문을 사용하는 것의 타당성에 대한 의문을 갖게 만든다.

둘째, 우리는 부모의 감독 정도와 같이, 변수의 매우 낮은 범주에서부터 매우 높은 범주에 이르기까지 사례를 서열화하는 다소 정제된 서열측정을 사용하려 할 수 있다. 단일 자료 항목은 바라는 범위의 변이를 제공하기에 충분한 범주를 갖지 않을 수 있으나, 여러 문항으로 구성된 지수나 척도는 가질 것이다.

마지막으로, 지수와 척도는 자료분석을 위한 효율적인 장치이다. 만일 어떤 단일 자료 항목이 주어진 변수에 대한 대략의 암시만을 준다면, 여러 가지 자료 항목을 고려하는 것은 우리에게 보다 종합적이고 정확한 암시를 줄 수 있을 것이다. 예를 들어, 단일 약물검사의 결과는 보호관찰 대상자의 마약 복용에 대한 약간의 암시를 줄 것이나, 여러 가지 약물검사의 결과를 검토하는 것은 우리에게 더 좋은 암시를 줄 것이다. 그러나 여러 가지 자료 항목을 조작하는 것은 동시에 매우 복잡한 일이 될 수 있다. 대조적으로, 혼합측정은 효율적인 자료 감소 장치이다. 복수의 지표가 모든 개별 지표의 세부 정보를 대부분 유지하면서도 단일 점수로 요약될 수 있다.

유형론

연구자들은 서로 다른 혼합측정을 만들기 위해 다양한 방식으로 변수를 조합한다. 이들 중 가장 단순한 것이 **유형론**(typology)인데, 때때로 '분류론(taxonomy)'이라 불리기도 한다. 유형론은 일련의 범주나 유형을 만들기 위해 두 개 이상의 변수를 교차시켜 만든다. 예를 들어, 우리는 사람들이 형사법정에서 경험한 것의 범위에 따라 그들을 분류하려 할 수 있다. 우리가 한 표본의 사람들에게 그들이 형사법정에서 배심원으로 봉사해 본 적 있는지, 그리고 증인으로서 증언해 본 적 있는지 물었다고 가정해 보자. 표 5-2는 이 두 가지 질문에 대한 대답(예 또는 아니요)이 어떻게 법정 경험의 유형론으로 조합될 수 있는지 보여준다.

표 5-2 법정 경험의 유형론

		배심원으로 봉사한 적이 있는가?	
		아니요	예
증인으로 증언한 적이 있는가?	아니요	A	B
	예	C	D

유형론

A: 법정 경험이 전혀 없음
B: 배심원의 경험만 있음
C: 증인의 경험만 있음
D: 배심원과 증인의 경험이 있음

유형론은 세 개 이상 측정상의 점수를 조합하거나, 다양한 값을 갖는 두 가지 측정상의 점수를 조합하는 식으로 더 복잡해질 수도 있다. 복잡한 유형론의 한 가지 예로, 롤프 뢰버와 동료들(Rolf Loeber et al., 1991)의 '시간 경과에 따른 비행 패턴'에 관한 연구를 보자. 이들은 피츠버그 공립학교에서 소년의 표본을 선정하여 여러 차례 인터뷰를 실시하는 종단적 연구설계를 사용하였다. 일부 질문은 소년들의 비행 및 범죄행위에의 연루에 관해서 물었다. 이러한 접근법은 시간에 따라 다른 유형의 위반행위를 한 것으로 보고한 소년들을 구분할 수 있게 해주었다.

뢰버와 동료들은 먼저 비행 및 범죄행위를 다음과 같이 서열적인 심각성 범주로 구분하였다(1991: 44).

없음: 스스로 보고한 비행이 없음
경미함: 5달러 이하의 물건을 훔침, 손괴, 운임을 내지 않고 도망침
보통: 5달러 이상의 물건을 훔침, 갱 활동, 무기 소지
심각함: 자동차 절도, 침입절도, 강간, 마약 판매

다음으로, 시간 경과에 따른 비행의 변화를 측정하기 위해 연구자들은 처음 예비 인터뷰에서의 비행 보고를 후속 인터뷰에서의 보고와 비교하였다. 이 두 가지 측정(시점 1에

표 5-3 청소년 비행 변화의 유형론

청소년 비행		
유형론	예비조사(시점 1)	후속조사(시점 2)
A. 비비행자	0	0
B. 출발자	0	1, 2, 또는 3
C. 중지자	1, 2, 또는 3	0
D. 안정된 자	1	1
D. 안정된 자	2	2
D. 안정된 자	3	3
E. 완화된 자	3	2
E. 완화된 자	2 또는 3	1
F. 강화된 자	1	2 또는 3
F. 강화된 자	2	3

청소년 비행 유형론

0: 없음　　1: 경미함
2: 보통　　3. 심각함

출처: Loeber와 동료들(1991: 43~46)에서 발췌함.

서의 비행과 시점 2에서의 비행)으로 유형론을 만들었는데, 그것을 그들은 '위반자들의 역동적 분류'라고 불렀다(1991: 44). 표 5-3에 이 유형론을 요약해 놓았다.

표에서 첫 번째 범주인 '비비행자(nondelinquent)'는 예비 인터뷰와 후속 인터뷰 모두에서 어떠한 비행도 저지르지 않았다고 보고한 소년들이다. '출발자(starter)'는 예비 인터뷰에서는 어떠한 위반도 보고하지 않았으나, 나중에 후속 인터뷰에서 경미하거나, 보통이거나, 심각한 비행을 보고한 소년들이고, '중지자(desistor)'는 그 반대의 경우이다. 두 차례 인터뷰에서 같은 유형의 위반행위를 한 아이들은 '안정된 자(stable)'로 이름지었으며, '완화된 자(de-escalator)'는 후속 인터뷰에서 덜 심각한 위반행위를 한 것으로 보고하였고, '강화된 자(escalator)'는 시간이 갈수록 점점 더 심각한 위반행위를 한 소년들이다.

이 유형론의 효율성에 주목하라. 각각 네 가지 범주를 갖는 두 개의 변수(예비 및 후속 인터뷰에서의 비행)는 여섯 가지 범주(A, B, C, D, E, F)를 갖는 단일 변수로 줄여진다. 나아가, 비행의 두 차례 측정은 수많은 개별 비행에 대한 자기보고를 요약함으로써 만들어진 그 자체 혼합측정이다. 마지막으로, 이 효율성이 새로운 혼합측정의 분명한 의미에 어떻게 반영되는지도 주시하라. 이 역동적인 유형론은 시간, 위반행위, 그리고 위반의 심각성에 관한 정보를 하나의 단일 측정으로 요약해 준다.

무질서 지수

웨슬리 스코건(Wesley Skogan, 1990: 4)은 범죄와 두려움, 그리고 공공장소에서의 음주, 마약 복용, 쓰레기, 매춘, 구걸 행위, 황폐화된 건물, 거친 청소년 집단과 같은 사회적 문제 간의 관계를 다룬 자신의 책에서 "무엇이 무질서이고 무엇이 무질서가 아닌가?"라고 물었다. 『깨진 창(Broken Windows)』이란 제목의 유명한 논문에서 제임스 윌슨과 조지 켈링(James Wilson and George Kelling, 1982)은 무질서를 두려움과 범죄의 독립적인 원인이 될 수 있는 범죄의 표식으로 묘사하였다. 그 논거는 다음과 같다. 무질서는 사람들을 범죄와 관련시키는 도시 쇠퇴의 상징이다. 무질서의 표식은 두 가지 관련된 문제를 유발할 수 있다. 첫째, 도시 주민들은 물리적 쇠퇴와 '바람직하지 않은 것'을 범죄의 상징으로 믿기 때문에, 무질서는 범죄의 두려움을 유발할 수 있다. 둘째, 잠재적 위반자들은 무질서의 증거를 근린의 비공식적 사회통제 메커니즘이 붕괴되었고, 그 지역이 무차별적 폭력과 약탈의 표적이 되고 있다는 신호로 해석할 수 있다. 데이비드 와이즈버드와 동료들(David Weisburd et al., 2015)은 '깨진 창' 치안을 평가하기 위한 방법을 기술하는 한편, 이들 메커니즘에 대해 자세히 논의한다.

우리 모두는 무질서에 대한 어떤 종류든 정신적 이미지(구상개념)를 가지고 있다. 그러나 스코건의 질문을 바꿔 말해서, 우리는 그것을 어떻게 측정하는가? 무질서의 두 가지 구상개념을 구분하는 것에서부터 시작하자. 먼저, 우리는 무질서의 물리적 존재(나뒹구는 쓰레기, 공공장소에서 술이나 약물에 취해 다니는 것 등이 실제로 도시 근린에서 명백한지 여부)에 초점을 둘 수 있다. 우리는 그것을 일련의 체계적 관찰을 통해 측정할 수 있다. 이것은 시카고에서 무질서와 범죄의 관계를 연구한 로버트 샘슨과 스티븐 로덴부시(Robert Sampson and Stephen Raudenbush, 1999)에 의해 사용된 접근법이다. 불행히도 이들 저자는 무질서의 매우 적은 사례를 관찰했으며, 그러한 행위가 시카고 근린의 주민들에게 문제적인 것으로 인식되었는지 여부에 대한 질문은 하지 않았다.

그것은 우리를 무질서의 **지각**에 초점을 두는 두 번째 구상개념에 데려다준다. 일부 사람들은 공공장소에서의 음주를 무질서한 것으로 볼 수 있지만, 다른 사람들(예: 뉴올리언스 주민)은 그것을 완전히 수용 가능한 것으로 생각할 수도 있다. 설문지와 사회조사 방법이 지각된 무질서의 측정에 아주 적합하다.

우리가 조사를 통해 측정할 무질서의 지각에 관한 합의를 이루기 위해서는 몇 가지를 더 결정해야 한다. 거리에서 배회하는 사람들에 관해 묻는 문항의 두 가지 버전을 생각해 보자. 첫 번째 질문은 미국의 세 도시에서 수행된 일련의 조사에서 나오고, 두 번째는 잉글랜드와 웨일스에서 수행된 전국 규모의 조사에서 나온다. 각각의 질문은 원래의 설문지에서 바꿔 쓴 것이다.

1. 여러분 동네에서는 거리에서 빈둥거리며 배회하는 사람들의 집단이 큰 문제인가, 약간 문제인가, 혹은 거의 문제가 되지 않는가?(Skogan and Maxfield, 1981을 보라.)
2. 여러분이 사는 지역에서는 거리에서 빈둥거리며 배회하는 사람들이 얼마나 흔한가? 매우 흔한가, 상당히 흔한가, 별로 흔치 않은가, 혹은 전혀 흔치 않은가?(Maxfield, 1987을 보라).

첫 번째 질문은 빈둥거리며 배회하는 사람들을 하나의 **문제**로서 지각하는지 묻는다. 이에 비해, 두 번째 질문은 빈둥거리며 배회하는 사람들의 **빈도**에 대한 지각을 묻는다. 또한 첫 번째 질문은 응답자에게 두 가지 다소 다른 것을 요구한다는 점에 주목하라. 응답자들은 빈둥거리며 배회하는 사람들을 지각해야 하며, 그것이 하나의 문제가 되는지 판단해야 한다. 스코건은 행위를 하나의 문제로서 지각하는 것이 무질서로 인식되기 위해 필요하다고 생각하여 첫 번째 질문양식을 사용했다.

이것이 무질서의 좋은 측정인가? 빈둥거리며 배회하는 사람들이 문제라는 믿음은 확실히 무질서의 지각과 관련이 있지만, 그보다 더 많은 것이 있다. 현 상태로는, 우리가 무질서의 한 가지 차원에 대한 측정만을 가지며, 따라서 우리의 측정은 아주 좁은 것이다. 무질서의 개념을 좀 더 완전하게 나타내기 위해서는 무질서의 다른 예를 표시하는 추가적인 행위나 특성을 측정해야 한다.

스코건은 무질서의 아홉 가지 다른 예에 관한 질문을 사용하였으며, 그것들을 그가 '사회적 무질서'와 '물리적 무질서'라고 부른 두 개의 집단으로 분류하였다(Skogan, 1990: 51, 191).

사회적 무질서	**물리적 무질서**
배회하는 사람들의 집단	방치된 건물
마약 복용 및 판매	쓰레기와 잡동사니
손괴	공터의 쓰레기
갱 활동	
공공장소에서 술 취해 다님	
길거리에서 남을 괴롭힘	

무질서의 각 예에 대하여 응답자에게 자기 동네에서 그것이 큰 문제인지(2점), 약간 문제인지(1점), 혹은 거의 문제가 아닌지(0점) 평가하도록 요청하였다. 합쳐서, 아홉 개의 문항은 무질서의 서로 다른 유형을 측정하며, 합당한 액면 타당도를 가지는 것 같다. 그러나 개별 문항과 응답자의 범죄에 대한 두려움 또는 범죄피해 경험 간의 관계를 검토하

이제, 귀하께 도시의 일부에서 발견될 수 있는 범죄 관련 문제의 목록을 읽어드릴 것입니다. 귀하가 사는 동네에서는 각각이 얼마나 많은 문제가 되는지 말씀해 주시기 바랍니다. 그것이 큰 문제입니까, 약간 문제입니까, 아니면 거의 문제가 되지 않습니까?

	큰 문제임	약간 문제임	전혀 문제 아님
(S) 배회하는 사람들의 집단	②	1	0
(S) 마약을 복용하거나 파는 사람들	2	①	0
(P) 방치된 건물	2	1	⓪
(S) 손괴	2	①	0
(P) 거리의 쓰레기와 잡동사니	②	1	0
(S) 갱 및 갱 활동	2	1	⓪
(S) 공공장소에서 술 취한 사람들	②	1	0
(P) 공터의 쓰레기	2	1	⓪
(S) 무례하거나 욕하는 사람들	2	①	0
(S) 사회적 무질서 = 2 + 1 + 1 + 0 + 2 + 1 = 7, 지수점수 = 7/6 = 1.16			
(P) 물리적 무질서 = 0 + 2 + 0 = 2, 지수점수 = 2/3 = 0.67			

그림 5-3 무질서 지수

는 것은 아무래도 적절치 않다. 그래서 스코건은 각 문항의 점수를 합하고 그것을 집단별 문항수로 나눔으로써 사회적 무질서와 물리적 무질서라는 두 가지 지수를 만들었다. 그림 5-3은 아홉 가지 문항에 대한 가설적 표본설문의 결과와 지수를 만드는 과정을 보여준다.

이 예는 몇 가지 관련된 변수가 세 가지 바람직한 특성을 갖는 지수를 만들기 위해 어떻게 조합될 수 있는지를 보여준다. 첫째, 혼합지수는 단일 질문보다 무질서에 대한 더 타당한 측정이다. 둘째, 한 범주에 있는 모든 문항을 합하고 평균을 냄으로써 우리는 어느 단일 문항에서 구할 수 있는 것보다 더 많은 변이를 지수에서 만들 수 있다. 마지막으로, 두 가지 지수는 아홉 개의 개별 변수보다 더 간명하며, 자료분석과 해석도 더 효율적일 수 있다.

측정 요약

이 장은 측정의 실질적인 토대를 다루었지만, 여전히 형사사법 연구에 있어서 측정의 중요하고 복잡한 쟁점을 소개만했을 뿐이다. 앞에서 본 '종합적 사고: 인종의 측정'이라는 제목의 글상자는 우리가 앞으로 계속 다룰 예를 가지고 측정의 문제를 예시한 것이다. 측정은 우리가 연구하려는 개념의 특성, 그러한 특성을 조작화하는 방법, 그리고 신뢰할 수 있고 타당한 측정을 개발하는 방법에 관해 끊임없이 생각할 것을 요구한다. 종종 혼합측정은 주요 개념을 더 잘 나타내고 그래서 타당도를 향상시킨다.

뒤이은 장들은 측정의 문제를 더 깊이 있게 다룰 것이다. 이 책의 제3부는 자료수집(우리가 실제로 측정하는 방법)을 설명한다. 그리고 제6장은 범죄를 측정하는 다양한 접근법에 초점을 둔다.

요약

- 개념은 우리가 무언가를 공통으로 갖는 것같이 관찰과 경험을 함께 모으는 요약 장치로서 사용하는 정신적 이미지이다.
- 우리의 개념은 실제 세계에는 존재하지 않으며, 그래서 직접 측정할 수 없다.
- 조작화에서는 변수의 측정에 이르기까지의 구체적인 경험적 절차를 명시한다.
- 조작화는 연구설계 단계에서부터 시작되고, 자료 분석을 포함한 연구 프로젝트의 전 과정을 통해 계속된다.
- 측정에서 범주는 상호배타적이고 포괄적이어야 한다.
- 더 높은 수준의 측정에서는 범주가 서열을 갖거나 더 복잡한 수적 특성을 갖는다.
- 어떤 주어진 변수는 때때로 서로 다른 측정 수준에서 측정될 수 있다. 측정의 가장 적절한 수준은 측정의 목적에 달려 있다.

- **정밀성**은 어떤 속성의 관찰이나 기술에 사용되는 측정의 엄밀함을 말한다.
- 신뢰도와 타당도는 측정의 질에 대한 기준이다. 타당한 측정은 측정하는 개념의 참된 지표이고, 신뢰할 수 있는 측정은 일관성이 있는 것이다.
- 구체적이고 신뢰할 수 있는 측정이 우리의 일반적인 개념이 갖는 의미의 풍부함을 약화시키는 경우가 종종 있다. 한 가지 좋은 해법은 복합측정들을 사용하는 것인데, 그것의 각각은 개념의 서로 다른 측면을 다룬다.
- 두 개 이상의 변수들을 결합하여 만드는 혼합측정이 복잡한 형사사법적 개념에 대한 더 타당한 측정인 경우가 많다.

핵심 용어

개념(concept)
개념적 정의(conceptual definition)
개념화(conceptualization)
구상개념(conception)
구성 타당도(construct validity)
기준 관련 타당도(criterion-related validity)
내용 타당도(content validity)
등간측정(interval measure)
명목측정(nominal measure)
물화(reification)
비율측정(ratio measure)
서열측정(ordinal measure)
신뢰도(reliability)
액면 타당도(face validity)
유형론(typology)
조작적 정의(operational definition)
차원(dimension)

복습문제 및 연습문제

1. '재범이란 무엇인가?'라는 제목의 글상자를 재검토하라. 그 논의로부터 **재범**의 개념적 정의와 조작적 정의를 써보라. 파블로가 개념 측정을 위해 제안한 방식을 요약해 보라. 마지막으로, 파블로가 제안한 측정과 관련된 신뢰도와 타당도의 문제를 논하라.
2. 웹페이지, '우리가 수사하는 내용'(http://www.fbi.gov/about-us/investigate/terrorism/terrorismdefinition)에서 FBI는 다음 정의들을 나열한다.

   '국내 테러리즘'이라 함은 다음 3가지 특징을 갖는 행위를 말한다.

   (1) 연방법 또는 주법을 위반하는 인명에 위험한 행위
   (2) 의도된 것처럼 보이기
      ㄱ. 민간인을 위협하거나 강요하기 위해
      ㄴ. 협박이나 강압으로 정부 정책에 영향을 미치기 위해
      ㄷ. 대량 파괴, 암살 또는 납치로 정부의 움직임에 영향을 미치기 위해
   (3) 주로 미국 영토 관할권 내에서 발생한다.

   이것은 개념적 정의이다. 조작적 정의를 작성한 다음 그것이 지역 신문이나 뉴스의 테러 관련 기사에 어떻게 적용되는지 확인하라.
3. 우리 모두는 삶의 속도에 대한 어떤 종류의 정신적 이미지를 가지고 있다. 『시간의 지리학(Geography of Time)』이라는 멋진 책에서, 로버트 레빈(Robert Levine, 1997)은 전 세계 도시의 생활 속도를 다음과 같은 혼합측정으로 조작화하였다.

   ㄱ. 한 보행자가 붐비지 않는 보도에서 60피트를 걷는 데 걸리는 시간
   ㄴ. 공공장소의 시계들이 정확한 시간을 보여주는 비율
   ㄷ. 5달러 상당의 지폐를 가지고 제1종 우표에 상당하는 것을 구입하는 데 걸리는 시간

   생활속도에 대한 이러한 지표가 갖는 신뢰도와 타당도의 문제를 논하라. 생활속도에 대한 개념적 정의를 특정화하는 것도 확실히 하라.

CHAPTER 06

범죄의 측정

범죄를 어떻게 측정할 것인가? 얼마나 많은 범죄가 일어나는가? 연구자들과 정책 입안자들은 범죄를 측정하기 위한 몇 가지 접근법을 개발해왔다. 하지만 두 번째 질문에 대한 확실한 답은 없다. 우리는 범죄를 측정하는 다양한 전략을 검토하고 각각의 장단점을 논의할 것이다.

학습목표

1. 범죄를 측정하는 서로 다른 접근이 어떻게 개념화, 조작화, 측정의 일반적 원칙을 실제로 잘 보여주는지를 확인한다.
2. 서로 다른 측정에 따라 어떤 범죄가 포함되는지 이해한다.
3. 서로 다른 범죄 측정을 기술하고, 이 측정이 어떻게 다른 분석단위에 기초하고 있는지 설명한다.
4. 범죄 자료를 수집하는 서로 다른 목적에 대해 이해한다.
5. 경찰에게 알려진 범죄에 기초한 서로 다른 측정에 관해 설명한다.
6. 피해자 조사의 주된 특성에 관해 기술한다.
7. 경찰에게 알려진 범죄와 다른 설문조사로 측정된 범죄 사이의 주된 차이를 구분한다.
8. 왜 자기보고식 측정이 사용되는지 이해하고, 이러한 측정이 적절한 범죄유형을 나열한다.
9. 마약 복용의 주된 자기보고식 측정을 요약한다.
10. 어떻게 감시를 통한 측정이 확보되고 사용되는지 이해한다.
11. 범죄에 대한 서로 다른 측정이 어떻게 측정의 질 기준을 충족하는지 설명한다.
12. 서로 다른 범죄 측정이 존재하는 이유는 각 측정이 완벽하지 않기 때문임을 인식한다.

테러 사건의 측정

테러리즘은 세계적으로 첨예한 관심사이다. 정도의 차이는 있겠지만 우리는 모두 테러에 대해 우려한다. 그리고 우리는 모두 9 · 11, 벨기에와 파리의 2015년 테러, 미국 전역의 도시에서 너무도 흔히 일어나는 대량 살인 총격사건 등과 같이 세간의 이목이 쏠린 테러 공격을 알고 있다. 하지만 테러리즘의 일반적 측정에 대해서는 어떨까? 테러리즘은 얼마나 발생할까? 어디서 일어날까? 어떤 종류의 공격이 이루어질까? 혹은, 제5장에서 논의된 주제를 떠올려 볼 때, 테러리즘의 개념적 정의와 조작적 정의는 무엇일까?

첫째, 연구자와 정책 입안자는 테러리즘과 테러 사건을 구분한다. 테러리즘 연구와 대응을 위한 컨소시엄(National Consortium for the Study of Terrorism and Responses to Terrorism: START)의 정의에 따르면 테러리즘은 "**공포, 강압, 협박을 통해 정치경제적, 종교적, 혹은 다른 어떤 사회적 목표를 달성하려는 목적의 비국가 행위자(non-state actor)에 대한 불법적 무력이나 폭력의 실제 사용 혹은 사용의 위협**"이다[National Consortium for the Study of Terrorism and Responses to Terrorism(START), 2016: 9. 원문에서 강조 표시].

다음 작업은 테러리즘의 사례나 어떻게 테러 사건을 측정할지를 개념적으로 정의한 것이다. 위의 정의에 따라, 테러리즘 연구와 대응을 위한 컨소시엄은 테러 사건이 다음 세 가지 특성 모두를, 혹은 그다음의 세 가지 중 두 가지를 포함해야 한다고 밝힌다.

요소 1. 다음의 모두

- 사건이 의도적이어야 한다.
- 사건이 어느 정도의 폭력이나 폭력의 즉각적 위협을 수반해야 한다.
- 가해자는 국가 행위자가 아닌 행위자(sub-national actors)여야 한다.

요소 2. 최소한 다음 중 둘

- 정치적, 경제적, 종교적, 혹은 사회적 목표를 달성하기 위한 행위여야 한다.
- 직접적인 피해자 외의 더 많은 대상자에게 강압, 협박, 혹은 어떤 메시지를 전달하려는 의도가 있다는 증거가 있어야 한다.
- 정당한 전쟁 중 활동의 맥락에서 벗어나는 행위여야 한다.

이 정의는 START가 웹사이트를 통해 제공하는 글로벌 테러리즘 데이터베이스(Global Terrorism Database: GTD)를 구축하는 데 사용하였다.

예상할 수 있듯이 테러 사건을 집계하는 것은 쉽지 않다. 다양한 정의와 포함 기준이 그 이유 중 하나이다. 예를 들어, 미 국무성은 『테러리즘 보고서(Country Reports on Terrorism)』를 매년 발간한다. 이 보고서는 START의 자료를 사용하지만, 국무성 정의와의 일관성을 위해, 요소 2의 세 가지 기준에 모두 부합해야 테러 사건으로 집계한다.

테러 공격과 사망자 수
2015년 상위 10개국

지역	공격	사망	공격당 사망자 수
이라크	2,418	6,932	2.99
아프가니스탄	1,708	5,292	3.24
파키스탄	1,009	1,081	1.10
인도	791	289	0.38
나이지리아	589	7,531	9.29
이집트	494	656	1.34
필리핀	485	258	0.54
방글라데시	459	75	0.16
리비아	428	462	1.24
시리아	382	1,698	7.99
상위 10개국 총계	8,763	24,274	
전 세계 총계	11,774	32,762	
상위 10%	74%	74%	

출처: National Consortium for the Study of Terrorism and Responses to Terrorism(START) 2016, 5.에서 정리함.

2016년 보고서의 표를 예로 들어보자. 이 표에서는 2015년에 가장 많은 테러 사건을 겪은 10개국의 테러 공격 숫자와 사망 숫자를 구분하고 있다. 여기에 전 세계에서 발생한 테러 공격과 사망자의 총계를 함께 제시하였다.

이 표에서 두 가지가 특히 눈에 띈다. 첫째, 매우 큰 숫자이다. 2015년에 무려 11,700건 이상이 발생했다. 둘째, 상위 10개국이 모든 테러 공격과 사망의 3/4 이상을 차지한다. 셋째, 상위 10개국은 중동, 인도 아대륙(아프가니스탄 포함), 북아프리카 이렇게 세 지역에 몰려있다. 마지막으로 어떤 국가(나이지리아와 시리아)에서는 다른 국가(방글라데시와 필리핀)에서보다 사망자가 훨씬 많이 발생했다. 아마 이 표에 나온 사실에 대해 잘 몰랐을 것이다. 테러 사건의 측정과 집계에 대해 더 읽어볼 것을 권한다. 2015년 보고서는 상위 10개국의 테러 조직, 대상, 사용된 무기, 사건 내용 요약 등에 대한 정보도 담고 있다. 국무성 연차보고서에서 더 자세한 이야기도 접할 수 있다(U.S. Department of State, 2016).

테러 사건의 측정은 미국이 개발한 정의 기준을 다른 나라에서 발생한 행위에 적용한다는 점에서 문제의 소지가 있다. 국가에 따라 정의와 기록 규칙이 다를 수 있기 때문이다. 유사하게, START의 정의도 미 국무성의 정의와 약간 다르다. 이 장에서 최소한 한 가지 다른 예를 찾아보라.

도입

범죄의 측정은 많은 형사사법 연구의 목적상 중요하다.

측정과 측정의 질에 대한 원칙을 논의하였으므로, 이제 형사사법 연구자의 기본 과업인 범죄의 측정에 대해서 알아보겠다. 범죄는 형사사법과 범죄학에서 근본적인 변수이다. 기술적이고 탐색적인 연구에서는 흔히 특정 지역에 얼마나 많은 범죄가 일어나는지를 파악하려고 하는데, 이는 연구자뿐만 아니라 형사정책과 관련된 공무원도 분명히 관심을 가지는 문제이다. 범죄를 종속변수로 보는 설명적 연구는 무엇이 범죄를 야기하는지를 알고자 한다. 그리고 응용적 연구는 흔히 범죄를 줄이는 데 효과적인 대책이 무엇인지에 주목한다.

범죄가 두려움이나 그 밖의 태도에 어떠한 영향을 미치는지, 혹은 범죄율이 높은 지역에 사는 사람들이 마약 판매범의 형량을 늘리는 것에 찬성하는지 등에 관한 연구의 예처럼 범죄가 독립변수가 될 수도 있다. 때때로는 마약 복용과 기타 범법행위 사이의 관계에 관한 연구에서처럼 범죄가 독립변수와 종속변수 둘 다가 될 수도 있다.

연구자의 목적이 무엇이든지 간에, 그리고 무엇이 범죄의 원인인지에 관심이 있든지 아니면 범죄가 무엇의 원인인지에 관심이 있든지 간에, 범죄의 측정은 분명히 중요하다. 이는 또한 어려운 문제이기도 하다. 범죄를 어떻게 측정할지는 범죄학과 형사사법에서 오랫동안 주요한 연구 주제가 되어왔다.

이 장의 목적은 세 가지이다. 첫째, 우리는 제5장에서 다룬 좀 더 일반적인 측정 관련 쟁점을 예증하기 위해서 범죄 측정의 문제점을 예로 사용할 것이다. 둘째, 범죄를 측정하는 방법의 범위를 살펴보고 각각의 장단점을 비교할 것이다. 마지막으로, 특정한 연구 목적이나 정책 목적을 위해 개발된 몇몇 독립적인 범죄 측정 방법을 간략하게 살펴볼 것이다.

범죄 측정의 일반적 쟁점

범죄에 대한 구체적인 측정에 앞서 연구자는 측정할 범법행위, 분석단위, 목적에 대한 결정을 해야 한다.

먼저 우리는 범죄에 대한 모든 측정에 영향을 미치는 몇 가지 광범위한 질문을 확인해야 한다. (1) 어떤 범법행위를 측정해야 하는가? (2) 어떤 분석단위를 사용해야 하는가? (3) 범죄를 측정하는 연구 목적이나 정책 목적이 무엇인가?

어떤 범법행위인가?

먼저 범죄에 대한 개념적 정의를 제안하는 것에서 시작한다. 이것은 우리가 측정할 범죄의 구체적 유형이 무엇인지를 결정할 수 있게 해준다. 제5장에서 언급했던 마이클 갓프레드슨과 트래비스 허쉬(Michael Gottfredson and Hirschi, 1990: 15)의 정의에 따르면 범죄는 "자기 이익을 추구하기 위한 완력이나 기만 행위"이다. 흥미로운 정의이기는 하나 이는 이 장의 목적보다는 범죄 이론에 관한 폭넓은 논의에 더 적합하다. 예를 들어, 우리는 자기 이익(self-interest)이 무엇을 의미하는지 명확히 해야 하는데, 이 용어는 철학자들과 사회과학자들이 수 세기 동안 매달려온 개념이다.

제임스 윌슨과 리처드 헌스타인(James Q. Wilson and Richard Herrnstein, 1985: 22)은 우리의 출발점이 될 수 있는 다른 정의를 제안하는데, "범죄는 그러한 행위를 금지하며 그러한 행위를 할 시에 처벌할 수 있는 권한이 부여된 법을 어기는 모든 행위"라는 것이다. 다른 범죄학자들(예: 갓프레드슨과 허쉬)은 이러한 개념적 정의에 동의하지 않을지 모르지만, 꽤 구체적이라는 장점이 있다. 더 나아가서 주법이나 연방법을 참고하여 법이 처벌하는 행위의 유형을 목록으로 더 자세히 제시할 수도 있다.

그러한 목록은 매우 길 것이다. 예를 들어, 인디애나 주법(IC)에 따르면 금지 시기에 인삼을 수확하는 것(IC 14-31-3-16)[1]과 칼날이 튀어나오는 칼을 파는 것(IC 35-47-5-2)은 6개월의 징역과 1,000달러의 벌금에 처할 수 있는 행위이다. 인디애나 인삼을 허락 없이 주 밖으로 가져가는 행위(IC 14-31-3-20)와 성인에게 심각하지 않은 신체적 상해를 입히는 폭행(IC 35-42-2-1)은 1년의 징역과 5,000달러의 벌금에 처해질 수 있는 범죄다. 범죄를 어떻게 측정할지 결정하든지 간에, 폭력행위와 불법적 무기를 파는 행위를 희귀한 약초와 관련된 일반적이지 않은 행위와 분명히 구별할 필요성을 느낄 것이다.

범죄를 측정하려고 할 때 직면하는 주된 어려움 중 하나는 너무도 다양한 유형의 행동과 행위가 "그러한 행위를 금지하며 그러한 행위를 할 시에 처벌할 수 있는 권한이 부여된 법을 어기는 행위"에 포함된다는 것이다. 측정방법에 따라 서로 다른 유형의 범죄에 초점을 맞추는 경향이 있는데, 이는 주로 모든 범죄를 똑같은 방법으로 신뢰도와 타당도 있게 측정할 수는 없기 때문이다. 따라서 측정방법을 선택하는 중요한 단계는 어떤 범죄를 포함할지를 결정하는 일이다.

---

1 이 인용법은 '법전'(주제별로 정리된, 특정 사법 구역에서 효력을 갖는 모든 법의 집합)을 인용하는 표준 형식을 반영한다. 이 경우 'IC'는 인디애나 주법(Indiana Code)의 약자이며, 숫자들은 편(title), 조(article), 장(chapter), 절(section)을 나타낸다. 따라서 이 인용은 인디애나 주법의 제14편(Title 14), 제31조(article 31), 제3장(chapter 3), 제16절(section 16)을 의미한다. 'USC'는 미합중국에서 효력을 갖는 연방법의 집합인 미합중국법(United States Code)을 의미한다.

분석단위와 범죄의 측정

범죄를 집계할 때 서로 다른 분석단위를 이해하는 것이 처음에는 어렵고 혼란스러울 수 있다. 대부분의 문제는 데이터베이스 설계에서 일 대 다수 관계와 다수 대 다수 관계라고 분류될 수 있는 경우에 발생한다. 한 사건에 여러 범법행위와 여러 명의 가해자와 피해자가 포함될 수 있고, 하나의 범법행위와 한 명의 가해자, 그리고 한 명의 피해자가 포함될 수도 있다. 몇 가지의 예를 들어 생각해 보면 문제를 좀 더 명확하게 이해할 수 있다. 여기서 드는 두 가지 예는 연방수사국(FBI)의 출판물(2000: 18)에서 가져왔다.

예 1

두 남자가 술집에 들어왔다. 그들은 바텐더에게 총을 겨누고 금전 등록기에 있는 모든 돈을 빼앗았다. 가해자들은 또한 세 명의 손님으로부터 돈과 귀금속을 빼앗았다. 가해자 중 한 명은 권총으로 손님 중 한 명을 때려 중상을 입혔다. 두 가해자 모두 도보로 도망쳤다.

1개의 사건
- 1건의 강도 범법행위
  - 2명의 가해자
  - 4명의 피해자(술집 현금 담당자, 3명의 손님)
- 1건의 중상해 범법행위
  - 2명의 가해자
  - 1명의 피해자

실제로는 한 명의 가해자가 술집 손님을 폭행했지만, 나머지 가해자도 다른 손님들이 폭행 피해자를 돕지 못하도록 했기 때문에 해당 범법행위를 도운 것으로 기소될 수 있다.

예 2

두 남자가 술집에 들어왔다. 그들은 바텐더에게 총을 겨누고 금전 등록기에 있는 모든 돈을 빼앗았다. 가해자들은 또한 두 명의 손님으로부터 돈과 귀금속을 빼앗았다. 가해자 중 한 명은 다른 강도 대상을 찾다가 뒷방에 있는 여자 손님을 발견하고 다른 가해자가 보지 못하는 가운데 강간을 했다. 그 강간범이 돌아온 후, 둘은 도보로 도망쳤다.

강간이 다른 장소에서 발생하였고 가해자들이 동시에 행동하지 않았기 때문에 이 예는 두 개의 사건을 포함한다. 그리고 그들이 같은 장소에서 동시에 행동하지 않았기 때문에, 한 명의 가해자만이 강간 사건과 연관이 된다.

사건 1
- 1건의 강도 범법행위
  - 2명의 가해자
  - 3명의 피해자(술집 현금 담당자, 2명의 손님)

사건 2
- 1건의 강간 범법행위
  - 1명의 가해자
  - 1명의 피해자

분석단위는 무엇인가?

분석단위는 그에 대해서 연구자가 정보를 수집하는 특정한 실체라는 것을 기억할 것이다. 제4장에서는 개인, 집단, 사회적 가공물 등을 분석단위로 살펴보았다. 범죄를 어떻게 측정할지를 결정하는 것은 이러한 단위에 대해서 다시 한 번 생각하게 한다.

범죄는 흔히 실제 측정에서보다 추상적으로 더 쉽게 인지되는 네 가지 요소를 포함한다. 이러한 요소 중 가장 기본이 범죄자이다. 범죄자 없이는 범죄도 없으므로 범죄는 최소한 범죄자를 수반한다. 따라서 범죄자는 가능한 하나의 분석단위이다. 우리는 침입절도범, 자동차 절도범, 은행 강도, 테러리스트(혹은 테러집단), 마약사범 등 어떤 다양한 범죄를 저지르는 사람을 연구할지 결정해야 한다.

범죄는 또한 두 번째 가능한 분석단위인 피해자를 요구한다. 우리는 침입절도, 자동차 절도, 은행 강도, 혹은 폭행의 피해자를 연구할 수 있다. 그런데 이러한 피해자의 목록은 다양한 유형의 단위를 포함하고 있다. 침입절도의 경우는 가정이나 사업체, 자동차 절도의 경우는 차 소유주, 은행 강도의 경우는 은행, 폭행의 경우는 개인이 피해자가 된다. 이 단위는 조직(은행, 사업체)이나, 개인, 추상적인 실체(가정)일 수도 있으며, 어떤 경우는 애매할 수도 있다(개인이나 조직이 차를 소유할 수 있다).

마약, 도박, 성매매와 같이 소위 '피해자 없는 범죄'라고 불리는 경우는 어떤가? 범죄는 사회, 조직, 개인에게 해를 입히는 행위이기 때문에, 법적으로 보았을 때 피해자 없는 범죄는 존재하지 않는다. 그러나 사회가 주 피해자인 범죄(예: 성매매)를 연구하는 것은 특히 어려우며, 그래서 특정 유형의 피해자 없는 범죄를 측정하기 위한 특별한 기술이 개발되어 왔다. 어떤 경우든지 간에 미리 분석단위를 생각하는 것은 중요하다. 범죄를 집계하는 하나의 방법으로 나중에 피해자 설문조사를 살펴볼 것이다. 그러나 개인, 조직, 사회를 설문조사하는 것은 서로 근본적으로 다른 작업이다.

범죄의 마지막 두 가지 요소인 범법행위와 사건은 서로 밀접하게 얽혀 있기 때문에 같이 논의한다. **범법행위**는 침입절도, 자동차 절도, 은행 강도 등의 개별적 행위로 정의된다. 연방수사국(FBI)은 사건을 "같은 범죄자나 범죄자 집단이 **동시에 같은 시간, 같은 장소에**서 저지르는 하나 이상의 범법행위"로 정의한다(Federal Bureau of Investigation, 2000: 17; 원문에서 강조).

잠시 범법행위와 사건의 차이를 생각해 보자. 하나의 사건은 다수의 범법행위를 수반할 수 있으나, 하나의 범법행위에 다수의 사건이 있을 수는 없다. 물론, 하나의 사건에 다수의 피해자가 있을 수 있다. 예를 들어, 앞서 본 테러리즘의 측정에 대한 예는 테러 사건, 그리고 테러 공격으로 인한 사망, 이렇게 두 가지 다른 단위를 보여준다. 그 표의 마지막 열은 공격당 사망자 수의 편차가 상당히 있음을 보여준다.

서로 다른 분석단위(범죄자, 피해자, 범법행위, 사건)에 대한 예시는 '분석단위와 범죄의 측정'이라는 제목의 글상자에서 제시된다. 이 예들은 분석단위를 구분하고 그들 사이의 관련성을 파악하는 데 도움이 된다.

여기서는 제4장에서 살펴본 주제였던 분석의 집합적 단위에 관해서 이야기하지 않았다. 흔히 이웃공동체, 도시, 카운티, 주 등과 같이 집합적 분석단위에서 범죄를 측정하여 보고하지만, 여기서는 개별 분석단위만을 고려하였다. 나중에 이 장에서 설명하겠지만, 범죄를 집합적 단위에서 집계하는 것은 일반 대중에게 가장 일반적으로 보고되는 범죄 측정이다.

무엇이 목적인가?

범죄 측정의 일반적 목적에 따라 그 전략이 달라지기도 한다. 범죄 측정의 목적은 최소한 (1) 모니터링, (2) 기관 책임(agency accountability), (3) 연구라는 세 가지의 일반적 목적 중 하나이다.

우리는 소비자 물가, 주식, 교통사고 사망자, 출생률, 인구, 실업, 고등학교 졸업자 비율 등을 측정하는 것과 마찬가지로 모니터링의 목적으로 범죄를 측정한다. 그러나 이는 단지 어떤 것의 수를 세려는 강박관념 때문이 아니다. 우리는 사회경제적 조건, 인구의 크기와 연령분포, 그리고 국민건강의 위협을 파악하기 위해서 다양한 사회 · 경제 · 인구 · 보건 지표를 측정한다. 마찬가지로 범죄를 측정하는 하나의 목적은 국민 안전과 보안에 대한 잠재적 위협을 모니터하는 것이다.

전국적 수준에서 '국가에서 발생하는 범죄의 정도와 성격, 그리고 영향'을 파악하기 위해서 두 가지의 범죄 측정이 이루어진다(U.S. Department of Justice, 2003: 1). 나중에 이 장에서 표준범죄보고서(UCR)와 전미범죄피해조사(NCVS)를 자세히 살펴볼 것이다. 여기서는 이 두 가지 측정의 근본적 목적이 모니터링이라는 점을 짚고 넘어가겠다. 공중보건 분야에서는 이를 **감시체계**(surveillance system)라고 부른다(Parks et al., 2014). 미국 공중보건국이 다양한 통계를 통해서 유병률과 다양한 사망원인을 모니터하듯이, 미국 법무부는 범죄 측정을 위해 두 가지의 전국적인 감시체계를 관장하고 있다.

두 번째 측정의 목적은 기관 책임이다. 정부 기관은 행위와 책임 영역을 문서로 기록할 의무가 있다. 그러한 책임은 미국식 민주 정부의 주된 원칙이며 개별 경찰서에서 범죄를 측정하는 이유이다. 아이다호주 2015년 범죄 보고서의 표지에 나오는 "측정할 수 없는 것은 관리할 수 없다."는 말은 책임의 중요성을 강조하는 것이다(Idaho State Police, 2016).

마지막 목적은 연구이다. 연구 목적의 범죄 측정은 감시나 책임 목적과는 구별된다. 이 장과 다음 장들에서 우리가 접하게 될 이유에서 이러한 목적의 차이는 강조되어야 한다. 형사사법 연구는 연구의 목적이 아닌 감시와 책임이 목적인 범죄 측정을 종종 사용한다. 이 점은 기존의 자료를 이용하여 범죄를 측정하는 연구 프로젝트를 계획할 때 기억할 필요가 있다.

경찰에게 알려진 범죄

경찰에 의한 범죄 측정은 가장 널리 사용되지만, 특정 유형의 오류 가능성이 있다.

가장 널리 사용되는 범죄 측정은 경찰 기록에 근거하는 것이고 이것을 보통 '**경찰에게 알**

경찰에게 알려진 범죄(crimes known to police) 경찰에게 신고되어 기록된 범죄.

려진 범죄(crimes known to police)'라고 부른다. 이 문구는 경찰 기록이 측정하는 것과 측정하지 못하는 것을 이해하는 데 중요한 함축적 의미가 있다. 명백한 하나의 함축적 의미는 경찰에게 알려지지 않은 범죄는 경찰 기록을 통해서는 측정될 수 없다는 것이다. 경찰이 범죄에 대해서 알게 되는 두 가지 방식을 살펴보면 이 의미를 더 잘 이해할 수 있는데, 이 두 가지 방식은 목격과 사람들의 신고이다.

어떤 유형의 범죄는 거의 전적으로 목격 때문에 발견된다. 예를 들어, 교통위반이나 소위 피해자 없는 범죄가 그렇다. 경찰은 마약 거래를 목격했기 때문에 마약 사건을 집계하고, 호객 행위를 목격했기 때문에 성매매 사건을 집계한다. 경찰은 목격을 통해서 교통위반을 발견한다. 그러나 대부분의 범죄는 피해자나 목격자와 같은 다른 사람들의 신고를 통해서 발견되고 집계된다. 피해자는 침입절도, 강도, 폭행, 차량 절도 등의 범죄를 경찰에 신고하며, 목격자도 경찰에 신고한다.

경찰이 목격과 신고라는 두 가지 방식으로 범죄를 측정한다는 것을 감안하면, 어떤 범죄가 경찰 기록으로 잘 측정되지 않는지 쉽게 떠올릴 수 있다. 예를 들어, 상점 절도를 생각해 보자. 많은 경우 상점 절도는 경찰에게도 경찰에 신고할 다른 사람에게도 목격되지 않는다. 이러한 경우는 적발되지 않고 따라서 측정되지도 않는다. 물론 상점 절도는 이러한 행위를 금지하며 이러한 행위를 할 시에 처벌할 수 있는 권한이 부여된 법을 어기는 행위라는 우리의 개념적 정의에 포함된다. 그러나 경찰에게 알려진 범죄를 집계하여 상점 절도를 측정한다면 많은 범법행위가 누락될 것이다.

거의 전적으로 경찰의 목격에 의해서만 측정되는 피해자 없는 범죄와 교통위반과 같은 범죄를 생각해 보면, 경찰에게 알려진 범죄는 이러한 유형의 범법행위에 대해서도 좋은 측정이 아님을 깨닫게 될 것이다. 우리 중 대부분은 교통 위반을 하지만 잡히지 않는다. 마찬가지로 마약 소지는 말할 것도 없고 대부분의 마약 거래는 적발되지 않는다.

경찰이 범죄를 측정하는 다른 방식 역시 완벽하지 않다. 특히 사소한 절도나 특정 유형의 폭행과 같은 많은 범죄가 경찰에 신고되지 않는다. 사람들은 범죄유형에 따라 몇 가지 이유에서 범죄를 신고하지 않는다. 절도 미수의 경우는 분실된 물건이 없기 때문에 신고하지 않을 것이다. 많은 사소한 폭행이나 기타 대인범죄는 피해자가 사적인 문제로 간주하기 때문에 경찰을 부르지 않고 스스로 해결할 것이다. 어떤 피해자는 사소한 손해로 굳이 경찰을 귀찮게 할 필요가 없다고 믿거나, 경찰이 범인을 잡지도 잃어버린 물건을 찾아주지도 못할 것이기 때문에 신고할 필요가 없다고 믿을 수 있다(Bureau of Justice Statistics, 2015: 7).

경찰의 범죄 측정에서 또 하나의 문제는 '경찰에게 알려진 범죄'라는 문구의 의미에 어긋난다. 직접 경험한 사람도 있겠지만, 연구에 따르면 경찰이 목격하거나 신고를 받은 범죄는 항상 공식적으로 기록되는 것이 아니다. 도널드 블랙(Donald Black, 1970)과 앨버트 라이스(Albert Reiss, 1971)는 경찰이 인지한 범죄를 공식적으로 기록할지 말지를 결정하는 데 영향을 미치는 요인을 기술하였다. 예를 들어, 서로 잘 알거나 친인척 관계에 있는 사람들 사이의 폭행은 폭행으로 기록되기보다는 싸움 정도로 기록될 가능성이 더 크다. 피해자가 가해자를 체포하거나 기소하지 말 것을 간청할 경우, 경찰관이 그 사건을 범죄로 다룰 가능성은 작다. 블랙은 또한 피해자의 사회경제적 지위가 높을 때 경찰이 그 사건을 공식적으로 범죄로 보고하는 경우가 더 많다는 사실을 발견하였다. 반복적인 피해의 경우, 보통 가해자가 동일할 때, 경찰은 나중에 발생한 사건을 종종 기록에서 누락시킨다. 인도(Belur et al., 2015)와 뉴저지(Mele, 2003)에서의 연구에 따르면 반복적인 가정폭력 사건이 기록되지 않는 경우가 있다.

숀 바라노와 동료들(Sean Varano et al., 2009)은 텍사스 샌안토니오 경찰이 사건을 어떻게 기록하는지를 분석하였다. 경찰의 업무량과 범죄의 심각성을 통제한 후, 이 연구자들은 경찰이 신고된 많은 사건 유형을 공식적으로 기록하지 않는다는 것을 발견하였다. 강도와 같은 심각한 범죄에서는 차이가 발견되지 않았다. 그러나 바라노와 동료들은 소란행위나 사소한 재산범죄와 같은 범법행위가 남미계와 흑인이 모여 사는 열악한 동네에서 공식 통계로 덜 잡힌다는 것을 발견하였다. 이와 같은 경찰의 기록 누락 행태는 캐나다에서도 연구되었다. 보이빈과 코르도(Boivin and Cordeau, 2011)는 경찰이 단체협상 중 태업을 했을 때 몬트리올의 범죄가 감소했음을 발견하였다.

표준범죄보고서(UCR)

경찰의 범죄 측정이 연방수사국의 표준범죄보고서(UCR)에 기초가 된다. 이 자료 시리즈는 1930년부터 수집되어 왔으며 형사사법 연구자들에 의해서 널리 사용되고 있다. 그러나 범죄 측정으로서 표준범죄보고서를 사용할 때 이 자료의 몇몇 특징과 절차를 고려해야 한다. 이러한 점에서 우리의 논의는 주로 단점을 강조하겠지만, 표준범죄보고서는 연구자와 공무원에게 여전히 매우 유용한 측정이라는 점을 기억해 둘 필요가 있다. 표준범죄보고서가 무엇을 측정하고 무엇을 측정하지 않는지를 신중히 검토한다면 연구 도구로서 이 자료의 가치가 더 커진다.

표준범죄보고서 자료는 경찰에 보고된 범죄에 기초하므로 앞서 언급한 측정의 문제를 마찬가지로 갖고 있다. 하지만 연방수사국의 범죄 집계는 다른 세 가지 추가적인 측정 오차 가능성이 있다.

첫째, 표준범죄보고서는 경찰에 보고된 모든 범죄를 집계하려 하지 않는다. 8개의 범죄유형이 경찰에 보고될 때(경찰이 기록할 때) 집계된다. 이 8개 범죄유형은 4개의 폭력범죄(살인, 강간, 강도, 중상해)와 4개의 재산범죄(침입절도, 절도, 자동차 절도, 방화)를 포함한다(Federal Bureau of Investigation, 2012). 다른 20개의 범법행위는 범인이 체포되어 기소되었을 때에만 집계된다. 따라서 마약 범죄, 사기, 성매매, 단순폭행, 손괴, 장물

취득, 교통 관련이 아닌 다른 모든 범죄는 누군가가 체포되지 않으면 표준범죄보고서에 포함하지 않는다. 이는 경찰에 보고되는 수많은 범죄가 표준범죄보고서에서 측정되지 않는다는 것을 의미한다.

둘째, 많은 범죄가 체포가 이루어졌을 때만 집계되는 이유 중 하나는 주별로 범죄가 다르게 정의되기 때문이다. 범죄에 대한 조작적 정의가 주에 따라 다양할 수 있으며, 이는 연방수사국 자료에서 발생하는 측정 오차의 또 하나의 원인이 된다. 예를 들어, 루이지애나주는 언어적 협박을 폭행으로 집계하지만, 대부분의 다른 주에서는 그렇지 않다(Justice Research and Statistics Association, 1996: 20).

집계 누락의 세 번째 원인은 지역 단위의 범죄 보고를 전국 단위로 합치는 과정에서 발생한다. 연방수사국(FBI)은 개별 주나 지역의 법집행기관이 제출하는 자료를 합해서 표준범죄보고서 수치를 집계한다. 어떤 주에서는 지역 경찰청이나 보안관서에서 범죄 보고를 주 기관에 제출하면 이 자료가 다시 연방수사국에 전달된다. 다른 주에서는 지역 법집행기관이 연방수사국에 직접 범죄 자료를 제출한다. 그러나 모든 경찰청이나 보안관서가 완전한 범죄 보고 자료를 주 기관이나 연방수사국에 보내는 것은 아니다. 제출되는 자료의 질 또한 일관되지 않다. 다시 말해서, 개별 주, 도시, 카운티는 자료를 연방수사국에 제출하고 매년 출판되는 표준범죄보고서인『미국의 범죄(Crime in the United States)』에 보고되는 범죄 자료의 질과 완성도에서 차이가 존재한다는 것이다. 10년마다 실시되는 총조사가 미국에 사는 모든 사람을 다 집계할 수 없듯이, 연방수사국도 미국에서 발생하는 모든 범죄(제1종 범죄든 제2종 범죄든)를 신뢰도 있게 집계할 수는 없다. 특히 1990년대 초 이후, 주의 법집행기관 중 단지 소수만이 표준범죄보고서 프로그램으로 보고하는 경우도 있다. 마이클 몰츠(Michael Maltz, 1999)는 이러한 문제의 범위와 얼마나 많은 보고가 누락되었는지를 추정하려는 노력을 기술하였다.

보고 방식은 최근 좀 더 동일하게 표준화되고 있지만, 어떤 주에서는 여전히 편차가 존재한다. 예를 들어, 2006~2010년 미네소타에서 강간의 경우 주에서 가장 큰 두 도시의 자료만 확보된다. 나머지 지역에서는 전국 평균을 인구 규모에 따라 분류된 방식으로 추정한다(Federal Bureau of Investigation, 2011, Methodology Section, p. 13).

표준범죄보고서 자료는 또한 사무적 문제와 자료처리상의 문제, 그리고 어떤 경우에는 정치적 문제를 갖는다. 표준범죄보고서 프로그램에 따라 지역의 범죄 보고를 수집하여 제출하는 기관인 형사사법서비스국 뉴욕지부(New York Division of Criminal Justice Services)에서 선임 분석가로 일했던 경험에 대한 헨리 브라운스타인(Henry Brownstein, 1996)의 설명을 그 예로 들 수 있다. 뉴욕주의 도시와 카운티로부터 수집되는 자료의 정확성은 지역의 보고를 확인할 인원의 부족과 표준범죄보고서를 수집하는 노후한 컴퓨터 프로그램의 유지, 그리고 브라운스타인의 표현에 따르면 "뉴욕시의 조정"의 영향을 받는다. 그는 그 문제에 대해 다음과 같이 설명한다(1996: 22~23).

지역과 그 지역 기관이 주의 자원을 확보하기 위해서 경쟁하기 때문에, 자원을 들여 해결해야 할 문제가 자기 지역에 더 많다는 것을 보여주기 위해서 경쟁한다. 그래서 모두 보고된 범죄와 체포에 대한 공을 자신에게 돌리려고 한다. 매우 많은 기관과 지역이 경쟁하는 뉴욕시에서는 이것이 중복 보고로 나타난다. 그래서 여름마다 자료 입력 주임은 서로 다른 지역과 기관에서 제출된 동일한 범죄와 체포에 대한 기록을 일일이 손으로, 그리고 추정해서 분류하는 조정 작업을 수행한다.

최근의 예로는 존 에터노와 엘리 실버맨(John Eterno and Eli Silverman, 2010)의 퇴직 뉴욕 경찰 간부 인터뷰 연구를 들 수 있다. 응답자들은 상급자로부터 뉴욕 범죄율을 낮추라는 지속적인 압력에 얼마나 시달렸는지 묘사했다. 그들은 그러한 압력에 의해 경찰이 범죄를 실재보다 덜 심각한 범죄로 '낮춰서' 보고하는 관행이 나타난다고 주장했다.

표준범죄보고서의 마지막 측정 오차 원인은 경찰과 연방수사국이 범죄를 분류하기 위해서 사용하는 위계적 규칙에 의해서 발생한다. 위계적 규칙에서는 한 사건에서 다수의 범죄가 발생했을 때 가장 심각한 범죄만이 표준범죄보고서에 집계된다. 연방수사국의 『표준범죄보고 편람(Uniform Crime Reporting Handbook)』에 나오는 예를 들어 보자(Federal Bureau of Investigation, 2004: 11).

> 침입절도범이 집에 침입해서 몇 가지 물건을 훔쳐 집주인의 차 안에 놓았다. 집에 돌아온 집주인과 맞닥뜨리게 되자 놀라서 의자로 집주인 머리를 가격해 기절시켰다. 침입절도범은 집주인의 차를 몰고 도망갔다.
>
> **범죄 보고의 위계적 규칙을 적용하면**, 이 상황에서 침입절도(5a), 절도(6), 무장강도(3c), 흉기를 사용한 가중폭행(4d), 차량 절도(7a)가 발생하였다. 이렇게 범죄를 분류한 후 보고기관은 제1종 범죄 목록에서 가장 앞에 나오는 무장강도(3c)만을 기록해야 한다.

'분석단위와 범죄의 측정'에서 묘사된 예에서 표준범죄보고서는 각 사건에서 한 건의 범죄만을, 즉 첫 번째 예에서는 강도를, 두 번째 예에서는 강간을 집계할 것이다.

표준범죄보고서와 측정의 질에 대한 기준

이제 표준범죄보고서를 사용하여 범죄를 측정하고 조작화하는 것이 제5장에서 논의한 측정의 질에 대한 기준을 어떻게 충족하는지를 살펴보자. 표준범죄보고서 자료는 배타적이며 포괄적이고, 신뢰도와 타당도가 높은가? 우선 표준범죄보고서는 배타적이지도, 포괄적이지도 않다는 점은 명백하다. 많은 범죄가 집계되지 않으며(비포괄적), 위계적 규칙에서는 여러 범죄가 발생한 사건에서 가장 심각한 범죄만이 집계되기 때문에 범죄에 대한 정의가 엄밀하게 배타적이지 않다. 예를 들어, 강간과 강도 혹은 살인이 침입절도와 같이 발생했다면 침입절도는 집계되지 않을 것이기 때문에 이 자료는 침입절도에 관심이 있는 사람에게는 도움이 되지 못한다.

표준범죄보고서가 모든 범죄를 집계하지는 않기 때문에 그 타당도에 대해서 정당하게 의문을 제기할 수 있다. 표준범죄보고서는 우리가 정의한 범죄, 즉 그러한 행위를 금지하며 그러한 행위를 할 시에 처벌할 수 있는 권한이 부여된 법을 어기는 행위라는 개념으로 범죄를 측정하지 않는다. 만약 범죄를 경찰에 알려졌거나 경찰 파일에 기록된 범죄라고 더 구체적으로 정의한다면, 표준범죄보고서는 더 타당한 측정이 될 것이다.

마지막으로, 표준범죄보고서가 신뢰도 있는 측정인지를 살펴보자. 모든 법집행기관이 연방수사국에 완전한 보고를 제출하지는 않으며, 제출되는 자료의 질에도 편차가 있다. 에터노와 실버맨의 연구(2010)에서 드러나듯이, 보고에서의 비일관성과 사건 재분류 입력이 표준범죄보고서의 신뢰도에 문제를 낳는다.

정확한 범죄 자료의 중요성을 인식하고, 연방수사국은 경찰에게 알려진 범죄의 타당도와 신뢰도를 높이려는 노력을 기울여 왔다. 첫째로, 품질보증검사(Quality Assurance Review: QAR) 프로그램을 통해 연방수사국의 형사사법정보서비스부(Criminal Justice Information Services Division)는 보고한 기관의 표본을 대상으로 범죄 자료를 검사한다. 이러한 자료 품질 검사 결과는 주 기관의 직원들에게 공유된다. 품질보증검사 지침에 따르면 각 주의 표준범죄보고서 제출 자료는 3년마다 검사를 받게 되어 있다(Federal Bureau of Investigation, 2011). 둘째로 연방수사국 범죄통계관리단(Crime Statistics Management Unit)은 주 기관이 제출하는 자료의 정확성과 일관성을 강화하기 위해 현장 교육을 실시한다. 세 번째는 아래에서부터 위로 정밀검사를 하는 것으로, 이는 다음 절에서 살펴볼 주제이다. '표준범죄보고서 품질보증 검사' 웹페이지(https://www.fbi.gov/about-us/cjis/ucr/quality-assurance. 2016년 7월 3일 접속)는 표준범죄보고서의 정확성 향상을 위해 고안된 다양한 양식을 담고 있다.

범죄 측정의 다른 접근으로 넘어가기 전에 표준범죄보고서 자료에서 분석단위가 어떻게 나타나는지 살펴보겠다. 표준범죄보고서 체계에는 범죄에 대한 **요약기반 측정**(summary-based measure)이라는 것이 있다. 이는 표준범죄보고서 자료가 보고기관의 범죄 요약이나 총계를 포함한다는 의미인데, 대부분 도시나 카운티 단위이다. 따라서 표준범죄보고서 자료는 집단이 분석단위이다. 범죄 보고는 도시나 카운티 단위로 접근 가능하며, 이는 주와 같은 더 큰 지역의 범죄 측정으로 합쳐질 수도 있다. 그러나 연방수사국으로부터 접근 가능한 표준범죄보고서 자료는 개별 범죄나 범죄자, 혹은 피해자를 단위로 할 수 없다.

요약기반 측정(summary-based measure) 법집행기관이 표준범죄보고서에 제출하는 것과 같은 범죄 건수의 총합.

분석단위를 더 높은 수준으로 통합하는 것은 가능하나, 집단으로 묶인 자료를 개인 수준으로 분리하는 것은 불가능하다. 표준범죄보고서 자료는 집합 수준의 자료이기 때문에, 개별 범죄나 범죄자, 혹은 피해자에 주목하는 기술적 혹은 설명적 연구에서는 사용될 수 없다. 따라서 표준범죄보고서 자료는 도시, 카운티, 주, 혹은 지역 단위의 분석에 제한된다.

사건기반 경찰 기록

미 법무부는 사건을 분석단위로 하는 두 종류의 범죄 측정을 지원한다. 이러한 **사건기반 측정**(incident-based measure)의 하나인 살인보충보고(Supplementary Homicide Reports: SHR)는 1961년에 시작되었으며 '**보충**'이라는 단어가 의미하듯이 표준범죄보고서에 부수적인 자료이다.

지역 법집행기관은 살인보충보고 프로그램 하에서 개별 살인 사건에 대한 자세한 정보를 제출한다. 여기에는 피해자에 대한, 그리고 파악 가능하다면 가해자에 대한 정보(나이, 성별, 인종), 피해자와 가해자 사이의 관계, 사용된 무기, 사건 장소, 그리고 살인을 둘러싼 정황에 대한 정보를 포함한다.

살인보충보고가 분석단위에 대한 논의와 어떻게 연결되는지 주목할 필요가 있다. 사건은 기본 단위이고 한 명 이상의 피해자와 가해자를 포함할 수 있으며, 살인에 제한된 자료이기 때문에 범행 종류는 고정된다.

살인보충보고는 사건기반 체계이기 때문에 연구자들은 개별 사건에 대한 기술적 연구와 설명적 연구에 살인보충보고 자료를 사용할 수 있다. 예를 들어, 남성 피해자와 여성 피해자의 피해자–가해자 관계를 비교하거나, 면식범에 의한 살인과 면식범이 아닌 가해자에 의한 살인에서 사용된 무기를 비교하는 것이 가능하다. 표준범죄보고서의 요약 자료를 사용하여 살인을 연구한다면 그러한 분석은 불가능하다. 분석단위가 도시나 카운티와 같은 지역일 때는 특정 해에 각 지역의 전체 살인 건수만 조사할 수 있으며, 개별 살인 사건에 대해서는 아무런 이야기도 할 수 없을 것이다.

따라서 사건을 분석단위로 하는 범죄 측정은 요약 측정에 비해 몇 가지 장점이 있다. 그러나 살인보충보고(SHR) 역시 경찰에게 알려지고 경찰에 의해 기록된 범죄만을 제시한다는 사실을 기억하는 것이 중요하다. 물론 살인에 대한 기록이 상점 절도와 같은 범죄에 대한 기록보다 경찰 기록에 더 잘 나타나겠지만, 사무적 오류 등은 여전히 발생할 수 있다. 마이클 맥스필드(Michael Maxfield, 1989)는 살인보충보고와 관련된 몇 가지 타당도 문제를 논의하였다. 스콧 데커와 데이비드 피루즈(Scott Decker and David Pyrooz, 2010)

사건기반 측정(incident-based measure) 개별 범죄 사건에 기초한 경찰 보고.

는 갱 관련 살인 사건의 살인보충보고가 미국갱연구소(National Gang Center)가 수집하는 더 전문화된 자료 시리즈에 비해 신뢰도와 타당도가 떨어진다는 것을 발견하였다. 살인보충보고에서 대부분의 오류 가능성은 기록과 기록보관 과정에서 발생하며, 이는 제12장에서 논의할 것이다.

전미사건기반보고체계(NIBRS)

경찰에 기반을 둔 전국 단위의 측정에서 가장 야심찬 발전은 표준범죄보고서를 전미사건기반보고체계(National Incident-Based Reporting System: NIBRS)로 전환하려는 연방수사국과 법무통계국(Bureau of Justice Statistics)의 지속적인 노력이다. 표준범죄보고서를 대체하려는 계획은 1980년대 중반에 시작되었으나, 전미사건기반보고체계는 큰 변화이기 때문에 법집행기관은 새로운 체계로의 전환을 점진적으로 시행하고 있다.

약 18,000개의 법집행기관이 매년 표준범죄보고서 요약 자료를 보고한다. 보고기관별로 매년 18,000개의 관찰치인 것이다. 아이다호주 경찰이 발간하는 연차 보고서에 따르면(Idaho State Police, 2016), 2015년에 아이다호의 107개 기관이 표준범죄보고서 자료를 보고하였으므로, 아이다호주는 2015년에 최대 107개의 관찰치를 제출한 것이다. 전미사건기반보고체계(NIBRS)에서 아이다호주는 2015년에 80,500개 이상의 사건을 보고하였다. 따라서 아이다호주의 경우, 범죄 측정을 요약 표준범죄보고서 체계로부터 전미사건기반보고체계로 전환하는 것은 107개 단위(표준범죄보고서 보고 지역)에서 80,500개 이상의 단위로 바뀐다는 것을 의미한다. 다시 말해서, 아이다호주는 8개의 표준범죄보고서 제1종 범죄에 대해 107개의 요약 범죄 수치를 보고하는 것이 아니라, 80,734개의 개별 사건에 대한 자세한 정보를 보고한다는 것이다. 그리고 아이다호주는 2013년 거주 인구수에서 불과 39위인 주이다!

이 숫자는 전미사건기반보고체계와 표준범죄보고서 체계 사이의 가장 분명한 차이를 보여준다. 각 법집행기관은 특정 범죄의 총건수를 보고하는 것이 아니라 각 범죄 사건을 보고하는 것이다. 하지만 **총계**의 보고에서 **개별 사건**의 보고로 바뀌는 것의 의미는 각 사건에서 얻을 수 있는 정보의 유형에 있다. 본질적으로 전미사건기반보고체계는 각 사건의 많은 특징을 측정하며, 이러한 특징 각각은 개별적으로 보고된다. 표 6-1은 각 사건에서 보고되는 정보의 대부분의 '부분' 혹은 범주를 각 부분에 기록되는 정보의 예와 함께 제시한다.

표 6-1과 같이 전미사건기반보고체계는 범법행위, 가해자, 피해자와 함께 개별 사건에 대한 훨씬 더 자세한 정보를 담고 있다. 범죄의 요소(사건, 가해자, 범법행위, 피해자)에 대한 앞서의 논의를 참고해 보면 표 6-1의 정보가 각 사건을 중심으로 어떻게 조직화되어 있는지 알 수 있다. 각 사건은 앞서 '분석단위와 범죄의 측정'에서 묘사되었듯이 하나

표 6-1 전미사건기반보고체계에 수록된 일부 정보

행정 부분	범법 부분
사건 일자와 시간 보고기관 ID 다른 ID 번호	범법 유형 미수 여부 가해자의 약물/알코올 사용 위치 유형 무기 사용
피해자 부분	**가해자 부분**
피해자 ID 번호 범법 유형 피해자 나이, 성별, 인종 관할구역 거주자인지 여부 부상 유형 가해자와의 관계 피해 유형: 개인 사업장 정부 사회/공중	가해자 ID 번호 가해자 나이, 성별, 인종

출처: Federal Bureau of Investigation(2000: 6~8, 90)에서 발췌하여 정리함.

이상의 범법행위, 가해자, 피해자를 포함할 수 있다.

또한 전미사건기반보고체계 지침서는 훨씬 넓은 범위의 범법행위에 대한 정보 수집을 요구한다. 표준범죄보고서가 8개의 범범행위에 대한 정보를 보고하는 반면, 전미사건기반보고체계는 46개의 'A군' 범법행위에 대한 자세한 정보를 수집하도록 설계되어 있다. 표 6-2에 제시된 2015년 아이다호주의 전미사건기반보고체계 범죄 자료는 이것이 갖는 의미를 보여준다. 표준범죄보고서의 8개 범법행위에 대한 범죄 집계인 표 윗부분을 아랫부분과 비교해 보라. 전미사건기반보고체계에서 추가된 A군 범법행위는 아이다호주에서 '경찰에게 알려진' 범죄의 두 배 이상이다(표준범죄보고서 범죄 32,717 더하기 A군 범죄 48,011). 단순폭행과 마약 위반이 이렇게 추가적 범법행위 중에서 가장 흔하긴 하지만, 2015년에 거의 8,800건의 마약 도구 위반도 추가되었다.

많은 수의 범법 유형에 대해서, 각 사건의 범법행위, 피해자, 가해자 각각에 대한 자세한 정보를 수집하는 것이 표준범죄보고서와 비교할 때 전미사건기반보고체계(NIBRS)에서 나타난 가장 중요한 변화이다. 위계 규칙의 포기 또한 주요한 변화지만, 이는 사건기반보고의 자연스러운 결과이다. 전미사건기반보고체계에는 다음과 같은 추가적인 주요 변화를 포함한다. 이것과 2014년 보고기관 자료는 연방수사국 전미사건기반보고체계 웹페이지에 제시되어 있다(Federal Bureau of Investigation, 2015. 2016년 7월 5일 접속).

표 6-2 아이다호주의 범죄, 2015년

표준범죄보고서(UCR) 요약 범죄	
살인	30
강간	537
강도	192
중상해	2,620
침입절도/강도	5,804
절도	21,407
자동차 절도	1,888
방화	239
소계	32,717
추가된 전미사건기반보고체계(NIBRS) A군 범죄	
단순폭행	11,335
협박	1,408
뇌물 수수	3
위조	677
재물손괴	8,582
마약 위반	9,829
마약 도구위반	8,793
횡령	135
공갈	17
사기	4,172
도박	0
유괴	140
음란물	204
매춘	34
강제적 성범죄	1,035
비강제적 성범죄	128
장물	499
무기위반	1,020
소계	48,011
A군 총계	80,728

출처: 아이다호주 경찰, "Crime in Idaho, 2015"에서 발췌하여 정리함, http://www.isp.idaho.gov/BCI/CrimeInIdaho/CrimeInIdaho2015/Complete.pdf

1. **피해자 유형** 표 6-1은 대부분의 피해자 유형 범주를 제시하며, 가장 주목할 만한 부분은 '사회/공중'이다. 이 범주는 '피해자 없는 범죄'라는 표현을 무효화시키는 효과를 갖는다. 표준범죄보고서 요약 자료는 모든 피해자 유형(개인, 사업장 등)을 하나의 요약 측정으로 통합하는 반면, 전미사건기반보고체계는 서로 다른 피해자 범주를 구분할 수 있게 한다.
2. **미수 여부** 표준범죄보고서는 미수 범죄와 기수 범죄를 모두 포함하지만, 그 둘을 구분할 수 없다. 전미사건기반보고체계는 각 사건의 각 범법행위가 미수인지 기수인지를 보여주는 범주를 추가한다.
3. **마약 관련 범법행위** 전미사건기반보고체계는 마약 관련 범법행위가 아닌 경우에도 가해자의 마약 복용 여부를 확인하고 마약이나 마약 도구가 압수되었는지를 기록하는 조항을 포함한다.
4. **면식범** 많은 폭력범죄에서 가해자와 피해자는 서로 아는 사이이며 이전에 어떤 관계가 있었던 경우가 많다. 2014년 전미사건기반보고체계에 보고된 거의 130만 명의 폭력 피해자 중 54% 이상이 가해자와 아는 사이지만 가족관계는 아니었다. 추가로 25%는 가해자와 관계가 있는 경우였다(Federal Bureau of Investigation, 2015, 2014년 범죄통계 요약).

전미사건기반보고체계와 측정의 질에 대한 기준

이상에서 전미사건기반보고체계(NIBRS)에서 얻을 수 있는 정보량의 잠재력에 대해, 그리고 요약된 정보에 기초한 표준범죄보고서에 비해 이 새로운 체계가 보여주는 주요한 변화에 대해 이해하게 되었을 것이다. 사건에 기반을 둔 보고가 측정의 질에 대한 기준을 어떻게 충족할 수 있을까? 요약에 기초한 표준범죄보고서에 대해 앞서 언급한 내용에 비추어 볼 때 전미사건기반보고체계는 몇 가지 명백한 개선점이 있다. 위계적 규칙을 없앴다는 것은 범법행위 분류가 상호배타적임을 의미한다. 전미사건기반보고체계가 포괄적인가? 표 6-2는 표준범죄보고서와 비교해 볼 때 더 많은 범죄를 나열하고 있지만, 추가된 범죄는 모든 범죄가 집계된 것이 아니라 체포된 범죄만이 기록된 것이다.

최소한 한 가지 측면에서 전미사건기반보고체계는 신뢰도를 높이겠다는 약속을 지키고 있다. 연방수사국은 사건과 관련 기록을 어떻게 분류하고 기록할지에 대해 매우 철저하게 문서화하였다. 검사 기준을 만든 것도 신뢰도를 강화하였다. 연방수사국은 주에서 사건기반 보고를 제출하기 전에 주의 기록 체계를 인증받도록 하였다. 마지막으로 주 형사사법 통계기관을 위한 조직인 사법조사통계협회(Justice Research and Statistics Association: JRSA)는 많은 자원을 개발하여 주에서 사건기반 자료 체계를 개발하고 시행하도록 돕고 있다. 이 중 상당수가 사법조사통계협회 웹사이트에 링크되어 있다(http://jrsa.org/ibrrc).

피해자 조사를 통한 범죄 측정

피해자 조사는 범죄 측정의 대안이지만 여전히 오류의 가능성이 있다.

이상 경찰에 알려진 범죄에 대한 측정을 사용하는 것과 관련된 단점을 알아보았으며, 이제 대안적 접근을 살펴보겠다. 사람들에게 범죄 피해자가 된 적이 있는지를 묻는 **피해자 조사**(victim survey)가 하나의 대안이다. 설문조사연구는 제9장에서 자세히 설명할 것이다. 여기서는 설문조사가 무엇인지에 대해 여러분이 일반적인 이해(표본으로 선정된 사람에게 신중하게 작성된 질문을 제시하고 그 답변을 기록하는 것)를 하고 있다고 가정하겠다.

설문조사로 범죄를 측정하는 것은 몇 가지 장점이 있다. 설문조사는 경찰에 신고되지 않은 범죄에 대한 정보를 얻을 수 있다. 또한 범죄피해에 관해 사람들에게 물음으로써 경찰이 범죄로 공식기록하지 않았을 사건을 측정할 수도 있다. 사람들에게 일어난 범죄에 관해 묻는 것은 피해자와 가해자(개인)에 대한, 그리고 사건 그 자체(사회적 가공물)에 대한 자료를 제공한다. 마지막으로 다양한 범죄피해를 당한 응답자를 범죄피해를 당하지 않은 응답자와 비교할 수 있다. 따라서 사건기반보고체계와 마찬가지로 설문조사는 좀 더 자세한 분석단위를 제공할 수 있다. 엄밀하고 체계적으로 실시되면 설문조사는 신뢰도 있는 측정을 할 수 있다.

전미범죄피해조사(NCVS)

1972년부터 미국 통계국(U. S. Census Bureau)은 범죄와 피해에 대한 전국 설문조사를 수행해 왔으며, 이는 현재 전미범죄피해조사(National Crime Victimization Survey: NCVS)로 알려져 있다. 1960년대 중반 린든 존슨(Lyndon Johnson) 대통령의 법집행 및 사법행정 위원회(Commission on Law Enforcement and Administration of Justice), 속칭 대통령 범죄위원회(President's Crime Commission)의 시범적 연구 이후에 전미범죄피해조사의 초기 형태가 시작되었다. 범죄 설문조사를 실시한 주된 이유 중 하나는 이른바 '**신고되지 않은 범죄의 감춰진 숫자**(dark figure of unreported crime, 암수범죄)'를 밝히는 것이었다. 전미범죄피해조사는 대표성 있는 전국 가구 표본에 기초하며, 응답자 선정과 면접에 통일된 절차를 사용한다. 이는 범죄 측정의 신뢰도를 높여준다. 가구에 속한 개인이 면접 대상이 되기 때문에 전미범죄피해조사는 개인이나 가구가 분석단위가 되는 연구에 사용될 수 있다.

그러나 전미범죄피해조사가 모든 범죄를 측정할 수는 없는데, 피해자 선정에 사용되는 절차가 그 부분적인 이유이다. 가구 표본에 기초한 설문조사이기 때문에, 사업체나 영업

피해자 조사(victim survey) 사람들에게 범죄피해 경험을 물어봄으로써 범죄를 측정하는 것.

장에 피해를 준 범죄는 집계할 수 없다. 은행 강도, 주류 판매점 강도, 상점 절도, 횡령, 정치 부패, 주식 사기 등은 가구 구성원을 면접해서는 체계적으로 집계될 수 없는 범죄의 예이다. 그러한 범죄를 측정하기 위해서는 은행, 주유소, 도매점, 사업체, 선출직 공무원, 혹은 주식 중개인의 표본이 필요할 것이다. 집이 없는 노숙자에 대한 범죄도 전미범죄피해조사처럼 가구를 조사하는 설문조사로는 집계될 수 없다.

'피해자 없는' 범죄는 어떠한가? 예를 들어, 총조사 면접자가 마약 판매의 피해자가 된 적이 있는지 물어볼 때 어떻게 대답할지를 생각해 보라. 여러분이 마약 거래상으로부터 마약을 샀다면, 자신을 피해자라기보다 고객이라고 생각할 것이다. 혹은 만약 여러분이 마약 거래가 빈번한 공원 근처에 산다면, 마약 거래에 참여하지 않았음에도 자신을 피해자라고 생각할 것이다. 요점은 피해자 없는 범죄의 경우, 응답자가 쉽게 자신을 피해자라고 생각하지 못하기 때문에 이러한 범죄에 대해서는 피해자 조사가 좋은 측정이 되지 못한다는 것이다.

피해자 조사로 특정 형태의 비행을 측정하는 것도 유사한 문제가 있다. 무단결석과 통금위반과 같은 지위 비행은 가구에 근거한 표본에서 피해자를 확인할 수 없다. 살인은 당연히 피해자 조사를 통해 잘 측정될 수 없는 범죄이다.

전미범죄피해조사는 그 속성상 많은 유형의 범죄가 제외되기 때문에 잠재적인 타당도 문제를 인식해야 한다. 그러나 일반적인 범죄 설문조사, 구체적으로는 전미범죄피해조사의 신뢰도는 어떨까? 이것도 설문조사이기 때문에, 전미범죄피해조사는 개념을 측정하는 방법과 관련된 오류와 단점의 가능성을 갖고 있다. 아래에서 설문조사가 범죄 집계에 사용될 때 때때로 나타날 수 있는 몇 가지 신뢰도 문제를 살펴볼 것이다.

2014년 전미범죄피해조사에서 면접자는 다음과 같은 서두로 범죄피해에 대한 설문조사를 시작하였다. "이 연구가 어떤 범죄를 다루는지 아실 수 있도록 몇 가지 예를 읽어드리겠습니다. 제가 읽어드릴 때 이러한 범죄를 지난 6개월 사이에, 즉 [특정 날짜] 이후로 당하신 적이 있으시면 이야기해 주세요." 이러한 방식으로 범죄에 관해 물어보는 것은 여러 유형의 회상 오류 가능성이 있다. 첫째, 응답자가 사건을 기억하지 못할 수 있다. 이는 절도와 같은 경미한 범죄나 지난 6개월의 회상 기간 동안에 한 건 이상의 범죄피해를 당한 사람의 경우에 특히 심각한 문제가 될 수 있다.

텔레스코핑(telescoping)으로 알려진 두 번째 회상 문제는 응답자가 언제 사건이 일어났는지 정확히 기억하지 못할 때 발생한다. 전방 텔레스코핑(forward telescoping)은 사람들이 6개월 이전에 일어난 범죄에 대해 응답함으로써 과거의 사건을 회상 기간 안으로 가져오는 경우를 의미한다. 반면 후방 텔레스코핑(backward telescoping)은 응답자가 최근의 범죄를 더 오래전에 일어난 것으로 부정확하게 기억하는 것을 의미한다. 전미범죄피해조사는 6개월마다 발생한 범죄를 집계하려고 하기 때문에 전방 및 후방 텔레스코핑은 범죄 집계의 신뢰도를 떨어트릴 수 있다. 그러나 상대적으로 짧은 회상 기간인 6개월을 상정함으로써 전미범죄피해조사는 부분적으로 텔레스코핑의 가능성을 줄이도록 설계되었다.

6개월의 기간 동안에 여러 번 피해를 당한 사람들의 경우는 다른 유형의 회상 문제가 영향을 미친다. 법무통계국(BJS)은 이것을 연쇄 범죄피해(series victimizations)의 문제로 묘사하는데, 이는 응답자가 면접자에게 각각을 설명할 수 없는 6건 이상의 유사하지만 별개의 범죄로 정의된다(U.S. Census Bureau, 2012). 연쇄 범죄피해는 응답자가 별개로 묘사할 수 있는 개별 범죄를 각각 집계할 것인지 아니면 합쳐서 집계할 것인지가 명확하지 않기 때문에 설문조사에서 문제가 될 수 있다. 연쇄 범죄피해의 잠재적 영향은 심각할 수 있는데, 특히 폭력범죄의 경우 그러하다. 예를 들어, 마이클 플랜티와 케빈 스트롬(Michael Planty and Kevin Strom, 2007: 191)은 만약 단순폭행이 연루된 모든 연쇄 사건이 전미범죄피해조사에서 집계되었다면 2000년에 총범죄피해건수가 81% 증가했을 것으로 추정했다.

마지막으로, 전미범죄피해조사는 예를 들어 가정폭력이나 친구나 지인이 연루된 폭행 사건 등과 같이 피해자와 가해자가 서로 아는 사이인 경우의 사건을 과소 추정할 가능성이 있다. 다양한 이유로 응답자는 아는 사람에게 당한 범죄에 대해서 면접자에게 말하지 않을 수 있다. 어떤 가정폭력 피해자들은 자신이 당한 폭행을 범죄가 아닌 사적인 문제로 보고 사건으로 언급하지 않을 수 있다. 강간이나 가정폭력과 같은 범죄의 피해자들은 수치심과 당혹감에서 자신의 경험을 말하고 싶어 하지 않을 수 있다. 또한 가족으로부터 피해를 당한 응답자는 과거 사건을 들먹임으로써 또 폭행을 당할지도 모른다는 두려움을 느낄 수도 있다.

전미범죄피해조사의 재설계

여러 다른 유형의 범죄를 측정하는 전미범죄피해조사의 능력에 대한 이런저런 우려에 대한 답으로 법무통계국(BJS)은 주기적으로, 가장 최근에는 2006년에 설문조사를 개정해왔다. 이를 통해 표본 추출 방법, 질문 서술 방식, 면접 진행 방법 등이 변화했다. 여기서는 가장 중요한 변화를 기술할 텐데, 주로 이러한 설문조사의 개정이 범죄 측정에 어떻게 영향을 미쳤는지를 설명할 것이다. 제9장에서 일반적인 설문조사의 서로 다른 특성에 관해 기술하며, 전미범죄피해조사에서 이러한 설문조사와 표본의 원칙이 어떻게 적용되는지를 설명한다.

1993년에 완료된 개정이 설문지 핵심 내용에서 가장 큰 변화였다. 약 20여 년 전의 재설계이지만, 설문조사 설계와 설문지 구성의 특성이 범죄 측정에 어떻게 영향을 미치는지를 잘 보여주기 때문에 여기에서 다소 길게 논의할 것이다. 그뿐 아니라 연구자들은 전미범죄피해조사의 변화가 이것이 산출하는 범죄 자료의 질에 어떻게 영향을 미치는지를 계속 연구하고 있다(Cantor and Lynch, 2005; Lauritsen, 2005; Rand and Rennison, 2005).

1993년의 재설계는 대부분 가정폭력과 성폭행에 대한 더 나은 측정과 함께, 응답자가 더 넓은 범주의 사건을 회상하도록 돕는 방법에 집중되었다. 범죄피해를 더 잘 측정하기 위한 주요 변화는 간략히 요약하면 다음과 같다(Kinderman et al., 1997; U.S. Census Bureau, 1994).

- 응답자가 경미한 사건을 회상하고 구별하도록 돕는 식별 질문(screening questions)을 수정하고 단서를 추가하였다.
- 최근에 사람들이 과거에 비해 강간과 그 외 성범죄 사건에 관해 이야기하는 것에 대한 거부감이 덜하다는 믿음을 반영하여 좀 더 직접적인 질문으로 바꾸었다.
- 가정폭력 사건을 포함해서 응답자가 아는 사람에게 당한 범죄피해 측정에 더 주목하였다.
- 대면 면접을 대신하여 점차적으로 전화 면접 사용이 증가했다.
- 응답자가 개별 범죄피해를 구분하는 것을 돕기 위한 노력의 하나로 연쇄 범죄피해 기준 사건 수를 셋에서 여섯으로 높인다.

전미범죄피해조사의 재설계가 어떻게 범죄피해율에 영향을 미쳤는지를 알아보기 전에, 설문 식별 질문의 변화를 살펴보자. 이것은 표 6-3에 요약되어 있다. 재설계된 전미범죄피해조사는 좀 더 구체적인 질문과 단서를 제공함으로써 응답자가 특정 유형의 사건에 대해 생각하도록 한다. 특히 재설계된 설문에서는 "강제적이거나 원치 않은 성적 행동"이라고 명확히 언급하는데, 과거 전미범죄피해조사에서는 강간이나 기타 성폭행에 관해서 직접적으로 언급하지 않고 그러한 범죄를 "귀하를 공격"하거나 "공격하려 한" 행위라는 일반적 범주에 포함시켰다. 재설계된 전미범죄피해조사 질문은 응답자가 알고 있는 사람이 저지른 범죄에 대해서도 더 직접적으로 언급한다.

> 사람들은 아는 사람이 저지른 사건에 대해서는 생각하지 않는 경우가 종종 있습니다. 귀하는 다음의 사람에게 절도를 당하거나, 공격이나 위협을 당한 적이 있습니까?
>
> (a) 직장이나 학교를 같이 다니는 사람
>
> (b) 이웃이나 친구
>
> (c) 친척이나 가족
>
> (d) 예전에 만났거나 알던 사람

표 6-4는 재설계된 전미범죄피해조사 첫해의 피해율 추정값을 재설계 이전의 피해율과 비교하고 있다. 여성에 대한 폭력을 조사한 연구(Bachman and Saltzman, 1995)로부터 발췌한 패널 A는 남성과 여성 각각에 대해서 피해자-가해자 관계에 따른 폭력범죄피해

표 6-3 이전 전미범죄피해조사와 재설계된 전미범죄피해조사의 식별 질문 비교

<table>
<tr><th colspan="2">일반 식별 질문</th></tr>
<tr><th>이전 전미범죄피해조사</th><th>재설계된 전미범죄피해조사</th></tr>
<tr><td>집 밖, 예를 들어 직장, 극장, 식당에 있을 때나, 여행 중일 때 절도를 당한 적이 있습니까?</td><td>다음과 같은 장소에서 공격이나 위협을 당하거나 절도를 당한 적이 있습니까?
a. 현관 앞이나 마당을 포함한 집에서
b. 친구나 이웃의 집 혹은 그 주변에서
c. 직장이나 학교에서
d. 쇼핑몰, 빨래방, 식당, 은행, 혹은 공항 같은 장소에서
e. 차를 타고 갈 때
f. 길이나 주차장에서
g. 파티, 극장, 체육관, 피크닉 장소에서나 낚시나 사냥을 할 때
혹은
h. 이러한 장소에서 누군가가 여러분을 공격하려 하거나 귀하의 물건을 훔치려고 한 적이 있습니까?</td></tr>
<tr><th colspan="2">폭력범죄에 대한 식별 질문</th></tr>
<tr><th>이전 전미범죄피해조사</th><th>재설계된 전미범죄피해조사</th></tr>
<tr><td>총, 폭력, 협박 등의 물리력을 사용하여 누군가가 귀하의 물건을 빼앗은 적이 있습니까?
누군가가 물리력을 사용하거나 해치겠다고 협박하여 귀하에게 강도질을 하려고 한 적이 있습니까?
누군가가 귀하를 구타하거나, 공격하거나, 돌이나 병과 같은 물건으로 때린 적이 있습니까?
누군가에 의해 칼이나 총 등의 흉기로 공격당해본 적이 있습니까?
전화 협박을 제외하고, 누군가가 귀하를 때리겠다고 위협하거나 칼, 총 등의 흉기로 귀하를 위협한 적이 있습니까?
누군가가 다른 방식으로 귀하를 공격하려 한 적이 있습니까?</td><td>누군가가 다음과 같은 방식으로 귀하를 공격하거나 위협한 적이 있습니까?
a. 총이나 칼과 같은 흉기로
b. 야구방망이, 프라이팬, 가위, 혹은 막대기와 같은 것으로
c. 돌과 같은 물건을 던져서
d. 붙잡거나, 주먹으로 때리거나, 발로 차서
e. 강간, 강간 시도, 혹은 다른 유형의 성폭행
f. 대면 협박
혹은
g. 누군가에 의해서 공격이나 위협, 혹은 물리력 행사를 당한 적이 있습니까? 범죄인지 확실하지 않더라도 말씀해 주십시오.
강제적이거나 원치 않은 성적 행동과 관련된 사건에 관해 이야기하기는 어렵습니다. 다음 사람들에 의해서 원치 않은 성행위를 강제당하거나 강요당한 적이 있습니까?
a. 전에 몰랐던 사람
b. 우연히 알게 된 사람
c. 잘 알고 있는 사람</td></tr>
</table>

출처: Bachman and Saltzman(1995: 8)에서 발췌하여 정리함.

율을 보여준다. 재설계된 설문조사가 관계의 모든 범주에서 더 높은 피해율을 나타내고 있음이 눈에 띄는데, 면식관계의 범죄에서 증가 폭이 더 큰 경향을 보인다. '친밀한 관계' 범주는 기혼자와 동거 관계 등의 밀접한 관계를 포함한다. 재설계된 설문조사는 여성 응답자의 약 1%(1,000명당 9.3명)가 친밀한 파트너나 과거 파트너로부터 폭력을 당했다고

표 6-4 이전과 재설계된 전미범죄피해조사의 폭력범죄피해율 비교

패널 A: 1,000명당 연평균 폭력범죄피해율		
피해자-가해자 관계	**여성**	**남성**
이전 전미범죄피해조사(1987~1991)		
친밀한 관계	5.4	0.5
기타 친척관계	1.1	0.7
아는 사이/친구	7.6	13.0
모르는 사람	5.4	12.2
재설계된 전미범죄피해조사(1992~1993)		
친밀한 관계	9.3	1.4
기타 친척관계	2.8	1.2
아는 사이/친구	12.9	17.2
모르는 사람	7.4	19.0

출처 : Bachman and Saltzman(1995: 8)

패널 B: 인구 1,000명당 폭력범죄피해율		
범죄	**여성**	**남성**
1991년 전미범죄피해조사		
강간	1.4	0.2
강도	3.5	7.8
중상해	4.4	11.5
단순폭행	13.4	20.9
1994년 전미범죄피해조사		
강간과 성폭행	3.7	0.2
강도	4.1	8.1
중상해	8.1	15.3
단순폭행	26.6	35.9

출처 : 미국법무통계국(1992: 22)(1991년 통계); 미국법무통계국(1996: 4)(1994년 통계)

보고하였음을 보여준다. 따라서 아는 사람으로부터 당한 폭력 사건을 찾아내려는 노력이 성공적이었던 것으로 보인다.

비슷하게, 표 6-4의 패널 B는 특정 폭력범죄의 피해율을 비교하고 있다. 강간과 성폭력의 여성 피해율의 1994년 추정값은 1991년의 약 2.5배이다. 그러나 재설계된 전미범죄피해조사는 '강간 이외의 성폭력'을 포함하고 있기 때문에 추정값을 직접 비교할 수는 없다는 점을 고려해야 한다. 남성이 중상해와 단순폭행의 피해자가 될 가능성이 더 크지만, 재설계된 전미범죄피해조사가 보여주듯 남성보다 여성에서 폭행 피해율의 추정값이 더

증가하였다. 이는 폭력범죄에 대한 더 나은 추정값을 얻으려는 재설계 노력에 부합하는 결과이다.

여기서는 구체적으로는 1993년 재설계에 대한, 일반적으로는 전미범죄피해조사에 대한 두 가지 일반적인 사항을 강조하고자 한다. 첫째, 전미범죄피해조사나 기타 설문조사를 통해서 범죄에 대해 알게 되는 것은 우리가 **무엇을 어떻게** 묻는지에 달려 있다. 측정 절차가 범죄 측정에 부분적으로 영향을 준다는 사실을 기억해야 한다. 이것이 제5장의 주요한 요점에 대한 또 하나의 예이다. 측정을 조작화하는 방법을 바꾸면 그 측정으로부터 얻는 값도 바뀔 수 있다. 특정한 종류의 폭력에 대해 질문하면 다소 일반적으로 폭행당한 경험을 물어볼 때보다 폭력범죄를 더 찾아낸다. 마찬가지로, 아는 사람으로부터 당한 피해를 생각해 보라고 구체적으로 질문하면 그러한 단서나 유도가 없을 때보다 더 많은 범죄를 찾아낼 것이다. 데이비드 캔터와 제임스 린치(David Cantor and James Lynch, 2005)는 재설계된 설문조사가 다양한 응답자 집단의 범죄피해 측정에 어떻게 영향을 미치는지에 대한 사례를 제시하였다.

두 번째 사항은 첫 번째의 결과인데, 시간에 따른 범죄 추세와 경향을 비교할 때 재설계된 전미범죄피해조사로 인한 측정의 변화를 염두에 두어야 하기 때문이다. 법무통계국의 분석가들은 이 점에 주목하고 보고서 독자에게 설문조사 방법에 변화가 있었음을 주지하라고 다음과 같이 경고한다. "재설계에 따른 자료는 1993년 이전 자료와 비교할 수 없습니다. …… 설문이 재설계되면서 몇 가지의 근본적 변화가 있었습니다. 이러한 변화는 수년에 걸쳐 표본에 단계적으로 도입되었습니다"(Bureau of Justice Statistics, 1996: 8).

법무부가 후원하고 통계국이 수행하는 조사라서 초보 연구자들은 전미범죄피해조사와 같은 자료를 종종 비판 없이 사용할 수 있으므로, 우리는 이 두 가지 사항을 강조한다. 설문조사에서의 변화를 고려하지 않고 표 6-4를 보면 폭력범죄피해율이 1991년에 1994년 사이에 급격히 증가한 것으로 해석될 것이고, 이는 잘못된 결론이 된다.

지역공동체 피해조사

1960년대 말에 피해자 조사 방법의 초기 발전에 이어서 통계국은 일련의 도시 단위 설문조사를 완료하였다. 이 조사는 여러 이유로 중단되었지만, 법무통계국의 연구자와 실무자는 때때로 특정 지역공동체에서 도시 단위의 피해자 조사를 실시하였다. 1998년에는 법무통계국과 지역사회경찰활동국(Office of Community Oriented Policing Services: COPS)은 12개 도시에서 예비조사(pilot surveys)를 시작하였다(Smith et al., 1999).

이렇게 도시 단위로 설문조사를 하려는 노력은 피해자 조사로 범죄를 측정하는 주된 이점 중 하나를 강조하는데, 그것은 경찰에 신고가 되지 않는 사건을 집계할 수 있다는 것이다. 주로 법무통계국과 지역사회경찰활동국에 의해 추진된 도시 단위 설문조사는 법집행기관이 관할지역 내, 신고된 범죄와 신고되지 않은 범죄를 모두 포함한 범죄의 범위를 더 잘 이해할 수 있게 해준다.『12개 도시의 범죄피해와 지역공동체 안전에 대한 인식, 1998(Criminal Victimization and Perceptions of Community Safety in 12 Cities, 1998)』이라는 스미스와 동료들의 보고서 제목도 주목할 만하다. '인식'이라는 표현을 쓴 것은 도시 단위 설문조사가 지역사회 경찰활동을 시행하기 위한 귀중한 도구가 될 수 있음을 보여주는 것이다. 법무부가 설문조사로 범죄를 측정하고 공동체 안전에 대한 인식을 측정하는 것이 지역사회 경찰활동을 발전시키고 평가하는 데 잠재적 가치가 있음을 인정하였다는 점은 중요한 의미가 있다.

법무통계국과 지역사회경찰활동국의 초기 노력은 도시 단위의 설문조사를 수행하는 새로운 방법에 대한 예비조사였다. 이들 기관은 공동으로 지침서와 소프트웨어를 개발하여 지역 법집행기관과 기타 단체가 그들 스스로 지역공동체 설문조사를 실시할 수 있게끔 하였다(Weisel, 1999). 이 도구들은 또한 범죄와 개별 응답들의 지역별 패턴을 연구하길 원하는 연구자들에게도 유용할 것으로 기대된다.

피해자 조사와 경찰에게 알려진 범죄의 비교

다음 절로 넘어가기 전에 지금까지 논의한 여러 범죄 측정 방식을 간략히 비교해 보자. 연구자들은 표준범죄보고서(UCR)와 전미범죄피해조사(NCVS)의 자료를 비교하여 이 두 가지 측정이 어떻게 다르며 범죄 측정에서 각각의 장단점이 무엇인지를 파악하는 데 각별한 주의를 기울였다. 웨슬리 스코건(Wesley Skogan, 1974)의 초기 연구에 따르면 범죄 설문조사와 경찰 자료는 범죄 측정에서 근본적으로 다른 접근을 취하지만, 강도와 차량 절도의 집계에서 표준범죄보고서와 전미범죄피해조사는 어느 정도 상관관계가 있었다. 마이클 랜드와 칼리 레니슨(Michael Rand and Callie Rennison, 2002)은 기본 설계의 차이에 따라 전미범죄피해조사와 표준범죄보고서 자료를 조정하면 폭력범죄의 매우 유사한 추정값이 나온다는 것을 보여주었다. 데이비드 패링턴, 패트릭 랭건, 마이클 톤리(David Farrington, Patrick Langan, and Michael Tonry, 2004)의 보다 야심찬 연구에서는 8개국의 경찰 기록과 피해자 조사의 범죄 측정을 비교하였다.

표준범죄보고서는 집합적 단위의 요약 측정만을 제공하는 반면, 전미범죄피해조사는 개별 피해자, 가해자, 사건에 대한 좀 더 세분화된 자료를 제공한다. 이는 전미범죄피해조사가 설문조사에서 다루는 사건 유형의 개별 요인에 대한 연구에 더 적합하다는 것을 의미한다.

살인보충보고(SHR)와 전미사건기반보고체계(NIBRS) 자료도 사건에 기반을 둔 체계이기 때문에 개별적 사건, 피해자, 가해자에 대한 연구에 사용될 수 있다. 그러나 살인보충보고는 하나의 범죄유형만을 측정한다. 전미사건기반보고체계는 앞으로의 전망이 밝기는 하지만 다루는 범위가 제한적이기 때문에 전국의 경찰에 알려진 사건들에 대한 측정으로는 아직 무리가 있다. 전미사건기반보고체계 자료는 현재 이 프로그램에 참여하고 있는 주에 대해서만 사용될 수 있다.

한편, 단지 일부 지역과 주의 자료만 제공된다는 전미사건기반보고체계의 특징은 전미범죄피해조사(NCVS)의 또 다른 중요한 특징을 부각시키는데, 지역 수준의 범죄피해를 연구하기 위해서 설문조사 자료를 사용하는 것이 불가능하다는 것이다. 이는 전미범죄피해조사가 **'전국'** 설문조사기 때문이다. 이 조사는 전국 단위의 범죄 수준을 대표하는 것으로 설계되었기 때문에(우리가 논의한 한계인), 대부분의 시, 카운티, 주의 통계적으로 신뢰할 만한 추정값을 제공하지는 못한다. 재닛 로릿슨과 로빈 샤움(Janet Lauritsen and Robin Schaum, 2005)이 보고서는 3대 도시(뉴욕, 로스앤젤레스, 시카고)에 대한 전미범죄피해조사 자료를 검토하였다. 이 3개 도시는 스미스와 동료들(Smith et al., 1999)이 설명한 바와 같이 법무통계국(BJS)과 지역사회경찰활동국(COPS)의 지역공동체 피해자 조사가 수행된 곳이기도 하다. 연구자들은 주 단위의 범죄피해 추정치를 산출할 방법을 개발하기 시작했다. 페이와 디알로(Fay and Diallo, 2015)는 전미범죄피해조사와 표준범죄보고서의 수 단위 추정치와 인구 80만 이상의 65개 카운티의 추정치를 비교하였다.

사건에 기반을 둔 측정은 특히 전미사건기반보고체계의 대상 범위가 계속 증가하면서 형사사법 연구에 큰 잠재력을 갖게 되었다. 2014년에 모든 표준범죄보고서 법집행기관의 약 3분의 1이 사건기반 자료를 제출하였는데, 이는 표준범죄보고서에 보고되는 모든 범죄의 약 30%에 해당된다. 전미범죄피해조사와 마찬가지로 전미사건기반보고체계는 개별 사건들에 대한 자세한 정보를 제공한다. 전미범죄피해조사와 달리 전미사건기반보고체계 자료는 지역 단위의 특정 지리적 영역에 대해서, 따라서 모든 주에 대해서도 사용될 수 있다. 마이클 맥스필드(Michael Maxfield, 1999)는 추가적으로 전미사건기반보고체계 자료를 연구와 정책에 활용하는 많은 사례를 정리하였다. 여기서는 전미사건기반보고체계 자료가 다른 전국 단위의 연간 자료 시리즈에서 집계되지 않는 범죄유형을 측정하는 한 가지 영역에 대해 간략히 논의하면서 이 절을 마무리하겠다.

전미범죄피해조사의 재설계에 따른 향상에도 불구하고, 표집은 여전히 12세 이상의 가구원에 한정되어 이루어지고 있다. 가구에 기초한 표본의 의미는 앞서 논의하였다. 12세 미만 아동의 범죄피해를 집계하지 않음으로써 범죄피해 조사가 놓치는 범죄에는 어떤 종류가 있을까?

12개 주의 전미사건기반보고체계 성폭행 자료에 대한 하워드 스나이더(Howard Snyder, 2000)의 분석이 단서를 제공한다. 성폭행 피해자 약 61,000명의 34%가 12세 미만이었으며, 이는 20,000명이 넘는 성폭행 피해자가 전미범죄피해조사에서는 집계되지 않았을 것임을 의미한다(Snyder, 2000: 1~2). 그뿐 아니라 전미사건기반보고체계의 추가적 정보에 따르면 12세 미만인 성폭행 피해자의 40% 이상이 가족구성원으로부터 피해를 당하는 것으로, 그리고 또 다른 50%는 아는 사람이 가해자인 것으로 나타났다. 12세 미만인 여성 피해자의 단지 약 5%만이 모르는 사람으로부터 피해를 당했다.

이 수치들은 아동학대가, 혹은 최소한 아동 성폭행이 전미범죄피해조사로 측정되지 않는 범죄유형임을 깨닫게 한다. 물론 아동학대는 많은 경우 경찰에 신고되지 않기 때문에 표준범죄보고서와 전미사건기반보고체계에서도 실제보다 적게 집계된다. 전미사건기반보고체계 자료는 이러한 종류의 범죄와 어린 피해자가 당한 기타 범죄에 대한 정보를 제공해 주는 새로운 출처가 된다.

범법행위에 대한 설문조사

비행, '피해자 없는' 범죄, 그리고 좀처럼 드러나지 않는 범죄는 자기보고식 설문조사로 측정할 수 있다.

설문조사 기법이 사람들에게 피해자로서의 경험을 설명하라고 요청함으로써 범죄를 측정할 수 있는 것과 마찬가지로, **자기보고식 설문조사**(self-report survey)는 사람들에게 자신이 저지른 범죄에 관해서 물어본다. 처음에는 이러한 기법에 대해서 회의적일 것이다. 자기가 저지른 범죄에 대해서 사람들이 얼마나 진실하게 답할 것인가? 이러한 우려는 타당하다. 비밀을 보장한다고 할지라도 많은 사람들은 면접자에게 자신의 불법행위를 밝히기를 원하지 않는다. 어떤 사람들은 의도적으로 면접자에게 거짓말을 하고 그들이 저지른 범죄 수를 부풀릴 수도 있다.

그러나 자기보고식 설문조사는 다른 기법으로는 측정하기 어려운 유형의 범죄를 측정하는 데 가장 나은 방법이다. 우리가 논의한 다른 방법(경찰에게 알려진 범죄와 범죄피해조사)에 대해서 생각해 보면 몇 가지 예가 떠오를 것이다. 성매매나 약물남용과 같은 범죄는 범죄피해 조사에서 제외되며 경찰의 체포 기록에서는 과소추정된다. 공공질서와 관련된 범죄와 비행도 예가 된다. 자기보고식 설문조사에 의해서 더 잘 측정되는 세 번째 범주의 범죄는 신고되거나 경찰에 의해서 적발되는 경우가 거의 없는 범죄다. 상점 절도와 음주운전이 그 예가 된다.

이렇게 생각해 보자. 앞서 보았듯이 모든 범죄에는 가해자가 있다. 그러나 모든 범죄에 명확히 식별 가능해서 면접할 수 있는 피해자가 있는 것은 아니며, 모든 범죄가 경찰이나 피해자 혹은 목격자에 의해서 쉽게 발견되는 것도 아니다. 범죄를 발견할 수 없고, 피해자를 면접할 수 없다면 논리적으로 무엇이 다음 단계이겠는가?

미국에서는 전국적 단위에서 포괄적으로 다양한 유형의 범죄에 대한 자기보고식 측정을 체계적으로 수집하고 있지 않다. 대신 주기적인 설문조사가 특정 유형의 범죄나 특정 집단이 저지르는 범죄에 대한 정보를 제공할 뿐이다. 여기서는 계속 진행 중인 두 개의 자기보고식 설문조사를 살펴보고 이 범죄 측정 방법의 타당도와 신뢰도에 대해 논의할 것이다.

전미약물건강조사(NSDUH)[2]

전미범죄피해조사처럼 전미약물건강조사(National Survey on Drug Use and Health: NSDUH)도 가구의 전국 표본에 기초한다. 두 조사 모두 전국적인 패턴을 모니터하기 위한 설문조사이다. 그러나 범죄피해 조사와는 달리 전미약물건강조사의 주된 목적은 마약 복용에 대한 자기보고를 받는 것이다.

이 설문조사는 1971년부터 수행되었고, 표집 절차와 질문 절차는 이후 수차례 수정되어왔다. 현재 미국 보건복지부(U.S. Department of Health and Human Services) 내의 약물정신건강서비스관리국(Substance Abuse and Mental Health Services Administration)이 후원을 하고 있다. 12세 이상의 가구원이 대상 모집단이다. 2014년 표본에서 약 67,900명이 불법 약물, 알코올, 담배 사용에 대한 질문에 응답하였다(Center for Behavioral Health Statistics and Quality, 2015). 40년이 넘는 기간 동안 조사가 수행되었기 때문에 전미약물건강조사는 마약 복용의 추세와 변화에 대한 정보를 제공한다.

사람들의 불법 마약 복용 경험에 대해 알기 위해 어떤 종류의 질문을 할지 잠시 생각해보자. 무엇보다도 마리화나를 딱 한 번 해본 사람과 더 자주 하는 사람을 구별하기를 바랄 것이다. 이를 위해서 마약 복용에 대한 설문조사는 **평생** 한 번이라도 해본 사람과, **현재**(지난달부터 현재까지) 하는 사람을 구별하는 질문을 포함한다. 지난달에 약물을 한 것을 현재 한 것으로 볼 수 있는지에 대해 동의하지 않을 수도 있지만, 이는 전미약물건강조사 결과에 대한 통상적 보고에서 표준적으로 사용되는 방식이다. 이것이 '현재 사용'의 조작적 정의인 것이다.

전미약물건강조사의 두 가지 잠재적 측정 문제를 생각해 볼 필요가 있다. 첫 번째 우려에 대해서는 이미 다루었다. 사람들이 마약 복용에 대한 질문에 솔직히 답을 할까? 전미약물건강조사는 솔직하고 진실한 응답을 얻기 위한 특정 절차를 사용한다. 모든 가구원에 대한 기본적인 인구학적 정보를 얻은 이후에 면접자는 다른 가구원과 떨어진 개별 공간에서 나머지 면접을 실시한다. 면접자는 마약 복용에 관해 직접 질문하지 않는다. 대신에 이러한 질문은 응답자가 컴퓨터에 직접 입력하는 방식으로 응답을 받는다. 응답자는 컴퓨터 화면이나 이어폰을 통해서 질문을 받고 키패드로 답을 입력한다. 전미약물건강조사는 자기보고 측정의 타당도를 높이기 위해 질문 형식과 설문 구성을 지속적으로 수정

---

2 전미약물건강조사에 대한 정보는 설문조사 결과를 정리한 2015년 출판물(Center for Behavioral Health Statistics and Quality 2015)과 웹사이트 https://nsduhweb.rti.org/respweb/homepage.cfm에서 얻었다.

하고 있다.

이러한 절차가 전화 조사보다 마약 복용에 대해 더 잘 측정하지만, 전미약물건강조사에서는 여전히 마약 복용이 과소 보고되는데, 이는 약물 유형과 나이에 따라 다른 것 같다(Gfroerer, Eyerman, and Chromy, 2002). 전미약물건강조사 면접이 실시되는 환경이 청소년의 보고에 영향을 미치는 것으로 보인다(Gfroerer and Kennet, 2014). 조셉 그프로러(Joseph Gfroerer, 1993)는 집에서 실시된 조사에서보다 교실에서 실시된 조사에서 청소년의 마약 복용률이 더 높게 보고됨을 발견하였다. 학교에서 실시되는 설문조사의 예를 곧 살펴보겠지만, 우선 마약 복용에 대한 측정으로 전미약물건강조사를 사용하는 것을 우려하는 두 번째 근거를 간략하게 살펴보겠다.

전미범죄피해조사가 가구를 대상으로 표집을 하기 때문에 집이나 가구원에 영향을 미치는 범죄피해만을 측정한다는 점을 앞서 언급했다. 상업시설이나 수용시설(예: 군 관사나 사회 내 교정시설), 그리고 노숙자는 가구 표본에 포함되지 않는다. 전미약물건강조사가 쉼터나 이주노동자 캠프와 같은 시설에 사는 사람들을 포함하려고 특별한 노력을 기울이지만, 마약 복용에 대한 가구 표본은 전통적인 가구에 속하지 않는 많은 사람들을 배제한다.

그럼에도 불구하고, 전미약물건강조사는 마약 복용에 대한 좋은 측정을 제공한다. 설문 방법에 대한 자세한 사항들은 전미약물건강조사 웹사이트에서 제공된다(http://www.samhsa.gov/data/population-data-nsduh. 2016년 7월 6일 접속).

미래 모니터링 프로그램[3]

두 번째 예는 두 가지 측면에서 차이가 있다. 첫째로 특정 모집단을 대상으로 한다는 것이고, 둘째로 표본의 응답자에게 더 다양한 질문을 한다는 것이다.

1975년부터 미 국립약물남용연구소(National Institute on Drug Abuse)는 고등학교 상급생을 대상으로 매년 실시하는 설문조사인 『미래 모니터링: 청소년의 생활양식과 가치관에 대한 계속 연구(Monitoring the Future: A Continuing Study of the Lifestyles and Values of Youth)』, 혹은 줄여서 '미래 모니터링(Monitoring the Future: MTF)'을 후원하였다. 긴 제목이 함축하듯이 미래 모니터링 설문조사는 청소년의 행동, 태도, 가치관을 조사하려는 목적을 갖는다. 연구자와 정책 입안자는 청소년의 약물, 술, 담배 사용에 대해 지속적인 관심을 가져왔고, 미래 모니터링은 그러한 행동을 측정하는 파수꾼처럼 사용되어 왔다.

미래 모니터링은 실제로는 고등학생과 기타 집단의 몇 개의 표본을 포함하며, 응답자

3 미래 모니터링 프로그램에 대한 설명은 주로 존스턴과 동료들의 연구(Johnston et al., 2016)와 웹사이트(http://monitoringthefuture.org/)를 참조하였다.

는 2015년에 총 45,000명이었다(Johnston et al., 2016). 우선 8학년, 10학년, 12학년 학생들을 추출한 고등학생 표본에 대해 먼저 살펴보고, 다른 집단의 표본에 대해서도 간략히 언급하겠다.

매년 봄에 특정 지역의 약 400개 고등학교가 표집된다. 큰 고등학교에서는 최대 350명의 상급생 표본이 추출되며, 작은 고등학교에서는 모든 상급생이 참여하기도 한다. 2015년 표본에서 약 13,700명의 고등학교 상급생들이 응답했다. 학생들은 술, 담배, 불법 마약 복용에 대한 일련의 질문이 담긴 설문지를 작성한다. 대부분의 경우 학생들은 정규 수업 시간에 교실에서 응답을 기록하며, 어떤 경우에는 더 큰 집단으로 모여서 설문에 답하기도 한다. 8학년과 10학년 학생들은 익명으로 응답하지만, 상급생들은 이후 연구자가 접촉할 수 있도록 비밀성만 확보한다.

따라서 미래 모니터링의 핵심 표본(고등학교 상급생에 대한 설문)은 해마다 마약 복용과 기타 불법적 행위에 대한 횡단적 측정을 제공한다. 고등학생 표본에서 매년 약 2,400명의 응답자가 추출되어 우편으로 추적 조사 설문지를 받는다. 추적 조사 표본은 대학생(대학에 진학한 고등학교 상급생)과 성인에 대한 미래 모니터링 자료를 제공한다.

이제 제4장에서 논의한 시간차원을 떠올려보자. 미래 모니터링과 전미약물건강조사는 고등학교 상급생과 성인 가구원의 **횡단면**(cross section)을 대상으로 마약 복용을 해마다 측정하기 때문에, 자기보고된 마약 복용률에 대한 정보를 매년 제공해 준다. 미래 모니터링과 전미약물건강조사의 연도별 결과를 살펴보면 **시계열**(time series) 연구 내지는 추세 연구가 가능하며, 이는 연구자와 정책 입안자가 고등학교 상급생, 대학생, 성인의 마약 복용에서 나타나는 변화를 감지할 수 있게 해준다. 마지막으로 미래 모니터링 응답자의 추적 조사 표본은 일련의 패널연구를 구성하며, 이를 통해 시간의 흐름에 따른 개별 응답자의 마약 복용 변화를 연구할 수 있다.

모든 표본에 대한 미래 모니터링의 측정은 자기보고로 이루어지기 때문에, 이 자료는 전미약물건강조사와 관련하여 언급했던 잠재적 문제를 공유한다. 미래 모니터링의 표집 절차는 어떨까? 어떤 면에서 보면 학교를 추출한 다음 각 학교에 다니는 학생을 추출하는 것은 고등학교 상급생을 표집하는 적절한 절차이다. 그러나 이러한 접근이 갖는 적어도 한 가지 문제를 생각해 보아야 한다. 설문조사 당일에 결석한 학생은 조사에 포함되지 않으며 추적 조사 표본 대상도 되지 않는다. 출결 기록이 좋지 못한 학생이 결석할 가능성이 크고 이러한 학생이 표본에 의해 덜 대표될 것이라는 추측이 가능하다. 그리고 미래 모니터링에 대해 우리가 관심을 갖는 이유는 마약 복용과 비행을 측정하기 때문으로, 출결 기록이 좋지 못한 학생이 마약 복용률과 비행률도 높을 것으로 추측할 수 있다.

자기보고식 측정의 타당도와 신뢰도

이 장에서는 자기보고식 측정에 대한 최종적인 판단을 내릴 수 없다. 최종적 판단을 내린 논문이나 책은 아직 없으며, 소수의 연구자들이 이 문제를 자세히 검토하였다. 대부분의 경우 이러한 연구는 자기보고로 측정된 비행을 다른 측정(보통 법집행기관과 소년사법기관의 기록)과 비교한다. 이는 제5장의 주제 중 하나인 수렴 타당도(convergent validity)의 예가 된다.

예를 들어, 런던의 비행청소년에 대한 연구(제5장 참고)에서 도널드 웨스트와 데이비드 패링턴(Donald West and David Farrington, 1977: 22)은 비행청소년의 공식 범죄 기록과 유죄선고를 받았다고 자기보고된 비행을 비교하였다. 공식기록에 나타난 비행을 자기보고에서 누락시킨 청소년은 단지 소수였다. 또 다른 연구에서 웨스트와 패링턴은 이러한 누락이 거짓 응답이기보다는 회상 착오에서 기인하는 것으로 결론을 내렸는데, 대부분의 불일치는 비행률이 높은 청소년에게서 발견되었기 때문이다. 이 연구대상자에 대한 최근의 추적 연구는 경찰 기록과 비교할 때 성인 범죄에 대한 자기보고가 타당함을 확인하였다(Kazemian and Farrington, 2005).

피츠버그 청소년의 표본에 대한 종단 연구에서, 패링턴과 동료들(Farrington et al., 1996)은 자기보고된 비행과 체포를 공식기록과 비교하여 수렴 타당도를 조사하였다. 이 연구는 여러 시점에서 표본을 면접한 종단적 패널연구였기 때문에 한 시점에서 자기보고된 비행을 이후 시점의 공식기록과 비교함으로써 예측 타당도를 추정할 수 있었다. 예상할 수 있듯이 그 관계가 완벽하지는 않았지만, 연구자들은 시점 1에서 더 심각한 비행을 자기보고한 연구대상자가 시점 2에서 공식 체포와 비행 기록이 있을 가능성이 더 크다는 것을 발견하였다.

자기보고의 타당도에 대한 두 개의 연구를 추가로 살펴보고 범죄에 대한 자기보고식 측정에 대해 요약하려 한다. 마이클 맥스필드, 바바라 런츠 웨일러, 캐시 스파츠 위덤(Michael Maxfield, Barbara Luntz Weiler, and Cathy Spatz Widom, 2000)의 연구는 체포에 대한 자기보고와 공식기록의 수렴 정도가 성별, 인종, 범법 유형에 따라 다르다는 것을 보여준다. 아동학대의 장기적 결과에 대한 분석에서 여성과 유색인종 연구대상자가 공식기록에 나타난 체포에 대해 덜 보고하는 것으로 나타났다. 모든 연구대상자들은 좀 더 일반적인 범법행위(특히 마약 복용)에 대해서 자기보고할 가능성이 컸다.

2000년과 2001년에[4] 전미약물건강조사와 병행하여 특별 표본을 대상으로 마약 복용에 대한 자기보고와의 일치 여부를 평가하기 위해 소변과 체모 시료를 채취하였다(Harrison et al., 2007). 연구자들은 마약 복용에 대한 자기보고와 소변검사 결과가 매우 일치함을

4 이 기간 동안의 설문조사를 '약물남용에 대한 전미 가구 조사(National Household Survey of Drug Abuse)'라고 부른다.

발견하였다. 면접 전 일주일을 기준으로 마리화나 사용은 92.5%, 코카인 사용은 98.5% 일치하였다.

자기보고식 설문조사의 요약

연구자와 정책 입안자는 자기보고식 설문조사의 측정을 비판적으로 사용할 필요가 있다. 자기보고는 범죄나 비행의 측정으로 사용할 수 있으며 그래야만 한다. 그러나 그러한 측정을 사용하는 연구자와 실무자 등은 그 장점과 한계를 잘 인지하고 있어야 한다. 예를 들어, 미래 모니터링과 전미약물건강조사의 표집과 면접 절차는 상대적으로 안정적이기 때문에, 이들 설문조사는 시간의 흐름에 따른 마약 복용과 범죄 및 비행의 추세에 대해 상당히 일관성 있는 정보를 제공한다. 이 두 설문조사는 절대 수준의 측정보다는 변화에 대한 측정으로 사용하는 것이 더 낫다.

또한 이 두 가지 설문조사에 대해서 표집 절차의 중요성을 강조해야 한다. 가구에 기초한 표본을 다른 모집단으로 쉽게 일반화할 수 없을 것이며, 교실에서 고등학교 상급생으로부터 얻은 자료는 중퇴자나 장기무단결석자로부터 얻은 자료와는 다를 것이다.

또한 마약 복용과 비행과 같은 행위를 측정할 수 있는 대안이 일반 모집단에 대해서는 여의치가 않다는 점도 고려해야 한다. 세 가지 대안이 가능한데, 첫 번째는 불완전한 측정을 조심스럽게 사용하는 것이고, 두 번째는 특정 유형의 행위에 대해서는 측정하지 않는 것이며, 세 번째는 새로운 측정을 개발하는 것이다. 우리는 첫 번째와 세 번째 대안을 함께 추구해야 한다고 생각한다. 최근 자기보고된 범죄와 공식기록을 비교한 피케로와 동료들(Piquero et al., 2014)의 제안도 마찬가지 입장이다. "범죄학에서 측정의 중요성을 고려할 때, 연구자는 신뢰도와 타당도와 관련된 쟁점에 대해 더 주목해야 한다"(2014: 24~325).

제5장과 함께 이 장을 여기까지 읽었으면 모든 종류의 측정을 신중하게 해석할 수 있는 자세를 더 잘 갖추게 되었을 것이다. 전미약물건강조사에서 사용하는 자기보고 방법에 더 친숙해지면 새로운 측정 개발이 필요할 때 도움이 될 것이다.

마약 감시체계

마약 복용에 대한 대안적 측정을 위해 감시체계가 개발되고 있다.

이러한 어려움 속에서 마약 복용과 같은 범법행위에 대한 신뢰도 있고 타당도 있는 측정을 개발하기 위해 연구자와 정책 입안자는 대안적 접근방식을 찾게 되었다. 이는 산발적 노력이었고 다양한 자료 체계가 생겨났다가 사라졌다. 이 절에서는 마약 복용과 그 결과를 모니터하려는 집중적인 노력의 예를 간략히 살펴보겠다.

체포자 약물남용 모니터링(ADAM)[5]

수년간 미국 미국법무연구원(National Institute of Justice: NIJ)은 체포된 사람들의 표본으로 마약 복용을 측정하는 프로그램을 수행했다. 체포자 약물남용 모니터링(Arrestee Drug Abuse Monitoring: ADAM)이 가장 최근 프로그램으로, 2003년에 마지막 자료가 수집되었다. 이 프로그램은 재원 부족으로 종료되었다. 2007년에 축소된 규모로 부활하여 백악관의 마약통제정책실(Office of National Drug Control Policy)로 이관되었다. 현재 2차 체포자 약물남용 모니터링(ADAM II)은 애틀랜타, 시카고, 덴버, 뉴욕, 새크라멘토, 이렇게 4개 도시에서 체포된 사람들의 마약 복용을 계속 추정하고 있다.

매년 두 차례 14일이 넘는 기간 동안 참여 도시들은 다양한 범법행위로 체포된 사람의 표본을 추출한다. 자발적 참여에 동의한 사람들을 대상으로 익명 면접과 소변 시료 채취가 이루어진다. 2013년에 5개 도시에서 약 1,900건의 면접이 이루어졌고, 거의 1,700건의 소변 시료를 채취하였다(Office of National Drug Control Policy, 2014).

2차 체포자 약물남용 모니터링(ADAM II)의 주목적은 범죄행위로 체포된 사람의 마약 복용 정도에 대해 지속적으로 평가하는 것이다. 2013년 결과는 체포된 성인의 60% 이상이 10개 약물 중 최소한 1개에서 양성 반응이 나왔음을 보여주었다. 마리화나는 소변 시료에서 가장 많이 발견되는 약물이었다. 2차 체포자 약물남용 모니터링 결과는 도시에 따라 다소 달랐는데, 애틀랜타는 63%로 가장 낮았고 시카고는 83%로 가장 높았다.

1차 및 2차 체포자 약물남용 모니터링의 가장 흥미로운 측면은 마약 복용에 대한 소변검사와 자기보고 측정의 결합이다. 체포자와의 면접은 자기보고 문항을 포함하여 응답을 소변검사 결과와 비교할 수 있다. 다양한 추가 질문을 통해 의존 정도와 치료 필요성에 대한 인식, 지역 마약 시장에 대한 응답자의 평가 등과 같이 약물과 관련된 정책 쟁점에 대한 정보를 얻는다.

찰스 카츠, 빈센트 웹, 스콧 데커(Charles Katz, Vincent Webb, and Scott Decker, 2005)는 갱 조직원과 마약 복용의 관련성을 조사하기 위해서 체포자 약물남용 모니터링의 면접 자료를 사용하여, 갱 조직원이 다른 체포자보다 마약을 더 광범위하게 사용한다는 것을 발견하였다.

범죄에 대한 모든 측정은 선택적이다. 모든 범죄와 모든 사람이 다 포함되지는 않는다. 2차 체포자 약물남용 모니터링은 마약 복용에 대한 측정으로서 어떤 방식으로 선택적일까? 지금까지 살펴본 바에 따르면, 세 가지가 명백해 보인다. 첫째, 체포자 약물남용 모니터링은 5개 도시에서만 진행되므로, 비록 뉴욕에서 새크라멘토에 이르는 다양한 도시

---

5 체포자 약물남용 모니터링에 대한 정보는 주로 2013년 보고서인 'Office of National Drug Control Policy'(2014)와 웹사이트(http://www.whitehouse.gov/ondcp/arrestee-drug-abuse-monitoring-program)에서 얻었다.

를 포함하기는 하지만, 참여 도시가 다른 도시들을 대표한다고 가정할 수 없다. 둘째, 가장 중요하게는, 체포자 약물남용 모니터링이 체포된 사람만 포함한다는 점이다. 체포된 사람을 일반 모집단으로 일반화할 수 없음은 명백하다. 체포가 선택적 과정인지는 덜 명백하다. 경찰은 체포 여부를 결정할 때 재량권을 행사하며, 그들의 우선순위는 때에 따라 변할 수 있다. 셋째, 참여에 큰 영향을 미치지는 않았을지라도, 체포자 약물남용 모니터링 면접과 검사는 자발적이라는 점이다. 놀랍게도 2013년 체포자의 상당수인 약 82%가 참여에 동의했다.

일반 모집단의 마약 복용에 대한 측정으로서 2차 체포자 약물남용 모니터링은 명백한 한계가 있긴 하지만, 이는 다른 형태로 측정하려는 창의적인 시도이다. 이 자료는 체포자의 마약 복용 추세에 대한 정보와 다른 지역 도시들 간의 비교를 제공한다. 면접으로 수집된 추가 자료를 사용하여 범법행위, 나이, 성별 등 여러 변수에 따른 마약 복용을 분석할 수 있다. 치료를 받으려고 했는지 체포자에게 물어봄으로써 그러한 서비스의 필요성에 대한 통찰력을 제공한다.

마지막으로, 2차 체포자 약물남용 모니터링이 체포된 사람들의 표본에 한정된다는 사실은 마약 복용과 범죄의 가능성이 큰 집단의 사람들에서 이 두 행위의 동시발생에 대한 유용한 정보를 제공한다는 점에서 장점이 된다. 또한, 2013년 보고서에서 묘사되었듯이 많은 체포자가 노숙자이고 이들은 전미약물건강조사와 같이 가구에 기초한 설문조사에는 포함되지 않는다. 2차 체포자 약물남용 모니터링은 대도시에서 마약 복용 기저율이 높은 사람들의 마약 복용을 모니터하는 지속적인 체계를 제공한다. 제4장에서 마약 복용과 범죄에 대해 논의하면서 사람들의 유형에 따라 마약 복용 패턴이 다르다고 설명한 부분과 관련되는 지점이다. 2차 체포자 약물남용 모니터링에서 표집된 사람들의 마약 복용률과 전미약물건강조사에서 표집된 사람들의 마약 복용률을 비교하면 이러한 차별적 패턴을 명확히 제시할 것이고 왜 여러 가지 측정이 필요한지를 잘 보여줄 것이다.

약물남용 경고 네트워크(DAWN)

2차 체포자 약물남용 모니터링 시스템은 최소한 일부 마약 복용자들이 다른 범법행위를 저지를 것이라고 암묵적으로 가정한다. 다음으로 살펴볼 특수한 측정은 마약 복용이 응급실 치료가 필요할 수 있는 심각한 건강 문제를 일으킬 수 있다는 가정을 한다. 1972년에 설립된 약물남용 경고 네트워크(Drug Abuse Warning Network: DAWN)는 전국의 병원과 검시관의 표본으로부터 약물과 관련된 응급 치료 기록을 수집한다. 2009년에 약물남용 경고 네트워크 표본은 66개 대도시 지역의 242개 병원을 포함했다. 참여 병원들은 2009년에 거의 380,000건의 약물남용 사례에 대한 정보를 제출하였다(Substance Abuse and Mental Health Services Administration, 2011).

약물 관련 사례란 불법 마약 복용이나 합법적 약물의 비의료적 사용, 혹은 그것과 직접 관련된 병원 응급실 방문으로 정의된다. 이러한 정의에는 마약 복용의 직접적인 영향(과다복용이나 다른 신체적 · 정신적 반응)뿐만 아니라 약물 중독이 요인이 된 부상이나 사망이 있다. 사망에 이르지 않은 사례는 응급실에서 정보가 수집되는 반면, 약물과 관련된 사망은 검시관에 의해서 기록된다. 약물남용 경고 네트워크는 범죄와는 간접적으로만 연결된 분석단위에 기초한다는 점에 주목할 필요가 있다. 약물 관련 사례의 개념은 공중 보건 연구와 가장 관련이 있으며, 실제로 약물남용 경고 네트워크는 보건 감시를 위한 자료 시스템으로 설계되었다.

1970년대 초에 시작된 약물남용 경고 네트워크는 마약 복용의 가장 심각한 의료적 결과를 모니터하는 비교적 장기간의 시계열 자료이다. 약물남용 경고 네트워크는 추세 측정에 가장 적합하다. 2차 체포자 약물남용 모니터링(ADAM II)처럼 약물남용 경고 네트워크 기록은 마약 복용으로 응급실에 이송되었거나 사망한 사람들의 인적사항 등의 정보를 포함한다. 그러나 약물남용 경고 네트워크의 분석단위가 갖는 특이성으로 인해 한 명이 여러 건의 약물 관련 사례로 집계될 수 있다. 이 때문에 약물남용 경고 네트워크 자료를 개인이 분석단위가 되는 연구에 사용하기 어렵다.

토머스 미체코프스키(Thomas Mieczkowski, 1996: 387)는 한 대도시 지역에 대한 약물남용 경고 네트워크 자료는 마약퇴치 프로그램의 효과에 대한 지표가 될 수 있다는 점을 지적하였다. 예를 들어, 10대 청소년의 약물 관련 사례 추세를 분석함으로써 고등학교의 교육과 예방 프로그램에 대한 평가에 도움이 될 수 있다. 혹은 경찰의 코카인 압수에 대한 측정을 코카인과 관련하여 응급실에 들어온 사례의 변화와 비교해 볼 수도 있다.

특정 목적을 위한 범죄 측정

연구나 정책의 목적으로 대안적인 범죄 측정이 수집되는 경우가 있다.

지금까지 논의한 범죄 측정은 다양한 탐색, 기술, 설명, 응용 등 다양한 연구 목적에 사용될 수 있다. 그러나 이러한 측정은 경찰에 알려진 범죄, 집에 대한 피해와 가구에 속한 사람의 피해, 마약 복용 등의 범법행위에 대한 자기보고, 체포자와 응급실 환자의 마약 복용, 혹은 특정 도시지역의 마약 복용과 약물 접근 가능성에 대한 질적 평가와 같이 특정 형태의 범죄 통계를 제공하는 데 주된 목적이 있다. 이러한 측정은 형사사법과 공중 보건 전문가들에게 유용하다. 연구자들은 또한 표준범죄보고서(UCR), 살인보충보고(SHR), 전미범죄피해조사(NCVS)와 같은 일련의 표준적인 자료를 많이 사용한다.

그러나 종종 이러한 통상적인 범죄 측정이 범죄에 대한 전문화된 정보를 찾는 연구자나 실무자의 요구에 부응하지 못하는 경우가 있다. 따라서 특정한 연구 목적과 정책 목적에서 개발된 범죄 측정의 예를 소개하겠다.

글로벌 테러리즘 데이터베이스

이 장을 시작하면서 테러리즘과 테러 사건의 정의와 측정이 어렵다는 점을 예로 들어 글로벌 테러리즘 데이터베이스(Global Terrorism Database: GTD)를 소개하였다. 글로벌 테러리즘 데이터베이스는 왜 어떤 유형의 범죄에 대해서는 연구자들에 의한 독립적인 측정이 개발되어야 하는지를 잘 보여준다.

범죄 측정에 대한 전체 장을 거의 읽은 지금, 아마 여러분은 전 세계의 테러리즘에 대한 측정을 개발하는 데 몇 가지 어려움이 있다는 것을 짐작할 수 있을 것이다. 명백한 이유로 피해자 조사나 가해자 자기보고 설문조사는 불가능하다. 다른 국가들의 테러리스트 공격에 대한 경찰과 군의 공식적 정보 출처는 정의와 기록 면에서 미국의 경찰 보고보다 편차 가능성이 더 크다. 공식기록은 기밀로 분류되어 연구자의 접근이 불가능할 것이나. 테러리즘 연구와 대응을 위한 컨소시움(National Consortium for the Study of Terrorism and Responses to Terrorism: START)의 연구자들이 채택한 접근은 테러 사건 보고를 모니터하고 표로 정리하는 감시체계 유형을 개발하는 것이었다.

글로벌 테러리즘 데이터베이스(GTD)는 체계적으로 수집되고 코딩된 테러 사건 오픈소스(open-source) 보고에 기반을 둔다. 오픈 소스는 인터넷에 수집된 테러 사건 관련 언론 보도와 공보 자료 등을 포함한다. 이 장에서 다룬 보고의 문제점을 즉각 떠올리겠지만, 글로벌 테러리즘 데이터베이스의 경우에는 그다지 중요한 문제가 아니다.

첫째로 다른 많은 범죄유형와 달리, 테러 공격은 널리 알려지는 것이 중요하다. 테러 공격의 기준에 부합하는 행위는 공개적으로 널리 알려질 가능성이 매우 큰데, 바로 이것이 테러리스트의 주된 목표이기 때문이다. 다시 말해서, 미보고가 문제될 가능성은 별로 없다. 예외라면 북한처럼 그러한 사건이 널리 알려지는 것을 막을 수 있는 나라에서 발생한 경우일 것이다.

글로벌 테러리즘 데이터베이스의 두 번째 중요한 특징은 체계적인 검색, 선별, 코딩 절차이다. 『글로벌 테러리즘 데이터베이스 코드북(GTD Codebook)』(START, 2016)은 이러한 절차를 자세히 기술한다. 이 장을 시작하면서 신중한 정의에 대한 기준을 언급하였다. 글로벌 테러리즘 데이터베이스(GTD)는 공개적인 보고에 근거하기 때문에 중복된 보고를 선별하는 것도 중요하다. 분석단위에 대한 문제는 어떤 면에서 사건과 범법행위를 구분하는 문제와 비슷하다. 글로벌 테러리즘 데이터베이스는 사건을 다음과 같이 정의한다.

> 같은 장소 같은 시간에 발생한 사건은 하나의 사건으로 간주하지만, 만약 사건 발생 시간이나 발생 장소가 연속되지 않는다면 별개의 사건으로 간주한다. (START Codebook, 2016: 10)

코드북은 기록된 정보의 자세한 코드와 정의를 열거한다. 실제 코딩 과정은 내용 분석의 예가 되며, 이 주제에 대해서는 제12장에서 좀 더 자세히 다룰 것이다.

그 결과는 테러 사건을 국가 간, 그리고 시간의 흐름에 따라 추적하고 분석하는 전문적인 연구 도구가 된다. 테러리즘을 측정하는 자료 출처를 논의하면서, 이반 시핸(Ivan Sheehan)은 그 유용성을 평가하는 몇 가지 기준을 제안하였다. 글로벌 테러리즘 데이터베이스(GTD)는 "전통적 방식의 대안과 신뢰도 검증이 될 수 있는 풍부하고 자세한 설명을 제공할 잠재력이 있다"(Sheehan, 2011: 20).

범죄의 관찰

우리는 경찰이 마약 복용 및 판매, 성매매, 공공질서 위반행위, 음주운전과 같은 유형의

종합적 사고 교통위반의 측정

배경

어떤 범죄 종류의 빈도와 분포는 인종 프로파일링에 대한 많은 연구 질문의 기초가 된다. 무엇보다도 많은 사람들은 인종 프로파일링이 미 전역의 고속도로에서 마약과 무기 밀수 금지 목적으로 이용하는 교통 단속에서 기인한다고 본다. 1986년에 마약 단속국(Drug Enforcement Administration)이 실시한 파이프라인 작전(Operation Pipeline)은 마약 밀매가 의심되는 행위의 징조가 보이는 차량의 특징을 인지할 수 있도록 주와 지역의 법집행 요원들을 훈련시켰다(General Accounting Office, 2000; Verniero and Zoubek, 1999). 많은 지역에서 '구실'로 삼아 차량 검문을 할 기준으로 인종이 통용된다고 알려졌다. 경찰은 교통위반을 마약 밀매가 의심되는 운전자의 차량을 검문하기 위한 구실로 사용하며, 유색인종인 운전자를 과도하게 표적으로 삼는다고 한다.

경찰과 정부 기관은 차량 검문에 인종이 영향을 미치지 않는다고 부인하거나, 교통법규 집행에 어떠한 인종적 편견도 용납되지 않을 것이라고 약속한다. 파이프라인 작전이 흑인 운전자를 표적으로 하게 만든다는 것을 인정하는 경우도 있지만, 많은 경찰기관은 인종 때문이 아니라 단지 교통위반으로 차량 검문한다고 주장했다.

교통위반

이는 교통위반의 실제 빈도를 어떻게 측정할 것인지에 대한 질문을 제기한다. 알다시피 이는 쉬운 일이 아니다. 이 장의 앞부분에서 제기한 두 가지 질문을 이렇게 살짝 바꿔볼 수 있다. 교통위반을 어떻게 측정할 것인가? 교통위반이 얼마나 많이 이루어지고 있는가? 모든 범죄를 측정하는 것이 사실상 불가능하듯이, 모든 교통위반을 측정하는 것도 다음 두 가지 서로 관련된 이유로 가능하지 않다. 사실상 모든 사람이 적어도 가끔은 교통위반을 하기 때문에, 경찰은 선택적으로 차량을 검문해야 한다. 경찰이 단속 대상을 어떻게 결정하는지 거의 알려진 것이 없다. 안드레센(Andresen, 2005)은 뉴저지의 경찰들이 집중하는 교통위반의 종류가 소속 관서에 따라 서로 다른 경향이 있다고 기술한다.

과속

연구자들은 교통위반율의 분포를 측정하기 위해 주로 과속을 연구하였다. 엥겔과 동료들(Engel et al., 2004: 10)은 펜실베이니아 연구에서 그 이유를 다음과 같이 요약하였다. 첫째, 일반 시민을 대상으로 한 최근 설문에 따르면 경찰에 의해 차량 검문을 당한 적이 있다고 보고한 사람들 중 과속이 가장 흔한 이유였다. 전미범죄피해조사(NCVS)에서는 55%가, 미 교통부의 설문조사에서는

범죄를 주로 목격을 통해서 알게 된다는 것을 살펴보았다. 연구자는 독자적으로 범죄를 관찰해야 할 상황에 처할 수도 있다.

예를 들어, 우리는 상점 절도가 경찰 기록에서 제대로 측정되지 않음을 지적하였다. 피해자 조사는 일부 상점 절도를 밝힐 수 있겠지만, 상점을 표본으로 할 때에만 가능하며, 점원에게 적발된 사건만 파악된다. 자기보고식 설문조사는 '상점 절도범'에 대한 정보를 제공할 수 있지만, '상점 절도 사건'에 대한 측정방법으로 사용하기는 어렵다. 테리 바우머와 데니스 로젠바움(Terry Baumer and Dennis Rosenbaum, 1982)은 기술적 연구와 응용 연구의 목적으로 시카고의 대형 백화점에 대한 체계적 관찰을 수행하였다. 독창적인 방법을 사용하여 그들은 상점 절도의 빈도를 추정하고 보안 수단의 효과를 평가하려

65%가 과속으로 경찰의 차량 검문을 받았다고 보고하였다(Durose et al., 2005; Royal, 2003). 둘째로, 펜실베이니아주 경찰이 보고한 차량 검문의 75% 이상이 과속 때문인 것으로 드러났다.

마지막으로, 과속은 다른 종류의 교통위반보다 더 쉽고 신뢰도 있게 측정할 수 있다. 경찰이 과속을 신뢰도 있게 측정하기 위해서 레이더나 레이저 감지기를 사용하듯이, 연구자들도 정확하고 일관된 측정을 할 수 있다. 펜실베이니아 연구팀은 주 경찰이 지급한 레이더 장비를 사용하여 표본으로 선택된 장소를 지나가는 차들의 속도를 측정하였다. 뉴저지의 연구자들은 레이더 감지기를 이전 장에서 언급한 것처럼 디지털카메라와 함께 눈에 띄지 않는 밴 차량 안에 설치하였다(Lange et al., 2005). 노스캐롤라이나에서는 속도 측정을 앞 장에서 언급한 이동식 인종 관찰법과 결합하였다(Smith et al., 2003). 규정 속도로 운행하는 밴에서 연구자들은 스톱워치로 차량이 지나치는 시간을 잰 후 속도를 계산하였다.

물론 경찰 기록도 과속과 다른 교통위반에 대한 정보의 출처가 된다. 모든 경우에 연구자들은 추가로 경찰 기록을 살펴보았다. 다음 장에서 보겠지만, 경찰 기록을 다른 측정과 비교하는 것은 차량 검문에서 나타나는 인종차별을 설명하려는 노력의 중요한 부분이었다.

위에서 언급한 설문 자료는 범법자의 자기보고식 설문과 같은 것으로 볼 수 있다. 이 장의 다른 곳에서 논의된 자기보고식 설문조사를 하는 이유를 생각해 본다면, 왜 이 방법이 교통위반율을 추정하는 데 유용한지 알 수 있을 것이다. 마약 복용이나 비행과 마찬가지로, 교통위반도 경찰에 보고되지 않을 가능성이 크다. 과속과 교통위반은 너무도 흔하기 때문에, 경찰이 그 전부를 적발할 수 없고, 경찰의 눈을 피하는 사람들의 능력도 다양할 수 있다. 경찰이 그들이 알게 된 모든 범죄를 다 기록하지는 않는 것과 마찬가지로, 경찰 기록에 모든 차량 검문이 다 반영되지 않을 수 있다. 그래서 교통위반 행위와 경찰에 의해 차량 검문을 당한 경험에 대해 사람들에게 직접 물어보는 것이다. 무엇보다도 이러한 측정은 다른 출처의 측정과 비교해 볼 수 있다.

스미스와 동료들(Smith et al., 2003)은 경찰에 대한 운전자의 인식과 차량 검문을 당한 경험을 알아보기 위한 노력의 일환으로 노스캐롤라이나 주민을 대상으로 한 다른 설문조사에 자기보고 항목을 포함했다. 연구자들은 또한 자기보고 항목의 질을 평가하는 몇 가지 참신한 도구를 결합하였다. 그들은 일반 모집단 이외에 주 경찰 기록상 이전 해에 교통위반 딱지를 받은 응답자들을 추출했다. '알려진 범법자'에 대해 자기보고식 설문을 하는 것은 설문의 신뢰도를 추정하는 방법이 된다.

이와 같이 인종 프로파일링에 대한 연구는 과속을 교통위반의 측정으로 사용하고, 이 장에서 살펴보았듯이 여러 다른 종류의 범죄를 측정하기 위해 다양한 기법이 사용되는 것처럼 이 또한 다양한 방식으로 측정하였다.

고 하였다. 현장 연구를 다루는 제11장에서 이 연구에 대해서, 그리고 이 연구에서 어떤 발견을 하였는지 자세히 설명할 것이다.

폭행의 경우는 어떠한가? 경찰은 보통 피해자나 목격자가 신고한 폭행을 측정한다. 전미범죄피해조사는 부분적으로 폭행을 더 잘 집계하기 위해 재설계되었지만 연구의 목적상 따로 관찰하는 것이 더 좋은 측정을 제공할 수 있다.

로스 호멜(Ross Homel)과 동료들(Homel and Clark, 1994; Macintyre and Homel, 1996)은 술집과 나이트클럽에서의 음주와 폭력과의 관련성에 관심이 있었다. 구체적으로, 그들은 술집에서 어떤 종류의 물리적 특징과 상황이 폭력을 촉진하거나 제어하는지를 확인하려고 하였다. 이러한 설명적 연구를 위해 오스트레일리아의 시드니에 있는 술집 등의 표본을 추출하고 한 쌍의 관찰자를 각 장소에 파견하였다. 관찰자는 그들이 목격한 폭력적 사건에 대한 정보를 각 술집의 물리적 배치, 공연, 출입 통제와 행동 규제 절차에 대한 자세한 사항과 함께 기록하였다. 연구자들은 물리적 환경과 관리 형태가 어떻게 폭력과 연결되는지에 대한 일반적인 설명을 할 수 있었다.

경찰은 보통 마약 복용과 판매를 그러한 행위를 목격했을 때에만 알게 된다. 그러한 관찰을 할 수 있는 경찰의 능력에는 한계가 있을 수밖에 없기 때문에, 마약에 대한 법집행에 장애물이 된다고 자주 언급된다. 대안으로 폐회로텔레비전(CCTV)을 활용하는 경우가 많아지고 있는데, 피자와 시츠마(Piza and Sytsma, 2016)의 뉴저지 뉴어크(Newark)시의 마약 판매 연구가 그 예이다. 그들은 판매상이 거래를 할 때 들키지 않기 위해서 어떤 행위를 하는지에 특히 관심이 있었다.

이렇게 구체적으로 의도된 관찰의 예들에는 세 가지 공통된 특징이 있다. 첫째, 매우 구체적인 연구 목적이나 정책 목적이 있다. 바우머와 로젠바움은 상점 절도의 빈도에 대한 추정값을 얻고 어떤 보안 수단이 효과적인지를 평가하기를 원했다. 호멜과 동료들은 공공장소에서의 음주와 폭력 사이의 연관성에 대해 더 알고 싶어 했다. 피자와 시츠마는 개별 마약 거래를 기록하는 연구를 하였다. 둘째, 앞서 세 개의 예는 백화점 하나, 술집과 나이트클럽의 표본, 특정 위치의 마약 거래와 같이 비교적으로 작은 영역에 초점을 맞춘다. 마지막으로 사건의 기대 밀도는 관찰이 범죄를 측정하는 적절한 방법이 되게 한다. 상점 절도는 상점에서 일어나며, 큰 백화점은 많은 사건을 관찰할 기회를 제공한다. 공공장소에서 발생하는 폭력은 술집에서 상대적으로 흔하다는 것은 잘 알려져 있으며, 경찰기록을 통해 폭력 전력이 있는 술집을 선택할 수도 있다. 마지막으로 뉴어크시의 CCTV 카메라는 마약 관련 활동이 있다고 알려진 지역에 설치되었다.

'종합적 사고'의 예는 관찰로 범죄를 측정하는 또 다른 사례가 된다. 교통위반은 너무도 흔하기 때문에 거의 모든 사람이 때때로 범법자가 되며, 어떤 사람들은 상습범이 되기도 한다.

범죄의 측정 요약

범죄에 대한 측정들은 각자 장단점이 있다.

표 6-5는 서로 다른 범죄 측정을 비교함으로써 이 장에서 우리가 살펴본 내용을 요약한다. 각 방법은 나름의 강점과 약점이 있다. 표준범죄보고서(UCR)와 살인보충보고(SHR)는 살인과 사업체나 영업장이 피해자인 범죄에 대해서는 가장 잘 집계한다. 사람이나 집에 대한, 경찰에 신고되지 않은 범죄는 전미범죄피해조사(NCVS)에서 가장 잘 집계된다. 보통 이러한 범죄 중 많은 수는 덜 심각한 범죄로 피의자가 체포되었을 때만 집계되는 표준범죄보고서의 제2종 범죄(Part II) 사건이다. 전미범죄피해조사 절차의 최근 변화로 집계된 성폭행과 그 외 폭력범죄 피해 건수가 증가하였다. 표준범죄보고서와 비교해 보았을 때, 전미사건기반보고체계(NIBRS)는 광범위한 범죄에 대해 훨씬 더 자세한 정보를 제공할 수 있다. 전미사건기반보고체계는 주와 지역의 세부적인 사건기반 보고를 포함하고

표 6-5 범죄 측정 요약

	단위	대상 모집단	대상 범죄	가장 적합한 대상
경찰에 알려진 범죄				
표준범죄보고서 (UCR)	총계: 보고 기관	전체 법집행기관: 98%가 보고함	제한된 수의 신고되거나 기록된 범죄	사업체와 영업장의 범죄피해
살인보충보고 (SHR)	사건	전체 법집행기관: 98%가 보고함	살인만 대상으로 함	살인
전미사건기반보고체계 (NIBRS)	사건	전체 법집행기관: 제한된 수만이 보고함	광범위함	지역 사건에 대한 자세한 사항: 12세 미만의 피해자
설문조사				
전미범죄피해조사 (NCVS)	범죄피해, 개인과 가구	가구에 속한 개인	집과 개인에 대한 범죄	집과 개인에 대한 경찰에 신고되지 않은 범죄
전미약물건강조사 (NSDUH)	개별 응답자, 범법자	가구에 속한 개인	마약 복용	가구에 속한 성인의 마약 복용
미래 모니터링(MTF)	개별 응답자, 범법자	고등학교 상급생: 표본의 추적연구대상자	마약 복용, 비행, 범법	고등학교 상급생의 마약 복용
감시조사				
체포자 약물남용 모니터링 (ADAM)	체포된 범법자	분기별 체포자 표본, 35개 도시	마약 복용	체포자의 마약 복용 변화
약물남용 경고 네트워크 (DAWN)	의료적 응급상황: 약물 관련 사례	병원의 전미 표본	약물과 관련된 의료적 응급상황	심각한 마약 복용 문제의 변화

12세 미만 아동 대상 범죄의 자세한 정보를 기록함으로써 전미범죄피해조사를 보완한다.

자기보고식 설문조사는 쉽게 피해자를 확인할 수 없는 범죄와 경찰에 신고되거나 관찰되는 경우가 많지 않은 범죄를 측정하는 데 가장 적합하다. 표 6-5에 제시된 두 개의 자기보고식 설문조사는 서로 다른 모집단을 대상으로 표집을 하며 면접 절차도 다르다.

모니터링을 목적으로 하는 감시(sentinel) 측정은 더 좁게 정의된 모집단을 대상으로 하며 변화에 대한 측정에 가장 적절한 것으로 여겨진다. 표 6-5에 제시된 두 가지 시리즈는 의료적 · 법적 위험의 맥락에서 마약 복용을 측정한다.

표 6-5와 이 장 전체에 걸쳐 논의한 것은 연구자와 실무자가 사용하는 범죄 측정의 단지 일부일 뿐이라는 점에 유의해야 한다. 각 지역과 주의 법집행기관은 나름의 기록체계를 갖고 있으며, 종종 이는 특정한 지리적 영역에 대한 연구에서 가장 좋은 측정이 된다. 마지막으로, 특정 연구 목적상 자체적으로 범죄를 측정해야만 할 수도 있다.

모든 범죄 측정은 선택적임을 잊지 말아야 하며, 따라서 그 선택과정을 이해하는 것이 중요하다. 다양한 결점에도 불구하고 우리에게 주어진 범죄 측정은 많은 연구 목적에 사용될 수 있다. 연구자는 자신의 연구 목적에 가장 적합한 범죄 측정일지라도 비판적으로, 그리고 신중하게 사용해야 한다. 이는 이 장에서 제시한 예인 교통위반 측정의 문제에 대한 연구자들의 노력에서 잘 드러난다.

요약

- 범죄는 형사사법 연구에서 근본적인 개념이다. 범죄를 측정하는 서로 다른 접근들은 개념화, 조작화, 측정의 일반적인 원칙을 보여준다.
- 어떤 범죄 측정을 사용하기 전에 연구자들은 이 측정이 어떤 유형의 범법행위를 포함하고 어떤 유형의 범법행위는 포함하지 않는지를 이해해야 한다.
- 범죄 측정이 기초하는 분석단위는 서로 다르다. 표준범죄보고서(UCR)는 개별 기관들이 보고한 총계에 대한 요약 측정이다. 다른 측정들은 범법자, 피해자, 사건, 혹은 범법행위를 분석단위로 한다.
- 범죄 자료는 모니터링, 기관의 책임, 연구 등의 일반적인 목적으로 수집된다.
- 경찰에 알려진 범죄는 가장 널리 사용되어온 측정이다. 표준범죄보고서(UCR) 자료는 20세기 초부터 수집되었으며, 살인에 대한 좀 더 자세한 정보가 1961년에 표준범죄보고서에 추가되었다. 최근 연방수사국은 사건기반보고체계를 개발하였으며, 법집행기관에 점차적으로 수용되고 있다.
- 범죄 피해자에 대한 설문조사는 경찰에 신고되지 않은 범죄에 대한 정보를 알려준다. 전미범죄피해조사(NCVS)는 개인이나 집에 대한 사건에 대해서는 매우 상세한 정보를 담고 있지만, 사업체나 12세 미만의 피해자에 대한 범죄는 집계하지 않는다. 전미범죄피해조사가 전국적인 대표성을 갖는 측정이지만, 지역의 범죄피해를 추정하지는 못한다.
- 자기보고식 설문조사는 경찰에게 잘 적발되지 않는, 피해자가 불분명한 범죄를 측정하기 위해서 개발되

었다. 두 가지 그러한 설문조사가 고등학교 상급생과 성인의 마약 복용을 추정한다. 자기보고식 설문조사는 불완전한 응답과 설문 응답자를 추출하는 절차 등의 이유로 모든 마약 복용을 측정하지는 않는다.

- 2차 체포자 약물남용 모니터링(ADAM II)과 약물남용 경고 네트워크(DAWN)는 특수한 모집단에서 이루어지는 마약 복용을 측정하지만 마약 복용의 변화를 모니터링하는 데에는 가장 적합하다.
- 특정 연구 목적과 정책 목적에서 그 밖의 다른 범죄 측정 또한 개발되었다. 많은 경찰청은 자체적인 사건기반 기록체계를 통해 범죄를 분석한다.
- 어떠한 측정도 완벽하지는 못하기 때문에 여러 가지 다른 측정이 존재한다. 각 측정은 나름의 장단점이 있다.

핵심 용어

감시체계(surveillance system)
경찰에게 알려진 범죄(crimes known to police)
사건기반 측정(incident-based measure)
신고되지 않은 범죄의 감춰진 숫자(dark figure of unreported crime, 암수범죄)
요약기반 측정(summary-based measure)
자기보고식 설문조사(self-report survey)
피해자 조사(victim survey)

복습문제 및 연습문제

1. 로스앤젤레스 경찰은 피해자나 가해자가 갱단에 속해 있다고 알려진 경우에 해당 살인 사건은 갱과 관련된 것으로 간주하는 반면, 시카고 경찰은 살인이 갱 활동과 직접적으로 연관될 때에만 갱과 관련된 살인으로 기록한다(Spergel, 1990). 이러한 조작적 정의의 차이가 이 장에서 논의한 범죄 측정에 대한 일반적 사항을 어떻게 예시해 주는지 설명하라.
2. 갱과 연관된 범죄를 측정하는 것은 범죄의 특정한 차원인 동기를 측정하려는 예이다. 또 다른 예로는 증오범죄(hate crime), 테러 사건, 약물 관련 범죄 등이 있다. 이러한 유형 중 최소한 하나에 대한 개념적 정의와 조작적 정의를 상술하라. 예로 들 수 있는 언론 보도와 연구보고서를 찾아보라.
3. 주민들의 경찰 신고를 장려하기 위한 지역사회 경찰활동(community policing) 프로그램을 평가하려면 특정 도시의 범죄를 어떻게 측정하겠는가?

CHAPTER 07

실험설계와 의사실험설계

이 장에서 우리는 사회과학 조사연구에 실험적으로 접근하는 방법에 관해 배우고, 형사사법 연구자들에게 유용한 광범위한 실험설계 및 기타 설계에 대해 생각해 본다.

학습목표

1. 실험은 인과과정에 대한 통제된 검사와 일부 평가연구에 매우 적합함을 인식한다.
2. 고전적 실험이 실험집단과 통제집단의 사전검사와 사후검사를 통해 어떻게 일부 종속변수에 대한 실험적 자극 효과를 검증하는지를 서술한다.
3. 실험대상자 집단이 더 큰 모집단을 대표할 필요는 없지만, 실험집단과 통제집단은 서로 유사해야 한다는 것을 이해한다.
4. 무작위 할당이 실험집단과 통제집단의 비교 가능성을 달성하는 최선의 방법임을 서술한다.
5. 연구대상자(피험자)를 무작위로 할당하는 고전적 실험이 내적 비타당도를 초래하는 대부분의 위협을 어떻게 경계하는지 서술한다.
6. 통제된 조건하에서 실험이 이루어지면 그 결과물을 실제–세계의 구성물이나 다른 환경으로 일반화하는 우리의 능력을 제한할 수도 있음을 이해한다.
7. 실험집단과 통제집단의 수, 실험적 자극의 수와 유형, 사전 및 사후검사용 측정 문항의 수 등을 변경함으로써 어떻게 고전적 실험을 수정하는지에 대해 인식한다.
8. 실험설계를 사용하는 것이 불가능하거나 바람직하지 않을 때 의사실험을 수행하는 이유를 알고, 의사실험의 상이한 범주를 서술할 수 있다.
9. 사례지향 연구와 변수지향 연구의 차이점을 이해한다. 시계열설계와 사례연구는 하나 또는 소수의 사례에 대해 수많은 변수가 검토되는 변수지향 연구의 본보기이다.
10. 특정한 조사연구의 목적에 맞게 설계의 구성요소(building blocks)를 사용하여 실험과 의사실험을 연구자의 취향에 맞게 만들어 나가는 방법을 서술할 수 있다.

스피어 피싱 실험

우리는 이 책의 독자 가운데 어느 누구라도 영국, 나이지리아, 우크라이나 및 그 외 거의 모든 나라 출신의 금융가 혹은 석유 장관이 수여한 엄청난 부를 주겠다는 제안을 받은 적이 있을 것이라고 확신한다. 아마도 여러분은 도대체 누가 이런 형태의 '피싱'에 넘어갈 정도로 잘 속는지 궁금했을 것이다. 또는 여러분도, 다른 많은 사람들처럼, 보다 정교한 이메일 피싱 시도에 응답했거나 과연 이것이 무엇인지에 대해 궁금해했을 수도 있다. 이 책의 저자인 마이클 맥스필드(Michael Maxfield)도 다음과 같은 메시지에 잠시 현혹된 적이 있다. "당신의 새 컴퓨터가 발송되었으며 이틀 안에 도착할 것입니다. 지불 및 배송 정보를 확인하거나 변경하려면 여기를 클릭하십시오."

인디애나 대학의 컴퓨터 과학자들은 무엇이 사람들로 하여금 피싱에 응답하도록 영향을 주는지 알아보기 위해 실험을 수행했다. 그들의 기본적인 연구 질문은 "피싱 공격자가 피싱 공격의 산출물을 높이기 위해 얼마나 쉽고 효과적으로 인터넷에서 찾은 소셜 네트워킹 자료를 악용하는가?"였다(Jagatic et al., 2007).

탐 자게틱(Tom Jagatic)과 동료들은 약 23,000명의 인디애나 대학생에 대한 공개된 정보를 검색하여, 어떤 학생이 페이스북(Facebook)과 같은 소셜 네트워킹 사이트에 가입했는지 알아보았다. 이 가운데 약 1,700명의 학생이 SNS 사이트에서 다수의 친구 혹은 폭넓은 친구관계를 유지해야 한다는 연구자들의 기준을 충족하였다.

그 다음 연구자들은 서로 다른 집단의 학생들에게 두 가지 버전의 피싱 이메일을 보냈다. 한 집단은 학생들의 친구 모임 가운데 누군가를 가장한 **처치용**(treatment) 조건 메시지를 받았다. 이것은 간혹 '스피어 피싱'(spear phishing. 불특정 다수를 대상으로 하는 피싱과는 달리 작살낚시처럼 대상(개인, 회사)을 특정하여 정보를 빼내려는 피싱 공격 _옮긴이 주)으로 알려져 있다. 다른 집단은 아무 정보도 포함되지 않은 **통제용**(control) 메시지를 받았는데, 이는 발신자가 수신자들 모임의 일부임을 보여준다.

예를 들어, 마이클 맥스필드가 처치용 대상자로 선택되었고 얼 바비(Earl Babbie)가 페이스북에서 그의 친구 모임 중 하나였다고 가정해 보자. 연구자들은 바비가 보낸 것으로 보이는 다음과 같은 메시지를 맥스필드에게 보냈을 수도 있다. "안녕 마이크! 내가 수백 개의 설문조사용 질문지가 있는 이 멋진 새 웹사이트를 막 찾아냈음! megasurveys.com에 접속해서 확인해봐. 잘 지내~, 얼 보냄." 반면 맥스필드가 이 실험의 통제용 대상자였다면 다음과 같은 메시지가 전송되었을 것이다. "교수님께! 저희가 수집한 설문조사용 질문지에 대해 자세히 알고 싶으시면 아래 링크를 클릭하세요."

어떤 경우든, 이 메시지는 맥스필드를 다른 사이트로 유도했을 것이다. 비록 무해하더라도 설문조사용 질문지가 다량으로 수집된 사이트가 아닌 것만은 분명하다. 여러분은 둘(처치용 또는 통제용) 중에 어떤 메시지가 수신자로 하여금 추가된 링크를 클릭하도록 유도할 가능성이 더 높다고 생각하는가?

자게틱과 동료들은 처치용 메시지를 받은 사람들의 무려 72%가 링크에 접속했다는 사실을 발견했다. 반면 통제용 메시지를 받은 사람들 중 접속자는 단지 16%였다. 추가로, 스피어 피싱은 교차-성별적 메시지에서 더 효과적이었다. 여성은 여성 친구의 링크보다 남성 친구의 링크를 더 자주 클릭했다. 비슷하게 남성 수신자는 메시지가 여성 친구에게서 온 것이라고 생각했을 때 잘 속았다.

앞서 살펴본 것은 실험의 훌륭한 예이다. 여기에는 쉽게 통제될 수 있는 명확한 개입(intervention)이 포함되었다. 즉, 처치용 집단에는 적용되지만 통제용 집단에는 적용되지 않은 개입이다. 연구자들은 어떤 대상자를 편향(bias) 없이 무작위로 할당하여 어떤 집단에 포함시킬 것인지를 쉽게 결정할 수 있다. 이 장을 읽어 나가면서 이 예를 설계와 관련한 일반적인 논의 및 다른 예와 비교해 보라. 이 연구를 위한 설정(setting)의 어떤 특징이 실험적 접근을 용이하게 하였는가? 이 설정은 형사사법기관이 일상적으로 일하는 환경과 어떻게 다른가?

도입

실험은 설명과 평가에 가장 적합한 연구방식이다.

가장 기본적인 의미에서 연구설계(research design)는 무언가를 발견해내기 위한 전략을 세우는 것이다. 우리는 먼저 실험을 형사사법 연구에서 행하는 과학적 관찰의 한 양식으로 논의할 것이다. 에이브러햄 캐플런(Abraham Kaplan, 1964: 144)은 그의 고전적인 저서 『질의의 수행(Conduct of inquiry)』에서 실험이란 "하나의 관찰과정으로서, 명백히 바로 그 목적(관찰)을 위해 전개된 상황에서 수행되는 것"이라고 서술하였다. 본질적으로 실험은 (1) 행동에 옮기고 (2) 그 행동의 결과를 관찰하는 것이다. 사회과학 연구자들은 전형적으로 일군의 대상자를 선택하고, 그 대상자에 대해 무언가를 수행하고, 그리고 수행된 것에 대한 효과를 관찰한다.

처음부터 주목할 만한 사실은 실험이 종종 과학적이지 않은 인문학적 탐구에도 사용되었다는 것이다. 우리는 우리가 살고 있는 세계를 좀 더 일반적으로 이해하기 위해 광범위한 실험을 한다. 우리는 실험을 통해 자전거 타기, 운전하기, 수영하기 등 많은 기술을 배운다. 학생은 학문적인 성공을 위해 얼마나 많은 공부가 필요한지를 실험을 통해 알게 된다. 교수는 성공적인 강의를 위해 얼마나 많은 준비가 필요한지를 실험을 통해 배우게 된다.

이를 사회과학적으로 응용하면, 실험이란 상대적으로 잘 정의된 개념과 명제를 포함하는 조사연구 프로젝트(research project)에 더욱 잘 어울린다. 추가로 요구되는 것은 연구가 수행되는 조건을 통제할 수 있는 능력이다. 제2장에서 논의된 전통적 과학 모델은 실험적 모델과 밀접하게 연관되어 있다.

실험작업(experimentation)은 설명적 또는 평가적 연구(study)에서 가설을 검증하는 데 가장 적합하다. 가령 우리가 대학생들의 알코올 남용 및 그 대책에 대한 연구에 관심이 있다고 가정해 보자. 우리는 폭음과 오랜 음주가 건강에 미치는 영향에 대한 학생의 지식이 증가하면 알코올 남용을 줄이는 효과가 있을 것이라는 가설을 세울 수도 있다. 우리는 이 가설을 실험적으로 검증할 수 있다. 먼저 일련의 실험대상자가 전날 얼마나 많은 맥주, 포도주 및 독주를 마셨고, 일주일 평균 기준 취하기 위한 목적으로 얼마나 자주 술을 마셨는지를 물어볼 수도 있다. 다음으로, 이들 연구대상자들에게 만성적 음주와 과음이 갖는 다양한 생리적 효과에 대해 알려주는 비디오를 보여줄 수도 있다. 끝으로, 가령 한 달 후에 비디오 시청이 실제 음주를 얼마나 감소시켰는지 알아보기 위해 연구대상자들에게 지난주 음주 상황을 다시 물어볼 수도 있다.

실험은 가설 검증에 가장 적합하기 때문에, 형사사법 정책 연구에도 실험이 적절하게 사용될 수 있다. 우리는 제2장에서 평가적 조사연구(research)가 개념적으로 가설검증과 동일하다는 점에 주목하면서 가설과 형사사법 정책의 논리적 유사성에 대해 논의하였다. 이처럼 실험적 모델은 형사사법 정책을 평가하는 데 유용한 설계가 될 수 있다.

여러분은 실험이란 주변 상황이 엄격하게 통제된 실험실 안에서만 수행되는 것이라는 전형적인 사고에 사로잡혀 있을지도 모른다. 비록 자연과학에서는 여러분의 생각이 옳을 수 있지만, 사회과학적 실험이 실험실 상황에서 시행되는 경우는 거의 없다(가장 주목할 만한 예외가 심리학 분야인데, 이 분야에서는 실험실 내 실험이 흔하다). 형사사법 실험은 거의 언제나 실험실 밖의 현장 상황에서 이루어진다.

고전적 실험

변수, 시간 순서, 측정, 집단이 고전적 실험의 핵심 특징이다

조사연구에서 사용되는 대부분의 단어들처럼, '실험(experiment)'이라는 단어는 일반적 의미와 특수적 의미를 모두 가지고 있다. 지금까지는 데이비드 패링턴, 로이드 올린, 제임스 윌슨(David Farrington, Lloyd Ohlin, and James Q. Wilson, 1986: 65)이 실험은 "한 요인(독립변수)의 변이가 다른 요인(종속변수)의 변이에 미치는 효과에 대해 만들어진 인과적 가설을 검증하고자 하는 체계적인 시도이다. 실험의 결정적 특성은 실험자가 독립변수를 통제한다는 것에 있다."라고 언급한 것처럼 실험의 일반적인 의미에 주목해왔다. 좁은 의미에서 '실험'이라는 용어는 보통 **고전적 실험**(classical experiment)이라고 부르는,

---

고전적 실험(classical experiment) 사전검사 및 사후검사, 실험집단 및 통제집단, 각 집단에로의 무작위 할당이라는 세 가지 구성요소가 있는 연구설계.

구조화된 조사연구의 특별한 방법이다. 이 절에서는 고전적 실험의 필요조건과 구성요소에 대해 살펴볼 것이다. 이 장의 뒷부분에서는 고전적 실험의 필요조건 중 일부가 충족되지 못할 때 사용될 수 있는 설계들(designs)에 대해 살펴볼 것이다.

자연과학이나 사회과학을 불문하고, 실험의 가장 보편적인 형태는 다음과 같은 세 쌍의 주요 구성요소, 즉 (1) 독립변수와 종속변수, (2) 사전검사와 사후검사, (3) 실험집단과 통제집단을 갖는다. 이제 이 구성요소 쌍을 각각 살펴보고 실험을 실시할 때 이들을 함께 묶는 방법에 대해 살펴보자.

독립변수와 종속변수

기본적으로 실험은 **독립변수**(independent variable)가 **종속변수**(dependent variable)에 미치는 효과에 대해 살펴본다. 전형적으로, 독립변수는 있음 또는 없음의 값을 가지는 실험적 자극(experimental stimulus), 즉 단지 두 개의 값을 가지는 이항변수(dichotomous variable)의 형태를 띤다. 그러나 다음 절에서 보여주겠지만, 독립변수가 항상 이항변수일 필요는 없다. 음주에 대한 예에서 연구대상자가 얼마나 자주 음주를 하는지가 종속변수가 되고, 술의 효과에 관한 비디오를 얼마나 보았는지가 독립변수가 된다. 연구자의 가설은 음주의 수준이, 부분적으로, 인간의 생리와 건강에 미치는 알코올의 효과를 얼마나 이해하고 있는지에 달렸음을 시사한다. 실험의 목적은 이 가설의 타당도를 검증하는 것이다.

실험작업에 적합한 독립변수와 종속변수는 거의 제한이 없다. 더구나 어떤 변수는 한 실험에서는 독립변수로, 다른 실험에서는 종속변수로 작용할 수도 있다. 앞 시작 부분에 나오는 '스피어 피싱(spear phishing)'의 실험에서 사람들이 수신하는 이메일 메시지의 유형은 독립변수이고 연구대상자가 링크를 클릭하는지 여부는 종속변수이다.

그러나 주어진 변수가 한 실험에서는 독립변수로, 다른 실험에서는 종속변수로 작용할 수 있음을 명심하라. 예를 들어, 우리의 예에서는 알코올 남용이 종속변수이지만, 알코올 남용이 학업성취에 미치는 효과를 검사하는 실험에서는 독립변수가 될 수도 있다.

제4장에서 논의한 원인(cause)과 결과(effect)라는 용어를 통해 살펴보면, 독립변수는 원인이고 종속변수는 결과인 셈이다. 그러므로 비디오를 시청하는 것은 알코올 사용 변화의 원인이 되고 알코올 사용의 감소는 비디오 시청의 결과라고 말할 수 있다. 사회적으로 목표를 설정한 이메일 메시지는 사람들로 하여금 포함된 링크를 클릭하도록 한 원인이 되고, 링크를 클릭하는 것은 이메일 메시지의 결과이다.

실험작업의 목적상 독립변수와 종속변수 모두 조작적으로 정의되는 것이 대단히 중요하다. 그러한 조작적 정의는 수많은 관찰방법을 포함할 수 있다. 예를 들어, 질문지에 대한 응답은 전날의 자기보고식 음주량을 정의하는 기초가 될 것이다. 질문지 대신, 연구대상자의 음주량은 음주측정기(breathalyzer)나 혈중알코올농도 검사를 통해 측정될 수도 있다.

보편적으로 실험적 방법에서는 실험이 시작되기 전에 종속변수와 독립변수가 조작적으로 정의된다. 그러나 때로는, 설문조사 조사연구와 다른 방법 간의 관련성에서 보듯이, 자료수집을 하는 동안 먼저 폭넓은 관찰을 하고, 나중에 분석을 하는 동안 변수에 대한 가장 유용한 조작적 정의를 어떻게 할지 결정하는 것이 좀 더 적절하기도 하다. 그러나 궁극적으로 실험작업은 구체적이고 표준화된 측정과 관찰을 필요로 한다.

사전검사와 사후검사

가장 단순한 형태의 실험설계에서, 연구대상자들은 종속변수에 대해 측정되고(사전검사), 그 후 독립변수를 나타내는 자극에 노출되며, 끝으로 같은 종속변수에 대해 다시 측정된다(사후검사). 종속변수에 대한 첫 번째 측정과 두 번째 측정 사이에 발생한 차이는 독립변수의 영향력으로 귀속된다.

음주에 대한 예에서, 실험 대상자들 간의 음주 정도를 사전에 검사함으로써 실험을 시작할 수 있다. 질문지를 이용하여 개개인의 자기보고식 음주 정도를 측정하고 전체 집단에 대한 평균 음주 정도를 측정한다. 연구대상자들에게 알코올의 효과에 대한 비디오를 보여준 뒤, 같은 질문을 다시 한다. 사후검사에 대한 응답은 연구대상자 각각의 음주 수준과 연구대상자 전체의 평균 음주 수준도 측정할 수 있게 된다. 만약 두 번째 실시된 질문에서 음주의 수준이 낮아졌음을 발견한다면, 비디오가 실제로 연구대상자의 음주를 줄였다고 결론지을 수 있다.

음주와 같은 행위의 실험적 검사에서, 우리는 타당도(validity)와 관련된 특별하고도 실제적인 문제에 직면한다. 독자가 상상할 수 있듯이, 연구대상자들은 자신들의 음주량이 실제로는 변화하지 않았음에도 불구하고 두 번째 질문에서는 같은 질문에 다르게 응답할 수도 있다. 첫 번째 질문이 시행되었을 때, 연구대상자들은 질문의 목적을 알지 못했을 수도 있다. 그러나 두 번째 질문이 시행될 때 비로소 실험의 목적을 파악하고는 음주에 대한 질문에 민감해질 수 있고 결국 첫 번째와는 다르게 응답할 수도 있다. 그러므로 비디오는 비록 실제는 아님에도 불구하고 음주량을 줄인 것처럼 보일 수도 있다.

이것은 많은 형태의 형사사법 연구를 괴롭히는 좀 더 일반적인 문제의 한 예이다. 무언가를 연구한다는 행위(act) 바로 그 자체가 응답을 바꿀지도 모른다. 실험작업의 맥락에서 이 문제를 처리하는 기법을 이 장 전체에서 다루고 있다.

실험집단과 통제집단

실험 그 자체가 가지는 효과를 상쇄하는 전통적인 방법은 **통제집단**(control group)을 이용하는 것이다. 사회과학적 실험에서 연구자들은 자극이 가해지는 **실험집단**(experimental group)만을 관찰하는 것이 아니라, 실험적 자극이 가해지지 않는 통제집단도 관찰한다.

알코올 남용의 예에서 보듯이, 두 집단의 연구대상자가 검사된다. 먼저 각 집단에게 그들의 평상시 알코올 사용과 비상시 과음(binge drinking)을 측정하기 위해 설계된 질문지가 조사된다. 그 후 단지 한 집단(실험집단)만이 비디오를 본다. 그러고 나서 연구자는 두 집단 모두를 대상으로 알코올 사용에 관한 사후검사를 실시한다. 그림 7-1은 이러한 기본적 실험설계를 그림으로 보여준다.

연구자들은 통제집단을 이용하여 실험 그 자체의 효과를 통제할 수 있다. 만약 실험에 참가한다는 사실이 연구대상자들로 하여금 알코올 사용을 줄여서 보고하게 한다면, 그러한 거짓 보고는 실험집단과 통제집단 둘 다 발생해야 한다. 한편으로, 만약 통제집단의 전반적인 음주 수준이 사전검사와 사후검사의 결과 실험집단만큼 줄었다면, 이것은 틀림없이 실험이나 비디오 시청의 작용(function)이 아닌 다른 외부요인의 작용 때문이다. 이런 경우 우리는 비디오가 음주에 아무런 변화도 야기하지 않았다고 결론지을 수 있다.

다른 한편으로, 만약 음주가 실험집단에서만 감소했다면, 우리는 좀 더 자신 있게 음주의 감소가 비디오 시청의 결과라고 말할 수 있다(왜냐하면 비디오 시청이 두 집단 간의 유일한 차이이기 때문이다). 또는 만약 음주가 통제집단보다 실험집단에서 더 많이 줄었다면, 그것 역시 비디오 시청이 음주를 줄였다는 가정의 근거가 된다.

사회과학 연구에서 통제집단의 필요성은 프리츠 로슬리스버거와 윌리엄 딕슨(Fritz J. Roethlisberger and William J. Dickson, 1939)이 1920년대 말과 1930년대 초에 수행한 일

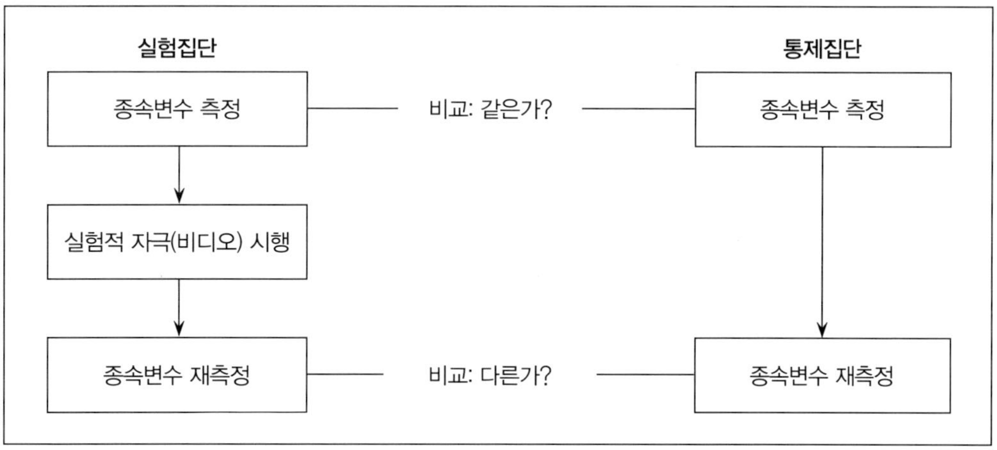

그림 7-1 기본적인 실험설계

통제집단(control group) 실험에서의 연구대상자로 실험적 처치를 받지 않는 집단.
실험집단(experimental group) 실험에서의 연구대상자로 실험적 처치를 받는 집단.

련의 직업만족도 연구에서 좀 더 명료해졌다. 그들은 시카고 웨스턴일렉트릭(Western Electric)이라는 전기회사의 호손 공장단지(Hawthorne Works) 내 전화용 전신송금실(bank wiring room)에서의 작업조건을 연구하면서 작업조건의 어떤 변화가 종업원의 만족도와 생산성을 개선하는지를 알아보고자 하였다.

연구자들은 작업조건의 개선이 만족도와 생산성을 지속적으로 향상시킨다는 것을 알아내고 대단히 만족하였다. 예를 들어, 작업실의 조명이 개선되자 생산성이 향상되었다. 조명이 더욱 개선되자 생산성 또한 더욱 향상되었다. 그들의 과학적 결론을 입증하기 위해 연구자들은 이번에는 조명을 어둡게 하였다. 그런데 그럼에도 불구하고 생산성은 또다시 개선되었다!

이것이 사실이라면, 전산송금실 노동자들은 개선된 작업조건보다는 주어진 연구자들의 관심에 좀 더 많은 반응을 하고 있었다는 것이 분명해진다. 소위 '호손 효과(Hawthorne effect)'(Landsberger는 호손 효과를 작업자 관찰로 인한 성과의 단기 개선으로 정의했다. _옮긴이 주)라고 하는 이 현상의 결과, 사회과학자들은 실험 그 자체가 가져올 수 있는 가능한 효과에 대해 좀 더 민감하게 되었고 좀 더 많은 주의를 기울이게 되었다. 적절한 통제집단(작업조건이 변화하지 않은 상태에서 집중적으로 연구되는 집단)을 활용했다면 전신송금실 연구에서의 이 효과를 규명할 수 있었을 것이다.

실험작업에서 통제집단의 필요성은 의학연구 분야에서 좀 더 명확해졌다. 시간의 흐름에 따라 몇 번이고 반복해도 의학 실험에 참가한 환자들은 호전되는 것처럼 보였지만, 호전된 부분의 어느 정도가 실험적 처치에서 비롯되었고 어느 정도가 실험 그 자체에서 비롯되었는지는 불분명하였다. 요즈음 의학 연구자들은 종종 신약의 효과를 검증하기 위해 통제집단에 비타민과 같은 위약(placebo)을 자주 투약한다. 따라서 통제집단의 환자는 마치 그들도 실험집단의 환자처럼 실험용 신약을 투여받고 있다고 믿게 되고, 결국 그들의 병세가 호전되는 일이 종종 발생한다. 그러나 만약 신약이 정말 효과가 있다면, 단지 위약만을 투약한 사람보다 실제 약을 투약한 사람의 병세가 훨씬 더 호전되었어야 할 것이다.

형사사법 실험에서, 통제집단은 단지 실험 그 자체의 효과를 억제할 뿐 아니라, 실험이 진행되는 동안 실험실 밖에서 발생할 수도 있는 사건의 효과도 억제하는 등 중요한 역할을 한다. 가령 음주실험이 여러분이 재학중인 학교 캠퍼스에서 시행되는데, 이때 유명한 운동선수 하나가 급성 알코올의존증으로 입원하게 되었다고 가정해 보자. 이 사건은 실험대상자들을 충격 속으로 몰아넣을 수 있고 이로 인해 실험대상자들은 자신의 음주 사실을 줄여서 응답할 수도 있다. 이 효과는 실험집단 구성원과 통제집단 구성원 모두에게 거의 동등하게 발생할 것이기 때문에, 통제집단보다 실험집단에서 음주가 낮게 보고된다면 이는 실험적 처치(알코올 남용이 건강에 미치는 효과를 설명하는 비디오 시청)의 영향임을 다시 한번 증명하게 될 것이다.

때때로 실험설계는 하나 이상의 실험집단과 통제집단을 요구하기도 한다. 예를 들어, 알코올 비디오의 경우, 우리는 동년배 집단의 압력이 다른 조건에서는 술을 삼갔을 사람들로 하여금 술을 마시도록 작용한다는 것을 증명하기 위해, 대학생이 술을 마시는 이유에 대한 집단토론 참여의 영향을 조사해 보고 싶을 수도 있다. 이 경우 우리는 실험설계를 세 실험집단 중심으로 그릴 수 있다. 한 집단은 비디오도 보고 집단토론에도 참여하고 다른 집단은 비디오만을 보며, 또 다른 집단은 집단토론에만 참여한다. 통제집단은 아무것도 하지 않는다. 이런 유형의 설계를 가지고 우리는 각 자극의 영향을 따로따로 결정할 수도 있고 그들의 결합 효과(combined effect)를 볼 수도 있다.

이중맹검 실험

의학적 실험상황과 관련해서도 보았듯이, 환자들은 때때로 자기가 신약을 먹고 있다고 생각할 때 호전되기도 하므로, 종종 통제집단에게 위약을 투약하는 것이 필요하다. 가끔 실험자들도 결과를 미리 판단하는 동일한 경향을 갖는다. 의학연구에서 실험자들은 위약을 받은 환자보다 실험 약을 받은 환자 중에서 병의 호전을 '관찰하기'가 더 쉬울 것이다. 아마도 이런 현상은 신약을 개발한 연구자들에게는 더더욱 그럴 것이다. 이중맹검 실험(double blind experiment)은 이런 가능성을 제거해 주는데, 그 이유는 연구대상자나 실험시행자나 모두 어느 쪽이 실험집단이고 어느 쪽이 통제집단인지 알지 못하기 때문이다. 의학실험에서 약물 시행과 호전도 확인을 책임지고 있는 조사연구자들은 어느 대상자가 신약을 먹었고 어느 대상자가 위약을 먹었는지에 대해 아무 정보도 듣지 못한다. 따라서 연구자와 연구대상자는 양쪽 모두 누가 실험 약을 먹고 누가 위약을 먹었는지를 알지 못하는 '맹인'인 셈이다. 혹 다른 연구자가 연구대상자의 소속 집단 정보를 알 수는 있지만 그가 실험 시행의 책임자여서는 안 된다.

교도소 수감자 분류에 대한 실험적 연구는 좋은 예를 제공한다. 로런스 벤치와 테리 앨런(Lawrence Bench and Terry Allen, 2003)은 보안 분류가 교도관이 수감자를 보는 방식과 그들이 수감자에 대해 취한 징계 조치의 수준에 어떤 영향을 미칠 수 있는지에 관심이 있었다. 여러분은 아마도 보안 분류에 대해 일반적 수준에서 이해하고 있을 것이다.

교도소 형을 선고받은 사람은 보안 위험 척도로 평가되는데, 일반적으로 저위험, 중위험 및 고위험 등과 유사한 형태로 분류된다. 예상할 수 있듯이 고위험군으로 분류된 재소자는 저위험군 재소자와 다르게 취급된다. 그러나 벤치와 앨런은 교도소 규율이 수감자의 행동을 반영하는지, 아니면 수감자에게 적용된 보안 위험 라벨이 문제인지에 관심이 있었다. 예를 들어, 교도관이 고위험 수감자에게 징계 조치를 취하는 것은 고위험 수감자의 행동 때문인가, 아니면 그들이 고위험 수감자로 분류되었기 때문인가?

연구자들은 유타주 교도소에 수감되어 최고 보안 수준으로 분류된 200명의 수감자 표본을 선택했다. 이 수감자의 절반은 처치집단(실험집단 _ 옮긴이 주)과 통제집단에 무작위로 할당되었다. 처치집단에 속한 사람은 중간 수준의 보안 시설에, 통제집단 대상자는 최고 보안 시설에 배정하였다. 추가로 연구자들은 중간 보안으로 분류되어 중간 보안 시설에 배정된 두 번째 통제집단을 조사했다.

벤치와 앨런은 교도소 배정 후 1년 동안의 징계 조치를 분석하여 다음과 같이 밝혔다. "전반적으로 수감자들은 보안 등급과 관계없이 평균적으로 동일한 수의 가중 징계를 받는다"(2003: 377). 연구결과를 해석하면서, 연구자들은 수감자들을 최고 보안으로 분류하는 것은 비용이 많이 들 뿐만 아니라 종종 불필요하다고 주장한다.

이 연구는 이중맹검법을 사용해서 수감자나 간수 모두 (중간 보안에 배정된) 처치집단 수감자가 최고 보안으로 분류되었다는 사실을 알지 못했다. 이중맹검법은 연구자들로 하여금 낙인(labeling)과 분류(classification)의 효과를 분리할 수 있게 해 주었다.

연구대상자 선정

실험을 시작하기 전에, 누가 참가할 것인가에 대한 두 가지 기본적인 결정을 해야만 한다. 첫째, 대상 모집단(실험의 결과가 적용될 집단)을 결정해야만 한다. 예를 들어, 만약 실험이 재범 감소를 위한 대응책으로 손해배상(restitution)이 더 효과적인지, 보호관찰(probation)이 더 효과적인지를 결정하도록 설계되었다면, 대상 모집단(target population)은 범죄로 유죄가 선고된 일부 집단의 사람들일 것이다. 비디오 시청이 알코올 남용에 따른 건강 결과에 영향을 줄 것이라는 가설을 검증하는 실험에서 대상 모집단은 대학생이 될 것이다.

둘째, 실험을 위해 대상 모집단 중 어떤 구성원을 뽑을 것인지의 선택방법을 결정해야만 한다. 이상적으로 말해, 연구대상자의 선택방법은 일반화 가능성(generalizability)이라는 과학적 규범을 충족시켜야 한다. 즉, 실제적으로 연구된 연구대상자 표본으로부터 그들을 대표하는 모집단으로 연구결과를 일반화하는 것이 가능해야만 한다.

실험화를 위한 대상자 선정에 있어 핵심적 규칙은 실험집단과 통제집단 간의 비교 가능성이다. 이상적으로 말해, 통제집단은 만약 실험집단이 실험적 자극에 노출되지 않았더라면 취했을 법한 모습을 나타낸다. 그러므로 실험집단과 통제집단은 가능한 한 비슷해야 한다는 점이 중요하다.

무작위 할당

고전적 실험하에서는 일련의 대상자를 모집한 후, 그 대상자를 실험집단 또는 통제집단에 무작위로 할당할 것이다. 우리는 이 작업을 모든 대상자에게 일련번호를 부여한 후, 난수표를 이용하여 번호를 추출함으로써 달성할 수 있을 것이다. 혹은 홀수 번호 대상자는 실험집단에, 짝수 번호 대상자는 통제집단에 할당해도 될 것이다.

무작위 할당(random assignment)은 고전적 실험의 핵심적 특성이다. 무작위 할당[때때로 무작위화(randomization)라고 부르기도 한다]의 가장 중요한 특성은 이것이 통계적으로 **등가적인**(statistically equivalent) 실험집단과 통제집단을 만들어낸다는 점이다. 달리 말하면, 무작위 할당은 연구대상자들을 집단으로 할당하는 데 따른 체계적 편향(bias)을 일으킬 소지가 있는 원인을 감소시키는 것이다. 기본 원리는 간단하다. 만약 연구대상자가 동전 던지기와 같은 무작위 과정을 통해 실험집단과 통제집단으로 할당된다면, 그 할당 과정은 불편(unbiased)되었다고 하고 그 결과로 나타난 집단들은 동등(equivalent)하다.

비록 이 원리의 근거가 되는 이론적 근거가 조금 복잡하긴 하지만, 여기에서는 무작위 할당이 어떻게 동등한 집단을 만들어내는지를 이해하는 것이 핵심 포인트이다. 패링턴, 올린, 윌슨(Farrington, Ohlin, and Wilson, 1986: 66)은 형사사법 조사연구에서의 무작위화를 자연과학에서의 실험실 통제와 비교해 보았다.

> 무작위화를 통해 외생변수(extraneous variable)를 통제하는 것은 자연과학(physical science)에서 자연적 조건들(예: 온도나 압력)을 변하지 않게 함으로써 외생변수를 통제하는 것과 유사하다. 무작위화는 처치집단의 평균 단위가 처치가 적용되기 전 다른 집단의 평균 단위와 대략 동등하다(equivalent)는 것을 보증한다.

여러분은 아마도 '다른 모든 것이 같다면'이란 표현을 들어보았을 것이다. 무작위 할당은 '다른 모든 것이 같다면'이라는 가정을 가능하게 해 준다.

실험과 인과적 추정

실험은 잠정적으로 인과적 추정의 타당도에 위협이 되는 많은 것을 통제해 주지만, 조사연구자들은 이러한 위협에 대해 알고 있어야 한다.

고전적 실험의 핵심적 특징은 독립변수와 종속변수, 사전검사와 사후검사, 무작위 할당을 통해 만들어진 실험집단과 통제집단이다. 이러한 특징을 인과관계(cause-and-effect relationship)를 검증하기 위해 시행하는 연구설계(research design)의 **구성요소**(building block)라고 생각하라. 그림 7-2에 나타낸 것처럼, 이것은 제4장에서 논의된 인과관계의 기준(criteria for causality)을 고전적 실험의 특징과 비교할 때 좀 더 명확해진다.

실험설계는 실험적 자극을 소개한 이후에 종속변수의 사후검사 측정을 함으로써 원인이 결과보다 시간상 선행함을 보장한다. 인과론(causation. 원인과 결과 변수 간의 경험적 상관관계)의 두 번째 기준은 실험집단에 대해 사전검사(실험적 자극이 가해지기 이전의 검사)를 사후검사(실험적 자극이 가해진 이후의 검사)와 비교함으로써 결정된다. 사전

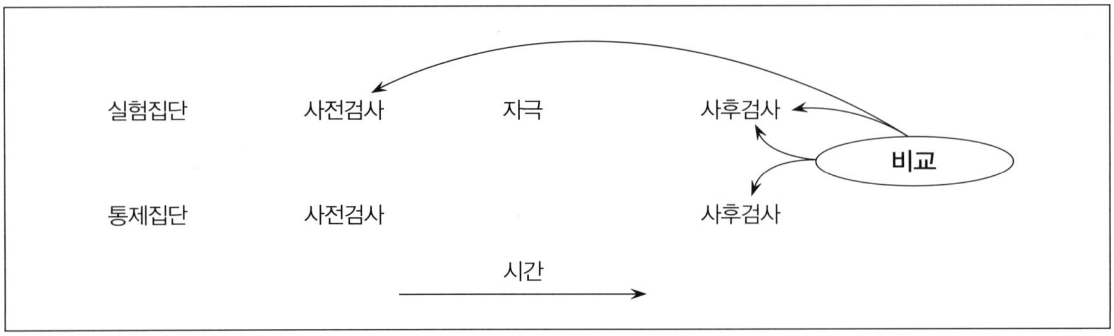

그림 7-2 고전적 실험에 대한 대안적 시각

검사 측정치와 사후검사 측정치 간에 변화가 있다면 이는 상관관계가 있음을 증명한다.

마지막 요건은 원인과 결과 간에 관찰된 상관관계가 어떤 제3의 변수의 영향 때문이 아님을 보여주는 것이다. 고전적 실험은 두 가지 방법으로 이 인과론의 기준을 충족시키는 것을 가능하게 해 준다. 첫째, 실험집단의 사후검사 측정치(자극이 가해짐)가 통제집단의 사후검사 측정치(자극이 가해지지 않음)와 비교된다. 만약 자극과 종속변수 간의 관찰된 상관관계가 어떤 다른 요인 때문이라면, 두 사후검사 점수는 서로 비슷할 것이다. 둘째, 무작위 할당은 실험집단과 통제집단을 동등하게 만들고, 원인과 결과 간의 경험적 상관관계를 설명할 수 있는 어떤 다른 변수에 대해서도 두 집단이 서로 다르지 않게 만들 것이다.

실험과 타당도에 대한 위협

고전적 실험은 인과관계를 증명하기 위해 세 가지 요건을 충족시키도록 설계되었다. 그러나 제4장에서 논의된 인과적 추정의 타당도에 대한 위협은 어떻게 되는가? 이 절에서는 각 위협을 좀 더 상세히 살펴보고, 고전적 실험이 어떻게 그 많은 위협을 줄일 수 있는지 이야기한다. 도널드 캠벨과 줄리언 스탠리(Donald Campbell and Julian Stanley, 1966)의 책은 타당도에 대한 위협이라는 주제에서 가장 자주 인용되는 권위 있는 책이다. 좀 더 풍부한 논의를 원한다면, 우리 저자들이 아주 많이 의지했던 윌리엄 섀디시, 토머스 쿡, 도널드 캠벨(William Shadish, Thomas Cook, and Donald Campbell, 2002)의 책을 보라. 우리는 이 위협을 앞의 책들과는 약간 다른 순서로 제시하였는데 먼저 내적 타당도에 대한 위협부터 시작해 보자.

내적 타당도에 대한 위협

내적 타당도에 대한 위협의 문제는 실험결과에서 도출된 결론이 실험 그 자체에서 얻어진 것을 정확하게 반영하지 않을 수도 있다는 가능성을 의미한다. 제4장에서 시작한 것처럼, 원인과 결과에 대한 결론은 일부 체계적인 방식으로 편향되어 있을 수도 있다. 섀디시, 쿡, 캠벨(Shadish, Cook, and Campbell, 2002: 54~60)은 이 문제의 몇 가지 근원을 지적하였다.

독자들은 내적 타당도에 대한 상이한 위협에 대해 읽어나가면서, 이들 각각은 단순한 사실의 예(조사연구자가 인과성의 추정에서 틀렸을 수도 있는 가능한 방식의 예)일 뿐임을 명심해야 한다. 비록 이러한 위협이 조사연구자 사이에 잘 알려진 것이고 학생들에게는 종종 암기해야 할 것으로 알려졌다 할지라도, 이 위협은 단순히 우리가 인과적 추정을 할 때 저지를 수 있는 잘못된 방식의 예일 뿐이다.

역사 역사적 사건은 실험결과를 교란시키는 실험과정 중에 발생할 수도 있다. 음주를 감소시키는 실험이 진행되는 동안 급성 알코올의존증으로 입원하게 된 인기 있는 운동선수가 하나의 예이다.

성숙 사람들은 실험 안에서든 아니든 간에 지속적으로 성장하고 변화하며, 그 변화는 실험 결과에 영향을 준다. 장기 실험에서는 연구대상자가 성장한다(그리고 현명해진다?)는 사실이 실험 결과에 영향을 줄 수 있다. 단기 실험에서는 연구대상자가 피곤해지거나, 졸리거나, 지루하거나, 배고프거나 또는 다른 방식으로 변화해서 실험에서의 행동에 영향을 줄 수 있다. 음주에 대해 장기간 연구하다 보면 연구대상자들이 성숙해지면서 과음이 줄어드는 것을 밝혀낼 수도 있다.

역사와 성숙은 독립변수가 아닌 다른 무언가로 인해 원인과 결과 간의 상관관계를 나타낸다는 점에서 서로 비슷하다. 성숙은 연구대상자들 스스로 내부에서 일어난 변화를 지칭하는 반면, 역사는 모든 실험 이외의 무언가를 나타낸다는 점에서 그 둘은 서로 다르다.

검사 종종 검사와 재검사 과정은 인간의 행동에 영향을 주고 그것은 실험결과를 혼란에 빠뜨린다. 특정 집단의 음주를 측정하기 위한 한 방편으로 그 집단에 설문지를 시행했다고 하자. 그러고 나서 실험적 처치를 한 후 음주를 재측정하였다고 하자. 사후검사를 시행할 때까지 연구대상자들은 그 쟁점에 대해 좀 더 민감해져 있을 수도 있으며 그로 인해 다른 응답을 할 수도 있다. 사실 그들은 연구자가 그들의 지나친 과음 여부를 판단하려 하고 있었음을 간파했을 수도 있다. 과음은 대학 당국자들의 눈살을 찌푸리게 하기 때문에 연구대상자들은 가장 잘 보이려는 행동을 할 것이며, 결국 그들은 연구자가 원한다고 생각하는 응답을 하려 하거나 연구자에게 잘 보이려는 응답을 하려 할 것이다.

도구화 지금까지 사전검사와 사후검사에서의 측정과정에 관해 많은 이야기를 하지는 않았지만, 제5장에서 논의된 개념화 및 조작화의 문제는 기억해 두는 편이 좋다. 만약 종속변수에 대해 다른 측정치를 사용한다면(가령, 음주에 대해 다른 설문지를 사용한다면), 서로 다른 측정치로 측정된 종속변수를 비교하는 것이 가능한지를 어떻게 확신할 수 있겠는가? 아마도 사전검사의 측정치가 사후검사의 측정치보다 민감한 내용을 질문하여 측정했다는 이유만으로 음주가 감소한 것처럼 보일 수도 있다. 또는 실험을 통해 측정되었다면 그 절차는 실험이 진행되는 과정에서 변화했을지도 모른다. 이것은 신뢰도(reliability)의 문제일 것이다.

도구화는 범죄에 대한 경찰 기록이나 보호관찰위반에 관한 법원 기록과 같이 이차정보를 사용하는 형사사법 조사연구에서 항상 잠재된 문제이다. 보호관찰위반이 정의되는 방식에 변화가 있을 수도 있고 경찰서의 기록보관 관행에 변화가 있을 수도 있다.

내적 타당도에 대한 검사적 위험과 도구화적 위험 간의 차이가 불분명해 보일 수도 있다. 일반적으로 검사란 연구대상자가 측정에 대해 어떻게 반응하는지의 변화를 일컫는 반면, 도구화는 측정과정 그 자체에서의 변화와 관련된다. 예를 들어, 만약 경찰관이 편견에 관한 사전검사와 사후검사 질문에 다르게 응답한다면, 그것은 검사의 문제이다. 그러나 만약 편견에 관한 두 측정, 즉 사전검사와 사후검사에 서로 다른 설문지가 사용되었다면, 도구화가 잠재적 위협이 된다.

통계적 회귀 때때로 종속변수에서 극단적인 점수를 얻어 튀어 보이는 연구대상자에 대해서는 실험을 실시하는 것이 적절하다. 한 고전적인 예가 만성 범죄자를 대상으로 하는 양형 정책에 의해 제공된다. 찰스 머리와 콕스(Charles Murray and L.A. Cox, 1979)는 고위험률의 남성 청소년 범죄자를 구금하는 프로그램을 조사했다. 그들은 선고로 평균 11개월을 복역한 피험자의 경우, 구금되지 않았던 다른 범죄자에 비해 재구속률이 현저히 낮다는 사실을 발견했다. 마이클 몰츠(Michael Maltz et al., 1980)는 이러한 발견에 의문을 제기하면서 특정 범죄자가 저지른 범죄의 수는 시간이 지남에 따라 요동친다고 지적하였다. 그들은 실험집단에 속한 피험자(만성 범죄자)는 범죄율이 비정상적으로 높았던 시기 이후에 구금되었고, 사후검사의 구속률이 감소하는 것은 단순히 덜 극단적인 예전 범죄율로 자연스럽게 되돌아간 것을 반영하는 것이라고 주장하였다. 그렇다면, 그 어떤 실험적 자극이 없었어도, 전체로서의 그 집단은 시간이 지남에 따라 약간의 개선을 보일 가능성이 크다. 데이비드 윌슨과 동료들(David Wilson, 2016: 175)은 범죄의 증가에 대한 반응 또는 소년 집단을 포함하는 몇몇 널리 알려진 사건에 대한 반응으로 자주 부과되는 청소년 통금(curfew)과 관련하여 유사한 문제를 설명한다.

흔히 '평균으로의 회귀'라고 일컬어지는 이 타당도에 대한 위협은 연구자들이 일부 변수에 극단적인 점수를 갖게 되는 사례들에 관심을 가질 때마다 떠오를 수 있다. 예를 들어, 범죄가 집중되는 것으로 나타나는 지역인 핫스팟을 고려하라. 핫스팟은 경찰 작전에서 점점 더 중요해지고 있다. 마이클 타운슬리와 캔 피즈(Michael Townsley and Ken Pease, 2002)는 핫스팟에서 일어나는 범죄의 수, 그리고 범죄가 집계되는 기간을 고려하는 것이 중요하다고 지적한다. 대도시의 여러 다른 지역에서 나타나는 범죄의 일시적인 '급등(spikes)'이 경찰의 아무런 조치 없이 단지 몇 주 만에 사라지는 경우가 흔히 발생한다.

선택편향 무작위 할당은 연구대상자들을 선택할 때 발생할 수 있는 체계적 편향의 잠재성을 제거해 준다. 그러나 연구대상자는 타당도를 위협하는 다른 방식으로 선택될지도 모른다. 자원봉사자들은 대학 캠퍼스에서 행해지는 실험에 참여해 달라는 요청을 받기도 한다. 그러나 실험에 자원하는 학생들은 전체 학생을 대표하는 전형적인 학생이 아닐 수도 있다. 자원봉사자들은 실험의 주제에 대해 좀 더 관심이 있을 수도 있고 자극에 좀 더 쉽게 반응할 수도 있다. 혹은 만약 실험대상자가 대가를 받는다면, 더 많은 재정적 도움을 필요로 하는 학생들은 비록 다른 학생들을 대표하지 않는다 하더라도 자원해서 참가하려 할 것이다.

응용된 형사사법 연구에서 흔히 발생하는 전형적인 선택편향은 공무원들의 현실적 경고로부터 비롯된다. 가령 여러분이 대도시의 보석 행정관인데 시장은 보석으로 석방되는 구속자들의 수를 늘리는 새로운 프로그램의 시행을 원한다고 하자. 시장은 어떤 유형의 피고가 가석방의 자격이 있는지 결정할 것을 여러분에게 요구하고는 시청 형사사법서비스기관 소속직원이 그 프로그램을 평가하게 될 것이라고 알려준다. 보석의 자격 기준을 설정하는 데 있어 여러분은 아마도 보석기간 중 다시 체포될 것 같지 않으며, 법원 일정을 어기지 않고 가장 잘 출두할 것 같은 피고를 선택하고자 할 것이다. 다시 말해, 여러분은 가장 실패할 것 같지 않은 참가자를 선택하고자 할 것이다. 이러한 일상적이고 이해할 만한 경고를 때때로 '알짜 뽑기(creaming)'(위에서 가장 맛있는 부분을 걷어내는 것)라고 부른다. 알짜 뽑기는 타당도에 위협이 되는데 그것은 석방되도록 뽑힌 가장 낮은 위험을 가진 사람이 비록 가장 성공적인 결정이었다 하더라도 구치소 인구 전체를 대표하지는 않기 때문이다.

실험적 사망 실험대상자들은 종종 실험이 종결되기 전에 실험에서 탈락하기도 하는데 그로 인해 통계적 비교나 결론에 영향을 줄 수 있다. 이것을 때론 마모(attrition)라 부르기도 하지만 대체로 '실험적 사망'이란 용어가 사용된다. 사전검사와 사후검사가 각각 행해진 실험집단과 통제집단을 모두 포함하는 고전적 실험에서, 실험집단에 소속되어 있던 과음자가 과음이 건강에 미치는 효과에 관한 비디오를 보고 실험에 흥미를 잃게 되어, 결국 실험 시행자에게 실험을 계속하지 못하겠다며 이탈했다고 가정해 보자. 사후검사를 위해 남아있는 대상자들은 처음부터 과음자라 하기엔 모자람이 있고, 따라서 이 집단의 결과는 음주의 상당한 '감소'를 가져오게 될 것이다.

이 예에서, 사망이란 실험적 자극 그 자체와 관련되어 있다. 사전검사에서 최고점수를 얻은 대상자들은 비디오를 본 후에 가장 탈락하기 쉬워진다. 사망은 오랜 기간에 걸쳐 시행되는 실험에서(사람들이 떠날 것임), 또는 대상자들의 노력이나 시간을 상당히 요구하는 실험에서는 문제가 될 수도 있다. 그들은 연구 자체에 싫증을 느낄 수도 있고, 단순히 이런 노력을 기울이는 것 자체가 가치 없는 것이라고 결정할 수도 있다.

인과적 시간 순서 형사사법 연구에서는 실험적 자극과 종속변수 간의 시간 순서에 애매함이 있을 수 있다. 이러한 일이 발생할 때마다 자극이 종속변수의 발생에 원인이 되었다는 연구의 결론은 실제로는 '종속'변수가 자극의 변화를 야기했다는 설명을 통해 도전받을 수도 있다. 다른 유형의 처벌과 범죄율의 관계에 대한 많은 초기 연구들은 대상자가 대안적 처벌을 어떻게 보는지, 그리고 그들이 아무 범죄라도 저지른 적이 있는지를 묻기 위해 단 한 번의 인터뷰에 의존함으로써 이러한 타당도의 위협을 보여주었다.

처치의 확산 또는 모방 실험집단과 통제집단에 소속된 연구대상자가 서로 소통하는 사건이 발생할 경우, 실험집단 대상자가 통제집단 대상자에게 실험적 자극의 일부 요인을 전달해줄 수 있다. 데이비드 와이즈버드, 낸시 모리스, 저스틴 레디(David Weisburd, Nancy A. Morris, and Justin Ready, 2008: 193)는 캘리포니아주 레드랜즈(Redlands)에서의 표적화된 지역사회 경찰활동을 평가함에 있어 전이 효과(spillover effects)의 잠재성에 대해 다음과 같이 서술한다.

> 실험적 처치는 실험적 블록 집단과 그 안에 거주하는 청소년에 국한되지만, 처치 효과가 어느 정도 확산할 것을 기대하는 것이 합리적이다. 그 확산의 한 원천은 레드랜즈에 소재한 학교였을 것이다. …… 학교에서의 처치가 실험 지역 안에 있는 학생들에게만 집중되는 동안, 같은 학교에 있던 실험집단 및 통제집단 소속 학생들이 상호 작용하며 정보를 전달했을 가능성이 있었음이 분명하다.

학교나 다른 기관의 일부 사람들에게만 처치를 하고 같은 기관의 다른 사람들은 처치하지 않는 모든 프로그램은 잠재적으로 이러한 전이 효과에 취약하다.

보상적 처치 구속된 중죄인을 위한 특별 직업 훈련 프로그램과 같은 수많은 형사사법 실험에서 통제집단에 소속된 연구대상자는 그들에게는 소중한 무언가를 박탈당할 수도 있다. 그럴 경우 일정한 형태의 보상을 제공해야 한다는 압력이 가해질 수도 있다. 캔자스시의 예방순찰 실험에서 경찰이 어떻게 대응적 순찰구역(reactive beats, 범죄예방을 위한 순찰이 없었던 구역)의 경계를 순찰하였는지에 관한 제4장의 논의를 회고해 보라. 우리가 주목했듯이, 그들은 대응적 순찰구역에서의 서비스 요구에 응답할 때 경광등과 사이렌을 더 자주 사용했다. 일부 경찰관들은 전향적, 대응적 및 통제적 담당 구역 간의 차이를 감소시키는 방식으로 예방적 순찰을 하지 못한 점을 보상한 것이다.

캔자스시의 경우에서 발생했던 공무원에 의한 다소 의도적인 보상적 처치와는 달리, 처치의 확산은 실험적 자극의 우발적 전이(accidental spillover) 정도로 생각하는 것이 도움이 된다. 아마도 응용 분야의 형사사법 연구에서는 그러한 처치가 좀 더 일상적일 것이고, 따라서 연구자는 종종 그것을 방지하기 위해 더 많은 절차를 밟게 된다. 예를 들어, 11개 지역의 집중감독 보호관찰(intensive supervision probation: ISP) 프로그램을 평가하는 데 있어 RAND 기업(RAND는 'Research And Development'의 약자로 미 육군에 조사와 분석을 제공하기 위해 만들어진 전 지구적 비영리적 정책 싱크탱크이다. _옮긴이 주)에서 파견된 연구자들은 실험적 프로그램(즉 ISP)이 전통적인 보호관찰보다 낫다는 가정하에, 보호관찰관들이 통제집단에 속한 대상자들에세 향상된 감독을 세공할 수노 있음을 깨달았다. 이러한 보상 가능성은 두 가지 방식으로 감소했다. 첫째, 연구자들은 프로그램 직원에게 실험집단과 통제집단이 다른 유형의 서비스를 받아야 하는 이유를 설명했다. 둘째, 보호관찰 직원이 실험에 참여하는 대상자를 정규적인 보호관찰 대상자와 구별할 수 없도록 조사연구자들은 통제집단 대상자의 기록을 위장하는 일종의 이중맹검법을 사용하였다.

보상적 경쟁 실생활 실험에서 실험적 자극을 받지 못한 연구대상자는 더 열심히 일함으로써 보상받고자 노력할 수도 있다. 교정직 공무원을 위한 실험적 경력개발 프로그램이 실험적 자극이라고 가정해 보자. 통제집단은 '특별한' 실험적 연구대상자와 보조(步調)를 맞추려는 시도의 일환으로 전보다 훨씬 더 열심히 일할 수도 있다.

도덕적 해이 통제집단이 느끼는 박탈감은 그들로 하여금 실험을 포기하는 결과를 낳을 수도 있다. 교정직 공무원을 위한 경력발전 프로그램은 승진의 기회에서 손해를 보게 될 것이라고 믿는 통제집단에 속한 연구대상자 가운데 도덕적 해이를 부추길 수도 있다. 그 결과, 실험집단과 통제집단 간의 사후검사에 나타난 수행능력 차이가 실제로 프로그램의 영향 때문인지 아니면 통제집단의 도덕적 해이 때문인지가 불명확해질 수도 있다.

보상적 경쟁이나 도덕적 해이의 가능성은 실험에 대한 연구대상자의 반응에 기초한다는 점에 주목하라. 확산과 보상적 처치는 실험적 자극을 우연히 또는 고의로 통제집단에까지 확장한 것이다. 조사연구자(조사 책임자 _옮긴이 주)가 아니라 조사기관의 직원이 연구대상자에게 실험적 처치를 실시한 연구에서는 의도적 보상이 일어날 잠재력이 훨씬 더 크다. 다른 연구대상자가 더 나은 처치를 받고 있다는 것을 통제집단에 속한 연구대상자가 알고 있는 연구에서는 보상적 경쟁 또는 도덕적 해이가 일어날 가능성이 있다.

내적 타당도에 대한 위협의 배제

지금까지 살펴본 것이 섀디시, 쿡, 캠벨이 인용한 내적 타당도에 대한 위협이다. 적절한 연구대상자의 선택과 할당이 행해진 고전적 실험은 내적 타당도에 대한 12가지 위협 각각을 잠재적으로 해결할 수 있다.

조사연구자는 특정한 설계가 내적 타당도에 대한 위협을 배제하는지 여부를 어떻게 결정하는가? 섀디시, 쿡, 캠벨은 이에 관해 탁월한 조언을 한다. 타당도에 대한 위협을 배제하려면 "'그럴듯함'의 이론이 요구되는데 이를 통해 우리는 수없이 가능한 위협 중 어느 것이 어느 특정한 맥락에서 가장 그럴듯한지를 알 수 있다"(2002: 41). 다시 말해, 일부 위협은 다른 환경에서보다 특정 환경에서 더 위협적일 수 있다는 것이다. 이 상황을 정리하려면 특정 상황에서 어떤 타당도 위협이 작동할 수 있는지를 파악하도록 우리를 안내해줄 수 있는 이론에 근거한 기대가 요구된다. 그림 7-2에 그래픽으로 나타낸 고전실험을 다시 보자.

알코올 남용을 줄이기 위한 시도로서의 교육용 비디오의 예를 따라, 만약 우리가 그림 7-2와 같은 실험설계를 사용한다면, 두 개의 발견사항을 기대하게 된다. 실험집단에 대해서는 사후검사에서 측정된 음주빈도가 사전검사에서 측정된 것보다 적어야 한다. 또한 두 사후검사를 비교해 볼 때, 실험집단이 통제집단보다 술을 덜 마셨어야 한다.

이 설계는 이력의 문제가 발생하지 않게 해주는데, 그 이유는 실험 밖에서 일어난 것은 그것이 무엇이든 간에 실험집단에 영향을 주었다면 통제집단에도 영향을 주어야만 하기 때문이다. 여전히 두 사후검사의 결과 간에 차이가 있을 수 있다. 동일한 비교는 연구대상자가 두 집단에 무작위로 할당되는 한 성숙의 문제에 대비한다. 검사와 도구화는 문제가 되지 않아야 하는데 그것은 실험집단과 통제집단 모두 동일한 검사효과와 동일한 실험효과를 갖게 되기 때문이다. 만약 연구대상자가 두 집단에 무작위로 할당되었다면, 극단적인 음주 점수(또는 종속변수가 무엇이든 간에)를 갖는 사람들이 연구되었다 하더라도, 통계적 회귀가 양자에게 동일하게 영향을 주어야 한다. 선택편향(selection bias)은 연구대상자를 무작위로 할당함으로써 제거된다.

실험적 사망은 실험집단과 통제집단 간의 탈락률이 다를 수 있기 때문에 다루기가 더 힘들 수 있다. 실험적 처치 그 자체는 비디오에 노출된 집단에서 사망률을 높일지도 모른다. 그 결과, 사후검사를 받은 실험적 연구대상자들의 집단은 사전검사를 받은 집단과 다르게 될 것이다. 알코올 비디오의 예에서, 가령 위약(플라시보)을 사용해서 이 문제를 다루려고 하는 것은 아마도 가능하지 않을 것이다. 그러나 일반적으로 사망의 잠재성은 사전검사와 사후검사 간의 시간을 줄임으로써, 연구대상자들에게 사후검사를 완성하는 것이 대단히 중요한 일임을 강조함으로써, 또는 아마도 실험의 모든 단계에서 참가비를 현금으로 지불함으로써 감소시킬 수 있다.

내적 타당도와 관련된 나머지 문제들은 통제된 실험설계를 주의 깊게 실시함으로써 피할 수 있다. 여태껏 살펴본 실험설계는 독립변수와 종속변수를 명확하게 구체화시키는 것을 용이하게 도와준다. 실험집단과 통제집단의 연구대상자는 처치의 확산(diffusion)이나 모방의 가능성을 줄이기 위해 별도로 관리될 수 있다. 통제집단에 주어진 보상의 문제를 피하기 위해 행정적 통제가 이루어질 수 있고, 보상적 경쟁도 도덕적 해이의 문제와 마찬가지로 면밀히 지켜본 후 실험의 결과를 평가할 때 참작할 수 있다.

여기서 우리는 신중한 관리(administration)를 강조한다. 무작위 할당, 사전검사와 사후검사의 측정, 통제집단과 실험집단의 이용이 자동으로 타당도에 대한 위협을 제거해주지는 않는다. 이러한 경고는 현지조사(field study)나 평가연구(evaluation research)에 더더욱 적합한데, 이러한 연구에서는 연구대상자가 자연적인 환경에서 조사에 참여하게 되고 따라서 실험적 자극에서 통제되지 않은 변량이 존재할 수도 있다. 실험적 조건에 대한 통제가 이러한 접근의 우수성을 보장하는 보증서지만, 현지 환경의 조건은 보통 통제하기가 더욱 어려운 것이 사실이다.

예를 들어, 우리의 가설적 연구인 대학생의 알코올 사용을 조앤 피터실리아(Joan Petersilia, 1989)에 의해 언급된 ISP에 대한 현장 실험과 비교해 보자. 피터실리아의 연구에서는 집중감독 보호관찰(ISP)이 독립변수이고 범죄의 상습성이 종속변수였다. 연구대상자는 실험집단(ISP) 또는 통제집단(정규보호관찰)에 무작위로 할당되었다.

알코올 사용 연구도 생각 같아서는 하나의 캠퍼스 내의 교실, 기숙사, 또는 단독주택에 있는 연구대상자를 이용하여 약 1주일 정도면 끝낼 수 있을 것이다. 집중감독 보호관찰(ISP) 프로그램은 보호관찰대상자를 연구대상자로 하여 4년에 걸쳐 11곳의 지역에서 평가되었다. 알코올 사용의 건강효과에 대한 비디오는 표준화를 통해 잘 규정된 처치로서 조사연구자에 의해 쉽게 통제될 수 있다. ISP 프로그램에서의 실험적 처치는 보호관찰관으로 하여금 각각의 보호관찰 대상자와의 정기적인 만남 횟수를 증가시키는 대신 그들의 담당 건수를 줄여주는 것이었다. 이때 실험적 처치를 시행한 것은 연구자가 아니라 프로그램 직원이었다. ISP 처치를 실시할 때 통제되지 않은 변형이 생길 잠재성이 아주 컸다. ISP는 음주 실험에서의 실험적 처치와 같이 비디오를 보느냐/보지 않느냐의 단순한 이변량 처치가 아니다.

마지막으로, 음주 설문지는 음주에 대한 신뢰할 만한 척도를 제공함으로써 조사연구자에 의해 쉽게 시행될 수 있다. 11개 지역 각각에서 보호관찰 스태프들은 ISP 연구의 상습범 자료를 수집하였다. 비록 상습범이란 개념이 보호관찰을 시작한 후 새롭게 체포된 횟수라고 쉽게 정의될 수 있지만, 11개 지역에서 새로운 체포를 신뢰도 있게 탐지할 수 있는 스태프의 능력에는 커다란 변이가 있었을 수도 있다.

지금까지 말한 내용이 의도적으로 ISP 연구를 비판하려고 한 것은 아니다. 그녀 자신의 평가보고서에 대해 이야기하면서, 피터실리아(Petersilia, 1989)는 있음직한 타당도 위협을 통제하기 위해 RAND 법인소속 조사연구자들이 취한 광범위한 단계를 문서화했다. 중요한 점은 현장 실험과 평가를 통해 단순히 무작위 실험설계를 채택함으로써 제거되지 않는 많은 장애물을 드러낼 수 있다는 점이다. 실험 전반에 걸친 주의 깊은 시행과 통제는 내적 타당도에 대한 잠재적 위협을 줄이는 데 필요하다.

일반화 가능성과 타당도에 대한 위협

내적 타당도에 대한 잠재적 위협은 실험자가 직면하는 복잡성의 일부일 뿐이다. 그들은 실험을 통해 발견한 것을 실세계에 일반화해야 하는 문제도 가지고 있다. 비록 실험의 결과가 실험 중에 발생한 것을 정확하게 잰 것이지만 그 결과물이 실제로 험난한 사회에서의 삶에 대해 진정 우리에게 무엇인가를 말해 주는가? 제4장에서의 원인과 결과에 대한 점검을 염두에 두고, 우리는 **일반화 가능성**(generalizability)이 갖는 두 가지 차원(구성 타당도와 외적 타당도)에 대해 살펴보자.

구성 타당도에 대한 위협

실험실 언어로, 구성 타당도(construct validity)란 가설의 경험적 검증과 실험이 나타내려고 의도하는 근원적인 인과과정 간에 이루어지는 교신이다. 따라서 구성 타당도는 실험에서 우리가 관찰한 것을 현실 세계에서 일어나는 실제적인 인과과정으로 일반화하는 것과 관계가 있다. 우리가 사용한 가설의 예에서, 교육용 비디오는 알코올 남용의 건강효과에 대한 이해라는 구성물을 조작화한 방식이고, 설문지는 실제 음주라는 종속적 구성물을 나타낸다.

그렇다면 이것이 다음의 인과과정, 즉 음주효과에 대한 이해가 사람들로 하여금 과음이나 알코올 남용을 감소시키는 원인이 된다는, 근원적인 인과과정을 보여주는 적절한 방법인가? 그것은 적절한 방식이지만 동시에 확실히 불완전한 방식이기도 하다. 사람들은 다양한 방식으로 음주가 건강에 미치는 효과에 대한 이해를 발전시켰다. 교육 비디오 시청이 하나의 방식이다. 사적인 경험을 하거나, 친구 또는 부모와 이야기하거나, 다른 과목을 수강하거나, 책과 논문을 읽는 것 등이 또 다른 방법이다. 비디오는 음주가 건강에 미치는 효과를 보여주는 데 훌륭한 임무를 수행할 수 있지만 그 구성물을 불완전하게 표현할 뿐이다. 아니면 비디오가 엉성하게 제작되었거나, 너무 기술적이거나, 혹은 불완전할 수도 있다. 그렇다면 실험적 자극은 우리가 관심을 갖는 구성물(학생들에게 음주의 건강효과에 대해 교육하는 것)을 적절하게 표현하지 못할지도 모른다. 또한 종속변수의 측정에 문제(자기보고식 알코올 남용에 대한 설문항목이 갖는 문제)가 있을 수도 있다.

다음은 유명 작가 맬컴 글래드웰(Malcolm Gladwell, 2005)의 『깜빡임: 무사고적 사고의 힘(Blink: The Power of Thinking Without Thinking)』에 나오는 또 다른 예이다. 그의 책의 일부는 시장 연구자들이 새로운 소비자 제품을 테스트하기 위해 어떻게 실험을 수행하는지를 설명한다. 콜라 음료수의 블라인드 테스트에서 참가자들은 콜라의 브랜드를 모르는 상태에서 다양한 콜라의 작은 샘플을 받았다. 시장 연구자들은 사람들이 이 실험에서 더 달콤한 종류의 콜라를 선호한다는 것을 발견했다. 그러나 참가자들이 12온스(약 355ml) 용량 콜라를 마신 후속 테스트에서는 덜 달콤한 제조법을 더 선호했다. 2온스(약 60ml) 용량의 적은 시음(試飮)은 일반적으로 약 12온스를 마시는 대부분의 사람들이 마시는 콜라의 구성을 대표하지 않는다. 적은 양으로는 사람들이 더 달콤한 콜라를 좋아했지만 그것은 실험의 인위적 산물에 불과했다(2005: 165~166).

지금까지 여러분은 구성 타당도와 제5장에서 논의한 측정 관련 쟁점의 일부 간에 유사성이 있음을 인식하고 있어야 한다. 구성물에 대한 경험적 예나 측정은 거의 모든 것이 완전하지 않다. 구성 타당도의 일부는 경험적 측정이 얼마나 완전하게 구성물을 표현하는지 또는 우리가 얼마나 훌륭하게 측정을 구성물로 일반화할 수 있는지를 뜻한다.

구성 타당도와 관련된 쟁점은 주어진 치치의 수준이 충분한지 여부이다. 아마도 한 집단의 연구대상자에게 한 편의 비디오를 보여주는 것은 음주에 거의 효과가 없으나, 몇 주간에 걸쳐 시리즈물로 비디오를 보여준다면 좀 더 큰 충격을 줄 수 있을 것이다. 우리는 하나 이상의 실험집단을 이용해 다른 집단마다 비디오 시청 횟수를 변경시킴으로써 이것을 실험적으로 검증할 수 있다.

구성 타당도에 대한 위협은 형사사법 실험에서는 문제가 될 수 있는데, 그 이유는 종종 조사연구자가 정확하게 어떤 구성물이 특정 측정치 또는 실험적 처치에 의해 나타나는지를 명확하게 구체화시키지 않았기 때문이다.

패링턴, 올린, 윌슨(Farrington, Ohlin, and Wilson, 1986: 92)은 이와 관련하여 다음과 같이 지적하였다. "기존의 실험에서 행해진 대부분의 처치는 잘 발달된 이론에 근거하지 않고 범죄에 영향을 줄 수도 있는 그 무언가라는 모호한 생각에 근거하고 있다. 시행된 처치들조차도 종종 서로 달라서 어떤 요인이 관찰된 효과를 발생시키는 데 진짜 책임이 있는지를 알아내는 것을 어렵게 한다." 이들은 또한 구성물의 수준(level)에 대해 생각하는 것이 중요하다는 점에 주목한다.

집중관리(intensive supervision)에 대한 RAND 기업의 평가는 좋은 예를 제시한다. ISP 프로그램은 강화된 보호관찰이 응보적인 형벌이라고 명시적으로 규정하였다. 이것은 강화된 보호관찰이 어떻게 증진되어야만 하는가에 대한 질문으로 이어진다. 만약 전형적인 보호관찰관이 평균 약 100명의 대상자를 담당하고 평균 한 달에 두 번꼴로 각각의 대상자를 만난다면, 어느 정도의 담당 건수와 접촉 수준이 상습범을 줄이기에 충분할 정도로 강화된 것일까? 담당 건수를 반으로 줄이고 접촉 수준을 배로 늘리면 보다 강화된 것이지만 그것이 상습범을 감소시킬 정도로 충분히 강화된 것이라 할 수 있을까? 다시 말하지만, 한 번의 실험에 하나 이상의 실험집단을 포함하고 각 실험집단에 다른 수준의 보호관찰 감독을 시행함으로써 이 질문을 검증할 수 있었다.

요약하면, 구성 타당도를 증진시키는 세 가지 요인들은 다음과 같다. (1) 구성물과 측정을 이론과 연계시킨다. (2) 어떤 구성물이 어떤 특정 측정치에 의해 표현되는지를 명백히 가리킨다. (3) 종속변수에서 일정 수준의 변화를 도출하기 위해 어떤 수준의 처치가 필요할 것인지에 대해 세심하게 생각한다.

외적 타당도에 대한 위협

우리가 여기에서 강조한 유형의 통제를 감안하여 수행된 실험연구는 좀 더 자연적인 환경에서도 예측하는 같은 결과물을 산출할까? 미니애폴리스에서 성공적으로 나타난 강화된 보호관찰 프로그램이 마이애미에서도 유사한 결과를 얻을 수 있을까? 외적 타당도란 약간 다른 형태의 일반화 가능성을 나타내는데, 그 맥락에서 할 수 있는 질문으로는 하나의 환경(시간과 장소)에서 얻어진 실험결과가 다른 환경에서도 얻어질 것인지의 여부 또는 한 모집단에 대해 효과적이었던 처치가 다른 집단에서도 비슷한 효과를 가질 것인지의 여부 등이다.

외적 타당도에 대한 위협은 세심하게 통제된 조건에서 행해진 실험에서 더욱 크다. 만약 음주교육 실험을 통해 실험집단에 속한 학생의 음주량이 줄었다는 사실이 밝혀졌다면, 우리는 비디오가 실제로 우리의 실험대상자로 하여금 음주량을 줄이도록 했다고 확신할 수 있다. 그러나 만약 비디오가 TV를 통해 방영되었다면 고등학생이나 성인에게도 동일한 효과를 보였을까? 우리는 이 점을 확신할 수 없는데, 그 이유는 세심하게 통제된 실험조건이 비디오의 효과와 어떤 관련이 있었을 수도 있기 때문이다.

이에 비해, 형사사법 현장 실험은 좀 더 자연적인 환경에서 수행된다. 11개의 서로 지방 관할 구역에서 활동하는 실제 보호관찰관은 RAND ISP 실험에서 실제 보호관찰 대상자에게 강화된 감독을 제공하였다. 현실적인 조건과 여러 곳이라는 이유 때문에, 외적 타당도에 대한 잠재적 위협은 상대적으로 적었다. 이 말이 현장 실험에서는 외적 타당도가 절대 문제가 아니라고 말하는 것은 아니다. 이 평가에 참여한 11개 지역은 다른 지역에 있는 전형적인 보호관찰소가 아닐 수도 있다. 직원들이 연구에 기꺼이 참여하고자 했다는 단순한 사실은 그들이 보호관찰에 대한 새로운 접근에 좀 더 헌신적이고 유연할 수 있었음을 보여준다. 형사사법에서의 현장 실험이 갖는 장점 중 하나는, 그것이 현실적인 조건에서 발생하기 때문에, 그 결과가 다른 현실적 환경에서도 여전히 타당할 가능성이 크다는 것이다.

여러분은 아마도 내적 타당도와 외적 타당도 사이에 존재하는 기본적인 갈등을 발견했을지도 모른다. 세심하게 통제된 조건에서 실험을 수행하는 것은 내적 타당도에 대한 위협을 감소시킨다. 그러나 그러한 조건은 현실적 환경을 반영하지 않으며, 이것이 결과를 일반화하는 우리의 능력을 제한한다. 현장 실험은 일반적으로 더 큰 외적 타당도를 가지고 있지만, 그러한 연구는 좀 더 통제된 환경에서 수행되는 연구보다 감시하기가 더 어려워서 내적 타당도가 떨어질 수도 있다. 이것이 바로 존 에크(John Eck, 2002: 104)가 "사악한 딜레마(diabolical dilemma)"라고 언급한 것이다.

섀디시, 쿡, 캠벨(Shadish, Cook, and Campbell, 2002: 101)은 내적 타당도와 외적 타당도 간의 갈등을 해결할 수 있는 몇 가지 유용한 조언을 하였다. 원인과 결과의 이론을 검증하는 설명적 연구는 내적 타당도를 좀 더 많이 강조해야 한다. 응용 연구들은 외적 타당도에 더 많은 관심을 가져야 한다. 이것은 매우 엄격한 규칙은 아닌데, 왜냐하면 외적 타당도가 쟁점이 되기 전에 내적 타당도가 먼저 확립되어야 하기 때문이다. 즉, 응용 분야의 조사연구자는 비슷한 관계가 다른 환경에서도 발견될 수 있을지의 여부를 묻기 전에 그들의 원인과 결과의 관계라는 내적 타당도에 먼저 확신을 가져야만 한다.

통계학적 결과 타딩도에 대한 위협

통계학적 결과 타당도(statistical conclusion validity)의 기본 원리는 간단하다. 형사사법 분야에서 일어나는 거의 모든 실험적 조사연구는 대상 모집단(target population)을 대표하는 연구대상자의 표본에 기초하고 있다. 어느 시점까지는 연구대상자의 표본이 클수록 작은 표본보다 대상 모집단을 더 잘 대표하게 된다. 통계학적 결과 타당도는 연구의 발견사항이 적은 표본 사례에 기초하고 있을 때 문제가 된다. 실험은 비용과 시간이 많이 들기 때문에, 상대적으로 적은 수의 연구대상자를 가지고 수행되는 경우가 잦다. 그러한 경우, 어느 신뢰수준에서든 실험집단과 통제집단 간에 발생한 사후검사 측정값의 차이가 아주 클 때만 차이가 발견된다.

실제로, 이것은 실험을 통해 인과관계를 발견하는 것이 두 가지 관련된 요인, 즉 (1) 연구대상자의 수 그리고 (2) 실험집단과 통제집단 간의 사후검사 점수 차이의 크기에 달려있다는 것을 의미한다. 많은 사례를 통해 실시된 실험은 적은 차이도 통계적 신뢰도를 가지고 발견해낼 수 있지만, 적은 수로 실시된 실험은 단지 큰 차이만을 발견해낼 수 있다.

통계학적 결과 타당도에 대한 위협은 현장 실험의 다른 어려움에 의해 확대될 수도 있다. 만약 처치의 전이(treatment spillover)나 보상이 문제라면, 실험적 자극 안에서의 작은 차이도 각 집단에 전달될 것이다. 수많은 형사사법 실험을 검토한 후 데이비드 와이즈버드, 신시아 럼, 수밍 양(David Weisburd, Cynthia Lum, Sue-Ming Yang, 2003)은 보다 일반적으로, 실험적 조건에 대한 통제를 유지하는 것에 실패하게 되면 많은 연구대상자를 대상으로 실시한 연구라 할지라도 통제적 결론 타당도를 감소시키게 된다고 결론지었다. 더구나, 이 연구자들은 표본 크기가 증가하면 할수록 실험을 수행하기 위한 어려움도 증가하게 되고 그 결과 다양한 방법으로 행해진 실험적 결과를 약화시킨다는 사실을 발견하였다.

고전적 실험설계의 변형

기초적인 실험설계는 서로 다른 조사연구 응용사례에 맞게 개조되었다.

이제 실험의 구성요소(building block)를 조작함으로써 만들어질 수 있는 고전적 실험의 변형에 대해 좀 더 체계적으로 살펴보자.

이전에 이야기한 것을 슬쩍 다시 말하면, 실험적 설계에는 다음과 같은 네 개의 기초적인 구성요소가 있다. (1) 실험집단과 통제집단의 수, (2) 실험적 자극의 수와 변형, (3) 사전검사와 사후검사 측정치의 수, (4) 연구대상자를 선택하고 그들을 집단으로 할당하는 데 사용된 절차. 이러한 구성요소와 다른 설계를 만들어내기 위해 이 원칙이 사용되는 방식을 보여주기 위하여, 캠벨과 스탠리(Campbell and Stanley, 1966)가 사용한 기호체계(system of notation)를 채택하였다. 그림 7-3은 이 기호를 나타내며 이 기호가 고전적 실험 및 이 설계의 변형된 예를 나타내기 위해 어떻게 사용되는지를 보여준다.

그림 7-3에서, 알파벳 *O*는 관찰 또는 측정을 나타내고, *X*는 실험적 자극 또는 처치를 나타낸다. 상이한 시점(time point)은 t 및 t에 붙어 시간 순서를 나타내는 아래 첨자로 나타낸다. 따라서 그림 7-3에 나타난 고전적 실험에서, t_1에서의 *O*는 사전검사를, t_3에 있는 *O*는 사후검사를, 그리고 실험적 자극 *X*는 사전검사와 사후검사 사이에 있는 t_3에서 실험집단에 시행된다. 통제집단에 대한 측정은 시점 t_1과 t_3에서 이루어지지만, 실험적 자극은

		고전적 실험	
실험집단	*O*	*X*	*O*
통제집단	*O*		*O*
	t_1	t_2	t_3
		시간 →	

O = 관찰 또는 측정
X = 실험적 자극
t = 시점

	사후검사만	
실험집단	*X*	*O*
통제집단		*O*
	t_1	t_2

		요인	
실험적 처치 1	*O*	X_1	*O*
실험적 처치 2	*O*	X_2	*O*
통제	*O*		*O*
	t_1	t_2	t_3

그림 7-3 실험설계의 변형

통제집단에는 시행되지 않는다.

이제 '사후검사만'이라고 명명된 설계를 살펴보자. 이름이 암시하는 것처럼, 사전검사는 실험집단이나 통제집단 어느 곳에도 이루어지지 않는다. 잠시 내적 타당도에 대한 위협에 관해 생각해 보면, 우리는 사후검사만 있는 설계가 적절한 상황을 상상할 수 있다. 만약 측정이 설문지를 돌려서 이루어진다면, 사후검사에 대한 연구대상자의 응답이 잠재적으로 사전검사에 대한 연구대상자의 경험에 의해 영향을 받기에, 검사 및 재검사는 연구대상자의 행위에 특별하게 영향을 줄 수 있다. 사후검사만 있는 설계는 사전검사를 제거함으로써 검사(test)가 타당도에 대한 위협이 되는 가능성을 줄일 수 있다.

사전검사가 없으면, 분명히 종속변수의 측정에서 발생한 변화를 발견하는 것이 불가능하지만, 우리는 여전히 실험집단의 사후검사 측정치를 통제집단의 사후검사 측정치와 비교함으로써 실험적 자극의 효과를 측정할 수 있다. 예를 들어, 만약 알코올 교육 비디오에 대한 연구에서 대상자의 감성을 건드릴 가능성에 대해 우려한다면, 우리는 사전검사를 생략하고 실험집단과 통제집단 간의 사후검사 차이만을 조사할 것이다. 무작위 할당은 사후검사만 하는 설계에 핵심적인 사항이다. 만약 대상자들이 실험집단과 통제집단에 무작위로 할당되면 우리는 그들이 동등하다고 기대한다. 그럴 경우엔 종속변수에 대해 발생한 두 집단 간의 그 어떤 사후검사 차이라도 비디오의 영향으로 돌릴 수 있다.

일반적으로, 사후검사만 하는 설계는 조사연구자가 생각하기에 측정과정이 설문지 또는 다른 조사도구에 대한 연구대상자의 응답을 왜곡시킬 수도 있다는 의심이 들 때 적절하다. 사전검사와 사후검사의 측정치 간에 단지 짧은 시간이 경과할 때는 더더욱 그러하다. 연구대상자에게 행해진 관찰의 수는 필요에 따라 변화할 수 있는 설계상의 구성요소이다. 여기서 우리는 무작위 할당이 사후검사만 하는 설계에는 필수적이라는 점을 강조한다.

그림 7-3에 보이는 요인설계(factorial design)는 한 개의 통제집단과 두 개의 실험집단을 갖는데, 두 실험집단은 각각 서로 다른 처치를 받거나 또는 같은 처치라도 다른 수준의 처치를 받는다. 이 설계는 서로 다른 개입의 효과를 비교하거나 같은 처치라도 양이 다를 때의 효과를 비교하는 데 유용하다. ISP 프로그램을 평가하는 데 있어 우리는 보호관찰관과 보호관찰 대상자 간에 이루어지는 상이한 수준의 접촉이 어떻게 상습적 범행에 영향을 주는지를 비교하고자 할 것이다. 이 경우, 하나의 실험집단에 속한 연구대상자는 1주에 한 번 접촉하고(X_1), 다른 실험집단에 속한 대상자는 보호관찰관에 의해 1주에 두 번 접촉하며(X_2), 통제집단의 대상자는 통상적인 접촉(즉, 한 달에 한 번)을 갖는다. 자주 접촉하는 것이 드물게 접촉하는 것보다 비용이 많이 들기 때문에 우리는 월 1회, 주 1회, 주 2회 접촉하는 것에 의해 결과된 상습적 범행에 얼마나 많은 차이가 있는지를 보는 것에 관심을 가질 것이다.

그러므로 실험설계는 다양한 종류의 또는 다양한 수준의 실험적 처치를 받는 집단이 하나 이상 존재할 수도 있다. 우리는 또한 종속변수에 가해지는 측정의 수를 변화시킬 수도 있다. 한 실험을 설계하는 이러한 구성요소를 사용하는 데 있어 어떤 엄격한 규칙이 존재하는 것은 아니다. 그러나 기본적으로 지켜야 할 것은 타당도에 대한 잠재적 위협을 통제하기 위해 설계는 가능한 한 간단해야 한다는 것이다. 어떤 특정한 연구를 위한 구체적 설계는 조사연구의 목적, 가용한 자원, 그리고 실험을 설계하고 실제로 수행해 나아가는 데 있어 피할 수 없는 제약 등에 따라 달라져야 한다.

아주 흔한 제약 중 하나가 연구대상자 또는 분석단위가 어떻게 추출되어 실험집단 또는 통제집단에 할당되는지이다. 이러한 구성요소가 우리를 의사실험설계라는 주제로 안내한다.

의사실험설계

무작위 할당이 불가능할 때, 조사연구자는 다른 유형의 의사실험설계를 사용할 수 있다.

지금까지 타당도에 대한 위협을 통제하는 무작위 할당이 지닌 가치는 명백하다. 그러나 실험집단과 통제집단을 위한 연구대상자를 무작위로 뽑거나 관련된 다른 요구사항을 모두 만족시키는 것은 종종 불가능하다. 더욱 흔한 것은, 연구 중 실제적 또는 행정적 장애물에 부닥치게 된다는 점이다. 또한 무작위 할당이 형사사법 실험에는 사용될 수 없는 법적, 도덕적 이유가 있을 수 있다.

무작위화가 불가능할 때, 차선의 선택은 종종 **의사실험**(quasi-experiment)이 된다. '어느 정도까지는'이란 의미를 지닌 '의사(quasi-. 擬似)'가 중요한데, 결국 의사실험이란, '어느 정도까지는 실험'인 셈이다. 대부분의 경우, 의사실험은 연구대상자를 무작위로 할당하지 않는데, 그 때문에 진짜 실험에서는 아주 잘 통제되는 내적 타당도의 위협으로 인해 고통을 당할 수도 있다. 무작위 할당이 없다면, 타당도 위협을 감소시키기 위해 실험설계의 다른 구성요소가 창의적으로 사용되어야만 한다. 섀디시, 쿡, 캠벨(2002)을 따라, 우리는 의사실험설계를 다음과 같이 두 범주, 즉 (1) 비등가집단설계, (2) 시계열설계로 집단화할 것이다. 각각은 실험설계를 묘사할 때 사용되었던 것과 같이 *O*, *X*, *t*라는 기호로 나타낼 것이다.

비등가집단설계

이런 종류의 설계를 지칭하는 이름도 의미심장하다. 무작위 할당의 주된 강점은 우리가 실험집단과 통제집단의 등가성을 가정하도록 허락하는 것이다. 무작위 할당을 통해 집단

의사실험(quasi-experiment) 실험설계의 모든 요소는 아니지만 대부분의 요소를 포함하는 연구설계.

위덤(1989)

처치집단		X	O
비교집단			O
		t_1	t_2

X = 아동학대 공식기록
0 = 청소년 또는 성인 체포 횟수

클라크(1997a)

처치집단	O	X	O
비교집단	O		O
	t_1	t_2	t_3

X = 송신자 확인 및 통화 추적
O = 음란전화에 대한 고객불만

길과 스프리그스(2005)

대상지역 1	O	X_1	O
비교지역 1	O		O
대상지역 2	O	X_2	O
비교지역 2	O		O
처치집단 13	O	X_i	O
비교집단 13	O		O
	t_1	t_2	t_3

X_i = i 지역에서 CCTV 설치
O = 경찰 범죄 자료 및 범죄에 대한 두려움에 대한 설문조사 자료

그림 7-4 의사실험설계의 예

을 구성하는 것이 불가능할 때 우리는 무작위가 아닌 다른 절차를 사용해야 한다. 그러나 만약 어떤 비무작위 절차를 통해 집단을 구성하면 우리는 집단이 등가적이라고 가정할 수 없다. 그 결과 **비등가집단설계**(nonequivalent-groups design)라는 라벨이 붙는다.

실험집단과 통제집단이 등가적이지 않을 땐 언제나 두 집단이 가능한 한 상호비교할 수 있는 방식으로 연구대상자를 선택해야 한다. 종종 비교 가능성을 얻는 가장 좋은 방법은 매칭(짝짓기) 과정을 통해서인데, 실험집단에 속한 연구대상자는 비교집단에 속한 연구대상자와 매칭(짝짓기)된다. 의사실험설계에서는 집단의 비등가성을 강조하기 위해 **통제집단**(control group)이라는 용어 대신 **비교집단**(comparison group)이라는 용어가 주로 사용된다. 그러나 비교집단은 통제집단과 같은 기능을 한다.

비등가집단설계를 사용한 조사연구의 일부 예는 매칭과 실험적 설계의 구성요소를 창조적으로 사용하는 다양한 방법을 보여준다. 예로는 아동학대연구(Widom, 1989), 음란전화연구(Clarke, 1997a), 범죄예방을 위한 비디오카메라 연구(Gill and Spriggs, 2005) 등이 있다. 그림 7-4는 *O*, *X*, *t* 기호를 사용한 각 설계의 다이어그램을 보여준다. 그림에서 처치집단과 비교집단을 구분하는 실선은 연구대상자가 어떤 비무작위 절차를 통해 집단

에 배치되었다는 것을 의미한다.

아동학대와 사후체포 캐시 스파츠 위덤(Cathy Spatz Widom)은 아동학대의 장기 효과(학대받은 아동이 학대받지 않은 아동보다 청소년 비행 또는 성인기의 범죄적 가해행위로 인해 기소될 가능성이 더 높은지의 여부)에 대해 연구하였다. 아동학대는 실험적 자극이고, 종속변수는 차후에 체포된 횟수이다.

물론 누구는 피학대 경험이 있고 누구는 피학대 경험이 없도록 아동을 무작위로 집단에 할당하는 것은 가능하지 않다. 위덤의 설계는 법원의 기록으로 피학대 경험이 있는 아동을 선택할 것을 요구하였다. 그 후 그녀는 각각의 피학대 아동을 그들과 비슷한 아동, 즉 같은 성별, 인종, 나이, 그리고 비슷한 사회경제적 지위(SES)를 갖는 아동과 짝을 지어 비교집단에 매치하였는데, 그들은 피학대 경험이 없는 아동이었다. 이러한 매칭 기준이 갖는 가정은 학대 당시의 나이, 성별, 인종, SES의 차이가 학대와 차후 체포 간의 그 어떤 관찰된 관계를 혼동시킬 수 있다는 것이다. 위덤(Widom)은 학대를 받거나 방치된 아동이 청소년기 범죄 기록이나 성인기 체포를 당할 가능성이 더 높다는 것을 발견했다. 그러나 처치집단과 비교집단 사이의 차이는 대부분의 이전 연구에서 발견된 차이보다 작았다.

여러분은 아마도 조사연구자가 실험대상자와 비교대상자를 매치시키는 데 사용될 중요한 변수를 어떻게 선택하는지 궁금해할 것이다. 우리는 그 질문에 대해 특정 실험에서 어떤 특정 변수가 사용되어야만 하는지를 구체적으로 살펴보는 것 이상의 확답을 줄 수는 없다. 그 해답은 궁극적으로는 실험의 본질과 목적에 달려 있다. 그러나 일반적인 규칙을 말하자면, 두 집단은 연구되는 종속변수에 관련될 가능성이 큰 변수의 차원에서 비교되어야 한다. 위덤은 성별, 인종 및 사회경제적 지위(SES)를 매치시켰는데, 그 이유는 이 변수가 청소년 및 성인 체포율과 상관관계를 갖기 때문이다. 신고된 학대 당시의 나이도 중요한 변수인데, 그 이유는 어린 시절에 학대받은 아동일수록 청소년 비행으로 체포될 '위험 직면(at-risk)' 기간이 더 길기 때문이다.

위덤은 개인 연구대상자를 매치시켜 실험집단과 비교집단을 만들어냈다. 각 집단의 평균적 특성이 비교되는 군집매칭을 통해서 실험집단과 비교집단을 구성하는 것도 또한 가능하다. 이것은 다음 예에서 보여준다.

음란전화 막기 1988년에 뉴저지벨(New Jersey Bell) 전화회사는 소수의 전화교환 지역에서 발신자 ID 확인 및 즉각발신추적장치를 개발하였다. 지금이야 휴대폰마다 다 설치되어 있지만 1988년 당시 발신자 확인장치(caller ID)는 새로운 기술이었다. 즉각발신추적장치는 음란전화나 협박전화를 받은 수신자가 자동으로 발신지 추적 절차를 가동시킬 수 있도록 허용한다.

로널드 클라크(Ronald Clarke, 1997a)는 음란전화를 예방하는 이 새로운 기술의 효과에 대해 연구하였다. 클라크는 이 새로운 서비스가 작동 중인 지역에서 음란전화가 줄어들 것이라고 기대하였다. 이것을 검증하기 위해 그는 새로운 서비스가 제공되는 뉴저지 지역에서의 장난전화에 대한 공식적 소비자 불만 기록을 발신자 확인이나 발신지 추적 같은 새로운 서비스가 제공되지 않는 뉴저지 지역에서의 공식적 불만과 비교하였다. 1년 후 새로운 기술 서비스 지역은 공식적 불만의 횟수가 급격히 줄어들었다. 다른 뉴저지 벨 지역에서는 줄어들지 않았다.

이 연구에서 새로운 서비스가 제공되는 지역은 처치집단이고, 서비스가 없는 지역은 비교집단이다. 클라크의 매칭 기준은 단순한 것이었다. 그것은 뉴저지벨 회사의 전화 서비스인데 여기에서의 가정은 단 하나의 전화 서비스 지역 안에서 음란전화의 규모는 상대적으로 일정할 것이라는 것이었다. 물론 전화 서비스 지역을 매치시킨다고 해서 뉴저지의 한 지역에서의 음란전화량이 같은 주 내 다른 지역에서의 음란전화량과 다를 가능성을 제거해 주지는 않지만, 클라크가 비교집단을 선택한 것은 수월할 뿐 아니라 분명 뉴저지주를, 가령 뉴멕시코주와 비교하는 것보다는 확실히 더 그럴듯한 선택이었다.

클라크의 연구는 자연적 현장 실험의 좋은 예이다. 실험적 자극(발신자 ID와 발신지 추적)은 클라크에 의해 구체적으로 소개된 것은 아니지만, 그는 실험적 자극이 소개되기 전과 후의 종속변수 값을 측정할 수 있었다. 이 설계는 클라크로 하여금 적절한 신뢰도를 가지고 발신자 ID와 발신지 추적이 음란전화에 대한 공식적인 불평 횟수를 줄이는 데 기여했다고 추정할 수 있도록 만든 것이다.

이 연구의 또 다른 유용한 교훈은 음란전화 통화의 급격한 감소와 관련이 있다. 그 이름이 오랫동안 사회과학에서의 실험과 연관되어 있는 도널드 캠벨(Donald Campbell, 1979)은 연구자가 종속변수의 작은 변화에 비해 큰 변화가 타당성 있음을 더 확신할 수 있다고 설득력 있게 주장한다. 로널드 클라크(Ronald Clarke, 2008)는 이것을 "벼랑 끝(cliff-edge)" 효과라고 했는데, 이는 일부 범죄예방 조치가 비유적으로 절벽에서 떨어지는 것처럼 범죄를 엄청나게 감소시킨다는 것을 의미한다. 디지털 휴대전화가 이전 기술을 대체한 후 휴대전화 복제가 사실상 끝나버린 것이 한 예이다(Clarke, Kemper, and Wyckoff, 2001).

카메라와 범죄예방 미국 주민들은 아마도 가게나 현금자동인출기(ATM) 및 점점 더 많은 다른 공공장소에 설치된 폐회로텔레비전(이하 CCTV)을 보는 것에는 익숙해져 있겠지만, 거리나 주차장과 같은 공공장소에서는 이 기술이 덜 사용된다. 추정상 카메라가 약 4백만 대가량 배치되어 있는 영국에서는 CCTV가 범죄예방과 감시용 도구로서 널리 사용되고 있다(McCahill and Norris, 2003). CCTV는 런던 광역도시(metropolitan) 경찰이 2005년에 발생한 지하철 폭탄 공격의 용의자 신원을 재빨리 파악해 내는 데 도움을 주었다. 카메라는 점증적으로 교통을 감시하고 교통신호를 위반한 차량의 번호판을 기록하는

데 사용된다. 그러나 CCTV가 범죄를 줄이는 데 효과가 있을까?

마틴 길과 앤젤라 스프리그스(Martin Gill and Angela Spriggs, 2005)는 영국의 다양한 거주지 및 상업지 환경에 설치된 13개 CCTV 프로젝트를 평가하는 작업을 수행하였다. 이것은 크고 작은 규모의 CCTV 카메라 다수를 포함하는 혼합 프로젝트였다. 런던 주변부의 한 지역은 주차장에서의 차량 절도 및 부품 절도를 줄이기 위해 500대가 넘는 카메라를 가지고 있기도 하다. 런던과 다른 도시지역에서 수행된 다섯 프로젝트는 수입이 낮은 가구들이 모여 있는 지역에 10~15대의 카메라를 설치하여 침입절도와 강도를 줄이려고 하였다. 조사연구자들은 카메라가 설치되기 전후에 두 가지 유형의 종속변수, 즉 경찰에 신고된 범죄와 범죄에 대한 두려움을 조사하였다. 두려움은 거주지역에 사는 사람들 그리고 상업지역의 지방도로와 주차시설에 있는 사람들 일부에 대한 표본조사를 통해 측정하였다.

경찰 자료를 측정하고 카메라가 장착되기 전후의 범죄에 대한 두려움을 측정하는 것은 길(Gill)과 동료들로 하여금 원인에 대한 두 개의 기준, 즉 시간적 순서 그리고 독립변수(CCTV)와 종속변수 간의 공변이를 충족시키는 것이 가능하도록 해 주었다. 지역을 처치집단(CCTV 설치) 또는 통제집단(CCTV 없음)에 무작위로 할당하는 것은 가능하지 않았다. 그 이유는 첫째, 개입(intervention)이 각 유형(거주지역, 상업지역, 주차장)별로 단지 적은 수의 지역에만 계획되었기 때문이고, 둘째, CCTV가 각 장소별로 세심하게 짜맞추듯 설치되었기 때문이다. 대신 조사연구자들은 두 가지 유형의 비교지역을 만들어냈다. 첫째, 비교지역은 "사회-인구학적 및 지리적 특성과 범죄문제에 대한 유사성에 의해 선택되었다"(Gill and Spriggs, 2005: 123~124). 두 번째 유형의 비교는 '완충지대(buffer zone)'로서 CCTV가 설치된 대상지역의 가장자리로부터 1마일(약 1.6km)의 반지름 안에 있는 지역이라고 정의되었다. 완충지역은 단지 CCTV가 있는 지역에 대해서만 정의되었다.

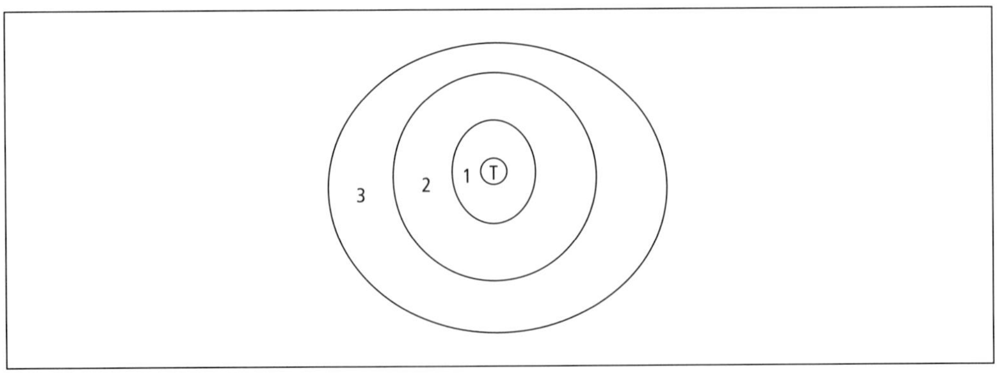

그림 7-5 CCTV 의사실험에서 완충지역

출처: Gill and Spriggs(2005: 40)를 재수정함.

비교지역에 대한 이론적 근거는 명백하다. 만약 CCTV가 범죄를 줄이는 데 효과적이라면, 우리는 대상지역에서 범죄 감소를 기대해야 하고 비교지역에서는 기대할 수 없어야 한다. 대안적으로, 만약 범죄의 사후처치 측정이 처치지역과 비교지역 두 곳에서 모두 줄어든다면, 우리는 CCTV 지역에서 더 큰 감소를 기대할 것이다. 그러나 완충지역은 어떨까? 완충지역을 정의한 후, 조사연구자들은 그림 7-5의 T로 보이는 대상지역을 중심으로 그 주변부의 완충지역을 동심원으로 구분하였다. 공식적으로 언급된 목적은 대상지역 주변부에서 발생하는 범죄의 그 어떤 움직임이라도 감지하여 평가하는 것이었다. 만약 CCTV가 범죄를 감소시키는 데 효율적이라면, 대상지역에서의 감소가 가장 커야 할 것이다. 감소의 규모는 대상지역에서 바깥으로 나갈수록 감소해야만 한다.[1]

단기간의 연구결과로는 일부 CCTV 지역에서 일부 유형의 범죄가 일부 감소한 것으로 나타났다. 다른 처치지역에서는 일부 범죄가 비교지역에서 보다 더 많이 늘어났다. 특히 길과 스프리그스(Gill and Spriggs, 2005)는 CCTV 대상지역에서 만취와 같은 공공질서 위반행위가 더 증가하는 경향이 있음을 발견하였다. 전반적으로 13개 대상지역 가운데 단 두 군데에서만 범죄의 유의미한 감소가 발견되었다. 두려움 및 그와 관련된 태도도 모든 대상지역 및 비교지역에서 감소하였지만, 저자들은 이것이 모든 지역에서의 범죄 감소 때문이라고 믿었다.

이 예는 왜 비등가성 비교집단이 중요한지를 잘 설명한다. 대부분의 지역에서 범죄가 줄어들고 모든 지역에서 두려움이 줄었기 때문에 개입 전과 개입 후의 측정치를 단순하게 비교하는 것은 오해의 소지가 있었을 것이다. 그러한 전략은 CCTV가 범죄와 두려움의 감소에 기여했음을 암시하였을 것이다. 단지 비교지역 및 완충지역을 조사연구에 추가함으로써 길과 스프리그스(Gill and Spriggs, 2005)는 CCTV가 아마도 범죄 하락의 원인이 아닐 수도 있다는 사실을 알 수 있었는데 그 이유는 CCTV가 설치되지 않은 많은 지역에서도 유사한 패턴이 발견되었기 때문이다.

이 연구들은 모두 연구대상자를 처치집단과 통제집단에 무작위로 할당하는 것이 불가능할 때 사용하는 조사연구설계에 대한 다른 접근법을 설명하고 있다. 무작위 할당이 여의치 않을 때, 조사연구자는 타당도에 대한 가능한 위협을 줄이기 위해 연구대상자의 선정, 처치집단과 비교집단의 구성, 종속변수의 측정 및 다른 통제방법의 실시 등 창의적 절차를 사용해야만 한다.

코호트설계

제4장에서 종단적 설계의 예로서 코호트 연구를 언급한 적이 있다. 우리는 또한 코호트

---

1 이것을 제2장에서 기술된 쇼(Shaw)와 매케이(McKay)의 시카고 연구와 비교해 보라.

연구를 비등가적 통제집단 설계로 볼 수도 있다. 제4장에서와 같이 코호트란 어느 기관을 같은 시기에 들어가거나 떠난 일군의 대상자로 규정될 수 있음을 기억하라. 예를 들어, 같은 시기에 훈련소를 졸업한 동기 경찰관은 코호트로 간주될 수 있다. 또한 5월달에 보호관찰에 선고된 모든 사람들을 같은 코호트로 볼 수도 있을 것이다.

이제 일부 실험적 자극에 노출된 코호트에 대해 생각해 보자. 5월 보호관찰 코호트는 보호관찰의 다른 조건들을 충족시켜야 하는 것 이외에 100시간의 지역사회 봉사활동을 완수하도록 요구되었을 수도 있다. 만약 우리가 지역사회 봉사 선고를 받은 보호관찰 대상자가 더 적은 수의 보호관찰 위반행위를 하는지 여부에 관심이 있다면, 우리는 5월 코호트의 수행성적을 4월 코호트나 6월 코호트의 수행성적과 또는 지역사회 봉사 선고를 받지 않은 다른 코호트의 수행성적과 비교할 수 있다. 지역사회 봉사 선고를 받지 않은 코호트는 비교집단으로 작용한다. 그 집단은 무작위 할당에 의해 만들어지지 않았기 때문에 등가적이지 않다. 그러나 만약 비교 코호트는 중요한 변수에 있어 처치 코호트와 체계적으로 다르지 않다고 가정하면, 이 설계를 통해 지역사회 봉사 선고가 보호관찰 위반행위를 감소시키는지 여부를 결정할 수 있다.

그 마지막 가정이 대단히 중요하지만 그것은 가능하지 않을 수도 있다. 아마도 형사법원 소송 일지가 특정 유형의 사건만을 같은 시간에 다루도록 조직되어 5월 코호트는 6월 코호트와 체계적으로 다를 수도 있다. 그러나 비교 가능성의 가정이 성립되면, 일부 제도화된 과정을 통해 사건을 자연스럽게 흐르게 하는 이점을 취함으로써, 비등가적인 비교집단과 실험집단을 구성하는 데 코호트가 활용될 수도 있다.

앤서니 브라가, 앤 모리슨 필, 데이비드 휴로(Anthony Braga, Anne Morrison Piehl, and David Hureau, 2009)의, 감옥에서 석방된 폭력범죄자에 대한 재진입 프로그램의 효과성에 대한 연구는 코호트설계의 좋은 예이다. 보스턴 재진입계획(Boston Reentry Initiative: BRI)은 감옥에서 석방된 후 폭력범죄를 저지를 위험이 높은 범죄자에 초점을 맞췄다. BRI는 형사사법, 사회 서비스 및 신앙에 기초한 조직의 자원을 결합하여 핵심적 위험 요소(예: 갱 연루)를 식별하고 폭력범죄가 심각한 문제였던 지역사회로의 복귀를 계획했다. 프로그램은 재진입을 중심으로 이루어졌지만 참가자들은 지역 감옥에 처음 수감되었을 때를 기점으로 식별되었다. 이는 재진입 서비스를 즉시 시작할 수 있도록 하기 위함이다. 2002년부터 매월 약 15~20명의 BRI 참가자가 선발되었다.

감옥은 명백한 코호트 집단을 생성한다. 사람들은 지속적인 프로세스를 통해 수감되고 석방된다. BRI의 경우 2002년 재진입 서비스로 선정된 대상자가 처치 코호트였다. 동일한 위험 요인 선정기준을 충족했지만 1년 더 일찍 수감 생활을 시작한 범죄자를 비교 코호트로 선정했다. 브라가(Braga)와 동료들은 통계적 매칭 절차를 사용하여 연령, 이전 체포, 이전 갱 연루 및 폭력범죄의 경력과 같은 핵심 측정치에 대해 처치 코호트와 비교 코호트를 비교했다. 연령을 제외하고는 두 집단 간에 통계적으로 유의한 차이가 발견되지 않았다. 처치 코호트가 비교 코호트보다 약간 젊었다. 이러한 두 집단 간의 유사성은 연구결과에 대한 연구자의 자신감을 향상시켰다.

석방 후 3년 동안의 자료를 조사한 결과, 브라가와 동료들은 BRI 참가자들이 그 어떤 범죄로도 체포될 가능성이 30%, 폭력으로 체포될 가능성이 37% 낮은 것으로 나타났다. 이는 BRI를 위해 선택된 사람과 비교집단에 속한 사람들 모두 고위험군에서 추출되었기 때문에 특히 고무적이었다. 여러분은 이것이 회귀분석의 인위적 조작(artifact)의 신호탄일 수 있다고 생각할 수도 있다. 그러나 처치 코호트 및 비교 코호트 모두 고위험군으로부터 나왔으며, BRI 참가자의 경우 재구속률이 더 급격히 감소했다. 이것은 회귀 및 기타 대안적 설명을 덜 그럴듯하게 만든다.

시계열설계

시계열설계(time-series design)는 형사사법 조사연구에서 종단적 연구의 일반적 예라 할 수 있다. 이름 자체가 의미하듯, 시계열설계는 일정한 변수에 대해 오랜 기간에 걸쳐 일련의 관찰을 하는 것이다. 간단한 예는 체포횟수가 증가하는지, 감소하는지 혹은 변함없는지 등을 보기 위해 오랜 기간에 걸쳐 음주운전 체포율의 경향을 살펴보는 것이다. 어떤 경찰 간부는 순경의 수행성적을 감시하기 위한 한 방법으로 음주운전이나 다른 위반행위의 체포율을 계속 추적해 보는 것에 관심을 가질 수도 있다. 혹은 주 소속 교정 사무관이 교정시설에 대한 장래 확장 필요성을 예측하기 위한 한 방법으로 교도소 입소 경향을 연구하고 싶어 할 수도 있다.

중단된 시계열은 인과관계 연구에 활용될 수 있는 시계열 연구의 특별한 형태이다. 일부 개입이 소개되기 전과 후에 일련의 관찰치가 비교된다. 예를 들어, 어느 조사연구자는 길거리 음주단속이 치명적인 교통사고의 감소에 영향을 주는지를 알고 싶어 할 수도 있다. 사고 경향은 노상 음주단속이 확립되기 전과 후에 상호 비교될 수 있다.

중단된 시계열설계는 형사사법 조사연구에 매우 유용할 수 있는데, 특히 응용 연구에서 그렇다. 그러나 이 설계는 조사연구를 구조화하는 다른 방식과 마찬가지로 약간의 한계가 있다. 섀디시, 쿡, 캠벨(Shadish, Cook, and Campbell, 2002)은 시계열설계에 대한 다양한 접근이 갖는 장점과 약점에 관해 서술한다. 우리는 여기에서 이러한 접근법을 가설적 예로서 소개하고, 그 후 일부 구체적인 형사사법 응용사례를 서술할 것이다.

음주단속의 예를 계속 들어보면, 그림 7-6은 알코올 관련 교통사고의 네 가지 가능한 유형을 보여준다. 각 유형에 있는 수직선은 노상 단속 프로그램이 소개된 시점을 나타낸다. 이 유형들 가운데 어떤 것이 새 프로그램이 소개되면서 자동차 사고의 감소를 가져왔

시계열설계(time-series design) 일정 기간에 걸쳐 종속변수의 변화를 모니터링하는 일종의 의사실험설계.

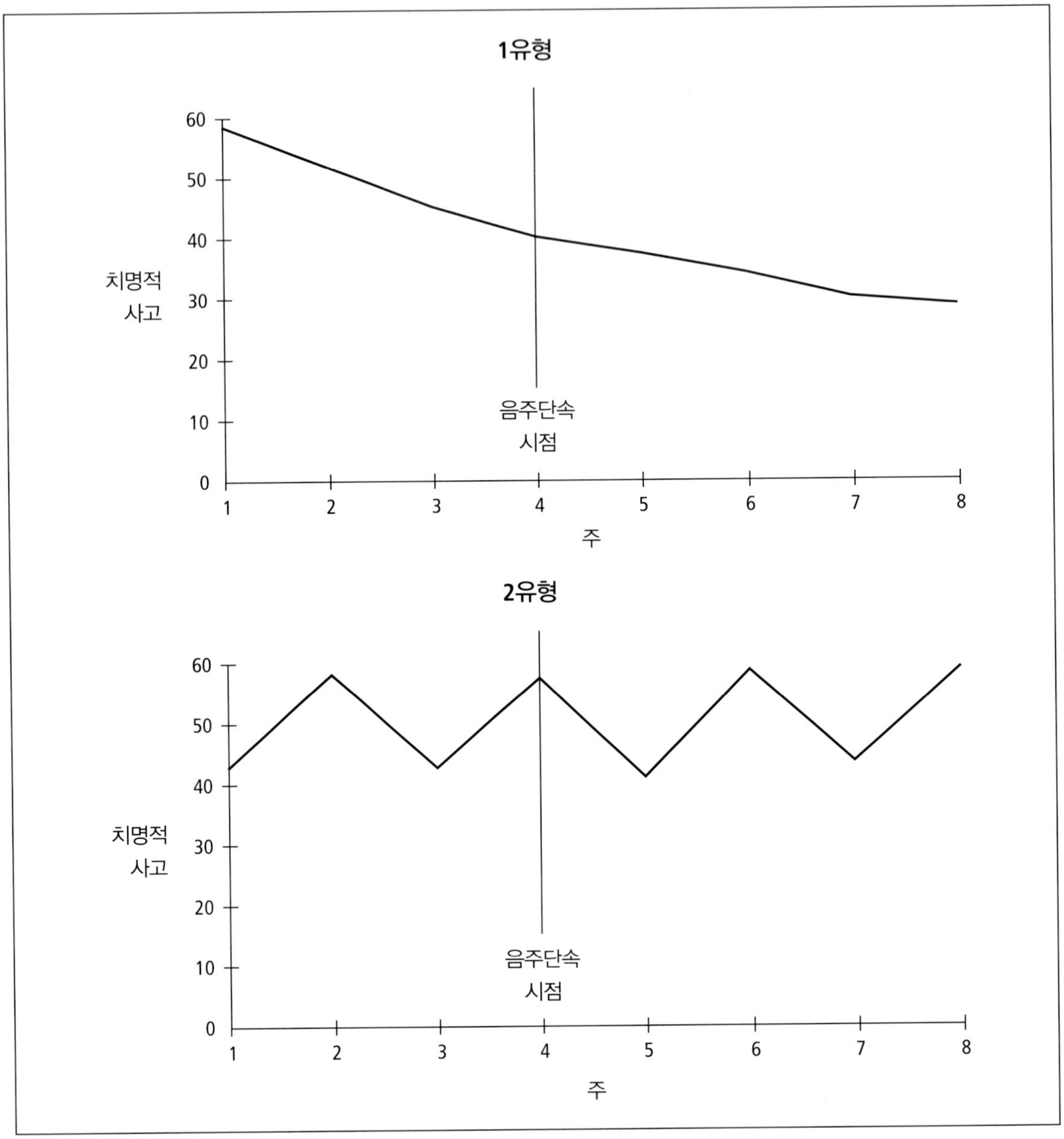

그림 7-6 치명적 교통사고(가설적 자료)에서 변화의 네 가지 유형

는지를 나타내는가?

만약 시계열 결과가 그림 7-6의 1유형과 같이 나타난다면, 우리는 먼저 단속 시점(checkpoint)이 알코올 관련 사고를 줄이는 원인이 되었다고 생각할 수도 있으나, 좀 더 큰 그림을 살펴보면 사고의 일반적 경향이 감소 추세에 있고 그것이 개입 이후에도 지속되고 있는 것으로 보인다. 따라서 감소 경향은 노상 음주단속이 없었다 하더라도 지속되었을 것으로 결론짓는 것이 좀 더 안전하다.

2유형은 차량 사고의 증가 추세(trend)가 개입 이후에 뒤바뀌었지만 이것은 명백히 사

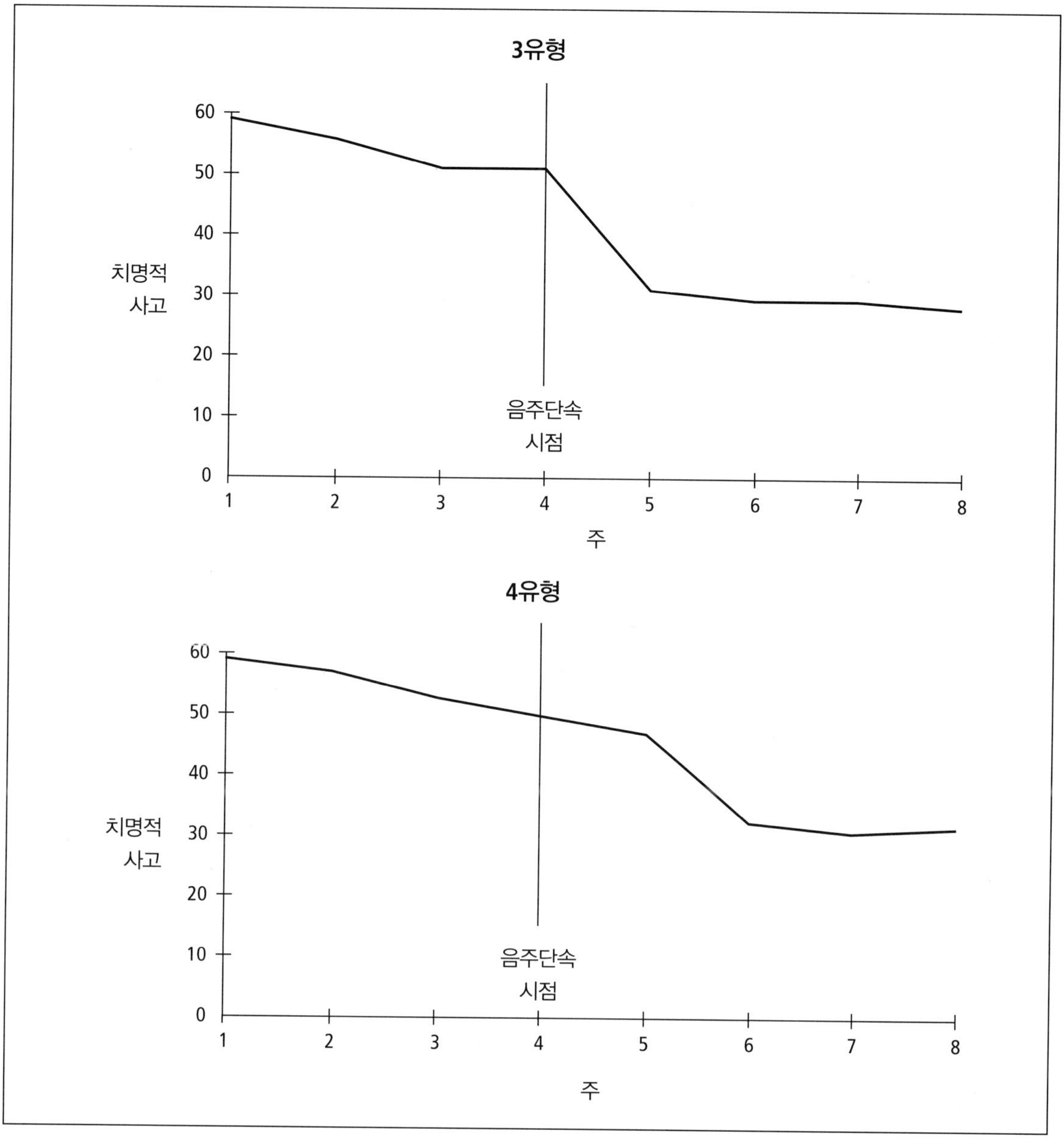

그림 7-6 계속

고가 늘었다 줄었다 하는 규칙적인 형태에 기인한다. 개입은 증가 추세의 정점(peak)에서 소개되었을 뿐이고, 그 후의 감소는 새로운 프로그램 덕이라기보다는 그 안에 내재한 패턴이 만들어낸 인위적 조작물(artifact)일 수도 있다.

1유형과 2유형은 개입보다는 어떤 다른 외부의 추세를 보여주는데, 그것이 오랜 시간에 걸쳐 관찰된 유형을 설명할 것이다. 우리는 이것을 새 단속 프로그램이 자동차 사고 변화를 가져온 원인이라는 추정의 타당도를 위협하는 역사(history)의 예로 인식할 수도 있다. 1유형의 일반적 감소는 음주단속과는 전혀 관계가 없는 음주운전 감소 때문일 수도 있다. 2유형은 시계열에서 계절성(seasonality. 오랜 기간에 걸친 규칙적인 형태의 변화)이라고 언급되는 것을 보여준다. 섀디시, 쿡, 캠벨(Shadish, Cook, and Campbell, 2002)은 계절성을 역사의 특별한 경우라고 서술하였다. 우리의 예에서, 휴일에 발생한 사건 또는 대학 캠퍼스 근처에서 미식축구경기가 있는 주말에 발생한 사건은 알코올 관련 사고의 계절적 변형을 반영하는 자료일 것이다.

3유형과 4유형은 음주단속이 알코올 관련 사고를 감소시키는 원인이 되었다는 추정을 좀 더 지지하고 있는데, 두 유형 간에는 미묘한 차이가 있다. 3유형에서, 사고는 단속 프로그램이 소개된 직후 일반적인 감소 추세에서 좀 더 급격하게 감소하는 반면, 4유형은 새 프로그램이 시행된 후 일정 기간이 지나서야 급격하게 감소하는 경향을 보인다. 두 유형 중 어느 것이 추정을 좀 더 강하게 지지하는가?

답을 구체화하는 과정에서, 우리가 구성 타당도에 관해 이야기한 것을 회상해 보라. 이 두 유형이 나타내는 기저의 인과과정에 대해 생각해 보거나, 또는 작동하고 있을지도 모르는 가능한 메커니즘에 대해 고려해 보라. 3유형은 프로그램이 즉시 효과를 나타냈고 소위 무력화(incapacitation) 메커니즘을 지지함을 암시한다. 노상 단속은 경찰로 하여금 음주 운전자를 파악하고 체포하게 해줌으로써, 음주 운전자가 길을 막지 못하도록 하고 사고를 줄이는 효과가 있는 것이다. 4유형은 예방 메커니즘이 작동하고 있음을 암시한다. 운전자가 단속에 대해 알게 되면서, 음주 후에는 운전을 덜 하게 되고, 마침내 사고는 줄어들게 되는 것이다. 주어진 증거에 근거해 볼 때, 어느 설명도 다 가능하다. 이것이 중단된 시계열설계의 중요한 한계를 여실히 보여준다. 이 설계는 복잡한 인과적 구성물을 단순한 방식으로 조작화한다. 우리의 해석은 대부분 우리가 이 인과과정을 어떻게 이해하는지에 의존하고 있다.

리처드 매클리어리, 바버라 닌스테트, 제임스 얼벤(Richard McCleary, Barbara Nienstedt, and James Erven, 1982)의 고전적 연구는 시계열 결과가 기저의 인과 유형을 얼마나 잘 반영하는지에 대해 세심히 생각해 볼 필요가 있음을 여실히 보여준다. 매클리어리(McCleary)와 동료들은 대도시에서 특별 침입절도 수사반이 확립된 직후에 침입절도가 급격하게 감소했다고 보고했음을 회고해 보라. 이러한 발견은 경찰 수사가 어떻게 이성적으로 침입절도를 감소시킬 것으로 기대되는지에 대한 그들의 이해와 모순된 것이다. 특별수사반은 일정 기간에 걸쳐 사건을 수사하고 체포를 감행한 후에야 결국 침입절도의 수를 감소시킬 수 있을 것이다. 그러나 변화된 수사 절차가 즉각적으로 효과가 있을 가능성은 지극히 낮다. 이러한 불일치는 매클리어리와 동료들로 하여금 정책의 변화를 좀 더 자세하게 들여다보게 하였고 결국 침입절도의 명백한 감소는 기록 유지 관행의 변화에 의해 생성된 것이라는 결론에 이르게 되었다. 침입절도의 실제 횟수가 줄었다는 증거는 아무 데도 없었다.

이 예는 이 장의 앞에서 도구화에 대해 논의한 것을 잘 보여준다. 경찰의 침입절도 계산방식의 변화로 인해 침입절도가 감소한 것처럼 보이는 현상이 발생하였다. 도구화는 두 가지 이유에서 시계열설계의 특별한 문제가 될 수 있다. 첫째, 보통 상대적으로 오랜 기간에 걸쳐 관찰이 진행되고 그 결과 측정도구의 변화 가능성이 증가한다. 둘째, 시계열설계는 종종 경찰서, 형사법원, 보호관찰소, 교정국 등과 같은 조직에 의해 만들어진 측정치를 활용한다. 이러한 기관에 의해 자료가 수집되는 방식에 변화가 있거나 불규칙성이 존재할 수도 있는데, 이는 조사연구자에게 쉽게 드러나지 않고, 어떤 경우든 그것들을 통제하기가 쉽지 않다.

또 다른 예로서, 데이비드 핀켈러와 리사 존스(David Finkelhor and Lisa Jones, 2004)는 1990년부터 2000년 사이에 아동 성학대 사례가 전국적으로 40%나 감소하였음을 보여주는 자료를 세계적으로 검토한다. 아동학대는 1990년대에 초미의 관심사가 되었기 때문에, 연구자들은 하나 이상의 주에서 이루어진 기록 관행의 그 어떤 변화가 감소를 설명하는지 여부를 결정하는 데 특별한 관심을 가졌다. 연구자들은 그것에 대한 설명으로, 가변적 정의나 가변적 자료수집 절차, 수사관에 의한 좀 더 엄격한 사건 검토, 성적 학대 사건의 축소 보고, 그리고 기타 가능한 계측 소스와 같은 것을 체계적으로 고려했다. 다양한 주에서 상이한 출처의 자료를 비교한 후, 핀켈러와 존스는 보고된 사건의 감소 중 최소한 일부는 아동의 성적 학대 사례의 수가 실제로 줄었기 때문인 것으로 결론짓는다. 그들의 세심한 보고는 시계열에서 도구화에 대한 그럴듯한 위협에 대해 충분히 고심하여 결말을 낸 훌륭한 예이다.

시계열설계의 변형

만약 기초적인 중단 시계열설계를 기초 설계의 구성요소(building block)를 개조한 것으로 본다면, 우리는 변경(modification)이 어떻게 수많은 타당도 문제를 통제하는 데 도움이 될 수 있는지 생각해 볼 수 있다. 가장 단순한 시계열설계는 한 집단(처치집단)만을 오랜 기간 연구한다. 단 한 번씩의 사전검사와 사후검사 관찰을 하기보다는 차라리 중단된 시계열설계를 하면 실험적 처치를 소개하기 전과 후에 더 오랫동안 일련의 관찰을 하게 된다.

실험설계의 다른 기본 원칙을 살펴보는 것은 어떨까? 그림 7-7은 우리에게 익숙한 *O*, *X*, *t* 기호를 사용하여 기본 설계 및 약간의 변형된 설계를 보여준다. 그림 7-7의 윗부분에서 보이는 기본 설계에서, 일부 처치를 받은 단 하나의 집단에 대하여 수많은 사전검사 및 사후검사 관찰이 이루어진다. 우리는 처치를 받지 않은 일부 집단에 대해 일련의 비교 관찰을 함으로써 이 설계를 강화할 수 있다. 예를 들어, 만약 길거리 음주단속이 오하이오주 곳곳에 소개되었으나 미시간주에서는 전혀 이루어지지 않았다면, 우리는 오하이오주(일련의 처치)의 교통사고를 미시간주(일련의 비교)에서의 교통사고와 비교할 수 있을 것이다. 만약 단속이 음주 관련 사고 감소의 원인이라면, 우리는 개입 이후에 오하이오주에서의 감소를 기대할 것이지만, 같은 기간 동안에 미시간주에서는 아무런 변화가 없거나 감소의 정도가 약해야 할 것이다. 그림 7-7의 두 번째 부분은 이 설계(비등가적 비교집단과의 중단된 시계열설계)를 보여준다. 두 개의 계열(series)은 등가적이지 않은데, 왜냐하면 운전자들을 오하이오주와 미시간주에 무작위로 배정하지 않았기 때문이다. 웨슬리 스코건과 동료들(Wesley Skogan et al., 2008)은 시카고에서의 경찰 문제해결에 대한 분석에서 이 설계의 좋은 예를 보여준다. 그들은 특정 범죄를 목표로 한 순찰구역과 특정 범죄를 목표로 하지 않은 비교 구역 간의 범죄율 변화를 고찰하였다.

단독–연속 설계는 그림 7-7의 세 번째 부분과 같이, 개입을 도입한 후 제거하는 방식으로 변형될 수 있을 것이다. 우리는 음주단속을 첫 달에는 매주 하고 다음 몇 달 동안은 하지 않는 방식으로 음주단속 효과를 검사할 수 있을 것이다. 만약 음주단속이 알코올 관련 사고 감소의 원인이었다면, 음주단속이 사라진 후 사고가 증가할 것을 기대할 것이다. 그렇지 않다면 주말 단속의 효과는 음주단속이 사라진 후에도 지속될 것이다.

다른 주나 시는 때때로 다른 시기에 새로운 음주 · 운전 프로그램을 소개하기 때문에, 우리는 섀디시, 쿡, 캠벨(Shadish, Cook, and Campbell, 2002: 192)이 전환반복 시계열설계(time-series design with switching replication)라고 부른 것을 사용할 수 있을 것이다. 그림 7-7의 맨 밑부분은 이 설계를 설명해 준다. 예를 들어, 오하이오주는 1998년 5월에 단

단순 중단 시계열

O	*O*	*O*	*O*	*X*	*O*	*O*	*O*	*O*
t_1	t_2	t_3	t_4		t_5	t_6	t_7	t_8

비등가적 비교집단을 갖는 중단 시계열

O	*O*	*O*	*O*	*X*	*O*	*O*	*O*	*O*
O	*O*	*O*	*O*		*O*	*O*	*O*	*O*
t_1	t_2	t_3	t_4		t_5	t_6	t_7	t_8

제거된 처치를 갖는 중단 시계열

O	*O*	*X*	*O*	*O*	*O*	*–X*	*O*	*O*	*O*
t_1	t_2		t_3	t_4	t_5		t_6	t_7	t_8

전환반복을 갖는 중단 시계열

O	*O*	*O*	*X*	*O*	*O*	*O*	*O*	*O*
O	*O*	*O*	*O*	*O*	*X*	*O*	*O*	*O*
t_1	t_2	t_3	t_4		t_5	t_6	t_7	t_8

그림 7-7 중단 시계열설계

속을 시작하였고 미시간주는 같은 해 7월에 시작하였다고 하자. 만약 우리가 오하이오주의 감퇴는 6월에 시작되었고 미시간주에서는 8월부터 시작되는 것을 보게 된다면, 전환반복 설계는 단속이 사고를 줄였다는 우리의 결론을 튼실하게 해줄 수 있을 것이다. 다른 시기에 다른 주에서, 프로그램 이 소개된 시기에 맞추어, 종속변수에 유사한 변화가 일어났다는 사실은 음주단속이 실제로 교통사고를 줄였다고 말하는 데 자신감을 더해줄 것이다.

네이긴과 와이즈버드(Nagin and Weisburd, 2013: 654)는 그들이 "높은 증거를 갖춘 가치"라고 명명한 시계열설계의 다른 예를 제시한다. 이것이 의미하는 것은 설계가 타당도에 대한 위협을 감소시키는 구성요소(building block)가 포함되어 있음을 의미한다. 수많은 사법기관이 오랜 기간에 걸쳐 자료를 수집하기 때문에 연구자는 종종 시계열설계를 사용할 수 있다.

변수지향적 조사연구와 과학적 실재론

시계열설계에 대해 달리 생각할 수 있는 것은 하나 또는 몇 개의 사례를 여러 번 관찰하는 방식으로 연구하는 것이다. 만약 오하이오주의 길거리 단속에 대해 시계열 연구를 설계한다면, 우리는 교통사고에 관한 하나의 사례(오하이오주)를 많이 관찰함으로써 고찰할 것이다. 또는 오하이오주와 미시간주를 비교하는 설계는 두 사례에 대한 많은 관찰치를 고찰할 것이다. 설계의 구성요소에 대해 다시 한 번 생각해 보면서, 우리가 어떻게 이 구성요소들 중 하나를 가볍게 재언급하였는지에 주의해 보라. 연구에 있어서 우리의 관심은, 실험집단의 수와 통제집단의 수를 고려하는 대신, 연구대상자의 수 또는 사례수에 집중되어 있다. 그림 7-7에서, 첫 번째와 세 번째 시계열설계는 각각 하나의 사례를 갖는다. 두 번째와 네 번째 설계는 각각 두 사례를 고찰한다.

많은 수의 연구대상자를 갖는 고전적 실험과 의사실험은 찰스 레이긴(Charles Ragin, 2000)이 **사례지향적 조사연구**(case-oriented research)라고 명명한 것의 예인데, 사례지향적 조사연구에서는 적은 수의 변수를 이해하기 위해 많은 사례가 고찰된다. 시계열설계와 사례연구는 **변수지향적 조사연구**(variable-oriented research)의 예인데, 변수지향적 조사연구에서는 적은 수의 사례 또는 연구대상자들에 대해 수많은 변수가 연구된다. 가령, 우리가 교정시설에서 수형자 대 수형자 폭행을 연구하고 싶다고 하자. 사례지향적 접근에서, 우리는 500개의 교정시설을 표본으로 뽑아, 그곳의 교정직원들에게 폭행, 시설 설계, 수형자 특성, 및 거주 환경 등에 관한 정보를 제공해 달라고 부탁하는 설문지를 보낼 수도 있다. 여기서 우리는 수많은 교정시설로부터 몇 개의 변수에 대한 정보를 수집하고 있다. 대신 변수지향적 접근을 활용하면, 하나 또는 몇 개의 시설을 방문하여 직원들과의 심층면접을 수행하고, 시설의 환경을 관찰하며, 기관의 기록으로부터 정보를 수집할 수도 있다. 여기에서는 적은 수의 기관으로부터 광범위한 변수에 대한 정보를 수집하고 있다.

사례연구(case-study) 설계는 변수지향적 조사연구의 한 예이다. 여기에서 조사연구자의 관심은 다양한 차원의 하나 혹은 몇 개의 사례를 심층적으로 고찰하는 것에 집중된다. 로버트 인(Robert Yin, 2013)은 사례(case) 및 사례연구(case study)라는 용어가 폭넓게 사용되었음을 지적한다. 사례는 개별적인 사람, 동네, 교정시설, 법정 또는 다른 집합물이 될 수 있다. 우리의 계속되는 예인 인종 프로파일링은 일련의 사례연구로서 많은 요소를 갖는다. 조사연구자는 다음의 한 주(뉴저지, 노스캐롤라이나, 펜실베이니아 등) 그리고 그 주 내의 다양한 수의 다른 사례(주 경찰서, 또는 카운티)로부터 여러 유형의 변수를 측정하기 위해, 각기 다른 출처를 이용하여 정보를 수집하였다.

로버트 인은 사례연구설계가 종종 '질적' 조사연구 또는 참여관찰연구를 나타내는 것으로 오해되고 있다고 경고한다. 그보다 인은, 사례연구란 설계의 전략이고 **질적**(qualitative) 또는 **양적**(quantitative)이라는 라벨은 설계전략을 구분하는 유용한 방식은 아니라고 충고한다. 사례연구는 하나 또는 적은 수의 단위에 초점을 맞추기 때문에 질적인 것처럼 보일 수도 있다. 하지만 많은 사례연구가 연구단위에 대해 많은 변수를 고찰하기 위해 복잡한 통계적 기법을 채택하기도 한다. 다음의 예가 사례연구를 질적 조사연구와 연관짓는 것이 얼마나 잘못된 것일 수 있는지를 잘 설명해 준다.

'보스턴 총기 프로젝트'라고 알려진 연구에서, 앤서니 브라가와 동료들(Anthony Braga et al., 2001)은 보스턴의 여러 동네에서 청소년 갱(youth gang)에 의해 저질러진 폭력을 연구하였다. 그들의 연구는 일종의 응용 설명 연구(applied explanatory study)였다. 그들은 갱 폭력을 더 잘 이해하고, 갱 폭력을 감소시킬 방안을 발전시키며, 나아가 종국에 가서는 그들의 개입이 갖는 효과를 평가하기 위해 지방 공무원과 공동으로 작업하였다. 고전적 실험이나 비등가집단설계가 모두 불가능하였기에, 조사연구자들은 도시 내 모든 갱에 의한 폭력을 이해하고 감소시킬 방안을 모색하였다. 비록 그들의 일부 개입이 특정한 갱 조직원을 목표로 하긴 하였지만 그들의 조사연구는 개인이 아닌 갱들에 집중되었다.

조사연구자들은 다양한 출처로부터 갱과 갱 폭력에 관한 많은 양의 정보를 수집하였다. 초기 보고서(Kennedy, Piehl, and Braga, 1996)는 소위 '네트워크 분석(network analysis)'이라는 것에 관해 기술하고 있는데, 이 분석을 통해 조사연구자들은 다른 동네의 갱들 간의 관계 및 같은 동네 안에서의 세력권(turf) 다툼에 대해 고찰하였다. 살인, 폭행 및 총기 발사에 대한 경찰 기록도 연구되었다. 소수의 갱들에 대한 광범위한 자료를 근거로, 조사연구자들은 공무원, 동네조직 및 종교 지도자와 공동으로 연구하였는데, 이는 일종의 '믿음 공동체'를 형성하였다. 가지각색의 개입이 고안되었지만 그 대부분은 보스턴 지역에 존재해왔던 갱과 갱 폭력의 구체적인 본성에 대한 상세한 이해를 통해 정밀하게 만들어진 개입이었다. 데이비드 케네디(David Kennedy, 1998)는 이 모든 것을 '지렛대 당기기(pulling lever)'라는 라벨을 붙여 요약하였는데, 이것은 핵심적인 갱 조직원이 보호관찰이나 가석방과 같은 집중관찰(intensive monitoring)에 취약하다는 사실을 부각시킨 말이다. 이 전략 꾸러미는 기록적으로 대단한 성공이었다. 프로그램을 시행하기 전 20년간 매년 35~40건 정도이던 청소년 살인 건수가 프로그램 시행 후 첫 5년간 매년 15건 정도로 감소하였다(Braga, 2008).

또한 보스턴 조사연구는 레이 포슨과 닉 틸리(Ray Pawson and Nick Tilley, 1997)가 주장한 과학적 실재론자적 접근(scientific realist approach)의 좋은 예이다. 조사연구자들은 한 도시 안에서 갱들이 적극적으로 활동하고 있는 특정 동네(neighborhood)의 맥락에서 소수의 연구대상자(갱과 갱 조직원)에 대해 고찰하였다. 갱 폭력의 메커니즘에 대한 광범위한 자료가 수집되었다. 개입은 동네의 맥락에서 작용하는 메커니즘에 잘 맞도록 짜맞추어 실시되었다.

브라가와 동료들(Braga et al., 2001)은 보스턴의 노력이 성공한 것은 조사연구자, 공무원, 그리고 지역공동체 일원이 협동하여 갱 폭력에 대해 연구하고, 나아가 그들의 연구에 근거하여 적절한 정책 활동을 발전시켜 나아간 과정 덕분이라는 점을 강조한다. 다른 관할 구역은 보스턴의 개입이 보스턴의 특별한 사정에 맞추어진 방식으로 발전되었다는 사실을 인식하는 데 실패하였기에, 보스턴의 개입을 잘못 재생산하려는 오류를 범하였고 이는 결국 제한된 성공 또는 실패로 이어졌다. 사례연구의 용어로 말하면, 조사연구자들은 한 지역에 대한 많은 변수를 고찰하여 그 분석결과에 근거해서 정책을 결정하는 것이다. 과학적 실재론의 용어로 말하면, 조사연구자들은 보스턴의 맥락에서 갱 폭력의 메커니즘을 연구한 것이다. 다른 상황(예: 볼티모어나 미니애폴리스의 경우)에서 갱 폭력은 다른 메커니즘으로 작용하였다. 보스턴에서 당겨졌던 '지렛대(lever)'가 다른 곳에서는 작동하지 않은 것이다. 브라가와 동료들은 문제해결 과정이 다른 환경에 수출될 수 있지만 보스턴에서 활용된 개입은 아니라는 점을 강조하였다(2001: 220).

사례연구는 타당도에 대한 위협을 어떻게 제기하는가? 가장 일반적인 의미에서, 사례연구는 아주 정교하게 정의된 대상자를 연구함으로써 인과적 메커니즘을 발생 가능한 교란 효과로부터 영향을 받지 않게 한다. 도널드 캠벨(Donald Campbell, 2003: ix~x)은 이것을 자연과학에서의 실험실 실험에 비유하는데, 거기에서는 조사연구자들이 인과적 변수를 다른 영향력으로부터 분리시키고자 노력한다. 사례연구식 조사연구는 자연적 현장 환경에서 이루어졌지, 실험실에서 이루어진 것이 아니다. 그러나 하나 혹은 몇 개의 사례에 초점을 맞춤으로써 인과적 메커니즘을 분리시키려고 노력한다는 논리는 실험실에서의 실험적 분리라는 이론적 근거를 직접 계승한 것이다.

그림 7-8은 사례연구설계의 질을 판단하는 방법에 대한 인(Yin, 2013: 40~42)으로부터의 충고를 이제는 익숙해진 용어로 요약한 것이다. 구성 타당도는 다양한 출처의 증거, 독립변수와 종속변수를 이어주는 연쇄적 인과관계의 확립 및 소위 '멤버 확인'(인과관계에 관한 임의적 결론을 검토해 달라고 핵심 정보 제공자에게 의뢰하는 것)이라고 명

종합적 사고 교통 단속상 불균형에 관한 설명 평가

일반적으로 인종 프로파일링과 관련해서 우리가 이야기해 온 조사연구의 형태는 설명적 조사연구이다. 어떤 의미에서, 우리는 인종에 따라 경찰의 행위에 차이가 있는지 여부를 알고 싶어 한다. 원인을 찾아내기 위한 시간-순서의 기준을 생각해 볼 때, 한 개인의 인종은 그가 교통 단속의 시행과 관련한 특별한 경험을 하기 전에 이미 결정되기 때문에, 인종에 따른 교통 단속 시행의 차이는 인종에 의해 설명될지도 모른다. 여기에서 우리는 그럴지도 모른다는 사실을 강조하였는데, 그 이유는 시간-순서가 인과관계를 규명하기 위한 세 가지 필요조건 가운데 단 하나에 불과하기 때문이다.

인종 프로파일링에서의 실험?

여러분은 모기지 신청, 신차 구매, 아파트 대여, 또는 주택 구매를 할 때 발생하는 흑인과 백인 간의 경험 차이를 평가하는 현장 실험에 대해 무언가를 들어본 적이 있을 것이다. 주택을 구매하는 경우 개인 또는 부부는 어떤 거래가 검증되든 그와 관련하여 나이, 수입 및 그 밖의 차원에서 흑백 간에 서로 매치되어야 한다. 인종은 하나의 실험적 자극으로 작용하며 체계적으로 변화한다. 이 실험의 목표는 사람들 간의 유일한 차이가 인종일 경우 그 어떤 형태의 차별적 처우가 존재하였는지를 평가하는 것이다(National Research Council, 2004).

이러한 형태의 실험적 상황에서 인종을 체계적으로 변화시키고 그에 따라 형사사법 실행과정에서 다른 결과가 나오는지를 검증하는 것은 가능하지 않다. 소위 패링턴과 동료들(Farrington et al., 1986)이 기술한 것처럼, '실험'이라는 단어가 일반적으로 의미하는 범위에서 우리는 독립변수를 통제하거나 체계적으로 변화시키는 것을 할 수 없다는 것이다. 예를 들어, 반은 백인이고 반은 흑인인 연구대상자로 하여금 주간고속도로에서 같은 종류의 차량을 제한속도보다 시속 20마일을 초과한 속도로 운전하게 하는 것을 상상해 보라. 그러한 조사연구를 한다는 것은 생각만으로도 재미가 있겠지만 여러분은 금방 그것이 불법임과 동시에 안전성이 담보될 수 없다는 것을 깨닫게 될 것이다. 제3장에서 다룬 윤리강령을 기억하는가?

의사(疑似)실험?

인종과 교통 단속의 시행에 관한 조사연구는 의사실험 또는 사례연구와 같은 변수지향적 조사연구 중 하나이다. 우리가 주로 세 주에서 이루어진 각각의 조사연구에 관해 이야기해왔기 때문에, 대부분의 그러한 노력이 사례연구인 것처럼 보일지도 모른다. 그러나 노스캐롤라이나와 펜실베이니아에서 이루어진 가장 강력한 조사연구는 교통 단속에서 백인과 흑인 간의 불균형을 일으킨 것이 무엇인지를 가려내기 위해 일련의 복잡한 비교를 시행하였다. 이것이 판단의 기준이 되는 벤치마크라 불리게 된다.

조사연구자들은 교통 단속의 비율상 소수집단인 '처치집단'을 벤치마크 또는 비교집단과 비교하고자 노력한다. 엥겔과 동료들(Engel et al., 2004: 8)이 표현하듯이, 비교집단은 "어떤 인종차별도 존재하지 않을 것이라는 가정하에 '기대되는' 소수인종 단속률"을 반영하여 계획된 집단이다. 여기에서 비교집단의 일부 예를 제시할 것인데, 각 예의 장점과 단점에 대한 논평도 곁들여질 것이다.

- 거주자 모집단: 만약 관할 구역 거주자 모집단 중 유색인종 비율이 단지 15%에 불과한 데 비해, 단속된 운전자들 가운데 유색인종 비율이 25%에 달한다면, 이것은 인종 불균형(racial disparity)을 의미한다. 여기

명된 것을 통해 확립되었다. 내적 타당도를 강화시켜 주는 기술의 예는 이론에 근거한 유형 매칭과 시계열 분석이다. 첫 번째 기준은 섀디시, 쿡, 캠벨의 제안을 따르는데, 이것은 조사연구자들이 어떤 유형의 결과가 가정된 인과관계를 지지할 것인지에 대한 예

에서의 비교가 갖는 문제점은 운전이라는 말이 의미하듯 운전자가 이동성을 가진다는 것이다. 뉴저지 고속도로의 남쪽 3지대를 달리는 대부분의 차량은 다른 주의 번호판을 달고 있다. 거주자를 모집단으로 하는 이러한 접근은 큰 관할 구역에 있는 지방도로에서는 가능할지 모르나, 그렇다 하더라도 사람들이 이동한다는 기본적인 사실은 무시하고 있는 셈이다. 영국의 조사연구자들은 네 개의 지방자치단체에 관한 연구를 통해 이 사실을 깨달았다(Miller, 2000).

- 운전자 모집단: 운전자를 모집단으로 하는 것은 경찰에 의해 단속된 사람들을 실제 도로 위에 있는 사람들, 즉 운전자와 비교하기 때문에 더 낫다. 뉴저지 고속도로와 같은 상황에서는, 제5장에서 설명한 것처럼, 매표소에서 운전자의 인종을 관찰할 수 있다. 그러나 이 방법은 운전자에 대한 정보를 알려줄 뿐 교통 위반자에 대한 정보를 알려주는 것은 아니다. 경찰이 정차를 요구하는 것은 어떤 위반행위를 발견했을 때이지 인종 때문은 아니다.
- 야간의 교통 단속: 이 비교전략은 경찰이 밤에는 운전자의 인종을 파악할 수 없다는 것을 가정한다. 그래서 만약 야간에 유색인종 운전자의 교통 단속비율이 낮에 단속된 비율보다 낮다면, 일부 차별적 단속이 낮에는 작동하고 있을 수도 있다. 그러한 논리적 추리에 장점이 있다고 해도 뉴저지주 경찰은 밤에는 단속을 덜 하는 경향이 있다. 또한 주 경찰이 '집중단속(spotlighting)'을 한다는 보고도 있는데, 단속지역에서 경찰은 경찰차를 도로와 직각이 되도록 주차한 후 지나가는 운전자들의 얼굴에 빛을 비추는 방식의 집중조사 방식을 사용한다(Verneiro and Zoubek, 1999).
- 레이더–시간 단속: 비슷한 논리가 여기에 적용된다. 만약 경찰이 레이더에 적힌 정보를 읽고 단속을 한다면 경찰이 인종상의 겉모습에 근거해서 사람들을 단속할 가능성이 작아질 것이라고 가정한다. 이러한 점에서 경찰은 누구를 단속할 것인지를 결정할 때 온전히 레이더에 의존하여 경찰 스스로의 분별력은 덜 사용할 것으로 여겨진다. 그러나 그것은 그다지 간단하지 않다.

  뉴저지주에 대한 조사연구에서, 맥스필드(Maxfield)와 앤더슨(Anderson)은 주 경찰관이 레이더를 사용할 때 경찰차에 같이 앉아 있었다. 대부분의 경우 운전자의 인종적 외양은 쉽게 관찰된다. 대부분의 차량이 속도를 내지만 일부는 다른 차량보다 속력을 더 낸다. 이러한 관찰을 종합해 보면 주 경찰은 과속하는 차 가운데 어떤 차를 세우고 어떤 차를 무시할지를 결정하는 요인으로 인종을 사용할 수 있음을 시사한다.
- 과속에 대한 독립적 관찰: 제6장에서 본 것처럼, 세 주의 조사연구자들은 과속에 대한 자료를 수집하였다. 원리상 이것은 경찰의 단속자료에 대해 가장 훌륭한 비교를 할 수 있게 해 준다. 경찰 단속 자료의 인종분포와 따로 수집된 자료의 과속자 인종분포를 상호 비교하는 것이다. 만약 퍼센트가 비슷하다면 그것은 경찰이 단지 교통위반자만을 단속한다는 경찰의 주장을 지지하는 것이다. 만약 그들이 다르다면, 이것은 설명되지 않은 불균형의 강력한 증거가 될 것이다.

우리는 여기서 의도적으로 '설명되지 않은 불균형'이란 말을 했다. 그러한 불균형은 설명으로서의 차별을 지지하는 것이지만, 그 차이가 차별 때문에 발생하였다는 것을 증명하지는 못한다. 그것이 바로 우리가 다른 모든 그럴듯한 설명이 제거되었다고 확신하지 못하는 이유이다. 간단히 다시 말하면, 우리는 차별이 불균형의 원인이 되었다는 주장의 내적 타당도에 대한 위협을 배제할 수 없다.

측을 할 때, 구체적인 이론에 근거한 예측을 할 것을 요구하는 것이다. '경쟁 가설(rival hypothesis)'이라고도 불리는 대안적 설명은 결과에 대한 구체적인 예측이 실제로 이루어질 때는 설득력이 다소 떨어진다.

	사례연구 접근
구성 타당도	다양한 출처의 증거 연쇄적 인과관계의 확립 멤버 확인
내적 타당도	유형–매칭 시계열 분석
외적 타당도	다양한 사례연구를 통한 반복

그림 7-8 사례연구와 타당도

출처: Yin(2013: 42).

예를 들어, 브라가와 동료들(Braga et al., 2001)은 보스턴 총기 전략 프로그램에서 종합적인 개입 정책을 시행한 후 보스턴의 25세 미만 남성 거주자 중에서 총기 살인이 줄어들 것이라고 예측하였다. 비록 급격한 감소가 관찰된 것에 관해 다른 설명이 가능하다 하더라도, 조사연구자의 개입 및 그에 상응하는 결과에 대해 구체적인 초점이 맞춰져 있다는 점은 경쟁 가설의 신빙성(credibility)을 약화시킨다. 수많은 관찰이 원인에 대한 우리의 예측된 기대를 지지한다면, 오랜 기간에 걸쳐 변수를 많이 측정하는 것은 내적 타당도를 강화시킨다. 우리는 앞서 비등가적 시계열 비교와 전환된 반복(switching replication)이 우리의 발견을 어떻게 강화시킬 수 있는지를 살펴보았다. 이것은 유형 매칭과도 일치한다. 우리는 오랜 기간 관찰을 통해 어떤 유형의 결과를 기대하는지에 관해 구체적으로 진술한다.

끝으로, 하나의 사례연구는 외적 타당도 위협에 취약한데, 왜냐하면 그것이 구체적인 장소의 맥락에 근거하고 있기 때문이다. 다른 장소에서 다수의 사례연구를 수행하는 것은 반복의 원리(principle of replication)를 설명해 준다. 조사연구의 발견사항을 반복함으로써, 우리는 증거를 축적한다. 우리는 보스턴 총기 프로젝트로부터 구체적인 개입을 그대로 옮겨 심으려 노력했던 조사연구자처럼, 인과적 관계가 다른 환경(setting)에서는 달리 나타날 수도 있다는 점을 발견할 수도 있다. 비록 그러한 발견 사항이 인과성의 일반화 가능성을 약화시킨다 하더라도, 인과적인 메커니즘이 서로 다른 환경에서 어떻게 서로 다르게 작동하는지에 대해 우리가 이해할 수 있도록 도와줄 수도 있다.

시계열설계와 사례연구는 변수지향적 조사연구의 예이다. 오랜 기간 많은 관찰을 통해 하나의 사례를 연구하는 것은 시계열설계의 예이다. 하나 이상의 다른 사례를 추가하는 것은 비등가적 비교를 만들어내는 기회를 제공한다. 시계열설계, 사례연구 및 비등가적 비교는 의사실험설계이다. 그들은 설계의 구성요소를 다른 방식으로 사용하면서, 실험의 방식으로 수행된다.

실험설계와 의사실험설계의 요약

조사연구설계의 구성요소를 이해하고 그것을 적절하게 채택하는 것은 모든 조사연구 질문에 대해 동일한 설계를 적용하려고 노력하는 것보다 더 낫다.

이제 실험연구 또는 의사실험연구를 설계하는 데 단순한 공식이나 조리법이 존재하지는 않는다는 것을 확실히 알아야 한다. 조사연구자는 연구대상자 집단의 수나 구성을 조정하고, 연구대상자를 선정하며, 얼마나 많은 관찰을 해야 하는지를 결정하고, 그리고 연구를 위해 어떤 유형의 실험적 자극을 소개하거나 연구해야 하는지를 결정하는 데 있어 거의 무한대의 다양한 선택을 할 수 있다. 계속된 예제인 '종합적 사고: 교통 단속상 불균형에 관한 설명 평가'에서 다양한 접근방식에 대한 논의를 참조하라.

고전적 실험설계의 변형은 설명적 조사연구나 평가적 연구에 특히 유용하지만, 탐색적 및 기술적 연구에는 대개 다른 방법이 사용된다. 예를 들어, 한 시점에서 수행된 표본조사는 범죄에 대한 두려움이나 형벌에 대한 국민의식과 같은 현상을 탐색하고 기술할 때 사용될 수 있다. 연령 코호트에 대한 종단적 연구는 종종 범죄경력이나 비행의 발달론적 원인을 고찰하는 데 가장 탁월한 방법이다.

실험적 설계가 가장 좋은 선택이라 할 때라도 무작위 할당을 하기 위해 또는 오랜 기간에 걸쳐 연속적으로 관찰된 것을 분석하기 위해 처치집단과 통제집단을 구성하는 것이 항상 가능한 것은 아니다. CCTV에 관한 조사연구가 하나의 예이다.

이 장의 앞부분에서 언급한 것처럼, 실험은 잘 정의된 개념과 명제가 포함된 주제에 가장 적합하다. 실험과 의사실험은 또한 조사연구자가 실험적 자극에 대해 일정 정도의 통제를 수행할 수 있거나 최소한 그와 유사한 것이라도 할 것을 요구한다. 마지막으로, 이러한 설계는 종속변수에 대한 실험적 처치와 관찰의 시간적 순서를 애매모호하지 않게 확립할 수 있는 능력에 달려 있다. 종종 필요한 정도의 통제조차 확보하는 것이 불가능하기도 하다.

조사연구 프로젝트를 설계하는 데 있어, 조사연구자는 실험적 설계를 사용할 기회에 항시 대비해야 한다. 조사연구자는 또한 무작위 할당이 가능하지 않을 때에도 의사실험설계가 어떻게 개발될 수 있는지 알아야 한다. 실험과 의사실험은 대체로 다른 방식의 관찰에서는 얻기 어려운 논리적 엄격성을 조사연구자에게 제공해 준다. 조사연구설계의 구성요소는 다양한 종류의 형사사법 조사연구 질문을 창조적인 방식으로 제기하는 데 활용될 수 있다. 설계 쟁점에 대해, 그리고 설계 요인이 어떻게 타당도 위협을 축소할 수 있는지에 대해 세심한 주의를 하는 것이 조사 과정에서 가장 본질적인 것이다.

요약

- 실험은 인과과정을 통제하여 검사하는 데 뛰어난 도구이다. 실험은 또한 평가연구에도 적합하다.
- 고전적 실험은 실험집단과 통제집단에 대한 사전검사와 사후검사를 통해 일부 종속변수에 미치는 실험적 자극(처치)의 효과를 검증한다.
- 실험대상자 집단이 보다 큰 모집단을 대표해야 한다는 사실은 실험집단과 통제집단이 상호 유사해야 한다는 사실에 비해 덜 중요하다.
- 무작위 할당은 실험집단과 통제집단을 서로 비교할 수 있게 하는 가장 좋은 방법이다.
- 연구대상자를 무작위로 할당하는 고전적 실험은 내적 타당도에 대한 위협의 대부분을 막아준다.
- 실험은 종종 통제된 조건하에서 발생하므로, 결과물을 실제-세계 상황에 일반화할 수 없을 수도 있다. 또는 하나의 환경에서의 실험으로부터 발견된 사실은 다른 환경에 대한 적용이 가능하지 않을 수도 있다.
- 고전적 실험은 실험집단과 통제집단의 수, 실험적 자극의 횟수와 형태, 사전검사 또는 사후검사 측정의 횟수를 변화시킴으로써 구체적 연구 목적에 적합하도록 변경될 수 있다.
- 의사실험은 실험설계를 사용하는 것이 가능하지 않거나 바람직하지 않을 때 수행될 수 있다.
- 비등가집단과 시계열설계는 의사실험의 두 가지 일반적 형태이다.
- 시계열설계와 사례연구는 변수지향적 조사연구의 예인데, 변수지향적 조사연구에서는 하나 또는 몇 개의 사례에 대해 많은 수의 변수가 조사된다.
- 실험과 의사실험은 설계의 구성요소를 사용함으로써 특정 연구 목적에 맞도록 설정을 변경할 수 있다.
- 조사연구자들은 요구된 통제를 수행할 수 없을 수 있기 때문에, 모든 연구 목적과 연구 질문이 실험설계 또는 의사실험설계에 따라야 하는 것은 아니다.

핵심 용어

고전적 실험(classical experiment)
독립변수(independent variable)
무작위 할당(random assignment)
변수지향적 조사연구(variable-oriented research)
사례연구(case study)
사례지향적 조사연구(case-oriented research)
시계열설계(time-series design)
실험집단(experimental group)
의사실험(quasi-experiment)
일반화 가능성(generalizability)
종속변수(dependent variable)
통제집단(control group)

복습문제 및 연습문제

1. 비록 여러분이 약물남용저항교육(Drug Abuse Resistance Education: DARE)에 직접 참여한 기억은 없더라도 아마 그것에 대해 무언가를 듣거나 읽은 기억은 있을 것이다. DARE가 마약 복용을 줄일 것이라는 인과적 가설을 검증하기 위한 실험적 설계를 기술하라. 여러분의 실험적 설계는 실현 가능한가? 왜 가능하고 또는 왜 가능하지 않은가?
2. 실험은 종종 공중건강조사연구에서 행해지는데, 그곳에서는 효능실험과 효율실험 간에 차이가 존재한다. 효능실험은 일부 새로운 건강프로그램이 이상적 조건하에서 작동하는지 여부에 초점을 맞추는 반면, 효율실험은 건강 전문가들이 일상 작업에서 마주치는 일상적 조건에서 프로그램을 검증한다. 이 둘은 한편으로 내적 타당도 위협에 대한 또 한편으로는 일반화 가능성에 대한 우려를 어떻게 반영하는지 토론하라.
3. 핫스팟은 범죄 신고, 경찰 서비스에 대한 요구, 그리고 범죄에 대한 다른 측정치가 특별히 흔한 지역이다. 분석능력이 좋은 경찰서 경관들은 일상적으로 핫스팟을 파악해서 이 지역에서의 범죄를 줄이기 위해 특별한 전술을 시작한다. 핫스팟에 대한 경찰 개입 효과를 연구하는 데 있어 조사연구자들은 어떤 종류의 타당도 위협에 특별히 주의를 기울여야 하는가?

PART 03

관찰의 방법

일반적인 쟁점에서 시작해서 연구설계까지, 연구의 기초를 배워가면서 형사사법 연구에서 이용 가능한 다양한 관찰 기법 속으로 뛰어들어 보자.

제8장은 관찰을 위해 사람이나 사물을 어떻게 선택할지에 대해 다룬다. 표집에 관한 우리의 논의는 일반화 가능성이라는 근본적인 과학적 쟁점을 다룬다. 이 장에서 보게 될 것과 같이, 우리가 관찰을 위해 몇몇 사람이나 사물을 선택하고 우리가 관찰한 것을 관찰한 것보다 훨씬 더 큰 사람이나 사물의 집단에 적용하는 것은 가능하다. 예를 들어, 1,000명의 사람들에게 도로교통법을 집행하기 위해 비디오카메라를 사용하는 것에 대해 그들이 어떻게 느끼는지에 대해 질문하고, 이것을 수천만 명의 사람들이 그것에 대해 어떻게 느끼는지를 예측하기 위해 이용하는 것은 가능하다.

제9장은 설문조사연구와 사람들에 대한 질문을 통해 자료를 수집하는 여러 기법에 대해 설명한다. 이 장은 질문을 하는 다양한 방식을 다루고, 설문조사의 다양한 용도와 형사사법 조사에서 관련된 기법에 대해 논의한다.

제10장은 질문을 하여 정보를 수집하는 또 다른 방식에 관해 설명한다. 이 장에서 우리는, 다양한 방식의 질적 면접 설계를 설명하는데, 초점집단 면접도 이것의 한 유형이다.

제11장은 현장연구에서 가장 자연스러운 자료수집 형태, 즉 자연스러운 환경에서의 직접 관찰을 다룬다. 우리가 앞으로 보게 될 것처럼, 관찰은(특정 지점에서 걸어가는 보행자를 세는 것과 같이) 고도로 구조화되고 체계화될 수 있고, 그렇지 않으면 덜 구조화되고 보다 유연해질 수 있다.

제12장은 우리 주변에서 이용 가능한 몇몇 자료를 이용하는 방법을 다룬다. 연구자들은 종종 형사사법기관과 다른 공공기관에 의해서 수집된 자료를 다룬다. 내용 분석은 뉴스 기사, 법원의 판결문, 또는 심지어 기록된 시각적 이미지와 같은 것을 세심하게 기입하고 수를 셈으로써 자료를 수집하는 방법이다. 형사사법 연구자들은 또한 다른 사람들에 의해서 수집된 자료에 대한 이차적 분석을 수행할 수도 있다.

CHAPTER 08

표집

표집은 조사를 위해 수백 또는 수천의 사람들을 조사하는 것을 통해 조사되지 않은 훨씬 더 많은 사람들에게 적용할 수 있는 사실을 발견할 수 있게 해 준다.

학습목표

1. 확률표집이 어떻게 작은 표본으로 큰 모집단을 대표할 수 있는지를 이해한다.
2. 표본의 질을 결정하는 가장 중요한 기준은 그것이 모집단을 대표하는 정도라는 것을 인식한다.
3. 확률표집의 가장 중요한 원리는, 모든 모집단의 구성요소를 알고 있고, 이들이 표본에 선택될 가능성은 0이 아니어야 한다는 것을 약술한다.
4. 확률표집 기법이 어떻게 어느 정도 대표성이 있는 표본을 추출할 수 있게 하는지를 설명한다.
5. 표본통계치를 통한 모수추정이 표집분포와 확률이론에 근거한다는 것을 설명한다.
6. 단순무작위표집이 논리적으로 확률표집에서 가장 기본적인 기법인 이유를 이해한다.
7. 계통적 표집, 층화표집, 다단계 집락표집과 같이, 상이한 모집단과 상이한 연구 목적에 맞추어 사용되고 결합되는 다양한 확률표집설계를 구별한다
8. 전미범죄피해조사와 잉글랜드 및 웨일스의 범죄조사와 그들이 기본으로 삼은 다단계 집락표집의 기본 특징을 이해한다.
9. 비확률표집 기법이 확률표집 기법에 비해 통계적으로 대표성이 더 낮다는 것을 인식하고, 비확률표집이 적용될 수 있는 적절한 예를 제시한다.
10. 목적표집, 할당표집, 눈덩이 표집과 같은 다양한 비확률표집을 설명하고, 각각의 예를 제시한다.

표집과 선거여론조사

2012년 미 대통령 선거의 많은 흥미로운 특징 중의 하나는 대중여론을 몇 개월 동안 추적한 많은 여론조사였다. 어떤 여론조사는 투표 며칠 전에 오바마(Obama)의 근소한 우세를 예측했는 데 반해 다른 여론조사들은 롬니(Romney)의 근소한 우세를 예상했다. 개별 여론조사 예측에서의 작은 차이점은 중요한 표집원리를 설명한다. 다음의 표는 2012년 11월 3일, 『허핑턴 포스트』의 웹페이지에 게재된 것이다.

이들 조사에 관한 다음의 두 가지 수치는 여론조사상의 추정치와 실제 선거결과이다. 첫째, 세 여론조사 추정치는 매우 유사하다. 둘째, 이들 중 둘은 두 후보 간의 5% 포인트의 차이를 보여주지만, 그것은 반대 방향이다. 모든 여론조사는 투표 전 2주 이내에 완료되었다. 이 차이를 어떻게 설명할 것인가?

	오바마(%)	롬니(%)
Ipsos/Reuters	49	48
ABC/Post	48	49
Rasmussen	48	48
National Journal	50	45
Gallup	46	51
최종 투표결과	51	49

출처: http://www.huffingtonpost.com/2012/11/03/presidential-polls-2012_n_2068889.html?utm_hp_ref=@pollster; and http://elections.nytimes.com/2012/results/president.

두 가지 사실이 투표 추정치의 정확성에 영향을 미쳤는데, 하나는 표집이고, 다른 하나는 질문이 측정해야 할 속성을 얼마나 정확히 반영하는지이다. 우리는 이전 장들에서 측정에 대해 살펴보았다. 제9장은 조사연구에 대해 초점을 맞춘다. 지금부터 어떤 사람에게 어떻게 투표하려고 하는지를 묻는 것은 선거 여론조사에 따라서 크게 달라지지 않는 꽤 쉬운 측정작업이다. 예를 들어, '만약 대통령 선거 투표가 오늘이라면, 오바마와 바이든과 롬니와 라이언 중에 누구에게 투표하려고 합니까?'와 같이 질문할 것이다.

이 선거여론조사에서 위에서 살펴본 대부분의 결과 차이는 이 장의 주제인 표집에서의 차이에서 기인한다. 위에 살펴본 5개의 여론조사는 상이한 표집방법을 사용했다. 예를 들어, 라스무센(Rasmussen) 조사는 자동화된 로봇을 이용한 전화 걸기를 사용했는데, 이것은 대규모의 무응답을 초래한다. 더욱이 라스무센과 갤럽 조사는 유선전화만을 대상으로 하는데, 이것은 휴대전화만을 소유한 점점 증가하는 인구를 놓쳤다(Shepard, 2012; Silver, 2012). 이 인구는 상대적으로 젊은 도시민들로 구성되어 있고, 이들은 2012년에 오바마에게 투표하는 경향이 있었다.

이 장에서 보게 될 것과 같이, 표집의 정확성은 표본 선택에서의 편향을 감소시키는 정도에 달려 있다. 의사소통 방식에서의 변화는 유선전화로 표집하는 전통적 접근에서의 편향을 증가시킨다. 동시에, 휴대전화와 인터넷의 더 많은 사용, 사회적 네트워크의 증가, 휴대용 컴퓨터는 사람들을 표집하고 면접하는 새로운 기회를 제공한다. 이 장에서, 우리는 가구에 대한 전화 점유도에 대한 최근의 자료를 제시한다. 여러분의 친구 중에서 얼마나 많은 사람들이 유선전화를 이용하는가?

도입

대표성 있는 자료를 수집하는 것은 형사사법 분야의 연구에서 근본적인 문제이다.

어떤 연구가 어느 정도의 가치를 가지는지는 많은 부분 어떻게 자료가 수집되었는지에 달려 있다. 형사사법 연구의 한 중요한 부분은 무엇을 관찰하며 무엇을 관찰하지 않을 것인지를 결정하는 것이다. 예를 들어, 만약 마약 남용자에 관해 연구하기를 원한다면, 어떤 마약 남용자를 조사해야 하는가? 이 장은 표집의 논리와 근본적인 원리에 대해 논한 후, 연구대상자나 다른 단위들을 추출하기 위한 일반적인 다양한 접근방법을 설명한다.

표집(sampling)은 관찰대상을 추출하는 과정이다. 표집을 하는 이유는 보통 다음의 두 이유 중 하나이다. 첫째, 우리가 연구하고 싶어 하는 모든 사람이나 다른 단위로부터 정보를 수집하는 것이 종종 불가능하다. 우리는 미국 도시에서 검거된 전체 사람들 중에 어느 정도의 비율이 최근에 약물을 사용했는지를 알고 싶어 할 수 있지만, 모든 그러한 자료를 수집하는 것은 사실상 불가능할 것이다. 따라서 우리는 관찰대상의 어떤 표본을 관찰해야 한다.

표집을 하는 두 번째 이유는 모든 사람이나 다른 단위로부터 자료를 수집하는 것이 종종 불가능하다는 점이다. 확률표집 기법은 상대적으로 거의 관찰을 하지 않고도, 이 관찰대상으로부터 훨씬 넓은 모집단에 대해 일반화하는 것을 가능하게 한다. 예를 들어, 만약 고등학생의 마리화나 사용 비율에 관심이 있다면, 수천 명의 학생의 확률표본으로부터 자료를 수집하는 것은 전국의 모든 고등학생을 조사하는 것만큼 우리의 욕구를 잘 만족시켜 줄 것이다.

확률표집이 형사사법 분야의 연구에 주된 것임에도 불구하고, 많은 상황에서 사용될 수 없다. 그러한 경우에는 다양한 비확률표집 기법을 이용할 수 있을 것이다. 비확률표집은 그 자신의 논리를 갖고 있으며, 형사사법 탐구를 위한 유용한 표본을 제공할 수 있다.

표집(sampling) 연구대상의 모집단에서 몇몇 구성요소를 추출하는 것.

이 장에서는 그러한 방법의 장점과 결점 모두를 살펴보고, 표집과 자료수집의 보다 큰 상황에서 그들이 어떤 경우에 잘 맞는지를 논의한다. 모든 표집의 한 중요한 목표는 연구대상자를 추출하는 작업에서 있을 수 있는 잠재적인 편향을 감소시키고, 적어도 이해하려는 것임을 명심하라.

확률표집의 논리

확률표집은 관찰된 사례로부터 관찰되지 않은 사례로 일반화하는 것을 도와준다.

연구를 위한 연구대상자 집단을 선택할 때, 사회과학 연구자들은 종종 어떤 유형의 표집기법을 이용한다. 일반적으로 표집은 모집단의 어떤 부분을 선택하는 것을 말한다. 표본을 추출할 때, 우리는 다음 두 가지를 하길 원한다. 첫째, 우리는 사람들 또는 다른 어떤 것의 보다 큰 모집단을 대표하는 표본을 추출한다. 예를 들어, 만약 우리가 지역사회 교정시설에 대한 태도에 관심이 있다면, 우리는 지역의 주민으로부터 표본을 추출하고, 그들에게 몇몇 질문을 하고, 그들의 응답을 모든 지역주민의 태도를 대표하는 것으로 이용할지도 모른다. 또는 형사법원의 사건을 연구할 때, 우리는 모든 사례를 조사할 수 없을지도 모르고, 그래서 우리는 몇몇 법원에서 다루는 전체 사건의 모집단을 대표하는 어떤 표본을 추출한다.

둘째, 우리는 어떤 표본에서 그 표본이 대표하고자 하는 조사되지 않은 모집단으로 일반화하길 원할 수 있다. 만약 우리가 지역사회 주민들의 어떤 표본을 면접한다면, 우리는 우리의 발견을 모든 지역사회 주민(면접한 사람과 면접하지 않은 사람)에게 일반화하기를 원할 수 있다. 유사하게 우리는 우리의 형사법원의 사건 표본을 전체 형사법원의 사건 모집단에 일반화할 수 있을 것으로 기대할지도 모른다.

어떤 특별한 유형의 표집은 보다 큰 모집단에 일반화하는 것을 가능하게 하는데, 이것은 **확률표집**(probability sampling)으로 알려져 있다. 확률표집은 어떤 모집단의 각 구성원이 추출될 가능성이나 확률을 알 수 있는 추출방법이다. 한 모집단의 어떤 개인이 추출될 수 있는 확률을 아는 것은 우리의 표본이 정확히 보다 큰 모집단을 대표할 것이라고 예상할 수 있게 만든다.

만약 어떤 모집단의 모든 구성원이 모든 측면(인구학적 특성, 태도, 경험, 행동 등)에서 동일하다면, 특별히 세심한 표집절차가 필요 없다. 이 경우에는 어떤 표본이라도 문제가 없을 것이다. 실제로 이러한 극단적으로 동질적인 사례에서, 단 하나의 사례는 전체 모집단의 특성을 연구하는 표본으로서 충분할 것이다. 그렇지 않으면, 조지 갤럽(George

---

확률표집(probability sampling) 표본요소가 표본에 부분한 확률을 알 수 있는 표집 방법.

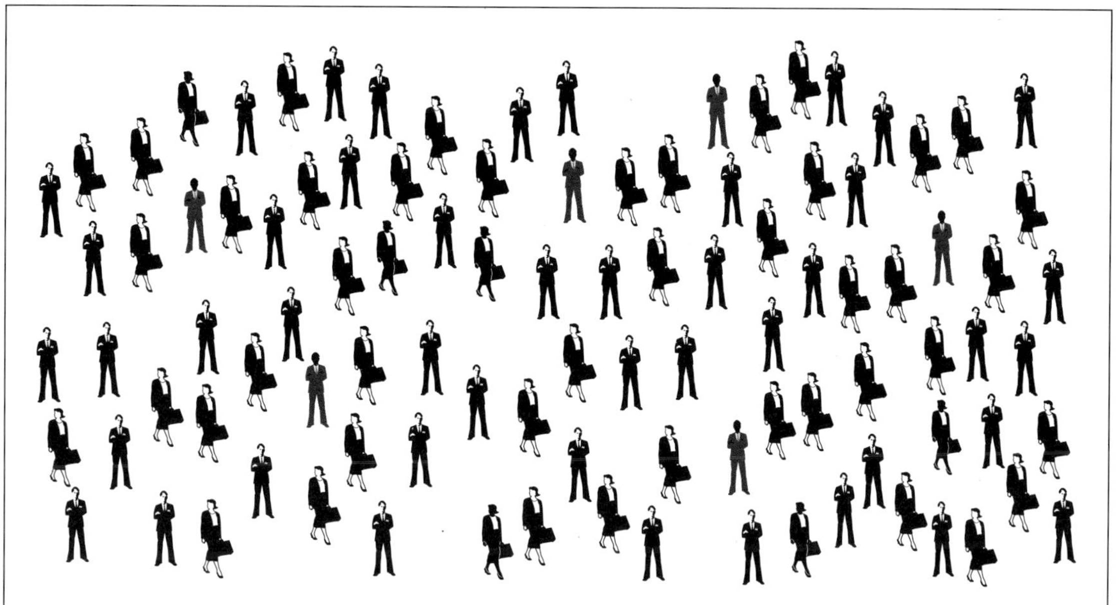

그림 8-1 100명으로 구성된 한 모집단

Gallup)이 지적한 바와 같이, "만약 수프가 잘 저어져 있다면, 한 스푼만으로도 냄비에 담긴 전체 수프의 맛을 알 수 있을 것이다"(Best and Radcliff, 2005: 716).

물론 실제에서는 모집단을 구성하는 인간 존재는 많은 점에서 이질적이다. 그림 8-1은 이질적인 모집단에 대한 단순화된 설명이다. 이 작은 모집단 100명의 구성원은 성과 인종이 서로 다르다. 우리는 이 가상적인 소규모 모집단을 이용하여 다양한 측면의 표집을 설명할 것이다.

어떤 모집단에서 추출된 어떤 개인의 표본은, 만약 그것이 전체 모집단의 특성과 유사하다면, 본질적으로 그 모집단에서 존재하는 것과 같은 정도의 변량을 가져야 한다. 이것은 겉보기만큼 단순하지는 않다. 연구자들의 잘못된 선택이나 방식에서의 가능한 몇몇 편향을 살펴보자. 그러고 나서 확률표집이 왜 모집단에 존재하는 변량을 적절히 반영하는 표본을 추출할 수 있는 효율적인 방법인지를 살펴볼 것이다.

의식적 표집편향과 무의식적 표집편향

언뜻 보기에 표집은 다소 간단한 문제인 것처럼 보일지도 모른다. 100명의 변호사 표본을 추출하기 위해, 어떤 연구자는 단지 법원에 가서 문으로 들어가는 첫 100명의 변호사를 면접할지도 모른다. 이러한 종류의 표집방법은 종종 훈련받지 않은 연구자가 이용하는 방법이지만, 이 방식은 심각한 편향을 가져오게 된다. 표집과 관련하여, 편향(bias)은

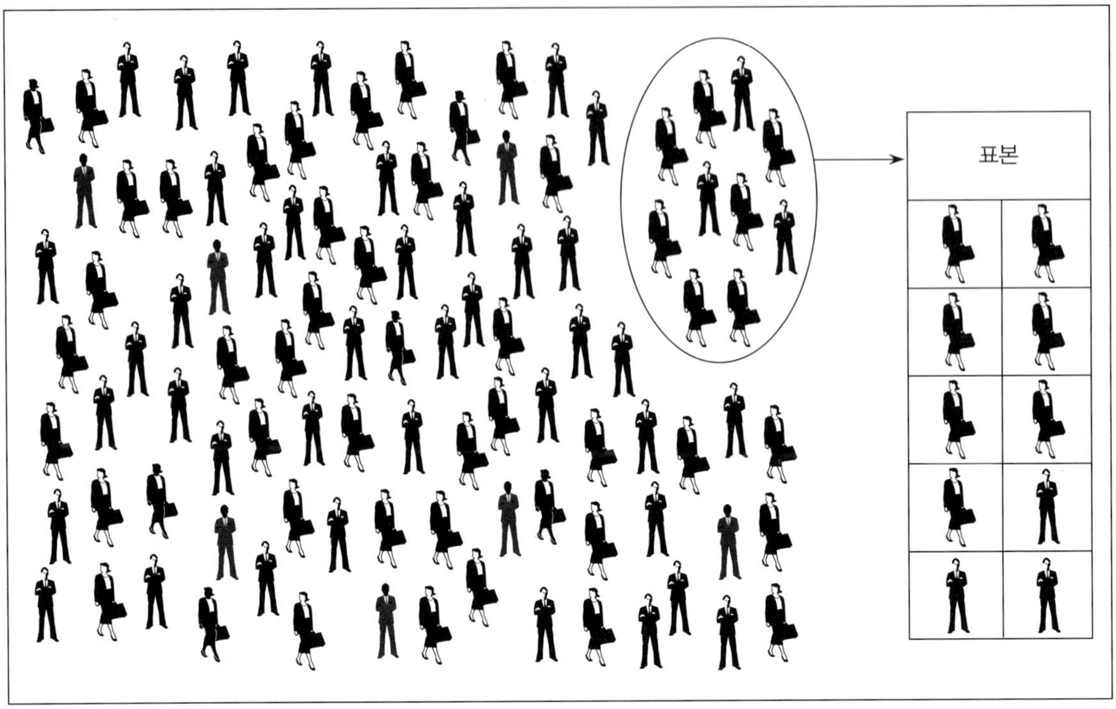

그림 8-2 쉽지만 대표성이 없는 편의표본

간단하게, 추출된 사람이 보다 큰 모집단에서 '전형적'이지 않거나 '대표적'이지 않다는 것을 의미한다. 이러한 종류의 편향은 연구자가 별생각 없이 연구대상자를 추출할 때 사실상 필연적으로 나타난다.

그림 8-2는 우리가 단지 편의적으로 사람들을 추출할 때 나타날 수 있는 상황을 설명한다. 여성이 소규모 모집단의 단지 50%를 구성한다고 할지라도, 연구자와 가장 가까이 있는 사람은 70%가 여성이다(그림에서 오른쪽 위에 있는 사람들). 모집단의 12%가 흑인이라고 할지라도, 편의적으로 연구자 근처에 있는 사람을 추출한 이 표본에는 아무도 추출되지 않는다.

단지 편리한 사람들을 연구할 때 내재된 위험을 극복하기 위해, 다른 잠재적인 문제를 고려할 필요가 있다. 그 연구자가 심지어 균형 있는 변호사 집단을 면접하려고 한다 할지라도, 그는 그러한 균형을 이루기 위해 어느 정도 비율의 상이한 유형의 변호사가 필요한지를 모를 것이다.

연구자들이 면접을 하기 위해 의식적인 노력, 예를 들어 법원에 들어오는 매 10번째 변호사를 추출하는 것과 같은 노력을 할 수도 있지만, 그는 아직 대표성 있는 표본에 대해 확신할 수 없다. 왜냐하면 상이한 유형의 변호사가 상이한 빈도로 법원을 방문하고, 몇몇은 결코 법원에 가지 않기 때문이다. 따라서 추출되는 표본은 법원에 자주 방문하는 변호사를 과다하게 대표할 것이다.

유사하게, 블로그나 문자메시지, 또는 이메일에 링크된 여론조사는 일반적인 모집단을 대표하지 않는다. 블로그는 선택적인 경향이 있는데, 사람들은 그들이 지지하는 개인적 · 정치적 쟁점에 대한 의견을 제시하는 블로그를 정기적으로 방문한다(McKenna and Pole, 2008). 결과적으로 블로그 여론조사에 응답하는 사람들의 모집단은 단지 개별 블로그를 정기적으로 방문하는 사람들의 모집단을 대표할 수 있다. 유사하게, 대부분의 상업적 이메일 서비스는 몇몇 광고를 포함하고, 그러한 광고는 여론조사로서 신뢰를 받지 못한다. 자기선택이 많이 개입될수록, 보다 많은 편향이 표본 속에 침투한다는 것은 보편적인 진리이다.

부주의에 대한 표집편향의 가능성은 끝이 없으며, 항상 분명치 않다. 다행히도 몇몇 기법은 우리가 이러한 편향을 극복하는 것을 도와준다.

대표성과 추출확률

대표성(representativeness)이라는 용어가 정밀하거나 과학적인 의미를 가지지는 못할지라도, 그것은 표집에 대한 논의에서 유용한 상식적 의미를 내포한다. 우리가 여기서 그 용어를 사용하는 것과 같이, 어떤 표본의 집합적인 특성이 모집단의 집합적인 특성과 매우 유사하다면, 그 모집단으로부터 추출된 표본은 **대표성**을 가진다. 예를 들어, 만약 모집단의 50%가 여성이라면, 대표성 있는 표본은 또한 50%에 근접한 여성 비율을 가질 것이다. 이 장의 뒤에, 우리는 상세히 '어느 정도 근접할지'에 관해 논의할 것이다. 표본이 모든 측면에서 대표성을 가질 필요는 없다는 점을 명심해야 한다. 대표성은 연구의 관심이 되는 특성에 제한된다. 이 점은 **대표성**이라는 것이 의미하는 것에 대한 윌리엄 섀디시, 토머스 쿡, 도널드 캠벨(William Shadish, Thomas Cook, and Donald Campbell, 2002: 354~356)의 보다 광범위한 논의와 일치한다.

확률표집의 한 기본원리는 만약 모집단의 모든 구성원이 어떤 표본에 추출될 확률이 같다면, 그 표본은 그 모집단에 대해 대표성을 가질 것이라는 점이다. 이 동등성을 갖는 표본을 종종 **동등확률추출방법**(equal probability of selection method: EPSEM) 표본이라고 부른다. 이 원리는 확률표집의 기본을 이룬다.

심지어 주의 깊게 추출된 EPSEM 표본도 그들이 추출된 모집단을 완벽하게 대표하지는 않는다. 그럼에도 불구하고, 확률표집은 두 가지의 특별한 이점을 가진다. 첫째, 확률표본은 그것이 결코 완벽하게 대표성 있다고 할 수는 없어도, 일반적으로 다른 유형의 표본들에 비해 보다 대표성이 있다. 왜냐하면 그들은 앞 절에서 논의된 편향을 피할 수 있기 때문이다. 실제로, 확률표본이 비확률표본에 비해 그것이 추출된 모집단을 대표할 가능성은 훨씬 높다.

둘째, 그리고 좀 더 중요한 것으로, 확률표집은 우리가 그 표본의 정확성이나 대표성을 추정할 수 있게 한다. 생각건대, 어떤 연구자는 완전히 우연에 의해 모집단을 잘 대표하는 표본을 추출할 수도 있다. 그러나 그 가능성은 그렇게 크지 않으며, 우리는 어떤 우연적 표본이 대표성을 획득할 가능성을 추정할 수 없다. 확률표본은 성공이나 실패의 어떤 정확한 추정치를 제공할 수 있다. 왜냐하면 확률표본은 우리에게 확률이론에 근거하여 추출하는 것을 가능하게 하기 때문이다.

확률이론과 표집분포

확률이론은 표본자료가 보다 큰 모집단에서 발견되는 값 주위에 어떻게 분포하는지에 대해 추론을 할 수 있게 한다.

확률표집의 논리에 대한 기본적인 이해를 통해서, 우리는 어떻게 확률표집이 실제에서 작동하는지를 살펴볼 수 있다. 그 후에 우리는 특수한 표집 기법을 고안하고 이러한 기법의 결과를 평가할 수 있을 것이다. 그렇게 하기 위해, 우리는 먼저 네 가지의 중요한 개념(표본요소, 모집단, 모집단 모수, 표본통계치)을 이해할 필요가 있다.

표본요소(sample element)는 정보가 수집되는 단위이며, 그것은 분석의 기초가 된다. 일반적으로, 설문조사연구에서 요소는 사람들이거나 특정 유형의 사람들이다. 그러나 다른 종류의 단위도 형사사법 분야의 연구(예: 교정시설, 경찰 순찰구, 또는 법정 사건)에서 요소가 될 수 있다. 분석의 요소와 단위는 종종 동일하다.

모집단(population)은 이론적으로 상세히 설명되는 연구요소의 집합이다. 모호한 '비행자'가 어떤 연구의 대상이 될 수도 있지만, 보다 정확한 모집단에 대한 묘사는 '비행자'라는 요소에 대한 정의(예: 비행으로 입건된 사람), 연구의 시점(이전 6개월 동안 비행으로 입건됨)을 포함한다. 추상적인 '성인약물 중독자'를 연구가 가능한 모집단으로 바꿔 표현하는 것은 '성인'을 정의하는 연령과 '중독자'를 구성하는 약물남용의 수준을 명시하는 것을 요한다. '대학생'을 상세히 표현하기 위해서는 전일제와 시간제 학생, 학위와 비학위 과정생, 학부와 대학원 학생 등을 고려해야 한다.

모집단 모수(population parameter)는 어떤 모집단에서의 어떤 주어진 변수의 값이다. 어떤 도시의 모든 가구의 평균수입과 그 도시 인구의 연령분포는 모수이다. 표본 관찰치에 근거하여 모집단 모수를 추정하는 것은 형사사법 연구의 한 중요한 부분이다.

표본에서의 어떤 변수의 요약기술치를 **표본통계치**(sample statistic)라고 부른다. 표본통계치는 모집단 모수를 추정하는 데 이용된다. 따라서 어떤 표본으로부터 계산된 평균

모집단 모수(population parameter) 어떤 모집단에서 주어진 변수의 값.
표본통계치(sample statistic) 표본의 요약특성으로, 모수를 추정하는 데 이용된다.

수입과 그 표본의 연령분포는 통계치이며, 이 통계치는 모집단의 수입과 연령과 같은 모수를 추정하는 데 이용된다.

표집의 궁극적인 목적은 모집단으로부터 일련의 요소를 추출하는 것인데, 그 과정에서 이 요소의 기술치(표본통계치)가 요소가 추출되는 전체 모집단의 모수를 정확히 묘사하도록 해야 한다. 확률표집은 이러한 목표를 성공적으로 수행할 가능성을 높여주며, 또한 가능한 성공의 정도를 계산할 수 있게 해 준다.

이 과정의 핵심은 무작위추출이다. 무작위추출에서, 각 요소는 추출과정에서 어떤 다른 사건과는 독립적으로 추출될 동등한 기회를 갖는다. 동전을 던지는 것은 가장 자주 인용되는 예이다. 앞면과 뒷면의 추출은 이전의 앞면이나 뒷면의 추출과는 독립적이다.

무작위추출방법을 이용하는 데는 두 가지 이유가 있다. 첫째, 이 절차는 연구자에 대한 의식적 또는 무의식적 편향이 작용하는지에 대해 검토하게 한다. 어떤 직관적인 근거에서 사례를 추출하는 연구자는 그의 연구기대나 가설을 지지할 사례를 추출할지도 모른다. 무작위추출은 이러한 위험을 없앤다. 둘째, 좀 더 중요한 것으로 무작위추출을 통해서 우리는 확률이론에 근거하여 추출할 수 있고, 이것은 우리가 모집단 모수를 추정하고 우리의 통계치가 어느 정도의 정확성을 갖는지를 추정할 수 있게 한다.

10명의 표집분포

어떤 집단에 10명의 사람들이 있으며, 각자는 주머니에 돈을 어느 정도 갖고 있다고 가정하자. 단순화를 위해, 한 사람은 돈이 없고, 또 다른 사람은 1달러를 갖고 있고, 또 다른 사람은 2달러, 그리고 9달러를 가진 사람까지 있다고 가정하자. 그림 8-3은 이 10명의 모

그림 8-3 0~9달러를 가진 10명의 모집단

집단을 설명한다.[1]

우리의 임무는 한 사람이 가진 돈의 평균, 특히 평균 달러를 결정하는 것이다. 만약 여러분이 그림 8-3에서 보이는 돈을 단지 합산한다면, 합계는 45달러이며 평균은 4.5달러이다(45÷10). 이 예의 목적은 10명의 개인을 모두 관찰하지 않고 평균을 추정하는 것이다. 우리는 이 모집단으로부터 무작위 표본을 추출하고, 이 표본의 평균을 전체 모집단의 평균을 추정하는 데 이용할 것이다.

먼저, 우리가 무작위로 단지 1명으로 구성된 표본을 추출한다고 가정하자. 우리는 우리가 어떤 사람을 추출하는지에 따라서 그 집단의 평균을 0달러에서 9달러 사이의 어느 점으로 추정할 것이다. 그림 8-4는 10개의 가능한 표본을 보여준다. 그래프에 보이는 10개의 점은 우리가 모집단의 추정치로서 얻을 10개의 표본 평균을 대표한다. 그래프 상의 그 점의 범위는 **표집분포**(sampling distribution)인데, 그것은 우리가 만약 많은 표본들을 추출할 때 얻을 수 있는 표본통계치의 범위로 정의된다. 분명히, 단지 하나의 표본을 추출하는 것은 좋은 생각이 아니다. 왜냐하면 우리는 4.5달러라는 진짜 평균을 놓칠 가능성이 충분히 있기 때문이다.

만약 각각 두 명의 표본을 추출하면 어떻게 될 것인가? 그림 8-5에 나타낸 것처럼, 표본규모의 증가는 우리의 추정치를 개선한다. 한 번 더, 각 점은 어떤 가능한 표본을 나타

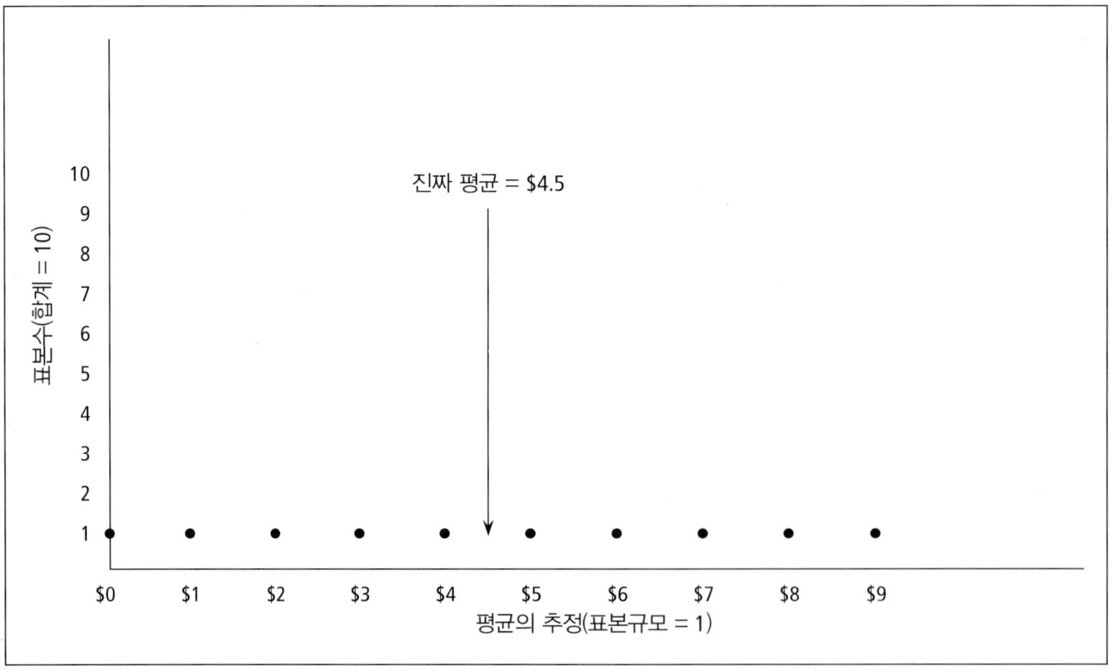

그림 8-4 1명의 표본의 표집분포

1 우리는 확률표집을 소개하는 이러한 방식을 제안한 하난 셀빈(Hanan Selvin)에게 감사드린다.

낸다. 여기에는 두 요소로 구성된 45개의 가능한 표본이 있다. 0달러/1달러, 0달러/2달러, …… 7달러/8달러, 8달러/9달러. 게다가 이 표본 중의 몇몇은 같은 평균을 가진다. 예를 들어, 0달러/6달러, 1달러/5달러, 2달러/4달러는 모두 3달러의 평균을 가진다. 그림 8-5에서, 3달러의 평균 위에 보이는 그 세 점은 이 세 표본을 나타낸다.

우리가 45개의 표본으로부터 얻을 수 있는 평균들은 평평하게 분포하지 않는다는 점을 명심하라. 오히려 그들은 다소 4.5달러의 진짜 값 주위에 모여 있다. 단지 두 개의 표본이 진짜 값으로부터 4달러까지 이탈하지만(0달러/1달러 그리고 8달러/9달러), 그 표본 중에 5개는 4.5달러의 진짜 추정치를 갖고, 또 다른 8개의 표본은 단지 ±0.5달러 그 점을 벗어난다.

이제 보다 큰 표본을 추출하는 것을 생각해 보자. 이 경우 우리의 평균 추정치는 이떻게 될 것인가? 그림 8-6은 3명, 4명, 5명, 6명의 표본의 표집분포를 나타낸다. 표집분포의 발전은 명확하다. 표본규모에서의 증가는 두 관련된 방식에서 평균의 추정치의 분포를 개선한다. 첫째, 예를 들어 5명의 표본의 분포에서, 분포의 극단 끝에 위치한 표본평균은 없다. 왜냐하면 우리의 모집단으로부터 다섯 요소를 추출하여 2달러보다 적은 평균을 얻거나 7달러보다 큰 평균을 얻는 것은 가능하지 않기 때문이다. 보다 큰 표본일 때, 표집분포가 개선하는 두 번째 방식은 표본평균이 점점 4.5달러라는 진짜 모평균 주변에 밀집된다는 것이다. 그림 8-6은 이러한 경향을 명확히 보여준다.

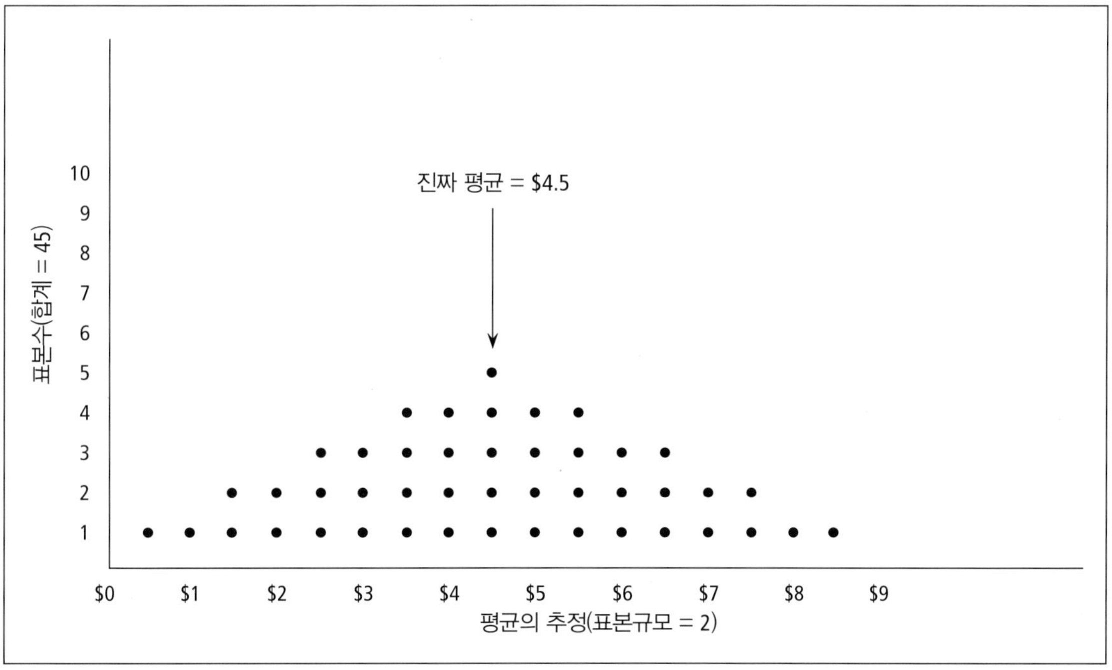

그림 8-5 2명의 표본의 표집분포

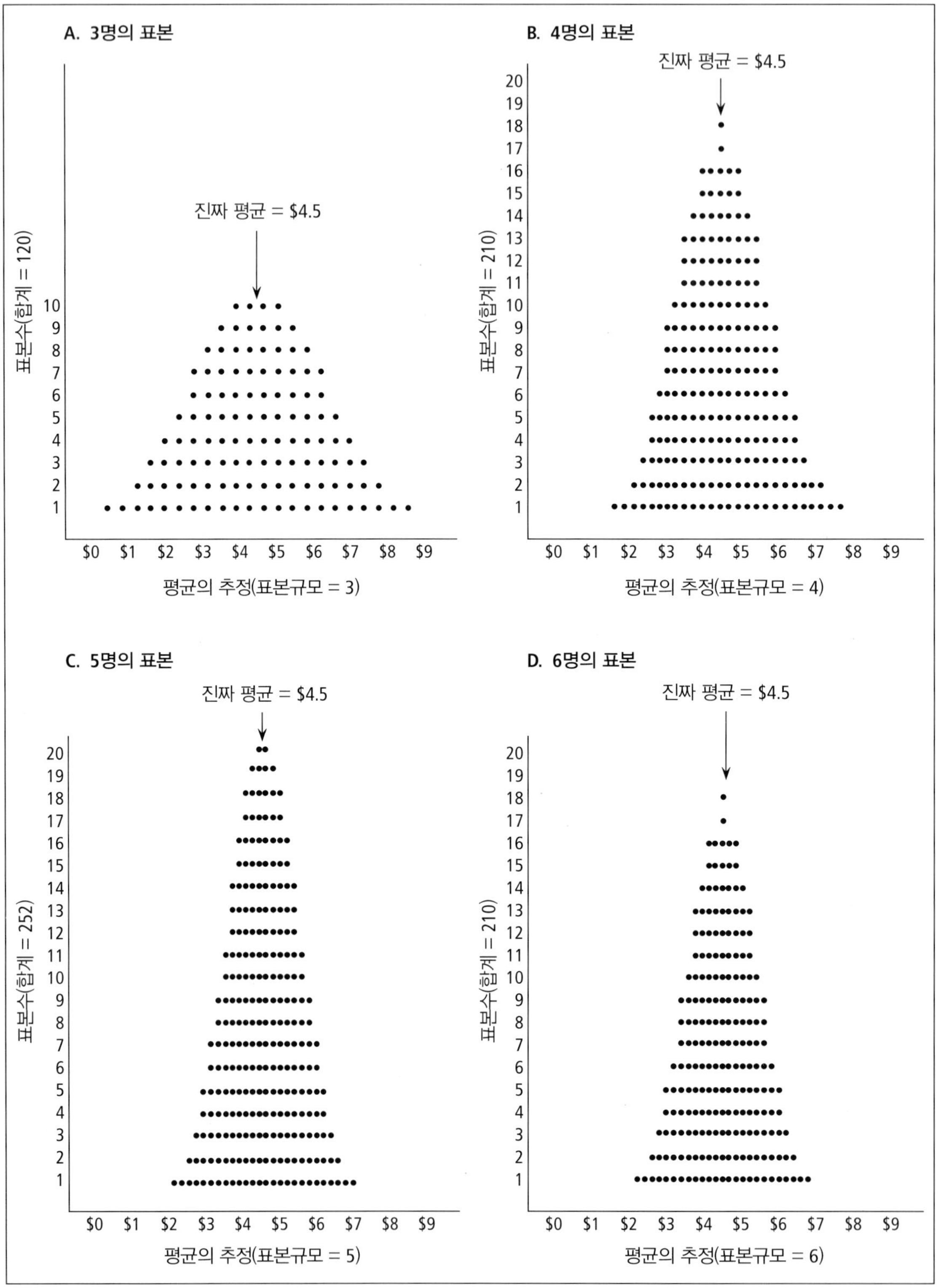

그림 8-6 3명, 4명, 5명, 6명의 표본의 표집분포

표집분포에서 모수추정까지

이제 보다 현실적인 표집상황으로 가서, 어떻게 표집분포의 개념이 적용되는지를 살펴보자. 우리가 캘리포니아의 플래시드 코스트(Placid Coast)의 모집단을 조사하길 원한다고 상상해 보자. 이 연구는 도시 내에서의 권총 소유를 금지하는 법안에 대한 찬성과 반대의 수준을 평가하기 위한 것이다.

우리가 목표로 하는 모집단은 모든 성인 주민이다. 실제 표본을 추출하기 위해, 우리는 우리의 모집단에서 몇 종류의 요소들의 목록을 필요로 한다. 그러한 목록을 **표집틀**(sampling frame)이라고 부른다. 우리의 표집틀은 유권자 등록 명부인데, 이것은 이 지역에서 20,000명의 등록된 유권자 명부이다. 여기서 요소는 유권자로 등록된 개인이다.

고려되고 있는 변수는 제안된 법에 대한 대도(찬성과 반대)이다. 이러한 방식으로 측정되면, 법에 대한 태도는 이항변수(binomial variable)이다. 그것은 단지 두 값만을 가진다. 우리는 제안된 법에 대한 찬성의 모집단 모수를 추정하려는 목적을 위해 100명의 무작위 표본을 추출할 것이다.

그림 8-7은 모집단에서 이 모수의 모든 가능한 값들을 나타낸다(0% 찬성에서 100% 찬성까지). 선의 중간점(50%)은 찬성과 반대의 반이라는 것을 나타낸다.

표본을 추출하기 위해 우리는 유권자 등록명부에 있는 각 사람들에게 숫자를 부여하였고, 100개의 무작위 숫자를 발생시키는 컴퓨터 프로그램을 이용한다. 그 후 우리는 숫자가 추출된 100명의 사람들을 면접하고, 권총 소유 금지에 대해 찬성하는지 아니면 반대하는지 그들의 태도를 묻는다. 이 작업 결과 48명의 사람들이 법에 찬성하고 52명의 사람들이 반대한다고 가정해 보자. 우리는 48%에 해당하는 지점에 점을 찍음으로써 이 통계

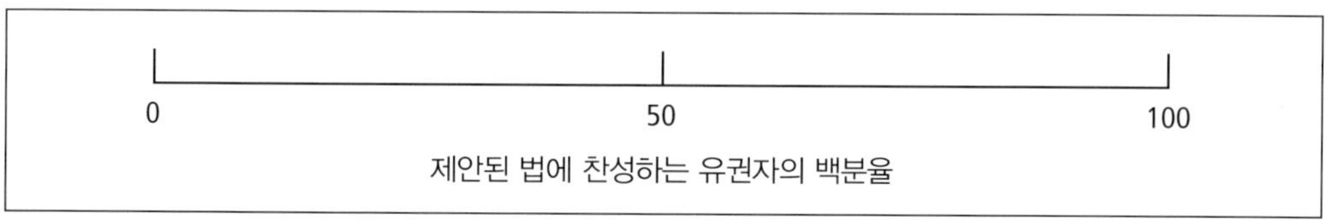

그림 8-7 가능한 표본 연구결과의 범위

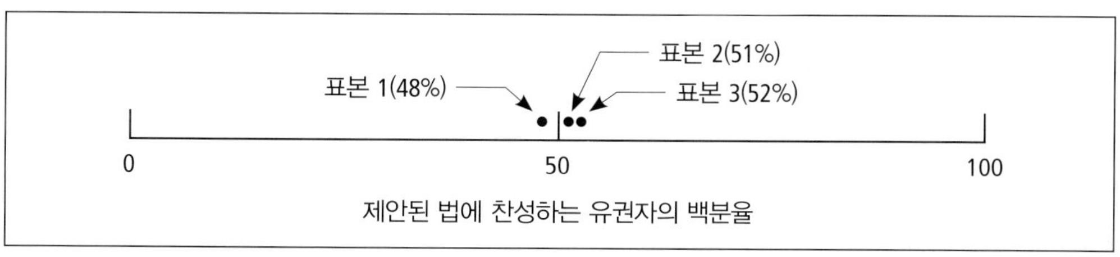

그림 8-8 세 가정적 표본에 의해 산출된 결과

표집틀(sampling frame) 표본을 선택하기 위한 어떤 모집단에서 구성요소의 목록 또는 유사목록.

를 그림 8-8과 같이 나타낸다.

우리가 정확히 같은 방식으로 100명의 또 다른 표본을 추출하고 그들의 제안된 법에 대한 찬성과 반대를 측정한다고 가정하자. 아마도 두 번째 표본에서 51%는 법에 찬성한다. 우리는 그림 8-8에 있는 선 위의 적당한 지점에 또 다른 점을 찍는다. 이 과정을 한 번 더 반복함으로써, 우리는 세 번째 표본에서 52%의 사람들이 권총 금지에 찬성한다는 것을 발견할 수도 있다. 우리는 그림 8-8에 세 번째 점을 추가한다.

이제 그림 8-8은 세 가지의 상이한 표본통계치를 제공하는데, 이것들은 세 무작위 표본의 각각에서 제안된 법에 찬성하는 사람들의 백분율을 나타낸다. 따라서 그 무작위 표본 각각은 우리에게 전체 모집단에서 권총법에 대해 찬성하는 등록유권자의 백분율의 한 추정치를 제공한다. 불행히도, 우리는 지금 세 개의 다른 추정치를 갖고 있다.

우리 자신을 이 딜레마로부터 구원하기 위해서, 각 100명의 등록된 유권자의 점점 더 많은 표본을 추출하고, 그 표본 각각에 그들이 찬성하는지 또는 반대하는지를 질문하고, 새로운 표본통계치를 우리의 요약 그래프에 표시하자. 많은 그러한 표본을 추출할 때, 우리는 그 새로운 표본 중 몇몇은, 우리가 앞서 살펴본 10개의 사례를 이용한 설명에서와 같이, 중복되는 추정치를 제공한다는 것을 발견한다. 그림 8-9는 수백의 표본의 표집분포를 보여준다. 이것은 종종 정규분포 또는 종 모양의 곡선으로 나타난다.

추출되고 면접 대상이 되는 표본의 수를 증가시킴으로써 우리는 표집효과에 의해 제공되는 추정치의 범위를 증가시켜 왔다. 어떤 점에서, 우리는 모집단에서 모수를 발견하려고 시도할 때 우리의 딜레마를 증가시켜 왔다. 다행히도, 확률이론은 그림 8-9에서 볼 수 있는 표집분포에 대한 어떤 중요한 규칙을 제공한다.

표집오차의 추정

확률이론은 몇몇 기본적인 통계적 개념을 통해 우리의 딜레마를 푸는 데 도움을 줄 수 있

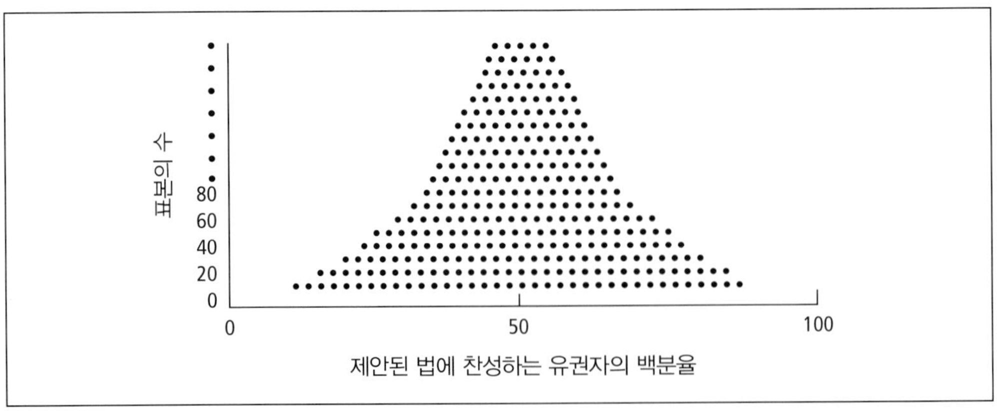

그림 8-9 표집분포

다. 첫째, 만약 많은 독립적인 무작위표본이 모집단으로부터 추출된다면, 이 표본에서 얻을 수 있는 표본통계치는 어떤 알려진 방식으로 모집단 모수 주변에 분포할 것이다. 따라서 그림 8-9가 넓은 범위의 추정치를 보여준다고 하더라도, 그들의 보다 많은 숫자는 50% 근처에 존재한다. 확률이론은 우리에게 진짜 값이 50% 근처에 있다는 것을 알려 준다.

둘째, 확률이론은 우리에게 표본통계치가 그 진짜 값 근처에 얼마나 가까이 무리 지을 것인지를 추정하는 어떤 공식을 제공한다.

$$S = \sqrt{\frac{P \times Q}{n}}$$

여기서 S는 표집오차의 정도로서 정의되는 **표준오차**(standard error)이며, n은 각 표본에서의 사례수이고, P와 Q는 이항식에 대한 모집단 모수이다. 만약 등록된 유권자의 60%가 권총의 금지에 찬성하고 40%가 반대한다면, P와 Q는 60%와 40%, 또는 각각 .6과 .4이다.

어떻게 확률이론이 우리가 표집오차를 추정하는 것을 가능하게 하는지를 살펴보기 위해서, 실제로 50%의 사람들이 제안된 법에 찬성하고 50%가 반대한다고 가정해 보자. 이 것은 우리가 우리의 표본에서 추정하려고 하는 모집단 모수이다. 우리가 각 10개 사례의 표본을 추출해 왔다는 것을 상기하자. 이 숫자를 공식에 대입하면, 다음을 얻을 수 있다. 표준오차는 05 또는 5%이다.

$$S = \sqrt{\frac{0.5 \times 0.5}{100}} = 0.05$$

확률이론에서 표준오차는 가치 있는 정보이다. 왜냐하면 그것은 표본통계치가 모집단 모수 주변에 얼마나 가까이 분포하는지를 나타내기 때문이다. 표준오차는 우리에게 표본통계치가 모집단 모수의 주변에서 퍼져 있는지 또는 모여 있는지를 말해 준다. 확률이론은 우리에게 표본추정치의 대충 34%(.3413)가 모집단 모수 위쪽으로 1 표준오차 증가분 안에 존재하며, 또 다른 34%는 모수 아래쪽으로 1 표준오차 증가분 내에 존재한다는 것을 말해 준다. 우리의 예에서, 표준오차 증가분은 5%이고, 따라서 우리는 우리 표본들의 34%는 50%(모수)와 55%(1 표준오차 위)의 사이에 존재한다는 것을 안다. 그 표본의 또 다른 34%는 50%와 45%(모수의 1 표준오차 아래) 사이에 존재할 것이다. 따라서 이들을 종합해 보면, 대충 표본의 2/3(68%)가 45%와 55% 사이에 존재한다고 할 수 있다.

표준오차는 또한 표본규모와 반비례한다. 이것은 표본규모가 증가함에 따라서 표준오차는 감소한다는 것을 의미한다. 그리고 표본규모가 증가함에 따라서, 몇몇의 표본이 진짜 값 주변에 모일 것이다. 그림 8-6은 이렇게 모이는 현상을 설명한다. 또 다른 경험 법칙은 표준오차에 대한 공식에서 자명하다. 제곱근의 효과 때문에, 만약 표본규모가 4배가 된다면, 표준오차는 절반으로 줄어든다. 우리의 예에서, 100명의 표본은 5%의 표준오차를 만들어낸다. 표준오차를 2.5%로 감소시키기 위해서, 우리는 표본규모를 400으로 증가시켜야 한다. 모든 이러한 정보는 확립된 확률이론에 의해 제공되는데, 이것은 많은 수의 무작위 표본을 추출할 때 적용된다. 만약 모집단 모수가 알려져 있고 많은 무작위 표본이 추출된다면, 확률이론은 우리가 얼마나 많은 표본이 모수로부터 특정 구간 내에 존재할지에 대해 예측할 수 있게 해 준다.

물론 이 논의는 단지 확률표집의 논리를 설명한다. 그것은 조사가 실제로 수행되는 방식을 설명하지 않는다. 보통 우리는 모수를 모른다. 우리는 틀림없이 우리가 그 값을 추정하기를 원하기 때문에 표본조사를 수행한다. 게다가, 우리는 정확히 많은 수의 표본을 추출하지 않는다. 단지 한 표본만을 추출한다. 확률이론이 하는 것은 전형적인 조사 상황에 대한 추론의 기초를 제공한다. 수천 개의 표본을 추출하는 과정을 이해하는 것은 우리에게 우리가 추출하고 연구하는 한 표본에 대한 가정을 할 수 있게 한다.

신뢰수준과 신뢰구간

확률이론은 그 가설적인 많은 수의 표본들의 68%가 모수의 1 표준오차 내에 존재한다는 추정을 제공할 것이다. 연구자로서, 우리는 그 논리를 반대로 바꿀 수 있고 어떤 하나의 무작위 표본이 그 범위 내에 존재할 확률은 68%라고 추론할 수 있다. 이 점에서, 우리는 **신뢰수준**(confidence level)을 말한다. 우리는 우리의 표본추정치가 모수의 1 표준오차 내에 존재한다고 68% 확신한다. 그렇지 않으면, 우리는 우리가 표본통계치가 모수의 2 표준오차 내에 존재한다고 95% 확신한다고 말할 수도 있다. 매우 합리적으로, 우리의 신뢰수준은 오차에 대한 한계가 확대됨에 따라서 증가한다. 우리는 우리의 통계치가 진짜 값의 3 표준오차 내에 존재한다고(99.9%) 사실상 확신한다.

우리가(어떤 수준에서) 모수의 어떤 범위 내에 존재한다고 확신할 수 있을지라도, 우리는 모수가 무엇인지 거의 모른다. 이 딜레마를 풀기 위해, 표본추정치를 그 공식에서의 모수로 대체한다. 진짜 값을 모르는 상태에서 이용 가능한 최선의 추정으로 대체한다.

이 추론과 추정의 결과는 우리가 모집단 모수를 추정할 수 있고 또한 모집단에서 추출된 한 표본에 근거하여 오차의 기대 수준을 또한 추정할 수 있다는 것이다. 먼저 이 문제를 살펴보자. 플래시드 코스트(Placid Coast)에 거주하는 등록된 유권자의 몇 퍼센트가 권총금지법안에 찬성하는가? 우리는 100명의 등록된 유권자의 무작위 표본을 추출하고 그들을 면접한다. 그러고 나서 우리는 등록된 유권자의 50%가 권총 금지에 찬성한다고 추

신뢰수준(confidence level) 모집단 모수가 특정의 신뢰구간에 존재할 확률.

정하고, 40%에서 60%(±2 표준오차) 정도가 찬성한다고 95% 확신한다고 보고할지도 모른다. 40%에서 60%에 이르는 그 범위를 **신뢰구간**(confidence interval)이라 부른다. 68% 신뢰수준에서 신뢰구간은 45~55%이다.

신뢰수준과 신뢰구간의 논리는 또한 연구를 위한 적절한 표본규모를 결정하는 토대가 된다. 일단 우리가 허용할 수 있는 표집오차를 결정한다면, 우리는 우리의 표본에서 필요로 하는 사례수를 계산할 수 있다.

확률이론과 표집분포의 요약

무작위 추출은 연구자에게 어떤 표본으로부터의 발견을 확률이론과 연결시켜서 이러한 발견의 정확성을 추정할 수 있게 한다. 표집에서 정확성에 대한 모든 진술은 신뢰수준과 신뢰구간을 모두 자세히 밝혀야 한다. 연구자는 그가 모집단 모수가 두 특정 값 사이에 있다고 x 퍼센트 확신한다고 보고해야 한다.

이 예에서, 우리는 어떤 이항변수(백분율로 분석되는 어떤 변수)를 사용하여 표집오차의 논리를 설명해왔다. 한 다른 통계적 절차는, 예를 들면, 평균에 대해 표준오차를 계산해야 하겠지만, 그 전체 논리는 동일하다.

이 논의의 어디에도 우리는 연구되고 있는 표본규모를 고려하지 않는다는 점을 명심하라. 이것은 표본규모가 거의 항상 관계가 없기 때문이다. 버몬트(Vermont) 주민을 대표하기 위해 적절히 추출된 2,000명의 어떤 표본은 캘리포니아의 거주자를 대표하기 위해 적절히 추출된 2,000명의 어떤 표본과 마찬가지로 정확하지 않을 것이다. 이것은 심지어 버몬트 표본이 실제로 캘리포니아의 거주자를 대표하기 위해 추출된 같은 수의 표본보다 그 작은 주의 거주자들에 있어서는 실재적으로 보다 높은 비율임에도 불구하고 사실이다. 이러한 반직관적인 사실이 나타나는 원인은, 표집오차를 계산하는 방정식에서, 표본이 추출되는 모집단이 무한하게 크고, 따라서 모집단에 대한 모든 표본의 비율은 전체의 0%인 것이나 마찬가지라고 가정하기 때문이다.

확률표집의 기본 논리에 대한 이 논의에 대해 결론내리기 전에 두 개의 주의할 점이 있다. 첫째, 여기서 논의된 것처럼 확률이론을 사용하는 조사는 기술적으로 완전히 정당화되지 않는다. 표집분포의 이론은 대부분 결코 조사환경에 적용되지 않는 가정을 갖는다. 예를 들어, 표준오차의 특정 증가분(예: 1 표준오차, 2 표준오차……) 안에 포함되는 표본의 정확한 비율은 수학적으로 대단히 큰 표본(무한히 많은 수의 표본)과 복원추출(다시 말해서, 모든 추출되는 표집단위는 '항아리에 다시 되돌려지고' 다시 추출될 수 있다.)을 가정한다. 둘째, 우리의 논의는 몇몇 표본들의 분포에서 한 표본의 있음직한 특징들로 과

신뢰구간(confidence interval) 모집단 모수가 포함되는 값의 범위. '34%와 39% 사이'가 한 예이다.

도하게 단순한 추론적 비약을 한다.

우리는 표집에서 균형 있게 확률이론을 이용하기 위해 이러한 주의사항을 제안한다. 형사사법과 다른 사회과학에서의 연구자들은 종종 확률이론을 이용하여 산출된 추정의 정확성에 관해 과대평가하는 것 같다. 표집 기법과 비표집 요인에서의 편차는 더욱 그러한 추정의 정당성을 감소시킬 수 있다. 예를 들어, 표본에서 추출된 사람들 중에 조사에 참여하지 못하거나 거절한 사람들은 표본의 대표성을 더욱 떨어뜨릴 것이다.

그럼에도 불구하고, 이 절에서 논의된 계산법은 자료를 이해하고 평가하는 데 있어서 극히 가치 있을 수 있다. 그 계산법이 몇몇 연구자들이 생각하는 정도의 정확한 추정치를 제공하지는 않지만, 그들은 실용적인 목적을 위해 꽤 타당할 수 있다. 그들은 덜 엄격한 표집방법에 기초해 덜 엄격하게 도출된 추정치보다 훨씬 더 타당하다. 가장 중요한 것으로, 그 계산법에 근거한 기본 논리에 익숙해지는 것은 자신의 자료와 다른 사람에 의해 보고되는 자료에 대해 현명하게 대응하도록 도와줄 수 있다.

확률표집

다양한 유형의 확률표집설계는 상이한 연구 목적을 위해 단독으로 또는 조합하여 사용할 수 있다.

연구자로서 그리고 연구의 소비자로서, 우리는 표집의 이론적 기초를 이해할 필요가 있다. 현장에서 존재하는 불완전한 상황을 인식하는 것도 못지않게 중요하다. 우리 대부분은 지금까지 우리가 단순무작위표집을 사용하고 있다고 가정해 왔다. 현실에서, 연구자들은 표집방법을 선택할 때 많은 선택을 하고, 그 방법 각각은 그 자체로 장점과 단점이 있다.

모집단과 표집틀

먼저 모든 확률표집의 한 중요한 특징(모집단과 표집틀 간의 관계)에 대해 좀 더 실용적으로 고려해 보자.

표집틀은 어떤 확률표본이 추출되는 근거가 되는 요소의 목록이나 유사목록이다. 다시 말해서, 표집틀은 우리의 연구대상자가 되는 모집단의 어떤 목록 또는 유사목록이다. 우리는 '유사목록(quasi-list)'이라고 말하는데, 왜냐하면, 심지어 실제 목록이 존재하지 않더라도, 그것이 존재하는 것처럼 표본을 추출할 수가 있기 때문이다. 적절히 추출된 표본은 표집틀을 구성하는 요소의 모집단에 대한 적절한 정보를 제공한다. 이 점은 연구자들이 특정의 표집틀로부터 표본을 선택하고, 게다가 표집틀에 의해 정의되는 연구의 모집단과, 동일하지는 않지만, 유사한 어떤 모집단에 대해 결론을 내리는 일반적인 경향에 비추어 볼 때 중요하다.

예를 들어, 만약 우리가 정기형(determinant sentencing) 정책에 대한 교정관리의 태도를 연구하길 원한다면, 우리는 미국 교정협회의 회원명부에 근거하여 어떤 표본을 추출할 수 있다. 이 경우에, 회원명부는 우리의 표집틀이고 교정관리들은 우리가 알고 싶어 하는 모집단이다. 그러나 모든 교정관리가 미국 교정협회의 회원이고 모든 회원이 이 명부에 포함되어 있지 않는다면, 결과를 모든 교정관리로 일반화하는 것은 맞지 않을 것이다.

이 예는 표집에 관한 한 중요한 점을 설명한다. 조직에 있는 사람들의 표본은 종종 표집의 관점에서 볼 때 가장 단순하다. 왜냐하면 조직들은 전형적으로 회원 목록을 갖기 때문이다. 그러한 경우에, 회원의 목록은 괜찮은 표집틀일 수 있다. 만약 무작위표집이 회원 목록으로부터 추출된다면, 그 표본으로부터 수집된 자료는 모든 회원을 대표하는 것으로 여겨질 수 있다. 특히 이것은 모든 회원이 그 명부에 포함되어 있을 때 그러하다. 그러나 그러한 목록이 얼마나 완전하거나 불완전한지에 대해 알고, 완전한 모집단보다는 나열된 표본요소에로 그들의 일반화를 제한하는 것은 필수적이다. 조직에 있는 개인들의 목록은 전형적으로 이메일 주소를 포함한다. 그러한 경우에, 조직은 특히 웹에 기반을 둔 표집과 이메일 조사에 적절하다.

개인들의 목록은 특히 어떤 특별한 연구 목적을 위해서 적합하다. 면허를 가진 운전자, 자동차 소유자, 복지 수혜자, 세금 납부자, 무기 소지가 허가된 자, 그리고 자격 있는 전문가의 목록은 바로 그러한 몇몇의 예이다. 이러한 목록 중 어떤 것에 접근이 어려울 수 있지만, 그것은 특별한 연구 목적을 위해 뛰어난 표집틀이 된다.

전화번호부는 신속하고 간단한 대중적 여론조사에 자주 사용된다. 명백히, 그들은 쉽고 값싸며, 또한 대중적이라는 점에 대해서는 아무런 의심의 여지가 없다. 그러나 그들은 몇 가지의 한계가 있다. 전화번호부는 새로운 가입자나 명부에 등재되지 않기를 요구한 사람들을 포함하지 않을 것이다. 표집은 이 목록에 비거주자의 목록이 포함됨으로써 더욱 복잡해진다. 더욱이, 전화번호부는 때때로 어떤 도시의 모집단의 목록으로 여겨지는데, 그것은 항상 사실인 것은 아니다. 점점 많은 가구들이 단지 휴대폰만을 사용하며 그래서 전화번호부에 등재되지 않는다. 2015년에 수행된 한 연구에 따르면, 성인의 48%가 휴대폰만을 가진 가구이다(Blumberg and Luke, 2016).

도로 목록과 납세지도는 가구에 대한 표집틀로서 이용될 수 있지만, 그들은 또한 불완전하고 편향을 갖고 있어 어려움이 있다. 예를 들어, 지하층 아파트와 같은 불법적인 주택단지는 공식적인 기록에 나타나지 않는 경향이 있다. 결과적으로, 그러한 단지는 추출될 아무런 가능성이 없고, 표본에서의 발견은 종종 하층의 인구밀도가 높은 이러한 주택단지를 대표하지 않을 것이다.

보다 일반적인 의미에서, 표집틀을 어떤 연구 모집단에 대한 조작적 정의로서 볼 수 있다. 변수의 조작적 정의가 추상적인 개념을 얼마나 잘 측정하는지를 나타내는 것과 같이,

표집틀은 어떤 추상적인 연구 모집단을 실제 세계에서 대표하는 것이다. 예를 들어, 우리는 범죄학자가 연구에서 윤리적 쟁점에 어떻게 대처하는지에 대해 연구하길 원할 수 있다. 우리는 얼마나 많은 범죄학자가 있는지에 대해 모르지만, 범죄학자의 모집단에 대한 일반적인 생각을 진전시킬 수 있다. 우리는 또한 미국범죄학회(American Society of Criminology: ASC)의 회원명부를 이용함으로써 그 개념을 조작화할 수 있는데, 여기서 그 명부는 범죄학자라는 모집단에 대한 우리의 조작적 정의이다.[2] 대부분의 범죄학자가 이메일을 광범위하게 사용하기 때문에, 미국범죄학회의 이메일 주소에서 추출한 표본은 우리의 목적에 적절히 부합한다.

단순무작위표집

단순무작위표집(simple random sampling)은 확률이론의 기초를 형성하며, 우리가 모집단 모수, 표준오차, 신뢰구간을 추정하는 데 이용하는 통계적 도구를 만들어 낸다. 보다 정확하게, 그러한 통계치는 편향되지 않은 표집을 가정하며, 단순무작위표집은 편향되지 않은 표집의 토대이다.

일단 표집틀이 만들어지면, 그 틀 속에 있는 각 요소에 하나씩 번호를 부여함으로써 단순무작위표본이 만들어질 수 있는데, 그 과정에서 어떤 번호도 빠뜨리지 않아야 한다. 난수표, 또는 난수를 발생시키는 컴퓨터 프로그램은 그 표본을 위해 요소를 추출하는 데 이용된다.

만약 표집이 전산화된 데이터베이스이거나 기계가 읽을 수 있는 다른 형태의 자료라면, 단순무작위표본은 컴퓨터에 의해 추출될 수 있다. 실제로, 그 컴퓨터 프로그램은 표집틀에 있는 요소에 대해 번호를 매기고, 일련의 난수를 만들어 내며, 추출된 요소의 목록을 인쇄한다.

계통적 표집

단순무작위표집은 실제에서는 거의 사용되지 않는다. 왜냐하면, 주로 이 방법이 보통 가장 효율적인 방법이 아니고, 만약 수작업으로 한다면 지루할 수 있기 때문이다. 이 방법은 일반적으로 요소의 어떤 목록이 필요하다. 그리고 그러한 목록이 이용 가능할 때, 연구자들은 보통 단순무작위표집보다는 오히려 **계통적 표집**(systematic sampling)을 사용한다.

계통적 표집에서, 연구자는 목록에 있는 모든 요소 중에서 뽑아서 표본에 포함한다. 만약 어떤 목록이 10,000개의 요소를 갖고 있고, 우리가 1,000명의 표본을 원한다면, 우

---

2 이것은 미국범죄학회(ASC)의 웹사이트에서 이용 가능하다. ASC website: http://asc41.com/director/frame.htm.

리는 우리의 표본을 위해 매 10번째 요소를 추출한다. 인간에 의한 어떤 가능한 편향을 확실히 제거하기 위해, 우리는 첫 요소를 무작위로 선택해야 한다. 이와 같이 10,000개의 요소 목록으로부터 1,000명을 계통적으로 추출하기 위해서, 우리는 1과 10 사이의 난수를 선택함으로써 시작한다. 그 번호를 가진 요소와 그것 다음에 매 10번째 요소가 표본에 포함된다.

실제에서, 계통적 표집은 사실상 단순무작위표집과 동일하다. 만약 요소의 목록이 정말로 표집 이전에 무작위로 배열되었다면, 우리는 그 목록에서 추출된 어떤 계통적 표본은 실제로 단순무작위표본이다.

계통적 표집은 한 위험을 갖는다. 목록에서 요소가 주기적으로 배열되는 것은 계통적 표집을 문제 있는 것으로 만들 수 있다. 이 배열을 보통 주기성(periodicity)이라 부른다. 만약 요소의 목록이 표집간격과 일치하는 순환적 패턴으로 배열된다면, 편향된 표본이 추출될 수 있다. 우리가 한 아파트 건물에서 아파트의 표본을 선택한다고 가정하자. 만약 표본이 수적인 순서로 배열된 아파트의 어떤 목록으로부터 추출된다면, 표집간격이 한 층 또는 그것의 배수로 아파트의 번호와 일치할 위험이 있다. 예를 들어, 뉴욕에 있는 맥스필드의 아파트에서, 1, 2, 3, 4호는 멋진 전망을 가지고 가격이 5, 6, 7, 8호(맥스필느의 집 호수)보다 3배 이상 높다. 만약 출발점이 2호라면, 비싼 아파트만이 표본으로 추출될 것이다.

어떤 목록으로부터 계통적 표본을 고려할 때, 우리는 그 목록의 속성에 대해 주의 깊게 조사할 필요가 있다. 만약 그 요소가 어떤 특별한 순서로서 배열되어 있다면, 우리는 그 순서가 추출되는 표본에 어떤 편향을 가져올 것인지를 검토하고, 어떤 발생 가능한 편향들을 상쇄하기 위한 조치를 취해야 한다.

요약하면, 계통적 표집은 보통 단지 편리하다는 점에서 단순무작위표집에 비해 우월하다. 표집틀에서 요소가 주기적으로 배열됨으로써 생기는 문제는 보통 매우 쉽게 극복될 수 있다.

층화표집

우리는 어떤 목록으로부터 표본을 추출하는 두 가지 방법, 즉 무작위표집과 계통적 표집을 살펴보았다. **층화표집**(stratified sampling)은 이러한 방법에 대한 대안이 아니라, 그것은 그들의 이용과정에서 약간 수정한 것이다. 단순무작위표집과 계통적 표집 둘 다 어느 정도의 대표성을 확보하며, 존재하는 표집오차를 추정할 수 있게 한다. 층화표집은 표집오차를 감소시킴으로써 높은 정도의 대표성을 얻는 한 방법이다. 어떻게 그것이 가능한지를 이해하기 위해서, 우리는 잠깐 표집분포의 기본이론으로 돌아가야 한다.

표본설계에서 표집오차가 두 가지의 요인에 의해 감소된다는 것을 기억하자. (1) 대표본은 소표본에 비해 보다 적은 표집오차를 만들어 낸다. 그리고 (2) 동질적인 모집단은 이질적인 모집단에 비해 보다 적은 표집오차를 만들어 낸다. 만약 모집단의 99%가 어떤 진술에 동의한다면, 어떤 확률표본이 동의의 정도를 잘못 대표할 가능성은 거의 없다. 만약 표본이 그 진술에 대해 50 대 50으로 갈린다면, 표집오차는 매우 클 것이다. 2012년의 대통령선거에서의 대등한 표와 대등한 여론의 상황은 표집오차를 보다 크게 만들었을 것이고, 일부 여론조사 결과는 너무 차이가 근소하여 예측을 불가능하게 만들었을 것이다.

층화표집은 표집이론의 이 두 번째 요인에 근거한다. 대개 전체 모집단에서 우리의 표본을 추출하기보다는, 그 모집단의 동질적인 하위집단으로부터 충분한 수의 요소를 추출한다. 예를 들어, 대학생의 층화된 표본을 얻기 위해, 우선 모집단을 학년으로 나누고 나서 1학년, 2학년, 3학년, 4학년에서 적절한 수를 추출한다. 층화되지 않은 표본에서, 학년에 따른 설명은 다른 변수와 같은 정도의 표집오차에 의해 영향을 받는다. 학년에 따라 층화된 어떤 표본에서 이 변수에 대한 표집오차는 0으로 감소한다.

심지어 보다 복잡한 층화방법도 가능하다. 학년에 의해 층화하는 것 외에도, 성, 평균 학점 등에 의해 층화할 수도 있다. 이런 식으로, 우리는 우리의 표본이 4.0의 평균 학점을 가진 1학년 남학생, 4.0의 평균 학점을 가진 1학년 여학생 등이 적절한 수가 포함되도록 할 수 있다.

층화의 궁극적인 기능은 모집단을 동질적인 하위집단으로 나누고(하위집단 사이에서는 이질적이다), 각각에 적절한 수의 요소를 추출하는 것이다. 그 하위집단이 층화변수에 있어서 동질적인 정도로, 그들은 역시 다른 변수에도 동질적일 수 있다. 보통 연령은 학년과 관련되기 때문에, 학년으로 층화된 어떤 표본은 역시 연령의 측면에서도 보다 대표성이 있다.

일반적으로 층화변수의 선택은 어떤 변수가 이용 가능한지에 달려 있다. 성은 종종 이름의 목록에서 결정될 수 있다. 주택단지에 대한 많은 지역 정부의 정보는 지리적으로 배열된다. 연령, 인종, 교육 수준, 직업 등의 변수는 종종 형사사법기관 공무원과 접촉해 온 사람들의 목록에 포함되어 있다.

그러나 층화변수를 추출할 때, 우리는 우리가 정확히 대표하기를 원하는 변수와 그럴듯하게 관련된 것을 고려해야 한다. 성은 많은 변수와 관련되며 종종 층화를 위해 이용할 수 있기 때문에, 자주 이용된다. 연령과 인종은 형사사법 연구에서 흥미를 끄는 많은 변수와 관련된다. 수입은 또한 많은 변수와 관련되지만, 종종 층화를 위해 이용할 수 없다. 어떤 도시, 주, 또는 국가 내에서의 지리적 위치는 많은 것과 관련된다. 어떤 도시 내에서, 지리적 위치에 의해 층화하는 것은 보통 사회계급과 민족에서의 대표성을 높인다.

층화표집은 층화변수로 적절히 대표성을 가질 때, 이 변수와 관련된 기타 변수의 대표성을 높일 수 있게 한다. 전체적으로 고려할 때, 층화된 표본은 단순무작위표집에 비해 많은 변수에 대해 보다 높은 대표성을 갖는 경향이 있다.

비비례적 층화표집

층화법의 또 다른 방법은 어떤 변수에 대해 모집단의 대표성을 갖지 않는 표본을 의도적으로 추출하는 것인데, 이것을 **비비례적 층화표집**(disproportionate stratified sampling)이라고 부른다. 우리가 논의해 온 것처럼, 표집의 목적은 보다 큰 모집단을 대표하는 것이기 때문에, 왜 의도적으로 대표성이 없는 어떤 표본을 만들려고 하는지에 대해 의아할 수 있다.

비비례적 층화의 논리를 이해하기 위해서, 표본규모를 결정할 때 모집단 동질성의 역할을 다시 고려하자. 만약 어떤 모집단의 구성원이 몇몇 관심변수에 대해 폭넓게 분포한다면, 그 모집단을 적절히 대표하기 위해서는 보다 큰 표본이 추출되어야 한다. 유사하게, 어떤 모집단의 단지 적은 수의 사람들만이 해당 속성이나 특성을 가진다면, 그 희귀한 조건을 가진 적절한 수의 요소를 만들기 위해서, 보다 큰 표본이 추출되어야 한다. 비비례적 층화는 이러한 드문 사례를 충분한 수만큼 얻는 한 방식인데, 그것은 그들이 모집단을 대표하는 정도와 비례적인지 않은 정도의 수를 추출함으로써 가능해진다.

형사사법에서 비비례적 표집의 좋은 예는 한 전미범죄조사(national crime survey)인데, 이 조사의 한 목표는 어떤 표본에서 최소한의 수의 범죄 피해자를 얻는 것이다. 강도나 강간과 같은 어떤 유형의 범죄피해는 상대적으로 전국적 기준에서 매우 드물기 때문에, 중범죄가 보다 일반적인 큰 도시지역에서 사는 사람들이 비비례적으로 표본에 포함된다.

영국범죄조사(British Crime Survey: BCS)는 잉글랜드(England)와 웨일스(Wales)에서 16세 이상의 사람들을 대상으로 한 전국조사이다. 1982년 이후, 첫 20년 동안 BCS는 잉글랜드와 웨일스 인구에 비례한 무작위적 표본에서 나올 수 있는 것보다 더 많은 연구대상자를 얻기 위해 특정 사람이나 특정 지역을 과다하게 선택적으로 표본에 포함했다. 2004년에 시작된 영국범죄조사(BCS)는 통계적으로 농촌지역을 대표하기에 충분한 사례를 포함하기 위해 작은 경찰서가 담당하는 지역을 비비례적으로 과대표집했다.

다단계 집락표집

이전의 절들은 요소들의 목록으로부터 표집을 위한 단순한 절차를 적절히 설명했다. 그러나 불행히도, 많은 흥미로운 연구문제는 표집의 목적을 위해 쉽게 나열될 수 없는 모집단으로부터 표본을 추출하는 것을 필요로 한다. 다시 말해서, 표집틀은 즉시 이용할 수 없다. 도시, 주, 또는 국가, 그리고 미국에 있는 모든 경찰관의 모집단이 그 한 예이다. 그런 경우에, 표본설계는 훨씬 더 복잡해야 한다. 일반적으로 그러한 설계는 초기에 요소의 집단(집락)을 표집하고, 그 후 선택된 각 집락 안에서 요소를 선택하게 된다. 이 절차를 **다단계 집락표집**(multistage cluster sampling)이라고 부른다.

집락표집은 대상 모집단을 구성하는 요소의 완전한 목록을 수집하는 것이 불가능하거나 아니면 비실용적일 때 사용될 수 있다. 예를 들어, 그러한 모집단으로는 미국에 있는 모든 법집행 관리와 같은 것이 있다. 그러나 종종 모집단 요소는 벌써 하위모집단으로 집단화되어 있고, 이 하위모집단의 어떤 목록은 존재하거나 만들어질 수 있다.

모집단 요소(또는 이 요소의 집적)를 **표집단위**(sampling unit)라고 부른다. 표집의 가장 간단한 형태에서 요소와 단위는 같으며, 그것은 일반적으로 사람이 된다. 그러나 요소의 목록을 이용할 수 없는 경우에 우리는 종종 요소의 집합과 같은 몇몇 다른 단위를 사용할 수 있다.

미국 법집행 관리가 개별 도시, 군, 또는 주에 의해 고용되기 때문에, 이 정치적 단위의 목록을 만드는 것은 가능하다. 따라서 집락표집에서, 우리는 도시, 군, 그리고 주의 목록에서 전에 논의된 것과 같은 방식으로 표본으로 뽑을 수 있다(예: 모집단에 의해 층화된 계통적 표본). 다음으로, 우리는 추출된 사법관할구 각각에 있는 기관으로부터 법집행 관리의 목록을 입수할 수 있다. 그 후 우리는 연구를 위한 경찰관의 표본을 얻기 위해 각 목록에서 표본을 추출할 수 있다.

또 다른 전형적인 상황은 어떤 도시와 같은 모집단 지역 중에서 표집을 하는 것이다. 어떤 도시의 모집단의 한 목록이 없을지라도, 시민들은 구획된 도시의 블록이나 인구조사 구역에 거주한다. 그러므로 처음에 블록을 뽑고, 선택된 각 블록에 사는 사람들의 목록을 만들고, 그 후 그 목록에서 사람들을 뽑는 것은 가능하다. 이 경우에, 블록은 주 표집단위로 취급된다.

보다 복잡한 설계에서, 우리는 블록을 뽑고, 각 선택된 블록에서 가구를 나열하고, 가구를 뽑고, 각 가구에 거주하는 사람들을 나열하고, 마침내 각 선택된 가구 내에서 사람들을 뽑을 수도 있다. 이러한 다단계 표본설계는 궁극적으로 도시의 모집단 내에 있는 모든 개인의 초기 목록 없이 개인의 어떤 표본을 추출할 수 있게 한다.

그래서 다단계 집락표집은 나열과 표집이라는 두 가지의 기본적 단계의 반복이다. 주 표집단위(도시 블록)의 목록이 수집되고, 아마도 표집을 위해서 층화된다. 다음으로, 이 단위의 어떤 표본이 추출된다. 그러고 나서 두 번째 표집단위의 목록이 뽑히고, 이런 과정은 계속된다.

집락 설계를 위한 한 좋은 일반적인 가이드라인은 추출되는 집락의 수는 최대화하되, 각 집락 내에서 요소의 수는 감소시키는 것이다. 그러나 이러한 과학적 가이드라인은 어떤 행정적인 제약과 균형을 맞춰야 한다. 집락표집의 효율성은 모집단 요소의 목록을 최소화하는 능력에 달려 있다. 초기에 집락을 추출함으로써, 우리는 전체 모집단이 아닌 추출된 집락을 구성하는 요소만 나열하면 된다. 그러나 집락의 수를 증가시키는 것은 집락표집에서의 이러한 효율성을 감소시킨다. 적은 수의 집락은 보다 빠르고, 저렴하게 나열될 수 있다. 만약 전체가 아닌 단지 일부만 표본에 선택된다면, 추출된 집락 내의 모든 요소가 나열되어야 한다는 것을 기억하자.

최종의 표집설계는 이 두 가지 제약을 반영할 것이다. 결국 우리는 필시 가능한 한에서 많은 집락을 추출할 것이다. 이 쟁점에 대해서 우리는 한 경험 법칙을 제시한다. 인구조사자는 전통적으로 한 인구조사 블록마다 5가구를 추출하는 것을 목표로 한다. 만약 전체 2000가구를 면접한다면, 연구자는 400블록을 추출하고 각 블록에서 5가구를 면접한다. 그림 8-10은 이 과정을 그래프로 설명한다.

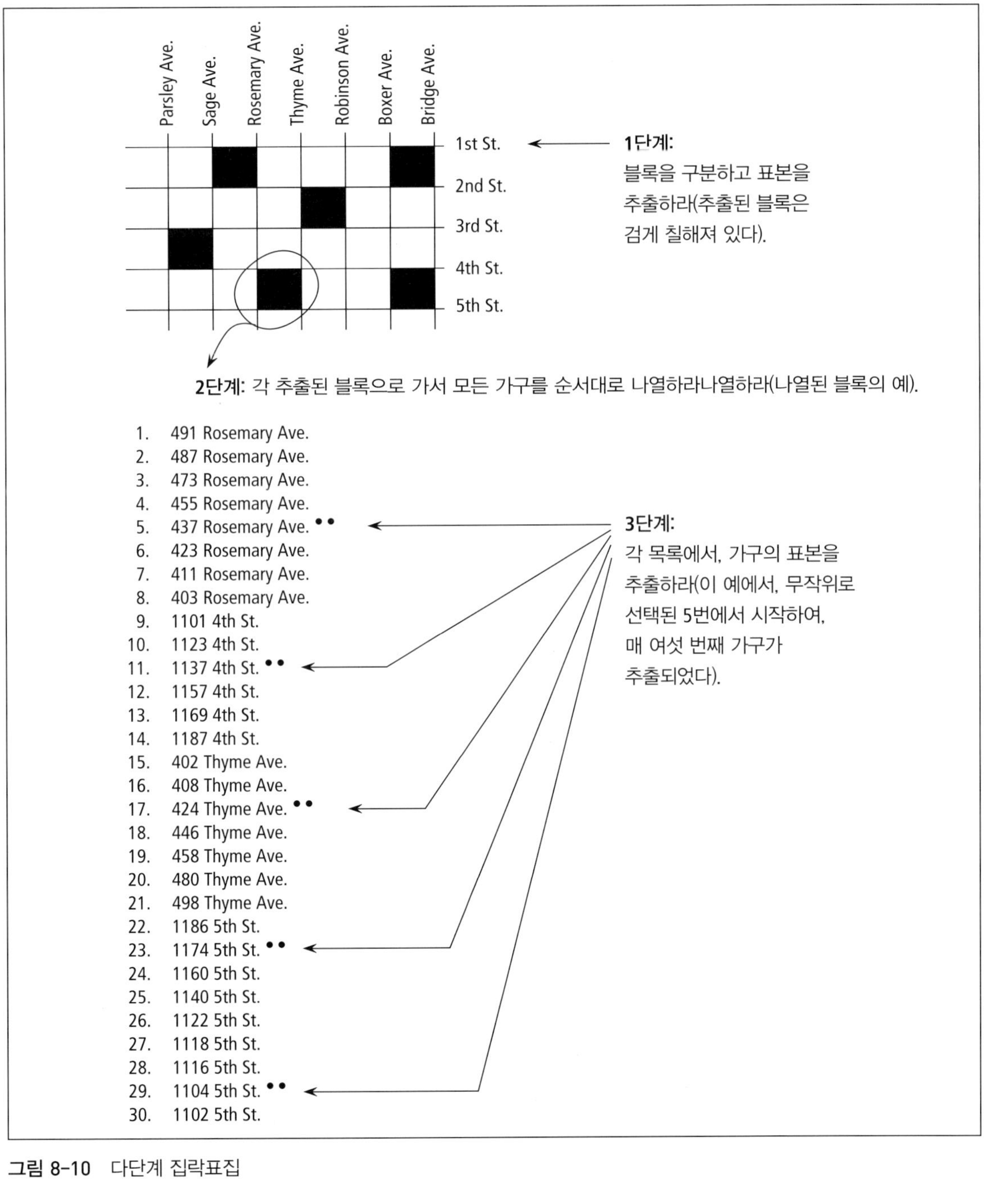

그림 8-10 다단계 집락표집

집락표집에 대한 보다 상세한 절차로 나아갈 때, 이 방법이 대부분 필연적으로 정확성을 상실케 한다는 점을 명심하라. 첫째, 앞서 언급한 것처럼, 다단계 집락표집은 각 단계에서의 표집오차에 영향을 받는다. 각 단계에서 표본규모는 필연적으로 전체 표본규모에 비해 적기 때문에, 각 단계에서 표집오차는 일단계 무작위표본에서 요소가 추출된 경우에 나올 수 있는 것보다 클 것이다. 둘째, 표집오차는 표본요소 사이의 관찰된 변량에 기초하여 추정된다. 이 요소가 상대적으로 동질적인 집락으로부터 추출될 때, 추정된 표집오차는 너무나 작아질 것이기 때문에, 집락표집의 관점에서 수정되어야 할 것이다(보다 정확한 결과를 위해서 이런 경우는 표집오차를 좀 더 늘려 잡아야 할 것이다).

층화 다단계 집락표집

지금까지는 어떤 단순무작위표본이 그 설계의 각 단계에서 추출되는 것처럼 집락표집을 살펴보았다. 실제로, 우리는 추출되는 표본을 다듬고 개선하기 위해서 층화 기법을 사용할 수 있다. 가능한 기본적인 선택은 본질적으로 어떤 목록에서 일단계 표집을 할 때와 같다. 예를 들어, 법집행 관리에 대한 전국 표본을 추출할 때, 우리는 먼저 유형(주, 군, 자치도시), 지리적인 영역, 규모, 그리고 시골지역이나 도시지역에 따른 기관의 목록을 층화할 수 있다.

일단 주 표집단위(법집행기관)를 적절하고 이용 가능한 층화변수에 따라서 하위집단으로 나눈다면, 단순 무작위 또는 계통적 표집 기법의 어느 하나를 표본을 추출하는 데 이용할 수 있다. 우리는 각 집단이나 층(stratum)으로부터 일정 수의 단위를 추출하거나, 아니면 어떤 연속적인 층화된 집락의 목록을 나열하고 그 목록에서 계통적으로 뽑을 수도 있다.

집락이 동질적인 층으로 모이는 정도에 따라, 이 단계에서의 표집오차는 감소될 것이다. 이미 살펴본 바와 같이 층화의 주된 목표는 동질성을 확보하는 것이다.

원칙상, 층화는 표집의 모든 수준에서 가능하다. 추출된 집락 내에 나열된 요소는 표집의 다음 단계로 가기 전에 층화될 수도 있다. 그러나 일반적으로 그렇게 하지는 않는데, 왜냐하면 우리는 집락 내에서 상대적인 동질성을 얻으려고 하기 때문이다. 만약 집락이 충분히 유사하다면, 다시 층화하는 것은 불필요하다.

사례 해설: 두 전미범죄조사

두 전미범죄조사는 바람직한 결과를 얻기 위해 상이한 방식으로 표본을 설계한다.

표집설계에 대한 우리의 논의는 연구자들이, 다양한 요구사항에 맞추기 위해, 많은 상이한 표집의 기법과 다양한 요소를 다양한 방식으로 결합할 수 있다는 것을 보여준다. 실제로, 표집의 상이한 요소는 특수한 목적을 위해 맞춰질 수 있는데, 그것은 연구설계의 원칙을 다양한 필요성에 따라서 수정할 수 있는 것과 거의 같다. 단순무작위표집에 적합한 표집틀은 종종 이용할 수 없기 때문에, 연구자들은 다단계 집락표집을 이용하여 집적된 표본단위로부터 실제의 표본요소로 나아가게 된다. 우리는 표본이 중요한 변수에 있어서 대표성을 가질 수 있도록 하기 위해서 층화를 추가할 수 있다. 그리고 우리는 모집단과 비례적 또는 비비례적으로 요소를 얻기 위해 표본을 설계할 수도 있다.

두 전미범죄조사는 이러한 다양한 구성요소가 어떻게 복잡한 방식과 결합될 수 있는지를 설명한다. (1) 미국 인구통계국에서 수행하는 전미범죄피해조사(National Crime Victimization Survey: NCVS), (2) 잉글랜드와 웨일스의 범죄조사(Crime Survey for England and Wales: CSEW). 각각은 다단계 집락표본이지만, 두 조사는 상이한 응답 범주에 충분한 응답자를 얻기 위해서 상이한 표집전략을 사용한다. 우리의 요약 설명은 전미범죄피해조사(NCVS)에 대해서는 트루먼과 랭턴(Truman and Langton, 2015), 그리고 잉글랜드와 웨일스의 범죄조사에 대해서는 국립통계국(Office for National Statistics, 2016)에서 발췌한 것이다.

전미범죄피해조사

전미범죄피해조사(NCVS)의 다양한 부분이 그 조사가 시작된 1972년 이후 수정되었지만, 기본 표집전략은 상대적으로 변하지 않은 상태로 있다. 가장 중요한 변화는 표본규모의 증감과, 전화면접으로의 전환이었는데, 이렇게 됨으로써 전화번호 목록의 표본은 결국 가구에 대한 조사가 되었다.

NCVS는 각 가구 내의 12세 이상의 사람들의 전국 모집단을 대표하려고 한다. 제6장에서 우리는 '가구 내에 살고 있다.'라는 말이 중요하다고 지적했다. 이것은 특히 표집에 대한 우리의 현재 논의에서 사실이다. NCVS 절차는 집이 없는 거지나 군대의 집단 거주지, 임시주택, 또는 교정 시설과 같은 환경에서 사는 사람들을 뽑으려고 하지 않는다. 또한, 표본의 대상이 되는 사람들이 가구에 살기 때문에, 상업시설이나 기업이 피해자인 범죄에 대해서는 추정치를 제공하지 않는다.

미국에는 아무런 전국적인 가구 목록이 없기 때문에, 다단계 집락표집이 보다 큰 단위로부터 가구와 그들의 거주자에 이르도록 사용되어야 한다. 첫 단계에서 사용된 전국적인 표집틀은 주표집단위(primary sampling units: PSUs)를 큰 광역도시 지역, 광역도시에 속하지 않는 군 지역, 또는 (시골을 대표하기 위하여) 인접한 군 지역으로 정의한다.

가장 큰 93개의 주표집단위는 '자기 대표성이 있는(self-representing)' 것으로 간주되고 자동으로 표집의 첫 단계에서 포함된다. 남은 주표집단위는 규모, 인구밀도, 보고된 범죄율, 그리고 다른 변수에 의해 층화된다. 추가로 자기대표성이 없는 110개의 주표집단위는 주표집단위의 모집단에 대해 비례적으로 추출된다. 따라서 예를 들면, 만약 한 층이 텍사스의 벅터슬(Bugtussle. 인구 7,000명), 인디애나의 펑킨시드(Punkinseed. 5,000명), 미주리의 랜시드(Rancid. 3,000명)를 포함한다면, 각 주표집단위가 추출된 확률은 벅터슬에서는 7/15, 펑킨시드에서는 5/15, 랜시드에서는 3/15이 된다.

표집의 두 번째 단계는 각 주표집단위 내에 4개의 다른 표집틀을 선정하는 것이다. 이 표집틀 각각은 상이한 유형의 순차적인 단위를 추출하는 데 이용된다. 첫째, 주택 단위틀은 인구조사 기록으로부터 주택 단위들의 주소를 나열한다. 둘째, 집단숙소 틀은 인구조사 기록으로부터 기숙사와 하숙집과 같은 집단숙소를 나열한다. 셋째, 건축허가 틀은 지역 정부의 문서로부터 새롭게 건설된 주택 단위를 나열한다. 마지막으로, 지역 틀은 독립적인 주소 목록이 만들어지고 뽑히는 인구조사 블록(물리적인 지리적 단위)을 나열한다. 포괄적이면서도 신속하게 정보가 갱신된 거주자 주소는 미국에서 이용할 수 없기 때문에 이러한 네 개의 표집틀을 이용하는 것은 필수적이다.

2014년 NCVS에서, 이 절차를 통해 90,380가구에서 158,090명을 면접조사하였다(Truman and Langton, 2015: 12). NCVS의 표본설계는 표본 규모와 모집단에서의 변량 간의 관계를 잘 설명한다. 미국 전체 모집단을 통해서 평균적으로 볼 때, 중범죄는 상대적으로 드문 사건이기 때문에, 매우 큰 표본이 추출되어야 한다. 그리고 대상 모집단의 목록이 하나도 없기 때문에, 표본은 몇 단계를 거쳐서 추출된다.

더 많은 정보를 위해서는 미 법무통계국(Bureau of Justice Statistics: BJS)에서 제공하는 NCVS 문서를 참고하라(http://bjs.ojp.usdoj.gov/index.cfm?ty=dcdetail&iid=245. 2016년 7월 20일 접속). 또한 형사사법 자료 아카이브(National Archive of Criminal Justice Data: NACJD)에서 나오는 "NCVS 가이드"를 보라(http://www.icpsr.umich.edu/NACJD/NCVS. 2016년 7월 20일 접속).

잉글랜드와 웨일스의 범죄조사

우리는 NCVS의 표집 절차가 인구학적 단위로 시작하여 주택 단위로 쪼개어지는 것을 보아왔다. 잉글랜드와 웨일스의 범죄조사(CSEW) 표집은 주소에 가까운 어떤 전국 목록이 있음으로써 단순화된다. 우편번호 주소파일(Postcode Address File: PAF)은 전국의 우편 배달지점을 나열한다. 그리고 "… 잉글랜드와 웨일스에서 가장 일반적인 표집틀로 널리 받아들여진다".

우편번호 구역은 대충 미국의 5자리의 우편번호와 일치하는데, 이것들은 우편번호 주소파일(PAF)에서 주소의 집락으로 쉽게 정의된다. 그래서 주소의 표본은 이 구역 내로부터 추출된다.

2010년에 표집절차에서 주요 예산이 삭감되기 전까지, 잉글랜드와 웨일스의 범죄조사의 이전 조사(영국범죄조사)는 특수한 인구집단에 대해 추가표본을 갖고 있었다. 게다가, 영국범죄조사(BCS) 연구자들은 '증폭 표본(booster samples)'을 고안하여 소수민족과

16~24세 사이의 연령대의 사례수를 증가시켰다. 소수집단의 피해 경험은 경찰과 다른 공공관리에 있어서 특별한 관심사이다. 젊은 사람도 과대표집되어, 자기보고식 행동 문항이 포함된 특별한 설문지를 완성하게 된다.

소수집단 증폭은 공식적인 표집절차를 이용하여 처음 선택되는 응답자를 이용하여 이루어진다. 면접자는 어떤 사람이 유색인종인지를 알아내기 위해 선택된 단위에 인접한 네 주택 단위에 대한 정보를 살펴본다. 만약 인접한 단위 중에 소수집단 가정이 있다면, 그 소수집단은 소수집단 증폭 표본으로 면접하기 위해 선택된다. 이것은 스티븐 톰슨(Steven Thompson, 1997)이 "적합표집(adaptive sampling)"이라고 부른 것의 한 예이다. 확률표본이 처음으로 추출되고 나서 이 응답자들을 새로운 기준에 맞는 다른 사람들을 찾아내기 위해 이용한다. 16세에서 24세 사이의 응답자 수를 증가시키는 것은 보다 쉽다. 뽑힌 가구 내에서 그 연령집단의 응답자를 추가로 면접한다.

마지막 한 표집차원은 잉글랜드와 웨일스의 경찰 지역조직인데, 이것은 42개 경찰구(police area)로 나뉜다. BCS는 나아가 층화를 통해, 그 지역들 내에서 분석을 용이하게 하기 위해 각 경찰구에서 650명의 응답자를 얻는다.

젊은 층 증폭과는 별도로, 일단 개별 가구가 추출되면, 16세 이상의 한 사람이 무작위로 모든 가구원에 대한 정보를 제공하기 위해 선택된다. 2009년 이후 일부 가구에서 10세에서 15세 사이의 아동이 표집되었다. 2009년 이후 표본 규모는 거의 반으로 줄어들었다. 그래서 최종 표본 크기는 2014~2015년 조사에서 33,350명이었고 응답률은 70%였다.

CSEW와 NCVS 둘 다 표집설계가 우리가 이 논의에서 제시한 것보다는 더 복잡하지만, 중요한 점은 다단계 집락표집이 각각에서 이용되는 방식이다. 그 표본 사이에 두 중요한 차이점은 CSEW의 표집절차가 NCVS의 절차에 비해 다소 더 단순하다는 것인데, 이것은 전국 수준에서 적당한 표집틀이 존재하기 때문이다.

확률표집의 개관

현장 상황에 따라서, 확률표집은 매우 단순하거나 극단적으로 복잡하고, 시간 소모적이고, 값비쌀 수 있다. 그러나 상황이 어떻든, 그것은 연구요소를 추출하기 위해 보통 선호되는 방법이다. 이것은 다음의 두 가지 이유 때문이다.

첫째, 확률표집은 연구자의 관점에서 요소를 추출할 의식적, 무의식적 편향을 극복한다. 만약 모집단에 있는 모든 요소가 동등한(또는 차등하면서 이후에 가중치가 주어지는) 추출확률을 갖는다면, 그렇게 추출되는 표본이 모든 요소의 모집단을 밀접하게 대표할 가능성이 크다.

둘째, 확률표집은 표집오차를 추정할 수 있게 한다. 모든 면에서 완벽한 대표성을 갖는 확률표본은 없지만, 통제된 추출방법은 연구자들이 기대된 오차의 정도를 추정할 수 있게 한다.

이러한 이점에도 불구하고, 때때로 표준적인 확률표집 기법을 이용하는 것은 불가능하다. 때로는, 심지어 그렇게 하는 것이 적합하지 않다. 이러한 경우에, 연구자들은 비확률표집을 이용한다.

비확률표집

많은 연구에서 비확률표집이 필연적이거나 이점을 가진다.

우리가 설명해 온 확률표집을 선택하는 것이 불가능하거나 아니면 적절하지 않을 상황을 당연히 상상할 수 있다. 우리는 자동차 절도범을 연구하기를 원한다고 가정하자. 그 경우 모든 자동차 절도범의 목록도 없고 우리는 어떤 부분적이고 매우 선택적인 목록 이상의 어떤 것도 만들 수 없다. 더욱이 확률표집은 그것이 가능하다고 하더라도 때때로 부적절하다. 그러한 많은 경우에 **비확률표집**(nonprobability sampling) 절차가 사용된다. 확률표집은 어떤 주어진 표집요소가 추출될 확률을 알 수 있는 표집으로 정의된다는 것을 기억하자. 반대로, 비확률표집에서, 어떤 요소가 추출될 가능성은 알 수 없다.

우리는 네 가지 유형의 비확률표집을 이 절에서 살펴볼 것이다. (1) 목적 또는 판단표집, (2) 할당표집, (3) 이용 가능한 연구대상자에 대한 의존, (4) 눈덩이 표집.

목적표집 또는 판단표집

때때로, 모집단, 모집단의 요소, 그리고 우리 연구 목표의 성격에 대한 지식에 기초하여 표본을 추출하는 것이 적절할 수 있다. 간단히 말해서, 우리의 판단과 연구의 목적에 기초하여 표본을 추출하는 것을 **목적표본**(purposive sample)이라 부른다.

우리는 보다 큰 모집단의 한 작은 하위집단을 연구하려고 할 수 있다. 그러한 모집단 내에서 많은 하위집단의 구성원은 쉽게 구별되지만, 그들 모두를 하나하나 열거하는 것은 거의 불가능하다. 예를 들어, 우리는 지역사회 범죄예방 단체의 구성원을 연구하기를 원할 수 있다. 많은 구성원들은 쉽게 보이지만, 지역사회 범죄예방 조직의 모든 구성원을 정의하고 뽑는 것은 가능하지 않다. 그러나 가장 눈에 띄는 구성원의 표본을 연구할 때, 우리는 우리의 목적을 위해 충분한 자료를 수집할 수 있다.

형사사법 연구에서 종종 상이한 사법 관할구(예: 도시나 주)에서의 관행을 비교한다. 그러한 경우에, 연구요소는 몇몇 특별한 속성을 나타내기 때문에 추출될 수도 있다. 예를 들어, 마이클 레이버와 제인 스테어(Michael Leiber and Jayne Stair, 1999)는 경제적 불평등이 인종과 결합하여 아이오와(Iowa) 소년 법원에서의 양형관행에 어떻게 영향을 미치

비확률표집(nonprobability sampling) 어떤 구성요소가 표본에 포함될 확률을 알 수 없는 표집.

는지에 관심을 가졌다. 그들은 경제적 지위를 통제한 후, 흑인 피고가 백인 피고인에 비해서 더 엄격한 형을 선고받는다는 것을 발견하였다. 그들은 목적적으로 세 사법 관할구를 추출하여 아이오와주에서 적절한 인종적 다양성을 가진 표본요소를 선택했다. 그래서 그들은 이 세 법원에서 진행된 5,000건 이상의 청소년 사건을 추출했다.

연구자들은 또한 목적 또는 판단표집을 복잡한 패턴의 편차를 대표하기 위해 사용할 수도 있다. 마틴 길과 앤젤라 스프리그스(Martin Gill and Angela Spriggs, 2005)는 CCTV 시스템에 대한 그들의 연구에서, 지역유형(주거, 상업, 도시종합시설, 대규모 주차시설)에서의 편차를 반영하기 위해 어떤 장소가 뽑혔는지를 설명한다. 몇몇 개별적인 CCTV 프로젝트는 어떤 특수한 특징 때문에 선택되었다. 그들은 범죄율이 높은 지역에 설치되거나, 또는 CCTV 장비가 특별히 비싼 것이었다. 이 연구의 한 부분으로서, CCTV 설치에 따른 범죄의 두려움에서의 변화를 평가하기 위한 면접이 시행되었다. 스프리그스와 동료들(Spriggs et al., 2005)은 도시 중심지의 거리에 지나가는 행인을 뽑았다. 그들은 먼저 지역의 목적표본을 추출하고, 네 개의 날짜/시간의 기간에 걸쳐 면접을 분산했다. 이것은 상이한 시간에 상이한 거리에서 만나는 사람들의 유형에서의 편차를 반영하기 위해 행해졌다. 표집전략은 이처럼 조정된 이유는 기대되는 이실성이 무작위추출 방법으로 해결되기 어려울 것으로 생각되었기 때문이었다.

어떤 설문지를 사전검사하는 것은 목적표본이 일반적으로 쓰이는 또 다른 예이다. 예를 들어, 만약 우리가 범죄 피해자에 대한 법원의 배상명령에 대한 사람들의 태도를 조사하려고 한다면, 우리는 범죄 피해자의 어떤 표본에 설문지를 테스트하길 원할 수 있다. 모집단의 어떤 확률표본을 추출하는 것 대신에, 우리는 (아마도 법원 기록에서) 몇몇 알려진 범죄 피해자를 선택할 수 있다.

할당표집

확률표집과 유사하게, **할당표집**(quota sampling)은 대표성의 쟁점에 주목한다. 그러나 두 방법은 매우 다르게 그 쟁점에 접근한다. 할당표집은 우리가 대표하길 원하는 대상 모집단의 특성을 나타내는 어떤 행렬이나 표에서 시작된다. 이것을 하기 위해, 예를 들어 우리는 모집단의 어떤 비율이 남성이거나 여성이며, 어떤 비율이 다양한 연령 범주, 교육수준, 민족 집단 등에 속하는지를 알 필요가 있다. 전국 할당표본을 만들 때, 우리는 전국적 모집단이 어떤 비율로, 말하자면, 도시, 동부, 남성, 25세 미만, 백인, 노동계급, 그리고 이러한 속성의 모든 조합에 속하는지에 대해 알 필요가 있다.

일단 우리가 그러한 행렬을 만들었고, 그 행렬의 각 칸에 상대적인 비율을 배치했다면, 우리는 어떤 주어진 칸의 모든 특성을 가지는 사람들로부터 자료를 수집할 수 있다. 그 후 우리는 어떤 주어진 칸에 있는 모든 사람들에게 전체 모집단에 대한 그들의 비율에 알맞은 가중치를 부여한다. 모든 표본요소가 이러한 방식으로 가중치가 부여되었을 때,

그 전체 자료는 전체 모집단에 대한 합리적인 대표성을 가질 것이다.

할당표집이 확률표집과 유사하다고 할지라도, 그것은 두 가지의 내재적인 문제점을 갖는다. 첫째, 할당틀(상이한 칸들이 대표하는 비율)은 정확해야 하며, 이 목적을 위해 업데이트된 정보를 얻는 것은 종종 어렵다. 차량 절도범이나 불량 청소년의 어떤 할당표본은 분명히 이러한 문제로부터 영향을 받는다. 둘째, 어떤 주어진 칸 내의 표본요소의 추출에서 편향이 있을 수 있다. 이것은 모집단에 대한 그것의 비율이 정확히 추정되었다고 하더라도 가능하다. 어떤 일련의 복잡한 특성을 충족시키는 5명을 면접하라는 지시를 받은 한 면접자는 그러나 7층 꼭대기에 살거나, 다 쓰러져가는 집에 살거나, 또는 길들이지 않은 무서운 개를 가진 사람들을 피할지도 모른다.

할당표집 및 목적표집은 직관적으로(통계적이 아닌) 대표성이 있는 표본을 얻기 위해 결합될 수 있다. 예를 들어, 데이비드 패링턴, 트레버 베넷, 브랜던 웰시(David Farrington, Trevor Bennett, and Brandon Welsh, 2007)는 영국 케임브리지에서 지각된 범죄와 무질서에 대한 CCTV의 효과에 대한 한 실험연구를 설계했다. 그들은 그 도시의 특정 지역에서 외부에서 시간을 보내는 사람들의 몇몇 특징을 대표하는 표본을 원했다. 확률표집은 사용되지 않았는데, 이것은 그들이 도시에 사는 사람의 특성이 아닌 도시 거리를 이용하는 도심 거주자의 특성을 대표하는 표본을 원했기 때문이다. 그래서 그들은 케임브리지의 목표 지역에서 만나는 행인 중에서 남성 52%와 16세에서 29세 사이의 40%, 그리고 백인 92%를 할당했다(2007: 190).

이용 가능한 연구대상자에 대한 의존

이용 가능한 연구대상자에 의존하는 것(reliance on available subjects. 다시 말해서 길모퉁이에 또는 어떤 다른 지역에서 사람들을 멈추게 하는 것)은 때때로 '편의표집(convenience sampling)'이라고 잘못 불린다. 대학 연구자들은 자주 큰 강좌에 등록된 학생들을 대상으로 조사를 한다. 그러한 방법이 쉽고 경제적이라는 점은 그것이 인기 있는 이유가 된다. 그러나 그것은 어떤 일반적인 값에 대한 자료를 거의 제공하지 않는다. 그것은 어떤 설문지를 사전검사하는 데는 유용할 수 있지만, 학생들을 전체적으로 묘사하려고 하는 연구에는 이용되지 않아야 한다.

이용 가능한 연구대상자에 의존하는 것은 어떤 상황에서는 적절한 표집방법일 수 있다. 만약 연구자가 어떤 특정 시간에 표집 지점을 지나가는 사람들의 특성을 연구하기를 원한다면, 그것은 일반적으로 적절한 방법이다. 예를 들어, 범죄예방 전략으로서의 가로등에 대한 연구에서, 케이트 페인터(Kate Painter, 1996)는 가로등을 개선하기 직전과 그 후의 6주 동안 지정된 런던 지역을 보행하는 보행자의 표본을 면접했다. 페인터는 명백히 이 표집 기법의 가능성과 한계를 이해했다. 그녀의 발견은 해가 진 후 거리를 실제로 이용하는 사람들에게 적용되는 것으로 설명되지만, 이 모집단은 지역 거주자의 모집단과는 꽤 다를 수 있다는 점을 인식해야 한다. 이용 가능한 저녁 행인의 어떤 표본을 면접하는 것은 저녁 보행자의 모집단에 일반화하기에는 충분한 표집 기법이다. 그리고 보행자의 모집단은 거주자의 모집단과는 같지 않을 것이다. 패링턴과 동료들과는 달리, 페인터는 그녀의 표본에 아무런 할당을 하지 않았다.

보다 일반적인 의미에서, 페인터의 것과 같은 표본은 어떤 **모집단**의 요소라기보다는, 어떤 **과정**(process. 저녁 보행자를 만들어내는 과정)의 요소를 추출한다. 만약 우리가 어떤 과정의 요소에 아무런 체계적인 패턴이 영향을 미치지 않는다는 것을 확실히 보장할 수 있다면, 그들이 보행할 때 이용 가능한 요소의 어떤 표본은 대표성이 있는 것으로 여겨질 수 있다. 그래서 예를 들면, 만약 경찰에 신고되는 범죄를 연구하는 데 관심이 있다면, 말하자면 어떤 두 달 동안 매 7번째 범죄 신고의 표본은 두 달간의 범죄신고의 일반적인 모집단에 대해 대표성을 가질 것이다.

때때로 비확률표집과 확률표집 기법은 조합될 수 있다. 예를 들면, 집 없는 거지나 길거리 사람을 뽑으려는 대부분의 시도는 쉼터, 공원, 또는 다른 장소에서 발견되는 이용 가능한 대상자에 의존한다. 살람 세만, 제니퍼 로비, 존 리브먼(Salaam Semaan, Jennifer Lauby, and Jon Liebman, 2002)에 따르면, 일단 지역들이 집 없는 사람들이 모이는 곳으로 정해지면, 그곳에서 발견되는 사람들이 열거될 수 있고 따라서 뽑힐 수 있다. 여기에 반 가설적인 한 예가 있다.

최근에, 맥스필드(Maxfield)는 집이 없는 것으로 여겨지는 많은 사람들이 맨해튼의 9번가와 41번가의 모퉁이에서 모이는 것을 발견했다. 집 없는 사람들의 표본을 면접하는 한 효율적인 전략은 시공 표본(time-space samples)일 것이다. 예를 들어, 이 표본에서는 매시간 개인들의 수를 세고 그 사람들의 일부를 뽑는다. 우리가 30명의 사람을 면접하기를 원하고, 6시간 동안 면접을 진행한다고 가정하자. 우리는 한 시간당 5명을 면접하려고 할 것이다. 그래서 매시간 우리는 몇몇 특정 영역(말하자면 오후 1시에 20명) 내에 있는 사람들의 수를 셀 것이고, 그 후 한 표집분파(이 경우에는 4명)를 얻기 위해 5로 그 수를 나

표 8-1 이용 가능한 대상자에 대한 계통적 표집

시간	거리 인원	면접	인원 표본 부류
10:00 A.M.	15	5	1/3
11:00 A.M.	20	5	1/4
12:00 P.M.	15	5	1/3
1:00 P.M.	30	5	1/6
2:00 P.M.	20	5	1/4
3:00 P.M.	50	5	1/5
합계	135	30	1/4

눈다. 계통적 확률표집에 대한 우리의 초기 논의를 생각하면서, 우리는 첫 번째 면접할 사람을 정하기 위해 무작위적인 출발점을 추출할 것이다. 그다음에 그런 방식으로 4번째 사람을 추출하고…… 등등 이 방식은 6시간 동안 맨해튼의 한 모퉁이에 있는 거리 사람들의 모집단을 대표하는 편향되지 않는 표본을 얻게 할 것이다. 표 8-1은 우리가 어떻게 다양한 시간에 존재하는 다양한 부류의 사람들을 선택해서 30명을 면접할 수 있었는지를 설명한다.

공교롭게도, 맨해튼에서 41번가와 9번가는 항만관리위원회 버스터미널로 가는 후문이다. 마커스 펠슨과 동료들(Marcus Felson et al., 1996)은 그 항만위원회 터미널에서의 범죄와 무질서를 감소시키려는 노력을 설명했는데, 그들에 따르면, 그 버스터미널은 세계적으로 가장 붐비는 버스 정거장이라고 한다. 지각된 범죄문제를 감소시키고, 항만위원회 터미널에 대해 여행자가 느끼는 정도에 대해 개선하는 것은 가장 중요한 목적 중 하나였다. 이것은 몇몇 유형의 연구에 적합한 연구문제이다. 170,000명 이상이 봄날에 그 버스 정거장을 거쳐 가기 때문에, 충분히 큰 이용자들의 표본을 얻는 것은 아무런 문제가 없다.

문제는 표본을 선택 방법이다. 펠슨과 동료들은, 버스를 타거나 내리는 도중에 승객을 멈추는 것은 논외로 했다고 한다. 대부분의 승객은 통근자인데, 직장으로 출근하고 퇴근하는 이동은 정확히 정시에 행해진다. 따라서 면접자의 질문에 시간을 내줄 수 있는 사람은 아무도 없다. 다음에 펠슨과 동료들이 어떻게 해결책을 찾고, 그것에 표집전략이 어떻게 체현되었는지를 알 수 있다(1996: 90~91).

> 만약 항만위원회가 쏟아져 나오는 고객을 면접하거나 설문지를 줘서 후에 회수되도록 했다면 아마도 회수율은 낮았을 것이다. 항만위원회는 나가는 버스들의 어떤 표본을 뽑았고 …… 그리고 대표를 버스에 태웠다. 그 버스가 출발한 후, 그는 설문지를 나누어 주고 버스를 타고 가는 동안 완성하도록 한 후 …… 이 설문지를 각 승객이 목적지에 도착할 때 수거할 것이다. 이 절차를 통해 매우 높은 회수율과 각 문항에 대한 높은 완성 비율을 얻을 수 있었다.

온라인 표본은 질 높은 편의표본을 추출하는 한 새롭고 창의적인 방법이다. 표본을 추출하는 이 도구에 관해 더 상세히 살펴보기 위해서는 'MTurk를 통한 온라인 표집'이라는 제목의 글상자를 보라.

눈덩이 표집

이용 가능한 연구대상자를 조사하는 것과 매우 유사한 비확률표집의 또 다른 유형을 **눈덩이 표집**(snowball sampling)이라고 부른다. 이것은 보통 현장 관찰연구나 전문화된 면접에서 사용되는데, 눈덩이 표집은 한 명의 연구대상자 또는 적은 수의 연구대상자를 정한 후, 다음에 그 연구대상자에게 그와 유사하게 연구에 기꺼이 참여할 수 있는 다른 사

종합적 사고 MTurk를 통한 온라인 표집

인터넷에 기반을 둔 표집은 비확률표집에서 급속히 발전하고 있는 혁신이다. 이 유형의 표집은 웹 기반의 조사와 밀접히 연관되는데, 이것은 제9장에서 우리가 접할 주제이다. 인터넷에 기반을 둔 표본의 가장 큰 장점은 대표본을 얻는 데 매우 저렴한 비용이 든다는 것이다. 여기에 아마존의 메커니컬 터크(Mechanical Turk: MTurk)를 소개한다. 이것은 사회과학연구에서 실험과 조사를 위한 가장 유망한 도구 중의 하나이다(Sheehan and Pittman, 2016).

아마존은 MTurk를 대중 기반의 플랫폼의 한 유형이라고 주장하는데, 그들의 홈페이지 대문에는 "MTurk는 일을 위한 시장이다."라고 적혀 있다(www.mturk.com/mturk/welcome. 2016년 7월 20일 접속). MTurk 시장은 두 가지 유형의 이용자들을 유인하는데, 그것은 일을 하는 자와 질문하는 사이나. 당연히 노동자는 질문자가 요구한 작업을 수행하기로 약속한다. 아마도 여러분이 MTurk나 유사한 웹 기반의 시장을 위한 노동자로서 서명할 것이다.

업무의 범위는 노동자의 수만큼이나 매우 넓다. 여기에서 우리는 그것이 어떻게 작동하는지를 보여주는 한 간략한 예를 제시한다. 제9장은, MTurk를 통해서 추출된 표본과 또 다른 웹 기반의 서비스를 통해서 만들어진 온라인 설문지를 연결시키는 실제 조사를 설명한다.

사람들은 노동자로서 서명하고 작업을 수행할 자격이 생긴다. 이 작업은 인간정보작업(Human Intelligence Tasks) 또는 줄여서 HIT라고 부른다. 노동자들은 각 HIT를 완수할 때 약간의 돈을 받는다. 2016년 7월에 140만 개 이상의 HIT가 MTurk 사이트에 올라와 있었다. 이들은 다음과 같은 것이다.

> 법집행기관의 흑인 남성의 비율. 이 작업은 지각된 교통 단속의 공정성에 대한 조사연구이다. 이 조사는 사건에 대한 짧은 사진과 음성 설명을 보고 질문에 대답하는 것이다. 대략 15분이 걸리며, 보수는 20센트이다.

질문자는 조사를 설계하고 MTurk에 그 작업을 올렸다. 질문자는 완성되어 승인된 응답에 20센트를 지급한다. 승인절차는 중요한데, 왜냐하면 이것이 설문지의 질을 통제하기 때문이다. 따라서 미완성이거나 일관성이 떨어지는 응답은 거부되어 보상이 지급되지 않을 수 있다. 응답이 지나치게 많이 거부된 노동자는 경고를 받고, 향후 작업에 부적격자가 될 수 있다. 질문자는 그들이 원하는 다양한 노동자의 특성을 정하는데, 이것은 이 장에서 설명되는 층화의 과정과 유사하다.

이 경우에 질문자는 경찰의 교통 단속에 대한 지각을 조사하는 연구자이다. 위에 요약된 HIT 외에도, 같은 연구자는 히스패닉과 여성에 대해 같은 연구를 할 수 있다. 이 예는 질문자로서 사회과학연구자들이 어떻게 MTurk를 이용하여 설문지를 완성하고 실험에 참여하는 노동자들의 표본을 모을 수 있는지를 보여준다. 결과적으로 편의표본을 위한 거대한 표본 후보군이 만들어진다.

MTurk는 편의표본을 만들지만, 연구결과는 교실의 학생 표본과 기타 온라인 방식의 표본보다 더 광범위하게 대표성 있는 질 높은 표본일 수 있다. 예를 들어, 베린스키와 동료들(Berinsky et al., 2012)은 MTurk 표본을 높은 질을 가진 확률표본뿐만 아니라 기타 인터넷에 기반을 둔 편의표본과 비교했는데, 그들에 따르면, MTurk 표본은 출간된 논문에 사용된 편의표본보다 더 대표성 있는 전국 표본이었지만, 전국적 확률표본보다는 덜 대표성 있는 표본이었다. MTurk 노동자들은 보다 어리고, 이념적으로 일반 표본에 비해 더 리버럴했다(2012: 366).

인터넷 접속의 확대가 어떻게 온라인 표본과 관련된 편향을 가진 문제를 줄여왔는지를 고려해야 한다. 또한, 그러한 도구가 어떻게 대표본을 매우 낮은 비용으로 만들 수 있게 했는지를 생각해야 한다. 우리는 제9장에서 MTurk를 다시 살펴보고, 그 표본이 어떻게 온라인조사 플랫폼과 어울릴 수 있는지를 보여줄 것이다. 동시에, MTurk 웹사이트를 방문할 것을 권한다. 여러분이 노동자 계정을 만들지 않더라도, HIT를 살펴보고, 조사와 실험의 사례를 살펴볼 수 있다. 우리는 거기서 '법'을 검색해서 여기에서 설명한 사례를 찾을 수 있었다.

람들을 지정하도록 요구한다.

활동하고 있는 범죄자나 일탈자에 대한 형사사법 분야의 연구는 자주 눈덩이 표집 기법을 사용한다. 연구자는 종종, 예를 들어 차량 절도로 유죄평결을 받고 보호관찰 상태에 있는 사람을 알기 위해서 형사사법기관의 기록을 통해서 초기 접촉을 한다. 그 사람과 면접을 하고 난 후, 연구자들이 접촉할 수 있는 다른 차량 절도범을 알려줄 것을 요구한다. 스티븐 배런과 티머시 하트나겔(Stephen Baron and Timothy Hartnagel, 1998)은 캐나다의 에드먼턴(Edmonton)에 있는 집 없는 청소년들 사이의 폭력을 연구했는데, 그들의 표본은 눈덩이 표집을 통해서 얻어졌다. 유사하게, 눈덩이 표집은 종종 약물 남용자와 약물 딜러를 연구하기 위해서 이용된다. 마틴 부샤드(Martin Bouchard, 2007)는 캐나다 퀘벡에서 마리화나 재배자를 찾기 위해서 동료부터 시작하여 다른 재배자를 소개받았다. 브루스 제이콥스와 조디 밀러(Bruce Jacobs and Jody Miller, 1998)는 검거를 피하는 특수한 기법을 연구하기 위해서 세인트루이스(St. Louis)에서 25명의 여성 크랙 딜러의 표본을 만들었다.

연구자에게 다른 연구대상자를 소개할 초기 연구대상자나 정보원과 접촉하는 것은 활동 중인 범죄자를 연구할 때 특히 어려울 수 있다. 형사사법 연구의 대부분의 경우에서와 같이, 눈덩이 표집을 위한 접촉을 시작하기 위한 다양한 접근은 장점과 단점을 가진다. 이전의 입건 또는 유죄평결 경험이 있는 연구대상자로 시작하는 것은 보통 연구자에게 가장 쉬운 방법이지만, 그것은 경찰이나 다른 관리에게 알려진 범죄자에 의존함으로써 잠재적인 편향을 가져올 수 있다(Jacobs, Topalli, and Wright, 2003).

세인트루이스에 있는 미주리 대학의 연구자에 의한 최근 연구는 형사사법 관리와 접촉하지 않은 범죄자에 대한 눈덩이 표본의 좋은 예이다. 거리의 육감으로 느껴지는 범죄자로부터 시작하여, 이 연구자들은 침입절도범(Wright and Decker, 1994), 청소년 갱 조직원(Decker and Van Winkle, 1996), 무장강도(Wright and Decker, 1997)의 표본을 만들었다. 연구대상자로서 활동 중인 범죄자를 식별하는 것은 특히 어렵지만, 이들은 눈덩이 표집을 훌륭하게 사용한 예이다.

리처드 라이트와 스콧 데커(Richard Wright and Scott Decker, 1994)의 연구는 한 좋은 예이다. 몇몇 활동 중인 침입절도범과 발이 넓은 일반인과 접촉한 전과자는 그들에게 또 다른 조사대상자를 소개하게 했다. 이 과정은 그림 8-11에 설명되어 있고, 이 연쇄적인 소개를 통해 105명의 눈덩이 표본이 만들어졌다.

그림 8-11의 상단부터, 그 전과자가 연구자에게 두 명의 표본(001과 003), 잠깐 범죄를 했던 사람, 세 명의 범죄세계에 발이 넓은 일반인, 한 명의 마약중독자, 한 명의 청소년 사회사업가, 그리고 보호관찰관을 접촉할 수 있도록 해 주었다. 계속 아래로 가면, 잠시 범죄를 했던 사람은 특히 도움이 되었는데, 그는 12명을 소개해 주었다(005, 006, 008, 009, 010, 021, 022, 023, 025, 026, 030, 032). 026번 표본이 소개한 028번과 029번을 통해서 눈덩이 효과가 어떻게 계속되는지를 이해해야 한다. 또한 어떤 사람은 한 명 이상

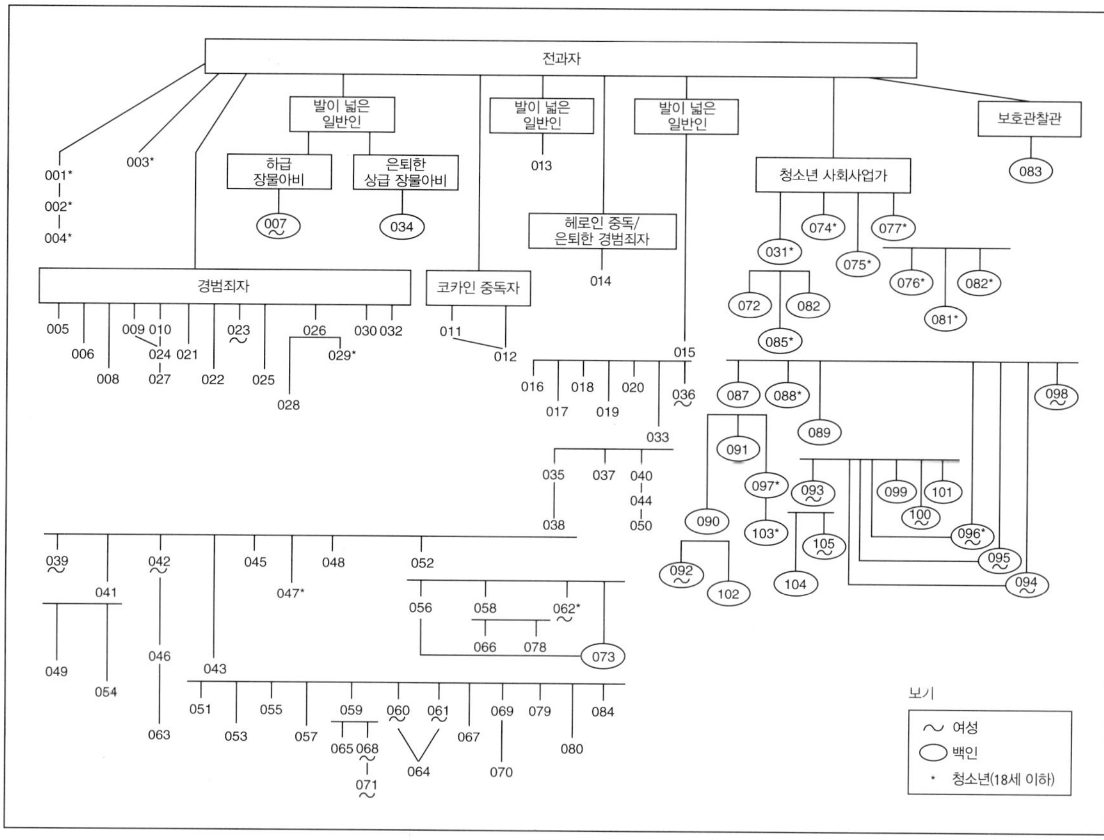

그림 8-11 '눈덩이' 소개표

출처: Richard T. Wright and Scott H. Decker, *Burglars on the Job: Streetlife and Residential Break-Ins*(Boston: Northeastern University Press, 1994), p. 19. Northeastern University Press의 허가하에 재인쇄함.

의 다른 사람에 의해 지목되기도 한다. 예를 들면, 그림 8-11의 맨 아래 줄 중간에 060과 061은 둘 다 064를 지목했다.

앰버 호닝(Amber Horning)은 제10장에서 뉴욕시의 포주에 대한 질적 면접에 사용된, 눈덩이 표집의 또 다른 좋은 예를 설명한다.

비확률표집의 개관

눈덩이 표본은 본질적으로 목적표본(우리는 청소년 갱 조직원을 뽑기를 원한다)과 이용 가능한 연구대상자의 표본의 변형이다. 이들 각각은 비확률표집 기법이다. 그리고 다른 유형의 비확률표본과 같이, 눈덩이 표본은 어떤 주어진 요소가 한 표본에서 추출될 확률을 결정하는 것이 불가능할 때 가장 적절하다. 더욱이 눈덩이 표집과 관련된 기법은 대상 모집단의 위치를 찾아내는 것이나 심지어 식별하는 것이 어려울 때 필수적으로 이용된다. 예를 들어, 우연히 통과하는 행인에게 접근하는 것은 매춘부나 청소년 갱 조직원의 어떤 표본을 추출하는 데 효율적인 방법이 아니다. 대조적으로, 행인에게 접근하는 것은 행인을 연구하기 위해 충분한 표집방법이지만, 도시의 특정 지역을 보행하는 사람들을 식별하기 위해 도시 거주자의 확률표본을 추출하는 것은 값비싸고 비효율적일 것이다.

형사사법 연구의 다른 요소와 같이, 표집계획은 특수한 연구에 적용될 때 수정되어야 한다. 표본의 정확성에 대한 추정치를 계산하는 것이 중요하고, 적당한 표집틀이 이용 가능할 때, 우리는 확률표집 기법을 이용한다. 아무런 합리적인 표집틀이 이용 가능하지 않고, 확률표본을 추출할 수가 없을 때, 우리는 표본의 정확성을 추정할 수 없다. 다

종합적 사고 운전자, 도로구획, 그리고 '알려진 속도위반자'의 표집

교통경찰 활동과 인종에 대한 여러 연구는 다양한 확률 및 비확률표집 전략을 이용했다. 대상 모집단은 운전자, 도로구획, 그리고 알려진 교통 범죄자였다. 뉴저지 연구자들은 주(state)의 유료 고속도로에 진입하는 차량들을 뽑았다. 엥겔과 동료들(Engel et al., 2005)은, 도로 이용을 반영하는 어떤 종류의 목적적 기준을 통해 펜실베이니아의 군(county)들을 추출했다. 많은 다양한 표본이 노스캐롤라이나 연구에 포함되었다. 우리는 '알려진 노스캐롤라이나 속도위반자'의 한 층화된 표본을 살펴볼 것이다(2003: 340).

운전자

어떤 도로에 있는 운전자들의 모집단을 상상할 수는 있지만, 어떻게 그것을 정의할까? 장소와 시간은 중요한 차원일 것이다. 예를 들면, '화요일 오후 4시에 뉴저지 유료고속도로에 있는 1번 이정표와 50번 이정표 사이에 있는 모든 운전자'가 그 예이다. 뉴저지 유료 고속도로는 상대적으로 적은 수의 장소로 접근이 제한된 유료 도로이기 때문에, 그것은 상대적으로 관리가 가능한 모집단이다. 그렇다고 하더라도, 그 모집단은 한 시간 또는 그 정도의 기간 동안 차가 고속도로를 진입하고 나갈 때 계속 변할 것이다.

랭과 동료들(Lange et al., 2005)은 고속도로를 나오는 차량이 톨게이트에 서야 하는 것뿐만 아니라, 접근이 제한되어 있다는 점을 이용한다. 이것은 차의 속도를 늦추게 하고, 연구자에게 연구에 적합한 차와 운전자의 특성을 관찰할 수 있게 만든다. 표집목적에서 보다 중요한 것으로, 고속도로를 떠난 차량은 어떤 과정 또는 단위의 흐름의 예였다. 연구자들은 그 과정으로부터 차량을 뽑았다. 편향되지 않은 방식으로 뽑기 위해서, 연구진은 톨게이트에 배치되어 준비한 컴퓨터를 이용하여 차량 흐름과 시간을 맞춘다. 약 매 2.5분마다 컴퓨터에서 알람이 울리는데, 이것은 알람 후 톨게이트에 접근하는 세 번째 차량이 추출된다는 것을 나타낸다(2005: 199). 이러한 절차를 통하여, 연구진이 운전자를 관찰하기 전에 표본으로 추출되었다. 표집은 또한 고속도로의 상이한 부분을 대표하기 위해 날짜와 시간뿐만 아니라, 톨게이트의 부스를 선택하는 과정을 포함한다.

군과 도로구획

접근통로가 거의 없는 상대적으로 변화가 적은 간선도로와 같이, 뉴저지 고속도로는 거의 표집에서 어려움이 없다. 대조적으로, 펜실베이니아의 연구자들은 그 주 도처에서 경찰관이 담당하는 상당히 다양한 도로와 상황을 대표하는 위치를 뽑으려고 했다. 엥겔과 동료들(Engel et al., 2005)이 표본을 추출할 때, 그들은 펜실베이니아 군의 몇 가지 특성을 고려하는데, 이들은 도로 이용에 영향을 주고 장거리 여행자를 끌어들일 수 있는 것이었다. 그들은 세 가지의 일반적 개념과 이 개념을 군의 수준에서 측정하는 7개 변수를 나열했다.

- **일반적인 도로 이용**
  - 군의 인구
  - 각 군 내의 전체 도로의 길이

행히도, 그러한 상황에서, 우리는 비확률표본을 추출하기 위한 다양한 방법을 이용할 수 있다.

'종합적 사고: 운전자, 도로구획, 그리고 '알려진 속도위반자'의 표집'이라는 제목의 글상자 속 예는 확률과 비확률표집 기법의 조합시키는데, 이것은 다른 유형의 모집단을 추정하기 위한 것이다. 한 표본은 단지 한 표집틀에서만 추출된다는 것에 주목하라. 다른 것들은 운전자와 도로를 표집하는 창의적인 접근방식을 보여준다.

- 각 군 내에 있는, 주들 사이를 연결하는 간선도로의 길이

- **소수집단에 의한 도로 이용**
  - 군의 남미계 인구
  - 군의 흑인 인구
- **군 도로 이용이 거주자의 인구를 반영하지 않을 가능성**
  - 관광명소, 단과대학과 대학교, 또는 역사적 장소의 존재
  - 놀이공원이나 스키장과 같은 계절적 시설의 존재

이 7가지 변수는 요인분석으로 알려진 통계적 절차로 결합되는데, 이것은 모든 펜실베이니아군에 대한 요약 점수를 산출하기 위해서이다. 그러고 나서 군들은 네 개의 집단으로 분류되었는데, 이 집단은 도로 이용, 소수집단 이용, 타 지역 운전자 이용 각각에서 요약 점수가 높고 낮음에 따라 배열되었다. 전체 20개 군은 이 네 집단으로부터 추출되었다. 추가로 7개의 군이 추출되었는데, 이것은 정차한 운전자의 인종적 분포가 군 거주자의 인종적 분포와 매우 상이했기 때문이다.

동시에, 몇몇 표집 개념들을 대표하는 이 절차들은 이 장에서 설명되었다. 군들은 도로 이용에 영향을 주는 것에 의해 층화되었고, 소수집단에 의한 도로 이용 또한 마찬가지이다. 몇몇 군들은 높은 비율의 소수집단의 도로 이용에 기초하여 목적적으로 추출되었다. 20개의 뽑힌 군들의 11개가 점수가 높은 집단들로부터 추출되었는데, 이렇게 함으로써 소수집단이나 타 지역의 운전자에 의해 도로 이용이 많은 표집단위가 비비례적으로 추출되게 되었다. 결국, 엥겔과 동료들은 그들이 이후에 수행한 관찰을 통해서 군 내의 특수한 도로구획을 추출했는데, 결국 이 과정에 의해 다단계 표본설계가 되었다.

이미 알려진 속도위반자

스미스와 동료들이 노스캐롤라이나에서 한 연구들에서, 그들은 속도위반을 측정하기 위해서 세 가지의 일반적인 기법, 즉 경찰 단속 기록, 독립적인 관찰, 자기보고식 조사를 이용했다. 경찰과의 접촉에 대한 미 법무통계국의 조사와 같이, 어떤 조사의 한 목표는, 단속되고도 경찰 기록에는 나타나지 않을 수 있는 사람들을 뽑는 것이다. 그러나 스미스와 동료들은 또한 자기보고식 속도위반과 경찰 접촉의 타당도에도 관심이 있었다. 속도위반과 교통 단속에 대해 응답하는 사람들은 얼마나 진실할까?

이 질문에 관해 설명하기 위해서, 그 연구자들은 1999년 6월과 2000년 5월 사이에 속도위반 딱지를 받은 노스캐롤라이나 거주자의 법원기록을 뽑았다. 그들이 속도위반 딱지를 받은 흑인 운전자를 많이 포함하고 싶었기 때문에, 그 연구자들은 비비례적 층화표집을 사용했고, 그래서 추출된 이름의 약 절반은 운전자 기록에서 흑인이라고 분류된 운전자가 되었다. 이 경우에, 대상 모집단은 속도위반으로 소환된 것으로 알려진 사람이다. 표집틀은 속도위반으로 딱지를 받은 모든 사람들의 기록을 포함하고 있는 데이터베이스였는데, 여기에는 그들의 주소와 전화번호가 함께 수록되어 있었다. 인종은 운전자의 면허증에 기록되어 있기 때문에, 인종에 의해 층화된 표본을 추출하기 위해, 그 기록을 정렬하여 무작위표집 컴퓨터 절차를 이용하는 것은 쉬웠다.

요약

- 확률표집의 논리는 모집단의 작은 하위집단으로 큰 모집단을 대표하기 위한 기초가 된다.
- 표본의 질을 판단하는 주요 기준은 표본의 특성이 표본을 추출한 모집단의 특성과 같은 정도의 대표성이 있는가 하는 것이다. 표본은 편향되지 않아야 한다. 그러나 어느 정도의 표집오차는 항상 존재한다.
- 확률표집의 주요 원리는 전체 모집단의 모든 구성요소가 어떤 알려진 추출확률을 가져야 한다는 것이다.
- 확률표집 기법은 꽤 대표성 있는 표본을 추출하는 한 뛰어난 방법이다. 그들은 어떤 주어진 표본에서 기대되는 표집오차의 양을 추정할 수 있게 한다.
- 표본통계치로 모집단 모수를 추정하는 우리의 능력은 표집본포와 확률이론에 근거한다. 만약 우리가 어떤 주어진 크기의 표본을 많이 추출한다면, 표본통계치는 진짜의 모집단 모수 부근에 모일 것이다. 표본규모가 증가함에 따라서, 그 모이는 현상은 강해질 것이다.
- 단순무작위표집은 실제에서는 거의 사용되지 않지만, 확률표집에서의 가장 기본적인 기법이다.
- 계통적 표집은 표집틀을 이용하여 어떤 지정된 간격(예: 매 8번째, 또는 15번째, 또는 1023번째 단위)에 나타나는 단위를 추출한다.
- 층화하는 것은 표집오차를 감소시킴으로써 어떤 표본의 대표성을 높인다.
- 다단계 집락표집은 어떤 모집단의 모든 구성원의 목록이 없을 때 자주 사용된다.
- NCVS와 BCS는 다단계 집락표집에 기초한 전미범죄조사이다. 각 조사의 표집 방법은 상대적으로 드문 사례들을 대표하기 위해서 상이한 접근을 한다.
- 비확률표집 기법은 통계적으로 덜 대표성을 가지며, 확률표집에 비해 덜 믿을 만하다. 그러나 그들은 종종 이용하기 쉽고 많은 실제의 연구에 적합할 수 있다.
- 목적표집은 연구자들이 모집단의 특수한 요소를 추출하려고 할 때 이용된다. 이것은 그 요소가 대표성이 있거나 극단적 사례인 것으로 믿어지기 때문이거나, 또는 그들은 어떤 모집단에서 기대되는 편차의 범위를 대표하기 때문일 수 있다.
- 할당표집에서, 연구자들은 전체 모집단의 특성에 대해 상세한 묘사로 시작하여, 모집단에서 존재하는 상이한 구성 비율을 포함하는 어떤 방식에서 표본 구성원을 뽑는다.
- 다른 수단을 통해서 비확률표본을 추출하는 것이 불가능한 경우에, 연구자들은 종종 이용 가능한 연구대상자에 의존한다. 때때로 교수들이 이렇게 하는데, 예를 들어 그들의 수업에 참여한 학생들은 이러한 연구대상자이다.
- 눈덩이 표본은 연쇄적인 소개를 통해서 연구대상자를 모으고, 현장 연구에서 가장 일반적으로 사용된다.

핵심 용어

계통적 표집(systematic sampling)
눈덩이 표집(snowball sampling)
단순무작위표본(simple random sample)
동등확률추출방법(EPSEM)
모집단 모수(population parameter)
모집단(population)
목적표본(purposive sample)
비확률표본(nonprobability sample)
신뢰구간(confidence interval)
신뢰수준(confidence level)
집락표집(cluster sampling)
층화(stratification)
표본요소(sample element)
표본통계치(sample statistic)
표준오차(standard error)
표집(sampling)
표집단위(sampling unit)

표집분포(sampling distribution)
표집틀(sampling frame)
할당표본(quota sample)
확률표본(probability sample)

복습문제 및 연습문제

1. 제6장에 있는 약물남용 경고 네트워크(Drug Abuse Warning Network: DAWN) 프로그램의 요약문을 읽어보라. DAWN 프로그램에서 사용되는 목표로 하는 모집단, 연구모집단, 표집틀, 표집요소를 상술하라. DAWN이 어떤 표본형을 사용하는지를 설명하고, 표집절차의 장점과 단점에 관해 논의하라.
2. 불심검문은 거리에 있는 의심스러운 사람에게 경찰이 접근하여 무기나 금지물품을 검색하고 심문하는 논란의 여지가 있는 한 방법이다. 뉴욕시에서의 연구에 따르면, 유색인종 남자 청소년은 높은 연령대의 사람이나 여성 또는 백인에 비해 더 많은 검문을 받는다(Jones-Brown, Gill, and Trone, 2010). 사람들의 불심검문 경험에 대한 조사연구를 위한 두 가지 표집방법에 대해 간략히 설명하라.
3. 다음에 나열된 모집단을 대표하는 어떤 표본을 추출할 때, 가능한 연구모집단, 표집요소, 표집단위, 표집틀에 대해 논의하라. 여러분은 모집단에 대한 여러분의 논의를 어떤 특수한 상태나 기타 사법관할구역에 한정하기를 원할지도 모른다.
   ㄱ. 자치경찰관
   ㄴ. 중범죄 법원 판사
   ㄷ. 자동차 절도범
   ㄹ. 면허를 가진 자동차운전자
   ㅁ. 주경찰서장
   ㅂ. 군교도소에 수감된 사람

CHAPTER 09

설문조사연구

이 장에서는 어떻게 우편 설문조사, 대면식 면접조사, 전화 설문조사가 형사 사법 연구에 사용될 수 있는지를 검토해 볼 것이다.

학습목표

1. 설문조사연구는 일부 모집단에서 선정된 응답자의 표본에 체계적인 방식으로 설문지가 사용되는 것을 포함하고 있는 것을 이해한다.
2. 어떻게 설문조사연구가 대규모 집단에 대한 기술적 연구 또는 탐색적 연구에서 특히나 적절한지를 기술한다.
3. 범죄피해와 자기보고식 범죄 가해 자료를 얻기 위한 설문조사 방식의 예시를 기술한다.
4. 개방형 질문과 폐쇄형 질문의 차이를 요약하고, 각각의 장단점의 예시를 제안한다.
5. 질문 항목의 편향이 어떻게 응답자에게 특정 방식으로 응답하게 하는지 또는 특정 견해를 지지하게 하는지를 알아본다.
6. 다른 방식으로 설문지를 기술하는 것과 그것이 어떻게 다양한지 예시를 제안한다.
7. 왜 대면식 면접조사에서 면접관이 중립을 유지하는 게 중요한지 알아본다.
8. 각각의 조사방법의 수행에 대한 장단점의 예시를 제공한다.
9. 어떻게 설문조사를 통한 자료가 어느 정도 인위적이고 잠재적으로 피상적일 가능성이 있는지 논의한다.
10. 소수의 인원과 초점집단을 대상으로 한 전문화된 면접이 질문을 묻는 방식으로 이루어지는 자료수집의 조사 방식과 어떻게 다른지 이해한다.

성범죄자에 대한 지식과 태도

럿거스(Rutgers) 대학교 대학원 2학년 과정 중에 사람들이 성범죄자에 대해 알고 있는 것과 성범죄자가 처벌되거나 처우받아야 한다고 믿는 방식에 대한 연구를 진행하기 위해 마이클 맥스필드(Michael Maxfield) 교수와 함께 일하였다. 이 연구는 내가 생각한 것보다 훨씬 오래 걸렸지만, 2012년 여름에 그 연구에 대한 결과를 발표할 수 있었다(Marteache, 2012). 해당 연구가 이 책의 초반과 이 장에서 논의된 연구의 많은 특징을 보여주고 있어서 맥스필드 교수가 이 프로젝트에 관한 간단한 서술과 어떻게 이 연구가 발전되었는지를 작성하도록 부탁하였다.

성범죄자에 대한 지식과 태도는 질문을 묻는 방식으로만 연구할 수 있는 유형의 주제이다. 미국의 주 정부와 스페인을 포함한 다른 국가들은 성범죄와 관련하여 성범죄자의 처벌을 강화하고 범죄자가 출소한 이후에 감시를 확대한다는 이야기를 널리 알리는 것으로 대응하였다.

이 연구는 두 가지의 주목표를 가지고 있었는데, 첫째, 연구의 참가자를 연구한 다음, 그들의 지식과 태도가 어떻게 변화하였는지 평가하여 성범죄자에 관한 구체적인 자료와 정보를 제공하는 것, 둘째, 피험자는 성범죄에 대한 모의 대중매체 보도를 본 이후의 태도와 지식의 안정성을 평가하는 것이었다.

- 성범죄에 대한 설명은 처벌 또는 처우에 대한 성범죄자에 관한 지식과 태도를 변화시키는가?
- 심각한 성범죄를 일으킨 사람의 비디오를 보는 것은 이전에 성범죄자에 관해 설명을 들은 사람들에게 지식과 태도에 대한 변화가 더 적은가?

나는 스페인의 바르셀로나와 마드리드에 있는 대학에 소속된 동료 두 명에게 도움을 요청하여, 내가 설계한 설문지를 각 대학에 배포하였다. 학생들은 2009년 가을학기의 강의에서 3회에 걸쳐 설문지를 완성하였다. 이들 중 처리 집단에 포함된 학생들은 2시간 동안 진행되는 성범죄자와 그들의 처우에 관련한 설명과 토론을 하는 특별 수업에 참가하였다. 각 대학에서 통제집단에 포함된 학생들은 그 강의의 정규 수업에 참석하였다. 나는 럿거스 대학교에 소속된 맥스필드 교수의 도움으로 스페인에 있는 그 동료 두 명에게 제공한 교육용 자료를 설계하였다. 처리집단과 통제집단은 각각에게 배정된 수업에 참여한 후, 모든 피험자들은 두 번째 설문지를 완성하였다.

다음 단계에서 나는 성범죄자에 관련한 모조의 대중매체를 보도하는 개입을 개발하였다. 그 대중매체 보도는 스페인에서 잘 알려진 심각한 성범죄에 관련한 영상이었다. 통제집단에는 스페인에서 비슷한 수준으로 물의를 일으킬 만한 코카인 복용에 관련한 영상을

대학생을 대상으로 한 성범죄자에 대한 대중의 의견에 관련한 설문조사

우리 연구팀은 성범죄자와 관련한 대중의 의견에 대한 연구에 착수하게 되어 연구 수행을 위해 귀하의 도움이 필요합니다. 아래의 질문에 대해 응답을 부탁드리며, 응답 시, 가장 정확하게 귀하의 의견을 표현해 주시길 바랍니다. 응답하는 도중 질문의 의미에 대한 의문이 생긴다면, 손을 들어주시면 우리 연구팀원이 귀하를 도와드릴 것입니다. 귀하가 제공한 정보는 모두 기밀로 유지될 것입니다.

연구에 참여해 주셔서 감사합니다.

다음 18개의 서술문은 성범죄자와 성범죄에 관련한 것입니다. 아래 주어진 평가척도에서 귀하의 느낌과 믿음을 가장 잘 묘사한 숫자를 선택하여 주십시오.

대부분의 진술이 절대적인 느낌으로 검증하기에 어려움이 있고, 대부분의 사람들은 들어보거나, 읽어보거나, 배운 적이 있는 것을 바탕으로 하여 구체적인 의견을 제시하기 때문에 우리 연구팀들은 '맞다', '틀리다'에 초점을 두기보다는 성범죄자에 대한 귀하의 신념과 의견에 대해 더 초점을 두고 있습니다. 그러므로 이 문제에 대해 일반적인 지식을 가지고 있지 않더라도 각 질문에 응답해 주십시오.

평가척도(rating scale)

1 – 매우 동의하지 않는다	2 – 동의하지 않는다	3 – 약간 동의하지 않는다
4 – 약간 동의한다	5 – 동의한다	6 – 매우 동의한다

ㄱ. 지원과 치료가 있다면 성범죄를 저지른 사람은 행동이 변화하는 것을 배울 수 있다. ☐
ㄴ. 성범죄를 저지른 사람들은 시민권(예: 투표권, 사생활보호)을 잃어야만 한다. ☐
ㄷ. 성범죄를 저지른 사람들은 일반적인 사람들보다 더 자주 성관계를 원한다. ☐
ㄹ. 남성 성범죄자는 여성 성범죄자보다 더 심각한 수준의 처벌을 받아야만 한다. ☐
ㅁ. 성적 접촉(부적절한 접촉)은 강간만큼 나쁘지 않다. ☐
ㅂ. 성범죄자는 주위에 사람들이 많은 것보다 혼자 사는 것을 선호한다. ☐
ㅅ. 대부분의 성범죄자는 친한 친구가 없다. ☐

출처: Church, Wesley T. et al. 2008. "The Community Attitudes Toward Sex Offenders Scale: The Development of a Psychometric Assessment Instrument," *Research on Social Work Practice* 18:251~259.

사용하였다. 그리고 바르셀로나와 마드리드에 있는 학생들은 성범죄 혹은 마약 복용에 관련한 영상 중 무작위로 배정되어 두 영상 중 하나를 시청하였다. 이후에 학생들은 성범죄자에 관련한 그 학생들의 지식과 태도를 측정하기 위해 세 번째 설문지를 완성하였다.

영어 버전의 설문지 일부분을 아래에 첨부하였는데, 이 질문들은 웨슬리 처치와 동료들(Wesley Church et al., 2008)이 개발한 수많은 항목 중 일부분을 발췌하였다. 이 질문의 신뢰도는 인정될 수 있는 수준이었기 때문에 새로 만들기보다는 이 질문을 사용하기로 하였다. 자료수집은 2009년 가을학기 종강에 맞춰서 완성되었고, 방학이 끝나고 801개의 완성된 설문지를 가지고 다시 럿거스 대학교로 돌아갔다.

이 프로젝트는 계획대로 잘 되었지만, 예상보다 많은 작업이 요구되었다. 그 이유를 생각해 보면, 복잡한 연구설계와 두 명의 동료가 스페인에서 자료수집을 하는 동안 내가 뉴저지에 있었기 때문에 실행 계획의 어려움이 한 부분을 차지하기 때문이다.

_ 네리아 마르티아슈(Nerea Marteache), 캘리포니아 주립대학교 샌버너디노(San Bernardino)

도입

사람들에게 질문을 통해 물어보는 방법은 사회과학에서 가장 일반적으로 자료를 수집하는 방법이다.

1880년에 프랑스 노동자를 대상으로 실시된 잘 알려지지 않은 조사가 시도된 적이 있었다. 독일의 한 정치사회학자가 고용주에 의한 착취의 정도를 파악하기 위해 약 25,000부의 설문지를 노동자들에게 우편으로 발송한 것이다. 여기에 활용된 상당히 긴 설문지에는 다음과 같은 문항도 포함되었다.

> 당신의 고용주 또는 그 대리인이 당신 수입의 일부를 횡령하기 위해 속임수를 씁니까? 만약 당신이 성과급제로 지급을 받는다면, 그 조항의 본질이 당신의 임금에서 부정한 삭감을 위한 구실로 만들어졌습니까?

이 설문조사의 연구자는 조지 갤럽(George Gallup)이 아닌 칼 마르크스(Karl Marx, 1880: 208)였다. 비록 25,000부의 설문지가 우송되었지만, 얼마가 회수되었는지에 대해서는 아무런 기록이 없다. 그리고 여러분은 마르크스에 의해 제기되었던 질문이 한쪽으로 유도된 질문이라는 것을 인식하기 위해서는 사회조사방법론에 대해 굳이 많은 것을 알지 않아도 된다.

설문조사연구는 사회학과 정치학에서 아마도 가장 자주 사용되는 관찰방법일 것이고, 또한 형사사법 연구에서도 자주 사용된다. 여러분은 당연히 어떤 종류의 조사에 있어서 응답자가 되어 보았을 것이고, 그리고 여러분은 직접 **설문조사**(survey)를 실시해 보기도 했을 것이다.

설문조사 방법을 위해 가장 적합한 형사사법 분야의 주제에 관해 토론을 하면서 이 장을 시작해 보자. 그 다음, 설문지 구성의 세부적인 내용을 포함하여 설문조사 목적을 위해 사람들에게 어떻게 질문할 것인지에 대한 기본적인 원칙을 다룰 것이다. 그리고 설문지를 사용하는 세 가지의 기본적인 방법인 자기보고식, 대면형 면접식, 전화면접식 방법을 기술하고, 각 방법의 장단점을 요약할 것이다. 그리고 초점집단(focus group)과 같은 보다 구체적인 면접 방법에 대해 논의한 후에, 여러분에게 설문조사 방법을 수행할 때의 장점과 함정에 대한 조언을 제공하는 것으로 이 장을 마무리할 것이다.

설문조사(survey) 자료수집의 기법 중 하나. 일반적인 수단을 체계적으로 적용하여 다수의 단위를 측정한다.

설문조사연구에 적합한 주제

설문조사는 형사사법 분야의 기초연구와 응용연구에 다양하게 사용될 수 있다.

설문조사는 기술적, 설명적, 탐색적, 응용적 연구에 사용될 수 있다. 설문조사는 개인을 분석단위로 하는 연구에 가장 적합하다. 설문조사는 또한 가구나 조직과 같은 다른 분석단위를 위해서도 자주 사용된다. 그런데 이런 경우에서조차도 한 명 이상의 개인이 **응답자**(respondent) 또는 정보 제공자로서의 역할을 하게 된다.

예를 들면, 연구자들은 때때로 범죄조사의 자료를 검토할 때 범죄피해 사건을 분석단위로 사용한다. 어떤 사람들은 범죄피해를 한 번 이상 당할 수도 있고, 어떤 사람들은 전혀 범죄피해를 당하지 않을 수도 있다는 사실은 범죄피해 사건이 개인과 같은 성질의 분석단위가 아니라는 사실을 의미한다. 그럼에도 불구하고, 설문조사의 설문지는 범죄피해 사실에 대한 정보를 제공하는 사람들을 대상으로 사용되어야 한다. 비슷한 방식으로, 법무통계국(Bureau of Justice Statistics: BJS)을 위해 대략 매 5년마다 실시되는 미국구치소총조사(National Jail Census)에서는 지역의 수감시설에 관한 정보를 수집한다. 구치소가 분석단위이기는 하지만, 각 구치소에 관한 정보는 개인들에 의해 제공된다. 미국청소년갱설문조사(National Youth Gang Survey)는 수년 동안 수행되었다. 비록 이 설문조사에서는 갱단에 대한 정보를 알아내려고 하지만, 이 설문조사는 법집행기관에 회부되고, 설문지는 경찰서에 있는 개인들에 의해 완료된다.

이제 연구활용에 있어서 어떤 설문조사 방법이 특히 더 적합한지 폭넓은 종류를 고려해 보자.

범죄발생 건수에 대한 집계

제6장에서는 설문조사의 사용을 좀 더 자세하게 다루었다. 사람들에게 범죄피해 사실을 묻는 방법은 경찰에 의해 수집된 자료에서 발견되는 몇몇 문제를 해결하기 위해 범죄발생 건수를 집계하는 것이다. 물론 설문조사를 통한 측정방법도 나름대로의 단점이 있다. 기억회상의 오류와 면접관과 범죄피해 사실에 대해 논의하는 것을 꺼리는 점 등과 같은 문제의 대부분은 설문조사 방법에 내재되어 있는 것이다. 그럼에도 불구하고, 범죄피해조사는 미국과 다른 나라들에서 발생하는 범죄의 규모에 관한 중요한 자료의 원천이 되어 왔다.

자기보고식 설문조사

자신이 저지른 범죄에 관해 사람들에게 묻는 설문조사 또한 제6장에서 논의되었다. 테런스 손베리(Terence Thornberry)와 마빈 크론(Marvin Krohn)은 자기보고식 설문조사가

"범죄나 비행이 연구되는 방법에 있어 필수불가결한 부분"(2000: 35)이라고 언급한 적이 있다. 왜 사람들이 범죄나 비행, 또는 일탈 행위를 저지르는지를 탐색하고 설명하는 연구를 할 때에 질문하는 것은 가능한 가장 좋은 방법이다.

자기보고식 설문조사의 일반적인 범주 내에서, 두 개의 다른 적용방식은 연구대상의 모집단과 표집방법에 의해 구분된다. 범죄자에 대한 연구는 종종 교도소 수감자와 같이 이미 범죄를 저지른 것으로 알려진 응답자를 표집대상으로 선택한다. 일반적으로, 연구의 관심은 범죄행위의 **빈도**(frequency), 즉 일정한 시간 동안 적극적으로 활동을 하는 범죄자에 의해 다양한 종류의 범죄가 얼마나 많이 저질러졌는지를 알고자 하는 것이다. 범죄자에 대한 가장 잘 알려져 있는 자기보고식 설문조사연구로는 잰과 마르시아 체이켄(Jan and Marcia Chaiken, 1982)에 의해 수행된, 수감된 중범죄자에 대한 연구가 있다.

또 다른 종류의 자기보고식 설문조사 방법은 범죄행위의 **확산 정도**(prevalence)에 관심을 두고 있는데, 즉 얼마나 많은 범죄가 범죄자라는 특정 대상인구에 의해 저질러지는지에 대비하여 얼마나 많은 사람들이 범죄를 저지르는지를 묻는 것이다. 그러한 설문조사는 전형적으로 미국의 가구, 성인 남성, 또는 고등학교 3학년 학생과 같이 광범위한 인구를 대표하는 표본을 사용한다. 미국청소년건강종단연구(The National Longitudinal Study of Adolescent Health: Add Health)는 20개 이상의 정부기관과 민간재단의 연합으로부터 후원을 받아 1994년에 시작되었다. 미국청소년건강종단연구(Add Health)는 패널연구로, 7~12학년 학생을 국가적 확률표본으로 활용하여 교내 설문연구로 시작되었고, 이 대상자를 대상으로 한 가장 최근의 후속 **면접**(interview)은 2007~2008년에 수행되었다. 추가적인 후속 설문조사는 2016년에 시작되었고 2018년에 완료되는 것으로 계획되었다. 1차 설문조사 이후로, 미국청소년건강종단연구로부터 얻은 자료는 범죄 및 일탈행위의 확산 정도를 추정하였고, 비행과 범죄에 관련한 연구문제를 조사하는 수백 개의 출판물이 발간되었다. 출판물들의 리스트를 보려면 미국청소년건강종단연구 웹사이트를 방문하여 연구설계에 대한 세부사항을 살펴보고, 설문조사 자료에 접근하면 된다(http://www.cpc.unc.edu/projects/addhealth).

일반인 대상의 설문조사와 범죄자 대상의 설문조사는 자기보고식 설문조사의 타당도와 신뢰도와 관련하여 서로 다른 형태의 어려움을 보여주는 경향이 있다. 기억회상 오류와 꾸며낸 범죄행위에 대해서 보고하는 것은 높은 등급의 범죄자에 대한 설문조사에서 문제가 될 수 있는 반면에, 자기보고식 설문조사에서 일반인으로 이루어진 응답자는 불법적인 행동에 대해 밝혀지는 것을 꺼릴 수도 있다. 제니퍼 로버츠와 동료들(Jennifer Roberts et al., 2005)은 정신병 환자의 표본에서 자기보고식 폭력 행위에 대한 평가를 하기 위해서는 어떻게 매주 실시하는 면접이 요구되는지를 설명하였다. 이 장의 뒷부분에서 설문지 구성에 대해 논의할 때, 자기보고식 질문 항목을 만드는 것에 대한 사례와 제안점을 제시할 것이다.

인식과 태도

형사사법 분야에서 설문조사 방법의 또 다른 적용은 어떻게 사람들이 범죄와 형사사법 정책에 대해 느끼는지를 알게 되는 것이다. 양형 정책, 총기 규제, 경찰의 업무수행 능력, 약물남용에 대한 일반 대중의 견해는 여론조사에서 자주 요구된다. 1972년에 시작된 일반사회조사(General Social Survey: GSS)는 미국의 사회적 지표에 대한 계속 진행 중인 설문조사이다. 여기에는 범죄에 대한 두려움과 기타 범죄문제에 대한 인식에 대한 질문이 규칙적으로 포함된다. 1970년대 중반부터 범죄와 범죄문제에 대한 대중의 인식에 대하여 점점 더 많은 설명적인 연구가 수행되어왔다. 범죄의 두려움에 관한 연구의 규모는, 부분적으로 일반 대중 사이에는 실제의 범죄피해 사실보다도 범죄에 대한 두려움과 그것에 대한 행동의 결과가 보다 광범위하게 퍼져 있다는 것에 대한 인식 때문에 계속해서 커진 것이다(Ditton & Farrall, 2007).

이 장은 '성범죄자에 대한 지식과 태도' 연구에서 태도를 측정하기 위해 사용된 설문조사 예시를 보여주는 짧은 글로 시작되었다. 네리아 마르티아슈(Nerea Marteache)는 또한 그녀의 연구에서 우리가 이 장에서 다룰 다른 조사연구의 특징을 기술하였다.

특정한 목표를 가진 범죄피해 조사

개별적인 도시나 이웃 지역을 대상 목표로 하는 범죄피해 조사는 정책 개선을 평가하기 위한 중요한 수단이다. 많은 형사사법 프로그램은 어떤 특정 지역의 범죄를 예방하거나 감소시키려고 시도되지만, 경찰에 신고되는 범죄들은 많은 종류의 프로그램을 평가하는 데 사용될 수가 없다.

이것이 왜 그러한지를 살펴보기 위해서, 의심이 드는 범죄를 모두 경찰에 신고하도록 지역주민을 독려하는 하나의 가설적인 지역사회 경찰활동 프로그램을 고려해 보자. 우리는 제6장에서 많은 사소한 사건들이 경찰이 성가시게 되는 것을 원치 않을 것이라고 믿는 피해자 때문에 경찰에 신고되지 않는다는 것을 살펴보았다. 그러나 만일 새로운 프로그램에서 경찰이 실제로는 사소한 사건이라도 기꺼이 신고되는 것을 강조한다면, 경찰에 신고되는 범죄의 비율이 증가할 것이고, 이는 범죄의 증가라는 결과로 나타날 것이다.

해결책은 어떤 정책 변화를 도입하기 전과 후에 구체적인 목표를 가진 범죄피해 조사를 실시하는 것이다. 이러한 범죄피해 조사는 부작용으로 나타나는 범죄의 신고를 증가시키는 정책을 평가하는 데에 있어서 특히나 더 적절할 것이다.

또한 고려해야만 하는 것은 전미범죄피해조사(NCVS)는 지역의 범죄예방 프로그램을 평가하기 위해 사용될 수 없다는 사실이다. 왜냐하면, 우리가 보여준 것처럼, 전미범죄피해조사는 가구별로 살고 있는 전국의 인구를 대표하기 위해 설계되어 있기 때문이다

법무통계국(BJS)과 지역사회경찰활동국(COPS)이 설계한 지역사회의 범죄피해 조사는

이러한 요구에 도움을 준다. 지역 조사는 특별히 지역의 범죄예방 노력을 평가하기 위해 시작될 수 있다. 또는 개혁적인 프로그램은 지역의 조사가 실시되는 주기에 시작 시기를 맞출 수도 있다. 어떤 경우든지 간에, BJS/COPS(Weisel, 1999)의 지침은 지역의 구역들을 대표하도록 표본을 추출하는 데에 조언을 제공해 준다.

기타 평가방법의 활용

기타 형태의 설문조사는 응용연구를 위해 적절할 수도 있다. 좋은 사례로 시카고 지역에서의 지역사회 경찰활동을 평가하기 위해 연속적으로 주민을 대상으로 설문조사를 시행한 것이 있다. 여기에는 연구자들이 어떻게 자신이 필요한 정보를 설문조사에 연계시키는지에 대한 사례가 포함되어 있다(Chicago Community Policing Evaluation Consortium, 2004: 2).

> CAPS(Chicago Alternative Policing Strategy)는 참여지향적 프로그램이기 때문에 일반 대중의 관심을 끌기 위한 캠페인의 효율성과 지역주민이 순찰지역 모임과 다른 지역의 프로젝트에 참여하도록 하는 활동의 성공 여부에 달려 있다. 설문조사는 대중의 인식 정도와 시카고에서 지역사회 경찰활동에의 참여 정도에 대해 추적을 할 수 있게 해준다.

일반적으로 설문조사는 태도나 신념, 또는 인식을 변화시키려는 정책을 평가하는 데 사용될 수 있다. 예를 들면, 사건처리시간을 줄임으로써 형사 법원에서 피해자와 목격자 간의 협력을 증진하도록 계획된 프로그램을 고려해 보자. 처음에는 프로그램 성공의 지표로 사건처리 시간 자체를 직접적인 측정으로 고려할 수 있다. 그렇지만 프로그램의 목표가 협력을 증진하는 것이라면, 어떻게 피해자와 목격자가 사건처리 시간에 대해 인식하는지를 묻는 설문조사가 보다 더 적절할 것이다.

일반적인 목적의 범죄 설문조사

제목이 암시하는 것처럼, 이 설문조사는 우리가 언급했던 목적 중의 하나보다 더 많은 목적을 위해 고안되었다. 1982년에 처음 시작된 이래로, 이전에는 영국범죄조사(BCS)라고 불렸던, 잉글랜드와 웨일스의 범죄조사(Crime Survey for England and Wales: CSEW)는 다양한 주제에 관한 특별한 일련의 질문을 포함시켰는데, 범죄에 대한 두려움(1984), 경찰과의 접촉(1988, 1996, 2000), 자기보고식 마약 복용(1994), 가정과 자동차를 지키기 위해 사용하는 보안조치(1996), 사기와 기술을 활용한 범죄(2002~2003)가 그것이다.

전미범죄피해조사(NCVS)는 전통적으로 범죄 건수를 집계하는 데 관심을 기울였다. 그렇지만 최근에는 범위를 확대하는 방향으로 설문조사를 점진적으로 재설계하는 쪽으로 노력을 기울였다(National Research Council, 2008). 1996년을 시작으로 전미범죄피해조사는 범죄피해에 관련된 질문 외에 경찰과 일반 대중의 접촉에 관한 일련의 질문을 추가하였다. 그러한 접촉에 있어 가장 흥미로운 유형은 교통 단속을 위한 차량 검문(traffic stops)이었다. 이 조사에서는 응답자가 교통법규를 위반한 상황에서 경찰과 접촉한 경험에 관해 기술하였다. 전미범죄피해조사를 이러한 방식으로 연구의 기초틀로 사용하는 것은 경찰과 일반 대중 간의 접촉에 있어서 인종을 기반으로 한 차별의 범위를 평가하는 데에 필요한 자료의 새로운 원천을 만들었다. 린 랭톤과 매슈 듀로스(Lynn Langton and Matthew Durose, 2013)의 연구에서는 2011년에 검문하는 동안 경찰의 행위에 관한 보고를 조사하기 위해 이러한 보충적인 질문을 이용하였다. 유사하게 신원도용과 학교 내 발생하는 범죄피해에 대한 추가적인 질문은 다양한 연도에 수행된 전미범죄피해조사에 포함되어 있다.

질문 시의 지침

어떻게 질문을 하는지는 설문조사연구에 있어서 가장 중요한 하나의 특징이다.

설문조사 방법의 성격을 정의하는 특징은 연구의 개념이 사람들에게 질문하는 것에 의해 조작화된다는 것이다. 여러 일반적인 지침은 변수에 대한 우수한 조작화를 할 수 있도록 하는 질문을 형성하고 묻는 데에 도움을 줄 수 있다. 그리고 쓸모없고, 심지어는 정보를 오해하게 만드는 결과를 초래할 수도 있는 함정에 대해 인식하는 것 또한 중요하다.

설문조사는 **설문지**(questionnaire)를 포함하고 있는데, 이 설문 도구는 구체적으로 분석에 유용한 정보를 끌어내기 위해 제작된다. 비록 몇몇 특정한 요점을 이해하는 것은 심층 인터뷰 같은 질적 연구에서 사용되는 개방형 설문지보다 구조화된 설문지가 더 적합할 수도 있지만, 자료를 수집하기 위해 질문하는 것 그 자체로 근본적인 논리는 매우 중요하다. 설문지를 만들 때 활용할 수 있는 선택을 살펴보는 것으로 먼저 시작해 보자.

개방형 질문과 폐쇄형 질문

질문을 하는 데에 있어 연구자는 두 가지 기본적인 선택지가 있는데, 각각은 어느 정도의 변형을 수용한다. 그 첫 번째는 **개방형 질문**(open-ended question)인데, 응답자는 자신 스스로 생각하는 응답을 하도록 요구된다. 예를 들면, 응답자에게 '여러분은 오늘날 여러분이 살고 있는 도시의 경찰이 직면하고 있는 가장 중요한 범죄문제는 무엇이라고 느끼십니까?'라는 질문이 주어지고 자신의 대답을 쓸 수 있는 여유 공간이 주어진다(또는 면접관에게 구두로 응답하길 요구될 수도 있다). 또 다른 선택지는 **폐쇄형 질문**(closed-ended question)인데, 응답자는 연구자가 준 응답 목록 중에서 하나의 응답을 선택하도록 요구된다.

폐쇄형 질문은 더 일정한 응답을 제공하고 더 쉽게 처리될 수 있기 때문에 특히 유용하다. 이러한 응답은 곧바로 분석을 위한 자료로 변환될 수 있다. 반면에, 개방형 응답은 처리하기 전에 분석하기 위해서 부호화되어야만 한다. 이러한 부호화 과정은 종종 연구자가 응답의 의미를 해석하도록 요구하는데, 이때 의미를 잘못 이해할 가능성과 연구자의 편견이 개입될 가능성이 있다. 또한, 어떤 응답자는 연구자의 의도와 본질적으로 전혀 상관없는 응답을 줄 수도 있다.

폐쇄형 질문의 가장 결정적인 단점은 연구자의 응답 구성에 있다. 주어진 질문에 관련된 응답이 상대적으로 명백할 때에는 별다른 문제가 없다. 그렇지만, 어떤 경우에는 연구자의 응답 목록에 중요한 응답을 포함하지 않을 수도 있다. 예를 들면, 우리가 '오늘날 여러분이 살고 있는 도시의 경찰이 직면하고 있는 가장 중요한 범죄문제가 무엇입니까?'라고 질문을 했을 때, 연구자의 응답 목록에 응답자가 중요하다고 생각하는 다른 범죄문제를 제외했을 수도 있다는 것이다. 개방형 질문의 표현과 사용에 대한 자세한 내용은 제10장의 질적 면접에서 다루어질 것이다.

제5장에서 설명한 변수를 조작화하기 위한 필수조건 중 두 가지는 연구자가 폐쇄형 질문을 만드는 것을 잘 이끌어준다. 첫째, 주어진 응답 항목은 모두를 포함하는 것이어야만 한다. 다시 말해, 연구자들은 기대될 수 있는 가능한 모든 응답을 항목에 포함해야만 한다. 종종 연구자들은 '기타(구체적으로 답해 주세요):________'와 같은 표현의 응답 항목을 추가함으로써 확실하게 한다. 둘째, 응답 항목은 상호배타적이어야 한다. 이는 응답자에게 하나 이상의 응답을 선택하도록 강요하는 것처럼 느끼게 해서는 안 된다. 어떤 경우에는 연구자가 복수의 응답을 요구하기도 하지만, 그렇게 하는 것은 차후의 자료 처리와 분석에서 여러 문제를 일으킬 수도 있다.

응답 항목이 상호간에 배타적이라는 것을 확실하게 하기 위해서, 연구자는 한 사람이 합리적으로 하나 이상의 응답을 선택할 수 있는지를 물으면서 각각의 응답 항목의 조합을 주의 깊게 검토해야만 한다. 또한, 연구자가 가장 적합한 한 개의 응답을 선택해야만 한다는 지시문을 추가한다면 응답자에게 도움이 될 것이다. 그렇지만 이러한 방법 또한 주의 깊게 구성된 일련의 응답에 비해 여전히 만족스러운 대안은 아니다.

질문과 진술

설문지(questionnaire)라는 용어는 질문 모음집이라는 의미를 갖고 있지만, 일반적인 설문지는 아마도 질문과 마찬가지로 많은 진술을 가지고 있다. 왜냐하면 연구자는 보통 어떤 응답자가 어떤 특정한 태도나 관점을 가지고 있는 정도를 결정하는 데에 관심 있기 때문이다. 여기서 연구자는 그러한 태도를 매우 간단한 진술로 요약하고자 한다. 그런 후에 연구자는 그 진술을 제시하고 응답자에게 그것에 동의하는지 또는 동의하지 않는지 묻는다. 렌시스 리커트(Rensis Likert)는 응답자에게 그 진술에 매우 동의하는지, 동의하는지

(보통 수준의), 동의하지 않는지, 또는 매우 동의하지 않는지, 혹은 매우 찬성하는지, 찬성하는지 등 그 외에 어떤 의견을 가졌는지 묻는 양식으로 된 리커트 척도(Likert scale)를 개발하여 이러한 절차를 공식화하였다.

질문과 진술 모두 유용하게 사용될 수 있다. 왜냐하면 설문지에 질문과 진술 모두를 사용하는 것은 문항 설계에 있어서 다루기 좀 더 쉽게 해줄 뿐만 아니라 설문지를 좀 더 흥미롭게 만들어 줄 수 있다.

명확한 질문 항목 만들기

설문지의 질문 항목은 명확하고 애매모호하지 않아야 한다는 말은 할 필요가 없을 정도로 당연한 사실이지만, 설문조사에서 불명확하고 애매모호한 문항의 선반석인 확산은 여기서 이 점을 강조하는 것이 가치가 있도록 만들어 준다. 연구자는 그들이 뚜렷하게 가진 의견이나 관점이 연구 주제와 깊이 관련이 있기 때문에 주제에 대해 거의 또는 전혀 생각해 본 적이 없는 많은 사람들 중에서 선정된 응답자에게는 그 질문이 명확하지 않을 수 있다. 혹은, 연구자가 그 주제에 대해 단지 표피적으로만 이해하고 있어 질문의 의도를 충분하게 구체화하는 데 실패했을 수도 있다. 만약 '여러분은 교도소의 일시출소(prison furloughs)에 대한 주지사의 결정에 대해 어떻게 생각하십니까?'라는 질문은 응답자에게 반대되는 질문이나 '어떤 주지사의 결정인가?', '교도소의 일시출소란 무엇인가?'와 같은 두 가지의 질문을 유발할 수 있다. 다시 말해, 설문지의 질문 항목은 정확해야 응답자는 연구자가 무슨 답을 원하는지 정확하게 알 수 있다.

연구자는 흔히 응답자에게 조합된 질문에 한 개의 응답만을 요구하는 경우가 있다. 그러한 '이중의' 질문은 연구자가 개인적으로 복잡한 질문과 동일시할 때에 가장 자주 일어난다. 예를 들면, 연구자는 응답자에게 '교정국(Department of Corrections)은 재소자를 주말 동안 일시출소를 풀어 주는 것을 중지해야만 하고 범죄자를 교화하는 데에 집중해야 한다.'는 진술에 동의하는지 또는 동의하지 않는지를 물을 수도 있다. 비록 많은 사람들이 명확하게 그 진술에 동의하고, 어떤 사람들은 명확하게 동의하지 않을 수 있지만, 또 다른 어떤 사람들은 대답할 수 없을 수도 있다. 어떤 사람들은 일시출소 프로그램을 중단하고 재소자를 교화가 아니라 처벌을 하기를 원할 수도 있다. 반면 어떤 사람들은 주말 동안의 일시출소 제도를 유지하면서 교화시키는 노력을 확대하기를 원할 수도 있다. 이러한 예시처럼 연구자를 혼란스럽게 하지 않고는 그 질문에 동의할 수도, 반대할 수도 없다.

짧은 질문 항목이 최선의 방식

문항의 애매모호함을 피하기 위해 연구자는 흔히 길고 복잡한 문항을 만들지만, 이는 피해야만 한다. 자기보고식 설문지의 경우, 응답자는 보통 그 문항을 이해하기 위해 그 주제에 대해 공부하려고 하지 않는다. 응답자는 문항을 신속히 읽을 수 있어야 하고, 그것의 의도를 이해해야 하며, 어려움 없이 한 개의 응답을 선택하거나 제시해야 한다. 일반적으로 응답자가 문항을 신속하게 읽고 즉각적인 응답을 줄 것이라고 가정하는 것이 안전하기 때문에 이러한 조건에서 오해를 불러일으키지 않을 짧고 명확한 질문 항목이 최선의 방식이다. 응답자가 직접 읽는 질문이나 전화상으로 전달되는 질문도 마찬가지로 간단해야 한다.

부정어가 포함된 질문 항목을 피하기

설문지의 질문 항목에 포함되어 있는 부정적 진술은 내용을 잘못 전달하기 쉽게 한다. '마리화나와 같은 약물은 합법화되어서는 안 된다.'라는 진술에 동의하는지 혹은 동의하지 않는지를 대답하도록 요구받으면 많은 응답자들은 안 된다는 용어를 간과하고 거기에 기초해 응답할 것이다. 따라서 어떤 사람들은 마리화나를 합법화하는 것을 지지할 때 그 진술에 동의할 것이고, 어떤 사람들은 반대할 때 동의할 것이다. 그리고 이 같은 경우가 발생하면, 연구자들은 응답자의 응답이 정확하게 무엇인지 알 수 없을 것이다.

편향에 치우친 질문 항목과 용어

이전에 논의하였던 사회과학 분야에서 연구자가 일반적으로 연구하는 어떠한 개념에 있어서 어느 것도 궁극적으로 참인 의미를 가지지 않는 개념화와 조작화에 대해 상기해 보라. 이와 같은 일반적인 원칙이 설문조사에서 사람들로부터 얻게 되는 응답에도 적용이 된다.

질문에 대한 주어진 응답의 의미는 많은 부분에 있어서 질문에서 사용한 말에 달려 있다. 이는 모든 질문과 응답에 모두 해당된다. 어떤 질문은 다른 질문보다 특정한 응답을 유도하는 것처럼 보인다. 설문지에서는 이러한 경우를 '**편향**(bias)'이라고 하는데, 이것은 질문에 응답자로 하여금 특정한 방식으로 대답을 하도록 유도하는 속성을 가진다. 대부분의 연구자는 '여러분은 모든 미국 시민의 안전과 안보를 위해 원격으로 조종하는 무인항공기로 목표물을 죽이는 것을 대통령이 사용하는 것을 지지하는가?'와 같은 질문의 영향에 대해 인식을 한다. 그래서 존경받는 연구자는 그러한 질문 항목을 사용하지 않을 것이다. 그렇지만, 실제 질문 항목과 용어에 대한 편향효과는 앞에서 제시한 사례보다 훨씬 더 인지하기 어렵다.

유명한(또는 잘 알려지지 않은) 사람 또는 기관과 태도 혹은 입장을 동일시하는 것은

편향(bias) 측정하고자 하는 대상을 와전하여 측정하는 것.

응답에 편향을 갖게 할 수 있다. 예를 들면, '여러분은 최근에 다음과 같은 대법원의 결정에 대해 동의하십니까, 또는 동의하지 않으십니까?'라고 시작하는 질문 항목은 편향효과를 가지고 있을 수 있다. 우리는 그러한 말의 표현이 필연적으로 합의를 이끌어낸다거나 유명인이나 유명기관과 동일시하는 입장을 지지하는 다수를 초래한다는 것을 말하는 게 아니다. 오히려, 이것은 그러한 동일시 없이 얻어진 지지보다 훨씬 더 클 가능성이 있다.

때때로, 질문 항목의 표현에 있어 서로 다른 형태의 영향은 상대적으로 감지하기 어렵다. 예를 들면, 케네스 라진스키(Kenneth Rasinski, 1989)는 정부지출에 대한 태도에 관하여 여러 일반사회조사(GSS)의 결과를 분석하였다. 그는 프로그램이 어떻게 동일시되는지에 따라 대중의 지지를 받는 정도에 영향을 미친다는 것을 발견하였다. 아래에 몇 개의 비교 사례가 있다.

지지를 더 많이 받는 표현	지지를 덜 받는 표현
가난한 사람에 대한 지원	복지
증가하는 범죄율의 중단	법집행
약물중독에 대한 대처	마약으로부터 사회복귀
사회안녕 보장	사회보장

예를 들어, 한 여론조사에서 63%의 응답자가 '가난한 사람에 대한 지원'에 돈이 적게 사용된다고 응답한 반면에, 이와 짝을 이루는 설문조사에서 23%의 응답자만이 '복지'에 돈이 적게 사용된다고 응답하였다. 편향을 피하기 위해 제공한 주요 지침은 응답자에게 제시한 각각의 응답에 대해 연구자가 어떻게 느낄 것인지를 상상해 보라는 것이다. 만약 그들이 당황스럽고, 삐뚤어져 있고, 비인도적이고, 어리석고, 무책임하다는 등을 느낀다면, 그들은 다른 사람이 그러한 응답을 하려 했었는지 아니었는지 진지하게 생각해야 한다. 연구자들은 연구의 목적을 세심하게 조사해야만 하고, 질문 항목을 가장 쓸모 있게 구성해야만 한다.

우리는 또한 연구자들이 질문과 응답에 있어 '사회적 바람직성'이라고 불리는 것에 대해 주의를 기울일 필요가 있다. 우리가 사람들에게 정보를 물어볼 때마다, 응답자는 자신을 좋게 보이게 만들 수 있게 걸러서 대답을 한다. 이는 응답자가 대면 상황에서 면접한다면 특히나 더 그렇다. 예를 들어, 2008년에 진행된 민주당 예비 경선 동안, 아프리카계 미국인인 버락 오바마(Barack Obama)나 여성인 힐러리 클린턴(Hillary Clinton)에게 투표하는 것을 꺼리던 많은 유권자들은 조사 면접관에게 자신의 인종적 또는 성적 편견을 인정하는 것을 내켜 하지 않았다.

프로크 크루터, 스탠리 프레서, 로저 투란지우(Frauke Kreuter, Stanley Presser, and Roger Tourangeau, 2008)는 다른 자료수집 기술이, 예를 들어 응답자가 학과목 낙제 또는 대학생 때 학사경고를 받는 등과 같이 자기 자신을 긍정적으로 반영하지 못하는 민감한 정보를 제공하려는 마음에 미치는 영향에 대한 실험을 실시하였다. 세 가지 자료수집 방법이 검증되었고, 그중 전통적인 전화 방식으로 면접할 때, 응답자들은 민감한 정보를 가장 적게 자진해서 응답하였다. 그들은 어느 정도는 대화 형식으로 된 녹음으로 진행된 면접일 때, 자신의 민감한 정보를 더 많이 제공하였고, 웹 설문조사로 진행된 방법에서 정보를 가장 잘 제공하는 경향이 나타났다.

자기보고식 질문 항목의 설계

사회적 바람직성은 일반 대중을 대상으로 한 설문조사에서 자기보고식 범죄 문항을 어렵게 만드는 문제 중 하나이다. 비밀 보호와 익명성의 윤리적인 원칙을 고수하는 것과 응답자에게 연구가 실제로 그렇게 하고 있다는 것을 확신시켜 주는 것이 자기보고식 질문 항목에 대해 보다 진실한 응답을 얻을 수 있는 한 방법이다. 다른 기술도 우리로 하여금 자기보고식 항목에 있어서의 문제를 피하거나 줄이도록 도와줄 수 있다.

이전 버전의 영국범죄조사(British Crime Survey: BCS)에서 사용된 한 가지 방법은 한 집단의 자기보고식 질문에 포기 항목을 도입함으로써 범죄행위에 대해 밝히는 것을 부담스러워하지 않도록 하는 것이었다. 1984년 BCS의 자기보고식 부분은 이러한 지시문으로 시작했다.

> 실제로는 범죄지만, 많은 사람들에 의해 행해지고, 많은 사람들이 범죄라고 생각지 않는 일이 많이 있습니다. 이 카드(인쇄된 카드가 응답자들에게 나누어져 있다)에는 그런 행위 중에서 여덟 개의 목록이 있습니다. 각각에 대해 여러분은 얼마나 많은 사람들이 그 행위를 한다고 생각하는지를 말해 줄 수 있습니까? – 대부분의 사람들, 많은 사람들, 또는 어느 누구도 아니다.

그런 후, 응답자들은 다양한 범죄행위에 대한 기술이 제시되어 있는 그림 9-1에 보이는 것과 같은 카드를 읽는다. 면접관은 처음에 응답자에게 그들은 얼마나 많은 사람들이 이전에 그림 9-1에 보이는 문자와 일치하는 행동을 해 보았다고 생각하는지를 묻는다. 다음에, 면접관은 응답자에게 이전에 그 행동을 해 본 적이 있는지를 묻는다. 그 후에 면접관은 카드 위에 있는 각각의 범죄행동에 대한 문자의 목록을 아래로 옮겨가며 묻는다.

이러한 절차는 저지른 범죄행동에 대해 인정하지 않는 사회적 바람직성의 반응에 대항하는 세 가지 기술을 통합한 것이다. 첫째, 포기 항목은 응답자로 하여금 '많은 사람들'이 다양한 행동을 범죄라고 진정으로 생각하지 않는다는 것을 재확인시켜 주려고 시도한다. 둘째, 응답자는 자신이 그러한 행동을 해본 적이 있는지에 관해 묻기 전에 얼마나 많은 사람들이 각각의 행동을 저지른다고 생각하는지에 대해 질문을 받는다. 이것은 어떤 행동을 저지른 것에 대해 일반적인 인간의 정당화를 이용하게 하는데, 즉 다른 사람들도

A. 그렇게 하지 말아야 할 때에 직장에서 사무실 보급품 가져가기(문방구, 봉투, 그리고 펜 등과 같은 것)
B. 그렇게 하지 말아야 할 때에 직장에서 사무실 보급품 이외의 다른 물건 가져가기(도구, 돈, 또는 기타 물건과 같은 것)
C. 비용 속이기
D. 승차권 없이 또는 너무 적은 요금을 내고 교묘하게 기차에 올라타 여행하기
E. 관세를 지불해야 하는데 물품을 세관에 신고하지 않기
F. 세금 속이기
G. 마리화나 사용하기
H. 법정 한계를 훨씬 초과하기에 충분하게 술을 마셨다는 사실을 알면서도 정기적으로 차 운전하기

그림 9-1 자기보고식 질문을 위한 쇼카드, 1984년 영국범죄조사

출처: 1984년 영국범죄조사를 재수정함(NOP Market Research Limited, 1985).

그런 행위를 한다고 생각하는 것이다. 셋째, 그들에게 '~를 이전에 해본 적이 있는가?'를 묻는 것은 그들이 '이전에 경비 지출 내역서를 속인 적이 있는가?'를 묻는 것보다 덜 대립적이다. 다시 말하면, 사람들이 '화장실'과 '성관계를 가진다'는 표현 대신에 '휴게실'과 '함께 자다'라고 표현하는 것처럼 완곡어법을 사용하는 것과 상당히 유사한 방식으로 인간행동의 약점이 여기서도 작용한다. 물론 그러한 전략이 모든 응답자를 안심시킬 것이라고 기대하는 것은 비현실적이다. 더군다나 성폭행이나 은행강도와 같은 심각한 범죄에 대한 포기 항목은 터무니없다. 그러나 그러한 기술은 어떻게 사려 깊은 말과 지시문이 민감한 질문에 통합될 수 있는지를 보여주는 것이다.

이미 알려진 범죄자를 대상으로 한 자기보고식 설문조사는 또 다른 문제를 직면하게 된다. 수감 중인 재소자는 법적 결과 때문에 저지른 범죄를 인정하는 것을 꺼릴지도 모른다. 많은 범죄를 저지른 범죄자는 서로 다른 범죄 중에서 구분해내는 데 어려움이 있을 수도 있거나, 심지어 대략적인 날짜를 기억하기도 어려울지 모른다. 제3장에서 논의한 것처럼, 특정 형태의 후원을 받은 연구에서 드러난 범죄행동에 대한 소추 면제의 약속은 활동 중인 많은 범죄자의 두려움을 누그러뜨릴 수 있다. 높은 등급의 범죄자 중에서 개별적인 범행의 날짜와 세부적인 내용을 구분해내는 일은 또 다른 전략을 요구한다.

활동하는 범죄자에 대한 설문조사에서 유용하게 사용되는 한 기술은 일정 간격 동안 여러 번 대상자를 면담하는 것이다. 예를 들어, 리사 마허(Lisa Maher, 1997)는 3년 동안 가끔 매일매일 헤로인과 코카인에 중독된 여성 표본을 반복적으로 면담했다. 각 여성 연구대상자는 그녀의 배경, 남성과 친밀한 관계 여부, 수입을 창출하는 활동, 마약 복용의 습관성 중독에 대해 질문을 받았다. 이러한 규칙적인 면접은 응답자가 범행을 기억나게 하는 데에 도움을 주었다. 범죄 달력(crime calendars)을 활용하는 것에 대한 연구에서는 위험성이 높은 범죄자가 범행을 기억해내게 하기 위해 더 빈번한 면접이 필수적이라는 사실을 발견하였고, 그러한 범죄 달력은 더 심각한 범행을 추적하는 데에 가장 적합하다

는 사실을 밝혀냈다(Roberts et al., 2005).

자기보고식 질문으로부터 타당하고 믿을 만한 결과를 얻어낸다는 것은 어려운 일이지만, 자기보고식 설문조사 기법은 형사사법 연구의 질문 중에서 어떤 유형의 문제를 파악하는 데 중요한 도구가 된다. 약물남용에 대한 전미가구설문조사(National Household Survey on Drug Abuse)를 통해 자기보고식 마약 복용을 측정하는 것에 관련된 주제의 자세한 논의를 위해서는 조엘 케넷과 조셉 그프로러(Joel Kennet and Joseph Gfoerer, 2005)의 수필의 모음집을 살펴보자. 미국연구평의회(National Research Council: NRC)의 보고서(2001)는 자기보고식 설문조사의 측정을 보다 일반적으로 논의하고 있다.

컴퓨터 기술은 자기보고식 문항을 상당히 향상시키는 것을 가능하게 만들었다. 데이비드 마츠(David Matz, 2007)는 최근의 설문조사에서 영국범죄조사(British Crime Survey)를 보충한 자기보고식 문항의 개선을 서술하였다. 스위스의 연구자들은 **컴퓨터의 지원을 받는 면접**(computer-assisted interviewing: CAI)을 사용한 방식에서 학교 내의 학생들의 일탈행위가 수기로 작성하는 설문지보다 더 많이 보고된다는 것을 발견하였다(Lucia, Herrmann, and Killias, 2007). 우리는 이 주제에 대해 이 장의 후반부에서 설문조사의 수행에 대한 여러 방식에 관해 서술할 때, 다시 다룰 것이다.

설문지 구성

문항의 내용이 정해지고 난 후에 연구자는 하나의 설문지에서 모든 질문 항목의 형식과 구성에 대해 고려해야만 한다.

설문지는 설문조사연구의 근본적인 수단이므로 이제 설문지를 구성하기 위해 이미 확립된 여러 기술에 관심을 가지고자 한다. 다음에 나오는 부분은 개념화와 측정에 대한 제5장에서의 이론적인 논의에서 이어지는 것이다.

물론, 설문지가 어떻게 구성될 것인지는 설문지가 응답자에게 어떻게 사용될 것인지에 달려 있다. 우리는 이 장의 뒷부분에서 세 가지의 실행 방식, 즉 (1) 자기보고식, (2) 대면면접식, (3) 전화면접식 방식에 대해 다룰 것이다.

일반적인 설문지의 형식

설문지의 체계는 질문 항목의 속성이나 표현과 마찬가지로 중요하다. 부적절하게 체계가 갖춰진 설문지는 응답자로 하여금 질문을 놓치거나, 원하는 자료의 속성에 대해 혼란스

컴퓨터의 지원을 받는 면접(computer-assisted interviewing: CAI) 면접관이나 응답자 스스로 컴퓨터를 활용하여 응답을 입력하여 기록하는 것.

럽게 할 수도 있고, 극단적으로는 응답자가 설문지에 대한 응답을 포기하도록 유도할 수도 있다.

일반적인 법칙으로 설문지는 잘 정돈되어야 한다. 경험이 적은 연구자는 설문지가 너무 길어 보이는 것을 두려워하여 몇 가지의 질문을 한 줄로 집어넣고, 질문을 단축하며, 가능하면 적은 페이지를 사용하려고 노력한다. 그러한 노력은 어떤 응답자에게는 두 번째 문항 모두를 놓치는 상황을 불러일으킬 수도 있다. 어떤 응답자는 단축된 문항을 잘못 해석할 수 있다. 그리고 보다 일반적으로, 보기에는 짧은 것처럼 보이는 설문지의 첫 페이지에 상당한 시간을 사용한 응답자는 처음에 보기에는 긴 것처럼 보인 설문지의 처음 몇 페이지를 재빨리 끝낸 응답자보다 사기가 더욱 저하될 것이다. 더군다나, 후자의 경우는 더 적은 오류를 범할 것이고 혼란스럽고 단축된 질문을 다시 읽도록 강요되지도 않을 것이다. 그들은 좁은 공간에 긴 답변을 쓰도록 강요되지도 않을 것이다. 이 장의 초반부에 있는 네리아 마르티아슈(Nerea Marteache)가 제시한 예시 문항은 잘 구성된 설문지의 좋은 예시를 보여주고 있다.

조건부 질문

설문지에서는 매우 자주 어떤 질문이 어떤 응답자에게만 명백하게 관련이 되고 다른 사람들에게는 관련되지 않는다. 예를 들면, 범죄 피해자 조사는 단지 범죄 피해자에게만 의미가 있는 범죄피해 사건에 관한 일련의 질문을 제시한다.

이런 상황은(주제가 어떤 응답자에게만 관련이 있다는 사실을 인식하면) 우리가 어떤 주제에 관한 일련의 질문을 묻기 원할 때에 자주 발생한다. 우리는 응답자가 어떤 특정한 조직에 소속되어 있는지의 여부와 만약 소속되어 있다면, 얼마나 자주 그들은 그 모임에 참석하고, 그 조직에서 직책을 맡고 있는지 등을 묻고 싶을지 모른다. 또는 응답자가 거주 지역에 청소년쉼터의 개원과 같은 어떤 정책 제언에 관하여 들어본 적이 있는지의 여부를 묻고 싶어 할지도 모르고, 들어본 적이 있는 사람들에게는 그 제안에 대한 태도를 조사해 보고 싶어 할지도 모른다.

이것처럼 일련의 후속 질문을 '조건부 질문(contingency question)'이라 부르는데, 이는 질문을 받고 대답을 하느냐의 여부가 일련의 질문에서 첫 번째 질문에 대한 응답의 조건이 있기 때문이다. 조건부 질문의 적합한 사용은 응답자가 설문지에 대한 응답을 완료하는 것을 쉽게 만들어 주는데 왜냐하면 응답자는 자기와 관련이 없는 질문에는 대답할 필요가 없기 때문이다.

조건부 질문은 여러 가지 형태로 제시될 수 있다. 그림 9-2에 나타낸 것은 아마도 가장 명확하고 가장 효과적일 것이다. 그림에서 보여준 질문은 '만약 경험이 있다면, 몇 회나 대마초를 피워 보았습니까?'와 같은 하나의 질문으로 다루어질 수 있다. 이에 대한 응답

23. 귀하는 예전에 대마초를 피워 본 적이 있습니까?

[ ] 예

[ ] 아니요

만약 '예'라면: 귀하는 대략 몇 회 정도 대마초를 피워 본 적이 있습니까?

[ ] 1회

[ ] 2~5회

[ ] 6~10회

[ ] 11~20회

[ ] 20회 초과

그림 9-2 조건부 질문 형식

범주는 '전혀 없음', '1회', '2~5회 정도' 등과 같을 것이다.

이러한 한 질문은 모든 응답자에게 적용될 수 있고, 각 응답자는 응답 범주에서 적절한 답을 찾을 것이다. 그렇지만 이러한 질문은 어떤 응답자에게는 대마초를 피워 본 것을 응답하도록 압력을 가할지도 모르는 데, 왜냐하면 주요 질문이 그들이 몇 번이나 대마초를 피웠는지를 묻고 있기 때문이다. 그림 9-2에서 제시되어 있는 조건부 질문 형식은 대마초를 피운 것으로 응답하도록 응답자에게 미묘한 압력을 가하는 것을 줄여준다. 이러한 논의는 타당도와 신뢰도의 이론적 문제가 어떻게 종이 위에 간단한 문항을 구성하는 데에 관련되어 있는지를 보여준다.

적절하게 사용한다면, 심지어 복잡한 조건부 질문들의 조합도 응답자를 혼란스럽게 하지 않도록 구성할 수 있다. 때때로 조건부 질문들의 조합은 몇 페이지를 넘기에 충분할 정도로 길다.

피해자 조사는 전형적으로 많은 조건부 질문을 포함한다. 그림 9-3은 2004년에 사용된 전미범죄피해조사의 설문지에 있는 몇몇 질문을 보여준다. 모든 응답자는, 가능한 한 범죄피해 경험을 밝혀내기 위해서 일련의 예비 문항을 받았다. 예비 문항 중에서 어떤 것에라도 '예'라고 대답하는 사람들은 범죄피해 사건의 구체적인 내용을 측정하기 위해 설계된 많은 수의 질문 항목을 제시하는 범죄사건 보고를 완료해야 한다.

그림 9-3과 같이, 범죄사건 보고서는 그 자체가 또한 조건부 질문을 포함하고 있다. 여러분은 이러한 전미범죄피해조사의 예비 설문지로부터의 간략한 수정본과 범죄사건 보고서의 설문지조차도 오히려 복잡하다는 것을 알아차렸을 수도 있다. 전미범죄피해조사의 설문지는 주로 조건부 질문의 흐름이 다소간 자동화되어 있는 컴퓨터의 도움을 받는 전화 면접으로 실시된다. 그러한 복잡한 조건부 질문이 있는 자기보고식 범죄피해 조사 설문지를 구성한다는 것은 어려울 것이다.

예비 질문:

36a. 저는 귀하에게 이번 연구에서 다루고 있는 범죄의 종류에 대해 귀하에게 생각을 제공할 수 있는 몇몇 사례를 읽어드릴 것입니다. 제가 그것을 읽어 나가는 동안, 지난 6개월, 즉 ○월 ○일 이후에, 귀하에게 이러한 범죄 중 하나라도 발생했다면 저에게 말해 주시기 바랍니다.
귀하가 가지고 있는 다음과 같은 것을 도난당한 적이 있습니까?
(a) 귀하가 가지고 다니는 물건, 즉 여행 가방, 지갑, 돈지갑, 서류가방, 책 등
(b) 옷, 보석, 계산기
(c) 자전거, 운동용품
(d) 집안의 물건(텔레비전, 스테레오, 또는 도구)
(e) 귀하의 집 바깥의 물건(정원 물 호스 또는 잔디 깎기 비품)
(f) 집안 아이의 물건
(g) 기계장치, 식료품, 카메라, 또는 테이프 등과 같은 차량 물건
(h) 어떤 사람이 여러분의 어떤 물건을 훔치려고 시도한 적이 있습니까?

범죄사건 보고서:

20a. 귀하나 여러분의 가족은 범죄사건이 발생했을 때 집에 있었습니까?
_____ 예[20b 문항 질문으로]
_____ 아니요[8쪽의 56번 문항으로 건너뛰시오]

20b. 어떤 가족의 성원이 있었습니까?
_____ 응답자만[21번 문항 질문으로]
_____ 응답자와 다른 가족 성원[21번 문항 질문으로]
_____ 다른 가족 성원만[8쪽의 59번 문항으로 건너뛰시오]

21. 귀하는 개인적으로 범인을 보았습니까?
_____ 예
_____ 아니요

……

56. 귀하는 범인을 알고 있습니까, 또는 범인에 관한 어떤 것을 알게 되었습니까? 예를 들면, 한 명 이상의 범인이 관련되었습니까? 젊은 사람입니까, 아니면 나이 든 사람입니까? 남성입니까, 아니면 여성입니까?
_____ 예[57번 문항 질문으로]
_____ 아니요[11쪽의 88번 문항으로 건너뛰시오]

그림 9-3 전미범죄피해조사의 예비 질문과 범죄사건 보고서

출처: 전미범죄피해조사(2004)에서 재수정함.

매트릭스 질문

연구자는 자주 똑같은 응답 범주의 세트를 가진 여러 질문을 하기 원한다. 이것은 리커트(Likert) 응답 범주가 사용될 때마다 일어난다. 그렇게 되면 그림 9-4에 나타낸 것처럼, 질문 항목과 응답의 매트릭스를 구성하는 것이 가능하다.

이러한 형식은 세 가지 장점을 가지고 있다. 첫째, 이러한 형식은 공간을 효과적으로 사용한다. 둘째, 응답자는 아마도 이러한 형식으로 제시된 일련의 문항에 대한 응답을 완료하는 것이 더 쉽다는 것을 알게 된다. 셋째, 이러한 형식은 연구자뿐만 아니라 응답자

17. 아래에 제시된 각각의 진술을 비교하여, 귀하는 매우 찬성하는지(SA), 찬성하는지(A), 반대하는지(D), 매우 반대하는지(SD), 또는 결정하지 않았는지(U)를 밝히시오.	SA	A	D	SD	U
a. 이 나라에는 더 많은 법과 질서가 필요하다.	[ ]	[ ]	[ ]	[ ]	[ ]
b. 미국의 경찰은 총을 휴대하지 말아야 한다.	[ ]	[ ]	[ ]	[ ]	[ ]
c. 상습적 마약 판매자는 무기징역을 받아야 한다.	[ ]	[ ]	[ ]	[ ]	[ ]

그림 9-4 매트릭스 질문 형식

에게도 다른 질문에 주어진 응답에 대해 비교 가능성을 증가시킬 수 있다. 왜냐하면 응답자는 재빨리 질문 세트에서 이전의 질문 항목에 대한 자신의 응답을 확인해 볼 수 있기 때문에, 이전의 응답에서 동의의 정도와 비교함으로써 주어진 진술에 대해 '매우 동의함'과 '동의함' 사이에서 선택할 수 있을 것이다.

물론 이러한 형식을 사용하는 데 있어서 내재하는 약간의 위험이 있다. 그 장점은 서로 다르고, 보다 특이한 응답의 세트가 더 적합한 경우에도 응답을 매트릭스 형식에게 질문 항목을 구성할 수도 있다. 또한, 매트릭스 형식의 문항은 어떤 응답자들 사이에서 일련의 응답을 만들어낼 수도 있다. 즉, 예를 들어 응답자가 진술이 무엇을 의미하는지를 진정으로 생각하지 않고 모든 진술에 찬성하는 형태를 개발해낼 수도 있다. 이것은 특히 진술의 세트가 특정한 지향(예: 보수적인 정치적 관점)을 나타내는 몇몇 문항으로 시작하고 뒤따르는 몇 개의 문항만 반대의 지향을 나타내는 경우에는 특히 그러하다. 응답자는 모든 진술이 같은 목표 방향을 나타낸다고 가정하여 재빨리 읽다가 그중에 잘못 읽는 경우가 생기며, 결국은 잘못된 응답을 할 수 있다. 이러한 문제는 서로 다른 지향을 나타내는 진술로 대체하고 모든 진술을 짧고 명확하게 만든다면 줄일 수 있다.

좀 더 어려운 문제는 응답자가 지루함이나 피로를 느끼는 가운데 응답이 이루어지는 경우이다. 이것은 매트릭스 질문과 전체적인 설문지를 가능한 한 짧게 만든다면 피할 수 있다. 이 장의 후반부에 다른 질문을 실시하는 방법을 비교하는 부분에서, 우리는 응답자의 피로에 의해 이루어지는 응답을 피하기 위한 유용한 방법을 기술할 것이다.

설문지의 질문 순서

질문의 순서도 또한 주어지는 응답에 영향을 준다. 한 질문의 내용은 이후의 질문에 영향을 줄 수 있는 '후광효과(halo effect)'가 나타날 것이다. 예를 들면, 만약 불법적인 마약 복용의 위험에 대한 몇 가지 질문을 묻고 나서, 응답자는 미국의 도시에서 가장 심각한 범죄문제가 무엇이라고 믿고 있는지를 질문(개방형 질문)하면, 마약 복용이라는 응답은 그렇지 않았을 때보다 더 많이 언급될 것이다. 이러한 상황에서는, 개방형 질문을 먼저 하는 것이 바람직하다.

출발선에서 시작하지 말라!

출발선에서부터 시작하는 것보다는 특정 연구에 적용하기 위해 현재 있는 설문지를 수정하는 것이 항상 쉽다. 또한 어느 누구도 이전에 물어본 적 없는 질문을 묻는 것을 상상하는 것은 또한 어렵다. 여기에 완전한 설문지 또는 일련의 설문지의 질문 항목을 보여주는 웹사이트의 예가 있다.

- **법무통계국**(Bureau of Justice Statistics: BJS). 전미범죄피해조사(NCVS)를 실시하는 것에 덧붙여, BJS는 다양한 형사사법기관의 정보를 수집한다. 최근의 모든 BJS에서 후원한 설문조사를 위한 설문지 사본은 통계국 웹사이트에서 입수할 수 있다. 해당 페이지의 맨 윗부분에서 링크를 찾아보라. 여러 항목들[예: 교정(corrections), 법원과 처분 판정(courts and sentencing), 법집행(law enforcement), 그리고 피해자들]을 찾으려면 'Data Collection'에 마우스를 둔 후에 관심있는 것을 클릭해 보라. 그것과 관련한 모음집들을 살펴보고 링크를 따라 해당 항목에 대한 설문지를 찾아보라. 해당 웹사이트는 http://bjs.gov이다.
- **캘리포니아 건강한 아동 설문조사**(California Healthy Kids Survey). 이 설문지 세트는 일상적인 행동습관을 평가하기 위해 유용하다. 대부분은 음주, 흡연, 기타 마약 복용; 싸움; 그리고 학교를 기반으로 한 개입을 위해 잠재적인 흥미가 있는 다른 행동에 관한 질문 항목을 포함한다. 초등학교, 중학교, 고등학교 학생을 위한 영어판과 스페인어판을 얻을 수가 있다. http://www.wested.org/administer/download/custom
- **질병통제센터**(Centers for Disease Control: CDC). CDC 내에 있는 다양한 센터가 설문지와 기타 자료수집 시스템을 통해 정기적으로 다양한 건강 관련 자료를 수집한다. 질문 도구의 사본은 https://www.cdc.gov/nchs/data_access/ftp_data.htm에서 입수할 수 있다.
- 청소년위험행동감시체계(Youth Risk Behavior Surveillance System: YRBSS)는 중고등학생 대상의 연간 CDC 설문조사이다. 여기에서는 건강문제의 위험을 높이는 행동이 무엇인지에 대한 질문을 한다. 이 설문지에는 마약 복용과 음주에 관련한 질문을 포함하고 있다. 설문지는 http://www.themeasurementgroup.com/evalbttn.htm에서 확인할 수 있다.
- 서베이몽키 설문지 템플릿(SurveyMonkey Questionnaire Templates). 서베이몽키는 가장 유명한 한 상업용의 온라인 설문조사 플랫폼이다. 여기에서는 설문조사의 유명한 형식을 제공하고 있다. 이 형식은 단독적으로나 특정 사용을 위해 재수정되기도 한다. 대부분의 설문지는 고객 피드백에 대한 여러 유형으로 설계되어 있지만, 몇 개는 형사사법 분야 연구에서도 활용할 수 있다. https://www.surveymonkey.com/mp/sample-survey-questionnaire-templates/
- 여론조사에 대한 미국협회(American Association for Public Opinion Research: AAPOR)는 조사연구를 수행하는 데에 있어서 최고의 수행을 위한 조언과 지침을 제공한다. AAPOR은 또한 질문 작성과 표본크기 계산에 대한 정보를 포함하고 있다. http://www.aapor.org/Standards-Ethics/Best-Practices.aspx

만약 응답자가 교정 정책의 전반적인 효과성에 대해 평가를 하도록 요청을 받는다면, 그들은 교정기관의 구체적인 측면에 대한 후속의 질문에도 초기 평가와 일치하는 방향으로 응답할 것이다. 그 반대도 사실이다. 만약 응답자가 처음에 교도소와 기타 교정기관에 대한 구체적인 질문을 받으면, 그들이 보인 나중의 전반적인 평가도 초기의 질문에 의해 영향을 받을 것이다.

최선의 해결책은 문제에 대한 민감성이다. 비록 우리가 질문 순서의 영향을 피할 수는 없지만, 우리는 그 영향이 무엇일지를 추정하도록 시도해야 한다. 그런 후에 우리는 결과를 의미 있는 방식으로 해석할 수 있을 것이다. 만약 질문의 순서가 주어진 연구에서 매우 중요한 주제로 보인다면, 우리는 서로 다른 가능한 질문의 순서를 가진 여러 벌의 설문지를 만들 수도 있다. 그런 후에 우리는 질문 순서의 효과를 결정할 수 있다. 마지막의 경우에는, 설문지의 여러 유형을 예비조사로 검토해야만 한다.

경험이 적은 연구자는 설문지가 매번 사용할 때마다 완전히 새롭게 만들어야 한다고 생각하는 것이 흔하다. 오히려 반대로, 현재 있는 설문지를 출발점으로 하는 것이 항상 가능하고, 일반적으로는 바람직하다. 이러한 주제에 관한 좀 더 자세한 논의는 '출발선에서 시작하지 말라!'라는 제목의 글상자를 보라.

자기보고식 설문지

자기보고식 설문지는 일반적으로 가장 비용이 적게 들고 응답을 완성하기에 가장 쉽다.

비록 우편 설문조사가 자기보고식 연구에서 사용하는 전통적인 방법이지만, 몇몇 다른 방법도 또한 가능하다. 몇 가지 경우에 있어서, 같은 시간에 같은 장소에서 모인 한 집단의 응답자에게 실시하는 것이 적절할 수도 있는데, 출석 점호 때의 경찰관이나 특별하게 약속된 모임에 참석한 교도소의 재소자와 같은 경우이다. 또는 보호관찰 대상자들이 그들의 보호관찰관과의 만남을 위해 보고하러 올 때 설문지를 완성할 수도 있다. 미래 모니터링 설문조사(제6장 참고)는 고등학교 3학년생을 대상으로 교실에서 자기보고식 설문지를 완성하도록 하였다.

어떤 실험연구는 설문지에 대한 가정배달 방식으로 실시되었다. 연구조사 직원이 설문지를 표본 응답자에게 배달하고 연구에 관해 설명하였다. 그런 후에 설문지는 응답자가 완성하도록 하고, 연구자가 나중에 수거하였다.

가정배달조사와 우편조사는 함께 사용할 수도 있다. 설문지를 가족에게 우편으로 보내고, 그런 후에 연구조사 직원이 가정을 방문해 설문지를 수거하고 완료되었는지의 여부를 확인한다. 반대의 접근방법에서는, 응답자가 완료된 설문지를 연구 사무실에 우편으로 보내줄 것을 요청받으면서 연구조사 직원에 의해 설문조사 다발이 직접 배달된다. 일반적으로 간단한 우편 설문조사보다는 연구조사 직원이 설문지를 배달하고, 수거하거나 또는 둘 다를 할 때가 응답의 완료율이 더 높다.

보다 최근에, 인터넷의 폭발적인 성장은 응답자가 온라인으로 자기보고식 설문지를 완성하도록 하는 것이 가능하도록 만들었다. 웹 기반의 설문지에 대한 논의를 하기 전에, 우리의 관심을 여전히 연구자에 의해서 자기보고 방식의 가장 전형적인 형태로 사용되고 있는 우편조사의 근본적인 사항으로 돌려 보자.

우편 발송과 회송

우편조사를 통해 자료를 수집하기 위한 기본적인 방법은 조사에 대한 설명을 담은 편지와 같이 설문지의 회신을 위해 자신의 주소가 적혀 있는 우표가 붙은 봉투와 함께 보낸 설문지를 회송받는 것이다. 여러분은 아마도 약간만을 회송받을 것이다. 응답자로서 여러분은 설문지에 대한 응답을 완료하고, 봉투에 넣어서 우편으로 돌려보내는 것이 요구된다. 만약에 여러분이 이런 설문지를 받고 나서 회송하는 데 실패한 경험이 있다면, 그것을 돌려주지 않은 데 대한 이유를 되새겨 보는 것이 가치 있을 것이다. 그리고 이를 통해 항상 여러분이 다른 사람들에게 설문지를 보내려고 계획할 때마다 그러한 사항을 항상 염두해야 한다.

설문지를 보내는 시기는 사실 중요하다. 대부분의 경우, 휴일이 많이 포함된 달인 11월과 12월, 1월은 피해야 한다. 왜냐하면, 전반적으로 우편물의 양이 그 시기에 가장 많기 때문에 설문지를 보내고 되돌려 받는 두 과정 모두 상당히 느려질 수가 있기 때문이다. 그리고 많은 양의 우편물이 우체국을 통해 쇄도하기 때문에, 사람들은 모든 종류의 많은 우편물을 받게 된다. 만약 설문지가 번쩍이는 선물 목록과 명절인사, 청구서, 그리고 잡다한 쓰레기 우편물과 함께 도착한다면, 응답자는 설문조사 우편물을 내다 버릴 가능성이 더욱 클 것이다.

예고 우편물과 첨부 설명서

미국의 인구는, 특히 도시지역에 살고 있는 비율의 경우에는 점차 이동성이 증가하고 있다. 이러한 이동성은 표본틀이 최신의 정보로 새로워진 주소를 얻는 것이 필요하다는 사실과 함께 연구자로 하여금 주소를 확인하고, 또는 깨끗이 정리하려는 목적에서 예고 우편물을 사용하도록 재촉한다. 어떤 종류의 예고 우편물은 또한 **응답률**을 증가시키는 데 효과적이다.

예고 우편물은 다음과 같이 작용을 한다. 먼저, 연구자가 표본을 작성한 후 각각의 선택된 응답자에게 '주소 수정이 요구됩니다.'라는 글이 적힌 엽서를 보낸다. 만약 주소의 거주자가 이사를 가고 이사를 간 주소를 남겨 두었다면, 실제의 설문지는 새로운 주소로 보내진다. 만약 다른 사람이 이사를 오고 새로운 주소가 남겨져 있지 않은 경우나, 또는 일 년 이상이 경과하고 우체국에 새로운 주소에 대한 정보가 더 이상 없을 때는, 엽서는 '주소불명'이라는 내용의 글이 찍혀서 되돌아온다. 처음의 목록에 있는 주소에 여전히 살고 있는 선발된 사람들은 우편으로 설문지가 올 것이라는 내용을 예고를 받는다. 그러한 경우에는, 엽서에다 응답자로 선발된 설문조사의 목적을 간략하게 설명해야 한다.

예고 편지는 응답률을 높이는 데 있어서 엽서보다 훨씬 효과적일 수 있고, 그것은 또한 주소를 깨끗하게 정리하는 목적에 도움을 줄 수 있다. 기관명과 주소가 인쇄된 편지지에 적힌 편지는 조사의 목적에 관해 보다 긴 설명과 왜 모든 사람이 응답하는 것이 중요한지에 대한 논리적인 설명을 제공할 수 있다.

실제 설문지와 함께 보내는 첨부 설명서도 응답률을 높이는 데 있어 비슷한 기회를 제공한다. 첨부 설명서의 두 가지 측면에 관심을 기울여야 한다. 첫째, 편지의 내용이 명백하게 중요하다. 왜 설문조사가 실시되고, 어떻게 그리고 왜 응답자가 선발되었으며, 그리고 왜 응답자가 설문지에 대한 응답을 완료하는 것이 중요한지에 대한 메시지가 전달되어야 한다. 윤리적 보호에 관한 제3장에서의 논의에 맞추어, 첨부 설명서도 또한 응답자에게 응답이 비밀에 부쳐질 것이라는 사실을 확신시켜 주어야 한다.

둘째, 첨부 설명서는 기관의 소속이나 조사의 후원관계를 밝혀야만 한다. 두 개의 대안은 (1) 응답자가 존중하거나 정체를 파악할 수 있는 어떤 기관, 또는 (2) 중립적이지만 인상적으로 들리는 관련 기관을 말하는 것이다. 예를 들면, 만일 우리가 경찰서장에 대한 우편조사를 실시한다면, 국제경찰서장협회(International Association of Chiefs of Police: IACP)의 편지지에 첨부 설명서를 인쇄하고 IACP 간부에 의해 서명된 편지를 사용하면 응답률을 높일 수 있을 것이다. 물론 설문조사가 실제로 IACP에 승인받지 않았다면 우리는 그 절차를 채택할 수 없다.

허용할 수 있는 응답률

우편 설문조사에 관하여 자주 질문받는 것은 달성해야 하는 응답률에 관한 것이다. 조사분석과 관련하여 사용되는 대부분의 추리통계는 **모든** 최초 표본의 성원들이 설문지를 완료하고 설문지를 회송하는 것을 가정하고 있다. 이러한 일은 거의 일어나지 않기 때문에 응답 편향이 우려되는 것이다. 연구자들은 응답자가 본질적으로 최초 표본의 무작위 표본처럼 보이고, 따라서 전체 모집단의 다소 작은 무작위 표본처럼 보일 가능성을 검정해야 한다(그리고 기대해야 한다). 예를 들면, 표본의 모든 사람들의 성별이 알려져 있다면, 연구자는 회수되어 돌아온 설문지를 통해 파악된 남성과 여성의 비율을 전체 표본의 비율과 비교할 수 있다.

그럼에도 불구하고, 전반적인 응답률은 표본 응답자의 대표성에 대한 하나의 지침이 된다. 만약 응답률이 높으면, 심각한 응답 편향의 가능성이 응답률이 낮은 경우에 비해 적다. 그러나 높은 응답률은 무엇인가?

설문조사에 관한 문헌에 대한 신속한 검토는 응답률의 넓은 범위를 알 수 있게 해 준다. 각각은 다음과 같이 '이것은 이러한 종류의 설문조사에 있어서 상대적으로 높은 응답률로 간주될 수 있다.'와 같은 문장과 함께할지도 모른다. 그렇다고 하더라도, 응답률에 관한 일반적인 법칙을 말하는 것은 가능하다. 적어도 50%의 응답률은 분석과 보고에 적절하다. 적어도 60%의 응답률은 좋은 것이다. 그리고 70%의 응답률은 매우 좋은 것이다.

그렇지만 염두에 두어야 할 것은 이런 것들은 단지 대략적인 지침이라는 것이다. 그것들은 통계적인 근거가 있는 것이 아니다. 그리고 드러난 응답 편향이 없는 것이 높은 응답률보다 훨씬 더 중요하다. 범위가 좁게 규정된 모집단을 대상으로 하는 설문조사에서 응답률은 높은 경향이 있다. 일반 인구 대상의 설문조사는 낮은 응답률을 나타낸다.

돈 딜먼, 졸린 스미스, 리아 멜라니 크리스천(Don Dillman, Jolene Smyth, and Leah Melani Christian, 2014)은 우편조사에서 응답률을 높이는 다양한 기술에 대한 광범위한 검토를 수행하였고, 그들은 각각의 영향을 평가하였다. 보다 중요하게, 딜먼과 동료들은 한두 개의 특별한 장치보다도 연구의 모든 측면[그가 '전체 조사설계 방법(total design method)'이라고 부르는 것]에 관심을 기울일 필요성을 강조한다.

컴퓨터에 기반을 둔 자기보고식 방법

인터넷과 웹이 일과 여가활동에 널리 퍼짐에 따라, 컴퓨터의 도움을 받는 자기보고식 설문조사에 대한 다양한 형태가 더 흔해졌고 정교해졌다. 사실은 이는 설문조사로 수행된 자료수집이 널리 퍼지게 되었기 때문에 가능해졌다. 지난번에 방문한 정부나 상업적 웹사이트를 생각해 보고, 그 사이트에서 피드백을 위한 팝업 창을 대면해 보자.

가장 흔한 유형의 설문조사는 응답자가 설문지 창으로 연결시켜 주는 링크를 클릭하도록 하는 것이다. 이 방식의 장점은 명백하다. 응답이 컴퓨터 파일에 자동으로 기록되고, 시간과 돈이 절약된다. 웹 페이지 디자인 도구는 응답자에게 문항을 제시하는 조건부 질문, 매트릭스, 그리고 기타 복잡한 도구를 포함하는 매력적인 설문지를 만들 수 있게 한다.

매년 많은 미국의 가구들이 인터넷 접속할 수 있게 되면서 잠재적인 편향은 감소하게 되었다. 퓨연구센터(Pew Research Center)에 의해 발행된 보고서(Perrin and Dugan, 2016)에 따르면 미국 가구의 인터넷 사용이 꾸준히 증가하였다. 2000년에는 성인 중 52%였는데, 2015년 중반에는 84%로 증가하였다. 여러분이 예상했듯이, 인터넷 사용은 균등하게 분배되지 않았다. 2015년에는 사실상 젊은 모든 사람들(96%가 18~29세였다)과 대학학위 소지자(95%)가 인터넷에 접근하고 있었던 반면에, 58% 비율을 차지하는 65세 이상의 연령대 사람들과 고등학교 학력보다 낮은 학력을 가진 사람들의 66%만이 인터넷에 접근하였다. 이 차이는 21세기의 첫 15년이 지난 후, 즉 2015년부터 없어지게 되었다. 여성과 남성의 인터넷 사용은 동등하였다.

비록 이 방식에서 인터넷 접근은 아주 작은 문제였지만, 인터넷 사용자를 찾는 것과 표본을 선택하는 것은 여전히 중요한 문제로 남았다. 이전 장에서 사용해온 친숙한 용어로 바꾸면, 어떻게 전자식 설문조사를 위한 접근 가능한 표본틀을 목표대상의 모집단에 대해서 가장 가깝게 대비시킬 수 있을까? 예를 들어, 만약 대상 모집단이 대학생이라고 한다면, 대표성이 있는 표본을 설문조사 할 수 있도록 어떻게 전자메일 주소의 목록 또는 다른 확인방법을 얻을 수 있을까? 전자메일 또는 웹 기반의 설문지로 접근하기 어려운 관심대상인 다른 목표 모집단을 생각해내는 것은 형사사법 연구자에게는 쉬운 일이다.

제8장에서 살펴본 것처럼, 아마존의 MTurk(Mechanical Turk) 같은 서비스는 비확률표본을 선택하는 방법에 있어서 유용하다. 왜냐하면 이 서비스는 차후의 응답자가 만족할 만한 특정한 특징을 구체적으로 명시할 수 있기 때문에 연구자가 설문조사를 완료한 사람을 잘 통제할 수 있다(Sheehan and Pittman, 2016)

하지만 인터넷 사용의 급증은 조사연구자에게 다른 문제를 가져온다. 마치 잡동사니 우편물이 우리의 실제 우편함을 어수선하게 하는 것과 마찬가지로 온갖 종류의 광고물과 '쓰레기 우편물'과 여러 종류의 원치 않는 메시지가 가상공간의 우편함에서 생겨난다. 쓰레기 전자메일의 확산은 원치 않는 내용을 골라내 버리는 쓰레기 메일을 걸러내는 기술

Mturk와 퀄트릭스와 함께하는 온라인 설문조사

우리의 연구문제는 아동 외모의 두 가지 특성인 나이와 인종에 따라 청소년 행위에 대해 사람들이 어떻게 반응하는지에 초점을 두고 있다. 이 연구문제는 설문조사 방법에 아주 적합했는데, 왜냐하면 우리는 대상자에게 아동의 행위에 대한 기술과 사진을 보여준 후, 사람들에게 그 아동의 행위에 대한 반응으로 어떤 조치를 취할 것인지에 관한 일련의 질문을 했다. 무작위로 아동의 행위에 대한 기술과 사진을 섞어서 설문지 기반의 실험을 실행하였다.

대부분의 행위 기술에서는 흉악 범죄 혹은 경범죄로 구분되었고, 이러한 여러 행위 중 세 가지는 불법성에 관해서 애매한 것이었다. 설문조사 참가자들은 만약 아동이 그 행위에 관여하는 것을 본다면 어떤 반응을 보일 것이라고 생각하는가라는 질문을 받았다. "아무것도 하지 말라."에서 "경찰에 신고하라."에 이르기까지 다양했으며, 다른 응답으로는 아이와 직접 이야기하거나 아이의 보호자를 찾는 것이 포함되었다. 이 설계는 다양한 행위에 대한 사람들의 반응이 아동의 나이(8~12세)와 인종(흑인, 라틴인, 백인)에 따라 다른지 알 수 있게 해 주었다. 모든 이미지는 소년을 묘사하였다.

학생들은 쉽게 모집될 수 있기 때문에 대학 강의실에서 이러한 실험을 하는 것이 일반적이지만, 우리는 좀 더 일반적인 사람들의 반응을 살펴보고 싶었다. 그래서 우리는 메커니컬 터크(Mechanical Turk: MTurk)를 통해 선정된 샘플과 실험연구를 위한 온라인 설문 플랫폼인 퀄트릭스(Qualtrics)에서 개발한 설문지를 결합하였다. 피험자들은 컴퓨터, 태블릿 기기, 스마트폰으로 설문조사를 완료할 수 있었다.

MTurk의 표현에서 우리의 설문조사는 'Human Intelligence Task' 또는 HIT이었다. MTurk는 연구자가 설문조사에 접근하려는 각 개인(MTurk에서 'worker'라고 함)의 특정 요구 사항을 지정할 수 있다. 여기에는 연구자에 의해 받아들여진 완료된 HIT를 몇 퍼센트로 측정된 각 작업자(worker)의 이전 HIT에 대한 품질을 포함하고 있다. 경험이 있는 작업자를 원했고, 그들은 성실함을 보여줬기 때문에 95%의 응답률이 필요하였다. 우리 HIT 게시물에는 설문조사 목적에 대한 간략한 설명과 퀄트릭스의 링크를 포함하였다. 참여에 관심이 있는 작업자는 해당 링크를 클릭해 퀄트릭스 설문조사의 첫 페이지인 동의서로 안내되었다.

안내받은 동의서를 읽은 참가자는 무작위로 아동의 사진을 보게 된다. 각 사진을 본 후, 다음 화면에서는 16

개발을 이끌어냈다. 불행하게도, 그러한 프로그램도 마찬가지로 전자메일 설문지와 같이 익숙하지 않지만, 중요한 편지도 골라내 버릴 수 있다. 텔레마케팅과 정치적 캠페인과 관련된 유사한 문제점이 전화로 설문조사를 실시하는 것을 점점 어렵게 만든다.

기술발전에 동반하는 새로운 위협 중 또 다른 하나의 사례는 컴퓨터 바이러스의 확산이 사람들로 하여금 익숙하지 않은 출처로부터의 전자메일 또는 첨부파일을 열어보는 것을 훨씬 더 주의하도록 만드는 것이다. 이러한 문제, 그리고 전자식의 쓰레기 메일은 초기의 종이로 보내지는 메일 설문조사에서 만들어진 예고 우편물을 보내는 것으로 해결할 수 있다. 전자적 적응에 있어서, 연구자는 믿을 만한 출처에서 이메일 메시지를 보내어 설문지를 받거나 이후에 보내진 메시지에서 링크를 클릭하도록 주의를 줄 수 있다.

우리는 자기보고식 설문지가 전자식으로 배포될 수 있는지 여부를 고려할 때에 한 가지 기본적인 원칙을 명심해야 한다. 웹 기반의 설문조사는 웹에 대한 접근에 달려 있다.

가지의 행위 중 한 행위(예: 늦은 밤에 누군가에게 총을 겨누고 도둑질을 하고, 거리를 걷는 행위)를 서술한 짧은 글을 본다. 다음 화면에서는 얼마나 그 아동의 행위를 우려하고 있는지, 그리고 행위에 대한 적절한 반응이 무엇일지에 대한 대상자의 평가에 관한 일련의 응답 질문을 볼 수 있다. 총 16개의 짧은 글에 대한 절차는 반복되고, 대상자의 민족적 및 인종적 배경 같은 인구사회학적 문항이 뒤이어 나온다. 마침내 연구자가 1,000개의 응답을 모으는 데 약 2주가 걸린다.

퀄트릭스는 대상자가 설문조사를 완료하는 데 얼마나 걸렸는지에 대한 정보를 포함하여 응답을 감독하고 기록하였다. 작업자는 각각의 HIT를 완료하기 위해 적당한 금액의 돈을 받았다. 우리는 완료된 각 HIT를 승인한 후에, 퀄트릭스는 코드를 MTurk로 보냈고, 작업자는 수당을 받았다. 우리는 각 완료되고 승인된 설문지에 대해 25센트로 내놓았다. MTurk는 완료되고 승인된 HIT마다 '수집 비용'으로 10센트를 추가하여 우리는 1,000개의 응답에 대한 자료수집 비용으로 약 350달러를 사용하였다. 퀄트릭스 소프트웨어는 응답이 완료되는 대로 명령어로 번역하였고, 형식화하였다. 우리의 HIT를 끝내고 난 후, 우리는 응답을 다운로드하였고 분석을 시작하였다.

MTurk의 표본 선택 특성과 퀄트릭스의 설문조사 설계도구를 결합하는 것은 복잡한 설문조사에 대한 많은 양의 응답을 수집하는 데에 있어 매우 빠르고 경제적인 방법이었다. 우리는 설문지를 구성하는 과정에서 몇 가지 문제에 부딪혔고 퀄트릭스는 예상보다 더 많은 학습곡선을 가지고 있다는 것을 발견하였다. 시핸과 피트먼(Sheehan and Pittman, 2016)은 MTurk와 퀄트릭스를 결합하는 것과 MTurk를 통해 얻은 표본의 질을 향상시키는 방법에 관한 구체적인 설명을 제공하고 있다. 그들은 또한 퀄트릭스와 다른 온라인 설문조사 플랫폼을 비교하였다.

우리의 설문조사와 전화 면접이나 우편으로 돌려받는 설문지로 완료된 1,000개의 자료를 얻기 위한 요구사항 간의 차이를 생각해 보라. 우리의 자료는 확률표본의 결과가 아니었고, 우리는 기술적으로 모수와 신뢰구간을 추정할 수 없다. 하지만 이 표본은 대학생을 활용한 것보다 더 다양하였고 대표성을 가지고 있었다. MTurk를 통한 표본과 다른 비확률표본 및 선택된 국가적 확률표본을 비교한 버메스터와 동료들(Buhrmester et al., 2011)과 베린스키와 동료들(Berinsky et al., 2013)의 연구를 살펴보라.

_ 마위아 코갈리(Mawia Khogali)와 캐시 스파츠 위덤(Cathy Spatz Widom)
존 제이 형사사법대학(John Jay College of Criminal Justice)

이는 물론 컴퓨터를 가지고 있어야 한다는 것을 암시한다. 컴퓨터와 웹의 사용이 급속하게 증가하는 현상은 계속되고 있다. 많은 가정에 전화기가 결국 만연해진 것처럼, 인터넷에 접근하는 것은 계속해서 증가하고 있고, 웹 기반의 설문조사는 형사사법 연구자에게 흥미를 끄는 많은 대상 모집단을 위해서 즉시 실시될 수 있다.

예를 들어, 맥스필드(Maxfield)와 동료들은 범죄 설문조사를 다시 생각하기 위해 그들의 권고에서 웹 기반의 설문조사는 컴퓨터를 활용한 사기를 당한 피해자에 대해 더 많은 것을 배우는 데에 훨씬 적합하다고 주장하였다. 왜냐하면 인터넷 접속을 하는 사람들만이 피해자가 될 가능성이 있기 때문에 인터넷 기반의 표본은 가장 이상적이다(Maxfield, Hough, and Mayhew, 2007). 마이크 서턴(Mike Sutton, 2007)은 컴퓨터 사용자 중의 인터넷 표본이 비전통적인 범죄에서 적절하다는 다른 사례를 서술하였다.

제8장에서의 논의를 되돌려 생각해 보면, 표본틀과 대상 모집단 사이의 일치가 표본 선정에 있어서 핵심적인 측면이다. 대부분의 형사사법 관련 종사자와 조직은 일상적으로 웹과 전자메일을 사용한다.

표본을 추출하고, 설문지를 배포하고, 결과를 합치는 것을 위한 온라인 도구의 빠른 성장은 가장 중요하다. 글상자에는 마위아 코갈리(Mawia Khogali)와 캐시 스파츠 위덤(Cathy Spatz Widom)에 의해 작성된 'MTurk와 퀄트릭스(Qualtrics)와 함께하는 온라인 설문조사'에 예시가 제시되어 있으니 살펴보자.

퀄트릭스는 온라인 설문조사 서비스의 한 예시이다. 서베이몽키(SurveyMonkey)와 구글 폼(Google Form)은 다른 예시이다. 시핸과 피트먼(Sheehan and Pittman, 2016: 45~48)은 위에 제시된 예시와 다른 플랫폼의 장점과 단점을 작성하였다. 우리는 대부분의 대학생들이 서베이몽키를 통해서 설문지를 완성하는 것으로 초대하였다. 존 제이 대학(John Jay College)의 직원은 모든 종류의 작업에 대한 서베이몽키의 열렬한 사용자다. 서베이몽키의 대부분의 서비스들은 체험판 계정으로 쉽게 제한된 수의 질문에 대한 제한된 수의 응답을 얻을 수 있게 해 준다. 각 플랫폼은 광범위하게 사용되도록 재수정할 수 있는 설문지 양식의 예시를 포함하고 있다. '출발선에서부터 시작하지 말라!'라는 제목의 글상자에서는 간단하게 서베이몽키에 대해 묘사되어 있다. 다른 플랫폼들도 문제은행에 대한 더 많은 예시를 가지고 있긴 하다.

온라인 표본 선정과 플랫폼은 많은 수의 응답을 가진 설문조사를 수행하기 위한 가장 저렴하고 쉬운 방식으로 되어 있다. 코갈리와 위덤에 의해 기술된 연구는 무작위로 섞인 질문과 사진으로 구성된 복잡한 설문지를 사용하였다. 하지만 여전히 많은 조사연구방법에서는 전문적인 면접관에 의해 수행되는 대면식 설문조사가 요구된다.

대면식 면접 설문조사

얼굴을 마주 보는 대면식 면접이 복잡한 설문지와 다른 구체적인 요구를 위해서는 최선이다.

대면식 **면접 설문조사**(interview survey)는 설문조사의 자료를 수집하는 데 있어 대안적인 방법이다. 응답자에게 설문지를 읽고 자신의 응답을 기입하도록 요청하는 대신에, 연구자는 구두로 질문을 읽고 응답자의 대답을 기록하기 위해 면접관을 보낸다. 대부분의 면접 설문조사는 비록 연구자가 자신이 작은 규모의 면접을 직접 수행한다고 할지라도 둘 이상의 면접관을 요구한다.

면접관의 역할

대면식 면접 설문조사는 전형적으로 우편 설문조사보다 높은 응답률을 얻는다. 응답자는 우편 설문지를 던져 버리는 것보다는 현관 계단에 서 있는 면접관을 거절하는 것을 더 꺼리는 것으로 보인다. 적절하게 설계되고 실행된 면접식 설문조사는 적어도 80~85%의 응답 완성률을 기록해야 한다.

면접관이 있는 상황은 일반적으로 '모른다'와 '답이 없다'는 응답의 수를 줄여준다. 만약 그러한 응답을 최소화하는 것이 연구에 중요하다면, 면접관은 응답을 면밀히 조사하도록 지시를 받을 수가 있다('만약 여러분이 응답 중의 하나를 선택해야 한다면, 어떤 것이 여러분의 느낌에 가장 가깝다고 생각합니까?')

면접관은 또한 혼란스러운 설문지의 항목에 대해 응답자를 도와줄 수 있다. 만약 응답자가 명백하게 질문의 의도를 오해한다면, 면접관은 문제를 해명하고 그럼으로써 관련된 응답을 얻을 수 있다. 그렇지만, 그러한 해명은 공식적인 세부화를 통해 엄격하게 통제되어야만 한다.

마지막으로, 면접관은 질문을 할 수 있을 뿐만 아니라 관찰을 할 수도 있다. 예를 들면, 면접관은 거주지의 질, 다양한 소유물의 존재, 응답자가 영어를 말하는 능력, 연구에 대한 응답자의 일반적인 반응을 관찰할 수 있다. 초창기의 영국범죄조사(BCS)의 면접관은 각 응답자의 집을 둘러싸고 있는 물리적인 조건에 대해 자세한 관찰을 하였다(Bolling, Grant, and Donovan, 2009). 항목에는 거주지의 물리적 환경, 어떻게 표본의 집 환경과 그들 주변의 거주지와 비교할 수 있는지, 그리고 어떤 유형의 잠금장치가 눈에 띄는지를 포함하고 있었다.

면접 설문조사(interview survey) 설문지를 사용하여 수많은 사람들을 대상으로 체계적인 방식으로 면접하는 방법.

면접에 대한 일반적인 규칙

면접이 실시되어야 하는 방법은 설문조사의 모집단과 설문조사의 내용에 따라 달라질 것이다. 그럼에도 불구하고, 몇 가지 일반적인 지침은 표본 설문조사와 보다 구체적인 면접조사를 포함하여 대부분의 면접 상황에서 적용된다.

외양과 품행 일반적인 규칙으로, 면접관은 면접 대상자와 비슷한 형식의 옷을 입어야 한다. 면접관의 옷이나 차림새가 응답자의 차림새와 다르다 하더라도, 청결함, 단정함, 검소함을 추구해야 한다. 비록 옷과 차림새의 중산층 표준이 모든 미국 사회에 다 받아들여지는 것은 아니지만, 그것은 규범으로 남아있고 가장 많은 숫자의 응답자에게 받아들여질 가능성이 높다.

대상 모집단을 고려하는 것의 중요성은 결코 과장해서 강조하는 것이 아니다. 대부분의 형사사법기관의 종사자와 면접을 할 때는 '주류'의 복장이 규범이 되어야 한다. 그렇지만 의복에 있어 중산층의 옷차림은 거리의 사람들이나 수감되어 있는 사람들 사이에는 의심을 강화시킬 수도 있다.

품행에 있어서 면접관은 무엇보다도 상냥해야 한다. 그들은 응답자의 개인적인 생활과 생각을 파고들어 갈 것이기 때문에, 몰래 탐지하려는 모습이 없이 응답자에 대해 아는 것에 진정한 관심을 가지고 의사소통을 해야 한다. 그들은 지나치게 격식을 안 차리거나 매달리지 않고 편안하고 우호적이어야 한다. 좋은 면접관은 또한 응답자가 가장 편안하게 느끼거나 가장 서로 대화하는 것을 즐기는 유형의 사람이 어떤 사람인지를 재빨리 결정하는 능력을 가지고 있어야 한다. 전미범죄피해조사(NCVS) 면접관의 지침에 따르면 응답자와 소통하는 방법, 옷을 어떻게 입어야 하는지 등 관련한 문제를 자세하게 제공하고 있다(U.S. Census Bureau, 2012).

설문지에 대한 친숙성 면접관은 단어나 문구를 더듬거리지 않고 설문지의 항목을 응답자에게 읽어 줄 수 있어야 한다. 면접관의 훌륭한 모델은 연극이나 영화에서 대사를 읽는 연기자이다. 면접관은 질문을 자연스러운 대화의 한 부분인 것처럼 읽어야 하지만, '대화'는 정확하게 질문에서 규정한 언어를 따라야 한다.

마찬가지로, 면접관은 설문지에 대한 설문조사를 실시하는 데 있어 구체적인 내용에 익숙해야만 한다. 필연적으로, 어떤 질문은 주어진 응답자의 상황에 정확하게 들어맞지는 않을 것이고, 면접관은 그런 상황에서 그러한 질문이 어떻게 해석되어야 하는지를 결정해야만 한다. 면접관에게 제공되는 구체적인 설명서는 그러한 경우에 대한 적절한 지침을 포함하고 있어야 하지만, 면접관은 설명서의 구성과 내용을 효과적으로 언급할 수 있을 정도로 잘 알고 있어야만 한다.

응답을 얻기 위한 추가 질문 추가 질문은 개방형 질문에 대한 응답을 이끌어내기 위해 자주 요구된다. 예를 들면, 거주지의 범죄문제에 대한 질문에 대해 응답자는 '꽤 나빠요.'라고 간단하게 답변할 수도 있다. 면접관은 다양한 추가 질문을 통해 이러한 문제에 대한 노력의 대가를 얻어낼 수 있어야 한다. 가끔은 최고의 질문은 침묵이다. 만약 면접관이 연필을 가만히 들고 조용히 앉아 있으면, 응답자는 추가 대답으로 침묵의 상태를 채울 것이다. 적절한 구두 질문은 '그것이 어떻게요?'와 '무슨 방법으로요?'이다. 아마도 가장 일반적으로 유용한 추가 질문은 '다른 덧붙일 말은 없나요?'이다.

그렇지만 반드시 모든 경우에서 추가 질문이 완전히 중립적이어야 한다. 추가 질문이 뒤따르는 응답의 속성에 절대 영향을 미쳐서는 안 된다. 만약 우리가 어떤 주어진 질문이 적절한 응답을 위해 추가 질문을 요구할 것이라고 예상되면, 우리는 설문지에서 질문 항목이 다음에 하나 이상의 추가 질문을 적어야만 한다. 이러한 행위는 두 가지 중요한 이점이 있다. 첫째, 최고로 가장 중립적인 질문을 고안하기 위해 더 많은 시간을 허용해 준다. 둘째, 그것은 모든 면접관이 필요하다면 같은 추가 질문을 사용할 것이라는 것을 보장해 준다. 따라서 추가 질문이 완벽하게 중립적이지 않다고 하더라도, 같은 자극이 모든 응답자에게 주어진다. 이것은 질문의 표현에서와 같은 논리적 지침이다. 물론 질문이 유도적이거나 편향되지 않아야 하지만, 비록 편향된 것이라고 하더라도 모든 응답자에게 똑같은 질문이 주어져야 한다는 것이 가장 중요하다.

조정과 통제

한 명 이상의 면접관이 설문조사를 실시할 때마다 반드시 노력이 주의 깊게 조정되고 통제되어야 한다. 이러한 통제를 보증하는 두 가지 방법은 (1) 면접관을 훈련시키는 것과 (2) 면접관이 일을 시작한 이후에 그들을 감독하는 것이다.

연구자들이 직접 설문조사를 실시하거나 전문회사에 비용을 지불하고 그들을 위해 그렇게 해 주도록 하든 간에 연구자는 면접관을 훈련시키는 것의 중요성에 대해 깊게 주의해야 한다. 면접관은 보통 연구가 무엇에 관한 것인지를 모두 알아야 한다. 비록 면접관은 단지 프로젝트의 자료수집 단계에서만 참여할 수도 있지만, 수집하는 정보로 어떤 일을 할 것이고 무슨 목적에 이바지하게 될 것인지를 이해해야만 한다.

명백하게, 훈련은 면접관이 설문지를 이해한다는 것을 확신하도록 해야 한다. 면접관은 또한 가구 구성원 중에서 응답자를 선발하는 절차에 대해 명백하게 알아야 한다. 그리고 면접관은 주소가 더 이상 존재하지 않거나, 가족이 모두 이사를 갔거나, 또는 단순히 면접을 받기를 거부하는 사람들의 자리에 대체표본 성원이 사용될 수도 있는 상황을 잘 알고 있어야만 한다.

훈련은 면접관이 서로서로 설문지를 응답하도록 실시하는 연습 기간을 포함해야만 한다. 훈련의 마지막 단계는 실제의 설문조사에서와 같은 조건 아래에서 실시되는 어떤 '실제의' 면접이 포함되어야만 한다.

면접이 실시되는 동안, 설문지가 완성되었다면 그것을 검토해 보는 것은 좋은 생각이다. 이것은 응답자가 이해하지 못하는 질문이나 한 무리의 질문을 드러낼 수도 있을 것이다. 대안적으로, 완성된 설문지를 검토해 보는 것은 면접관이 어려움에 직면하였는지를 미리 알려주는 신호를 줄 수 있다.

컴퓨터의 지원을 받는 대면식 면접

전자메일과 웹 기반의 설문조사가 새로운 기술을 자기보고식을 통해 설문조사의 자료를 수집하는 데 적용하는 것과 마찬가지로, 노트북과 태블릿 컴퓨터가 대면식 면접을 실시하는 데 점차 많이 사용되고 있다. 컴퓨터의 지원을 받는 면접(computer-assisted interviewing: CAI)의 서로 다른 형태는 설문조사 자료를 수집하는 데 있어 주요한 이점을 제공한다. 동시에, CAI는 반드시 고려되어야 할 단점도 가지고 있다. 우리는 일반적인 목적의 범죄 설문조사에서 CAI를 가장 먼저 사용한 조사 중 하나인 영국범죄조사(BCS)에서 어떻게 컴퓨터의 지원을 받는 대면식 면접방법이 채택되었는지의 사례를 기술하는 것으로 시작하려 한다.

영국범죄조사에서의 CAI 대면식 면접 설문조사로 진행된 BCS의 이전 조사에서는 응답자에게 선명하게 '기밀유지'라는 표시된 소책자에 마약 복용에 관한 설문지를 자기보고식으로 응답하도록 요청하였다. 1994년의 설문조사를 시작으로, 응답자는 노트북에 있는 자기보고식 질문에 응답을 하였다. 현재의 잉글랜드와 웨일스의 범죄조사(Crime Survey for England and Wales: CSEW)는 CAI와 관련한 두 가지 형태를 포함하고 있다. 먼저, 컴퓨터의 지원을 받는 개인용 면접(computer-assisted personal interviewing: CAPI)에서는, 면접관이 컴퓨터 화면에 나타난 질문을 읽고 나서 응답자의 대답을 입력하도록 되어 있다. 자기보고식 문항의 경우에는 면접관이 컴퓨터를 연구대상자에게 넘겨주고, 그들이 직접 응답을 입력하도록 되어 있다.

이러한 접근방법은 컴퓨터의 지원을 받는 자기보고식 면접(computer-assisted self-interviewing: CASI)으로 알려졌다. 게다가, 잉글랜드와 웨일스의 범죄조사(CSEW)에서 사용된 CASI는 응답자가 컴퓨터에 연결된 헤드폰으로 면접 내용을 들을 수 있도록 오디오 설명문이 추가적으로 보완되어 있다. 연구대상자가 자기보고식 항목에 대한 응답을 입력한 후, 응답이 뒤섞여버려 면접관은 그 응답에 접근할 수 없다. CASI의 이러한 조치가 응답을 비밀로 지키기 위한 연구자의 윤리적 책임을 얼마나 향상시켰는지 주목해야 한다.

맬컴 램지와 동료들(Malcolm Ramsay et al., 2001)은 CASI가 적어도 두 가지 이점이 있다고 보고한다. 첫째, 응답자는 질문이 수기로 적혀 있는 형태에 비해 컴퓨터 화면에 나타난 질문에 응답할 때 훨씬 더 큰 비밀 보호의 정도를 느끼는 것처럼 보인다. 둘째, 적어도 사용하기 시작한 처음 몇 년 동안 노트북은 특히 젊은 응답자에게는 더욱 그랬는데, 응답자의 흥미를 자극했던 신기한 물건이었다.

영국범죄조사(BCS)로부터 밝혀진 결과에서 이전의 설문조사에서보다 CASI 기술이 더 높은 수준의 불법적인 마약 복용 추정치를 만들어냈다는 사실을 밝혀냈다. 표 9-1은 1998년의 BCS(Ramsey and Partridge, 1999)의 자기보고식 마약 복용과 응답자가 인쇄된 책자에 있는 질문에 응답했던 1992년의 BCS(Mott and Mirrlees-Black, 1995)에서 나온 결과를 비교한 것이다. 우리는 여기에서 세 개의 약물에 대한 결과만 다른 약물의 복용에 대한 도표와 함께 제시하였다. 각각의 약물에 대해, 설문조사는 평생의 마약 복용("이전에 한 번이라도 사용한 적이 있습니까?")과 과거 12개월 동안의 마약 복용을 측정하였다. 여기서 알아야 할 사실은, 자기보고식 마약 복용 보고비율이, 1992년의 조사에서는 극히 적은 응답자들만이 '세메론(semeron)'을 복용한 반면에, 1998년의 조사에서는 아무도 하지 않았다는 결과를 제외하고, 1992년의 조사보다 1998년 조사에서 상당히 높게 나타났다. 만약 여러분이 세메론에 대해 전혀 들어본 적이 없다면, 그것은 이상한 사실이 아니다. 사실 세메론은 가짜 약물인데, 불성실하거나 과장된 응답을 찾아내기 위해 진짜 약물의 목록에 포함시킨 것이다. 만약 어떤 사람이 세메론을 사용한 것을 고백하였다면, 다른 자기보고식 문항에 대한 그 사람의 응답은 의심스러워할 만하다. 표 9-1을 보고 1998년에 사용한 CASI에서 가짜 약물을 사용했다고 인정한 응답자의 숫자를 줄였다는 사실에 주목하라.

표 9-1 자기보고식 마약 복용, 1992년과 1998년의 영국범죄조사

16~29세 응답자 중에서 마약 복용을 보고한 응답자의 백분율		
	1992	1998
마리화나 또는 대마초		
이전에 한 번이라도 사용해 본 적이 있는가?	24	42
지난 12개월 동안 사용해 본 적이 있는가?	12	23
암페타민		
이전에 한 번이라도 사용해 본 적이 있는가?	9	20
지난 12개월 동안 사용해 본 적이 있는가?	4	8
세메론		
이전에 한 번이라도 사용해 본 적이 있는가?	0.3	0.0
지난 12개월 동안 사용해 본 적이 있는가?	0.1	0.0
어떤 종류의 약물		
이전에 한 번이라도 사용해 본 적이 있는가?	28	49
지난 12개월 동안 사용해 본 적이 있는가?	14	25

출처: 1992년 자료는 Mott and Mirrlees-Black(1995: 41~42)을 재수정함. 1998년 자료는 Ramsay and Partridge(1999: 68~71)를 재수정함.

CASI는 성폭력과 가정 내 폭력을 측정한 CSEW에서도 사용되었다. 이전의 절차로부터 얻은 결과를 비교하였을 때, 카트리오나 머릴리스-블랙(Catriona Mirrlees-Black, 1999)은 CASI 기술이 여성과 남성 양쪽 모두에 가정 내 폭력의 피해자화에 있어 더 높은 추정치를 나타낸다는 것을 발견하였다.

장점과 단점 CAI의 여러 유형은 대면식 면접을 위해 여러 장점을 제공하고 있다. CSEW와 자기보고식 문항을 포함한 다른 설문조사는 CAI가 더욱 '생산적'이어서 마약 복용과 다른 범죄행위의 보고 정도가 더 높아지는 경향이 있다는 것을 알려주었다. 1999년에 약물남용에 대한 미국가구조사(National Household Survey on Drug Abuse)는 완전히 CAI 방식(Wright et al., 2002)으로 전환되었다. 또 다른 장점은 다음과 같다.

- 응답은 신속하게 입력되고, 자동으로 분석을 위한 자료 파일로 전환될 수 있다.
- 복잡한 조건부 질문의 순서가 자동화될 수 있다. "만약 답이 '예'라면, 43a 문제로 넘어가시오", "만약 '아니요'라면……" 같은 많은 예시를 보여주는 대신에, 컴퓨터 기반의 설문지는 자동적으로 이전 질문에 대한 응답에 따라 적절한 다음 질문으로 넘어간다.
- CAI는 오디오 장치가 있든 없든 간에 구두로 면접관이 읽어 주는 내용에서 자기면접식으로 전환함으로써 긴 면접의 단조로움을 깰 수 있는 방법을 제공한다.
- 자기면접식을 위한 설문지는 다른 언어로 프로그램화될 수 있어서, 특정 응답자를 위해 적절한 언어로 금방 바꿀 수가 있다.
- 오디오 장치가 있는 CASI는 면접관의 영향으로부터 나타날 수 있는 편향을 피할 수 있는 표준화된 면접방식을 만들어 낸다.
- 다양한 언어로 된 오디오 장치는 읽을 줄 모르는 응답자의 자기보고식 면접을 촉진시킨다.

동시에, CAI는 많은 설문조사에 응용해 사용하는 것을 막는 어떤 단점도 가지고 있다.

- 비록 CAI가 자료처리 면에서 비용을 줄이지만, 그것은 설문지를 프로그래밍하고 생략하는 순서, 그리고 그와 같은 것을 개발하기 위한 더 많은 선행투자를 요구한다.
- 인쇄된 설문지를 교정하는 것은 간단하지만, 컴퓨터에 있는 설문지를 검토하는 것은 어려울 수 있다. 이는 특별한 기술적인 솜씨를 요구한다.
- 노트북의 배터리가 소진되고, 인쇄된 설문지보다 컴퓨터와 소프트웨어의 미작동과 고장에 훨씬 더 취약하다.

요약하면, CAI는 비용이 많이 들고 어떤 전문적인 기술을 요구한다. 그 결과, 이것과 관련된 기술은 전문적인 설문조사 연구자나 정기적으로 대규모의 대면식 면접조사를 실시하는 연구조사센터가 사용하기 가장 적합하다. 우리는 이 장의 결론 부분에서 이 주제에 대해 다시 논의할 것이다.

전화 설문조사

전화 설문조사는 가장 빠르며 상대적으로 비용이 적게 든다.

온라인 애플리케이션의 발전에도 불구하고, 전화 설문조사는 뚜렷한 장점을 가지고 있고, 여전히 대중적인 방법으로 남아있다. 아마도 가장 큰 장점은 돈과 시간일 것이다. 대면식 가구 면접에서 연구자는 한 응답자의 집에 수 마일을 차로 운전하고 가서, 그곳에 아무도 없다는 것을 발견하여 다시 연구자의 사무실로 돌아와서, 다음날 다시 차를 몰고 가야 할 수도 있다(아마도 다시 아무도 없을 수 있다). 그렇기 때문에 전화로 설문조사하는 것은 저렴하고 빠른 방법이다.

전화로 면접을 하면, 연구자는 좋아하는 방식으로 옷을 입을 수 있고, 그것이 응답자가 주는 응답에 아무런 영향을 미치지 않는다. 비록 반드시 그러한 것은 아니지만, 좀 더 민감한 분야에 대해 추가 질문을 할 수도 있다. 하지만, 사람들은 질문하는 사람을 볼 수 없을 때 다소 더 의심을 한다. 아마도 텔레마케팅과 판매광고를 하기 전에 가짜 설문조사를 실시하는 판매원으로 인한 결과 때문일 것이다.

컴퓨터의 지원을 받는 전화 면접(computer-assisted telephone interviewing: CATI)에서는 면접관이 전화 헤드셋을 착용하고 컴퓨터가 있는 작업 사무실에 앉는다. 컴퓨터 프로그램은 무작위 숫자로 전화 걸기(random-digit dialing: RDD)나 어떤 출처로부터 만들어진 전화번호의 데이터베이스로부터 추출된 번호로 전화를 건다. 그리고 금방 전화 연결이 되고, 컴퓨터 화면에는 개요('안녕하세요. 제 이름은 ……로 아이보리타워 대학에 있는 조사연구센터에서 전화를 걸었습니다.')가 뜰 것이다. 그리고 첫 번째 질문에서는 보통 가구 수에 대한 질문을 한다. 면접관이 각 질문에 대한 응답을 입력하고 있을 동안, 인터뷰가 끝날 때까지, 컴퓨터 프로그램은 다음 질문을 새롭게 화면에 띄운다. 전화 설문조사를 다 마친 후, 아마도 여러분은 가끔 중대한 연설이나 행사 다음 날 전국적인 여론조사의 결과를 보고한 신문기사에 감탄할 것이다. 이 정도로 CATI 기술의 속도는 즉각적인 여론조사 보고가 가능할 정도로 빠르다.

전화 설문조사는 만약 몇 명의 면접관이 프로젝트에 참가한다면, 연구자에게 자료수집에 대해 상당히 큰 통제력을 줄 수 있다. 만약 모든 면접관이 연구사무소에서 전화를 건다면, 그들이 피할 수 없이 그러는 것처럼, 문제가 발생할 때마다 감독자로부터 명확한 설명을 얻을 수 있다. 현장에 홀로 있을 때는, 면접관은 면접 감독자와 주간 방문을 즉흥적으로 해야 할 수도 있다.

이와 관련된 장점은 미국 도시들의 증가하는 다양성에 뿌리를 두고 있다. 많은 주요 도시들은 이민 인구 집단이 증가하고 있기 때문에, 면접을 서로 다른 언어로 해야 할 수도 있다. 전화 면접은 주로 중심지역에서 실시되므로, 만약 영어로 말하는 면접관이 스페인어로 말하는 응답자를 맞닥뜨리게 된다면 한 명 또는 여러 명의 다중언어구사 면접관이 신속하게 소집될 수가 있다. 대면식 면접 설문조사는 다중언어를 사용하는 데 있어 인력을 조달하기가 좀 더 어렵다는 문제점이 있다. 그리고 우편 설문조사는 서로 다른 언어로 된 설문지를 인쇄하고 전달해야 한다.

그렇지만 전화 면접 방식도 그 나름대로의 문제를 가지고 있다. 제8장에서 다루었듯이, 가구 수의 증가는 휴대폰 서비스만 가지고 있을 수 있으며, 휴대폰 전화번호를 사용하는 무작위 전화 걸기로 추출된 표본의 사용이 제한되고 있다. 잔 반디크(Jan van Dijk, 2007)는 휴대폰만 사용하는 가구가 흔한 몇몇 유럽 국가에서 특히나 어떻게 문제가 되고 있는지 서술하고 있다.

게다가, 전화 설문조사 방식은 독거 가구에서는 매우 적절하지 않다. 노숙자는 이에 대한 분명한 예시인데, 그들은 보통 보호시설에 거주하고 있어 전화로 접촉하기 어렵다.

관련된 표본의 문제는 목록에 수록되지 않은 숫자를 포함한다. 만약 설문조사의 표본이 지역의 전화번호부 페이지에서 선발되었다면, 전화번호를 공표하지 않도록 요청한 모든 사람이 전체적으로 제외된다. 또한 제8장에서 언급한 것처럼, 최근에 이사를 온 사람과 일시적인 거주자는 출판된 전화번호부에서는 잘 나타나지 않는다. 이러한 잠재적 편향은 전화표본방식을 상당히 발전시킨 기술인 무작위 숫자로 전화 걸기(random-digit dialing: RDD)를 통해 제거된다.

RDD 표본은 무작위의 전화번호(보통은 마지막 네 개의 숫자)의 목록을 만들어내기 위해 컴퓨터의 알고리즘을 사용한다. 이러한 절차는 목록에 수록되지 않은 전화번호에 대한 표집에 있어서의 문제는 피할 수 있지만, 행정적인 문제로 대체될 수도 있다. 무작위로 추출된 전화번호는 작동 중이지 않거나 사업체에서 사용하거나 또는 선불용 전화에서 사용하는 번호를 만들어낸다. 대부분의 경우, 사업체의 전화나 선불전화는 대상 모집단에 포함되지 않는다. 이러한 번호에 전화를 걸고 그 번호가 연구대상자 범위의 바깥에 있다는 것을 아는 것은 목표대상 집단과의 완료된 면접을 만들어내는 것으로부터의 시간을 빼앗아 갈 것이다.

사람들이 쉽게 전화를 끊을 수 있는 것 또한 전화 설문조사의 또 다른 단점이다. 일단 연구자가 어떤 사람의 집에 면접을 위해 들어서면, 그 사람은 면접을 하는 중간에 연구자에게 집 바깥으로 나가도록 명령할 가능성이 작다. 전화 면접은 '아이고! 누군가 문 앞에 있네요. 가야겠어요.'와 같은 말을 하거나 또는 단순히 끊어버림으로써 갑작스럽게 중지되기가 훨씬 더 쉽다.

부분적으로 지난 수년간 텔레마케팅의 증가의 결과로, 전화 설문조사 방식의 완료율은 감소하였다. 퓨연구센터(Pew Research Center, 2012)에서 전화 설문조사 방식의 응답률이 1997년에 36%에서 2012년에 9%로 감소되었다고 보고하였다. 비록 상업적 텔레마케팅이 급감하였지만, 사람들은 여전히 흔하게 자선단체, 대학 동창 집단, 공격적인 정치운동, 그리고 다른 약한 정도의 텔레마케터로부터 조사 요청을 받는다.

세 가지 방법의 비교

비용, 속도, 질문 내용이 설문조사 방법을 선택할 때 고려해야 할 주제이다.

우리는 이제 세 가지 설문조사 자료수집 방법, 즉 자기보고식 실문지법, 대면식 면접법, 전화 설문조사법을 검증해 보려 한다. 우리는 또한 각각의 조사 실시 방식에 있어 최근의 변화를 검토한다. 우리가 비록 각 방법의 상대적인 장점과 단점을 다루긴 하였지만, 그것을 좀 더 직접적으로 비교하는 데 시간을 좀 더 가져보고자 한다.

자기보고식 설문지, 특히 인터넷을 사용한 자기보고식 방식은 면접 설문조사보다 비용이 적게 든다. 게다가 자기보고식 전자메일이나 온라인 설문조사의 경우, 전국조사가 지역조사에 비해 실시하는 데에 비용이 더 들지 않는다. 지역과 전국의 대면식의 면접 설문조사 간의 비용 차이는 명백하게 상당하다. 온라인 설문조사에 있어서 비용 절약의 또 다른 요소는 자료수집과 도표 작성을 결합할 수 있다. 전화 설문조사의 비용은 인터넷 기반의 전화 서비스가 장거리 전화료를 몰아냄에 따라 지속적으로 감소되었다. 우편 설문조사는 전형적으로 적은 수의 직원만을 요구한다. 비록 관련된 작업을 과소평가하지 않는 것이 중요하지만, 한 사람이 적당한 정도의 우편 설문조사를 실시할 수 있다. 우편요금과 인쇄비용은 우편 설문조사에서 비용 절약을 어렵게 만든다.

비용과 속도는 어느 정도 역의 관계가 있다. 만약 많은 면접요원이 있고 그들에게 비용을 지불할 수 있는 자금이 적절하게 있으면 대면식 면접 설문조사는 매우 빠르게 완료될 수가 있다. 반대로, 만약에 적은 수의 사람들이 많은 수의 대면식 면접을 실시한다면, 비용은 적게 들지만, 그 설문조사를 완료하는 데 좀 더 오랜 시간이 들 것이다. CATI 기술을 이용한 전화 설문조사는 일반적으로 빠르긴 하지만, 대규모 온라인 설문조사는 더 빠르게 수행될 수 있다. 코갈리와 위덤(Khogali and Widom)은 약 일주일 만에 1,000개의 면접을 완료하였다.

만약 설문조사가 완벽한 익명성을 제공한다면, 자기보고식 설문조사는 특히 민감한 주제에 대해 사용하는 것이 더욱 적합할 수도 있다. 응답자는 논란이 될 수 있거나 비행적인 태도 혹은 행동을 면접조사에서 보고하는 것을 때때로 꺼릴 수도 있지만, 익명성이 보장되는 자기보고식 설문지에는 응답할 수도 있다. 잉글랜드와 웨일스의 범죄조사(CSEW)와 약물남용에 대한 미국가구조사(National Household Survey on Drug Abuse)의 자기보고식 문항을 위한 컴퓨터의 성공적인 사용은 기계가 보다 솔직한 응답을 촉진시켰을 수 있음을 암시한다. 이러한 사실은 설문지를 이용한 조사를 실시하는 데에 있어 여러 방식을 비교한 실험적인 조사연구에 의해 지지되었다(Kreuter, Presser, and Tourangeaua, 2008).

면접 설문조사도 마찬가지로 많은 장점을 가지고 있다. 예를 들면, 대면식 또는 전화 설문조사는 응답자의 읽고 쓰는 능력에 문제가 있을 때에 보다 적절하다. 면접 설문조사는 또한 응답을 완료하지 않는 설문지가 보다 적다. 비록 응답자가 자기보고식 설문지에서는 질문을 건너뛸 수도 있지만, 면접관은 응답자가 그렇게 하지 않도록 훈련을 받는다. CAI는 전화와 대면식 설문조사에서 이에 대한 추가적인 확인을 제공한다.

자기보고식 설문지는 민감한 주제를 위해서 더 효과적일 수도 있지만, 면접식 설문조사가 복잡한 주제에서는 확실히 더욱 효과적이다. 면접관은 복잡한 문제를 응답자에게 설명할 수 있고, 우편이나 전화 설문조사에서는 불가능한 시각적인 보조용품을 사용할 수 있다.

대면식 면접방식, 특히 컴퓨터 기술을 이용한 방식에서는 일련의 응답 항목을 줄이는 것에 도움이 된다. 응답자(예: 학생)는 결과적으로 비슷한 형태로 이루어진 긴 일련의 질문을 듣는 것이 지루할 것이다. 그래서 그들이 노출되어 있는 자극의 종류를 변화시킴으로써 흥미를 유지하는 것이 더욱 용이할 것이다. 사람이 구두로 묻고, 컴퓨터 화면에 나타나고, 이어폰을 통해 개인적으로 듣는 질문이 혼합되어 있다면 응답자는 흥미를 느끼고, 피로를 덜 느낄 것이다.

앞에서 언급한 것처럼, 대면식으로 응답자에게 질문하는 면접관은 또한 면접의 질문에 대한 응답 외에도 중요한 관찰을 할 수 있다. 가구원 면접에서, 그들은 거주지역의 특징, 주거지 등을 파악할 수 있을 것이다. 그들은 또한 응답자의 특징이나 응답자와의 대화의 질에 대해 기록을 할 수도 있다. 예를 들어, 응답자가 의사소통을 하는 데 어려움이 있었는지, 적대적이었는지, 거짓말을 하는 것처럼 보였는지 등에 대해서 기록할 수 있다. 마지막으로, 면접관의 안전이 주요 문제가 된다면, 우편조사 또는 전화 설문조사가 최선의 방안일 수가 있다.

궁극적으로, 연구자는 연구의 필요와 입수가 가능한 자원에 대해서 세 가지 방법의 모든 장점과 단점을 따져 보아야 한다.

설문조사연구의 장단점

설문조사는 신뢰도와 일반화의 정도가 높은 경향이 있지만, 타당도가 자주 약점일 수 있다.

형사사법 연구에서의 자료수집의 다른 방식과 마찬가지로, 설문조사는 장점과 단점을 가지고 있다. 구체적인 연구 목적을 위해 설문조사 형태가 적절한지 아닌지를 결정하는 데 있어 이러한 점을 고려하는 것은 중요하다.

설문조사는 큰 모집단의 특성을 기술하는 데 특히 유용하다. 전미범죄피해조사(NCVS)는 범죄의 수준을 묘사하는 능력 때문에 연구자와 공공기관의 관리를 위한 중요한 수단이 되고 있다. 면밀하게 선발된 확률표본은 표준화된 설문지와 결합하여 연구자가 이웃지역, 도시, 국가 또는 다른 큰 모집단에 대한 정확한 기술적인 진술을 만들 수 있도록 해 준다.

표준화된 설문지는 측정과 관련해 중요한 장점을 가지고 있다. 이전의 장들에서 개념의 애매모호한 속성을 논의했다. 그것은 궁극적으로 아무런 실제적인 의미가 없다. 즉, 한 사람의 범죄의 심각성이나 또는 처벌의 엄격성에 대한 견해는 다른 사람의 견해와는 상당히 다르다. 비록 우리가 개념을 연구의 목적에 가장 관련이 되는 방식으로 개념을 정의할 수 있어야 하지만, 동일한 정의를 모든 대상물에게 일률적으로 적용하는 것이 항상 쉬운 일은 아니다. 그럼에도 불구하고, 설문조사의 연구자는 정확하게 똑같은 질문을 모든 연구대상자에게 물어야 하고 특정한 응답을 제공한 모든 응답자에게 같은 의도를 가진 탓으로 돌려야 하는 의무에 얽매여 있다.

동시에, 설문조사연구는 약점도 가지고 있다. 첫째, 표준화에 대한 요구는 마치 우리가 둥근 말뚝을 사각형의 구멍에 맞추려고 노력하는 것을 의미할 수도 있다. 표준화된 설문지 항목은 자주 사람들의 태도, 지향, 환경, 경험을 평가하는 데에 있어서 가장 최소한의 공통분모를 나타낸다. 모든 응답자에게 적어도 최소한으로 적합한 질문을 설계함으로써, 우리는 많은 응답자에게 가장 적합한 것을 놓칠 수도 있다. 이러한 점에서, 설문조사는 자주 복잡한 주제를 다룸에 있어 너무 피상적으로 보일 수가 있다.

마찬가지로, 설문조사연구는 사회생활의 구체적인 맥락을 바로 다룰 수는 없다. 비록 설문지가 이러한 분야에서 정보를 제공할 수가 있지만, 설문조사 연구자는 응답자가 생각하고 행동하는 전체적인 생활상황을 위한 느낌을 개발하기가 어렵다. 이것은 참여관찰자(제11장 참고)로서의 경험과는 대비된다. 많은 연구자들은 범죄에 대한 두려움, 일상 행동, 범죄예방과 같은 중요한 형사사법 분야의 개념에 관한 표준화된 설문조사의 질문에 대해 만족하지 못한다. 연속되는 범죄피해의 경험을 집계하는 전미범죄피해조사(NCVS)의 절차는 무려 40년의 경험이 지난 후에도 그 설문조사에 대해 여전히 부적절한 것으로 남아 있다.

범죄와 형사사법 정책을 연구하는 데 설문조사를 사용하는 것은 특별한 도전을 제공한다. 대상 인구집단은 주로 수입이 적고 주거가 일정하지 않은 사람들인데, 이들은 통상적인 표집방법을 통해서는 접촉하기가 어렵다. 예를 들면, 노숙자는 가구를 표본으로 삼는 설문조사에서 제외되지만, 거리에서 사는 사람들은 의심할 여지 없이 범죄의 피해자와 가해자로 두드러지게 나타난다. 맥스필드(Maxfield, 1999)는 전미사건기반보고체계(NIBRS)의 새 데이터에서, 어떻게 많은 '비가구 관련' 인구가 전미범죄피해조사(NCVS)

에서 사용하는 표본수집 절차에 의해 실제보다 적게 집계가 되는지를 체계적으로 보여준다. 인구통계국의 직원에 의한 연구는 얼마나 많은 개인이 가구 중심의 설문조사에서 제외될 수 있는지를 기록하기 위해 노력하였는데, 젊은 남성과 소수 인종이 가장 적게 집계되는 것으로 보인다는 것을 발견하였다(Martin, 1999).

전미범죄피해조사(NCVS)와 영국범죄조사(BCS)와 같은 범죄 설문조사는 피해자와 가해자가 사전에 어떤 관계가 있을 때는 폭력범죄에 관한 정보를 얻는 것은 부족하다. 이는 특히나 가정 내 폭력범죄에서 흔한데, 비록 마이클 랜드와 칼리 레니슨(Michael Rand and Callie Rennison, 2005)이 이에 대한 대규모 설문조사의 장점에 대해 보고를 하기는 했지만 말이다. 가정 내 폭력에 대한 과소보고는 부분적으로 대규모의 범죄 설문조사가 갖는 일반적인 속성 때문인 것으로 보인다. 영국 내무성의 카트리오나 머릴리스-블랙(Catriona Mirrlees-Black, 1995: 8)은 가정 내 폭력을 파악하기 위한 설문조사 기술을 사용하는 것에 대한 조정안을 다음과 같이 정리하고 있다.

> 가정 내의 폭력을 측정하는 것은 어려운 영역이다. BCS의 장점은 대규모의 전국적으로 대표성을 가진 표본에 기초하고, 상대적으로 높은 응답률을 가지며, 그리고 충분한 수의 사건에 대한 정보를 수집하여 그 속성에 대한 믿을 만한 구체적인 내용을 제공한다는 것이다. 하나의 단점은 가정 내의 폭력이 범죄 설문조사의 맥락에서 측정이 된다는 것이고, 어떤 여성들은 그들에게 일어나는 것을 '범죄'로서 보지 못할 수도 있고, 또는 그렇게 하는 것을 꺼릴 수도 있다. 또한, 그 주제를 '점잖게' 접근하기에는 시간이 너무 없다. 면밀하게 선발된 면접관과 함께 특별하게 설계된 설문지도 여기에는 상당히 위험을 가지고 있을 수도 있다.

우리는 전국적인 범죄 설문조사는 개별 도시 같은 지방에서의 피해자화의 빈도를 추정하는 데에 사용될 수 없다는 것을 언급하였다. 이러한 이유 때문에, 통계국(Census Bureau)은 1970년대에 여러 도시에서 일련의 피해자 조사들을 실시하였다. 그렇지만 도시의 범죄 설문조사는 그 자체의 문제로 어려움을 겪는다. 표집 절차가 거의 항상 도시 거주민의 표본틀에 기초하기 때문에, 도시에 특정된 설문조사는 그 도시에 살지 않는 비거주민인 피해자가 관련된 범죄를 측정할 수가 없다. 예를 들면, 플로리다주의 키웨스트 도시에서 실시한 무작위 숫자로 전화 걸기(RDD) 설문조사에서, 거주자들은 신시내티 도시에서 온 방문자의 강도피해의 빈도를 셀 수 없었다. 이러한 문제는 법무통계국(BJS)과 지역사회경찰활동국(COPS) 사무실에 의한 도시 설문조사의 부활에 있어서도 여전히 존재한다(Smith, Steadman, Minton, and Townsend, 1999). 도시 수준의 설문조사는 거주민의 표본을 기초로 하고 따라서 비거주민 피해자에게 영향을 미친 사건을 측정할 수가 없다. 미국연구평의회(National Research Council, 2008)의 보고서에 따르면 전미범죄피해조사(NCVS)는 국가적 및 지역적 수준의 피해자 조사를 몇 안 되는 주를 대상으로 수행하였다는 활동을 서술하였다.

설문조사연구는 일반적으로 타당도가 좀 더 약하고 신뢰도에 있어서는 좀 더 강하다. 현장조사와의 비교에서, 예를 들면 설문조사 형식의 인위적인 측면은 타당도에 부담감을 가한다. 한 가지 사례로서, 대부분의 연구자들은 범죄에 대한 두려움이 '여러분은 밤에 여러분의 거주지에서 혼자 집 밖을 돌아다니면 얼마나 안전하다고 생각을 하십니까, 또는 생각할 것 같습니까?'라고 하는 일반적인 질문에 의해 잘 측정이 되지 않는다는 것에 동의한다. 그 질문에 대한 설문조사의 응답은, 잘해 봐야 우리가 범죄에 대한 두려움을 개념화할 때 우리가 마음에 가지고 있는 개략적인 지표이다.

신뢰도는 다른 문제이다. 모든 연구대상자에게 표준화된 자극을 제공함으로써, 설문조사연구는 연구사에 의한 관칠에시 있을 수 있는 신뢰도의 부족을 제거하는 방향으로 먼 길을 간다.

그렇지만, 심지어 이러한 진술도 조건의 지배를 받는다. 설문조사 방법에 대해 비평가들은 일반적인 범죄 설문조사와 많은 구체화된 연구들은 소수인종과 여성의 인식이나 경험을 반영할 수 없는 범죄에 대한 좁고, 법률적인 개념을 구현한다고 주장한다. 설문조사의 질문은 전형적으로 남성의 견해를 기초로 하고 있고 여성들 사이의 피해자화 또는 범죄에 대한 두려움에 적절하게 대응하지는 않는다(Straus, 1999; Tjaden and Thoennes, 2000). 설문조사의 질문이 다른 응답자에게는 다른 것을 의미할 수도 있다는 우려는 모집단의 하위집단을 통한 설문조사의 결과에 대한 신뢰도와 일반화에 관한 중요한 질문을 제기한다.

질문하는 다른 방법

관찰에 대한 모든 방법처럼, 조사연구에 내재되거나 있을 수 있는 약점을 완전히 인지하는 것은 부분적으로 그러한 약점을 해결해 줄 수 있을 것이다. 궁극적으로, 우리는 주어진 주제를 연구하기 위해 여러 다양한 연구방법을 사용할 때에 가장 안전한 입장을 취하게 된다. 예를 들어, 가정 내 폭력과 성폭력 같은 어려운 문제같이 자세한 정보는 소수의 사람을 대상으로 하는 심층면접에서 많은 정보를 얻을 수 있다. 마찬가지로 초점집단(focus group)은 복잡한 주제에 대한 이해를 발전시키거나 자세히 설명할 때 사용되는 반구조화된 집단 면접이다. 아래 글상자에 있는 '종합적 사고: 질문하기'에서는 교통 단속과 인종 프로파일링에 대한 다른 요소들을 이해하기 위해 사용된 설문조사와 초점집단에 대한 여러 예시를 보여주고 있다. 앰버 호닝(Amber Horning)이 작성한 제10장에서는 초점집단, 질적 면접, 그리고 질문하는 다른 방법에 대한 자세한 조사방법에 대해 다룰 것이다.

여러분 스스로 그것을 해야만 하는가?

어느 누구나 우편 설문조사나 간단한 전화 설문조사를 할 수 있지만, 많은 경우에 전문적인 설문조사 연구자를 이용하는 것이 더 좋다.

이 장에서 다루는 마지막 주제는 누가 설문조사를 실시해야 하는가이다. 표본을 선발하고, 설문지를 구성하며, 면접을 실시하거나 자기보고식 도구를 배포하는 것은 특별하게 어려운 일은 아니다. 이 책에서 지금까지 논의한 기본적인 원칙만 갖추고 있으면, 적당한 대면식 또는 전화 설문조사를 스스로 완료할 수 있을 것이다. 다수의 연구대상자를 대상으로 실시하는 자기보고식 설문조사는 특히 오늘날의 컴퓨터의 능력을 활용하면 완전히 가능하다.

동시에, 설문조사를 완료하는 데에 관련된 다른 임무는 세부내용까지 많은 작업과 주의를 요구한다. 우리는 설문지를 구성하기 위한 여러 비결을 제시했지만, 우리의 지침은 거의 표면만 다루었을 뿐 핵심에 닿지 않았다. 많은 책에서 설문조사의 기술을 보다 자세히 기술하고, 늘어나는 많은 책들이 인터넷 기반의 기술에 특히 더 초점을 두고 있다. 그렇지만, 이렇게 여러 측면에서 아무리 크지 않은 작은 규모라고 해도 설문조사를 설계하고 실행하는 것은 어려울 수 있다.

모든 규모의 대면식 또는 전화면접식 설문조사에 관련된 착수 비용을 검토해 보라. 면접관을 찾고, 훈련시키며, 비용을 지불하는 것은 시간이 많이 들고 많은 비용이 들며, 어느 정도의 전문기술이 요구된다. 컴퓨터 장비의 가격은 계속해서 내려가고 있지만, CATI의 설치 또는 면접관을 위한 노트북과 관련 소프트웨어의 공급은 여전히 한 번의 설문조사를 위해서는 쉽게 정당화될 수 없는 상당한 투자를 의미한다.

만약 면접 설문조사가 연구자의 자금을 초과한다면 우편 또는 웹 기반의 설문조사 방식에 기댈 수 있다. 왜냐하면 이 방법은 자금이 별로 들지 않는데, 대부분의 경비가 봉투, 우표, 문구류이다. 한두 명의 사람이 최소한의 경비로 우편 설문조사를 합리적으로 잘 조직화할 수 있다. 아마도 자문역을 담당할 한 명이 웹 기반의 설문조사를 설계하는데 적당한 비용으로 고용될 수가 있다. 그러나 두 가지 문제를 고려해 보자.

첫째, 설문조사를 완료하는 업무는 많은 양의 지루한 일을 포함한다. 예를 들면, 우편 설문조사에서 설문지와 설명서를 인쇄하고, 접어서, 또는 봉투에 집어넣으며, 우표를 붙이고, 우체국으로 배달되어야(마지막 단계이다!) 한다. 한 개인이 우편 설문조사를 하는 것은 가능하지만, 연구자는 많은 작업을 준비해야만 한다. 심지어는, 예상했던 것보다 더 많은 작업을 해야 할 수 있다.

두 번째 문제는 더 다루기 어렵고, 연구자들에 의해 자주 간과된다. 우리는 상당히 자세하게 세 가지 설문지 실시방법의 장단점을 살펴보았다. 어떤 방법은 다른 유형의 연구문제에 대한 다른 방법보다 더 적절하다. 만약 전화나 대면식 면접 설문조사가 특정 연구가 요구하는 최선의 방식이라면, 우편 또는 웹 기반 설문조사는 타협안일 것이고, 아마도 받아들일 수 없는 것이다. 그러나 실제로 연구를 시작할 때 연구자의 흥분은 연구자로 하여금 저렴하게 우편 설문조사를 하는 데에서의 문제를 간과하거나 경시하도록 이끌 수도 있는데, 이는 마치 제3장에서 살펴본 것처럼 연구자들이 자주 자기 일에서 윤리적인 문제를 인식하지 못하는 위치에 있는 것과 마찬가지이다.

여러분 스스로 하는 것에 대한 대안은 정기적으로 설문조사를 실시하는 전문적인 설문조사연구 회사와 접촉을 하는 것이다. 대부분의 대학은 설문조사 연구센터나 연구소가 있는데, 흔히 사회학과 또는 정치학과와 연계되어 있다. 예를 들면, 럿거스 대학교(Rutgers University)의 대중의 관심 조사를 위한 이글톤센터(Eagleton Center for Public Interest Polling)는 다양한 종류의 연구와 또 여러 종류의 설문조사를 실시한다(http://eagletonpoll.rutgers.edu/index.php). 그러한 연구소들은 보통 대학의 연구자뿐만 아니라 정부조직을 위한 설문조사를 실시할 수 있고, 또 매우 경제적으로 수행할 수 있다. 민간 연구조사 회사는 또 다른 가능한 대안인데, 이들 대부분은 초점집단뿐만 아니라 모든 종류의 설문조사를 수행할 수 있는 능력을 가지고 있다.

전문적인 설문조사 회사 또는 연구소를 이용하는 것은 몇 가지 장점이 있나. 제8장은 표본 수집에서의 기본적인 원칙을 기술하였지만, 실제로 확률표본을 추출하는 것은 복잡할 수가 있다. 심지어 BJS/COPS의 지역사회의 범죄 설문조사를 위한 자체실행 지침서(Weisel, 1999)는 경찰서와 다른 기관에게 RDD 표본을 수집하는 데 있어 전문가와 협의를 하도록 조언을 한다. 전문적인 회사는 도시, 주, 그리고 전국 표본을 대표할 수 있거나, 어떠한 조합이든 간에 적절한 표집틀을 자주 사용한다.

우리는 이 책에서 계속해서 측정의 중요성을 강조해 왔다. 연구자는 개념적인, 그리고 조작적인 정의를 발전시켜야 하고, 측정과정의 모든 측면에서 깊은 주의를 기울여야 한다. 그렇지만, 실제의 설문지를 구성하는 것은 연구자에게 항상 분명하지 않은 세부 내용에 대한 주의를 요구한다. 네리아 마르티아슈(Nerea Marteache. 이 장의 처음에 나오는 짧은 글 참고)는 완료된 설문지로부터 자료 입력을 시작한 이후에 그녀가 설계한 형식이 어떻게 몇몇 응답자에게 오해를 사게 되었는지 알게 되었다. 설문조사 회사는 일반적인 인구통계학적인 질문 항목, 일련의 매트릭스 질문, 적절히 건너뛰는 진행순서를 가지고 있는 복잡한 조건부 질문을 준비하는 데에 경험이 많다.

비록 연구자가 자주 구체적인 개념을 논의하고 질문을 선정하기까지 하는 것이 최선이지만, 전문적인 회사는 그것들 모두를 조화롭게 해나간 경험에서 나오는 상당한 혜택을 제공한다. 이것은 연구자가 단순히 질문에 대한 생각을 제안하고 나머지 세부 내용은 전문가에게 맡겨 두어야만 한다고 말하는 것이 아니다. 설문지의 문항을 제안하고, 질문 도구의 초안본을 검토하며, 사전조사를 평가하고, 최종본을 수정하는 것은 설문조사 연구소 또는 시장 설문조사 회사와 함께 일하는 것이 일반적으로 최선의 접근방법이다.

종합적 사고 질문하기

인종 유형 분석에 대한 연구는 질문함으로써 설문조사와 기타 자료수집 방법을 사용하였다. 하나의 전국을 대표하는 설문조사는 여러 차례에 걸쳐 실시되었다. 우리는 뉴저지에서 실시되었던 운전자 설문조사에다 약간 이야기를 더 하려고 한다. 노스캐롤라이나에 있는 연구자들은 운전자와 경찰이 서로를 어떻게 보고 있는지를 평가하기 위해 여러 번의 설문조사와 초점집단 조사를 실시하였다.

경찰-일반대중 접촉 설문조사

경찰-일반 대중 접촉 설문조사(PPCS)는 1994년에 통과된 포괄적인 반범죄입법에 뿌리를 두고 있다. 그 법은 법무통계국(BJS)이 경찰에 의해 남용된 권력의 사용에 대한 자료를 수집하도록 요구하였다. 시작부터, 이것은 전미범죄피해조사(NCVS)에 질문을 추가함으로써 가장 잘 성취될 수 있을 것이라는 것이 분명했다. 거의 마지막에 새롭게 추가되는 부분으로, 그 당시에 BJS의 국장이었던 잰 체이켄(Jan Chaiken)은 특히 차량 검문에 관하여 묻는 시험적인 질문을 포함시키기로 결정을 하였다. 그 결과, PPCS는 차량 검문에 관하여 설문조사에 입각한 가장 최초의 정보 원천 중 하나가 되었다.

비록 어떤 측면에서 제한이 있었지만, 이러한 방식으로 연구를 위한 기반으로 NCVS를 사용하는 것은 여러 가지 장점을 가지고 있다. 첫째, NCVS는 거대한 표본 크기를 가지고 있고, 그것은 어떤 식이든 경찰과의 접촉을 가진 많은 사람들을 만들어 낸다. 2002년의 설문조사에서, 77,000명의 응답자 중에서 약 15,700명이 경찰과 접촉한 적이 있다고 보고하였다. 둘째, 모든 차량 검문이 소환장을 발부하도록 하는 것은 아닌데, 그래서 설문조사의 표본이 기록되지 않은 차량 검문의 '어두운 면'에 관한 어떤 것을 밝혀낼 수도 있다. 셋째, 응답자의 인종이 기록되고, 따라서 소수인종의 운전자와 그 밖의 운전자의 경험을 비교하는 것이 가능하다. 마지막으로, 경찰의 태도, 그리고 응답자가 공정하게 대접을 받을 것으로 믿는지 또는 아닌지를 포함하여 차량 검문의 속성에 관한 상당한 세부 내용이 기록될 수 있다. 이 모든 것은 운전자의 관점에서 나오는데, 차량 검문의 경찰 기록에서 얻어진 것과는 상당히 다른 정보의 원천을 제공한다.

2002년 설문조사의 결과는 듀로스, 슈미트, 랭건(Durose, Schmitt, and Langan, 2004)에 의해 요약되었다. 이것은 전국적인 추정치라는 것에 주목해야 한다. 따라서 나라 전체에 걸친 경험의 범위에 관한 유용한 정보를 제공한다. 그러나 사람들은 수천 개의 경찰조직에 의해 단속을 받기 때문에, 인종차별에 관한 어떠한 조사결과도 특정한 개별 조직의 탓으로 추적을 할 수가 없다. 경찰-일반 대중 간의 접촉에 관한 전국적인 조사결과는 범죄 피해자화에 관한 전국적인 조사결과와 마찬가지의 타당도를 가지고 있다. 그것은 경험의 폭넓은 형태를 보여주지만, 개별 기관의 행위 유형을 정확하게 묘사해 주지는 않는다.

운전자의 통행료 징수소 설문조사

이전의 장들에서 우리는 뉴저지 유료 고속도로에서의 운전자에 대한 간단한 설문조사를 언급하였다. 그 설문조사의 기교가 특히 흥미롭다.

면접관은 통행료 징수소에 배치되었는데, 유료 고속도로를 나가면서 모든 자동차가 멈춰서 통행료를 지불해야 하는 때를 맞추었다. 자동차들은 제8장에서 설명된 것처럼 표본이 선정되었다. 여기에 랭(Lange), 존슨(Johnson), 보아스(Voas)가 면접절차를 어떻게 기술하였는지가 있다.

> 선정된 자동차의 운전자는 통행료 징수원에게 유료 고속도로 티켓을 건넬 것이고, 그러면 설문조사자가 통행료 징수소의 창밖으로 몸을 내밀고 운전자에게 몇 가지 간단한 질문에 응답을 해 주면 5달러를 주겠다고 제의를 한다. 운전자에게는 설문조사가 자발적이고 비밀이 보장된다고 안심시켰다. 5달러의 지폐는 만약 그들이 원한다면 운전자가 설문조사에 관하여 더 많은 것을 알 수 있도록 접촉할 수 있는 전화번호를 위에 적어둔 봉투 안에 있었다. (2005: 199)

운전자들에게 그들이 어디에서 유료 고속도로에 들어

왔는지를 물어보는데, 이것은 응답자를 특별한 유료 고속도로 구간에 관련시키는 것이 가능하도록 만들어 준다. 그런 후에 그들에게 나이, 백인, 흑인, 히스패닉/라틴 아메리카인, 아시아인, 미국 인디언, 또는 기타 응답 범주로부터 파악된 인종적/민족적 정체성이 질문된다. 추가적인 질문은 히스패닉/라틴 아메리카인 또는 아시아인이라고 응답한 사람들을 더욱 세부적으로 분류한다. 성별은 관찰에 의해 기록되었다. 면접관은 또한 자동차 번호판 숫자와 등록되어 있는 주를 기록한다. 이것은 손에 들고 있는 컴퓨터의 지원을 받는 면접이었다. 설문지는 PDA 안에 프로그램화되어 있었고, 응답은 바로 입력이 되었다. 이 기술은 설문조사의 결과가 분석을 위해 직접 전송될 수 있다는 것을 확실히 하였다.

노스캐롤라이나 설문조사와 초점집단

PPCS와 마찬가지로, 노스캐롤라이나 운전자에 대한 주 전체에 걸친 전화 설문조사는 운전자의 행동, 차량 검문을 둘러싼 상황, 그리고 경찰과의 상호작용의 성격에 대한 정보를 생산해 냈다. PPCS와는 달리, 법집행 조직을 가로질러 운전자의 경험을 비교하는 것이 가능했다. 특히 스미스(Smith)와 동료들은 운전자들이 일반적으로 지역 경찰기관의 경찰관과 비교하여 노스캐롤라이나주 고속도로 순찰대와의 경험에 대해 더욱 호의적인 태도를 가졌다고 보고한다. 제8장에서 우리는 어떻게 알려진 속도위반자의 표본이 설문조사에 포함되었는지를 기술하였다. 이것은 자기보고식 질문 항목의 척도 타당도를 검증하는 것이 가능하도록 만들었다. 그 설문조사는 차량 검문에 있어 사람들의 경험에 관한 정보를 구하였기 때문에, 그것의 대상 모집단은 노스캐롤라이나의 운전자였다. 그래서 표본틀은 운전자의 기록을 보관하고 있던 주의 기관으로부터 바로 입수할 수가 있었다. 그리고 이러한 기록에는 전화번호가 포함되어 있었기 때문에, 전화 설문조사가 선택의 수단이 되었다.

노스캐롤라이나주 고속도로 순찰대의 경찰관과 운전자를 대상으로 여러 번의 초점집단 조사가 실시되었다. 스미스와 그의 동료들은 약간의 초점집단을 모든 참가자가 흑인 또는 모두가 백인과 같은 식으로 조직화하였다. 이것은 민감한 주제에 관한 공개적이고 솔직한 토론을 촉진시켰다. 연구자들은 이러한 정책을 지지하면서 응답자를 가능하면 편안하게 만들라는 초점집단을 다룬 참고문헌의 조언을 상기하였다. 6~9명의 순찰대원으로 이루어진 여섯 개의 경찰 초점집단 조사가 실시되었다. 10명의 사람으로 이루어진 여섯 개의 시민 초점집단이 노스캐롤라이나주 전역에 걸친 대도시에서 소집되었다. 시민 집단의 참가자들은 24~60세의 연령대를 대표하도록 어떤 한 연구조사 회사에 의해 선발되었고 적어도 4명의 여성을 포함하였다.

흑인 시민으로 구성된 초점집단의 참가자들은 경찰이 일반적으로 일을 잘했다고 느꼈지만, 많은 사람들이 또한 차별을 인식한 어떤 개인적인 경험을 가지고 있었다. 경찰에 의한 무례하고 품위를 떨어뜨리는 대우는 편견이나 차별의 신호로 해석되었다. 운전자들은 어떠한 종류의 검문이 프로파일링에 관련이 되는지에 관한 정교한 견해를 가지고 있었다. 정지신호에서의 통과와 같은 사소한 위반행위에 대한 검문은 특히 의심스러웠다. 흑인 시민의 집단에 속한 한 사람으로부터의 발췌문은 대규모의 설문조사에서는 얻기 어려운 통찰력의 본질을 보여준다.

> 나는 경찰관이 단지 내 차와 그 밖의 것들을 둘러보는 것을 목격했고, 그는 "당신은 왜 내가 차를 한쪽으로 대도록 했는지 그 이유를 아시죠, 그렇죠? 당신의 번호판에는 1998년 9월까지 유효한 등록증이 붙어 있습니다."라고 말했다. 나는 "지금은 겨우 5월입니다."라고 말했다. 그랬더니 그는 "그렇군. 내 잘못이네."라고 하는 것 같았다. 그는 나에게 내 운전면허증과 등록증을 되돌려 주고 말하기를, "당신 차 안에 총 같은 없죠?"라고 말했다. 나는 "없죠. 총기류는 집에 마약과 함께 있어요."라고 대답했다. (2003: 359)

순찰대원과의 초점집단은 또한 솔직한 관찰을 만들어 내었다. 대부분은 그들이 검문하도록 하는 사람들의 인종적인 분포에 대해 증가하는 관심에 관하여 신경 쓰고 있었으며, 그들이 균형을 맞춰야 한다고 느끼고 있었다 (2003: 289). 여러분은 그것이 어떻게 인종이 검문에 대한 결정에 있어 담당하는 역할을 증가시키는지를 인식할 수 있을 것이다. 이러한 초점집단 면접은 2001년 6월에 열렸다. 두 순찰대원이 프로파일링에 관해 표현한 견해는 9 · 11 사태 이후의 세계에서는 친숙하게 들린다.

> 나는 단지 우리가 모두 훈련을 받았고 나는 당신이 어떤 법집행기관에 소속되어 있는지를 상관하지 않는다는 것을 말하고 싶습니다. 당신은 프로파일링을 하도록 훈련을 받았고 그에 따라 당신이 행동합니다. 그것은 본래 그런 것입니다. 업무가 그러한 점을 요구하고요.
>
> 나는 고정관념과 위반행위는 같이 간다고 생각합니다. 만약 당신이 어떤 집단을 보면, 어떤 집단을 판에 박은 듯이 파악하고 그런 것으로 간주하는 그 집단에서 더 많은 위반행위가 발생한다면, 자연적으로 당신은 무엇이든 단속하는 일을 더 열심히 할 것입니다. …… (2003: 287)

설문조사는 대부분의 폐쇄형 질문에 대해 많은 응답을 얻는 데 가장 좋다. 초점집단은 무엇을 사람들이 하고 어떻게 그들이 느끼는지를 설명할 수 있는 풍부한 세부 내용에 대한 가치가 있는 정보 원천이다. 설문조사는 차량 검문에 관한 경험을 집계하는 데에는 더 낫다. 초점집단은 어떻게 사람들이 경험에 관해 느끼는지를 설명하는 데 더 낫다.

아마도 설문조사를 위해 이들 회사와 계약을 하는 것의 가장 주요한 혜택은 전문적인 회사가 훈련된 면접관 또는 컴퓨터의 지원을 받는 전화면접을 수행하는 장비를 가지고 있다는 것이다. 설문조사 연구센터와 기타 전문적인 조직은 최신의 특수한 장비, 소프트웨어, 그리고 모든 형태의 CAI에서의 기술진보에 따른 이점을 취하는 노하우를 가지고 있다. 게다가, 그러한 회사는 면접관을 훈련시키는 것, 대면식 설문조사를 위한 방문을 준비하는 것, 우편 설문조사를 조직화하는 것, 일반적인 감독을 제공하는 것 등과 같은 행정적인 세부 업무를 보다 쉽게 처리할 수 있다. 이것은 설문조사연구의 많은 지루한 작업으로부터 연구자를 자유롭게 해 주기 때문에 실질적인 주제에 집중할 수 있도록 해 준다.

연구자는 궁극적으로 설문조사를 자신이 직접 실시할 것인지 또는 전문적인 회사와 계약을 할 것인지를 결정해야 한다. 그리고 그 결정은 각 접근방법의 장단점에 대해 면밀하게 검토한 후에야 가장 잘 내릴 수 있다. 너무 자주, 대학교수들은 어떻게 질에 대한 통제를 유지하고 설문조사가 학생들의 시간에 대한 가치가 있는 투자인지의 여부와 같은 중요한 문제를 간과하면서 학생들이 일을 끝낼 수 있다고 가정한다. 마찬가지로, 형사사법 분야의 실무자들은 사법기관의 직원이 우편 설문조사를 처리할 수 있다거나, 사무실에서 전화면접을 실시할 수 있다고 믿을 수도 있다. 다시 말하자면, 결과의 질에 있어서의 타협은 다른 업무로부터 직원을 돌리는 기회비용과 함께 고려되어야만 한다. 여러분이 스스로 한다는 전략은 단기간에는 비용적으로 저렴해 보일 수 있지만, 이는 연구자의 관심이 자료분석과 해석으로 돌려지게 될 때, 더 큰 비용이 들게 되는 잘못된 절약이 되어 버리고 만다.

우리는 이 절을 한 자문위원의 명함에 있는 미심쩍은 이야기로 끝맺으려 한다. 그 명함에는 "빠르게! 싸게! 높은 품질로! 아무거나 두 개를 골라라."라고 적혀 있었다. 여러분의 요구에 가장 적합한 선택을 내리는 것이 최고의 선택이다.

요약

- 설문조사는 모집단으로부터 선정된 응답자의 표본에 대해 체계적인 방법으로 설문지에 대한 응답을 하게 하는 것을 포함한다.
- 설문조사연구는 특히 큰 모집단에 대한 기술적인 연구 또는 탐색적인 연구를 위해 적합하지만, 설문조사는 형사사법 연구에서 많은 다른 사용방법을 가지고 있다.
- 설문조사는 자기보고한 범죄행위 자료를 얻기 위한 선택방법이다. 자기보고식 설문조사를 개선시키려는 지속적인 노력은 비밀이 보장되는 컴퓨터의 지원을 받는 개인적 면접방법을 사용하는 것을 포함한다.
- 질문은 개방형일 수도 있고 폐쇄형일 수도 있다. 질문을 구성하는 각 기술은 장단점을 가지고 있다.
- 설문지에서 편향된 질문은 응답자가 특정한 방식으로 응답하거나 특정한 견해를 지지하도록 조장하는데, 이는 피해야만 한다.
- 설문지는 세 개의 기본적으로 다른 방식, 즉 자기보고식 설문지, 대면식 면접방식, 전화 면접방식으로 응답이 실시된다. 각각의 실시 방식은 여러 방법으로 변형될 수 있다.
- 컴퓨터는 설문조사의 각 유형을 더 쉽게 만들어 주고, 또 다른 여러 장점을 제공한다.
- 면접관의 가장 중요한 속성은 그들이 중립적이어야 하는 것이다. 자료수집 과정에서 그들의 존재는 설문지의 문항에 대해 응답을 하는 데 어떠한 영향을 미쳐서는 안 된다.
- 설문조사 실시에 있어서 각각의 방법은 다양한 장단점을 가지고 있다.
- 설문조사연구는 약간 인위적이고 잠재적으로 표면적이라는 단점을 가지고 있다.
- 비록 설문조사를 완료하는 데 요구되는 특정한 업무는 특별하게 어려운 것은 아니지만, 연구자는 설문조사를 자신이 직접 실시할 것인지, 아니면 전문적인 조직과 계약을 할 것인지를 신중하게 검토해야만 한다.

핵심 용어

개방형 질문(open-ended question)
면접 설문조사(interview survey)
면접(interview)
설문조사(survey)
설문지(questionnaire)
응답률(response rate)
응답자(respondent)
컴퓨터의 지원을 받는 면접(computer-assisted interviewing: CAI)
편향(bias)
폐쇄형 질문(closed-ended question)

복습문제 및 연습문제

1. 나열된 개방형 질문의 각각에 대해 설문지에서 사용될 수 있는 폐쇄형 질문을 만들어 보라.
   ㄱ. 지난해 여러분 가족의 전체 수입은 얼마입니까?

ㄴ. 여러분은 충격을 주는 감금 또는 '병영 캠프' 프로그램에 대해 어떻게 느끼십니까?

ㄷ. 여러분 거주지역에 사는 사람들은 경찰에 대해 어떻게 느낍니까?

ㄹ. 여러분은 이 지역공동체가 직면하고 있는 가장 큰 문제는 무엇이라고 느끼십니까?

ㅁ. 여러분은 어떻게 여러분의 집을 침입범죄으로부터 지키고 있습니까?

2. 여러분의 단과대학 또는 대학교 주변에서의 범죄에 대한 인식을 연구할 수 있는 간단한 설문지를 준비하라. 응답자에게 어두워진 이후에 외출하기 두렵거나 범죄가 문제라고 생각하는 주변의 지역을 적도록 요청하는 질문을 포함하라. 그런 후에 여러분의 설문지를 적어도 10명의 학생을 면접하기 위한 설문지로 사용하라.

3. 지역사회 경찰활동을 지원하는 연방의 한 프로그램에 대한 최근의 평가연구는 약 1,200명의 경찰서장들로 이루어진 표본에 설문지를 보내는 것이 포함되었다. 각 설문지는 지역사회 경찰활동의 특수한 측면을 묻는 것과 그것이 경찰서에서 사용되고 있는지의 여부를 묻는 수많은 질문을 포함하였다. 거의 모든 경찰서장들은 설문지를 작성하는 누군가 다른 사람을 두고 있었다. 이 설문조사에서 분석단위는 무엇인가? 그러한 설문지를 다른 부하에게 작성하도록 하는 것으로부터 나타날 수 있는 문제는 무엇인가?

4. 무료인 서베이몽키(SurveyMonkey) 계정을 만들어 보라. 여러분의 수업에 있는 학생들을 대상으로 이 책을 평가하기 위해 5문항으로 이루어진 설문지를 구성하라. 서베이몽키에서 제공하는 설문조사 서식을 가능한 한 많이 사용하라. 그 후, 여러분의 수업에 있는 설문조사를 완료할 학생 10명을 선택하기 위한 표집 절차를 사용하라. 그런 후에, 여러분이 발견한 사실을 요약한 간략한 보고서를 작성하라.

CHAPTER 10

질적 면접

우리는 언제 질적 면접이 적절한지, 다양한 유형의 심층 면접, 질문을 설계하는 방법, 그리고 참가자들과 상호작용하는 방법을 배우게 될 것이다. 마지막으로 자료를 기록하고 분석하는 다양한 방법에 대해 깊이 생각해 볼 것이다.

학습목표

1. 자료수집 도구로 언제 질적 면접을 사용할지 파악한다.
2. 현실에 대해 여러 가지의 의미나 구성물이 있음을 이해한다.
3. 반구조화 면접과 비구조화 면접의 장단점을 안다.
4. 초점집단의 사용 또는 한 집단의 사람들을 동시에 면접하는 방법을 이해한다.
5. 데이터를 효과적으로 수집할 수 있도록 면접 질문을 만드는 방법을 배운다.
6. 참가자에게 접근하고 상호작용하는 방법을 설명할 수 있게 된다.
7. 데이터를 기록하고 일지를 기록하는 방법을 배운다.
8. 질적 자료를 분석하고 해석하는 방법을 이해한다.
9. 수집된 정보의 품질을 향상시키는 방법을 파악한다.

* 윌리엄 패터슨 대학교의 앰버 호닝이 기여하였음.

접근 곤란 집단에 접근권 획득하기

2011~2012년에 나는 뉴욕시 할렘에서 포주에 대한 연구를 수행했다. 포주는 접근하기 어려운 집단으로 간주되며 많은 사람들이 내가 참가자를 찾을 수 있을지 회의적이었다. 내가 이 연구가 가능하다고 생각한 이유 중 하나는 내 동료 중 한 명이 20년 넘게 포주를 해온 사람을 알고 있었기 때문이다. 비록 예비 면접(pilot interview)을 하기로 동의는 했지만 그는 우리의 연락이나 우리에 대한 후원을 매우 꺼렸다. 그는 우리의 의도와 사업상 비밀이 누설될까 두려워했다. 연구가 불가능해지거나 최소한 참가자를 찾는 데 어려움을 겪을 것 같았다. 우리는 성노동자들을 돕는 데 전념하는 비영리 단체에 찾아가서 잠재적인 접촉자를 소개해줄 수 있는 사람을 찾을 수 있는지 알아보려 했다. 때로는 지역 기관에 연결하여 후원자를 찾을 수도 있다.

운이 좋게도 나는 산업용 에어컨을 옮겨야 했는데, 한 친구에게 그녀의 고객들(보호관찰 또는 가석방 중인 사람들)이 이 작업에 관심이 있을지 물었다. 내 에어컨을 옮기러 온 사람은 마침 전직 포주로 밝혀졌는데 그는 이 무리의 많은 구성원과 여전히 접촉하고 있었다. 우리는 서로 잘 어울렸고, 일상대화 중 나는 내 연구에 대해 말을 꺼냈다. 그는 나의 연구를 매우 흥미롭게 여겼고 자기 동네에서 적극적으로 포주를 하고 있는 사람과 나를 연결해 주기로 동의했다.

이 인연과 그와 맺은 친밀감 덕분에 그는 나를 신뢰했다. 이것은 연구를 위한 뜻밖의 순간이었고 친구의 친구 혹은 지인의 친구를 통해 접근권이 획득될 수 있다는 사실, 그리고 멀리 떨어진 연결이라도 적극적 매개자를 찾는 데 도움이 될 수 있다는 사실을 보여준다. 또한 이전에 범죄적 생활방식에 연루된 접촉자를 찾는 것이 도움이 될 수도 있는데, 그 사람은 조사 과정에 대해 두려움을 덜 가질 수도 있기 때문이다.

면접이 진행되는 도중 내 접촉자의 존재와 면접이 대부분 공공장소(뉴욕시의 주택 프로젝트 안마당)에서 진행되었다는 사실이 일부 참가자의 두려움을 완화시켰을 수도 있다. 많은 참가자들이 내 접촉자와 이미 알고 있었거나 같은 이웃임을 알아챘다. 또한, 그들은 진행되는 면접을 관찰할 수 있었고 어떠한 불리한 결과도 목격하지 않았다. 주택 프로젝트 안마당에 우리가 있음으로 해서 후원(sponsorship) 없이 마음대로 돌아다니기는 어려웠을 것이다. 접근권은 참가자와 연결하는 것에 관한 것일 수 있지만, 후원은 또한 참가자들이 참여에 필요한 신뢰를 느낄 수 있게 해 주는 공간에 머무는 동안 여러분이 그 공간에 접근할 수 있도록 허용해 줄 수도 있다.

내 접촉자는 몇 달 동안 일한 후 체포되어 다시 감옥으로 돌아갔다. 연구의 진행 상황에 관심이 있는 참가자들의 전화번호를 많이 수집했지만, 오직 한 사람만이 지속적인 접근권을 행사하기에 적합한 사람으로 내게 다가왔다. 그는 면접을 한 첫 번째 무리 중 한 명으로, 항상 서성이며 면접을 관찰했고 연구 진행 상황에 관해 질문했었다. 그는 지역사회의 정식 터줏대감처럼 보였고 많은 사람들을 알고 있었다. 나는 그가 여전히 우리를 참가자들과 연결하는 데 관심이 있는지 알아보기 위해 그에게 문자를 보냈다. 그의 후원을 통해 우리는 60명이 넘는 참가자들을 인터뷰할 수 있었다. 때때로 최초의 후원자가 여러 가지 이유로 사라질 수 있다. 따라서 같은 지역사회의 다른 사람들과 연결하는 것이 중요하다. 집단의 다른 구성원과 연결함으로써 최초 접촉자에게 무슨 일이 생기더라도 연구를 지속할 수 있다.

도입

질적 연구는 범죄학에서 자주 사용된다.

표본 설문조사(sample survey)는 아마도 형사사법 연구에서 질문을 하는 데 사용하는 가장 잘 알려진 방법일 것이다. 그러나 제9장에서 논의한 바와 같이, 설문조사와 표준화된 질문지법은 때때로 타당성이 부족하다. 강도의 피해자가 된 적이 있는지를 묻는 설문조사는 적절하겠지만, 강도가 피해자를 선택하는 방법을 이해하는 데 있어 설문조사용 질문지(survey questionnaire)는 그다지 유용하지 않을 것이다. 강도가 무슨 요인을 고려하는지 알아보려면 보다 전문화된 면접 기술을 사용하길 바랄 것이다.

차이점을 설명하기 위해 여러분이 남아프리카 공화국 흑인 거주지의 판자촌 정착지에서 강도를 연구한다고 가정해 보자. 여러분의 관심은 남아프리카 공화국 흑인 거주지에서 오후 8시에서 오전 8시 사이에 발생하는 강도의 비율에 있다고 하자. 피해자 조사가 그것을 알아내기 위한 좋은 접근방법이 될 수 있다. 그러나 여러분은 남아프리카 공화국 흑인 거주지에서 피해자를 선별하는 야간 강도의 의사결정 과정을 이해하고 싶을 수도 있다. 여러분은 또한 강도의 행동이 경찰의 도보순찰에 영향을 받는 방식에 관심이 있을 수 있다. 그런 경우에는 강도와 직접 개인적 담론을 나누는 것이 가장 좋다. 일반적으로 여러분 스스로 생각하기에 인간의 관점, 감정 또는 결정을 포함한 특정 과정이나 방법의 복잡성에 대해 궁금할 때엔, 대체로 질적 면접을 사용하는 편이 낫다.

설문조사와 달리 **질적 면접**(qualitative interview)은 면접관과 응답자 사이의 상호작용으로, 면접관은 다룰 주제를 포함하여 일반적인 질의 계획을 가지고 있지만 반드시 특정 순서에 따라 질문해야 하는 특정 질문의 집합체일 필요는 없다. 질적 면접은 또한 목적이 있는 대화로 생각할 수 있다(Patton, 2002). 여러분은 평생 동안 대화를 해왔기 때문에 이미 스스로 사용할 수 있는 많은 관례와 수단이 있다. 여러분의 목적은 이해하는 것이기

질적 면접(qualitative interview) 면접관과 참가자 간의 구두 상호작용으로, 일반적인 질의 계획을 따르지만 반드시 구체적인 질문의 집합체일 필요는 없다.

때문에, 여러분은 경계심 가득한 대화가이다. 여러분은 여러분이 어떻게 의사소통하는지, 참가자가 어떻게 반응하는지, 참가자가 어떻게 느끼는지에 대해 더 잘 알고 있다.

동시에 질적 면접관은 설문조사 면접관과 마찬가지로 질문에 완전히 익숙해야 한다. 그래야만 질적 면접이 특정 영역을 일관되게 다루면서도 원활하고 자연스럽게 진행될 수 있음을 보장한다. 지금까지 살펴본 바와 같이 설문조사 면접은 표준화된 질문을 기반으로 한다. 질적 면접은 신중한 계획에 기초하고 있지만, 본질적으로 유연하다.

질적 면접 활동에 적합한 주제

질적 면접은 많은 응용 분야가 있으며 특히 탐색적 조사연구에 적합하다.

질적 면접은 다양한 종류의 연구에 결정적 역할을 한다. 질적 면접은 현장관찰 연구의 중요한 부분이다(제11장 참고). 역사적으로 질적 방법은 인류학자와 사회학자에 의해 다른 문화와 하위문화를 연구하는 데 사용되어 왔다. 이러한 접근 방식의 한 예가 데이비드 브라더턴과 루이스 바리오스(David Brotherton and Luis Barrios, 2004)가 연구한 뉴욕시의 『전능한 라틴 왕과 여왕 국가(Almighty Latin King and Queen Nation)』라는 책이다. 중요한 회의에 참석하고, 주요 정보원과 어울리며, 갱 조직원을 인터뷰함으로써 브라더턴과 바리오스는 이 집단이 거리 갱단에서 조직적인 사회 운동으로 변모하는 과정을 포착할 수 있었다. 또 다른 주목할 만한 연구는 브루클린 마약 시장에서 성매매에 종사하는 여성에 대한 리사 마허(Lisa Maher, 1997)의 작품이다. 그녀는 거리에서 이들 여성과의 비공식적인 대화를 통해 많은 정보를 수집했다. 각각의 이 연구들은 과정지향적인 것으로, 인간의 경험을 전체적으로 그리고 맥락 속에서 이해하는 것이 목적이다.

질적 면접은 형사사법 연구에서 자료를 수집하는 유일한 방법이 될 수도 있다. 여러분이 만약 사회에서 일탈 또는 범죄자로 낙인 찍힌 사람들의 관점을 이해하길 원한다면, 여러분이 취할 수 있는 최고의 전략은 그들과 직접 이야기하는 것이다. 이 전략은 거의 알려지지 않아 접근하기 어려운 모집단에 대해서는 특히 그러하다. 면접을 통해 여러분은 그들의 생생한 경험을 구성하는 그들의 세상에 대해 그들이 느낀 인상을 설명하는 것을 직접 들을 수 있다. 예를 들어, 내가 포주 연구를 시작했을 때 선행 연구를 거의 찾지 못했다. 나는 포주들의 도시지역 공간 사용에 대한 관점과 성노동자와의 사회적 상호작용에 대한 견해를 이해하고 싶었다. 이 집단에 대해 알려진 것이 거의 없었기 때문에 그들의 경험과 감정을 포착하는 최선의 방법은 목적이 있는 대화를 통해 질적 면접을 하는 것이었다. 많은 포주들이 범죄 활동에 참여했고, 따라서 거리에서의 대화로만 접근이 가능했다. 2011년과 2012년 뉴욕 할렘에서 95명의 포주와의 면접을 통해 나는 그들의 경험에 대해 많은 것을 배웠다.

질적 면접에 적합한 주제의 또 다른 예는 사람들이 자신의 역할 및 정체성에 대해 어떻게 생각하는지에 대한 연구이다. 페르디난트 주터뤼티(Ferdinand Sutterlüty, 2007)는 젊은이들이 폭력적 생활양식의 채택과정에서 어떤 느낌을 갖는지 알고 싶어 베를린에 사는 18명의 상습폭력 가해자를 면접했다. 그는 일부 사람들이 폭력적인 행동으로의 전이를 **전환점**(turning point)으로 생각한다는 것을 발견했다. 일부의 경우 피해자에서 가해자로 정체성의 전환이 있었다. 많은 사람들이 가족 내에서 폭력을 경험했고 권력을 되찾기 위해 폭력을 사용했다. 그는 또한 이 젊은이들이 갖는 여러 종류의 **폭력적 행동계획**(violent action schemes), 혹은 폭력에 대해 생각하는 방식을 밝혀냈다. 그가 젊은이들에 있어 폭력의 의미와 정체성 변화 과정을 이해하는 가장 효과적인 방법은 심층 면접을 통해서였다. 여러분이 만일 역할이나 정체성의 구성 또는 재구성에 관심이 있다면 여러분 연구의 참가자를 면접하는 것이 필요하다.

질적 면접을 여러분의 연구설계의 일부로 선택하는 또 다른 이유는 여러분의 관심 집단이 '장면(scene)'의 일부인지 아닌지를 알고 싶기 때문이다. 장면은 사회적으로 또는 정치적으로 결합된 집단일 수 있으며, 여러분은 그들의 관점을 맥락적으로 이해하고 싶어할 수 있다. 예를 들어, 디나 페론(Dina Perrone, 2009)은 클럽의 열광적인 분위기가 마약 경험과 피해에 어떻게 영향을 미치는지 이해하기 위해 클럽 마약 복용자에 대한 고정관념을 넘어서기를 원했다. 그녀가 이것을 이해하고 양질의 면접을 하는 가장 좋은 방법은 '댄스 클럽 아이들'(댄스 클럽의 약물 남용 아이들 _옮긴이 주)이 어울려 노는 곳으로 가는 것이다. 클럽을 방문하고 파티에 참석함으로써 그녀는 사람들을 관찰하고 연결하고 그들과 이야기했다. 페론은 중독자에 대한 대중의 고정관념과 달리 그 집단 구성원의 대부분이 중산층임을 발견했다. 더구나, 가족이 있는 변호사들처럼, 많은 사람들이 사회적으로 뿌리내리고 있었다. 자신의 외부 생활에 투자한 클럽 아이들은 스스로의 마약 복용을 더 잘 통제할 수 있었다. 또한 그녀는 조명과 음악이 전형적인 중산층의 일상과 뚜렷한 대조를 제공하는 '축제스러운 분위기'로의 탈출을 방불케 하는 장면을 발견했다. 댄스 동아리에 대한 이 연구는 자본주의적 기계 안에서 삐걱거리는 소리를 내며 일상을 소비하는 것에서 벗어난 사회 집단의 실체를 드러냈다. 이것은 페론이 상황적 차원에서 그녀의 연구 참가자들을 직접 방문했기 때문에 명백해진 것이다.

불법 시장을 이해하려면 종종 장기 프로젝트 및 시장에 관련된 다양한 참가자와의 면접이 필요하다. 뉴욕시에서 20년 동안 현장 작업을 한 후 릭 커티스와 트래비스 웬델(Ric Curtis and Travis Wendel, 2007)은『여러분은 항상 개를 훈련시키고 있다: 약물 시장을 재배치하기 위한 전략적 개입』이라는 제목의 기사를 발표했다. 이 작업은 다양한 유형의 마약 시장과 각 시장의 특징인 체계적 폭력의 유형을 문서화했다. 그들은 좋은 쪽이든 나쁜 쪽이든 시장의 변화가 종종 법집행기관의 개입에 대한 반응이라는 것을 발견했다. 시장은 복잡한 시스템이며 시간에 따른 변이와 변화를 이해하기를 원했다. 이를 위해 뉴욕

불법경제의 지도: 남성화된 야외 작업 공간의 개념화

역사적으로 지리학자는 지도가 사람들이 마을에서 길을 찾는 데 도움이 되는지 이해하기 위해 지도를 사용해 왔고, 문화지리학자는 사회 및 문화 차원이 어떻게 활동영역에 의해 형성되는지 및 그 반대의 경우를 이해하기 위해 지도를 사용해 왔으며(Jackson, 1989; Sauer, 1925), 또한 인류학자는 고립된 집단의 관점을 이해하기 위한 지도를 사용해 왔고(Madaleno, 2010), 범죄학자는 범죄유형과 의사 결정(Brantingham and Brantingham, 1984; Canter and Hodge, 2000; Cornish and Clarke, 1986; Lopez and Lukinbeal, 2010) 및 위험에 대한 인식(Wallace, 2009)을 이해하기 위해 지도를 사용해 왔다. 하류층 남성들이 일을 위해 요구한 도시 공간은 할렘의 크랙(중독성이 강한 정화된 코카인의 한 형태로 코 흡입보다 흡연의 형태로 사용한다. _옮긴이 주) 딜러에 관한 필립 부르고아(Phillippe Bourgois)의 책『존중을 찾아서: 엘 바리오에서 크랙 팔기(In Search of Respect: Selling Crack in El Barrio)』, 뉴욕 노점상에 관한 미치 더니어(Mitch Duneier)의 책『보도(Sidewalk)』, 시카고 주택 프로젝트의 주민들이 어떻게 목표를 달성했는지에 관한 수디르 벤카테시(Sudhir Vankatesh)의 책『책에서 벗어나: 도시 빈민의 지하경제(Off the Books: The Underground Economy of the Urban Poor)』에 문서로 잘 정리되어 있다. 비록 범죄학자들이 범죄자의 의사결정과 범죄유형을 이해하기 위해 범죄자로 하여금 지도를 그리게 했지만, 이러한 연구에서 범죄자 유형은 종종 매번 새로운 대상을 찾게 된다. 민속방법론자들은 비공식 경제를 사진으로 찍고 설명했지만, 범죄자의 반영구적이고 일상적인 불법 작업 공간에 대한 시각적 개념화를 이해하기 위해 또 그 이용을 이해하기 위해(시각적 개념화와 이용을 이해하기 위해) 범죄자에 의해 그려진 지도는 거의 사용되지 않는다.

포주는, 마약상처럼 사업을 영위하기 위해 특정 장소에서 일하거나 야외 공간을 사용하거나(반영구적으로) 요구하는 경우가 많다. 도시 환경에서 공간을 확보하는 것을 상상한다면 이것이 얼마나 어려운 일인지 금방 깨닫게 될 것이다. 여러분이 여성이라면 비공식적으로 야외 공간을 요구하는 여성의 사례가 거의 없기 때문에 이를 상상조차 하지 못할 수도 있다. 불법 경제에 종사하는 남성은, 제임스 메서슈밋(James Messerschmidt, 1993)이 말한 "남성성 행위", 즉 비록 불법이기는 하지만 자본주의 사회 구조 내에서 재정적 여유를 시도함으로써 남성적 가치를 증명하려는 것을 할 수도 있다. 이를 위해 때때로 그들은 공공장소를 개척하거나 최소한 그곳에 거주해야 한다.

특히 갱단에 관한 문헌에서 공공장소를 요구하는 소외된 남성에 대한 문서가 존재한다. 예를 들어, 보스턴 슬럼가에 대한 윌리엄 푸트 화이트(William Foote Whyte, 1993)의 중대한 연구는 '코너 보이'와 '대학 보이'를 구분했다. 종종 이러한 설명에서 보듯이 남성은 사업 목적(돈을 벌 목적)뿐만 아니라 남성다움을 과시하면서, 그들이 거리의 신뢰성을 구축하고 유지하기 위한 '주스'를 마셨음(have juice. '권력, 권위, 영향력 및 존경을 얻다'라는 의미 _옮긴이 주)을 보여주기 위한 목적으로 도시 공간을 점유하는데, 이는 잭 카츠(Jack Katz)의『범죄의 유혹(Seductions of Crime)』에서 논의된 바와 같다. 이처럼 다양한 이유로 공공장소에서 '허슬(hustle. 매춘)'에 관여하는 것은 잘 연구되어 있지만, 이러한 남성 주도적인 공간이 구상되고 보호되는 방식에 대해서는 충분한 문서화, 즉 연구가 진행되지 않았다.

포주가 그린 지도에는 보다 큰 비공식 경제 범위 내에서 야외 작업 공간에 대한 묘사와 자아의 구상이 다양하게 나타났다. '영역'과 경쟁자, 경찰 및 기타 사람들로부터 이 영역을 보호하기 위해 취하는 역할에는 차이가 있다. 성노동자와의 사회적 교환(social exchange)을 포함해 이러한 사업의 청사진은 공간적 묘사를 통해 소통되었다.

첨부된 그림은 전직 포주가 그린 지도이다. 그는 현재 할렘에 살고 있었지만, 뉴욕주의 작은 마을에서 사업을 운영했다(우체국과 약국이 서로 가까이에 있는 것을 보면 더욱 분명해진다). 오후 8시가 되자 우체국, 라 파마치아(la farmacia. 약국), 라 보데가(la bodega. 모퉁이 상점)가 문을 닫았다. 성매매는 이러한 공식 사업체가 모두 문을 닫을 때까지는 시작되지 않았다. 나와 포주가 묘사한 보데가 앞에 나타난 남성들은 오후 8시부터 오전 6시까지 이 공공장소(블록의 한쪽)에 대해 자신의 권리를 요구했다.

이 참가자는 삼촌으로부터 사업의 일부를 양도받았다. 즉, 그는 약간의 교육, 몇 명의 성노동자, 그리고 그들을 수용할 장소를 제공받았다(그들은 모두 하나의 큰 집에서 함께 살았다). 그들의 거주지는 휘갈겨 쓴 '10블록'으로 표시되는데, 이는 그의 작업 공간에서 그의 집까지의 거리이다. 친척 남성이 가족의 젊은 남성에게 사업을 가르치거나 전수하는 것이 상당히 일반적이었다는 점에 주목하는 것이 중요하다. 공식적이고 불법적인 사업이 가족 간 세대를 거쳐 전수되는 것은 문서로 잘 정리되어 있는데, 이는 가족이 가업을 이어받은 후속 세대가 지불 능력이 있음을 확증하기 위해 노력하기 때문이다. 남성적 가치에 대한 이러한 검증은 잘못된 관리나 실패가 아주 공개적으로 드러나는 야외 공간에서 사업을 운영할 때 더 확실할 수 있다.

성노동자들은 버려진 건물(그림의 왼쪽) 근처의 작은 블록에 서 있었다. 이 건물과 구조물 뒤에 있는 곳이 고객을 데려간 곳이다. 참가자는 다른 포주와 함께 보데가 앞에 섰다(그림의 오른쪽). 이 공공 작업 공간은 블록의 한 부분에 여성(성노동자)이 있고 다른 한 부분에 남성(포주)이 있어 성별로 구분된다.

보데가 앞에 있는 참가자의 존재는 일종의 '남성성을 보여주는' 형국이다. 그것은 남성성을 과시하는 것으로 성노동자에 대한 보호, 영역/성노동자에 대한 소유, 그리고 아마 각자의 수행능력을 보여주고 있다. 참가자는 모든 것이 원활하게 진행되는 것을 확인하고, 성노동자의 안전을 보호하기 위해 자신의 존재가 필요하다는 점을 밝혔다. 참가자가 주로 외모(예: 갈색 머리, 녹갈색 눈동자)와 나이로 성노동자를 식별한다는 점에 주목하면 흥미롭다. 이는 마치 판매자가 상품을 분류하는 것처럼 성노동자를 분류한다. 그가 다른 포주와 가까이에 서 있음에도 불구하고 큰 충돌은 없다. 무리를 지어 멀리서 지켜보는 행동은 많고 다양한 메시지를 보여준다.

비록 이것이 하나의 도시 블록에 걸친 작은 거리 기반 사업 운영이었지만, 그의 삼촌이 소유했던 보다 정교한 사업과 연결되었다. 그러한 정리는 일종의 시운전이었다. 놀랍게도 이 참가자는 사업에서 성공할 수 없었다. 이 일을 계속할 수 없는 이유를 구체적으로 물었더니 여성을 거칠게 대하는 게 싫었고, 따라서 그들을 통제하는 데 어려움을 겪었다고 내게 귀띔했다. 그는 삼촌이 아마도 자신을 실패자라고 느꼈을 것이라고 목소리를 높였다. 그럼에도 불구하고 이 불법 영업은 3년이나 야외 공공장소에서 운영되었다.

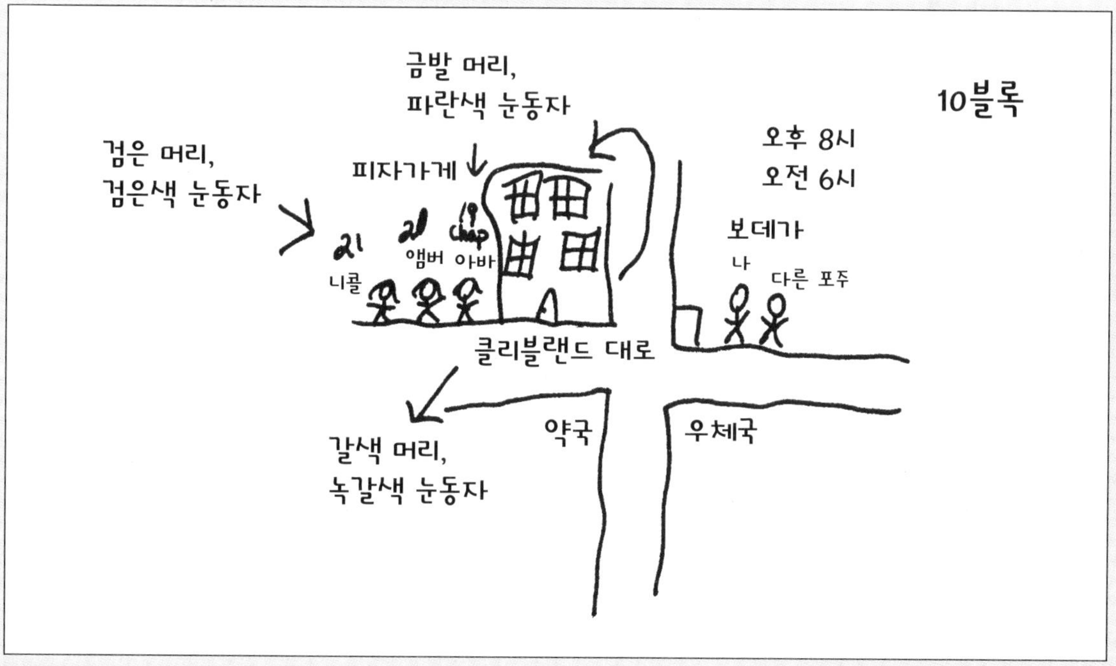

시 마약 시장에서 일해온 경찰 및 그 밖의 여러 사람과 수년에 걸친 수많은 면접이 필요했다.

때때로 필요한 정보를 얻는 유일한 방법은 질적 자료수집을 통해서이다. 크리스 오버올, 샤일렌드라 싱, 베케히야 기나(Chris Overall, Shalendra Singh, and Bhekekhya Gcina, 2008)는 남아프리카공화국의 범죄 핫스팟을 이해하기 위해 범죄 지도 작성 및 기타 통계 절차를 사용했다. 그러나 그들은 남아프리카공화국의 빈곤한 도시지역(township)이 공식 정착촌과 얽혀 있는 비공식 정착촌이기 때문에 표준형 범죄 지도 작성법으로는 이 지역을 이해할 수 없었음에 주목했다. 오버올, 싱, 기나는 이 공간이 사회-역사적 사건, 사람 및 물리적 환경 간의 상호작용을 통해 어떻게 발전했는지 기술했다. 도시지역 공간은 사람들이 자신의 환경을 이해하는 방식을 표현한 인지 지도를 통해 캡처되었다. 이들 지도를 얻기 위해서는 이 비공식 정착촌에 대한 주민의 인식에 관하여 질적 면접이 요구되었다.

나는 할렘의 포주에 대한 연구에서 이와 매우 유사한 방법을 사용했다. 나는 참가자들에게 펜과 종이를 주고 그들의 작업 공간을 그리라고 요청했다. 포주의 작업 공간은 전통적으로 하위 수준의 마약 딜러와 비슷하게 야외 노천 시장(open-air market)에 있었다(Harocopos and Hough, 2005). 일부 편리했던 성매매 시장은 야외의 길거리를 떠나갔지만(Venkatesh, 2011), 관련 사업은 여전히 야외의 공공장소에서 발생한다. 포주로 하여금 작업 공간을 그리게 하는 이 방법은 라포(rapport)를 형성하는 데 유용할 뿐만 아니라(그림에 대한 많은 논의를 통해 라포 형성), 이 소외된 남성들이 도시의 활동영역 내에서 자신의 일상적 작업 공간을 어떻게 생각했는지 이해하는 데 좋은 방법이기도 했다. 포주들이 그린 인지 지도에 대한 자세한 내용은 '불법경제의 지도: 남성화된 야외 작업 공간의 개념화' 상자를 참조하라. 이 상자를 검토하는 동안 이것이야말로 질적 면접을 해야 얻을 수 있는 유연성의 좋은 예라는 것을 기억하라.

질적 면접의 또 다른 유형은 소그룹 사람과의 지정된 토론을 하는 초점집단이다. 초점집단은 집단역학을 학습하는 데 특히 유용하다. 타리야 푀쇠, 패이비 혼카투키아, 레오 니크비스트(Tarja Pösö, Päivi Honkatukia and Leo Nyqvist, 2008)는 핀란드 개혁학교의 청소년 주거보호 시설에서의 폭력을 연구했다. 그들은 집단역학이 이 젊은이들이 폭력에 대해 말하는 방식에 어떤 영향을 미치는지에 관심이 있었다. 이 연구는 이 지식이 어떻게 집합적으로 생산되는지 탐구했다. 집단의 형식이 자료를 생성하는 데 필요한 자극제 역할을 했기 때문에 질적 면접이 포함된 초점집단이 가장 좋은 접근 방식이었다. 초점집단은 양적 연구와 관련하여 사용할 수도 있다. 예를 들어, 제임스 놀런, 요시오 아키야마(James Nolan and Yoshio Akiyama, 1999)는 증오범죄 기록을 만들기 위해 경찰의 일상을 연구했다. 일반적으로 그들은 측정하고자 하는 개념이 무엇인지 알고 있었지만 이를 어떻게 조작화할지 확신이 서지 않았다. 그들은 증오범죄 기록에 대한 차별화된 관점에 대해 배우기 위해 서로 다른 도시에서 경찰행정관, 중간관리자, 순찰관 및 민간피고용인을 포함하는 5개의 초점집단을 소집했다. 초점집단 결과를 분석한 후, 놀런과 아키야마는 4개의 경찰관서에 소속된 다수의 개인에게 전송된 자기보고식 설문지를 준비했다.

질적 면접방식의 주요 특징

모든 질적 면접 기술은 몇몇 기본원칙에 뿌리를 두고 있다.

질적 면접은 연구유형에 따라 다른 형식을 취하지만 몇 가지 중요한 원칙은 연구설계에 관계없이 일정하다. 앞서 논의한 연구의 경우, 여러분은 이러한 프로젝트에 대한 설명이 어떻게 고도로 맥락화되었는지 알아차렸을 것이다. 인간 경험의 복잡성을 탐구한다는 것은 종종 사람들이 특정 환경에서 어떻게 살고 있는지를 면밀히 섬사하는 것을 의미힌다.

풍부함, 의미 및 공유된 문화적 관점

질적 면접은 인간의 풍부한 경험을 듣고, 맥락 내에서 기저에 깔린 의미를 걸러내며, 공유된 문화적 의미를 인식하는 것이 포함된다. 이를 설명하기 위해 클리퍼드 기어츠(Clifford Geertz, 1973)는 그가 얇은 기술(記述, description) 및 두터운 기술이라고 부르는 것을 중요하게 구분한다. 그의 획기적 저서 『문화의 해석(The Interpretation of Cultures)』에서 기어츠는 눈짓을 해석하는 방법에 대해 논의한다. 얇은 기술을 통해, 관찰자는 단지 세 명의 다른 사람이 윙크를 했다고 언급하는데, 따라서 이들은 같은 행동을 수행한 것이다. 맥락 속에서 행동을 해석하는 것의 중요성을 강조하면서 기어츠(1973: 7~8)는 윙크의 다양한 의미를 설명한다.

> 첫 번째 소년은 눈에 먼지가 들어갔는데 그의 행동은 윙크처럼 보였을 뿐이다. 진짜 윙크가 아님을 눈치챈 또 다른 소년은 다른 친구에게 광대 같은 윙크를 하며 눈에 먼지가 들어간 소년을 조롱했다. 그러자 근처에 있던 한 소녀가 그 광대 윙크를 한 소년에게 추파를 던지는 윙크를 했다.

이것은 행위(action)를 기술할 뿐만 아니라 맥락 안에서 행동(behavior)의 의미를 이해하는 것을 포함하기 때문에 기어츠가 '두터운' 기술이라고 부르는 것이다. 질적 면접은 실제적 이해(real understanding)로 이어지도록 도와주는 두터운 기술을 생성하는 데 중요한 도구가 된다.

동부 할렘의 크랙 딜러에 대한 필립 부르고아(Philippe Bourgois, 2002)의 연구는 풍부한 인간 경험을 유지하는 또 다른 예이다. 부르고아는 현지에서 크랙을 판매하던 곳인 약국(La Farmacia) 대표였던 레이(Ray)와의 관계에 관해 이야기한다. 『존중을 찾아서: 엘 바리오에서 크랙 팔기』(Bourgois, 2002: 28)에서 발췌한 행동과 맥락에 대한 자세한 설명을 주목하라.

레이가 폭력적인 변태인 검비 베어(Gumby Bear)든 아니면, '주스'를 지닌 전지전능한 거리의 지배자이든, 이 남자와 내가 맺은 장기적인 관계는 궁극적으로 그가 자신의 길거리에서 보여주는 페르소나에 감추어 두었던 취약점을 노출시켰다. 미래에 대한 열망에 대해 나와 사적인 대화를 나눌 때 그는 종종 순진하거나 심지어 학습 장애가 있는 것처럼 보였다. 그는 크랙 유통을 위한 소매 네트워크를 화려한 성공으로 이끌었음에도 불구하고 법률 사회의 복잡한 규칙과 규정을 헤아릴 능력은 전혀 없었다. 프랑스 사회학자 피에르 부르디외(Pierre Bourdieu)의 분석 범주를 빌리자면, 레이는 중산층 또는 심지어 노동계급 세계에서 성공하는 데 필요한 '문화 자본'이 부족했다.

종종 유사한 지역사회나 하위문화 안에 사는 사람들은 사람들 간의 의사소통을 통해 전달되는 문화적 의미를 공유해 왔다(Barth, 2002). 예를 들어, 사람들이 왜 그리고 어떻게 우익 극단주의 집단에 가입하는지를 이해하는 가장 좋은 방법은 이들 집단 구성원과 상호작용하는 것이다. 우익 극단주의 집단의 구성원은 유사한 하위문화 출신이며 집단에 합류하기 전에도 공통의 가치를 가졌을 것이다. 알게 모르게 특정 집단에 속한 사람들과의 의사소통을 통해 공유된 의미에 대해 때로는 하위문화에 대해 무언가를 배울 수 있다.

비판적 실재론자 접근과 질적 면접

질적으로 면접하기(qualitative interviewing)를 학습에 대한 접근방식으로 생각하는 것은 유용하다. 그러나 질적 면접이 수행되는 방식은 사회 세계의 실재(reality)에 대한 우리의 관점에 뿌리를 두고 있음을 명심하는 것이 중요하다. 포주에 대한 연구에서 나는 포주가 성노동자를 어떻게 바라보는지에 대한 다양한 관점을 확보했다. 일부는 노동자를 친구나 여자 친구로, 다른 일부는 비즈니스 파트너로, 일부는 피고용자 또는 그저 단순한 상품으로 보았다. 한 번의 인터뷰에서도 참가자는 때때로 관점을 바꾸기도 한다. 그러나 이러한 각 관점은 포주 행위(pimping)에 대한 실재의 일부에 기여했다. 이것이 바로 **비판적 실재론자 관점**(critical realist perspective)으로 알려진 것이다(Maxwell, 2012). 이 입장을 이해하는 데는 두 부분이 있다. 하나는 실재의 본질에 대한 여러분의 입장에 관한 것이고, 다른 하나는 지식의 본질에 대한 입장에 관한 것이다(Maxwell, 2012). 이것이 연구에 대한 의기양양한 모습처럼 보이지만 여러분의 궁극적 의견은 여러분의 연구 수행 방식에 영향을 줄 수도 있다.

실재 또는 **존재론**의 본질은 두 가지 별개의 방식으로 볼 수 있다. (1) 어떤 사람들은 실재 세계가 우리의 인식과 구성 너머에 존재한다고 믿는다. 그리고 (2) 급진적 구성주의자로 알려진 다른 사람들은 실재가 우리가 실재라고 인식하는 것에 기초한 구성물이라고

비판적 실재론자 관점(critical realist perspective) 실재는 존재하지만, 지식은 다중의 의미를 통해 구성된다는 철학적 견해.

생각한다. 비판적 실재론자들은 실재가 존재한다고 믿고, 바로 그 실재가 연구를 시작하기 위한 보다 견고하고 덜 복잡한 플랫폼을 제공하는 것이다. 실재에 대한 믿음은 여러분으로 하여금 여러분의 발견이 실재하는 무엇인가(something real)에 기여한다는 신념을 갖도록 허용한다.

다음 부분은 여러분이 어떻게 지식의 본질과 범위를 보는지이다. 비판적 실재론자들은 세계에 대한 해석이 수많은 개인들의 관점에서 도출된 구성물이라고 믿는다(Maxwell, 2012). 세상에 대한 단 하나의 '올바른' 이해만이 존재할 수는 없다. 오히려 비판적 실재론자들은 지식이 다중의 의미를 통해 구성된다는 생각에 편안함을 느낀다.

지식의 본질이 수많은 다른 개인의 관점으로부터 구성된다는 생각은 잠시 생각해 보면 그리 놀라운 일이 아니다. 예를 들어, 허리케인 카트리나 이후 인터넷 뉴스 사이트에는 음식이나 기타 물품을 들고 물을 건너는 사람들을 보여주는 두 장의 다른 사진이 돌아다녔다. 사진 속 사람들이 백인인 경우, 설명 글에는 "두 주민이 빵을 **찾은** 후 물속을 헤쳐나가고 있다."라고 쓰여 있었다. 그러나 사진이 흑인 남성인 경우엔 사진 설명에 "식료품을 **약탈한 후** 가슴 높이의 홍수 물을 걷는 청년"(Sommers et al., 2006: 42. 강조 추가)이라고 쓰여 있었다. 이 사람들은 정말로 똑같은 일을 하고 있었지만 해석은 완전히 달랐다. 두 사람이 비슷한 이미지를 보거나 같은 이야기를 들어도 이미지나 단어가 의미하는 바를 인식하는 방식이 매우 다를 수 있다. 이 예는 세계에 대한 사람들의 이해가 어떻게 구성되는지를 잘 보여준다. 지식은 다중의 구성물에 기초하고 있다.

이것이 어떻게 질적으로 면접하기에 대한 전반적인 접근법에 영향을 줄 수 있는지 의아해할 수도 있다. 첫째, 면접하기가 어떻게 사람들의 삶에 관한 이야기에 의미를 부여하는 생생한 경험의 구성물을 경청하는 것을 수반하는지 깊게 생각해 보라. 둘째, 생생한 경험이라는 관점은 집단의 구성원에 의해 공유될 수도 있고 공유된 문화적 의미로 생각될 수도 있다. 셋째, 경청하고 자각한 후에 여러분은 이러한 의미를 해석하고 다른 사람에게 전달한다. 이것은 여러분의 해석이 또한 구성물이라는 것을 인정하는 능력을 요구한다. 여러분의 주관성을 인정하는 것에는 힘이 존재한다. 즉, 여러분의 해석이 여러분 자신의, 편향을 포함한, 사회적 렌즈에 의해 영향을 받는다는 것을 인식하는 것에는 힘이 있다.

질문 생성을 위한 플랫폼

질문을 만들기 전에 접근 방식을 계획하는 과정에서 면접 질문의 깊이와 함께 누구를 면접할지를 파악하고 싶을 것이다. 이것은 때때로 **실체적 틀**(substantive frame)이라고 불린다. 로버트 와이스(Robert Weiss, 1994: 41)는 실체적 틀을 "우리가 수집하고자 하는 자료의 폭과 밀도에 대한 감각"이라고 설명했다.

예를 들어, 9 · 11 테러리스트 공격 이후, 많은 도시의 이슬람 공동체는 법집행기관에 의해 더욱 면밀히 감시되었다. 2012년 뉴스 보도는 뉴욕시 경찰국(New York City Police Department: NYPD)이 테러리스트 활동과의 잠재적인 연계를 파악하고자 무슬림 학생조직을 감시하고 있었음을 폭로하였다. 이러한 잠재적 사생활 침해에 대해 대중의 분노가 폭발하였고, 공공안전이라는 명목하에 이루어진 첩보행위에 대해 정당화가 이루어졌다(Baker and Taylor, 2012). 가령 여러분이, 시민권 침해에 대한 학생들의 느낌처럼, 보고된 경찰 감시에 대한 무슬림 학생들의 관점에 대해 연구를 수행하길 원한다고 가정해 보자. 여러분은 단순히 무슬림 학생 단체에 속한 학생들을 면접할 수도 있다. 그러나 문제에 대한 더 깊은 이해를 원한다면, 해당 학생들과 함께 뉴욕 시장 및 뉴욕시 경찰국 관계자를 면접할 수도 있다.

다음으로 여러분은 동일하거나 유사한 주제에 대한 연구에 익숙해져야 한다. 9 · 11 이후 미국에서는 무슬림 청소년의 처우를 조사한 선행 연구가 있을 수 있다. 이러한 선행 연구는 여러분의 면접 질문에 적합한 구조틀(framework)을 찾는 데 도움이 될 것이다. 일단 가능한 질문지 세트를 결정했다면, 관심집단(group of interest) 출신의 누군가를 대상으로 예비조사(pilot study)를 해야 한다. 이 예에서, 여러분은 이슬람 학생 조직의 구성원들에게 감시를 받는 것에 대한 느낌과 경험에 대한 몇 가지 기본적인 질문을 할 수 있다. 이전에 실시한 예비 면접은 여러분의 연구 및 질문 구성 방법에 대한 접근 방식을 변경하고 보다 유익한 길로 인도할 수 있다.

면접 질문을 위한 견고한 플랫폼을 만드는 것은 필수적인데, 왜냐하면 질문이 반구조화인지 비구조화인지, 일대일 면접인지 초점집단 면접인지, 면접관으로서의 역할을 어떻게 접근해야 하는지와 같은 다른 중요한 단계를 결정하는 데 도움이 되기 때문이다. 이러한 단계의 실행은 궁극적으로 맥락화된 의미와 공유된 문화적 의미가 풍부한 분석으로 이어질 것이다.

다양한 유형의 질적 면접

설문조사와 마찬가지로 질적 면접은 다양한 방식으로 수행될 수 있다.

면접 일정(interview schedule)의 형식(대면 또는 전화)과 유형에 대한 결정은 여러분의 면접이 얼마나 심층적이고 상호작용적이어야 하는지에 영향을 준다. 면접 일정의 세 가지 일반적인 유형은 구조화, 반구조화 및 비구조화이다. 대부분의 설문조사(survey)는 구조화된 면접 일정을 사용한다. 여러분이 비구조화된 면접 쪽으로 움직임에 따라 면접은 더 자연스럽고 심층적이며 탐색적이게 된다. 또 다른 중요한 점은 여러분이 선택한 면접 일정

면접 일정(interview schedule) 참가자와 논의할 미리 결정된 질문 혹은 주제 영역 등을 수반한 면접의 구조.

의 유형이 종종 여러분이 특정 개념을 검사하고 있는지, 기존 이론에 따라 진행하고 있는지, 혹은 탐색적 연구를 하고 있는지에 따라 결정된다는 것이다. 이것을 하나의 스펙트럼이라고 생각하면 이론이 생성될 수 있는 탐색적 연구에는 비구조화된 면접이 가장 좋다.

구조화된 면접 및 반구조화된 면접

법집행기관의 감시를 받는 무슬림 학생들의 인식 예로 돌아가 보자. 여러분은 탐색하고자 하는 기존의 아이디어를 이미 가지고 있을 수 있다. 아마도 여러분은 법집행기관에 의해 감시당하는 무슬림 학생들의 느낌을 낙인이론에 의해 설명할 수 있다고 이론화할 수도 있는데, 낙인이론은 사회에서 일탈자로 낙인찍히는 것이 사람들이 그들을 보는 방식에 영향을 준다고 주장한다(Becker, 1963). 여러분은 학생들에게 감시를 받는 것이 집, 직장, 학교, 이슬람 성당 또는 더 일반적으로 지역사회와 같은 삶의 다양한 영역에서의 자아 이미지에 어떻게 영향을 미쳤는지 물어볼 수 있다. 미리 결정된 질문과 답안 세트로 구성된 **구조화된 면접**(structured interview) 일정을 사용하기로 결정할 수도 있다. 질문과 때로는 답안이 모두 표준화되어 있다. 면접을 표준화하는 이유는 참가자에게 동일한 자극을 주어 응답을 비교할 수 있도록 하기 위함이다. 구조화된 질적 면접은 매우 특정한 목적을 위해 정보의 조각들을 회수하는 절차로 생각할 수 있다. 이러한 종류의 답변은 때때로 정량화될 수도 있다. 이 접근 방식의 단점은 깊이가 부족하고 때때로 참가자와의 교류가 지나치게 격식에 치우쳐 부자연스러우며, 예기치 않은 응답을 탐색할 수 있는 재량이 제한된다는 것이다.

구조화된 면접 및 **반구조화된 면접**(semi-structured interview) 일정은 둘 다 표준화된 질문이 있지만 반구조화된 면접은 여러분이 면접 중에 등장하는 주제를 탐색할 수 있게 해 준다. 반구조화된 면접은 예정에 없던 추가 질문을 하도록 해 주거나 대화에 적합한 즉흥적인 질문을 사용할 수 있게 해 준다. 무슬림 학생에 대한 여러분 연구의 예비 면접을 하는 동안, 여러분의 연구가 예정되지 않은 추가 질문이나 반구조화된 면접 일정을 선택함으로써 혜택을 받을 수 있다는 것을 깨달을 수도 있다. 이러한 유형의 면접은 일반적으로 그 집단에 대한 구체적인 아이디어에 따라 진행되지만 참가자의 답변과 여러분 스스로의 질문을 넘어서는 추가 질문을 할 수 있도록 허용해 준다.

예정된 질문

면접관: 감시당했다는 사실을 알게 된 후 학교 다닐 때 느낌이 달라졌나요?

참가자: 사람들이 저를 더 의심스럽게 쳐다보는 것 같았어요.

예정된 추가 질문

면접관: 이 해프닝에 대한 예를 들어 주실 수 있나요?

참가자: 점심을 사려고 하는데 갑자기 모두가 저를 보고 있다는 느낌이 들었어요. 점원이 제 돈을 받는 것을 두려워했고, 저와 상호작용하기를 원하지 않는 것처럼 보였어요. 제가 피의자가 된 느낌이 들었어요. 우리 학교에는 무슬림 학생이 많지 않았지만, 최근에 몇 명을 알게 되었죠.

예정되지 않은 추가 질문

면접관: 다른 무슬림 학생들과 감시받는 것에 관해 이야기를 나누었나요?

참가자: 예, 이런 일이 일어나고 있다는 사실을 알고 충격을 받았어요. 그래서 우리는 이런 식으로 모였어요. 이전에는 제가 그들과 그렇게 친하지는 않았습니다.

반구조화된 면접 형식을 사용하면 즉흥적인 질문을 하고 새롭게 부상하는 주제를 발견할 수 있다. 예정에 없던 추가 질문을 통해 여러분은 감시가 특정 사회적 영역에서 자아개념에 부정적인 영향을 미칠 뿐만 아니라, 일부 무슬림 학생들을 더 가깝게 만들고 있다는 사실도 발견했다. 반구조화된 면접은 보다 표준화되고 보다 비교 가능한 답안을 생성한다는 장점이 있지만, 중요한 주제가 발견될 수도 아닐 수도 있는 자연스러운 자발성을 가지고 있다.

비구조화된 면접

심층면접의 경우 이상적인 접근법은 반구조화 면접 또는 비구조화된 면접이다. 가장 개방적인 면접 양식은 **비구조화된 면접**(unstructured interview)이다. 이 양식은 참가자와 가장 넓고, 깊고, 자연스러운 상호작용을 할 수 있게 해 준다. 아마도 경찰의 감시는 무슬림 학생들의 자아상에 최소한의 또는 전혀 영향을 미치지 않았을 것이다. 그러나 여러분이 좁은 초점을 가지고 시작했기 때문에 이 경험에 대해 여러분이 놓친 다른 중요한 요소가 있다. 집단의 경험에 대한 기존의 정보가 부족할 때는, 때때로 심층적이고 비구조화된 면접이 최상의 통찰력을 가져온다. 주요 단점은 여러분의 면접 결과가 덜 비교 가능하다는 것이다.

비구조화된 면접은 다양한 형태를 취한다. 비구조화된 면접에 대한 두 가지 주요 접근 방식은 **대화**(conversation)와 **면접 안내서**(interview guide)이다(Patton, 2002). 대화는 참가자가 자신이 면접 중이라는 사실을 잊고 따라서 대화가 유기적으로 진행되는 비공식 '채팅'이다. 여러분은 지역 나이트클럽에 있거나 거리에서 서성이다 관심 집단의 구성원과 대화를 시작할 수 있다. 이러한 유형의 비구조화된 면접은 탐색 연구에 사용할 수 있지만 전통적으로 참여관찰이나 민속방법론에 사용된다. 예를 들어 피터 모스코스(Peter Moskos, 2009)는 경찰 하위문화를 이해하기 위해 볼티모어 경찰국에 합류했다. 모스코스는 동료 경찰관과의 참여관찰 및 현장 대화를 통해 많은 자료를 얻었다. 면접 안내에는 대화에서 여러분이 다루고 싶은 주제의 목록이 포함된다. 여기에서도 안내서가 있긴 하지만 보다 자연스러운 대화를 허용하는 자유롭게 흐르는 대화를 하게 된다. 이 양식을 사용하면 여러분은 대화의 교환 중에 나오는 주제를 자유롭게 깊이 천착할 수 있지만, 여전히 안내서를 참고할 수도 있다.

반구조화된 면접은 두 명 이상의 사람들을 면접할 때 특히 유용하지만, 여러분은 여전히 새롭게 부상하는 주제를 탐색할 수 있는 옵션을 원할 수 있다. 예를 들어, 여러분과 다른 몇몇 사람들이 로스앤젤레스의 여성 길거리 성노동자들을 면접하고 있다면 같은 질문을 하는 것이 가장 좋다. 고객, 비즈니스 협상 및 안전과 같은 논의할 주제의 목록만을 가지고 있다 해도, 이 모든 것이 다양한 방식으로 해석될 수 있다. 어떤 사람은 안전을 보고 고객으로부터의 안전에 관해 물어봐야 한다고 생각하는 반면, 다른 사람은 이것을 포주나 경찰로부터의 안전을 의미하는 것으로 해석할 수 있다. 이것이 미리 개괄적으로 요약되어 있더라도 언어의 미묘함이 질문의 의미를 극적으로 바꿀 수 있다. 표준화는 면접 전반에 걸쳐 연속성을 확립하는 데 도움이 되지만, 예정에 없는 추가 질문이 포함된 개방형 질문은 여전히 새로운 영역을 탐색할 여지를 남겨 둔다.

더구나, 여러분이 성노동에 관한 중요한 주제를 중심으로 한 순수한 견해에 관심이 있다면 여러분은 비구조화된 면접을 선택해야 한다. 흔히 저지르는 잘못된 인식은 비구조화된 면접이 자유롭게 흐르는 대화와 비슷하기 때문에 목적이 없다는 것이다. 마고 일리와 동료들(Margot Ely et al., 1991)은 모든 면접이 어떻게 구조화되어 있는지 설명한다. 그 구조는 단순히 '구조화된' 면접이 미리 결정되어 다르게 협상된다. 구조화, 반구조화 또는 비구조화된 형식 중 그 어떤 것을 선택하든 면접 및 수정을 위한 준비는 그 과정에서 이루어져야 할 필요가 있다.

초점집단 면접

일부 연구자들은 집단으로 사람들을 동시에 면접하는 것을 선택한다. 이 방법을 **초점집단**(focus group) 면접이라고 한다. 이 기술은 1950년대 시장 조사에서 시작되었으며 회사에서 잠재 고객으로부터 자신들의 제품을 가장 잘 마케팅하는 방법을 배우기 위해 여전히 사용된다. 초점집단은 사회과학자들이 집단으로부터 질적 자료를 수집하기 위해 널리 사용되었다. 집단은 일반적으로 6~12명의 참가자로 구성되며 일반적으로 연구자에 의해 중재된다(Krueger and Casey, 2000).

초점집단은 가설을 설정하는 데 사용될 수 있다. 초점집단은 참여관찰과 같은 다른 유형의 자료수집과 결합될 수도 있다. 이러한 시나리오에서 초점집단은 연구 아이디어를

초점집단(focus group) 집단 면접 또는 소규모 참가자 집단과의 유도된(guided) 토론.

생성하거나 다른 소스의 자료로부터 얻은 기존의 발견 사항에 대한 지지를 더해 준다. 소년원에 수감된 핀란드 청소년이 폭력에 대한 지식을 생산하는 방식에 대한 푀쇠, 혼카투키아, 니크비스트(Pösö, Honkatukia and Nyqvist, 2008)의 연구는 초점집단이 어떻게 집단 역학에 대한 자료를 만들어 낼 수 있는지를 보여주는 좋은 예이다.

집단토론은 일상생활에서 어떻게 의견이 생성, 표현 및 교환되는지를 보여줄 수 있다. 초점집단은 문제해결 회기나 의사결정 집단이 아니라, 오히려 면접의 대상이라는 점을 명심하는 것이 중요하다(Flick, 2009: 196~197). 초점집단에 대한 면접 일정은 목적에 따라 구조화된 면접, 반구조화된 면접 및 비구조화된 면접이 될 수 있다. 비구조화된 초점집단 면접은 탐색적인 연구에 사용되며 연구 주제를 이해하거나 질문을 생성하는 데 자주 사용되는 반면, 보다 구조화된 면접은 토론을 주도하기 위해 질문을 사용한다.

참가자 역학 초점집단의 두 가지 기본 유형은 **자연적 집단**과 **인위적 집단**이다. 자연적 집단에 속한 개인은 이미 알고 있거나 이미 연결된 관계에 있을 수 있다. 그들은 때때로 문화적 의미를 공유했을 수도 있다. 가령 여러분이 법집행기관의 감시가, 학교의 다른 무슬림 학생들과 더 가깝게 만들었다고 말한 무슬림 학생에게 관심을 갖게 되었다고 가정해 보자. 여러분은 감시가 무슬림 학생들 사이에 연합의 과정을 만들었다는 것을 깨달을 수 있고, 또한 여러분은 이 과정이 어떻게 작동하는지에 관심이 있을 수 있다. 자연적 초점집단은 이 경험이 이 집단을 하나로 묶은 방식을 이해하는 가장 좋은 길일 것이다. 여러분은 학생들에게 초점집단에 관심이 있는지 물은 다음 일종의 눈덩이 표본을 사용할 수 있다. 비록 여러분이 그들이 나누었던 초기의 대화를 다시 만들거나 초기 과정을 볼 수는 없지만 유사한 역학을 목격할 수 있고 그들이 어떻게 집단적으로 정부의 감시에 반응했는지 들을 수 있다.

인위적 집단은 몇 가지 기준에 따라 선택되고 연구 목적으로 모인 사람들을 포함한다(Flick, 2009). 예를 들어, 여러분은 남성이 범죄를 회피하는 것에 관해 어떻게 생각하는지에 관심이 있을 수 있다. 여러분은 남성으로 구성된 초점집단을 만들고 위험을 해석하는 다양한 방법과 잠재적 범죄 장소에서 멀어지기 위해 사용하는 전술에 관해 토론하게 할 수 있다. 이 집단의 공동으로 갖는 유일한 요인은 그들이 도심 지역 출신의 남성이라는 점이고, 바로 그 이유로 인위적인 집단이다. 인위적 집단은 연구자가 기존 관계의 영향을 받는 토론을 피하기를 원할 때 가장 좋은 집단이다.

질적 면접 질문 설계하기

질적 면접 질문은 다른 형식을 취할 수 있다.

면접의 틀을 짜는 다양한 접근법은 여러분 질문의 집중도와 깊이에 따라 달라진다. 그중 하나는 성노동의 안전과 같은 주요 주제(main topic)를 놓고, 이 주요 주제와 동일 수준에서 탐색하는 분과 질문(branching questions)을 하는 것이다. 고객의 안전과 같은 한 줄짜리 질문은 경찰의 안전과 같은 다른 영역보다 우선하지 않는다. 이것이 소위 **나무와 가지 접근법**(tree-and-branch approach)이며, **강과 수로 접근법**(river-and-channel approach)보다 덜 탐색적이다(Rubin and Rubin, 2011). 그림 10-1은 이 두 가지 접근 방식을 그래픽으로 보여준다.

강과 수로 접근법에는 주요 수로로 이어지는 많은 질문의 지류가 포함되며 일부 지류는 분기되어 나뉜다. 아마도 여러분은 성노동자를 면접하면서 정작 안전하거나 안전하지 않은 상황에 대해 논의하는 데 일부 성노동자가 포주와 점심을 먹는 것과 같은 여가 활동을 언급하는 것을 보게 될 것이다. 일부 노동자에게는 이러한 여가 활동이 어떻게 그들로 하여금 안전을 느끼게 하는지 여러분은 알 것이다. 이 지점이 바로 질문이 기본 수로로 돌아갈 지점이다. 다른 한편으로, 성노동자는 직장 밖에서의 자신의 활동이 생생한 경험의 중요한 부분이라고 느낄 수도 있다. 이 경우 주제가 분기된다. 여러분은 성노동자가

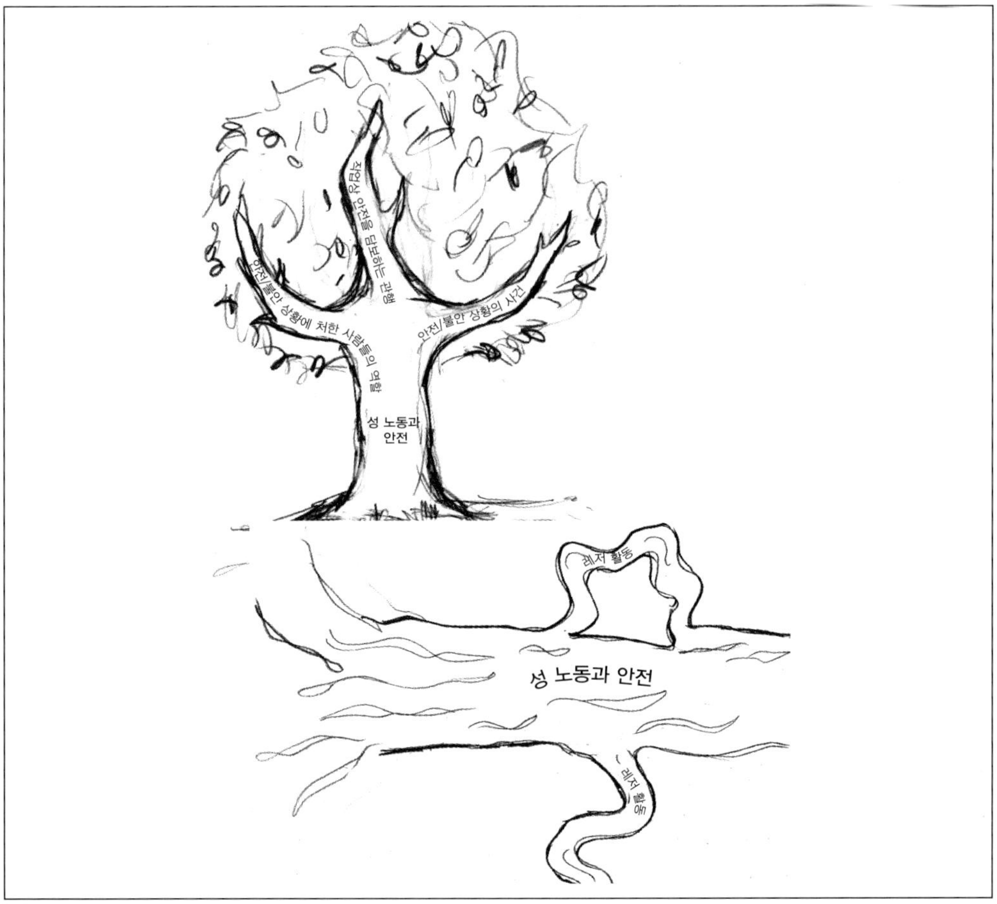

그림 10-1 나무와 가지 접근법 대 강과 수로 접근법

직장 밖에서 하는 다른 활동에 대해 더 자세히 알아보기로, 즉 캐어묻기(probing)를 하기로 결정할 수도 있다. 강과 수로 접근법은 보다 탐색적이며 부상하는 주제에 대한 더 깊은 탐색을 허용한다.

여러분이 여러분의 면접 일정을 생성하는 방식은 여러분이 연구 질문을 검토하는 방식을 반영한다. 단편 소설을 쓰는 방법을 결정한다고 생각해 보라. 이야기를 연대기순으로 전달하는 것이 더 좋은가, 아니면 시간 요소 없이 전달하는 것이 더 설득력이 있는가? 이야기 재료를 **통시적**(通時的, diachronic)으로 전달하는 것은 처음부터 시작하여 시간순으로 진행된다(Weiss, 1994). 이 접근 방식은 시간의 흐름에 따른 발전에 초점을 맞출 수 있다. 로스앤젤레스 성노동자들의 예에서 보듯이, 여러분은 그들에게 그들이 처음 일을 시작했을 때 안전 문제를 어떻게 처리했는지, 그리고 시간이 지남에 따라 이러한 문제가 어떻게 변화했는지 서술해 달라고 요청할 수 있다. 왜 성노동자가 성매매에 관여하게 되었는지에 대한 서술처럼, 통시적인 줄거리는 때때로 설명적이다.

다른 구조틀(설명틀, framework)은 구조가 시간 요소에 의존하지 않는 **동시적**(同時的, synchronic)이다. 이 접근방식을 사용하면 여러분은 한 부문에서 다른 부문로 옮겨 다닐 수도 있다. 여러분은 성노동자들이 집에서, 거리에서 또는 경찰과 함께 등의 삶의 다양한 국면에서 어떻게 자신의 안전을 협상하는지 물어볼 수 있다. 동시적인 줄거리는 또한 기능에 관한 것이다. 여러분은 그 과정이 어떻게 작동하는지 이해하고 싶을 수도 있다. 만약 여러분이 거리에 기반을 둔 상업적인 성 산업을 들여다보고 있다면, 성노동자가 고객과 어떻게 협상하는지, 그들이 포주와는 어떻게 상호작용하는지, 경찰과는 어떻게 접촉하는지, 또는 심지어 성노동자들 간에는 사회적 연결망을 어떻게 관리하는지를 이해하고 싶을 수도 있다. 본질적으로, 여러분은 이 비공식적 경제권의 내부와 주변에 존재하는 행위자들 간에 맺어지는 상호관계에 관심이 있는 것이다.

면접 일정

여러분의 면접 일정 작성을 시작하기 전에 일반적으로 원하는 정보의 범주에 대한 개요를 작성하는 것이 가장 좋다. 만약 여러분의 주요 연구 질문이 로스앤젤레스 거리에서 이리저리 다니며 일하는 여성 성노동자에 관한 것이라면, 먼저 각 주제 영역에 대한 범주를 만들고 각 주제별 영역 아래에 내재한(nested) 질문 세트를 작성할 것이다. 다음은 질문으로 구성된 주제별 목록의 예이다.

1. 고객 관련
   ㄱ. 당신의 전형적인 고객은 어떤 사람입니까?
   ㄴ. 고객은 어디에서 만납니까?
   ㄷ. 고객과 갈등이 생기면 어떻게 합니까?

ㄹ. 그것에 대해 좀 더 자세히 말씀해 주시겠습니까?

2. 포주 관련

ㄱ. 당신의 일을 도와주는 친구나 남자친구가 있습니까?

ㄴ. 포주가 있습니까?

ㄷ. 포주는 어떻습니까?

ㄹ. 포주를 어디에서 만납니까?

ㅁ. 포주와 갈등이 생기면 어떻게 됩니까?

3. 사업 협상 관련

ㄱ. 고객은 어떻게 찾습니까?

ㄴ. 고객과의 가격 협상은 언제 합니까?

ㄷ. 고객과 어디로 갑니까?

ㄹ. 일이 잘못되면 당신은 어떻게 합니까?

4. 안전조치 관련

ㄱ. 당신이 일할 때 안전하다는 것을 확인하기 위해 당신이 하는 무슨 조치가 있습니까?

ㄴ. 당신이 일하는 동안 나쁜 일이 일어나지 않도록 어떻게 확인합니까?

ㄷ. 당신이 일하면서 경험했던 어떤 문제라도 말씀해 주실 수 있습니까?

ㄹ. 그것에 대해 조금 더 말씀해 주시겠습니까?

질문은 참가자가 어떻게 응답할지 '틀을 짠다(frame)'는 점을 명심하는 것이 중요하다. 위에 제시된 질문 목록은 아마도 여러분이 여러분의 질문을 세세하게 조정해 나가면서 변하게 될 것이다.

질적 면접에서 **주요 질문**(main questions)은 여러분의 연구 질문과 직접 관련이 있기 때문에 대화를 이끌어 간다. 여러분의 주요 질문에 대해 스스로 물어봐야 할 몇 가지 사항이 있다. (1) 질문은 전체 주제를 포괄하는가? (2) 질문에서 질문으로 넘어가는 전환이라는 측면에서 편안하게 흘러가는가? (3) 시간적 순서(동시적이라면)가 의미가 있는가? (4) 참가자에게 적절한 수준의 언어인가?(Rubin and Rubin, 2011) 여러분의 주요 질문은 여러분 자료의 핵심인 답변을 생성하므로 질문에 대해 매우 신중하게 생각하는 것이 중요하다. 표 10-1은 질적 면접 질문을 준비하기 위한 추가 지침을 제공한다.

질문의 자구(字句) 표현 방식은 답변 방식에 영향을 줄 수 있으므로 질문을 신중하게 틀을 짜는 것이 매우 중요하다. 신뢰도를 확보하는 차원에서 면접 일정에 주요 질문과 유사한 추가 질문을 추가할 수 있다(Berg, 1998). 그러나 참가자가 여러분이 질문을 반복한다고 생각하면 짜증을 낼 수 있으므로 이것을 과도하게 사용하지 않도록 주의하라. 그들은 여러분이 귀 기울여 듣고 있지 않거나 그들의 초기 답변을 좋아하지 않는다고 생각할

표 10-1 질문 작성의 핵심

피해야 할 문제	좋은 질문의 요소
이중 질문 이 질문은 참가자에게 동시에 두 가지 질문을 던진다. 예: 성관계는 몇 번 했고, 콘돔은 사용했습니까?	**명확함** 당신의 질문은 이해하기 매우 쉬워야 한다. 예: 성관계를 몇 번이나 했습니까? 콘돔을 몇 번이나 사용했습니까?
복잡한 질문 참견적이고 긴 질문은 피해야 하는데, 왜냐하면 참가자가 질문의 일부를 잊어버리거나 짜증을 낼 수 있기 때문이다. 예: 당신은 갱단에 합류한 후 당신이 갱단원이 되기 전에 느꼈던 것과는 다른 느낌의 변화를 겪었다고 느꼈습니까?	**간결함** 당신의 질문은 짧고 핵심적이어야 한다. 예: 갱단에 합류한 후 그 어떤 달라진 점을 느끼셨나요?
어려운 언어 언어 수준이 절대 지나치게 어려워서는 안 된다. 예: 밀회(tryst)를 하는 동안 짐승 같은(brute) 물리적 힘을 사용한 적이 있습니까?	**적절한 언어 수준** 언어 수준은 참가자에 따라 다를 수 있다. 일반적으로, 언어 수준은 단순해야 한다. 예: 평상시의 성관계 중에 누군가를 때리거나, 주먹으로 치거나, 심하게 다치게 한 적이 있습니까?
감정적 단어 감정적인 단어 사용에 주의하라. 예: 당신은 누군가를 병원에 입원할 정도로 심하게 구타한 적이 있습니까?	**보다 중립적 단어** 당신의 질문이 민감한 주제를 포함할 때, 감정이 실리지 않은 단어를 사용하라. 예: 당신은 싸움 중에 누군가를 심하게 다치게 한 적이 있습니까?

수 있다.

면접에서 주요 질문의 배치와 관련하여 다양한 접근 방식을 사용할 수 있다. 여러분은 그것을 모두 한데 몰아넣거나 다른 질문과 섞어 넣을 수도 있다. 반드시 지켜야 할 최상의 규칙은 면접 시작 부분에 주요 질문을 배치하지 않는 것이다. 성노동자에게 다음 질문으로 면접을 시작했다고 상상해 보라. '일하는 동안 나쁜 일이 일어나지 않을지 어떻게 확신합니까?' 또한 감정이 실린 질문으로 면접을 시작하지 않는 것이 관례적이다. 주요 질문은 여러분과 참가자 사이에 일정 수준의 편안함이 담보된 이후에 와야 한다. 필요한 경우 여러분은 면접 시작 부분에 참가자와의 라포(rapport)를 형성하기 위해 인구통계학적 질문이나 덜 위협적인 주제에 관한 일회성(throw-away) 질문을 사용할 수도 있다(Berg, 1998).

캐어묻기

캐어묻기(probe)는 참가자로 하여금 더 자세하게 그래서 더 깊이 있게 작성하여 정교하게 응답하도록 유도하기 때문에 질적 면접을 위한 중요한 도구이다. 캐어묻기의 또 다른 중요한 목적은 여러분이 적극적으로 경청하고 있다는 점을 참가자에게 알려주는 것이다. 예를 들어, 성노동자와의 면접에서 다음 질문 끝에 내장된 캐어묻기(고딕체)에 주목하라.

'당신이 일하는 동안 사람들과 겪게 된 문제점에 대해 말씀해 주실 수 있습니까? **그것에 대해 조금 더 말씀해 주실 수 있습니까?'** 이 질문에 이어지는 내장형 캐어묻기는 참가자가 민감한 정보를 공개하도록 부드럽게 유도하는 데 도움이 된다. 다만, 응답자가 질문에 관한 상세한 답변을 하면 캐어묻기가 필요하지 않을 수도 있다. 면접 일정을 편성할 때 꺼리거나 조용한 참가자가 있을 경우를 대비하여 내장형 캐어묻기를 준비하는 것이 중요하다.

우리가 일상적인 대화에서 어떻게 캐어묻기를 사용하는지 잠시 생각해 보라. 한 친구가 여러분에게 어떤 소문에 대해 이야기한다면 여러분은 그 정보에 관심이 있다는 신호를 보내기 위해 몸을 기울이는 것과 같은 **경청 캐어묻기**(attention probe)를 사용할 수도 있다. 또는 정교한 응답을 유도하기 위해 또 다른 제스처로 작동하는, 고개 끄덕임과 같은, **지속 캐어묻기**(continuation probe)를 사용할 수도 있다. 이야기의 일부가 명확하지 않은 경우 **명확 캐어묻기**(clarification probe)를 사용할 수도 있다. 이 유형의 캐어묻기는 누군가가 말하는 것을 이해하지 못할 때 사용된다. 캐어묻기는 매일의 일상적 대화의 표준이며 질적 면접을 위한 필수 도구이다.

후속 질문(follow-up question)은 최초 면접 또는 두 번째 면접 동안 사용할 수 있는 캐어묻기의 한 유형이다. 다른 참가자와의 면접 후에 주제가 부상함을 인지하고 더 자세한 설명을 원할 수도 있다. 성노동자 연구에 참여한 한 참가자가 정기적으로 성노동자를 구타하는 고객에 관해 이야기한다고 가정해 보자. 아마도 여러분이 이와 똑같은 이야기를 두 번째 또는 세 번째 듣게 된다면, 여러분은 참가자에게 다른 성노동자와 이 고객을 주시하는 것에 관해 이야기를 나눴는지 물을 것이다. 아마도 첫 번째 면접에서는 여러분이 이러한 질문을 하지 않았을 것이고, 면접이 거의 끝날 무렵에 이러한 질문을 했을 수도 있다. 이것은 성노동자들이 약탈적인 고객으로부터 서로를 보호하기 위해 어떻게 노력하는지에 대한 중요한 탐구 포인트가 될 수 있다. 이러한 후속 조치는 즉흥적으로 일어날 수도 있고 또는 두 번째 면접에서 발생할 수도 있다. 면접 일정 중에 드러나는 후속 질문을 추가할 수도 있다. 이러한 융통성은 질적 면접의 장점 중 하나이다. 여러분이 만일 일부 성노동자들이 특정 안전 쟁점에 대해 서로 단결하고 돕는 것과 같은 중요한 주제를 인식했다면, 여러분은 해당 주제를 더 탐색할 수 있다.

참가자에 대한 접근 권한 얻기

대상자에 대한 접근권을 조정하는 것은 조직 또는 하위문화에서의 역할에 따라 다르다.

범죄학 연구는 다양한 공식 조직 출신의 참가자, 적극적인 가해자인 참가자, 또는 다양한 하위문화에 관련된 사람들을 포함할 수 있다. 질적 면접을 계획할 때 참가자와 대비되는 여러분의 역할에 대해 신중하게 생각하는 것이 중요하다.

역할 설정

첫 번째 고려사항 중 하나는 여러분이 연구하길 원하는 집단과 관련된 **내부자/외부자적 지위**(insider/outsider status)이다. 여러분의 내부자적 수준은 여러분이 그 집단에 얼마나 가까운지에 달려 있다. 여러분이 집단과 더 많이 연결될수록 여러분은 더 내부자이다. 여러분이 마약 딜러의 하위문화를 연구하고 싶다고 가정해 보자. 여러분이 마약을 판매해 왔거나 마약 딜러인 친구가 있는 경우 여러분은 보다 신뢰성 있게 내부자 역할을 더 수행할 수 있다. 내부자가 되는 것에는 장점과 단점이 있다. 여러분 연구의 참가자의 삶에 익숙할수록 그 집단의 하위문화나 관련된 특수용어(jargon)를 배우지 않고도 주제를 깊이 파고들 수 있다(Ely et al., 1991). 그러나 내부자로서 여러분은 참가자와 너무 가까울 수 있으며, 따라서 논의된 주제에 대해서도 너무 가까울 수 있다. 여러분이 이미 하위문화에 대한 뿌리 깊은 생각을 가지고 있기 때문에 편견이 생길 수 있다. 내부자 또는 외부자 중 어느 쪽이 더 나은지에 대한 합의는 없지만, 내부자/외부자 구분에 따른 여러분의 역할은 의심할 여지 없이 집단에 대한 접근성에 대해 그리고 어떻게 하면 여러분의 연구를 보다 일반적으로 수행하는지에 대해 영향을 미칠 것이다.

디나 페론(Dina Perrone, 2009)이 '클럽 아이들'에 의해 받아들여지듯이, 여러분도 이미 관심 집단의 일부일 수 있다. 내부자의 지위를 가지고 있으면, 여러분은 이미 집단 출신의 몇몇 사람을 알고 있을 수 있기 때문에 접근권을 갖기 위해 자신의 경험을 남용할 수 있다. 또는 더 쉽게 접근하도록 최소한 일부 집단 구성원들에 대해 충분히 알고 있을 수 있다. 이것의 한 예가 소위 '선고 범죄학(convict criminology)'이라는 것인데, 이것은 이전에 수감되었던 사람들이 수감 또는 재소자 재진입(incarceration or prisoner reentry)의 측면을 연구하는 것이다. 다른 연구자들은, 낙서 예술가(graffiti artists)에 대한 제프 패럴(Jeff Ferrell, 2002)의 작업에서 볼 수 있듯이, 관심 집단의 삶에 자신을 몰입하는데, 여기서 패럴은 참가자와 함께 스프레이 페인팅, 음주 및 일반적인 사교 활동에 직접 참여했다. 일부 연구자들은 이미 내부자인 반면, 다른 연구자들은 준 내부자적 지위를 얻기 위해 참가자의 삶에 스스로를 몰입한다.

형사사법과 관련된 연구자들은 관심 집단과 기존에 아무런 관련이 없는 외부자인 경우가 더 흔하다. 이러한 경우 연구자는 참가자에 대한 접근권을 찾아 항해해야(navigate) 한다. 여러분의 관심 집단은 접근권을 얻는 방식에 영향을 준다. 집단이 조직이나 기관에 소속되어 있는 경우엔 공식 채널을 사용하여 접근권을 얻을 수 있다. 예를 들어, 연구대상자(subjects. 피험자)가 치료 프로그램에 참여하고 있거나 수감 중이거나 경찰서에 근무하고 있는 경우 해당 기관을 통해 접근권을 얻어야 할 것이다. 그러나 범죄적인 생활양식에 젖어 있는 사람들에게 관심이 있다면 비공식적 접근권을 찾아야 할 필요가 있을 수도 있다. 예를 들어, 후원을 통해 가능하다(내부에서 누군가의 신임을 얻으면, 그가 여러분을 보증해 주고 그 집단의 구성원들에게 여러분을 소개해줄 것이다). 공식적 접근이든 비공식적 접근이든 양자 모두 대개의 경우 협상이 수반된다.

공식적 조직에로의 접근권 획득하기

가령 여러분이 대도시에 있는 지역사회 교정기관에 대한 조사를 수행하기로 결정했다고 하자. 여러분은 그 교정기관에 대해 잘 알지 못하며 따라서 여러분 스스로의 정체성을 여러분이 만나는 직원과 다른 사람들에게 외부 연구자라고 소개한다고 가정해 보자. 여러분의 연구 관심사는 주로 서술적이다. 여러분은 사무실에서 그리고 다른 곳에서 교정기관의 일상적인 작업을 관찰하고 싶다. 또한 여러분은 교정기관 직원 및 지역사회 교정형으로 복역 중인 사람을 면접하고 싶다. 이 절에서는 여러분이 면접과 직접 관찰을 수행하기 전에 준비할 수 있는 몇 가지 방법에 대해 논의한다.

일반적으로 형사사법기관이나 그 기관의 내부에서 혹은 그 기관의 감독하에 일하는 사람에 대한 연구를 위해서는 공식적인 요청과 승인이 필요하다. 현장조사를 준비하기 위한 첫 번째 단계 중 하나는 지역사회 교정기관에 대한 접근권을 정리하는 것이다.

초기 승인을 얻는 것은 혼란스럽고 답답할 수 있다. 대도시에 있는 수많은 형사사법기관은 복잡한 조직을 가지고 있는데, 공식적인 위계 구조에 당황할 정도로 다양한 비공식 조직문화가 결합되어 있다. 형사 법원은 재판장이 판사 그리고 많은 지원 인력에 대해 법원 배정 및 사건일정을 감독할 수 있는 고도로 구조화된 조직이다. 동시에 법원은 검사, 변호사, 판사로 이루어진 세 전문가 집단이 단편적으로 상호작용하여 많은 사건을 처리하는 혼돈스러운 조직이다.

지역사회 교정 연구의 예를 계속 들면, 거의 모든 공식적 형사사법기관에 대한 접근권을 얻을 수 있는 최상의 전략은 후원자, 서신, 전화통화 및 회의의 4단계 절차를 사용하는 것이다. 이러한 절차에 대한 우리의 논의는 당신이 실무책임자(executive director)를 면접하고 후속 면접 및 관찰을 위해 그 사람의 승인을 얻어 현장조사를 시작할 것이라고 가정한다.

후원자 첫 번째 단계는 실무책임자가 개인적으로 잘 알고 존경하는 후원자를 찾는 것이다. 이상적으로, 후원자는 연락할 사람, 그 사람의 조직 내 공식 위치, 다른 핵심 공무원과의 관계를 포함한 비공식적 지위에 대해 여러분에게 조언할 수 있을 것이다. 그러한 조언은 평판이 좋지 않은 사람들은 피하면서 올바른 사람과 연락을 시작하는 데 도움이 될 수 있다.

적합한 후원자를 찾는 것은 종종 접근권을 얻는 데 가장 중요한 단계이다. 먼저 교수님에게 아는 사람이 있는지 물어보아야 할 수도 있기 때문에 두 가지 추가 단계가 필요할 수도 있다. 그런 다음 여러분은 그 사람에게 연락하여(교수의 후원으로) 추가 지원을 요청할 수 있다. 보다 명확하게 하기 위해, 교수님이 지식이 풍부하고 인간관계가 좋으며,

제임스 애덤스(Jame Adams)
실무 담당자
카오스 카운티 지역사회 교정
앵자이어티 폴스(Anxiety Falls), 콜로라도 2016년 5월 1일

친애하는 애덤스 씨께

제 동료인 마커스 넬슨 교수는 지역사회 교정에 대한 제 연구에 도움이 필요하면 귀하에게 연락할 것을 제안했습니다. 저는 지역사회 교정 프로그램에 대한 연구를 수행할 것이며, 제 연구에 카오스 카운티 소재 기관을 포함하고 싶습니다.

간단히 말해서, 판사가 지역사회 교정기관과 함께 관할구역에서 부과하는 다양한 유형의 선고에 대해 더 알고 싶습니다. 아시다시피, 콜로라도주의 지역사회 교정법은 지역에서 관리하는 교정 프로그램을 마련할 때 개별 카운티에 상당한 재량권을 부여합니다. 이 때문에 일반적으로 주 전역에서 다양한 교정 프로그램과 선고가 발전되어 왔다고 믿습니다. 제 연구는 다른 주에서의 프로그램 개발을 안내할 수 있는 권장 사항을 개발하기 위한 첫 번째 단계로 이러한 프로그램에 대해 자세히 알아보려고 합니다. 또한 귀하의 프로그램과 같은 지역사회 교정 프로그램의 일상적인 시행에 대해 더 알고 싶습니다.

현재 프로그램 그리고 고려되었지만 구현되지 않은 프로그램을 포함하여 카오스 카운티에서 어떤 프로그램을 개발했는지 논의하기 위해 귀하를 만나고 싶습니다. 또한 카오스 카운티 판사가 부과하는 다양한 유형의 지역사회 교정선고에 대한 그 어떤 정보라도 매우 유용할 것입니다. 마지막으로 카오스 카운티 및 기타 지역의 지역사회 교정 프로그램과 관련한 추가 정보 출처에 대한 제안도 감사드립니다.

만남을 주선하기 위해 5월 8일 월요일 오전 10시경에 귀하의 사무실에 전화하겠습니다. 그 시간이 불편하시거나 제 연구에 대해 궁금한 사항이 있으시면 아래 번호로 연락해 주시기 바랍니다.

도움을 주셔서 미리 감사드립니다.

진정을 다해,

알프레드 노벨
연구 조교
고등학술연구소
(201) 555-1212

그림 10-2 후원자용 편지 샘플

기꺼이 여러분의 후원자 역할을 할 것으로 가정할 것이다.

편지 다음으로 실무책임자에게 편지를 쓴다. 편지(letter)는 세 부분, 즉 소개, 연구 목적에 대한 간략한 언급, 조치 요청으로 이루어진다. 예는 그림 10-2를 참고하라. 소개는 후원자의 이름을 언급하는 것으로 시작하여 여러분과 책임자 간에 서로 아는 사람을 만든다.

다음으로 연구 목적을 간결하게 설명한다. 편지는 연구계획서(research proposal)처럼 자세한 설명을 제공하지 않는다. 가능하면 그림 10-2와 같이 설명을 한두 문단으로 유지하라. 여러분이 무엇을 할 것인지 설명하기 위해 더 긴 서술이 필요한 경우, 여전히 여러분의 연구를 요약한 별도의 첨부 파일을 독자에게 참조하도록 하더라도, 소개 편지는 간

단한 설명만 포함해야 한다.

조치 요청(action request)은 여러분이 연구에서 연락 담당자에게 어떤 즉각적인 역할을 요청하는지를 서술한다. 단순히 면접을 요청하는 것일 수도 있고 다른 공무원에게 접근하는 데 그 사람이 도움을 주기를 원할 수도 있다. 그림 10-2의 샘플이 면접 그리고 '지역사회 교정과 관련한 추가 정보 출처에 대한 제안'을 모두 언급하는 방식에 주목하라. 어느 경우이든, 여러분은 보통 연락 담당자와의 만남을 계획하거나 최소한 그와 이야기하기를 원할 것이다. 그것이 세 번째 단계로 이어진다.

전화 통화 여러분은 아마도 공무원(종종 교수)과의 회의를 주선하거나 전화로 사람들에게 연락하는 것이 어렵다는 것을 이미 알고 있을 것이다. 이 단계를 위한 제안(전화 약속하기)으로 편지를 마무리함으로써 이 전화 통화 작업을 단순화할 수 있다.

전화를 걸면 실무 담당자는 여러분이 누구이며 무엇을 원하는지 어느 정도 알 것이다. 그녀는 또한 여러분의 소개 편지에 포함된 어떤 정보라도 확인하고 싶었다면 여러분의 후원자에게 연락할 기회를 가졌을 것이다.

실무 담당자와 사적으로 이야기할 수 없더라도 비서와 이야기를 하고 회의를 예약할 수 있을 것이다(다음 단계). 다시 말하지만, 이것은 여러분의 편지가 궁극적으로 원하는 것(실무 담당자와의 만남)을 설명하고 후원자를 지명함으로써 여러분의 합법성을 확립했기 때문에 가능한 것이다.

만남 마지막 단계는 담당자를 만나거나 면접하는 것이다. 여러분은 이미 서신-전화-만남 절차를 사용했기 때문에 연락 담당자가 이미 여러분을 도우려는 예비조치를 취했을 수 있다. 예를 들어, 그림 10-2의 편지는 여러분이 다양한 유형의 지역사회 교정 선고와 관련해 실무 담당자를 면접하기를 원한다는 것을 나타내기 때문에 실무 담당자는 여러분과의 만남을 준비하기 위해 일부 절차 매뉴얼 또는 보고서를 모아두었을 수도 있다.

이 절차는 일반적으로 공식 조직에서 일하는 공무원 또는 기타 사람들에게로의 초기 접근권을 얻는 데 효과적이다. 일단 초기 접근권이 확보되면 그 후 면접 기량이나 그 밖의 기술을 사용하여 원하는 정보를 도출하는 것은 연구자의 몫이다. 이것은 두 가지 이유로 초보(또는 견습생) 연구자에게 어려워 보일지도 모르지만 실제로는 그만큼 어렵지 않다.

첫째, 대부분의 사람들은 자신의 작업, 아이디어 및 지식이 연구자의 관심을 끌었다는 사실에 적어도 약간은 우쭐해진다. 그리고 연구자들은 적절한 격려의 말로 이것을 활용할 수 있다. 둘째, 형사사법 전문가들은 종종 지식이 풍부한 외부인과 자신의 업무에 관해 이야기하는 것을 좋아한다. 경찰, 보호관찰관 및 교정직원은 늘 직장에서 동료와 범죄자나 그 주변인만을 만난다. 동료와의 상호작용은 일상화되고 사무적 정치 분위기로 가득 차며 내부인과의 상호작용은 스트레스의 공통 원인이 된다. 따라서 자신의 일에 관심이 있고 지식이 풍부한 연구자와 이야기하는 것은 종종 즐거운 기분 전환으로 여겨진다.

같은 이유로 리처드 라이트와 스콧 데커(Richard Wright and Scott Decker, 1994)는 활동적인 침입절도범으로 구성된 표본의 대부분이 침입절도(burglary)의 요령에 대해 토론하는 것에 만족하고 우쭐해 했다고 보고한다. 많은 사람들이 자신의 직장에서 일어난 사건에 관해 이야기하는 방식과 달리, 침입절도범은 불법 행위에 가담했기 때문에 자신의 경험을 공유하는 데 좀 더 신중했어야 했다. 그 결과, 침입절도범들은 비밀을 지켜준다고 약속해 주고, "대체로 외부인에게 공개되지 않은 전문지식을 가진" 사람으로 대우해 주는 관심 있는 연구자에게 자신의 작업을 설명할 기회를 즐겼다(1994: 26).

비공식 조직 및 하위문화에 대한 접근권 확보

라이트와 데커(Wright and Decker, 1994)의 연구는 형사사법에서 활동적인 범죄자나 청소년 갱단과 같은 하위문화에 접근하는 데 요구되는 전술이 공무원을 만나는 데 사용되는 전술과 여러 면에서 다르다는 점을 보여준다. 편지, 전화통화 및 공식 만남은 일반적으로 활동 중인 범죄자에 대한 현장조사를 시작하는 데 적합하지 않다. 그러나 후원자를 이용하여 초기 접근권을 얻는 기본 원칙은 거의 동일한 방식으로 작동한다.

이 경우 후원자는 경찰, 청소년 사회복지사, 보호관찰관, 변호사 및 마약 클리닉의 상담사처럼 범죄자와 함께 일하는 직업을 가진 사람들일 수 있다. 형사 변호 업무를 전문으로 하는 변호사는 잠재적인 주제에 대해 특별히 유용한 정보원이 될 수 있다. 프랜시스 갠트와 피터 그라보스키(Frances Gant and Peter Grabosky, 2001)는 자동차 도둑을 찾아내는 것을 도와줄 수 있는 사설 탐정도 접촉하고 장물 취급에 명성이 있는 자동차 관련 사업체에서 일하는 사람들을 접촉하기도 하였다.

라이트와 데커(Wright and Decker, 1994)는 운이 좋게도 활동 중인 범죄자와 잘 연결되어 있는 전과자를 만났다. 이 전과자는 두 가지 관련된 방식으로 연구자들을 도왔다. 첫째, 그는 연구자를 다른 사람들에게 소개했고 계속해서 그들은 연구에 참여할 의향이 있는 활동적인 침입절도범을 찾아냈다. 둘째, 그는 침입절도범들 사이에서 잘 알려져 있었고 존경도 받았으며, 연구자들에 대한 그의 후원으로 연구자들은 자연스럽게 수상한 대상자 집단을 연구할 수 있었다.

하위문화 접근권을 얻기 위한 다른 방식은 범죄자들이 나다니는 장소 주변을 어슬렁거리는 것이다. 라이트와 데커는 일부분 침입절도범이 어디에 있는지 확신할 수 없었기 때문에, 침입절도범을 찾는 데 많은 시간이 걸리고 불확실한 방법이라며 이 전략을 거부했다. 대조적으로, 브루스 제이콥스(Bruce Jacobs, 1999)는 마약 가능성이 있는 것으로 알려진 장소 주변에서 어슬렁거리고 알려짐으로써 거리 수준의 마약 딜러와 접촉을 시작했다. 불법 작업을 하려면 고객이 필요한 마약 딜러를 찾는 데 이 전략이 어떻게 작동할 수도 있는지 숙고해 보라. 그에 비해 침입절도죄는 더 비밀스러워서, 침입절도범이 있는 곳으로 알려진 지역을 어떻게 찾을지 상상하기란 여간 어려운 것이 아니다.

여러 도시의 현장조사를 검토하면서 스콧 자크와 리처드 라이트(Scott Jacques and Richard Wright, 2008)는 활동 중인 범죄자를 모집하는 데 필요한 일반적인 조언을 제공한다. 첫째, 연구자, 범죄자, 및 정보 제공자 간의 비공식적인 사회적 상호작용이 많을수록 범죄자가 참여할 가능성은 커진다. 둘째, 연쇄적인 의뢰를 통해 모집된 범죄자로부터 협력을 얻기 위해 약간의 비용을 지불하는 것이 종종 도움이 된다. 셋째, 자크와 라이트는 다음과 같이 조언한다.

> 그들은 연구자와 관계적 거리상 가장 가까운 범죄자, 특히 이전에 면접을 한 적이 있는 범죄자가 가장 많은 양의 타당한 자료를 생성할 가능성이 가장 크며 따라서 가장 심각한 범죄에 대해 함께 토론할 가장 적절한 사람이라고 추천한다. (Jacques and Wright, 2008: 35)

또 다른 예로, 이 장 시작 부분의 포주에로의 접근권 얻기에 관한 설명을 검토하라.

참가 독려

연구자가 외부자인 연구에서는 종종 접근과 참가에 대한 보상이 요구된다. 가장 기본적인 수준에서 여러분은 참가자들에게 급여, 상품 또는 서비스를 통해 보상할 수 있다. 보상에 대한 또 다른 접근 방식은 여러분의 연락 담당자에게 프로젝트의 다른 지분을 제공하는 것이다. 여러분이 집필하게 될 논문의 공동 저작권이 한 예이다. 여러분의 후원자가 프로젝트에 더 많은 지분을 가지고 있다면 여러분은 더 풍부한 자료를 얻을 수 있다. 그러한 정리는 시작 단계에 가장 잘 수립된다. 일부 연구자들은 원칙적으로 참가자들이 항상 최종 연구 산출물에서 목소리를 내야 한다고 생각한다(Denzin, 1997). 내부자가 여러분의 최종 연구 산출물을 검토할 수 있는 곳에서는, 회원 점검이 이러한 투입이 이루어지도록 하는 가장 좋은 방법이다. 참가자들은 의미의 잘못된 해석을 찾기 위해 여러분의 산출물을 읽기도 하고 때때로 특정 정보를 제거하도록 요청하기도 한다. 회원의 점검은 이 장의 뒷부분에서 더 자세히 논의될 것이다.

또 다른 중요한 질문은 참가자들의 사회적 역할에서 비롯된다. 여러분의 집단은 화이트칼라 범죄자처럼 사회적으로 유리한 위치에 있는가, 아니면 포주처럼 불리한 위치에 있는가? 유리한 집단이든 불리한 집단이든 모두, 비록 다른 이유에서 비롯된 것이기는 하지만, 더 비밀스러운 경향이 있으며 결과적으로 다가가기가 더 어려울 수 있다.

참가를 꺼리는 것은 일반적으로 참가자들이 연구가 법적, 경제적, 물리적 또는 심리적 위협이 될 수 있다고 느낄 때 발생한다(Adler and Adler, 2001). 불법 행위에 가담하거나, 현재 폭력의 피해자이거나, 또는 지역사회에서 강력한 역할을 하고 있는 참가자들은 이러한 문제가 복합적으로 작용하는 것에 대해 걱정할 수 있다. 많은 질적 면접에는 민감한 문제가 포함된다. 어떤 의미에서는 개인의 사적인 삶에 대한 그 어떤 질문도 민감하다.

종종 비공식화하고, 비밀유지를 신중하게 설명하고, 참가자를 면접하라고 서두르거나 압박하지 않음으로써 참가자의 두려움을 완화하는 것이 가능하다.

질적 면접 실시

본질적으로 질적 면접은 다양한 환경에서 수행된다.

설문조사를 할 때처럼, 질적 면접은 대면으로, 전화로 혹은 온라인으로 이루어질 수 있다. 일반적으로는 대면 면접이 표준이다. 전화 면접과 대면 면접 간에는 상호작용의 질적으로 차이가 나는데 왜냐하면 전화면접이 물리적 접촉(physicality)이라는 중요한 사회적 요소를 결여하고 있기 때문이다. 전화로 친구와 이야기하는 것과 친구를 직접 만나는 것의 차이점에 대해 생각해 보라. 전화상으로는 여러분이 특정 주제를 언급할 때 여러분의 친구가 눈에 띄게 흥분하는 것을 알아차리는 것과 같은 많은 풍부한 정보를 놓칠 수 있다. 여러분 친구의 목소리를 통해 흥분상태를 들을 수도 있지만, 대체로 비언어적 신호를 포함하는 역동적인 사회적 교환(social exchange)을 통할 때 더 분명해진다. 전화 면접은 멀리 사는 사람이나 특히 위험한 집단의 구성원과 같은 특정 유형의 참가자에게 유용할 수 있다. 온라인 설문조사에서는 일반적으로 단지 몇 가지의 개방형 질문만을 할 수 있다. 더 중요한 것은 자기보고식 설문지에는 대화를 통한 상호작용과 유연성이 부족하다는 것이다. 전반적으로 면접 형식은 전반적인 연구목표와 여러분이 집단 접근권을 얻을 수 있는지에 따라 크게 유도된다.

성찰

성찰(reflexivity)은 일반적으로 연구과정에서 나타나는 여러분의 주관성을 나타낸다. 실재는 다중의 의미를 통해 구성된다는 것을 기억하라. 질적 면접에서 여러분은 자료수집의 도구이며, 이는 여러분이 의미 구성에도 관여한다는 것을 의미한다. 여러분이 다른 사람들과의 의사소통을 기반으로 의미를 구성하기 때문에, 여러분은 본질적으로 그들의 이야기에 대한 여러분의 해석을 통해 그들을 대표한다. 이것은 상당한 책임감처럼 들리는데 사실 그렇다. 결과적으로 연구과정 전에 그리고 그 과정을 통해서 성찰에 참여하는 방법을 이해하는 것이 중요하다.

자기성찰의 과정은 여러분이 누구인지에 대해 그리고 여러분의 느낌에 대해 비판적으로 의식할 것을 요구한다. 완다 필로(Wanda Pillow, 2003)는 '나는 누구인가?' 그리고 '내 감정이 내 연구에 어떤 영향을 미치는가?'와 같은 몇 가지 질문을 스스로에게 물어보는 것으로부터 시작해야 한다고 제안한다. 첫 번째 질문은 성별, 인종, 계급, 섹슈얼리티 및 민족에 걸친 여러분의 자기 위치를 포함한다. 더 큰 사회 구조 안에 자신을 위치시키고 자신의 감정을 인식하는 것은 여러분이 참가자와 어떻게 관계를 맺는지에 영향을 준다.

로스앤젤레스에서 여성 성노동자를 면접하는 예에서 여러분의 면접은 여러분의 성별에 의해 영향을 받을 가능성이 크다. 여러분이 여성이라면 남성인 경우보다 더 깊은 수준에서 안전 쟁점에 대해 여러분의 참가자와 동일시할 수 있을 것이다. 여러분이 성노동에 한 번도 종사한 적이 없다 하더라도 여성이기에 여러분은 안전에 관한 걱정에 더 많은 경험이 있을 수 있다. 그러나 과잉동일시(over-identification)는 역효과를 낼 수도 있는데, 왜냐하면 성노동자들은 안전에 대해 매우 다른 관념을 가질 수 있기 때문이다. 여러분은 여러분의 입장이 참가자와 어떻게 접점을 이루고 어떻게 다른지 생각해야 한다. 여러분의 자기 위치는 차이점, 접점 또는 내부자 지위를 포함하는지 여부와 관계없이 참가자와의 라포 형성에 영향을 줄 수 있다. 자기성찰을 포기하기로 선택한다면, 여러분의 해석은 점검되지 않은 편향(bias)으로 고통받을 수 있다.

그러나 성찰은 과도할 수 있고 서술적 이야기(narrative)를 해석하는 데 과도하게 사용되면 너무 관대해지거나 자기애에 빠진 것으로 보일 수 있다. 여러분의 최종 산출물에 대한 성찰이 없더라도 자기의 감정이 자신의 연구에 어떤 영향을 주는지 자기인식을 하고 그것을 추적하는 것이 여전히 중요하다. 여러분은 과성에 내한 투명성을 선택하여 연구가 진행되는 동안 여러분의 가정이 어떻게 변했는지를 보여주도록 결정할 수 있다. '포주: 고정관념, 편향, 자기성찰'라는 제목의 글상자에서 이 과정의 각 부분이 포주에 대한 나의 연구에서 어떻게 나타나는지에 관해 논의한다.

라포(친밀한 관계)

여러분이 일단 접근권을 확립한 후에는 **라포**(rapport) 혹은 참가자와 연결하는 방식에 대해 생각해야 한다. 면접관과 참가자 사이의 상호작용이 처음에는 내부자/외부자 지위에 의해 영향을 받는다. 초기의 라포는 날씨, 시사 또는 비공식적 농담을 허용하는 모든 것에 관해 이야기하는 것처럼 위협적이지 않은 대화를 통해 형성할 수 있다. 여러분이 가진 참가자와의 공통점을 찾아 라포를 강화할 수 있다.

일부 연구자는 참가자와 연결하는 방식으로 그들 자신에 대한 사적 정보를 공유한다. 일부 참가자는 낯선 사람과 사적인 쟁점에 관해 이야기하는 것이 더 편안하다고 느끼는데, 왜냐하면 그들은 서로 사회적 연결망을 공유하지 않고 또한 아마도 서로 다시는 만나지 않을 것이기 때문이다. 사람들은 때때로 분리(detachment)의 요소가 있을 때 정보를 공개하는 것을 더 좋아한다(Adler and Adler, 2001). 다른 연구자들은 참가자와 진정한 관계를 형성하는 것이 중요하다고 생각한다. 때로는 참가자와 다수의 대화를 나누는 것이 더 풍부한 답변을 얻어내기도 하는데 왜냐하면 더 깊은 수준의 라포가 얻어질 수 있기 때문이다.

포주: 고정관념, 편향, 자기성찰

여러분의 관심 집단에 대한 기존 아이디어나 편향(bias)으로 여러분의 연구 프로젝트를 시작할 수 있다. 내가 포주를 면접하기로 결정했을 때 나는 찾을 수 있는 한 많은 문서를 읽었고 또한 수많은 영화를 봤다. 내가 『슈퍼플라이(Super Fly)』라는 범죄 액션 영화(미국에서 제작된 고든 팍스 주니어 감독의 1972년 액션, 범죄, 드라마 영화이다. 론 오닐 등이 주연으로 출연하였고 시그 쇼어 등이 제작에 참여하였다. _위키백과)를 만날 줄은 몰랐지만 나는 일종의 전형적인 '포주 정체성'을 기대했었다. 포주에 대한 미디어 및 학술적 묘사는 면접을 시작하기 전까지 포주에 대한 나의 선입견을 형성했다. 이것은 나의 주관성에 대한 예리한 인식이 점검되어야 하는 곳이었고, 연구 전반에 걸친 자기성찰은 나의 편향을 이해하는 데 결정적이었다.

포주에 대한 고정관념은 『맥(The Mack)』, 『슈퍼플라이(Super Fly)』, 『윌리 다이너마이트(Willie Dynamite)』와 같은 1970년대 흑인의 정형화(blaxploitation. 영화에서 흑인을 현실과 다르게 정형화된 모습으로 그리는 것 _옮긴이 주) 영화와 『허슬 & 플로(Hustle and Flow)』와 같은 최신 영화에서 보듯이 대중매체를 통해 상승하였다. 이러한 해석(rendition)은 포주를 패러디하여 그를 화려하고 코믹하면서도 냉정한 인물로 묘사한다. 아이스버그 슬림(Iceburg Slim)의 반자전적 책 『포주, 내 삶의 이야기(Pimp, the Story of My Life)』와 수전 홀(Susan Hall)의 실키(Silky)의 삶에 대한 책, 『레저의 신사(Gentleman of Leisure)』 등 이 시기에 관한 몇 권의 책에서도 이러한 수많은 매체의 묘사를 확인해 주었다. 오늘날, 포주라는 키워드에 대한 인터넷 검색은 그 단어의 의미가 확장되었음을 보여준다. 검색하면, 예를 들어 여성을 강압하고, 사람을 속이고, 여러분의 차량을 기이하게 보이게 하는 방법 등에 집중된 수많은 책과 기타 항목을 보여준다.

포주의 관점에서 포주를 탐구하는 연구는 거의 없다. 출판된 수많은 논문이 강압적이고 학대적이며 폭력적이고 심지어는 사이코패스적인 어떤 사람으로서의 포주의 역할에 초점을 맞추고 있다(Benoit and Millar, 2001; Greaves et al., 2004; Kennedy et al., 2007; Sanders, 2001; Silbert and Pines, 1981). 이러한 추론의 대부분은 매춘부 또는 법집행기관과의 면접에서 수집되었고 포주와의 대화는 거의 포함되지 않았다. 실제 포주에 대한 연구와 정보가 태부족인 점은 놀라울 뿐 아니라 포주에 대한 우리의 상상력을 영구화한다.

포주에 대한 우리의 관념이 보다 최근에 변화한 것은

일단 면접이 진행되면 양질의 면접에 필요한 라포를 유지하기 위해 여러 가지 일을 할 수 있다. 『위대한 면접: 침대에서 사람들을 연구하기 위한 25가지 전략』이라는 제목의 기사에서 조지프 헤르마노비츠(Joseph Hermanowicz, 2002)는 위대한 면접의 특성을 확립하기 위해 성적 은유를 사용했다. 라포에 관한 몇 가지 핵심 조언은 다음과 같다.

- 기계적인 말의 교환에 참여하는 것과는 반대로, 대화하라.
- 순간의 자료에 집중하여 듣거나 그저 들으라.
- 당신의 데이트 상대가 중요하다고 보는 것을 찾거나, 또는 의미에 주의를 기울이라.
- 캐어묻거나 당신이 구체적인 내용을 얻었는지 확인하라.
- 때때로 당신의 데이트 상대가 조용할 때는 당신도 조용히 하라.
- 캐어묻기나 다른 질문을 계속 하라.

성적 인신매매(sex trafficking)에 대한 담론에서 비롯된다. 사실 성적 인신매매와 일반적인 성노동의 구별이 다소 모호해졌다. 와이처(Weitzer, 2010)는 이렇게 구축된 연계(link)에 대해 논의하며 미국 국무부 웹사이트를 언급하는데, 그곳에서는 "매춘은 본질적으로 해롭다", 그리고 "합법적인 매춘은 사람들을 매춘으로 인신매매하는 범죄자를 위한 안전한 피난처를 제공한다"고 선언하고 있다. 성노동과 성적 인신매매 사이에 부과된 연계와 인신매매에 대한 언론의 집중조명(spotlight)으로 인해 포주와 인신매매범에 대한 대중의 인식도 역시 혼란스러워졌다. 대중의 시선은 상업적인 성 시장과 성적 인신매매를 향하는데, 이는 약탈적인 포주라는 우리의 관념을 강화하고 확장한다.

내가 포주를 면접했을 때, 그들 중 다수는 자신이 포주인지 확신이 없었고, 일부는 그 용어에 불쾌감을 나타냈으며, 일부만이 자신이 많은 여성과 섹스를 했기 때문에 포주라고 생각했다. 애틀랜틱시티에서 성노동자들의 남자친구나 친구와의 대화를 대거 포함하고 있는 마커스와 동료들(Marcus et al., 2012)의 연구에서, 우리는 이 사람들이 성 시장(sex-market)의 촉진을 기술적으로 가능하게 하는 자격을 지녔음에도 불구하고 그 어떤 모양이나 형태로도 자신의 정체성을 포주라고 하지 않는다는 사실을 발견했다. 이것은 내가 할렘에서 면접한 참가자 중 어느 누구도 몇 가지 고정관념과 함께 자신이 포주임을 받아들이지 않았다는 것을 말하려는 것이 아니라, 이러한 묘사 중 많은 부분이 근거가 없다는 말을 하려는 것이다. 포주라는 용어에 대해 혼란이 있었던 것 같고, 성매매 촉진자 사이에서는 포주라는 정체성이 확실히 주어진 것이 아니었다. 게다가 그들이 성적 인신매매자일 수도 있다는 생각은 그들에게는 터무니없는 것이었다(일부는 18세 이상이고 뉴욕시에서 17세인 성노동자를 거느리고 있었기 때문에 혹은 그들이 가끔 성노동자들을 데리고 뉴저지나 다른 주로 원정을 간 적이 있기 때문에 2000년 연방 인신매매 피해자 보호법에 따르면 성적 인신매매자에 해당한다).

특히 접근하기 어려운 집단이나 미디어나 학계를 통해 명성을 얻고 있는 집단이 포함된 경우, 연구를 시작할 때, 몇 가지 편향을 가지고 시작하기 마련이다. 이러한 편향의 대부분은 상호작용을 통해 없어지지만, 일부는 확인될 수도 있다. 나는 메모를 하거나 서면 기록을 유지함으로써 연구 전반에 걸쳐 나의 주관성을 감시했다. 여러분의 편향에 대해 고심해 보고 여러분의 감정과 생각의 변화를 문서화하기 위해 연구 전반에 걸쳐 자기 성찰에 빠져보는 것이 중요하다.

- 참가자가 당신을 돕고 싶어 할 수 있기 때문에 때때로 순진한 척하라(진정성이 없어 보일 수도 있으니 과도하게 순진한 척은 하지 말라).
- 밤을 새우지도 말고 집에 너무 일찍 오지도 말라. 즉, 인터뷰 시간에 주의를 기울이라.
- 질문을 명확하게 말하라.
- 당신의 동작을 순서대로 진행하여 대화가 원활하게 진행되도록 하라.
- 솔직하라.
- 존경심을 표하라.
- 긍정적인 언급으로 끝내라.

면접에서 훌륭한 상호작용은 일상생활에서 훌륭한 사회적 교환과 유사할 수 있다. 물론 참가자를 집으로 데려가거나 지나치게 친밀해질 필요는 없다. 대신 좋은 대화의 기본에 대해 생각해 보라. 면접이 진행되는 내내 라포를 형성하고 유지하는 데 도움이 되는, 여러분이 이미 가지고 있던 사회적 능력을 사용하는 것은 여러분의 조사연구에 큰 이점이 될 수 있다.

적극적으로 면접하기

이 지점에 이르면 질적 면접이 결코 객관적일 수 없다는 것을 인식해야 한다. 역동적인 사회적 교환은 인위적으로 제한되어서는 안 된다는 것이 필연적인 결과(corollary)이다. 적극적으로 면접하기란 의미구성적(meaning-making) 맥락으로 작용하는 역동적이고 양면적인 사회적 교환이다(Holstein and Gubrium, 1995). 여러분과 참가자 사이의 대화인 사회적 교환이야말로 의미의 창조를 가능하게 하는 바로 그것이다.

여러분과 참가자 간의 협력의 일환으로 적극적으로 면접하기를 생각해 보는 것이 도움이 된다. 여러분이 사물을 어떻게 보는지의 경계는 협력적 상호작용을 통해 가시화된다. 이 과정은 때때로 **의미의 지평선**(horizons of meaning)이라고 일컬어지는데, 왜냐하면 적극적인 면접하는 동안 여러분과 참가자 사이의 해석적 경계가 발견되기 때문이다(Holstein and Gubrium, 1995). 여러분과 참가자는 무의식적으로 서로의 경계를 밀어낼 수 있으며 경계 간의 갈등도 의미를 만들어 낼 수 있다.

예를 들어, 알코올의존자의 이야기에 관한 그녀의 연구에서 마르가레타 예르비넨(Margaretha Järvinen, 2000)은 면접관과 참가자의 의미의 지평선이 서로 갈등하는 세 가지 면접을 분석했다. 전체 프로젝트의 목표는 알코올의존자에게 그들의 치료 경험에 관해 이야기하는 것이었다. 장기 알코올 남용자 연구에 기꺼이 참여했음에도 불구하고 일부 참가자는 다양한 형태로 거부감을 나타냈다. 예를 들어, 에릭은 하루에 30잔 이상의 맥주를 마신다고 인정했지만 면접관이 그를 장기 알코올 남용자로 해석하는 것은 자신의 이미지와 충돌하는 것이었다. 이를 성공하지 못한 면접으로 보는 대신 예느비넨은 그러한 이야기(narratives)가 알코올 문제가 있는 사람들이 어떻게 자신의 정체성을 협상해야 하는지를 보여준다는 것을 깨달았다.

적극적인 면접은 자발성(spontaneity)을 불러오는 자연스러운 대화를 허용한다. 여러분은 면접 안내서가 있을 수 있지만 안내서를 사용하는 방법은 면접마다 다르며 경우에 따라서는 그것을 버려야 할 때도 있다. 예를 들어, 나는 참가자와 대화할 때 면접 일정을 보지 않으려고 노력한다. 할렘에서 포주들과 나의 첫 현장 나들이에서 나는 하루가 끝날 무렵 더 높은 지위의 포주를 면접했다. 면접이 막바지에 다다랐을 때, 나는 혹시라도 빠트린 질문이 없는지 확인하기 위해 면접 스케줄을 훑어보았다. 참가자는 "당신은 왜 스케줄을 들여다봐야 합니까? 당신은 하루종일 포주를 인터뷰했습니다. 나에게 무슨 질문을 하고 싶은지 알잖소." 일부 참가자들은 대화가 유도되었다는 사실을 깨닫고 불쾌감을 드러내고, 실제로는 전형적인 대화의 자연스러움을 중요시한다는 사실을 깨달았기 때문에 이는 대단히 중요한 순간이었다.

적극적인 면접에서는 참가자의 응답이 다음에 무슨 질문이 나올지를 결정한다. 그들은 주제를 바꿀 것인지 아니면 같은 주제에 대해 캐어묻기를 할 것인지를 결정한다. 이러한 접근 방식은 토론식 대화(dialogue)를 통해 자연스러운 일상 대화(conversation)에 도움이 되지만 면접도 여전히 초점이 맞추어진 채로 진행된다. 주제 전환을 통해 대화에 부자연스러운 질문을 강요하는 대신 여러분은 유연함을 유지한다.

뉴욕시 포주에 대한 내 연구에서 나는 면접 초기에 참가자들에게 전형적인 근무일에 대해 설명해 달라고 요청했다. 아래의 첫 번째 예에서 참가자는 돈 문제를 꺼내 들었다. 이를 무시하는 대신 나는 가격에 관한 질문을 했는데, 실제로 면접 안내서의 마지막 부분에 이에 대한 내용이 있다. 두 번째 예에서 참가자는 성노동자들이 일할 준비를 하는 것에 관해 논의했다. 나는 이것에 대해 더 많이 묻기 위해 예정에 없던 캐어묻기를 사용했다. 두 예 모두 참가자와의 대화가 가능한 한 자연스럽게 흘러가야 함을 보여준다.

예 1

면접관: 직장에서의 일반적인 하루에 관해 말씀해 주십시오.

참가자: 직장에서 일반적인 하루는 음…… 우리가 고객을 여자애들에게 맞게 배정을 하고 음…… 애들이 우리에게 돈을 집으로 가져와야 하고, 하루가 끝나면 우리가 애들에게 일정 비율을 줍니다.

면접관: 그들에게 몇 퍼센트를 주나요?

참가자: 10%.

면접관: 10%?

참가자: 네.

면접관: 알겠습니다. 그러면 당신은 그 일에 얼마나 청구했습니까?

참가자: 성관계에 50달러입니다.

면접관: 어떤 성관계라도요?

참가자: 네.

예 2

면접관: 그리고 당신이 가지곤 하는 전형적인 하루에 대해 말씀해 주시겠습니까?

참가자: 전형적인 하루는 아침에 일어나서 그년들이(bitches) 준비하고 나가도록 하는 것입니다. 그것이 평범한 하루입니다. 당신이 몇 명을 데리고 있다면, 당신은 머리를 해줘야 합니다. 또 손톱도 다듬어야 합니다. 왜냐하면 당신은 매력적이지 않은 여자아이를 그곳에 두고 싶지 않을 것이기 때문입니다. 그래서 머리를

손질하려면 여기로 데려가야 합니다.

면접관: 그래서 그 일들이 이른 아침에 일어납니까?

참가자: 당신은 아침에 그…… 10시쯤까지 가려고 할 텐데 왜냐하면 4~5명 정도의 잡년들(hoes), 그년들(bitches)을 데리고 가면 미용실이 붐비기 때문입니다. 4~5명이 다 끝날 때까지 기다려야 합니다.

면접관: 그럼 그들 모두를 준비시켜야 하는 것이군요.

참가자: 모두를 준비시켜야 하는 거죠. 그 후 아마도 당신은 아침을 먹으러 나갈 겁니다. 무슨 말인지 아시겠어요? 당신이 하려고 하는 것을 밤까지 하려면 아주, 아주 위험하기 때문에 분위기를 부드럽게 하려고 하는 것이죠. 짜릿하면서도 이건 위험해요. 그리고 당신도 그것에 대해 갇힐 수 있어요. 그래서 당신은…… 그애들이 함께 모인 후에…… 그들은 무슨 일이 일어날지 알기 때문에 당신은 분위기를 부드럽게 하려고 하는 거죠. 무슨 말이냐 하면 분위기를 부드럽게 하고 싶을 거예요……. 그래야 그들을 아침 식사에 데려갈 거예요. 그러고 나면 우리는 차에 그냥 차에 올라탈 겁니다. 타고 어딘가로 가겠죠. 그저 그들을 구하는 겁니다. 그들의 마음을 비우게 하는 거죠. 그런 다음 그들을 다시 데리고 와 원래 자리에 되돌려 놓는 겁니다.

면접관: 그럼 그건 하루 종일 준비라고 볼 수 있네요.

참가자: 하루 종일 준비하는 것이고 그건 그들뿐만 아니라 당신 자신을 위하는 것이기도 해요. 그들에게 무슨 일이 일어날지 알 수 없기 때문에 밤에 당신이 그들을 풀어놓기 전에 당신이 마음의 틀 안으로 들어가야 하기 때문입니다. 그리고 그들에게 무슨 일이 일어나든 당신은 거기에 있어야 합니다.

상호작용적 면접

적극적인 면접은 여러분이 보다 더 의도적으로 상호작용하려고 하는 다른 수준으로 옮겨갈 수 있다. 상호작용적 또는 극적 면접은 어빙 고프먼(Erving Goffman, 1959)이 **사회적 공연**이라고 명명한 것과 유사한 극장(theater)의 요소와 언어를 사용한다. 일상적인 사회적 만남이 일종의 공연과 관련이 있다는 생각을 고려해 보면, 그 공연에서 사람들은 특정 역할을 맡은 사회적 행위자이다. 면접관과 참가자는 비언어적 및 언어적 소통을 통해 메시지를 주고받는다. 이러한 메시지 중 일부는 의도적이지만 다른 메시지는 무의식적이다. 상호작용적 면접(대화형 면접)을 통해 여러분은 면접 중 사회적 신호와 여러분 스스로의 성찰에 귀를 기울여야 한다.

상호작용적 면접에서 여러분은 배우인 동시에 감독이자 안무가이다(Berg, 1998). 배우로서 여러분은 자신이 설정해 놓은 기준에 맞춰야 하며 또한 참가자를 존중해야 한다. 감독으로서 여러분은 여러분의 공연(performance)과 참가자의 공연을 의식해야 한다. 마지막으로, 안무가는 통찰력이 있어야 하며 각각의 동작을 지속적으로 평가해야 한다. 베르그(Berg)는 고도로 자아 의식적인 사회적 수행을 요구했지만 이것이 완전히 무대화한 상호작용과 혼동되어서는 안 된다. 지나치게 재수정된 부자연스러운 연속극 제작 대신, 여러분의 공연은 즉흥적인 극장 공연과 유사하게 될 것이다. 즉, 그 극장에서 여러분은 최대한의 풍성한 공연을 이끌어내기 위해 참가자와 여러분 스스로의 동작에 주의를 기울이게 된다.

초점집단 면접 수행

여러분이 초점집단을 조정한다면, 참가자들 간의 상호작용을 탐색하고 일반적으로 그 집단을 모니터링하는 동안 훌륭한 면접관으로서의 모든 기술을 구현해야 한다. 무엇보다도, 여러분은 지나치게 지시적이지 않으면서 집단을 지도해야만 하는 균형 잡힌 행동을 해야 한다. 대부분의 초점집단에서 우리는 자발성과 주제의 출현에 관심이 있지만, 대화가 주제를 더 쉽게 확 틀어버릴 수 있기 때문에 이는 어려울 수도 있다. 집단 구성원 간의 대화 흐름을 허용하기 위해 여러분은 언제 집단을 통솔해야 하고 언제 침묵하고 있어야 하는지 잘 알고 있어야 한다.

계획 및 설계 시 고려 사항 초점집단을 계획할 때는 여러 가지 설계 시 고려 사항이 중요하다. 첫 번째는 동질적인(자연적인) 집단을 가질 것인지 이질적인(인위적인) 집단을 가질 것인지 여부이다. 참가자 간에 기존의 연결이 있는 집단은 더 풍부한 정보를 생산해낼 수 있다. 그들은 이미 경험을 공유했고 아마도 문화적 의미까지 공유했을 것이다. 둘째, 집단의 물리적 배치에 대해 결정해야 한다. 예를 들어, 집단을 하나의 서클 안에 넣을 수 있다. 이것은 서로 더욱 친밀할 뿐만 아니라 그 어느 누구도 명확한 리더십 위치에 있지 않기 때문에 암묵적 권력 차이를 줄일 수 있다.

다음으로 고려해야 할 사항은 면접의 길이이며 보통은 90분에서 2시간 정도이다. 다음은 2시간짜리 면접에 대한 대략적인 지침이다. 소개 및 지각을 감안한 15분, 토론 요약을 위한 질문 및 계획 설명에 15분, 그리고 실제 질문 및 토론에 90분(V. Rajah, 개인적 소통, 2011년 10월 20일). 마지막 고려 사항은 자연스럽고 덜 구조화된 면접을 할 것인지 아니면 보다 공식적인 면접 일정을 가질 것인지 여부이다. 자연스러운 면접 경로는 예약되지 않은 캐어묻기를 허용하며 초점집단 설정에서 잘 작동한다.

집단 사고와 지배적 집단 구성원 집단 역학과 관련하여 추적해야 할 두 가지 요소는 집단 사고와 지배적 집단 구성원이다. 어빙 제니스(Irving Janis, 1972)는 갈등을 최소화하고 합의에 도달하기 위한 집단의 조화 필요성을 설명하기 위해 **집단 사고**(groupthink)라는 용어를 만들었다. 초점집단이 집단사고를 보이는 경우 반대 의견을 듣지 못할 수 있고, 그로 인해 대안적 관점을 놓칠 수 있다. 다른 집단 구성원의 의견을 애써 알아내기 위해 보다 도발적인 질문과 캐어묻기를 시도할 수 있다. 또 다른 문제는 집단을 장악하려는 지배적인 집단 구성원들로, 그들은 아마도 더 과묵한 참가자를 아예 침묵시키려 할 것이다. 이런 일이 발생하면 여러분은 여러분이 이 역학관계를 변화시킬 수 있는지 알아보기 위해 일부러 아무 말도 하지 않았던 사람들을 향해 질문을 던질 수 있을 것이다. 집단 사고와 지배적 집단 구성원은 어느 집단에서나 자연스럽게 발생한다.

낙인찍힌 주제에 대한 자료 생성 성행위, 마약 복용 또는 범죄 활동과 같이 민감하거나 낙인 찍힌 주제에 대해 초점집단의 자료를 수집하려면 몇 가지 특별한 고려 사항이 필요하다. 첫째, 여러분은 참가자가 사회적 비난이나 거부를 초래할 수 있는 개인 정보를 공개해 달라고 여러분으로부터 요청을 받고 있다는 점을 알아야 하는데, 사실 이는 참가자에게 무척이나 속상한 일일 수 있다. 초점집단 형식은 기밀성(confidentiality)을 보장할 수 없고 참가자는 이를 알고 있어야 한다. 그러나 프라이버시 보장이 부족하다는 것을 알면 인식은 편향된 응답이 생성될 수 있다. 케이 웰링스, 패트릭 브래니건, 커스티 미첼(Kaye Wellings, Patrick Branigan, and Kirsti Mitchell, 2000: 256)은 초점집단 형식을 사용해서 "개인적이고 사적인 것과 공적이고 공개적인 것 사이의 갈등과 모순을 드러내는" 것을 옹호한다. 민감한 주제의 경우 집단이 다른 사람들과의 대화에서 그들 자신에 대한 사적이자 잠재적으로 낙인 찍힐 만한 정보를 어떻게 말로 침해하는지 보여주기 위해 초점집단이 사용될 수 있다.

자료 기록

질적 면접에서 자료를 기록할 때 몇 가지 요소가 고려되어야 한다.

질적 면접은 오디오 또는 비디오 녹음, 사진 및 매핑을 통해 기록될 수 있으며 메모 작성으로 보완된다. 면접을 마친 후 연구자는 대화를 전사(轉寫, transcribe), 즉 그대로 옮겨 적거나 분석을 위해 요약한다. 비록 기술이 맥락에 따라 참가자와의 상호작용을 기록하는 도구를 제공하지만 자료의 기록이나 일지 기록(logging)은 훨씬 더 복잡하다. 일지 기록에는 전사된 면접, 면접 중 메모(음성 녹음을 하더라도 일부 메모를 해야 함), 현장 노트 및 메모가 포함된다. 존 로플랜드와 린 로플랜드(John Lofland and Lyn Lofland, 1995: 67)가 기술한 바와 같이, "일지 기록은 매우 실제적인 의미에서 자료이다." 비록 일지 기록을 만드는 것이 지루할 수 있지만 질적 면접에서 얻을 수 있는 그런 형태의 심층적인 통찰력은 면접 일지 기록의 질에 달려 있다.

면접에서 돌아온 후 여러분이 해야 할 다음 작업은 현장 노트를 작성하는 것이다. 현장 노트에는 면접 자체뿐만 아니라 면접의 맥락(context)에 관한 관찰 및 설명이 포함될 수 있다. 현장 노트는 즉시 작성해야 하는데 왜냐하면 경험한 것이 마음속에 신선하게 남아 있을 때 최대한 자세하게 기록할 수 있기 때문이다. 면접 경험에 대한 인식과 감정이 너무 강렬해서 아무것도 잊지 못할 것이라 생각할 수 있다. 그러나 불가피하게도, 여러분이 참가자와 더 많은 상호작용을 하면 할수록 강렬히 남아 있던 인상도 변할 것이다. 작업이 끝난 며칠 뒤에 현장 작업에 대해 글을 쓴다면, 여러분은 이전에 경험한 것들의 미묘한 차이, 즉 뉘앙스(nuance)를 잃게 될 것이다. 그러므로 가능한 한 빨리 현장 노트를 작성하는 것이 중요하다.

비록 다른 사람들이 여러분을 대신하여 면접 내용을 글자 그대로 옮겨 적는다 하더라도, 여러분은 여전히 각각의 원고를 살펴보아야 한다. 어떤 경우이건 면접 내용을 자세히 경청하면 여러분에게 도움이 될 수 있으므로 몇 가지 면접은 직접 전사하겠다고 다짐하는 것이 좋은 생각이다. 그를 통해 면접 스타일을 개선하는 방법을 찾을 수도 있고 자료를 자세히 들어볼 기회도 가질 수 있다. 경험상의 법칙에 비추어 볼 때, 여러분이 면접을 진행하는 만큼 녹취록을 공부하는 데에도 동일한 양의 많은 시간을 할애해야 한다(Lofland and Lofland, 1995).

메모하기(memoing)는 처음부터 끝까지 연구과정에 대해 글을 쓰는 기술이다. 메모는 연구를 수행해 가면서 내렸던 결정들을 살펴보게 해 주며, 면접 과정에서 나타나는 자신의 주관성을 들여다보게 해 주는 창문이다. 이 문서들은 소위 감사 추적(audit trail) 또는 기록(record)이라고 일컬어지는 것들의 일부이다(Birks, Chapman, and Francis, 2008; Bowen, 2008).

멜라니 버스크, 이산 채프먼, 캐런 프랜시스(Melanie Birks, Ysanne Chapman, and Karen Francis, 2008)는 세 가지 유형의 메모를 서술한다. 조작적(operational), 부호적(coding) 및 분석적(analytic) 메모가 그것이다. 조작적 메모에서 여러분은 연구의 각 단계에서 여러분이 취한 걸음걸음에 대해 써내려 간다. 성찰에 대한 이전의 논의를 상기해 보면, 메모는 연구가 진행됨에 따라 자기성찰적이 되기 위한, 그리고 인식의 변화를 추적하기 위한 좋은 방법이다. 부호적 메모는 여러분의 자료를 부호화(coding)한 과정을 문서로 남기도록 도와주며, 분석적 메모는 여러분이 자료에서 관계를 탐색할 수 있는 방법을 제공한다. 이들 메모는 여러분의 자료 일지(data log)의 일부가 되어 여러분이 자료를 보다 쉽게 이해할 수 있게 해 준다.

질적 프로젝트는 대용량의 자료일지를 생성하기 할 수 있으므로 여러분은 어떻게 이 모든 것들을 추적해야 할지 의아해할 수 있다. 전문화된 컴퓨터 응용 프로그램은 여러분이 수집한 자료를 구성하고 이해하는 데 도움이 된다. ATLAS.ti 및 NVivo는 여러분이 메모를 작성하고 관련 문서를 링크할 수 있게 도와주는 연구 소프트웨어의 예인데, 이는 보다 쉬운 부호화 및 분석에 도움이 된다. 질적 연구분석에 필요한 여러 패키지를 비교하는 예는 쿠슈 세일라르(Kus, Saillard, 2011)를 참조하라. 다양한 워드 프로세싱 프로그램 및 기타 표준 응용 프로그램을 사용하여 자료와 메모를 정리하는 여러분 고유의 시스템을 만드는 것도 가능하다. 꼼꼼한 현장 메모를 유지하고, 면접 내용을 듣고, 메모하는 것 이외에도, 여러분은 모든 자료를 별도의 디스크나 클라우드에 정리하고 백업하는 시스템을 만들어야 한다.

자료분석 및 주장

질적 면접으로부터 나온 비수치 자료를 분석하면 연구자가 발견한 것을 주장하고 지지할 수 있다.

이제 자료를 분석할 지점에 도달했다. '분석'이라는 단어는 문자 그대로 무언가를 부분으로 분리하는 것을 의미한다(Kvale, 1996). 여러분은 참가자와 의미 형성과정에 참여했으며 자료 해석에서 이것을 포착하려고 시도해야 한다. 여러분의 면접은 두 사람 간의 대화이므로 하나의 의미 또는 수많은 단어로 축소될 수 없다. 여러분이 자료를 기술, **분석**(analysis) 및 해석하는 방식은 여러분의 연구목표에 따라 달라지지만, 자료의 풍성함을 유지하고 맥락 속의 의미를 발견하기 위해서 애를 써야만 한다.

자료 관리 및 축소

분석은 일반적으로 **자료 관리 및 축소**로 시작된다. 여러분은 표나 그림 및 기타 시각적 형식을 사용하는 시각적 표시방식을 통해 자료를 관리한다. 자료는 또한 다양한 비시각적 기술을 통해 관리되기도 한다. 자료 축소에는 관련이 없어 보이는 정보를 치워버리는 것이 포함된다(Miles, Huberman, and Saldana, 2014). 자료를 관리하고 줄이는 것은 여러분을 겁먹게 만들 수도 있다. 다행히 자료수집 중 또는 수집 후에 여러분이 자료에 좀 더 깊이 파고들기 위해 집중하도록 도움을 줄 수 있는 몇 가지 기술이 있다.

자료 이해: 사고 단위

로플랜드와 로플랜드(Lofland and Lofland, 1995)는 **사고 단위**(thinking unit)를 사용하여 이야기를 분류하는 방법을 설명한다. 사고 단위는 질적 면접에서 나오는 모든 이야기를 의미 있게 만들기 위한 간단한 구조틀이다. 여러분은 잘 구성된 해석의 틀로 시작했기 때문에 이미 확실한 범주를 가지고 있을 수 있다. 그러나 연구가 덜 구조화되어 있거나 여러분이 다른 관점에서 자료를 점검하기를 원한다면, 사고 단위를 사용하여 이득을 얻을 수 있다. 다음은 로플랜드와 로플랜드가 제안한 출발점으로서의 일반적인 사고 단위의 예이다.

의미	집단
실무	조직
에피소드	정착
조우	사회 세계
역할	생활양식

관계

비록 이러한 단위가 구조화되지 않고 모호해 보일 수 있지만, 이들은 이미 이런 방식으로 만들어졌고, 그럼으로 인해 다른 종류의 연구에 적용할 수도 있다. 여러분이 연구 초기에 갖는 사고 단위는 자신의 연구에 맞게 조정할 수 있으며, 이렇게 제시된 예들은 여러분의 연구에 더 적합한 목록을 만들기 위해 변경되거나 모두 조각 형태로 모아둘 수도 있다. 여러분이 자료를 꼼꼼하게 추려낼 때 발생할 수 있는 놀라움이나 혼란에 대비하기 위해 '빈칸'이라는 사고 단위를 추가할 수 있다(Ely et al., 1991). 예를 들어, 여러분이 로스앤젤레스의 성노동자에 대해 연구한다면, 표 10-2와 같은 사고 단위를 만들 수 있다.

여러분의 사고 단위는 대체로 여러분의 연구틀에 따라 달라질 것이다. 좁은 틀에서 시작했다면 아마도 연구가 진행되면서 여러분은 자신만의 사고 단위를 만들게 될 것이다. 그러나 여러분의 연구가 주로 탐색적이라면 로플랜드와 로플랜드(Lofland and Lofland, 1995)가 제안한 사고 단위를 그대로 사용하거나 혹은 일부 수정해서 사용할 것이다.

사고 단위를 고려하는 또 다른 방법은 **민감한 개념**(sensitizing concept)으로서의 그들

표 10-2 사고 단위

주제: 성노동자와 안전	
사고 단위	**사고 단위에 기반한 부호화에 맞는 주제 영역**
의미	성노동자들은 안전을 어떻게 개념화합니까?
실천	안전을 보장하기 위해 어떤 실천을 하였습니까?
에피소드	일이 특히 안전하거나 안전하지 않다(위험하다)고 느낀 기간을 기술하시오.
만남	그들이 안전하거나 안전하지 않다(위험하다)고 느꼈던 특정한 만남은 무엇이었습니까?
역할	안전하거나 안전하지 않은 상황에서 관련자들의 역할은 무엇이었습니까?
관계	안전하거나 안전하지 않은 상황에 관련된 사람과의 관계는 어떠했습니까?
집단	이렇게 안전하거나 안전하지 않은 상황에서 집단이나 소셜 네트워크는 어떤 역할을 했습니까?
정착	지역사회는 안전하거나 안전하지 않은 상황에 대해 어떻게 협상했습니까?
사회적 세계	그들의 사회적 세계 또는 더 큰 상업적 성 시장은 안전에 어떤 역할을 했습니까?
생활양식	이 생활양식은 어떤 방식으로 안전을 증가시키거나 감소시킵니까?
빈칸	

의 역할에 있다. 민감한 개념은 여러분이 찾고 있는 것에 대한 일반적인 참조 및 안내이다(Blumer, 1954). 예를 들어, 글렌 브라운(Glenn Bowen, 2008)은 사회 봉사 및 지역사회 기반 조직을 개선하기 위해 만들어진 자메이카의 빈곤 퇴치 프로젝트에 대해 탐색적 연구를 수행했다. 문헌을 검토한 후, 그는 이론 형성의 씨앗이 된 **시민 참여, 사회적 자본 및 권한 부여**의 민감한 개념을 적용하기로 결정했다. 사고 단위 혹은 민감한 개념을 통한 이론 생성(이론 구성)을 위해 일종의 틀을 가지고 연구에 접근하는 것이 유익하다. 만약 이러한 미리 결정된 사고 단위 또는 민감한 개념이 이미 여러분의 면접 안내에서 벌써 명백해질 수 있다면 더욱 좋다.

근거이론

근거이론(grounded theory)은 자료에서 발견된 유형, 주제 및 공통 범주의 분석에서 비롯된다는 제2장을 상기하라. 종종 질적 면접을 통해 개발된 근거이론은 자연주의적 접근방식을 절차의 체계적 집합에 대한 실증주의적 관심과 결합한다.

안젤름 슈트라우스와 줄리엣 코빈(Anselm Strauss and Juliet Corbin, 1994)에 따르면 근거이론은 분석과 자료수집 사이의 지속적인 상호작용을 통해 실제 연구를 하는 동안 발전한다. 근거이론은 하나의 비교 방법으로, 그 안에서 여러분은 주제를 설정하기 위해 유사점과 차이점을 찾는 지속적인 비교에 종사하게 된다. 이 과정은 반복적이며 여러분이 자료를 수집, 코딩 및 분석하도록 요구한다. 이 과정은 궁극적으로 이론을 생성할 수 있는 주제를 밝혀낸다.

예를 들어, 제8장에서 논의된 적응적 표집 기법 중 하나인 **이론적 표집**은 바로 이 이론–생성 과정의 일부이다. 로스앤젤레스의 성노동자에 대한 연구에서 여러분은 젊은 성노동자들이 직장에서의 안전을 보장받기 위해 문자메시지 및 지리적 추적 장치와 같은 기술을 사용하는 경향이 더 크다는 것을 알게 되었다고 가정해 보라. 결과적으로 그것이 안전과 관련되기 때문에 기술 주제를 더 충실하게 구체화할 수 있다는 바람에서 젊은 성노동자를 면접하기로 결정할 수 있다.

근거이론을 생성하는 또 다른 차원은 **이론적인 포화 상태**로, 더 이상의 면접이 새로운 주제를 산출하지 못할 것이라고 느끼는 지점이다. 결과적으로 여러분은 여러분의 질적 면접을 결론 낼 수 있다(Strauss and Corbin, 2007). 불행히도 이론적 포화가 달성되는 시점을 확립하기 위한 지침은 거의 없다(Bowen, 2008). 가장 기본적인 형태에서, 여러분이 면접하는 사람들로부터 반복되거나 유사한 이야기를 듣기 시작할 때 포화인지 아닌지 분명해질 수 있다. 여러분은 대화가 어디로 가는지 거의 예측할 수 있는 지점에까지 도달할 수 있다. 이론적 포화와 이론적 표집은 연구과정에서 나란히 작동한다. 예를 들어, 여러분은 젊은 성노동자들이 동일한 기술을 반복적으로 설명하는 것을 듣기 시작할 수 있고, 이로 인해 여러분은 이론적인 포화 상태에 도달했다고 판단한다. 여러분은 대표성을 추구하는 것이 아니라 오히려 여러분의 주제 개발과정에서 적절성을 추구한다(Bowen, 2008).

코드 및 테마 식별

면접에서 얻은 정보를 코딩(부호화)하면 자료에 의미 단위가 할당된다. 약간 다른 의미에서 코딩은 여러분이 분석할 변수에 대한 범주를 생성한다. 따라서 코딩에는 원시 자료(raw data)를 개념적 범주로 조직화하는 작업이 포함된다. 각 코드는 사실상 조각난 자료가 분리 배치되는 범주이다. 그러나 코딩에는 몇 가지 중요한 차원이 있음을 고려해야 한다.

첫째, 자료에 개념적 꼬리표를 부착하기 전에 여러분은 가능한 모든 의미를 탐색하는 일종의 **개방형 코딩**(open coding) 또는 브레인스토밍에 참여한다(Corbin and Strauss, 2007: 160). 예를 들어, 성노동자에 대한 연구는 안전에 대한 응답자 의견을 개방형 코딩으로 시작한 후, 나중에 그 의견들을 성구매자(john), 경찰 또는 약탈자의 안전에 대한 의견으로 분류할 수 있다. 개방형 코딩은 종종 탐색적 방식으로 작은 자료 단위를 '덩어리화(chunking)'하여 시작한다. 그런 다음 여러분은 각각의 덩어리를 보고 해당 **속성**과 **차원**을 파악하려 노력한다. 이러한 덩어리(chunk) 또는 작은 단위에서 배운 내용은 여러분을 코딩의 다음 단계로 안내하는 데 도움이 된다.

개방형 코딩의 대안은 **미시분석**(microanalysis)이다(Corbin and Strauss, 2007). 예를 들어, 법집행기관의 감시를 받는 무슬림 학생에 대한 연구에서, 여러분의 준거틀은 하워드 베커(Howard Becker)의 낙인이론(Becker, 1963)이었다. 그러나 자료를 더 자세히 살펴보면 낙인의 효과에 다양한 의미가 있음을 알 수 있다. 여러분은 다른 중요한 개념을 발견할 수도 있다. 자료에 더 깊이 들어가고 여러분의 원래 준거틀(frame of reference)에 도전함으로써 여러분은 새로운 아이디어를 만들어낸다.

다음 단계는 초기에 범주를 형성하기 위해 개방형 코딩 또는 미시분석을 하던 과정에서 여러분이 개발한 부호(code)를 사용하는 것이다. 이러한 부호들은 더 추상적이고 개념적이다. 근거이론에서는 이것을 **축 코딩**(axial coding)이라고 한다. 이 단계가 완료된 후, 여러분은 부호들 중에서 패턴을 찾기 위해 **선택적 코딩**에 참여한다(Corbin and Strauss, 2007). 여러분은 특정 코드를 보다 일반적인 코드로 통합할 수 있는지 또는 코드를 순차적으로 구성할 수 있는지 등과 같은 질문을 시작할 수 있다. 여러분은 또한 인과 관계를 찾을 수도 있다. 만일 여러분이 이 모드에 들어서게 되면, 여러분은 더 분석적으로 될 뿐만 아니라 더 나아가 주제를 개발하기 시작할 수도 있다.

코딩은 종종 하위 수준(lower-level) 개념과 상위 수준(higher-level) 개념을 모두 포함한다. 상위 수준 개념은 보통 개방형 코딩에서 생성된 일군의 하위 수준 개념을 포함하는 **주제**(theme)라고 지칭한다(Corbin and Strauss, 2007). 대안적으로, 여러분은 상위 수준의 주제를 정의하는 일군의 하위 수준 개념에 대해 개념적 이름을 붙일 수도 있다. 여러분의 첫 번째 면접 후에 하위 수준의 개념을 찾기 시작하는 것이 중요하다. 예를 들어, 여러분이 '연대(solidarity)'라고 명명한 새로운 주제는 경찰의 감시를 받는 무슬림 학생들과의 토론 과정에서 부상할 수도 있다. 여러분은 또 많은 학생들이 자신의 정체성에 대한 감각을 보다 강하게 발달시키기 시작하고 이것이 과정에 대한 이론에 기여한다는 것을 알게 될 것이다.

상위 수준의 주제가 되는 개념을 찾는 방법에는 여러 가지가 있다. 이러한 개념을 찾으려면 코딩 기법에 대해 생각해야 한다. 주제 파악을 위한 8가지 기술(技術)은 다음과 같다. **유사점 및 차이점, 언어 연결자, 반복, 고유한 유형, 은유와 유추, 전환, 무응답 자료**, 그리고 **이론과 관련된 자료**이다(전체 기술 목록은 Ryan and Bernard, 2003 참고).

유사점과 **차이점**을 파악하는 것은 주제를 찾는 데 단연코 가장 널리 사용되는 접근 방식이며, 특히 근거이론의 경우는 더욱 그렇다. 이것은 일반적으로 바니 글레이저와 안젤름 슈트라우스(Barney Glaser and Anselm Strauss, 1967)의 상수(지속적) 비교 방법(constant comparison method)과 관련이 있다. 상수 비교 방법은 두 가지 다른 방법으로 사용할 수 있다. 하나는 한 줄씩(line-by-line) 분석하는 것으로 여러분은 유사점이나 차이점을 찾기 위해 각 문장을 이전 문장과 한 줄씩 비교하게 된다. 다른 하나는 동일하거나 상이한 참가자의 표현 쌍 또는 더 긴 문장 덩어리를 비교한다. 이 방법은 여러분이 다양한 형태의 비교를 통해 자료 내에서 주제를 찾을 수 있게 해 준다.

다음 기술은 **언어적 연결자**(linguistic connectors)로서, 이를 통해 인과적 혹은 조건부 관계를 암시하는 문장을 찾기 위해 면접 내용을 검토한다. 잠재적인 인과관계를 나타내는 언어적 연결자의 예로, **'왜냐하면', '그 결과', '그렇기 때문에'**와 같은 단어와 절구를 들 수 있다(Ryan and Bernard, 2003). 예를 들어, '나는 성 노동을 시작했는데, 왜냐하면 집세를 내야 했기 때문이다.'라는 문장이다. 유사한 유형의 연결자로 **'이전에', '이후에', '그러고 나서', '다음으로'**와 같이 시간-정향적 관계나 사건을 들 수 있다. 예를 들어, '나쁜 일이 일어나지 않았던 첫 번째 남자 이후에, 나는 안전에 대해 덜 걱정하기 시작했다.' 조건부 관계 연결자는 '만약 …… 그러면'의 연결쌍을 들 수 있는데, 다음 문장을 예로 들 수 있다. '만약 포주와 함께 일하러 나가게 되고, 그러면 더 보호받는 느낌이 든다'.

여러분은 계속해서 무언가를 듣고 있기 때문에 면접 도중에 주제가 부상하는 것을 인식하는 것은 흔한 일이다. 한 번의 면접에서 반복되는 개념을 듣는다 해도, 부호를 만들고 이 개념이 다른 면접에서도 나오는지 확인할 수 있다. 면접 대상자로서의 참가자가 같은 종류의 아이디어 주위를 맴돌 때 **반복**이 발생한다(Ryan and Bernard, 2003). 면접 내용의 부호화를 통해 언제 그리고 어떻게 이 주제가 대화에서 발생하는지 이해할 수 있고,

그러면 면접에서 그 주제가 얼마나 중요한지도 알 수 있다. 이 개념을 더 자주 보면 볼수록, 그 개념이 주제일 가능성이 커진다.

개념을 파악하는 또 다른 방법은 마이클 패튼(Michael Patton, 2002: 454)이 **토착 범주**(indigenous categories)라고 하는 생소하고 전문화된 단어를 찾는 것이다. 로스앤젤레스의 성노동자에 대한 프로젝트에서 성노동자가 고객을 찾는 야외 장소 또는 일련의 거리 블록을 설명하는 데 사용된 용어인 **산책**(stroll)이라는 단어를 알게 될 것이다. 아마도 여러분은 **산책**이라는 단어를 둘러싼 담론에 주목함으로써, 성노동자들이 이 단어를 물리적 영역을 정의하기 위해 사용한다는 것을 깨달을 것이다. 안전이라는 측면에서, 성노동자들은 자신이 편안한 지대(영역)에 있기 때문에 산책중인 고객으로부터 가장 안전한 느낌을 받는다고 설명한다는 것을 깨닫게 된다. 일부 성노동자의 경우 포주가 산책 중에 발생하는 상호작용을 감시하기도 한다. 아마도 그들이 차를 타고 떠날 때처럼 산책로에서 벗어날 때만이 비로소 안전에 대한 불안감이 고조될 것이다.

말에서의 **은유**와 **유추**는 중요한 개념을 표시할 수 있다. 또한 내용의 **전환** 또는 이동은 주제 변경의 신호일 수도 있다. 이 두 연결자(connector)는 비구조화된 면접에서 더 유용한데, 왜냐하면 전환이 통제 대상이 아니기 때문이다(Ryan and Bernard, 2003).

무응답 자료는 참가자가 언급하지 않은 항목에 대해 경계해야 할 다른 유형의 연결자이다. 로스앤젤레스의 성노동자 연구에서 아마도 대부분의 성노동자는 포주가 있다는 사실에 대해 언급하지 않았을 것이다. 이것은 여러분이 예상치 못한 일이며, 따라서 여러분으로 하여금 친구나 남자 친구와의 관계에 대한 설명을 찾아보게 할 수도 있다. 그러면 여러분은 이 사람들이 포주 역할을 하고 있지만 성노동자들은 그들을 가까운 친구로 생각한다는 것을 깨닫게 된다. 이 무응답 정보를 인식함으로써 여러분은 성노동자가 이 비공식적 경제체제 아래에서 어떻게 성매매 시장 조력자와의 대인 관계를 구축하는지에 대해 배웠다.

마지막으로, 여러분은 자료가 **이론 관련 재료**를 어떻게 산출하는지 항상 살펴야 한다. 이것은 기존 이론에 대한 여러분의 이해도에 의해 주도되거나 이론 생성에 의해 주도될 수도 있다. 만일 주도자가 이론 생성이라면 제임스 스프래들리(James Spradley, 1979: 199)는 여러분이 다음을 찾을 수 있다고 조언한다.

> …… 사회적 갈등, 문화적 모순, 사회적 통제의 비공식적 방법, 비인간적인 사회적 관계를 관리하기 위해 사람들이 하는 일, 사람들이 성취지위와 귀속지위를 획득하고 유지하는 방법, 사람들의 문제해결 방법에 대한 정보.

위에 제시된 목록이 완전하지는 않지만 여러분은 제시된 예가 상황이나 과정의 '어떻게(how)'에 집중되어 있음을 알게 될 것인데, 그것이 일반적으로 생성된 이론적 모델의 근원이 된다. 여러분은 성노동자들이 산책 영역 주변의 지역사회에서 고정물(fixtures) 역할을 하는 지역 거주민들을 보호의 한 형태로 본다는 공통된 주제를 알 수 있다. 비공식적 사회통제는 같은 도시 공간에 거주하는 타인이 성노동자에 대한 공격이나 폭력 같은 대중적 행위를 적극적으로 줄여 주기 때문에 일어난다. 여러분은 여러분의 발견사항이 로런스 코언과 마커스 펠슨(Lawrence Cohen and Marcus Felson, 1979)의 일상활동이론과 일치한다는 것을 알 수 있는데, 왜냐하면 지역 거주민들이 유능한 보호자 역할을 하기 때문이다. 사회해체이론이 드러날 수도 있는데, 이 과정이 어떻게 근린의 연결망이 범죄를 줄이는가를 보여주기 때문이다. 결과적으로 여러분은 이러한 반영구적 연결망이 어떻게 도시 공간 내에서의 불법적인 일에 참여하는 사람들을 감시하고 보호하는지에 대해 더 깊이 이해하게 된다. 여러분은 앞서 제시된 이론들을 확장시킬 수 있는데 왜냐하면 여러분이 유능한 보호자 또는 연결망이 불법적인 일에 종사한 사람들에게 어떻게 범죄를 예방해 주는지를 탐색 중이기 때문이다. 이 과정의 예는 스콧 자크와 대니엘 레이널드(Scott Jacques and Danielle Reynald, 2012)의 『범죄예방에 대한 가해자의 관점』 기사를 참조하라.

분석 및 해석을 위한 도구

질적 면접에서, 우리는 자료 안에서 주제를 발견하게 되기에 연구과정 전반에 걸쳐 다양한 수준의 분석에 참여한다. 결국 우리는 이 모든 것이 권위적인 서면 형태의 설명으로 변환되어야 하는 단계에 도달한다. 질적 자료를 제시하는 세 가지 상이한 수준은 다음과 같다. (1) **질적 기술**(qualitative description), 또는 최소한의 설명으로 자료가 스스로 말하게 하는 것, (2) **분석**(analysis), 이를 통해 순수하게 기술적인 설명만을 하는 것을 넘어 확장하는 것, (3) **질적 해석**(qualitative interpretation) 또는 어느 정도 확실성을 가지고 설명될 수 있는 것 이상으로 이동하기(Wolcott, 1994: 10). 단순히 원시 자료를 설명으로 사용하는 것에서 멀어짐에 따라 보다 해석적인 접근 방식으로 이동하고 있음을 알 수 있다.

일부 연구자는 순전히 기술적인(descriptive) 설명을 작성하는 반면, 다른 연구자는 설명으로 시작하여 분석과 해석으로 이동한다. 기술, 분석 및 해석은 상호 배타적이지 않다. 그들 모두 여러분의 마지막 권위적 설명으로 사용될 수 있지만, 그들이 어떻게 다른지를 이해하는 것이 중요하다. 우리는 우리가 어떤 양식(mode) 또는 양식들을 사용하고 있는지를 알고 있어야 하고 각각에 대한 옵션을 이해해야 한다.

기술(description)에서, 참가자는 대부분 자신의 말로써 설명을 제시한다. 일부 연구자는 이것이 편향(bias)을 줄이거나 제거한다고 생각한다. 그러나 연구자는 제시할 기술과 제외할 기술을 선택하므로 여기에는 연구자 선택성의 요소가 추가된다. 기술을 선택할 때 의미를 잃지 않기 위해 살을 덧붙인 기술을 하려고 분투적으로 노력하는 것이 가장 좋다.

여러분의 기술(記述, description)을 제시하기 위해 여러 기술(技術, technique)을 사용할 수 있다. 한 가지 예는 여러분의 독자를 하루의 현장조사로 안내하는 **삶 속의 하루**(a day-in-the-life) 접근방식이다. 이것의 변형은 참가자의 일부에게 삶의 하루를 제시하는 것이다. 참가자의 일상생활을 이해하는 것은 접근할 만한 분석 유형인데, 왜냐하면 우리 모두가 공통으로 가지고 있는 것이 바로 하루 24시간이기 때문이다. 또 다른 기술(技術)은, 그들이 어떻게 성노동을 시작하게 되었는지와 같은, 중추적인 사건에 관한 참가자의 활동을 기술(記述)하기 위해 결정적인 **핵심 포인트**를 파악하는 것이다. 여러분은 네 증인의 관점에서 폭력적인 사건이 기술(記述)된 1950년 구로사와 아키라 영화의 이름을 따서 명명된 **라쇼몽 효과**(Rashomon effect)라는 것을 들어본 적이 있을 것이다. 이 기술(技術)은 이야기의 상이한 측면을 말해 주는 데 집중하며, 만일 여러분이 다른 집단의 참가자를 면접할 경우에 유용하다. 여러분이 상업적인 성 시장의 복잡성을 이해하기 위해 성노동자, 포주, 고객 및 경찰을 면접했다면, 이 기술이 통찰력을 줄 수 있다. 마지막으로, 여러분은 구조를 추가하는 **분석틀**을 따를 수도 있지만, 이 경우 여러분의 기술(記述) 자료를 분석틀에 강제로 끼워 맞추지 않도록 주의해야 한다.

보다 고급 수준의 분석에서는, 여러분이 패턴을 인식할 뿐만 아니라 의미도 부여하게 된다. 단순히 원시적 설명을 제시하는 대신에, 우리는 자료에서의 의미 또는 공유된 의미를 체계적으로 보여주기 위해 분투해야 한다. 한 가지 공통적인 접근 방식은 자료에서 유형화된 규칙성을 파악하는 것이다. 우리는 주제를 파악할 때 이 작업의 일부를 수행하지만, 분석을 수행할 때는 의미를 할당한다. 일부 연구자들은 이 단계에서 자신의 발견을 수량화하기 시작하지만, 대부분의 경우, 질적 연구에서는 이러한 패턴에 대한 더 깊은 해석이 보장된다. 여러분의 연구가 이론에 따라 진행됐다면, 이러한 아이디어와 실제 발견사항들 간의 상호작용에 대해 주의 깊게 논의해야 한다. 이것들이 분석과 관련된 보다 기본적인 기술(技術)이다.

분석은 보다 체계적이고 신중한 반면 해석은 보다 추측적(speculative)이고 우연적(casual)이기 때문에 해석은 분석과 구별된다(Wolcott, 1994: 23). 해석이 더 까다롭고, 추측이라는 측면에서 어디까지 할지 조심하는 것이 중요하다. 그럼에도 불구하고 해석은 권위 있는 설명에서 눈에 띄게 참신한 부분이 될 수 있다. 이곳이 바로 연구자들이 자신의 발견사항을 더 큰 이론적 지식 체계와 연결하는 곳이고, 기술(記述)과 분석에서 비롯된 '그럴듯함(coulds)', '아마도(maybes)' 및 '가능성(possibilities)'에 대해 논의하는 곳이다.

해석에는 여러 기술(技術)을 사용할 수 있다. 해리 울컷(Harry Wolcott, 1994: 40~45)은 광범위한 목록을 제시한다. 첫째는 단순한 설명에서 벗어나 독자에게 생각할 여지 또는 **분석을 확장할** 여지를 남기는 것이다. 예를 들어, 성노동자들이 포주가 있을 때 더 안전하다고 느낀다는 것을 알게 되고, 그래서 여러분이 성노동자들의 복지에 대한 느낌을 보장하기 위해 포주가 필요하다는 가능성을 제안한다고 가정해 보자. 포주를 폭력적인 악당으로 보는 대중적인 이미지에 익숙한 독자에게는 이러한 심층 분석이 다소 놀라울 수 있다. 둘째, 연구를 관련 이론과 연결할 수 있다. 예를 들어, 자크와 레이널드(Jacques and Reynald, 2012)는 마약 딜러의 보호 일상이 기회 이론의 요소와 어떻게 일치하는지 기술한다. 다음으로, 여러분은 독자에게 퍼즐의 어떤 부분이 누락되었다고 생각하는지 말할 수 있고, 혹은 가능한 대안적인 해석을 제공할 수도 있다. 마지막으로 여러분은 스스로의 느낌과 신념에 관해 토론하거나 다른 대안적 형식을 탐색할 수도 있다. 보다 포괄적인 해석을 위해 이러한 기술 몇 가지를 같이 사용하는 것이 가장 좋다.

질적 면접 분석의 질과 엄격성

질적 면접에서 얻은 자료의 신뢰도와 타당도를 고려하는 것이 중요하다.

질적 면접의 해석에서 질과 엄격성을 향상시키는 방법에는 여러 가지가 있다. 여러분은 현장 노트와 메모를 포함하여 이미 광범위한 자료 기록이 있으며 이것들이 여러분의 **감사 추적**(audit trail)을 구성한다. 감사 추적은 결정의 문서일 뿐만 아니라 연구에 대한 우리의 믿음을 높이는 데 중요하다(Bowen, 2008). 이 기록은 또한 여러분의 연구가 더 높은 가치를 지녔다는 표적(表迹)이다. 다수의 면접관을 포함하는 상황의 경우, 면접 전반에 걸쳐 일관성 수준을 보장하기 위해 몇 가지 표준화된 질문을 포함하는 것이 중요하다. 다수의 부호 기록자가 고용된 상황에서는 제5장에서 논의된 바와 같이, 평가자 간 신뢰도를 검토할 수 있다.

근거이론과 질적 분석에서 사용되는 중요한 점검은 **반대 사례**를 찾는 것과 관련이 있다. 이것들은 우리가 부호화한 새로운 주제와, 그리고 궁극적으로는 우리의 이론과 모순되는 사례이다. 통계 분석에서는 이상치를 제거하는 것이 일반적이지만 질적 연구에서는 이러한 사례가 새롭게 부상하는 이론의 성공 가능성을 점검하거나 이론의 예상치 못한 측면을 밝히는 데 도움이 된다.

해석을 점검하는 또 다른 기술(技術)은 **회원들의 점검**을 사용하는 것이다. 이 경우 일부 참가자에게 작업의 정확성을 검증하기 위해 기술(記述)의 초안을 읽도록 요청할 것이다. 이것은 참가자에게 생생한 현실에 대한 해석을 분석할 기회를 제공하고 잘못된 해석을 정정할 수 있는 기회를 제공한다. 회원 점검은 특정한 맥락에서 발견사항의 진가 혹은 진실성에 대한 신뢰를 확립하는 가장 좋은 방법이다(Guba, 1981). 회원 점검을 연구설계에 통합함으로써 우리는 발견사항의 신뢰성이나 타당도를 높일 수 있다.

우리가 이야기의 일관성 또는 **결과의 안정성**을 어떻게 해석하는지는 질적 연구에서 다르기 마련인데, 그 이유는 우리가 현실의 다중성이 존재함을 수용하기 때문이다. 이야기의 불일치를 오류로 해석하는 대신, 질적 연구자는 이것을 참가자의 통찰력이 변화한 것으로 본다. 그렇다고 해서 모든 참가자가 꾸미지 않은 진실만을 말하고 있다고 가정하는 것은 아니다. 대신, 참가자가 자신의 이야기를 구성하고 재구성하는 방식이 다양한 해석과 일관될 것으로 기대하는 것이다.

전이가능성(transferability)은 작업 가설이 한 맥락에서 다른 맥락으로 전이될 수 있을 때 발생한다(Guba, 1981). 전이가능성을 확립하려면 두 맥락 모두에서 두터운 기술(記述)이 필요하다. 질적 연구는 반복하기 어렵고, 일반화에 대한 주장도 절제될 수밖에 없는데 왜냐하면 우리가 충분한 크기의 대표 표본을 거의 사용하지 않기 때문이다. 그러나 발견사항이 한 설정에서 다른 설정으로 옮겨지는 것은 일반적이다. 예를 들어, 캘리포니아 로스앤젤레스에서 성노동자들이 논의한 안전에 관한 쟁점은 브라질 리우데자네이루의 성노동자들에게도 존재한다는 것을 알 수 있다.

마지막으로 객관성이나 상호주관적 합의보다는 중립성이 **보통** 질적 분석의 특징이다. 중립성은 회원 점검 및 전이가능성을 통해 평가될 수 있다. 이 모든 기술(技術)들은 여러분의 연구가 신뢰할 수 있는지 확인하는 데 사용할 수 있으며, 여러분은 여러분의 기술(技術)에 대해 상세하고 깊게 논의할 수 있다. 여러분이 감사 추적을 포함한 여러분의 연구과정에 대해 투명하면 투명할수록 독사들은 여러분의 최종 연구 산출물을 더 많이 신뢰하고 믿게 된다. 자료 및 분석의 **신뢰성**을 보장하기 위해 여러분이 사용하는 기술(技術)은 여러분만의 프로젝트를 시작하기로 결정한 순간부터 알려져야 한다. 다른 사람들의 생생한 경험을 최고의 표현 형태로 전달하기 위해 여러분이 취할 여러 단계 중 몇 가지만이라도 생각해 보라.

질적 면접 요약

질적 면접은 신중함과 주의를 요하는 상호작용적 자료수집 과정이다. 연구자는 자료수집의 도구이지만, 이 역할에서 연구자는 또한 인간적 상호작용에 참여한다. 비록 이 장이 여러분에게 숙련된 질적 면접관이 되기 위한 도구를 제공했지만, 실전연습만이 훌륭한 면접을 수행하기 위한 여러분의 능력을 완벽하게 만드는 가장 좋은 방법이다.

고품질의 질적 연구는 풍부함을 유지하고, 의미와 공유된 의미를 인식하며, 맥락의 자취를 놓치지 않고, 자료수집 및 분석의 엄격한 표준을 준수한다. 다음을 포함한 많은 활동을 통해 최종적으로 권위적 서면 설명에 이르게 된다.

- 질문의 공식 진술
- 참가자에게 접근
- 면접관으로서 여러분의 역할 확정
- 참가자와 상호작용

- 주제에 맞는 자료 코딩
- 수집한 자료의 맥락 유지
- 자료의 품질 향상을 위한 단계 밟기

비록 여러분의 자료 일지에 면접 녹취록, 현장 노트 및 메모와 같은 수많은 문서가 포함되지만 자료를 정리하고 해독하는 방법에 대한 결정은 명확하고 정확해야 한다. 질적 자료를 코딩하는 여러 가지 접근방법이 있으며, 그중 근거이론이 가장 대중적이다. 여러분이 경험을 쌓으면서 다른 접근 방식의 시도에 대해 생각해 볼 수도 있다. 여러분의 최종 원고에는 기술(記述), 분석 및 해석을 조합하여 사용할 수 있다. 마지막으로 참가자의 생생한 경험을 가장 정확하고 설득력 있게 표현하기 위해 다양한 기술을 실험할 수 있다.

요약

- 여러분이 인간의 관점, 감정 또는 생활양식과 관련된 '방법'에 대해 궁금한 자신을 발견하면, 그때는 질적 면접을 사용하는 것이 더 나을 것이다.
- 비판적 실재론자적 관점은 하나의 포착 가능한 실재보다는 실재에 대한 다중의 관점이 존재한다고 가정한다.
- 반구조화된 면접은 표준화된 질문이 있지만, 우리로 하여금 새롭게 부상하는 주제를 탐색할 수 있도록 해 주는 예정에 없던 탐문과 즉흥적인 질문을 포함한다. 자연스러운 대화와 유사한 비구조화된 면접은 탐색 연구에 가장 적합하다.
- 초점집단은 사람들의 집단을 면접하는 것이며, 집단 구성원 간의 역학을 검토하는 것이 가장 좋다. 초점집단 사회자는 대화를 안내하고 주도권을 쥔 집단 구성원과 집단적 사고를 알고 있어야 한다.
- 우리는 질문이 어떻게 문구화되어 표현되고 대화에서 그들이 어떻게 발생하는지 신중하게 생각해야 한다.
- 질적 면접을 수행할 때 여러분이 스스로 내부자인지 외부자인지, 여러분이 관심 집단과 얼마나 밀접하게 연결되어 있는지에 대해 생각하는 것이 중요하다. 이를 통해 여러분이 어떻게 접근 권한을 얻고 여러분이 어떻게 참가자와 라포(rapport)를 구축하는지가 결정된다.
- 적극적인 면접은 역동적이자 의미구성적 맥락을 제공하는 양방향 교환이다. 상호작용 면접에는 의미구성적 맥락도 포함된다.
- 자료의 기록에는 현장 노트, 성적 증명서, 메모 및 연구과정에 대한 서면 기록이 포함된다. 질적 면접을 사용한 연구는 일반적으로 대용량의 자료 일지를 생성한다.
- 자료분석 또는 변환은 자료수집 중 및 수집 후에 발생한다. 사고 단위는 자료수집을 안내하는 중요한 도구이다.
- 근거이론의 3가지 유형의 코딩은 개방형, 축방향 및 선택적 코딩이다. 자료에서 개념을 찾기 위해 공개 코딩으로 시작하여 여러 공개 코드 및 테마를 결합하는 선택적 코딩으로 이동할 수 있다.
- 테마는 일반적으로 코딩 프로세스에서 파생된 상위 수준 개념이다. 이러한 개념을 찾는 가장 일반적인 방법은 자료의 유사점과 차이점을 지속적으로 비교

하여 주제를 설정하는 것이다.

- 정성적 자료는 서술, 분석, 해석을 통해 분석할 수 있다. 설명은 원시 자료에 가장 가깝지만 해석은 추측에 가깝다.
- 자료 품질을 보장하는 가장 좋은 방법은 모든 코딩 결정에 대한 감사 추적을 만드는 것이다. 부정 사례를 사용하는 구성원 확인, 이전 가능성 및 중립성은 자료 품질을 개선하는 도구이다.

핵심 용어

감사 추적(audit trail)
구조화된 면접(structured interview)
근거이론(grounded theory)
내부자/외부자적 지위(insider/outsider status)
라포(rapport)
메모하기(memoing)
면접 일정(interview schedule)
민감한 개념(sensitizing concept)
반구조화된 면접(semi-structured interview)
분석(analysis)
비구조화된 면접(unstructured interview)
비판적 실재론자 관점(critical realist perspective)
사고 단위(thinking unit)
성찰(reflexivity)
주제(theme)
질적 기술(qualitative description)
질적 면접(qualitative interview)
질적 해석(qualitative interpretation)
초점집단(focus group)

복습문제 및 연습문제

1. 다음 영상 클립 중 하나를 시청하라. HYPERLINK "http//www.youtube.com/watch\?v=TQ4y7GPeFBY" http://www.youtube.com/watch?v=TQ4y7GPeFBY 혹은 HYPERLINK "http//www.youtube.com/watch\?v=ymsHLkB8u3s"http://www.youtube.com/watch?v=ymsHLkB8u3s. 그런 다음 여러분이 생각하기에 전달된 주요 논점을 작성하라. 여러분의 해석을 여러분 반의 다른 두세 명의 해석들과 비교하라.
2. 관심 있는 연구 주제를 선택하고 인터뷰 일정을 작성해 본다. 먼저 면접 안내서(interview guide)를 사용하고, 다음으로 반구조화된 질문을 사용하라. 여러분의 반구조화된 인터뷰 일정에 몇 가지 예정된 캐어묻기(probes)가 포함되었는지 확인하라.
3. 질문 2에서 작성된 두 개의 인터뷰 일정을 사용하여 한 사람을 인터뷰하라. 두 가지 접근 방식(비구조화 및 반구조화)을 비교하는 몇 단락을 작성하라. 각 접근방식의 장점과 단점은 무엇이었는가?
4. 인터뷰 후 자기 성찰에 대한 작업 메모를 작성하라. 여러분의 내부자/외부자 지위와 이것이 어떻게 여러분 생각의 일부를 형성했는지에 대해 논의하라.
5. 여러분의 연구 프로젝트에 대해 사고 단위 또는 민감한 개념을 만들어 보라. 그런 다음 여러분의 연구 프로젝트에 대해 코딩 메모 또는 분석 메모를 작성하라.
6. 한두 번의 인터뷰를 통해 자료를 코딩하고 주제를 파악하라. 연구 프로젝트의 주제를 파악한 과정에 대해 토론하라. 코딩 1 대 2 인터뷰를 기반으로 주제가 어떻게 이동했는지 설명하라.

CHAPTER

11

현장관찰 연구

이 장에 기술된 방법은 자연 상태에서의 관찰(행위가 일어나는 곳으로의 방문과 목격 등)을 강조하고 있다. 우리는 현장에 대한 준비를 하는 방법, 관찰하는 방법, 관찰한 것을 기록하는 방법, 그리고 현장관찰 연구의 상대적 장단점을 인지하는 방법을 다룰 것이다.

학습목표

1. 자료수집 방법으로서 자연스러운 맥락의 현상을 직접 관찰하는 자료 현장 연구에 대한 설명 능력을 보유한다.
2. 현장 관찰은 물리적 · 사회적 환경 및 행동과 사건에 대한 정보를 수집하는 데 선호되는 방법이라는 점을 인식한다.
3. 형사사법에서의 현장 연구는 양적 또는 질적 자료를 생산한다는 것에 대해 이해한다.
4. 현장 연구를 통한 관찰방법이 어떻게 면담 및 다른 자료를 통해서 통합될 수 있는지에 대한 사례를 제공한다.
5. 현장 연구자들이 관찰대상자에 대해서는 스스로를 연구자로서 위치시키거나, 또는 그렇지 않는 이유에 대해 이해한다.
6. 어떤 추출방법이 현장 연구에 적합하고 언제 활용될 수 있는지에 대해 이해한다.
7. 현장 연구 기록에 대한 대안적 방법, 즉 비디오 촬영, 녹음, 기타 기기 및 비구조화된 현장 노트에 대해 인식한다.
8. 어떻게 현장 메모가 작성되고 구조 및 유연성을 조합하여 기술할 수 있는지에 대해 이해한다.
9. 현장 연구의 타당도와 신뢰도를 어떻게 정할지에 대해 이해한다.

항구 활동과 도난 차량

이전 장에서 우리는 차량 절도와 부품 표식에 대한 마이클 맥스필드와 동료 로널드 클라크, 그리고 럿거스 대학원생들의 다른 연구 요소에 관해 기술했다. 이 연구는 현장활동을 포함한 다양한 자료를 활용했다. 제3장에서는 자동차 정비소에 대한 현장 관찰과 관련된 윤리적 쟁점을 논의했다. 여기서는 차량 절도의 완전히 다른 차원에 대한 현장 연구를 기술한다. 즉, 대형 항구를 통해 도난 차량이 불법 수출되는 내용에 대한 것이다.

클라크와 맥스필드는 2008년 380,000대 이상의 차량이 뉴어크항에서 해외로 운송됨을 알았다. 그중 약 1%를 밑도는 3,750대 정도는 도난 차량이었다. 추가로 104,800대는 차대번호에 문제가 있었다. 연구자들은 미국에서 가장 혼잡한 뉴저지 뉴어크항의 대형 터미널을 찾아가기로 했다. 방문 목적은 도난 차량 수출을 위한 항구 및 운송 작업을 이해함에 있었다. 연구자의 역할은 순전한 관찰자였다.

그들은 대형 시설, 즉 전적으로 컨테이너 작업을 하는 현대화된 항구를 둘러보았다. 선적 컨테이너는 기본적으로 바퀴가 없는 세미 트레일러였다. 수천 개의 컨테이너가 기차나 트럭을 통해 뉴어크항을 매일 오갔다. 관찰은 컨테이너 트럭 무게 계측 및 서류 확인이 이루어지는 정문에서 시작했다. 항구와 선적회사 보안 요원은 컨테이너가 어떤 과정을 거치는지 설명했다. 들어오는 컨테이너는 선박으로 도착했고, 이후 트럭 또는 기차를 이용하여 미국 전역에 걸친 예정 지역을 향했다. 무게 계측과 서류 확인 외에도 출발하는 컨테이너에 대한 절차는 금지품목 및 위험물질 검사가 있었다.

맥스필드와 클라크의 주요 관심사는 미국 바깥으로 나가는 컨테이너였다. 수출되는 차량이 항구에 도착했을 때 차량은 컨테이너 안에 있었고, 각 컨테이너는 자동차 세 대를 실을 수 있기에 충분할 만큼 컸다. 컨테이너가 여러 곳으로 이동되었고 다섯 개 높이로 쌓아 올려졌다. 소형 트럭은 출항하는 화물 운반선에 선적을 위해 컨테이너를 가져왔다. 맥스필드와 클라크는 선박 교량에서 적재 및 하역 작업 관찰을 위해 중국에서 출항한 950피트의 배에 승선했다. 3개의 타워 크레인이 선박의 길이만큼 작동하면서 동시에 컨테이너를 선박 안팎으로 이동시켰다. 이것은 정말 볼만한 광경이었다. 배와 도크에 올려놓는 선적 '왕복' 작업은 약 90초밖에 걸리지 않았다.

어느 날 아침부터 선적터미널에서 보안팀 직원 등에 대해서 질적 면접을 진행했다. 연구자들은 도난 차량의 수출이 항구를 통해 용이하게 이루어지는 다음과 같은 몇 가지 점을 파악할 수 있었다.

- 엄청난 수의 컨테이너가 항구 내외에서 들어오고 나갔다.
- 800~1,000대의 자동차가 매일 출하되었다. 일부 컨테이너에는 자동차와 함께 다른 부품도 포함했고, 다른 컨테이너는 자동차만 두세 대를 싣고 있었다.

- 일부 도난 차량은 다른 화물과 섞여 있었는데, 이 경우 컨테이너 내용물로 표시되지 않았다.
- 나가는 자동차에 대한 서류 검사가 있지만, 개별 자동차를 식별하는 차대 번호와는 거의 비교되지 않았는데 왜냐하면 다음과 같은 이유 때문이었다.
  - 자동차가 든 컨테이너는 다른 것과 섞여 있어서 접근하기 어려웠기 때문이었다.
  - 수가 많았던 것 이외에도 컨테이너는 선적장 주변을 자주 이동하고 있기 때문이었다.
  - 나가는 선적을 위해 제시되는 자동차 및 기타 물품은 적재 전 72시간 동안 검사가 가능했다. 하지만 출입국 관리소 직원의 제약은 검사가 이 기간 동안에 일부 컨테이너에만 가능하다는 것을 뜻하기 때문이었다.
  - 널리 비난되었던 공항 전신 스캔 기술처럼 컨테이너 내부를 투시할 수 있는 새로운 기술이 개발되었지만, 그러한 기계는 하나만 사용할 수 있었고 그것도 거의 사용되지 않았기 때문이었다.
  - 미국에 대한 9 · 11 공격 이후 미국 내로 들어오는 선석된 화물에 대한 검열에 막대한 자원을 투입되었지만, 미국에서 나가는 수출품에 대한 검열 역량은 떨어졌기 때문이었다.

이러한 연구결과가 결론적인 것은 아닐지라도 현장 관찰은 맥스필드와 클라크가 도난 차량의 수출을 설명하는 데 기여했다. 이러한 관찰이 없었으면 어떻게 매일 뉴어크항에서 처리되는 수천 개의 컨테이너에 속에서 도난 차량이 은닉되었는지에 대해 이해할 수 없었을 것이다.

구글 또는 지도 프로그램에 'port Newark'를 입력하면 현대 항구가 어떤 것인지 조금 느낄 수 있다. 숲처럼 모여 있는 선적 컨테이너들을 보려면 스크롤하고 확대하기 바란다. 또한 당신은 선적 컨테이너의 역사에 관한 마크 레빈슨(Marc Levinson)의 책(2007)에 관심이 있을 것이다. 레빈슨은 그 책에서 무엇보다도 어떻게 컨테이너화가 다양한 형태의 화물 절도를 줄이는지를 살피고 있다.

도입

현장관찰 연구는 다른 여러 종류의 방법을 적용할 수도 있지만 종종 질적인 기술이 사용된다.

이제 관찰을 하기에 가장 적절한 방법이 무엇인지에 대해 알아보자. 바로 현장관찰 연구이다. 만약 조사자들이 어떤 것에 대해서 알고 싶을 경우에 단순히 그것이 발생하고 있는 장소에 가서 그것이 발생하는 것을 보면 되지 않는가?

현장관찰 연구에서 자료를 수집하는 데는 두 가지 다른 방법이 있다. (1) 직접적으로 관찰하는 것과 (2) 질문하는 것이다. 이 장에서는 우선 관찰 방법을 다루고 있고, 제10장에서 다루었던 현장 연구에서의 질적 면접 방법도 염두에 두어야 한다.

이 책에서 논의되고 있는 대부분의 관찰 방법은 양적(통계적) 분석에 적합한 자료를 제공하기 위해 고안되었다. 조사는 전체 인구 중 범죄 피해자의 비율이나 침입절도범으로 인한 재산 피해의 평균 금액과 같은 수치를 얻기 위한 자료를 제공한다. 현장관찰 연구를 통해서 질적 자료를 얻는 것은 물론 추가적으로 양적인 자료도 얻을 수 있다(관찰이 쉽게 수치로 대체되지는 않는다). 예를 들어, 침입절도 사건을 조사하는 현장관찰 연구자는 개별적 침입절도범이 특정한 유형의 대상을 선택하는 경향이 있는지(질적)에 관한 연구와 함께 피의자가 체포된 횟수(양적)에 관해서도 연구할 것이다.

질적인 현장관찰 연구는 종종 이론이나 가설을 생성시키는 활동이기도 하다. 많은 유형의 현장관찰 연구에서, 조사자들은 검증되어야 할 명확하게 정의된 가설을 갖고 있지 않다. 현장 관찰을 통해서 실제 발생하고 있지만 사전에 예측할 수 없었던 것을 설명할 수 있게 되는 것이다. 이 과정은 초기 관찰하기, 장기적 관찰을 필요로 하는 잠정적 결론, 초기 결론 수정하기 등으로 이루어진다.

예를 들어, 로스 호멜, 스티브 톰센, 제니퍼 토메니(Ross Homel, Steve Tomsen, and Jennifer Thommeny, 1992)는 호주의 시드니에서 술집에서의 폭력에 관한 현장 연구를 시행하였는데, 이들은 특정한 상황에서 폭력 사건이 발생하는 경향이 있다는 것을 알아냈다. 잇따른 연구들이 특정한 상황과 폭력 사이의 관계(Homel and Clark, 1994), 댄스 클럽의 인테리어와 공격성의 관계(Graham and Homel, 2008)에 관한 일련의 가설을 검증하였다. 후에 제임스 로버츠(James Roberts, 2007)는 뉴저지의 술집과 클럽의 운영과 서빙 방식에 관한 연구를 통해서 위 발견을 확장했다. 이러한 사례들은 보통 현장 관찰을 통해 만들어지는 근거이론의 또다른 설명이다.

형사사법에서의 현장 연구는 또한 가설을 검증하거나 정책 개혁을 평가하는 데 이용되는 양적인 자료를 제공하기도 한다. 전형적으로, 질적 탐구 관찰은 몇몇 범죄문제의 본질을 밝히고 가능한 정책적 대응을 제안하는 데 도움을 준다. 정책적 대응 이후 그 정책의 효과를 평가하기 위한 심도 있는 관찰이 이루어지게 된다. 그 예는 우리가 제2장의 상황적 범죄예방 접근에서 간단하게 설명했다. 상황적 범죄예방 계획의 5단계 중 처음과 마지막 단계는 문제 정의와 가설 검증이라는 관찰의 두 가지 이용방법을 나타낸다(Clarke, 1997b).

1. 특정한 범죄문제의 본질과 관점에 관한 자료를 수집한다.

* * *

5. 결과를 분석하고 경험을 일반화한다.

특히 만약 여러분이 형사사법의 전문가로서의 경험이 있다면, 여러분은 현장관찰 연구가 현장에서 관찰하고 사람들에게 질문한다는 점에서 경찰관 및 기타 많은 사람들이 하는 일과 별반 다르지 않다고 생각할 것이다. 경찰도 역시 특정한 범죄문제에 대해 자료를 수집하고, 행동을 취하고, 결과를 분석한다. 그렇다면, 여기서 새로운 점은 무엇일까?

형사사법 전문가와 비교했을 때, 연구자는 일반화하는 것과 그러한 일반화를 뒷받침하기 위한 체계적인 현장조사 기술을 사용하는 것에 더 관심을 두는 경향이 있다. 예를 들어, 다른 목표를 갖고 접근법을 달리하는 두 사람이 들치기를 관찰했다고 해 보자. 도매상 경비원과 형사사법 연구자라고 생각해 보자. 경비원은 도둑을 잡고 가게 상품의 손실을 막는 것을 원할 것이다. 이러한 목표를 달성하기 위해서 경비원은 의심스러운 특정한 들치기범의 행동을 감시하는 기술을 사용할 것이다. 연구자의 관심은 다른 곳에 있다. 아마 연구자는 들치기의 횟수를 측정하거나, 들치기범의 특징을 묘사하거나, 또는 들치기를 방지하기 위한 어떤 구체적인 방안을 구상할 것이다. 십중팔구 연구자들은 일반적인 이해를 얻기 위하여 표준화된 관찰 방법을 사용한다.

어떤 측면에서는 모통이 술집이나 병원 대기실, 또는 비행기 내에서 우리가 사회적 행동을 관찰하거나 참가하거나 이해하려고 할 때 우리는 모두 현장조사를 하고 있는 셈이다. 우리가 관찰 결과를 다른 사람에게 알릴 때, 우리는 현장 연구 성과를 알리는 것이다.

이 장에서는 현장조사의 방법을 자세하게 설명하는데, 논리적 개관과 우리 모두가 일상생활에서 하고 있는 보통의 관찰보다 과학적 현장 연구를 더 유용하게 만들어 주는 구체적 기법을 소개한다. 현장조사의 다양한 적용과 기법을 알아가면서 제1장에서 구분한 보통의 설문과 사회과학적 조사의 차이를 떠올려 보는 것이 도움이 될 것이다. 현장 기법은 우리 모두가 보통의 조사에서 사용하는 기법이 어떻게 체계적인 방법으로 발전하는지 설명한다.

현장관찰 연구에 적합한 주제

어떠한 상황이나 행동이 자연적 상황 속에서 연구되어야 할 경우, 보통 현장관찰 연구는 최상의 접근방법이 된다.

현장관찰 연구의 주요 강점 중의 하나는 조사자가 포괄적인 전망을 가질 수 있다는 점이다. 현장관찰 연구의 이러한 측면은 그 자체의 타당도를 강화한다. 완벽하게 실현 가능한 상황에 대한 연구와 관찰을 통해 현상에 접근함으로써, 우리는 그것에 대해서 더 깊고 완전한 이해를 할 수 있게 된다. 이러한 관찰의 유형은 특히(포괄적이지는 않지만), 단순한 양을 정의하는 연구 주제에 적합하다. 현장관찰 연구자는 다른 방법을 사용하는 연구자와는 다른 태도, 행동, 설계의 미묘한 차이를 깨달을 것이다.

예를 들어, 클리퍼드 시어링과 필립 스테닝(Clifford Shearing and Phillip Stenning, 1992: 251)은 디즈니사가 어떻게 수백만 개의 테마공원 방문자에게는 거의 보이지 않는 은밀하지만 효과적인 비공식적 사회적 통제를 사용하고 있는지에 대해 설명하였다. 아래와 같은 통찰력을 제공할 만한 기법으로 직접 관찰보다 적합한 것은 없다.

> 통제 전략은 환경적 특징과 구조적 관계 양측에 내포한다. 두 경우 모두 통제 구조와 행동이 강조되는 다른 기능을 가지는데, 이를 통해서 통제 기능이 가려지는 것이다. 예를 들어, 필수적으로 모든 수영장, 분수, 꽃 정원은 심미적인 기능과 함께 방문자로 하여금 특정한 장소에서 멀어지게 하거나 이끄는 기능을 한다. 유사하게, 모든 디즈니 고용자들은 다른 역할을 우선적으로 맡으면서 질서 유지의 역할도 담당하고 있다.

현장 조건의 이해를 위한 직접 관찰의 다른 사례로, 이 장 앞에 기술된 "항구 활동과 도난 차량" 부분을 참고하라.

형사 체계에서의 조사에 있어서 현장 관찰의 많은 다양한 용도는 조지 매콜(George McCall)이 그의 고전적 책인『법을 지키기(Observing the Law)』(1978)에서 잘 요약하고 있다. 자료수집의 세 가지 주요 방법(관찰, 질문하기, 기록물 이용하기)과 비교해서 매콜은 물리적 또는 사회적 설계, 행동, 사건에 관한 정보를 획득하는 데에 관찰이 가장 적절하다고 하였다.

관찰만이 설계, 행동, 사건에 관한 자료를 얻는 유일한 방법은 아니다. 한 블록 내의 세대수에 관한 정보는 시 공무원 사무실에서 얻을 수 있고, 범죄 조사는 보통 피해 사건과 경찰에게 신고된 범죄인지에 대해 조사하면서 이루어진다. 하지만, 현장 연구가 많은 상황에서 가장 선호되는 방법이다.

현장관찰 연구는 자연적 상황에서 가장 잘 이해될 수 있는 주제를 다룰 때 특히 적합하다. 설문조사는 어떤 만들어진 조건 속에서의 행동과 태도를 관찰할 수 있게 하지만, 모든 행동이 이러한 방법을 통해서 관찰될 수 있는 것은 아니다. 예를 들어, 현장관찰 연구는 잠재적인 소비자와 정상적인 거리 소통, 비밀경찰 요원을 구별하기 위해 거리 단위의 마약상이 어떤 방법으로 행동적, 상황적 단서를 찾아내는지에 관한 연구에 최상의 기법이 된다. 이러한 기술을 연구하는 것은 설문조사를 통해서는 어려울 것이다.

실제 범죄에 관한 현장관찰 연구는 사건에 관한 정보를 얻는 것을 포함한다. 매콜(McCall, 1978)은 매춘이나 마약 복용과 같은 부도덕에 대한 관찰 조사는 다른 범죄에 관한 관찰 조사보다 훨씬 일상적이라고 하면서, 이는 이러한 행동이 적어도 눈에 띄거나 소비자를 유혹하는 종류이기 때문이라고 지적하였다. 주목할 만한 한 가지 예외는 가게 좀도둑질에 대한 조사이다. 테리 바우머와 데니스 로젠바움(Terry Baumer and Dennis Rosenbuam, 1982)에 의해 이루어진 고전적 연구는 두 가지 목표가 있었다. (1) 대형 상점에서의 도둑질의 발생률 측정과 (2) 다른 유형의 가게 보안 장치의 효과 측정이다. 각각의 목표는 가게 좀도둑질 측정 장치를 필요로 했는데, 이들은 직접 관찰을 사용하였다. 개개인의 추출은 그들이 가게에 들어와서 나갈 때까지의 시간대의 조사자가 선택하도록 하였다. 관찰자들은 같은 손님으로 가장한 채 따라가도록 할당된 손님들의 모든 절취 행위를 관찰했다. 우리는 이 장에서 위의 연구에 대해 더 논의할 것이다.

물리적 설계의 많은 측면들은 아마도 직접 관찰을 통해서 가장 잘 연구될 수 있다. 공공장소에서의 갱 집단 낙서의 범람과 패턴은 설문 방법의 목표가 낙서의 함의를 밝히는 것이 아닌 이상 설문을 통해서는 밝혀낼 수 없다. 오스카 뉴먼(Oscar Newman, 1972, 1996), 레이 제프리(Ray Jeffery, 1977), 퍼트리샤와 폴 브란팅햄(Brantingham and Brantingham, 1991)의 범죄와 환경 설계와의 관계에 관한 연구는 대부분 현장관찰 연구를 통해서 이루어졌다. 만약 범죄의 기회가 물리적 조건에 의해 달라진다면, 물리적 조건의 다양한 설계 관찰이 필요하게 된다.

런던의 두 지역에서 범죄예방 도구로서의 거리 조명 평가는 관찰이 어떻게 물리적 조건과 행동을 측정하는 데 사용되는지를 설명해 준다. 케이트 페인터(Kate Painter, 1996)는 거리 조명, 특정 범죄율(피해자 조사에 의해 측정되었다), 범죄에 대한 두려움, 밤 시간대의 이동성의 관계에 대해 흥미를 가졌다. 거리 조명은 거리를 선별하여 개선하였다. 영향을 받는 지역의 보행자나 세대주 조사는 조명 개선의 전후에 실시되었다. 설문 문항은 피해자화, 범죄문제와 조명 질에 대한 인식, 조명에 의해서 영향을 받는 구역의 평상시의 밤 시간대의 행동에 관한 질문 등으로 이루어졌다.

비록 사전조사와 사후조사의 문항이 개선된 조명과 관련된 태도와 행동의 변화를 평가하는 데 사용될 수도 있지만, 현장 관찰이 행동을 측정하는 데 더 나은 방법이다. 페인터는 거리 조명의 개선이 이루어진 거리의 전과 후의 보행자 수에 대해서 체계적인 측정을 하였다. 이러한 관찰이 설문 문항에 비해서 이러한 행동을 측정하는 데는 더 효과적인데, 이는 사람들이 종종 어떤 구역을 어두워진 후에 얼마나 많이 걸었는지와 같은 일상적인 행동을 기억해내는 것이 어렵기 때문이다.

페인터의 조사는 또한 물리적 조건을 관찰하는 문항을 포함하였다. 먼저 조명 밝기(lux 단위로 측정된다)가 거리 조명 장치 변화가 있는 거리에서 전과 후에 측정되었다. 둘째로, 가구를 대상으로 면담을 시행한 자들이 추출된 가구 주변 지역의 물리적 조건을 관찰하였다.

관찰자의 다양한 역할

현장 관찰자의 역할은 완전한 참여에서부터 완전하게 분리된 관찰까지 광범위하다.

현장관찰 연구(field research)라는 용어는 일반적인 **민속지학**(ethnography)이라는 용어보다 넓고 많은 것을 포함한다. 현장 연구 조사자들은 그들이 연구하고자 하는 것에 항상 참여할 필요는 없는데, 대부분이 그 행위가 일어나는 현장에서 직접 그것을 연구한다. 캐서린 마셜과 그레천 로스먼(Catherine Marshall and Gretchen Rossman, 2006: 72)이 이를 지적하고 있다.

> 연구자는 다양한 범위의 '참여도' 내에서 역할을 계획한다. 참여도라 함은, 일상적인 생활에의 실제적인 참여를 말한다. 가장 큰 범위는 완전한 참여인데, 이는 조사자가 일상적인 생활을 역할로서 또는 조건에서 만들어진 역할의 전체로서 행하는 것이다. 가장 작은 범위는 완전한 관찰자인데, 사회적 상호작용에 전혀 관계하지 않고 연구대상이 되는 세계에의 관련을 아예 피하기도 한다. 그리고 물론, 그 연속선상에서 모든 가능한 보완적 혼합 역할도 조사자에게 가능하다.

이러한 측면에서의 완전한 참여는 연구자가 연구하는 것에의 순수한 참여자가 될 수도 있고(예: 사형 제도를 반대하는 시위의 참여자), 또는 적어도 순수한 참여자처럼 보일 수도 있다. 어떠한 사건에서도, 만약 여러분이 완전한 참여자처럼 행동한다면, 여러분은 사람들에게 조사자가 아닌 단순한 참여자의 한 사람으로서 보이도록 해야 한다.

이것은 윤리적인 의문점을 제기한다. 우리가 연구하고자 하는 사람들이 우리가 조사자임을 알았을 때 신뢰하지 않듯이 우리가 그들을 속였을 때 우리를 신뢰할 것이라는 희망에서 속이는 것이 윤리적인가? 과학적 이익(연구의 과학적 가치)이 윤리적 문제를 상쇄시키는가?

이것과 관련하여 윤리적 고려는 과학적인 문제가 된다. 어떤 조사자도 속이는 것만을 유일한 목적으로 연구대상자를 속이지 않는다. 그것보다는 자료가 더욱 유효하고 신뢰할 수 있을 것이라는 믿음에서 조사가 이루어지고, 이로 인해서 연구대상자는 조사자가 조사 작업을 한다는 것을 모르는 상태에서 더욱 자연스럽고 솔직해질 것이다. 만약 연구대상자가 자신이 조사 대상이라는 것을 알게 될 경우 그들은 조사연구자를 거부하거나, 몰랐을 경우보다 더 존경받을 만한 것처럼 보이도록 언행을 과장하여 수정할 수 있을 것이다. 앞의두 경우 모두 관찰 과정이 급격히 변하게 될 것이다.

동전의 다른 한 면에서는 만약 우리가 완전한 참여자로서의 역할을 수행할 때, 우리는 연구하고자 하는 것에 영향을 미칠 수가 있다. 참가자의 역할을 수행하기 위해서는 우리

민속지학(ethnography) 설명보다는 자세하고 정확한 묘사에 초점을 둔 사회적 생활에 관한 보고서.

는 반드시 참가자여야 하고, 이러한 우리의 참가는 우리가 연구하는 사회적 절차에 영향을 끼치게 될 수도 있다. 현행범 참여 관찰 연구의 경우에는 추가 문제가 발생할 수도 있다. 제3장에서 언급하고 있는 합법적이고 물리적인 위험은 현행범이나 과실범과 관련한 현장 연구상의 완전한 참여에 장애가 된다.

마지막으로, 형사사법 제도의 현장 연구에서의 완전 참가는 거의 불가능하다. 비록 경찰관이 형사사법 연구자로서 활동할 수는 있지만, 경찰의 공식적 직무에 관한 실무상의 한계가 연구자와 경찰관으로서 동시 행동하는 데 커다란 장애가 된다. 마찬가지로 판사, 검사, 보호관찰관, 교도관의 책임도 일반적으로 연구를 위한 자료수집 활동과 양립할 수는 없다. 다만 주목할 만한 예외로, 피터 모스코스(Peter Moskos)가 쓴 책, 『우리 동네의 경찰(Cop in the Hood)』을 보면 어떻게 그가 현장 연구 방법을 사용한 학위 논문 완성을 위해 볼티모어 경찰관이 되었는지를 파악할 수 있다(Moskos, 2009).

이러한 유의점(윤리적, 과학적, 실무상, 그리고 안전상) 때문에 현장관찰 연구자들은 종종 다른 역할을 선택한다. **관찰자로서의 참가자** 역할은 연구 과정에서 조직에 참가하지만 조사자가 조사연구 중이라는 것을 명백하게 한다. 예를 들어, 어떤 사람이 유죄판결 후 보호관찰 중이라면 그것은 보호관찰관에 대한 연구를 시작할 기회를 가짐을 의미하게 된다.

엘리스 고프먼(Alice Goffman, 2014)의 연구는 그러한 관계가 형성될 수 있는 복잡한 형태의 사례를 제공한다. 그녀는 필라델피아의 가난한 이웃에서 6년 동안 합법과 불법 경계에서 생활하는 젊은이들과 아파트를 공유하며 살았다. 특히, 고프먼은 정부의 '마약과의 전쟁'의 영향력이 어떤지 직접 보았다. 이 전쟁에서 일반적 피해자는 가난한 도시지역의 젊은 소수인종이었다. 참여 관찰은 마약과의 전쟁이 현장에서 어떻게 진행되는지를 볼 수 있는 방법을 제공했다. 고프먼은 젊었지만 동네에서 눈에 띄었고, 참가자와 관찰자의 역할을 조화시키는 데 어려움을 겪었다(2014: 239~240).

> 나는 단순히 몰래 관찰하는 것이 아닌 참여 관찰자가 되기 원했다. 나는 마이크와 그의 친구 및 이웃과 함께 생활하고 일함으로써 그들의 내부적 일상 고민 및 작은 성취감을 이해할 수 있었다. 참여 관찰방법은 자신을 기존 생활방식으로부터 단절하고 가능한 한 많이 여러분이 알고 싶은 대상에게 맞추는 것이다. 그런데 여러분을 인종, 계급, 성별 차이로 아무도 같은 방식으로 대우하지 않을 때는 어떻게 해야 할까?
>
> 실제 그런 차이는 참여관찰 방법을 혼돈되게 만들었다. 내가 분명히 남성이 아님에도 마이크와 척, 그리고 그들 친구들의 태도, 행동, 일상을 취하려고 노력해야 하는가? 아니면 내가 그들과 교류하는 여성의 역할을 취해야 하는 걸까?

매콜(McCall, 1978)은 현행범을 연구하는 현장관찰 연구자들은 범죄 활동이 일어나는 주변을 조사 구역으로 지정할 것을 제안하였다. 자주 선택되는 바나 댄스 클럽에 가는 것과 같이 특정 유형의 여가 활동에 참가하는 것이 적절한 역할이 될 수 있다. 이러한 접근은 앰버 호닝(Amber Horning)이 제10장에서 언급한 것처럼, 뉴욕 댄스 클럽에서의 마약 복용에 관한 디나 페론(Dina Perrone, 2010)의 연구에서 사용되었다. 이에 덧붙여서, 매콜은 범죄자들에게 알려진 조사자로서의 역할을 결정하는 방법과 '정직한 사람'으로 여겨지는 것이 동료로서 다가가려는 성공적이지 못한 시도보다 연구대상자에게 더 잘 받아들여질 수 있다는 것을 설명하였다. 그러나 이러한 역할에도 또한 위험요소가 있다. 이럴 경우, 조사대상이 되는 사람이 연구 프로젝트가 무엇인지에 주의를 기울이게 될 수 있고, 관찰 대상이 되는 절차는 더 이상 형식을 따를 수 없게 된다. 반대로, 조사자는 참가자로서의 흥미와 시각에 지나치게 얽매이게 될 것이다. 이것은 '원주민 따라하기(going native)'라고 할 수 있고 사회과학에 필요한 연구자와 대상자와의 거리 유지가 상실되게 된다.

참가자로서의 관찰자는 자신을 조사자라고 밝히고 대상자와 일상적인 활동을 통해서 상호작용하지만 실제적인 참가자로서는 행동하지 않는다. 경찰관 순찰에 관한 많은 관찰 연구는 이러한 접근법의 예라고 할 수 있다. 관찰자들은 전형적으로 순찰하는 경찰관을 동행하여 일상적인 행동과 경찰관과 시민 사이의 상호작용을 관찰한다. 경찰관과 동행하여 많은 시간을 보내면서 비구조화된 면접의 기회도 가질 수 있게 된다.

비록 경찰관의 시각에서는 조사자의 역할이 오로지 관찰인 것으로 보이지만, 경찰관과 접촉하게 되는 사람들은 이 관찰자를 사복 경찰관이라고 생각할 것이다. 결과적으로, 경찰관과 마주치게 되는 시민에 대한 관찰이 조사자의 존재에 의해 달라지지 않게 된다.

매콜(McCall, 1978: 88)은 원주민 따라하기가 되는 것은 현장 조사자 사이에서 흔한 경향이라고 하면서, 특히 경찰 관련 관찰 연구 시 많이 나타난다고 하였다. 예를 들어, 관찰자는 경찰관의 행동과 그들이 마주하게 되는 사람들에 대한 경찰관의 관점에 더욱 동감하게 되는 것이다. 관찰자가 순찰 중인 경관을 활동적으로 돕는 경우조차 생길 수 있다. 두 경우 모두에 있어서 대상화는 종종 관찰자의 경찰관에게 받아들여지기 위한 노력의 결과이자 경찰관이 자신의 행동을 관찰자에게 정당화하려는 자연스러운 경향에서 비롯된 것이라고 할 수 있다.

그밖에 극단의 시점은 **완전한 관찰자**로, 어떠한 방법으로든 특정한 장소나 과정의 일부가 되지 않고 관찰만 한다. 연구의 대상자는 관찰자가 지나치게 눈에 띄지 않게 행동하기 때문에 자신이 연구대상이 되는지조차 모를 수도 있다. 법정에 앉아서 관찰하고 있는 개인이 그 예라고 할 수 있다. 비록 완전한 관찰자는 완전한 참가자에 비해서 연구되는 것에 영향을 덜 주고 원주민 따라하기를 할 가능성이 적지만, 연구하고자 하는 것을 완전하게 이해하지 못하게 될 수도 있다. 예를 들어, 법정 관찰자는 법정에서 일어나는 공공의 행동만을 볼 수 있고, 판사와 변호인 사이의 사적인 모임은 알 수가 없는 것이다.

매콜(McCall, 1978: 45)은 흥미롭게도 자주 주목되지 않는 관찰자의 역할과 능력 사이의 상쇄점을 지적한다. 만약 관찰자의 역할이 내재적(완전 참여)이거나 분리적(완전 관찰)이면, 우리가 관찰하는 것을 명확하게 하기 위하여 질문을 덜 할 수 있다. 완전 참여자로서 관찰을 숨기고 질문에 조심을 기해야 하고, 마찬가지로 완전 관찰자는 일반적으로 관찰대상과 상호작용이 가능하지 않다.

연구자들은 상쇄성을 주의 깊게 생각해야만 한다. 만약 관찰대상자가 관찰자에 의하여 영향을 받지 않는 것이 아주 중요하다면, **반응성**(reactivity)으로 알려진 완전 참여 또는 완전 관찰이 선호된다. 만약 관찰대상자에게 질문할 수 있는 상황이 중요한 것이라면, 양자의 병용이 더 낫다.

일반적으로 적절한 관찰자의 역할은 무엇을 발견하고자 하는지 그리고 현장관찰 연구에 영향을 주는 기회와 제약성에 따라 달라진다. 다른 상황은 다른 역할을 요구한다. 하지만, 이런 선택에 있어서 특별한 기준이 있는 것은 아니다. 현장 연구자는 상황에 대한 이해, 판단 및 경험에 의존한다. 연구자는 결정에 있어서 방법론적이고 윤리적인 고려를 기준으로 삼아야 한다. 왜냐하면 이러한 것은 상호 갈등적이고, 어떤 역할을 선택하는지는 어려운 문제이기 때문이다. 연구자는 자주 관찰자 역할이 연구범위를 제한함을 인식한다.

관찰사례와 장소의 선정

다른 종류의 추출 기법이 선택된 관찰 대상에 맞추어 사용된다

우리는 여기에서 조금 더 일반적인 질문인 현장관찰 연구에서 관찰의 대상은 어떻게 선정하는 것인지에 대해 의문을 가지게 된다. 보통 많이 사용하는 선택방식은 정보원과 눈덩이 표집(snowball sampling)이라 부르는 방식의 혼합 기법이다. 제8장에서 언급했듯이 눈덩이식 추출 방식은 최소한의 조사 대상자(또는 정보원)가 대상자가 될 다른 사람을 제시하고, 그 사람이 다시 잠재적인 대상을 제시하고, 그것이 반복되는 것이다. 이러한 방법으로 추천을 통해서 대상 조직이 선정되는 것이다.

물론 관찰의 대상을 선택하는 데는 다른 방법도 있다. 제8장에서는 확률적 표본추출과 같은 더 편리한 기법을 말하고 있다. 비록 현장관찰 연구에서는 대표성의 일반적 원칙이 지켜져야 하지만, 통제된 추출 기법은 가끔 불가능할 때가 있다.

하나의 예시로서, 비행에 관한 현장관찰 연구에서의 가능한 추출 편향을 고려해 보자. 우리가 작은 수의 마약 거래상에 대해 연구하고 싶다고 하자. 우리는 대도시의 보호관찰 부처에서 일하고 있는 한 친구가 있고, 그는 기꺼이 우리에게 마약 거래 혐의를 받고 있

반응성(reactivity) 관찰대상자가 연구 중이라는 사실에 반응하여 이루어지는 행동 변화.

고 집행유예 판결을 받은 사람을 소개해 주려고 한다. 이 경로를 통해서 얻은 대상을 연구했을 때 어떠한 선택상의 문제가 발생할까? 어떻게 조사한 대상이 마약 거래상의 모집단을 대표할 수 없는 것일까? 우리가 하나의 범죄로 시작해서 형법상의 형벌을 선고받는 것으로 끝나는 사건의 연쇄를 거꾸로 살펴본다면 답은 분명해진다.

첫째, 집행유예 선고를 받은 마약 거래상들은 '덜 유해한' 마약을 적은 양으로 거래하다가 체포된 첫 전과자이거나 사람들일 것이다. 반복적 전과자나 '핵심' 코카인 거래상들은 이 집단에 속하지 않는다. 둘째로, 마약 거래로 처음 체포된 사람들은 사법 거래를 통해 단순한 소유 혐의를 가질 가능성도 있다. 거래 혐의에 있는 사람들에게만 우리의 관심이 집중되어 있기 때문에, 우리의 선택 절차는 이 집단을 놓칠 수 있다. 마지막으로, 체포되었고 유죄판결을 받은 거래상을 선택함으로써, 우리는 어쩌면 기술이 부족하여 붙잡힌 거래상만을 상대할 수도 있는 것이다. 더 숙련되고 경험이 많은 거래상은 처음부터 체포될 가능성이 낮을 것이다. 그들은 우리가 연구하고자 하는 거래상과는 중요도가 다를 것이다. 또한 만약 거리의 마약 시장의 거래상이 친구와 지인으로 조직된 사회 그물망을 통해 일하는 거래상보다 더 체포되기 쉽다면, 체포된 거래상을 중심으로 한 표본은 더 미묘한 방식으로 왜곡될 수 있는 것이다.

왜 이것이 현장관찰 연구의 사례 선정에서 중요한 쟁점을 제기하는지 보기 위해서, 라이트와 데커(Richard Wright and Scott Decker, 1994)가 연구한 침입절도범의 예로 다시 돌아가 보자. 그들의 눈덩이 표본이 활동 중인 침입절도범인 전과자로부터 시작되었다는 점을 인식하자(제8장 참고). 다른 접근은 가능성이나 감옥에 있거나 집행유예중에 있는 유죄인 침입절도범들의 다른 표본을 통해서 가능하다. 그러나 라이트와 데커는 표본추출에서 이러한 전략을 거부했는데, 그들이 잡히지 않은 침입절도범을 간과할 가능성이 있었기 때문이었다. 그들의 표본을 모은 후, 조사자들은 대상의 체포기록을 조사함으로써 이러한 가정을 검증해 보았다. 현행 침입절도범의 4분의 1만이 침입절도범으로 유죄판결을 받은 적이 있었고, 나머지 3분의 1은 침입절도범으로 체포된 적은 있지만 유죄판결을 받은 적은 없었다. 40% 이상이 침입절도범으로 체포된 적이 없었고, 8%는 어떠한 범행으로도 체포된 적이 없었다(1994: 12).

위의 사실들을 종합하여, 라이트와 데커는 조사자가 침입절도범으로 유죄판결을 받은 사람을 대상으로 표본을 선정할 경우, 그들 표본 중 4분의 3 정도가 대상에 포함되지 않는다는 결과를 내놓았다. 그러므로 활동 중인 침입절도범의 수와 유죄판결을 받은 침입절도범의 모집단이 겹치는 부분은 조금밖에 없게 된다. 이것은 유죄판결을 받았거나 또는 체포된 침입절도범에 관한 연구의 표본이 대단히 선별적임을 의미한다.

관찰을 위한 사례나 장소를 선택하기 위해서 확률표집을 사용하는 것도 가능하다. 예를 들어, 수료 후지타(Shuryo Fujita)의 '뉴저지, 뉴어크에서 도로 표본추출'을 글상자에서 확인해 보길 바란다.

뉴저지, 뉴어크에서 도로 표본추출

뉴저지주 뉴어크에서 자동차 절도에 대한 나의 연구는 다양한 출처의 자료를 사용하여 그 도시의 어떤 환경적인 특징이 자동차 절도의 위험과 관련이 있는지 연구했다. 가장 유용한 자료는 도시 거리의 표본에서 관찰한 것이다.

나는 구글 거리 보기를 사용하여 동네를 세 가지 척도(쓰레기, 낙서, 주택 상태)로 평가하기로 결정했다. 또한 구글 거리 보기는 추출된 거리에 주차된 차량의 수를 세는 데 사용되었다. 대략적인 자동차를 연식으로 분류한 후, 도시 거리에 주차되어 도난 위험이 있는 자동차 수를 대략적으로 추정했다.

뉴어크의 모든 거리를 관찰하는 것은 실용적이지도 필요하지도 않았기 때문에 무작위로 거리 일부를 샘플링하는 절차를 개발했다. 첫 번째 단계는 도시의 디지털 지도를 얻는 것이었다. 다음으로, 가로 300×300피트 크기의 셀, 또는 정사각형으로 된 격자를 디지털 지도에 덧씌워 만들었다. 즉, 셀 격자가 디지털 방식으로 지도 위에 배치되었다. 뉴어크의 평균 블록 길이가 약 300피트이기 때문에 300피트의 셀 크기가 선택되었다. 뉴어크 면적의 4분의 1 이상이 국제공항과 같은 인구 없는 곳을 포함하고 있는데, 이 지역을 제외했고, 결국 총 4,291개의 셀이 되었다.

다음으로 지리정보시스템 소프트웨어의 통계적 절차를 이용하여 무작위로 200셀의 표본을 선정하였다. 아래 그림은 뉴어크에 덧씌워진 셀 격자와 무작위로 선택된 200개의 셀을 보여준다. 흰색 영역은 도시의 인구가 없어 제외된 지역이다. 선택된 셀은 도시 전체에 분포되어 있는 것을 볼 수 있다. 이것은 서로 옆에 너무 가까운 많은 장소를 사용함으로써 발생할 수 있는 편견을 줄이기 위해 중요했다. 또한 도난이 심한 지역과 도난이 적은 지역도 포함시키고 싶었다. 무작위 절차를 통해 선택된 셀이 표본에 포함될 동일한 확률을 갖는 두 가지 잠재적인 편향 출처를 모두 피할 수 있게 했다.

_ 수료 후지타(Shuryo Fujita) 박사,
캘리포니아 주립대학, 샌버너디노(San Bernardino)

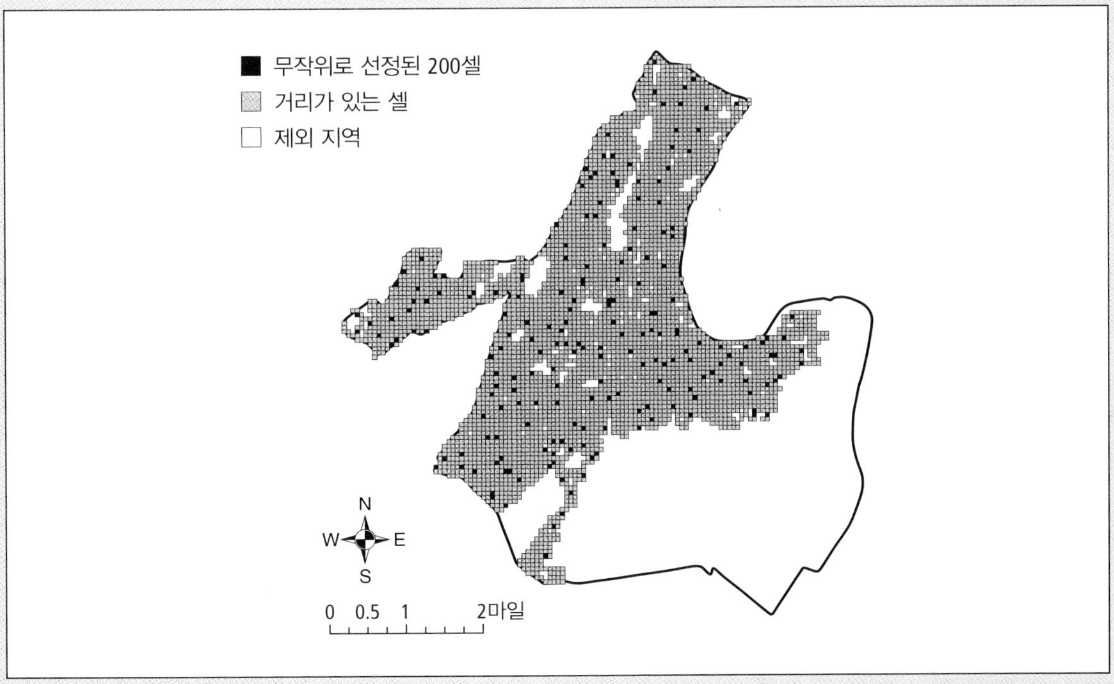

출처: Fujita(2011: 58)를 재수정함.

현장관찰 연구에서의 의도적 표본추출

현장관찰 연구에서의 표본추출은 다른 종류의 조사보다 조금 더 복잡한 경향이 있다. 많은 유형의 현장 연구에서, 조사자들은 연구하고자 하는 현장의 모든 것을 관찰하려고 한다. 그래서 이렇게 보면, 그들은 표본추출을 전혀 하지 않는 것이 된다. 현실적으로 당연히 모든 것을 관찰하는 것은 불가능하다. 현장 조사자는 실제로 일어나는 것들의 일부분만을 관찰할 수밖에 없는데, 이때 그들이 관찰하는 것이 관찰될 수 있는 모든 가능한 관찰의 실제적인 표본이다. 이러한 관찰 방식에서는 우리가 통제된 표본을 선택하는 것은 거의 불가능하다. 그러나 우리는 마음속에 대표성의 일반 원칙을 가지고 관찰 결과를 그것에 따라서 해석할 수는 있다.

관찰을 위한 사례를 체계적으로 추출하는 능력은 구조화의 정도와 관찰되고 있는 현상의 예견 가능성에 의해 결정된다. 이것은 엄중한 규칙보다 더 일반적인 지침이 된다. 예를 들어, 청소년 갱, 침입절도범, 자동차 절도범의 행동은 경찰관의 행동에 비해서 덜 구조적이고, 예측 가능성이 낮다. 경찰관을 대상으로 하는 관찰에서는 확률적 표본추출을 선택하는 것이 가능한데, 이는 주어진 관찰에서의 경찰관의 행동은 여러 측면에서 구조화되어 있고 예측할 수 있기 때문이다. 그러나 실제 범죄자의 모집단이 알려지지 않았기 때문에, 확률적 표본추출은 불가능하다.

이 예는 제8장에서 설명하고 있는 추출틀에 대한 논의를 떠올리게 한다. 경찰관의 근무 일지와 순찰 구역에서의 업무, 교대는 관찰하는 대상을 선정하는 데 있어서 추출틀로 사용할 수 있다. 갱 조직원, 침입절도범, 자동차 절도범에게는 그러한 종류의 근무일지가 없다. 범죄경력 기록은 체포된 적이 있거나 유죄판결을 받은 적이 있는 사람들 중에서 선택하려고 할 때 표본추출 틀이 될 수도 있다. 하지만 이는 우리가 언급해 온 선택의 편향 문제가 있다.

이제는 추출틀이 절차의 규칙성에 비해 덜 중요한 경우를 살펴보자. 도시의 인도 위 사람들의 규칙적이고 예측 가능한 통행은 관찰 사례의 표본을 체계적으로 선택하는 것이 가능하도록 한다. 보행자에 관한 표본틀은 없지만, 도시의 일상생활에서의 변화는 보행자 관찰의 신뢰도를 위한 하나의 과정이다. 예를 들어, 이 장 후반부에 있는 글상자 안의 '남부 맨해튼에서의 보행자' 내용을 참조하기 바란다.

우리는 또한 다른 도로에서 다른 장소에서 많은 관찰을 할 수 있다. 장소의 표본은 표준 가능성 방법을 통해서 선정할 수 있고, 또는 대략의 할당 시스템을 사용할 수도 있는데, 이는 넓은 도로와 좁은 도로, 분비는 도로와 조용한 도로, 또는 다른 시간대의 도로 표본을 관찰하는 것이다. 보행자 흐름의 연구에서, 우리는 다양한 도시지역의 사람들을 관찰할 수도 있는데, 예를 들어 이들을 거주지나 상업 지역과 비교할 수 있다.

미셸 킵케와 동료들(Michele Kipke et al., 1998)은 거리의 청년들을 찾는 데 의도적 추출과 확률적 표본추출을 혼합한 기법을 사용하였다. 첫째, 거리 청년들이 많이 가는 장소는

표 11-1 현장관찰 연구에서의 추출 범위(크기)

추출 범위	변화
인구	행동과 특성
공간	행동 장소의 물리적 특성
시간, 단기	시간 및 요일에 따른 행동 시간에 따른 조명 시간 및 요일에 따른 비즈니스, 상점, 환경 활동
시간, 장기	계절, 휴일에 따른 행동 계절, 휴일에 따른 환경
날씨	날씨에 따른 행동

관찰을 통해서 밝힐 수 있고, 거처를 이용하는 젊은 사람들을 면담함으로써 밝힐 수도 있다. 그 후 그러한 장소에 있는 개인에 대한 가능성 표본은 12~24세로 보이는 사람의 수를 세거나 면담 대상을 선정함으로써 선택될 수 있다. 연구자의 보고서는 다른 장소에서 관찰된 청년들에 대해 기록하기 위한 양식과 다른 크기의 집단에 속한 대상을 추출하는 양식의 표본을 첨부하고 있다.

표 11-1은 현장관찰 연구를 계획할 때 고려될 수 있는 다양한 표본추출의 규모를 요약한 것이다. 사람들의 행동, 사람과 장소의 혼합된 특성은 인구 집단, 장소, 시간, 날씨에 따라 다양해질 수 있다. 우리는 이 장에서 이미 앞의 두 가지에 대해서 논의했다. 이제부터 우리는 간단하게 시간과 날씨 범위가 표본추출 계획에서 어떻게 고려되는지를 논의해 보겠다.

사람들은 비나 눈의 조건일 때보다는 화창한 날씨일 때 문밖의 활동을 많이 하는 경향이 있다. 북쪽 도시에서는, 날씨가 따뜻할 때 사람들이 더욱 외출을 많이 한다. 그렇기 때문에 바깥 활동에 관한 모든 연구는 다양한 날씨에 따른 잠재적 효과를 고려해야 한다. 예를 들어, 거리의 조명 개선 전후의 보행자 연구에 관한 페인터(Painter)의 연구에서, 관찰이 이루어진 기간 동안 날씨라는 조건이 매우 중요하게 여겨졌다.

행동은 또한 시간대에 따라서도 다양한데, 이는 표 11-1에서 단기, 장기로 표시되어 있다. 사업 중심지의 도시 도로는 근무 시간대에 가장 복잡하다. 다른 시간대에는 거주지에 있는 사람들이 더 많다. 그리고 물론 사람들은 근무 요일보다 주말에 다양한 활동을 한다. 계절적인 변화, 장기적 시간차원 역시 형사사법 조사에서는 중요할 것이다. 여름에는 밝은 낮 시간대가 길어지는데, 이는 사람들이 집 밖에서 보내는 시간에 영향을 준다. 쇼핑은 추수감사절부터 크리스마스 시즌까지 절정을 이루는데, 쇼핑하는 사람들 수가 늘어남에 따라 자동차를 가지고 나오는 사람들이 도둑의 목표가 되기도 한다. 마커스 펠슨과 동료들(Marcus Felson et al., 1996)은 뉴욕 무역 기관 버스터미널에서의 활동 주기를 설명한다. 하루 중 시간대, 한 주의 요일, 계절, 날씨가 버스 승객, 노동자, 그리고 여러 범죄자에 의한 시설의 사용에 영향을 끼친다.

실제로, 통제된 확률표본추출은 현장관찰 연구에서는 거의 사용되지 않는다. 여러 유형의 의도적 표본추출이 훨씬 보편적이다. 패튼(Patton, 2002: 230)은 의도적 표본추출의 넓은 범위를 설명하고, 확률표본추출과 의도적 표본추출의 유효한 비교를 제시한다.

> 확률표본추출의 논리와 힘은 통계적 가능성 이론에서 기원한다. 임의적이고 통계적인 대표성을 갖는 표본은 하나의 표본에서 많은 수로의 유효한 일반화를 가능하게 한다. …… 의도적 표본추출의 논리와 힘은 깊은 연구를 위한 **풍부한 정보**를 포함하는 사례를 선택하는 데 있다. (원문에서 강조).

그럼에도 불구하고, 만약 조사자들이 더 형식화된 표본추출 방식의 원칙과 논리를 이해한다면, 그들은 현장관찰 연구에서 더욱 효과적인 의도적 표본추출을 할 수 있게 된다.

현장관찰 연구에서는, 표본추출의 두 단계에 상응하는 질문들을 상기하고 있는 것이 중요하다. 첫째, 우리가 묘사하고 설명하고자 하는 현상의 더 일반적인 단계를 대표할 수 있는 관찰을 위한 모든 상황이 어느 정도까지 가능한가이다. 예를 들어, 관찰되고 있는 세 명의 청소년 갱이 모든 갱을 대표하고 있는가? 둘째, 그 모든 가능한 상황에 대한 실제적인 관찰이 모든 가능한 관찰을 대표하고 있는가? 예를 들어, 우리가 세 명의 갱에 대한 대표성 있는 표본을 관찰한 것인가? 우리가 대표성이 있는 상호작용을 관찰한 것인가? 통제된 확률표본추출 방식이 불가능하거나 부적합한 상황이라도, 대표성과 일반화 가능성의 논리적 연결은 여전히 중요하다. 신중한 의도적 표본추출은 관심 있는 현상을 대표하는 관찰을 가능하게 한다. 그러나 우리는 제8장에서 조사된 것과 같은 대표성 있는 가능성을 내포한 진술을 만들어낼 수 없다.

관찰 기록하기

현장 관찰을 수집하고 기록하는 데는 다양한 방법이 있다.

우리가 행하게 될 현장 연구에도 매우 다양한 유형이 있는 것처럼, 현장 관찰을 기록하는 데도 많은 선택권이 있다. 예를 들어, 현장 면담을 할 때, 조사자들은 거의 대부분 어떤 방식으로든 필기를 하는데, 전자적으로 면담을 기록할 수도 있다. 비디오 녹화는 의상과 몸동작의 시각적인 이미지를 포착하기 위한 현장 면담에서 유용하다. 사진이나 비디오는 어떤 물리적 도안의 변화 전후의 아파트 건물 블록과 같은 시각적인 이미지를 기록하거나 실험적인 지역사회 정화 캠페인을 위한 예비시험으로 이용할 때 사용될 수 있다. 이 기법은 로버트 샘슨과 스티븐 로덴부시(Robert Sampson and Stephen Raudenbush, 1999)

가 시카고의 도시 블록을 가능성 표본 추출할 때 사용하였다. 비디오테이프는 추출된 블록을 담았고, 녹화물은 그 후 그 지역의 물리적, 사회적 조건을 평가하는 데 사용되었다.

우리는 기록 관찰 방법의 연속체에 관해 생각해 볼 수 있다. 한쪽 끝은 전통적인 현장 관찰과 펜과 연필로 적어서 기록하는 것인데, 우리가 현장 면담에서 사용하는 것들이다. 반대쪽 끝은 다양한 유형의 자동화된 원격 측정 도구인데, 여기에는 비디오, 자동차 교통과 관련된 장치, 또는 많은 수의 통과 이용자의 컴퓨터 표 등이 있다. 가운데 부분에는 형사사법 조사연구에 적용될 수 있는 다양한 방법이 있다.

물론 기록 관찰을 위해 선택된 방법들은 측정 문제와 직접적으로 관련된 것들인데, 특히 핵심 개념이 어떻게 작동되는지에 관해서이다. 제5장과 제6장에서의 측정에 관한 논의를 다시 생각해 보면, 여러분은 그 이유를 알 수 있을 것이다. 예를 들어, 만약 우리가 어떤 도시에서의 밤 시간대의 보행자 통행을 증가시키기 위한 정책에 관심이 있다면, 우리는 왜 사람들이 밤에 외출하거나 하지 않는지의 이유와 다른 지역을 이용하는 사람의 수가 얼마나 되는지를 알고 싶을 것이다. 현장관찰 연구 또는 설문과 연계된 면담은 사람들의 외출 여부의 이유를 말해 주고, 통행인의 비디오 녹화는 간단한 수치를 제공할 수 있다. 마찬가지로 교통량 측정 장치는 도로의 특정한 지점을 지나는 자동차의 수에 관한 정보를 제공하지만, 운전자의 혈중알코올농도나, 탑승자가 안전띠를 착용했는지의 여부, 또는 차의 운행 속도는 측정할 수 없다.

마틴 커티와 동료들(Martin Kurti et al., 2012)은 뉴욕의 저소득층 사우스 브롱크스시 담배 암시장에 관한 연구에 관심이 있었다. 그들은 흡연자 또는 담배 판매상들을 대상으로 면담을 할 수 있었다. 그들은 관찰에 있어서 새로운 접근을 시도했는데, 연구지역에 버려진 담뱃갑을 모았고 납세필인지를 검토했다. 수집된 497개의 담뱃갑 중 19%만이 뉴욕에서 납세필증을 교부받은 것이었다. 결국 불법 담배 시장은 넓게 형성되어 있다는 결론을 냈다.

카메라와 녹음기

비디오카메라는 공공장소에서 사람 또는 자동차의 흐름이나 더 복잡한 사회적 과정과 같은 상대적으로 간단한 현상을 기록하는 데 사용될 수 있다. 여러 해 동안, 런던 경찰은 건물 지붕 위에 설치된 비디오카메라를 이용하여 수십 개의 핵심 교차로의 교통 상황을 모니터해왔다. 사실 『2017 영국 도로 지도(2017 Road Atlas for Britain)』는 그 지도상에 고정된 비디오카메라의 위치를 포함시켰다. 2003년 이래로 비디오카메라는 교통량을 줄이기 위한 노력의 일부분으로서 런던 중심부를 통화하는 모든 교통량을 모니터해왔다. 요금을 내는 등록하지 않은 차량의 번호판이 녹화되었고, 그 위반 통지가 소유자에게 보내졌다. 미국과 기타 국가에서의 몇몇 연구는 속도 및 교통 단속 카메라의 이미지를 활용했다. 미국 및 기타 국가에서 로버트 이거와 동료들(Robert Eager et al., 2015)은 단속 카메라 사진 속의 인종적 외관을 비교했고, 검문 대상의 인종과 인근지역 거주자의 격차가 나라마다 상이하다는 것을 발견해 냈다.

뉴욕에서의 과격한 구걸 행위를 통제하는 방법을 개발하려는 노력에서, 조지 켈링(George Kelling)은 '걸레로 물기 닦는 사람들'의 비디오테이프를 만들었는데, 이들은 교차로에서 정차한 운전자들의 바람막이 유리를 닦고 그들의 서비스에 대한 지급을 요구하는 사람들이다. 켈링은 청소하는 사람과 운전자의 자연스러운 상호작용을 녹화하고, 표시되지 않는 차 안의 사복 경찰과 연계하여 그곳에 있었다. 비디오 녹화물을 이용해 청소하는 사람들의 운전자들을 협박하는 구체적 방법과 원하지 않은 유리 청소에 대한 운전자들의 반응을 연구할 수 있었다(Kelling and Coles, 1996: 141~143).

낙서나 쓰레기와 같은 것에 대한 관찰을 기록하는 데는 여전히 사진이 적합하다. 사진은 후에 한 명 이상이 보거나 이용할 수 있는 시각적인 이미지를 보존한다는 추가적인 이점을 갖고 있어서, 내부평가자의 신뢰도 평가를 쉽게 한다. 예를 들어, 만약 우리가 도시 도로에서의 보행자의 흐름을 연구하는 데 관심이 있다면, 우리는 우리가 보는 사람들의 유형과 그 수에 관한 정보를 수집할 것이다. 우리 관찰의 수와 복잡성이 커지면, 우리가 본 남성과 여성의 수가 얼마나 되는지, 어른과 청소년은 몇 명이었는지 등을 정확하게 기록하는 것이 점점 더 어려워진다. 추출된 지역의 사진을 찍는 것은 우리의 측정을 더 신뢰할 수 있게 하고, 다른 사람이 사진에 관한 우리의 해석을 확인할 수 있도록 할 것이다. 위성위치 확인 기능이 있는 디지털카메라는 자동으로 사진의 위치를 기록한다.

어떻게 기술 발전이 자료수집의 새로운 기회를 제공하는지에 관한 사례는 앤드루 레미억스(Andrew Lemieux, 2015)의 위치 정보 지정 사진이다. 예를 들어, 암스테르담의 그래피티 이미지의 위치 정보는 지정된 폐회로텔레비전(CCTV) 카메라 자료가 결합되어 있다. 그는 낙서(graffiti)는 CCTV가 집중되어 있는 지역에서 유독 많이 생긴다는 것을 알아냈고, 카메라가 설치된 식당가의 위치가 바로 낙서 예술가 및 저녁 손님을 유인하고 있다고 추론했다. 더 창의적인 사례는 야생 동물 범죄에 대한 레미억스의 우간다에서의 연구다(Lemieux, 2014). 보호 공원에서 순찰하는 공원 관리인들이 밀렵 신호를 감지했을 때 위치 정보 사진을 찍었다. 이러한 이미지를 지도상에 위치시켜서 공원에 대한 접근 지점 밀렵꾼들의 경로를 식별하게 되었다.

면담에서의 사용 이외에 녹음기는 관찰을 기록할 때 유용하다. 예를 들어, 도시의 거리 활동 패턴에 관심이 있는 조사자는 자동차를 타고 선택된 지역을 다니면서 관찰을 기록할 수 있다. 구조화되지 않는 상태로 관찰을 기록하는 것도 가능한데, 그것을 펼친 상태로 각각의 거리 풍경을 설명하는 것이다. 또는 녹음기는 오디오 체크리스트로 많이 사용될 수 있는데, 관찰자가 미리 선정된 지역에서 보이는 구체적 항목을 언급하여 녹음한다.

현장 메모

녹음기와 카메라로도 사회적 절차의 모든 관련된 측면을 포착하지는 못한다. 대부분의 현장관찰 연구자들은 쓰인 메모로 관찰을 기록하는데, 현장 저널이 그 예이다. 현장 메모는 경험적 관찰과 그것들의 해석을 포함해야 한다. 메모에는 관찰을 통해 '알게' 된 것과 관찰을 통해 '생각한' 것을 기록해야 한다. 그러나 이 두 가지가 어떤 유형인지를 구별하는 것도 매우 중요하다. 예를 들어, X가 접근하여 마약 거래상으로 알려진 Y에게 어떤 것을 전달하는 것을 기록하는데, 우리는 이 행동을 마약 교환이라고 생각할 수 있고, X가 새로운 고객이라고 생각할 수 있다.

연구를 시작하기 전에 우리는 몇 개의 가장 중요한 관찰을 예견할 수 있고, 다른 것들은 관찰이 진행됨에 따라 명백해질 것이다. 만약 우리가 미리 표준화된 기록 틀을 준비한다면 우리의 메모는 더 쉬워질 것이다. 예를 들어, 밤 시간대의 보행자 통행에 관한 연구에서, 우리는 나이, 성, 인종 등의 분석에 유용한 보행자의 특징을 예상할 수 있고, 실제 관찰이 쉽게 기록될 수 있는 양식을 준비할 수 있다. 또는 기록을 신속하게 하기 위해서 상징적인 속기를 개발할 수도 있다. 지역사회 범죄예방 단체 모임의 참여에 관한 연구에서, 회의실의 여러 구역에 관한 조직도를 만들 수 있다. 이를 통해 참가자들의 위치를 쉽고, 빠르고 정확하게 기록할 수 있다.

사전 준비를 하였더라도 예상치 못한 사건이나 상황의 측면들을 기록하지 않으면 안 된다. 반대로 예상된 관찰의 빠른 처리는 조사자에게 예상하지 못한 것을 관찰할 수 있는 시간을 더 많이 제공한다.

모든 학생들은 필기하는 절차에 익숙하다. 현장관찰 연구에서의 훌륭한 메모는 신중하고 섬세한 주의를 요구하고, 몇 개의 독특한 기술을 포함한다. 세 가지 지침이 특별히 중요하다.

첫째, 필요 이상으로 기억을 믿지 말라. 믿을 만한 가치가 없다. 여러분이 사진과 같은 기억을 가졌다고 자부하더라도, 관찰하는 동안이나 그 후 가능한 한 빨리 메모를 하는 것이 좋다. 만약 관찰하는 동안 메모를 할 경우에는 눈에 띄지 않게 해야 하는데, 왜냐하면 사람들은 자신의 말이나 행동을 모두 여러분이 기록하는 것을 본다면 다르게 행동할 가능성이 높기 때문이다.

둘째, 메모는 현장에서 하는 것이 좋다. 첫 번째 단계에서는 일어나고 있는 사건에 놓치지 않기 위해서 개략적인 메모(단어와 구절)를 할 필요가 있을 것이다. 그 후 현장에서 나와서 상세하게 다시 메모한다. 여러분이 메모를 사건 관찰 직후에 한다면, 개략적인 메모가 대부분의 상세한 상황을 떠올리는 데 도움이 될 것이다. 오래 지연하면 할수록, 사건을 정확하고 완전하게 기억할 수 없게 될 것이다. 제임스 로버츠(James Roberts, 2002, 2007)는 뉴저지 나이트클럽에서의 공격성에 관한 연구를 할 당시 클럽 안에서 메모하는 것을 꺼려서, 차로 돌아온 후 관찰에 관한 개략적인 메모를 하고, 그 후에 상세하게 기술하였다.

셋째, 어느 정도의 양을 기록해야 하는지 매우 궁금할 것이다. 관찰 단계 후 여러분이 기억하는 모든 상세한 내용을 기록하는 것이 정말 필요한가? 기본적인 대답은 '그렇다'이다. 현장관찰 연구에서 엄청난 양의 정보를 재검토하고 분석하기 전까지는 무엇이 중요하고 중요하지 않은지 정말 알 수 없기 때문에 당시에 중요하지 않는 것처럼 보이는 것들도 기록해야 한다. 그것들이 결국에는 중요한 것으로 나타나기도 한다. 덧붙여서, '중요하지 않은' 어떤 것을 기록하는 행위는 중요한 어떤 것을 떠올릴 수 있는 기억의 열쇠가 되기도 한다.

구조화된 관찰

현장 메모는 설문 면접관이 폐쇄형 질문을 표시하는 것과 같이 관찰자가 항목을 표시하여 고도로 구조화된 양식으로 기록되어야 한다. 예를 들어, 스티븐 마스트로프스키와 동료들(Stephen Mastrofski et al., 1998: 11)은 경찰 활동이 어떻게 현장 관찰 질문지에 기록되는지를 설명하고 있다.

> 무엇을 관찰하고 어떻게 그것을 해석할지에 관해서 현장 조사자들의 선택에 크게 의존하는 민속학적 조사와는 달리, 구조화된 관찰을 사용하는 관찰자는 …… 가정된 경험과 지식 있는 경찰 조사자가 도안한 도구의 도움을 받는다.

이러한 시도를 하기 위한 훈련은 값이 비싸고 시간이 많이 소요된다. 그러나 마스트로프스키와 동료들(Mastrofski et al., 1998)은 구조화된 관찰과 질문지 상의 폐쇄형 질문을 비교하였다. 만약 관찰자가 현장에서 제한된 수의 상황과 직면하게 될 것임을 조사자가 미리 예상할 수 있다면, 그러한 상황은 구조화된 관찰 틀 속에 기록될 수 있다. 그리고 폐쇄형 설문과 같이 구조화된 관찰은 매우 신뢰도가 높다.

매사추세츠 로웰 우범지역에서의 경찰활동에 대한 평가에서 앤서니 브라가와 버나드 본드(Anthony Braga and Brenda Bond, 2008: 587~588)는 사회관찰 기법을 활용하여 실험 및 통제 지역에서 사회적 물리적 무질서를 분석했다. 연구자들은 표준화된 각 블록의 지점에 대해 사진 촬영을 했다. 사진을 코딩화한 후, 무질서 집중 지역을 보여주기 위해 지도 위의 연구 지역에 위치시켰다.

구조화된 현장 관찰 양식이 종종 설문지와 비슷하기 때문에, 이러한 양식의 사용은 현장에서 관찰된 조건을 조사자가 여러 형태로 측정할 수 있도록 하는 이점이 있다. 법무성 조사연구부(Bureau of Justice Assistance, 1993: 43)는 **환경 설문조사**(environmental survey)

환경 설문조사(environmental survey) 관찰된 행동 또는 환경을 체계적으로 기록하는 관찰적 도구.

날짜: ____________ 요일: ____________ 시간: ____________
관찰자: ________________________________
거리 이름: ________________________________
교차로: ________________________________

1. 거리 폭
   차선 수 ______
   주차선 수 ______
   중간값 여부?(예 = 1, 아니요 = 2) ______
2. 교통량(하나만 표시)
   ㄱ. 아주 적음 ______
   ㄴ. 적음 ______
   ㄷ. 보통 ______
   ㄹ. 많음 ______
   ㅁ. 아주 많음 ______
3. 가로등 수 ______
4. 깨진 가로등 수 ______
5. 버려진 자동차 수 ______
6. 구역에 있던 사람과 행동 목록:

남성	어울려 다님	놀이	일	도보	기타
아동(12세까지)	______	______	______	______	______
십대(13~19세)	______	______	______	______	______
성인(20~60세)	______	______	______	______	______
노인(61세 이상)	______	______	______	______	______
여성					
아동(12세까지)	______	______	______	______	______
십대(13~19세)	______	______	______	______	______
성인(20~60세)	______	______	______	______	______
노인(61세 이상)	______	______	______	______	______

그림 11-1 환경 설문조사의 예

출처: Bureau of Justice Assistance(1993: Appendix B)를 재수정함.

라고 하는 구조화된 현장 관찰을 시행하는 데 있어서 지침을 제시하는 책자를 출판하였다. 책 제목이 매우 중요한데, 관찰자들이 특정한 환경의 조건에 관한 정보를 기록하기 때문이다.

> [환경] 설문조사는 가능한 한 체계적으로 그리고 목적에 맞게 한 지역의 전체적인 물리적 환경을 평가하는 데 목적이 있다. 여기서 말하는 물리적 환경은 건물, 공원, 거리, 운동 수단, 그리고 그 지역의 전망과 함께 그것들의 기능과 상태 등을 포함한다.

환경 설문조사는 문제지향 경찰활동과 상황적 범죄예방의 중요한 구성요소가 되었다. 예를 들어, 그림 11-1은 필라델피아 경찰국에서 마약 관련 법집행을 하는 데 사용한 환경 설문조사 양식을 변형한 것이다. 환경 설문조사는 작은 지역에서 마약단속반이 전략을 세우기 위해서, 그리고 이어지는 집행력의 조건 변화를 평가하기 위해서 행해졌다. 이 양식은 물리적 조건(도로 폭, 교통량, 거리 조명)과 사람의 수와 그들의 활동에 관한 모든

남부 맨해튼의 보행자

뉴욕에는 미국의 다른 어느 곳보다 보행자가 많다. 뉴욕에 방문해 봤다면 많은 지역의 인도에 사람들이 붐비는 것을 분명히 알아챘을 것이다. 사실, 대부분의 다른 도시에서 차량 통행이 중요한 것처럼 뉴욕에서는 보행자의 흐름과 양이 더 중요하다. 이러한 이유로, 시 공무원들은 '뉴욕시의 보행자 서비스 수준 연구(New York City Pedestrian Level of Service Study)'를 의뢰했다(Bloomberg and Burden, 2006).

이 연구는 맨해튼 아래쪽의 다른 인도에 있는 보행자들을 세는 것 이외에, 보행자 행동의 몇 가지 다른 측면을 측정했다. 다음은 개념적 및 조작적 정의의 예시이다.

보행자 서비스 수준(pedestrian level of service: LOS)

개념적: 인도 구간을 사용하는 보행자의 양. **조작적**: 특정 시간(보통 15분) 동안 한 지점을 건너는 보행자 수를 세고 그 숫자를 분당 보행자로 줄인 다음 인도의 실제 너비 y로 나눈다. 그 결과 나온 수치를 유량이라고 한다. 그런 다음 계획자는 표에서 유량을 조회하여 보행자의 LOS 등급(자유 흐름)에서 F(사실상 이동이 불가능)까지의 범위를 결정할 수 있다(Bloomberg and Burden, 2006: 5).

여행 목적

개념적: 보행자 이동 이유.

조작적:

- 0점 = 보행자의 이동 목적이 확실하지 않은 경우. 이것은 매우 중요한 특성이므로 다른 사람의 이동 목적을 절대로 추측하지 말고 '0'으로 나타낸다.
- 1점 = 해당 지역의 주목적이 관광인 경우. 관광객의 특징으로는 캐주얼웨어, 카메라, 지도/가이드북, 주위를 둘러보는 것 등이 있다.
- 2점 = 해당 지역에서 개인의 주목적이 직업인 경우. 여기에는 출근, 퇴근, 근무 중 점심/쇼핑 등 휴식을 가지거나, 실제로 일하는 사람이 포함된다. ID카드가 보이거나 약간의 정장 차림이나 유니폼 등으로 알 수 있다.
- 3점 = 해당 지역의 주목적이 업무도 관광객도 아닌 경우. 여기에는 쇼핑을 하거나 산책하는 사람이 포함된다. 또한 보모나 개 산책을 포함한 일상적인 활동을 하는 사람들도 포함된다.

보행 보조

개념적: 일부 보조 장치를 사용하는 보행자.

조작적:

- 0점 = 보행 보조기를 사용하지 않는 경우.
- 1점 = 목발을 사용하는 경우.
- 2점 = 휠체어를 타고 있는 경우(다른 사람이 밀거나 스스로 움직이는 경우).
- 3점 = 지팡이나 보행기를 사용하는 경우.

직접적인 형사사법의 예는 아니지만 어떻게 또는 보행자 서비스 수준에 대한 간략한 논의가 측정에서 고려해야만 할 많은 사항을 보여주고 있는지를 인식하고 있어야 한다. 전체 보행자 부분의 LOS 보고서를 읽으면 뉴욕에서 보행자 행동과 보행 환경을 운용하는 더 많은 예를 찾을 수 있다.

정보를 기록하는 데 사용될 수 있음을 인식하자.

면담 조사와 마찬가지로, 환경 조사에서는 관찰자들이 그들이 무엇을 관찰하고 그것을 어떻게 해석해야 하는지에 있어서 조심스럽게 훈련된 자들이어야 한다. 예를 들어, 그림 11-1에서 인용된 환경 설문조사에 수반된 지침은 폐기된 자동차로 기록하는 것에 관한 지침을 포함한다.

> 운전이 불가능한 것처럼 보이는 것이 있다면 이것은 폐기된 차로 본다(예: 깨진 창문, 몸체 부분이 분해된 것, 타이어가 없는 것, 번호판이 없는 것). 일정한 기간 동안 운전한 흔적이 없거나 앞으로도 운전할 것처럼 보이지 않는다면 폐기된 차로 본다.

기타 지침들은 어떤 도로를 운전 가능하다고 보는지, 어떤 유형의 활동이 '놀기'와 '일하기'로 구성되는지, 관찰된 사람들의 나이를 어떻게 측정하는지 등에 관한 설명을 제공한다.

글상자 안의 '남부 맨해튼의 보행자' 내용은 도심의 거리를 걷는 시민을 구조화된 관찰 방법을 통해 개념화하고 조작화하는 데 일련의 극복해야 할 점들을 나타내는 좋은 사례이다.

현장 관찰 결과와 기타 자료의 연계

형사사법 조사연구는 종종 현장관찰 연구를 설문이나 공식적 기록의 자료와 혼합한다.

비록 형사사법 조사연구가 현장 기술이나 설문을 포괄적으로 이용하지만, 주어진 프로젝트는 종종 여러 출처에서 정보를 수집하기도 한다. 이는 적절한 측정과 자료수집 방법에 관한 일반적 충고를 포함한다. 간단하게 '나는 청소년 갱단에 대한 관찰 연구를 시행할 것이다.'라고 말하는 것은 연구의 초점을 처음부터 관찰을 통해서 얻어지는 자료로만 제한시킨다. 그러한 연구는 유용하고 흥미롭겠지만, 조사자는 어떤 특정한 연구에는 어떤 자료수집 방법이 필요한지에 관해 조언을 얻는 것이 낫다.

예를 들어, 볼티모어 연구에서 랠프 테일러, 샐리 슈메이커, 스티븐 갓프레드슨(Ralph Taylor, Sally Shumaker, and Stephen Gottfredson, 1985)은 거주민들의 범죄문제 인식에 있어서 영향을 미치는 지역사회의 물리적 특성에 관심을 두었다. 물리적 특성에 관한 자료수집은 현장 관찰을 통해서 가능하지만, 인식에 관한 정보 수집을 위해서는 표본 설문이 필요했다. 그래서 테일러와 동료들은 관찰이 이루어진 지역사회의 가구를 상대로 설문을 실시하였다. 결국, 그들은 인구조사 자료와 볼티모어 경찰의 범죄 기록을 통해 얻은 자료를 관찰과 설문을 통해 얻은 자료와 비교하였다.

서로 다른 유형의 측정을 통해 얻은 자료의 세 출처는 조합되어서 연구하던 지역사회와 거주민에 관한 엄청난 양의 정보를 제공했다. 설문은 범죄와 기타 문제에 관한 거주민의 인식과 신념을 조사하였다. 경찰 기록은 지역의 거주민에 의해서 경찰에 신고된 범죄를 대표하였다. 현장 관찰은 외부 관찰자에 의해 등급으로 나뉜 지역사회의 물리적 특성과 조건에 관한 자료를 제공했다. 인구조사 자료는 수입, 고용 상태, 주택 보유 등과 같은 사회경제학적 변수의 효과를 통제할 수 있도록 하였다.

마침내 테일러(Taylor, 1999)는 처음 자료를 수집하고 13년 후에 현장 관찰과 면담을 1994년에 시행하였다. 그는 처음 관찰이 행해진 1981년 이래로 물리적 조건이 악화된 것을 발견하였는데, 선택된 지역의 거주민은 조건이 악화된 사실을 인지하지 못하였다. 그러므로 테일러는 현장에서 조사자에 의해 관찰된 조건의 변화와 설문 응답자가 면접관에게 한 대답을 비교할 수 있었다. 다른 유형의 자료수집 방법은 다른 결과를 낳는데, 이것은 이 방법이 각기 지역사회의 다른 면을 측정하기 때문이다. 현장 관찰은 조건을 측정하는 반면, 설문은 인식을 측정하였다.

시카고에서 지역사회 경찰활동에 관한 장기간의 연구 프로젝트는 설문, 현장 관찰, 경찰 기록으로부터 자료를 확보한다(Chicago Community Policing Evaluation Consortium, 2004). 한 가지 예를 들면, 조사자들은 거주 지역을 포함하는 270개의 경찰 순찰 구역 중 130곳의 지역사회 모임에서 등장한 활동과 논의에 대해서 연구하였다. 관찰자들은 회의에 참석하여 상세한 기록을 하고 구조화된 관찰 양식을 완성하였다. 그림 11-2에서 보이는 양식의 한 부분은 모임에서 논의되는 지역사회 문제의 구체적 유형을 기록할 것을 관찰자에게 지시하고 있다(Bennis, Skogan, and Steiner, 2003). 다음은 양식을 보완한 설명 노트를 발췌한 것이다.

> 그들은 …… 그들의 구역에서 마약 거래에 사용되는 황폐화된 건물에 관해서 매우 염려하였다. 또한 마약 판매상 측 사람들이 건물의 지하에서 무단으로 거주하고 있었다. 특히 우려되는 점은 그곳에서 무단 거주하고 있는 네 명의 어른이 4세 이하의 아동 세 명을 데리고 있다는 점이었다. (Chicago Community Policing Evaluation Consortium, 2004: 37)

추가로, 관찰자는 각 모임에 참석한 지역사회 거주민과 경찰관에게 설문지를 나누어 주었다. 항목은 사람들이 얼마나 자주 순찰 모임에 참석하는지, 그들이 추구하는 다른 시민활동은 무엇인지, 그리고 그들이 생각하기에 지역사회에 다양한 기타 문제가 있는지에 관해서 질문하였다. 하나의 예로서, 현장 관찰 자료와 설문지의 조합은 조사자가 순찰 모임에 참석한 사람들의 일반적 사회 활동의 정도를 평가할 수 있게 한다.

현장관찰 연구는 설문 후에도 역시 이루어질 수 있다. 예를 들어, 범죄와 그와 관련된 개념에 의한 두려움을 측정하는 설문은 응답자에게 그들이 거주하는 지역 중 특히 위험하다고 여겨지는 구체적 구역을 물어볼 것이다. 그 후에 지명된 구역에 후속 현장 방문이 행해질 수 있는데, 관찰자들이 물리적 특성, 지대의 용도, 현존하는 사람의 수 등에 관한

5. 지역 코드(하나만)

1. 경찰서	5. 은행	9. 개인 시설
2. 주차 빌딩	6. 기타 정부기관	10. 음식점
3. 도서관	7. 병원	11. 기타 비영리 장소
4. 교회	8. 공동 주택 시설	

모임 30분 후에 집을 세어 보라. 정복 경찰과 그곳에 거주하지 않는 사람을 제외하라.

8. _______ 참석하고 있는 주민 총수

논의한 문제 기록

1. 마약(가능성을 포함해서)

________	________	길에서 팔거나 사용됨
큰 것	작은 것	마약을 사용하기 위해 쓰는 빌딩
		마약과 관련된 폭력

9. 물리적인 쇠퇴

________	________	버려진 빌딩
큰 것	작은 것	황폐한 빌딩
		버려진 자동차
		낙서와 공공물 파괴
		불법 쓰레기 방치

그림 11-2 시카고 구역 모임 관찰 표에서 발췌

출처: Bennis, Skogan, and Steiner(2003: Appendix 1)를 재수정함.

정보를 기록한다.

'안전 감사 수행하기'라는 제목의 글상자는 구조화된 현장 관찰이 캐나다 토론토의 환경 설계 변화의 범위를 평가하기 위해 어떻게 초점집단 논의와 조합되었는지를 설명하고 있다. 설문조사나 초점집단과 결합된 **안전 감사**(safety audit)는 공공장소에서 여성의 안전을 평가하는 데 점점 더 널리 사용되고 있다(Whitzman et al., 2009). 만가이 나타라잔(Mangai Natarajan, 2009)은 '이브 놀림'으로 알려진 인도 여대생에 대한 성희롱을 주제로 한 그녀의 연구를 설명한다. 대학생 및 경찰과의 면담 후 학생들의 캠퍼스 주변 특정 지역에 대한 안전 감사가 이어졌다.

현장 기법의 유연성은 그 이유 중 하나가 관찰과 현장 면담이 쉽게 여러 조사 프로젝트와 함께 이루어질 수 있다는 것이다. 그리고 현장 관찰은 종종 설문조사를 통해서는 완전하게 드러날 수 없는 현상을 훨씬 깊이 이해할 수 있게 한다.

가택구금 관한 연구에서 테리 바우머와 로버트 멘덜슨(Terry Baumer and Robert Mendelsohn, 1990)은 여러 해 동안 실제로 장치를 착용함으로써 전자적 감시를 받도록 선고받은 사람들과의 면담을 보충하였다. 그들은 참여 관찰을 통하여 다른 방법으로는 어려웠을 가택 구금의 특징을 경험할 수 있었다.

안전 감사 수행하기

안전 감사는 특정한 환경과 상황에 따른 요소, 즉 난처함과 피해자가 될 수 있다는 공포, 또는 범죄 그 자체가 될 수도 있다는 것을 염두에 두고 목록을 작성한다. 목적은 범죄와 공포를 줄임으로써 특정 지역을 향상시키는 대안을 제시하고자 함이다.

안전 감사는 초점집단과 구조화된 현장 관찰을 혼합한 것이다. 우선 연구자는 취약계층 10명 이하를 구성한다. 예를 들어, 노인, 장애인, 혼자 여행하는 젊은 여성, 학생, 청소년, 아동을 동반한 부모 등이다. 다양한 집단 구성은 다양한 환경적 상황적 요소를 파악하는 데 도움이 된다.

안전 감사 절차를 설명한 후 조사지역을 탐방하도록 한다. 시간에 따라 인식이 다를 수 있으므로 주간과 야간 각 한 번씩 도합 두 번에 걸쳐 수행을 한다.

지역을 조사할 때 상호간 이야기하지 않는다. 혼자서 걸어 통과하는 것처럼 생각하도록 한다. 각자는 관찰과 인식을 구조화된 형태로 기록할 수 있도록 한다. 집단과 구역에 따라 형식은 다르다. 하지만 일반적으로 안전 감사는 아래 사항들을 기록하도록 교양된다.

1. 걸어서 구역을 통과하기 전 공간의 특징을 기술한다(예: 주차 공간, 공원, 쇼핑 거리 등). 출입구의 수, 사용자의 수, 구조, 디자인에 사용된 재료와 조명의 종류를 기록한다.
2. 도보로 지역을 통과하는 동안 아래 사항을 완성한다.

안전에 대한 일반적인 느낌

- 당신이 안전하지 않고 불편하다고 느끼는 장소를 찾아보라.
- 각 장소가 당신에게 어떤 느낌을 주는가?
- 당신이 안전하다고 느끼는 장소를 찾아보라.
- 각 장소가 당신이 그렇게 느끼게 하는 그것은 무엇인가?

일반적인 가시성

- 당신 앞에서 멀리까지 볼 수 있는가?
- 당신의 뒤에서 볼 수 있는가?
- 당신의 시선을 제한하는 건물이나 수풀이 있는가?
- 나무나 숲이 얼마나 빽빽한가?
- 숨겨진 장소나 위험한 구역이 있는가?
- 충분한 불빛인가? 당신 앞 15미터 앞의 사람 얼굴을 볼 수 있는가?
- 지나가는 길이나 복도가 넓은가, 좁은가?
- 갑자기 꺾이는 코너가 있는가(90° 각)?

현장관찰 연구의 실례

사례들은 가게 들치기, 교통, 그리고 술집에서의 폭력을 연구하는 데 있어서 현장관찰 연구의 다양한 적용을 설명한다.

이 장에서 다루는 현장관찰 연구를 끝마치기 전에, 실제 상황에서 기법의 몇 가지 예를 검토해 보자. 이러한 설명은 형사사법 연구에서 조사자가 어떻게 현장을 관찰하고 면담하는지에 관한 명확한 이해를 도울 것이다.

들치기

우리는 바우머와 로젠바움(Baumer and Rosenbaum, 1982)의 들치기에 관한 조사를 간단

장소에 대한 지각적 통제

- 위험이 올 때 다른 방법을 택하는 시간이 충분한가?
- 당신은 길에 있는 다른 사람 또는 빌딩에 보일 수 있는가?
- 안전시스템이 있는지 확인할 수 있는가?

타인의 존재

- 인적이 뜸한 장소로 보이는가?
- 주변에 여성들이 많은가?
- 당신은 남성과 둘이 있는가?
- 다른 사람들은 무엇을 하는 것처럼 보이는가?
- 주변에 거지나 노숙자 또는 술 취한 사람 등이 있는가?
- 당신이 아는 사람이 보이는가?
- 경찰이나 안전요원이 있는가?

일반적인 안전

- 전화나 또 다른 방법으로 도움을 청할 수 있는가?
- 범죄행위에 대한 당신의 일반적인 견해는 무엇인가?
- 당신이 위험에 빠지거나 공격을 당할 것 같은 장소가 있는가?

이곳에 대한 과거 경험

- 이곳에서 괴롭힘을 당했는가?
- 이곳에서 누군가가 나쁜 경험을 한 것에 관한 이야기를 들은 적이 있는가(들리는 이야기나 직접 당한 경험)?
- 이곳에서는 당신도 괴롭힘을 당할 것 같은가(예: 술집에서 나오는 술 취한 청소년)?
- 당신은 어떠한 사회적 무질서를 목격했는가(경범죄. 예: 공공장소에서 술 마시는 행위. 공공기물파손, 큰 소동, 스케이트보드)?
- 물리적 무질서 행위가 많은가(깨어진 창문, 어질러진 물건, 깨진 병들, 공공시설 파괴)?

구역을 방문한 뒤 그 집단은 집중 토론을 위한 안전장소를 찾는다. 긍정적이고 부정적인 공간에 대한 관찰의 토론 결과는 환경개선을 위한 제언에 도움이 된다. 집단 구성원은 아마도 신변안전에 대한 인식과 생각을 공유하게 된다. 이러한 과정은 브레인스토밍으로 시작되고 주요 과제와 현실적 대안을 제시함으로써 마무리하게 된다.

구조화된 관찰 기법은 대단히 유용한 방법으로 입증되었다. 토론토의 대학 캠퍼스, 공원, 교통 통제소, 차고 등 공공장소는 이러한 노력으로 개선되어 왔다.

_ 지셀라 비클러 로버트슨(Gisela Bichler-Robertson)
캘리포니아 주립대학교(샌버나디노)

출처: 가정폭력 및 어린이 대상 폭력에 대한 메트로 액션 위원회(Metro Action Committee on Public Violence Against Women and Children: METRAC)의 내부자료를 재수정함(Toronto, Canada: METRAC, 1987).

하게 언급하였다. 이 비범한 연구에 관한 완전한 논의는 현장관찰 연구의 잠재성, 직면하게 될 몇몇 문제점, 그리고 바우머와 로젠바움이 제시하는 이러한 문제점에의 현명한 접근방법 등을 설명한다.

이 연구는 두 가지 목표를 가지고 추진되었다. (1) 들치기의 빈발 정도 평가와 (2) 들치기범을 밝혀내는 데 있어서 상점 보안의 효과성 측정이다. 우리가 이미 언급했듯이, 들치기와 피해자가 없는 범죄와 같은 범법행위는 믿을 만한 수치를 얻는 것이 어렵다. 들치기는 대개 경찰이나 가게 안전요원에 의해 그 행위가 목격되었을 때에만 기록된다. 가게의 물품 목록 기록을 이용해서 고객 절도범에 의한 손실을 측정할 수 있지만, 바우머와 로젠바움이 언급했듯이 이러한 방법에 의한 측정은 고객 절도범과 내부자 절도범의 차이를 모호하게 한다. 그들이 택한 접근법은 직접적인 관찰이었다.

매콜(McCall, 1978: 20)은 범죄의 관찰 연구에 있어서 세 가지 난점을 설명하였다. 첫째, 대부분의 범죄행위는 상대적으로 드물고 예측할 수 없다. 그 예로 한 관찰자는 현장에서 몇 주나 몇 달 동안 단 하나의 침입절도도 관찰하지 못할 수도 있다. 둘째, 현장 관찰자들이 조심스럽게 숨어 있지 않는 한, 그들의 존재 자체가 범죄자의 행동을 억제하도록 하기 쉽다. 마지막으로, 현장 근무자들이 현장 메모를 하면서, 진행되는 범죄를 적극적으로 관찰하기에는 위험이 따른다.

바우머와 로젠바움은 들치기가 이러한 문제로부터 크게 상관없는 이유를 제시하였다. 첫째, 명칭에서 알 수 있듯이 들치기는 특정한 장소에서만 발생하기 때문에, 관찰자들은 그들의 주의를 그곳에 집중할 수 있다. 바우머와 로젠바움은 그들의 조사 현장으로 시카고 시내의 큰 백화점을 선택하였다. 매콜이 언급한 둘째, 셋째 부분은 크게 문제시되지 않는데, 들치기범은 다른 고객들이 있는 상황에서 범행을 저지르기 때문이다. 이 범죄는 대상을 필요로 하지 않고, 비밀리에 행해진다. 현장 조사자들은 다른 고객들이 느끼는 것 이상으로 자신들의 안전에 대한 두려움을 느끼지 않은 상태에서 쉽게 참가자적 관찰을 할 수 있었다.

따라서 현장 관찰자들은 많은 상점에 고용된 보안 요원과 같은 역할을 하면 된다. 고객인 것처럼 행동하면서 고객에 대한 절도를 감시하는 것이다. 절도가 목격되면, 그것이 바로 들치기이다. 관찰 대상을 선정하는 것은 어떤가? 그리고 관찰된 절도의 단순한 수치가 어떻게 들치기의 빈발 정도를 측정할 수 있는가? '들치기 빈발 정도'는 가게를 방문하여 물건을 훔치는 고객을 전체 고객 수로 나눈 것을 의미한다. 이것은 들치기범과 함께 전체 고객의 수도 알아야 한다는 것을 의미한다. 쇼핑은 예측 가능한 활동이기 때문에(만약 그렇지 않다면, 상점들이 아예 없을 것!), 관찰할 사람을 선택하는 데 체계적인 표본추출 기법을 사용하는 것이 가능하다.

바우머와 로젠바움은 관찰을 할 요일과 시간대를 다양하게 선택하였다. 이 기간 동안에 관찰자와 현장 감독자는 백화점의 양 출입문에 배치되었다. 현장 감독자는 가게에 들어오는 모든 사람의 수를 세고, 관찰자들에게 선택된 개인이 들어온 때부터 나갈 때까지 따라다니도록 지시하였다. 대상들은 체계적인 표본추출에 의해 선정되었는데, 말하자면 관찰 기관 동안 출입하는 사람들 중 매 20번째 사람을 현장 관찰자들이 따라다녔다. 목격된 절도의 수를 관찰된 고객의 수로 나누는 것은 들치기의 유행 정도를 측정할 수 있게 하였다. 예를 들어, 만약 관찰자들이 500명을 관찰하도록 지시받았고, 그들 중 20명이 절도하는 것을 목격하였다면, 들치기의 성행 정도는 4%가 되는 것이다.

목격된 절도의 수는 상점의 보안상태를 평가하는 방법도 된다. 참여 관찰자에 의해 목격된 절도의 수와 상점 보안 요원에 의해 지목된 수의 비교는 상점 보안을 측정하는 하나의 명확한 방법이었다. 그러나 바우머와 로젠바움은 다른 기법을 고안했는데, 이는 그들이 들치기의 수를 세는 방식에 내재된 문제점을 해결하는 것이었다. 이 문제점을 이미 여러분은 발견했을지도 모른다.

만약 여러분이 이 조사의 관찰자라면, 들치기를 지목해내는 여러분의 능력에 어느 정도 자신이 있는가? 다르게 말하면, 여러분의 관찰은 어느 정도 믿을 만한가? 상점 절도범은 그들의 범행을 숨기기 위해서 적어도 조금은 신중할 것이다. 참여 관찰자로서, 여러분은 관찰하도록 지시받은 사람들을 관찰하되, 여러분과 함께 쇼핑하는 사람들이 무엇을 하는지에 지나친 관심을 기울이는 것처럼 보이지 않도록 주의해야 한다(관찰과 참여의 균형).

바우머와 로젠바움은 현장 관찰자들의 신뢰도를 측정하기 위하여 제7장에서 논의된 적이 있는 이중맹검법을 독창적으로 변형하였다. 현장 관찰자들은 모르는 다른 조사연구자가 들치기 공범으로 고용되었다. 그들의 업무는 가게에 들어가 물건을 훔치는 것이었다. 공범들이 가게에 들어오는 시점을 아는 현장 감독관들은 정기적으로 관찰자들에게 이들 중 한 사람을 따라갈 것을 지시하였다. 공범들은 미리 정해진 절도를 범하고 관찰자들이 사건을 지적해낼 수 있는지 없는지 평가가 가능하도록 하였다.

이러한 방식으로, 조사자들은 현장 관찰의 신뢰도를 측정할 수 있다. 만약 어떤 관찰자가 지정된 절도를 85% 지목하였다면, 그 관찰자가 실제 고객들을 상대로 들치기를 지목할 수 있는 확률도 정확하게 85%라고 할 수 있는 것이다. 신뢰도 수치는 들치기 성행 정도 평가를 조절하는 데 사용된다. 예를 들어, 만약 모든 관찰자들의 성행 정도 측정이 4%이고 모든 관찰자들의 신뢰도가 85%라면, 조정된 성행률은 4.7%가 되는 것이다 (0.04/0.85).

이 연구의 교훈 중의 하나는 간단한 관찰도 종종 그렇게 간단하지만은 않다는 것이다. 이는 특히 조사자가 사람들이 관찰자들에게 숨기고 싶어 하는 행위를 관찰하려고 할 때 특히 그렇다. 다음 사례는 법에서 요구하는 행위를 하는 사람들을 관찰할 때의 계획에 관한 유사한 지침을 제공한다.

안전띠를 착용하는 사람은 얼마나 되는가?

유럽의 국가와 세계의 각 지역에서 여러 해 동안 운전자들에게 좌석벨트를 착용할 것을 요구해왔지만, 안전띠 착용을 강제하는 법은 1980년대까지 미국에서 보기 드물었다. 규제에 따른 일반적인 저항은 물론 그러한 법집행의 문제점은 이러한 법이 늦게 시행되었던 이유들 중에 있다. 이러한 염려는 안전띠 착용이 강제됨에 따라 더욱 관심을 받았다.

인디애나 대학교의 운송수단조사센터(Transportation Research Center: TRC)는 안전띠 착용 실태 관찰 방법을 개발하기 위한 시험적 연구를 인디애나에서 시행하였다. TRC가 발표한 여러 조사 보고 중 하나(Cornwell et al., 1989)는 현장 관찰의 표본추출 주제를 다루고, 현장 연구에서의 신뢰도가 왜 중요한지에 대한 좋은 사례를 제시하고 있다.

TRC 조사자들이 내려야 했던 첫 번째 결정은 관찰을 어떻게 행할 것인지에 관해서였다. 그들은 차를 타고 다니는 이동하는 관찰자보다 도로변에 위치한 부동의 관찰자를 선택하였다. 이 선택의 우선적 이유는 안전띠 착용 비율을 측정하기 위해서였는데, 이 비율은 안전띠를 착용한 것처럼 보이는 사람의 수를 관찰된 차량의 수로 나눈 것이다. 관찰된 차량의 수를 셀 때에는 그들이 어떤 고정된 지점을 지나갈 때 이를 측정하는 것이 더 쉽다. 관찰자가 차를 타고 있는 동안 시야의 차를 세는 것이 더 어려운 것이다.

부동의 관찰자를 어디에 위치시킬 것인지가 다음 결정 사항이었다. 콘웰(Cornwell)과 동료들은 움직이는 차량 안의 안전띠 착용 상태를 파악하는 것이 얼마나 어려운지에 관해서 설명하였다. 이러한 이유에서, 대부분의 관찰자는 통제된 교차로(정지 표시나 교통 신호등이 있는 곳)에 배치되었다. 주와 주 사이의 고속도로에는 교차로가 없기 때문에, 그곳의 다른 관찰자들은 차가 느린 속도로 운행하는 입구 경사로에 배치되었다.

시간이 주어지더라도 인디애나 전체에 걸쳐서 운행 중인 자동차의 수를 아는 것은 불가능하기 때문에, TRC 조사자는 관찰할 차량을 확률표본에 의해서 선택할 수 없었다. 대신, 그들은 안전띠 착용과 관련된 세 가지 차원에 관한 표본 관찰을 위해서 체계적인 절차를 이용하였다. 하루 중의 시간, 도로의 유형, 관찰 장소이다. 장소 유형에 관한 추가적 고려사항으로, 콘웰과 동료들은 자동차 소유의 밀도에 의한 장소의 계층화를 시도하였다. 이것이 인구수와 매우 밀접하게 관련된 것을 발견하고, 그들은 인디애나 카운티를 인구수에 기초하여 세 가지 층으로 분류하고, 각 층 내에서 장소를 선택하였다. 소규모의 카운티는 여러 번 추출되었는데 이는 주의 다른 지리학적 구역을 확실히 대표하기 위해서였다.

도로 유형을 주간의 고속도로, 연방 도로 및 주 도로, 지방 도로로 나누었다. 관찰은 다양한 이동 목적을 포함하여 나타내기 위해서 모든 요일과 하루 중의 다른 시간대에 이루어졌다. 예를 들어, 오전 6시 30분부터 7시 30분 사이에 이루어진 주중 관찰은 노동자 계급의 가정 – 근무지의 이동을 대표하고, 늦은 아침 시간대는 사무직의 통근을, 그리고 한낮 시간대는 점심시간을 대표하였다.

도로변에 서서 운전자와 앞좌석에 앉은 승객이 안전띠를 착용했는지의 여부를 파악하는 것은 들치기를 관찰하는 것보다는 쉬웠지만 그래도 몇몇의 어려움이 있었다. 콘웰과 동료들은 관찰의 정확성을 최대화하기 위하여 그들이 행한 훈련의 단계와 절차를 설명한다. 모든 관찰자는 숙련된 현장 근무자의 감독하에서 훈련 기간을 완수했다. 만약 여러분이 안전띠 연구의 신참 관찰자라면 여기에 나열된 것이 여러분의 역할에 관해 알아야 할 몇 가지 사항이다.

> "첫째, 여러분도 물론 알고 있겠지만, 우리는 참가적 관찰자가 아닌 완전한 관찰자이다. 우리는 우리 자신을 숨기려고 하지 않는데, 만약 우리가 표지판 같은 것 뒤에 숨으면 차를 잘 관찰할 수

없게 되기 때문이다. 물론, 운전자는 우리가 회람판을 들고 여기에 서 있는 것을 볼 수 있고, 우리가 무엇을 하는지 궁금해할 것이다. 우리는 '교통안전도 조사 시행 중'이라는 표지를 하지만, 그들은 우리가 안전띠 착용 상태를 점검하고 있는지 알 수 없다. 그렇기 때문에 마음을 편하게 가지고, 주황색 조끼를 입고 차를 관찰하면서 도로변에 서 있는 것에 대해서 초조해하지 말라."

"둘째, 여러분은 승용차와 자동차만을 관찰한다는 것을 명심하라. 트럭, 버스, 오락용 차량, 그리고 택시는 법에 명시되어 있지 않다. 또한, 여기는 캘리포니아가 아닌 인디애나이기 때문에, 여러분은 어깨띠가 없는 낡은 차를 거의 볼 수 없을 것이다. 만약 그것을 본다고 해도, 그것을 관찰하려고 하지 말라. 그 차들도 역시 법에 명시되어 있지 않다. 그리고 우리는 오직 앞좌석의 승객만 관찰하면 된다. 뒷좌석은 무시하라."

"가장 중요하게, 여러분이 볼 수 있는 안전띠만 기록하라. 만약 안전띠가 착용 상태인 것을 보았다면, 좋다, 기록 양식에 'yes'를 의미하는 'Y'를 표시하라. 만약 안전띠가 착용되지 않은 것을 보았다면 'no'를 의미하는 'N'을 표시하면 된다. 그러나 만약 누군가가 벨트를 착용하고 있는 것이 보이지 않지만 그 사람이 벨트를 착용하지 않고 있는지도 확실히 알 수 없다면, 알 수 없음을 의미하는 'U'를 표시하면 된다. 나는 여러분이 훌륭한 관찰자임을 안다. 우리는 모두 훌륭한 관찰자들이다. 그러나 가끔씩 차가 너무 빨리 지나가서 그 사람이 벨트를 하고 있는지를 볼 수 없는 경우가 있다. 이런 상황은 우리 모두에게 일어난다. 확실하지 않은 상황에서는 'U'를 표시하면 된다."

"이제, 나는 이것을 6개월 정도해 왔고, 내가 처음 시작할 때 아무도 말해 주지 않았던 것을 배우게 되었다. 우리는 처음 이 연구를 고안할 당시 아무도 생각하지 못했던 몇 가지 문제점에 봉착해왔다. 예를 들어, 여러분은 관찰을 날씨가 좋고 해가 떠 있는 5월에 시작하기 때문에 운이 좋은 것이다. 겨울에는 사람들이 두꺼운 코트를 입어서, 그들이 안전띠를 착용했는지를 구별하는 것이 훨씬 어렵다. 추운 아침에는 차의 유리에 성에가 낄 수도 있고, 이로 인해 안을 보는 것이 어렵게 된다. 또한 내가 1월에 오전 6:30~7:30 시간대에 근무를 하기 시작했을 때에는, 해가 뜨지 않아 아무것도 볼 수 없었다. 우리는 그것 때문에 낮 시간대의 표본추출 계획을 수정해야 했다."

"여기 우리 위치에서는 관찰할 도로가 4차선이다. 우리와 가까이 있는 교통 차선에 집중하라. 멀리 있는 차선보다는 가까이 있는 차선의 차가 더 잘 보일 것이다. 신호등에 의해서 차들이 멈추었을 때는 그리 나쁘지 않지만, 차들이 움직일 때는 모든 사람을 관찰하는 것이 불가능할 것이다. 수는 적더라도 'Y' 또는 'N'을 자신 있게 표시할 수 있는 차를 관찰하는 것이 많은 수지만 확실하게 알 수 없어서 'U'를 표시해야 하는 차를 관찰하는 것보다 낫다는 것을 명심하라. 멀리 있는 차선의 운전자가 가까이 있는 차선의 운전자와 다를 것이라고 기대할 이유는 전혀 없다. 가능하다면 모든 차선의 차를 기록하되, 불가능한 상황에서는 가까이 있는 것이 집중하라."

국가 고속도로 순찰대(National Highway Traffic Safety Administration: NHTSA)는 현

재 안전띠와 오토바이 헬멧 착용에 대한 관찰 연구를 거의 모든 주에 걸쳐 수행하고 있다. 티머시 픽렐과 로널드 리(Timothy Pickrell and Ronald Li, 2016)는 2015년 집계를 발표했는데, 사상 최고로 승객의 88.7%가 착용했다. 어떻게 관찰이 이루어졌는지, 그리고 어떻게 관찰 절차가 수년에 걸쳐 발전했는지에 대한 자세한 내용은 도나 글라스브레너(Donna Glassbrenner, 2005)의 보고서를 참조하기 바란다.

현장관찰 연구의 강점과 약점

타당도는 일반적으로 현장관찰 연구의 강점인데, 신뢰도와 일반화 가능성은 가끔 약점이 되기도 한다.

우리가 보았듯이 현장관찰 연구는 특히 행동의 미묘한 뉘앙스를 연구하고 시간에 걸쳐 과정을 시험하는 데 효과적이다. 이러한 이유로 인해, 이 기법의 핵심 강점은 깊이 있는 이해를 가능하게 한다는 것이다.

행동에 관한 현장 연구의 시행은 종종 설문을 통해 행동을 측정하려는 시도보다 적절하다. 관찰을 통해서 얻어진 안전띠 착용이나 들치기의 수치는 우리가 그러한 행동에 관한 설문을 통해 기대하는 사회적 바람직성의 효과에 영향을 받지 않는다.

유연성은 현장관찰 연구의 또 다른 이점이다. 조사자들은 조사 계획을 언제든지 수정할 수 있다. 디나 페론(Dina Perrone)의 말은 다음과 같이 썼다. “나는 자료에 대한 높은 수준의 신뢰성, 안전성 및 전이능력을 위해 연구방법론을 계속해서 재평가했다. 코딩 방법, 샘플링, 관찰 기술, 면담 기준이 연구와 함께 진화했다”(Dina Perron, 2009: 37).

무엇보다 질적 연구는 활동 중인 범죄자를 연구하는 우수한 방법이다. 질적 면접과 관찰의 결합은 범법자의 시각과 연구자에 의해 수집된 체계적 측정을 연결한다. 증가일로의 많은 연구들은 범법자의 동기에 대해, 그리고 어떻게 대상을 택했는지, 또한 무엇이 사건 발생의 관심을 촉발한 것인지에 대해 아주 상세한 내용을 제공해왔다. 연구자들은 마약 판매상, 강도, 주거침입절도범, 갱 단원, 자동차 절도범, 성노동자, 기타 다양한 범법자를 연구해왔다. 유죄 판결을 받은 범죄자 또는 체포된 자를 연구할 수도 있지만, 현장 연구는 범죄 행위 분석에 있어서 정부의 공식적 개입이 이루어지지 않는 상태의 많은 이점을 제공한다.

마찬가지로 현장 연구는 일상에서의 형사사법 종사자를 연구하는 데 많은 이점이 있다. 학자들은 오랫동안 체포 또는 범죄 보고서의 통계 분석보다 자동차 앞 유리를 통해서 보는 것이 더 풍부한 경찰업무에 대한 정보를 확보한다고 인식해왔다. 연구자들은 교정 공무원에게도 많은 연구에서 비슷하게 면담을 수행해왔다. 테드 코노버(Ted Conover)는 그러한 시도를 했지만, 뉴욕주 교정 공무원 면담을 거부당했다. 그래서 그는 교도관이 된 이후 2년 동안의 싱싱(Sing Sing) 교정시설에서의 근무 경험을 적었다. 그의 책, 『교도소를 계호하는 신참 교정 공무원(Newjack: Guarding Sing Sing)』은 다른 연구방법을 통해서는 얻을 수 없는 교정직에 대한 통찰을 제공한다(Conover, 2000).

현장관찰 연구는 상대적으로 저렴할 수 있다. 다른 조사 방법은 비싼 장비나 많은 수의 조사 인원을 필요로 하지만, 현장관찰 연구는 종종 한 명의 조사자가 노트와 펜을 가지고도 행할 수 있다. 이것은 현장관찰 연구가 절대로 비싸지 않다고 말하는 것은 아니다. '종합적 사고: 속도와 교통 단속에 관한 현장관찰 연구' 실행 사례에 설명하고 있는 들치기 조사, 안전띠 연구 및 인종 프로파일링 연구에는 앞에서 설명하고 있는 많은 훈련된 관찰자가 필요했다. 값비싼 기록 장비가 필요할 수도 있고, 아니면 조사자가 앤드루 레미억스와 동료들(Andrew Lemieux, 2014)의 연구를 동일하게 수행하기 위해서 남아프리카로 가기를 원할 수도 있다.

현장관찰 연구는 약점도 갖고 있다. 먼저, 질적 현장 연구는 커다란 모집단에 대한 정확한 설명을 거의 하지 못한다. 예를 들어, 식당에서 교도관들 사이의 일상적인 대화를 관찰하는 것을 통해서는 감옥의 상태에 대한 믿을 만한 평가를 얻을 수 없다. 그럼에도 불구하고, 현장관찰 연구는 특정한 기관 내의 근무자와 내부자가 직면하는 몇 가지 문제점에 대한 중요한 통찰력을 제공할 수 있다.

둘째, 현장 관찰은 실제로 관찰된 것을 넘어 커다란 모집단의 행동에 대하여 체계적인 수치와 합리적인 평가를 할 수 있게 한다. 그러나 쇼핑하는 사람들이나 운전자와 같이 주어진 현상의 총인구수를 아는 것이 어렵기 때문에, 정확한 확률표본은 추출될 수 없다. 양적인 현장 연구를 고안하거나 기타 연구의 대표성을 평가함에 있어서, 조사자들은 조사되어질 것의 밀도와 예측 가능성에 대해서 조심스럽게 생각해 보아야 한다. 그 후에 그들은 표본추출 절차가 그들이 관찰할 사례의 대표성 있는 표본을 선택할 수 있는지의 여부를 결정해야 한다.

더 일반적으로, 여러 현장 연구 유형의 장단점은 타당도, 신뢰도, 일반화 가능성으로 나타난다. 우리가 보아왔듯이, 타당도와 신뢰도는 둘 다 양적인 측정이다. **타당도(validity)**는 측정이 실제로 하고자 하는 것이 되었는지에 관한 것이다. **신뢰도(reliability)**는 의존성의 문제이다. 만약 조사자들이 같은 측정을 계속 반복하였을 때, 그들은 같은 결과를 얻게 되는가? 우리가 이 장에서 다루었던 몇몇 사례는 신뢰도를 높이기 위한 특별한 단계를 포함하고 있었다는 점을 상기하라. 마지막으로, **일반화 가능성(generalizability)**은 특정한 조사 결과를 실제로 관찰되지 않은 사람, 장소, 사물에 적용할 수 있는지에 관한 것이다. 현장관찰 연구가 어떻게 이러한 측면들에 맞는지 살펴보자.

타당도

서베이 조사는 타당도 측면에서 피상적이고 취약하다는 문제점이 있다. 참여 연구는 상대적으로 보다 타당한 측정이 될 수 있는 잠재성을 가진다. 질적 연구에 관해서는, '존재하고 있는 것' 자체가 인간사의 본질에 대한 통찰력을 얻는 데 있어 강력한 기술이다.

제9장의 가정폭력에 관한 연구에서 우리가 논의했던 설문조사 방법의 수많은 제약을 떠올려 보라. 대안은 연구자가 충분한 시간을 갖고 가정폭력 피해자와 상호작용을 하는 참여 연구이다. 각각의 접근방식의 상대적 강점은 영국의 국내 폭력을 시험한 논설에 잘 묘사되어 있다. 제9장은 카트리나 멀리스 블랙(Catriona Mirrlees-Black, 1995)의 논설에서 영국범죄조사(BCS)에서 측정된 가정폭력에 관한 부분을 인용했다. 존 후드 윌리엄스와 트레이시 부시(John Hood-Williams and Tracey Bush, 1995)는 내무성『연구보고서(Research Bulletin)』같은 호에 발표한 그들의 연구를 통해 다른 관점을 제시했다.

트레이시 부시(Tracey Bush)는 런던의 공공주택 프로젝트 구역[영국에서 '주택단지(housing estate)'라고 불리는 곳]에서 5년 동안 살았다. 이 기간 동안 그녀는 실제 환경에서 가정폭력을 연구할 수 있었다. "관계와 가정폭력에 관한 상황에 있어 남녀의 시각은 연구자의 친구나 이웃, 동료 및 그 밖의 지인을 통해 수집되었다"(Hood-Williams and Bush, 1995: 11). 장기간의 인내심이 있는 참여 연구를 통해, 부시는 여성들이 때로 폭력의 수준을 낮추어 '일반화'하며 이를 파트너인 남성와의 관계에서 불행이긴 하지만 피할 수 없는 것으로 바라본다는 것을 깨달았다. 폭력이 증가할 때, 피해자들은 아마도 그들 자신을 질책한다. 또한 피해자들은 상황이 나아질 것이라는 희망을 갖고 학대관계에 계속 남게 된다.

> 그녀는 초기에 받았던 애정과 존경을 원한다고 했다. 훨씬 오래전에 그녀가 바라는 남자는 바로 처음 만나 사랑에 빠지고, 비폭력적이었던 남자이고, 그런 남자로 다시 돌아오기를 바란다고 했다. (Hood-Williams and Bush, 1995: 13)

머릴리스 블랙(Mirrlees-Black, 1995)은 가정폭력 조사는 '어려운 영역'이며, 부분적으로는 여성이 파트너에 의한 폭행을 범죄로 인지하지 못하기 때문이라고 했다. 후드 윌리엄스와 부시(Hood-Williams and Bush)에 의한 것과 같은 참여연구는 이러한 현상에 대한 사례를 제공하며, 왜 이런 현상이 존재하는지에 대한 이해를 돕는다.

타당도는 참여연구에 있어서 특별한 강점이다. 설문조사나 현상을 단순한 수리적으로 세어보는 것은 근본개념 이해에 불완전한 것이다. 설문조사는 아무리 잘 가다듬어진 항목이라도 피해자들이 범죄로 인식하지 못하고 있는 사건을 측정하는 데 제약을 준다. 무엇보다도 설문조사 방법은 가정폭력에 대한 풍부한 이해와, 부시가 5년간의 참여연구에서 발견했던 맥락을 제공하지 못한다는 점이다.

참여 연구에서 타당도는 관찰된 사건의 의미 또는 면담 대상자들이 정확하게 선택된 정도라고 불린다. 면담의 경우 조셉 맥스웰(Joseph Maxwell, 2013)은 연구대상자가 된 사람들로부터 피드백을 받는 방식을 제안한다. 예를 들어, 라이트와 데커(Wright and Decker, 1994)는 침입절도범 표본 집단과 함께 반구조화된 면접을 실시했다. 연구자들은 침입절도범의 사회적 맥락에 대한 제한적인 이해가 그들이 알아낸 정보를 해석함에 있어 오류를 만들 것이라는 알고 있었다. 이것을 방지하기 위해서 라이트와 데커는 연구대상자로 하여금 연구자들의 연구결과를 검토하게 해보는 동료 확인 방법을 사용했다(제10장 참고).

> 보고서 작성 단계에서 우리는 표본 집단으로 선택된 대상들에게 여러 원고를 읽어 주었다. 이는 참여자에 대한 우리의 해석을 확인하고 그들이 오해나 부정확함으로 간주한 문구를 수정하기 위함이었다. 이러한 과정의 결과는 주거침입절도범 저지르는 과정에 대한 범죄자의 관점을 정확하게 파악하는 자료가 되었다. (1994: 33~34)

이러한 접근은 연구자로서의 역할이 조사대상자에게 명확하게 알려진 경우에만 가능하다. 이 경우 조사대상자에게 해당 부문에 대해 재검토를 직접하게 하는 것은 타당도를 높이기 위한 좋은 전략이다.

신뢰도

질적 연구는 신뢰도에 있어 잠재적인 문제점을 갖는다. 여러분이 가장 친한 친구의 정치적 관점을 여러분이 그에 대해 알고 있는 모든 것에 기초해서 특징화시킨다고 가정해 보라. 여러분의 평가가 피상적이라는 것에는 의문의 여지가 없을 것이다. 여러분의 측정은 상당한 타당도를 갖는 것으로 보일 수도 있다. 그러나 우리는 다른 누군가가 여러분의 친구에 대해 똑같이 특징화했을 때, 같은 양의 관찰을 했어도 여러분과 동일한 방법이었다고 확신할 수는 없다.

참여 연구 측정은(비록 심도 있는 수준일지라도) 종종 매우 개인적일 수 있다. 가령 여러분이 학교 근처에서 술집 등에 대한 연구를 수행하고자 한다면, 여러분은 아마 금요일 밤의 무질서 정도를 낮은 수준 또는 적당한 수준으로 판단할 수도 있다. 반면 나이 든 어른은 같은 수준의 소음과 무질서를 관찰하고도 대단히 높은 정도로 판단할 것이다. 우리가 관찰한 현상을 어떻게 해석하는지는 우리 자신의 경험과 선호에 많이 좌우된다.

양적 연구의 신뢰도는 세부적인 관찰에 대한 세심한 주의를 통해 향상될 수 있다. 우리는 상점 절도와 안전띠의 사용에 대한 연구에서 이러한 예를 본 적이 있다. 한편 환경적인 연구는 관찰된 것을 어떻게 분류할 것인지에 대한 자세한 안내를 포함함으로써 신뢰할 만한 관찰을 촉진시킬 수 있다. 신뢰도는 현장 관찰의 결과물을 검토함으로써 강화된다. 호멜과 클라크(Homel and Clark, 1994)는 서로 다른 관찰자에 의한 보고에서 나타난 불일치에 대해 집단 토의함으로써 관찰자의 설명적인 기록에 대한 신뢰도를 증가시킬 수 있음을 보았다.

수로 후지타(Shuryo Fujita)는 뉴저지 뉴욕 도로 조건 측정의 신뢰도를 높이기 위해 현명한 방법을 택했다. 이 장 앞부분 글상자에 있는 '뉴저지, 뉴어크에서 도로 표본추출'의 내용에서 그는 어떻게 코딩할 거리를 선택했는지 설명하고 있다. 그는 구글 거리 보기 기능의 이미지를 사용해서 쓰레기, 낙서, 선택한 거리의 주택 조건 등을 측정한 변수를 코딩했다. 후지타는 수십 년 동안 뉴욕시 거리 청결 정도를 측정하는 데 사용된 기술을 적용하여(Mayor's Office of Operations, 2006), 다양한 수준의 쓰레기, 낙서, 낙후 주택의 척

종합적 사고 　주행 속도와 교통 단속에 관한 현장관찰 연구

현장 연구는 인종 프로파일링 연구와 관련하여 두 가지 이유로 중요하다. 첫째는 현장 연구는 경찰 기록에 의존치 않는 운전자 행동에 대한 측정을 가능하게 했다. 앞 장에서 살펴본 것처럼, 차량 검문에 대한 경찰 기록을 다른 정보와 비교해 보는 것이 중요하다. 둘째로, 현장 연구가 이전에 연구된 결과가 별로 없는 영역인 경찰 교통 단속에 대한 통찰력을 제공한다. 현장 연구는 또한 고도로 구조화된 측정부터 덜 구조화된 관찰과 면담까지 광범위한 적용을 다루고 있다.

속도에 대한 현장 측정

세 개 주에서의 인종 프로파일링에 관한 연구는 자동차의 속도 측정을 위해 고도로 구조화된 측정 기술을 사용했다. 가장 최신기기가 뉴저지의 랭(Lange)과 동료들에 의해 사용되었다. 아래는 어떻게 기기들이 설치되었는지에 대한 설명이다.

> 트랜스코어(Transcore)사 제품인 PR-100 레이더 시스템과 연동하여 TC-2000 카메라 시스템은 디지털 사진을 찍는다. 커다란 두 개의 플래시 장치와 달리, 이 장치는 기존에 세워진 (통행료 징수 고속도로) 가이드 레일 뒤에 주차되어 있던 표식되지 않는 차량(벤)에 설치되었다. 차량 안에 설치된 카메라와 레이더 센서는 다가오는 차량을 향한다. 두 개의 플래시 장치는 차 뒤의 삼각대에 올려져 있고, 다가오는 차를 향해 있다. 트랜스코어사의 직원들이 이 장치를 조작한다. (2005: 202)

장치는 제한속도를 시속 15마일 이상 초과하는 모든 차량을 촬영하도록 프로그램되어 있다. 조작자는 또한 한 시간에 25~50대의 차량의 표본에 대해서 시간을 측정하고 사진을 찍는다. 다른 장소에서는 다른 요소들을 만들어낸다. 즉, 사진에 찍힌 운전자의 인종을 코드화한다.

펜실베이니아 연구자들을 주 내의 선택된 지역에서 자동차 속도를 측정하기 위해 레이더를 사용하였다. 그들의 절차는 덜 자동화되어 있어, 표본이 된 도롯가에 세워둔 차 안의 두 명의 감시자에 의존하였다. 펜실베이니아 주립대학교 학부생이 관찰자로 근무했다. 그들은 레이더 사용에 관해 펜실베이니아주 경찰에게 교육받았고, 경찰관이 되기 위한 필요한 교실 내 교육을 받았다. 관찰자로서의 추가적인 교육훈련은 해당 프로젝트 담당자에 의해 실제 도로 위의 표본을 이용하여 수행되었다. 주 경찰은 레이더 장치를 조작할 수 있도록 훈련받았지만, 이를 운전자의 특징을 관찰하는 참여관찰과 병행하는 것을 배우지는 않았다. 하지만, 이는 연구 수행에 있어 중요한 임무였다. 엥겔과 동료들(Engel et al., 2004)은 훈련과 참여 과정에 대해 자세하게 묘사한다. 그들의 단순 참여 관찰 양식은 그들의 보고서(p. 312)에 첨부되어 있다.

스미스와 동료들(Smith et al., 2003)은 속도를 기록하고 운전자를 관찰하기 위해 한 곳에 머물며 관찰하는 방법을 시도했으나 이후 그 방법을 채택하지 않았다. 그들은 빠르게 지나가는 차량과 반사되는 눈부심을 그들

도상 계수를 설명하기 위한 샘플 사진을 선택했다. 이러한 사진들은 각기 관찰된 측정값의 일관성을 높이는 시각적 중추 역할을 했다(Fujita, 2011).

비슷한 방식으로 스티븐 무니와 동료들(Stephen Mooney et al., 2014)은 샘슨과 로덴부시(Sampson and Raudenbush, 1999)가 사회적 관찰을 통해서 시카고의 물리적 무질서의 외관을 측정하는 데 사용했던 항목을 활용했다. 무질서 표식은 쓰레기, 거리의 꽁초, 낙서, 폐가 및 버려진 자동차, 그리고 기타 비슷한 조건 등을 포함했다. 구글 거리 보기 기능을 사용한 무니와 동료들은 5개 도시에서 1,800개가 넘는 블록 면을 코딩하기 위해 '조

이 직면한 문제로 언급했다. 대신 연구팀은 스쳐 지나가는 차량의 운전자를 관찰하는 이동관찰 기법을 사용했다. 레이더 장착은 고려되었다가 거부되었는데, 이는 노스캐롤라이나에서는 자동차에 레이더 감지기를 장착하는 것이 일반적이기 때문이다. 더군다나 트럭 운전사들은 서로 교신을 통해 레이더에 대한 정보를 공유함으로써, 측정하고자 했던 계획이 수포로 돌아가게 되었다.

여러분이 살펴본 것처럼, 세 개의 주에서 사용된 연구의 관찰 요소들은 다양하다. 각각의 연구에 따른 세부사항들을 읽음으로써 참여 연구자들은 연구와 관련하여 고려해야 할 것들에 대한 다양한 통찰력을 얻을 수 있다.

뉴저지 경찰에 대한 관찰

뉴저지의 다른 연구들은 덜 구조화된 현장 관찰법을 사용했다. 이는 연구 목적이 뉴저지 고속도로의 교통 단속에 대한 일반적인 성격을 이해하고자 하는 것으로 덜 구조화된 것이었기 때문이다. 안드레센(Andresen), 켈링(Kelling), 맥스필드(Maxfield)는 교통 단속의 메커니즘과 무엇이 교통경찰로 하여금 자동차를 세우도록 만드는지에 대해 관심을 가졌다. 연구자들은 경찰들의 순찰 중에 내내 동행하였으며, 이 노력을 많은 연구들은 문서화하였다. 그러나 안드레센이 지적한 것처럼, 이들 연구의 극히 일부만이 교통 단속을 대상으로 했고, 더 적은 연구가 주 경찰을 대상으로 했다.

주 경찰차 안에서 영상기록 카메라를 연구하기 위해 맥스필드와 안드레센(Maxfield and Andresen, 2002)은 주 경찰 차를 타고 사용되는 기기를 관찰하였다. 그들은 마이크와 무전기가 여러 이유로 인해 기록된 음질이 매우 열악하다는 것을 알게 되었다. 처음에는 영상기록이 운전자의 인종을 구별할 것이라고 기대되었지만, 차량용 영상을 모니터링한 후에 연구자들은 이미지 해상도가 낮아 그러한 접근은 잠재적 신뢰도가 떨어진다는 것을 확인했다. 럿거스 대학교의 연구자들은 교통경찰이 규정에 맞는 행동(근무 습관, 근무 태도 등)을 하도록 최선을 다할 것이라고 기대했다. 그러나 그들은 몇몇의 경우에 교통경찰들이 영상이나 음향의 기록을 회피하는 것을 목격하였다. 비록 연구자들의 동행할 때에는 좀 다르게 행동한다고 하더라고, 경찰이 자신들의 경각심을 낮추는 경우를 목격하는 것은 그리 어렵지 않다.

안드레센은 순찰에 57회 동행하였고, 함께하는 몇 시간 동안 교통경찰과 비구조화된 면접을 수행하였다. 그는 면접 가이드의 일반적인 양식을 채택했는데, 이는 그가 현장에서 어떤 질문을 할지 계획한 아주 단순한 질문 목록이었다. 차량 이동 중 그는 방대한 기록을 작성하였고, 교통경찰에게 언제든 그 노트를 검사해도 좋다고 말해 주었다. 안드레센은 150명 이상의 교통경찰을 관찰하고 누가 관련되어 있고, 왜 차를 멈추었으며, 경찰관은 어떤 행동을 취했는지, 차를 멈춘 후에 교통경찰이 무슨 말을 하였는지 등을 모두 문서화하였다. 그는 대부분의 교통경찰이 업무를 기록하는 것을 즐기는 것처럼 보인다고 했다. 그리고 여러분이 상상하듯이, 교통 단속에 관한 경찰의 설명은 매우 흥미로웠다.

57명의 교통경찰과의 반구조화된 면접 및 150건의 교통 단속으로부터의 참여 기록은 방대한 기록 자료를 남겼다. 우리는 어떻게 안드레센이 이 자료들을 요약했는지 제12장에서 살펴볼 것이다.

사자'를 교육했다. 연구자들은 평가자 간의 신뢰도를 검토하기 위해서 블록 면의 5%에 대한 무작위 표본을 다시 코딩했다. 전체 블록의 93%는 같은 값으로 코딩되었지만, 일부는 다른 항목 코딩의 신뢰도에 있어서 이해할 만한 차이가 나타났다. 쓰레기와 병의 존재는 단지 '어느 정도의 일치'만을 이루었지만, 폐가는 가장 신뢰도 높게 코딩되었다. 구글 거리 보기 기능을 활용하여 다른 도시를 관찰하면, 샘슨과 로덴부시가 사용했던 비디오 촬영 방식에 비해 훨씬 저렴한 비용이 들게 됨을 주목하기 바란다.

뉴욕의 연간 노숙자 수 집계는 어떻게 현장 관찰의 신뢰성을 높이는지에 관한 또 다른 사례이다. 연구자들은 매년 1월 심야 약 10시간 동안 노숙자로 보이는 사람들이 흔히 보이는 뉴욕시 전역에 배치된다(Silberman School of Social Work, 2013). 1월에 밖에서 취침하는 사람들은 노숙자일 가능성이 높다는 가정하에서 집계가 밤에 이루어진다. 관찰자는 선별 기준을 충족하는 사람들에게 접근하고 프로토콜을 사용하여 생활방식에 관해 질문한다. 대상을 찾고 접근하는 관찰자의 능력을 측정하기 위해, 다른 연구자들은 가짜 노숙자 차림을 하고 노숙자처럼 행동한다. 가짜 노숙자는 75달러(2014년 기준)를 지급받고 훈련을 거쳐, 관찰자가 할당된 동일한 지역에 배치된다. 가짜 노숙자들은 알려진 표적이므로, 그들에게 접근하고 질문했던 수에 대한 평가는 관찰자 신뢰도 추정의 하나의 잣대가 된다. 자세한 정보는 뉴욕 노숙자 그림자 집계 웹사이트 https://shadowcount.commons.gc.cuny.edu/를 확인하기 바란다. 만약 여러분이 뉴욕시 근처에 거주하고 약간의 유급 관찰 경험을 원하다면 응모하기 바란다.

좀 더 일반적으로는, 관찰에 있어 요구되는 해석의 정도가 감소함에 따라 신뢰도는 증가한다. 참여관찰 또는 비구조화된 면접은 관찰자 측에서 상당한 수준의 해석이 요구되며, 우리 중 대부분은 우리가 관찰한 것을 해석함에 있어 자신의 경험과 배경에 의존하게 된다. 다른 한편으로는 전자 기계장치가 상점에 들어오는 사람의 수나 특정한 장소를 지나가 차량수를 높은 신뢰도로 측정할 수 있다는 것이다. 이런 양자의 중간이 바로 상점 절도나 자동차 운전자, 보행자를 관찰하는 참여 연구자이다.

일반화 가능성

사회과학의 주된 목표 중 하나는 일반화 가능성이다. 우리는 삶의 일반적인 것을 배우기 위해서 특정한 상황이나 사건을 연구한다. 보통은 연구자에 의해 관찰되는 세부 주제에 아무도 관심을 갖지 않는다. 전미범죄피해조사(NCVS) 면담에서 자전거를 도둑맞았다고 말한 18명에게 결국 누가 관심을 가질 것인가? 우리는 단지 피해자의 경험이 미국 전체 가정에 일반화될 수 있을 때만 관심을 갖는다.

일반화 가능성은 질적 연구에서 문제시될 수 있다. 이는 두 가지 형태의 문제로 제기된다. 첫째는, 한 연구자에 의해 만들어진 관찰과 측정은 그 주관적 성격으로 인해 다른 연구자가 그 측정이나 관찰을 반복했을 때 항상 똑같은 결과를 낳을 수는 없다는 것이다. 만약 관찰이 부분적으로 주관적인 관점에 의해 만들어졌다면 이는 일반적인 진리이기보다는 특정한 견해에 대한 정보로서 보다 가치 있을 것이다. 여러분은 이것과 보다 일반적인 신뢰도와의 유사점을 찾을 수 있을 것이다.

둘째로, 참여연구자는 주제에 대하여 포괄적이고 깊이 있는 견해를 지녔기 때문에, 관찰된 상황에 대해 일반적 수준 이상의 이해에 도달할 수 있다. 그러나 지나친 이해력으로 인해 그 연구결과는 엄격한 표본화 및 표준화된 측정을 거친 결과보다 더 일반화하기 어려울 수 있다.

예를 들어, 인종 프로파일링과 관련하여 맥스필드는 뉴저지주 경찰과 함께 관찰연구를 수행하였다(Maxfield and Kelling, 2005). 이 연구는 여러 형태로 진행되었고, 최근 한 연구는 뉴저지 턴파이크(turnpike. 통행료 징수 고속도로)의 50마일에 이르는 구간에서 카메라 설치에 의한 속도위반 감시에 관한 것이다. 맥스필드는 고속도로 순찰대와 함께 이 구간의 어느 곳에 속도위반 감시 카메라가 설치(고속도로 순찰대는 이 지점을 '피싱 홀'이라고 부른다)되었는지를 확인하였다. 이 연구에서 그는 고속도로의 물리적인 특징 또한 검토하였다. 즉, 주(州) 사이의 주행 패턴과 신입로가 있는 지역, 약간의 오르막 경사 등이 자동차 속도에 영향을 미치는 특징을 확인했다. 마침내 그는 고속도로에서의 속도위반 감시의 우선 순서와 유형에 대한 많은 정보(경찰관이 자동차를 세우게 하는 결정요인이 무엇인지)를 수집할 수 있었다.

결과적으로 맥스필드는 뉴저지 턴파이크의 50마일 구간에 대한 상세하고 구체화된 정보를 갖게 되었다. 이 지식이 얼마나 일반화 가능할까? 상식적으로 '피싱 홀(fishing hole)'이라는 지극히 특정한 용어를 배우는 것은 다른 도로상의 이러한 장소를 확인하는 데 도움이 될 수 있다. 그리고 한 지역의 오르막 경사 지역에서 발생하는 교통 정체는 다른 유사지역에서의 교통 정체를 이해하는 데 도움이 될 수 있다. 그러나 구체적이고 특정 개인 성향과 연관되는 50마일 도로 구간에 대한 이해는 그저 특정적일 뿐이다. 즉, 몇 개 안 되는 통행료 징수소를 보유한 곧고 넓은 도로에 대하여 많은 정보를 갖고 있다고 하여, 다른 도로(예: 통행료 징수소가 여러 개이고 꾸불꾸불한 산간도로)에 대해서 똑같이 일반화할 수 없는 것이다.

양적인 연구에서조차 일반화와 관련해서는 약해질 수 있다. 바우머와 로젠바움(Baumer and Rosenbaum, 1982)의 상점 절도의 양에 관한 측정은 시카고 시내의 대형 백화점에서의 관찰에 기초하였다. 상황은 지방의 작은 백화점이나 도시지역을 대신한 외곽의 상품점에서는 다르기 마련이다. 마찬가지로 인디애나주에서의 안전띠 사용에 대한 결론은 뉴욕주나 오하이오주에서 적용하기는 어려울 것이다. 인디애나주의 법은 안전띠 미착용에 대해 벌금을 25달러 부과하고, 오로지 운전자가 다른 이유에 의해 정지되었을 때에만 적용된다. 법에의 순응은 엄격한 처벌을 가진 주와 안전띠 미착용으로 검문하는 주

사이에서 다르게 나타날 것이다.

어떤 현장 연구는 연구대상의 지역적 맥락과 덜 관계되기도 한다. 라이트와 데커(Wright and Decker, 1994)는 세인트루이스의 침입절도범들을 연구했지만, 연구결과가 플로리다의 세인트피터즈버그(St. Petersburg)의 주거침입절도범에게 적용되는지를 의심하는 것은 너무나 당연한 것으로 보인다. 침입절도범의 행동이나 유형은 지역 경찰의 전략이나 연령대 또는 주거지역의 스타일, 하물며 길가에서 건물을 가리는 수풀의 양과 유형에 의해서까지 영향을 받는다. 그러나 라이트와 데커는 침입절도범들이 표적을 어떻게 설정하는지, 주거지의 위험성은 무엇인지, 어떻게 기회적 정보가 공격에 이용되는지, 훔친 물건을 장물화하기 위한 전략은 무엇인지에 대한 일반적인 결론을 맺었다. 세인트루이스(St. Louis)의 침입절도범에 영향을 미친 기술과 특징에 대한 연구결과는 다른 도시의 주거침입범에게도 일반화시킬 수도 있다.

현장 연구 수행에 대한 결과을 검토함에 있어, 연구자가 그들의 특정한 관찰을 어디에 어느 정도 일반화할 것인지를 결정하는 것은 중요하다. 그러한 일반화는 체계적일 수 있지만 이를 검토하는 것은 필수적이다. 이 연구방법은 아무것도 담보하지는 않는다. 살펴본 것처럼, 현장 연구는 형사사법 연구에 있어 잠재력 있는 도구이자 설문조사와의 유의미한 균형을 갖추도록 보완하는 수단이 된다.

요약

- 현장관찰 연구는 연구하고자 하는 현상의 자연적인 상태에서의 직접적인 관찰을 하여 자료를 수집하는 방법이다.
- 현장 관찰은 주로 물리적이거나 사회적인 환경, 행동 또는 사건에 관한 정보를 얻고자 할 때 선호되는 자료수집 방법이다.
- 형사사법에 있어 현장관찰 연구는 질적 또는 양적인 자료를 생성한다. 근거이론은 전형적으로 질적 연구 관찰로부터 형성된다. 또는 양적 계량화가 가능한 관찰은 가설 검증의 수단을 제공한다.
- 현장 관찰을 통한 관찰은 다른 자료와 통합될 수 있다. 이러한 방식으로 현장 관찰은 연구자의 다른 자료 해석을 도울 수 있다.
- 현장관찰 연구자는 피관찰자에게 연구자로 인식시키거나 그렇지 않을 수 있다. 연구자로 밝히는 것은 관찰되는 대상에게 영향을 미칠 수 있다.
- 통제된 확률표집 기법은 현장관찰 연구에서는 일반적으로 가능하지 않다. 그러나 일정한 환경에서는 확률표본과 비확률표본을 조합할 수 있다.
- 현장 관찰을 기록하기 위한 대안적 기법은 비디오, 오디오 등의 장치부터 비구조화된 현장 노트까지 다양하다. 그 중간영역이 구조화된 형태이다. 환경총조사가 그 예이다.
- 현장 노트는 가능한 한 이전에 계획되어야 한다. 하지만 노트는 예상치 못한 관찰에 대한 기록이 가능할 정도로 융통성이 있어야 한다.
- 설문조사와 비교하여 현장관찰 연구는 일반적으로

타당도는 더 있지만 신뢰도는 더 떨어진다. 현장관찰 연구의 결과는 엄격한 표본화와 표준화된 설문지를 바탕으로 한 것만큼 일반화하기는 어렵다.

핵심 용어

민속지학(ethnography)
반응성(reactivity)
안전 감사(safety audit)
환경 설문조사(environmental survey)

복습문제 및 연습문제

1. 글상자의, 지셀라 비클러(Gisela Bichler)가 작성한 '안전 감사 수행하기'를 다시 읽어 보자. 교내 또는 캠퍼스에서 가까운 곳에서 안전 감사를 수행해 보자. 만약 가능하다면, 여러분이 조사를 수행하는 장소의 위성 사진 이미지를 추가해 보라. 요크 대학교(METRAC, 2010)의 사례를 참고하라(York University Safety Audit: Leading the Way to Personal and Community Safety. Toronto, Ontario: Metropolitan Action Committee on Violence against Women and Children: METRAC).
2. 이 질문은 제9장의 연습문제 2와 관련된다. 응답자가 안전하지 않다고 느끼거나 범죄가 문제라고 생각 드는 인근 지역에 대한 질문의 답변을 표로 만든 후, 이러한 지역에서 현장 관찰을 계획하고 시행하라. 첫째, 한 곳 이상의 지역을 방문한 뒤, 그 지역의 특징에 관한 자세한 현장 노트를 만든다. 특히 이러한 특징을 범죄문제와 어떻게 연관지을 수 있을지 생각하라. 둘째, 여러분의 노트와 관찰을 사용하여 현장 관찰을 만들기 위한 형식을 만든다. 셋째, 응답자가 언급한 더 많은 곳을 방문하고 만들어진 형식을 사용하여 그 지역의 특징을 기록하라.
3. 수료 후지타가 어떻게 거리를 추출했고, 어떻게 사용하여 체계적 관찰을 수행했는지 우리는 간략히 살펴보았다. 한 단락 정도로 현장 관찰 자료로서 구글 길거리 이미지 보기를 사용하는 다른 방법을 요약해 보라. 이러한 자료 출처의 장단점은 무엇인가? 구글 길거리 이미지 보기로 쉽게 측정할 수 있는 개념과 측정할 수 없는 개념의 예를 하나씩 들어 보자.
4. 도시교육센터(CUP)는 뉴욕시 학생들의 도시 정책에 대한 이해 및 현장 연구를 위해 학생들의 다양한 활동을 후원했다. 한 학생 단체는 『연방주의에 대한 현장 안내: 부시윅, 브루클린, 뉴욕』이라는 소책자를 만들어 냈다. 학생들은 "우리는 작게 시작하여 우리 지갑에 있는 연방주의의 신호를 찾는 것부터 했다. 그런 다음 거리로 나가서 부시윅에서의 연방, 주, 시 정부는 무엇인지에 대한 증거를 찾으려 했다."라고 썼다(Center for Urban Pedagogy, 2011: 1). 소책자를 도시교육센터 웹사이트에서 내려받아 보자. 어떻게 학생들의 연구가 이 장에서 설명했던 현장 관찰과 연관되어 있는지 간략히 기술해 보기 바란다. 그런데 CUP 프로젝트는 형사 및 청소년 사법의 다양한 주제를 다루고 있다. 예를 들어, 대니카 노프고로도프(Danica Navgorodoff)의 다음 포스터를 참조하기 바란다. "나는 체포되었다! 그래서?"(Navgorodoff, 2010. http://welcometocup.org/Store?product_id=29)

CHAPTER 12

기관 기록, 내용 분석, 이차 자료

여기서는 기존 자료의 세 가지 출처인 기관 기록과 내용 분석, 그리고 다른 연구자에 의해 수집된 자료를 살펴볼 것이다. 이 세 출저에서 나온 사료는 형사사법 연구에서 많이 활용된다.

학습목표

1. 공공기관이 형사사법 연구자에게 유용한 통계와 자료를 생산한다는 점을 인지한다.
2. 형사사법 연구의 자료로 활용될 수 있으나 비공개인 기관 기록의 예를 제시한다.
3. 기관 자료에서 제시되는 분석단위가 왜 연구자에게 혼란을 줄 수 있는지를 이해한다.
4. 왜 연구자가 기관 기록에서 나타날 수 있는 신뢰도와 타당도 문제에 주의해야 하는지 설명한다.
5. 연구에서 기관 기록을 사용할 때 '서류상의 흔적을 따라가라.'라는 말과 '기대되는 것을 기대하라.'라는 말이 왜 유용한 격언이 되는지 요약한다.
6. 커뮤니케이션 연구에 적절한 방법으로서 내용 분석을 요약한다.
7. 원자료를 표준화된 양적 자료 행태로 변환하는 코딩의 예를 기술한다.
8. 이차 분석이 어떻게 다른 연구자가 다른 목적으로 수집한 자료에 대한 분석을 지칭하는지 요약한다.
9. 대학 간 정치사회연구 컨소시엄(ICPSR)과 형사사법 자료 아카이브(NACJD)가 제공하는 형사사법 자료의 아카이브에 접근할 수 있다.
10. 이차 자료의 장단점이 기관 기록의 장단점과 어떻게 비슷한지 이해한다.

테러리스트 모집

니야지 이키치(Niyazi Ekici) 박사는 터키의 두 테러리스트 조직의 테러리스트 모집에 대한 연구에서 기관 기록과 내용 분석을 사용하였다(Ekici, 2008). 터키 경찰의 고위 간부였던 이키치 박사는 미국의 럿거스 대학교(Rutgers University)에서 대학원 과정에 있으면서 공식기록에 접근할 수 있었다. 그의 관심은 어떻게 테러리스트 조직이 잠재적 조직원에게 접근을 시작하고 어떤 종류의 요인이 그 선택과정에 개입되는지에 있었다.

터키에는 테러 전략을 사용하는 몇 개의 조직이 있다. 이키치는 매우 다른 이념을 가진 두 조직을 선택하였다. 이 두 집단은 서로 다른 자질을 기준으로 조직원을 모집할 것으로 보았기 때문이다. 혁명인민해방전선(DHKP/C)은 마르크스주의 이념인 반면, 터키 헤즈볼라(Hezbollah)는 과격 종교집단이다.

이 두 집단에서 테러리스트로 활동하고 있는 조직원과 조직에 속하기를 원하는 사람들에 대한 자료를 수집하기 위해서 두 가지 출처가 사용되었다. 활동 중인 테러리스트에 대한 자료는 테러로 체포되어 유죄 판결받은 각 조직 소속 70명에 대한 경찰 기록에서 얻었다. 특이하게도 두 번째 자료는 조직에 들어가려는 사람들이 쓴 일종의 지원서와 같은 문서였다. 이 문서는 테러리스트 세포조직에 대한 경찰 수색에서 10년 이상의 기간 동안 압수된 것으로, 가족, 정치적 · 종교적 신념, 조직에 들어오려는 이유 등에 대한 정보가 들어 있었다. 이전 장에서 자기 보고의 신뢰도와 타당도에 대해 논의한 바 있다. 이키치는 이 문서가 정확할 것이라고 보았는데, 왜냐하면 "테러 조직은 거짓말한 조직원을 서슴없이 죽일 것"(2008: 92)이기 때문이다.

이키치는 내용 분석을 사용하여 테러리스트에 대한 경찰 기록과 압수한 지원자 문서로부터 체계적으로 정보를 추출하였다. 그다음 터키 헤즈볼라와 혁명인민해방전선의 지원자와 조직원에 대한 다양한 측정을 비교하였다.

유죄판결을 받은 테러리스트와 비교하여 테러리스트 지원자는 두 집단 모두에서 다음과 같은 특징을 갖고 있을 가능성이 더 컸다.

- 전과가 있음.
- 전과가 있는 가족이 있음.
- 다른 테러 조직과 관련이 있음.

이키치는 이 결과를 선별에 대한 측정으로 해석했는데, 충성심과 경찰에게 알려지지 않은 점을 이 두 테러리스트 조직은 조직원 선발에서 중요하게 본다는 것이다. 반면, 선발되지 못한 지원자는 뽑힐 가능성에 영향을 주는 범죄 기록이 있을 가능성이 더 컸다.

이 연구는 기관 기록에 기초한 연구의 예외적인 사례이다. 하지만, 이 연구는 우리가 이 장에서 논의할 기관 기록과 내용 분석을 사용하는 연구의 많은 원칙들을 적용하였다. 경찰이면서 연구자인 니야지 이키치 박사는 사회과학 연구자의 도구를 사용하여 터키 경찰의 문서를 체계적으로 분석함으로써 테러리스트 모집에 대한 지식을 넓혀 주었다.

도입

기관 기록, 이차 자료, 내용 분석은 연구대상자와의 직접적인 상호작용이 요구되지 않는다.

현장 연구에서 완전히 관찰만 하는 경우를 제외하고는 지금까지 논의된 관찰의 양식들은 연구자가 무엇을 연구하든지 어느 정도의 개입을 요구한다. 이는 설문조사연구에서 가장 명확하게 나타난다. 현장 연구자조차도 우리가 보았던 것처럼 연구과정에서 연구대상자에 변화를 일으킬 수 있다.

다른 자료수집 방식은 관찰자의 개입을 수반하지 않는다. 이 장에서는 통상적인 활동으로 타인이 수집한 정보를 사용하는 세 가지 다른 접근을 살펴볼 것이다. 첫째로, 상당수의 형사사법 연구가 경찰, 형사법원, 보호관찰소, 소년사법기관, 교정국과 같은 주나 지역의 기관에 의해 수집된 자료를 사용한다. 연방수사국(FBI), 법무통계국, 연방교정국(Federal Bureau of Prisons), 미국교정연구소(National Institute of Corrections)와 같은 연방조직은 범죄문제와 형사사법기관에 대한 정보를 수집한다. 또한 미국주법원센터(National Center for State Courts)나 미국검찰연구소(American Prosecutors' Research Institute)와 같은 비정부조직도 회원으로부터 자료를 수집한다.

정부기관은 방대한 양의 범죄 및 형사사법 관련 자료를 모으는데, 이는 아마도 경제 지표와 공중보건 지표를 산출하기 위한 노력에 비할 수 있다. 그러한 정보는 '기관 기록 자료'라고 부른다. 이 장에서는 형사사법 연구에 사용 가능한 자료의 유형과 함께, 기관 기록 정보 사용의 활용 가치와 잠재적 문제점을 기술할 것이다.

둘째로, 내용 분석에서 연구자들은 문서나 다른 형식의 메시지와 같은 사회적 가공물 유형을 조사한다. 예를 들어, 2001년과 2016년에 미국인들에게 형사정책과 보건 정책이 얼마나 중요한지를 비교해 보길 원할 수 있다. 한 가지 가능한 방법은 이때의 여론조사를 살펴보는 것이다. 다른 방법은 그해에 발간된 신문기사를 분석하는 것이다. 후자가 내용 분석의 한 예인 커뮤니케이션 분석(analysis of communication)이다.

마지막으로, 타인에 의해 수집된 정보가 형사사법 연구에 자주 사용되는데, 이 경우는 기존 자료의 **이차 분석**(secondary analysis)을 수반한다. 미국법무연구원(National Institute

---

이차 분석(secondary analysis) 어떤 연구자가 수집하고 처리한 자료를 다른 연구자가 분석하는 연구.

of Justice: NIJ)과 같은 연방기관의 자금지원을 받아 연구를 수행하는 연구자는 보통 자료를 공개할 의무가 있다. 따라서 예를 들어, 자신이 거주하는 주의 양형 개혁에 관심이 있다면 어떤 범법자 유형에 대해 형량을 올리려는 오리건주의 노력과 관련하여 낸시 메릿, 테리 페인, 수전 터너가 수집한 자료를 분석해 볼 것이다(Nancy Merritt, Terry Fain, and Susan Turner, 2006).

각 자료 출처에 대해 자세히 살펴보기에 앞서 **개입적 측정**(obtrusive measurement)과 **비개입적 측정**(unobtrusive measurement)에 대해 한 가지 주의할 점이 있다. 개입적 측정을 할 때 연구대상(보통 사람)은 자료가 수집되고 있다는 것을 알고 있다. 설문조사가 그 예이다. 비개입적 측정에서는 자료가 수집되고 있다는 사실을 연구대상자가 모른다. 공원 벤치에서 보행자를 관찰하는 것이 예가 될 것이다.

교정 당국의 감시 · 감독 대상자에 대해 출간된 통계를 참조하거나 랜드연구소(RAND Corporation)의 재소자 설문조사에 대한 이차 분석을 수행할 때, 연구대상자와 상호작용하지는 않는다. 그러나 그러한 측정이 비개입적이라고 쉽게 단정 지을 수는 없다. 랜드연구소의 연구자와 면접을 한 재소자들은 나중에 누가 자료를 살펴볼지 알지 못하겠지만, 연구를 위해 정보를 제공하는 그들의 역할을 당연히 잘 알고 있었을 것이다. 웹페이지에서 구치소 조사 통계를 수집하더라도, 그러한 자료는 원래 측정 과정에 직접적으로 관여한 사람이 작성한 설문지로부터 얻어진 것이다.

일반적으로 기관 기록이나 타인에 의해 수행된 연구 프로젝트로부터 얻는 대부분의 자료는 이차 자료이다. 누군가가 보통 다른 목적으로 원자료를 수집한 것이다. 이 장을 시작하면서 앞에서 묘사한 '테러리스트 모집' 연구가 그 좋은 사례이다. 이 사례는 니야지 이키치가 내용 분석과 터키 경찰이 수집한 기관 기록을 어떻게 활용했는지 잘 보여준다.

기관 기록과 내용 분석에 적합한 주제

기관 기록은 연구에 다양하게 적용될 수 있다.

기관 기록이나 기록 보관소로부터 나온 자료는 애초에 표본 설문조사에서부터 직접 관찰에 이르기까지 여러 방법으로 수집되었을 것이다. 따라서 그러한 자료는 원칙적으로 거의 모든 형사사법 연구 주제에 적합할 수 있다.

발표된 통계와 기관 기록은 기술적 연구와 탐색적 연구에 가장 일반적으로 사용된다. 이는 정부기관이 발표하는 많은 형사사법 자료가 무언가를 기술하려는 목적을 갖는다는 사실과 상통한다. 예를 들어, 법무통계국은 교도소 수감 인구 수치를 매년 발표한다. 주 사이의 교도소 수감 인구 차이나 1995년에서 2010년 사이의 교도소 인구 변화를 기술하는 데 관심이 있다면, 법무통계국이 매년 발표하는 자료가 좋은 출발점이 될 것이다. 혹은 신원도용 사례에 대해 더 알고 싶다면, 알려진 신원도용 사례와 관련 사기 사건을 요약 정리하여 매년 발표하는 『소비자 감시 네트워크 자료집(Consumer Sentinel Network Data Book)』을 참고할 수 있을 것이다(Federal Trade Commission, 2016). 유사하게, 경찰에 신고된 범죄, 범죄피해, 중범죄 법원의 재판 건수, 고등학교 상급생의 마약 복용 등 많은 측정에 대한 수치가 지속적으로 발표되며, 30년 이상의 기간 동안 자료가 축적된 경우도 많다.

기관 기록은 설명적 연구에도 사용될 수 있다. 낸시 시나우어(Nancy Sinauer)와 동료들은 여성 살인과 농어촌–도시 거주 간의 관계를 이해하기 위해 노스캐롤라이나의 1,000명이 넘는 여성 살인 피해자에 대한 검시 기록을 조사하였다(Sinauer et al., 1999). 그들은 교외에 있는 카운티가 도시 카운티나 농어촌 카운티보다 여성 살인율이 더 높다는 사실을 발견하였다.

기관 기록은 응용연구에서도 자주 사용된다. 새로운 재범 감소 정책에 대한 평가연구는 재범의 측정을 위해 체포 자료나 유죄판결 자료를 사용할 수 있다. 약물남용 문제가 있는 피고인 재판을 위한 대안으로 마약법원을 연구하기 위해 체포기록을 추적하여 실험집단과 통제집단을 선정하기도 한다(Gottfredson et al., 2006). 다른 연구에서는 성범죄자 거주지 제한법의 효과를 살펴보기 위해 뉴욕주의 성범죄자 등록부 자료를 사용하였다(Berenson and Appelbaum, 2010). 간혹 민간기업으로부터 확보한 기록이 응용연구에 사용되기도 한다. 브라이언 스미스(Brian Smith, 2015)와 로널드 클라크는 일부 약물 관련 상품 절도에 대한 연구에서 204개 슈퍼마켓 체인점에서 판매된 7,887개의 상품에 대한 기록을 분석하였다.

다른 유형의 응용연구에서, 제임스 오스틴, 웬디 나로, 토니 파벨로(James Austin, Wendy Naro, and Tony Fabelo, 2007)는 교도소 석방과 수용 능력, 재입소, 일반 인구 예측에 대한 자료를 결합하여 장래 교도소 수감 인구를 예측하는 수학적 모형을 개발하였다. 이는 과거 연령집단에 따른 체포율과 징역형 사이의 관계를 연령집단에 따른 미래 인구 추정치와 비교하는 예측의 예이다. 연령, 체포, 징역형 사이의 과거 연관성이 앞으로도 고정적일 것이라고 가정하면, 미래 인구에 대한 인구학적 모형을 장래의 교도소 입소를 예측하는 데 사용할 수 있다.

내용 분석을 사용하는 연구에 적합한 주제는 커뮤니케이션, 범죄문제에 대한 인식, 개인의 행동, 형사정책 사이의 중요한 연결고리에 집중된다. 텔레비전 드라마에서 폭력이 만연하는 현상을 오랫동안 연구자들과 실무자들은 우려해 왔다(Anderson and Bushman, 2002). 니야지 이키치는 터키에서 어떻게 테러리스트들이 모집되는지를 알기 위해 내용분석을 사용하였다(Ekici, 2008). 매스미디어 역시 관련 기관의 정책에 중요한 역할을 한다. 형사사법 정책의 의제 설정에 미디어가 미치는 영향에 관한 많은 연구가 이루어져 왔다(예: Chermak and Weiss, 1997).

설문조사나 현장 관찰로 다른 연구자가 수집한 연구 자료가 이후 다양한 연구에서 쓰일 수도 있다. 전미범죄피해조사(NCVS) 자료는 1970년대 이후 수많은 연구자가 셀 수 없이 많은 기술적 연구와 설명적 연구에 사용했다. 이차 자료의 야심적인 활용으로 주목할 만한 연구에서 로버트 샘슨과 존 라웁(Robert Sampson and John Laub, 1993)은 원래 1940년대에 셸던 글룩(Sheldon Glueck)과 엘리너 글룩(Eleanor Glueck)이 수집한 500명의 비행청소년과 500명의 비행을 저지르지 않은 청소년들의 생애사 자료를 복원하였다. 지난 40여 년 동안 이루어진 범죄학 연구의 이론적 · 경험적 발전의 이점을 살려, 샘슨과 라웁은 아동기 범죄 경력 발달에 대한 지식에 큰 기여를 하였다.

기존 자료를 보충적인 자료 출처로서도 고려할 수 있다. 예를 들어, 약물 치료 프로그램의 필요성에 대한 교정시설 관리자들의 시각을 설문조사하려는 연구자는 마약 복용 수감자 수에 대한 기존 자료를 살펴보는 것이 좋을 것이다. 혹은, 보호관찰 부서의 실험적인 사기진작 프로그램을 평가하기 위해서는 연구에서 수집할 자료와 함께 결근에 대한 통계를 참고하는 것이 유용할 것이다.

기관 기록과 이차 자료가 언제나 연구 질문에 대한 답을 제공한다는 것은 아니다. 만약 그렇다면 이 책의 대부분은 불필요할 것이다. 기관 기록과 내용 분석, 이차 자료의 적절한 사용과 적절치 못한 사용을 구분하기 위해서는 이러한 기록이 어떻게 만들어졌는지를 이해하는 것이 중요하다. 이 점은 특히 강조되어야 한다. 이 장의 상당 부분은 자료가 어디에서 왔으며 어떻게 수집되었는지를 아는 것이 중요하다는 점을 강조하는 데 할애될 것이다.

기관 기록 유형

연구자들은 다양한 발간 통계와 비공개 기관 기록을 사용한다.

공공기관에 의해서나 공공기관을 위해서 수집된 정보는 (1) 발간 통계, (2) 내부용으로 통상적으로 수집되는 비공개 기관 기록, (3) 기관에서 특정 연구 목적으로 수집한 새로운 자료, 보통 이렇게 세 가지 일반적 범주 중 하나에 속한다. 각 범주는 연구자의 접근 가능성 정도와 자료수집 과정에 대한 연구자의 통제 수준에서 차이를 보인다.

공개된 통계

대부분의 정부 조직은 통상적으로 자료들을 수집하고 발표한다. 이를 모두 합쳐서 **발간 통계**(published statistics)라고 부른다. 통계국(Census Bureau), 연방수사국(FBI), 법원행정처(Administrative Office of U. S. Courts), 연방교정국(Federal Bureau of Prisons), 법무통계국(BJS) 등이 그 예이다. 이 조직들 중 둘은 특별히 언급할 만하다. 첫째, 통계국은 다른 몇 개의 연방조직을 위해 표본 설문조사와 집계를 한다. 주목할 만한 예로는 전미범죄피해조사(NCVS), 수감아동총조사(Census of Children in Custody), 지역 구치소 수감자 설문조사(Survey of Inmates in Local Jails), 미국수감인구(Correctional Populations in the United States), 사법 지출 및 고용 설문조사(Survey of Justice Expenditure and Employment)가 있다.

둘째, 법무통계국은 여러 출처에서 자료를 취합하고 대부분의 자료 시리즈에 대한 연간 보고서와 특별 보고서를 출간한다. 예를 들어, 『미국의 범죄피해(Criminal Victimization in the United States)』는 매년 전미범죄피해조사의 요약 자료를 보고한다. 표 12-1은 2003~2012년 동안 취합한 가정폭력 피해율을 표본의 범주에 따라 제시한 것이다. 법무통계국은 또한 교정 감시하에 있는 사람들에 대한 보고서를 출간한다. 이 보고서는 구치소, 교도소, 소년시설 모집단에 대한 표본 설문조사와 집계에 근거한다. 표 12-2는 2012년에 주 교도소와 연방 교도소에서 복역 중인 수감자에 대한 표본표를 보여준다. 그리고 『연방 형사사건 처리(Federal Criminal Case Processing)』 시리즈는 연방법원 활동에 대한 자세한 자료를 보고한다.

현재까지 형사사법 자료에 대한 가장 포괄적인 출판물은 힌덜랭 형사사법 연구소(Hindelang Criminal Justice Research Center)에서 매년 발간하는 『형사사법통계자료집(Sourcebook of Criminal Justice Statistics)』이다(http://www.albany.edu/sourcebook). 1972년부터 이 자료 시리즈는 수백 개의 형사사법 자료 시리즈를 요약 · 정리해 왔는데, 그 범

표 12-1 가정폭력 피해율: 2003~2012년 평균

		1,000명당 피해율		
피해자-가해자 관계	연평균 피해자 수	심한 폭행	단순 폭행	총폭력범죄
알려진 경우				
친밀한 파트너	967,710	1.4	2.5	3.9
배우자	314,430	0.5	0.8	1.3
전 배우자	134,690	0.1	0.4	0.05
남자/여자 친구	518,700	0.8	1.3	2.1
그 외 가족	284,670	0.4	0.7	1.1
부모	80,900	0.1	0.2	0.3
자녀	97,490	0.1	0.3	0.4
형제자매	106,290	0.1	0.3	0.4
그 외 가족	158,950	0.2	0.4	0.6
지인	2,103,240	2.3	6.1	8.4
모르는 사람	2,548,860	3.7	6.5	10.2

출처: Truman and Morgan, 2014의 표 1과 표 2에서 발췌하여 정리함.

위는 범죄에 대한 일반인들의 인식이나 형사사법기관의 특징뿐만 아니라 주에서 어떻게 사형 집행을 하는지에 대한 표까지도 포함한다. 정부 기관이 수집한 통계와 함께 갤럽(Gallup) 조사와 같은 민간 출처의 자료도 포함한다. 이 자료집은 자료 출처와 주요 시리즈의 자료수집 과정에 대한 주석도 포함한다. 예를 들어, 자료를 직접 수집했거나 원자료를 정리 · 보관하는 조직들의 주소를 제공한다. 2016년 8월 현재, 이 자료집은 올버니 대학교(University of Albany) 웹사이트에 게시되어 있지만, 2014년 이후 자료가 갱신된 것 같지는 않다.

범죄와 형사사법에 대한 발표 자료 모음은 많은 출처에서 쉽게 접근할 수 있다. 법무통계국(BJS) 웹사이트는 많은 자료 시리즈에 대한 요약 보고서를 담고 있다. 청소년사법에 대한 정보는 청소년 사법 및 비행 예방국(Office of Juvenile Justice and Delinquency Protection)이 모아서 정리한 『통계 요약 보고서(Statistical Briefing Book)』를 보면 된다(http://www.ojjdp.gov/ojstatbb/default.asp). 물론 연방수사국(FBI)의 표준범죄보고서(UCR) 시리즈도 경찰에게 알려진 범죄에 대한 발표 보고서의 중요한 출처가 된다(http://www.fbi.gov/about-us/cjis/ucr/ucr, 각각 2016년 8월 18일 접속)

그러나 허버트 제이콥(Herbert Jacob, 1984: 9)이 "탐이 나지만, 조심스럽지 못한 연구자에게는 매우 위험한, 마치 에덴동산의 사과와 같다."고 이야기한 부분에 대한 활용 가능성과 한계를 짚어보아야 한다.

표 12-1과 표 12-2를 보면 제4장과 6장에서 논의한 것처럼 전미범죄피해조사(NCVS)나 『미국교정인구(Correctional Population in the United States)』와 같은 시리즈가 출처인 공개된 자료는 요약 자료임을 알 수 있다. 이는 매우 집합적인 형태로 자료가 제시되어 원래 정보의 출처인 개인에 대한 분석에는 사용될 수 없음을 의미한다. 예를 들어, 표

표 12-2 2012년 일부 주의 수감자

	수			
	남성	여성	여성 백분율	민간 교도소 수감 백분율
앨라배마	29,782	2,649	8.2%	1.7%
애리조나	36,447	3,633	9.1%	16.1%
캘리포니아	128,436	6,098	4.5%	0.5%
플로리다	94,945	6,985	6.9%	11.5%
뉴멕시코	6,096	631	9.4%	44.6%
뉴욕	51,963	2,247	4.1%	0%
텍사스	152,823	13,549	8.1%	11.2%
버몬트	1,907	127	6.2%	24.8%

출처: Carson and Gilinelli, 2013 부록 표 6과 표 7에서 발췌하여 정리함.

12-2는 2012년에 총 13,549명의 여성이 텍사스주 교정시설에 1년 이상의 형으로 복역하고 있었음을 알 수 있다. 다른 주의 수치를 비교해 보면 우리는 각 주의 교도소 인구에 대해 기술할 수 있다. 또한 교도소 인구의 추세를 살펴보거나 증가율을 주에 따라 비교하기 위해『미국교정인구』의 이전 판을 참고할 수 있다.

그러나 요약 자료는 재소자 개인은 물론 개별 교정시설에 대해서 무언가를 밝혀내는 데는 사용될 수 없다. 재소자와 시설에 대한 개별 수준의 자료는 전자양식으로 통계국을 통해 얻을 수 있지만, 발표된 표에서는 오직 요약만이 제시된다.

그렇다고 발표된 자료가 형사사법 연구자에게 무용하다는 이야기는 아니다. 발표된 통계 시리즈를 크게 통합한 요약 자료는 기술적 연구와 탐색적 연구, 응용연구에 자주 사용된다. 예를 들어, 에릭 바우머와 동료들(Eric Baumer et al., 1998)은 1984~1992년의 142개 미국 도시에 대한 표준범죄보고서(UCR), 약물남용 경고 네트워크(DAWN), 마약 복용 예측(DUF) 자료를 조사하였다. 크랙 코카인(crack cocaine) 사용과 강도, 침입절도, 살인율 사이의 관계에 관심이 있었던 이 연구자들은 강도율이 높은 도시에서 크랙 코카인 사용 정도 또한 심하다는 것을 발견하였다. 반면 크랙 코카인 사용 정도가 심한 도시에서 침입절도율은 낮았다. 제임스 린치와 린 애딩턴(James Lynch and Lynn Addington, 2007)은 여러 가지 범죄 측정에서 나타나는 경향을 분석하는 일련의 연구들을 제시한다.

테드 로버트 거(Ted Robert Gurr, 1989)는 13세기 영국까지 거슬러 올라가 폭력범죄에 대한 발간 통계들을 사용하여 1984년까지 사회적 · 정치적 사건이 어떻게 살인의 양상에 영향을 미쳤는지를 연구하였다. 범죄율의 장기적인 하락은 사회 혼란의 시기에 급격한 상승으로 종지부를 찍었다.

> 이때는 인구의 상당 부분이 대인 폭력에 대한 기본적인 금지명령을 주입하고 강화했던 규제 제도에서 벗어나던 시기이다. 그들은 이민자, 제대 군인, 사회적이나 경제적으로 자리를 잡지 못한 분노한 젊은 청년, 혹은 부유한 사회의 쇠락하는 빈민촌에서 헤어나지 못하고 교육을 받지 못한 젊은 흑인 남성일 수 있다. (1989: 48~49)

따라서 발표된 자료는 마약 복용과 범죄, 범죄의 두 추정치 사이의 관련성, 치명적 폭력의 시대적 변화와 같이 고도로 통합적인 양상이나 추세에 관한 질문에 답을 해 줄 수 있다. 발표된 자료는 또한 쉽게 접근할 수 있다는 두드러진 장점이 있다. 웹 검색을 하거나 도서관에 가면 즉시 필요한 자료를 찾아 사용할 수 있다. 법무통계국이나 기타 법무부 소속 기관에서 발간한 대부분의 출판물은 이제 인터넷으로만 접근된다. 일부 인쇄본은 문서파일로 바뀌었거나 기록 보관소에 보관되었다.

많은 기본적인 범죄 자료를 법무통계국(BJS) 웹사이트에서 스프레드시트 형식으로 내려받을 수 있거나 프레젠테이션 소프트웨어로 직접 볼 수 있다. 더 중요한 사실은 완전한 자료 시리즈가 전자형식으로 접근 가능하다는 점이다. 전미범죄피해조사의 인쇄 보고서는 표 12-1과 같은 요약표로 제한되지만, 60,000명이 넘는 응답자의 원 설문조사 자료는 온라인으로 접근할 수 있다. 법무통계국의 온라인 분석 도구로 연구자는 모든 주요 자료 시리즈에서 입맛에 맞는 표를 생성할 수 있다(http://www.bjs.gov/index.cfm?ty=daa). 이러한 출처에 대해서는 이 장의 뒤에서 다시 다루도록 하겠다.

물론 원자료나 발표된 출처의 표를 사용하기 전에 연구자는 타당도와 신뢰도의 문제와 함께 이 자료가 특정 연구 목적에 얼마나 잘 맞는지에 대한 좀 더 일반적인 질문을 고려해야 할 것이다. 가정폭력에 대한 기술적 연구에 연방수사국의 살인 자료만을 사용하는 것은 살인기록이 치명적 폭력 사건만을 측정한다는 점에서 이치에 맞지 않다. 교도소 총조사 자료는 지역사회 교정프로그램 활용의 변화에 대한 연구에 적합하지는 않을 것이다.

비공개 기관 기록

형사사법 분야에서 수많은 통계가 공개되지만, 그러한 자료는 단지 빙산의 일각일 뿐이다. 연방수사국(FBI)은 요약된 표준범죄보고서(UCR)를 공개할 뿐이지만, 전국의 수천 개 법집행기관은 통상적으로 일반에 공개되지 않는 엄청난 양의 자료를 산출한다. 법무통계국(BJS)의 『미국교정인구』는 매년 시행되는 교정시설의 설문조사에서 수집된 교도소 재소자에 대한 통계를 제시하지만, 각 시설 또한 개별 재소자에 대한 자세한 파일을 보관한다. 미국주법원센터가 보관하는 『법원통계사업(Court Statistics Project)』은 주 법원에서 처리된 사건에 대한 요약 자료를 담고 있으나, 큰 도시의 모든 법원은 수천 명의 개별 피고인에 대한 문서나 컴퓨터 파일을 갖고 있다. 마지막으로 형사사법 분야의 지출과 고용에 대해 매해 실시되는 설문조사 보고서가 예산과 인력에 대한 요약 자료의 출처이지만, 모든 기관은 또한 지출과 인적 자원에 대한 나름의 자세한 기록을 보유하고 있다.

비록 이 자료 출처를 '비공개 기관 기록'이라고 부르지만, 대부분의 형사사법 조직은 연구자가 이 자료에 접근할 수 있도록 하고 있다. 그러나 기관 기록을 얻는 것이 법무통계국 웹사이트에서 출판물 목록을 훑어보거나 통계국 웹페이지에서 내려받기 버튼을 클릭하는 것처럼 간단하지는 않다.

먼저 기관 기록의 잠재적 가능성에는 대가가 따른다는 사실을 강조할 필요가 있다. 공개된 자료를 무비판적으로 받아들이는 부주의한 연구자에게 닥칠 수 있는 감춰진 위험성에 대한 제이콥의 경고는 비공개 기관 기록에도 역시 적용된다. 책 전체를 형사사법 연구에서 기관 기록의 잠재적 적용과 그러한 자료를 어떻게 사용하고 해석할지에 대한 조언에 할애할 수도 있다. 하지만 이것을 단 한마디로 요약할 수도 있다. 기관 기록이 어떻게 만들어지는지 이해하라. 약간 바꾸어 말하면, 문서의 흔적을 따라가면 기관 기록을 사용하는 행복의 길을 찾을 수 있다는 것이다.

이 소박한 금언에 대한 예시로, 두 유형의 사례를 제시할 수 있다. 첫째, 비공개 기관 기록이 범죄 원인과 그 지리적 분포에 대한 중요한 발견에 활용된 두 개의 연구를 설명할 것이다. 둘째, 저자들이 신뢰도와 타당도의 문제를 인지하였지만, 여전히 형사사법 조직의 행동에 대한 결론을 이끌어낼 수 있었던 두 개의 연구를 간략히 살펴볼 것이다. 이 절의 마지막에서는 연구를 위한 기관 기록의 활용 전망을 요약하고 그러한 기록이 효과적으로 사용되기 위해 고려해야 할 주의사항을 언급할 것이다.

아동학대, 비행, 성인기의 체포 앞서의 장들에서 아동학대에 대한 캐시 스파츠 위덤(Cathy Spatz Widom)의 연구를 의사실험설계(quasi-experimental design)의 예로 설명하였다. 현재의 목적에서 볼 때, 이 연구는 몇 가지 다른 유형의 기관 기록을 사용한 실례로 제시될 수 있다.

위덤(Widom, 1989)은 중서부에 위치한 어느 큰 도시의 소년 법원과 성인 법원의 기록을 통해서 아동학대와 아동방임 사례를 확인하였다. 성인 법원과 달리 소년 법원의 절차는 일반에 공개되지 않으며, 소년범 기록도 공개되지 않을 수 있다. 그러나 생명윤리심의위원회(IRB)의 승인을 얻은 후 위덤은 법원 당국으로부터 연구 목적의 파일 접근을 허락받았다. 소년 법원 기록으로부터 774건의 방임, 신체적 학대, 성적 학대를 추출했다. 심한 학대 사건은 성인 형사법원에서 처리되어 가해자가 기소되었다. 형사법원 기록에서 추가로 134건이 확보되었다.

제7장에서 설명한 것처럼, 위덤은 개별 짝짓기(matching)를 통해서 학대받지 않은 아동의 비교집단을 구성하였다. 비교집단 대상자는 두 개의 서로 다른 기관 기록에서 찾았다. 첫째, 학대받은 당시의 나이가 6~11세인 학대 아동은 공립학교 기록을 통해서 비교 대상자와 짝지어졌다. 학대 아동은 같은 학교에 다니는 같은 성별, 인종, 나이(6개월 이내)의 비교 아동과 짝지어졌다. 둘째, 학대받은 당시의 나이가 6세 미만인 아동은 출생기록을 확인하여 같은 병원에서 태어난 비교 대상자와 유사한 기준에 따라 짝지어졌다.

이러한 두 가지 유형의 공공기록과 짝짓기 기준(같은 공립학교에 다니고 같은 병원에서 태어난 것)은 사회경제적 지위를 통제하기 위해 사용되었다. 오늘날에는 그러한 기준에 대해 회의적일 수 있지만, 위덤(Widom, 1989: 360)은 당시(1967~1971년) 연구 지역에서 스쿨버스 통학이 이루어지지 않았고 "초등학교는 매우 동질적인 동네를 대표하였다."는 점을 지적하였다. 비슷하게, 널리 광고를 하는 오늘날의 의료-산업복합체와는 달리 1960년대 말에 병원은 동네 주민을 대상으로 하였다. 위덤은 같은 병원에서 태어난 아동은 다른 병원에서 태어난 아동에 비해 유사한 사회경제적 배경을 갖고 있을 가능성이 더 크다고 가정하였다. 완벽하지는 않지만, 학교 기록과 병원 기록은 위덤이 사회경제적 지위를 기준으로 대략적인 짝짓기를 할 수 있도록 하였으며, 이는 앞서 언급한 창조적이되 신중하라는 조언을 잘 따른 좋은 예이다. 윌리엄 섀디시, 토머스 쿡, 도널드 캠벨

(William Shadish, Thomas Cook, and Donald Campbell, 2002: 129)의 연구는 학교와 병원에 기초한 통제를 사회연구에 일반적으로 어떻게 사용할 수 있는지 기술한다.

위덤의 연구는 이전의 아동학대와 이후의 비행이나 성인기의 범죄행동과의 연관성을 조사하는 설명적인 목적을 갖고 있었다. 이 두 개의 종속변수를 측정하기 위해 1971~1986년의 추가적인 기관 기록을 참조하여 아동학대를 받은 연구대상자와 비교 연구대상자의 체포에 대한 정보를 얻었다. 소년 법원 파일은 비행에 대한 정보를 제공하였다. 성인기의 체포는 지역, 주, 연방 법집행기관의 전과기록 파일에서 측정하였다. 가능한 한 많은 연구대상자를 확보하기 위한 노력으로 위덤은 현주소와 사회보장번호를 주 운전면허관리국의 파일로 조사하였다. 마지막으로, "여성 연구대상자의 경우 혼인증명국의 기록을 조사하여 결혼 후의 이름을 찾았다"(Widom 1989: 361).

결과에 따르면 학대받은 연구대상자와 비교 연구대상자 사이에 어느 정도의 통계적으로 유의미한 차이가 있었다. 집단으로 볼 때, 학대받은 연구대상자들이 비행과 성인기 체포 기록이 있을 가능성이 더 컸다(Maxfield and Widom, 1996). 그러나 위덤(Widom, 1992)은 이 종속변수의 인종과 성별에 따른 차이를 또한 발견하였다.

공개되지 않은 기관 기록을 사용한 위덤의 연구에서 제기될 수 있는 타당도와 신뢰도의 잠재적인 두 가지 문제를 생각해 보자. 첫째, 소년 법원과 성인 법원의 자료는 공무원이 발견하게 된 학대 사례만을 보여준다. 보고되지 않거나 입증되지 않은 학대나 방임 사례들은 제외되며, 이는 위덤의 독립변수 측정의 타당도에 의문을 제기한다. 둘째, 소년범 체포와 성인범 체포가 모든 비행과 범죄행동을 반영하는 것은 아니기 때문에 종속변수의 경우에도 유사한 결함을 갖는다.

이러한 문제를 인식하고 위덤은 학대의 측정이 공무원이 주목하게 된 가장 심각한 사례만을 반영했을 가능성이 있음을 신중하게 지적한다. 또한 실무자와 일반 대중이 아동학대 문제를 더 심각하게 인식하게 된 시기 이전에 연구대상 사례가 처리되었다는 점을 지적한다. 위덤(Widom 1989: 362~366)은 공식기록의 한계를 이해하였고, 그에 따라 다음과 같이 결론의 함의를 한정하였다. "그러므로 이 발견은 보고되지 않은 학대나 방임 사례에 대해서 일반화할 수 없다. 우리의 사례는 또한 기관에서 개입한 사례이며 학대나 방임에 대해 의심의 여지가 없는 사례이다. 따라서 이 발견에는 사건처리와 관련된 요인의 영향이 혼재한다."

범죄다발지역 법집행 공무원과 형사사법 연구자는 오랫동안 범죄의 지역적 집중도에 관심을 가져왔다. 점차로 많은 경찰서가 '범죄다발지역(hot spot)'(다양한 유형의 범죄가 집중되는 지리적 영역과 시간)을 파악하기 위해서 범죄 분석가를 고용한다(Boba, 2005). 또한 연구자들은 어떤 사람들(그리고 장소들)이 반복적으로 범죄피해를 당하며 이러한 반복적 피해자들이 범죄다발지역 형성에 주요한 역할을 한다는 것을 알게 되었다(Weisel,

2005).

범죄다발지역과 반복적 범죄피해에 대한 연구 관심과 정책적 관심은 로런스 셔먼, 패트릭 가틴, 마이클 뷰어거(Lawrence Sherman, Patrick Gartin, and Michael Buerger, 1989)의 영향력 있는 논문에서 시작되었다고 할 수 있다. 이 분석에서는 오랫동안 관심 밖이었지만 경찰이 대량으로 산출한 측정을 사용하였다. 경찰 서비스 요청 전화는 최초로 경찰에 신고된 범죄와 그 외 문제들을 담고 있다. 대부분의 큰 경찰서는 위치, 시간, 내용 등 경찰 서비스 요청 전화에 대한 기본적인 정보를 음성 테이프나 컴퓨터 네트워크에 기록하고 있다. 신고 전화 접수자는 대부분의 경찰 서비스 요청 전화에 대해 순찰차를 출동시키고, 이 과정은 자동으로 컴퓨터에 기록된다. 이는 경찰이 인지한 사건에 대한 자료의 출처가 된다.

매년 엄청난 수의 범죄 피해자, 목격자, 혹은 범죄 외에 각종 문제가 있는 사람들이 경찰에 전화를 한다. 셔먼과 동료들(Sherman et al., 1989: 36)은 "경찰에 걸려온 전화는 시민들이 범죄와 관련하여 경찰에게 무엇을 이야기하는지에 대한 가장 광범위하고 충실한 설명을 제공함과 동시에 그로부터 어떠한 구체적인 오차와 편향이 발생하는지도 알려준다."고 보고, 1986년 미니애폴리스 경찰에 걸려온 300,000건의 경찰 서비스 요청 전화를 분석하였다. 제6장에서 언급한 것처럼, 표준범죄보고서(UCR)와 그와 유사한 범죄 기록 자료는 경찰과 신고자의 결정이 반영된다는 타당도와 신뢰도 문제를 갖는다. 경찰 서비스 요청 전화는 대부분 그러한 결정이 이루어지기 전에 자동으로 기록되며, 따라서 경찰과 시민들에 의해서 덜 걸러진다. 또 하나의 이점으로 '장소의 범죄학'에 대한 셔먼의 연구에서 중요한 점은 경찰 서비스 요청 전화 자료가 사건 발생 장소에 대한 미시 수준의 정보를 제공한다는 것이다.

셔먼과 동료들(Sherman et al., 1989: 37)은 특정 장소의 신고전화 집중에 관심이 있었기 때문에 미니애폴리스시 내 구분되는 여러 지역에 대한 측정이 필요했다. 시의 세액평가국, 시설관리국, 교통관리국 등의 자료를 조사해 본 결과, 연구자들은 위치를 정확히 집계하는 것이 불가능하다는 결론에 이르렀다. 경찰 서비스 요청 전화의 비율을 계산할 때 분모로 사용되는 장소의 수는 109,000개의 주소와 6,000개의 교차로를 포함하여 총 115,000개로 추정되었다.

잠깐 다른 이야기를 하자면, 이러한 근사치 추정은 제이콥(Jacob, 1984: 39)이 제기한 문제의 좋은 예가 된다. 발간 통계와 기관 기록에서 잠재적 오류가 발생할 수 있는 여러 가능성을 고려해 볼 때, 이러한 자료를 사용하는 연구자들은 대략적인 수치만을 제시함으로써 이것이 정확한 수치라는 정확성에 대한 과장된 착각을 피할 수 있다. 예를 들어, 기관에 따라 다른 정의를 사용하기 때문에 미니애폴리스의 주소가 107,037개인지, 아니면 111,252개인지 알 방법이 없다. 따라서 자료의 정확성을 그릇되게 부풀리는 특정 추정치나 두 추정치의 '정확한' 평균(109,144.5)을 보고하는 것보다 '약 109,000개의 주소'라고 밝히는 것이 더 안전하다.

범죄 집중 정도에 대한 일반적 질문을 먼저 살펴보면, 셔먼과 동료들(Sherman et al., 1989: 38)은 서비스 요청 전화의 약 50%가 미니애폴리스시 지역의 단 3%의 장소에서 걸려온다는 사실을 발견하였다. 사건 유형을 좀 더 자세히 살펴보면 범법 유형과 장소 유형 사이의 관련성을 알 수 있다. 예를 들어, 할인매장이나 대형 주차장과 같은 신고다발지역에서 상점 절도 신고 전화와 열쇠를 차 안에 놔두고 차 문을 잠가버린 운전자의 전화가 많이 걸려온다. 침입절도와 폭력범죄 신고 전화가 많이 걸려온 한 호텔이 두드러졌지만, 이 호텔의 하루 평균 인구가 손님과 직원을 포함하여 3,000명 이상이라는 사실을 감안하면 오히려 범죄가 적은 지역임이 드러났다. 반면, 한 술집의 대략적인 강도율은 하루 평균 인구를 약 300명으로 추정할 때, 인구 1,000명당 83건인 것으로 나타났다.

이러한 예는 위덤의 연구와 여러 측면에서 다르다. 하지만 연구자들이 모두 기관 기록 자료의 잠재적 장단점을 잘 이해하고 있었다. 각 사례에서 연구자들은 신중하고 창조적으로 자료를 다루었다. 경찰 서비스 요청 전화 자료 사용의 이점에도 불구하고, 셔먼과 동료들은 세 가지 문제 가능성을 설명하였는데, 동일한 사건이 중복되어 기록될 가능성, 장난 화재신고 전화와 같은 종류의 거짓 신고, 그리고 병원이나 파출소와 같이 이차 범죄 신고를 하는 장소를 신고다발지역으로 오인하는 경우이다. 셔먼과 동료들(Sherman et al., 1989)은 이러한 문제를 고려하더라도 경찰 서비스 요청 전화 자료의 장점이 단점보다 더 많다는 결론을 내렸다. 경찰 서비스 요청 전화 자료가 어떻게 집계되는지 서류의 흔적에 대한 셔먼과 동료들의 상세한 설명의 도움으로 독자들은 스스로 결론을 내릴 수 있을 것이다.

수십 년 동안 범죄다발지역 경찰활동에 대한 연구가 이루어진 후, 연구자들은 이것이 범죄 감소를 위한 효과적인 경찰활동 전략 중 하나라고 결론 내렸다(Braga et al., 2014). 사실상 데이비드 와이즈버드(David Weisburd)는 전통적 범죄학의 분석단위인 개인이 아니라 작은 장소들이 분석단위가 되는 새로운 '장소의 범죄학'을 요청했다. 미국과 이스라엘의 5개 대도시를 분석하고 웨이스버드는 1~2%의 작은 장소에서 범죄 사건의 25%가 발생한다는 사실을 보여주었다. 5개 도시의 4~6%에서 전체 범죄의 절반이 발생하는 것이다(Weisburd, 2015: 144).

의사결정에 대한 측정으로서의 기관 기록 이전 장들에서 언급된 두 개의 연구는 기관의 기록 관행에서 나타나는 결함이 어떻게 기관 행동을 유추하는 데 사용될 수 있는지를 보여준다. 이전 장들에서는 리처드 매클리어리, 바버라 닌스테트, 제임스 얼벤(Richard McCleary, Barbara Nienstedt, and James Erven, 1982)의 고전적 연구를 측정의 문제와 그러한 문제가 의사실험설계(quasi-experimental design)를 어떻게 위협할 수 있는지에 대한 예로 언급하였다. 매클리어리와 동료들은 침입절도율의 표면적인 감소가 사실은 기록 관행의 변화 때문이었다는 사실을 발견하였다. 침입절도 조사에 전담 부서의 경찰을 배치함으로써 과거 조사 절차에서 하나의 사건을 종종 중복 집계하는 경우가 있었음을 발견하였다. 그리고 전담 부서는 단순 절도가 침입절도로 잘못 분류되는 경우도 감소시켰다.

매클리어리와 동료들은 전담 부서가 창설되면서 침입절도율이 즉시 감소했다는 것을 발견하고 경찰 기록에 대해 의심을 품게 되었다. 이는 침입절도의 기술을 고려해 볼 때 납득하기 어려운 양상이었던 것이다. 관련 문서를 추적하여 그들은 절차의 변화가 어떻게 측정에 영향을 미쳤는지를 찾아냈다. 같은 논문에서 그들은 추가적인 예를 제시하였는데, 이는 어떻게 경찰청장의 교체와 순찰차 출동 절차의 변화가 범죄와 서비스 요청 전화의 표면적 증가를 낳는지에 대한 것이다. 그러나 어떻게 기록되는지를 신중하게 조사한 결과, 그들은 지표의 변화를 범죄 빈도의 변화가 아닌 기관 행동의 변화와 연결시킬 수 있었다.

비슷한 유형의 연구에서 휴 휘트(Hugh Whitt, 2006)는 16년 동안의 뉴욕시 사망 자료를 조사하였다. 살인과 사고로 인한 사망은 1976~1992년에는 해마다 거의 변화가 없었지만, 자살 수는 1984~1988년에 급격히 감소하였다가 1989년에 이전 수치로 갑자기 크게 증가하였다. 자살의 자연적 변화로 짧은 기간에 그렇게 큰 변동이 나타날 수는 없다고 보고, 휘트는 시 검시관 부서의 직원 변동과 정책 변화에서 이러한 이상 현상이 기인했음을 찾아냈다. 급격한 단기적 변화는 사망 방식의 변화가 아닌 사망 기록 방식의 변화 때문이었던 것이다.

이 두 가지 예는 형사사법 연구에서 기관 기록을 사용하는 것에 대한 중요한 교훈을 준다. 그것은 '예상되는 것을 예상하라.'는 것이다. 만약 예상 밖의 결과나 패턴이 나타나면, 그것을 그냥 받아들이기 전에 자료수집 절차를 다시 한번 검토해야 한다. 이 두 가지 예에서 연구자들은 자료분석 결과가 그들의 기대에 크게 벗어나자 기록 절차의 문제를 의심하였다. 침입절도 수사 방식의 변화가 현저하고 즉각적인 침입절도율의 감소를 가져올 가능성은 적다. 그리고 청소년범을 위한 실험적인 프로그램이 99%의 성공률을 보인다는 것은 믿기 어렵다. 그러한 단서는 연구자가 이렇게 의심스러운 지표가 어떻게 나오게 되었는지 더 조사하게끔 한다.

기관 관계자에 의해 수집된 새로운 자료

지금까지는 공공기관에 의해서, 혹은 공공기관을 위해서 통상적으로 수집되는 정보를 연구에 사용하는 경우에 집중하였다. 그러한 자료는 즉시 활용할 수 있지만 연구자들은 실제 자료수집 과정에 거의 통제력을 행사할 수 없다. 그뿐 아니라 기관의 절차나 정의가 연구자의 요구와 맞지 않을 수도 있다.

때로 형사사법기관 관계자가 특정 연구 목적으로 정보를 수집한 혼합적인 자료 출처를 사용하는 것이 가능하다. 이 자료 출처는 관찰과 면접을 통한 새로운 자료의 수집과 일상

가정폭력에 대한 경찰 기록 개선하기

가정폭력에 대한 관심으로 나는 반복적 피해에 대해 더 알고 싶었다. 영국에서 수행된 연구는 동일한 피해자와 가해자가 연루된 반복적 가정폭력이 매우 일반적임을 보여주었다(Hanmer, Griffiths, and Jerwood, 1999; Farrell, Edmunds, Hibbs, and Laycock, 2000). 예를 들어, 피즈(Pease, 1998: 3)가 4차례의 영국범죄조사(BCS) 자료를 결합하여 분석해 본 결과, 응답자의 1%가 4회 이상의 대인범죄피해를 경험하였고 이들 피해자가 영국범죄조사 면접에서 드러난 모든 대인범죄피해 사건의 59%를 차지한다는 것을 발견하였다. 영국에서의 다른 연구들도 많은 다른 유형의 범죄가 소수의 피해자에게 집중되어 있음을 보여주었다. 반복적 피해자를 확인하고 그들에게 예방과 법집행 자원을 집중한다면 범죄율을 크게 감소시킬 가능성이 있을 것이다.

나의 관심은 미국 북동부의 어느 큰 도시의 경찰에 신고된 가정폭력에서 사건, 피해자, 가해자의 분포를 밝히는 데 있었다. 부분적으로 탐색적 연구였지만 나는 반복적 피해를 감소시키기 위한 정책 제언을 하고 싶기도 하였다. 마이클 맥스필드(Michael Maxfield)와 같이 작업하면서, 연구 초반에 나는 폭행 등과 같은 범법행위에 대한 자료는 문서 형태로 존재하지만 피해자와 가해자의 반복적 사건 수를 효과적으로 집계하는 것은 불가능하다는것을 발견하였다. 그러나 반복적 가해자와 피해자에 대한 체계적 정보를 모으는 것의 잠재적 가치를 보고, 경찰서의 선임 간부들이 가정폭력 사건에 대한 기존 자료를 재조직한 데이터베이스를 만들기 위해 맥스필드와 나와 함께 공동 작업을 하였다. 시험적 자료 시스템이 2001년 11월에 개발되었다. 데이터베이스는 경찰서의 가정폭력/성폭력계에서 관리할 필요가 있었고, 직원은 2002년 1월부터 새로운 사건을 입력하기 시작할 예정이었다. 한편 나는 2001년 8월부터 12월까지의 사건을 직접 입력해 봄으로써 데이터베이스와 입력 절차를 시험해 볼 것을 제안하였다. 몇 가지 결함을 시정한 후 최종 시스템이 수립되었고, 나는 일정 기간 동안 새로운 사건 보고를 계속 입력하였다.

이는 수개월 동안 진행된 과정을 간략히 설명한 것이다. 이 과정은 애초에 우리가 기존에 있을 것이라고 생각했던 자료를 얻으려는 시도에서 시작되었다. 적합한 자료를 찾을 수는 없었지만, 맥스필드는 반복적 피해에 대한 정보를 조직적으로 정리하기 위해 기존의 기록 관

적인 형사사법기관의 활동을 결합한 형태이기 때문에 우리는 이것을 '혼합적(hybrid)' 출처라고 부른다. 실질적으로 모든 형사사법조직은 범죄수사기록에서부터 유죄 확정된 중범죄자의 수용에 이르는 활동을 통상적으로 문서화한다. 정보 기록에 사용되는 통상적인 문서 양식을 약간 수정함으로써 연구자는 기관 관계자가 그들을 위해 원자료를 수집하도록 할 수도 있다.

예를 들어, 우리가 경찰에 신고되는 범죄 중 주민이 아닌 피해자에 대한 범죄가 어느 정도인지에 대한 일반적인 질문에 관심이 있다고 하자. 플로리다 남부의 외국 관광객 대상 폭력범죄에 관해 읽고, 우리는 그러한 사건이 얼마나 일반적인지가 궁금하였고 이 문제를 체계적으로 조사하기로 결정하였다. 데이드 카운티(Dade County)의 범죄 피해자가 주민인지, 주민이 아닌지에 대한 공개된 자료가 없다는 것은 금방 파악된다. 다음으로 우리는 마이애미 경찰청과 마이애미–데이드 경찰청을 접촉하여 혹시 범죄 보고 양식에 그러한 정보가 기록되어 있는지를 알아본다. 여기에서도 운이 따르지 않는다. 사건 보고 양식은 피해자의 이름과 주소를 담고 있으나, 통상적으로 경찰은 관광객의 경우 호텔이나

행을 어떻게 보완할 수 있을지에 대한 논의를 추진할 수 있을 정도로 경찰서에 대한 충분한 접근능력을 갖고 있다. 많은 공공기관들은 기관에 과도한 부담이 되지 않는다면 연구자의 편의를 봐줄 것이다. 그런데 연구자를 위해 새로운 자료를 수집하는 것은 대부분의 공공조직에게 과도한 부담으로 다가온다. 여기서 관건은 연구자와 조직 모두에게 도움이 되는 방식으로 협력을 하는 것이다.

경찰서가 반복적 범죄피해에 대한 정보를 조직적으로 정리 가능하게 기록체계를 설계하고 관리하도록 하는 것으로부터 내 연구가 얻는 이점은 명백하다. 경찰서도 세 가지 측면에서 이득을 얻는다. 첫째, 가정폭력/성폭력계 직원들은 반복적 '가해자'와 피해자를 파악하는 자료 파일이 어떻게 사건 수사를 도울 수 있는 정보를 제공하는지 인식하였다. 나는 '가해자'를 여기서 강조하는데, 다른 조건들이 모두 동일하다면 경찰은 피해자보다 가해자에 더 관심이 있기 때문이다. 따라서 이 데이터베이스는 경찰이 특별히 관심 있는 사람(가해자)과 내 연구가 특별히 관심 있는 사람(피해자)을 추적하도록 설계된 것이다. 둘째, 전통에 얽매인 조직에서 새로운 자료 시스템을 구축하는 것이 특히 어렵다는 것을 인식하고, 처음에는 내가 직접 자료를 입력함으로써 서서히 그러한 변화를 어느 정도 시작할 수 있었다. 이것의 의도적인 부차적 결과 중 하나는 시범운영 기간 동안 품질관리 절차를 세우는 것이었다. 형사사법 연구자로서 나는 자료수집 절차의 신뢰도가 중요하며 경찰서를 위해서도 신뢰도 높은 일상적 자료 입력 작업을 수립할 수 있다는 것을 알고 있었다.

가정폭력/성폭력계 직원들은 또 다른 방식으로 혜택을 보았는데, 이것이 아마도 가장 중요한 이점일 것이다. 이 경찰서는 나름대로의 범죄분석예측시스템인 컴스탯(Compstat)을 약 3년 동안 활용하고 있었다. 범죄분석예측시스템의 두 가지 주요 요소는 시의적절한 자료와 책임성이다. 매주 가정폭력/성폭력계장은 부서의 활동을 요약 발표해야 하며 부서 직원들의 업무 수행에 대해서 책임을 져야 한다. 데이터베이스가 개발되기 전에는 가정폭력/성폭력계장은 매주 범죄분석예측시스템 회의를 위해서 자료를 정리하는 데 몇 시간을 써야 했다. 데이터베이스가 작동하기 시작한 후에는 준비 시간이 몇 분으로 줄었다. 게다가 가정폭력/성폭력계장은 새로운 업무수행 측정(반복적 가해자와 피해자)을 도입할 수 있었는데, 경찰서장이 그 가치를 높게 평가하였다.

_ 마리 멜리(Marie Mele)
몬머스 대학교

모텔 등의 현지 주소를 기록한다는 것을 알게 된다. 경찰 범죄 기록부서의 관계자는 우리에게 경찰들이 때때로 범죄 보고 양식의 의견란에 '몬트리올 거주 관광객'과 같은 내용을 적지만, 그것이 필수사항이나 요구사항은 아니라고 알려준다.

경찰과 관련 기관으로부터 연구 허가를 받을 수 있다고 가정하면, 우리는 표준 경찰 보고 양식을 보완할 수 있을 것이다. 다음과 같은 항목을 추가하면 된다.

> 신고자가 데이드 카운티 거주자입니까?
>
> ______________ 예　______________ 아니요
>
> 만약 아니라면, 원 거주지의 주소를 여기에 기록하시오.
>
> ____

이렇게 간단해 보이는 범죄 보고의 수정이 그렇게 쉽게 이루어지지 않을 수도 있다. 경찰서의 허가가 물론 첫 번째 요건이다. 범죄 보고 양식을 작성하는 개별 경찰관들에게 이

러한 변화를 주지시켜야 하고, 왜 이러한 새로운 항목이 추가되었는지를 설명해 주어야 한다. 새로운 범죄 보고 양식을 쓰는 이유를 설명하는 공문을 배포할 수도 있다. 매 근무 시간대마다 순찰을 시작하기 전에 집합한 경찰관들에게 감독자가 새로운 양식에 대해 설명하도록 하는 것도 좋은 생각일 것이다. 마지막으로, 처음 며칠 동안 작성된 새로운 양식의 일부 표본을 살펴보고 경찰관들이 새로운 항목을 작성 완료하는 정도를 확인할 수도 있다.

기관의 통상적 활동에 새로운 자료수집 절차를 결합하는 것에는 두 가지 이점이 있다. 첫째로 가장 명백한 이점은 기관 직원들이 자료를 수집하도록 하는 것이 연구보조팀을 운영하는 것보다 훨씬 비용이 덜 든다는 점이다. 데이드 카운티 범죄 피해자의 거주지에 대한 원자료를 수집할 수 있는 다른 방법을 상상하기는 어렵다. 둘째로 기관의 정의에 의존하는 것보다 측정 절차에 대한 통제력을 더 발휘할 수 있다. 일부 데이드 카운티 경찰관은 피해자의 거주지에 대한 정보를 기록할 수도 있지만, 아마도 대부분은 그렇게 하지 않을 것이다. 특정 질문을 추가하는 것으로 자료수집의 신뢰도를 높일 수 있다. 기존 범죄 보고 항목인 '피해자 주소'를 사용하는 것을 생각해 볼 수도 있지만, 경찰관이 관광객의 현지 주소를 기록하는 경향은 측정의 타당도를 떨어뜨릴 것이다. 구체적인 '거주자/비거주자' 항목이 더 타당도가 높은 지표이다.

마리 멜리(Marie Mele)가 쓴 '가정폭력에 대한 경찰 기록 개선하기'라는 제목의 글상자는 기관 기록에서 새로운 자료를 수집하는 접근 사례를 보여준다. 이 예는 협력의 중요성을 깨닫게 해줄 것이다. 이 장에서 다시 다루게 될, 덜 명백하지만 똑같이 중요한 교훈은 기관 기록이 보통 연구 목적으로 의도된 것이 아니기 때문에 연구자의 필요에 늘 잘 들어맞는 것은 아니라는 점이다. 써먹을 수 없었던 서류더미가 때로는 미묘한 조정으로 컴퓨터 기반 기록체계로 전환될 수 있다. 어떠한 경우이든지 간에, 연구자는 기존 자료가 자신의 필요에 맞을 것으로 미리 가정하지 말고 신중해야 하며, 기관 자료의 질을 향상시킬 수 있는 방법을 찾는 데 창조성을 발휘해야 한다.

이러한 자료수집 방식은 여러 가지로 응용할 수 있다. 많은 곳에서 보호관찰관이나 다른 법원 관계자들이 유죄 확정된 범법자에 대해 양형 판결 전 조사를 한다. 연구자는 표준 면접 양식에 특정 연구관심에 적합한 항목을 추가할 수 있다. 집중 보호관찰에 대한 실험연구에서 조앤 피터실리아와 수전 터너(Joan Petersilia and Susan Turner, 1991)는 보호관찰관의 협조를 얻어 각 연구대상자에 대한 세 가지 자료수집 양식을 작성하도록 했다. 첫 번째 양식은 인구학적 정보와 전과기록을 제공한다. 두 번째 양식은 6개월과 12개월이 지났을 때 작성되는데 보호관찰관이 실험집단과 통제집단에 제공한 서비스의 유형과 성격을 기록한다(1991: 621). 추가적인 기관 기록은 보호관찰 대상자의 실적에 대한 자료를 제공하지만, 집중 보호관찰 프로그램 시행을 측정하기 위해서는 보충 자료가 필요했다.

제6장에서 보았듯이 체포자 약물남용 모니터링(Arrestee Drug Abuse Monitoring: ADAM) 프로그램은 참여 도시들에서 체포된 사람들의 표본을 추출하여 그들에게 익명 검사를 위해 자발적으로 소변 표본을 제출할 것을 요청한다. 결과들은 다양한 유형의 범법행위로 체포된 사람들의 마약 복용 정도를 추정하기 위해서 표로 정리된다. 체포자 약물남용 모니터링은 점차 확대되어 '연구기반'으로 기능하게 되었다. 이는 스콧 데커와 동료들의 연구에서 잘 나타나는데(Scott Decker, Susan Pennell, and Ami Caldwell, 1997), 그들은 체포자 약물남용 모니터링 면접설문지에 총기 입수 가능성과 사용에 대한 질문을 보충했다. 연구자들은 마약 복용과 총기 사용 사이의 관련성을 발견하지 못했지만, 남자 청소년들 사이에 총기 사용이 일반적이며 특히 갱 조직원들 사이에는 만연해 있음을 발견하였다. 이렇게 체포자 약물남용 모니터링에 얹혀 가면서 데커와 동료들은 7,000명 이상의 연구대상자에 대한 정보를 아주 싸게 얻을 수 있었으며, 이는 자료수집에 기관 관계자를 참여시키는 것이 큰 이점이 있음을 잘 보여준다.

기관이 원 연구 자료를 수집하도록 하는 것에는 단점도 있다. 조직과 관계자의 협조를 구해야 할 필요성이 명백한 단점이 된다. 자료수집이 개입적일수록 협조를 구하기 더 어려워진다. 기관 직원들의 추가적인 노력이 많이 요구되거나 자료수집 활동이 기관의 통상적 업무를 방해할 때는 협조를 해줄 가능성이 작다. 참여 기관이 누릴 수 있는 잠재적 혜택도 관련이 있다. 마리 멜리의 연구의 경우에서처럼 연구 프로젝트나 실험적 프로그램이 기관의 효율적 업무를 돕고 직원의 업무 수행을 향상시킬 수 있다면, 기관의 협조를 얻기 더 쉬울 것이다.

자료수집을 기관 관계자에게 의존할 때 연구자는 통제력을 덜 갖게 된다. 피터실리아(Petersilia, 1989: 442)는 기관 직원이 시간 활용 면에서 당연히 그들의 주 업무를 자료수집보다 우선순위에 둘 것이라는 점을 지적하였다. 만약 당신이 엄청난 업무량에 시달리는 보호관찰관이고, 개별 보호관찰 대상자에게 제공한 서비스에 대해 6개월/12개월 보고서를 자세히 작성하라는 요청을 받는다면, 여러분은 보호관찰 대상자에 대한 기존 업무에 더 집중하겠는가, 아니면 자료수집 양식을 기입하는 데 더 집중하겠는가?

분석단위와 표집

연구자는 특히 분석을 위한 표본을 추출할 때 기관 기록의 단위에 특별히 주의를 기울여야 한다.

기관 기록이 특정 연구 목적에 부합한다는 것이 확인된 이후에도 해야 할 몇 가지 결정과 작업이 남아있다. 이에 대해서는 이 책의 다른 곳에서 자세히 다루기 때문에 여기서는 그 중 두 가지인 분석단위와 표집에 대해서 간략히 살펴보겠다.

분석단위

공문서와 기관 기록이 특정 연구 질문에 적합하지 않은 분석단위에 기초할 수도 있다. 예를 들어, 개별 보호관찰대상자에 대해 연구하려고 한다면, 보호관찰 판결을 받은 사람에 대한 개인 단위 자료가 필요하다. 보호관찰대상자 수에 대한 주별 요약 자료는 이러한 연구의 필요에 부합하지 않을 것이다. 혹은 마약 범죄로 유죄판결을 받은 보호관찰대상자가 폭행으로 유죄판결을 받은 보호관찰대상자보다 더 철저히 감독을 받는지를 살펴보길 원한다면, 보호관찰 판결을 받은 개인들에 대한 자료가 유죄판결을 받은 범죄유형의 범주에 따라 합쳐져야 할 것이다.

제4장에서 언급한 일반적 규칙이 여기에서도 적용된다. 개인 단위를 집합적 분석단위로 바꾸는 것은 가능하지만, 그 반대는 불가능하다. 따라서 개별 보호관찰대상자에 대한 기록을 유죄판결을 받은 범죄에 따라 집단으로 묶을 수 있지만, 주간 보고서를 개인들에 대한 정보를 얻기 위해 분해할 수는 없다. 어느 경우이든지 간에, 기관 기록을 이용하는 연구자는 특정 연구 질문에 요구되는 분석단위와 기관 기록에 나타나는 자료 집합의 수준이 일치하는지에 대해서 주의를 기울여야 한다.

분석단위는 형사사법 과정에 대한 연구나 그러한 과정을 거치는 사람들에 대한 연구에서 특히 문제가 된다. 이는 형사사법기관들이 활동을 기록할 때 집계 단위를 다르게 쓰기 때문이다. 뉴욕 형사사법기관의 직원들이 제출한 보고서(Poklemba, 1988)에서 발췌하여 정리한 그림 12-1은 과정의 여러 단계에서 기록되는 집계 단위를 나열하고 있다.

그림 12-1에 제시된 단위들은 단기적 사건(event)의 집계와 장기적 사건(case)의 집계라는 두 개의 다른 범주로 구분할 수 있다(Poklemba, 1988: III3). 체포, 기소, 입소와 같은 단기적 사건의 집계는 그것의 지속기간이 짧기 때문에 좀 더 명확하다. 하지만 장기적 사건은 시작 사건(event)과 종결 사건(event)에 따라서 긴 기간 지속될 수도 있다. 장기적 사건은 방법이 복잡하긴 하지만 개인에게 직접적으로 연결된다. 예를 들어, 기소 사건(event)은 법원 사건(case)을 시작하며, 이는 법원의 처분 사건(event) 때까지 종결되지 않

범죄 활동	**법원 활동**	**체포**	**교정**
사건	피고인	검거	가해자
범죄	고발	가해자	입소
피해자	기소와 공소사실	기소	재입소
가해자	사건	공소사실	석방
	법원 출석		
	처분		
	양형		

그림 12-1 형사사법 자료의 집계 단위

출처: Poklemba(1988: III1~III3)에서 발췌하여 정리함.

는다. 교도소 입소 사건(event)으로 재소 사건(case)이 시작되며 교도소 석방 사건(event)으로 종결된다. 집계 단위들 사이의 가능한 관계가 여럿이라는 점이 문제를 더 복잡하게 한다. 예를 들어, 법원 사건에 다수의 피고인이 연루될 수 있는데, 각 피고인은 다수의 공소사실을 갖고 이는 다수의 처분을 낳게 된다.

많은 연구 목적에서 가장 좋은 해결책은 사람에 상응하는 단위(예: 피고인)를 분석단위로 정의하는 것이다. 이는 제임스 아이젠슈타인과 허버트 제이콥(James Eisenstein and Herbert Jacob, 1977: 175~176)이 중범죄 법원에 대한 연구에서 사용했던 접근이다.

> 기소와 사건은 그 정의가 도시마다 달라서 매우 모호하다. 어떤 피고인은 다수의 기소에서 이름이 거론되지만 다른 피고인은 그렇지 않으며, 많은 피고인들이 기소되기 전에 처벌을 받고 형사 절차에서 사라진다. 사건에 피고인이 한 명일 수도 있고 여러 명일 수도 있으며, 피고인이나 기소가 겹칠 경우 같이 연결되는 경향이 있다. '피고인'이라는 개념에는 이러한 모호함이 없다. 피고인을 분석단위로 사용할 때 각 피고인별로 기소의 수, 법원 사건의 수, 최종 처분을 식별할 수 있다.

개인을 단위로 정의하는 것은 서로 다른 집계 단위 사이의 복잡한 관계에서 나타날 수 있는 개념적 문제를 해결할 수 있다. 그러나 개인을 다른 단위에 연결시킬 때나 개인이 한 시설에서 다른 시설로 이동하는 것을 추적할 때 여전히 현실적인 어려움이 있을 수 있다.

표집

특정 연구 목적을 위해 기관 기록의 일부를 추출할 필요성이 종종 대두된다. 지하철 범죄에 대한 생각을 알기 위해 뉴욕시에 거주하는 사람 모두를 면접할 필요가 없는 것처럼, 사건의 처분과 양형의 패턴을 이해하기 위해서 모든 법원 사건을 조사할 필요는 없을 것이다.

일단 분석단위가 정의되면 기관 기록을 표집하는 것은 상대적으로 간단하다. 대부분의 경우, 목표 모집단(target population)과 표본틀(sample frame)은 쉽게 정의될 수 있다. 예를 들어, 뉴욕주에서 중범죄로 체포된 사람들에 대한 처분을 연구하기 원한다면, 목표 모집단은 2010년에 최종 처분이 내려진 모든 사건이 될 것이다. 다음으로 2010년 중범죄 사건의 식별번호가 들어있는 목록이나 컴퓨터 파일을 확보하고 체계적 표집이나 제8장에서 설명한 다른 표집 절차를 사용하여 표본을 뽑는다. 그러나 사건의 목록에서 나타날 수 있는 반복적 패턴과 같이 표집틀에서 편향(bias)이 일어날 잠재적 가능성에 대해서는 주의해야 한다.

신뢰도와 타당도

기관 기록이 어떻게 만들어지는지에 대한 세부사항을 이해하는 것이 신뢰도와 타당도의 문제를 예방하는 가장 좋은 방법이다.

연구 프로젝트에 대한 자료의 일반적 적합성과 함께 기관 기록의 신뢰도와 타당도를 평가하는 관건은 자료가 애초에 어떻게 수집되었는지에 대해서 가능한 한 철저히 이해하는 것이다. 그렇게 함으로써 연구자가 자료의 잠재적인 새로운 사용 가능성을 파악하는 데 도움이 될 수 있다. 또한 연구자는 기관 기록의 잠재적인 신뢰도 문제와 타당도 문제를 더 잘 예측하고 찾아낼 수 있게 될 것이다.

기관 기록 사용을 고려하는 연구자는 제이콥(Jacob, 1984)의 귀중한 지침서인 『공개 자료의 사용: 오류와 해결책(Using Published Data: Errors and Remedies)』을 꼼꼼히 읽으면 도움이 될 것이다. 제5장에서 논의된 것처럼, 신뢰도와 타당도의 일반적인 문제점에 대해서 독자에게 경고하는 것에 더해서, 제이콥은 이러한 자료의 사용자들에게 출처의 주석을 세밀히 살펴보면 드러날 수 있는 다른 잠재적인 오류에 대해 주의를 당부한다. 예를 들어, 표준범죄보고서(UCR)와 같은 대규모 보고 체계에서 치명적인 오기는 피할 수 없다. 이러한 오류는 나중에 발견되어 이후의 보고서에서 부록으로 정정 고지되기도 한다.

장기간에 걸쳐 수집되는 자료 시리즈의 사용자는 자료수집 절차의 변화나 주요 지표의 조작적 정의에서 일어난 변화에 특히 주의를 기울여야 한다. 그러한 변화는 여러 해에 걸쳐 수집된 자료 시리즈에서 일어날 가능성이 크다는 것을 예측할 수 있다. 데이비드 캔터와 제임스 린치(David Cantor and James Lynch, 2005)는 전미범죄피해조사(NCVS) 자료의 장기적 분석에서 전미범죄피해조사의 변화, 특히 1992년에 도입된 재설계 요소를 어떻게 고려해야 할지를 설명한다. 앞 장들에서는 1994년에 완료된 전미범죄피해조사의 재설계에 대해서 설명하였다. 여러 시기에 걸쳐 범죄피해를 연구하려고 계획한다면, 표본 크기와 설계의 변화, 전화면접 사용의 증가, 설문지 수정 등이 어떻게 결과에 영향을 미칠지를 고려해야만 한다.

따라서 종단적 연구를 수행하는 연구자들은 연구대상 기간에 절차나 정의에서 변화가 있었는지를 부지런히 찾아봄으로써, 그러한 경우 특정 측정에서의 변화에 실질적인 의미를 부여하는 잘못을 피해야 한다. 더욱이 시간 간격이 커질수록 측정의 변화 가능성도 증가한다. 테드 로버트 거(Ted Robert Gurr, 1989: 24)는 다음과 같은 좋은 예를 들었다.

> 20세기의 처음 20년 동안 많은 미국 경찰서는 자동차 사망사고를 살인으로 취급했다. 그에 따른 '살인' 비율의 급격한 증가는 의심스러운 결론을 낳게 했다. 장기적 추세에 이러한 요인의 영향으로 그릇된 결과를 낳을 가능성을 확인하고 배제하기 위해서는 그 출처와 역사적 · 제도적 맥락에 대한 철저한 연구가 필요하다.

이 예는 횡단적 연구를 수행하는 연구자들도 약간 다른 유형의 잠재적 오류에 대해서 주의해야 한다는 점을 시사한다. 로저 레인(Roger Lane, 1997)은 사고사를 살인으로 분류하는 경향이 어떤 도시에서는 더 강하다는 점을 지적한다.

여기서 핵심은 서로 다른 도시나 주, 혹은 그 외 관할구역에서 수집된 형사사법 자료를 분석하려는 연구자는 주요 변수에 대한 정의와 측정에서 나타나는 변이에 주의해야 한다는 점이다. 정의와 측정이 명확해 보이는 경우에도 문제를 겪을 수 있다. 예를 들어, 법무통계국의 통계학자들은 교정 자료를 사용하려는 사람들에게 다음과 같이 주의를 준다.

> 어떤 관할구역은 교정인구의 보고에서 시기에 따라 변화를 겪는다. 이러한 변화는 데이터베이스 통합이나 새로운 정보체계 시행과 같은 행정적 변화에서 기인할 수 있다. 그 결과로 자료 검토와 정리가 이루어지고, 가해자 기록을 일치시켜 가해자를 재분류하고, 가석방 보호관찰 대상자와 이중 지역사회 감독 대상자를 포함하며, 이전에 보고되지 않았던 몇몇 하위집단을 포함한다. 이러한 이유로 관할구역 간의 비교와 같은 관할구역에서의 시기별 비교가 타당하지 않을 수 있다. (Kaeble et al., 2015: 16)

다행히 대부분의 정기적인 자료 시리즈 출간 보고서들은 정의와 수집 절차에 대한 기본적인 정보를 제공한다. 법무통계국의 많은 발간물은 설문조사와 집계에 사용된 질문지를 부록으로 첨부한다. 그러나 연구자들은 인쇄된 보고서의 요약 설명을 단지 자료가 어떻게 수집되었는지에 대한 정보를 찾는 출발점에 불과한 것으로 간주해야 한다. 공개된 자료를 본격적으로 분석하기에 앞서 연구자는 자료를 제공한 기관과 접촉하여 자료수집 절차나 방법 등에 대한 자세한 정보를 얻어야 한다.

신뢰도와 타당도 문제의 출처

공공기관의 기록이 갖는 몇 가지 일반적 특성을 논의하면서 기관 기록에 대한 이 절을 마무리하겠다. 특정 유형의 형사사법 연구에 어떻게 적용될지를 고려하면서 여기서 언급되는 각 특징에 대해서 주의 깊게 생각해 볼 필요가 있다. 다른 예들을 생각해 보고 그에 관해 토론해 보면 매우 도움이 될 것이다.

자료의 사회적 생산 사실상 모든 형사사법 기록은 사회적 과정이다. 이것이 의미하는 것은, 예를 들어 체포, 청소년 보호관찰 위반, 법원의 유죄판결, 재소자의 규칙 위반의 지표들은 비행청소년이나 범죄자의 실제 행동에 더해서 형사사법기관 실무자들의 결정을 반영한다는 것이다. 테리 바우머(Terry Baumer), 마이클 맥스필드(Michael Maxfield), 로버트 멘덜슨(Robert Mendelsohn)에 따르면, "수행 측정에는 범법자의 행동, 행동을 인지하는 조직의 능력, 그리고 범법자의 잘못된 행동에 어떻게 대응할지에 대한 결정이 '혼합'되어 있다"(Baumer et al., 1993: 139; 강조 추가). 몇몇 고전적 논문들은 경찰에 의한 범죄 기록 양식에서 **자료의 사회적 생산**(social production of data)에 대해 기술했다(Black, 1970; Kitsuse and Cicourel, 1963; Seidman and Couzens, 1974). 리처드 매클리어리(Richard McCleary, 1992)는 가석방 집행관에 의한 자료의 사회적 생산을 기술했다. 그들은 서류작업을 피하기 위해 사소한 위반을 기록하지 않을 수도 있고, 혹은 반대로 문제가 많은 가석방자를 교도소로 돌려보내는 처벌을 하기 위해 그러한 사건들을 세심하게 기록할 수도 있다. 좀 더 일반적으로, 클라이브 콜먼과 제니 모이니핸(Clive Coleman and Jenny Moynihan, 1996)은 많은 형사사법 측정의 사회적 생산을 다루었다.

형사사법기관 종사자의 재량적 행위는 실질적으로 모든 기관 기록의 생산에 영향을 미친다. 경찰은 모든 범죄를 다 알지는 못하고 그들이 인지한 모든 범법자를 다 체포하는 것도 아니다. 마찬가지로, 검사와 보호관찰관, 교정 공무원도 기소된 사건이나 보호관찰 대상자와 재소자의 규칙 위반을 선택적으로 주목한다. 좀 더 일반적인 수준에서, 입법기관과 형사사법기관이 다양한 범죄문제에 주목하는 정도는 시대에 따라 다르다. 아동학대, 마약, 면식범에 의한 강간, 그리고 심지어 알코올 소비와 같은 사회적 행동을 용인하는 정도는 과거에 비해 달라졌다.

기관 자료는 연구 목적으로 설계되지 않는다는 점 많은 경우 형사사법기관 종사자는 법이 그렇게 요구하기 때문에 자료를 수집한다. 좀 더 일반적으로 이야기하면, 기관은 연구자가 이용하도록 하기 위해서가 아니라 자체적으로 사용하기 위해 자료를 수집한다. 법원 판결 기록은 법적 의무로 보관되는 것이며, 그러한 기록의 목적은 판사와 검사 등 공무원들이 사용하기 위해서이다. 기록 절차는 내부적 필요와 상부의 지시를 반영한다. 결과적으로 연구자들은 때로는 기관 기록을 특정 연구 목적에 맞추기 어렵다는 것을 알게 된다.

예를 들어, 맥스필드(Maxfield)는 켄터키주 루이빌(Louisville) 경찰관들의 체포에 대한 법원의 처분을 추적하고 싶어 했다. 검사는 그에게 "문제없습니다. 우리는 모든 처분 기록을 컴퓨터에 보관합니다."라고 확언을 하였다. 카운티 자료 처리 시설의 이 전자 형태의 문서를 추적한 결과, 맥스필드는 직전 해의 사건만이 1970년대 당시 가장 일반적인 대량 저장 매체인 컴퓨터 테이프에 보관되어 있다는 것을 발견하였다. 이 테이프가 고액(약 17달러)이어서, 자료 처리 관계자가 매년의 파일을 위해 새로운 테이프를 구입하는 것을 아무도 허가하지 않았다는 것이다. 대신 전년도의 방대한 컴퓨터 인쇄물을 마이크로필름으로 저장하고, '비싼' 컴퓨터 테이프는 새로운 해의 자료를 위해 지워졌던 것이다. 맥스필드는 빠르고 쉬운 컴퓨터 검색 대신 마이크로필름에 담긴 수십만 개의 사건 파일을 찾아봐야 한다는 사실을 깨닫고 프로젝트를 포기하였다.

자료의 사회적 생산(social production of data) 자료는 측정되는 개념에 더하여 조직의 과정과 결정을 반영함.

지난달에 얼마나 많은 가석방 위반자들이 있었을까?

질문: 지난달에 얼마나 많은 가석방 위반자들이 있었는가? 답: 그때그때 다르다. 좀 더 정확하게는 어떤 기관에게 묻는지에 따라 다르다. 아래 세 가지 대답은 나름대로 다 맞다.

뉴욕 교정위원회(SCOC)	611명
뉴욕 교정부(DOCS)	670명
뉴욕 가석방국(New York Division of Parole)	356명

주 교정위원회(State Commission of Correction: SCOC)는 매일 지역의 구류 및 구금 인구에 대한 정보를 모두 모아 보관한다. 자료는 공통된 정의를 사용하여 지역 보안관이 수집한다. 주 교정위원회는 가석방 위반자를 다음과 같이 정의한다. 체포의 예와 같이 가석방 조건을 위반한 혐의로 잡힌 가석방 위반자로 추정되는 사람. 이는 지역 구치소의 경우에는 적절하다. 새롭게 체포된 가석방 위반 혐의자를 집계하는 범주가 따로 있기 때문이다. 그러나 뉴욕시는 체포 여부에 따라 가석방 위반자를 구분하지 않기 때문에, 주 교정위원회의 수치는 뉴욕주의 위반자만 포함한다.

교정부(Department of Correctional Services: DOCS)는 사람들이 왜 구치소에 있는지에 대해서는 관심이 덜하고, 곧 수용해야 할 밀려 있는 재소자들에 주로 관심이 있다. 더욱이 교정부의 입장에서 진정한 가석방 위반자는 오직 기술적 의미의 가석방 위반자뿐이다. 이는 교정부 입장에서는 당연한데, 왜냐하면 새로운 범죄로 유죄판결을 받은 가석방 위반자는 교정부에 새로 들어온 사람으로 간주될 것이고, 행정적으로 이 사람은 기술적 가석방 위반으로 교도소로 되돌아온 가석방자와는 다르게 취급될 것이기 때문이다.

가석방국(Division of Parole)은 가석방 위반자를 다음 네 개 범주 중 하나로 분류한다. (1) 가석방 조건을 위반한 사람, (2) 종적을 감춘 사람, (3) 새로운 범죄로 체포된 사람, (4) 새로운 범죄로 유죄판결을 받은 사람. 이 또한 일리가 있는데, 가석방국은 가석방자의 조건 이행을 모니터할 책임이 있으며 서로 다른 유형의 가석방 위반자를 구분하길 원하기 때문이다. 교정국은 가석방 위반을 혐의가 있는 경우(가석방위원회에 의해 아직 확인되지 않음)와 실제 위반(확인되어 가석방자 파일에 기록됨)으로 구분한다. 더 나아가서 가석방자의 유동적 지위와 그들의 위반에서 보이는 차이는 뉴욕시와 그 외 지역 사이의 차이와 함께 혼란을 가중시킨다.

이 세 조직의 다양한 관점과 역할을 함께 고려하면 '얼마나 많은'이라는 질문에 대한 답은 좀 더 구체적일 수 있다.

교정위원회: 지난달 새로운 범법행위로 체포되어 가석방 조건을 어긴 것으로 믿어지고 뉴욕주 구치소에 수감 중인 611명의 가석방 위반 혐의자가 있었음.

교정부: 지난달 가석방 조건 위반으로 판정되어 주 교정시설 수용 대기인원으로 집계된 670명의 실제 가석방 위반자가 있었음.

가석방국: 지난달 가석방국 총인원 중 356명의 가석방자가 가석방국의 담당 건수에서 실제로 제외되어 교정부로 이관 중임.

기관의 집계가 서로 일치하지 않는 주요 이유 중 하나는 기관의 정보체계가 내부적인 업무상의 필요에 따라 개발되었다는 것이다. 체계 전반에 걸친 시각은 부재한다. 둘 이상의 기관에서 나온 자료에 의존하는 질문에 확실히 답하는 것은 대개 불가능하다. 주 단위 자료의 접근 가능성과 질은 지역 기관들의 자료에 달려 있다는 점도 인지해야 한다.

앞서 말했듯이 그 질문에 대한 가장 적절한 대답은 '그때그때 다르다.'는 것이다.

_ 존 포클렘바(John J. Poklemba)
뉴욕주 형사사법국

출처 : Poklemba, 1988: 11~13에서 발췌하여 정리함.

기관의 기록 관행이 우리가 연구에 필요한 부분과 맞지 않을 수 있음을 기억해야 한다. 법원과 경찰서는 통상적으로 나름의 정의나 정보 분류 방법을 사용하기 때문에 이러한 기록을 사용하기는 쉽지 않다. 주요 개념에 대한 개념적 정의와 조작적 정의가 아무리 신중하고 정확하게 이루어졌다고 해도 형사사법기관의 실제 측정과 일치하는 경우는 거의 없을 것이라는 점을 인식해야 한다.

기관의 서로 다른 필요에 따라 다르게 정의되는 경우에 대한 또 다른 예를 '지난달에 얼마나 많은 가석방 위반자들이 있었을까?'라는 제목의 글상자에 소개했다.

패턴이 아닌 사람을 추적한다는 점 실무에서 형사사법조직의 담당자들은 일반적으로 패턴을 조사하는 것보다 개별 사건을 추적하는 것에 더 관심이 있다. 순찰경관과 형사는 개별 서비스 요청 전화, 체포, 사건 파일을 다룬다. 검사와 판사는 개별 사건의 처리와 재판 일정에 가장 관심이 있으며, 교정 공무원은 개별 재소자에 대한 기록을 보관한다. 각 조직은 매주, 매달, 혹은 매년의 활동에 대한 요약 보고서를 내놓지만, 공무원들은 대개 개별 사건에 훨씬 더 관심이 있다. 마이클 기어켄(Michael Geerken, 1994)은 연구자가 경찰의 체포기록을 분석할 때 부딪힐 수 있는 문제에 대한 논의에서 이 점을 분명히 보여주었다. 전과기록 데이터베이스가 정기적으로 검토되는 경우는 거의 없고, 다만 개별 경찰관들이 제출한 체포기록이 축적될 뿐이다. 조엘 베스트(Joel Best, 2013)는 사건별 기록에서의 작은 오류들이 쌓여서 요약 자료에서 얼마나 큰 오류가 되는지에 대한 추가적인 예를 제시했다.

점점 많은 형사사법기관이 개별 사건 추적에 더해서 자료를 분석하는 능력을 개발하고 있다. 경찰의 범죄 분석은 최근 사건들의 공간적 패턴을 추적하며, 검사는 그들의 업무성과 기록에 관심이 있다. 그리고 주 교정분류시설은 새로 들어온 죄수들을 어디로 보낼지 결정할 때 교도소 수용 능력, 보안 분류, 프로그램 가용성을 고려한다.

경찰활동에 대한 문제지향적 접근이 널리 받아들여짐에 따라, 많은 법집행기관들이 기록과 범죄 분석 업무를 향상시켜 왔다. 뉴욕시에서 보고된 범죄의 감소는 특정 범죄소탕 전략을 계획하고 평가하는 경찰 지도부가 적시에 정확한 범죄 자료를 사용했기 때문으로 여겨진다(Bratton, 1999; Kelling and Coles, 1996; Maple, 1999). 이는 기관이 생산하는 자료의 정확성에 대한 중요한 일반적 원칙을 잘 보여준다. 기관의 관리자가 결정을 내릴 때 통상적으로 자료를 사용하게 되면 자료의 질에 더 주의를 기울이게 된다는 것이다. 글상자에서 설명한 마리 멜리의 연구는 또 다른 예를 보여준다. 가정폭력 담당 형사가 범죄분석예측시스템을 준비하는 데 테이터베이스가 얼마나 도움이 되는지를 깨닫게 되면 기록 절차를 향상시키는 노력을 지지하게 된다는 것이다.

그러나 현재 대부분의 도시에서 사용하는 기록 체계는 관리나 연구의 목적으로 자료를 생산하기보다는 여전히 개별 부서를 위해 개별 사건들을 추적하는 방향으로 설계된다.

개별 기관들은 '사일로(silo) 데이터베이스'라는 것을 유지관리하는데, 이 그럴듯한 명칭은 서로 고립되어 있는 다량의 자료를 일컫는다. 이와 비슷한 문제와 관련된 사례로 정보기관들이 의심스러운 활동들에 대한 정보를 공유하지 못함으로써 발생하게 된 9 · 11 테러를 들 수 있다(Farmer, 2009; National Commission on Terrorist Attacks upon the United States, 2004).

한편 경찰 활동 계획을 세울 때 범죄 자료와 경찰 서비스 요청 전화 자료의 사용이 증가하는 것은 두 가지 이유에서 긍정적인 발전이다. 첫째, 의사결정과 계획에 자료가 더 많이 사용될수록 경찰관들은 자료의 질에 더 관심을 갖게 된다. 또한 발생할 수 있는 오류나 모순을 더 잘 찾아낼 것이다. 공공기관이 작성하지 않은 기록에 대한 고려사항과 관련해서는 이 장과 다른 장들에서 논의한 신뢰도와 타당도 문제를 참고할 수 있다. 서비스 요청 전화는 신고된 범죄보다 더 포괄적인데, 범죄로 분류되지 않은 사건들에 대한 신고를 포함하기 때문이다. 더 중요한 것은 서비스 요청 전화가 범죄다발지역의 정의를 도출할 수 있는 장소나 위치에 대한 정보를 포함한다는 점이다. 장소에 대한 경찰의 자료는 사건에 연루된 사람들에 대한 경찰 자료보다 신뢰도가 높은 경향이 있다(Weisburd et al., 2012). 따라서 특정 장소에 고도로 집중된 사건들을 다루는 '장소의 범죄학(criminology of place)'은 상대적으로 고품질의 비공공기관 기록을 사용한다.

양이 커질수록 오류가 많아진다는 사실 기록상 오류의 가능성은 기록해야 될 정보의 양이 증가할수록 증가한다. 뻔해 보이지만 형사사법 기록을 분석할 때 이 점을 기억하는 것이 중요하다. 로런스 셔먼과 엘런 콘(Lawrence Sherman and Ellen Cohn, 1989: 34)은 경찰 서비스 요청 전화 기록이 중복되는 '거울 효과'에 대해서 설명한다. 많은 양의 경찰 서비스 요청 전화를 처리할 때, 미니애폴리스와 같은 큰 도시의 교환원들이 동일한 사건의 중복된 보고를 늘 구분할 수 있는 것은 아니다. 같은 경찰 서비스 요청 전화를 업데이트하는 보고가 새로운 사건으로 취급될 수도 있다. 두 경우 모두에서 중복 자료가 나타난다.

자료 입력 양과 오류 가능성 사이의 관계는 상대적으로 드문 범죄나 사건에 대한 연구에서 특히 문제가 된다. 살인은 다른 범죄에 비해 드물지만, 개별 살인 사건에 대한 정보를 주차위반 자료를 입력하는 직원이 컴퓨터에 입력할 것이다. 살인 기록이 담당 직원이 입력할 수백 개의 주차위반과 사소한 절도처럼 단지 한 사건에 불과하다면, 이 드문 사건이 날마다 일어나는 사건과 다르게 취급될 것이라고 기대하기는 어렵다.

인디애나폴리스의 폭력범죄 관련 위원회에서 브리핑을 준비하던 중에, 맥스필드는 농촌 지역에서 4명이 살해당한 하나의 사건이 전산화된 연방수사국(FBI) 살인기록에 두 번 나타나는 것을 발견하였다. 이는 두 기관의 경찰관(보안관과 주 경찰)이 이 사건을 수사하였고, 이 두 기관이 연방수사국에 각각 보고를 올렸기 때문이었던 것으로 드러났다. 그러나 그해 연방수사국 컴퓨터 파일에 입력된 수천 건의 살인 사건에 인디애나의 시골에서 일어난 한 건의 다중살인이 중복 입력되었다는 사실은 묻혀 버린다.

기관 기록에 대한 긴 논의를 마무리하면서 형사사법기관의 자료가 치명적인 결함을 갖고 있다는 인상을 남기고 싶지는 않다. 이 자료를 적절히 사용한 수천 개의 연구가 매년 나온다. 그러나 연구자는 신뢰도와 타당도 문제가 발생할 수 있는 잠재적 출처와 그것을 극복할 방법을 이해해야 한다. 공공기관은 보통 연구 목적으로 정보를 수집하지 않는다. 그들이 수집하는 자료는 종종 많은 사람들의 자의적 결정을 반영한다. 그리고 대규모의 인간 활동이 모두 그렇듯이, 수많은 사람과 과정을 관찰하는 것에는 필연적으로 약간의 오류가 따르기 마련이다.

내용 분석

내용 분석에서는 메시지에 관한 체계적인 연구가 이루어진다.

1994년 범죄 법안에 따라 설립된 지역사회경찰활동국(Office of Community Oriented Policing Services: COPS)은 지역 법집행기관을 재정적으로 지원함으로써 지역사회 경찰활동을 촉진시킨다. 이러한 노력의 효과성에 대한 관심 외에도 지역사회경찰활동국의 관계자들은 지역 신문에 나타나는 지역사회 경찰활동에 대한 공공의 이미지에 대해 알고 싶어 했다. 스티븐 마스트로프스키와 리처드 리티(Stephen Mastrofski and Richard Ritti, 1999)는 26개 도시의 신문에 실린 지역사회 경찰활동에 관한 기사 내용을 분석하였다. 연구자들은 1993~1997년에 7,500개 이상의 기사를 발견하였고, 대부분은 몇 안 되는 주제에 집중되었는데, 그것은 "공동체, 자원, 그리고 공동체를 위한 실질적 결과 산출이었다. 지역사회 경찰활동에 대한 견해를 제시하는 기사들은 거의 항상 압도적으로 긍정적이다"(1999: 10~11).

이는 메시지와 그 메시지가 전달하는 의미를 체계적으로 연구하는 **내용 분석**(content analysis)의 한 예이다. 지역사회경찰활동국으로서는 지역사회 경찰활동에 대한 많은 기사가 도시 신문에 실리고 대부분의 기사가 긍정적인 이미지를 제시한다는 마스트로프스키와 리티의 연구가 만족스러웠다.

내용 분석 방법은 사실상 어떠한 형태의 커뮤니케이션에도 적용될 수 있다. 가능한 연구 대상물로는 책, 잡지, 영화, 노래, 연설, 텔레비전 프로그램, 이메일, 소셜미디어 게시물, 편지, 법, 헌법, 그리고 또한 이러한 것들의 구성요소나 집합이 될 수 있다. 내용 분석은 '누가, 무엇을, 누구에게, 왜, 어떻게 말했고, 어떤 효과가 있었는가'라는 커뮤니케이션 연구의 고전적인 질문에 답하는 데 특히 매우 적합하다. 관찰 방식의 하나로서 내용

내용 분석(content analysis) 기록된 커뮤니케이션에 대한 연구.

분석은 '무엇'을 숙고하여 다루어야 하고, 이 방식으로 수집된 자료에 대한 분석에서는 다른 방식에서와 마찬가지로 '왜'와 '어떤 효과'에 대해 다루어야 한다.

내용 분석의 코딩

내용 분석은 본질적으로 코딩 작업이며, 물론 코딩은 내용 분석에서 측정 절차를 의미한다. 커뮤니케이션(음성, 문자, 혹은 다른 형태의)은 어떠한 개념적 틀에 따라 부호화되고 분류된다. 따라서 예를 들어, 신문 논설이 보수적이거나 진보적이라고 부호화할 수 있다. 라디오 토크쇼가 과장이 심한지 아닌지도 부호화할 수 있다. 소설이 추리물인지 아닌지 부호화할 수 있다. 정치 연설이 범죄에 대한 근거 없는 미사여구를 담고 있는지 아닌지도 부호화할 수 있다. 이러한 용어에 대해 여러 해석이 가능하다는 점을 고려해 보면 연구자는 개념 정의를 명확하게 구체화해야만 한다.

내용 분석에서 코딩은 제4장에서 살펴본 개념화와 조작화의 논리와 관련된다. 다른 연구 방법과 마찬가지로 내용 분석에서 연구자들은 개념틀을 가다듬고 그러한 틀과 관련하여 관찰을 위한 구체적인 방법을 발전시켜야 한다.

모든 연구 방법에서 개념화와 조작화는 전형적으로 이론적 관심과 경험적 관찰의 상호작용을 수반한다. 예를 들어, 어떤 신문 사설이 진보적 범죄 정책을 지지하고 다른 사설은 보수적 범죄 정책을 지지한다고 생각되면 스스로에게 왜 그렇게 생각하는지 물어보라. 어떤 것이 진보적이고 어떤 것이 보수적인지 자신에게 질문해 보면서 몇 개의 사설을 읽어보라. 특정 사설의 정치적 지향이 내용에서 명백히 드러나는가, 아니면 전반적인 논조로 나타나는가? 자신의 결정이 특정 용어(예: '도덕적 타락'이나 '재사회화의 필요')의 사용에 근거하는가, 아니면 마약사범에 대한 의무적 징역형 대 치료 프로그램과 같은 특정 쟁점에 대한 지지나 반대에 근거하는가?

측정과 관련된 다른 결정들처럼 연구자는 이해의 깊이와 구체성 사이의 근본적인 선택에 직면한다. 설문조사 연구자는 구체적인 특정 폐쇄형 질문이 연구의 필요에 더 적합한지, 아니면 좀 더 전반적인 개방형 질문이 더 적합한지를 결정해야 한다. 마찬가지로 내용 분석자는 명시적 내용을 조사할지, 아니면 묵시적 내용을 조사할지를 선택해야 한다. 의사소통의 **명시적 내용**(manifest content. 가시적이고 표면적인 내용)을 코딩하는 것은 설문지 문항에서 폐쇄형 질문을 사용하는 것에 좀 더 가깝다. 한편 의사소통의 **묵시적 내용**(latent content. 이면의 의미)을 코딩하는 것도 대안이 될 수 있다. 가장 일반적인 관점에서 명시적 내용과 묵시적 내용은 측정할 때 요구되는 해석의 정도에 따라 구별할 수 있다.

명시적 내용과 묵시적 내용의 코딩 절차를 개념화하는 전 과정에서 모든 변수의 조작적 정의는 그 안에 포함된 속성으로 구성된다는 점을 기억해야 한다. 또한 그러한 속성은 상호 배타적이며 포괄적이야 한다. 예를 들어, 중도적일 가능성을 인정하더라도 신문 사설을 진보적이면서도 보수적이라고 묘사해서는 안 된다. 텔레비전 프로그램을 폭력적이거나 폭력적이지 않다고 부호화하는 것으로 충분할 수 있지만, 어떤 프로그램은 반폭력적일 가능성도 있다.

신중하게 사전검사를 하지 않고 코딩 계획을 사용하면 안 된다. 커뮤니케이션의 어떠한 명시적 혹은 묵시적 내용을 연구 변수를 구성하는 속성의 지표로 간주할지를 결정해야 하고, 이러한 조작적 정의를 적어 놓은 다음, 몇몇 관찰 단위에 대한 실제 코딩에 사용해야 한다. 한 명 이상을 코딩 작업에 동원할 계획이라면 동일한 관찰에 대해서 각각 독립적으로 코딩을 하게 해서 그 일치도를 확인해야 한다. 어려운 사례(조작적 정의를 사용하여 쉽게 분류되지 않는 관찰)에 대해서 특히 주의를 기울여야 할 것이다. 마지막으로 우리의 분석에 적절한지를 확인하기 위해서 사전검사의 전체적 결과를 검토해야 한다. 예를 들어, 사건검사를 한 신문 사설이 모두 진보적이라고 코딩되었다면 그 속성에 대한 우리의 정의를 재고해 보아야 한다.

신문, 텔레비전의 범죄 드라마, 혹은 추리 소설을 부호화하기에 앞서 코딩의 신뢰도에 대한 평가 계획을 세워야 한다. 다행히 내용 분석에서 신뢰도는 두 가지의 서로 관련된 방법으로 확실하지는 않더라도 쉽게 검사할 수 있다. 첫째, 두 명의 코딩 작업자에게 같은 메시지를 코딩하게 하고 동일하게 코딩된 비율을 계산함으로써 평가자 간(interrater) 신뢰도를 확인할 수 있다. 예를 들어, 범죄 관련 신문 기사의 20개 속성을 코딩했는데 두 명의 코딩 작업자가 18개 속성에 대해서 동일한 점수를 보였다면, 그들의 신뢰도는 90%이다.

코딩 신뢰도를 평가하는 두 번째 방법은 검사–재검사(test-retest) 방법으로, 여기서는 한 명이 같은 메시지를 두 번 코딩한다. 물론 두 번의 코딩 작업 사이에 일정한 시간 간격을 두어야 한다. 검사–재검사 절차는 한 명만 코딩을 할 때 사용될 수 있으며, 신뢰도는 평가자 간 방법에서 사용하는 것과 동일한 방식으로 계산할 수 있다.

내용 분석의 예

이제 실제 내용 분석의 예를 살펴보겠다. 첫 번째 예는 내용 분석을 테러 사건을 측정하고 특성을 기술하는 데 사용한다. 두 번째 예는 비디오게임이라는 다른 종류의 메시지에 대한 내용 분석을 묘사한다. 세 번째 예는 경찰 기록에서 정보를 추출하는 것이 어떻게 내용 분석의 한 형태가 되는지를 보여준다.

글로벌 테러리즘 데이터베이스 제6장에서 글로벌 테러리즘 데이터베이스(Global Terrorism Database: GTD)를 측정의 사례로 논의했었다. 이는 미디어 기사와 뉴스 아카이브와 같은 공개된 자료 출처에서 테러 사건에 대한 정보를 모으는 내용 분석 프로젝트의 예이기도 하다. 글로벌 테러리즘 데이터베이스는 매우 큰 규모의 프로젝트이지만, 기본적 단계와 절차는 명확하다. 어떻게 글로벌 테러리즘 프로젝트가 작동하는지 2016년 6월 판 코드북을 주로 참조하여 요약해 보겠다(Start Codebook, 2016).

매달 폭넓은 선별 기준을 인터넷상의 미디어 기사에 적용한다. 최초의 선별 과정에서 한 달에 약 4만 건의 기사가 선택된다. 이 기사는 내용 분석 소프트웨어로 더 걸러져서 매달 약 16,000건의 기사가 연구자들에 의해 검토된다(Start Codebook, 2016: 7). 이후 분석을 위해 기사를 선택하는 하나의 중요한 요인은 출처의 신빙성과 신뢰도인데, 이는 기사가 선별되면서 학습되고 규칙적으로 업데이트되는 것이다.

그다음 6개 팀의 코딩 작업자들이 추가적인 선별과 코딩을 위해 각 사건을 검토한다. 코딩의 타당도와 신뢰도를 높이기 위한 노력으로 가해자, 위치, 무기, 전략 등 사건의 특성에 따라 글로벌 테러리즘 데이터베이스의 각 부분을 전문 팀이 맡는다. 각 팀은 학부생과 대학원생으로 구성되며 팀장의 감독을 받는다. 코딩 영역 중 하나는 공격의 유형이며, 이는 "사용된 전략의 종류를 폭넓게 반영하여"(2016: 21) 아홉 개 범주 중 하나로 코딩된다. 다음은 코드북 설명의 한 부분인데, 제6장에서 표준범죄보고서(UCR)에 대해 논의하면서 다룬 개념을 보여준다.

> 여러 공격 유형이 적용될 수 있을 때, 아래 위계 체계에 따라 가장 적절한 값을 결정한다. 예를 들어 암살에 폭발물이 사용되었다면, 공격 유형은 '폭격/폭발'이 아니라 '암살'로 코딩한다. (2016: 21~22)

그다음 코드북은 암살, 하이재킹, 납치, 점거 인질극, 폭격/폭발, 무장 공격, 비무장 공격, 시설/사회기반시설 공격의 순으로 공격 유형 위계 체계를 제시한다.

글로벌 테러리즘 데이터베이스의 모체인 메릴랜드 대학교 테러리즘 연구와 대응을 위한 컨소시엄(National Consortium for the Study of Terrorism and Responses to Terrorism) 웹사이트(www.start.umd.edu)를 방문하면 내용 분석 전반에 대해 많은 것을 배울 수 있다. 예를 들어, 출판물 웹페이지에서 "비디오게임, 테러리즘, 그리고 ISIS의 지하드 3.0"이라는 제목의 논문을 찾아볼 수 있는데, 이 논문은 ISIS가 칼싸움 비디오게임을 하도록 유혹해서 어떻게 동조자를 모집하는지를 묘사한다(Al-Rawi, 2016).

비디오게임의 폭력성 새로운 기술이나 음악적 경향이 유행할 때마다 어떤 사람들은 이를 행동과 연결시키려고 한다. 그 예로는 텔레비전과 폭력, 음란물과 성폭행, 대중가요 가사와 성적 행동을 들 수 있다. 이러한 경우에 인과성을 확인하는 것은 언제나 어려우며, 그에 대해서는 별로 할 말이 없다. 하지만 내용 분석은 폭력적이거나 뚜렷하게 성적인 내용을 분류하는 도구로서 적절하다.

킴벌리 톰슨(Kimberly Thompson)과 케빈 해닝어(Kevin Haninger)는 소프트웨어컨텐츠등급위원회(Entertainment Software Rating Board: ESRC)가 'E'등급(모든 사람에게 적합

함)과 'T'등급(13세 이상 10대에게 적합함)으로 판정된 비디오게임의 내용을 조사하였다. 그들의 첫 번째 연구(Thompson and Haninger, 2001) 당시 유통되던 600개 이상의 E등급 게임에서 55개를 표집하였다. "꽤 비디오게임을 해본"(2001: 592) 학부생이 모든 게임을 90분 동안, 혹은 게임의 마지막 단계까지 하도록 하였다. 게임을 하는 학생을 비디오로 촬영하였고, 그 비디오테이프가 내용 분석의 근거가 되었다. 게임을 한 학생과 역시 게임 경험이 있는 연구자가 같이 비디오를 보면서 게임에 묘사된 장면을 여러 차원으로 코딩하였다. 이 경우 비디오게임이 분석단위이다.

코딩 작업자는 게임 중 나오는 폭력적 '사건'의 수와 각 폭력적 사건의 시간 길이를 기록하였다. 폭력은 "공격자가 다른 등장인물을 물리적으로 다치게 하거나 죽이는, 혹은 그렇게 하려고 시도하는 행위"로 정의하였다. 이것은 묵시적 내용의 예이다. 연구자가 폭력적 행위들 사이의 짧은 중단을 구분해야 하긴 하지만, 폭력적 행위의 지속시간은 명시적 내용이다. 추가적으로 코딩된 변수에는 사망 수, 약물 · 술 · 담배 등장, 욕설과 성행위, 무기 사용, 그리고 노골적(explicit)인 것으로 등급 판정된 음악의 사용 여부가 포함된다. 폭력적 행위의 지속시간과 사망 수를 게임 시간과 비교함으로써 전체 시간에서 폭력적 시간의 백분율과 1분당 사망 수라는 두 개의 표준화된 측정이 나왔다.

결과는 상당히 많은 폭력이 있음을 보여주었다. 액션 게임은 총시간에서 폭력이 3.3%('소닉 어드벤처')에서 91%('뉴클리어 스트라이크')에 이르렀다. '페이퍼보이'에서는 죽음이 묘사되지 않았지만, '랫 어택'에서는 1분에 평균 8.4개의 죽음이 묘사되었다. '스포츠'로 분류된 게임에서는 폭력이 거의 나타나지 않았다.

후속 연구에서는 10대 사용가 등급의 게임들에서 나타나는 폭력을 조사하기 위해서 비슷한 방법을 사용하였다(Haninger and Thompson, 2004). 이 게임들은 폭력, 외설, 마약 복용, 성행위의 일반적 영역에 속하는 매우 다양한 행동을 보여주었다. 여기에서도 저자들은 그러한 내용을 행동과 연결시키려고 하지는 않았다. 그들의 내용 분석은 비디오게임에서 어떤 종류의 것들이 묘사되는지를 체계적으로 분류하는 데 집중하였고, 그래서 업계의 등급과는 독립적인 정보를 제공하였다. 그들의 발견 중에서, 저자들은 조사된 게임의 거의 절반에서 나타난 몇 가지의 폭력적인 예들에 대해서 소프트웨어컨텐츠등급위원회(ESRC)의 등급 평가가 언급하지 않았다는 사실을 강조하였다.

갱 관련 살인에 대한 분류 언제 살인은 갱과 관련되었다고 볼 수 있는가? 갱 관련 살인에 서로 다른 유형들이 있는가? 이 두 가지 질문에 대한 답을 찾기 위해 리처드 로젠펠드, 티머시 브레이, 알렌 에글리(Richard Rosenfeld, Timothy M. Bray, and Arlen Egley, 1999)는 갱에 속하는 것이 어떻게 다른 방식으로 살인을 조장하는지를 연구하였다. 연구자들은 10년 이상의 기간 동안에 세인트루이스에서 일어난 살인 사건의 경찰 사건파일에 대한 내용 분석을 수행하였다.

지금까지의 내용을 통해 대부분의 형사사법 연구에서 개념화가 얼마나 중요한지 깨달아야 한다. 로젠펠드와 동료들은 '**갱 관련**'이라는 모호한 용어를 좀 더 구체화하였다. 그들은 **갱 유발 살인**(gang-motivated homicides)과 **갱 연루 살인**(gang-affiliated homicides)을 구분하였다. 갱 유발 살인은 "갱 출범식이나 갱단의 신호인 몸짓을 하거나 갱단 간의 싸움과 같은 갱 행동이나 관계의 결과"이다(1999: 500). 갱 연루 살인은 갱단의 조직원이 피해자이거나 가해자이나 특정한 갱 활동의 증거는 없는 경우로, 갱단의 조직원이 강도 중에 갱이 아닌 사람을 죽인 경우를 예로 들 수 있다. 세 번째 범주인 갱과 무관한 청소년 살인은 갱 활동에 대한 증거가 없고 피의자의 나이가 10~24세인 경우이다.

세인트루이스 경찰은 '갱 연루'나 '갱 유발'이라는 용어를 사용하지 않기 때문에 연구자들은 사건 파일의 정보를 사용하여 각 사건을 세 범주 중 하나로 코딩해야 했다. 이는 내용 분석의 한 형태로 살인 사건 파일에 담긴 메시지를 체계적으로 분류하는 작업이었다. 살인 사건 파일은 연구 목적으로 보관되지 않는 경찰 기록의 좋은 예이다. 이를 인지하고 로젠펠드와 동료들은 파일을 두 단계의 과정을 통해서 코딩하였고, 각 단계에서 신뢰도가 확인될 수 있도록 하였다.

먼저 한 명이 각 사건을 갱과 관련 있는지 아닌지에 따라 코딩한다. 순서가 바뀐 것처럼 보이지만 이는 코딩 과정을 단순화함으로써 연구자들이 관심 있는 살인의 개별 차원에 대한 측정에 초점을 맞춘 것이다. 갱 활동이나 갱단 소속의 증거가 있는지를 결정하는 것은 상대적으로 쉽다. 그러한 증거가 없다면 그 사건은 갱과 무관한 청소년 살인으로 분류되어 제외된다. 갱이 연관되었다는 증거가 있는 사건들만 두 번째 코딩 단계로 넘어간다. 이 단계에서 두 번째 연구자는 사건 표본의 10%를 무작위로 뽑아 첫 번째 코딩 작업자가 어떻게 코딩했는지를 모르는 상태에서 다시 코딩한다. 여러분은 이것이 평가자 간 신뢰도의 예란 것을 알 것이다.

두 번째 코딩 단계는 사건을 갱 유발이나 갱 연루로 분류하는 좀 더 자세하고 까다로운 작업이다. 평가자 간 신뢰도 검사가 다시 수행되었는데, 이 경우에는 표본 사건의 25%가 대상이 되었다. 이 단계에서 신뢰도가 더 낮았기 때문에, 즉 두 코딩 작업자 간에 갱 살인을 어떻게 분류하는지에 대해 일치를 덜 보였기 때문에, 더 많은 사건을 뽑았다. 독립적인 코딩이 불일치한 사건은 이것을 어떻게 분류될지에 대해 두 코딩 작업자가 합의에 이를 때까지 검토되고 논의되었다.

이처럼 매우 다른 예들을 통해, 형사사법 연구에 내용 분석이 응용될 수 있는 다른 경우들을 생각해 볼 수 있기를 바란다. 내용 분석을 사용할 수 있는 주제의 범위에 대해서 더 배우려면 레이 서렛(Ray Surette, 2006)의 훌륭한 저서인『미디어, 범죄, 사법: 이미지, 현실, 정책(Media, Crime, and Justice: Images, Realities, and Policies)』을 보는 것이 도움이 될 것이다. 회계 감사원은 내용 분석 전반에 대한 훌륭한 지침을 제공한다(General Accounting Office, 1996).

이차 분석

다른 연구자가 수집한 자료가 종종 새로운 연구 질문에 답하기 위해 사용된다.

마지막 주제는 이 장과 이전의 장들에서 설명한 형사사법 자료의 모든 출처(내용 분석, 기관 기록, 현장 관찰, 설문조사)를 아우른다. 우선 많은 논문을 발표한 어느 형사사법 연구자의 야심찬 이차 자료 사용의 예로부터 시작하겠다.

거의 30년 동안 웨슬리 스코건(Wesley Skogan)은 도시 거주자의 삶에 범죄가 미치는 영향을 조사하였다. 대부분의 경우 그의 연구는 범죄 두려움(Skogan and Maxfield, 1981), 지역공동체 범죄예방(Skogan, 1988), 도시 거주자와 경찰의 관계(Skogan, 2007)에 대한 질문을 조사하기 위한 표본 설문조사에 의존하였다. 오랫동안 그는 사회적 무질서의 상징인 질서문란(incivility)을 이웃 공동체 범죄문제의 지표로 간주하였고 이를 도시 거주자가 갖는 범죄 두려움의 출처로 보았다.

1990년에 스코건(Skogan, 1990)은 자신의 연구와 다른 연구자들의 연구에 근거해서 질서문란에 대한 광범위한 연구를 발표하였다. 그러나 원자료를 수집하기 위해 새로운 설문조사를 실시하는 대신, 스코건의 발견은 1977~1983년에 실시된 6개 도시의 40개 설문조사에 대한 이차 분석에 근거하였다. 그는 약 13,000명의 응답을 합쳐서 무질서의 출처, 그 영향, 그리고 사람들과 경찰이 취한 행동의 범위에 대한 질문을 조사하였다.

다른 연구자들이 수집한 자료에 대한 이차 분석은 점차 더 중요한 도구가 되어왔다. 스코건처럼 많은 형사사법 연구자들이 다른 연구자들이 수집한 자료를 재분석해왔다. 이러한 경향은 몇 가지 요인에 기인하는데, 설문조사 등의 수단을 통해서 원자료를 수집하는 데 큰 비용이 든다는 점이 그러한 요인 중 하나이다. 그러나 더 중요한 요인은 이차 분석을 위한 자료가 쉽게 접근 가능하다는 점이다. 그중 두 가지 중요한 출처에 대해서 아래에 설명하겠다.

여러분이 청소년의 비행, 마약 복용, 학교 성적 사이의 관계에 관심이 있다고 하자. 1975~2004년 열한 차례 면접을 한 청소년 1,725명의 응답을 포함하는 미국청소년설문조사(National Youth Survey: NYS)가 여러분의 필요에 잘 부합할 것이다. 미국청소년설문조사 자료는 원래 델버트 엘리엇(Delbert Elliott)과 동료들이 수집하였다(예: Elliott, Huizinga, and Ageton, 1985). 그러나 아동 학대 및 방임과 비행 사이의 관련성에 관한 연구에 미국청소년설문조사를 사용한 세자르 레벨론과 캐런 밴 건디(Cesar Rebellon and Karen Van Gundy, 2005)처럼, 여러분도 자신의 연구문제에 대한 답을 구하기 위해 이 설문조사 자료를 재분석할 수 있다.

아니면 양형에서 흑인 판사와 백인 판사의 차이가 있는지 알고 싶을 수도 있다. 이 질문에 답하기 위해 캐시아 스폰(Cassia Spohn, 1990)은 답변협상(plea bargaining)에 미시간주의 새로운 법이 미치는 영향에 관심이 있었던 밀턴 휴만과 콜린 로프틴(Milton

Heumann and Colin Loftin, 1979)이 원래 수집한 자료를 사용하였다. 스폰은 상이한 연구 질문에 답하기 위해 동일한 자료에 대한 이차 분석을 수행할 수 있었다. 이들이 어떻게 이차 분석의 용도와 장점을 잘 보여주었는지 이 예들을 좀 더 자세히 살펴보자.

애초에 엘리엇과 동료들(Elliott et al., 1985: 91)은 서로 관련된 세 가지 연구 목적에서 미국청소년설문조사 자료를 수집하였다. 그것은 (1) 미국 청소년들의 비행과 마약 복용 빈도와 분포를 추정하기 위해, (2) 마약 복용과 비행 사이의 인과관계를 평가하기 위해, (3) 비행에 대한 포괄적인 이론을 검증하기 위해서였다. 미국청소년설문조사는 1976년에 11~17세 청소년의 전국 대표 표본을 대상으로 1976~1989년 동안 매년, 그 이후로는 선택된 해에 면접을 하는 패널 설문조사로 설계되었다. 제4장에서 설명했듯이 이는 종단연구의 예이며 마약 복용과 비행과 같은 행동의 시간적 순서를 명확히 하는 데 특히 적합하다.

레벨론과 밴 건디(Rebellon and Van Gundy, 2005)는 원래의 연구에서는 직접적으로 다루지 않았던 아동기 신체적 학대와 비행이라는 약간 다른 행동의 시간 순서에 관심이 있었다. 종단연구설계는 이 이차 분석에서도 마찬가지로 중요했다. 이러한 연구 관심에서 그들은, 새로운 패널 설문조사를 해서 원자료를 수집할지, 아니면 피해와 자기보고된 비행에 대한 질문 항목을 담고 있는 기존의 패널 설문조사 자료를 재분석할지, 두 가지 선택이 있었다. 미국청소년설문조사는 그들의 연구 목적에 적합한 질문 항목을 포함했기 때문에 레벨론과 밴 건디는 새로운 패널연구를 수행할 필요가 없었고 새로운 패널연구에 드는 상당한 비용도 아낄 수 있었다.

앞서 언급한 두 번째 예는 두 가지 측면에서 다르다. 첫째, 스폰(Spohn, 1990)과 원자료를 수집한 휴만과 로프틴(Heumann and Loftin, 1979)이 다룬 연구 질문은 매우 다르다. 휴만과 로프틴은 중범죄를 저지를 때 총기를 사용한 피고인에 대한 의무적인 최소 징역형을 명시한 새로운 미시간 법의 영향을 연구하였다. 그들의 주된 관심은 총기법 통과 이후에 미시간의 가장 큰 카운티에서 검사들의 답변협상이 감소하는 현상에 있었다. 그러나 스폰은 흑인 판사와 백인 판사의 형량이 체계적으로 차이가 나타나는지를 확인하는 전혀 다른 연구를 위해 동일한 자료를 사용하였다. 이 연구 관심은 충분한 수의 흑인 판사가 있는 곳의 자료를 요구하였고, 휴만과 로프틴이 그들의 원래 연구를 수행했던 미시간의 웨인 카운티(Wayne County)의 디트로이트 레코더 법원이 이 조건에 맞았던 것이다.

여러분은 이미 두 가지 예 사이의 두 번째 차이를 알아챘을지도 모르겠다. 스폰의 연구는 법원 기록으로부터 수집된 자료를 사용하였지만, 레벨론과 밴 건디는 설문조사 자료를 이차 분석하였다. 스폰은 디트로이트나 다른 도시의 법원 기록으로부터 정보를 수집할 수도 있었지만, 법원 기록으로부터 기존에 수집된 자료를 새롭게 분석함으로써 연구 질문에 대한 답을 구할 수 있었다.

이차 자료의 출처

대학생인 여러분이 전국의 청소년 표본을 대상으로 여덟 번에 걸친 패널연구를 해보거나 웨인 카운티의 2,600건에 이르는 중범죄 사건 기록을 모을 수는 없을 것이다. 그러나 여러분은 미시간 대학교에 있는 **대학 간 정치사회연구 컨소시엄**(Interuniversity Consortium for Political and Social Research: ICPSR)을 통해서 이 연구에서 사용된 동일한 자료뿐만 아니라 수천 개의 다른 연구 프로젝트로부터 나온 자료에 접근할 수 있다.

1962년부터 ICPSR은 사회과학연구자들이 수집한 기계 판독이 가능한 자료의 중앙 보관소 역할을 해왔다. 1960년대 초에는 '기계가 판독이 가능한'의 의미는 펀치 카드와 종이테이프를 의미했다. 현재는 전 세계의 연구자들이 수행한 수천 개의 연구에서 나온 자료를 보유하고 있다.

형사사법 연구자들이 특히 관심을 가질만한 것은 법무통계국(BJS)이 ICPSR과 공조하여 만든 **형사사법 자료 아카이브**(National Archive of Criminal Justice Data: NACJD)이다(http://www.icpsr.umich.edu/icpsrweb/NACJD/. 2016년 8월 20일 접속). 여기서 미국청소년설문조사(NYS), 휴만과 로프틴의 양형 자료, 그리고 앞서 언급한 책에서 스코건(Skogan)이 분석한 40개의 각 설문조사를 찾을 수 있다. 그뿐 아니라 전국 여론조사 회사들이 실시한 형사사법 주제에 관한 설문조사, 1972년부터 현재까지의 전미범죄피해조사(NCVS), 청소년 구금과 교정 시설에 대한 주기적인 총조사, 뉴욕시의 상업 트럭 절도에 대한 연구, 그리고 필라델피아 출생 코호트에 대한 마빈 울프강(Marvin Wolfgang)의 고전적 연구로부터 나온 자료를 포함하고 있다. 1996년 이후 참여 기관 수가 증가하면서 계속 성장하고 있는 전미사건기반보고체계(NIBRS) 자료도 현재 제공되고 있다. 점점 많은 수의 정기적인 자료 시리즈가 온라인에서 분석 가능하다. 지리 정보 시스템(Geographic Information System) 자료와 소프트웨어 역시 찾을 수 있다. 그 가능성은 무궁무진하며, 아카이브에 매년 새로운 자료가 추가되며 성장하고 있다.

형사사법 자료 아카이브(NACJD)의 두 가지 특별한 특징이 중요하다. 첫째, 형사사법 자료 아카이브는 어떻게 자료가 수집되고 자료 파일이 조직되는지에 대한 연구자들의 이해를 돕기 위해 자료 출처에 대한 안내를 많이 제공한다. 예를 들어, '청소년 고정 자료 출처 안내'에서는 보호시설에 있는 아동들에 대한 자료에 관한 중요한 정보를 요약하고 있다(http://www.icpsr.umich.edu/icpsrweb/content/NACJD/guides/ncjd.html. 2016년 8월 20일 접속). 분석할 수 있는 포맷으로 제공되는 자료 시리즈 파일의 링크도 포함하고 있다. 또한 표본, 자료수집 절차, 설문지에 대한 요약 설명도 담고 있다. 형사사법 자료 아카이브는 '테러 대비 데이터 리소스 센터'와 같은 많은 다른 자료 출처에 대한 포괄적인 안내도 제공한다.

둘째, 형사사법 자료 아카이브는 대학과 함께 작업하며 다양한 자료 시리즈을 온라인 분석이 가능하도록 하였다. 이는 연구자가 자료를 내려받을 필요도, 자료 파일을 포맷에 맞출 필요도, 심지어 통계분석 프로그램이 있을 필요도 없음을 의미한다. 기본적인 기술 통계 분석은 온라인에서 할 수 있다. 정부 기관에서 수집한 광범위한 자료 시리즈와 함께 관련 연구에 대한 자료도 접근 가능하다. 전체 목록은 http://www.icpsr.umich.edu/icpsrweb/NACJD/studies?sdaAvailable=true(2016년 8월 20일 접속)를 확인하면 된다.

법무통계국(BJS) 역시 1960년 이후의 전미범죄피해조사(NCVS)와 표준범죄보고서(UCR) 추세와 같은 자료 시리즈를 분석할 수 있는 도구와 체포와 재수감 위험성을 분석하는 도구들을 개발했다(http://www.bjs.gov/index.cfm?ty=daa. 2016년 8월 20일 접속). 이 도구들은 기준선, 추세, 현황 자료 등을 얻는 데 특히 유용하다. 예를 들어, 체포 분석 도구를 사용하면 2011년에 미주리 퍼거슨(Ferguson)시 경찰서에서 보고한 가중폭행 체포 정보를 표 12-3과 같이 확인할 수 있다.

표 12-3 가중폭행 체포 건수, 2011

	미주리주 퍼거슨시		
인종	청소년	성인	총계
흑인	6	18	24
백인	0	0	0

출처: http://www.bjs.gov/index.cfm?ty5datool&surl5/arrests/index.cfm#. 2014년 8월 25일 접속.

다른 인터넷 사이트들도 거의 무한정한 이차 자료의 출처를 제공한다. 예를 들어, '암살 테러 사건의 상관요인에 대한 국제 자료'를 보면 온라인에서 얻은 몇 개의 자료를 마리사 만달라(Marissa Mandala)가 결합하였음을 알 수 있다. 만달라의 설명은 이차 자료를 사용하는 몇 가지 장단점을 잘 보여주고 있는데, 이 주제에 대해 살펴보면서 이 장을 마무리하겠다.

이차 자료의 장단점

이차 분석의 장점은 명백하고도 엄청나다. 자료를 직접 수집하는 것보다 저렴하고 빠르며, 원래 연구를 누가 했는지에 따라서 최고의 전문가와 저명한 학자의 작업으로부터 혜택을 누릴 수도 있다.

'Add Health'라고 알려진 청소년건강 전미종단연구(National Longitudinal Study of Adolescent Health)는 7~12학년 학생들의 전국 대표 표본으로 1994년에 시작되었다. 2008년까지 이루어진 4개 시기의 후속 면접조사 자료가 제공된다. 자료는 설문조사, 자기보고, 다양한 신체 측정 등 다양한 항목을 포함한다(Harris and Udry, 2014). 범죄학자들은 범법행위와 마약 복용에 대한 다양한 질문을 다루기 위해 이 자료를 활용해 왔다. 예를 들어, 마리 스쿠박 틸리어와 에밀리 라이트(Marie Skubak Tillyer and Emily Wright,

암살 테러 사건의 상관요인에 대한 국제 자료

내 박사학위 연구는 테러리스트 전략으로서 암살을 조사했다. 테러리즘은 비교적 최근에 중요한 정책적 문제로 인식되었지만, 암살은 수천 년 동안 발생해왔다. '암살'이라는 용어는 "대개 정치적 이유로, 급작스럽고 비밀스럽게 (보통 저명인사를) 공격함으로써 이루어지는 살인"으로 정의된다(Stolnici and Buda, 2012, p. 907). 이러한 정의 아래 연구자들은 일부 암살을 테러 공격으로 분류하기 시작했다.

몇몇 연구들이 테러리즘과 일반적으로 연관되는 국가 수준의 특성을 조사해왔지만, 암살과 같은 특정 공격 유형을 조사한 연구는 거의 없었다. 나는 테러리즘과 상관관계가 있는 국가 단위의 조건이 암살과도 관련이 있는지에 관심이 생겼다. 1970년 이후의 전 세계 테러리스트 암살에 대한 정보를 담고 있는 글로벌 테러리즘 데이터베이스(Global Terrorism Database: GTD)로부터 암살에 대한 포괄적인 데이터베이스를 이미 확보하고 있었지만, 테러리즘과 상관관계가 있을 수 있는 국가 수준의 모든 변수를 포함하는 단일한 데이터베이스는 존재하지 않았다. 결국 나는 서로 다른 이차 출처들에서 다양한 국가 수준의 특성에 대한 지표를 모아 정리해서 하나의 자료 파일로 통합하였고, 이 지표가 내 분석에서 독립변수들이 되었다. 종속변수는 200여 개 국가의 1995년, 2000년, 2005년, 2010년 총암살건수였다.

테러리즘의 여러 가지 상관요인을 수집하는 과정은 여러 측면에서 힘든 작업임이 드러났다. 모든 해의 모든 독립변수를 통합할 수가 없었기 때문에 종단 분석을 수행할 수 없었다. 일부 출처는 포함하고 있는 국가 수가 제한적이었고, 다른 일부 출처는 대상 연도가 제한적이었다. 예를 들어, 처음에 나는 부패에 대한 측정으로 부패 인식 지수(Corruption Perception Index)를 사용할 계획이었다. 하지만 이 자료는 특히 2003년 이전에 상당 부분의 국가들을 다루고 있지 않음을 발견했다. 부패에 대한 자른 자료 출처를 찾던 중 나는 세계 거버넌스 지표(World Governance Indicator: WGI) 프로젝트에서 공표하는 부패 통제 지표(Control of Corruption Indicator)를 발견했다. 이 자료 출처가 국가들을 더 포괄적으로 다루긴 했지만, 1995년 자료는 담고 있지 않았다. 비슷하게, 평화 체계 센터(Center for Systemic Peace)에서 공표하는 강제 이주 인구(Forcibly Displaced Populations)의 세 개 지표(국가에서 발생한 난민, 국내 강제 이주자, 국가에서 수용한 난민)를 2010년 분석에서는 사용할 수 없었다. 종교 다양성 지표(Religious Diversity Index) 구성에 사용된 자료는 또 다른 예인데, 이 자료는 여러 종교별로 신자의 백분율을 요약한 것이다. 이 자료 출처는 1945년까지 거슬러 올라가지만, 2010년까지의 자료만을 찾을 수 있었다. 또한 매년이 아닌 매 5년의 자료만 있었다.

2014)는 가정폭력에서 피해와 가해의 동시 발생을 연구하였다. J. C. 반스(Barnes)와 동료들은 청소년건강 전미종단연구 자료의 표본이 갖는 주요 특징을 활용하여 유전적 요인이 범법행위의 시간 흐름에 따른 범죄 패턴과 관련될 수 있는지 탐색하였다(Barnes, Beaver, and Boutwell, 2011). 새로운 후속 면접조사가 2016~2018년에 계획되어 있다(http://www.cpc.unc.edu/projects/addhealth. 2016년 8월 20일 접속).

마리사 만달라가 한 것처럼 다른 나라의 연구자들이 수집한 자료를 사용하거나 국제 자료 출처에 접근하여 국가 간 비교 연구를 수행할 수도 있다. 마르셀로 아에비와 안토니아 린드(Marcelo Aebi and Antonia Linde)는 8개 유럽 국가의 경찰이 기록한 범죄의 장기적 추세를 분석하여, 일부 범죄는 감소하였지만 마약 범죄는 꾸준히 증가하고 있음을 발견하였다. 아에비와 린드는 『유럽 범죄 · 형사사법 통계 자료집(European Sourcebook

어떤 자료 출처에서는 방법론을 바꾸기도 했고, 어떤 경우에는 연도에 따라 변수가 추가되거나 삭제되기도 했다. 싱그라넬리–리처드 CIRI 인권 자료 프로젝트(Cingranelli-Richards CIRI Human Rights Data Project)가 그 예인데, 여기서 신체적 완전성 권리와 사법부 독립, 이렇게 두 변수를 사용하기로 결정했다. 다른 변수들은 특정 연도 이후에 변경되거나 삭제되었다. 예를 들어, 인권에 대한 정부의 존중을 나타내는 지표가 2007년에 변경되었으며, 여성의 사회적 권리 변수는 2005년에 사라졌다.

시기에 따라 지표가 이렇게 바뀌고 끊겼으므로 1995년, 2000년, 2005년, 2010년, 이렇게 4개 연도에 분석을 집중했는데, 연도별로 변수가 서로 달랐다.

이러한 어려움에도 불구하고, 내 연구 질문에 답할 수 있는 자료를 이렇게 확보할 수 있었다. 각 자료 출처는 체계적으로 자료를 수집하고, 일관된 정의를 사용하여 복잡한 사회적 · 정치적 · 경제적 개념을 조작화한다. 일부 자료 출처에서 특정 연도에 방법론이나 변수가 바뀌었지만, 대부분의 자료 출처와 측정은 수년에 걸쳐 일관된 모습을 보였다. 측정되는 개념의 복잡성에 따라 일부 자료 출처는 다른 자료 출처보다 더 신뢰도가 높을 수도 있다. 예를 들어, 경제 성장과 국내 갈등과 같은 개념은 부패에 대한 정부 통제와 같은 추상적 개념보다 측정하기 쉽다. 세계은행의 국내총생산 자료가 국가 경제의 완전한 모습을 보여주지는 못하겠지만, 한 국가에서 생산되는 전체 재화와 용역 면에서의 성장에 대한 신뢰도 있는 지표이다. 비슷하게, 주요 정치 폭력 사건과 강제 이주 인구(Major Episodes of Political Violence and the Forcibly Displaced Populations) 자료 세트에서 나온 국내 갈등 변인은 갈등과 폭력이 대개 문서로 잘 기록되고 그래서 상대적으로 집계가 쉬우므로 신뢰도가 높다고 볼 수 있다.

궁극적으로 내 연구는 암살이 일반적으로 테러리즘과 연결되는 같은 변수 중 일부, 즉 종교적 다양성, 주요 정치 폭력 사건, 신체적 완전성 권리, 정치 안정성, 독립적 사법부와 연관성이 있다는 점을 발견했다. 결론적으로 일반적인 테러를 암살과 같이 구체적인 테러 전략으로 분해하여 보는 것은 정책 입안자와 실무자가 대테러 조치를 개발하고 시행하는 데 도움이 될 것이다.

_ 마리사 만달라
존 제이 대학

출처: Global Terrorism Database(https://www.start.umd.edu/gtd); Corruption Perceptions Index(http://www.transparency.org/research/cpi/overview); World Governance Indicators(http://info.worldbank.org/governance/wgi/index.aspx#home); Center for Systemic Peace(http://www.systemicpeace.org/); Religious Diversity Index (http://www.pewforum.org/2014/04/04/religious-diversity-index-scores-by-country/); and CIRI Human Rights Data Project (http://www.humanrightsdata.com/).

of Crime and Criminal Justice Statistics)』에서 정리한 자료를 사용하였다(Aebi and Linde, 2012). 그레이엄 패럴(Graham Farrell)과 동료들은 미국, 영국, 웨일스의 범죄 자료를 결합하여 차량 보안을 위한 준수 요구사항의 차이가 차량 절도율에 미치는 영향을 평가하였다(Farrell, Mailley, and Tilley, 2011). 예측대로, 연구자들은 영국과 웨일스에서 시행된 자동차 도난 방지 장치법이 차량 절도율을 미국과 비교하여 크게 낮추었음을 발견하였다.

이러한 예들은 이차 자료로 연구를 수행하는 장점을 잘 보여준다. 연구자들은 복잡한 측정을 사용하여 장기간 수행된 대규모 연구의 정보에 접근할 수 있다. 그뿐만 아니라 웹 기반으로 정리된 이차 자료는 미국 이외 지역과 인구 집단에 대한 연구를 더욱더 쉽게 수행할 수 있게 해준다.

종합적 사고 기관 기록과 내용 분석

기관 기록 자료는 인종 프로파일링에 관한 연구와 정책에서 중점적으로 관심을 둔다. 앞서의 장들에서 지적했듯이, 교통위반으로 잡히는 소수인종의 수가 훨씬 많다는 사실은 차별의 증거로 종종 언급되어 왔다. 그러한 주장 중 일부는 주 사이를 관통하는 고속도로(interstate highway)에서 교통위반으로 적발된 기록을 해당 주의 인구수와 비교하는 것과 같이 적절하지 않은 비교에 근거하였다. 인종 프로파일링에 대한 관심이 낳은 흥미로운 부차적 결과는 교통 단속 자료의 성격에 좀 더 신중한 주의를 기울이게 되었다는 것이다.

우리가 모르는 것은……

1999년까지 교통 단속에 대한 뉴저지주 경찰 기록은 불완전하고, 믿을 수가 없었으며, 교통 단속에서 나타나는 인종 차별 양상을 문서로 기록하였으면서도 이러한 양상을 부정하는 주장의 기초가 되었다. 주 경찰은 "단속된 운전자의 인종적 특징"(Verniero and Zoubek, 1999: 31)에 대한 정보를 기록하게 되어 있지만, 그러한 기록이 누락된 경우가 많았다. 이에 대한 뉴저지 검찰총장과 미연방 법무부의 조사 결과는 일관되지 않은 기록에 대해 강한 유감을 표했다. 사실 뉴저지주 경찰은 흑인 운전자가 백인 운전자보다 차량 검문을 더 받고, 더 수색당하고, 더 감시받는지 알 방법이 없다고 주장함으로써, 교통 단속 대상 운전자의 인종에 대한 정보의 결측을 인정했다. 결과적으로 연방 법무부와 뉴저지주는 자료의 질을 향상하기 위한 폭넓은 구체적 사항을 포함한 공식적인 합의를 했다. 그뿐 아니라 뉴저지주의 자료는 수년 동안 연 2회 감사를 받았다. 이는 공공기관이 수집하는 자료의 질은 그 기관이 자료를 사용하는 정도에 직접적으로 관계된다는 원칙의 좋은 예이다.

뉴저지주만 그런 것이 아니다. 1999년의 법무통계국(BJS) 설문조사는 49개 주 경찰 중 단지 9개 주만이 모든 교통 단속에 걸린 운전자 인종 정보를 통상적으로 수집한다는 것을 발견했다(Strom and Durose, 2000). 인종 프로파일링에 대한 관심이 커지면서 몇몇 주가 그러한 자료를 수집하기 시작했고, 2004년에 이르러서 22개 주가 교통 단속을 당한 운전자의 인구통계학적 정보를 기록했다(Hickman, 2005). 자료를 수집하는 주가 증가하면서 자료 질에 대한 관심도 같이 증가하였다. 미국법무연구원(National Institute of Justice: NIJ)(Ramirez, McDevitt, and Farrell, 2000)과 경찰행정연구포럼(Police Executive Research Forum)(Fridell, 2004, 2005)이 발간한 지침서는 인종차별 여부에 대한 증거로 쓰기 위해서 경찰이 어떻게 교통 단속 자료를 수집, 감사, 분석해야 하는지를 설명하였다.

펜실베이니아 자료의 보완

엥겔과 동료들은 펜실베이니아주 경찰의 새로운 자료수집 절차를 설계하기 위해 이러한 출처를 활용했다(Engel et al., 2004). 이는 연구의 시초부터 교통 단속 자료의 신뢰도를 강화하려는 칭찬할 만한 시도였다. 연구팀은 허가를 받기 위해 지휘부와 먼저 작업을 했다. 그다음 현장 경찰관과 조합 대표를 새로운 자료수집 서식과 절차 설계를 위한 공동 노력에 합류시켰다. 제3장에서 언급했던 것처럼 교통 단속 기록에서 단속 경관의 신원 정보를 삭제함으로써 경관의 비밀성을 보장했다. 연구자들은 이것이 자료의 정확성을 높이는 노력에서 중요한 요소라고 믿었고, 동시에 자료가 개별 경관을 감시하는 데 사용되지 않을 것이라는 주장을 뒷받침하였다.

세부적인 부분에 이처럼 주의를 기울인 것이 효과가 있어 보였다. 첫해에 약 327,000건의 단속 기록을 산출했으며, 누락 정보는 단지 4%에서만 발견되었다. 총단속에서 75%가 과속이었으며, 이는 과속을 교통위반의 주요 지표로 사용한 저자들의 결정이 맞았다는 것을 보여주었다(2004: 24). 운전자의 주소가 자료수집 서식에서 중요한 항목임이 드러났다. 거의 모든 운전자(96%)가 그들이 사는 도시 밖에서 단속을 당했으며, 3분의 2가 자신의 카운티 밖에서 단속을 당했다(p. 43). 더 큰 비율의 흑인 운전자가 거주 카운티 밖에서 단속을 당했으며(82%), 흑인 운전자의 절반이 펜실베이니아주가 아닌 지역에 살고 있었다. 이 발견은 주민 인구를 교통 단속의 불균형을 평가하는 기준으로 사용하는 것의 타당성을 반박하는 강력한 증거가 된다.

단속 구역

노스캐롤라이나의 교통 단속 자료를 조사하고 스미스와 동료들(Smith et al., 2003)은 단속의 공간적 분포가 매우 불균등함을 발견하였다. 그들은 단속이 일부 고속도로 구획에 집중되어 있는 반면 인근 도로에서는 단속이 거의 없음을 발견하였다. 이를 통해 연구자들은 차가 어디서 단속당하는지에 '단속 구역(citation zones)'이 주된 역할을 한다는 결론을 내렸다. 단속 구역의 다른 표현은 과속 차량 감시 구간(speed trap)이지만 스미스와 동료들은 이 용어가 어디에 순찰대를 보낼지에 대한 복잡한 결정 과정을 지나치게 단순화한다고 주장한다. 단속 기록에 대한 분석에 따르면 단속 구역은 주간 고속도로(interstate highway)에서 가장 자주 발견되었으며, 사실 몇 안 되는 위치에 집중되어 있었다. 이는 매우 중요한 발견인데, 운전자를 대상으로 한 설문조사 자료(제9장 참고)에 따르면 흑인 운전자가 특히 낯선 곳의 주간 고속도로를 여행하는 경우가 더 많은 것으로 나타나기 때문이다. 결과적으로 흑인 운전자가 단속 구역에 상대적으로 많이 노출되었고, 단속이 집중되는 지역에서 운전할 가능성이 더 컸다는 것이다.

맥스필드와 켈링(Maxfield and Kelling, 2005)은 뉴저지의 교통 단속 자료와 교통량 자료를 결합하여 유사한 발견을 보고하였다. 1년 동안 약 46%의 교통 단속이 유료 고속도로의 남쪽 구획에서 이루어졌다. 이전 장에서 남쪽 구획은 단속 운전자의 인종과 관련하여 극단치(outlier)였음을 기억할 것이다. 뉴저지 교통부의 교통량 자료에 따르면 남쪽 구획의 교통량이 뉴욕시 지역의 북부 구획 일일 평균 교통량의 약 4분의 1 수준에 불과한 가장 적은 수치였다. 이렇게 서로 다른 출처의 기관 기록을 결합해 볼 때 남쪽 구획이 분명한 단속 구역임을 보여줬다.

문제에 대한 내용 분석

제11장에서 카르스텐 안드레센(Carsten Andresen)이 수행한 경찰관과의 비구조화된 면접을 언급한 바 있다. 그가 다룬 주제 중에는 어떤 지역이나 상황이 특히 문제라고 생각하는지에 대한 주제가 있었다. 안드레센이 경찰관의 답변을 분류하는 데 사용한 매우 상세한 코딩 지침을 몇 개 발췌하면 다음과 같다(Andresen, 2005: 236).

상업 명소 순찰구역 내의 특정 상업 지역에서 발생하는 문제이다. 예를 들어, 한 경찰관은 놀이공원이 1년 내내 수많은 사람을 끌어들이고 교통 문제를 일으킨다고 불평하였다.

범죄다발지역 사소한 범죄나 주요 범죄의 환경이 되는 지리적 영역을 말한다. 상업 명소, 저소득 지역, 휴게소, 혹은 계절 명소는 이 범주에 해당하지 않는다. 경찰관들이 술 취한 사람들로 북적대는 술집이 넘쳐나는 동네, 사람들이 어슬렁거리는 지하도, 마약과 성매매가 이루어지는 공원, 주정뱅이들이 돌아다니는 도시의 뒷골목 지역 등을 언급했을 때 이 범주에 해당한다.

불법 이민자 불법 체류 외국인이나 이민 노동자를 말한다. 불법 체류 외국인은 신분증이 없고 차도 불법적으로 등록되어 있어서 교통 단속, 교통사고, 범죄 사건 등에서 문제가 되는 까다로운 집단이라고 일부 경찰관들이 밝혔기 때문에 이 범주는 중요하다.

계절 명소 여름 동안 계절 명소에서 발생하는 문제이다. 구체적으로 이 범주는 해변 교통량의 증가, 야영장에서 사람들의 행동, 여름 별장 무단침입(여름휴가 시즌이 시작되어 찾아간 별장에 누군가가 침입했었음을 발견하고 신고하는 경우) 등의 문제에 대한 경찰관들의 불만이 해당된다.

그러나 잠재적인 단점도 염두에 두어야 한다. 중요한 문제는 계속 제기되는 타당도에 대한 질문과 관련된다. 한 연구자가 특정한 목적으로 자료를 수집했을 때, 그 자료가 여러분의 연구 관심에 적합할지 확신할 수 없다. 원 연구자가 수집한 자료가 여러분이 관심 있는 것을 '비슷하게' 측정하였더라도, 보통은 주요 변수들이 약간 다르게 조작화되었으면 좋았을 것이라고 아쉬워할 것이다. 그렇다면 문제는 여러분이 분석하길 원하는 변수에 대한 타당한 측정을 과연 이차 자료가 제공하는가이다.

이는 기관 기록 사용에서 나타나는 주요 문제 중 하나와 매우 유사하다. 특정 자료가 여러분이 관심이 있는 것을 완전히 만족스럽게 측정하지 못할 수도 있지만, 다른 자료들에 접근 가능하다. 어떤 자료도 완전히 타당한 측정을 제공하지 못할지라도, 모든 가능성을 분석함으로써 상당한 증거를 확보할 수 있다. 만약 불완전한 각각의 측정이 같은 연구 결론에 이른다면, 그 정확성에 대해서 상당한 지지를 얻을 수 있을 것이다. 반복연구(replication)는 그러한 문제를 어느 정도 해결해 준다.

일반적으로 이차 자료는 평가연구에 가장 덜 유용하다. 이는 평가연구가 특정 프로그램에 대한 특정 질문에 답하기 위해 설계되기 때문이다. 평가연구로부터 나온 자료를 재분석하는 것은 항상 가능하지만, 이차 자료를 전혀 다른 프로그램을 평가하는 데 사용할 수는 없다. 따라서 예를 들어 많은 연구자들이 로런스 셔먼(Lawrence Sherman)과 동료들이 몇 개 도시에서 수행한 일련의 가정폭력 실험에서 수집된 자료를 재분석하였다(요약 정리된 내용은 Sherman, 1992a를 볼 것). 대부분의 경우, 이러한 이차 연구자들(예: Maxwell, Garner, and Fagan, 2001)은 원래의 연구가 내놓은 발견을 확인하거나 다시 평가하기를 바란다. 그러나 이 자료를 체포 이외의 가정폭력 개입에 대한 질문에 답하기 위해 사용하거나, 실험이 이루어지지 않은 다른 도시의 체포 정책에 대한 평가에 활용하는 것은 불가능하다.

이 책에서 이차 분석에 대한 논의는 특별한 목적을 갖는다. 형사사법 연구의 관찰 양식에 대한 검토를 마무리하면서, 여러분이 범죄와 형사정책에 대한 질문의 답을 찾는 데 활용할 수 있는 모든 가능성을 충분히 알게 되었기를 바란다. 모든 퍼즐을 풀 수 있는 하나의 정보 취득 방법은 존재하지 않지만, 여러분이 무언가에 대해 알 수 있는 방법에는 한계가 없다. 그리고 더 나아가서 여러 다른 방향에서 한 주제에 초점을 맞출 수 있고, 그렇게 함으로써 그 주제에 정통하게 될 수도 있다.

이 장에서 제시한 예인 '종합적 사고: 기관 기록과 내용 분석'은 연구자들이 인종 프로파일링과 교통위반 단속을 이해하려는 노력에 서로 다른 자료 출처를 어떻게 활용하는지 잘 보여준다.

요약

- 많은 공공 조직이 공공기록을 위해서 통계와 자료를 산출하며, 이 자료는 형사사법 연구자에게 유용한 경우가 많다.
- 모든 조직은 비공개 기록을 내부 사용 목적으로 보관하며, 이러한 기록은 형사사법 연구에서 귀중한 자료 출처가 된다.
- 공공 조직은 형사사법 연구자의 협조 요청으로 관찰이나 면접을 통한 새로운 자료수집에 참여할 수도 있다.
- 기관 자료의 분석단위가 늘 명확한 것은 아니다. 이는 기관이 사람과 사건에 대한 정보를 기록하는 데 보통 서로 다른 집계 단위와 종종 불명확한 집계 단위를 사용하기 때문이다.
- 연구자는 기관 기록의 자료를 사용할 때 신뢰도와 타당도에 문제가 있을 가능성에 특히 주의해야 한다.
- '서류상의 흔적을 따라가라.'라는 말과 '기대되는 것을 기대하라.'라는 말은 기관 기록을 연구에 사용할 때 연구자가 명심해야 할 두 가지 일반적인 금언이다.
- 내용 분석은 인간 커뮤니케이션을 연구하는 데 적합한 연구방법이다. 커뮤니케이션은 여러 형태를 띠기 때문에 여러 다른 행동의 측면을 연구할 수 있다.
- 코딩은 원자료의 명시적 내용이나 묵시적 내용을 표준화된 양적 형태로 변환하는 과정이다.
- 이차 분석은 현재 연구의 주제와는 다른 목적으로 다른 연구자가 이전에 수집한 자료에 대한 분석을 말한다.
- 다른 연구자들이 사용할 수 있도록 형사사법 자료와 다른 사회과학 자료의 아카이브를 대학 간 정치사회연구 컨소시엄(ICPSR)과 형사사법 자료 아카이브(NACJD)가 보유하고 있다.
- 이차 자료를 사용하는 장단점은 기관 기록의 경우와 유사하다. 다른 연구자가 이전에 수집한 자료는 우리의 요구에 맞지 않을 수 있다.

핵심 용어

개입적 측정(obtrusive measurement)
내용 분석(content analysis)
대학 간 정치사회연구 컨소시엄(ICPSR)
명시적 내용(manifest content)
묵시적 내용(latent content)
발간 통계(published statistics)
비개입적 측정(unobtrusive measurement)
이차 분석(secondary analysis)
자료의 사회적 생산(social production of data)
형사사법 자료 아카이브(National Archive of Criminal Justice Data: NACJD)

복습문제 및 연습문제

1. 형사사법 자료 아카이브(NACJD)는 홈페이지에 다양한 자료 출처에 대해 안내하고 있다(http://www.icpsr.umich.edu/icpsrweb/NACJD/). 각 출처에 대한 안내는 자료 시리즈가 어떻게 수집되었는지를 측정의 주요 특성 등 다른 정보와 함께 설명한다. 두 개의 자료 출처에 대한 안내를 선택하여, (1) 자료가 어떻게 수집되었는지, 분석단위가 무엇인지 한 문단 정도로 요약하라. (2) 해당 자료로 다룰 수 있다고 생각되는 최소한 하나의 연구 질문을 설정하라.
2. 연방수사국 표준통계보고서(FBI UCR) 웹사이트를 방문하라(http://www.ucrdatatool.gov). 표 구성 도구를 사용하여 10개 주의 폭력범죄율과 재산범죄율을 찾아보라. 혹은 20년의 기간 동안에 신고된 범죄의 추세를 조사하라. 결과를 간략히 요약하라.
3. 인터넷에는 많은 뉴스 피드 서비스들이 제공된다. 구글 얼러트(Google Alert)가 그 예이다. 관심 있는 형사사법 주제에 대한 뉴스 피드를 만들고, 1주 정도 기사를 모아 보라. 너무 좁게(충분하지 않은 기사) 설정하는 것과 너무 넓게(넘쳐나는 기사) 설정하는 것 사이의 균형을 생각하라. 뉴스 기사에서 관심 있는 개념에 대한 내용 분석을 어떻게 수행할 것이지 두 문장으로 설명하라. 명시적 내용에 주목하라.

PART 04

적용과 분석

형사사법 조사연구에 대한 연구는 여러 형태의 질문에 답을 할 수 있도록 여러 방법으로 수행된다. 지금까지 여러 가지 연구 목적을 살펴보았지만, 제4부의 첫째 장에서는 좀 더 구체적인 연구 목적을 살핀다. 범죄는 중요하면서도 치유하기 어려운 사회 문제이므로, 응용연구가 연구자와 실무가로부터 관심을 끈다.

제13장은 평가연구와 문제 분석을 기술한다. 개념의 정의와 세세한 측정은 다른 연구 목적처럼 응용연구에도 중요하다.

제14장은 분석 문제로 구성된다. 연구설계, 측정, 자료수집을 마친 후, 일정한 유형 및 기술, 설명, 평가를 위한 관계를 발견하고자 한다. 제14장에서는 기초 기술통계 및 추리통계를 살핀다. 목적은 기초 통계분석의 원리에 익숙하고자 함이다.

CHAPTER 13

평가연구와 문제 분석

이 장에서는 응용연구가 중심의제이다. 평가연구는 프로그램의 성공 또는 실패 여부와 이유에 관한 것을 조사하는 것이다. 문제 분석은 행동 계획을 돕고 새로운 프로그램의 가능한 효과성을 예측하는 것이다.

학습목표

1. 형사사법의 응용연구 사례로서 평가연구 및 문제 분석을 요약한다.
2. 다양한 유형의 평가가 정책 과정의 다른 단계와 어떻게 일치하는지를 기술한다.
3. 평가성 사정의 역할을 설명한다.
4. 신중한 문제진단, 적정한 측정, 그리고 성공 또는 실패의 기준이 왜 평가연구에서 필수적인지를 이해한다.
5. 평가연구설계와 다른 설계의 유사점을 기술한다.
6. 무작위 현장 실험의 장점, 요건 및 한계를 설명한다.
7. 영향 평가와 별도로 또는 관련되어 수행된 과정평가의 중요성을 요약한다.
8. 문제 분석의 역할을 프로그램 평가에서 사용되는 사회과학 연구방법론에 근거한 기획 기술로서 설명한다.
9. 어떻게 과학 현실론적 인과과정의 일반화보다는 맥락상의 메커니즘에 중점을 두는지 설명한다.
10. 형사사법기관이 어떻게 점점 더 문제 분석 도구, 범죄 지도 작성 및 기타 공간 기반 절차를 사용하는지 사례를 제시한다.
11. 평가연구가 어떻게 특별히 실행적, 윤리적, 정치적 문제를 수반하는지 설명한다.

차량 보안 평가하기

그레이엄 패럴과 동료들(Graham Farrell et al., 2011)은 호주, 캐나다, 영국, 미국에서의 차량 절도 경향을 조사했다. 이 연구는 미국에서의 마이클 맥스필드(Michael Maxfield)와 로널드 클라크(Ronald Clarke)의 차량부품 표식의 효과성에 관한 것의 일부였다.

차량 절도는 호주에서 수년간 상당히 빈발했고, 문제 감소를 위해 여러 방법이 고안되었다(Carroll, 2004). 패럴과 동료들은 전자 도난방지 장치의 효과성 평가를 위해 호주 여러 곳에서 보안수단에 대한 소개의 기회를 활용했다. 이러한 장치는 전자 코드가 차량 속에 입력되어 있는 코드와 일치하지 않으면 시동이 걸리지 않도록 하는 것이다.

아래의 그림은 호주의 서부지역과 나머지 7개 지역의 자동차 절도의 경향성을 보여주고 있다. 기준점은 1997년을 100으로 설정된 지표다. 다음 해의 절도는 바로 그 연도를 기준으로 변화된 양으로 표시된다. 예를 들어, 호주 서부지역의 1998년도 값은 118인데, 이것은 차량 절도가 그 이전 연도에 비해 18% 증가했다는 의미이다. 2008년도에는 거의 40까지 떨어졌는데, 이는 1997년 이후 약 60% 정도로 차량 절도가 감소했음을 의미한다. 이 그림의 수직선은 또한 차량도난 방지장치에 관한 정부 정책을 나타내고 있다.

- 호주 서부지역에서 등록 기간 12년 미만 모든 차량에 대해 1999년도에 도난방지 장치를 의무화했다.
- 2001년도에는 그 장치를 호주 전역에 걸쳐서 모든 신형차에 의무화했다.

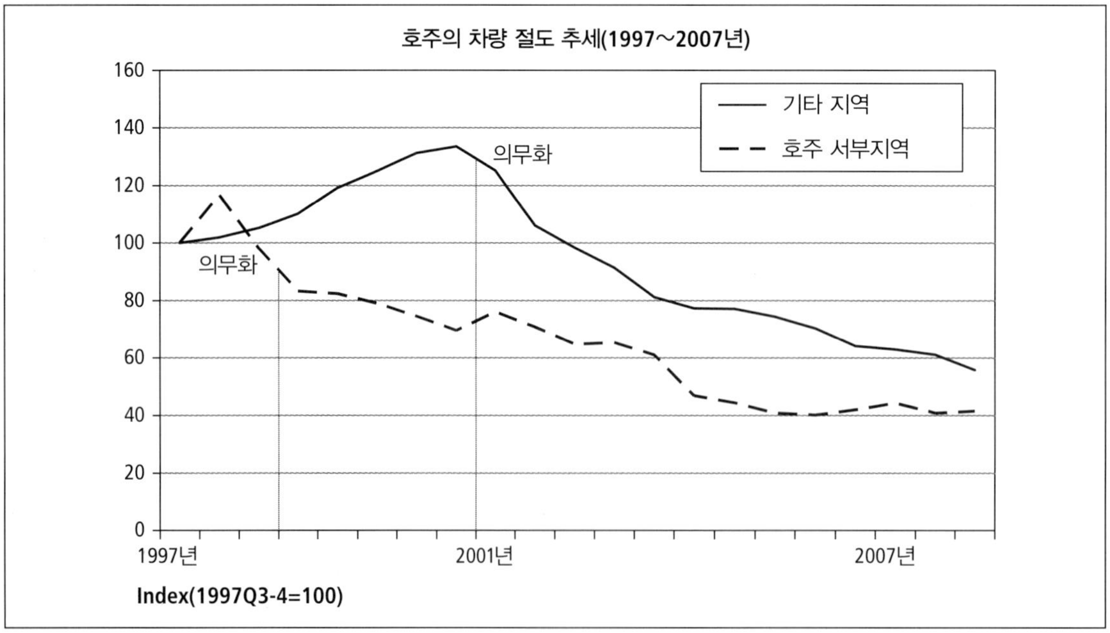

출처: Farrell et al., 2011을 재수정함.

다른 시점 다른 지역에 도난 방지 장치가 도입된 이후 차량 절도의 분명한 두 개의 하강 경향을 볼 수 있다. 이러한 차량 절도 감소 추세는 다른 연도의 장치 부착의 의무화와 대략 관련 있다. 이 그림은 새로운 법집행 이후 일정한 변화가 수반되는지를 평가하는 단절 시계열설계의 한 예시를 나타내고 있다. 우리는 이번 장에서 이것과 함께 평가에 있어서 다른 접근 방식도 기술한다. 응용 연구의 논의를 할 때 이 사례를 염두에 두기 바란다.

도입

평가연구와 문제 분석은 조사자는 물론 공무원에게 점점 더 중요한 활동이다.

평가연구(evaluation research)를 종종 '프로그램 평가(program evaluation)'라고도 부르는데, 이것은 특정한 조사연구 방법보다는 연구 목적에 집중한다. 이것의 특별한 목적은 정책의 효과성을 검증하는 것이다. 예를 들어, 가정폭력에 대한 강제체포, 새로운 보호관찰제, 그리고 새로운 형 집행과 같은 새로운 정책의 효과를 평가하는 데 있다. 평가연구의 다른 유형은 **문제 분석**(problem analysis)인데, 이는 공무원이 대안적인 행동을 계획하고 선택하는 것에 도움을 준다. 실질적으로 모든 유형의 기획, 수단, 그리고 자료수집 기술이 평가연구와 문제 분석에 사용될 수 있다.

형사사법에서 평가연구는 아마도 일반적인 형사사법 조사연구만큼 오래되었다고 할 수 있을 것이다. 사람들이 특수한 목적을 위해서 새로운 프로그램을 시행할 때마다 실제적인 결과에 관심을 갖는다. 비록 그것이 항상 의식적으로, 신중하게 또는 세련된 방식이 아니더라도 말이다. 평가연구는 점점 더 인기 있고 활동적인 연구 분야가 되었는데, 이는 관련 교재, 강의, 프로젝트의 급증으로 알 수 있다. 결과적으로 여러분은 늘어나는 평가보고서를 읽기 쉽게 되었고, 연구자로서는 평가를 조사하도록 점점 더 요청받는다.

부분적으로 평가연구의 성장은 현실에서 실제적인 차이를 만들고자 하는 형사사법 연구자의 욕구를 반영한다. 동시에 우리는 두 가지 추가적인 요소의 영향을 무시할 수 없다. (1) 새로운 프로그램 시행 후, 프로그램 의무적 평가에 대한 연방 정부 요구와 (2) 그러한 요구를 충족시키기 위한 연구 자금의 가용성이 그것이다.

같은 측면에서 프로그램 평가와 문제 분석에 관한 늘어난 관심은 공무원과 공공정책의 책임성에 대한 관심에 뒤따른 것이었다. 형사사법기관은 그들의 행동에 대한 효과와 비용을 정당화해야 한다. 예를 들어, 보호관찰 감독에 대한 전통적인 접근이 미래의 위법행위를 저지하지 못한다고 할 때, 새로운 접근이 개발되어야 하고, 그것의 효과가 평가되어

문제 분석(problem analysis) 공식 계획을 용이하게 하고 대안을 선택하는 분석적 방법.

야 한다. 또는, 만약 재활용된 반트레일러 형식의 임시 구류 시설이 새로운 감옥을 건설하는 것보다 비용이 덜 들 경우, 공무원들은 저비용의 대안이 재판 전 구류와 단기 감금에 관한 자신의 요구와 맞아떨어지는지를 고려해야 한다.

형사사법기관은 점점 더 **증거기반 정책**(evidence-based policy)에 의지하게 되었는데, 이렇게 되면 사법기관의 행동은 정책을 기획하고 평가하는 데 사용되는 실증증거와 연관된다. 전통적인 정책은 사회과학 조사에 의해 제공된 증거에 비추어 재평가된다. 일련의 문제지향 지침서는 폐가로 방치된 건물의 문제에서부터(Shane, 2012) 절취 차량의 수출 문제에 이르기까지(Petrossian and Clarke, 2012) 경찰의 대응에 대한 증거를 요약하고 있다. 컴스탯(Compstat)으로 알려진 경찰의 관리 및 책임에 기반을 둔 활동은 범죄문제의 장소 및 상황적 특성에 관한 증거에 기초하고 있다. 교정정책은 재범을 줄이는 방안을 추려내기 위한 평가가 늘어나고 있다(Aos et al., 2011). 조지 메이슨 대학교는 응용연구를 주정부 및 지방정부의 범죄 및 사법에 적극 활용하는 데 도움을 주고자 증거기반 형사정책 센터를 운영하고 있다(http://cebcp.org. 2016년 8월 21일 접속). 이러한 경향은 형사사법 종사자와 연구자 간의 협력 이상으로 응용 연구의 확장을 의미한다.

마지막으로, 존 제이 대학의 형사사법 연구 및 평가 센터는 **증거 산출**(evidence generation) 프로젝트를 가동해왔다. 소년사법 개선을 위한 뉴욕주 정책에서 촉발되고, 뉴욕시의 비영리 단체가 청소년 및 형사 법정과정에서 지역 청소년에게 맞춤형으로 필요한 프로젝트가 진행중이었다. 위 센터의 연구진들은 관련 기관들이 프로그램을 평가하고 문서화하여 증거를 산출하는 작업을 돕고 있다. 상세한 내용과 협력 사례는 웹사이트에서 확인할 수 있다(johnjayrec.nyc/evgen. 2016년 8월 28일 접속).

평가연구와 문제 분석에 적절한 주제

문제 분석과 평가는 형사정책을 개발하고 그 효과를 결정하는 데 사용된다.

평가연구는 어떤 정책 조정이 발생하거나 계획되었을 때 사용하기 적절하다. 정책 관여란 의도된 결과를 발생시키려는 목적에서 행해진다. 간단하게 말해서, 평가연구는 의도된 결과가 나타났는지의 여부를 결정하는 과정인 것이다. 문제 분석은 정책 관여가 무엇을 위한 것인지를 결정하는 데 더 초점을 둔다. 주어진 대안 중 하나를 선택할 때는 최소비용의 최대효과, 또는 시행하기 쉬운지를 고려한다. 물론 우리의 초점은 형사사법 정책과 기관의 분석과 평가이다. 그러나 평가와 문제 분석에 적절한 다양한 주제를 이해하기 위해서는 먼저 정책 형성 과정의 간단한 일반 모델을 살펴보는 것이 도움이 된다.

증거기반 정책(evidence-based policy) 형사정책을 마련하고 평가함에 실증 자료 및 관련 정보 원천의 활용.

정책과정

그림 13-1은 로버트 라인베리(Robert Lineberry, 1977: 42~43)의 정책 체계의 전형적 요약으로, 우리의 모델이다. 이와 유사한 유형인 '투입-산출' 모델이 미국법무연구원(NIJ)의 평가지침에 설명되어 있다(McDonald and Smith, 1989). 비록 우리가 각 단계를 순서대로 검토할 것이지만, 제1장에서 논의했듯이, 일반적인 조사과정과 같이 정책 과정도 유동적이고, 항상 처음 부분에서 시작해서 마지막 부분에서 마무리되는 것은 아님을 알아야 한다.

정책과정은 일반적으로 존재하고 있는 정책에 대한 반대 대안이나 법령의 새로운 과정을 지지하는 요구로부터 시작한다. 이러한 요구는 조직의 내부 또는 외부로부터 생겨날 수 있다. 예를 들어, 마약에 대한 형 선고에 있어서 인종차별을 다루는 신문기사는 형 선고 정책에 대한 개혁 요구를 발생시킬 수 있다(United States Sentencing Commission, 2014). 또는 검사가 독자적으로 마약 사건의 형량을 재검토하기로 할 수도 있다. 어떤 경우든 요구는 정책의 정책 의제로 설정되어야 한다. 검사는 차별 관련 기사가 낮게 평가되는 신문에서 발행되었다면 이를 무시할 수도 있고, 또는 검사실에서 나타난 변화에 대한 제안에 따르는 행동을 하지 않기로 할 수도 있다.

그림 13-1에 나타난 다음 단계는 몇 단계를 합친 것이다. 정책을 만드는 사람은 성취하고자 하는 궁극적인 목표와 그러한 목표를 달성할 수 있도록 해주는 여러 가지 수단을

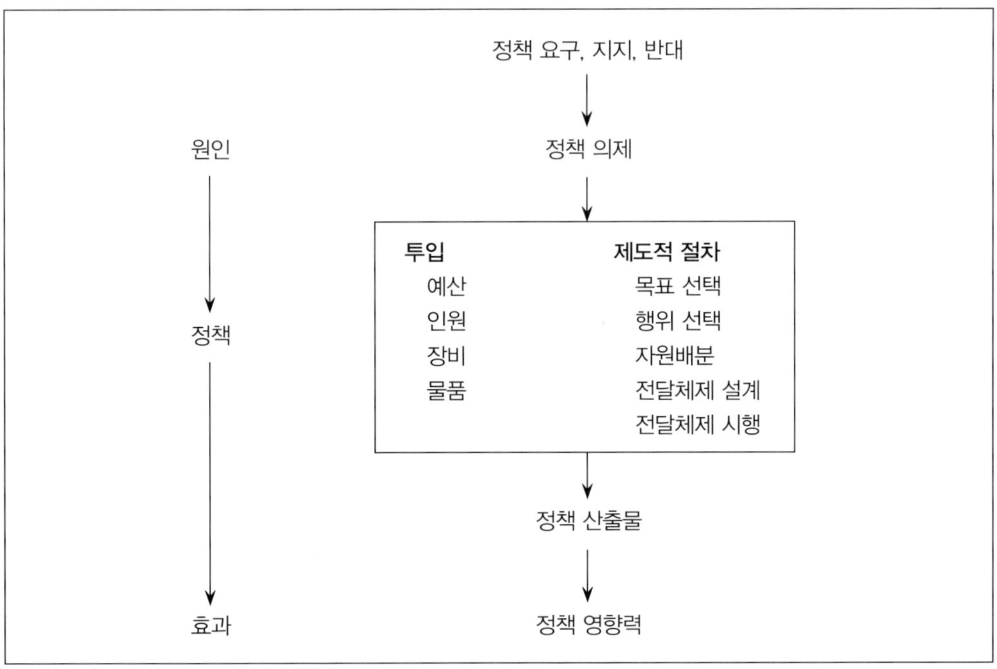

그림 13-1 정책 과정

출처: Lineberry(1977: 42~43)를 재수정함.

고려한다. 검사가 모든 백인 마약 혐의 원고와 흑인 원고에게 선고된 형의 절대적인 평등을 추구하고 있는가, 아니면 전과, 죄질 등에 기초한 허용 가능한 범위를 설정해야 하는가? 인적 및 물적 자원은 투입이 가능한 것에서 할당되어야 하는데, 이에는 인원, 장비, 사무용품, 심지어 시간조차 고려사항이 된다. 누가 형 선고를 재검토할 것인가? 그것은 어느 정도 시간이 걸리고, 부수적인 인력이 필요한가? '정책'이라는 단어가 어떤 재발하는 문제나 쟁점에 어떻게 대응할 것인지에 대한 행위의 표준 지침을 의미하기 때문에, 기본적 시행과 결정 규칙이 만들어져야 한다. 각 사건에 대한 형 선고가 선고가 나오자마자 재검토될 것인가, 아니면 매주 모든 사건을 재검토하는 것만으로 충분할 것인가?

정책 산출물은 실제로 생산된 것을 말하는데, 사무실 물류 공급 업체의 제조업자가 종이클립과 스테이플러를 생산해내는 것과 같은 것이다. 우리의 가정적인 예에서는 검사의 정책이 마약 사건 형 선고에 대한 정기적인 재검토를 하도록 한다. 또는 다른 예를 살펴보면, 특정한 도로에서의 자동차 사고를 줄이기 위해 선택된 교통 프로그램은 속도위반 교통범칙금과 함께 눈에 보이는 경찰력을 배치하도록 한다.

마지막 단계에서는 정책 산출물의 영향을 살펴본다. 검사의 재검토 절차가 실제적으로 형의 불평등을 제거했는가? 목표로 한 지역에서 자동차 사고가 감소하였는가?

정책의 산출물과 영향력 사이의 괴리는 정책과 사법 여러 단계에서의 평가를 이해하는 데 중요하다. 불행하게도, 이 차이는 종종 공무원과 연구자 모두를 혼란스럽게 한다. 정책의 **영향력**은 근본적으로 정책 목표와 관련이 있는데, 이 목표는 정책을 시행함으로써 성취하려고 하는 것에 관한 기본적인 질문이다. **산출물**은 원하는 정책 목표를 달성하기 위한 수단을 구체화한다. 검사는 형 집행에서의 공평함을 추구한다. 따라서 재검토 절차가 그 목표(결과)를 달성하기 위한 하나의 수단으로 만들어진다. 또는 경찰 관리층은 범칙금 발부를 통해 자동차 사고(영향)를 줄이려는 목표를 달성할 것이라는 기대 속에서 범칙금 통지서(산출)를 발부하기 위해 경찰관, 순찰차, 초과근무 수당을 할당한다.

이제 그림 13-1의 왼쪽 부분을 보자. 우리의 정책 모델은 이전 장에서 본 것과 같은 단순한 원인-효과 절차라고 표현할 수 있다. 어떤 원인은 흑인계와 백인계 원고에 대하여 선고되는 형을 다양하게 만들었다. 정책은 어떠한 효과나 영향을 나타내기 위해서 만들어진다. 이러한 측면에서 하나의 정책은 독립변수가 종속변수의 변화를 야기할 것이 예상된다는 점에서 가정이라고 볼 수 있다. 형 재검토 절차는 형의 불공평을 줄이도록 기대되고, 일정한 법집행은 자동차 사고의 감소를 야기하도록 기대된다. 목표 지향의 공공정책은 그렇기 때문에 만약이라는 조건문으로 볼 수 있다. 만약 어떤 정책이 시행된다면 우리는 생산되는 결과를 기대하는 것이다.

과정을 평가에 연결하기

이 간단한 모델을 가장 광범위하게 사용되는 것 중 하나인 프로그램 평가의 일반적 정의와 비교함으로써(Rossi, Freeman, and Lipsey, 1999), 응용연구에 적합한 주제가 무엇인지가 분명해진다. 피터 로시, 하워드 프리먼, 마크 립시(Peter Rossi, Howard Freeman, and Mark Lipsey, 1999: 4)는 프로그램 평가를 다음과 같이 정의했다.

> **사회과학적 연구 절차를 이용하여 사회 관여 프로그램의 효과성을 평가하는 것.** 사회 문제의 진단, 개념화, 설계, 실행, 행정, 결과와 효율성을 연구, 평가하고 프로그램의 발전시키는 것이다. (강조 표시는 원문 그대로)

우리는 이 책 전체를 통해서 체계적인 사회과학 조사연구에 대해서 살펴보았다. 이제는 사회 프로그램을 형사사법으로 대체해 보고, 어떻게 이 정의와 그림 13-1이 프로그램 평가 적용을 이해하는 데 도움을 주는지 알아보자.

문제 분석 그림 13-1의 '제도적 절차'에 나열된 활동은 개념화와 설계를 의미한다. 예를 들어, 이미 건설된 교도소의 수용 인구를 유지하려는 법원의 요구를 충족시키기 위해서 교정 공무원은 여러 가지 정책을 기획하고 만들어 내기 시작할 것이다. 문제 분석은 교정 공무원이 대안적 행동을 분석하고 그중 하나를 선택하고, 법원 요구에 상응하기 위한 정책을 시행하는 데 도움을 주는 사회과학 조사연구의 한 가지 예이다.

새로운 교도소의 증축이나 현존하는 시설의 개수를 통해 시설 수를 증가시키는 것이 하나의 접근이 될 수 있다. 또 다른 접근법은 새롭게 형의 선고를 받는 범죄자들의 입소를 제한하는 것이 될 수 있다. 이러한 정책의 일반적인 목표는 공공안전 확보이다. 각각의 목표는 여러 다른 유형과 서로 다른 자료의 수준을 갖고 있는데, 전체적으로 공공안전 확보라는 측면에서 고려될 것이다. 만약 검사, 판사, 또는 입법자와 같은 기타 기관의 공무원들이 개념화와 기획에 관련되어 있는 경우에는 추가적인 목표, 제한, 정책이 고려될 것이다.

교도소를 더 많이 신설하여 수용 능력을 키우는 것은 경제적 면에서 가장 비용이 많이 드는 것이 되겠지만, 공공안전을 확보할 수 있는 가장 확실한 방법이 될 수도 있다. 수형자들의 조기 석방은 새로운 시설물을 증축하는 것보다 비용이 적게 들고 빠르겠지만, 이것은 또 다른 결정을 하도록 한다. 어떻게 누구를 선택할 것인지, 그들이 가석방될 것인지 또는 중간처우 시설로 보낼 것인지가 결정되어야 한다. 이러한 각각의 대안은 석방할 수감자를 선택하고 중간 시설로 보내거나, 가석방한 후 상황을 감시하는 등의 조직 차원의 수용 능력을 필요로 한다. 새로 수감을 하지 않도록 하는 것이 가장 저비용일 것이다. 이러한 접근에 대하여 정치적인 지지는 반드시 고려되어야 한다. 각각의 대안(새로운 증축에 대한 비용, 조기 석방에 대한 책임의 수용, 또는 주정부의 시설에서 입소를 거부당한 수형자를 다른 형태의 감옥에 수용해야 하는 등)은 여러 유형의 정치적 영향이나 용기를 필요로 한다.

형사사법 조사연구의 많은 기타 주제가 문제 분석에 적합하다. 경찰서는 순찰 구역의 관할을 정하는 데 이러한 기법을 사용한다. 대부분의 큰 도시에서는 시간과 공간의 측면에서 주민의 서비스 요청 전화의 집중 빈도를 조사하고, 도로 배치와 장애물이 순찰차의 이동에 어떻게 도움이 되거나 방해가 되는지를 살펴본다.

점점 많은 법집행기관이 범죄 발생패턴을 측정하고 적절한 대응책을 개발하기 위해서 전산화된 범죄 지도를 사용한다. 발생 후 며칠 내로 보고된 범죄를 보여주는 컴퓨터상의 지도를 만드는 것은 뉴욕 경찰국의 가장 핵심적인 정책 기획 도구 중 하나이다(Silverman, 1999). 다른 부서에서는 가능해진 자금지원과 범죄 지도화 및 범죄 분석 역량 향상을 위한 기술적 지원을 활용했다(Santos, 2012). 이 장의 뒷부분에서 범죄 지도에 대해 더 알아볼 것이다.

법원 행정가들은 사건이 공판정에 오르는 시간적 방식에 변화를 꾀하는데, 일정한 변화가 가져올 영향을 평가한 후이다. 평가들은 일반적으로 과거의 사건의 양과 예상되는 미래의 사건 분석에 기초한다. 현재 많은 주에서 형량의 입법적 변화가 가져올 수형인원의 변동을 측정하기 관한 연구를 시행한다.

프로그램 평가 문제 분석은 정책 형성 단계에서 나타난다. 반대로, 프로그램 평가연구는 이후의 단계에서 행해지고, 두 가지 유형의 질문에 대한 답을 꾀한다. (1) 정책이 기획된 대로 시행되고 있는가? (2) 정책이 의도된 목표를 달성하고 있는가이다. 따라서 평가는 형사사법 정책의 의도된 행동과 목표를 기획된 대로 시행되고 있고, 원하던 효과가 발생하는지를 실증적 증거로 연결하려는 것이다. 이러한 두 가지 유형의 질문은 두 가지 유형의 프로그램 평가와 상응한다. 과정평가와 영향평가가 그것이다. 교도소 수용 인구 감소를 위한 정책을 예로 먼저 영향평가를 한 후에 과정평가를 할 것이다.

수용소 부서 정책 분석가들이 하나의 큰 시설의 인구를 감소시키기 위해 조기 석방 프로그램을 선택했다고 가정해 보자. 형량이 120일 이하로 남은 수감자와 폭력적이지 않은 범죄를 범한 수감자가 조기 석방의 대상이 될 것이다. 더 나아가서 조기 석방되는 수감자 중 일부는 가석방되고, 그리고 일부는 주중에는 직장에서 근무를 하지만 저녁 시간과 주말 시간은 지역사회 설립의 시설에서 보내는 형식으로 중간 시설에서 남은 형량을 채운다고 가정하자.

이 프로그램은 두 가지 일반적인 목표를 갖는다. (1) 법정에 한계선을 그어 감옥 인구를 줄이는 것과 (2) 공공안전을 확보하는 것이다. 첫 번째 목표는 매우 직접적인 데 반하여, 두 번째 목표는 성가시게 애매모호하다. '공공안전의 확보'는 무엇을 의미하는가? 지금부터는, 6개월 후에 조기 석방의 두 가지 조건에 따라 석방된 사람들의 새로운 범법 행위에 의한 체포율이 형량을 모두 다 채우고 석방된 수감자 집단과 비교하여 더 낮을 때 이 프로그램이 성공적이라고 결론 내릴 것이다.

표 13-1 조기 감옥 석방 영향평가의 가정적 결과

	6개월 후의 체포	사람수
정상적 석방	26%	142
조기 석방	27%	71
중간 시설로의 조기 석방	17%	25
가석방	33%	46
총계	26%	213

주: 사전 프로그램 인구 = 1,578; 시행 후 실제 인구 = 1,402; 법정 부과 수용 인구 = 1,350.

영향평가(impact assessment)는 새로운 프로그램이 시행된 전후의 감옥 인구에 관한 자료와 함께 조기 석방의 두 유형과 비교집단의 체포 기록을 검토한다. 우리는 평가대상자 213명에 대해 표 13-1과 같은 가정적 결론을 얻을 수 있을 것이다.

이 프로그램이 두 가지 목표를 충족시켰는가? 여러분의 첫 반응은 부정적일 수 있지만, 표 13-1은 흥미로운 결과를 나타내고 있다. 감옥 인구는 확실히 줄어들었지만, 법원에서 부여한 수용 능력인 1,350에는 달하지 못했다. 중간 시설로 석방된 사람들이 다른 사람들보다 체포율이 낮았지만, 가석방된 사람들은 정상적으로 석방된 사람들보다 체포율이 높았다. 세 집단에 대한 체포율의 평균은 조기 석방된 사람들의 총수치와 거의 비슷하게 나타났다. 그리고 중간 시설로 보내진 사람들보다 가석방된 사람의 수가 거의 두 배가 된다는 사실 역시 주목할 만하다.

표 13-1의 영향평가 결과는 우리가 과정평가를 했다면 해석하기가 더 쉽다. **과정평가**(process evaluation)는 프로그램 결과에 초점을 두고, 그림 13-1에 나타난 것과 같이, 그 프로그램이 의도된 대로 시행되었는지의 여부를 검토한다. 만약 우리가 이 조기 석방 프로그램의 과정평가를 했다면, 선택 과정에서 무엇인가가 잘못되었다는 것을 발견했을 것이다. 표 13-1의 두 가지 증거는 우리가 제7장에서 검토한 '알짜 뽑기(creaming)'라는 선택 편견 중 하나가 이 프로그램에서 작용하고 있음을 나타낸다. 알짜 뽑기란 가장 실패하지 않을 것 같은 실험적 주제를 고르는 공무원들의 자연스러운 경향이라는 것을 기억해 보자. 이 사례에서는, 선택력은 목표수치 달성을 위한 조기 석방 프로그램의 실패, 중간 시설로 보내지는 사람의 상대적으로 작은 수와 그러한 사람들의 낮은 재체포율에 의해서 나타난다. 과정평가는 선택 과정을 검토했을 것이고 아마도 중간 시설로 범죄자를 석방하는 수용소 직원에 대한 지나친 주의의 증거를 발견했을 것이다.

실제로 영향평가와 과정평가는 함께 이루어진다. 피터 드러커(Peter Drucker, 1973)의

영향평가(impact assessment) 프로그램이 의도한 결과를 낳았는지 여부를 결정하는 평가.
과정평가(process evaluation) 의도한 대로 프로그램이 시행된 것인지의 여부를 결정하는 평가.

효율성과 효과성에 대한 유명한 언급을 바꾸어 설명하기 위해, 다른 유형의 평가는 비슷한 질문을 달리 제기한다.

- 과정평가: 우리가 옳게 하고 있는가?
- 영향평가: 우리가 옳은 것을 하고 있는가?

우리의 예는 과정평가가 영향평가를 더 해석하기 쉽게 해준다는 중요한 일반적 핵심을 설명한다. 다른 사례들에서는, 과정평가는 영향평가가 불가능할 때 행해지기도 한다. 과정평가와 영향평가가 어떻게 서로 보완하는지를 더 잘 이해하기 위해서는 이제 평가가 어떻게 이루어지는지에 관해 자세히 살펴보도록 하자.

시작하기

평가연구에서는 정책 목표를 이해하는 것이 가장 중요한 첫 단계이다.

어떤 유형의 조사연구 프로젝트를 계획하더라도 여러 단계를 거쳐야 한다. 이것은 특히 적용 연구에서 강조되는데, 더 많은 계획이 요구되기도 하기 때문이다. 감옥 조기 석방 프로그램 평가에서, 우리는 설계, 측정, 표본추출, 자료수집 절차 등에 대해 생각해 보아야 한다. 또한 평가에 필요한 사람, 정보, 자료에 접근하는 것과 같은 실제적인 문제점도 알아야 한다.

그러나 한 가지 측면에서 평가연구는 연구 질문이 개발되고 구체화되는 방법이 조금은 다르다. 프로그램 평가와 가정적 실험이 같다고 한 것을 떠올려 보라. 정책은 어떤 조정이 원하는 효과가 있다는 것을 가정했을 때 가정의 진술과 동일하다. 그러므로 연구 질문의 초기 형태는 이미 여러 유형의 평가에 맞게 형성되어 있을 것이다. 문제 분석은 대개 대안의 범위가 제한되어 있는데, 프로그램 평가는 프로그램이 계획에 따라 시행되었는지에 초점을 두고, 영향 평가는 특수한 목표가 획득되었는지의 여부를 평가한다.

이것은 평가연구가 형사사법 공무원에 의해 명백하게 명시된 구체적 질문에 답하기 위한 사회과학적 방법을 사용하는 직접적인 활동이라는 것을 말하는 것이 아니다. 정책 목표를 경험적으로 검증 가능한 가정적 진술의 형태로 표현하는 것이 어려울 때가 종종 있다. 또 하나의 문제는 상충하는 목표의 존재이다. 형사사법의 여러 쟁점들은 복합적이고, 여러 기관과 사람들이 관련되어 있다. 그리고 다른 기관들과 사람들은 각기 다른 목표를 가지고 있어서 구체적인 평가 질문을 정의하는 것을 어렵게 한다. 아마도 가장 흔하고 문제가 되는 것은 애매모호한 목표일 것이다. 형사사법 프로그램을 설명하는 언어는 그 목표가 무엇을 의미하는지 명백하게 구체화되지 않은 채 '상습범 감소를 통한 공공안전의 증진'이라는 낙천적인 목표를 말할 것이다.

대부분의 사례에서, 조사연구자는 형사사법 공무원이 실험 가능한 목표를 형성하도록 돕는데, 어떤 것은 항상 가능하지는 않다. 기타 장애물이 조사연구자가 중요한 정보에 접근하는 것을 방해할 수도 있다. 이러한 문제나 이와 비슷한 문제 때문에, 평가연구자는 먼저 평가하려는 것이 전부 무엇인지에 관한 질문부터 던져보아야 한다.

평가 가능성 측정

평가 가능성 측정은 로시, 프리먼, 립시(Rossi, Freeman, and Lipsey, 1999: 157)에 의해서 '사전평가(pree-valuation)'의 일종으로 설명되는데, 평가자가 평가를 시행하는 데 필수적인 조건이 갖추어졌는지의 여부를 검토하는 것이다. 한 가지 명백한 조건은 평가될 프로그램 요소를 제공하는 기관으로부터의 연구에 대한 지지이다. '평가'라는 단어는 공무원에게 두려움이 될 수도 있는데, 그들은 업무 수행이 순위 매겨지는 것을 두려워한다. 만약 공무원이 개인적으로는 영향평가나 기타 응용 연구에 의해서 위협을 느끼지 않는다고 하더라도, 평가연구는 일상적인 기관의 업무를 방해할 수 있다. 그러므로 기관의 협동과 지지를 확보하는 것은 평가 가능성 평가에서 중요한 부분이다. 큰 반대는 존재하지 않더라도, 공무원들은 평가에 대해서 상반된 생각을 가질 수 있다. 예를 들어, 이러한 경우가 있을 수 있는데, 평가가 어떤 새로운 프로그램을 시행하기 위한 조건으로서 필요할 때이다.

평가 가능성 측정의 이 단계와 기타 단계는 프로그램 '스카우팅'과 주요 인사와의 면담을 통해서 성공할 수 있다(Rossi, Freeman, and Lipsey, 1999: 135). 스카우팅과 면담에서의 초점은 결국에 평가의 일부로서 더 자세하게 답을 들어야 할 질문에 대한 기초적 답변을 얻는 것에 두어야 한다. 무엇이 일반적 프로그램의 목표이고 무엇이 더 구체적인 목표인가? 이러한 목표들이 어떻게 프로그램 옹호자에게 변형될 것인가? 어떤 종류의 기록과 자료를 쉽게 구할 수 있는가? 누가 평가결과의 우선적인 고객이 될 것인가? 다른 사람이나 기관이 프로그램을 통해 얻는 직 · 간접적인 이익이 있는가? 그림 13-2는 평가 가능성 평가와 이후 단계에서 정보를 얻는 데 도움이 되는 질문의 일부분을 나열하고 있다.

이러한 질문이나 이와 유사한 질문에 대한 대답은 프로그램 세부사항을 준비하는 데 사용되어야 한다. 비록 '공식적인' 프로그램 설명사항을 사용할 수 있을지라도, 평가 조사연구자는 항상 자신만의 설명을 준비해야 하는데, 이는 프로그램 목표, 요소, 시행에 관한 그들 자신의 이해를 나타낸다. 공식 문서는 불완전한 설명이나, 평가자가 아닌 프로그램 관계자용 설명을 제공할 것이다. 더욱 더 중요하게, 공식 프로그램 문서는 종종 프로그램 목표에 관한 유용한 설명을 포함하지 않고 있다. 앞으로 보게 되겠지만, 경험적으로 검증할 수 있는 목표를 만들어내는 것은 평가연구의 가장 중요한 성분이다.

더글러스 맥도널드와 크리스틴 스미스(Douglas McDonald and Christine Smith, 1989: 1)는 주 단위의 마약 통제 프로그램 평가 여부를 결정하는 데 있어서 형사사법 공무원과 평

1. 목표
 ㄱ. 프로그램이 무엇을 성취하려고 하는가?
 ㄴ. 목표가 얼마나 달성되었다는 것을 어떻게 결정하는가?
 ㄷ. 어떤 공식 목표와 목적이 알려졌는가?
 ㄹ. 어떤 목표와 목적이 가장 중요한가?
 ㅁ. 현재 성과에 대한 측정은 어떤 것인가?
 ㅂ. 적절한 측정도구가 있는가, 아니면 평가의 한 부분으로서 개발되어야만 하는가?

2. 고객
 ㄱ. 프로그램의 대상은 누구인가?
 ㄴ. 그들은 어떻게 참가하게 되었는가?
 ㄷ. 그들은 비참여자와 구조적으로 다른가?

3. 조직과 작용
 ㄱ. 서비스가 제공되는 곳은 어디인가?
 ㄴ. 장소마다 중요한 차이점이 있는가?
 ㄷ. 누가 서비스를 제공하는가?
 ㄹ. 과거 또는 현재에 프로그램에 반대하거나 비판적인 개인 또는 단체는 누구인가?

4. 역사성
 ㄱ. 얼마 동안 프로그램이 시행되어 왔는가?
 ㄴ. 어떻게 프로그램이 생겨났는가?
 ㄷ. 크기와 영향 면에서 프로그램은 증대되어 왔는가, 아니면 축소되어 왔는가?
 ㄹ. 최근 프로그램에 중요한 변화가 있었는가?

그림 13-2 평가 문제

출처: Stecher and Davis(1987: 58～59)를 재수정함.

가자에 의해 제기될 수 있는 조금 다른 유형의 질문들을 설명한다.

- 주의 전략상 프로젝트의 중요도는 어느 정도인가?
- 다른 것과 비교했을 때 비용은 어떤가?
- 목표를 달성하려는 절차와 같은 프로그램의 목표는 현존하는 감독 절차로는 정확하게 측정하는 것이 어려운가?

이러한 질문은 프로그램과 평가의 우선순위를 결정하는 것과 관련된다. 한편으로는, 만약 프로젝트가 마약 통제 전략에서 그다지 중요하지 않다면, 평가는 아마도 시행되지 않아야 할 것이다. 다른 한편으로는, 마약 근절 노력에 있어서 핵심요소가 되는 고비용의 프로젝트는 현존하는 접근법이 비효율적임이 밝혀졌을 때 새로운 프로그램으로 사용될 수 있다.

비록 로시와 동료들(Rossi et al., 1999)이 조사연구와는 다른 유형이라고 설명하고 있지만, 평가 가능성 측정은 그 자체가 큰 프로젝트일 필요는 없다. 가끔 몇몇 사람들이 모여서 프로그램 문서를 읽고 제기한 몇몇 질문들이 더 진행할 것인지의 여부를 결정하는 데 충분한 정보를 제공하게 될 것이다. 그림 13-2에 나타난 질문은 스카우팅 보고서를 개발하는 데 좋은 지침이 된다. 만약 스카우팅 보고서가 특정한 프로그램이 당장 평가될 수 없다는 것을 나타낸다면, 완전한 연구를 시작하기 전에 결심을 하는 것이 더 낫다.

문제 형성

평가연구 질문이 이미 여러분을 위해서 정의되어 있을 수도 있다는 것을 언급했다. 이것은 일반적으로 사실이지만, 경험적으로 평가될 수 있는 적용된 조사연구의 문제를 형성하는 것은 중요하고도 종종 어려운 단계이다. 평가연구는 어떤 것이 있는지의 여부, 발생했는지의 여부를 밝혀내는 문제이다. 평가연구를 시행하기 위해서, 우리는 시행, 관찰, 그리고 연구하고 있는 것의 존재나 부재를 알 수 있어야 한다.

이 과정은 보통 프로그램 목표를 명확히 하거나 구체화함으로써 시작된다. 로시와 동료들(Rossi et al., 1999: 167)에 따르면, 이 작업의 어려움은 목표의 형성된 진술이 종종 이상적인 결과에 대해서 추상적인 진술로 되어 있다는 점이다. 여기에 실제 프로그램 설명에 나타난 목표 몇 가지 예가 있다.

- 성공하기 위해서는 평생 기술을 개발하라(주 수준의 충격 구금 프로그램; MacKenzie et al., 1993).
- 배우기 위해서는 안전한 학교 환경을 조성하라(학교 자원 공무원 프로그램; Johnson, 1999).
- 참가자들이 마약 없는 삶에 관한 철학과 원칙을 받아들이도록 격려하라(도시 약물 법원; Finn and Newlyn, 1993).
- 문제해결 과정에서 지방 시민과 지역사회의 자원을 연계하는 매개체를 제공하라(보호관찰-경찰 지역사회 교정 프로그램; Wooten and Hoelter, 1998).

각각의 진술은 경험적으로 검증될 연구 질문을 형성하기 전에 명백하게 표현해야만 하는 일반적 프로그램 목표를 나타낸다. 첫 번째 예시가 무엇을 의미하는지에 관해 몇 가지 생각해 볼 수 있지만, 이 목표 진술은 여러 가지 질문을 제기한다. 목표는 성공하려는 개인을 위한 것인데, 무엇에의 성공인가? '평생 기술'이란 무엇인가? 교양, 직업 훈련, 시간 관리, 자기 존엄? 또한 프로그램이 결과에 초점을 두는지(사람들에게 기술을 갖추게 하는 것), 아니면 영향(기술이 있는 사람을 승진시키는 것)에 초점을 두는지에 관한 질문도 할 수 있다. 한편으로, 프로그램 결과의 평가는 기술이 성공의 기회를 향상시켰는지와는 상관없이 기술을 배운 개인을 측정할 수도 있다. 다른 한편으로, 프로그램 영향의 평가는 안정된 고용이나 구체적 시기 내에 체포되지 않은 것과 같은 성공의 척도를 얻는 것일 수 있다.

공평하게 말하면, 이러한 목표 진술은 문맥을 통해서 나오는 것인데, 자료 문서에 프로그램 목표에 대해서 더 자세하게 나타나 있다. 그러나 그것은 진술된 목표의 전형이거나 질문에 도달하기 위한 첫 반응, '이 프로그램의 목표는 무엇이지?'와 같은 것이다. 그러나 조사자는 프로그램 목표에 관한 더 구체적인 진술을 필요로 한다.

웨슬리 스코건(Wesley Skogan, 1985)은 공식적 목표 진술은 프로그램이 현실적으로 달성할 것이라고 예상되는 것을 종종 '과대표현'을 한다고 경고한다. 공무원들이 목표를 진술함에 있어서 긍정적이거나 낙천적인 것은 자연스러운 것이고, 과대표현은 목표 진술에 있어서 당연할 것이다. 공무원과 조사자가 지나치게 낙천적인 목표를 제시하는 또 다른 이유는 그들이 프로그램 생산 절차의 미세한 모델을 개발하지 못했기 때문이다(Weiss, 1995). 즉, 그들은 어떻게 특수한 조정이 효과를 발휘할 것인지에 대해 적절하게 고려하지 않는다. 그림 13-1을 다시 언급하면, 우리는 미세 모델을 개발하는 것이 프로그램 목표를 설계하고 이러한 목표를 달성하기 위한 제도적 절차가 어떻게 만들어지는지를 이해하는 데 중요함을 알 수 있다. 스코건(Skogan, 1985: 38; 원문에서 강조)은 미세 모델을 다음과 같이 설명했다.

> '이론으로부터 기원한' 평가를 의미하는 것의 부분이다. 조사연구자와 프로그램 관계자는 함께 각각의 프로그램 요소가 그 대상에 어떻게 영향을 미치는지에 대해 고려해 보아야 한다. 만약 'X'가 왜 'Y'를 **낳아야 하는지**에 대한 적당한 이유가 없을 경우, 평가는 아마도 그것이 그렇게 된다는 것을 알아내지 못할 것이다! 미세 모델 개발은 프로그램의 실제 시행을 검토하는 데 또 다른 적절한 이유가 된다.

미세 모델은 또한 적용 연구에서 종종 나타나는 일시적인 목표라는 또 다른 문제를 드러낸다.

예를 들어, 마이클 맥스필드와 테리 바우머(Michael Maxfield and Terry Baumer, 1992)는 특정 유형의 범죄를 범하고 이에 대한 재판을 기다리는 사람이 감옥에서 석방되어 전자적 감시 장치를 착용하고 가정에서 구류하는 것을 의미하는 재판 전 가정 감금을 평가하였다. 다섯 개의 다른 형사사법기관이 시행에 있어서 역할을 맡거나 프로그램의 혜택을 보았다. 지방 보안관 부서(1)는 감옥 인구를 줄이라는 압력을 받았다. 지방 검사(2)로부터의 격려하에 재판 전 석방 프로그램이 설립되었다. 형사법원 판사(3)는 원고를 가정에서 구류시키도록 석방할 수 있는 궁극적인 권위를 가지고 있는데, 이들은 지방 형사사법기관(4)의 보석 위원의 지시를 따른다. 마침내 지역사회 교정부서(5)가 가정 내 구류를 위해 석방된 사람을 실제적으로 감독하는 책임을 지게 되었다.

맥스필드와 바우머(Maxfield and Baumer, 1992)는 각 기관의 관계자와 면담을 하였고 이 기관들이 서로 다른 목표를 가지고 있었다는 것을 발견하였다. 보안관은 유죄판결을 받은 범죄자와 더 중한 형을 받은 재판 전의 원고를 위해서 가능한 한 많은 사람을 석방하여 감옥의 공간을 늘리려고 노력하였다. 지역사회 교정부서 관계자는 재판 전 혐의자를 감독하는 업무를 담당하는 데 더 조심스러웠고, 가정 구류 동안 도망가거나 다른 범죄를 저지를 위험이 낮은 사람만 찾고 있었다. 지방 검사는 덜 통제적인 조건에서 안정을 취하는 몇몇 개인을 쉽게 통제할 수 있는 한 방법으로 가정 구류를 보았다. 몇몇 판사는 사람들을 가정 구류로 석방하는 것을 거절하였고, 반면에 다른 사람들은 검사의 제안을 따랐다. 마지막으로, 보석 위원은 재판 전 가정 구류를 감옥 자료 관리의 형태로 보았는데, 존재하는 재판 전 처리 방식(감옥, 보석, 또는 서약 석방)에 이것을 항목으로 추가하였다.

재판 전 석방 프로그램에 연관된 여러 기관은 **이해관계자**(stakeholeder)를 포함했는데, 이 프로그램과 관련하여 직접적인 이익을 갖는 사람들과 기관들이었다. 각각의 당사자들은 누가 재판 전 가정 구류로 고려되어야 하는지, 그들을 어떻게 감독해야 하는지, 그리고 다양한 프로그램 규칙을 위반하는 사람들을 어떻게 처리해야 하는지 등 프로그램이 실제로 어떻게 시행되어야 하는지에 관해 다른 관점에서 다른 목표를 가졌다. 이러한 목표를 구상하고 프로그램 실행의 각기 다른 수단을 고려한 후, 맥스필드와 바우머(Maxfield and Baumer, 1992: 331)는 재판을 기다리는 원고 중 소수에게만 전자 감시가 적절함을 나타내는 가정 구류의 소형 모델을 개발하였다.

그런 이후에는 평가연구를 함에 있어서 근본이 되는 첫 단계는 프로그램 목표를 명백하게 구체화하는 것이다. 만약 공무원들이 어떤 프로그램이 성취하려고 하는 것이 무엇인지에 대해서 확실하게 알지 못할 경우에는 목표에 도달했는지의 여부를 아는 것은 불가능하다. 또는 만약 다수의 당사자들의 서로 다른 목표를 표방할 경우에는, 조사연구자들은 반드시 그러한 목표를 평가하는 다른 방법을 구체화해야 한다. 맥스필드(Maxfiled, 2001)는 평가 절차에서 중요한 첫 단계인 명백한 목표를 구체화하는 많은 수의 다양한 접근법을 설명하고 있다.

측정

프로그램 목표를 분명히 한 후에는 측정에 주의를 돌리게 되는데, 먼저 목표를 달성함에 있어서 프로그램의 성공을 어떻게 측정할까 하는 것이다. 로시와 동료들(Rossi et al., 1999: 83~84)은 이제는 익숙해진 용어로 이것을 설명하고 있다.

> 대답 가능한 평가의 질문이 되기 위해서는, 먼저 현실적으로 획득할 수 있거나 대답의 기초로서 믿을 수 있는 증거 또는 '눈으로 볼 수 있는 것'을 밝혀낼 수 있어야 한다. 이것은 일반적으로 (1) 측정할 수 있는 행위 측면과 관련이 있거나, (2) 충분히 모호하지 않아서 각각의 용어로 분명하

고 논쟁의 여지가 없는 정의를 내릴 수 있거나, (3) 관련된 기준이나 영역이 구체적이거나 명백한 질문을 개발하는 것을 의미한다.

프로그램 목표의 평가 가능한 말을 만드는 것은 프로그램 목표가 프로그램이 달성하려고 하는 것에 관한 개념적 정의를 표현한다는 점에서 개념상으로는 측정 과정과 비슷하다. 제5장은 다음과 같은 문장으로 시작된다. "이 장에서는 우리가 연구하려는 것에 관한 막연한 생각을 가지는 것에서부터 그것을 인식하고 현실 세계에서 측정할 수 있기까지의 진행 과정을 기술한다." 평가연구자로서 우리는 이와 유사하게 명백한 개념적 정의를 할 필요를 인식하고, 그 후에 구체적인 시행상의 정의를 설명해야 한다.

결과 기술하기 만약 형사사법 프로그램이 어떤 것을 성취하기 위해 의도된 경우, 우리는 반드시 그 무엇을 측정할 수 있어야 한다. 만약 우리가 범죄의 두려움을 감소시키고 싶다면, 우리는 범죄의 두려움을 측정할 수 있어야 한다. 만약 우리가 마약 범죄에 대한 형량의 지속성을 증가시키고 싶다면, 우리는 그것을 측정할 수 있어야 한다. 그러나 결과 수단이 목표로부터 나오는 것이지만, 그것이 목표와 같은 것은 아님을 알아야 한다. 프로그램 목표는 원하는 결과를 나타내는 반면, 결과 수단은 그러한 원하는 결과가 달성되었는지의 경험적 지표이다. 더군다나 만약 프로그램이 여러 목표를 추구한다면, 조사자들은 다수의 결과 측정 수단을 고안하거나 하위 목표에 상응하는 가능한 하위 수단을 선택해야 한다.

우리의 프로그램을 가설로 비유할 수 있는 것이므로, 효과 측정은 종속변수(간단한 XY 인과 가설에서의 Y)에 상응하는 것이다. 우리가 이미 종속변수에 대한 측정수단 개발에

표 13-2 전자적 감독에 의한 재판 전 가정 구류: 목표, 목적, 측정

행위자/기관	목표
보안관	감옥 수감자 석방
검사	재판 전 원고에 대한 감시의 강화
판사	공공 안전 확보
보석 위원	더 나은 감옥 자원 관리 제공
지역사회 교화	원고의 순응도 감시
	위반자를 감옥으로 환송
목적	**측정**
법원 출두 보장	법원 불참석
공공 안전 확보	프로그램 진행 중의 체포
교도소 붐빔 완화	원고 수×수감일

출처: Maxfield and Baumer(1992)를 재수정함.

무엇이 중요한지 살펴보았기 때문에, 우리는 어떻게 결과 측정수단을 형성하는지 설명할 수 있다. 프로그램 목표와 목적을 연결하면 개념적 정의를 내릴 수 있다. 그 후 우리는 프로그램 결과물의 경험적 지표를 설명함으로써 시행상의 정의를 구체화하면 된다.

이전의 사례에서, 맥스필드와 바우머(Maxfield and Baumer, 1992)는 재판 전 가정 구류와 관련된 기관들의 서로 다른 이익을 세 개의 더 구체적인 목적으로 나타내었다. (1) 재판 출두 보장, (2) 공공안전 확보, (3) 교도소 붐빔 완화이다. 이러한 목적에 상응하는 결과 측정 수단이 도출되었다. (1) 재판 전 가정 구류로 석방된 사람들에 대한 재판 불참석률, (2) 가정 구류 중의 체포, (3) 재판 전 가정 구류 중인 사람의 수와 각 개인이 프로그램에 참여한 일수를 곱하여 구한 사용 가능한 감옥 침대의 수 측정이다. 표 13-2는 맥스필드와 바우머에 의해 정의된 목표, 목적, 측정을 요약하고 있다.

또 다른 예를 생각해 보자. 캘리포니아의 소년사법부의 직원이 신병 훈련소와 LEAD[프로그램이 참가자들에게 새기고자 하는 자질인 리더십(leadership), 존엄(esteem), 능력(ability), 훈련(discipline)의 약어]라고 알려진 집중적 가석방 프로그램에 대한 평가를 시행하였다. LEAD의 주요한 세 가지 목표는 (1) 상습범의 감소, (2) 청소년 관련 시설의 복잡한 조건 완화, (3) 비용-효과적인 대책 옵션 제공이었다(Department of the Youth Authority, 1997: 18).

평가자들은 LEAD에 속하지 않은 다른 청소년 범법자와 LEAD 참가자를 비교함으로써 LEAD 프로그램의 효과성을 측정하였다. 자료는 각 기관에서 머문 기간, 측정된 프로그램 비용, 상습범의 비율에 대해서 수집하였다. 상습범의 측정 수단은 체포와 석방 후 12, 18, 24개월 동안의 가석방 기간의 범법에 관한 공식적 기록으로부터 획득하였다. 감금의 기간은 기관의 인구 감소의 수단과 비용 절감의 수단으로 사용되었다. LEAD 참가자들이 참가하지 않는 청소년에 비해서 평균적으로 감금 기간이 짧을 것이지만, 만약 LEAD 참가자들이 후에 재수감되는 일이 더 빈번하고 많을 경우 이러한 단기간의 비용 절감이 줄어들 것이라고 가정하였다. 모든 대상에 대해 규칙적으로 수집된 상습범 자료는 이것이 사례인지의 여부를 검토하는 데 사용되었다.

프로그램 내용 평가하기 영향과 관련된 종속변수를 직접 측정하는 것은 시작일 뿐이다. 레이 포슨과 닉 틸리(Ray Pawson and Nick Tilley, 1997: 69)가 지적했듯이, 프로그램이 시행되고 있는 내용을 평가하는 것도 대개 필요하다. 이러한 변수는 시행 그 자체로 외부로 나타날 수도 있는데, 그것도 여전히 영향을 미친다.

예를 들어, 중간 시설로 가석방하는 것과 짝지어진 직업-기술 훈련 프로그램의 평가를 생각해 보자. 우선적인 결과 측정 수단은 프로그램을 완료한 후 고용된 참가자의 성공이 될 것이다. 물론 우리는 대상의 고용률을 관찰하고 측정할 것이다. 또한 우리는 프로그램이 시행되고 있는 지역사회와 주의 고용/실업률 변화에도 주의를 기울여야 할 것이다. 직업 시장에서의 일반적 슬럼프는 무엇이 낮은 고용에 영향을 주는지를 측정함에 있어서 중요하게 고려되어야 한다. 또는 만약 모든 실험대상이 프로그램에 참여함으로써 직장을 갖게 된다면, 그러한 결과는 프로그램 자체의 가치 때문이라기보다는 일반적인 일자리의 증가 때문일 것이다.

다른 연구 유형에서의 통제변수를 선택하는 것에 대한 것만큼이나 프로그램 내용 측정 수단을 선택하는 것에 대한 마법 공식이나 지침은 없다. 단지 우리가 흥미를 갖는 주제에 대해 관심을 가진 다른 조사자들이 발견한 것을 읽고, 우리 또한 평가하기 전에 형사사법 프로그램의 생산과정에 대해 공부해야 한다.

이론 역시 중요한 역할을 한다. 만약 우리가 직업 훈련을 제공하는 프로그램을 연구하여 참가자들이 고용에서 더 경쟁력을 가지도록 하려면, 우리는 노동 시장이 일반적으로 어떻게 운영되는지를 이해해야 한다. 이것이 이론을 바탕으로 한 평가의 일부분이다. 프로그램이 이론에서 어떻게 작동하는지를 이해하는 것이 연구자들이 고려해야 하는 프로그램 내용의 측정수단을 더 잘 구체화할 수 있도록 해준다(Weiss, 1995).

프로그램 전달 측정 프로그램 결과와 관련된 측정에 덧붙여, 실험적 자극이나 독립변수에 대한 프로그램 조정을 평가하는 것도 필요하다. 몇몇 사례들에서, 만약 이것이 조사연구 계획일 경우, 이러한 측정은 실험적인 통제집단에 배치함으로써 이루어진다. 어떤 사람을 실험집단에 배치하는 것은 그 사람을 조정에 관해 '예'라고 표시하는 것과 같고, 통제집단에의 배치는 '아니요'를 나타내는 것이다. 그러나 실제로는 그렇게 간단하게 할 수 있는 것은 거의 없다.

직업훈련 사례를 계속 살펴보자. 어떤 수감자들은 조기 석방을 통해서 프로그램에 참가할 것이고, 다른 사람들은 참가하지 않을 것이다. 그러나 잠시 직업훈련 프로그램이 실제로 어떤 것인지를 상상해 보라. 어떤 대상들은 완전하여 참여하는 반면, 다른 대상들은 수업에 불참하거나, 참석하더라도 딴짓을 할 것이다. 따라서 우리는 프로그램 참여의 정도나 질을 측정하는 수단을 필요로 한다. 그리고 만약 프로그램이 효과적이라면, 우리는 완전하게 참가한 사람들이 덜 참여한 사람들보다 고용률이 높다는 것을 밝혀야 한다.

워싱턴 DC의 마약 전담 법원의 설치에 관한 평가는 프로그램 시행에 관한 두드러진 철저한 관심의 예이다(Carver, Boyer, and Hickey, 1996). 먼저, 프로그램 관계자가 참가자가 참석하도록 되어 있던 훈련 활동과 수업에 대한 참석 기록을 실시하였다. 더불어, 평가자들이 참가자가 얼마나 참여적이었는지와 그들이 토론에 얼마나 적극적으로 참여했는지를 기록하였다. 프로그램 활동에서 참여 정도가 성공률에 영향을 미친다고 가정하였을 때, 마약 복용자 중 더 참여적이고 적극적이었던 사람들이 덜 상습적일 것을 예상하였다.

그 외 요소가 실험 공식의 실행을 더 혼란스럽게 할 수 있다. 우리가 마약 중독 치료에 맞게 설계된 상담의 새로운 방식을 평가한다고 가정해 보자. 우리는 통제집단(다른 유형의 상담을 받거나 상담을 받지 않는 집단)의 회복률과 실험집단의 회복률을 비교할 수 있다. 실험집단에서 구체적 주체를 다루는 상담자의 이름을 표시하는 것도 유용한데, 이는 어떤 사람이 다른 사람보다 상담 능력이 뛰어날 수도 있기 때문이다. 만약 실제로 그럴 경우에는, 왜 그 처방이 다른 사람들보다 몇 명의 상담자에게 더 잘 사용되었는지를 밝혀내야 한다. 우리가 배우는 것은 심리치료 그 자체에 대한 우리의 이해를 더 많이 요구하게 될 것이다.

마이클 데니스(Michael Dennis, 1990)는 이러한 유형의 연구에서의 조정을 평가하는 것이 중요함을 나타내는 훌륭한 예를 제기하고 있다. 정맥 주사 마약 사용자들이 상담자로부터 향상된 조치(실험적 공식) 또는 기본적 처방을 받도록 무작위로 배치하였다. 몇몇 상담자의 능력이 다른 사람들보다 뛰어나다는 점을 감안하여, 데니스는 상담자들 역시 임의로 향상된 처방과 기본적 처방을 제공하도록 배치하였다. 여전히 향상되거나 기본적인 처치집단을 상담하는 데는 잠재적 변수가 있었기 때문에, 데니스는 환자와 상담자 사이의 면담 사례를 테이프에 기록하였다. 그 테이프 기록을 상담자의 의도된 수준에 대해서 모르는 관계자들이 보고 그들이 향상되었는지 그대로인지를 평가하도록 하였다.

실험적인 조정의 측정 수단을 획득하는 것은 여러 유형의 평가 설계에서 매우 중요하다. 프로그램에 의해서 나타나는 처방 단계에서의 변수는 임의평가연구에서조차 유효성에 큰 위협이 될 수 있다. 다른 측면에서는, 처방에서의 통제되지 않은 변수가 신뢰할 수 없는 독립변수의 측정 수단과 동일하다고 볼 수 있다. 레도나 챈들러와 동료들(Redonna Chandler et al., 2009)은 이것을 약물치료의 임상적 사용 결과처럼 아주 중요한 질문 수행 충실도로 기술하고 있다.

기타 변수 상술하기 일반적으로 평가되는 프로그램에 관여한 대상의 인구수를 측정하는 것이 필요하다. 특히, 프로그램이 유효했던 대상의 수를 파악하는 것이 중요하다. 평가연구에서는 그러한 사람들을 프로그램의 '대상 인구(target population)'라고 한다. 만약에 우리가 마약 복용에 대한 정기적 소변검사와 함께 강화된 가처분 감시 프로그램을 평가하는 경우, 불법적 마약을 만성적으로 사용하여 유죄판결을 받은 사람에게 적절하게 사용할 수 있지만, 어떻게 만성적 마약 복용을 더 특별하게 정의하고 측정해야 하는 것일까? 이전에 언급한 직업-기술 훈련 프로그램은 아마 고용 경력이 희박한 수감자에게 적합하겠지만, 고용 경력의 정의가 더 구체적일 필요가 있다.

정의와 측정의 이러한 과정은 두 가지 특징이 있다. 첫째, 프로그램 대상 인구가 구체화되어야 한다. 이것은 일반적으로 프로그램 목표를 정의하는 절차와 비슷한 방식으로 행해진다. 그림 13-2에서와 같은 질문들을 이끌어내면서, 평가자들은 프로그램 실행자들의 의도된 대상이나 특정 프로그램의 수혜자를 밝히도록 도와준다. 가정한 소변검사 프로그램이 가처분과 병행되기 때문에, 그것의 대상 인구는 가처분과 함께 형 선고를 연기

받은 사람들이 될 것이다. 그러나 연기할 수 없는 형 선고를 받은 범법자들은 대상 인구에 포함되지 않는다. 검사와 기타 참가자들은 고용이나 가처분 시의 범법 기록이 없을 것 등과 같은 대상 인구에 대한 추가적인 한계를 제시해야 한다.

분석단위로 개개인의 사람들을 사용하는 대부분의 평가연구는 나이, 성별, 학력, 고용경력, 이전 범죄 기록과 같은 배경 변수를 함께 측정한다. 이러한 측정수단은 실험 프로그램이 남성에게 유효한지, 25세 이상을 위한 것인지, 고학력자에게 적절한지, 체포경력이 적은 사람에게 맞는지 등을 결정하도록 해준다.

둘째, 이러한 여러 종류의 변수를 측정함에 있어서, 우리는 새로운 측정수단을 개발할 것인지 또는 정상적 프로그램 시행의 과정에서 이미 형성된 수단을 사용할 것인지를 선택할 필요가 있다. 만약 우리의 연구가 일상적으로 측정되지 않는 것을 알려고 하는 것이라면, 선택은 쉽다. 더 일반적으로 우리가 흥미를 가지는 측정수단들의 적어도 몇 가지는 어떤 형식이나 기타 방법으로 기관에 기록으로 나타나 있을 것이다. 그러면 우리는 그 기관의 측정 수단이 우리의 평가 목적에 적절한지의 여부를 결정해야 한다.

우리가 여기서 측정에 관해서 이야기하고 있기 때문에, 우리 자신의 측정수단을 사용할 것인지 아니면 기관에 의해 만들어진 것을 사용할 것인지에 대한 우리의 결정은 물론 측정 신뢰도와 유효성의 평가를 바탕으로 이루어져야 한다. 만약 우리가 소변 분석과 집중적인 가처분이 조합된 프로그램을 평가하는 경우에, 우리는 마약 복용에 대한 법원의 기록보다는 기본적인 데모 그래픽 정보의 신뢰도와 유효성에 대해 자신할 수 있을 것이다. 이 경우에, 우리는 공식적인 기록에 의존하기보다는 마약 복용에 대한 자기보고와 대상 스스로로부터의 범죄 행태의 측정 수단을 얻고 싶을 것이다.

이제부터는 측정이 평가연구에서 매우 중요하게 이루어져야 한다는 것이 충분히 명백해졌을 것이다. 평가연구자들은 측정되어야 하는 모든 변수를 조심스럽게 결정하고, 각각에 맞는 적절한 측정 수단을 적용해야 한다. 그러나 그러한 결정은 전형적으로 순수한 과학적 결정이 아니다. 평가연구자는 빈번히 그들의 측정 전략을 평가되고 있는 프로그램 책임자와 함께 효과적으로 일해 나가야 할 것이다.

프로그램 평가에 대한 설계

기본적 조사에 사용되는 설계는 평가연구의 사용에 쉽게 적용할 수 있다.

제7장은 조사자들이 형사사법을 연구하는 데 사용하는 실험적인 또는 기타 설계의 다양한 예시를 잘 소개하고 있다. 무작위로 연구대상자를 실험집단 또는 통제집단에 배치하는 것은 내재적인 유효성에의 여러 가지 위협에 대한 통제라는 것을 기억하자. 여기에서는 우리의 관심은 특별하게 프로그램 평가에서의 여러 가지 설계의 사용으로 전환한다.

무작위평가설계

무작위 할당의 이익을 설명하기 위해서는, 『가정 폭력 처리: 실험과 딜레마(Policing Domestic Violence: Experiments and Dilemmas』(1992b: 67)라는 로런스 셔먼(Lawrence Sherman)의 저서의 대화 부분을 살펴보자.

> 미니애폴리스 가정 폭력 실험이 행해졌을 때 실험의 최종 기획 단계에서, 몇몇 경찰관들이 질문하였다. "왜 임의적으로 실험해야 하는 것입니까? 왜 그냥 우리가 어떻게든 체포해 오는 사람들을 대상으로 그들의 미래의 폭력 위험을 체포되지 않은 사람과 비교하면 안 되는 것입니까?"
>
> 통제 실험 논리의 핵심을 드러내는 질문이었기 때문에, 나는 "여러분이 질문해줘서 기쁩니다. 어떤 사람들을 여러분은 지금 체포합니까?" "멍청이들이요." 그들이 대답했다. "심한 POPO를 저지르는 사람들이요."
>
> "심한 POPO는 무엇입니까?" 내가 물었다.
>
> "경찰관들을 질리게 하는 사람들이요(Pissing Off a Police Officer)." 그들이 대답했다. "경찰에 대한 모욕이죠. 그러나 우리는 폭력을 저지를 것 같은 사람이나 더 심각한 피해를 낳는 사람들을 체포하기도 합니다."
>
> "경미한 가정 폭력에 대해 여러분들이 체포하지 않는 사람들은 어떤 사람입니까?" 내가 계속 물었다.
>
> "차분하고 공손하게 행동하는 사람들이요. 그 사람들은 이성을 잃었지만 스스로를 통제할 수 있게 되니까요." 이런 대답이 나왔다.
>
> "그리고 어떤 종류의 사람들이 미래의 반복적인 폭력 위험이 더 크다고 생각합니까?" 내가 다시 물었다.
>
> "우리가 체포하는 사람들이요." 그들이 말했고, 불이 켜졌다.
>
> "그렇지만 그것은 결국 체포가 그들을 더욱 폭력적으로 만드는 것을 의미하지 않나요?" 내가 강조했다.
>
> "물론 우리가 그들을 체포하는 것이 처음부터 그들이 심각한 문제를 일으켜서는 아닙니다." 그들이 동의하였다.
>
> "그러면 여러분이 체포한 사람들만을 단순히 따라가서 연구하는 것은 우리에게 체포의 효과를 알려주지 않지 않을까요?" 이것이 나의 최종적 질문이었다.
>
> "그런 것 같네요." 그들이 동의하였다. 그리고 그들은 실험을 위한 진행을 계속하였다.

셔먼의 대화는 가정 폭력을 다루는 데 대한 일상적인 경찰 업무 절차의 선택 선입견의 명백한 문제를 그려낸다. 사실상, 임의화의 가장 중요한 장점 중 하나가 형사사법 의사결정의 근본적인 부분이다. 경찰은 사람들을 선택적으로 체포하고, 검사는 선택적으로 책임을 추궁하고, 판사와 배심원은 선택적으로 원고에게 판결을 내리고, 그리고 범죄자는 선택적으로 처벌받는다. 더 일반적인 관점에서 본다면, 임의화는 훌륭한 평형장치이다. 가능성 이론을 통해서, 우리는 무작위 할당에 의해 형성된 집단이 통계적으로 균형적이라고 가정할 수 있다.

동시에, 임의화된 설계가 모든 실험적 형사사법 프로그램을 평가하는 데 적절한 것은 아니다. 임의화 연구의 특정한 요구사항들은 이 설계가 여러 상황에 사용될 수 없음을 의미한다. 그러한 요구사항들의 재검토는 적용 연구에 대한 무작위 설계의 여러 가지 한계를 보여준다.

프로그램과 기관의 수용 특별하게 요구되거나 처벌적인 처방을 받는 사람들의 무작위 할당은 법적, 윤리적, 실용적 이유에서 불가능할 수도 있다. 제3장에서는 윤리와 법적 문제를 다루었다. 종종 실용적인 방해물이 무작위 할당의 의미의 오해를 불러오기도 한다. 공무원들이 왜 임의화가 필요하고 그것들이 절차를 완전하게 보증하는지를 이해하는 것이 중요하다.

리처드 버크와 동료들(Richard Berk et al., 2003)은 캘리포니아의 교화 부처(California Department of Corrections: CDC)에서 새로운 수감자 분류 시스템의 평가에 대하여 어떻게 조사자들이 기관 관리자들에게 필요에 대해 호소하여 협조를 했는지에 대해서 설명한다. 사전적 조사연구에서는 실험적 분류 시스템이 당시에 사용되던 분류 절차보다 저가의 비용으로 수감자와 관계자의 안전이 증가할 것이라고 하였다.

> 연구에 대한 계획은 철저하게 당사자에 의해 재검토되었는데, 이에는 CDC 지도부, 감옥 고용 협상 단체의 대표, …… 캘리포니아주 입법 관리, 그리고 다양한 유형의 관심 있는 당사자가 참여하였다. 연구가 시행할 가치가 충분하다는 것에 대해 넓은 동의를 얻었다. (2003: 211)

동시에, 사법기관들은 소규모 프로그램의 평가에 대한 요구를 확대하였다. 존 에크(John Eck, 2002)는 노동력이 적게 들고, 비용도 적게 들며, 일상적 업무에 방해가 덜 되는 설계가 어떻게 공공기관에 의해 더 잘 수용되는지를 설명하고 있다.

무작위 할당의 예외 최소화 피해자, 피의자 또는 형사사법기관 관계자를 대상으로 하는 어떠한 대안적 프로그램이나 처방의 실제적 적용에 있어서도, 무작위 할당에의 예외는 불가피하다. 가정 폭력에의 경찰 대응에 관한 일련의 실험에서, 경찰관들은 무작위 할당 절차에 따라서 세 가지 방식 중 하나로 사건에 대응하였다(Sherman. 1992b). 실험적 대안은 체포였다. 통제 대안은 단순하게 논쟁으로 당사자를 떼어놓거나 충고하고 중재하려는 시도를 포함한다. 비록 순찰 경찰관과 경찰 간부가 임의 절차를 수용하였지만, 경찰관의 재량적 판단에 따른 확실한 개인 사건에서는 예외를 두었다.

그러나 무작위 할당의 예외가 늘어남에 따라 실험집단과 통제집단의 통계적인 균형이 위협을 받게 되었다. 경찰(또는 기타 기관)이 무작위 할당에 예외를 만들면, 그들은 실험집단과 통제집단의 선택에 있어서 선입견을 갖게 된다. 임의화된 실험은 그러한 예외가 최소화될 수 있다는 점에서 프로그램들에 가장 적절하다고 할 수 있다. 버크(Berk)와 동료들에 의해 행해진 감옥 분류 연구는 훌륭한 예이다. 무작위 할당은 자동이었는데, 홀수번째의 수감자는 처치집단으로, 짝수의 수감자들은 통제집단으로 할당되었다. 이러한 절차는 실제적으로 같은 크기의 처치집단과 통제집단을 만들어내었다. 9,662명의 처치집단과 9,656명의 통제집단이었다(2003: 224~225).

표본 크기에 대한 적절한 사례 투입 제8장에서는 표본 크기와 인구 특성 평가의 정확성 사이의 관계를 검토하였다. 표본 크기가(어느 정도까지) 증가함에 따라, 인구 수단과 기초적 오류의 측정이 더 정확해졌다. 같은 측면에서, 무작위 할당을 통해 만들어진 집단의 대상 수는 집단 사이의 결과 수치의 중요한 차이를 찾아내는 조사연구자의 능력과 연관되어 있다. 만약 각각의 집단들이 단지 작은 수의 대상만을 가지고 있을 때, 통계적 검증은 두 매우 큰 프로그램의 영향이나 두 집단 사이의 결과 수치 차이만을 알 수 있게 한다. 이것은 통계적 결과의 유효성과 표본 크기와 관련한 문제인데, 이것은 제7장과 제8장에서 논의하였다.

사례 흐름은 대상들이 실험군과 대조군에 축적되는 전 과정을 대표한다. 셔먼의 가정 폭력 평가에서는, 실험군과 대조군에서의 사례 흐름이 경찰에 보고된 가정 폭력 사건에 따라서 이루어졌다. 프로그램에 대한 다른 종류의 평가는 다른 과정을 통하여 사례를 만들어 낸다. 예를 들어, 법정에서 판결받은 범죄자나 입소자는 교정시설에 들어간다. 데니스 갓프레드슨과 동료들(Denise Gottfredson et al., 2006)에 의해 행해진 마약 전담 법원 평가에는, 실험군에 적합한 235개의 사례를 수집하는 데 18개월이 소요되었다. 버크(Berk)와 동료들은 6개월에 걸쳐 9,662의 실험군 대상을 모집하였다.

상대적으로 적은 수의 사례들이 절차를 거치게 되고 무작위 할당을 위해서는 충분한 사례의 수를 획득하는 데 더 긴 시간이 필요하다. 사례 축적에 시간이 많이 걸리면 걸릴수록, 실험을 수행하는 시간이 오래 필요하고, 실험조건이 더 오래 유지되어야 한다. 작은 컵으로 여러분 차의 가스탱크를 채운다고 상상해 보라. 시간이 오래 걸릴 것이고, 여러분의 인내를 시험할 것이고, 아마도 여러분은 그 힘든 시간이 계속됨에 따라 기름을 차에 쏟아 버리게 될지도 모른다. 비슷한 사례로, 실험집단으로의 부적절한 사례 투입은 다른 문제들을 야기하여 실험을 부정확하게 할 위험이 있다.

평가의 기획 단계에서 사례 투입에 관한 정보를 얻는 것은 수많은 대상의 예상 가능한 문제점을 진단하는 좋은 방법이다. 예를 들어, 셔먼(Sherman, 1992b: 293~295)은 밀워키에서 세 가지 조건에 따라 무작위 할당을 하기에 적절한 가정 폭력 사례가 충분한지의 여부를 검토하기 위해서 '파이프 도관'이라는 연구를 하였다.

처방의 본질 유지하기 처방은 실험상의 조건이 의도된 대로 시행되었는지의 여부를 의미한다. 흔히 '처방 일관성'이라고 부르는데, 처방 본질은 곧 측정의 신뢰도와 거의 동일하다. 응용된 연구의 실험상 설계는 종종 처방의 비일관성과 관련하여 문제를 겪는다. 예를 들어, 음주운전의 형기가 실험상의 처방이라면, 일부 대상자가 30일 혹은 그 이상 기간 동안 수감되고 일부는 주말 동안에만 수감되는 경우 처방의 본질에 문제가 있다.

형사사법 프로그램은 실험집단의 여러 대상에게 적용하는 처방의 양은 상당히 다양하다. 예를 들어, 갓프레드슨과 동료들(Gottfredson et al., 2006)은 볼티모어주의 마약 법정이 실험의 처방으로서 동일하지 않게 운영된다는 것을 알게 되었다. 실험집단에 배정된 사람들 중의 절반만이 보증된 마약 처방을 받았다. 반대로, 버크와 동료들(Berk et al., 2003)에 의해 검증된 분류 체계는 상대적으로 너무 쉽게 표준화되는 간단한 처방이었다. 마약 법정 실험에서의 처방 본질 훼손 같은 위험은 더 이상 없다.

실험 프로그램 시행 중의 변화도 처방의 본질을 유지하는 데 위협이 될 수 있다. 로시와 동료들(Rossi et al., 1999: 297)은 중도변화의 가능성이 있는 개발의 초기 단계에 있는 평가 프로그램에는 무작위 설계 방법이 적절하지 않음을 나타낸다고 지적한다. 예를 들면, 우리가 무작위 설계된 실험군과 대조군을 대상으로 집중감독 가처분 프로그램을 평가한다고 가정해 보자. 실험 도중에 교정 공무원이 실험군(강화된 감독을 받는 사람들)의 모든 사람을 대상으로 한 주에 한 번씩 소변검사를 시행하기로 결정한다. 만약 우리가 실험과 대조군 사이의 결과 측정 수단의 차이점을 감지한다면(말하자면, 석방 후 일 년 이내의 체포라고 해보자), 우리는 강화된 감독에 따른 차이가 어느 정도인지 그리고 추가된 소변검사의 변화에 의한 차이가 어느 정도인지를 알 수 없을 것이다.

임의추출법의 한계 개괄 임의추출된 실험은 특정한 조건이 충족되어야 한다. 프로그램 관계자는 반드시 임의추출을 받아들이고 나아가서는 임의추출의 예외를 최소화해야 한다. 사례의 흐름은 각각 집단의 충분한 대상을 생산하는 데 충분해야 하고, 이를 통해서 통계적 실험들이 결과 측정에서의 차이를 구별할 수 있을 것이다. 마지막으로, 실험조건은 처방군에 지속적으로 적용되어야 하고, 대조군으로부터는 분리되어야 한다.

이러한 조건들이 충족되지 않았을 때 두 가지 문제점이 생긴다. (1) 실험 전의 실험군과 대조군 사이의 동일성과 (2) 실험 후 결과 측정상의 차이를 감지할 수 있는 능력이다. 만약 무작위 할당에 지나치게 많은 예외가 있다면, 실험군과 대조군은 동질적이라고 할 수 없을 것이다. 만약 사례의 수가 지나치게 적거나, 처방을 실행함에 있어서 일관적이지 못하고, 대조군에게도 처방이 이루어질 경우에는 실험효과를 감지하지 못하는 쪽으로 영향을 받게 될 것이다.

비록 이러한 조건들이 실험설계의 특징과 관련이 있지만, 자연적인 상황에서 실험의 실제적 쟁점이 되기도 한다. 데이비드 와이즈버드, 앤서니 페트로시노, 게일 메이슨

(David Weisburd, Anthony Petrosino, and Gail Mason, 1993)은 역설의 특징을 언급함으로써 이러한 쟁점을 정리하였다. 처방 효과의 더욱 정확한 평가를 얻으려는 노력에서, 조사자들은 흔하게 실험군과 대조군의 규모를 늘린다. 그러나 큰 집단을 표본으로 한 실험은 진행을 더 어렵게 한다. 이는 처방의 비일관성과 큰 표본 크기가 추구하는 이점을 상쇄하여 오류를 낳게 된다.

이제 무작위 실험의 강점과 통제가 돋보이는 형사사법 프로그램 평가의 사례를 살펴보자.

가택구금: 두 가지 임의 연구

테리 바우머(Terry Baumer)와 로버트 멘델슨(Robert Mendelsohn)은 가택구금과 전자적 감시(electronic monitoring: ELMO)가 조합된 프로그램을 평가하는 두 가지 무작위 실험을 동시에 시행하였다. 이전의 장들에서, 우리는 측정 원칙을 설명하는 이러한 연구의 특징이 어떻게 다른지를 검토하였는데, 여기에서는 무작위 할당과 프로그램 실행의 메커니즘에 대해 집중적으로 살펴본다.

그들의 첫 번째 연구에서는 바우머와 멘델슨은 비폭력적인 경범죄와 2급 중범죄로 유죄판결을 받은 성인 범죄자를 대상으로 한 프로그램을 평가하였다(Baumer and Mendelsohn, 1990; 또한 Baumer, Maxfield, and Mendelsohn, 1993에 요약됨). 그 프로그램의 목적은 전통적인 보호관찰보다는 더욱 발전되며 감금에 비해서는 덜 엄격하고 비용도 적게 드는 감독 방법을 제시하는 것이었다. 결과와 프로그램 실행의 여러 가지 측정수단이 조사되었는데, 이것에 대해서 이미 이전의 장들에서 설명하였다.

바우머와 멘델슨은 무작위 사후 검증 설계를 선택하였는데, 이는 대상 모집단이 보호관찰을 선고받은 범죄자들임을 의미한다. 대상자들은 전자적으로 가택구금을 감시받는 실험군과 전자적 감시 없이 가택구금을 선고받는 대조군으로 임의로 할당되었다. 그림 13-3은 평가실험으로의 사례 흐름을 요약하고 있다. 유죄 협상이나 재판에서의 유죄 판결 후에, 보호관찰관은 적절한 형을 선고하기 위하여 범법자의 인적 사항과 범죄 기록을 검토하였다. 다음 단계는 사건 청취인데, 이때 판결은 형사 법원 판사에 의해서 부과되었다.

보호관찰 판결을 받은 사람들은 실험대상으로 적절한 사람들이었다. 사건 파일은 가택구금 프로그램 집행을 담당하는 지역사회 교정기관의 관계자에게 전달되었다. 적절한 사건 파일을 받자마자, 지역사회 교정 관계자는 조사연구자들에게 전화하였으며, 임의로 할당된 사건 번호 목록을 가지고 있던 이 조사자는 대상을 처방집단이나 통제집단으로 배정한다. 두 가지 통제에 따라, 이 절차는 78명의 실험군과 76명의 대조군으로 분류하였다.

제3장에서의 윤리적 고려사항과 관련하여 여러분은 한 가지 필수조건인 사전 동의를

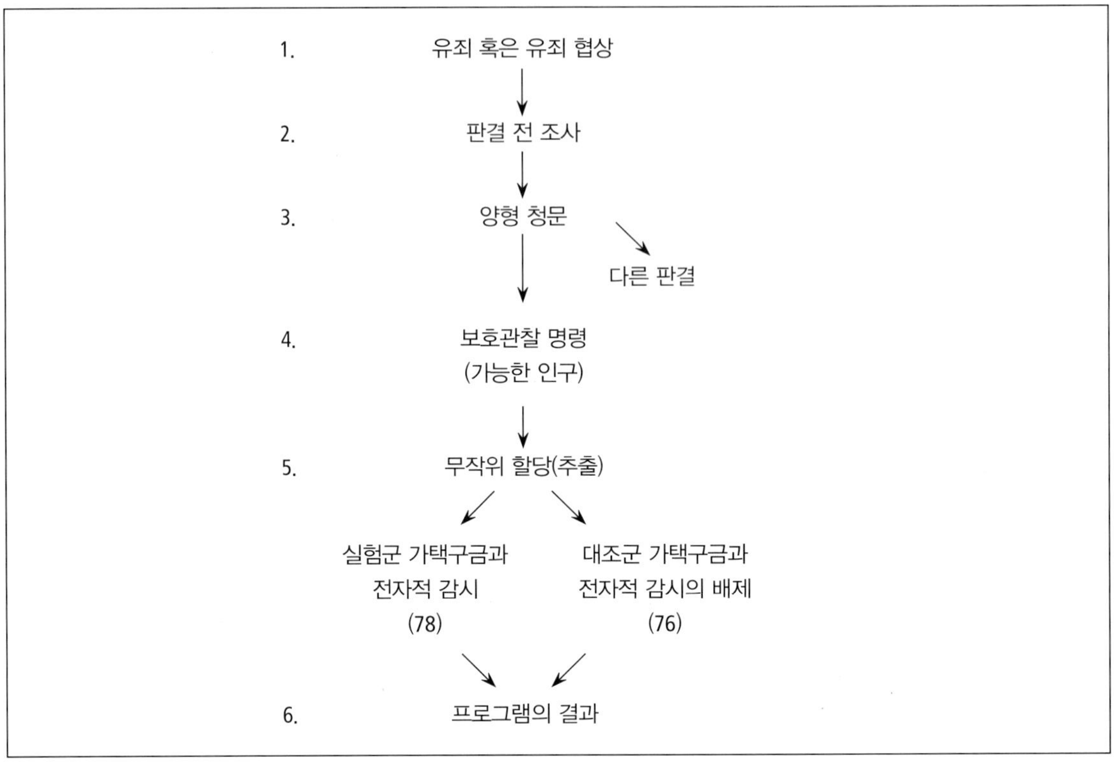

그림 13-3 선고된 성인 대상에 대한 가택구금: 사례 흐름과 무작위 할당

생각할 수 있어야 한다. 조사자와 프로그램 관계자는 대상에게 평가 프로젝트에 관해 설명하였고, 실험 참가에 대한 동의를 얻었다. 평가연구에의 참여를 거절한 사람들이라도 보호관찰 조건으로서 가택구금에 처해졌다. 두 번째 조건은 전자적 감시의 기술과 관계된 필수적인 것이었다. 대상자는 전자적인 감시 장치와 연결될 수 없는 전화기를 가지고 있는 경우 실험군에 배정될 수 없었다.

무작위 할당이 형 선고 이후에 이루어졌다는 점을 생각하자. 바우머와 멘덜슨은 그림 13-3에서 2단계와 3단계 사이에서 대상을 무작위 할당함으로써 그들의 평가를 시작하였다. 이것은 문제를 발생시켰는데, 판사가 종종 판결 전 조사의 보호관찰 의견을 뒤집었기 때문이다. 바우머와 멘덜슨(1990: 27~29)은 임의화의 '하단'을 바꾸었는데, 이를 통해서 판사의 결정이 선택 과정을 변경시키지 않도록 하기 위해서였다.

바우머와 멘덜슨(1990: 26)은 지역사회 교정 공무원, 검사, 판사로부터 모든 당사자가 '차이 없음'의 전제를 수용하도록 함으로써 무작위 할당을 사용하기 위한 동의를 얻었다.

> 즉, 반대로 유죄의 증거가 없는 경우, 그들은 감시 방법에서의 차이점이 없다고 의도적으로 추정을 하려고 하는 것이었다. 이것은 검사에게 유죄 협상을 하고 판사에게 보호관찰로서의 가택구금을 할 수 있게 하였고 이는 교정시설에서 감시 방법을 결정할 수 있게 만들었다는 것이다.

무작위 할당의 중요성을 확신하게 된 지역사회 교정기관은 감시 결정에 대한 책임을 조사자에게 넘겨주었는데, 그 '결정'은 임의적인 것이었다.

이 사례에서 실험조건인 전자적 감시는 전자적 감시 없이 이루어지는 가택구금인 대조군과 쉽게 구별되었다. 처방이 대조군에도 행해질 가능성은 전혀 없었다. 대조군은 의도적이지 않게라도 전자적인 감시를 받을 수 없었는데, 그들은 팔찌나 실험 처치를 가능하게 하는 도구를 가지고 있지 않았기 때문이었다. 전자적 감시는 그렇기 때문에 실험군에는 쉽게 적용될 수 있고 통제군에게서 분리될 수 있었다. 이 처방은 반드시 일치할 필요는 없었다.

바우머와 멘델슨에 의한 두 번째 ELMO 평가는 프로그램 적용 문제가 어떻게 무작위 할당의 강점을 약화시키는지를 밝혀내고 있다(Baumer, Maxfield, and Mendelsohn, 1993). 청소년 침입절도범에 대한 그들의 연구에서, 그들은 임의화를 위하여 비슷한 절차를 사용하였지만, 적절한 대상은 네 가지 집단의 하나에만 배치되었다. 아래의 표에 나타나 있다.

		전자적 감시?	
		아니요	예
경찰 방문?	아니요	C	E1
	예	E2	E3

청소년 침입절도범은 세 가지 가능한 실험 처방, 즉 전자적 감시만을 하는 것(E1), 방과 후 그들의 가정으로 경찰이 방문하기만 하는 것(E2), 또는 전자적 감시와 경찰 방문의 병행(E3)으로 무작위 할당될 수 있다. 대조군(C)에 속한 대상들은 가택구금만을 선고받았다. 성인을 대상으로 한 연구에서처럼 결과 측정수단에 석방 후 체포가 포함되었다.

무작위 할당에는 아무런 문제가 없었더라도, 두 실험 처방 각각의 비일치성은 해석할 수 없는 결과를 낳았다(Maxfield and Baumer, 1991: 5).

> 매일의 프로그램의 관찰에서 드러나듯이, 성인 프로그램과 비교해서 소년 법정과 관련 기관은 전자적 감시에 대한 시행 프로그램 요소와 정보를 사용하는 것에 별다른 신경을 쓰지 않는 것으로 나타났다. 직원들은 훈련되지 않았으며, 경찰의 방문 또한 일관되지 않았던 것이다.

제1장의 '가택구금'이라는 제목의 글상자는 이러한 두 프로그램과 재판 전 피고를 대상으로 하는 세 번째 ELMO 프로그램의 시행상 차이점을 보여준다. 그러나 이러한 연구로부터 얻을 수 있는 교훈은 여기에서 반복되고 있다. **무작위 할당이 처방의 본질과 프로그램 시행상의 변수를 통제하지 않는다.**

무작위 실험은 형사사법 프로그램 평가에 있어서 중요한 도구가 될 수 있다. 하지만, 동시에 실험 조건에 대한 원하는 통제 수준을 유지하기 불가능하게 될 경우도 있다. 이것은 평가가 이루어지고 있는 동안 변할 수도 있는 복잡한 실험 조건의 경우에 충분히 존재하는 것이다. 실험적 조건은 또한 몇몇 서비스를 제공하는 여러 기관이 함께 움직일 경우에도 동일성을 유지하기 어렵다. 예를 들어, 집중 보안처분과 연계한 지역사회 마약 처방 제공자를 생각해 볼 수 있다.

대부분 그러한 문제 때문에 평가연구자들은 덜 '연약한' 다른 유형의 설계를 점점 더 선호한다. 이는 엄격하게 실험 조건이 유지될 수 없는 경우 문제가 덜 발생하기 때문이다.

의사실험설계

의사실험은 실험과 실험군이 무작위 할당되지 않았다는 점에서 '진짜' 실험과 구별된다. 대상의 무작위 할당은 형사사법 평가에서는 불가능한 경우가 종종 있다. 그러한 경우에는 평가를 모두 포기하기보다는 일반적으로 문제가 제기된 프로그램의 평가를 가능하게 하는 조사연구설계를 만들어서 시행하는 것이 보통이다.

의사실험은 실제 실험의 실패에 대비한 하나 이상의 대비책으로서 실험설계에 포함되기도 한다. 예를 들어, 윌리엄 섀디시, 토머스 쿡, 도널드 캠벨(William Shadish, Thomas Cook, and Donald Campbell, 2002)은 개선된 마약 중독 상담을 평가하기 위한 일련의 무작위 실험에 어떻게 시계열설계가 포함되었는지를 설명한다. 사례 흐름이 부적절하거나 개선되거나 표준 상담 틀 안에서의 무작위 할당이 실패하는 경우에는, 포함된 시계열설계가 의사실험을 할 수 있도록 할 것이다.

우리는 제7장에서 비등가집단설계, 코호트설계, 시계열설계 등과 같은 여러 유형의 의사실험설계를 각각의 예시와 함께 고려하였다. 각 설계는 형사사법 평가연구에 광범위하게 사용되고 있다.

사후평가 조사자나 공무원은 실험 프로그램이 효과를 발생시키고 난 후 평가하려는 결정을 할 수 있다. 사후평가(Rossi, Freeman, and Lipsey, 1999: 312)라고 불리는 이러한 것은 일반적으로 사실 발생 후이므로 무작위 할당을 할 수 없다. 예를 들어, 만약 새로운 직업기술 훈련 프로그램이 주립 교정시설에 소개되었을 때, 사후평가는 석방된 수감자들 사이의 고용률을 상응하는 비교 기관과 비교하여 이루어져야 할 것이다. 또는 단절 시계열설계로는 운전면허 취소의 효력을 발하게 하는 새로운 법의 시행 전후에 음주 관련 사고 기록을 검토할 수 있을 것이다.

전체 적용 프로그램 새로운 국가 또는 주 단위의 법률과 같은 조건은 전체 적용 프로그램의 예인데, 이러한 프로그램은 무작위 할당은 말할 것도 없고, 실험조건에 영향을 받지 않는 대상을 밝혀내는 것이 불가능하다. 의사실험설계는 그러한 프로그램을 평가하는 데 가장 효과적인 설계일 것이다. 주 단위의 양형 기준과 의무적 최소 선고형은 전체 적용 실험조건의 대표적 예이다.

더 큰 처방 단위 마찬가지로 어떤 실험 조건은 이웃사회 범죄예방 프로그램과 같이 더 큰 단위의 모든 사람들에게 영향을 미치도록 설계될 수 있다. 그 실험조건을 임의로 어떤 이웃 사회는 받아들이도록 하고, 다른 이웃 사회에는 차단하는 것이 불가능하다. 또한 이웃 사회의 개개인에 대해 영향을 끼치도록 조건을 설정하는 것 역시 불가능하다.

의사실험의 여러 유형이 그러한 경우 사용될 수 있다. 예를 들어, 총기 폭력을 감소하는 목적의 캔자스시의 프로그램에서, 경찰은 총기 범죄'다발지역'에 더 많은 순찰경관을 배치하였다(Sherman and Rogan, 1995). 몇몇 순찰 구역은 가외의 경찰관을 더 배치받았고, 총기 범죄의 빈도가 비슷한 비교지역에는 추가 경찰관을 배치받지 못했다. 이 두 지역에 대하여 여러 가지 결과 측정수단이 비교되었다. 29주 후 대상지역에서의 총기 체포는 65% 이상으로 증가하였고, 총기 범죄는 49% 감소하였다. 반면에 비교지역에서는 총기 범죄나 체포에 있어서 의미 있는 차이가 없었다. 대상지역에서는 운전 중의 총기 발사는 7:1로 감소하였고, 비교 구역에서는 6:12로 증가하였다. 살인 사건은 대상지역에서는 줄어들었지만, 비교지역에서는 그렇지 않았다. 시민을 상대로 설문조사에서는 대상지역이 비교지역보다 범죄에 대한 두려움은 더 적게, 이웃 사회에 대한 긍정적 인식은 더 많이 가지게 되었음을 나타냈다.

비등가집단설계 제7장에서 보았듯이, 의사실험설계는 선택 편향과 내적 타당도를 위협하는 것에 대한 내재된 통제장치가 결여되어 있다. 정의에 따르면 비등가집단설계에서는 개념상으로는 통계적으로 동일하게 실험집단과 통제집단으로 구분해 비교하는 것이 불가능하다. 이러한 이유로 의사실험 프로그램 평가는 타당도 문제가 발생하지 않도록 신중하게 설계되고 분석되어야 한다.

비등가집단설계를 하는 경우 결과 차이를 설명할 수 있는 중요 변수에 대하여 가능한 한 실험군과 대조군과 유사한 상황이 되도록 많은 노력을 기울여야 한다. 로시와 동료들(Rossi et al., 1999)은 그러한 집단의 설계는 어떤 개인과 집단의 특성이 평가 결과를 불분명하게 할 것인지에 대한 이론적 이해에 기초해야 한다고 지적하였다. 예를 들어, 충격 구금 프로그램의 참가자에 따른 상습범죄의 연구에서 우리는 충격 구금으로 할당된 집단과 기타 형을 선고받은 집단으로 동등한 수의 남성과 여성이 정확하게 할당되기를 원한다. 대안적으로, 우리는 프로그램 효과 분석을 남성만으로 하거나 여성만으로 제한할 수도 있다.

데이비드 패링턴과 동료들(David Farrington et al., 1993)은 상점 절도 예방과 관련하여 비등가집단설계를 통한 의사실험을 실시하였다. 실험은 잉글랜드에서 동일한 소매상에 의해서 운영되는 아홉 개의 전자 상가에서 이루어졌다. 상점은 물리적 크기, 판매량, 장소의 유형이라는 세 가지 특성을 기준으로 하여 네 개의 집단 중 한 집단에 배치되었다. 들치기를 막기 위한 다음과 같은 세 가지 실험적 조건이 이루어졌다. (1) 들치기의 기회를 감소시키기 위한 상점 설계의 물리적 재배치, (2) 품목에 각각의 상점의 출구에서 센서를 작동시키는 전자 태그 설치, (3) 상점 입구에 배치한 제복 경비원. 또한 네 집단의 세 상점 중 하나는 대조군으로 지정하였는데, 여기에는 들치기 방지를 위한 새로운 측정 수단을 두지 않았다.

결과 측정은 도난이 자주 발생한다고 여겨지는 작은 항목에 라벨을 붙이는 방식을 기초로 하였다. 이 항목은 오디오테이프, 비디오테이프, 스테레오 헤드폰, 사진 필름 등이다. 각각의 항목에는 판매되었을 때 판매원이 제거하도록 하는 부착식 라벨을 붙였다. 상점을 열기 전 하루치에 해당하는 라벨이 부착된 항목의 전체 수량은 미리 파악해 두었다. 이 총수량을 판매원에 의해 수거된 라벨의 수와 그날 폐점 시 각각의 상점에 남아 있는 항목의 수와 비교하여 잃어버린 항목을 세도록 하였다. 사전 측정 수단은 3일을 기준으로 각 상점에서 수거하였다. 방지 수단을 소개한 1주와 4주 후에 대부분의 현장에서 두

표 13-3 들치기의 상황적 범죄예방

	도난당한 항목의 백분율		
	실험 전	실험 후 1	실험 후 2
A집단			
상점 1(R)	36.5	15.2	27.1
상점 2(T)	30.8	7.3	4.4
B집단			
상점 3(T)	17.3	1.4	5.5
상점 4(G)	10.7	5.8	8.8
상점 5(C)	15.3	10.4	NA
C집단			
상점 6(C)	15.4	21.5	15.0
상점 7(G)	6.9	8.1	18.6
D집단			
상점 8(R)	24.4	5.0	NA
상점 9(C)	13.6	29.6	22.0

주: 실험 처방: R = 상점 재배치; T = 전자적 태그 부착; G = 경비원; C = 비교.
출처: Farrington et al.(1993: 108)을 재수정함.

가지 후기 시험 측정 수단을 가져올 수 있었다. 표 13-3은 실험 처방을 한 상점의 집단화와 평가의 결과를 요약하고 있다. 이 표의 수치는 상점에 남아 있는(판매되었거나 도난당한) 모든 항목의 백분율로 잃어버린 태그의 수를 나타낸다.

먼저 상점의 여러 혼합 유형과 실험상 처방을 보자. 상점의 네 가지 집단으로 분류한 것은 특성에 맞게 집단의 유사성과 집단 간의 차이를 반영한다. 상점 특징에 따른 예방효과를 비교하기 위해서 다른 상점 집단 간 실험 및 통제 조건이 혼합되었다.

비록 우리가 표 13-3에서 통계적으로 중요한 실험을 생략하였지만, 몇 가지 흥미로운 것이 결과에 나타났다. 전자적 태그(상점 2와 3)는 실험 1주와 4주 후 두 경우 모두에서 들치기를 감소시켰다. 상점 재배치는 실험 후 1에서만 효과적이었는데(상점 1), 두 번째 실험 후의 결과에서 들치기의 수가 늘어난 것으로 보아, 도둑들이 새로운 설계에 적응했음을 알 수 있다(다른 재설계 현장인 상점 8에서 단 한 번의 사후검증이 수행되었다). 제복 경비원(상점 4와 7)의 배치는 들치기에 지속적인 영향을 발휘하지 못했다. 세 개의 비교 대상 지역(상점 5, 6, 9)에서의 들치기는 실험 지역보다 늘어나기도 하고 줄어들기도 하였다.

이 평가의 여러 가지 특징을 설명할 수 있다. 첫째, 실험 처방이 전자 상점이라는 큰 단위의 적은 수의 상점에만 적용되었기 때문에 무작위 할당이 불가능했다. 둘째, 패링턴과 동료들은 들치기 발생률에 영향을 미칠 것이라고 예상할 수 있도록 하는 특성을 상점 선정에 사용하였다. 여기에 관련해서 모든 현장은 같은 큰 체인에 의해서 운영되는 자사들이었는데, 이는 물품 항목의 혼합, 관리 절차 등에서의 차이를 최소화하였다. 세 번째, 세 가지 실험조건은 서로 다른 집단에 속한 적절한 상점에서 적용되고 실험되었다. 이는 서로 다른 예방법의 상대적 효과를 검증할 수 있도록 하였다.

마지막으로, 조사자와 평가 고객 간에 요구된 협력의 정도를 잠시 살펴보자. 한편으로는 패링턴과 동료들은 태그가 부착된 항목을 수집하고 헤아리는 데 있어서 상점 직원의 노력이 필요했고, 다른 범죄예방 수단에도 역시 마찬가지였다. 또 한편으로는 이 의사실험을 통해서 들치기를 예방하는 데 무엇이 중요하게 작용하는지를 소매상이 알 수 있었다는 잠재적 이익이 있다.

시계열설계 단절 시계열설계는 조사자가 보통 실제로 시행되는 실험 처방이 얼마나 신뢰도 있을지를 통제할 수 없기 때문에 여러 문제에 주의를 기울일 것을 요구한다. 이런 문제 중에서도 도구화, 역사, 구성 타당도가 중요하다. 단절 시계열설계에서 결과 측정의 변화를 가져오는 조건이 어떤 것인지에 관한 결론은 복잡한 인과절차를 나타내는 간단한 지표에 의존하게 된다.

오리건주의 의무적 최소 선고형을 정하는 입법에 대한 평가에서, 낸시 메릿, 테리 페인, 수전 터너(Nancy Merritt, Terry Fain, and Susan Turner, 2006)는 여러 유형의 범죄에 대한 선고형의 변화를 검토하였다. 그들은 법에 명시되어 있는 범죄에 대한 선고형이 사실상 그것의 시행 후 처음 5년 동안에 증가한다는 것을 발견하였다. 그러나 그들은 또한 의무적 규정에 명백하게 포함된 사건의 수가 줄어든 것도 발견하였다. 한편 재량적 조항에 근거해 형량이 부여되는 경우가 더 많았다. 물론 형사 사건의 기소와 형선고는 복잡한 절차이다. 연구자가 법이 효력을 발생한 전후에 진행된 사건을 둘러싼 다양한 상황을 직접 통제할 수는 없을 것이다. 하지만, 종단분석은 사건 판결의 변화를 명백하게 보여주는데, 검사가 오리건 입법의 의무 조항을 피하기 위해서 재량권을 사용했다는 것을 알 수 있다.

종단분석에서 사용된 측정물로서의 인과과정을 이해하는 것은 결과를 해석하는 데 핵심적이다. 그러한 이해는 두 가지 관련 방법에서 구할 수 있다. 먼저, 우리는 우리가 관심을 가지는 절차에 포함된 현장에서의 내재된 원인요소에 대한 정확한 개념적인 이해를 해야 한다. 둘째로, 우리는 어떤 시계열 분석에 사용된 지표가 어떻게 만들어졌는지를 이해해야 한다.

퍼트리샤 메이휴, 로널드 클라크, 데이비드 엘리엇(Patricia Mayhew, Ronald Clarke, and David Elliott, 1989)은 오토바이 탑승자에게 헬멧 착용을 강제하는 법이 오토바이 절도를 줄이는 데 효과가 있다는 결론을 내렸다. 이것은 다소 말이 안 되는 것 같은데, 역시 오토바이 절도에 대한 일반적인 과정을 생각한다면 이야기가 달라진다. 대부분의 오토바이 절도가 기회의 범죄라는 것을 생각하여 볼 때, 충동적인 도둑이 헬멧을 가지고 돌아다닌다는 것은 상상할 수 없을 것이다. 절도범조차도 헬멧 없이 오토바이를 타고 다닌다면 절도범으로 의심받을 수 있다는 사실을 잘 알고 있을 것이기 때문이다. 연구자들은 오토바이 범죄의 감소에 대한 이전 현상도 생각해 보았지만, 자동차 또는 자전거 절도로 이전되었다는 아무런 증거도 발견하지를 못했다. 오토바이 절도의 일상적인 절차에 대한 것을 체계적으로 생각해 본다면, 연구자들은 헬멧 착용에 관한 법이 절도를 감소하는 데 일조했다는 것으로 결론을 내릴 수 있었던 것이다.

평가연구의 기타 유형

이 장의 앞부분에서 우리는 과정평가가 영향평가와 어떻게 다른지를 언급하였다. 후자가 프로그램 효과에 대한 질문에 대한 답을 추구하는 데 반하여, 과정평가는 프로그램 시행을 감독하고, 프로그램이 의도된 대로 적용되고 있는지에 대한 검토를 한다.

과정평가는 영향평가로부터 나온 결과를 해석하는 데 귀중한 도움이 될 수 있다. 우리는 바우머와 멘덜슨이 프로그램의 적용을 감독함으로써 어떻게 그들이 청소년 침입절도범을 대상으로 한 ELMO의 평가에서 나온 결과, 측정수단을 더 잘 이해했는지를 설명할 수 있었다. 마찬가지로 길과 스프리그스(Gill and Spriggs, 2005)의 연구도 CCTV 프로그램의 핵심요소에 대한 과정평가였다. 그들은 카메라가 원래의 의도대로 설치되고 감독되었는지를 설명할 수 있었다. 많은 사례에서 카메라의 배치장소가 수정되었고, 저자가 제시한 것은 여러 CCTV 설치의 상대적 성공과 관련이 있었다. 절차평가 없이는 프로그램 시행에 관한 정보는 결과 측정수단과 연결될 수가 없다.

절차평가는 어떤 프로그램의 전체적인 성공보다는 특정한 업무 수행에 더 책임을 맡는 형사사법 공무원에게도 도움이 될 수 있다. 예를 들어, 순찰 경찰관은 전체적으로는 순찰 구역의 공공 안전에 책임을 지지만, 서비스 요청에 응답하거나, 지역사회 경찰 활동의 경우 이웃사회 주민의 고민을 진단하거나 하는 것과 같은 특수한 업무를 수행하는 데 더 초점을 두고 있다. 경찰 간부는 작성된 교통 위반 통지서, 체포, 개별 경찰관에 대한 이의 제기에 관심이 있다. 보호관찰과 가석방 관계자는 감시대상자의 행위에 궁극적인 관심이 있지만, 그들은 또한 감시대상의 연락, 뒤따르는 수업에의 참여, 또는 직업 수행 등도 그들의 업무에 포함된다. 절차평가는 업무가 프로그램 결과와 연결된다는 점에서 업무 수행 측정 수단의 핵심이 된다. 따라서 과정평가는 프로그램 효과 측정수단을 진단하는 것이 중요한 만큼 가치 있다.

다음 글상자에서 보여주고 있는 '뉴욕시의 총기 폭력 감소 전략 평가'는 과정평가를 설명하고 있다. 폭력 치유 프로그램은 뉴욕시 특정 지역에 인력 및 지원을 배치히여 폭력범죄 감소를 목표로 한다. 지역주민이 배치된 인력을 실제 보았는지의 여부는 과정평가이다. 왜냐하면 인력 배치가 프로그램의 개입이기 때문이다. 글상자에 기술된 내용에서 알 수 있듯이 그 프로젝트는 폭력 및 프로젝트의 효과성을 알아보기 위해 흥미로운 표본과 면담 전략을 활용한다.

문제 분석과 과학적 실재론

과학적 실재론과 연계된 문제 분석은 공무원이 행위의 대체 경로를 선택하고 평가하는 데 조사연구를 사용할 수 있도록 해준다

프로그램 평가는 시간차원과 정책과정에서 행위가 발생하는 시기에 있어서 프로그램 분석과 다르다. 문제 분석은 행위의 대안을 설계하거나 선택하는 데 도움을 준다.

실제로 응용조사연구의 이 두 가지 유형은 큰 차이가 없다. 프로그램 평가 질문(무엇이 일어났는가? 우리는 어떠한 방식을 이미 취했는가?)을 낳는 것과 비슷한 유형의 조사연구 방법이 문제 분석의 질문(어떤 사건이 일어날 것인가? 어떤 방법을 취해야만 하는가?)을 제시하는 데 사용된다. 예를 들어 생각해 보자. 명백한 문맥에서의 비슷한 접근, 정책분석에 대한 정의를 생각해 보자. "사회문제 해결에 현대 과학과 기술 활용을 시도하면서, 정책분석은 유용한 대안을 모색하는 것이다. 이러한 정책대안은 만약 채택하고 실행했으면 얻을 수 있는 이익과 결과에 대한 정보를 생산하고, 증거를 확보하는 내용의 것이다"(Quade, 1989: 4). 만약 그렇게 한다면 "얻을 수 있는 것"이라는 표현 형식을 제외하

뉴욕시의 총기 폭력 감소전략 평가

존 제이 대학의 연구 및 평가 센터는 뉴욕시의 총기 폭력 감소전략 평가 프로젝트를 개발했다. 평가 프로젝트는 뉴욕시 의회의 지원을 받았고, 뉴욕시의 4개 지역[사우스 브롱크스, 할렘, 자메이카(퀸스), 이스트 뉴욕(브루클린)]에 대한 총기 폭력 감소 전략을 추적했다.

각 시범 프로그램은 '폭력 치유'라는 시카고 일리노이 대학교에서 개발한 공중보건 차원의 폭력 감소 전략을 시행한다. 또한 각 지역에서 위기 청소년 및 가족지원, 학교 기반 갈등 중재, 직업 훈련 및 배치, 법률 지원 등도 제공된다.

2014년에는 연구팀이 선택지역에서 지역주민을 대상으로 면담을 통한 현장조사를 시작했다. 존 제이 대학 연구진들을 '뉴욕시의 치유'라는 표식 아래 18~30세 청년에 대해 몇 장소에서 면담을 실시했다. 면담은 거주민이 실제 경험한 폭력 및 여러 상황에서의 폭력에 대한 태도와 행동을 측정하도록 설계되었다. 이 프로젝트는 응답자 중심 추출방법이라는 새로운 방식을 사용하여, 접근하기 어려운 연구대상자에 대한 자료를 빠르고 효율적으로 수집할 수 있다. 이것은 현장에서의 연구팀의 가시성이 바탕이 되고, 소개의 연계 및 현장 접촉에 근거해서 진행된다.

각 자료수집 기간은 약 10일간에 걸쳐 이루어졌고, 중요한 점은 소개의 연계가 개별 면담 지역에서 만들어지고 유지되었다는 것이다. 연구참여자는 연구팀을 같은 시간과 장소에서 며칠 동안 볼 수 있었고, 지인이 참여하도록 독려하는 경향이 컸었다. 응답자 중심 추출법과 연구팀의 지속적인 현장 등장 덕분에 200여 명의 청년에 대한 면담이 가능했다.

폭력 치유 프로그램의 핵심은 자원봉사자 및 '폭력을 중단한 자'의 개입이다. 그들의 역할은 복수나 또는 다른 폭력에 연관되지 않도록 폭력 피해자를 개인적으로 설득하면서 동네 곳곳에 걸쳐 활동하는 것이었다. 자원봉사자들은 또한 지역사회에 기반을 둔 사회 교육프로그램을 주민들에게 연결해 도움을 주는 역할도 수행했다.

지역 자원봉사자의 역할이 이 프로젝트에서 중요하기 때문에 우리는 주민들이 본 것을 기억하는지 또는 이야기한 적 있는지를 알고 싶었다. 설문 항목에 그들의 사진을 포함시켜서 본 적이 있었는지 또는 접촉한 적이 있었는지 물었다. 이것은 프로젝트 시행 노력, 즉 얼마나 그들이 지역에 잘 알려져 있는지에 대한 측정이었다. 모든 지역에서 약 80% 정도의 주민들이 그들을 보았다고 하거나, 그들이 나누어 준 반폭력 자료를 알고 있었다. 빈도는 브루클린 지역에서 90%를 상회하고 퀸스에서는 60% 정도에 이르는 등 지역적으로 꽤 차이가 있었다.

자료수집 절차는 우리 평가에 있어서 또다른 중요 부분이었다. 현장 연구자는 면담 절차를 진행하기 위해서 태블릿 기기와 자료수집 앱을 사용했다. 면담 자료는 현장에서 수집되었다. 연구 사무실로 복귀한 후 태블릿이 인터넷에 연결되었고, 자료가 신속히 탑재되었으며, 즉시 분석과 검토를 위해 활용될 수 있었다. 태블릿 기반 면담 과정으로 종이 사용과 자료 입력의 필요성이 없었다. 이것은 자료 오류를 없애고, 자료 관리를 훨씬 수월하게 할 수 있었으며, 현장에서의 자료수집의 신뢰성을 전반적으로 높였다. 전체적으로 자동화된 자료수집 과정은 비용 면에서도 효과적이고 과거 전통적인 종이에 기반을 둔 면담과 관찰보다 훨씬 더 현장 연구가 자연스럽게 운용되게 했다.

두 번째 자료수집은 2016년 여름에 시작되었다. 평가의 첫 번째 부분은 델가두와 동료들(Delgado et al., 2015)에 의해 발표된다. 버츠와 동료들(Butts et al., 2015)은 폭력 치유 프로그램 자체를 기술하고 있다.

_ 셰일라 델가두와 제프리 버츠(Sheyla A. Delgado and Jeffrey A. Butts)
존 제이 형사사법대학 연구 및 평가 센터, 뉴욕 시립대학교

고는, 우리가 정의했던 프로그램 평가와 다른 것은 아니다.

프로그램 평가에서 도출된 결과는 종종 미래의 행위 중 하나를 선택하는 데 고려된다.

문제와 정책 분석은 프로그램 평가에서 목표와 대상을 명백하게 구체화시키는 것에 의존하는 것만큼 그것들에 의존한다. 그리고 문제 분석을 통해서 만들어지는 목표와 목적의 달성은 프로그램 평가에서 검증될 수 있다. 측정 또한 두 유형의 적용 연구에서 근본적인 고려사항이다.

문제지향 경찰활동

법집행에 대한 대안적인 접근방식 이상으로 **문제지향 경찰활동**(problem-oriented policing: POP)의 핵심은 공공안전 문제에 대해 문제 분석 방식을 적용하고 있다. 문제지향 경찰활동은 문제를 파악하는 것에 의존하며, 이는 계획과 적절한 해결방식을 취하며, 그러한 방식이 의도된 결과를 만들어 내었는지를 평가한다.

이러한 접근법은 문제에 초점을 맞추며, 개개별의 사건에는 관심을 기울이지 않는다. 예를 들어, 전통적인 경찰활동은 자동차 절도의 보고에 반응하여 보험금 청구에 관한 사후적인 조치에 대해 신경 쓰고 다음 사건에 대해 검토를 한다. 이러한 **개별 사건 중심 경찰활동**에 대해 생각해 보자. 이러한 방식과는 대조적으로 문제지향 경찰활동은 자동차 절도 사건 빈도수를 분석함으로써 시작된다. 보고서는 유사점을 분석하며 이에는 시간과 장소, 차종, 절도된 차가 어디서 다시 발견되었는지, 어떠한 상태였는지 등의 항목이 포함된다. 그러한 분석은 자동차 절도의 일반적인 문제점에 대해서 좀 더 파악할 수 있게 한다. 그런 다음 귀속적으로 어떠한 대책이 취해져야 하는지가 결정이 되는 것이다.

문제해결(problem solving)은 문제지향 경찰활동에서의 가장 근본적인 도구이다. 로널드 클라크(Ronald Clarke)와 존 에크(John Eck)가 언급한 것처럼, 문제해결에는 다음 네 가지 분석적인 단계가 있다(2005: step 7-1). (step 7-1: 다소 특이한 논리와 함께, 클라크와 에크는 페이지 번호가 매겨지지 않아야 한다고 했다. 대신 60단계로 구성되고, 각 단계는 두 페이지에 기술되고 있다. 여기서 사용된 표시는 그 인용이 7단계의 첫 번째 페이지에서 찾을 수 있음을 뜻한다. _옮긴이 주)

1. 구체적인 문제에 대해 주의 깊은 정의를 내린다.
2. 사건의 원인을 파악하기 위한 심층분석을 실시한다.
3. 이들 원인을 제거하고 문제를 감소시키기 위한 해결책 탐색을 위한 광범위한 조사를 한다.
4. 이들 활동이 얼마나 성공적이었는지 평가한다.

여러분은 이제 문제해결이 어떻게 개입의 효과에 대한 문제 분석과 평가의 적용에 영향을 미치는지 쉽게 알 수 있을 것이다.

문제지향 경찰활동은 적용 연구의 효과적인 사례가 될 수 있는데, 이는 많은 자료를 사용할 수 있기 때문이다. 우리는 세 가지 범주에 대해 간략히 언급할 것이다. 처음 두 가지 범주는 미국 법무부의 지역사회 기반 경찰활동(COPS) 당국에 의해서 마련된 것이다. 지역사회 기반 경찰활동 프로그램의 지원은 끊겼지만, 문제지향 경찰활동의 지침은 다음 사이트에서 확인할 수 있다. http://www.popcenter.org(2016년 8월 28일 접속)

'어떻게 하는가?'에 대한 지침 로널드 클라크와 존 에크(Ronald Clarke and John Eck, 2005)는 문제지향 경찰활동을 지원하는 범죄 분석에 대한 일반적인 지침을 마련하였다. 런던의 질 단도(Jill Dando) 범죄과학연구소의 자료를 바탕으로 이 보고서는 문제 분석을 어떻게 시행하고 결과를 얻는지에 대한 성공적인 지침을 제시하였다. 사회 기반 경찰활동 당국은 또한 다른 문제 분석 도구에 대한 상세한 지침도 마련하였다. 이는 범죄의 이동과 확산에 대한 평가(Guerette, 2009), 반복된 피해자화에 대한 이해(Weisel, 2005), 가해자 면담(Decker, 2005), '인기상품에 대한 절도' 문제 분석(Bowers and Johnson, 2013)에 이용되었다.

범죄 지도와 공간 중심 분석의 다른 방법은 문제지향 경찰활동의 중요한 도구이다. 스펜서 체이니와 제리 랫클리프(Spencer Chainey and Jerry Ratcliffe, 2005)의 저서는 훌륭한 일반적 지침이다. 존 에크와 동료들(John Eck et al., 2005)은 범죄다발지역을 판별하는 지도 작성 연구에 초점을 맞추고 있다.

문제와 대응 지침 이 장의 초기에서 우리는 사법 당국이 다른 문제의 판결과 해결에 있어서 성공적이었던 프로그램을 쉽게 수용함을 언급하였다. 비록 이러한 방식은 도움이 될 수 있지만, **지역** 문제에는 그 지역 문제에 대한 이해를 바탕으로 해결하는 것이 문제지향 경찰활동의 핵심이다. 이미 존재하는 프로그램을 재탕하는 대신 혹은 '최선책'을 강구하는 대신, 적절한 개입이 해당 사건에 대한 자료가 수집된 다음에 설정되어 실행되는 것이 바람직하다.

이 원칙은 지난 경험에서 기반을 둔 이미 알려진 효과적인 방법에 대한 것을 두 가지로 기술한다. 문제 지침은 문제의 매우 세부적인 것에 대해서 어떻게 분석하는지 알려준다(예: '노인을 상대로 한 금융사기'). 그리고 가장 효과적인 방법과 효과적이지 못한 방법에 대해서도 분석을 시도한다. 대응 지침은 문제에 있어서의 여러 조치에 대한 매우 일반적인 종류의 활동을 기술한다(예: '공공장소의 비디오 감시').

사례연구와 기타 연구 응용연구의 특징 중 하나는 실무를 바꾸기 위해 이용된다. 이미 논의된 두 가지 지침은 형사사법에서 준비되었지만, 수년의 조사연구 이후에 개발된 것이었다. 형사정책을 바꾸기 위한 많은 조사연구가 『범죄예방 연구(Crime Prevention Studies)』라는 연속 간행물로 출간되었다. 우리는 이제 문제 분석의 적용을 설명하는 사례로 관심을 돌릴 것이다. 또한 이 장과 이전 장들에서 논의된 다른 연구 원리에 관해서도 알아볼 것이다.

출라비스타의 자동차 절도

출라비스타(Chula Vista)는 20만 이하의 중소도시이다. 서쪽으로는 태평양을 접하고 있으며, 남북으로 샌디에이고가 둘러싸고 있다. 미국과 멕시코 국경에서 7마일 정도 떨어진 곳에 위치해 있다. 낸시 플러프와 라나 샘슨(Nanci Plouffe and Rana Sampson, 2004)은 이 도시와 다른 남부 캘리포니아 도시와 비교하면서 차량 절도에 대한 분석을 실시하였다. 절도율이 다른 국경 도시보다 높다는 것을 발견한 후, 차량 절도와 파손이 집중적으로 일어나는 지역에 대한 조사를 함으로써 문제를 분석하기 시작하였다. 데버라 람 비젤(Deborah Lamm Weisel, 2003)은 이것은 "해부"라고 언급하면서 큰 지역 측정을 작은 지역으로 세부화시켜서 측정한다고 하였다.

플러프와 샘슨은 치음으로 10개의 주차장에서 25%의 절도 사건이 일어나며 20%의 차량침입이 일어난다는 것을 알아내었다. 게다가 이들 중 6개의 주차장에서 이 도시의 상위 10개의 도움 요청 지역임이 밝혀졌다. 그들의 분석은 다른 관심을 가질 만한 패턴 역시 발견했다.

- 도난 차량과 트럭의 회수율은 북부지역보다 훨씬 낮았다.
- 10개 중 4개 주차장의 장물 회수율은 40% 이하로 극도로 낮았다.
- 작은 픽업트럭과 오랜 연수의 도요타 감리는 더욱더 회수율이 낮았다.
- 위험성이 높은 곳들은 멕시코 국경과 가까이 있었다.

이러한 발견과 더불어 고위험지역에서의 많은 도난 차량이 멕시코로 갔음을 또한 알 수 있었다. 플러프와 샘슨은 다음으로 경찰 기록을 조사하였다. 이것은 문제 분석의 일관된 방식이다. 문제를 발견하기 위해 자료를 수집하며 문제의 메커니즘을 이해하기 위한 추가적인 자료수집을 시행하는 것이다. 그들에게 있어 해당 지역의 환경적 요인을 조사하는 것은 국경 담당 관리, 실제 체포된 차량 절도범과 면담하는 것으로 시행되었다. 그들은 왜 특정한 몇몇 곳이 선정되고 쉽게 멕시코로 넘어가는지 찾아내려고 하였다.

우린 제11장에서 환경 조사를 언급하였다. 연구를 시행하는 과정에서 그들은 가장 위험성이 높은 지역이 멕시코 국경 입구에서 차량으로 2분 거리 내에 있음을 알아냈다. 그곳은 쇼핑몰 이용객과 일반 이용객이 사용하는 곳이었다. 국경 지역에서 수집된 정보로는 멕시코로 유입되는 자동차는 검문검색이 별로 이루어지지 않았고, 자동차 등록증도 거의 요구되지 않았음이 확인되었다.

면담 조사가 93개 항목의 설문을 통해 이루어졌는데, 절도 대상 선정, 기술, 경로 등의 항목이 포함되었다. 절도범은 오랜 연수의 차를 선호했는데, 이는 훔치기 쉽기 때문이었다. 잠금장치가 낡고 단순한 도구로 깰 수 있었던 것이다. 그들은 운전자가 상점으로 들어가는 것을 본 후, 차량이 무방비일 것이라고 여기고 멕시코로 운전해서 가버린다. 주차장에서는 자동차 절도가 잘 되지 않는데 그 이유는 나갈 때 주차권이 필요하기 때문이다.

이러한 자료와 기타 자료로 연구자들은 이 지역 경찰과 주차장과 쇼핑몰의 보안 직원과 전략을 협의하였다. 국경에서의 적극적인 감시는 거절되었는데, 절도가 발견되기도 전에 이미 차량이 멕시코 국경을 넘어가 버리기 때문이다. 그들은 고위험지역의 쇼핑몰에 통제 입구를 설치하고 주차장에도 출입을 통제하는 것을 권유했다. 운전자가 출입할 때 주차권을 사용해야 하는 것이다. 이것은 국경 근처의 주차장에서 차량을 훔치는 데 드는 노력을 훨씬 가중시키는 것이었다.

문제 분석의 다른 적용

법집행 적용에서 효과적이었다고 증명이 되었기에, 문제해결은 다른 형사사법기관에도 채택되었다. 예를 들어, 베로니카 콜먼과 동료들(Veronica Coleman et al., 1999)은 몇몇 도시에서 미국의 지역, 연방 검사가 어떻게 범죄문제를 인지하고 적절한 조치를 취하는지 기술하였다. SACSI(공동체 안전 시행의 전략적 접근)이라 부르는 문제 분석을 추구하는 연방검사, 연구자, 기타 형사사법 전문가가 포함된 조사팀은 5가지 단계의 조치를 취했으며 이 중 네 가지는 매우 유사해 보인다(Coleman et al., 1999: 18).

1. 통합대책반을 구성한다.
2. 지역 범죄문제에 대한 정보와 자료를 수집한다.
3. 문제를 해결하기 위한 전략적 개입을 설계한다.
4. 개입을 시행한다.
5. 자료가 일정한 효과를 제시함에 따라 전략에 대한 평가 및 수정을 한다.

우리는 문제 분석의 형사사법에 있어서의 적용에 대한 일부분만을 언급했을 뿐이다. 이 분야는 날마다 성장하고 발전하고 있다. 시스템 분석의 방식에 대한 개괄의 다른 예로는 운영 연구, 비용효과 연구와 같은 경제적 분석, 경찰 순찰 배치, 보안관찰 요원 선발 등에 이용된다. 특히 비용효과 분석은 대안적인 정책의 상대적인 비용과 효과를 분석하는 데 사용된다. 로먼과 패럴(Roman and Farrell, 2002)은 범죄 예방에 대한 몇 가지 예를 설명한다. 문제 분석을 구성하는 수학적인 도구가 복잡하기는 하지만 기본적인 원리는 상대적으로 단순하다. 예를 들어, 경찰관서는 전통적으로 신고된 사건의 장소와 시간을 지도에 압정으로 표시하는 방식을 사용해왔다.

시간과 공간에 기반을 둔 분석

압정 지도들은 '저차원기술' 문제 분석의 사례로, 사건 다발지역에 경력배치를 하는 데 많은 경찰서에서 쓰던 컴퓨터 모델과 같은 것이다. 늘어나는 많은 형사사법기관, 특히 경찰관서가 컴퓨터와 원거리 통신수단의 혜택을 보았다. 컴퓨터화된 범죄 지도는 현재 경찰이 시시각각 변하는 범죄 패턴을 파악하고 대응을 가능하게 해주고 있다. 또한 컴퓨터의 성능의 향상과 가격의 하락은 작은 관서에서도 범죄 지도를 활용할 수 있게 해주었다(Santos, 2012). 범죄 지도의 기술적 진보는 지리적 범죄 거점에 대한 통계적 모델을 적용할 수 있게 해주었다. 토머스 리치(Thomas Rich, 1999)는 분석적 지도를 언급하면서 범죄 집중지역을 파악하는 보완적인 통계 도구인 '감시활동'의 접근을 언급하였다.

범죄 지도는 보통 최소한 네 가지의 특성을 나타내 준다. (1) 한 가지 이상의 범죄 종류, (2) 공간 또는 지역, (3) 어떤 시간대, (4) 주로 거리나 대지 이용의 어떤 차원을 보여준다. 가장 유용한 범죄 지도는 분석가와 경찰이 어떠한 조치를 취할 수 있게 도울 수 있는 것이어야 한다. 그것은 응용 연구의 일부이다. 사례가 범죄 지도의 기본적인 모습을 보일 것이다.

그림 13-4는 수료 후지타(Shuryo Fujita)가 만든 네 가지 범죄 지도를 보여준다. 그는

그림 13-4 자동차 절도 지도

출처: 수료 후지타가 만든 지도

럿거스 대학교의 형사사법 대학원생이다. 이 지도는 미국 최북단의 중소도시의 모습이다. 4개의 지도는 모두 이미 완료된 자동차 절도 현황을 보여준다. 그러나 모두 다른 지역과 시간대를 대상으로 하고 있다. 패널 A의 지도에서는 도시의 4개의 관할 지역 중 하나의 2005년의 자동차 절도를 보여주고 있다. 약 1,750여 건의 완료된 절도가 나타났는데, 이것은 도시 전체의 33%를 차지하고 있었다. 여러분은 아마도 두 가지 사항에 주목하게 될 것이다. 첫째로 패널 A에서는 가운데의 공백 지대와 지도 오른쪽의 큰 공원과 강 하나를 각각 제외하고는, 이 지역에서 자동차 절도는 어디든지 있는 것으로 보인다. 둘째로 자동차 절도가 어디든지 있는 것으로 보이기 때문에 그 지도는 특별히 유용하지 않다. 많은 지역이 사건 다발지역으로 나타난다. 패널 B는 조건에서 시간을 바꾸었는데, 2005년 8월의 첫 번째 주에 30건의 자동차 절도가 일어난 것을 보여주었다. 여러분은 남부지방에 있는 더 많은 도둑을 보여주는 것이 어떤 면에서 더 유용할 것이라고 생각할지도 모른다. 하지만 패널 A가 매우 많이 보여준 것에 반하여, 패널 B는 별로 드러나지 않는 더 작은 숫자를 보여주었다.

패널 C는 지리적 초점을 그 지구 안의 한 지역, 공원의 왼쪽으로 옮겼다. 이 지역에서는 매우 높은 건수의 자동차 절도가 이루어졌다. 2005년에만 464건의 절도가 이루어졌다. 이곳은 이 도시에서 가장 높은 사건 다발지역이다. 자동차 절도는 이 구역 전역에 존재하는 것으로 보인다. 더 자세히 살피면 가로 도로보다는 남북도로에 점이 더 길게 나타난다. 이것은 지역별 범죄밀도를 보여주는 패널 B에서 더 분명하다. 범죄발생 밀도는 수적인 수치로써 얼마나 각각의 점들이 서로 가까이에 있는지, 밖에 있는 점들로부터 거리를 얼마나 두고 있는지를 보여준다. 이러한 수치는 지도화되어 단순한 점보다 패턴에 대한 더 명확한 정보를 보여준다. 패널 B의 어두운 부분은 자동차 절도의 밀집 집중도를 보여준다. 자동차 절도의 두 개의 주요 지대가 있는 것처럼 보이는데, 북쪽과 남쪽을 양분하는 도로를 지난다. 이 지대들은 중앙과 연결된 종류며, 대략 H 모양을 띤다. 이 모양은 이 지역의 가장 큰 주요도로의 모양과 일치한다. 여러분은 자동차를 훔치기 위해 위로 아래로 자동차를 찾아다니는 모습을 상상할 수 있을 것이다. 이것은 범죄 분석가가 경찰에 제공할 수 있는 유용한 정보이다. 2006년 여름 동안이 지역의 경찰은 패널 D에 묘사되어 있는 H 모양대로 그 도시의 경찰들을 순찰시켰다.

범죄 지도 제작의 문제는 우리가 마지막 장에서 다룰 통계학적 분석의 방법과 매우 유사하다. 지도와 통계는 우리가 많은 양의 관찰을 유형화하여 이해하고자 할 때 가장 유용하다. 사건이 작은 규모의 경찰서는 통계나 지리학적 분석이 필요하지 않다. 하지만 그림 13-4에 있는 도시를 관할로 하는 경찰서는 범죄 지도나 밀도 분석으로부터 유용한 효과를 얻을 수 있다.

컴퓨터화된 범죄 지도는 많지 않은 소수 경찰서에서 사용되어 왔고, 현재 많은 대규모, 중규모 도시로 퍼져 나가고 있다. 소프트웨어가 유용하며, 인터넷에 기초한 지도화 프로그램은 범죄 지도를 일반화하게 했다. 동시에 출판된 여러 책자는 어떻게 지도와 다른 분석 프로그램, 자료를 통합하는지 설명해 주고 있다. 제리 랫클리프(Jerry Ratcliffe, 2004)는 사건다발 행렬을 생성하기 위해 장소나 시간에 관한 범죄 집중도를 어떻게 분류하는지를 기술한다.

범죄 지도와 다른 종류의 문제 분석은 사건에 범죄통계의 이점을 보여준다. 그것은 우리가 설명해 온 문제 분석의 사용에 대한 가능성이다. 대부분의 범죄 지도는 지역적인 자료에 기초한다는 사실을 반영하면서 개별 관서에 의해 발전되고 이용된다. 사건에 기초한 보고에 의하여 범죄 분석은 더 큰 단위가 된다. 예를 들어, 스티븐 하스와 동료들(Steven Haas et al., 2007)은 전미사건기반보고체계(NIBRS)가 서부 버지니아의 폭력범죄들이 불법 총기 압수 사건과 긴밀히 연계되고 있음을 보여준다.

과학적 실재론과 응용연구

전통적인 연구와 평가는 우리가 제4장과 제7장에서 이야기했던 원인과 결과 모델에 기초하여 이루어진다. 독립변수(원인)는 종속변수(결과)에 변화를 이끌어낸다. 실험과 의사실험 계획을 설정할 때 독립변수와 종속변수의 인과관계 과정에 영향을 줄 수 있는 매개변수의 영향을 배제시키도록 한다.

이전에 기술되었던 문제 분석 방법은 전통적인 연구접근과 과학적 실재론의 근간이 되는 응용연구 사이의 연결고리를 의미한다. 레이 포슨과 닉 틸리(Ray Pawson and Nick Tilley, 1997)는 전통적인 시각에서 원인을 설명하는 것을 시도하는 대신에 평가자는 결과를 설명하는 데 있어 맥락상 행동 메커니즘을 밝혀야 한다고 제안한다. 우리가 보아왔듯이, 실험은 개입을 받은 실험군과 개입을 받지 않은 대조군 사이에 사전검사 통계적 동질성을 만들어 냄으로써 작용하는 메커니즘을 찾는다.

두 집단 간의 동질성을 확보하지 않은 의사실험은 매개변수를 동일한 상태로 고정함으로써 매개변수를 제어하고자 한다. 예를 들어, 고용 상태가 체포와 이에 따른 가정 폭력 사이의 관계에서 중계변수가 될 수 있다고 믿는다면, 우리는 실험군과 대조군 사이에 고용 상태를 고정함으로써 평가할 것이다.

과학적 실재론은 고용 상태를 체포라는 메커니즘이 반복되는 가정 폭력이란 **결과물**에 작용하는 **상황**으로 간주한다. 고용 상태라는 매개변수를 제어하려고 노력하기보다는 과학적 실재론자들은 그 상황에 어울리는 메커니즘을 연구할 것이다. 그리고 예를 들어 다음과 같은 결론을 내릴 것이다. 범죄자가 고용된 상태라면 체포가 결과적인 폭력을 줄이는 데 효과적이다. 하지만, 범죄자가 실직한 상황이라면 효과적이지 않을 것이다. 이런 연구는 셔먼(Sherman, 1992b)이 무선할당 실험연구에서 한 그의 주장과 다르지 않다.

과학적 실재론은 비슷한 개입이라도 처한 상황이 다르다면 그 결과에서도 차이점이 발생한다는 원칙을 바탕으로 한다는 것이 차이점으로 부각된다. 가장 주목할 만한 점은 이러한 접근이 실험적인 접근 방식보다 평가의 현실성과 일맥상통하는 점이 있다는 것이다. 포슨과 틸리(Pawson and Tilley, 1997: 81)는 "궁극적으로 현실적 평가는 프로그램에 의해 주도되었다기보다는 **메커니즘**에 의해 그리고 **상황**에 의해서 운용된다."(원문에서 강조)는 것에 가깝다. 이것은 개입이 모든 상황에서 고르게 적용되는 포괄적인 프로그램처럼 설계되어서는 안 된다는 것이다. 즉, 개입은 특정 상황에 따라서 만들어져야 하고, 이러한 개입에 대한 평가는 개입됨으로써 바라던 결과를 얻었는가 하는 중요 요소로서 간주해야 한다.

상황적 범죄예방(Clarke, 2017)은 정책 분석과 평가를 연결해 주는 과학적 실재론 접근의 한 예이다. 이는 상황적 범죄예방이 특정한 상황에서 고도의 특정한 범죄유형에 영향을 끼치는 메커니즘에 초점을 맞추기 때문이다. 예를 들면, 일반적으로 상황적 범죄예방은 차량 절도를 줄이려고 하는 의도로 규모가 큰 프로그램을 개발하기보다, 특정한 유형의 차량 절도를 줄이는 데 효과적인 특정한 개입을 찾는다. 로널드 클라크와 퍼트리샤 해리스(Ronald Clarke and Patricia Harris, 1992)는 그들의 목적에 따라 폭주 운전, 임시 교통, 재판매 혹은 부속 부분 판매, 혹은 보험사기와 같이 차량 절도의 유형을 구분했다. 폭주 운전을 위한 절도는 아마 보안감시가 적절히 증가함으로써 줄어들 것이다. 반면에 재판매 혹은 수출용 고가의 차량 절도는 다른 접근을 요구한다. 그리고 많은 차량 절도는 주차장 출구에 안내원을 둠으로써 줄일 수 있다. 그러나 차량 침입은 그러한 개입에 영향을 받지 않을 것이다.

제7장에서 언급한 것처럼, 실재론적 접근은 사례연구와 유사하다. 둘 다 **변수지향** 전략을 이용하기 때문이다. 그들은 소수의 사례를 이해하고 접근하기 위하여 많은 변수에 의존한다. 특정한 개입과 관련된 자세한 자료와 정보는 종종 작은 지역에서 모아진다. 실험적 평가는 개입하는 매개변수를 통제하기 위해 확률이론을 사용하는 반면에, 사례연구는 메커니즘이 작동하는 상황을 이해하기 위해 자세한 지식에 의존한다.

에크(Eck, 2002)는 문제해결을 위한 응용 조사 수단에 관한 논의에서 사례를 더 현저하게 만들었다. 그는 공무원들이 인과관계 확인이라는 힘든 업무보다는 지역적 문제해결에 더 흥미를 보인다고 주장했다. 해결과 평가의 두 문제는 '문제가 감소되었는가?'라는 물음에 대한 답과 관련 있다. 그러나 이 감소에 대한 대안적 설명을 제거하는 것, 즉 내부적 타당도와 더 강한 평가 설계에 대한 필요성에 대해 심층적으로 고려하는 것은 공무원들이 같은 개입을 다른 곳에서도 똑같이 사용하길 바랄 때만 중요한 것이다.

에크(Eck)의 용어로써 "작은 개입, 작은 지역 문제의 해결"에서 분석가들은 맥락적으로 문제에 대한 적합한 개입을 발전시킨다. 이것은 사건 해결 과정의 본질이다. 에크처럼 우리는 과정을 강조한다. 체계적으로 문제를 분석, 적정한 개입의 개발, 그리고 이러한 개입이 의도된 효과를 가지는지에 대하여 보는 것이다. 이것은 여러 상황에 적용할 수 있도록 개발된 에크의 용어 "커다란 개입"(예: 약물남용 방지교육과 교도소 군대식 정신

참여적 범죄 분석

참여형 범죄 분석은 남아프리카의 마을에서 지역사회 기반 지도 및 기타 수단을 사용하여 우범지역을 설정한다. 많은 사람들이 대도시 외곽의 마을에 있는 비좁고 열악한 주택에 거주하고 있다. 마을의 주거지와 거리는 지도화되어 있지 않은 상태다. 경찰의 보호는 한정적이고, 물, 전기 및 복지적 기본 자원도 부족하다. 폭력 및 기타 유형의 범죄는 주민들이 일상적으로 직면하는 심각한 문제이다.

범죄를 줄이고 안전을 증대시키기 위해 과학산업연구위원회(CSIR)는 협력처와 협력하여 문제를 체계적으로 분석하고 지역사회의 요구에 따른 범죄예방책을 개발한다. 우리의 접근법은 사람들이 자신이 사는 곳을 가장 잘 안다는 믿음에 바탕을 두고 있다. CSIR의 역할은 협력적이며, 문제에 대한 현지 지식에 분석 기술을 더한다.

분석 과정은 문제점을 지도화해 주민들의 눈을 통해 지역 공간역학의 관점을 제공한다. 주요 목표는 지역주민과 전통적인 경찰 관행 사이의 관계를 개선하는 것이다.

그 과정은 아래 단계를 포함하는 하루 워크숍에서 시작된다.

1. **범죄예방 개념** 워크숍 참가자에게 범죄예방, 특히 환경 설계를 통한 범죄예방(CPTED)의 개념을 소개한다. 지역사회 참여자 중 상당수는 범죄예방에 대해 들어본 적이 없으므로 이 소개는 중요한 단계다.
2. **개별 지도화** 지역사회 참가자는 자신이 살고 있는 지역의 그림을 그려 안전하지 않다고 느끼는 곳이나 범죄문제가 일상적으로 발견되는 곳을 나타낸다. 지도 제작 과정은 사람들이 지역사회에서 문제가 되는 장소에 대해 생각하는 데 도움이 된다.
3. **집단 지도** 그림에서 확인된 장소는 항공 사진이나 상세 지도에 겹쳐진다.
4. **현장 방문** 워크숍 참가자(지역주민 및 CSIR 직원)는 이 지도에서 선택한 지역을 방문하여 해당 지역의 사진이나 비디오를 촬영한다. 각 장소를 방문하는 동안 해당 장소를 확인한 사람이 문제를 설명한다.
5. **분석** 사진을 검토하고 사진 지도를 만든다. 특정 문제 지점에 대한 정보는 그곳에서 발생하는 범죄, 피해자, 가해자, 그 장소의 특성에 따라 구성된다. 주변 환경에 대한 지역의 공간적 관계도 고려된다. 예를 들면, 어떤 특징적 측면이 주택과 주변 환경 사이의 연결(또는 차단) 역할을 할 수 있는 것인가?
6. **대응 개발** 문제의 장소는 그곳에서 발생하는 범죄유형, 이러한 범죄가 주요 범죄에 해당하는지, 문제를 해결하기 위해 지방 당국과 같은 다른 역할 주체가 요구되는지와 같은 특정 기준에 따라 우선 순위가 매겨진다. 그런 다음 3~4개의 가장 결정적인 문제 영역을 선택하고 가능한 대응책을 개발한다. 일부는 마을의 제초작업 및 개방 위험 취약지에 청소가 포함될 수 있다. 또 다른 유형의 대응은 지역주민이 가로등을 제공하거나 불법 주류 판매점의 폐쇄를 요구하기 위해 지자체에 로비를 벌이는 것이다.

가능한 개입을 개발하는 것은 전체를 위한 하나의 공동 연습이다. 중요한 것은 모든 사람들이 문제에 대한 해결책이, 일을 제대로 하지 않다며 경찰을 비난하는 것보다 훨씬 더 복잡한 일이라는 것을 깨닫는 것이다. 지역사회 주민들은 그 과정의 결과로 더 강한 효능감을 갖게 된다. 경찰은 참여형 범죄 분석을 통해 만들어 낸 정보로 범죄문제를 더 잘 해결할 수 있다.

_ 티너스 크루거(Tinus Kruger)
과학 산업 연구위원회, 남아프리카 프리토리아(Pretoria)

출처: http://www.saferspaces.org.za/be-inspired/entry/mapping-and-spatial-design-for-community-crime-prevention에서 재수정함(2016년 8월 28일 접속).

교육 등)과는 다르다. 왜냐하면 작은 주장, 작은 규모의 개입은 아주 구체적인 상황에 적합하도록 만들어졌고, 다른 상황으로의 변환이 쉽지 않기 때문이다. 그러나 지역적 문제

분석, 적절한 개입 선택, 효과에 대한 평가 등의 과정이 일반적으로 이용된다. 앤서니 브라가(Anthony Braga, 2008)는 이 추론에 대해 더 많은 예시를 제공한다. 글로리아 레이콕(Gloria Laycock)은 형사응용연구에서 과학적 실증주의(2002)와 범죄예방에 좀 더 자세한 계획을 만드는 데 과학적 실증주의에 대한 좀 더 확실한 사례를 제공한다(Tilley and

종합적 사고 인종 프로파일링과 교통 단속에 관한 응용연구

사실상 모든 인종차별 관행에 대한 연구는 공공정책에 있어 중요한 문제를 제기할 수 있다는 관점에서 진행되었다. 뉴저지에서 진행된 연구는 일련의 소송과 미 법무부의 관여가 시발점이 되었다. 이 연구 또한 법집행에 있어서 편견 있는 주장을 직면해야 했던 일부 지방자치단체와 기타 다른 주의 사례연구이다. 이와는 대조적으로 노스캐롤라이나와 펜실베이니아에서의 연구는 인종차별 관행이 문제인지, 그리고 만약 문제라면 이와 관련하여 어떤 정책을 펼 수 있는지를 알아보고자 하는 주 기관의 요구에 의해 시작되었다. 여러분은 이 연구를 문제 분석 및 계획의 한 예로서 여길 수 있다.

이 장에서 기술했던 '문제 분석의 틀' 밖에서 진행된 평가연구는 거의 없었다. 맥스필드와 안드레센(Maxfield and Andresen, 2002)은 뉴저지주의 순찰차에 장착된 영상 녹화 장비의 사용에 대한 진행 평가를 수행했다. 그러나 이것은 그 장치가 적절하게 사용되었는지를 평가하는 감사 그 이상의 의미를 담고 있다.

소송에 대한 문제 분석

뉴저지에 대한 대부분의 법적 조치는 미 법무부와 주 관계자 사이의 합의된 명령으로 일단락되었다(http://www.state.nj.us/oag/jointapp.htm에서 확인 가능). 이것은 본질적으로 주 경찰의 관리와 운영에서의 일련의 구체화된 개혁과 기타 변화를 의미한다. 일반적으로 주 경찰은 좀 더 자료 중심의 기관이 되도록 강요를 받는다. 다음은 합의된 명령에 대한 중요 조항의 예이다.

관리 인식 프로그램(MAP)

40. 전문성과 시민권을 증진하고, 잠재적인 문제 행동을 식별하고 수정하며, 최선의 업무를 증진하기 위해, 주 정부는 주 경찰의 감독과 관리에 필요한 정보의 관리와 검색에 사용할 전산화된 체계를 개발하고 이를 이행할 것이다. (이하 '관리 인식 프로그램(Management Awareness Program)'을 'MAP'으로 축약하여 사용하겠다.)

41. MAP는 다음 정보들로 구성된다.

ㄱ. 만약 모든 순찰차가 MVR이 갖추고 있다면(제대로 작동되고 있지 않은 MVR 장치를 장착한 순찰차를 제외하고) 모든 차량이 정지되면 기록되어야 하는 서면 보고서, 서면 양식, 서면 기록지 또는 관제소에 보고되는 통신 내용(명령 제29항에 따름)과 이 합의된 법원 명령의 제29항에 명시된 계획서와 MVR 장치로 기록된 사건인지 아닌지에 관한 정보도 기록될 필요가 없다.

ㄴ. 시민의 감사와 비슷한 긍정적 성과를 보여주는 다른 지표에 대한 정보; 직권남용 조사에 관한 정보; 차량을 멈추기 위해 사용되는 무력(강제적, 물리적 방법의 사용)에 관한 보고; 근무 중이거나 비번 중인 교통경찰대의 범죄자 체포와 형사 고발; 근무 중인 순찰대에 의한 직권남용 혐의와 관련된 민사 소송; 근무 외 시간에 인종적 편견, 물리적 폭력 그리고 협박 등의 행동을 하는 집단에 참여함으로써 그 순찰대원의 이름이 거론된 민사소송; 그리고

ㄷ. 개입의 적용; 그리고 각각의 훈련 제목과 시작 날짜, 훈련 완료 날짜, 그리고 훈련받은 장소의 위치를 포함하는 정보.

Laycock, 2002).

티너스 크루거(Tinus Kruger)는 글상자 안의 '참여적 범죄 분석'의 내용에서 소규모 범위의 과학적 실재론 장점에 대한 사례를 제시한다. 크루거와 동료들은 남아프리카 도심 주민과 함께 특정 맥락에서의 범죄 메커니즘을 알아낸다. 개별 프로젝트가 소규모 개입

위에서 검토한 수집해야 하는 정보와 그 밖의 다르게 수집된 정보를 모아 정리함으로써, 뉴저지주 경찰은 각기 다른 등급의 순찰대원의 수행능력을 주기적으로 검토하는 데 도움이 되는 MAPPS(Management Analysis and Professional Performance System)를 만들었다. 기본적으로 이 시스템은 각 교통경찰대가 차량을 멈출 때마다 작성하는 자료를 분기별로 수집했다. 이 자료는 먼저 경찰서별로 취합되고, 그 후 지역별로 다시 취합된다. 주 경찰 감독관과 책임자는 이 업무수행 자료를 토대로 분기별 검토를 실행해야 한다. 다른 많은 기능 중, MAPPS 프로그램은 개별 교통경찰에 의해 검문된 차량 운전자의 인종을 모든 교통 순찰경찰들이 정지시킨 차량으로부터 산출된 일반 수준과 비교할 수 있는 기능을 갖고 있다. MAPPS 프로그램의 도입으로 더 이상 뉴저지 교통경찰이 법을 집행함에 있어서 인종 편향에 대한 질문을 받았을 때 "우리는 알 수 있는 방법이 없습니다!"라는 말을 할 수 없게 되었다.

목적에 부합되는 교통 법집행

맥스필드와 켈링(Maxfield and Kelling, 2005: 23)은 뉴저지 고속도로의 남부 구획에서 흑인 운전자가 높은 비율로 차량 검문 받는 이유를 다음 세 가지로 설명했다.

- 아프리카계 미국인 운전자는 턴파이크(유료 고속도로) 남부 구획의 모든 운전자 중 상대적으로 높은 비율을 차지한다.
- 제한속도인 시속 15마일 이상으로 과속하는 것으로 추정되는 흑인 운전자의 비율은 턴파이크의 남부 구획에서 상대적으로 높은 비율을 나타낸다.
- 교통경찰이 차량을 검문할 확률은 턴파이크의 남부 구획에서 상대적으로 높은 수준을 보인다.

다음 장에서는 이 주장을 뒷받침하는 추가적인 자료를 제시할 것이다. 현재로서는 제12장의 논의에서 다루어진 것처럼, 턴파이크의 남부 구획에 교통법규가 강화된 이유는 단순히 그럴 수 있었기 때문이라는 것이 핵심 요지이다.

턴파이크의 다른 구획의 교통량은 많음에서 매우 많음까지 다양하다. 맥스필드와 켈링은 이러한 지역에서의 교통 법규집행은 교통량이 적은 출퇴근 시간 외로만 제한되는 경향이 있다는 점을 알게 되었다. 교통량이 많은 시간에 교통법규 집행은 걷잡을 수 없는 교통 혼잡을 야기하기 때문이다. 이런 상황은 턴파이크의 남부지역에서는 거의 문제가 되지 않기 때문에 교통법규 집행은 모든 지역에서 균등하게 시행될 수 있었다.

맥스필드는 심도 있게 진행된 현장조사에서 '적발 장소'가 남부지역에 집중되어 있다는 것을 밝혀냈다. 교통경찰 개개인은 도로와 주위 환경의 다양한 특징을 고려하여 레이더 탐지기 설치에 적합한 장소를 선택했다. 이러한 장소는 도시지역보다는 도시 외곽 지역에서 더 자주 발견되었다.

그들의 분석에 의하면, 맥스필드와 켈링은 교통법규 집행은 더욱 목적에 맞게 고려되어야 한다는 점을 강조한다. 맥스필드와 켈링은 교통법규 집행에 있어서 시간과 장소를 체계적으로 다양화시킬 수 있는 일련의 실험을 제안했다. 이런 접근법에 대한 평가는 호주에서 실행되었고(Leggett, 1997), 교통법규를 단속하는 지역을 변경함으로써 교통사고 감소의 효과를 얻을 수 있었다는 사실을 발견하였다.

이러한 목적에 부합되는 법집행은 교통법규 단속과 관련하여 문제지향적인 접근법, 즉 좀 더 자료와 분석에 기인하는 방법을 제시해 줄 것이다.

을 이끌고 공공안전 위협을 줄인다. 이 사례를 통해 제9장의 안전 감사의 내용을 상기해야 할 것이다. 또한 제8장 앰버 호닝(Amber Horning)의 질적 면접에 관한 토의 부분도 참고하기 바란다. 그리고 크루거와 연구진이 어떻게 많은 기술이 필요하지 않은 자료수집 방식과 정교한 분석 기법을 조합하고 있는지 생각해 보기 바란다.

우리는 사례연구 또는 다른 연구 등 작은 규모의 평가의 일반화에 관해서 회의적이다. 그러나 과학적 실증주의의 관점에서 일반화는 그리 핵심적 문제는 아니다. 대신 소수의 큰 규모의 연구에서 일반화에 대한 대안은 오히려 다수의 작은 규모의 연구 결과를 합하는 것이라고 주장한다. 예를 들어, 그레이엄 패럴과 앨리스터 버클리(Graham Farrell and Alistair Buckley, 1999)는 어떻게 가정폭력 피해자의 반복 피해를 줄이기 위한 관여가 가정폭력에 대한 사후 측정 시 아무런 효과가 없는 것으로 나타났는지 기술한다. 가정폭력을 반복 피해자군과 초기 피해자군으로 나누어 살펴보면, 반복 피해자군에서 그 횟수가 분명 적었지만 초기 피해자군의 증가 때문에 상쇄되고 있었음을 보여주고 있었다. 결과는 이 프로그램의 이론적 측면을 보면 이해할 만한 것이다.

무작위 실험 또는 의사실험적인 평가는 설계가 적합할 때 수행되어야 한다. 그러나 이러한 설계의 배치를 위한 엄격한 요구조건을 인식하는 것은 중요하다. 평가에 대한 과학적 실증주의 접근은 유연하며, 많은 상황에 적합하다. 과학적 실증주의 평가나 사례연구는 특히 일반적인 과학적 사실보다는 특정 문제를 특수한 문맥상에서 해결할 때의 작은 규모의 평가에서 유용하다. 어떤 경우에도 이러한 다양한 접근은 이 장의 앞에서 논했던 개인 프로그램이나 기관의 사회 과학연구절차에 적용을 통해 프로그램 평가의 정의를 만족시킨다.

이러한 면에서 우리의 조언은 간단하다. 최선을 다하라. 이것은 두 가지를 요구한다. (1) 사회과학연구절차의 장점과 한계를 인식하라. (2) 개개의 적용에서 무엇이 필요하고 무엇이 가능한지 주의 깊게 파악하라. 가능한 방법과 프로그램의 제약에 관한 이해를 통해서만 우리가 실험적이든, 의사실험적이든 혹은 비실험적든 설계이든, 또는 평가가 수행되어서는 안 되는 것이든 우리는 올바르게 판단할 수 있다.

이 책 전체에서 계속되는 사례인 '종합적 사고: 인종 프로파일링과 교통 단속에 관한 응용 연구'는 인종 프로파일링에 대한 응용 연구를 보여준다.

응용연구의 정치적 맥락

공공정책은 선택을 수반하며 이는 정치성과 연계된다.

응용연구자들은 범죄에 대한 연구지식과 형사사법 전문가의 실질적 요구를 연결시킨다. 정치적이고, 이념적이며 윤리적인 문제를 가지는 과정이다. 이 장의 끝부분에서는 응용연구의 맥락에 대해 알아보고 이러한 연구에서 나타나는 몇 가지 문제를 살펴보고자 한다.

이 자료와 우리가 제3장에서 한 윤리에 관한 토론은 유사성이 있다. 윤리와 정치성은 서로 밀접하게 관련되어 있음에도 불구하고 형사사법 연구의 윤리는 사용되는 방법에만 주의를 기울이는 반면, 정치적 쟁점은 그 실체와 연구결과의 사용에 좀 더 관심을 갖는다. 응용연구는 윤리적인 행동강령에 상응할 만한 정치적 행동강령이 없다는 점에서 윤리적 측면과 정치적 측면의 차이를 지닌다. 비록 일부 윤리적 강령이 정치성을 포함하더라도(예: 연구대상자에게 해를 끼치지 않은 것) 인권보장과 관계가 된다. 그 누구도 형사사법 연구자들에게 모두 수용될 수 있는 일련의 정치적인 표준을 발전시키지 않고 있다.

평가와 이해관계자

대부분의 응용연구는 프로그램 혹은 평가결과와 직접적이거나 간접적인 이해관계를 갖는 사람들과 연관되어 있다(Rossi, Freeman, and Lipsey, 1999: 204~205). 어떤 이해관계자는 실험 프로그램을 지지하는 반면 일부는 그 반대이며, 여전히 나머지는 중립적이다. 프로그램에서의 관계자의 또 다른 이해관계는 이러한 프로그램의 평가에 상충하는 관점을 낳을 수 있다.

예를 들어, 공판 전 가택구금에 관한 연구에서 맥스필드와 바우머(Maxfield and Baumer, 1992)는 검사와 보안관으로부터 프로그램에 대한 지지를 받았다. 그들은 수용공간이 여유로워질 수 있다는 기대에 즐거워했다. 그러나 가택구금자들을 이송해야 하는 역할을 맡은 교정국 관계자들은 이 제도에 그다지 호응하지 않았으며, 업무량의 증가와 많은 사람들을 가택구금을 위해 풀어주는 것의 위험에 대하여 우려를 표하였다. 그리고 교정국 직원들의 일부는 조사로 인하여 업무가 감시 아래 놓이게 되었다고 생각하여 프로그램 자체보다 평가를 더욱 걱정하였다. 미국법무연구원(NIJ)은 이 프로그램의 결과가 성공적이어서 다른 지역에도 이 제도를 실행할 수 있기를 희망하며 자금을 지원하였다. 지역사회 교정의 의사결정자들은 이 프로그램에 대해서 다른 견해를 지녔는데, 무엇이 효과가 있고 무엇이 효과가 없는지를 알고 싶어 했다.

에밀 포사벡과 레이먼드 캐리(Emil Posavec and Raymond Carey, 2000)는 이를 프로그램 평가와 관련한 역기능적 태도의 문제라고 하였다. 프로그램 지지자들은 평가결과가 대성공할 것이라는 비현실적인 기대를 가지고 있었을 것이다. 반대로 그들은 부정적인 결과가 프로그램을 종결시킬 것이라는 우려도 가지고 있었을 것이다. 교정국 직원들은 매일의 프로그램 수행으로 인한 경험이 통제된 실험에서는 얻을 수 없는 양질의 이해를 가져온다고 느낄 것이다. 직원과 그 밖의 이해관계자는 평가는 실제 프로그램을 수행하기 위한 희소한 자원을 소모하는 것이라고 느낄 것이다.

우리는 이런 문제에 두 가지 방법으로 대응할 수 있다. 우선 관련 이해관계자와 그들의 견해, 그들에게 평가에서 나타낼 견해 등을 확인해 보아야 한다. 이어 부처 의사결정자와 직원, 이해관계자에 이어 프로그램의 수혜자와 경쟁자에 대해서도 파악해야 한다. 예를 들어, 시내 상점가의 가게 주인은 그 구역의 도보 순찰을 늘리는 실험으로부터 혜택을 보는 반면, 근처 거주자들은 추가적인 순찰이 거주지역에 할당되어야 한다고 주장할 것이다.

둘째로, 이해관계자에게 평가가 왜 수행되어야 하는지 알려주어야 한다. 응용연구가 어떤 것이 효과가 있고 없는지 판별하기 위해 행해진다고 설명하는 것이 가장 좋은 방법이다. 법무부의 여러 부서는 평가가 업무를 합리화함으로써 얼마나 업무에 도움이 되는지를 설명하는 자료를 발간하고 있다(Eck, 2003; Kirchner, Przybylski, and Cardella, 1994; Maxfield, 2001). 이러한 발간물은 완성된 평가의 사례와 더불어 이해관계자들을 설득하는 의미 있는 수단이 되고 있고, 평가의 다른 장점도 많이 찾아낼 수 있다.

다양한 이해관계자에게 영향을 미치는 복잡한 평가의 정치적이고 논리적인 문제를 잘 기술한 책으로는 셔먼(Sherman, 1992b)의 가정폭력 실험에 관한 책의 부록을 보면 될 것이다. 그는 밀워키의 한 실험설계 과정에 관하여 최초협상에서부터 프로젝트의 종결에 이르기까지 자세한 기록을 제공한다.

좀 더 일반적으로는 응용연구가 좀 더 협조적인 일이라는 것을 알아야 한다. 즉, 연구자와 프로그램 수행자는 평가의 설계와 실행에 있어 상호적인 이해관계자가 된다. 과학적 기준을 충족해야 할 설계상 평가자의 관심은 공공정책을 발전시키기에 유용한 정보를 얻고자 하는 프로그램 후원자들의 주된 관심과 균형을 이루어야 한다. 무엇보다도 상호 이해관계자의 관점이 존재함은 응용연구가 평가 단계에서 지지자와 관계자에게 의무감이 있다는 점을 시사한다.

티너스 크루거(Tinus Kruger)의 '참여적 범죄 분석'은 어떻게 상호 이해관계자의 협력이 도움이 되는지 보여주는 좋은 사례다. 증거 생성과 관련하여 맥스필드와 동료들(Maxfield et al., 2017)은 평가를 통한 문제 개념화에 있어서 뉴욕시 청소년 사법 단체와의 광범위한 협력을 기술하고 있다.

반면 이해관계에 얽혀 있다는 것은 공공정책의 파급에 있어 응용연구의 이점이 된다. 평가연구는 성공적으로 수행되는 지속적이거나 확장적인 형사사법 프로그램을 지원하고, 효과가 미미한 프로그램에 대해서는 종결시킬 수 있다. 그리고 문제 분석 결과는 때때로 공공기관의 실행에 영향을 미친다. 토니 파블로(Tony Fabelo)가 어떻게 문제 분석이 텍사스의 입법자로 하여금 비용이 큰 입법을 하는 것을 저지하는지에 관해 쓴 '정치가 사실을 수용할 때'라는 제목의 글상자를 보도록 하자.

정치성과 객관성

정치성과 이념성은 파블로(Fabelo)가 말한 것보다 더 미묘한 방법으로 연구에 영향을 준

정치가 사실을 수용할 때

1994년 발의된 연방반범죄법과 이 법으로부터 도출된 관련 정책은 일정한 양형정책을 연방 기금을 받기 위한 조건으로 주들에 압력을 가했다. 이러한 정책 중에는 반복적으로 폭력을 행사하는 습관적 폭력자에게는 가석방이 없는 '삼진아웃제'라는 조항도 포함된다. 정책 입안자에게 기능적이고 재정적인 영향에 관한 사실은 텍사스 형사사법 작용의 진퇴양난의 문제를 막게 했다. 형사사법정책심의회(Criminal Justice Policy Council: CJPC)의 정책분석은 삼진아웃제가 상당한 재정적 부담을 끼치게 될 것이라고 보고했다.

따라서 주 의회에서는 이 부분을 조심스럽게 입안했다. 성범죄 재범자를 대상으로 이 정책이 고려되었다. 형사정책 위원회의 제안이 만들어진 이후에는 법안이 적용될 대상자의 범위가 더 축소되었다. 또한 가석방 없는 종신형보다는 35년을 복역하면 가석방의 대상이 될 가능성을 열어 놓았다. 이러한 세세한 입안은 성범죄자를 엄하게 처벌하면서도 재정적 부담을 최소화하는 것이었다.

텍사스와는 달리 캘리포니아에서는 이러한 사실을 수용하지 않고 '삼진아웃제'를 시행했다.

나로서는 정책가에게 사실을 설파한 형사사법위원회와 나의 개인적 소신을 유지할 필요가 있다. 나는 객관성뿐만이 아니라 복합적인 정보에 대한 판단에 의해서 평가되어야만 한다. 이것을 위해 나와 나의 직원은 아래 사항을 따른다.

1. 영향을 받게 될 이해관계자의 견해를 포함하여 정보의 의미 형성에 가능한 한 많은 견해를 고려한다.
2. 사실의 한계를 정하고 도출된 결론의 한계가 어디인지를 확인한다.
3. 여러분의 동료와 방법론적인 가설에 관하여 상의하고 과학적인 연구의 기준에 부합되도록 한다.
4. 사실 너머의 가능한 대안적 전제를 제공한다.
5. 검토보고서에서의 기대치를 설정하고 정보를 공개함으로써 사실이 어떤 특정 이해집단을 위한 것이 아니라는 것을 확인시킨다.
6. 특정한 집단이나 선거구를 넘어서는 광범위의 관점에서 정책의 시행에 관한 정보의 근본적인 면을 판단한다.
7. 마지막으로 위의 모든 조건이 수행되었다면 정치적 외압에 굴복하지 말라. 절대 타협해서는 안 된다. 현대 정보시장에서 여러분의 정보 사용자들은 여러분을 우선은 동기로, 그리고 사용된 기술적인 방법으로 평가할 것이다.

_ 토니 파블로(Tony Fabelo)

출처: Fabelo(1996: 2, 4)를 재수정함.

다. 예를 들어, 여러분이 스스로를 편견이 없고 열린 생각을 가진 형사사법 연구자라고 가정하자. 그러나 여러분은 보호관찰과 배상이 장기징역에 비해 선호되어야 한다고 다른 형사정책에 비해 확고한 견해를 가질 수 있다. 상대적으로 다른 주장을 압도할 만한 결정적인 증거가 없기 때문에 여러분의 생각은 정당하다고 할 수 있다.

이제 여러분이 수강하고 있는 강좌에서의 과제가 교정에 관한 평가 프로젝트를 제안하는 것이라고 가정하자. 자연스럽게 구금 확대를 위한 이동 가능 감옥에 관한 프로그램보다는 보호관찰 프로그램 연구를 제안할 준비를 할 것이다. 그것은 자연스럽고 정당하지만 여러분의 정책 선호도는 여러분의 선택 주제에 영향을 미치게 된다. 또는 여러분이 인종차별주의나 인종차별에 대해 어떤 형태로든 비판적이라고 가정하자. 역시 여러분은 다른 강좌에서 흑인이 비균형적으로 체포, 구금되어 있다는 것을 알았다. 또한 흑인이 백인보다 범죄율이 더 높다는 것도 알았다. 여러분은 한 인종이 다른 인종에 우성이라고 믿지 않기 때문에 아마 유전적이거나 다른 생물학적인 사실을 원인으로 보는 것에 반대할 것이다. 하지만 범죄와 유전적 요인의 관계에 관한 연구 프로젝트에 대해서는 어떻게 생각할까? 유전적 차이가 인종 간에 존재하는 것이 그 연구가 인종차별적인 연구라는 것을 의미하는가? 우리가 여기 기술한 대로 아마 아닐 것이다. 그러나 여러분은 과거 십여 년간 미국 국립건강연구원에서 유전자와 범죄 사이의 관계에 관한 토론회를 인종차별적인 측면 때문에 취소했다는 것을 알아야 할 것이다.

로널드 클라크(Ronald Clarke, 1997b: 28)는 상황적 범죄예방에 관한 연구의 정치적 반대상황을 기술한다. "보수적 정치인들은 그것이 전후 범죄 증가를 촉발했던 도덕성의 몰락에 대한 부적절한 대응으로 본다. 진보진영은 이를 사회적 정의 부분을 도외시하고 가진 자의 범죄 개념을 수용하는 것이라고 비판한다." 이와 같은 측면에서 전자 감시는 범죄자들을 집에서 복역하도록 하는 지나친 관대함과 동시에 정부로 하여금 개인에 대한 감시를 가능하게 하는 기술적 악몽이라는 점에서 동시에 불신이 존재한다. 상황적 범죄예방의 평가나 ELMO 프로그램은 범죄에 대한 유약한 대응 또는 경찰국가의 지배력 행사를 교묘히 지지한다는 점에서 비판받고 있다(Lilly, 2006; Nellis, 2006).

이러한 관점에서 응용연구든 기초연구든 간에 형사사법 연구가 가치중립적이 된다는 것은 어려운 일이다. 우리가 가진 가치관과 성향은 우리가 연구대상자를 선택하는 것에 영향을 미친다. 정치적인 선호나 이념 역시 형사사법 조사연구의 연구를 수행하는 데 예산 배분을 통해 영향을 끼치게 된다. 예를 들어, 2015년에 미국법무연구원(NIJ)은 '교정시설 내의 반입 물품 금지와 차단에 관한 연구' 및 'LA 경찰의 유전자 감식 역량 향상과 분석 지체 감소 프로그램'(http://nij.gov/funding/awards/Pages/2015.aspx. 2016년 8월 28일 접속)에 예산을 지원했다. 그러나 '마약과의 전쟁에 있어 관행화된 인종차별주의의 범위' 또는 '연방 구류 캠프 내의 고문에 대한 예비조사'와 같은 프로젝트에는 어떠한 지원금도 주어지지 않았다. 당연히 이것은 연구자들이 의식하든 의식하지 않든 간에 응용연구에서 정치적인 목적을 추구하도록 만들게 된다.

어떻게 정치적 선택이 응용연구에 영향을 미치는지에 관한 또 다른 설명을 제프리 버츠(Jeffrey Butts, 2015)가 사회정책 평가를 어두운 방에서의 손전등에 비교하고 있다. 즉, 사람들은 손전등의 빛이 가리키는 곳만을 볼 수 있다는 것이라면서, 다음과 같이 기술하고 있다.

> 연구 증거는 진리추구를 위한 순수하고 공정한 과정에서 나오는 것이 아니다. 오늘 우리가 가지고 있는 증거는 과거의 결과인데, 이는 정책 입안자의 선행 연구 투자, 목표, 신념, 가치 및 선호도에 기반을 둔 것이다. 연구 지원은 손전등 및 지시봉 또한 포함한다. 프로그램 또는 실행정책이 '증거기반'이라고 말하는 것은 성공 확률이 상당히 높다는 것을 뜻한다. 기존 평가의 결과는

어두운 방에서의 작은 광선과 같다. 그것들은 사회정책을 형성하고 집행하는 데 충분한 모든 선택을 하는 것이 아니다. 순진한 국회의원들은 연구 지원 결정과 관련해 반박할 수 없는 증거를 요구한다.

요약

- 평가조사와 정책분석은 형사사법 관련 응용연구에 관한 예이다.
- 다른 유형의 평가 활동은 다른 단계의 정책과정(계획, 과정평가, 영향평가)에 상응한다.
- 평가성 사정은 탐색단계 혹은 특정한 프로그램을 평가하는 것이 가능한지 알아보기 위한 예비평가로서 행해진다.
- 타당한 측정 및 성공 또는 실패의 기준을 포함한 문제의 신중한 형성작업은 평가연구에 필수적이다.
- 조직은 프로그램 목표에 대한 명확한 표현이나 생각이 없을 수 있다. 이러한 경우 연구자는 연구 수행 전 기관의 직원과 함께 상호 수용 가능한 목표를 설정하는 것이 중요하다.
- 평가연구는 실험적 설계, 의사실험적 설계, 혹은 비실험적인 설계를 사용하게 된다. 연구에서는 다른 조사의 목표처럼, 실험조건을 통제할 수 있는 설계가 선호된다.
- 무작위 설계는 새로운 프로그램이 실행되거나 대조군으로부터 실험군을 격리하는 것이 불가능한 전수 프로그램에서는 사용할 수 없다.
- 과정평가는 독립적으로 행해지거나 영향평가와 연계되어 행해질 수 있다. 과정평가는 단지 영향평가로부터 결과를 해석해내기 위해서 필요하다.
- 문제 분석은 보다 미래지향적인 응용연구 기술이다. 그러나 문제 분석은 프로그램 평가에서 사용된 것과 같은 사회과학 조사방법에 기초한다. 문제 분석의 다양한 변형은 응용형사연구에 적용된다.
- 과학적 실증주의의 응용연구에 대한 접근은 일반적인 인과과정보다는, 맥락 안에서의 메커니즘에 초점을 맞춘다.
- 형사사법기관에서 전략적인 계획을 위하여 정책 분석 도구를 사용하는 경우가 증가하고 있다. 범죄 지도 제작과 여러 과정은 특히 유용한 응용기술이다.
- 문제해결, 평가, 과학적 실증주의는 많은 공통점을 지닌다.
- 평가연구는 그것이 매일의 공공정책과 실생활에 의해 구체화되기 때문에 특수한 논리적, 윤리적, 정치적 문제를 수반한다.

핵심 용어

과정평가(process evaluation)
문제 분석(problem analysis)
문제지향 경찰활동(problem-oriented policing)
문제해결(problem solving)
영향평가(impact assessment)
이해관계자(stakeholder)
증거 생산(evidence generation)
증거기반 정책(evidence-based policy)
평가연구(evaluation research)

복습문제 및 연습문제

1. 맥스필드는 형사사법 실무자를 대상으로 한 발표에서, 평가는 두 가지 질문에 답하는 것이라고 했다. '기대한 것을 얻었는가?' 그리고 '그것은 무엇에 비교해서인가?' 이 장의 특정 부문이 이 두 가지 질문과 어

떻게 관련이 있는지 토론해 보라.

2. 프로그램이 기대한 결과를 얻지 못한 경우, 다음 두 가지 중 하나 때문이다. 프로그램 시작 자체가 애초에 좋은 생각이 아니었거나, 좋은 생각이긴 했지만 제대로 시행되지 않았기 때문이다. 프로그램이 왜 실패했는지를 알아보기 위해서 과정평가와 영향평가 모두가 필요한지 논의해 보라.
3. 현장 실험을 위한 무작위 설계의 주요한 장점과 단점은 무엇인가? 문제 분석에 그러한 설계가 사용되는가? 설명해 보라.

CHAPTER 14

자료 해석

이 장에서는 형사사법 연구에서 자주 사용되는 몇몇 단순통계를 살펴보며 다변량분석의 기본논리를 다룰 것이다. 여러분은 이 장을 통해 자료를 기술하고 연구의 결론에 이르는 단순하지만 강력한 많은 분석을 수행할 수 있을 것이다.

학습목표

1. 기술통계가 자료를 요약하는 데 이용된다는 것을 이해한다.
2. 빈도분포를 사례수, 특성, 변수의 측면에서 설명한다.
3. 집중경향치가 자료를 요약해도 원자료의 세부사항을 보여주지 못함을 이해한다.
4. 분산도가 사례가 평균값 주위에서 분포하는 한 요약 방법이라는 것을 이해한다.
5. 기술통계로서 비율의 예를 제시한다. 이것은 비교의 목적을 위해 몇몇 측정치를 표준화하는 것이다.
6. 변인 분석과 하위집단 비교가 두 변수 간의 관계를 어떻게 밝혀내는지를 설명한다.
7. 유관표에서 백분율을 계산하고 해석한다.
8. 다변량분석이 여러 변수 사이의 관계를 조사하는 것이라는 것을 이해한다.
9. 오차의 비례적 감소(PRE) 모델이 근거한 논리를 설명한다.
10. PRE에 기반하여, 각각 명목변수, 서열변수, 등간변수의 결합도를 측정하는 람다, 감마, 피어슨의 r에 대해 설명한다.
11. 회귀방정식과 회귀선이 자료분석에서 어떻게 사용되는지를 약술한다.
12. 추리통계가 보다 큰 모집단에 대한 한 표본의 분석에서 산출된 결과의 일반화 가능성을 추정하는 데 어떻게 이용되는지를 이해한다.
13. 추리통계에서 신뢰구간과 신뢰수준의 의미에 대해 설명한다.
14. 통계적 유의도의 검증이 무엇을 의미하며, 어떻게 그것을 해석하는지를 설명한다.
15. 통계적 유의도와 실질적 유의도 사이의 차이를 이해한다.
16. 통계적 유의도의 검증이 사회과학 연구에서 거의 완전히는 만족시키지 못하는 자료와 방법에 관한 가정을 한다는 것을 이해한다.

개인정보 도용

우리는 모두 종종 대중매체로부터 개인정보 도용(identity theft)이 얼마나 점점 심각한 문제인지에 대해 들어왔다. 그런데 이것은 얼마나 자주 발생하는가? 그렇지 않으면, 개인정보 도용은 무엇이며 어떤 형태를 띠는가? 전미범죄피해조사(NCVS)는 2004년에 개인정보 도용에 대한 질문을 추가했다. 우리는 여기에 2010년 전미범죄피해조사의 기술적인 조사결과(Langton, 2011)를 소개한다.

첫 번째 표는 2010년에 다양한 유형의 개인정보 도용을 경험한 가구의 수를 추정한다. 이 조사는 세 가지의 형태로 피해 발생을 측정한다.

1. 신용카드의 불법사용이나 미수
2. 직불카드계정이나 저축통장계정의 불법적인 도용이나 미수
3. 새로운 계정을 개설하거나 대출을 받기 위한, 또는 다른 범죄를 저지르기 위한 개인정보 도용

이 마지막 유형은 많은 사람들이 '개인정보 도용'이라는 말을 듣고 상상하는 것이다. 다른 두 유형은 보다 자주 발생하는 것이며, 쉽게 '신용카드 사기'나 '직불카드 사기'로 명명될 수 있다. 어떤 경우에서든, 약 7%의 가구가 이러한 세 가지 유형 중 하나를 경험했다.

	추정된 가구수	가구의 백분율
합계	122,885,200	100%
개인정보 도용	8,571,900	7.0
신용카드	4,625,100	3.8
기타 계정	2,195,900	1.8
개인정보	775,400	0.6
다유형피해	975,521	0.8

출처: Langton(2011: 7).

유형별로 분석해 보면, 피해에는 몇 가지 변수가 작용하고 있는 것을 알 수 있다. 다음의 표는 가구주 연령과 수입에 따른 피해를 당한 가구의 비율을 보여준다. 많은 다른 범죄유형과 같이 젊은 사람들은 개인정보 도용의 위험이 훨씬 높다. 65세 이상의 피해 위험은 다른 연령대에 비해 반 이하로 낮다. 수입에 따른 피해의 유형은 상이하게 나타난다. 연간 7,500달러 미만을 버는 가구를 예외로 하면, 피해는 수입이 높을수록 많다. 수입이 가장 높은 범주에 속하는 사람들은 2010년에 12% 이상이 개인정보 도용의 피해를 입었다.

	가구의 피해 백분율
가구주의 연령	
18~24	8.5%
25~34	7.6
35~49	7.9
50~64	7.3
65세 이상	7.3
가구 수입	
$7,500 이하	5.3%
$7,500~14,999	4.8
$15,000~24,999	4.6
$25,000~34,999	6.0
$35,000~49,999	6.6
$50,000~74,999	7.9
$7,500 이상	12.3

출처: Langton(2011: 3~4).

이 단순한 표는 일원변량 통계(첫 번째 표)와 이원변량 통계(두 번째 표)의 예를 보여준다. 일원변량표는 미국에서 가구 피해의 분포를 보여준다. 이원변량표는 개인정보 도용 피해와 두 개의 다른 변수(연령과 수입) 간의 관계를 보여준다. 왜 이러한 패턴이 나타나는지를 생각해 보자. 신용카드 도용은 다른 유형의 개인정보 도용에 비해 보다 많다. 피해는 연령에 따라서 감소하지만, 수입이 높을수록 증가한다.

이 장에서, 우리는 자료를 어떻게 해석하고 기초적인 백분율을 어떻게 계산하는지에 대해 설명한다. 만약 여러분이 이것을 혼자서 학습하고 싶다면, 다음의 웹 주소에서 스프레드시트 형태의 랭턴(Langton)의 보고서를 다운받을 수 있을 것이다. http://bjs.ojp.usdoj.gov/content/pub/sheets/itrh0510.zip

도입

경험적 연구는 보통 몇 가지의 통계적 분석을 사용한다.

많은 사람들은 경험적 연구에 대해 두려움을 느끼는데, 이것은 수학과 통계에 대해 불안감을 느끼기 때문이다. 그리고 정말 많은 연구보고서들은 특별한 부연설명이 없는 계산 수치로 가득 차 있다. 형사사법 연구에서 통계의 역할은 매우 중요하지만, 그것이 올바르게 이해되는 것 역시 중요하다.

무엇보다도, 경험적 연구는 수학연산이라기보다는 논리연산이다. 수학은 기껏, 좋은 자료분석에 내재되어 있는, 그런 논리연산을 수행하기 위한 편리하고 효율적인 언어이다. 통계학은 특히 다양한 연구분석에 적합한 수학의 응용 분야이다.

우리는 두 가지 유형의 통계, 즉 기술통계와 추리통계를 살펴볼 것이다. **기술통계**(descriptive statistics)는 요약하거나 자료를 다루기 쉬운 형태로 묘사하는 데 이용된다. **추리통계**(inferential statistics)는 연구자들의 관찰로부터 결론을 내는 데 도움을 준다. 일반적으로 이것은 모집단으로부터 추출된 어떤 표본을 연구하여 모집단에 대한 결론을 내릴 수 있게 한다.

어떤 수를 다루기 전에, 우리는 이 장에서 사용되는 통계의 수준이 인류에게 안전한 것으로 증명되었다는 것을 확신시키고 싶다. 형사사법 연구의 이 중요한 단계에 대한 우리의 소개는 정확히 입문 정도로 그친다. 우리의 의도는 경험적인 형사사법 연구를 앞으로 생산하고 소비할 사람들이 양적인 분석의 기본 개념에 익숙해지도록 하려는 것이다. 출간된 많은 형사사법 연구서들은 복잡한 통계적 기법을 사용하는데, 그것은 전문화된 코스에서 가장 잘 배울 수 있다. 그러나 통계 아래에 깔린 논리적이고 기본적 기법은 결코 복잡하지 않다. 그것은 대개 셈(counting)과 비교(comparing)로 구성된다.

우리는 여러분이 통계를 범죄와 형사사법 정책을 기술하고 설명하는 도구로서 생각하고 이 장을 읽기를 제안한다. 통계를 이용하는 방법을 배우는 것은 이 매력적인 연구대상자를 좀 더 잘 이해하는 데 도움을 줄 것이다. 그리고 관심을 끄는 어떤 연구대상자에 대한 자료를 요약하고 해석하는 방법을 배우는 것은, 통계에 익숙해지게 되기까지, 가장 덜 고통스럽고 가장 많은 보상이 제공되는 길이다.

일원변량 기술

가장 단순한 통계치는 단일 변수에 대한 몇몇 유형의 평균과 산포도이다.

기술통계는 다루기 쉬운 어떤 형태로 양적인 묘사를 하는 한 방법이다. 때때로 우리는 한 변수를 기술하기를 원한다. 이 절차는 일원변량분석으로 알려져 있다. 이후 우리는 한 변수를 다른 변수와 관련시키는 연관성을 다룰 것이다. 이원변량분석은 두 변수 간의 관계를 기술하는 것을 말하고, 다변량분석은 셋 이상의 변수 간의 관계를 살펴보는 것이다.

일원변량분석(univariate analysis)은 어떤 시점에서 단지 한 변수에 대한 사례의 분포를 조사한다. 우리는 일변량 자료의 분석을 위한 논리와 형식을 먼저 설명한다.

기술통계(descriptive statistics) 변수의 특성이나 변수 간의 관계를 묘사하는 계산.
추리통계(inferential statistics) 표본의 관찰에서 얻은 측정치를 보다 큰 모집단의 값으로 추정하는 계산.

분포

일변량자료를 제시하는 가장 기본적인 방식은 모든 개별 사례를 보고하는 것이다. 다시 말해서 이 방식은 어떤 문제되는 변수의 측면에서, 연구대상이 되는 각 사례의 속성을 나열하는 것이다. 우리가 형사법원의 판사의 연령에 관심을 가진다고 가정하자. 우리의 자료는 어떤 주의 법조인협회에서 나온 판사의 주소록에서 가져올 수 있다. 판사들의 연령을 보고하는 가장 직접적인 방식은 단지 '63, 57, 49, 62, 80, 72, 55세 등'으로 나열하는 것이다. 그러한 보고는 독자에게 그 자료의 세세한 부분들을 완벽하게 보여주지만, 대부분의 목적을 위해서는 너무나 성가신 일이다. 우리는 섬세함을 잃지 않은 채, 다소 보다 다루기 쉬운 형태로 자료를 나열할 수 있다. 예를 들어, 38세인 판사는 5명이고, 39세인 판사는 7명, 40세인 판사는 18명 등으로 보고할 수 있다.

다소 섬세함은 잃지만, 보다 다루기 쉬운 형태로, 우리는 판사의 연령을 경계(marginal)를 기준으로 묶어 보고할 수도 있는데, 이것을 묶은 자료의 **빈도분포**(frequency distribution)라고 한다(예: 45세 미만의 판사가 24명, 45세에서 50세 사이가 51명 등). 여러분은 그 자료를 살펴보고 해석하겠지만, 모든 판사의 원래 나이를 완전히 재생할 수 없다. 예를 들어, 판사 몇 명이 41세인지에 대해 알 도리가 없다.

이러한 예는 원수치의 형태로 경계를 제시한다. 한 대안적 형태는 백분율을 이용하는 것이다. 예를 들어, 우리는 판사의 *x*%는 45세 미만이고, *y*%는 45~50세 등으로 보고할 수 있다. 다음의 표는 이것의 한 예이다.

형사법원 판사의 연령(가설적 예)

연령	백분율(%)
35세 미만	9
36~45	21
46~55	45
56~65	19
65세 이상	6
합계	100% = 433
자료 없음	18

백분율을 계산할 때, 반드시 계산을 위한 기수(base)를 결정해야 하는데, 이것은 100%에 해당하는 수이다. 대부분의 단순 상황에서, 그 기수는 연구대상자가 되는 전체 사례수가 된다. 그러나 어떤 사례가 결측치를 가질 때 문제가 발생한다. 예를 들어, 응답자가 연령을 응답하도록 요구하는 조사를 생각해 보자. 만약 어떤 응답자가 그 문항에 응답하지 않았다면, 우리는 두 가지 대안을 갖는다. 첫째, 어떤 전체 백분율로서 연령을 응답하

지 않은 사람 수를 보여 주면서, 그대로 전체 응답자 수에 기초하여 백분율을 계산할 수도 있다. 둘째, 응답한 사람 수를 연령의 백분율을 계산하는 기수로서 사용할 수 있다. 이 방식은 앞으로 나올 표에 예시된다. 우리는 아직은 응답하지 않은 사람 수를 보여 줄 것이지만, 그들은 백분율 계산에서는 사용되지 않을 것이다.

기수를 선택하는 것은 전적으로 분석의 목적에 달려 있다. 만약 우리가 어떤 조사표본의 연령분포를 그 표본이 추출되었던 모집단에 대한 해당 자료와 비교하고 싶다면, 우리는 아마도 그 계산에서 응답하지 않은 사례를 제외하길 원할 것이다. 모든 응답자의 연령분포에 대한 최선의 추정수단은 그 문항에 대답한 사람들의 분포이다. '무응답'이 어떤 의미 있는 연령 범주가 아니기 때문에, 그것이 기수에 포함되면 표본과 모집단의 수치 간의 비교에 단지 혼란만 일으킬 것이다.

집중경향치의 측정

단지 경계를 보고하는 것을 넘어서, 연구자들은 종종 자료를 요약 **평균**(average), 또는 **집중경향치**(central tendency)의 형태로 제시한다. 여기서 선택할 수 있는 것은 **최빈값**(mode, 가장 높은 빈도의 속성), **산술평균**(mean, 모든 관찰치의 합을 사례수로 나눈 것), **중앙값**(median, 순서에 따라 나열된 관찰된 속성에서 중간에 있는 속성)이다. 여기 세 가지 요약 평균이 일련의 자료에서 어떻게 계산될 수 있는지를 보여 주는 예가 있다.

10대를 연구대상자로 포함하는 어떤 실험을 수행하고 있다고 가정하자. 그들은 아래의 빈도분포표가 제시하듯이 13~19세이다.

연령	빈도
13	3
14	4
15	6
16	8
17	4
18	3
19	3

31명의 연구대상자의 실제 나이를 안다면, 이 연구대상자들은 일반적으로 또는 평균적으로 몇 살인가? 우리가 그 문제에 답할 수 있는 세 가지 방식을 살펴보자.

집중경향치(central tendency) 어떤 분포에서 중간값에 관찰치가 모이는 정도.

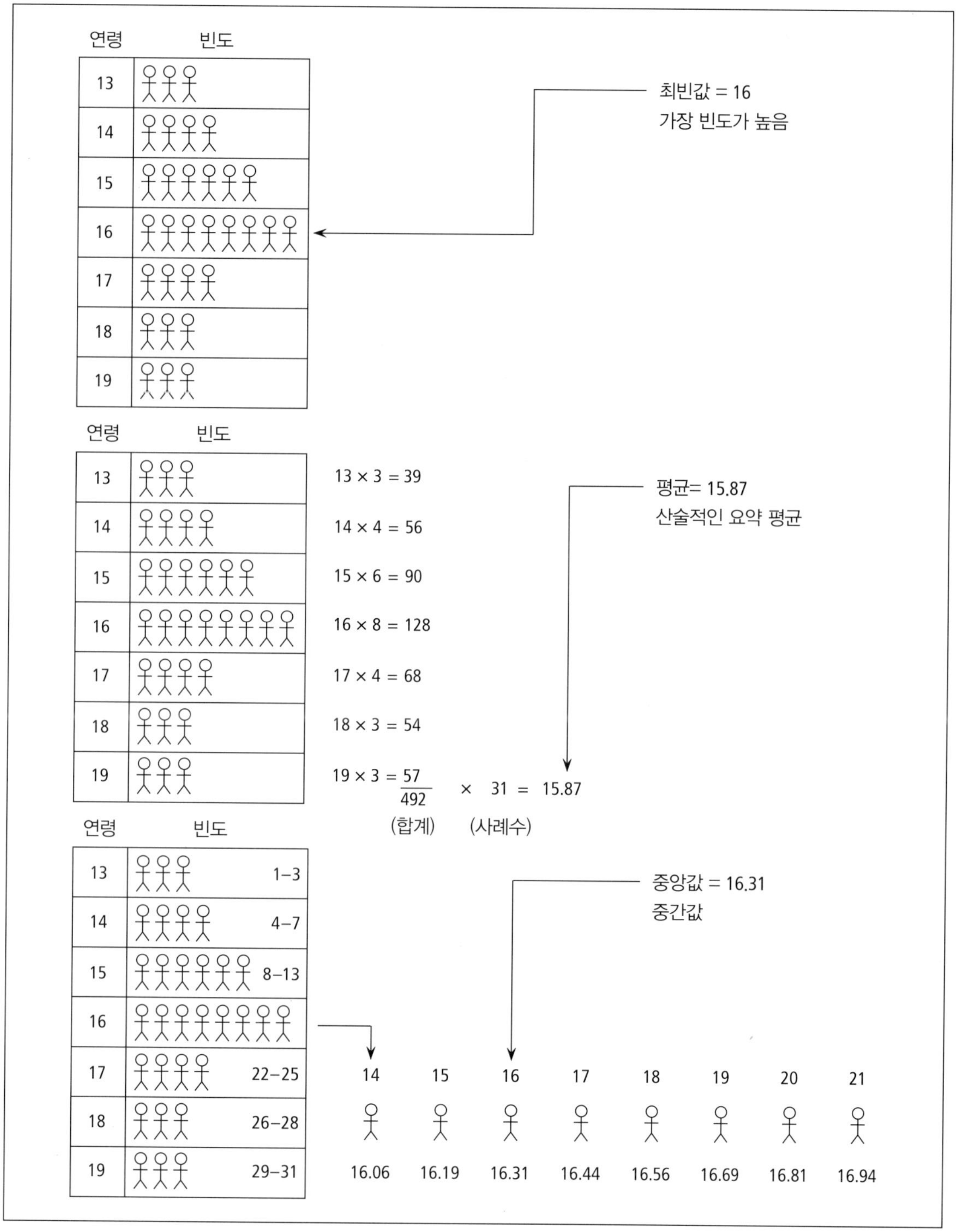

그림 14-1 세 가지 '요약 평균'

계산하기에 가장 쉬운 요약 평균은 최빈값인데, 이것은 가장 빈도가 높은 값이다. 31명의 연구대상자의 분포는 다른 연령에 비해 16세가 가장 많다는 것을 보여주고, 따라서 최빈 연령은 16세이다. 이것은 그림 14-1에 제시되어 있다.

그림 14-1은 또한 산술평균의 계산을 설명한다. 여기에는 세 가지 단계가 있는데, (1) 각 연령을 그 연령의 연구대상자 수로 곱하고, (2) 모든 이 곱한 결과를 합하며, (3) 그 합계를 전체 연구대상자의 수로 나누는 것이다. 그림 14-1에 나타낸 것처럼, 이 도해에서의 평균 연령은 15.87세이다.

중앙값은 중간값을 나타내는데, 전체 사례수의 절반은 그 값보다 위에 있고, 또 다른 절반의 사례는 그 값보다 아래에 있다. 만약 우리가 각 연구대상자의 정확한 연령을 알고 있다면(예: 17년 124일), 우리는 31명의 모든 연구대상자를 연령 순서로 나열할 수 있고, 전체 집단의 중앙값은 중간 연구대상자의 연령일 것이다.

그러나 우리는 정확한 연령을 모른다. 우리의 자료는 이런 면에서 '묶은 자료'로 구성되어 있다. 예를 들어, 정확히는 같은 연령이 아닌 세 사람이 13세라는 범주에 모여 있다.

그림 14-1은 묶은 자료에서 중앙값을 계산하는 논리를 설명한다. 모두 31명의 연구대상자가 있기 때문에 연령에 따라 정렬하면 '중간' 대상자는 16번째 사람이다. 이 사람보다 15명이 나이가 어리고 17명이 나이가 많은 셈이다. 그림 14-1의 아랫부분은 중간 사람이 연령이 16세인 8명 중에 하나라는 것을 보여준다. 그 범주의 사람들을 확대한 그림에서, 우리는 16번 사람이 왼쪽에서 세 번째라는 것을 알 수 있다.

산포도의 측정

연구문헌에 보면, 산술평균과 중앙값이 함께 제시된 경우가 있다. 산술평균이 제시될 때, 우리는 그들이 극단치에 민감하다는 것을 알아야 한다. 매우 크거나 매우 작은 소수의 수가 평균을 극적으로 변화시킬 수 있다. 이 때문에, 평균에 대한 **산포**(dispersion)의 측정 방법을 살펴보는 것은 보통 중요하다.

가장 단순한 산포의 측정방법은 **범위**(range)인데, 이것은 가장 낮은 값에서 가장 높은 값 사이의 거리이다. 따라서 연구대상자가 15.87세의 평균 연령을 갖는다고 보고하는 것 외에, 그들의 연령이 13세에서 19세 사이에 있다는 것을 알릴 수도 있다. 다소 좀 더 세련된 산포의 한 측정방법은 **표준편차**(standard deviation)인데, 이것은 산술평균을 중심으로 한 편차의 평균적인 양이라 할 수 있다. 만약 산술평균이 어떤 집단에 있는 전체 관찰치들의 평균치라면, 표준편차는 각 개별 관찰이 산술평균으로부터 벗어나는 평균적인 양을 나타낸다. 표 14-1은 소년 법원과 성인 법원의 대상자의 연령에 대한 몇몇 가정적 자료를 제시한 것인데, 이것은 편차와 평균편차의 개념을 설명하는 데 도움을 준다. 우선 표 14-1의 윗부분을 살펴보자.

산포(dispersion) 평균과 같은 어떤 집중경향치 근처 값들의 분포.

표 14-1 두 가지 가설적 분포에서의 표준편차

	소년 법원		
	연령	평균으로부터의 편차	평균으로부터의 편차제곱
	12	−2	4
	15	1	1
	14	0	0
	13	−1	1
	15	1	1
	14	0	0
	16	2	4
	16	2	4
	12	−2	4
	13	−1	1
합계	140	0	20
평균	14	(0)	(2)
표준편차			1.41
	성인 법원		
	연령	평균으로부터의 편차	평균으로부터의 편차제곱
	18	−10	100
	37	9	81
	23	−5	25
	22	−6	36
	25	−3	9
	43	15	225
	19	−9	81
	50	22	484
	21	−7	49
	22	−6	36
합계	280	0	1,126
평균	28	(0)	(112.6)
표준편차			10.61

첫 번째 열은 10명의 소년 법원 피고의 각 연령을 보여준다. 이 10명의 청소년의 평균 연령은 14세이다. 두 번째 열은 각 개인의 연령이 평균으로부터 얼마나 많이 벗어나 있는지를 보여준다. 이처럼 첫 번째 청소년은 평균에 비해 2년 더 어리고, 두 번째 청소년은 1

년 더 어리고, 세 번째 청소년은 평균과 같은 연령이다.

평균편차는 산술평균과 같은 방식으로 계산된다고 생각할 수도 있는데, 이것은 각 사례에 대한 모든 개인의 편차를 합산하고 사례수로 나눔으로써 계산된다. 표 14-1에서 이것을 했지만, 전체 편차는 0이라는 것을 명심하라. 따라서 평균편차는 0이다. 사실상, 평균으로부터 편차의 합은 항상 0이다. 이것은 어떤 사람은 음의 값으로 벗어나고, 어떤 사람은 양의 값으로 벗어나기 때문인데, 그 양의 값 및 음의 값은 항상 서로에 의해 상쇄된다.

이 때문에(그리고 다른 이유는 너무 복잡해서 여기에 기술할 수 없다), 산포를 측정하는 표준편차는 평균으로부터 제곱한 편차에 기초한다. 어떤 수를 제곱하는 것은 항상 양의 값을 만들고, 따라서 우리가 제곱한 편차를 모두 합산하면 우리는 합계에서 0을 얻지 않을 것이다. 표 14-1의 윗부분에서 이 제곱한 편차를 합산하면 총 20이 되고, 이것을 관찰 사례수로 나눔으로써 2라는 평균편차를 얻을 수 있다. 이 양을 '분산(variance)'이라 부르는데, 이것은 평균으로부터의 편차를 제곱한 값을 합한 것을 사례수로 나눈 것이다. 그 분산에 제곱근을 취한 것이 표준편차가 되고, 이것은 표 14-1에서 청소년의 경우 1.41이다.

우리는 1.41이라는, 또는 어떤 다른 그러한 값의 표준편차를 어떻게 해석해야 할까? 혼자서는 어떤 특별한 값의 표준편차는 아무런 직관적인 의미를 갖지 않는다. 산포에 대한 이 측정방법은 비교의 의미에서 가장 유용하다. 표준편차와 평균의 상대적인 값을 비교하는 것은, 평균적인 사례와 비교할 때, 어떤 집단 속에 얼마나 많은 편차가 존재하는지를 나타낸다. 유사하게, 상이한 집단에 있어서 표준편차를 비교하는 것은 각 집단 내에서의 산포의 상대적인 양을 나타낸다.

소년 법원 사례에 대한 우리의 예에서, 1.41이라는 표준편차는 14라는 평균에 비해 볼 때 다소 낮다. 이제 소년 법원에 대한 자료를 성인 법원 피고인의 연령을 제시하는 표 14-1의 아랫부분과 비교해 보자. 물론 성인이 청소년보다 나이가 많기 때문에, 그 평균은 높다. 그 표준편차를 설명하는 데 있어서 보다 중요한 것으로, 성인 법원 피고인의 분포에는 보다 큰 편차가 있다는 것이다. 이것은 표준편차와 28이라는 평균으로부터의 원편차와 편차제곱을 보여주는 열에서 알 수 있다. 성인 사례의 표준편차(10.61)는 청소년 사례의 표준편차와 평균의 상대적인 값보다 훨씬 더 크다. 이 가설적 예에서, 이것의 실재적인 이유는 분명하다. 성인 연령의 범위(18세 이상)가 잠재적으로 청소년의 연령 범위(1~17세)보다 더 크기 때문에, 소년 법원보다 성인 법원에서 훨씬 더 큰 연령편차가 존재한다. 결과적으로, 성인 피고인의 표준편차는 청소년 피고인에 비해 더 큰 편차를 나타낸다.

표준편차는 산포에 대한 요약측정치를 제공하는 것 외에도, 다른 기술통계치(이 장의 뒤에 다룰 몇몇 통계치)를 계산하는 데 중요한 역할을 한다. 표준편차는 또한 표본에서 모집단으로의 일반화를 위해 이용되는 많은 추리통계의 핵심적인 요소이다.

산포도와 집중경향치의 비교

산포도의 다른 측정방법들은 집중경향치를 해석하는 데 도움을 준다. 산포와 사례의 집중을 함께 표현하는 한 유용한 지표는 백분위(percentile)인데, 이것은 전체 사례의 몇 %가 어떤 값 이하에 속하는지를 나타낸다. 예를 들어, SAT와 같은 성취도 시험에서의 점수는 백분위와 원점수 두 형태로 모두 보고된다. 따라서 630의 원점수는 80번째 백분위에 해당할 수 있는데, 이것은 630 이하의 SAT 성취점수를 얻은 사람이 80%라는 것을 나타낸다. 반대로, 80번째 백분위는 20%는 630보다 높은 점수를 얻었다는 것을 의미한다. 백분위는 또한 사분위(quartile)로 묶일 수도 있는데, 이것은 어떤 분포에서 첫 번째(가장 낮은), 두 번째, 세 번째, 네 번째(가장 높은) 1/4에 속하도록 사례를 배분한다.

표 14-2는 집중경향치와 산포도의 상이한 측정수단을 설명하기 위해, 말하자면 보호관찰대상자와 같은 어떤 가설적인 모집단에서의 이전 입건 건수의 분포를 나타낸 것이다.

표 14-2 이전 입건의 분포에 대한 가설적 자료

이전 입건 건수	빈도	백분율	백분위/사분위
0	1	0.56	
1	16	8.89	
2	31	17.22	25번째/1번째
3	23	12.78	
4	20	11.11	50번째/2번째
5	16	8.89	
6	19	10.56	
7	18	10.00	75번째/3번째
8	11	6.11	
9	14	7.78	
10	5	2.78	
30	3	1.67	
40	2	1.11	
55	1	0.56	
합계	180	100.00%	

최빈값 2
중앙값 4
평균 5.76
범위 0~55
표준편차 6.64

이전 입건 건수가 0건에서 55건까지 걸쳐 있음에도 불구하고, 사례는 이 분포의 낮은 끝 부분에 모인다는 것을 명심하라. 그 사례의 반은 4건 이하의 이전 입건 건수를 가지는데, 이것은 표 14-2에서 세 기술통계치(중앙값, 50번째 백분위, 2번째 사분위)에서 나타난다. 단지 그 사례의 1/4만 이 입건 건수가 8건 이상이다.

또한 세 가지 집중경향치의 상이한 값에 주의하라. 이전 입건의 최빈값은 2이고, 산술평균 또는 평균치는 5.76이다. 평균이 최빈값보다 훨씬 더 클 때, 그것은 평균이 큰 이전 입건 건수를 가진 소수의 사람들에 의해 왜곡된다는 것을 나타낸다. 6.64의 표준편차는 나아가 우리의 작은 모집단이 꽤 변이성(variability)이 있다는 것을 나타낸다. 그림 14-2는 사례의 이러한 산포와 상이한 값을 가진 세 가지 집중경향치를 그래프로 나타낸다.

표 14-2와 그림 14-2에서 나타낸 것과 같은 분포를 '편포(skewed distribution)'라고 한다. 대부분의 사례가 낮은 끝 부근에 모여 있지만, 몇몇은 매우 높은 이전 입건 건수를 나타내는 부분에 퍼져 있다. 형사사법 연구자에게 관심을 끄는 많은 변수는 이와 유사한 방식으로 편포되어 있고, 특히 이것은 몇몇 일반적인 모집단에 대해 연구할 때 두드러진다. 사람들은 대부분 이전에 아무런 입건 경험도 없지만, 소수의 사람들은 입건 경험이 많다. 유사하게, 대부분의 사람들은 어떤 주어진 연도에 심각한 범죄피해를 당하지 않지만, 소

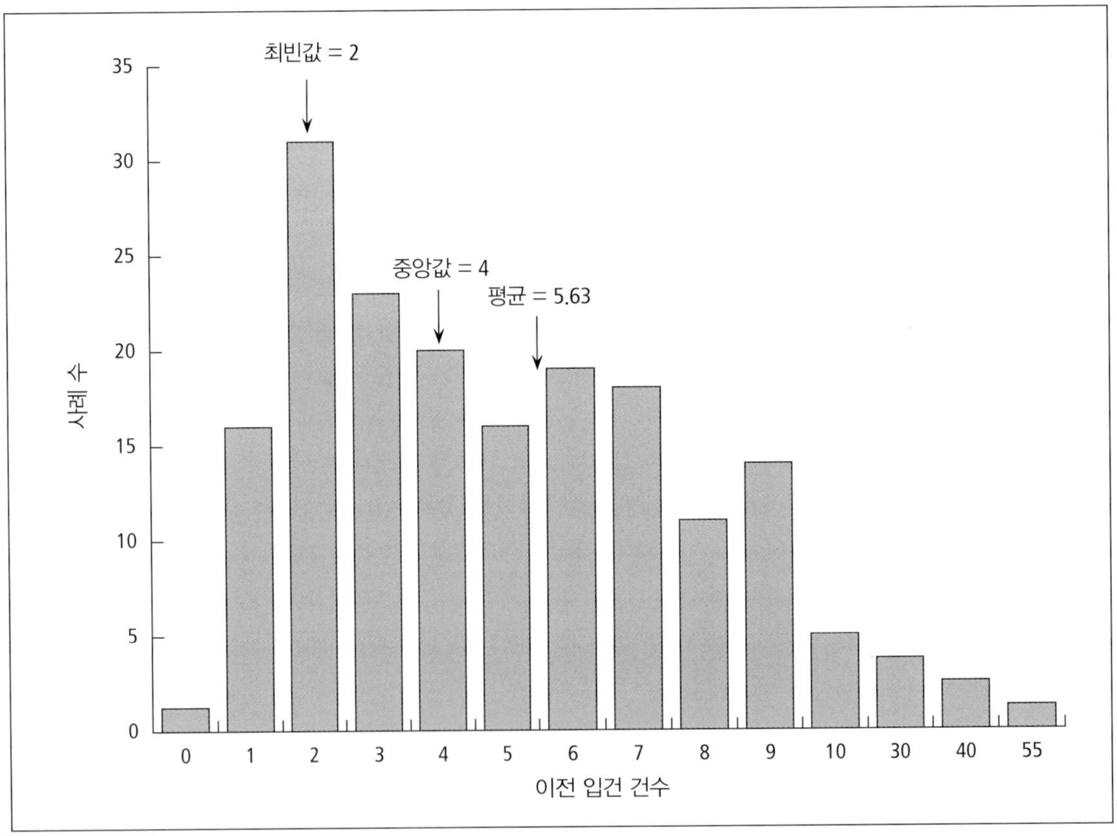

그림 14-2 이전 입건의 분포를 그래프로 나타낸 것(가설적 자료)

수의 사람들은 반복적으로 피해를 당한다.

"평균으로부터의 이탈(Deviating from the Mean)"이라는 제목의 한 논문에서, 마이클 몰츠(Michael Maltz, 1994)는 범죄학자들이 높은 수준의 편차를 인식하지 못하고 때때로 큰 편포를 보이는 모집단에 대한 평균을 보고한다고 경고한다. 형사사법 분야의 연구보고서를 읽을 때, 연구자들은 산포도와 집중경향치를 주의 깊게 보아야 한다. 표준편차의 값이 크고 평균이 작을 때, 그 평균은 좋은 집중경향치가 될 수 없다. 대신에 중앙값이나 최빈값을 사용하는 것이 더 낫다. 이들은 극단치에 의해 영향을 받지 않는다.

앞서 논의한 계산법은 모든 변수에 적절한 것은 아니다. 이것을 이해하기 위해서, 우리는 두 가지 유형의 변수, 즉 연속변수와 이산변수를 살펴보아야 한다. 연령과 이전 입선 선수는 연속적인 비율변수이다. 그들은 성이나 혼인상태와 같은 이산변수가 하는 것처럼 범주에서 범주로 뛰어넘는 것 대신에 아주 조금씩 지속적으로 증가한다. 만약 이산변수가 분석된다면(예: 명목변수 또는 서열변수), 이전에 논의된 몇몇 기법은 적용될 수 없다.

엄격하게 말하면, 중앙값과 평균은 단지 등간 자료와 비율 자료에서만 각각 이용되어야 한다. 만약, 예를 들어 문제의 변수가 성이라면, 원 수치나 백분율로 된 묶은 빈도분포가 적당하고도 유용한 측정수단이다. 최빈값을 구하는 것은 알맞은 분석도구이기는 하지만, 평균, 중앙값, 또는 산포의 요약통계치를 구하는 것은 부적절할 것이다.

비율의 계산

비율은 형사사법 연구에서 기본적인 기술통계치이다. 대부분의 경우에, 비율은 비교를 위해 어떤 측정수단을 표준화하는 데 이용된다. 예를 들어, 다음의 표는 2014년 동안 네 주에서 일어난 전체 살인사건에 대한 통계수치를 보여준다.

주	2014년 전체 살인	2014년 인구
캘리포니아	1,699	38,803,000
루이지애나	477	4,650,000
미주리	403	6,064,000
뉴욕	617	19,746,000

출처 : Federal Bureau of Investigation(2015).

분명히 캘리포니아는 다른 세 주에 비해 훨씬 더 살인이 많이 일어나지만, 이 수치는 해석하기 어렵다. 왜냐하면 각 주의 전체 인구가 크게 다르기 때문이다. 비율을 계산하는 것은 우리가 인구로 표준화하는 것을 가능하게 하며, 다음의 표에 나타낸 것처럼 보다 의미 있는 비교를 가능하게 한다.

인구 10만 명당 살인율, 2014년	
캘리포니아	4.4
루이지애나	10.3
미주리	6.6
뉴욕	3.1

우리는 루이지애나가, 심지어 2014년에 살인 건수가 가장 적었음에도 불구하고, 살인율이 가장 높다는 것을 알 수 있다. 살인율이 인구 10만 명당 살인 건수로 표현되는 것도 명심하라. 이것은 범죄 및 그 외의 드문 사건들의 비율을 보고할 때 일반적인 관례이다. **개인 한 명당** 살인율을 얻기 위해서는, 이 표의 수치 각각에 소수점을 왼쪽으로 다섯 자리 이동하라. 어떤 설명이 더 해석하기 쉬운지는 명쾌히 알 수 있다.

비율을 계산하는 것이 아주 쉽지 않을 수 있다. 조심해야 하는 것은 비율의 두 가지 기본 구성요소, 즉 분자와 분모를 결정할 때이다. 분자는 우리가 측정 시에 관심을 끄는 중심개념을 나타내고, 그래서 분자를 선택하는 것은 우리가 그 밖의 다른 곳에서 논의해왔던 측정수단에 대한 검토를 필요로 한다. 살인율, 검거율, 유죄평결률, 구금률은 상대적으로 간단한 분자의 일반적인 예이다.

적절한 분모를 선정하는 것은 통계의 문제라기보다는 오히려 측정의 문제이다. 대부분 어떤 적절한 인구에 따라서 표준화하기 위해 비율을 계산할 것이다. 때때로, 그 선택은, 우리가 살인율을 계산하기 위해서 각 주의 전체 인구를 사용한 것과 같이 꽤 명확하다. 강간이나 성폭행률을 계산하기 위해서, 물론 남성 강간 피해자들을 어떻게 처리해야 하겠지만, 우리는 아마도 분모로서 성인 여성의 인구를 사용할 것이다. 가구는 주거침입절도의 위험에 있기 때문에, 침입절도율은 가구를 세어서 계산해야 한다. 유사하게, 상가 침입절도는 상업시설을 세어야 하고, 자동차 절도는 등록된 자동차의 어떤 지표에 기초해야 한다.

보다 어려운 문제는 어떤 이동하는 인구의 특징을 표현하기 위해 비율을 계산할 때 나타날 수 있다. 예를 들어, 마이애미(Miami)의 거주자들은 그 도시 내에서 범죄피해의 위험에 처해 있지만, 마이애미를 여행하는 사람들이나 방문하는 사람들 역시 그러하다. 어떤 주어진 해에, 많은 비거주자가 그 도시를 방문하거나 거쳐 가기 때문에, 단지 그 도시의 거주자 인구(미국 인구총조사)에 기초한 마이애미의 범죄율의 측정수단은 위험에 놓인 인구에 의해 표준화되는 범죄 건수를 과대추정하는 경향이 있다. 즉, 위험에 처한 많은 사람들은 분모에서 감안되지 않을 것이다. 혹은 지하철 시스템에서의 범죄율을 추정하는 것은 어떤가? 여기에서 위험에 처한 인구는 뉴욕시에서 하루에 수백만 명에 이르는 이용자들이다.

다행히도, 비율을 보다 잘 측정하도록 도와주는 자료들은 점점 이용 가능해지고 있다. 예를 들어, 인구통계국 보고서는 도시에서 일하는 거주자수를 그곳에서 일하는 비거주자수와 합침으로써, 개별 도시의 낮시간 인구를 추정한다. 마이애미의 경우, 보고서에서 2000년에 낮시간 인구를 497,536명으로 추정했는데, 이것은 거주자 인구인 362,470명에 비해 실질적으로 더 많았다(U. S. Bureau of the Census, 2005). 2005년 뉴욕의 지하철의 추정된 주간 탑승자수는 하루 470만, 또는 연간 14억 4,900만 명이었다(New York City Transit, 2006). 2005년 동안 전체 운송시스템(버스와 여객선을 포함)에서의 범죄 건수에서 주요 중범죄는 3,383건인데, 이것은 10만 명당 0.23건, 또는 위험에 처한 인구 백만 명당 2.3건에 해당한다(City of New York, 2006). 만약 지하철만 집계한 범죄 자료가 이용 가능했다면, 그 비율은 심지어 더 낮아졌을 것이다.

비율은 쉽게 계산될 수 있는 매우 유용한 기술통계치이다. 그러나 분자와 분모를 주의 깊게 선택해야 한다. 이 경고는 기술통계치를 계산하는 것 외에 측정하는 문제에도 똑같이 적용된다. 이 장 뒷부분에 제시되는 '직장에서의 살인'이라는 제목의 글상자는 비율의 의미를 혼동하는 한 예를 보여준다.

상세함 대 이해 가능성

일원변량 (그리고 다른) 자료를 제시할 때, 우리는 종종 혼란스러운 두 가지 목표 때문에 압박을 받는다. 한편으로, 우리는 독자들에게 자료에 관해 가능한 완전한 정도의 상세한 내용을 제시해야 한다. 다른 한편으로, 그 자료는 이해하기 쉬운 형태로 제시되어야 한다. 이 두 가지 목표가 종종 서로 상충하기 때문에, 연구자들은 둘 사이에서 최선의 절충점을 찾아내야 한다. 한 유용한 해결책은 어떤 일련의 주어진 자료를 한 가지 이상의 형태로 보고하는 것이다. 예를 들어, 연령의 경우에, 우리는 묶이지 않은 형태의 연령의 빈도를 제시하는 데 더하여 평균연령과 표준편차를 제시할 수도 있다.

일원변량분석에 대한 우리의 소개는, 겉보기에 쉬운 이 문제가 어떻게 오히려 복잡해질 수 있는지를 보여준다. 이 절의 교훈은 우리가 한 변수 이상을 포함한 분석을 고려할 때 중요할 것이다.

두 개 이상의 변수의 기술

두 개 이상의 변수에 적용되는 기술통계치는 이 변수 사이의 관계를 이해하기 위한 도구이다.

일원변량분석은 어떤 연구의 분석단위를 기술하고, 그들이 어떤 큰 모집단에서 추출된 표본이라면, 모집단에 대해서 기술적인 추론을 할 수 있게 한다. 이원변량분석과 다변량분석은 주로 설명을 목표로 한다.

그것은 종종 사례, 연구대상자, 또는 응답자의 하위집단을 기술하기에 적합하다. 예를 들어, 표 14-3은 이전 중범죄 전과가 있는 범죄자의 선고형량에 대한 가정적 자료를 제시

직장에서의 살인

"직장에서의 여성의 높은 살인 피해율". 미국 노동부에 의해 출간된 한 연구를 보도하는 뉴욕타임스의 요약본 헤드라인을 읽어 보라. 그 부제는 일반 독자에게는 놀라우면서도 오해하기 쉬운 것이다. "직장에서 사망한 여성의 40%는 살해되지만, 남성의 경우 그 수치는 단지 15%에 불과하다." 어떤 표에서 백분율을 어떻게 내야 하는지에 대한 우리의 논의의 관점에서, 이 주장에 대해 생각해 보자. 여러분은 다음과 같은 어떤 것을 상상할 수 있을 것이다.

직장에서의 사망 원인(백분율)

	여성	남성
살인	40%	15%
기타	60%	85%
합계	100%	100%

이 표에 따르면, 직장에서 일하는 동안 사망한 여성 중에 40%는 살해되었고, 이것은 기사의 시작 문장과 일치한다. 지금까지 얼마나 많은 여성과 남성이 살해되었는지에 대해 아무도 말한 적 없고 또는 얼마나 많은 여성과 남성이 전체 이유 중에 직장에서 죽는지에 대해 말한 적 없다는 점에 주의하자. 뒷부분에 그 기사는 보다 상세한 내용을 제시한다.

> 차량 사고는 직업과 관련된 죽음 중 대부분의 원인인데, 이것은 1992년에 일과 관련된 6,083건의 사망 중에서 18% 또는 1,121건에 해당한다. …… 총이나 칼에 의해 죽는 것을 포함하여 살인은 17% 또는 1,004건으로 근소하게 2위였다고 노동부 노동통계국의 연구는 제시한다.

이 정보는 우리가 행 합계를 추가함으로써 그 표를 보충할 수 있게 한다. 1992년 6,083명이 일하는 도중 사망하였고, 그들 중 1,004명은 살해되었고, 나머지 5,079명은 다른 이유로 사망했다.

어떤 유관표를 만들기 위해서는 한 추가 정보, 즉 일하는 도중에 죽은 남성과 여성의 총수가 필요하다. 그 기사는 우리에게 직접적으로 그것을 말하지 않지만, 그 답변에 충분히 근사한 정보를 제공한다. "남성이 노동력의 55%이더라도, 그들은 일과 관련된 사망의 93%를 구성한다." 그러므로 남성은 6,083건의 전체 직장 사망의 93%, 대략 5,657건을 차지한다. 따라서 직장에서 사망한 여성은 대략 426명이 된다. '대략'이라는 것은 여기서 한 중요한 수식어인데, 왜냐하면 백분율로부터 사례 수를 계산하는 것은 신문기사에서 보도된 반올림된 백분율 탓에 다소 일치하지 않는 면이 있기 때문이다. 이제 직장 사망의 수를 살펴보기 위해서 유관표를 만들어 보자.

표 14-3 하위집단 비교에 대한 가정적 설명: 중범죄 전과에 따른 구금형의 길이

중범죄 경력	형량의 중앙값
아무런 입건이나 유죄평결이 없음	6개월
이전의 입건경력만 있음	11개월
이전의 유죄평결 있음	23개월

한다. 어떤 상황에서, 연구자는 순수하게 기술을 위해 하위집단을 비교한다. 좀 더 종종 하위집단을 기술하는 목적은 비교이다. 이 경우에, 유죄평결을 받은 범죄자의 하위집단

다음 표는 괄호 안에 계산된 수치를 보여준다. '합계'를 제외하고, 모든 수치는 남성과 여성에 대한 신문기사로부터 추정되었다는 점에 주의하라.

직장에서의 사망원인(수)

	여성 (추정수치)	남성 (추정수치)	합계	합계 (추정수치)
살인	170	849	1,004	1,019
기타	256	4,808	5,079	5,064
합계	426	5,657	6,083	

그 결과는 흥미롭다. 남성보다 여성이 더 큰 백분율로 살해됨에도 불구하고, 여성에 비해 더 많은 남성이 살해된다.

이제, 그 기사의 '높은 살인율'이라는 헤드라인을 회상해 보자. 이것은 직장에서 살해된 여성의 **수**가, 직장에서 살해당할 위험이 있는 여성의 총수로 나뉘면, 남성에서 계산된 같은 비율에 비해 더 높다는 것을 암시한다. 우리가 그 기사의 이러한 주장을 입증하기에는 더 많은 정보를 필요로 하지만, 어떤 단서는 있다. 여성의 노동력은 약 45%이고, 따라서 매 여성 한 명에 대해 약 1.2명의 남성 노동력이 있게 된다(55% ÷ 45%). 그러나 남성이 여성의 약 5배가 직장에서 살해된다(849 ÷ 170).

이것은 그 헤드라인이 오해를 불러일으킨다는 것을 알려 준다. 만약 남성 대 여성 살인의 비가 5 대 1이지만, 남성 노동자와 여성 노동자의 비는 1.2 대 1이라면, 여성에 대한 살인율은 얼마나 더 높을까? 여러분은 어떤 적절한 분모(이 경우에는 직장에 있는 남성과 여성의 수가 적절할 것이다)를 발견함으로써 직장에서의 실제 살인율을 계산할 수 있다. 인구조사국의 출판물인 『미국의 요약 통계(Statistical Abstract of the United States)』를 참조하면 이 정보를 알 수 있고 여러분이 다음의 최종 표에서와 같이 비율을 계산할 수 있다.

	여성	남성
민간부문 노동력(1,000명 단위)	53,284	63,593
직장에서 살해된 수	170	849
노동자 100,000명당 직장에서의 살인피해율	0.319	1.335

따라서 뉴욕타임스는 계산을 잘못 했다. 직장에서는 남성에 대한 살인율이 더 높다. 여성은 어떤 이유에서, 살인을 포함하여 직장에서 덜 자주 사망한다. 그러나 직장에서 사망한 여성은 남성에 비해 살인으로 죽는 경우가 좀 더 많다. 어떤 살인율이라는 것은 살해된 사람수를 위험에 있는 인구로 나눈다.

비율은 종종 부적절한 분모로 계산된다. 그러나 비율이라는 용어를 그토록 부정확하게 사용하는 경우를 발견하기는 쉽지 않다.

출처 : Associated Press(1993); U. S. Bureau of the Census(1992).

간의 형량을 비교하는 것은 이전의 중범죄 전과와 형량 간의 인과적인 연관을 암시한다. 유사하게 만약 우리가 남성과 여성의 형량을 비교한다면, 그것은 성별이 선고형량에 인과적인 효과를 가진다는 것을 암시한다.

이원변량분석

일원변량분석과는 대조적으로, 하위집단 비교는 일종의 **이원변량분석**(bivariate analysis)인데, 이것은 두 변수가 관련된다. 그런 상황에서, 우리는 보통 변수 간의 관계에 관심이 있다. 따라서 일원변량분석과 하위집단 비교는 연구대상자가 되는 사람들(또는 분석의 다

표 14-4 남성과 여성의 총기 소유, 2000년

	남성	여성
총기를 갖고 있는가?		
예	42%	25%
아니요	58%	75%
100%(N)=	(817)	(1,040)

출처: 2000년 일반사회조사(http://sda.berkeley.edu/archive.htm에서 이용 가능).

른 단위)을 기술하는 데 초점을 맞추지만, 이원변량분석은 **변수** 그 자체에 좀 더 초점을 맞춘다.

표 14-4는 어떤 하위집단 비교로 여겨질 수 있다는 점에 주의하라. 그것은 2000년 일반사회 조사(General Social Survey)에서 남성 및 여성 응답자 사이에 총기 소유 실태를 기술한다. 그것은 (비교에 의해 그리고 기술에 의해) 남성에 비해 여성이 총기를 덜 갖고 있다는 것을 보여준다.

어떤 설명적 이원변량분석으로 볼 수 있는 그러한 표는 다소 상이한 이야기를 말해 준다. 이 표에 따르면, '성' 변수는 '총기 소유' 변수에 대해 어떤 영향을 미친다. 그 총기 소유 행동은 부분적으로 독립변수인 성에 의해 결정되는 종속변수로 보인다. 따라서 설명적 이원변량분석은 제2장에서 소개한 '변수 언어(variable language)'를 포함한다. 초점의 미묘한 변화로, 우리는 상이한 하위집단으로서 남성과 여성에 대해 더 이상 논의하지 않지만, 한 변수, 즉 다른 변수에 영향을 미치는 한 변수로서의 성에 대해서는 계속 논의한다.

변수 사이에 인과관계의 논리를 추가하는 것은 백분율표를 만들고 이해하는 데 중요한 함의를 가진다. 기초자료분석에서 주요 걱정거리 중 하나는 어떤 주어진 표에서 적절한 '백분율의 방향'을 결정하는 것이다. 표 14-4에서, 예를 들면 우리는 연구대상자를 두 개의 하위집단, 즉 남성과 여성으로 나누었고, 각 하위집단의 행동을 기술했다. 그것은 이 표를 만들기에 적절한 방식이다.

그러나 표를 다르게 만드는 것은, 그 방식이 부적절하다고 하더라도, 가능하다는 것을 알아야 한다. 우리는 연구대상자를 총기 소유의 범주로 나누고 나서 이 각 하위집단을 남성과 여성의 백분율로 기술했다. 그러나 이 방법은 설명의 관점에서 이해할 수 없을 것이다. 총을 소유하는 것은 어떤 사람을 남성이나 여성으로 만들지 않는다.

표 14-4는 성이 총기 소유에 영향을 미친다는 것을 제시한다. 만약 우리가 다른 구성방법을 사용한다면 그 표는, 이해는 불가능하지만, 총기 소유가 어떤 사람이 남성이거나 여성인지에 영향을 미친다는 것을 제시할 것이다.

또 다른 관련된 문제는 초보자의 자료분석을 까다롭게 한다. 여러분은 백분율표를 어떻게 읽었는가? 표 14-4를 '여성 중에 단지 25%가 총을 소유하고, 75%는 소유하지 않고, 따라서 여성은 총을 덜 소유하려는 경향이 있다'고 해석하려는 어떤 유혹이 존재한다. 그러나 그것은 그 표를 읽는 적절한 방식이 아니다. 어떤 변수로서, 여성이 총기 소유에 영향을 미친다는 결론은 남성과 여성 간의 어떤 비교를 방해하지 말아야 한다. 특히 우리는 여성의 25%를 남성의 42%와 비교하고, 여성이 남성보다 총을 덜 갖는다고 주장한다. 따라서 하위집단을 적절히 비교하는 것은 설명적인 이원변량표를 읽기 위해서 필수적인 과정이다.

표의 백분율 계산 표 14-4를 만들고 제시할 때, 우리는 '아래로의 백분율(percentage down)'이라 불리는 어떤 관례를 사용한다. 이것은 전체 100%에 대해 각 열(column)에 백분율을 추가할 수 있다는 것을 의미한다. 우리는 행(row)을 따라서 이 형식의 표를 읽는다. '예'라고 이름 붙은 행에서, 몇 %의 남성이 총을 소유하는가? 몇 %의 여성이 총을 소유하는가?

아래로의 백분율 관례는 일종의 관행과 같은 것이다. 몇몇 연구자들은 '옆으로의 백분율(percentage across)'을 선호한다. 그들은 표 14-4를 표의 왼쪽에 남성과 여성으로 만들고(이것은 두 개의 행으로 나타난다), 윗부분에 '예'와 '아니요'를 만든다(이것이 열이 된다). 그 표에서 실제 숫자는 그에 따라 바뀔 것이고, 백분율의 각 행은 총 100%가 될 것이다. 그 경우에, 우리는 표의 열 내에서 아래로 읽음으로써, 남성과 여성의 몇 %가 총기를 소유하는지에 대해 보면서 남성과 여성을 비교할 것이다. 그 논리와 결론은 어느 쪽의 경우든 같다. 단지 그 형태가 다를 뿐이다.

그러므로 어떤 다른 사람이 만든 표를 읽을 때, 어떤 방향으로 백분율이 계산되었는지를 아는 것은 필수적이다. 보통 그것은 표의 제목이나 분석되고 있는 변수의 논리상 명백할 것이다. 그러나 때때로, 표는 명료하게 제목이 붙지 않는다. 그러한 경우에, 독자는 각 열과 각 행에서의 백분율을 더해 봐야 한다. 각 열이 총 100%라면, 그 표는 아래로 백분율이 계산된 것이다. 만약 각 행이 총 100%라면, 그 표는 옆으로 백분율이 계산된 것이다. 아래에 이것의 경험적 규칙이 있다.

1. 만약 표가 아래로 백분율이 계산되었다면, 옆으로 읽는다.
2. 만약 표가 옆으로 백분율이 계산되었다면, 아래로 읽는다.

도중에, 우리는 표의 아랫부분에 보이는 인터넷 주소를 통해 여러분이 추측할 수 있는 것처럼, 인터넷에서 이용 가능한 일반사회조사(GSS) 자료에서 표 14-4를 만들었다. 1972년부터의 GSS 자료는 버클리 소재 캘리포니아 대학교(University of California at Berkeley)의 온라인 자료분석시스템을 통해서 직접 접근할 수 있다. 여러분은 버클리 사이트에서

표 14-5 마리화나의 합법화에 대한 신문사설에 관한 가정적 자료

마리화나의 합법화에 대한 편집 정책	지역 규모	
	100,000명 미만	100,000명 이상
우호	11%	32%
중립	29%	40%
비우호	60%	28%
100%(N) =	(127)	(438)

쉬운 대화적 프로그램을 이용하여 어떤 GSS 변수에 대해 자신의 백분율표를 만들 수 있다. 이것은 이원변량 백분율표를 만들 때, 귀중한 연습의 기회를 제공할 것이다.

여기에 또 다른 예가 있다. 우리가 마리화나의 합법화에 관한 신문의 사설 정책을 조사하는 데 관심이 있다고 가정하자. 우리는 전국적으로 발행되는 일간신문의 어떤 표본에서 어떤 주어진 해 동안 나타나는 이 주제에 대한 사설을 내용 분석한다. 각 사설은 마리화나를 합법화하는 데 대한 우호, 중립, 또는 비우호로 분류된다. 아마도, 우리는 편집 정책과 신문이 발행되는 지역사회 유형과의 관계를 조사하고 싶어 하는데, 이것은 농촌의 신문들이 도시의 것에 비해서 좀 더 보수적일 수 있다는 생각에서 기인한다. 따라서 각 신문(따라서, 각 사설)은 그것이 발행되는 지역사회의 인구에 따라서 분류된다.

표 14-5는 농촌 및 도시 신문의 편집 정책을 기술하는 가정적 자료를 제시한다. 이 표본의 분석단위는 개별 사설이라는 점을 주의하라. 표 14-5는 인구가 100,000명 이하인 지역사회에서 발간된 신문의 표본에서 마리화나에 관해서 127개의 사설이 있다는 것을 보여준다(주의: 100,000명이라는 이 선택은 해설의 단순화를 위한 것이며, 농촌이 절대적인 의미에서 100,000명 이하라는 것을 의미하지는 않는다). 물론, 11%(14개의 사설)는 마리화나의 합법화에 대해 우호적이었고, 29%는 중립적이었으며, 60%는 비우호적이었다. 100,000명 이상의 주민이 거주하는 지역사회에서 출간된 신문으로 구성된 표본에서 나타난 438개의 사설은 32%(140개)가 마리화나의 합법화에 우호적이고, 40%는 중립적이고, 28%는 비우호적이었다.

이 가상의 연구에서 우리가 농촌과 도시 신문의 편집 정책을 비교할 때, 기대한 것처럼, 농촌의 신문이 도시의 신문에 비해 마리화나의 합법화에 덜 우호적이라는 것을 발견한다. 그것은 농촌의 백분율(11%)보다 도시의 백분율(32%)이 더 높으므로 좀 더 우호적이라는 것에서 알 수 있다. 우리는 또한 도시의 사설보다 농촌의 사설이 좀 더 비우호적이라고 지적할 수 있다(60% 대 28%). 역시 이 표가 편집 정책이 지역사회의 규모에 영향을 미치는 것이 아니라, 지역사회의 규모가 마리화나에 대한 지역 신문의 편집 정책에 영향을 미칠 수 있다는 것을 나타낸다는 것을 명심하라.

표의 작성과 읽기 다변량분석을 소개하기 전에, 설명적 이원변량표를 만드는 절차를 살펴보자.

1. 사례를 독립변수의 속성을 따라서 집단으로 나눈다.
2. 이 하위집단을 종속변수의 속성 관점에서 각각 기술한다.
3. 독립변수 하위집단을 종속변수의 어떤 주어진 속성의 관점에서 또 다른 집단과 비교함으로써 표를 읽는다.

마리화나의 합법화에 대한 편집 정책의 예에서, 지역사회의 규모는 독립변수이며, 신문의 편집 정책은 종속변수이다. 그 표는 나음과 같이 만들어진다.

1. 사설을 신문이 발행되는 지역사회의 규모에 따라서 하위집단으로 나눈다.
2. 마리화나의 합법화에 대해 우호, 중립, 비우호의 백분율로 사설의 각 하위집단을 기술한다.
3. 마리화나의 합법화에 대해 우호적인 백분율의 관점에서 두 하위집단을 비교한다.

이원변량분석은 일반적으로 어떤 설명적인 목적을 갖는다. 이 가정적 예는 사회과학자가 사용하는 것과 같이 인과관계의 속성을 암시한다. 이 예에서의 다소 단순화된 인과관계에 대한 접근에 대해 지금은 문제 삼지 않기를 바란다.

이원변량표 형식 우리가 살펴봐 왔던 것과 같은 표를 보통 **유관표**(contingency table)라고 부른다. 종속변수의 값은 독립변수의 값을 조건으로 한다. 유관표가 형사사법 연구에서 일반적으로 사용된다고 하더라도, 그들의 형식은 표준화되어 있지 않다. 결과적으로, 다양한 형식이 연구문헌에서 발견될 것이다. 표가 읽고 해석하기 쉬운 한, 표준화를 위해 애쓸 아무런 이유가 없다. 그러나 다음의 지침은 대부분 표 형태로 자료를 제시할 때 지켜져야 한다.

1. 그 표에 포함되어 있는 것을 함축적으로 기술하는 어떤 제목을 제시한다.
2. 그 변수의 원래 내용을 명쾌히 제시한다. 만약 가능하다면 표 그 자체에서 또는 표의 부연설명 형태로 제시한다. 이 정보는 특히 어떤 변수가 태도 질문의 응답으로 나왔을 때 중요한데, 이것은 응답의 의미가 대개 질문의 언어 구성에 의존하기 때문이다.
3. 명쾌하게 각 변수의 속성을 제시한다. 복잡한 범주는 간결하게 할 필요가 있지만, 그 의미는 명쾌해야 한다. 그리고 물론 그 표에 대한 완전한 기술이 본문에 있어야

한다.

4. 표에서 백분율이 제시될 때, 계산의 근거가 되는 기수를 명확히 한다. 각 범주의 모든 원 수치를 제시할 필요는 없는데, 이것은 이들이 백분율과 기수로부터 재구성될 수 있기 때문이다. 더욱이, 숫자와 백분율을 모두 제시하는 것은 종종 표를 보다 읽기 어렵게 만든다.
5. 만약 어떤 사례가 결측치(예: '무응답')이기 때문에 표에서 빠져 있다면, 표에 그 수를 제시한다.

이 지침을 따르고 그들이 조사하려는 종류의 인과적이고 기술적 관계에 대해 주의 깊게 생각함으로써, 연구자는 형사사법 분야에서 많은 정책과 연구문제를 다룬다. 그러나 우리는 유관표의 논리를 충분히 생각하는 것의 중요성을 강조하고 싶다. 기술통계(유관표, 집중경향치, 비율)는 때때로 잘못 제시되고 잘못 해석된다. 이것의 한 예로서 '직장에서의 살인'이라는 제목의 글상자를 보자.

다변량분석

많은 형사사법 연구는 몇몇 변수들 사이의 관계를 밝혀내기 위해 **다변량분석**(multivariate analysis)을 이용한다. 많은 통계적 분석과 유사하게 다변량분석의 논리는 간단하지만, 많은 다변량 통계 기법을 실제로 사용하는 것은 복잡할 수 있다. 그것을 완전히 이해하기 위해서는 통계학에 대한 튼튼한 배경지식이 필요하며, 그것은 이 책의 범위를 넘어선다. 이 절에서는 다변량표(셋 이상의 변수로부터 만들어지는 것)를 만드는 것을 논의하고, 다중의 하위집단을 비교한다.

다변량표는 본질적으로 이원변량표에서 이전에 논의되었던 것과 같은 단계를 따른다. 그러나 한 독립변수와 한 종속변수 대신에 우리는 하나 이상의 독립변수를 가질 것이다. 하나의 독립변수에 기초하여 그 종속변수를 설명하는 것 대신에, 우리는 하나 이상의 보다 많은 독립변수를 사용하여 설명할 것이다. 피해자화에 대한 연구의 한 예를 살펴보자.

다변량표: 생활양식과 거리범죄 만약 우리가 범죄피해에 대한 이미 출간된 어떤 통계자료를 참고한다면(제12장 참고), 우리는 연령과 대인범죄피해와의 어떤 관계를 보여주는 몇 개의 표를 발견할 것이다. 예를 들어, 젊은 사람일수록 폭행과 강도피해를 좀 더 자주 당한다. 마이클 힌덜랭, 마이클 갓프레드슨, 제임스 거로펄로(Michael Hindelang, Michael Gottfredson, and James Garofalo, 1978)의 한 영향력 있는 책은 '생활양식'이 이 관계를 설명해 준다는 것을 제시한다. 많은 젊은 사람들의 생활양식(예: 저녁 유흥을 위해 술집이나 클럽을 방문하는 것)은 그들에게 나이가 더 많은 사람들의 덜 활동적인 생활양식에 비해 더 많은 거리범죄와 잠재적인 범죄자에게 노출되게 한다. 이것은 확실히 이해할 만한

가설이다. 그리고 힌덜랭과 동료들은 전미범죄피해조사(NCVS)의 초기 버전 자료를 분석하여 그 생활양식에 의한 설명이 일반적으로 지지된다는 것을 발견했다. 그러나 미국 범죄조사자료는 생활양식 개념을 직접적으로 측정하는 문항이 없다.

마이클 갓프레드슨(Gottfredson, 1984)은 영국범죄조사(BCS)의 설문지 문항을 개별 행동에 대한 보다 나은 측정이라고 설명한다. 이 자료를 이용하여, 로널드 클라크와 동료들(Ronald Clarke et al., 1985)은 위험에의 노출과 범죄피해와의 관계를 조사했지만, 그들은 연령과 성이 범죄피해에 아무런 영향을 미치지 않는다고 생각했다. 특히 클라크와 동료들은 노인들은 거리에서 보내는 시간이 적기 때문에 거리범죄의 피해를 덜 당한다고 가정했다. 1982년 영국범죄조사는 그들이 이전 일주일 동안(다시 말해서, 면접하기 전 주) 저녁 시간의 여가나 사회활동에서, 그들의 집에 머물렀는지 아닌지를 조사했다. '예'라고 응답한 사람들은 그들이 밤에 밖으로 나갔고, 그들이 무엇을 했는지를 추가로 질문했다.

어떤 유형의 저녁 활동은 다른 유형에 비해 좀 더 위험하다는 것을 가설로 만들면서, 클라크와 동료들은 그들의 분석을, 술집이나 나이트클럽, 또는 극장에 가는 것과 같이 응답자의 집을 떠나서 행해지는 여가 활동에 제한했다. 그들은 종속변수(거리범죄피해)를 또한 주의 깊게 정의했는데, 그것은 피해자의 집이나 직장 또는 친구의 집 밖에서 일어나는 대인범죄(폭행, 강도, 강간, 절도의 기수 및 미수)만을 포함하는 것으로 정의되었다. 게다가, 여가 활동 문항은 저녁의 활동에 대해서 물었기 때문에, 오후 6시에서 심야 사이에 일어난 피해만이 포함되었다.

클라크와 동료들은 세 가지 주의 깊게 정의된 개념과 변수를 포함한 특수한 가설을 제안했다. **노인**은 거리범죄의 위험에 노출되는 **행동**에 덜 참가하기 때문에 거리범죄**피해**를 덜 당한다. 표 14-6의 A에서 C 부분은 이 변수들 사이의 세 가지 가능한 이원변량 관계에 대한 교차표이다. 연령에 따른 저녁 거리범죄의 피해, 저녁 여가추구에 따른 저녁 거리범죄의 피해, 그리고 연령에 따른 저녁 여가추구.

이 표에서 설명되는 관계는 대인 범죄피해의 생활양식 가설과 일치한다. 첫째, 범죄피해는 젊은 사람들(16~30세)과 지난주에 세 번 이상 집 밖에서 여가 활동을 한 사람들에게 많다(표 14-6의 A, B 부분). 둘째, C 부분에 나타낸 것처럼, 젊은 사람과 위험에 자주 노출되는 사람의 속성은 정적으로 관련된다. 가장 젊은 집단의 약 41%는 세 번 이상 외출을 하는 데 비해, 31~60세의 연령집단은 20%가, 그리고 60세 이상의 사람들은 단지 10%만이 그렇게 했다.

그러나 우리는 두 개의 독립변수(생활양식과 연령)가 거리범죄피해에 미치는 영향에 관심이 있기 때문에, 모든 세 변수를 포함하도록 표를 만들어야 한다.

우리가 이 장에서 제시했던 표 중 몇 개는 다소 비효율적이다. 종속변수(거리범죄피해)가 두 개의 속성만 가진 이항변수일 때, 한 속성을 알면 쉽게 다른 것을 재구성할 수 있다. 이와 같이, 우리가 31~60세의 응답자의 1%가 거리범죄의 피해자라는 것을 표

표 14-6A 연령에 따른 저녁 거리범죄피해

거리범죄피해	연령		
	16~30	31~60	61+
예	4.8%	1.0%	0.3%
아니요	95.2%	99.0%	99.7%
100%(N) =	(2,738)	(4,460)	(1,952)

표 14-6B 전 주 동안 저녁 외출에 따른 저녁 거리범죄피해

거리범죄피해	저녁 외출		
	없음	한두 번	세 번 이상
예	1.2%	1.6%	3.8%
아니요	98.9%	98.4%	96.2%
100%(N) =	(3,252)	(3,695)	(2,203)

표 14-6C 연령에 따른 전 주의 저녁 외출

저녁 외출	연령		
	16~30	31~60	61+
없음	20.6%	35.2%	57.2%
한두 번	38.6%	44.9%	32.5%
세 번 이상	40.9%	19.5%	10.2%
100%(N) =	(2,738)	(4,460)	(1,952)

표 14-6D 연령과 저녁 외출에 따른 저녁 거리범죄피해

저녁 외출	연령		
	16~30	31~60	61+
없음	3.9% (563)	1.0% (1,572)	0.2% (1,117)
한두 번	3.8% (10.56)	0.9% (2,004)	0.2% (635)
세 번 이상	6.2% (1,119)	1.4% (884)	1.1% (200)
합계(N) =	(2,738)	(4,460)	(1,952)

주: 백분율과 사례 수는 인용된 문헌의 표에서 계산함.

출처: Clarke와 동료들(1985: Tables 1, 2, and 3)에서 재수정함.

14-6A로부터 안다면, 우리는 자동으로 99%는 피해자가 아니라는 것을 안다. 그래서 어떤 양분법의 양쪽 값을 위한 백분율을 보고하는 것은 불필요하다. 이러한 인식에 기초하여, 표 14-6D는 가장 효율적인 형식으로 범죄피해와 두 독립변수 간의 관계를 제시한다.

표 14-6D에서, 거리범죄피해를 당한 응답자의 백분율은 두 독립변수가 교차되는 곳에 있는 칸에 나타난다. 각 백분율 아래에 괄호 안에 제시되는 숫자는 백분율이 계산되는 기준이 된 사례수이다. 따라서 예를 들어, 우리는 563명의 16~30세의 집단은 그들의 면접 전 주에 저녁 여가를 위해 외출하지 않았고, 그들의 3.9%는 전 주에 거리범죄의 피해자라는 것을 안다. 우리는 이것으로부터 563명의 사람들 중에 22명은 피해자이고 다른 541명은 피해자가 아니라는 것을 계산할 수 있다.

이제 이 표에서 제시되는 결과를 해석해 보자.

- 각 연령집단 내에, 주당 세 번 이상의 저녁 여가 활동을 위해 외출하는 사람들은 좀 더 종종 범죄피해를 당한다. 주당 한두 번 외출하는 사람과 한 빈도 외출하지 않은 사람 사이에는 범죄피해에 있어서 큰 차이가 없다.
- 저녁 여가 활동의 각 범주 내에 거리범죄피해는 연령이 증가함에 따라 감소한다.
- 저녁 시간 외출로 위험에 노출되는 것은 연령에 비해 거리범죄피해에 보다 덜 강하게 관련된다.
- 연령과 위험에의 노출은 거리범죄피해에 독립적인 영향을 미친다. 한 독립변수의 한 주어진 속성 내에서, 두 번째 독립변수의 상이한 속성은 범죄피해에 여전히 관련된다.
- 유사하게 두 독립변수는 범죄피해에 누적 효과를 갖는다. 주당 세 번 이상 외출한 젊은 사람들은 좀 더 자주 범죄피해를 당한다.

생활양식의 가설로 다시 돌아와서, 우리가 표 14-6D에서 결론 내릴 수 있는 것은 무엇인가? 첫째, 위험에의 노출에 대한 측정치는 실제로 거리범죄피해에 연관된다. 자주 외출하는 사람들이 좀 더 자주 위험에 노출되고, 좀 더 자주 거리범죄 피해자가 된다. 그러나 클라크와 동료들이 지적한 것처럼, 위험에의 노출에서의 차이는 노인의 낮은 피해율을 설명하지 않는다. 위험에의 노출 범주 내에서, 피해는 여전히 연령에 따라서 감소한다. 그래서 생활양식은 범죄피해와 관련되지만, 행동의 측정치(거리범죄의 위험에의 노출)는 범죄피해에서 연령과 관련된 차이 모두를 설명하지 않는다. 더욱이, 우리는 '집중(intensity)'이라고 부를 수 있는 생활양식은 여기서 어떤 역할을 한다. 한 주에 두 번 이상 외출하는 것은 더 자주 외출하는 것과 범죄피해의 횟수에서 다를 바 없다. 가장 집중적으로 주로 밤에 활동하는 30세 이하의 사람들이 종종 거리범죄의 피해자가 된다.

다변량유관표는 어떤 종속변수와 다중의 명목 수준의 독립변수 사이의 관계를 살펴보는 데 뛰어난 도구이다. 그러나 유관표는 만약 독립변수가 다수의 범주를 갖고 있거나, 만약 둘 이상의 독립변수가 포함된다면 이해하기 어렵고 귀찮게 된다. 실제에서 형사사법 연구자들은 종종 이산 또는 명목변수를 다변량분석 하는 것 이상의 좀 더 세련된 기법을 이용한다. 그러한 분석의 논리가 특히 어렵다고 하더라도, 대부분의 사람들은 고급통계학 시간에 이 기법을 배운다.

다중-하위집단 비교: 사회해체와 보스턴 지역 하위집단 비교가 어떤 형태의 이원변량분석을 만들어내는 것처럼, 다중집단 간에 몇 개의 종속변수에 대한 값을 비교하는 것은 다변량분석의 한 유형이다. 어떤 의미에서, 표 14-6D는 연령과 저녁 여가 활동에 따라서 다중집단에서의 범죄피해를 비교한다.

다중하위집단 비교는 등간 수준 또는 비율 수준에서 측정된 종속변수에 있어서의 값을 비교하기 위해 가장 자주 이용된다. 예를 들어, 우리는 상이한 속성에 따라 분류된 도시 지역 사이에서의 범죄율을 비교하고 싶어 할지도 모른다. 표 14-7은 바버라 워너와 글렌 피어스(Barbara Warner and Glenn Pierce, 1993)의 연구에서 발췌한 것인데, 사회해체 수준과 범죄 사이의 관계를 살펴보는 것이다.

클리퍼드 쇼와 헨리 매케이(Clifford Shaw and Henry McKay, 1969) 그리고 윌리엄 줄리어스 윌슨(William Julius Wilson, 1987), 워너와 피어스는 사회해체의 두 가지 척도(보스턴 지역에 대한 인구조사 자료로부터 계산된 빈곤과 인구이동)에 따른 60개의 보스턴 지역으로부터의 경찰 서비스의 요청을 비교하였다. 그들의 빈곤의 측정방법은 1980년에 빈곤선 아래 소득의 지역 거주자의 백분율이다. 그들의 인구이동 측정방법은 같은 지역에서 5년 미만 거주한 사람의 백분율이다. 각 지역은 이 두 가지 척도의 각각에 대해 높거나 낮은 것으로 분류하는 것은 표 14-7에 나타낸 것과 같은 두 가지의 하위집단을 만들어낸다. 각 칸은 각 하위집단에 속한 지역의 폭행신고율을 의미한다.

표가 보여주는 것처럼, 폭행은 지역이동과 관계없이, 빈곤 주민의 비율이 높은 지역에서 더 많다. 여기에는 아무런 이상한 것이 없다. 이 결과는 사회해체에 대한 쇼와 매케이 이후의 사실상 모든 연구와 일치된다. 그러나 이동과 폭행 사이의 관계는 지역의 빈곤 수준에 따라서 변한다. 낮은 빈곤 비율의 지역에서(표 14-7의 첫 행), 평균폭행률은 이동성이 높은 지역에서는 좀 더 높지만, 높은 빈곤 비율을 보여주는 지역(두 번째 행)에서는 그 반대이다. 워너와 피어스는 이 결과(폭행이 가난하고, 이동성이 적은 지역에서 가장 많다

표 14-7 보스턴의 60개 지역에서의 1,000명당 폭행률, 빈곤, 이동

빈곤 주민 비율	이동		
	낮음	높음	합계
낮음	12.2 (22)	19.5 (21)	15.8 (43)
높음	43.8 (4)	25.0 (13)	29.4 (17)
합계	17.1 (26)	21.6 (34)	19.6 (60)

주: 주변합 폭행률은 인용된 표에서 계산함.
출처: Warner and Pierce(1993: Table 2)에서 재수정함.

는 것, 즉 빈곤이 지속적이고 이동성이 제한된 사람들에게 많이 발생한다는 것)를 해석하기 위해서 윌슨의 유명한 책 『진정으로 불우한 사람들: 도시 내부, 최하층민, 복지 정책(The Truly Disadvantaged: The Inner City, the Underclass, and Public Policy)』(1987)을 언급한다. 워너와 피어스(Warner and Pierce, 1993: 507)가 말한 것처럼, "이 지역들은 사람들이 아무런 선택의 여지가 없기 때문에 이동하지 못하고 남아 있는 지역들이다. 이 유형의 안정성은 바로 그런 다른 방식으로 범죄에 영향을 미치는 것으로 나타난다. 응집력이 나타나기보다 분노, 좌절, 고립이 나타날지도 모른다."

또한 이 결과를 보여주기 위해 빈곤과 이동성의 결합된 범주를 비교하는 것이 얼마나 필수적인지를 명심하라. 만약 우리가 각 변수에 있어서의 평균 폭행 건수(이것은 표 14-7의 행과 열의 합계로 나타난다)를 따로따로 살펴보면, 우리는 폭행이 빈곤이 심한 지역과 높은 이동성을 나타내는 지역에서 좀 더 많다고 결론 내릴 것이다. 빈곤과 이동성의 교차에 의해 분류된 다중하위집단을 비교하는 것은 다변량분석의 한 형태인데, 이 분석을 통해 워너와 피어스는 두 독립변수와 지역폭행률 사이의 미묘한 관계를 정리해낼 수 있었다. 이 장의 뒤에서, 좀 더 강력한 다변량분석 기법의 사용을 설명하기 위해, 다시 이 연구를 살펴볼 것이다. 그러나 다중하위집단 비교는 등간 또는 비율 수준으로 측정된 하나 이상의 독립변수와 종속변수 사이의 관계에 대한 유용한 정보를 제공할 수 있다.

연관성의 측정수단

우리가 제시했던 것처럼, 기술통계는 자료를 어떤 다루기 쉬운 형태로, 양적으로 묘사하는 한 방법이다. 때로는 단일변수를 기술하기를 원하고, 때로는 한 변수와 또 다른 변수를 연결시키는 연관성을 기술하기를 원한다.

이원변량 유관표는 두 변수 사이의 연관성을 살펴보는 한 방식이다. 그러나 유관표는 행과 열 변수로서 몇 개의 상이한 응답 범주가 제시되면 꽤 복잡할 수 있다. 그럼에도 불구하고, 어떤 유관표는 자료행렬로 두 변수 사이의 연관성을 제시한다. 표 14-8은 그러한 행렬을 보여주는데, 이것은 교육과 총기통제법에 대한 지지의 결합빈도분포에 대한 가설적 자료를 보여준다. 이 표는 교육과 총기통제법에 대한 지지 사이의 관계의 속성과 정도

표 14-8 교육과 총기통제법에 대한 지지도에 대한 가설적 원자료

	교육 수준				
총기 통제에 대한 지지	무학	중학교	고등학교	대학교	대학원
낮음	23	34	156	67	16
중간	11	21	123	102	23
높음	6	12	95	164	77

를 결정하는 데 필요한 모든 정보를 제시한다. 예를 들어, 23명의 사람들은 (1) 아무런 교육을 받지 않았고, (2) 총기 통제에 대한 지지도가 낮았으며, 77명의 사람들은 (1) 대학원 학위를 가졌고 (2) 총기 통제에 대해 많이 지지했다는 점을 알 수 있다.

그러나 이 행렬은 우리가 쉽게 이해할 수 있는 것보다 더 많은 정보를 제시한다. 그 표를 주의 깊게 연구하면, 교육이 무학에서 대학원 학위로 증가함에 따라서 총기 통제에 대한 지지가 강해지는 경향을 알 수 있다. 다양한 기술통계치로 이 자료 행렬을 요약할 수 있다. 적당한 측정수단을 선택하는 것은 처음에는 두 변수의 속성에 의존한다.

우리는 이제 두 변수 간의 연관성을 요약하기 위해 이용 가능한 몇 가지 측정수단을 살펴볼 것이다. 우리가 논의하는 각 연관성의 측정수단은 **오차의 비례적 감소**(proportionate reduction of error: PRE)라고 부르는 모델에 기초한다.

이 모델의 원리를 살펴보기 위해, 우리가 어떤 주어진 변수에서 응답자가 어떤 속성(예: 어떤 주어진 설문지 문항에 '예'라고 응답하는지 또는 '아니요'라고 응답하는지)을 갖는지를 여러분이 예측한다고 상상해 보자. 여러분에게 도움을 주기 위해, 여러분이 전체 표본에서 응답의 전반적인 분포를 안다고 먼저 가정하자. 말하자면 60%는 '예'이고 40%는 '아니요'와 같은……. 만약 여러분이 항상 그 최빈(가장 자주 나타나는) 응답(예)을 예측한다면, 여러분은 가장 적은 실수를 할 것이다.

둘째, 여러분이 또한 첫 변수와 몇몇 다른 변수(예: 성별) 사이의 경험적 관계를 안다고 가정하자. 이제 우리가 여러분에게 어떤 응답자가 '예'인지 '아니요'인지를 예측하도록 요구할 때마다, 우리는 여러분에게 그 응답자가 남성인지 여성인지를 말하게 할 것이다. 만약 그 두 변수가 관련되어 있다면, 여러분은 두 번째에 보다 적은 실수를 할 것이다. 그러므로 두 변수 사이의 관계를 앎으로써 PRE를 계산하는 것은 가능하다. 그 관계가 강할수록 오차가 좀 더 많이 줄어들 것이다.

이 기본적인 PRE 모델은 상이한 측정 수준(명목, 서열, 또는 등간)을 감안하기 위하여 약간 수정된다. 다음 절들은 각 측정 수준을 고려하고, 각각에 적당한 연관성의 한 측정수단을 제시할 것이다. 그러나 여기서 논의되는 그 세 가지 측정수단은 많은 적당한 측정수단 중 단지 하나이다.

명목변수 만약 두 변수가 명목 자료(예: 성별, 혼인상태, 인종)로 구성되어 있다면, 람다(lambda, λ)가 적절한 한 측정수단이다. 람다는 변수 중 하나에 대한 값을 예측하는 여러분의 능력에 기초한다. PRE는 다른 변수의 값에 대한 지식을 통해서 얻어진다. 람다의 논리와 방법을 설명하기 위해 간단한 예를 보여줄 것이다.

표 14-9는 성과 범죄의 두려움에 대한 한 일반적인 측정방법(이것은 '여러분이 밤에 여러분의 동네에서 혼자 보행할 때 얼마나 안전하다고 느끼거나, 느낄 것인가?'로 측정되었다)을 연결시키는 가설적 자료를 제시한다. 전체적으로, 우리는 1,100명의 사람들이 그

표 14-9 성과 범죄의 두려움과의 관계에 대한 가정적 자료

두려움	남성	여성	합계
안전함	900	200	1,100
안전하지 않음	100	800	900
합계	1,000	1,000	2,000

두려움 질문에 안전하다고 응답하였고, 900명은 안전하지 않다고 응답하였음을 안다. 만약 여러분이 단지 그 변수의 전체적인 분포만을 아는 상태에서, 그 두려움 질문에 사람들이 어떻게 대답할 것인지를 예측하려고 한다면, 여러분은 항상 안전하다고 예측할 것이다. 왜냐하면 그것이 항상 안전하지 않다고 응답하는 것보다는 오류가 적을 것이기 때문이다. 그럼에도 불구하고, 이 전략은 2,000번의 예측 중에서 900번의 실수를 하게 할 것이다.

그러나 여러분이 표 14-9와 같은 자료가 이용 가능하고 범죄의 두려움에 대한 예측을 하기 전에 응답자의 성별을 안다고 가정하자. 여러분의 전략은 변할 것이다. 모든 남성에 대해서, 여러분은 안전하다고 예측하고, 모든 여성에 대해서는 안전하지 않다고 예측할 것이다. 이 예에서, 여러분은 300번(안전하지 않다고 응답한 100명의 남성과 안전하다고 응답한 200명의 여성)의 실수를 할 것이고, 이것은 응답자의 성별을 알지 않고 한 예측에 비해 600번 더 적은 실수를 한다.

따라서 람다는 전체분포에 기초하여 만들어지는 오류와 감소한 오류의 비를 나타낸다. 이 가정적 예에서, 람다는 .67이다. 다시 말해서, 600번의 보다 적은 오류를 범죄의 두려움 하나에 기초해서 만들어지는 총 900번의 오류로 나눈 것이다. 이런 식으로, 람다는 성과 범죄의 두려움 사이의 통계적 연관성을 측정한다.

만약 성과 두려움이 통계적으로 독립적이라면, 우리는 남성과 여성의 범죄의 두려움이 같은 분포를 한다는 것을 발견할 것이다. 이 경우에 성을 아는 것은 두려움의 예측에서 만들어지는 오류의 수에 영향을 미치지 않을 것이고, 람다는 0이 될 것이다. 그러나 만약 모든 남성이 안전하다고 응답했고 모든 여성이 안전하지 않다고 응답했다면, 성별을 앎으로써, 여러분은 범죄의 두려움을 예측할 때 발생할 수 있는 모든 오류를 극복할 수 있다. 여러분은(900번 중에) 900번의 보다 더 적은 오류를 할 것이고, 따라서 람다는 1.0이 되는데, 이것은 완벽한 통계적 연관을 나타낸다.

람다는 두 명목변수의 분석에 적절한 몇몇 연관성의 측정수단 중 하나이다. 대부분의 통계학 교과서는 람다 외의 다른 적절한 측정수단을 함께 다룬다.

서열변수 만약 변수가 서열변수(예: 직업 지위나 교육)라면, 감마(gamma, γ)가 한 적당한 연관성의 측정수단이다. 람다와 같이, 감마는 다른 변수들의 값을 앎으로써 한 변수의

표 14-10 정치적 이데올로기와 총기 통제 지지의 관계에 대한 가정적 자료

총기 통제에 대한 지지	자유주의	중도파	보수주의
낮음	200	400	700
중간	500	900	400
높음	800	300	100

값을 예측하는 능력에 근거한다. 그러나 정확한 값 대신에, 감마는 값의 서열적 배열에 기초한다. 어떤 주어진 사례의 짝에 있어서, 여러분은 한 변수에 대한 그 값의 서열적 순위가 다른 변수에 대한 그 값의 서열적 순위와 (정적으로 또는 부적으로) 관련될 것이라고 예측한다. 예를 들어, 만약 정치적 보수주의가 총기 통제에 대한 지지와 부적(−)으로 관련되어 있다고 느끼고, 또 어떤 사람 A가 B보다 총기 통제에 있어서 더 보수적이라면, 여러분은 A가 B에 비해 총기 통제를 덜 지지한다고 예측한다. 감마는 이 패턴에 맞는 짝지어진 비교의 비율이다.

표 14-10은 정치적 이데올로기와 총기 통제에 대한 지지와의 관계에 대한 가정적 자료이다. 이 두 변수 간의 관계의 일반적인 속성은 보수주의가 증가함에 따라서, 총기 통제에 대한 지지는 감소한다는 것이다. 보수주의와 총기 통제에 대한 지지 사이에는 부정적인 연관이 있다.

감마는 두 양으로부터 계산된다. (1) 두 변수에서 같은 순위를 가진 짝의 수, 그리고 (2) 그 두 변수에서 반대되는 서열을 가진 짝의 수. 같은 서열을 가진 짝은 다음과 같이 계산된다. 표에서 각 칸의 빈도는 그 칸의 아래와 그것의 오른쪽으로 나타나는 모든 칸의 합계에 의해 곱해진다. 이 모든 곱은 합산된다. 표 14-10에서, 같은 순위의 짝들의 수는 200(900+300+400+100)+500(300+100)+400(400+100)+900(100), 또는 340,000+200,000+200,000+90,000=830,000이다.

두 변수의 반대순위를 가진 짝은 다음과 같이 계산된다. 표에서 각 칸의 빈도는 아래와 그것의 왼쪽으로 나타나는 모든 칸의 합계에 의해 곱해진다. 모든 이러한 곱은 합산된다. 표 14-10에서, 반대순위의 짝들의 수는 700(500+800+900+300)+400(800+300)+400(500+800)+900(800) 또는 1,750,000+440,000+520,000+720,000+3,430,000이다. 감마는 같은 순위의 짝의 수와 반대순위의 짝의 수로부터 다음과 같이 계산된다.

$$\text{감마} = \frac{\text{같은 순위} - \text{반대 순위}}{\text{같은 순위} + \text{반대 순위}}$$

우리의 예에서, 감마는 (830,000 − 3,430,000)을 (830,000+3,430,000)으로 나눈 것으로 그 결과는 −0.61이다. 이 해답에서 −기호는 그 표에 대한 초기의 설명에서 제시된 부적

관계를 가리킨다. 보수주의와 총기 통제에 대한 지지는, 이 가설적 예에서, 부적으로 관련되어 있다. 감마의 수치는 그 짝의 61% 이상이 같은 순위라기보다는 반대순위라는 것을 나타낸다.

람다의 값이 0에서 1까지 변하는 반면에, 감마의 값들은 −1에서 +1까지 변하며 연관성의 방향과 크기를 함께 나타낸다는 것을 명심하자. 명목변수는 아무런 서열적 구조를 갖지 않기 때문에, 관계의 방향을 말하는 것은 불가능하다. 어떤 람다가 부적(−)인 값을 가진다는 것은, 두 번째 변수를 모르고 한 것보다 두 번째 변수를 알고 한 변수의 값을 예측하는 데 좀 더 많은 실수를 했다는 것을 나타내는데, 그것은 논리적으로 불가능하다.

등간변수 또는 비율변수 만약 등간변수 또는 비율변수(예: 연령, 수입, 또는 검거 건수)를 분석하고 있다면, 연관성의 적절한 측정수단은 피어슨(Pearson)의 상관계수(r)이다. 이 연관성 측정수단의 도출과 계산은 이 책의 범위를 넘어선다. 따라서 우리는 여기서 단지 약간의 일반적인 언급만 할 것이다.

감마 및 람다와 유사하게, r은 다른 변수의 값을 앎으로써 한 변수의 값을 예측하는 것에 기초한다. 그러나 연속적인 등간변수 또는 비율변수는 우리가 정확한 그 변수의 값을 예측할 수 있을 것 같지는 않다. 동시에, 두 변수에 있어서 값들의 단지 서열적인 배열을 예측하는 것은 등간변수 또는 비율변수가 가진 좀 더 많은 정보를 이용하지 않는다. 어떤 점에서, r은 다른 변수의 값을 아는 것을 통해서 한 변수의 값을 얼마나 정확히 예측할 수 있는지를 반영한다.

r의 논리를 이해하기 위해서, 우리가 특별한 사례가 어떤 주어진 변수에서 가지는 값을 어떻게 예측할 수 있는지를 가설적으로 생각해 보자. 명목변수에 있어서 가장 좋은 예측은 최빈값이라는 것을 보았다. 그러나 등간 자료나 비율 자료에서, 우리는 항상 그 변수의 평균값을 예측함으로써 실수를 최소화할 수 있다. 이 관례를 통해서 완벽한 예측을 하는 경우는 거의 없지만, 그것은 우리의 실수의 정도를 최소화할 것이다.

람다의 계산에서, 우리는 항상 최빈값으로 예측함으로써 생기는 실수의 수를 지적했다. r의 경우에, 오류는 실제값과 평균 사이의 차이를 제곱한 것의 합 측면에서 측정된다. '총변량(total variation)'이라 불리는 이 합은 이 장의 앞에 논의된 표준편차와 같은 방식으로 많이 계산된다.

그 개념을 이해하기 위해서 논의의 범위를 확장해야 한다. 회귀분석의 논리를 살펴보자. 그리고 그 맥락 내에서 상관관계로 다시 돌아올 것이다.

회귀분석 두 변수 사이의 관계를 묘사하는 일반적인 식은 $Y=f(X)$이다. 이 식은 'Y는 X의 함수이다.'라고 읽는데, 이것은 Y의 값들이 X 값의 변량을 통해서 설명된다는 의미이다. 좀 더 강하게 말하면, X는 Y의 원인이 되고, 따라서 X의 값은 Y의 값을 결정한다고

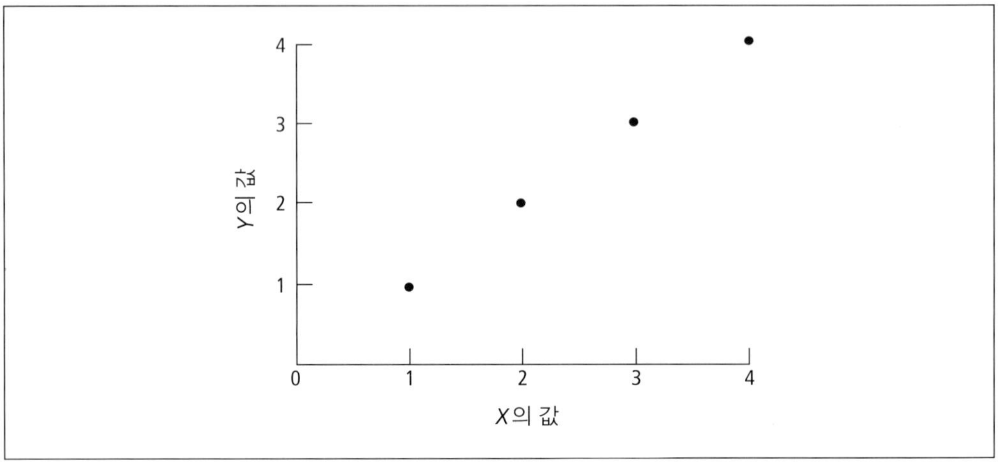

그림 14-3 *X*와 *Y*의 값의 단순한 산점도

말할 수도 있다. **회귀분석**(regression analysis)은 *Y*를 *X*와 관련시키는 특수한 함수를 결정하는 한 방법이다. 연구되는 관계가 얼마나 복잡한지에 따라서, 몇몇 형태의 회귀분석이 존재한다. 가장 단순한 것에서 시작하자.

회귀모델은 두 변수 사이에 어떤 완벽한 선형관계가 있는 경우에 가장 명료하게 나타날 수 있다. 그림 14-3은 가정적 연구에 의해 만들어진 *X*와 *Y*의 값을 그래프의 형태로 제시한 산점도(scattergram)이다. 이것은 우리 연구에서 4개의 사례에 있어서 *X*와 *Y*의 값들이 각 사례에서 동일하다는 것을 보여준다. *X*에서 1의 값을 가진 사례는 *Y*에서 1의 값을 가지며, 다른 사례도 이런 식이다. 이 예에서 두 변수 사이의 관계는 회귀방정식 $Y=X$에 의해 설명된다. 모든 네 개의 점이 직선 상에 있기 때문에, 우리는 그 점들 위에 선을 그을 수 있고, 이것이 바로 회귀선이다.

그 선형회귀모델은 중요한 기술적 용도를 갖는다. 회귀선은 *X*와 *Y* 사이의 관계에 대한 어떤 그래프를 제공하고, 회귀방정식은 그 관계를 요약하는 어떤 효율적 형태이다. 회귀모델은 추론적인 값도 가진다. 회귀방정식이 두 변수 사이의 일반적인 연관성을 적절히 묘사하는 정도로, 그것은 다른 일련의 값을 예측하는 데 사용될 수 있다. 예를 들어, 만약 우리가 어떤 새로운 사례가 *X*에서 3.5의 값을 갖는 것을 안다면, 우리는 *Y*에서도 역시 3.5의 값을 가질 것을 예측할 수 있다.

물론 실제의 연구에서 네 개의 사례만을 가지는 경우는 거의 없으며, 또한 변수 사이의 그 관계가 그림 14-3에 제시된 것만큼 명료한 경우는 거의 없다. 그림 14-4는 조금 더 현실적인 예의 하나인데, 그것은 인구와 범죄율의 가설적 관계를 제시하는데, 중간 규모의 도시에서 범죄율이 낮다는 것이다. 그 산점도의 각 점은 한 도시이고, 각 점의 위치는 도시의 인구와 그것의 범죄율을 반영한다. 우리의 이전의 예와 같이, *Y*(범죄율)의 값들은 일반적으로 *X*(인구)의 값과 관련되며, *X*의 값이 증가할수록 *Y*의 값도 증가한다. 그러나

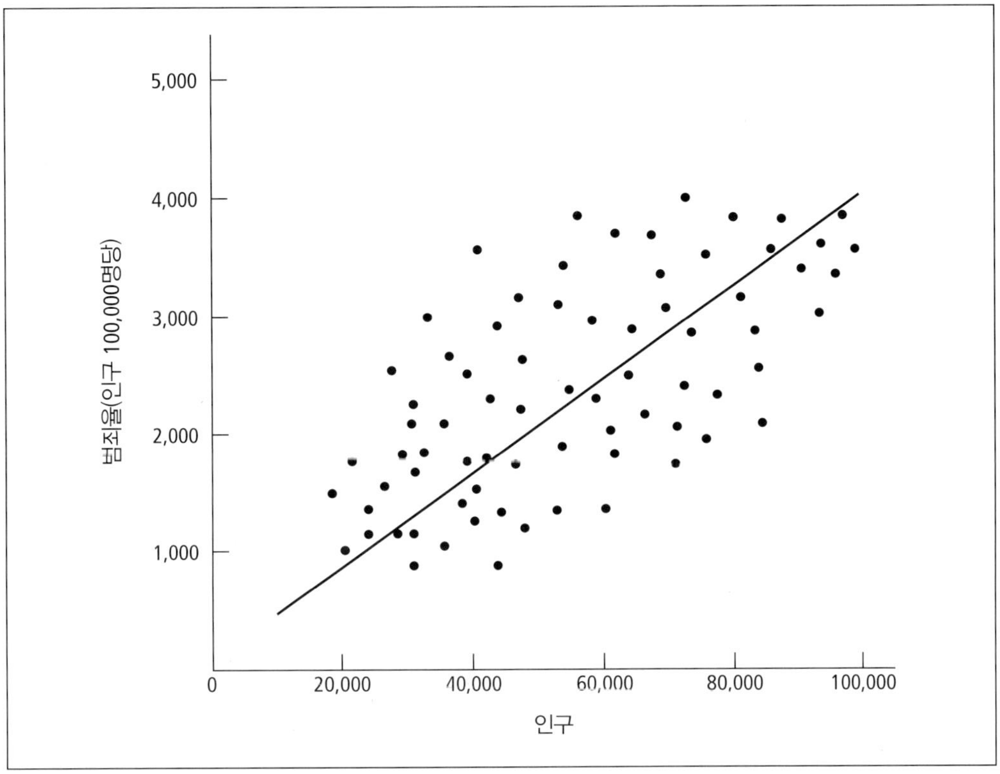

그림 14-4 회귀직선이 추가된 두 변수의 가설적 값의 산점도

그 관계는 그림 14-3에서와 같이 거의 명료하지 않다.

그림 14-4에서 산점도의 모든 점을 가로지르는 직선을 긋는 것은 가능하지 않다. 그러나 우리는 몇 개의 점을 가장 잘 나타낼 수 있는 어떤 근사적인 선을 도출할 수 있다.

만약 여러분이 전에 기하학을 공부했다면, 여러분은 어떤 그래프 상의 직선이 식 $Y=a+bX$라는 어떤 방정식(이 식에서 X와 Y는 두 변수의 값이다)에 의해 표시될 수 있다는 것을 안다. 이 방정식에서, a는 X가 0일 때 Y의 값이고, b는 그 선의 기울기를 나타낸다. 만약 a와 b의 값을 안다면, 모든 X의 값에 대해 Y의 값을 추정할 수 있다.

회귀분석은 점의 분포에 가장 가까운 기하학적 선을 제시하는 회귀방정식을 만들어내는 한 기법이다. 이 방정식은 기술적으로 그리고 추론적으로 모두 가치 있다. 첫째, 회귀방정식은 변수 간의 관계에 대한 수리적인 기술을 한다. 둘째, 그것은 X의 값을 알 때 Y의 값을 추론할 수 있게 한다. 그림 14-4를 통해서, 도시의 인구를 알 때 그 범죄율을 추정할 수 있다.

우리의 예측을 개선하기 위해서, 다른 변수의 값으로부터 한 변수의 값을 추정하는 것을 가능케 하는 회귀방정식에서 나오는 회귀선을 만든다. 이 방정식의 일반적인 형식은 $Y'=a+b(X)$인데, 여기서 a와 b는 계산된 값이고, X는 한 변수에 주어진 값이며, Y'는 다른 변수에 의해 추정된 값이다. a와 b의 값은 Y의 실제 값과 X의 알려진 값에 기초한 상응하는 추정치(Y') 사이의 차이를 최소화하도록 계산된다. Y의 실제값과 추정치 사이의 편차제곱합을 '설명되지 않은 변량(unexplained variation)'이라 부른다. 왜냐하면 그것은 어떤 추정치가 X의 알려진 값에 기초할 때조차 존재하는 오차를 나타내기 때문이다.

그 '설명된 변량(explained variation)'은 총변량(total variation)과 설명되지 않은 변량의 차이이다. 설명되지 않은 변량을 총변량으로 나누는 것은 람다의 계산에서의 유사한 양에 해당하는 오차의 비례적 감소에 대한 측정수단을 제공한다. 현재의 예에서, 이 양은 제곱된 상관관계, 즉 r^2이다. 이처럼, 만약 $r=0.7$이라면 r^2은 0.49이고, 이것은 그 변량의 반이 설명되었다는 것을 의미한다.

실제에서, 우리는 r^2보다 r을 계산한다. 왜냐하면 상관계수는 두 변수 간의 관계의 방향에 따라서 양의 값 및 음의 값을 모두 취할 수 있기 때문이다. r^2을 계산하고 제곱근을 취하는 것은 항상 양의 값을 가지게 할 것인데, 이것은 X와 Y의 방향에 대한 정보를 잃어버리는 것을 의미한다. r을 계산하는 방법에 대해서는 다른 표준 통계학 교재를 참고하라. 실제로, 연관성의 이것과 다른 측정수단은 다양한 컴퓨터 프로그램으로 쉽게 계산되며, 심지어 대중적인 스프레드시트나 데이터베이스 프로그램으로도 가능하다.

추리통계

표본에서 모집단으로 일반화할 때, 우리는 추리통계를 이용하여 어떤 관찰된 관계의 유의도를 검증한다.

많은 형사사법 연구 프로젝트는 모집단으로부터 추출된 표본에서 수집된 자료를 분석한다. 사람들로 구성된 표본은 어떤 조사에서 면접대상이 될 수 있다. 법원기록으로 구성된 어떤 표본은 부호화되고 분석될 수 있다. 신문으로 구성된 어떤 표본은 내용 분석을 통해서 분석될 수 있다. 연구자들은 표본을 그 자체로 단지 기술하기 위해 표본을 연구하는 경우는 거의 없다. 대부분의 경우, 그들의 궁극적인 목적은 표본이 추출된 보다 큰 모집단에 관해서 결론을 내리는 것이다. 따라서 우리는 자주 어떤 모집단에 대한 추론을 하기 위한 기초작업으로서 일원변량과 다변량의 표본분석결과를 해석하길 원할 것이다.

이 절에서는 그러한 추론과 그들의 논리적 근거를 만드는 데 사용되는 통계적 측정수단을 살펴볼 것이다. 또한 일원변량 자료로 시작해서 이원변량 자료로 나아갈 것이다.

일원변량 추론

이 장의 첫 절은 일원변량 자료를 제시하는 방법에 대해서 다루었다. 각 요약 척도는 연구대상자가 되는 표본을 기술하려는 것이다. 이제 우리는 이 측정수단을 모집단에 대한 보다 일반적인 결론을 내리기 위해 사용할 것이다. 이 절은 백분율과 평균이라는 두 가지의 일원변량 측정수단에 초점을 맞출 것이다.

만약 어떤 표본의 50%의 사람들이 작년 동안 교통 딱지를 받았다고 말한다면, 50%는 또한 표본이 추출된 전체 모집단에서도 교통 딱지를 받은 사람들의 비율에 대한 최선의 추정치이다. 우리의 추정은 물론 단순무작위표본을 가정한다. 그러나 모집단의 정확히 50%가 작년에 교통 딱지를 받았을 가능성은 오히려 낮다. 만약 무작위추출을 위한 어떤 엄격한 표집설계가 있었다면, 우리는 표본의 결과가 모집단에 적용될 때 기대된 오차의 범위를 추정할 수 있을 것이다.

표본이론에 대한 제8장의 해당 절은 그러한 추정을 하는 절차를 다루었다. 따라서 여기서는 그것들을 단지 간단히 거론하겠다. '표준오차(standard error)'에 대한 식은 다음과 같다.

$$S = \sqrt{\frac{p \times q}{n}}$$

여기서 p는 백분율이고, q는 $1-p$이며, n은 표본규모이다. 제8장에서 언급된 것처럼, 이 양은 표집오차의 추정에 있어서 매우 중요하다. 우리는 모집단의 수치가 표본수치의 ± 1 표준오차 내에 있다고 68% 확신할 수 있으며, ± 2 표준오차 내에 있다고 95% 확신하며, ± 3 표준오차 내에 있다고 99.9% 확신할 수 있다.

따라서 표집오차에 대한 어떤 주장은 두 가지 본질적인 요소, 즉 신뢰수준(예: 95%)과 신뢰구간(예: 2.5%)을 담고 있어야 한다. 만약 1,600명의 사람들로 구성된 어떤 표본의 50%가 그해에 교통 딱지를 받았다고 말한다면, 우리는 모집단수치는 47.5%와 52.5% 사이에 있다고 95% 자신한다고 말할 수 있다.

우리는 이 예에서, 단지 표본을 기술하는 것을 넘어서 보다 큰 모집단에 대한 추정의 영역으로 나아갔다는 것을 인식하라. 그렇게 할 때, 우리는 세 가지 가정에 주의해야 한다.

첫째, 그 표본은 추론이 되는 모집단으로부터 추출되어야 한다. 예를 들어, 전화번호부에서 추출된 어떤 표본은 어떤 도시의 인구에 관한 통계적 추론의 근거일 수는 없다.

둘째, 추리통계는 단순무작위표집을 가정하는데, 그것은 실제의 표본조사에서는 사실상 불가능하다. 그 통계는 복원추출을 가정하는데, 그것은 대부분 불가능하지만 아마도 어떤 심각한 문제를 일으키지는 않는다. 계통적 표집이 무작위표집에 비해 보다 자주 이용되지만, 그것을 적절히 행한다면 아마도 아무런 심각한 문제를 일으키지 않을 것이다.

셋째, 추리통계는 단지 표집오차에만 적용되며, **비표집오차**(nonsampling error)를 설명하지 않는다. 따라서 우리가 모집단의 47.5%와 52.5% 사이(95% 신뢰도)가 작년에 교통 딱지를 받았을 것이라고 맞게 주장할 수는 있지만, 실제로 딱지를 받은 백분율을 그토록 자신 있게 예측할 수 없다. 어떤 훌륭한 표본설계에서 비표집오차는 아마도 표집오차보다 더 크기 때문에, 우리는 표본 분석결과를 모집단에 일반화하는 데 특히 주의를 기울일 필요가 있다.

통계적 유의도 검증

두 변수 사이의 어떤 주어진 연관성이 유의미하거나, 강하거나, 중요하거나, 흥미롭거나 또는 보고할 가치가 있는지 아닌지에 대한 질문에 대해서는 아무런 과학적인 해결책이 없다. 아마도 유의도의 궁극적인 검증은(현재와 미래의) 독자들에게 연관성의 유의도를 설득하는 우리의 능력에 달려 있다. 동시에, 모수적인 유의도 검증으로 알려진 추리통계학의 주요 부분은 이 점에서 도움을 줄 수 있다. 그 이름이 제시하는 것처럼, **모수통계**(parametric statistics)는 표본이 추출된 모집단을 묘사하는 **모수**(parameter)에 대한 어떤 가정을 한다.

통계적 유의도 검증(test of statistical significance)이 형사사법 문헌에 광범위하게 보고되더라도, 그들 아래에 깔린 논리는 미묘하고 종종 잘못 이해된다. 유의도의 검증은 이 책의 어딘가에 논의되었던 표집의 논리에 기초한다. 그 논리를 이해하기 위해서, 일원변량자료로 표집오차의 개념을 살펴보자.

어떤 표본통계치는 일반적으로 상응하는 모집단 모수의 최적의 유일한 추정치를 제공하지만, 통계치와 모수는 거의 동일하지 않다는 것을 기억하자. 따라서 우리는 모수가 어떤 범위(신뢰구간)에 있을 가능성을 보고한다. 그 범위 내에서의 불확실함의 정도는 평범하게 일어나는 표집오차 탓이다. 물론 그 모수가 단지 표집오차의 결과로서 그 범위 밖에 놓일 것 같지는 않다는 것은 당연하다. 따라서 만약 우리가 어떤 모수가 45%와 55% 사이에 놓인다고 추정한다면(99.9% 신뢰도), 우리는 만약 추정의 표집오차가 단지 일반적인 표집 때문이라면, 그 모수가, 예를 들어 70%라는 것은 극단적으로 불가능하다는 것을 넌지시 말한다.

따라서 통계적 검증의 근본적인 논리는 이것이다. 어떤 모집단에서의 가정된 변수 간의 독립성과 표본요소의 관찰된 분포 사이에 어떤 불일치가 나타날 때, 우리는 그러한 불일치를 다음의 두 가지 방식 중의 어느 하나로 설명할 수 있다. (1) 그것을 대표성 없는 표본 탓으로 돌리거나 또는 (2) 독립성의 가정을 기각한다. 확률표집방법과 관련된 논리와 통계는 상이한 수준의 비대표성(표집오차로 표현되는)이 나타날 다양한 확률에 대한 지침을 제공한다. 가장 간단히 말하면, 어떤 낮은 수준의 비대표성(표집오차)이 나타날 높은 확률과 높은 수준의 비대표성(표집오차)이 나타날 낮은 확률이 존재한다.

따라서 일련의 표본자료에서 관찰되는 어떤 관계의 **통계적 유의도**(statistical significance)는 항상 확률의 관점에서 표현된다. 0.05 수준($p = .05$)에서의 유의미하다는 것은, 관찰된 것만큼 강한 어떤 관계가 단지 표집오차 탓일 확률이 100번에서 기껏 5번밖에 안 된다는 것이다. 다소 다르게 표현하면, 만약 두 변수가 모집단에서 서로 독립적이라면, 그리고 100개의 확률표본이 그 모집단으로부터 추출된다면, 이 표본의 고작 5개만이 관계가 있는 것으로 나타날 것이다.

그리고 유의도 검증에서 신뢰구간에 대한 어떤 추론이 있는데, 그것은 측정된 연관성이 단지 표집오차 탓에 발생할 확률을 나타낸다. 이것을 **유의 수준**(level of significance)이라고 부른다. 신뢰구간과 유사하게, 유의 수준은 어떤 논리적 모델로부터 도출되는데, 그 모델 하에서 몇몇 표본은 어떤 주어진 모집단으로부터 추출된다. 현재의 경우에, 우리는 모집단에서의 변수 사이에서 아무런 연관성이 존재하지 않고, 따라서 우리는 그 모집단에서 추출된 어떤 비율의 표본이 적어도 경험적 자료에서 측정된 것만큼 큰 연관성을 갖고 있는지 궁금해한다고 가정하자. .05, .01, .001의 세 가지 수준의 유의 수준이 자주 연구보고들에서 사용된다. 이것은 각각 표집오차의 결과로서 측정된 연관성을 얻을 가능성이 기껏 100번 중의 5번, 100번 중의 1번, 그리고 1000번 중의 1번밖에 안 된다는 것이다.

유의도 검증을 하는 연구자들은 보통 두 가지 패턴 중 하나를 따른다. 몇몇 사람들은 미리 그들이 충분하다고 여기는 유의 수준을 정한다. 만약 어떤 측정된 연관성이 통계적으로 그 수준에서 유의미하다면, 그들은 그것을 두 변수 사이에 어떤 진정한 연관성이 있는 것으로 여길 것이다. 다시 말하면, 그들은 기꺼이 단지 표집오차로부터 관계가 나타날 가능성을 무시하려고 할 것이다.

다른 연구자들은 각 연관성에 대해 특수한 유의 수준을 보고하길 선호한다. 이들은 .05, .01, 그리고 .001의 관계를 무시한다. 그들은 어떤 주어진 연관성이, 말하자면, .05수준에서 유의미하다는 것을 보고하기보다는, .023 수준에서 유의도를 보고할지도 모르는데, 이것은 표집오차로부터 그 관계가 나타날 가능성이 기껏 1000번 중에 23번밖에 안 된다는 것을 가리킨다.

통계적 신뢰도의 시각화

미국 법무통계국(Bureau of Justice Statistics)이 전미범죄피해조사(NCVS)를 비전문가들에게 설명하는 출판물에서, 마이클 몰츠와 메리앤 자위츠(Michael Maltz and Marianne Zawitz, 1998)는 통계적 신뢰도를 보여주는 매우 유익한 시각적 표현을 제시한다.

NCVS가 미 전역의 피해율을 추정하기 위해 설계된 전국 표본이라는 점을 기억하자. 몰츠와 자위츠는 그 조사에 의해 밝혀진 피해율의 상대적 정확도를 설명하기 위해, 추정치와 그것의 신뢰구간을 시각적으로 보여준다.

그림 14-5는 몰츠와 자위츠의 글에서 발췌한 것인데, 이것은 이러한 접근의 한 예이다. 그 수치는 1973년에서 1996년까지의 모든 폭력범죄피해율에서의 연간변화율을 보여준다. 그림 14-5의 수직선은 각 연도 동안 폭력범죄피해율에서 아무런 변화가 없음을 나타낸다는 점에 주의하자. 연도별 변화율의 추정치는 수직선을 따라서 배열된 수평막대에서 나타난다. 각 연도의 수평막대는 연도별 변화의 모수추정치를 나타내는데, 각 모수추정치는 세 가지의 신뢰수준, 즉 68%(1 표준오차), 90%(1.6 표준오차), 그리고 95%(2 표준

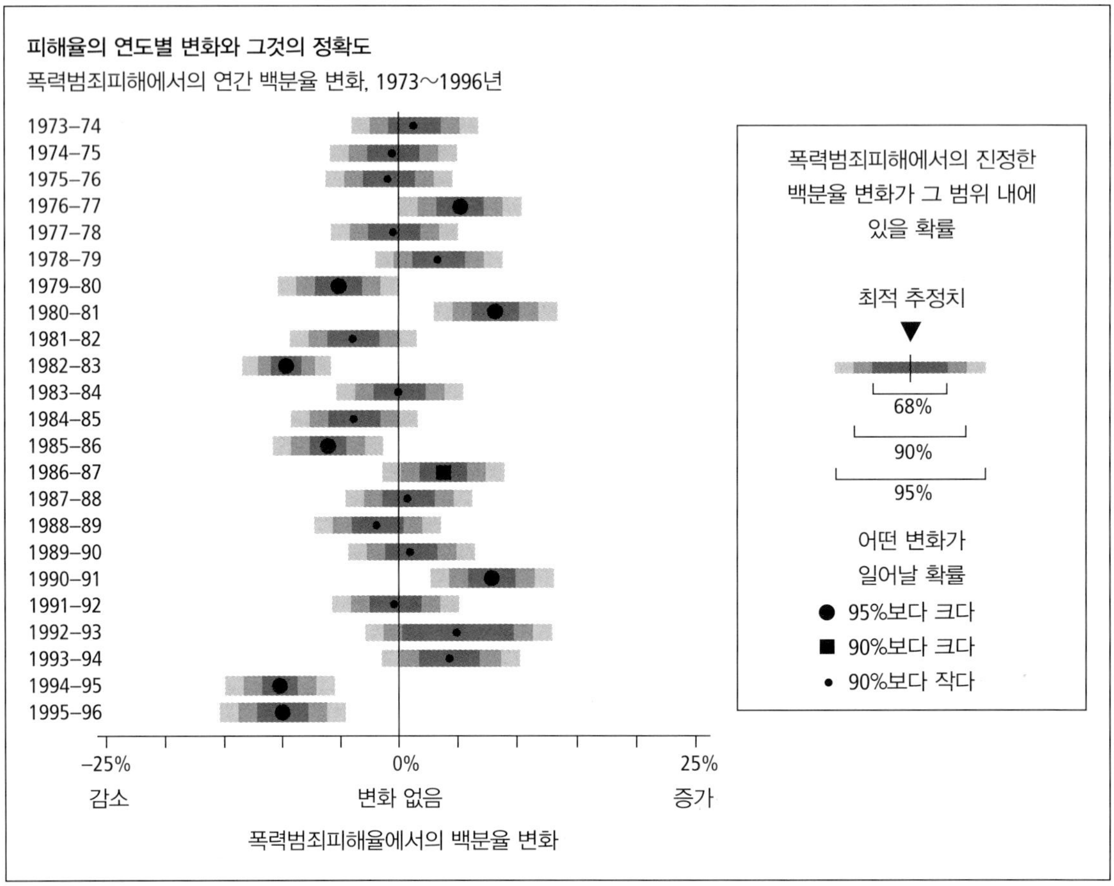

그림 14-5 점추정과 신뢰구간

출처: Maltz and Zawitz(1998: 4).

오차)에서 신뢰구간에 의해 경계가 정해진 점이나 사각형으로 표시되어 있다.

우선 1973년에서 1974년까지의 변화를 추정하는 맨 위의 막대를 살펴보자. 그 점추정(1.24% 증가)을 나타내는 작은 점은 변화가 없음을 나타내는 수직선의 바로 오른쪽에 있다. 그러나 1, 1.6, 2의 표준오차의 신뢰구간은 수직선을 걸쳐 있다는 것에 주의하라. 즉 1.24% 증가라는 추정치는 0 위의 2 표준오차보다 작다. 이것은 .05(2 표준오차) 기준에서, 추정된 증가가 통계적으로 유의미하지 않다는 것을 의미한다. 이 점을 더 강조하기 위해, 각 연도에 어떤 변화가 일어날 상이한 확률을 보여주는 그림 14-5의 핵심 부분에 주의하라. 1973~1974년의 변화에 대한 점추정치를 나타내는 작은 점은 어떤 변화가 실제로 일어날 확률이 90% 미만이라는 것을 나타낸다.

이제 이 그림에서 1995년에서 1996년 사이의 가장 최근의 추정치를 고려하자. 29.9%의 점추정치는 수직선(변화 없음 선) 아래에 존재하고, 신뢰구간은 이 선의 왼쪽에 존재한다. 이 점추정치를 2 표준오차로 둘러싸는 것은 215.7%(점추정치 －2 표준오차)와 24.05%(점추정치 + 2 표준오차) 사이의 구간추정치를 만들어낸다. 이것은 우리가, 폭력범죄피해율이 1995년에서 1996년까지 24.05%와 215.7% 사이의 어떤 수준으로 감소했다고 95% 신뢰할 수 있다는 것을 의미한다. 29.9%의 점추정치가 0에서부터 2 표준오차보다 크기 때문에, 우리는 폭력범죄피해율에서 통계적으로 유의미한 감소가 있었다고 자신 있게 말할 수 있다.

이 방식으로 점추정과 구간추정을 제시하는 것은 통계적 추론과 통계적 유의도의 개념을 정확하게 보여준다. 표본에 기초한 범죄피해의 추정치는(또는 다른 변수의 추정치는) 표준오차의 추정치에 의해 경계 지어진 상태에서의 모집단 값의 추정치와 바로 같은 것이다. 이 예에서 통계적 유의도는, 변화에 대한 우리의 추정치가 몇몇 정해진 유의도의 기준에 따라서, 0 위 또는 0 아래에 있다는 것을 의미한다.

그림 14-5를 연구하는 것은 통계적 추론에 대한 여러분의 이해를 증진시킬 것이다. 우리는 여러분이 각 연도의 변화에 대한 그 점추정과 구간추정을 검토할 것을 제안한다. 신뢰구간과 변화 없음을 나타내는 수직선에 대한 상대적인 위치에 특히 주의를 기울여 살펴보라. 그러고 나서 각 연도의 변화에 대한 통계적 유의도를 다음의 세 가지 범주 중 하나로 분류하라. (1) 변화 없음, (2) 유의도 증가, (3) 유의도 감소. 여러분은 이 장의 끝에 있는 연습문제에서 우리가 작성한 표를 발견할 것이다.

카이스퀘어

카이스퀘어(x^2)는 형사사법 연구에서 광범위하게 사용되는 또 다른 유형의 유의도 검증이다. 그것은 어떤 모집단에서 두 변수 간에 아무런 관계가 없다고 가정하는 **영가설**(null hypothesis)에 기초한다. 어떤 유관표에서 두 개의 변수에 대한 값의 관찰된 분포가 주어졌을 때, 우리는 두 변수 사이에 아무런 관계가 없을 때 기대되는 결합분포를 계산한다. 이 계산의 결과는 유관표의 모든 칸에 대한 일련의 기대빈도이다. 그러고 나서 우리는 이 기대된 분포를 경험적 분포(자료에서 실제로 발견되는 사례들)와 비교하고, 기대된 분포와 경험적 분포 간의 차이가 단지 표집오차로부터 나타날 수 있는 확률을 결정한다. 간단히 말하면, 카이스퀘어는 경험적으로 얻는 빈도를 아무런 관계가 없다는 영가설에서 기대하는 것과 비교한다. 예를 통해 이 절차를 설명할 것이다.

우리가 '범죄 때문에 사람들이 그들의 집주변을 회피하는지 아닌지(이것을 '회피행동'으로 부른다)'와 '성별'과의 관계에 관심이 있다고 가정하자. 이 관계를 검증하기 위해서, 우리는 무작위로 100명의 사람을 표본으로 추출한다. 우리의 표본은 남성 40명과 여성 60명으로 구성된다. 우리 표본의 70%는 회피행동을 한다고 응답하고, 그 나머지 30%는 하지 않는다고 응답한다.

만약 성과 회피행동 사이에 아무런 관계가 없다면, 그 표본의 남성의 70%는 그들의 집주변을 회피하고, 30%는 아무런 회피행동을 보고하지 않아야 한다. 더욱이, 여성들도 같

표 14-11 카이스퀘어의 가정적 예시

Ⅰ. 기대되는 빈도			
	남성	여성	합계
지역을 회피함*	28	42	70
지역을 회피하지 않음	12	18	30
합계	40	60	100
Ⅱ. 관찰된 빈도			
	남성	여성	합계
지역을 회피함	20	50	70
지역을 회피하지 않음	20	10	30
합계	40	60	100
Ⅲ. (관찰빈도 기대빈도)^2÷기대빈도			
	남성	여성	
지역을 회피함	2.29	1.52	카이스퀘어=12.70
지역을 회피하지 않음	5.33	3.56	p<.001

* '귀하는 주변에(한 블록 이내에) 범죄 때문에 밤에 회피하는 지역이 있습니까?'

은 비율로 회피행동을 보고해야 한다. 표 14-11(I 부분)은 이 모델에 기초하여, 28명의 남성과 42명의 여성이 밤에 지역을 회피한다고 말하며, 12명의 남성과 18명의 여성은 회피행동을 하지 않는다고 말한다는 것을 보여준다.

표 14-11의 II 부분은 그 100명의 가설적 표본에서 관찰된 회피행동을 나타낸다. 남성 중 20명은 밤에 지역을 회피하며, 남은 20명은 그렇지 않다고 말한다는 데 주의하라. 그 표본에 있는 여성 중에 50명은 지역을 피하고 10명은 그렇지 않다. 우리는 기대빈도와 관찰빈도(I 부분과 II 부분)를 비교하여, 다소 적은 수의 남성이 기대한 것보다 회피행동을 하지만, 기대한 것보다 다소 많은 수의 여성들이 밤에 그들의 집 근처를 회피한다는 것을 알아차린다.

카이스퀘어는 다음과 같이 계산된다. 그 표의 각 칸에서, 우리는 (1) 관찰빈도로부터 그 칸의 기대빈도를 빼고, (2) 이것을 제곱하며, 그리고 (3) 그 제곱된 차이를 기대빈도로 나눈다. 이 절차는 그 표에서의 각 칸에서 수행되고, 그 결과들은 합산된다. 표 14-11의 Ⅲ 부분은 각 칸별 계산 결과를 보여준다. 최종 합계는 카이스퀘어의 값인데, 이 예에서는 12.70이 된다.

이 값은 표본에서의 관찰된 분포와 두 변수가 관련되지 않을 때 우리가 기대하는 분포 사이의 전체적인 불일치를 나타낸다. 물론 어떤 불일치에 대한 단순한 발견이 두 변수가 관련되어 있다는 것을 증명하지는 않는다. 왜냐하면 전체 모집단에서 아무런 관계가 존재하지 않을 때조차 평범한 표집오차가 불일치들을 만들어낼 수도 있기 때문이다. 그러나 카이스퀘어 값의 크기는 이러한 표집오차에 의한 불일치의 확률을 추정할 수 있게 한다.

관찰된 관계의 통계적 유의도를 결정하기 위해, 우리는 표준 카이스퀘어 분포표를 이용해야 한다. 그것은 자유도의 계산을 필요로 할 것이다. 카이스퀘어에 있어서, 자유도는 표의 행의 개수에서 1을 뺀 값에 열의 개수에서 1을 뺀 값을 곱한 것이다. 이것은 $(r-1) \times (c-1)$로 표현될 수 있다. 현재의 예에서, 우리는 두 개의 행과 두 개의 열을 가지므로 (합계는 제외된다), 자유도는 1이다.

카이스퀘어 분포표에서[예: http://www.statsoft.com/textbook/distributiontables(2016년 9월 7일 검색) 참고], 자유도가 1이고 두 변수 간에 아무런 관계가 없는 어떤 모집단으로부터의 무작위 표집에 있어서, 적어도 2.7의 카이스퀘어 값을 기대할 수 있는 확률은 10%라는 것을 우리는 발견한다. 따라서 우리가 만약 그러한 모집단으로부터 100개의 표본을 추출한다면, 우리는 이 표본 중의 약 10개가 2.7 이상의 카이스퀘어를 산출할 것이라고 기대할 것이다. 더욱이, 우리는 표본의 단지 1%에서 적어도 6.6의 카이스퀘어 값을, 그리고 표본의 단지 0.1%에서만 10.8의 카이스퀘어 값을 기대할 것이다. 카이스퀘어 값이 클수록, 그 값이 단순히 표집오차에 의해서만 나타날 가능성은 희박하다.

우리의 예에서, 카이스퀘어의 계산된 값은 12.70이다. 만약 성과 회피행동 사이에 아무런 관계가 없고, 그리고 많은 수의 표본이 추출되고 연구된다면, 우리는 이 표본의 0.1%보다 더 적은 수의 표본에서만 이 크기의 카이스퀘어를 기대할 수 있다. 따라서 만약 무작위표집이 사용되었고, 모집단에서 아무런 관계가 없다면, 이 크기의 카이스퀘어를 얻을 확률은 0.001보다 적다. 우리는 이 결과를 그 관계가 통계적으로 .001 수준에서 유의미하다고 제시한다. 관찰된 관계가 표집오차에 의해서만 나타날 수 있는 가능성은 너무나 낮기 때문에, 우리는 영가설을 기각하고 실제로 두 변수 사이에 관계가 존재한다고 생각할 것이다.

많은 연관성의 측정수단은 유사한 방식으로 통계적 유의도를 검증할 수 있다. 우리는 값의 표준 분포표를 어떤 주어진 관계가 어떤 수준에서 통계적으로 유의미한지 아닌지를 결정하는 데 이용한다.

통계적 유의도를 해석할 때 주의할 점

통계적 유의도 검증은 변수 간의 관계의 유의도를 추정할 수 있는 어떤 객관적 잣대를 제공한다. 그것은 연구의 대상이 되는 모집단에서의 진짜 관계를 나타내지 않을 수도 있는 연관성들을 배제하는 데 도움을 준다. 그러나 유의도를 검증한 보고서를 이용하거나 읽는 연구자들은 그것을 해석할 때 다음과 같은 이유로 주의해야 한다.

첫째, 우리는 **통계적 유의도**(statistical significance) 검증에 대해 논의해왔다. **실질적 유의도**(substantive significance)를 객관적으로 검증하는 방법은 없다. 따라서 우리는 어떤 주어진 연관성이 표집오차 때문이 아니라고 통계적으로 확신할 수는 있지만, 아직 확실히 두 변수 간의 관계는 미약하다고 주장할 수 있다. 표집오차가 표본규모의 어떤 역함수라는 것을 기억하자. 즉, 표본이 클수록 기대되는 오차는 적다. 이와 같이 말하자면 0.1의 상관관계도가 대표본에서 발견되었다면, 어떤 주어진 수준에서 유의미한 것이 당연할 수도 있지만, 반면에 같은 두 변수 간의 그 같은 상관관계가 소표본에서 발견되었다면, 유의미하지 않을 것이다. 물론 그것은 유의도 검증의 기본논리(표본규모가 클수록 그 상관관계가 표집오차의 산물일 가능성은 적다)를 안다면 완벽히 이해가 가능하다.

예를 들어, 표 14-12를 살펴보자. 거기에는 20명의 사례가 행과 열의 범주에 걸쳐서 표 14-11과 같은 비율로 분포한다. 각 표에서, 여성의 83%는 회피행동을 보고한다(표 14-12에서 12명 중 10명, 그리고 표 14-11에서 60명 중 50명). 그러나 표 14-12에서 1/5의 사례수로, 계산된 카이스퀘어의 값은 표 14-11에서 얻어진 것의 단지 1/5이다. 카이스퀘어 분포표(앞에 말한 http://www.statsoft.com/textbook/distribution-tables/ 참고)에 따르면, 우리는 자유도 1에서 2.54의 카이스퀘어 값을 얻을 수 있는 확률은 0.1에서 0.2 사이라는 것을 안다. 따라서 만약 이 두 변수 간의 아무런 관계가 없다면, 우리는 추출된 표본의 10~20%에서 이 크기의 카이스퀘어 값을 얻을 것으로 기대할 수 있다. 대부분의 연구

표 14-12 표본 규모에 따른 카이스퀘어의 민감성에 대한 가설적 예시

Ⅰ. 기대되는 빈도			
	남성	여성	합계
지역을 회피함*	5.6	8.4	14
지역을 회피하지 않음	12	3.6	6
합계	8	12	20
Ⅱ. 관찰된 빈도			
	남성	여성	합계
지역을 회피함	4	10	14
지역을 회피하지 않음	4	2	6
합계	8	12	20
Ⅲ. (관찰빈도 기대빈도)^2÷기대빈도			
	남성	여성	
지역을 회피함	0.46	0.30	카이스퀘어=2.54
지역을 회피하지 않음	1.07	0.71	$10 < p < 20$

* '귀하는 주변에(한 블록 이내에) 범죄 때문에 밤에 회피하는 지역이 있습니까?'

자들은 이 경우에 아무런 관계가 없다는 영가설을 기각하지 않을 것이다.

표본규모가 실험설계를 사용하는 응용연구에서는 특히 중요하다고 한 제13장을 회상해 보자. 표본규모가 작으면, 심지어 꽤 큰 차이가 표집오차로부터 나타날 수 있다. 무작위 실험은 값비싸고 시간이 필요하기 때문에, 종종 실험집단과 통제집단에 상대적으로 적은 피험자수로 실험을 행한다. 피험자의 수가 적을 때는, 결과변수에서의 큰 차이가 나타날 때만이 통계적으로 유의미할 것이다.

통계적 유의도와 실질적 유의도 사이의 구별은 아마도 절대적으로 확실한 경우에 의해 잘 설명되는데, 그러한 경우는 관찰된 차이가 표집오차의 결과일 수 없는 경우이다. 그것은 우리가 전체 모집단을 관찰하는 경우이다. 우리가 1996년 미국에서의 모든 살인피해자의 연령과 성을 알 수 있나고 가정하자. 논증을 위해서, 여성 살인피해자의 평균 연령이 26세인 데 비해, 남성 살인피해자의 평균 연령은 25세라고 가정하자. 우리가 모든 살인피해자의 연령을 알기 때문에, 표집오차의 문제는 없다. 우리는 확실히 여성 피해자가 남성 피해자에 비해 더 나이가 많다는 것을 안다. 동시에, 우리는 그 차이가 아무런 실질적 유의도를 갖지 않는다고 말할 수 있다. 실제로, 우리는 그들이 본질적으로 같은 연령이라고 결론 내린다.

둘째, 여러분이 이 가정적 예에 의해 오해하지 않도록, 통계적 유의도는 전체 모집단을 전수 조사한 자료에서 관찰되는 관계들에서 계산되지 않아야 한다. 통계적 유의도 검증은 단지 표집오차의 어떤 산물로 나타나는(물론 그것은 자료가 표본으로부터 수집된다고 가정한다) 변수 간 관계의 가능성을 측정한다. 만약 아무런 표집이 없다면, 아무런 표집오차가 없다.

셋째, 유의도 검증은 우리가 신뢰구간을 계산할 때 이용하는 것과 같은 표집 가정에 기초한다. 표집설계가 이러한 가정을 만족시키지 못하는 만큼, 유의도 검증도 적절치 않을 것이다.

실제로, 통계적 유의도 검증은 자주 부적절하게 사용된다. 만약 여러분이 형사사법 분야의 어떤 학술저널을 살펴본다면, 여러분은 하나 이상의 다음과 같은 기술적으로 부적절하게 사용한 사례를 발견할 수 있을 것이다.

- 전체 모집단에서 수집된 자료에서 계산된 유의도 검증
- 확률표집의 가정을 만족시키지 못하는 표본에 기초한 검증
- 연관성의 어떤 측정수단이 갖는 가정을 만족시키지 못한 채, 이 측정수단을 이용하여 검증하는 것(예: 서열자료로부터 계산된 피어슨의 상관계수)
- 통계적 유의도를 연관성의 어떤 측정수단으로 해석하는 것($p-0.001$의 어떤 '관계'는 $p-0.05$보다 '더 강하다')

종합적 사고 단속, 운전자, 속도위반자, 세부 구역

여러분이 알고 있는 것처럼, 인종과 교통 단속에 대한 연구는 어마어마하게 많은 자료를 만들어내었다. 그것은 일련의 요약분석이 중요하다는 것을 의미한다. 자료분석을 위해서 명심해야 할 좋은 일반적인 원리는 자료 시점이나 관찰 사례수를 증가시킴에 따라서 어떤 유형의 통계적 분석은 필수적으로 된다는 것이다. 우리가 인용해온 연구보고서가 몇몇 고급 기법을 포함하고 있음에도 불구하고, 그 통계분석이 꼭 세련된 것일 필요는 없다.

현재의 예에 대한 이 마지막 글상자에서는, 자료분석의 몇몇 기본적인 요소를 설명하는 두 개의 단순한 표를 살펴본다. 우리는 이 표가 나타내는 것을 설명하고 그 결과에 대해서 해석할 것이다. 우리가 다른 형태의 자료분석을 살펴보기 위해 언급했던 주요연구를 참조하는 것은 크게 유용할 것이다.

한 모집단과 두 표본

아래의 표는 랭(Lange)과 동료들에 의해 수행된 뉴저지 연구로부터 나온 보다 상세한 결과를 보여준다.

뉴저지 고속도로, 각 인종 범주의 백분율(2 표준오차)

	단속 (경찰자료)	운전자 (요금소 조사)	속도위반자 (관찰적 조사)
남부			
백인	52%	65.9%(3.8)	58.3%(3.0)
흑인	29%	15.1%(2.6)	26.0%(2.6)
중부			
백인	57%	63.9%(5.0)	60.2%(2.4)
흑인	23%	12.5%(2.4)	25.6%(2.1)
북부			
백인	60%	58.7%(4.2)	68.4%(1.2)
흑인	16%	13.1%(2.6)	18.2%(1.0)

출처: Lange, Johnson, and Voas(2005: 209)에서 발췌함.

어떤 지점이 이 구역에 속하는지에 대해서 더 잘 알고 싶다면, 뉴저지 유료 고속도로 당국의 웹사이트(http://www.state.nj.us/turnpike/nj-vcenter-maps.htm)에서 지도를 볼 수 있다. 각 열은 세 구역 각각의 백인이나 흑인 운전자의 백분율을 나타낸다. 세 개의 열은 주 경찰에 의해 단속된 차량, 운전자에 대한 톨게이트 조사의 결과, 속도위반자에 대한 관찰적 조사의 결과를 보여준다. 그래서 예를 들어, 첫 행의 첫 열은 남부구역에서 어떤 위반 때문에 단속된 운전자의 52%가 백인이라는 것을 나타낸다. 두 번째 행은 남부구역에서 단속된 사람들의 29%가 흑인 운전자라는 것을 보여준다.

운전자와 속도위반자의 열 또한 몇 퍼센트의 운전자가 백인이고 흑인이라는 것을 보여준다. 그러나 각 범주에 대한 괄호 안에 기입된 수치는 각 백분율에 대한 2 표준오차를 보여준다. 이들이 표본이라는 점을 상기하자. 표본들은 각 백분율 추정치 주변의 산포를 반영하는 표준오차를 갖는다. 우리는 어떤 모집단의 백분율이 점 추정치의 ±2 표준오차 내에 있다고 95% 확신한다. 그래서 첫 행의 마지막 열에서, 우리는 유료 고속도로의 남부구역에서 단속된 속도위반자 중에서 백인들의 백분율이 55.3~61.3%에 놓일 것이라고 95% 확신할 수 있다. 또한 만약 그 구간추정치가 중복되지 않는다면, 통계적으로 유의미한 차이가 두 통계치 사이에 존재한다는 점을 상기하자. 흑인 운전자의 백분율에 대한 구간추정치와 흑인 속도위반자의 백분율에 대한 구간추정치를 비교하라.

	운전자	속도위반자
남부	12.5~17.7%	23.4~28.6%
중부	10.1~14.9%	23.5~27.7%
북부	10.5~15.7%	17.2~19.2%

뉴저지 유료 고속도로의 세 구역 각각은 개별적으로 제시되는데, 왜냐하면 우리가 알고 있는 것처럼, 어디서 운전하는지에 따라서 단속의 차이가 존재하기 때문이다. 만약 구역 내에서, 또는 열 내에서 비교하라. 어떤 구간이 중복되는가? 각 구역 내에서, 흑인 속도위반자의 백분율은 흑인 운전자의 백분율보다 유의미하게 더 높

다. 세 구역을 통해 볼 때, 흑인 운전자의 백분율에는 아무런 유의미한 차이가 없다. 그러나 중부나 남부구역과 비교할 때, 북부구역에서는 흑인 속도위반자가 유의미하게 적다. 만약 몰츠와 자위츠가 그림 14-5에서 한 것처럼 이 구간추정치를 그래프로 나타낸다면, 이 패턴을 명확하게 볼 수 있을 것이다.

교통 단속 위험의 추정

다음 표는 유료 고속도로의 상이한 구역에서 교통 단속의 상대적 가능성을 비교하기 위해 다른 문헌으로부터 지표를 가져와서 단지 결합한 것이다. A행은 구역들 사이에서의 교통량에서의 큰 차이를 보여준다. 교통 단속 건수는 또한 변하지만, 그것과 반대 방향으로 변한다. 먼저 하루당 단속 건수를 추정한 후(C행), 맥스필드와 켈링(Maxfield and Kelling)은 추정된 교통량으로 추정된 일일 단속 건수를 표준화했다. 이 방식에서, D행은 차량 100,000대당 매일의 단속률(범죄율과 유사한 어떤 것)을 보여준다. 가장 유용한 항목은 E행에 있는데, 이것은 중부와 남부구역에서 단속될 위험을 북부에서 단속될 위험과 비교하는 것이다. 남부에서 운전자는 북부의 운전자에 비해 6배 이상 더 단속된다.

뉴저지 유료 고속도로 교통과 단속

	북부	중부	남부
A. 평균 일일 교통량	262,130	126,020	73,830
B. 단속 건수	10,591	11,292	18,794
C. 추정된 하루 단속 건수	29.0	30.9	51.5
D. 차량 100,000대당 단속 건수	11.1	24.5	69.7
E. 상대적 단속 위험	1.0	2.2	6.3

A. 구역의 중간지점에서 측정된 2002년 6월 동안의 뉴저지 운송국 교통량집계

B. 뉴저지주 경찰단속자료, 2002년 5월 1일~2003년 4월 30일

C. B행÷365

D. C행÷A행×100,000

E. D행 / 북부의 D행

출처: Maxfield and Kelling(2005: 21)에서 재수정함.

이제 맥스필드와 켈링의 요약분석 결과에 대해 여기서 제시된 자료와 제12장의 글상자에서 제시된 자료를 비교하자. 여러분은 이 자료가 어떻게 이 결론을 지지하는지 볼 것이다.

훨씬 더 세련된 분석은 펜실베이니아와 노스캐롤라이나에 대한 보고서에서 제시된다. 펜실베이니아 보고서는 그 주 안의 많은 카운티에 대한 지도를 포함한다. 이 보고서와 뉴저지 연구에서 공통되는 한 결과는 도로 이용과 교통 단속의 패턴들이 크게 다르다는 것이다. 이 때문에 어떤 넓은 지리적 영역에 대해 도로 이용과 교통 단속에 관해서 요약하여 진술하는 것은 매우 오해를 불러일으키기 쉽고, 거의 무책임하다고 말할 수 있다.

여러분의 연구 기법을 계속 발전시키는 한 방법으로서, 하나 이상의 이러한 보고서를 참조할 것을 추천한다.

우리는 이러한 논의를 통해, 무결점을 지향하는 '순수한' 접근을 원하는 것이 아니다. 우리는 여러분이 가진 일련의 자료에 대해서 통계적 기법(연관성의 어떤 측정수단이나 유의도 검증)을 사용하는 것이 자료에 대한 여러분의 이해에 도움을 준다면 그것을 사용할 것을 장려한다. 그러나 그렇게 할 때, 여러분은 연관성의 측정수단이나 어떤 통계적 유의도에 요구되는 가정이 무엇인지뿐만 아니라, 그것들이 여러분에게 무엇을 말할 수 있고, 무엇을 말할 수 없는지에 대해 인식해야 한다. 어떤 개별통계나 측정수단은 단지 이러한

지식의 일부만을 말하며, 여러분은 할 수 있는 한 많은 지식을 배우려고 해야 한다.

우리의 사례인 '종합적 사고: 단속, 운전자, 속도위반자, 세부 구역'은 세 가지 주요 개념(운전자, 속도위반자, 단속)에 대한 자료를 분석하는 다양한 접근을 보여준다. 어떤 표도 복잡하지 않지만, 각각의 표는 이 세 가지 개념이 어떻게 관련되어 있는지를 이해하기 위한 중요한 자료를 제공한다. 우리가 이 이 장의 '도입'에서 언급했듯이, '경험적 연구는 무엇보다도 수학 연산이 아닌 논리 연산이다.'

식별 가능한 차이를 시각화하기

이런 맥락에서, 몰츠(Maltz)는 모집단과 확률표집의 가정을 위반하는 표본에 대해 통계적 유의도 검증을 사용하는 데 있어서의 어떤 타협안을 제안한다. 범죄학자 알프레드 블럼스타인(Alfred Blumstein)의 제안에 따라서, 마이클 몰츠(Michael Maltz, 1994: 440)는 연구자들이 부적절한 표본이나 모집단에 대해서 유의도 검증을 할 때, '통계적으로 유의미한 차이'라는 표현보다는 '**통계적으로 식별 가능한 차이**(statistically discernible difference)'라는 표현을 사용할 것을 충고한다. 통계적으로 식별 가능한 차이는 만약 무작위표본에서라면 통계적으로 유의미할 것으로 생각되는 것이다. 또 다른 예에서, 랭과 동료들(Lange et al., 2005)은 '통계적으로 신뢰할 만한 차이(statistically reliable difference)'라는 표현을 사용한다. 이런 식으로 언어표현에 주의를 기울이는 것은, 유의도 검증이 기술적인 요건을 충족시키지 못한 경우라도 그들이 영가설로부터 이탈하는 규모(관계의 크기)를 보여주는 어떤 잣대로써 사용될 수 있다는 것을 독자들에게 알리려는 것이다.

연구자들은 또한 몰츠와 자위츠 기법을 사용할 수 있는데, 이것은 둘 이상의 변수 사이의 관계를 평가하기 위해 '경계 지어진 점추정치'를 제시하는 것이다. 예를 들어, 맥스필드와 동료들(Maxfield et al., 2000)은 아동학대/유기 피해자와 그 매칭된 통제집단으로 구성된 위덤(Widom, 1992)의 표본에서 자기보고된 입건 건수와 입건전과기록을 비교했다. 그들의 연구문제는 범행의 두 가지 측정수단(공식입건기록과 자기보고된 입건) 간의 관계에 집중했다. 거의 1,200명의 연구대상자와의 면접을 통해 수집된 자기보고식 척도는 지역, 주, 연방 법집행기관에서 얻어진 입건기록과 비교되었다.

앞의 장에서 위덤의 연구대상자들이 목적적으로 선택되었다는 점을 기억하자. 학대/유기 피해자는 법원기록을 통해 선별되었고, 통제집단은 피해자와 개별적으로 매칭되었다. 이 표본은 결코 무작위적인 것으로 여겨질 수 없기 때문에, 통계적 유의도 검증은 기술적으로 부적절하다.

그림 14-6은 공식 입건기록이 없는 연구대상자의 다양한 하위집단들에서 자기보고된 입건 건수의 점추정치와 구간추정치를 나타낸다. 첫 번째 점추정치는 아무런 공식 입건기록을 갖지 않은 628명의 연구대상자 중에 21%가 입건되었다고 말한다는 것을 보여준다. 이 추정치에 95% 신뢰구간의 수평선이 제시되어 있는데, 이것은 점추정치의 −2 표

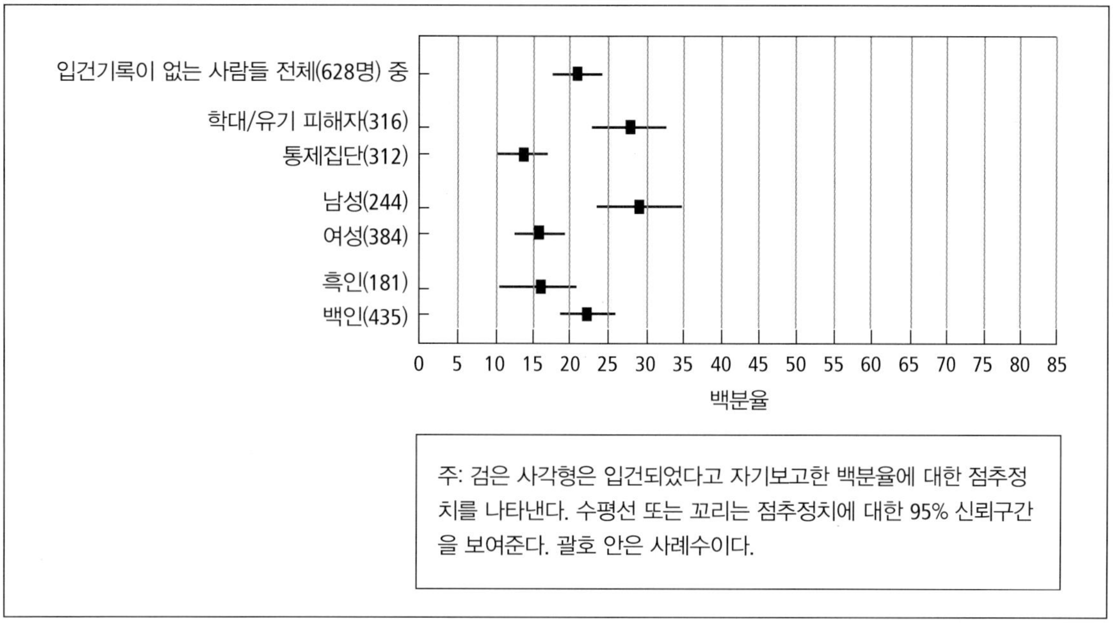

그림 14-6 자료의 표현: 입건되었다고 자기보고하는 사람의 백분율

출처: Maxfield, Weiler, and Widom(2000: 100, Figure 1)에서 재수정함.

준오차를 나타낸다.

이제 학대/유기 피해자와 그들의 통제집단에 대한 개별 추정치들을 살펴보자. 통제집단(14%)에 비해 좀 더 높은 비율의 학대/유기 피해자들(28%)이 입건을 자기보고하였다. 나아가, 이 점추정치들이 2 표준오차로 수평선이 제시될 때, 두 추정치의 꼬리(수평선)는 겹쳐지지 않는다. 이것은 학대/유기 피해자들에 있어서 자기보고된 입건의 추정치가 통제집단의 추정치에 비해 2 표준오차보다 더 높다는 것을 의미한다. 하위집단의 마지막 짝은 그들이 학대/유기 피해자인지 아니면 통제집단인지에 관계없이, 흑인과 백인 연구대상자의 자기보고된 입건 건수를 비교한다. 이 경우에, 두 집단의 추정치의 꼬리는 겹쳐지는데, 이것은 흑인과 백인 연구대상자의 자기보고된 입건 건수가 2 표준오차보다 덜 떨어져 있다는 것을 나타낸다. 앨릭스 피케로의 동료들(Alex Piquero et al., 2014: 19~20)은 약간의 업데이트된 자료를 통해 유사한 결과를 보고한다.

그림 14-6에서 볼 수 있는 분석이 무작위표본에 기초하지 않았기 때문에, 그것은 통계적 유의도 검증의 가정을 위반한다. 그러나 수평선이 제시된 점추정치를 비교함으로써 자기보고된 입건 건수 차이의 상대적 크기를 평가하는 것은 아직 가능하다. 블럼스타인(Blumstein)과 몰츠(Maltz)의 제안을 따라서, 우리는 다음과 같은 관찰을 할 수 있다. 학대/유기 피해자와 통제집단 사이에 자기보고된 입건에는 통계적으로 식별 가능한 차이가 있지만, 흑인과 백인 연구대상자 사이에는 없다.

요약

- 기술통계는 연구대상자가 되는 자료를 요약하기 위해 이용된다.
- 빈도분포는 어떤 주어진 변수의 각 속성이 가진 사례수를 보여준다.
- 집중경향치는 자료를 다루기 쉬운 형태로 바꾸지만, 그들은 원래 자료의 세부 내역을 갖고 있지는 않다.
- 산포의 측정수단은 어떤 평균값 주변에서 사례의 분포에 대해 요약한다.
- 비율은 비교목적을 위해 어떤 측정치를 표준화하는 기술통계이다.
- 이원변량분석과 하위집단 비교는 두 변수 사이의 관계를 살펴본다.
- 이원변량 백분율표를 해석할 때의 한 경험법칙은 (1) 하위집단 비교를 할 때, '아래로 백분율을 내고' '옆으로 읽는 것', 또는 (2) 하위집단 비교를 할 때 '옆으로 백분율을 내고' '아래로 읽는 것'이다.
- 다변량분석은 몇 개의 변수 사이의 동시적인 관계를 분석하는 한 방법이며, 두 변수 간의 관계를 좀 더 완전히 이해하기 위해 이용될 수 있다.
- 많은 연관성의 측정수단은 오차의 비례적 감소(PRE) 모델에 기초하는데, 이것은 어떤 변수에 대한 정보가 주어졌을 때, 다른 한 변수에 대한 예측에서의 개선 정도를 측정한다.
- 람다(λ)와 감마(γ)는 PRE에 기초한, 각 명목변수 및 서열변수에 대한 연관성의 측정수단이다.
- 피어슨의 상관계수(r)는 두 등간변수 또는 비율변수의 분석에서 사용되는 연관성의 한 측정수단이다.
- 회귀방정식은 회귀선(어떤 산점도에서 점들의 실제 위치를 가장 적은 불일치로 나타내는 기하학적 선)에 기초하여 계산된다.
- 어떤 회귀선을 위한 방정식은 한 개 이상의 독립변수의 값에 기초하여 종속변수의 값을 예측한다.
- 추리통계는 어떤 표본을 분석하여 나온 결과를 그 표본이 추출된 모집단에 얼마나 일반화할 수 있는지를 추정하는 데 이용된다.
- 총기통제법에 호의적인 사람의 백분율과 같이 어떤 모집단의 특성에 관한 추론은 신뢰구간(그 값이 놓여 있을 것으로 기대되는 범위, 예를 들어 45~55%가 총기 통제에 우호적이다)과 신뢰수준(그 값이 그 범위 내에 놓일 가능성, 예를 들어 95% 신뢰도)을 표시해야 한다.
- 통계적 유의도 검증은 관찰된 관계만큼 큰 어떤 연관성이, 만약 모집단에서 그러한 연관성이 두 변수 사이에 존재하지 않는다면, 그러한 연관성이 일반적인 표집오차로부터 나타날 수 있는 가능성을 추정한다.
- 통계적 유의도는 실질적 유의도와 혼동되지 않아야 하는데, 실질적 유의도는 어떤 관찰된 연관성이 강하거나, 중요하거나, 의미 있다는 것을 나타낸다.
- 통계적 유의도 검증은, 엄격히 말해서, 실제 사회연구에서 대부분 결코 완전히 충족되지 않는 자료와 방법에 관한 가정을 한다. '통계적으로 식별 가능한 관계'라는 표현을 이용하는 것은 이러한 가정이 충족되지 않을 때 좀 더 적절하다.

핵심 용어

기술통계(descriptive statistics)
다변량분석(multivariate analysis)
범위(range)
비표집오차(nonsampling error)
빈도분포(frequency distribution)
산술평균(mean)
산포(dispersion)
영가설(null hypothesis)
오차의 비례적 감소(proportionate reduction of error)
유관표(contingency table)
유의 수준(level of significance)
이원변량분석(bivariate analysis)
일원변량분석(univariate analysis)
중앙값(median)
집중경향치(central tendency)

최빈값(mode)

추리통계(inferential statistics)

통계적 유의도 검증(tests of statistical significance)

통계적 유의도(statistical significance)

통계적으로 식별 가능한 차이(statistically discernible difference)

평균(average)

표준편차(standard deviation)

회귀분석(regression analysis)

복습문제 및 연습문제

1. 표에 있는 자료를 이용하여, 다음과 같은 표를 만들고 해석하라.
   ㄱ. 연령과 사형에 대한 태도 사이의 이원변량관계
   ㄴ. 정치적 지향과 사형에 대한 태도 사이의 이원변량관계
   ㄷ. 연령, 정치적 지향, 사형에 대한 태도 사이의 다변량관계

연령	정치적 지향	사형에 대한 태도	빈도
젊음	보수주의	우호	90
젊음	보수주의	비우호	10
젊음	자유주의	우호	60
젊음	자유주의	비우호	40
늙음	보수주의	우호	60
늙음	보수주의	비우호	10
늙음	자유주의	우호	15
늙음	자유주의	비우호	15

2. 연관성의 측정수단과 통계적 유의도 검증을 구별하라.
3. 그림 14-5와 관련하여 통계적 유의도에 대한 질문에 대해 여기 답변이 있다. 15개 연도는 폭력범죄 피해에서 아무런 유의미한 변화를 보이지 않는다. 유의미한 증가는 3년 동안 나타난다. 폭력범죄피해는 5년 안에 유의미하게 감소한다. 1976~1977년의 증가와 1979~1980년 사이의 감소는 수직선에 접해 있다. 즉, 95% 신뢰구간의 가장자리는 변화가 없음을 나타내는 수직선에 접해 있음에 주의하라. 우리는 몰츠와 자위츠(1998)의 글을 읽기를 추천한다. 그것은 출판목록에 등록되어 있고 BJS 웹사이트인 http://www.bjs.gov/index.cfm?ty=pbdetail&iid=773(2016년 9월 11일 검색)에서 다운로드받을 수 있다.

용어 풀이

가설 검증(hypothesis testing) 가설이 기술하고 있는 기대가 실제 세계에서 정말 발견되는지의 여부를 결정하는 것. 제2장과 제7장 참조.

가설(hypothesis) 이론으로부터 도출된 사물의 본질에 대한 하나의 기대. 이것은 만약 이론이 옳다면 실제 세계로부터 관찰될 수 있는 것에 대한 진술이기도 하다. **연역적 추론**, 즉 연역법과 제2장, 제7장 참조.

감사 추적(audit trail) 현장 노트, 메모 등을 포함할 수 있는 연구과정의 광범위한 문서. 이 기록은 연구의 신뢰성을 높인다. 제10장 참조.

감시체계(surveillance system) 사건, 부상, 전염성 질병의 발생, 마약 관련 비상사태 등 어떤 현상을 모니터링하기 위한 일상적인 데이터 수집. 미국의 국가 기관들은 마약 남용 그리고 좀 더 최근에는 폭력범죄에 의한 부상에 대한 추정치를 얻기 위해 감시통계(surveillance measure)를 사용한다. 제6장 참조.

개념(concept) 정신적인 이미지를 표현하기 위해서 우리가 사용하는 언어로 된 말이나 상징. 예를 들어, 범죄는 정부에 의해 금지되고 처벌을 받는 폭력이나 다른 행동에 대한 우리의 정신적 이미지를 표현하는 개념이다. 우리는 개념의 의미를 구체화하기 위해 개념적인 정의를 사용한다. **구상개념**(conception)과 비교해 보라. 제5장 참조.

개념적 정의(conceptual definition) 어떤 개념이나 용어를 사용함으로써 개념을 정의하는 것. 개념은 추상적이다. 사물과 아이디어의 정신적인 이미지를 표현하기 위해서 사용되는 용어와 상징이 개념이다. 이것은 개념적인 정의가 개념을 정의하기 위해 용어와 상징을 사용한다는 것을 의미한다. 실제에 있어, 개념적인 정의는 한 연구자가 개념에 의해 의미하는 것의 명확한 진술을 표현한다. '이전의 전과기록'의 개념적인 정의는 범죄행위에 대한 하나 이상의 유죄에 대한 기록된 증거일지도 모른다. **조작적 정의**와 비교하라. 제5장 참조.

개념화(conceptualization) 개념과 같이 불분명하고 부정확한 관념(개념)을 좀 더 구체적이고 정확하게 만드는 정신적인 과정. 그래서 여러분이 범죄에 대한 두려움을 연구하기를 원한다면, 범죄에 대한 두려움에 의해 여러분이 의미하는 것은 무엇인가? 두려움의 서로 다른 유형이 있는가? 그것은 무엇인가? 제1장, 제5장, 제6장 참조.

개방형 질문(open-ended question) 응답자가 스스로 답을 할 수 있도록 마련된 질문. **폐쇄형 질문**과 비교하라. 제9장 참조.

개입적 측정(obtrusive measurement) 연구대상자는 자료가 수집되고 있다는 것을 알고 있는 측정. 설문조사가 그 예이다. 제12장 참조.

객관성(objectivity) 존재하지 않는다. **상호주관적 합의**(intersubjective agreement)와 제2장 참조.

경찰에게 알려진 범죄(crimes known to police) 경찰에게 신고되고 경찰에 의해 **기록되고** 경찰 데이터 시스템에 **보관되는** 범죄 사건. 경찰에 알려진 범죄는 FBI 표준범죄보고서(UCR)의 기초이며, 가장 일반적으로 사용되는 범죄 척도이다. **신고되지 않은 범죄의 감춰진 숫자(암수범죄)**와 **피해자 조사**와 비교하라. 제6장 참조.

경험적(empirical) 경험으로부터. 사회과학은 지식이 우리가 경험한 것에 기초할 때 경험적이라고 말할 수 있다. 제1장 참조.

계통적 표집(systematic sampling) 학생명부상에서 모든 25번째 학생을 선정하는 것과 같이, 목록상의 모든 k번째 사례를 표본으로 선정하는 확률표집 방법. 표집간격(sampling interval)이라 불리는 k는 모집단의 크기를 원하는 표본의 크기로 나누어 산출한다. 일반적으로 계통적 표집은 단순 무작위 표집과 대등한 기능을 하며 실행하기도 쉽다. 전형적으로 첫 번째 단위는 무작위로 선정된다. 제8장 참조.

고전적 실험(classical experiment) 원인을 추론하는 데 가장 적절한 연구계획. 고전적 실험은 세 개의 주요한 구성요소의 짝을 포함한다. (1) 독립변수와 종속변수, (2) 사전검사와 사후검사, (3) 실험집단과 통제집단, 연구대상자들은 한 집단 또는 다른 집단에 무작위로 소속된다. 제7장 참조.

과정평가(process evaluation) 공공프로그램이 의도대로 시행되었는가라는 질문에 대한 답을 찾는 응용연구의 한 유형. 예를 들어, 침입절도 예방 프로그램은 범죄 예방 경찰관들이 특정한 목표 지역공동체의 모든 주민들과 만남으로써 침입절도를 줄이려고 할 수 있다. 과정평가는 지역 주민들과의 이러한 만남이 계획대로 이루어졌는지를 확인한다. **영향평가**(impact assessment)와 비교해 보라. 제13장 참조.

과학적 실재론(scientific realism) '공간적 인과성(local causality)'이라 불리는 것을 연구하는 평가에 대한 접근법. 효과의 개입과 수단(measures)이 특정 상황에서 관련되는 방식에 더 관심을 둔다. 이것은 다양한 상황에 널리 적용되는 인과관계를 발견하고자 하는 보다 전통적인 사회과학적 관심과는 다르다. 레이 포슨과 닉 틸리(Ray Pawson and Nick Tilley, 1997)가 설명한 것처럼, 과학적 실재론은 공간적(local) 맥락에서의 개입을 분석하는 데 집중하므로 사법 프로그램을 평가하는 데 특히 유용하다. 제4장, 제7장, 제13장 참조.

구상개념(conception) 우리가 일상적으로 마주치는 어떤 것에 관한 우리의 사고를 표현하기 위해 우리가 가지고 있는 정신적인 이미지. 우리는 공지된 제한속도 이상으로 차를 운전하는 것의 정신적인 이미지(구상개념)를 표현하기 위해서 속도(개념)라는 용어를 사용한다. 제5장 참조.

구성 타당도(construct validity) (1) 하나의 측정이 이론적 관계의 체계 내에서 기대했던 것처럼 다른 변수와 관계되는 정도. 제5장 참조. (2) 관찰된 인과관계가 한 연구자가 관심을 두고 있는 내재하는 인과과정을 얼마나 잘 대표하는지의 정도. 제4장과 제7장 참조. 또한 **타당도 위협**에 대한 설명을 보라.

구조화된 면접(structured interview) 구체적인 질문과 선택적 응답으로 이루어진 면접. 제9장, 제10장 참조.

귀납적 추론(inductive reasoning) 특정한 관찰에서부터 일반적인 원리로 발전되는 논리적 모델. 십대 청소년들과 범죄 피해자가 나이 든 사람이나 범죄피해의 경험이 없는 사람보다 경찰에 대해 덜 지지한다는 것을 보고 경찰과 좀 더 많은 직접적 접촉을 한 사람이 경찰을 좀 더 지지한다고 결론 내릴 수 있고 그 이유를 설명해야 된다. 이것이 귀납의 예이다. **연역적 추론**과 비교해 보라. 제2장 참조.

근거이론(grounded theory) 현장관찰에 기반을 둔 귀납적 이론의 한 유형. 연구자는 자연적 상태에서 관찰을 하고 나서, 이 관찰을 설명하는 시험적인 이론을 형성한다. 제2장, 제10장 참조.

기밀성(confidentiality) 연구자는 연구대상자의 신원을 알고는 있지만 개별적인 대상자의 속성이라고 간주할 수 있는 어떠한 정보도 드러내지 않을 것을 약속하는 것을 말한다. 익명성과 비슷하지만, 때때로 연구자들은 서로 다른 출처들로부터의 정보를 연결시키기 위해서 연구대상자의 이름들을 알아야 할 필요가 있다. 기밀성을 보증해 주는 것은 연구대상자에게 해를 끼쳐서는 안 된다는 우리의 윤리적인 의무를 충족시키는 한 방법이다. 제3장 참조.

기술통계(descriptive statistics) 표본의 속성이나 또는 표본 내에서 변수 사이의 관계를 기술하는 통계적인 계산. 기술통계는 일련의 표본 관찰치들을 요약하지만, 반면에 추리통계는 표본 관찰들이 뽑아져 나온 더 큰 모집단에 관한 추론을 하기 위해 특정한 관찰들에 대한 기술을 뛰어넘는다. 제14장 참조.

내부자/외부자적 지위(insider/outsider status) 관심 집단에 대한 연구자의 친밀도 수준을 일컫는 것으로, 이때 외부자는 그 집단과 거의 또는 전혀 관련/관계가 없다. '내부자다움'은 멤버십, 연결 또는 사회 구조 내 위치와의 유사성을 통해 나타날 수 있다. 제10장 참조.

내용 분석(content analysis) 서적, 웹사이트, 이미지, 대중매체 메시지, 경찰 보고서와 같은 기록된 의사소통 수단에 대한 연구. 제12장 참조.

내용 타당도(content validity) 하나의 측정이 개념 내에 포함되는 의미의 범위를 포괄하는 정도. 제5장 참조.

내적 타당도(internal validity) 두(혹은 그 이상의) 변수 사이에서 관찰된 관계가 실제로 인과관계인지, 아니면 다른 변수의 영향 때문인지에 관한 것이다. 인과적 진술의 내적 타당도가 실험적 조건의 통제 불가능으로 인해서 위협을 받을 수도 있다. **타당도 위협**(validity threat)도 보라. 제4장과 제7장 참조.

눈덩이 표집(snowball sampling) 현장연구(field research)에서 자주 사용되는 비확률표집 방법의 한 가지. 처음 면접받은 사람들이 추가로 면접받을 사람들을 소개함으로써 면접 대상자를 늘려가는 방식이다. 제8장과 제11장 참조.

다변량분석(multivariate analysis) 여러 변수 간의 동시적 관계에 대한 분석. 나이, 성, 도시 거주지가 강도의 피해에 미치는 영향을 동시에 조사하는 것이 다변량분석의 한 예이다. 제14장 참조.

단순무작위표집(simple random sampling) 모집단을 구성하는 모든 단위에 번호를 할당한 후, 일련의 무작위 번호를 산출하고 그러한 번호를 갖는 단위를 표본으로 선정하는 확률표집의 한 형태. 비록 확률이론과 그 이론에 의한 추정이 이러한 기본적인 표집 방법을 가정하지만, 실제로는 거의 사용되지 않는다. 한 가지 대안적 방법은 계통적 표집(무작위 시작 포함)이다. 제8장 참조.

대학 간 정치사회연구 컨소시엄(Interuniversity Consortium for Political and Social Research: ICPSR) 주요 사회과학 자료 수집품(collections)을 보관 및 배포하는 미

시간 대학교에 기반을 둔 조직. 대부분의 종합대학과 다수의 소규모 단과대학이 회원 기관이기 때문에 학생과 교수진은 방대한 2차 자료 소스에 접근할 수 있다. 전미 **형사사법 자료 아카이브** 및 제12장 참조.

독립변수(independent variable) 독립변수는 종속변수를 초래하거나 결정한다고 여겨진다. 만약 경찰의 냉소적 사고방식이 부분적으로 경험에 의한 것이라면, 경험은 독립변수가 되고 냉소적 사고방식은 종속변수가 된다. 어떤 주어진 변수가 분석의 한 부분에서는 독립변수로 취급될 수 있고 분석의 다른 부분에서는 종속변수로 취급될 수 있음에 유의하자. 냉소적 사고방식이 직업의 만족도에 관한 설명에서는 독립변수가 될 수도 있다. 제2장, 제7장 참조.

동등확률추출방법(equal probability of selection method: EPSEM) 모집단의 각 성원이 표본에 추출될 가능성을 동일하게 만든 표본설계. 제8장 참조.

등간측정(interval measure) 순서가 있고 인접한 값 간에 같은 거리를 갖는 속성으로 변수를 기술하는 측정 수준. 화씨온도가 한 예인데, 17도와 18도 간의 거리는 89도와 90도 간의 거리와 같기 때문이다. **명목측정**(nominal measure), **서열측정**(ordinal measure), **비율측정**(ratio measure)과 제5장 참조.

라포(rapport) 대개 비공식 대화를 통해 형성되는 연구자와 참가자 사이의 친밀한 관계. 제10장 참조.

메모하기(memoing) 연구과정에 대한 개인적인 느낌뿐만 아니라 질문을 추가하거나 코드를 만드는 것과 같은 연구 관련 결정사항에 대한 문서를 작성하는 행위. 제10장 참조.

면접 설문조사(interview survey) 다수의 사람들을 면접하기 위해 체계적인 방식으로 설문지를 사용하는 조사. 전미범죄피해자조사(NCVS)가 그 예이다. 면접 설문조사는 대면, 전화, 혹은 이 두 가지를 조합한 컴퓨터의 지원을 받는 면접으로 수행할 수 있다. 환경 설문조사(environmental survey)와 비교해 보라. 제9장 참조.

면접 일정(interview schedule) 참가자와 논의할 예정된 질문 혹은 주제 영역 등을 수반한 면접의 구조. 면접 일정은 면접관이 면접 중에 얼마나 심층적이고 상호작용적이어야 하는지를 결정한다. 제10장 참조.

면접(interview) 한 사람(면접관)이 다른 사람(응답자)에게 질문하는 자료수집용 만남. 면접은 대면 또는 전화로 실시할 수 있다. 제9장 참조.

명목측정(nominal measure) **서열측정**, **등간측정**, **비율측정**과 달리 변수를 단지 서로 다른 속성으로 구분하는 측정 수준. 성별이 명목측정의 한 예이다. 제5장 참조.

명시적 내용(manifest content) 내용 분석에 있어서 **묵시적 내용**과 구분되는 개념으로서, 분석할 내용의 겉으로 드러난 구체적 내용. 제12장 참조.

모집단 모수(population parameter) 모집단의 특정 변수에 대한 요약 기술. 예를 들어, 대학의 모든 교수의 평균 연령이 43.7세라면 43.7이 교수 평균 연령의 모수이다. **표본통계치** 및 **표집분포**와 비교해 보라. 제8장 참조.

모집단(population) 연구자가 대표하고 싶은 모든 사람, 사물, 혹은 다른 요소들. 연구자는 대개 모집단의 일부 혹은 표본만을 연구하여 실제로 관찰한 그 사람, 사물, 혹은 다른 요소들로부터 더 큰 모집단의 모든 사람, 사물, 혹은 다른 요소들을 일반화한다. 제8장 참조.

목적표본(purposive sample) 연구 목적에 가장 적합하다는 연구자 스스로의 판단에 근거하여 관찰 단위를 선택하는 비확률 표본의 한 유형. 예를 들어, 공립학교나 종교조직과 연계된 지역 공동체 범죄 예방 단체를 연구하는 데 관심이 있다면, 학교와 연계된 단체와 교회와 연계된 단체에 대한 목적표본을 추출할 것이다. 대부분의 텔레비전 방송은 선거 당일 저녁 당선자를 예상하기 위해서 선거구의 유의표본을 사용한다. 즉, 항상 당선자에게 투표를 하는 선거구를 표본으로 삼는 것이다. 제8장 참조.

무작위 할당(random assignment) 실험 대상자를 실험집단과 통제집단에 무작위로 할당하는 기술. 제7장 참조.

묵시적 내용(latent content) 내용 분석에 있어서 **명시적 내용**과 구분되는 개념으로서, 분석할 내용의 기저에 깔린 의미. 제12장 참조.

문제분석(problem analysis) 사회과학조사방법을 사용하여 문제의 범위와 성격을 평가하고 문제를 다루기 위한 행동을 계획하고 선택하는 것. 예를 들어, 어떠한 예방적 전략과 법집행 전략을 추구할지를 결정하기 위해 자동차 절도의 양상을 조사하는 것이 문제분석의 한 예이다. **평가연구**(evaluation research)와 비교해 보라. 제13장 참조.

문제지향 경찰활동(problem-oriented policing: POP) 경찰이 처리할 것으로 예상되는 사건 및 조건의 패턴을 분석한 다음, 그 분석을 기반으로 대응책을 개발하는 것에 의존하는 경찰활동의 한 접근방식. 이 접근방식은 개별 사건보다는 패턴에 초점을 맞춘다는 점에서 기존 접근방식과 다르다. 제13장 참조.

문제해결(problem solving) 평가와 정책 분석의 요소들을 결합시킨 응용연구의 한 가지 예. 경찰활동에서 문제해결에 대한 가장 잘 알려진 접근은 SARA

모형이다. 이는 탐색(scanning), 분석(analysis), 대응(response), 평가(assessment)를 나타낸다. 제13장 참조.

물화(reification) 실제가 아닌 것을 실제 사물로 간주하는 과정. 이는 대개 측정에서 문제가 된다. 제5장 참조.

민감한 개념(sensitizing concept) 허버트 블루머(Herbert Blumer, 1954)가 만든 용어로, 민감한 개념은 데이터에서 찾아야 할 사항에 대한 일반적인 참고사항이자 안내서이다. 그들은 주제 또는 기존의 이론에서 파생된다. 제10장 참조.

민속지학(ethnography) 설명보다는 자세하고 정확한 묘사에 초점을 둔 사회적 생활에 관한 보고서. 제10장, 제11장 참조.

반구조화된 면접(semi-structured interview) 표준화된 질문이 있을 수 있지만 예정에 없던 캐어묻기나 즉흥적인 질문을 허용하는 면접. 제10장 참조.

반복연구(replication) 기존 연구의 발견을 검증하기 위해 대개 약간 다른 조건에서, 혹은 다른 연구대상자 집단을 대상으로 연구를 반복하는 것. 반복연구의 결과는 기존의 발견을 지지하거나 아니면 기존 연구의 정확성에 대해 의문을 갖게 한다. 제1장 참조.

반응성(reactivity) 사회적 조사연구의 대상자들이 그들이 연구되고 있다는 사실에 반응하여 평소에 행동했을 방식과는 다르게 그들의 행동을 변화시킬 수도 있는 문제.

발간 통계(published statistics) 공공 기관에서 수집하고 일상적으로 대중에게 제공되는 요약 데이터(때로는 '행정 데이터'라고도 함). 기관은 종종 그러한 측정치를 유지하고 발간해야 한다. 제12장 참조.

범위(range) 흩어져 있는 정도에 대한 측정 중 하나로, 관찰 대상이 되는 집단의 변수가 갖는 가장 높은 값과 가장 낮은 값 사이의 거리이다. 예를 들어, 같은 반에서 연령의 범위는 17~37세일 수 있다. 제14장 참조.

법칙정립적(nomothetic) 많은 비슷한 현상이나 상황을 설명하려고 시도하는 인과적 추론의 한 양식. 자동차 절도, 또는 주거침입절도, 혹은 다른 범죄의 유형을 설명하려고 시도하는 경찰범죄 분석가가 법칙정립적 설명양식을 사용한다. **사례기술적**(idiographic)과 비교해 보라. 제2장과 제4장 참조.

『벨몬트 보고서(Belmont Report)』 인간 피험자의 보호를 유도(誘導)하는 세 가지 윤리적 원칙인 인간에 대한 존중, 선행, 정의를 제안한 보고서. 인간 피험자의 보호를 위한 연방 규정은 이 보고서를 기반으로 한다. 제3장 참조.

변수(variable) 속성들의 논리적 묶음. 성(gender)이라는 변수는 남성과 여성이라는 속성으로 구성된다. 제2장 참조.

변수지향적 조사연구(variable-oriented research) 하나 혹은 소수의 사례를 위해 많은 수의 변수들이 연구되는 연구전략. 시계열 설계와 사례연구가 그 예이다. 제7장 참조.

분석단위(units of analysis) 연구되는 사람 또는 사물. 분석단위는 개인일 수도, 집단(청소년 갱 집단)일 수도, 공식조직(보호관찰소)일 수도, 그리고 사회적 인공물(범죄보고서)일 수도 있다. 제4장 참조.

비개입적 측정(unobtrusive measurement) 자료가 수집되고 있다는 사실을 연구대상자가 모르는 측정법. 공원 벤치에서 보행자를 관찰하는 것이 예가 될 것이다. 제12장 참조.

비구조화된 면접(unstructured interview) 대화에 더 가깝지만 토론할 주제 영역의 목록이 있을 수 있는 개방형의 면접. **구조화된 면접**과 **반구조화된 면접**을 비교하라. 제10장, 제11장 참조.

비비례적 층화표집(disproportionate stratified sampling) 의도적으로 모집단의 어떤 속성이 과대 또는 과소 대표되도록 표본을 추출하는 것. 우리는 우리의 표본에서 진귀한 사례들의 숫자를 충분하게 얻는 것을 보장하기 위해 이러한 것을 할 수도 있다. 예를 들어, 폭력범죄가 대도시들에서 좀 더 일반적이라는 사실을 믿고서, 우리는 특정한 범죄 피해자들의 숫자를 얻기 위해 도시 거주민들을 과대 표집을 할 수가 있다. 제6장 참조.

비율측정(ratio measure) 그 속성이 명목측정, 서열측정, 등간측정의 모든 특성을 갖고 있으면서 추가로 '참영(true zero)' 점에 근거하고 있는 변수를 기술하는 측정 단위. 징역형의 길이가 비율측정의 예이다. 제5장 참조.

비판적 실재론자 관점(critical realist perspective) 실재는 존재하지만, 지식은 다중의 의미를 통해 구성된다는 철학적 견해. 제10장 참조.

비표집오차(nonsampling error) 표집오차 이외의 요인에 따른 결과로 나타나는 자료 질의 불완전성. 질문에 대한 응답자의 오해, 면접자나 코딩하는 사람의 잘못된 기록, 자료 입력 오류 등이 그 예이다. 제14장 참조.

비확률표집(nonprobability sampling) 표본이 확률이론에 의해 제안되는 방식이 아닌 다른 방식으로 추출되는 표집과정. 예를 들면, 목적표집, 할당표집, 눈덩이 표집이 있다. 제8장 참조.

빈도분포(frequency distribution) 표본에서 한 변수의

속성들이 관찰되는 수에 대한 기술. 표본 중 53%는 남성이고 47%는 여성이라고 보고하는 것이 빈도분포의 간단한 예이다. 다른 예로는 "조사된 도시 중에 15개의 도시는 인구가 10,000명 미만이고, 23개 도시는 10,000명에서 25,000명 사이이다." 등과 같은 보고이다. 제14장 참조.

사건기반 측정(incident-based measure) 개별적 범죄 사건의 특성을 나타내는 범죄 측정을 의미하는 것. 연방수사국 살인보충보고(FBI Supplementary Homicide Reports)가 잘 알려진 예로서, 각각의 살인 사건에 대한 상세한 정보를 보고하고 있다. **요약기반 측정**(summary-based measure)과 비교해 보라. 제6장 참조.

사고 단위(thinking unit) 로플랜드와 로플랜드(Lofland and Lofland, 1995)가 이야기를 이해하는 데 사용되는 간단한 구조틀 또는 느슨한 코딩 장치를 나타내기 위해 만들어 낸 용어. 제10장 참조.

사례기술적(idiographic) 특별한 현상을 초래한 모든 요인의 상세한 이해를 추구하는 인과적 추론의 한 양식. 특정 사례를 해결하려고 하는 경찰 형사가 사례기술적 설명 양식을 사용한다. **법칙정립적**(nomothetic)과 비교해 보라. 제2장과 제4장 참조.

사례연구(case study) 연구자의 관심이 다양한 차원의 하나 또는 몇 개의 사례에 대한 심층적인 검증에 집중되어 있는 연구전략. 사례연구는 탐색적, 기술적, 또는 설명적일 수 있다. 사례연구는 또한 평가연구에서 사용될 수도 있다. 제7장과 13장 참조.

사례지향적 조사연구(case-oriented research) 상대적으로 적은 수의 변수들을 이해하기 위해 많은 사례가 검증되는 연구 전략. 예로는 실험(제7장)과 설문조사(제9장)을 포함한다.

사전 동의(informed consent) 연구의 목적, 절차, 잠재적 위험에 대해 알린 후 연구 참여에 대한 동의를 받는 것. 이 정보는 피험자에게 참여를 요청하기 전에 제공된다. 이 표준 절차는 연구 윤리의 기본 원리인 자발적 참여라는 규범을 고심하여(신중하게) 다룬다. 제3장 참조.

산술평균(mean) 여러 관찰치에서 얻은 값을 더해서 사례수로 나누어 계산한 평균. 10과목에서 4.0학점을 받고, 이 한 과목에서 F를 받는다면, 학점의 평균은 3.6이다. 제14장 참조.

산포(dispersion) 평균과 같은 어떤 중앙값 주위의 값들의 분포. 범위는 간단한 산포의 측정치이다. 따라서 우리는 한 집단의 평균 나이가 37.9세이고 범위는 12세에서부터 89세까지라고 보고할 수 있는 것이다. 제14장 참조.

상호주관적 합의(intersubjective agreement) 같은 문제를 연구하는 서로 다른 두 연구자가 같은 결론에 도달하는 것으로 인한 과학(그리고 다른 연구들)의 질적인 측면. 궁극적으로 이것은 객관성이라고 불리는 실천적 기준이다. 만약 서로 다른 주관적인 지적 배경을 가진 독립적인 관찰자들이 그 현상이 '참'이라고 결론 내린다면, 우리는 그 현상이 '객관적으로 참(objectively true)'이라는 것에 동의한다. 제2장 참조.

생태학적 오류(ecological fallacy) 순전히 집단에 대한 관찰에 기초하여 개인에 관한 결론을 잘못 이끌어내는 것. 제4장 참조.

서열측정(ordinal measure) 어떠한 차원에 따라 순서를 매길 수 있는 속성으로 변수를 기술하는 측정의 단계. 높은, 중간, 낮음으로 구성되는 사회경제적 지위가 그 예이다. **명목측정**, **등간측정**, **비율측정**과 제5장 참조.

설문조사(survey) 자료수집의 기법 중 하나. 표준화된 도구를 체계적으로 적용하여 다수의 단위를 측정하여 자료를 수집하는 기법. **면접 설문조사**와 **환경 설문조사**도 보라. 제9장 참조.

성찰(reflexivity) 개인적인 편향을 포함하여 자신의 관점(즉, 주관성)에 대한 연구원의 인식. 제10장 참조.

속성(attribute) 사람 또는 사물의 특성을 말한다. **변수**에 대한 설명과 비교해 보라. 제2장 참조.

시계열설계(time-series design) 일정 기간에 걸쳐 종속변수의 변화를 모니터링하는 일종의 의사실험설계. 제7장 참조.

신고되지 않은 범죄의 감춰진 숫자(dark figure of unreported crime. 암수범죄) 모든 범죄가 경찰에 보고되는 것은 아니며, 신고되지 않은 범죄는 표준범죄보고서(UCR)와 같은 측정에서 집계되지 않기 때문에 이 알 수 없는 숫자들을 '감춰진 숫자'라고 한다. 단순한 폭행과 값싼 물건의 절도는 경찰에 신고되지 않는 경우가 많다. 피해자 조사는 이 '감춰진 숫자'를 측정하기 위해 개발되었다. 제6장 참조.

신뢰구간(confidence interval) 모수치가 놓여 있는 것으로 추정되는 값의 범위. 예를 들어, 한 설문조사는 표본의 40%가 총기 사용의 금지를 선호한다는 것을 보여 주었다고 해보자. 비록 모든 사람들 사이에서 존재하는 지지에 대한 최선의 추정치는 물론 40%이지만, 우리는 정확하게 그 값이 그것이라고 기대할 수가 없다. 그래서 우리는 모집단의 실제 백분율이 아마도 놓여 있을 신뢰구간(예: 35%에서부터 45%)을 계산할 수도 있다. 모든 신뢰구간과 관련하여 신뢰수준을 특정화하는 것이 필요하다는 것을 언급해야 한다. 제8장과 제14장 참조.

신뢰도(reliability) 동일한 현상에 대한 반복적인 관찰에서 매번 동일한 자료가 수집될 것이라는 측정의 질에 대한 기준. '오늘 당신의 동네에서 경찰관을 보셨습니까?'라는 질문이 '지난 6개월 동안 당신의 동네에서 경찰관을 몇 번이나 보셨습니까?'라는 질문에 비해 신뢰도가 높을 것이다. 타당도와 혼동해서는 안 된다. 제5장 참조.

신뢰수준(confidence level) 모수치가 주어진 신뢰구간 내에 존재할 추정된 가능성. 그래서 우리는 캘리포니아주의 모든 주민들의 35~45%가 절대적인 총기 사용 금지를 선호할 것이라는 것을 95% 확신할 수 있는 것이다. 제8장과 제14장 참조.

실험집단(experimental group) 실험에서 실험자극을 받은 피험자 집단. 실험집단의 대상은 보통 실험자극의 효과를 검증하기 위해 통제집단의 대상과 비교된다. 제7장 참조.

안전 감사(safety audit) 장소의 보안과 안전에 초점을 맞춘 환경 설문조사의 한 유형. 안전 감사는 특정 장소를 정기적으로 사용하는 사람들 중에서 안전에 대한 인식을 측정하기 위해 종종 면접 또는 초점집단과 결합된다. 제11장 참조.

액면 타당도(face validity) 어떤 변수의 합리적인 측정치로 보이도록 만드는 지표의 특성. 법에 의해 정해진 형벌의 기간은 범죄의 심각성의 어떤 지표라는 것은 많은 설명이 없이도 알 수 있다. 그것이 액면 타당도를 가지고 있는 것이다. 제5장 참조.

연구방법론(methodology) 무언가를 이해하기 위해서 사용하는 방법론 연구이자 탐구하는 과학. 제1장 참조.

연역적 추론(deductive reasoning) 가설의 특정한 기대가 일반적인 원칙의 기초에서 개발된 논리적인 모델. 모든 학장들은 비열한 사람이라는 일반적인 원칙에서부터 시작하여 여러분은 이 사람이 당신에게 수업과목을 변경하도록 허락하지 않을 것이라고 예상할 수 있을 것이다. 그러한 기대는 연역법의 결과이다. 또한 **귀납적 추론**과 비교해 보라. 제2장 참조.

영가설(null hypothesis) 가설 검증 및 통계적 유의도 검증과 관련하여, 연구대상자인 변수들 사이의 관계가 존재하지 않는다고 제시하는 가설. 통계적으로 영가설을 기각했을 때 두 변수 사이에 관계가 있다고 결론 내릴 수 있다. 제14장 참조.

영향평가(impact assessment) 문제에 관한 해답을 구하는 응용 연구의 한 유형. 공적 프로그램이 그것이 의도한 대로 문제에 영향을 주었는가? 예를 들어, 만약 새로운 주거침입범죄 예방 프로그램이 특정한 동네에서 주거침입범죄를 줄이는 것이 목적이라면, 영향평가는 실제로 주거침입범죄가 새로운 프로그램의 결과로 감소하였는지를 결정하려고 할 것이다. **과정평가**(process evaluation)와 비교해 보라. 제13장 참조.

오차의 비례적 감소(proportionate reduction of error: PRE) 한 변수의 값을 아는 것이 다른 변수의 값을 추정하는 데 오류를 얼마나 감소시키는지를 물음으로써 관계의 강도를 평가하는 논리적 모형. 예를 들어, 얼마나 교육을 받았는지를 안다면 수입이 얼마인지에 대한 추측 능력을 향상시킬 수 있으며, 이는 두 변수 사이에 관계가 있음을 나타낸다. 제14장 참조.

외적 타당도(external validity) 특정 장소의 특정 시간에서 특정 모집단으로부터 관찰된 관계가 다른 장소의 다른 시간에서 다른 모집단으로부터도 관찰될 것인가에 관한 문제. 외적 타당도는 한 연구 장치에서 발견한 관계를 다른 연구 장치에서도 같은 관계를 얻는 일반성과 관련되어 있다. 반복실험이 외적 타당도를 강화시킨다. 제4장, 제7장 참조.

요약기반 측정(summary-based measure) 특정 사법권역이나 다른 소규모 지역에서 발생하는 범죄의 총량만을 보고하는 범죄 수치는 범죄에 대한 요약통계이다. FBI의 표준범죄보고서(UCR)가 대표적인 예이며, **사건기반 측정**(incident-based measure)과 비교된다. 제6장 참조.

유관표(contingency table) 변수들 사이의 관계를 백분율 분포의 형태로 제시하기 위한 형식. 제14장 참조.

유의 수준(level of significance) 통계적 유의도 검증에 있어서, 관찰된 경험적 관계가 표집오류라는 이유 하나 때문에 생겨났을 가능성(또는 확률). 예를 들어, 어떠한 관계가 0.05 수준에서 유의미하다는 말은 그 관계가 오직 표집오류 때문에 발견되었을 가능성이 5/100 이하라는 뜻이다. 제14장 참조.

유형론(typology) 관찰 사례를 그 속성에 따라 분류하는 것. 유형론은 '분류론(taxonomies)'이라고 불리며, 전형적으로 명목변수(nominal variable)와 함께 만들어진다. 예를 들어, 도둑의 유형론은 그들이 훔치는 차의 종류와 범행 표적을 발견하는 위치의 유형에 따라서 그들을 분류할 것이다. 제5장 참조.

윤리적(ethical) 집단이나 직업이 수용하는 규범과 표준에 순응하여 행동하는 것. 인간 피험자 연구에 대한 윤리적 행동을 다루는 규범은 종종 연구전문가협회에 의해 설명된다. 제3장 참조.

응답률(response rate) 설문조사에 참여하는 사람의 수를 표본에서 선택된 수로 나눈 값으로 백분율의 형태이다. 완료율(completion rate)이라고도 하며, 자기보고식(self-administrated) 설문조사의 경우 반환율(배포된 설문지 중 반환된 비율)이라고도 한다. 제9장 참조.

응답자(respondent) 면접 시 자기보고식 또는 자기기입식 설문조사 질문에 응답하여 분석을 위한 데이터를 제공하는 사람.

의사실험(quasi-experiment) 실험설계의 전부가 아닌 대부분의 요소를 포함하는 연구설계. 의사(quasi)는 '일종의(sort of)'라는 의미를 갖고, 따라서 유사실험은 일종의 실험이다. 의사실험의 두 가지 일반적 종류는 비균등집단(nonequivalent group)과 시계열 설계(time-series design)이다. **고전적 실험**(classical experiment)과 비교할 것. 제7장 참조.

이론(theory) 삶의 특정 측면과 관련 있는 관찰된 사실과 법칙을 체계적으로 설명한 것. 예를 들어, 코언과 펠슨(Cohen and Felson, 1979)의 일상활동이론은 범죄를 적당한 표적, 동기화된 범죄자, 가용한 보호력의 부재라는 세 가지 핵심 요소가 수렴된 결과로서 설명한다. 제2장 참조.

이원변량분석(bivariate analysis) 변수들 사이의 경험적인 관계를 결정하기 위한 목적으로 두 변수에 대해 동시적으로 하는 분석. 단순한 백분율표의 구성이나 단순한 상관계수의 계산은 이원변량의 사례이다. 제14장 참조.

이차 분석(secondary analysis) 한 연구자에 의해 수집되고 처리된 자료가 흔히 별개의 목적에서 다른 연구자에 의해서 재분석되는 연구 형태. 이것은 특별히 설문조사 자료의 경우에 적절하다. 이차분석을 위한 자료의 저장과 분배를 위해 자료보관소나 도서관이 있다. 제12장 참조.

이해관계자(stakeholeder) 특정 프로그램에 대해 관심이나 이해를 갖는 개인들. 특정 프로그램은 서로 다른 관심과 목적을 갖는 복수의 이해당사자를 가질 수 있다. 제13장 참조.

익명성(anonymity) 연구대상자의 신원이 드러나지 않아 한 대상자의 자료를 한 개인의 이름과 연관시키는 것이 불가능하다. 익명성은 개인 사생활에 대한 윤리적인 문제를 해결하기 위한 하나의 수단이다. **기밀성**과 비교해 보라. 제3장 참조.

일반화 가능성(generalizability) 특수한 관찰을 넘어서는 어떤 무언가를 대표하는 것으로 추론하는 것을 정당화하는 연구발견의 특성. 때때로 이것은 표본으로부터 찾아낸 특성을 모집단의 특성으로 일반화하는 것을 포함한다. 다른 경우에서는 이것이 개념의 문제가 될 수도 있다. 만약 여러분이 왜 사람들이 주거침입범죄를 저지르는지 원인을 밝힐 수 있다면, 이러한 원인 규명이 다른 범죄도 설명할 수 있는 일반화가 가능할까? 제7장 참조.

일원변량분석(univariate analysis) 기술(description)의 목적에서 단일 변수를 분석하는 것. 빈도분포, 평균, 산포도 등이 그 예이다. 제14장 참조.

자기보고식 설문조사(self-report survey) 사람들에게 자신이 저지른 범죄에 관해 말하게 하는 설문조사. 이 방법은 약물 남용과 같이 소위 피해자 없는 범죄를 측정하기에 가장 좋다. 자기보고식 조사에서는 비밀유지가 특히 중요하다. 제6장과 제9장 참조.

자료의 사회적 생산(social production of data) 그 자료가 측정된 조건에 더하여 조직의 과정 및 의사 결정 규칙을 반영하는 기관의 기록을 주로 지칭함. 범죄 신고 및 보호관찰 기록이 그 예이다. 제12장 참조.

전망적(prospective) 연구대상자를 시간 흐름에 따라 전향적으로 추적하는 종단적 연구의 한 유형을 기술하는 형용사. '아동기에 성적 학대를 받은 사람들 중 얼마나 많은 사람들이 성인이 되어 성범죄로 유죄판결을 받았는가?'는 전망적 질문의 한 예이다. **회고적**(retrospective)과 비교하라. 제4장 참조.

조작적 정의(operational definition) 어떤 개념을 측정하기 위해서 어떠한 조작화를 해야 할 것인지를 구체화한 진술. '과거 기록'에 대한 조작적 정의는 '군(혹은 주나 FBI) 전과기록 정보 시스템 참조하여 유죄 판결을 받은 횟수를 기록한다.'가 될 것이다. 제5장 참조.

조작화(operationalization) 개념화 직후의 단계. 조작화는 실제 측정이 어떻게 이루어질지를 설명하는 조작적 정의를 개발하는 과정. 제1장과 5장 참조.

종단연구(longitudinal study) 여러 시점에서 수집된 자료를 포함하는 포함하는 연구설계. **추세연구**(trend study), **코호트연구**(cohort study), **패널연구**(panel study)도 비교해 보라. 제4장 참조.

종속변수(dependent variable) 다른 변수(독립변수라고 불리는)에 의존하거나 그것에 의해 야기된 변수. 만약 여러분이 형량의 길이는 부분적으로 이전에 있었던 구속 숫자의 작용이라는 것을 발견했다면, 형량의 길이는 종속변수로 취급된다. 제2장과 7장 참조.

주제(theme) 근거이론에서, 하위 수준 개념(보통 개방형 코딩에서 생성된)을 포함하는 상위 수준 개념(보통 선택 코드에서 파생됨). 제10장 참조.

중앙값(median) 관찰치를 순서대로 나열했을 때, '중간'에 해당하는 사례의 값을 대변하는 평균. 만약 5명의 나이가 16, 17, 20, 54, 88세라면, 중앙값은 20세(산술평균은 39세)이다. 제14장 참조.

증거 산출(evidence generation) 평가자와 사법 전문가가 커뮤니티 기반 개입의 효과성에 대한 증거를 구축하는 협업 응용 연구. 그러면 증거는 책임성을 관리하는 데 사용된다. 제13장 참조.

증거기반 정책(evidence-based policy) 형사사법 정책을 만들고 평가하기 위해 자료와 다른 정보를 이용하는 것. 이것은 보통 범죄우범지역을 순찰하는 경찰을 배치하는 것과 같이, 필요의 증거에 기반을 두어서 형사정책실행을 계획하는 것을 의미한다. 이것은 또한 약물법정 절차 과정 중의 범죄자들 사이의 재범에서 어떤 변화를 측정하는 것처럼, 형사사법 정책의 결과를 평가하는 것도 포함한다. 제13장 참조.

질문지(questionnaire) 분석에 적합한 정보를 끌어내기 위해서 설계된 질문들과 다른 유형의 항목들을 포함한 문서. 질문지는 주로 설문조사(survey research)에서 사용되며, 현장연구에서도 사용된다. 제9장 참조.

질적 기술(qualitative description) 그 어떤 체계적인 분석 또는 해석의 부과없이 데이터를 논의하는 질적 기술. 데이터가 스스로 말하게 한다. 제10장 참조.

질적 면접(qualitative interview) 설문조사 면접과는 다르게, 질적 면접은 표준화된 질문의 사용에 기초하기보다는 심층적으로 논의할 일련의 주제에 기초한다. 이는 오히려 면접관과 참가자 사이의 언어적 상호작용으로 면접관은 질의에 대한 일반적인 계획을 가진다. 제10장 참조.

질적 해석(qualitative interpretation) 데이터를 체계적으로 분석한 후, 다소 추측적이거나 더 많은 문헌과 연결되는 연구 결과들에 대한 토론을 말한다. 제10장 참조.

집락표집(cluster sampling) 먼저 자연적인 집단(집락)이 선발되고 나서, 각각 선발된 집단에서 연구대상자들이 그 이후에 선발된 다단계의 표본. 예를 들면, 여러분은 안내 설명서로부터 도시경찰서의 표본을 선택할 수 있을 것이고, 모든 선택된 경찰서에서 경찰관의 목록을 얻어서, 그 이후에 각각의 경찰서에서 경찰관 표본을 선발할 수 있을 것이다. 제8장 참조.

집중경향치(central tendency) 분포에서 중간값에 관찰치가 어떻게 모여있는지를 나타내는 통계적 측정값. 제14장 참조.

집합체(aggregate) 사람들, 교도소들, 재판정들, 또는 도난차량들과 같이 단위들의 집단을 일컬음. 비록 형사사법 기관의 실무자들은 대부분 개별 단위에 관심이 있지만, 사회과학은 단위들의 집합체에 반영되는 유형을 찾는다. 예를 들면, 보호관찰관은 개인으로서의 보호관찰 대상자에 관심을 기울이지만, 반면에 사회과학자는 집단으로서의 보호관찰 대상자, 또는 집합체에 초점을 맞춘다. 제2장 참조.

차원(dimension) 개념의 구체화되는 측면 또는 속성. 제5장 참조.

초점집단(focus group) 참가자 집단과의 면접. 이 형식은 집단 구성원 간의 집단 역학이 자료를 생성하는 특정 집단의 관점을 밝히는 데 가장 적합하다. 제10장 참조.

최빈값(mode) 가장 빈번하게 관찰되는 값이나 속성을 보여주는 평균. 표본에 1,000명의 캘리포니아 거주자, 275명의 뉴저지 거주자, 33명의 미네소타 거주자가 있다면, 캘리포니아가 거주지의 최빈 범주이다. 제14장 참조.

추리통계(inferential statistics) 표본에서 얻어진 자료를 바탕으로 해당 모집단에 대해 통계적으로 추정하는 통계학. 기술통계(descriptive statistics)와 비교해 보라. 제14장 참조.

추세연구(trend study) 종단연구의 한 형태로서, 모집단의 어떤 특성을 시간의 경과에 따라 추적하는 것. 특정 사법권역에 대한 수년간의 UCR(Uniform Crime Reports) 통계치들이 한 예이다. 제4장 참조.

층화(stratification) 표집에 앞서 모집단을 구성하는 단위들을 복수의 동질적인 집단(층)으로 구분하는 일. 이러한 절차는 단순무작위표집, 체계적 표집, 집락표집과 연계하여 사용될 수도 있으며, 최소한 층화 변수들의 맥락에서 표본의 대표성을 향상시킨다. 제8장 참조.

컴퓨터의 지원을 받는 면접(computer-assisted interviewing: CAI) 설문지가 종이 대신에 컴퓨터 화면 위에 제시되는 방식으로 실시되는 컴퓨터에 의한 설문조사. 컴퓨터의 지원을 받는 개인 면접에서, 면접자는 컴퓨터 화면에서 질문 문항을 읽고 응답을 입력한다. 컴퓨터의 지원을 받는 자기 면접에서, 응답자는 휴대용 컴퓨터의 화면 위에 뜬 질문을 (조용하게) 읽고 응답을 입력한다. 또 다른 변형된 방법은 청각 장치가 지원되는 자기 면접인데, 여기에서는 응답자는 헤드폰을 통해 질문을 들은 후에, 자신의 응답을 입력한다. 이러한 두 가지의 자기 면접 유형은 모두 자기보고와 같은 민감한 질문을 위해 특히 유용하다. 제9장 참조.

코호트연구(cohort study) 비록 각각의 관찰 시기에서 각기 다른 구성원들로부터 자료가 수집될 수도 있지만 어떤 특정한 집단에 대해 오랜 시기 동안 조사를 하는 연구. 제4장 참조.

타당도 위협(validity threat) 비타당도의 원천, 또는 원인과 결과에 관해 허위진술 하는 것. 타당도의 위협과 관련된 네 가지 범주(통계학적 결과 타당도, 내적 타당도, 구성 타당도, 외적 타당도) 중에서, 일반적으로 통계학적 결과 타당도와 내적 타당도는 편기(bias)와 관계있고, 구성 타당도와 외적 타당도는 일반화와 관계있다. 제4장과 제7장 참조.

타당도(validity) (1) 원인과 결과에 대한 진술이 참인지, 거짓인지의 여부. 제4장과 7장 참조. 또한 **타당도 위협**을 보라. (2) 측정하려는 개념을 정확하게 반영하는 측정을 묘사하는 용어. 예를 들어, 자동차절도에 대한 경찰기록은 가게 들치기에 대한 경찰 기록보다 더 타당한 측정이다. 어떤 측정의 궁극적인 타당도는 결코 입증될 수 없다는 것을 깨닫는 것이 중요하다. 그러나 액면 타당도, 기준 관련 타당도, 내용 타당도, 구성 타당도의 토대 위에서 그것의 상대적인 타당도에 대해서는 동의할 수 있다. **신뢰도**와 혼동해서는 안 된다. 제5장 참조.

통계적 유의도 검증(test of statistical significance) 특정 표본에서 변수들 간의 관찰된 관계가 표집오차에만 기인될 수 있는 가능성을 나타내는 통계적 계산의 한 종류. **추론통계**와 제14장 참조.

통계적 유의도(statistical significance) 표본에서 관찰되는 관계가 표집오차에 귀인하지 않음을 나타내는 일반적 용어. **통계적 유의도 검증**과 제14장 참조.

통계적으로 식별 가능한 차이(statistically discernible difference) 통계적 유의도 검증은 자료가 표집과 변이에 관한 어떤 가정을 충족시키지 않는다면 보통은 사용되어서는 안 된다. 어떤 발견을 '통계적으로 식별 가능한 차이'로서 인용하는 것은 통계적 추론이란 도구의 사용을 가능하게 해준다. 제14장 참조.

통계학적 결과 타당도(statistical conclusion validity) 두 변수 간의 공변이를 발견할 수 있는지 여부. 이것은 인과적 추론을 위한 세 가지 요건 중 첫 번째 요건이다(나머지 두 가지 요건에 대해서는 제4장을 보라). 만일 두 변수가 함께 변하지 않는다면, 그들 간에는 인과적 관계가 있을 수 없다. 통계학적 결과 타당도에 대한 보다 자세한 내용은 제4장과 제7장 참조. 제14장은 통계적 유의도를 발견함에 있어서 표본의 크기가 갖는 역할을 기술하는데, 그것은 통계학적 결과 타당도와 개념적으로 연관된다.

통제집단(control group) 실험방법에서, 모든 다른 측면들에서는 실험집단과 똑같아야만 하지만 어떠한 실험적인 자극도 가해지지 않은 연구대상자들의 집단. 실험의 끝에서 통제집단과 실험집단의 비교는 실험적인 자극의 효과를 가리킨다. 제7장 참조.

특별 모집단(special populations) 연구대상이 되었을 때 특별한 보호가 요구되는 청소년과 수감자와 같은 집단. 대부분의 법률 영역에서 청소년이 다르게 취급되는 것처럼, 청소년은 사전 동의를 제공할 수 없는 것으로 간주된다. 피구금자는 연구에 참여해야 한다고 느끼거나 참여가 특히 바람직하다고 생각할 수 있기 때문에 특별 규칙이 적용된다. 제3장 참조.

패널연구(panel study) 동일한 연구대상자(패널)에 대해서 여러 시점에 자료를 수집하는 종단연구의 한 형태. 제4장 참조.

패러다임(paradigm) 세계에 대한 우리의 시각을 조직하는 근본적인 관점 혹은 모형. 토머스 쿤(Thomas Kuhn, 1996)이 과학철학에서 이 용어를 만들었다. 패러다임은 우리가 연구 방법과 함께 연구 문제를 어떻게 선택하고 정의하는지에 영향을 미친다. **이론**과 비교하라. 제2장 참조.

편향(bias) 특정 방향에서 측정되는 것의 곡해를 초래하는 경향이 있는 측정 도구의 특질. 예를 들어, '대통령이 잘하고 있다는 데 동의하지 않습니까?'라는 질문 항목은 일반적으로 더 호의적인 반응을 유도한다는 점에서 편향될 수 있다. 제9장 참조.

평가 조사연구(evaluation research) 응용연구의 한 예로서, 평가는 보통 특정 실행의 목표와 연결된 것으로서 어떤 프로그램이나 정책실행의 효과를 평가하는 것을 포함한다. 성범죄자 치료 프로그램이 참여자의 재범 감소라는 목적을 달성하였는지를 결정하는 것이 한 예가 될 수 있다. **문제 분석**(problem analysis)과 비교해 보라. 제13장 참조.

평균(average) 일반적으로 전형적이거나 정상적인 것을 의미하는 애매모호한 용어를 말한다. 산술평균, 중앙값, 최빈값은 특수한 수학적인 평균이다. 제14장 참조.

폐쇄형 질문(closed-ended question) 연구자에 의해 제공된 목록으로부터 응답을 선택하도록 요구된 설문조사 질문. 폐쇄형 질문은 특히 설문조사에서 많이 사용되는데, 왜냐하면 그것은 응답에 있어서 더 큰 통일성을 제공하고 **개방형 질문**보다 훨씬 더 쉽게 분석되기 때문이다. 제9장 참조.

표본요소(sample element) 그에 대해 정보가 수집되고 분석의 근거를 제공하는 단위. 일반적으로 설문조사에서 요소는 사람이다. 예를 들어, 교정시설, 갱, 순찰구역, 사건 등과 같이 다른 종류의 단위들이 형사사법 연구에서 요소가 될 수 있다. 제8장 참조.

표본통계치(sample statistic) 표본의 특정 변수에 대한 요약 기술. 예를 들어, 100명의 교수 표본에서 평균 연령이 41.1세라면 41.1이 교수 연령에 대한 표본통계치이다. 보통 표본통계치가 모수를 추정하는 데 쓰인다. **표집분포**(sampling distribution)와 비교하라. 제8장 참조.

표준오차(standard error) 표집오차의 정도. 표준오차는 어떤 표본 집단 구성원들이 모집단과 우연에 의해 다른 정도에 대한 통계학적 추정치를 제공해 준다. 대개 표본의 규모가 클수록 표준오차는 감소한다. 제8장과 제14장 참조.

표준편차(standard deviation) 사례들이 평균을 중심으로 흩어져 있는 정도의 수치. 개념적으로 표준편차는 모든 값들의 평균으로부터의 편차의 '평균'을 나타낸다. 제14장 참조.

표집단위(sampling unit) 표집요소(sampling element)와 마찬가지로 표집과정에서 선택될 수 있는 것. 흔히 표집단위는 사람들이다. 그러나 어떤 경우에는 우리가 종국적으로 분석할 요소들의 집단을 선택함으로써 시작할 수도 있다. 표집단위란 표집의 특정 단계에서 선정되는 것들을 칭하는 일반적인 용어이다. 그러나 반드시 우리의 궁극적 관심의 대상일 필요는 없다. 제8장 참조.

표집분포(sampling distribution) 한 모집단으로부터 매우 많은 수의 표본을 추출했을 때 얻을 수 있는 표본 통계치의 범위 혹은 배열. 무작위 표집에서 특정 통계치(예: 평균 연령)의 표집분포는 모집단의 평균 연령 주위에 밀집되어 있을 것으로 기대한다. 더 나아가서 표본의 크기가 클수록 표집분포는 모수의 주위에 더 조밀하게 밀집될 것이다. 제8장 참조.

표집틀(sampling frame) 표본이 추출될 모집단을 구성하는 단위들의 목록 또는 준 목록. 만약 표본이 모집단을 대표한다면, 표집틀은 모집단의 (거의) 모든 구성원들을 반드시 포함해야 한다. 제8장 참조.

피해자 조사(victim survey) 사람들에게 그들의 범죄피해 경험을 묻는 표본조사. 피해자 조사는 범죄를 측정하는 한 가지 방식이며, 경찰에 신고되지 않은 범죄에 관한 정보를 획득하는 데 특히 유용하다. 전미범죄피해조사(NCVS)가 한 예이다. 제6장, 제9장 참조.

할당표집(quota sampling) 연구단위들이 이미 지정된 특성에 기초하여 선택되는 일종의 비확률표집. 그로 인해 전체 표본은 연구되는 모집단에 존재한다고 가정되는 것과 동일한 분포의 특성을 갖게 될 것이다. 제8장 참조.

형사사법 자료 아카이브(National Archive of Criminal Justice Data: NACJD) 형사사법 연구자나 실무자들이 특별히 관심을 가질 만한 많은 자료를 포함하는 대학 간 정치사회연구 컨소시엄(ICPSR) 내의 특별한 수집보관소. 전미범죄피해조사(NCVS)와 표준범죄보고서(UCR) 및 교정 인구에 대한 자료들과 수백 가지의 출판된 통계 사례가 포함되어 있다. 자료수집에는 NACJD를 2차 자료의 훌륭한 출처로 만드는 미국 법무연구원(NIJ)에서 자금을 지원하는 대부분의 연구 자료도 포함된다. **대학 간 정치사회연구 컨소시엄(ICPSR)**과 제12장 참조.

확률적(probabilistic) 어떠한 요인이 특정 결과를 낳을 가능성이 어느 정도 있다는 인과 추론의 유형. 청소년기의 체포 경험이 성인이 되어서 체포될 가능성을 더 높인다. 제4장 참조.

확률표집(probability sampling) 전형적으로 일부 무작위 선택 메커니즘을 포함하는 확률이론에 부합하여 표본이 선택되는 경우에 대한 일반적인 용어. 확률표집의 구체적인 유형에는 지역 확률표집, 동등확률추출방법(EPSEM), 단순무작위표집, 계통적 표집이 포함된다. 제8장 참조.

환경 설문조사(environmental survey) 현장에서 실행되고 특별하게 설계된 형태로 기록된 구조화된 관찰. 면접 설문조사가 질문에 대한 응답자의 응답을 기록한 것인 반면에, 환경 설문조사는 관찰자가 현장에서 본 것을 기록하는 것이라는 점에 주목하라. 예를 들면, 지역사회 조직단체가 동네의 공원 안의 시설이 좋은 상태를 유지하는지, 쓰레기는 얼마나 많은지, 어떤 사람들이 공원을 이용하는지를 살피기 위해서 정기적인 환경 설문조사를 수행할 수도 있다. 제11장 참조.

회고적(retrospective) 연구대상자에게 예전에 일어났던 사건을 회상하게 하거나 과거 행위에 대한 공식 기록을 추적함으로써 시간을 거슬러 살펴보는 종단연구의 한 유형. '현재 성범죄자들 중 얼마나 많은 사람들이 아동기에 성적으로 학대를 받았는가?'가 회고적 질문이다. **전망적(prospective)**과 비교해 보라. 제4장 참조.

회귀분석(regression analysis) 회귀등식이라고 불리는 등식의 형태로 변수들 간의 관계를 나타내는 자료 분석의 방법. 제14장 참조.

횡단연구(cross-sectional study) 하나의 시간적인 시점을 대표하는 관찰에 기초한 연구. **종단연구**와 비교해 보라. 제4장 참조.

참고문헌

Academy of Criminal Justice Sciences. 2000. "Code of Ethics." Greenbelt, MD: Academy of Criminal Justice Sciences, http://www.acjs.org/new_page_13.htm. Accessed 3 May 2016.

Adler, Patricia A, and Peter Adler. 2001. "The Reluctant Respondent." In *The Handbook of Interview Research*, J.F. Gubrium and J. Holstein (Eds.). Thousand Oaks, CA: Sage Publications.

Aebi, Marcelo F., and Antonia Linde. 2012. "Crime Trends in Western Europe According to Official Statistics from 1990 to 2007." In *The International Crime Drop: New Directions in Research*, Jan van Dijk, Andromachi Tslenoi, and Graham Farrell (Eds.). Crime prevention studies, vol. 17. London: Palgrave, 37–75.

American Association of University Professors. 2006. *Protecting Human Beings: Institutional Review Boards and Social Science Research.* AAUP Redbook. Washington, D.C.: American Association of University Professors, http://www.aaup.org/ AAUP/comm/rep/A/humansubs.htm. Accessed 18 November 2009.

American Psychological Association. 2010. *Ethical Principles of Psychologists and Code of Conduct.* 2002 Code as amended. Washington, D.C.: American Psychological Association, http://www.apa.org/ethics/index.aspx. Accessed 6 January 2011.

American Society of Criminology. 2016. "Code of Ethics." Columbus, OH: American Society of Criminology, http:// asc41.com/code_of_ethics_copies/ASC%20Code%20of%20 Ethics.html. Accessed 3 May 2016.

American Sociological Association. 1999. "Code of Ethics." Washington, D.C.: American Sociological Association, http://www.asanet.org/galleries/default-file/Code%20of%20 Ethics.pdf.

Anderson, Craig A., and Brad Bushman. 2002. "The Effects of Media Violence on Society." *Science* 295 (29 March):2377–79.

Andresen, W. Carsten. 2005. *State Police: Discretion and Traffic Enforcement.* Unpublished Ph.D., dissertation. Newark, NJ: School of Criminal Justice, Rutgers University.

Aos, Steve, and Elizabeth Drake. 2013. *Prison, Police, and Programs: Evidence-Based Options That Reduce Crime and Save Money.* (Document No. 13-11-1901). Olympia: Washington State Institute for Public Policy, http://www.wsipp.wa.gov.

Associated Press. 1993. "High Murder Rate for Women on the Job." *New York Times*, 3 October.

Austin, James, Wendy Naro, and Tony Fabelo. 2007. *Public Safety, Public Spending: Forecasting America's Prison Population 2007–2011.* Philadelphia: Pew Charitable Trusts.

Babbie, Earl. 2004. *The Practice of Social Research.* 10th ed. Belmont, CA: Wadsworth.

Bachman, Ronet, and Linda E. Saltzman. 1995. *Violence Against Women: Estimates from the Redesigned Survey.* Washington, D.C.: U.S. Department of Justice, Office of Justice Programs, Bureau of Justice Statistics.

Baker, Al, and Kate Taylor. 2012. "Bloomberg Defends Police's Monitoring of Muslim Students on the Web." *New York Times*, 21 February.

Baldus, David C., Catherine M. Grosso, George Woodworth, and Richard Newell. 2011. "Racial Discrimination in the Administration of the Death Penalty: The Experience of the United States Armed Forces (1984–2005)." *Journal of Criminal Law and Criminology* 101(4):1227–335.

Baldus, David C., Charles Pulaski, and George Woodworth. 1983. "Comparative Review of Death Sentences: An Empirical Study of the Georgia Experience." *Journal of Criminal Law and Criminology* 74:661–753.

Barnes, J.C., Kevin M. Beaver, and Brian B. Boutwell. 2011. "Examining the Genetic Underpinnings to Moffitt's Developmental Taxonomy: A Behavioral Genetic Analysis." *Criminology* 49:923–54.

Baron, Stephen W., and Timothy F. Hartnagel. 1998. "Street Youth and Criminal Violence." *Journal of Research in Crime and Delinquency* 35(2):166–92.

Barth, Fredrick. 2002. "Toward a Richer Description and Analysis of Cultural Description." In *Anthropology Beyond Culture*, R.G. Fox and B.J. King (Eds.). Oxford: Berg, 23–36.

Baumer, Eric, Janet L. Lauritsen, Richard Rosenfeld, and Richard Wright. 1998. "The Influence of Crack Cocaine on Robbery, Burglary, and Homicide Rates: A Cross-City Longitudinal Analysis." *Journal of Research in Crime and Delinquency* 35:316–40.

Baumer, Terry L, Michael G. Maxfield, and Robert I. Mendelsohn. 1993. "A Comparative Analysis of Three Electronically Monitored Home Detention Programs." *Justice Quarterly* 10:121–42.

Baumer, Terry L., and Robert I. Mendelsohn. 1990. *The Electronic Monitoring on Non-Violent Convicted Felons: An Experiment in Home Detention.* Final report to the National Institute of Justice. Indianapolis, IN: Indiana University, School of Public and Environmental Affairs.

Baumer, Terry L., and Dennis Rosenbaum. 1982. *Combatting Retail Theft: Programs and Strategies.* Boston: Butterworth.

Beauregard, Eric, D. Kim Rossmo, and Jean Proulx. 2007. "A Descriptive Model of the Hunting Process of Serial Sex Offenders: A Rational Choice Perspective." *Journal of Family Violence* 22:449–63.

Beck, Allen J., et al. 2010. *Sexual Victimization in Prisons and Jails Reported by Inmates, 2008–09.* Washington, D.C.: U.S. Department of Justice, Office of Justice Programs, Bureau of Justice Statistics.

Becker, Howard. 1963. *Outsiders.* New York: Free Press.

Bench, Lawrence L., and Terry D. Allen. 2003. "Investigating the Stigma of Prison Classification: An Experimental Design." *The Prison Journal* 83(4):367–82.

Bennett, Trevor, Katy Holloway, and David Farrington. 2008. "The Statistical Association Between Drug Misuse and Crime: A Meta-Analysis." *Aggression and Violent Behavior* 13:107–18.

Bennett, Trevor, and Katy Holloway. 2005. "Association Between Multiple Drug Use and Crime." *International Journal of Offender Therapy and Comparative Criminology* 49:63–81.

Bennis, Jason, Wesley G. Skogan, and Lynn Steiner. 2003. "The 2002 Beat Meeting Observation Study." Community Policing Working Paper #26. Evanston, IL: Center for Policy Research, Northwestern University, http://www.northwestern.edu/ipr/publications/policing.

html. Accessed 27 April 2003.
Benoit, Cecilia, and Alison Millar. 2001. 2nd ed. *Dispelling Myths and Understanding Realities: Working Conditions, Health Status, and Exiting Experiences of Sex Workers—Short Report*. Short rept. Victoria, BC: Prostitutes Empowerment, Education, and Resource Society.
Berg, Bruce L. 1998. "A Dramaturgical Look at Interviewing." In *Qualitative Research Methods for the Social Sciences*, Ed Bruce L. Berg. Needham Heights, MA: Allyn and Bacon, 66–110.
Berinsky, Adam J., Gregory A. Huber, and Gabriel S. Lenz. 2012. "Evaluating Online Labor Markets for Experimental Research: Amazon.com's Mechanical Turk." *Political Analysis* 20:351–66.
Berk, Richard A., Heather Ladd, Heidi Graziano, and Jong-ho Baek. 2003. "A Randomized Experiment Testing Inmate Classification Systems." *Criminology and Public Policy* 2(2, March): 215–42.
Bernstein, Margaret. 2012. "Signs of Human Trafficking Can Stay Hidden in Plain Sight." *Cleveland Plain Dealer*, 12 February.
Best, Joel. 2013. *Stat-Spotting: A Field Guide to Identifying Dubious Data*. Berkeley, CA: University of California Press.
Best, Samuel L., and Benjamin Radcliff. 2005. *Polling America: An Encyclopedia of Public Opinion, Volume II, P-Z*. Westport, CT: Greenwood Press.
Birks, Melanie, Ysanne Chapman, and Karen Francis. 2008. "Memoing in Qualitative Research." *Journal of Research in Nursing* 12(4):68–75.
Black, Donald. 1970. "The Production of Crime Rates." *American Sociological Review* 35:733–48.
Bloomberg, Michael R., and Amanda M. Burden. 2006. *New York City Pedestrian Level of Service Study, Phase 1*. New York: Office of the Mayor and Department of City Planning.
Blumberg, Stephen J., and Julian V. Luke. 2016. *Wireless Substitution: Early Release Estimates from the National Health Interview Survey, July-December 2015*. Atlanta, Georgia: Centers for Disease Control, http://www.cdc.gov/nchs/data/nhis/ earlyrelease/wireless201605.pdf.
Blumer, Herbert. 1954. "What Is Wrong with Social Theory?" *Journal of the American Sociological Society* 19(1):3–10.
Blumstein, Alfred, Jacqueline Cohen, Alex R. Piquero, and Christy A. Visher. 2010. "Linking the Crime and Arrest Processes to Measure Variations in Individual Arrest Risk Per Crime (Q)." *Journal of Quantitative Criminology* 26:533–48.
Boba, Rachel. 2005. *Crime Analysis and Crime Mapping*. Thousand Oaks, CA: Sage.
Boivin, Remi, and Gilbert Cordeau. 2011. "Measuring the Impact of Police Discretion on Official Crime Statistics: A Research Note." *Police Quarterly* 14:186–203.
Bolling, Keith, Catherine Grant, and Jeri-Lee Donovan. 2009. *2008–9 British Crime Survey (England and Wales) Technical Report*. Vol. I, 2nd ed. London: Home Office RDS.
Bouchard, Martin. 2007. "A Capture-Recapture Method to Estimate the Size of Criminal Populations and the Risks of Detection in a Marijuana Cultivation Industry." *Journal of Quantitative Criminology* 23:221–41.
Bouchard, Martin, Eric Beauregard, and Margaret Kalacska. 2013. "Journey to Grow: Linking Process to Outcome in Target Site Selection for Cannabis Cultivation." *Journal of Research in Crime and Delinquency* 50:33–52.
Bourgois, Philippe. 2002. *In Search of Respect: Selling Crack in El Barrio (Structural Analysis in the Social Sciences)*. Cambridge: Cambridge University Press.
Bowen, Glenn. 2008. "Supporting a Grounded Theory with an Audit Trail." *International Journal of Social Research Methodology* 12(4):305–16.
Bowers, Kate J., and Shane D. Johnson. 2013. *Understanding Theft of "Hot Products."* Problem solving tools series. Washington, D.C.: U.S. Department of Justice, Office of Community Oriented Policing Services.
Braga, Anthony A. 2008a. *Problem-Oriented Policing and Crime Prevention*, 2nd ed. Monsey, NY: Criminal Justice Press.
Braga, Anthony A. 2008b. "Pulling Levers Focused Deterrence Strategies and the Prevention of Gun Homicide." *Journal of Criminal Justice* 36:332–43.
Braga, Anthony A. 2016. "The Continued Importance of Measuring Potentially Harmful Impacts of Crime Prevention Programs: The Academy of Experimental Criminology 2014 Joan McCord Lecture." *Journal of Experimental Criminology* 12(1):1–20.
Braga, Anthony A., and Brenda J. Bond. 2008. "Policing Crime and Disorder Hot Spots: A Randomized Controlled Trial." *Criminology* 46(3):577–607.
Braga, Anthony A., David M. Kennedy, Elin J. Waring, and Anne Morrison Piehl. 2001. "Problem-Oriented Policing and Youth Violence: An Evaluation of Boston's Operation Ceasefire." *Journal of Research in Crime and Delinquency* 38(3, August):195–225.
Braga, Anthony A., Andrew V. Papachristos, and David M. Hureau. 2014. "The Effects of Hot Spots Policing on Crime: An Updated Systematic Review and Meta-Analysis." *Justice Quarterly* 31:633–63.
Braga, Anthony A., Anne M. Piehl, and David Hureau. 2009. "Controlling Violent Offenders Released to the Community: An Evaluation of the Boston Re-Entry Initiative." *Journal of Research in Crime and Delinquency* 46:411–36.
Brantingham, Paul J., and Patricia L. Brantingham. 1984. *Patterns in Crime*. NY: Macmillan.
Brantingham, Paul J., and Patricia L. Brantingham. 1991. "Introduction." In *Environmental Criminology*. 2nd ed., Paul J. Brantingham and Patricia L. Brantingham (Eds.). Prospect Heights, IL: Waveland.
Brantingham, Paul J., and Patricia L. Brantingham (Eds.). 1991. *Environmental Criminology*. 2nd ed. Prospect Heights, IL: Waveland.
Brantingham, Paul J., and C. Ray Jeffery. 1991. "Afterword: Crime, Space, and Criminological Theory." In *Environmental Criminology*. 2nd ed., Paul J. Brantingham and Patricia L. Brantingham (Eds.). Prospect Heights, IL: Waveland, 227–37.
Bratton, William J. 1999. "Great Expectations: How Higher Expectations for Police Departments Can Lead to a Decrease in Crime." In *Measuring What Matters*. Proceedings from the Policing Research Institute meetings, Robert Langworthy (Ed.). Washington, D.C.: U.S. Department of Justice, Office of Justice Programs, National Institute of Justice, 11–26.
Brotherton, David, and Luis Barrios. 2004. *The Almighty Latin King and Queen Nation*. New York: Columbia University Press.
Brown, Rick, and Ronald V. Clarke. 2004. "Police Intelligence and Theft of Vehicles for Export: Recent U.K. Experience." In *Understanding and Preventing Car Theft*, Michael G. Maxfield and Ronald V. Clarke (Eds.). Crime prevention studies, vol. 17. Monsey, NY: Criminal Justice Press, 173–92.
Brownstein, Henry H. 1996. *The Rise and Fall of a Violent Crime Wave: Crack Cocaine and the Social Construction of a Crime Problem*. Guilderland, NY: Harrow and Heston.
Buhrmester, Michael, Tarcy Kwang, and Samuel D. Gosling. 2011. "Amazon's Mechanical Turk: A New Source of Inexpensive, Yet High-Quality Data?" *Perspectives on Psychological Science* 6:3–5.
Bureau of Justice Assistance. 1993. *A Police Guide to Surveying Citizens and Their Environment*. Washington, D.C.: U.S. Department of Justice, Office of Justice Programs, Bureau of Justice Assistance, NCJ-143711.

Bureau of Justice Statistics. 1996. *Criminal Victimization in the United States, 1993*. Washington, D.C.: U.S. Department of Justice, Office of Justice Programs, Bureau of Justice Statistics.

Burgess, Ernest W. 1925. "The Growth of the City." In *The City: Chicago*, Robert E. Park, Ernest W. Burgess, and Roderic D. McKenzie (Eds.). Chicago, IL: University of Chicago Press.

Butts, Jeffrey. 2015. "Cursing the Darkness," LinkedIn Post. Butts, Jeffrey A., Catriona Gouvis Roman, Lindsay Bostwick, and Jeremy Porter. 2015. "Cure Violence: A Public Health Model to Reduce Gun Violence." *Annual Review of Public Health* 36:39–53.

Campbell, Donald T. 1979. "Assessing the Impact of Planned Social Change." *Evaluation and Program Planning* 2:67–90.

Campbell, Donald T. 2003. "Introduction." In *Case Study Research: Design and Methods*. 3rd ed., Robert K. Yin. Thousand Oaks, CA: Sage Publications, ix–xi.

Campbell, Donald T., and Julian Stanley. 1966. *Experimental and Quasi-Experimental Designs for Research*. Chicago: Rand McNally.

Canter, David, and Samantha Hodge. 2000. "Criminals' Mental Maps." In *Atlas of Crime: Mapping the Criminal Landscape*, Linda S. Turnbull and Elaine Halsey Hendriz (Eds.). Phoenix, AZ: Oryx Press, 187–91.

Cantor, David, and James P. Lynch. 2005. "Exploring the Effects of Changes in Design on the Analytical Uses of the NCVS Data." *Journal of Quantitative Criminology* 21(3):293–319.

Carson, E. Ann, and Daniela Golinelli. 2013. *Prisoners in 2012*. BJS Bulletin. Washington, D.C.: U.S. Department of Justice, Office of Justice Programs, Bureau of Justice Statistics.

Carver, Jay, Kathryn R. Boyer, and Ronald Hickey. 1996. "Management Information Systems and Drug Courts: The District of Columbia Approach." *Paper presented at the Annual Training Conference of the National Association of Drug Court Professionals*. Washington, D.C.: District of Columbia Pretrial Services Agency.

Center for Behavioral Health Statistics and Quality. 2015. *Behavioral Health Trends in the United States: Results from the 2014 National Survey of Drug Use and Health: Summary of National Findings*. HHS Publication No. SMA 15-4927. Rockville, MD: Center for Behavioral Health Statistics and Quality, Substance Abuse and Mental Health Services Administration, http://www.samhsa.gov/data/sites/default/files/NSDUH-FRR1-2014/NSDUH-FRR1-2014.pdf.

Center for Urban Pedagogy. 2011. *Field Guide to Federalism: Bushwick, Brooklyn, NY*. Comic book. *Brooklyn, NY: Center for Urban Pedagogy, Making Public Policy*, http://welcometocup.org/Store?product_id=29.

Chaiken, Jan M., and Marcia R. Chaiken. 1982. *Varieties of Criminal Behavior*. Santa Monica, CA: Rand.

Chaiken, Jan M., and Marcia R. Chaiken. 1990. "Drugs and Predatory Crime." In *Crime and Justice: A Review of Research: Vol. 13. Drugs and Crime*, Michael Tonry and James Q. Wilson (Eds.). Chicago: University of Chicago Press.

Chainey, Spencer, and Jerry Ratcliffe. 2005. *GIS and Crime Mapping*. New York: Wiley.

Chandler, Redonna K., et al. 2009. "Ensuring Safety, Implementation and Scientific Integrity of Clinical Trials: Lessons from the Criminal Justice-Drug Abuse Treatment Studies Data and Safety Monitoring Board." *Journal of Experimental Criminology* 5:323–44.

Chermak, Steven M., and Alexander Weiss. 1997. "The Effects of the Media on Federal Criminal Justice Policy." *Criminal Justice Policy Review* 8(4): 323–41.

Chicago Community Policing Evaluation Consortium. 2004. *Community Policing in Chicago, Year Ten*. Chicago: Illinois Criminal Justice Information Authority.

Chin, Ko-lin, and James O. Finckenauer. 2012. *Selling Sex Overseas: Chinese Women and the Realities of Prostitution and Global Sex Trafficking*. New York: New York University Press.

Church, Wesley T., et al. 2008. "The Community Attitudes Toward Sex Offenders Scale: The Development ofa Psychometric Assessment Instrument." *Research on Social Work Practice* 18:251–59.

City of New York. 2006. "Police Department." Supplementary Tables. In *Preliminary Fiscal 2006 Mayor's Management Report*. City of New York: Office of the Mayor, http://www.nyc.gov/ html/ops/downloads/pdf/_mmr/nypd_wi.pdf.

City University of New York, Human Research Protection Program. 2013. "CUNY HRPP Policy: Prisoners as Research Subjects," http://www.cuny.edu/research/compliance/human-subjects-research-1/hrpp-policies-procedures/Prisoners.pdf.

Clarke, Ronald V. 1997a. "Deterring Obscene Phone Callers: The New Jersey Experience." In *Situational Crime Prevention: Successful Case Studies*. 2nd ed., Ronald V. Clarke (Ed.). New York: Harrow and Heston, 90–97.

Clarke, Ronald V. 1997b. "Introduction." In *Situational Crime Prevention: Successful Case Studies*. 2nd ed., Ronald V. Clarke (Ed.). New York: Harrow and Heston, 2–43.

Clarke, Ronald V. 2008. "Situational Crime Prevention." In *Environmental Criminology and Crime Analysis*, Richard Wortley and Lorraine Mazerolle. (Eds.) Cullompton, Devon, UK: Willan Publishing, 178–220.

Clarke, Ronald V. 2017 (forthcoming). "Situational Crime Prevention." In *Environmental Criminology and Crime Analysis* 2nd ed. Richard Wortley and Michael Townsley (Eds.). PL. London: Routledge.

Clarke, Ronald V., and John Eck. 2005. *Crime Analysis for Problem Solvers in 60 Small Steps*. Washington: U.S. Department of Justice, Office of Community Oriented Policing, http://www.popcenter.org.

Clarke, Ronald V., and Patricia M. Harris. 1992. "Auto Theft and Its Prevention," Michael Tonry (Ed.). Crime and justice: An annual review of research, vol. 16. Chicago, IL: University of Chicago Press, 1–54.

Clarke, Ronald V., Rick Kemper, and Laura Wyckoff. 2001. "Controlling Cell Phone Fraud in the US: Lessons for the UK 'foresight' Initiative." *Security Journal* 14(1, January): 7–22.

Clarke, Ronald V., and Patricia Mayhew. 1980. *Designing Out Crime*. London: Her Majesty's Stationery Office.

Clarke, Ronald V., and Graeme R. Newman. 2006. *Outsmarting the Terrorists*. Westport, CT: Praeger Security International.

Clarke, Ronald V., and Phyllis A. Schultze. 2005. *Researching a Problem*. Tool Guide. Washington, D.C.: U.S. Department of Justice, Office of Community Oriented Policing Services, http://popcenter.org/Tools/tool-researchingProblem.htm.

Clarke, Ronald, Paul Ekblom, Mike Hough, and Pat Mayhew. 1985. "Elderly Victims of Crime and Exposure to Risk." *The Howard Journal* 24(1):1–9.

Cohen, Jaqueline, and Jens Ludwig. 2003. "Policing Crime Guns." In *Evaluating Gun Policy: Effects of Crime and Violence*, Jens Ludwig and Philip J. Cook (Eds.). Washington, D.C.: Brookings Institution Press, 217–39.

Cohen, Lawrence E., and Marcus Felson. 1979. "Social Change and Crime Rate Trends: A Routine Activity Approach." *American Sociological Review* 44:588–608.

Coleman, Clive, and Jenny Moynihan. 1996. *Understanding Crime Data: Haunted by the Dark Figure*. Buckingham: Open University Press.

Coleman, Veronica, et al. 1999. "Using Knowledge and Teamwork to Reduce Crime." *National Institute of Justice Journal* (October): 16–23.

Committee on Science, Engineering, and Public Policy. 2009. *On Being a Scientist: Responsible Conduct in Research*. 3rd ed. Washington, D.C.: National Academy Press.

Conover, Ted. 2000. *Newjack: Guarding Sing Sing*. NY: Random House.

Copes, Heith, Andy Hochstetler, and Michael Cherbonneau. 2012. "Getting the Upper Hand: Scripts for Managing Victim Resistance in Carjackings." *Journal of Research in Crime and Delinquency* 49 (May):249–68.

Corbin, Juliet, and Anselm Strauss. 2007. *Basics of Qualitative Research*. 3rd ed. Thousand Oaks, CA: Sage Publications.

Cornish, D.B., and Ronald V. Clarke (Eds.). 1986. *The Reasoning Criminal: Rational Choice Perspectives on Offending*. New York: Springer-Verlag.

Cornwell, J. Phillip, Michael J. Doherty, Eric L. Mitter, and Scarlet L. Drayer. 1989. *Roadside Observation Survey of Safety Belt Use in Indiana*. Bloomington, Indiana: Indiana University, Transportation Research Center.

Curtis, Ric, and Travis Wendel. 2007. "You're Always Training the Dog: Strategic Interventions to Reconfigure Drug Markets." *Journal of Drug Issues* 37:867–90.

D'Alessio, Stewart J., Lisa Stolzenberg, and W. Clinton Terry. 1999. "'Eyes on the Street': The Impact of Tennessee's Emergency Cellular Telephone Program on Alcohol Related Crashes." *Crime and Delinquency* 45(4):453–66.

Decker, Scott H. 2005. *Using Offender Interviews to Inform Police Problem Solving*. Problem solving tools series. Washington, D.C.: U.S. Department of Justice, Office of Community Oriented Policing Services.

Decker, Scott H., Susan Pennell, and Ami Caldwell. 1997. *Illegal Firearms: Access and Use by Arrestees*. Research in Brief. Washington, D.C.: U.S. Department of Justice, Office of Justice Programs, National Institute of Justice.

Decker, Scott H., and David C. Pyrooz. 2010. "On the Validity and Reliability of Gang Homicide: A Comparison of Disparate Sources." *Homicide Studies* 14:359–76.

Decker, Scott H., and Barrik Van Winkle. 1996. *Life in the Gang: Family, Friends, and Violence*. New York: Cambridge University Press.

del Frate, Anna Alvazzi, and Giulia Mugellini. 2012. "The Crime Drop in 'non-Western' Countries: A Review of Homicide Data." In *The International Crime Drop: New Directions in Research*, Jan van Dijk, Andromachi Tslenoi, and Graham Farrell (Eds.). Crime prevention studies, vol. 17. London: Palgrave, 134–55.

Delgado, Sheyla A., Kwan-Lamar Blount-Hill, Marissa Mandala, and Jeffrey A. Butts. 2015. *Perceptions of Violence: Surveying Young Males in New York City*. NY: Research and Evaluation Center, John Jay College of Criminal Justice, City University of New York.

Dennis, Michael L. 1990. "Assessing the Validity of Randomized Field Experiments: An Example from Drug Abuse Treatment Research." *Evaluation Review* 14:347–73.

Department of the Youth Authority. 1997. *LEAD: A Boot Camp and Intensive Parole Program: The Final Impact Evaluation*. Sacramento, CA: State of California, Department of the Youth Authority.

Dijk, Jan van. 2007. "The International Crime Victims Survey and Complementary Measures of Corruption and Organised Crime." In *Surveying Crime in the 21st Century*, Mike Hough and Mike Maxfield (Eds.). Crime prevention studies, vol. 22. Monsey, NY: Criminal Justice Press, 125–44.

Dillman, Don A., Jolene D. Smyth, and Leah Melani Christian. 2014. *Internet, Mail, and Mixed-Mode Surveys: The Tailored Design Method*. 4th ed. New York: Wiley.

Ditton, Jason, and Stephen Farrall. 2007. "The British Crime Survey and the Fear of Crime." In *Surveying Crime in the 21st Century*, Mike Hough and Mike Maxfield (Eds.). Crime prevention studies, vol. 22. Monsey, NY: Criminal Justice Press, 223–42.

Drucker, Peter F. 1973. *Management: Tasks, Responsibilities, Practices*. New York: Harper & Row, 103–06.

Duneier, Mitchell. 2000. *Sidewalk*. NY: Macmillan.

Durose, Matthew R., Erica L. Schmitt, and Patrick A. Langan. 2005. *Contacts Between Police and the Public: Findings from the 2002 National Survey*. Washington, D.C.: U.S. Department of Justice, Office of Justice Programs, Bureau of Justice Statistics.

Eck, John E. 2002. "Learning from Experience in Problem-Oriented Policing and Situational Prevention: The Positive Functions of Weak Evaluations and the Negative Functions of Strong Ones." In *Evaluation for Crime Prevention*, Nick Tilley (Ed.). Crime prevention studies, vol. 14. Monsey, NY: Criminal Justice Press, 93–117.

Eck, John E. 2003. *Assessing Responses to Problems: An Introductory Guide for Police Problem-Solvers*. Problem-Oriented Guides for Police. Washington, D.C.: U.S. Department of Justice, Office of Community Oriented Policing Services.

Eck, John, et al. 2005. *Mapping Crime: Understanding Hot Spots*. NIJ Special Report. Washington, D.C.: U.S. Department of Justice, Office of Justice Programs, National Institute of Justice.

Eger III, Robert J., C. Kevin Fortner, and Catherine P. Slade. 2015. "The Policy of Enforcement: Red Light Cameras and Racial Profiling." *Police Quarterly* 18(4):397–413.

Eisenberg, Michael. 1999. *Three Year Recidivism Tracking of Offenders Participating in Substance Abuse Treatment Programs*. Austin, TX: Criminal Justice Policy Council.

Eisenstein, James, and Herbert Jacob. 1977. *Felony Justice: An Organizational Analysis of Criminal Courts*. Boston, MA: Little, Brown.

Ekici, Niyazi. 2008. *The Dynamics of Terrorist Recruitment: The Case of the Revolutionary People's Liberation Party/Front (DHKP/C) and the Turkish Hezbollah*. Unpublished Ph.D., dissertation. Newark, NJ: School of Criminal Justice, Rutgers University.

Elliott, Delbert S., David Huizinga, and Suzanne S. Ageton. 1985. *Explaining Delinquency and Drug Use*. Thousand Oaks, CA: Sage.

Ely, Margot, et al. 1991. *Doing Qualitative Research: Circles Within Circles*. Philadelphia: Falmer.

Engel, Robin Shepard, Jennifer M. Calnon, Lin Liu, and Richard Johnson. 2004. *Project on Police-Citizen Contacts: Year 1 Final Report*. Cincinnati, OH: Criminal Justice Research Center, University of Cincinnati.

Engel, Robin Shepard, and Jennifer M. Calnon. 2004. "Comparing Benchmark Methodologies for Police-Citizen Contacts: Traffic Stop Data Collection for the Pennsylvania State Police." *Police Quarterly* 7:97–125, Pdf poldocs.

Engel, Robin Shepard, et al. 2005. *Project on Police-Citizen Contacts: Year 2 Final Report*. Cincinnati, OH: Criminal Justice Research Center, University of Cincinnati.

Eterno, John A., and Ira B. Silverman. 2010. "The NYPD's Compstat: Compare Statistics or Compose Statistics." *International Journal of Police Science and Management* 12(3):426–49.

Fabelo, Tony. 1995. "What Is Recidivism? How Do You Measure It? What Can It Tell Policy Makers?" *Bulletin from the Executive Director, number 19*. Austin, TX: Criminal Justice Policy Council.

Farrell, Graham, and Alistair Buckley. 1999. "Evaluation of a UK Police Domestic Violence Unit Using Repeat Victimisation as a Performance Indicator." *The Howard Journal of Criminal Justice* 38(1, February): 42–53.

Farrell, Graham, Alan Edmunds, Louise Hibbs, and Gloria Laycock. 2000. *RV Snapshot: UK Policing and Repeat Victimisation*. Crime Reduction Research Series, paper 5. London: Home Office, Policing and Reducing Crime Unit, Research, Development and Statistics

Directorate.

Farrell, Graham, Andromachi Tseloni, Jen Mailley, and Nick Tilley. 2011. "The Crime Drop and the Security Hypothesis." *Journal of Research in Crime and Delinquency* 48(2):147–75.

Farrington, David P., Patrick A. Langan, and Michael Tonry (Eds.). 2004. *Cross-National Studies in Crime and Justice.* Washington, D.C.: U.S. Department of Justice, Office of Justice Programs, Bureau of Justice Statistics.

Farrington, David P., Trevor H. Bennett, and Brandon C. Welsh. 2007. "The Cambridge Evaluation of the Effects of CCTV on Crime." In *Imagination for Crime Prevention: Essays in Honour of Ken Pease*, Graham Farrell, Kate J. Bowers, Shane D. Johnson, and Michael Townsley (Eds.). Crime prevention studies, vol. 21. Monsey, NY: Criminal Justice Press, 187–201.

Farrington, David P., Patrick A. Langan, Michael Tonry, and Darrick Jolliffe. 2004. "Introduction." In *Cross-National Studies in Crime and Justice*, David P. Farrington, Patrick A. Langan, and Michael Tonry (Eds.). Washington, D.C.: U.S. Department of Justice, Office of Justice Programs, Bureau of Justice Statistics, v–xvi.

Farrington, David P., Lloyd E. Ohlin, and James Q. Wilson. 1986. *Understanding and Controlling Crime: Toward a New Research Strateg y.* New York: Springer-Verlag.

Farrington, David P., et al. 1993. "An Experiment in the Prevention of Shoplifting." In *Crime Prevention Studies*. Vol. 1, Ronald V. Clarke (Ed.). Monsey, NY: Criminal Justice Press, 93–119.

Farrington, David P., et al. 1996. "Self-Reported Delinquency and a Combined Delinquency Seriousness Scale Based on Boys, Mothers, and Teachers: Concurrent and Predictive Validity for African-Americans and Caucasians." *Criminology* 34:493–517.

Fay, Robert E., and Mamadou Diallo. 2015. *Developmental Estimates of Subnational Crime Rates Based on the National Crime Victimization Survey.* BJS Research and Development Paper. Washington, D.C.: Bureau of Justice Statistics.

Federal Bureau of Investigation, 2015. *2014 National Incident-Based Reporting System*. Washington, D.C.: U.S. Department of Justice, Federal Bureau of Investigation, Web page: https://www.f bi.gov/about-us/cjis/ucr/ nibrs/2014.

Federal Bureau of Investigation. 2000. *National Incident-Based Reporting System.* Volume 1: Data collection guidelines. Washington, D.C.: U.S. Department of Justice, Federal Bureau of Investigation.

Federal Bureau of Investigation. 2002. *Crime in the United States 2001.* Washington, D.C.: U.S. Department of Justice, Federal Bureau of Investigation, http://www.fbi.gov/ucr/01cius.htm.

Federal Bureau of Investigation. 2004. *Uniform Crime Reporting Handbook.* Washington, D.C.: U.S. Department of Justice, Federal Bureau of Investigation.

Federal Bureau of Investigation. 2009. *Crime in the United States 2008.* Washington, D.C.: U.S. Department of Justice, Federal Bureau of Investigation, http://www2.f bi.gov/ucr/cius2008/ about/index.html.

Federal Bureau of Investigation. 2011. *Crime in the United States 2010: Methodology.* Washington, D.C.: U.S. Department of Justice, Federal Bureau of Investigation, http://www.f bi.gov.

Federal Bureau of Investigation. 2012. *About Crime in the United States 2012.* Washington, D.C.: U.S. Department of Justice, Federal Bureau of Investigation, http://www.fbi.gov/aboutus/ucr/crime-in-the-u.s/2012.

Federal Bureau of Investigation. 2015. *Crime in the United States 2014.* Washington, D.C.: U.S. Department of Justice, Federal Bureau of Investigation, http://www.fbi.gov.

Federal Trade Commission. 2016. *Consumer Sentinel Network Data Book for January -December 2015.* Washington, D.C.: Federal Trade Commission, https://www.ftc.gov/system/files/documents/reports/consumer-sentinel-network-data-book-january-december-2015/160229csn-2015databook.pdf.

Felson, Marcus. 2002. *Crime and Everyday Life.* 3rd ed. Thousand Oaks, CA: Sage.

Felson, Marcus, and Ronald V. Clarke. 1998. *Opportunity Makes the Thief: Practical Theory for Crime Prevention.* Police Research Series, paper 98. London: Home Office, Policing and Reducing Crime Unit, Research, Development and Statistics Directorate.

Felson, Marcus, et al. 1996. "Redesigning Hell: Preventing Crime and Disorder at the Port Authority Bus Terminal." In *Preventing Mass Transit Crime*, Ronald V. Clarke (Ed.). Crime prevention studies, vol. 6. Monsey, NY: Criminal Justice Press, 5–92.

Ferrell, Jeff. 2002. *Tearing Down the Streets: Adventures in Urban Anarchy.* London: Palgrave/Macmillan.

Finkelhor, David, and Lisa M. Jones. 2004. *Explanations for the Decline in Child Sexual Abuse Cases.* Juvenile Justice Bulletin. Washington, D.C.: U.S. Department of Justice, Office of Justice Programs, Office of Juvenile Justice and Delinquency Prevention.

Fisher, Bonnie S., Francis T. Cullen, and Michael G. Turner. 2000. *The Sexual Victimization of College Women.* Washington, D.C.: U.S. Department of Justice, Office of Justice Programs, Burea of Justice Statistics, NCJ-182369.

Flick, Uwe. 2009. *An Introduction to Qualitative Research.* 4th ed. Thousand Oaks, CA: Sage Publications.

Freilich, Joshua D., et al. 2015. "Investigating the Applicability of Macro-Level Criminology Theory to Terrorism: A County-Level Analysis." *Journal of Quantitative Criminology* 31:383–411.

Fridell, Lorie A. 2005. *Understanding Race Data from Vehicle Stops: A Stakeholder's Guide.* Washington, D.C.: Police Executive Research Forum.

Fridell, Lorie. 2004. *By the Numbers: A Guide for Analyzing Race Data from Vehicle Stops.* Washington, D.C.: Police Executive Research Forum.

Fujita, Shuryo. 2011. "Why Are Older Cars Stolen? Examining Motive, Availability, Location, and Security." Unpublished Ph.D., dissertation. Newark, NJ: Rutgers University.

Gant, Frances, and Peter Grabosky. 2001. *The Stolen Vehicle Parts Market.* Trends and Issues, no. 215. Canberra, Australia: Australian Institute of Criminology.

Gau, Jacinta M. 2010. "The Convergent and Discriminant Validity of Procedural Justice and Police Legitimacy: An Empirical Test of Core Theoretical Propositions." *Journal of Criminal Justice* 39:489–98.

Geerken, Michael R. 1994. "Rap Sheets in Criminological Research: Considerations and Caveats." *Journal of Quantitative Criminology* 10(1):3–21.

Geertz, Clifford. 1973. *The Interpretation of Cultures.* NY: Basic Books.

General Accounting Office. 1996. *Content Analysis: A Methodology for Structuring and Analyzing Written Material.* Transfer paper 10.3.1. Washington, D.C.: U.S. General Accounting Office.

Gfroerer, Joseph, and Joel Kennet. 2014. "Collecting Survey Data on Sensitive Topics: Substance Use." Chapter 17. In *Health Survey Methods*, Timothy P. Johnson (Ed.). Hoboken, NJ: John Wiley and Sons.

Gill, Martin, and Angela Spriggs. 2005. *Assessing the Impact of CCTV.* Home Office Research Study, 292. London: Her Majesty's Stationery Office.

Gladwell, Malcolm. 2005. *Blink: The Power of Thinking Without Thinking.* NY: Little, Brown.

Glaser, Barney G., and Anselm Strauss. 1967. *The Discovery of Grounded Theory.* Chicago: University of Chicago Press.

Glassbrenner, Donna. 2005. *Safety Belt Use in 2005: Overall Results*. Research note (DOT HS 809 932). Washington, D.C.: U.S. Departmentof Transportation, National Highway Traffic Safety Administration, National Center for Statistics and Analysis.

Goffman, Alice. 2014. *On the Run: Fugitive Life in an American City*. Chicago: University of Chicago press.

Goffman, Erving. 1959. *The Presentation of Self in Everyday Life*. NY: Random House.

Gottfredson, Denise C., Stacy S. Najaka, Brook W. Kearly, and Carlos M. Rocha. 2006. "Long-Term Effects of Participation in the Baltimore City Drug Treatment Court: Results from an Experimental Study." *Journal of Experimental Criminology* 2:67–98.

Gottfredson, Michael R. 1984. *Victims of Crime: The Dimensions of Risk*. Home Office Research Study, 81. London: Her Majesty's Stationery Office.

Gottfredson, Michael R., and Travis Hirschi. 1990. *A General Theory of Crime*. Stanford, CA: Stanford University Press.

Grabe, Marie Elizabeth, K.D. Trager, Melissa Lear, and Jennifer Rauch. 2006. "Gender in Crime News: A Case Study Test of the Chivalry Hypothesis." *Mass Communication and Society* 9(2):137–63.

Graham, Kathryn, and Ross Homel. 2008. *Raising the Bar: Preventing Aggression in and Around Bars and Clubs*. Portland, OR: Willan Publishing.

Greaves, Caroline, et al. 2004. "Pimping and Psychopathy." American Psychology and Law Society's Annual Conference. Scottsdale, AZ.

Greenwood, Peter W., and Joan Petersilia. 1975. *The Criminal Investigation Process*. Santa Monica, CA: RAND Corporation.

Guba, Egon G. 1981. "Criteria for Assessing the Trustworthiness of Naturalistic Inquiries." *Educational Communication and Technolog y* 29(2):75–91.

Guerette, Rob T. 2009. *Analyzing Crime Displacement and Diffusion*. Problem solving tools series. Washington, D.C.: U.S. Department of Justice, Office of Community Oriented Policing Services.

Guerette, Rob T., and Kate J. Bowers. 2009. "Assessing the Extent of Crime Displacement and Diffusion of Benefits." *Criminology* 47(4):1331–68.

Gurr, Ted Robert. 1989. "Historical Trends in Violent Crime: Europe and the United States." In *Violence in America: The History of Crime*, Ted Robert Gurr (Ed.). Thousand Oaks, CA: Sage.

Haney, Craig, Curtis Banks, and Philip Zimbardo. 1973. "Interpersonal Dynamics in a Simulated Prison." *International Journal of Criminology and Penology* 1:69–97.

Haninger, Kevin, and Kimberly M. Thompson. 2004. "Content and Ratings of Teen-Rated Video Games." *Journal of the American Medical Association* 291(7, 18 February):856–65.

Hanmer, Jalna, Sue Griffiths, and David Jerwood. 1999. *Arresting Evidence: Domestic Violence and Repeat Victimisation*. Police Research Series, paper 104. London: Home Office, Policing and Reducing Crime Unit, Research, Development and Statistics Directorate.

Harocopos, Alex, and Mike Hough. 2005. *Drug Dealing in Open-Air Markets*. Problem-Oriented Guides for Police, no. 31. Washington, D.C.: U.S. Department of Justice, Office of Community Oriented Policing Services.

Harris, David A. 1999. "The Stories, the Statistics, and the Law: Why 'Driving While Black' Matters." *Minnesota Law Review* 84:265–326.

Harris, Kathleen Mullan, and J. Richard Udry. 2014. *National Longitudinal Study of Adolescent Health (Add Health)*. Chapel Hill, NC and Ann Arbor, MI: Carolina Population Research Center, University of North Carolina-Chapel Hill, Interuniversity Consortium for Political and Social Research, http://doi.org/10.3886/ICPSR21600.v15.

Heeren, Timothy, Robert A. Smith, Suzette Morelock, and Ralph W. Hingson. 1985. "Surrogate Measures of Alcohol Involvement in Fatal Crashes: Are Conventional Indicators Adequate?" *Journal of Safety Research* 16(3):127–34.

Hempel, Carl G. 1952. "Fundamentals of Concept Formation in Empirical Science." In *International Encyclopedia of Unified Science: Foundations of the Unity of Science*. Vol. 2. Chicago: University of Chicago Press.

Hermanowicz, Joseph C. 2002. "The Great Interview: 25 Strategies for Studying People in Bed." *Qualitative Sociology* 25(4): 479–99.

Hesseling, René B.P. 1994. "Displacement: A Review of the Empirical Literature." In *Crime Prevention Studies*. Vol. 3, Ronald V. Clarke (Ed.). Monsey, NY: Criminal Justice Press, 197–230.

Heumann, Milton, and Colin Loftin. 1979. "Mandatory Sentencing and the Abolition of Plea Bargaining: The Michigan Felony Firearm Statute." *Law and Society Review* 13(2):393–430.

Hickman, Matthew J. 2005. *Traffic Stop Data Collection Policies for State Police, 2004*. Fact Sheet. Washington, D.C.: U.S. Department of Justice, Office of Justice Programs, Bureau of Justice Statistics.

Highfield, Roger, and Paul Carter. 1994. *The Private Lives of Albert Einstein*. NY: Macmillan.

Highway Loss Data Institute. 2011. *Insurance Theft Report: 2008–10 Passenger Cars, Pickups, SUVs, and Vans*. Arlington, VA: Highway Loss Data Institute, http://www.iihs.org/research/hldi/ composite_bw.aspx?y=2008–2010&cv=com.

Highway Loss Data Institute. 2016. *Insurance Losses by Make and Model*. Arlington, VA: Highway Loss Data Institute, http://www.iihs.org/iihs/topics/insurance-loss-information. Accessed 3 March 2016.

Hindelang, Michael J., Michael R. Gottfredson, and James Garofalo. 1978. *Victims of Personal Crime: An Empirical Foundation for a Theory of Personal Victimization*. Cambridge, MA: Ballinger.

Holstein, Jaber A., and James F. Gubrium. 1995. *The Active Interview*. Thousand Oaks, CA: Sage Publications.

Homel, Ross, and Jeff Clark. 1994. "The Prediction and Prevention of Violence in Pubs and Clubs." In *Crime Prevention Studies*. Vol. 3, Ronald V. Clarke (Ed.). Monsey, NY: Criminal Justice Press, 1–46.

Homel, Ross, Steve Tomsen, and Jennifer Thommeny. 1992. "Public Drinking and Violence: Not Just an Alcohol Problem." *Journal of Drug Issues* 22(3):679–97.

Hood-Williams, John, and Tracey Bush. 1995. "Domestic Violence on a London Housing Estate." *Research Bulletin* 37:11–18.

Humphreys, Laud. 1975. *The Tearoom Trade*. Enlarged edition with perspectives on ethical issues. Chicago: Aldine.

Hunter, Rosemary S., and Nancy Kilstrom. 1979. "Breaking the Cycle in Abusive Families." *American Journal of Psychiatry* 136(10):1318–22.

Idaho State Police. 2016. *Crime in Idaho 2015*. Meridian, ID: Idaho State Police, Bureau of Criminal Identification, Uniform Crime Reporting Section, https://www.isp.idaho.gov/BCI/CrimeInIdaho/CrimeInIdaho2015.

Inciardi, James A. 1986. *The War on Drugs: Heroin, Cocaine, Crime, and Public Policy*. Palo Alto: CA: Mayfield.

Inciardi, James A. 1993. "Some Considerations on the Methods, Dangers, and Ethics of Crack-House Research." Appendix A, James A. Inciardi, Dorothy Lockwood, and Anne E. Pettieger. In *Women and Crack Cocaine*. New York: Macmillan, 147–57.

Jackson, Peter. 1989. *Maps of Meaning: An Introduction to Cultural Geography*. NY: Routledge.

Jacob, Herbert. 1984. *Using Published Data: Errors and Remedies*. Thousand Oaks, CA: Sage.

Jacobs, Bruce A. 1996. "Crack Dealers' Apprehension Avoidance

Techniques: A Case of Restrictive Deterrence." *Justice Quarterly* 13(3):359–81.

Jacobs, Bruce A. 1999. *Dealing Crack: The Social World of Streetcorner Selling*. Boston: Northeastern University Press.

Jacobs, Bruce A. 2012. "Carjacking and Copresence." *Journal of Research in Crime and Delinquency* 49 (May):471–78.

Jacobs, Bruce A., and Jody Miller. 1998. "Crack Dealing, Gender, and Arrest Avoidance." *Social Problems* 45(4):550–69.

Jacobs, Bruce A., Volkan Topalli, and Richard Wright. 2003. "Carjacking, Streetlife and Offender Motivation." *British Journal of Criminology* 43(4):673–88, Pdf autodocs.

Jacobs, Bruce. 2006. "The Case for Dangerous Fieldwork." In *The SAGE Handbook of Fieldwork*. Crime prevention studies, vol. 17. Thousand Oaks, CA: Sage, 157–69.

Jacques, Scott, and Danielle Reynald. 2012. "The Offenders' Perspective on Prevention: Guarding Against Victimization and Law Enforcement." *Journal of Research in Crime and Delinquency* 49(2):269–94.

Jacques, Scott, and Richard Wright. 2008. "Intimacy with Outlaws: The Role of Relational Distance in Recruiting, Paying, and Interviewing Underworld Research Participants." *Journal of Research in Crime and Delinquency* 45 (February):22–38.

Jagatic, Tom N., Nathaniel A. Johnson, Markus Jakobsson, and Filippo Menczer. 2007. "Social Phishing." *Communications of the ACM* 50(10):94–100.

Janis, Irving. 1972. *Victims of Groupthink*. NY: Houghton Mifflin.

Järvinen, Margaretha. 2000. "The Biological Illusion: Constructing Meaning in Qualitative Interviews." *Qualitative Inquiry* 6(3):370–91.

Jeffery, C. Ray. 1977. *Crime Prevention Through Environmental Design*. 2nd ed. Thousand Oaks, CA: Sage.

Johansen, Ditte, Karina Friis, Erik Skovenborg, and Morten Gronbaek. 2006. "Food Buying Habits of People Who Buy Wine or Beer: Cross Sectional Study." *BMJ* 332.7540: 519–322, http://bmj.bmjjournals.com/onlinefirst_date .shtml. BMJ, doi:10.1136/bmj.38694.568981.80.

Johansen, Helle Krogh, and Peter C. Gotzsche. 1999. "Problems in the Design and Reporting of Trials of Antifungal Agents Encountered During Meta-Analysis." *Journal of the American Medical Association* 282(18, 10 November):1752–59.

Johnson, Ida M. 1999. "School Violence: The Effectiveness of a School Resource Officer Program in a Southern City." *Journal of Criminal Justice* 27(2):173–92.

Johnson, Shane D., Aiden Sidebottom, and Adam Thorpe. 2008. *Bicycle Theft*. Problem-Oriented Guides for Police, no. 52. Washington, D.C.: U.S. Department of Justice, Office of Community Oriented Policing Services.

Johnston, Lloyd D., et al. 2016. *Monitoring the Future National Results on Drug Use 1975–2015: Overview, Key Findings on Adolescent Drug Use*. Ann Arbor, MI: Institute for Social Research, The University of Michigan.

Jones-Brown, Delores, Jaspreet Gill, and Jennifer Trone. 2010. *Stop, Question & Frisk Practices in New York City: A Primer*. New York: Center on Race, Crime, and Justice, John Jay College of Criminal Justice.

Justice Research and Statistics Association. 1996. *Domestic and Sexual Violence Data Collection*. Report to Congress under the Violence against Women Act. Washington, D.C.: U.S. Department of Justice, Office of Justice Programs, National Institute of Justice and Bureau of Justice Assistance.

Kaplan, Abraham. 1964. *The Conduct of Inquiry*. San Francisco, CA: Chandler.

Katz, Charles M., Vincent J. Webb, and Scott H. Decker. 2005. "Using the Arrestee Drug Abuse Monitoring (ADAM) Program to Further Understand the Relation Between Drug Use and Gang Membership." *Justice Quarterly* 22:58–88.

Katz, Jack. 1988. *Seductions of Crime: Moral and Sensual Attractions in Doing Evil*. New York: Basic Books.

Kazemian, Lila, and David P. Farrington. 2005. "Comparing the Validity of Prospective, Retrospective, and Official Onset for Different Offending Categories." *Journal of Quantitative Criminology* 21(2):127–47.

Kelling, George L., and Catherine M. Coles. 1996. *Fixing Broken Windows: Restoring Order and Reducing Crime in Our Communities*. New York: Free Press.

Kelling, George L., Tony Pate, Duane Dieckman, and Charles E. Brown. 1974. *The Kansas City Preventive Patrol Experiment: A Technical Report*. Washington, D.C.: Police Foundation.

Kennedy, David M. 1998. "Pulling Levers: Getting Deterrence Right." *National Institute of Justice Journal* 236 (July):2–8.

Kennedy, David M, Anne M. Piehl, and Anthony A. Braga. 1996. "Youth Gun Violence in Boston: Gun Markets, Serious Youth Offenders, and a Use Reduction Strategy." *Law and Contemporary Problems* 59(1, Winter):147–96.

Kennedy, M. Alexis, et al. 2007. "Routes of Recruitment: Pimps' Techniques and Other Circumstances That Lead to Street Prostitution." *Journal of Aggression, Maltreatment, and Trauma* 15(2):1–19.

Kennet, Joel, and Joseph Gfroerer (Eds.). 2005. *Evaluatingand Improving Methods Used in the National Survey on Drug Use and Health*. Publication no. SMA 03-3768. DHHS Publication No. SMA 05-4044, Methodology Series M-5. Rockville, MD: Office of Applied Studies, Substance Abuse and Mental Health Services Administration, http://oas.samhsa.gov/nsduh/methods.cfm.

Kessler, David A. 1999. "The Effects of Community Policing on Complaints Against Officers." *Journal of Quantitative Criminology* 15(3):333–72.

Killias, Martin. 1993. "Gun Ownership, Suicide and Homicide: An International Perspective." *Canadian Medical Association Journal* 148(10):1721–25.

Killias, Martin, Marcelo F. Aebi, and Denis Ribeaud. 2000. "Learning Through Controlled Experiments: Community Service and Heroin Prescription in Switzerland." *Crime and Delinquency* 46(2):233–51.

Kindermann, Charles, James Lynch, and David Cantor. 1997. *Effects of the Redesign on Victimization Estimates*. Bureau of Justice Statistics National Crime Victimization Survey rept. Washington, D.C.: U.S. Department of Justice, Office of Justice Programs, Bureau of Justice Statistics.

Kipke, Michele D., Susan O'Connor, Burke Nelson, and John E. Anderson. 1998. "A Probability Sampling for Assessing the Effectiveness of Outreach for Street Youth." In *What We Have Learnedfromthe AIDSEvaluationof Street Outreach Projects: ASummary Document*, Judith B. Greenberg and Mary S. Neumann. Atlanta, GA: U.S. Department of Health and Human Services, Centers for Disease Control and Prevention, 17–28.

Kirchner, Robert A., Roger Przybylski, and Ruth A. Cardella. 1994. Assessing the Effectiveness of Criminal Justice Programs. Assessment and evaluation handbook series, number 1. Washington, D.C.: U.S. Department of Justice, Office of Justice Programs, Bureau of Justice Assistance.

Kitsuse, John I., and Aaron V. Cicourel. 1963. "A Note on the Uses of Official Statistics." *Social Problems* 11:131–38.

Kounadi, Ourania, Kate Bowers, and Michael Leitner. 2014. "Crime Mapping on-Line: Public Perception of Privacy Issues." *European*

Journal on Criminal Policy and Research (5, June).

Krueger, Richard A., and Mary Anne Casey. 2000. *Focus Groups: A Practical Guide for Applied Research*. 3rd ed. Thousand Oaks, CA: Sage.

Kreuter, Frauke, Stanley Presser, and Roger Tourangeau. 2008. "Social Desirability Bias in CATI, IVR, and Web Surveys: The Effects of Mode and Question Sensitivity." *Public Opinion Quarterly* 72:847–65.

Kubrin, Charis E., and Ronald Weitzer. 2003. "Retaliatory Homicide: Concentrated Disadvantage and Neighborhood Culture." *Social Problems* 50(2):157–80.

Kuhn, Thomas. 2012. *The Structure of Scientific Revolutions*. Edition no. 4. 50th anniversary edition. Chicago, IL: University of Chicago Press.

Kurti, Marin K., Klausvon Lampe, and Douglas E. Thompkins. 2013. "The Illegal Cigarette Market in a Socioeconomically Deprived Inner-City Area: The Case of the South Bronx." *Tobacco Control* 22:138–40.

Kuş Saillard, Elif. 2011. "Systematic Versus Interpretive Analysis with Two CAQDAS Packages: NVivo and MAXQDA." *Forum: Qualitative Social Research* 12:Art 34, http://nbn-resolving.de/ urn:nbn:de:0114-fqs1101345.

Kvale, Steinar. 1996. *Interviews: An Introduction to Qualitative Research Interviewing*. Thousand Oaks, CA: Sage Publications.

Lamberth, John. 1998. "Driving While Black: A Statistician Proves That Prejudice Still Rules the Road." In *Washington Post* 16 August.

Lane, Roger. 1997. *Murder in America: A History*. Columbus, OH: Ohio State University Press.

Lange, James E., Mark B. Johnson, and Robert B. Voas. 2005. "Testing the Racial Profiling Hypothesis for Seemingly Disparate Traffic Stops on the New Jersey Turnpike." *Justice Quarterly* 22(2):193–223.

Langton, Lynn. 2011. *Identity Theft Reported by Households, 2005–2010*. Crime Data Brief. Washington, D.C.: U.S. Department of Justice, Office of Justice Programs, Bureau of Justice Statistics.

Langton, Lynn, and Matthew Durose. 2013. *Police Behavior During Traffic and Street Stops, 2011*. Special Report. Washington, D.C.: U.S. Department of Justice, Office of Justice Programs, Bureau of Justice Statistics.

Larson, Richard C. 1975. "What Happened to Patrol Operations in Kansas City? A Review of the Kansas City Preventive Patrol Experiment." *Journal of Criminal Justice* 3:267–97.

Latané, Bibb, and John M. Darley. 1970. *The Unresponsive Bystander: Why Doesn't He Help?* Englewood Cliffs, NJ: Prentice Hall.

Lauritsen, Janet L., and Robin J. Schaum. 2005. *Crime and Victimization in the Three Largest Metropolitan Areas, 1980–98*. Bureau of Justice Statistics Technical rept. Washington, D.C.: U.S. Department of Justice, Office of Justice Programs, Bureau of Justice Statistics.

Lauritsen, Janet. 2005. "Social and Scientific Influences on the Measurement of Criminal Victimization." *Journal of Quantitative Criminology* 21:245–66.

Laycock, Gloria. 2002. "Methodological Issues in Working with Policy Advisers and Practitioners." In *Analysis for Crime Prevention*, Nick Tilley (Ed.). Crime prevention studies, vol. 13. Monsey, NY: Criminal Justice Press, 205–37.

Leclerc, Benoit, Richard Wortley, and Stephen Smallbone. 2011. "Getting Into the Script of Adult Child Sex Offenders and Mapping Out Situational Prevention Measures." *Journal of Research in Crime and Delinquency* 48(2):209–37.

Leiber, Michael J., and Jayne M. Stairs. 1999. "Race, Contexts, and the Use of Intake Diversion." *Journal of Research in Crime and Delinquency* 36(1):56–86.

Lemieux, Andrew M. 2015. "Geotagged Photos: A Useful Tool for Criminological Research?" *Crime Science* 4(3).

Lemieux, Andrew M., et al. 2014. "Tracking Poachers in Uganda: Spatial Models of Patrol Intensity and Patrol Efficiency." In *Situational Prevention of Poaching*, Andrew M Lemieux (Ed.). Crime prevention studies, vol. 17. London: Routledge, 102–19.

Lempert, Richard O. 1984. "From the Editor." *Law and Society Review* 18:505–13.

Levine, Robert. 1997. *A Geography of Time: The Temporal Misadventures of a Social Psychologist*. NY: Basic Books.

Levinson, Marc. 2007. *The Box: How the Shipping Container Made the World Smaller and the World Economy Bigger*. Princeton, NJ: Princeton University Press.

Lilly, J. Robert. 2006. "Issues Beyond Empirical EM Reports." *Criminology and Public Policy* 5(1, February):93–102.

Lineberry, Robert L. 1977. *American Public Policy*. New York: Harper and Row.

Loeber, Rolf, Magda Stouthamer-Loeber, Welmoetvan Kammen, and David P. Farrington. 1991. "Initiation, Escalation and Desistance in Juvenile Offending and Their Correlates." *Journal of Criminal Law and Criminology* 82(1):36–82.

Lofland, John, and Lyn H. Lofland (Eds.). 1995. *Analyzing Social Settings: A Guide to Qualitative Observation and Analysis, Part 2*. 3rd ed. Belmont, CA: Wadsworth.

Lopez, Natalie, and Chris Lukinbeal. 2010. "Comparing Police and Residents' Perceptions of Crime in a Phoenix Neighborhood Using Mental Maps in GIS." *Yearbook of the Association of Pacific Coast Geographers* 72:33–55.

Lopez, Patricia. 1992. "'He Said.. She Said..' an Overview of Date Rape from Commission Through Prosecution Through Verdict." *Criminal Justice Journal* 13:275–302.

Lucia, Sonia, Leslie Herrmann, and Martin Killias. 2007. "How Important Are Interview Methods and Questionnaire Designs in Research on Self-Reported Juvenile Delinquency? An Experimental Comparison of Internet Vs Paperand-Pencil Questionnaires and Different Definitions of the Reference Period." *Journal of Experimental Criminology* 3:39–64.

Lynch, James P., and Lynn A. Addington (Eds.). 2007. *Understanding Crime Statistics: Revisiting the Divergence of the NCVS and the UCR*. NY: Cambridge University Press.

Maass, Dave. 2012. "County Misreports Data About Sexual Violence in Juvenile Jails." *San Diego City Beat*, 25 January.

MacKenzie, Doris Layton, Katherine Browning, Stacy B. Skroban, and Douglas A. Smith. 1999. "The Impact of Probation on the Criminal Activities of Offenders." *Journal of Research in Crime and Delinquency* 36(4):423–53.

MacKenzie, Doris Layton, James W. Shaw, and Voncile B. Gowdy. 1993. *An Evaluation of Shock Incarceration in Louisiana*. Research in Brief. Washington, D.C.: U.S. Department of Justice, Office of Justice Programs, National Institute of Justice.

Madaleno, Isabel Maria. 2010. "How Do Remote Southern Hemisphere Residents Perceive the World? Mental Maps Drawn by East Timorese and Mozambican Islanders." *Scottish Geographical Journal* 126:112–36.

Maher, Lisa. 1997. *Sexed Work: Gender, Race, and Resistance in a Brooklyn Drug Market*. Oxford: Clarendon Press.

Maltz, Michael D. 1994. "Deviating from the Mean: The Declining Significance of Significance." *Journal of Research in Crime and Delinquency* 31(4):434–63.

Maltz, Michael D. 1999. *Bridging Gaps: Estimating Crime Rates from Police Data*. A discussion paper from the BJS Fellows Program. Washington, D.C.: U.S. Department of Justice, Office of Justice Programs, Bureau of Justice Statistics.

Maltz, Michael D., and Marianne W. Zawitz. 1998. *Displaying Violent Crime Trends Using Estimates from the National Crime Victimization Survey*. Bureau of Justice Statistics Technical rept. Washington, D.C.: U.S. Department of Justice, Office of Justice Programs, Bureau of Justice Statistics, http://bjs. ojp.usdoj.gov/content/pub/pdf/dvctue. pdf.

Maltz, Michael, Andrew C. Gordon, David McDowall, and Richard McCleary. 1980. "An Artifact in Pretest-Posttest Designs: How It Can Mistakenly Make Delinquency Programs Look Effective." *Evaluation Review* 4:225–40.

Maple, Jack. 1999. *Crime Fighter: Putting the Bad Guys Out of Business*. In collaboration with Chris Mitchell. NY: Doubleday.

Marcus, Anthony, et al. 2012. "Is Child to Adult as Victim Is to Criminal? Social Policy and Street-Based Sex Work in the USA." *Sexuality Research and Social Policy* 9(2):153–66.

Marshall, Catherine, and Gretchen B. Rossman. 2006. *Designing Qualitative Research, 4th ed*. Thousand Oaks, CA: Sage.

Marteache, Nerea. 2012. "Deliberative Processes and Attitudes Toward Sex Offenders in Spain." *European Journal of Criminology* 9:159–75.

Martin, Elizabeth. 1999. "Who Knows Who Lives Here? Within-Household Disagreements as a Source of Survey Coverage Error." *Public Opinion Quarterly* 63(2):220–36.

Marx, Karl. 1880. "Revue Socialist." Reprinted. In *Karl Marx: Selected Writings in Sociolog y and Social Philosophy*, T.N. Bottomore and Maximilien Rubel (Eds.). NY: McGraw-Hill.

Mastrofski, Stephen D., and R. Richard Ritti. 1999. "Patterns of Community Policing: A View from Newspapers in the United States." COPS Working Paper #2. Washington: U.S. Department of Justice, Office of Community Oriented Policing Services.

Mastrofski, Stephen D., et al. 1998. *Systematic Observation of Public Police: Applying Field Research Methods to Policy Issues*. Research Report. Washington, D.C.: U.S. Department of Justice, Office of Justice Programs, National Institute of Justice.

Matz, David. 2007. "Development and Key Results from the First Two Waves of the Offending Crime and Justice Survey." In *Surveying Crime in the 21st Century*, Mike Hough and Mike Maxfield (Eds.). Crime prevention studies, vol. 22. Monsey, NY: Criminal Justice Press, 77–98.

Maxfield, Michael G. 1987. *Explaining Fear of Crime: Evidence from the 1984 British Crime Survey*. Research and Planning Unit Paper 43. London: Home Office.

Maxfield, Michael G. 1989. "Circumstances in Supplementary Homicide Reports: Variety and Validity." *Criminology* 26(4):123–55.

Maxfield, Michael G. 1999. "The National Incident-Based Reporting System: Research and Policy Applications." *Journal of Quantitative Criminology* 15(2, June):119–49.

Maxfield, Michael G. 2001. *Guide to Frugal Evaluation for Criminal Justice*. Final report to the National Institute of Justice. Washington, D.C.: U.S. Department of Justice, Office of Justice Programs, National Institute of Justice, ww.ncjrs.org/ pdffiles1/nij/187350.pdf.

Maxfield, Michael G., and W. Carsten Andresen. 2004. *Evaluation of New Jersey State Police in-Car Mobile Video Recording System*. Final report to the Office of the Attorney General. Newark, NJ: School of Criminal Justice, Rutgers University.

Maxfield, Michael G., and Terry L. Baumer. 1991. "Electronic Monitoring in Marion County Indiana." *Overcrowded Times* 2:5, 17.

Maxfield, Michael G., and Terry L. Baumer. 1992. "Home Detention with Electronic Monitoring: A Nonexperimental Salvage Evaluation." *Evaluation Review* 16(3):315–32.

Maxfield, Michael G., and George L. Kelling. 2005. *New Jersey State Police and Stop Data: What Do We Know, What Should We Know, and What Should We Do?* W. Carsten Andresen, Wayne Fisher, William Sousa, and Michael Wagers. Newark, NJ: Police Institute at Rutgers-Newark.

Maxfield, Michael G., Barbara Luntz Weiler, and Cathy Spatz Widom. 2000. "Comparing Self-Reports and Official Records of Arrests." *Journal of Quantitative Criminology* 16(1, March):87–110.

Maxfield, Michael G., and Cathy Spatz Widom. 1996. "The Cycle of Violence: Revisited Six Years Later." *Archives of Pediatrics and Adolescent Medicine* 150:390–95.

Maxfield, Mike, Mike Hough, and Pat Mayhew. 2007. "Surveying Crime in the 21st Century: Summary and Recommendations." In *Surveying Crime in the 21st Century*, Mike Hough and Mike Maxfield (Eds.). Crime prevention studies, vol. 22. Monsey, NY: Criminal Justice Press, 303–16.

Maxfield, Mike, et al. 2017 (forthcoming). "Multiple Research Methods for Evidence Generation." In *Advances in Evidence-Based Policing*, Johannes Knutsson and Lisa Tompson (Eds.). Crime Science Series. London: Routledge.

Maxwell, Christopher D., Joel H. Garner, and Jeffrey A. Fagan. 2001. *The Effects of Arrest on Intimate Partner Violence: New Evidence from the Spouse Assault Replication Program*. Research in Brief. Washington, D.C.: U.S. Department of Justice, Office of Justice Programs, National Institute of Justice.

Maxwell, Joseph A. 2012. *A Realist Approach for Qualitative Research*. Thousand Oaks, CA: Sage Publications.

Maxwell, Joseph A. 2013. *Qualitative Research Design: An Interactive Approach*. 3rd ed. Thousand Oaks, CA: Sage Publications.

Maxwell, Sheila Royo. 1999. "Examining the Congruence Between Predictors of Release-on-Recognizance and Failure to Appear." *Journal of Criminal Justice* 27(2):127–41.

Mayhew, Patricia, Ronald V. Clarke, and David Elliott. 1989. "Motorcycle Theft, Helmet Legislation, and Displacement." *Howard Journal* 28(1):1–8.

McCahill, Michael, and Clive Norris. 2003. "Estimating the Extent, Sophistication and Legality of CCTV in London." In *CCTV*, Martin Gill (Ed.). Leicester: Perpetuity Press.

McCall, George J. 1978. *Observing the Law: Field Methods in the Study of Crime and the Criminal Justice System*. New York: Free Press.

McCleary, Richard. 1992. *Dangerous Men: The Sociology of Parole*. 2nd ed. New York: Harrow and Heston.

McCleary, Richard, Barbara C. Nienstedt, and James M. Erven. 1982. "Uniform Crime Reports as Organizational Outcomes: Three Time Series Experiments." *Social Problems* 29(4):361–72.

McDonald, Douglas C., and Christine Smith. 1989. *Evaluating Drug Control and System Improvement Projects*. Washington, D.C.: U.S. Department of Justice, Office of Justice Programs, National Institute of Justice.

McDowall, David, Colin Loftin, and Brain Wiersema. 2000. "The Impact of Youth Curfew Laws on Juvenile Crime Rates." *Crime and Delinquency* 46(1):76–91.

McGarrell, Edmund F., Steven Chermak, Alexander Weiss, and Jeremy Wilson. 2001. "Reducing Firearms Violence Through Directed Police Patrol." *Criminology and Public Policy* 1(1):119–48.

McKenna, Laura, and Antoinette Pole. 2008. "What Do Bloggers Do: An Average Day on an Average Political Blog." *Public Choice* 134(1–2):97–108.

Meriam Library. 2010. "Evaluating Information: Applying the CRAAP Test." Web page. Chico, CA: California State University, http://www.csuchico.edu/lins/handouts/eval_websites.pdf.

Merritt, Nancy, Terry Fain, and Susan Turner. 2006. "Oregon's Get Tough Sentencing Reform: A Lesson in Justice System Adaptation."

Criminology and Public Policy 5(1, February–March):5–36.

Mertens, Donna M., and Pauline E. Ginsberg (Eds.). 2008. *The Handbook of Social Research Ethics*. Thousand Oaks, CA: Sage.

Mesch, Gustavo S., and Gideon Fishman. 1999. "Entering the System: Ethnic Differences in Closing Criminal Files in Israel." *Journal of Research in Crime and Delinquency* 36(2):175–93.

Messerschmidt, James W. 1993. *Masculinities and Crime*. Baltimore, MD: Rowman and Littlefield.

METRAC. 2010. *York University Safety Audit: Leading the Way to Personal and Community Safety*. Toronto, Ontario: Metropolitan Action Committee on Violence against Women and Children. METRAC.

Mieczkowski, Thomas M. 1996. "The Prevalence of Drug Use in the United States." In *Crime and Justice: An Annual Review of Research*, Michael Tonry (Ed.). Chicago, IL: University of Chicago Press, 349–414.

Miles, Matthew B., A. Michael Huberman, and Johnny Saldaña. 2014 *Qualitative Data Analysis: A Methods Sourcebook*. 3rd ed. Thousand Oaks, CA: Sage Publications.

Milgram, Lester. 1965. "Some Conditions of Obedience to Authority." *Human Relations* 18:57–76.

Mirrlees-Black, Catriona. 1995. "Estimating the Extent of Domestic Violence: Findings from the 1992 BCS." *Research Bulletin* 37:1–9.

Mirrlees-Black, Catriona. 1999. *Domestic Violence: Findings from a New British Crime Survey Self-Completion Questionnaire*. Home Office Research Study. London: Home Office Research, Development, and Statistics Directorate.

Mitford, Jessica. 1973. *Kind and Usual Punishment: The Prison Business*. New York: Random House.

Monahan, John, et al. 1993. "Ethical and Legal Duties in Conducting Research on Violence: Lessons from the MacArthur Risk Assessment Study." *Violence and Victims* 8(4):387–96.

Mooney, Stephen J., et al. 2014. "Validity of an Ecometric Neighborhood Physical Disorder Measure Constructed by Virtual Street Audir." *American Journal of Epidemiology* 180:(626–35).

Moskos, Peter. 2009. *Cop in the Hood*. Princeton: Princeton University Press.

Mott, Joy, and Catriona Mirrlees-Black. 1995. *Self-Reported Drug Misuse in England and Wales: Findings from the 1992 British Crime Survey*. Research and Planning Unit Paper 89. London: Home Office.

Murray, Charles A., and L.A. Cox. 1979. *Beyond Probation: Juvenile Corrections and the Chronic Delinquent*. Thousand Oaks, CA: Sage.

Nagin, Daniel S., and David Weisburd. 2013. "Evidence and Public Policy: The Example of Evaluation Research in Policing." *Criminology and Public Policy* 12:651–79.

National Commission for the Protection of Human Subjects of Biomedical and Behavioral Research. 1979. *The Belmont Report: Ethical Principles and Guidelines for the Protection of Human Subjects of Research*. Washington, D.C.: U.S. Department of Health, Education, and Welfare.

National Consortium for the Study of Terrorism and Responses to Terrorism (START). 2016a. *Annex of Statistical Information, Country Reports on Terrorism, 2015*. College Park, MD: National Consortium for the Study of Terrorism and Responses to Terrorism (START), Website, https://www.start.umd.edu/gtd.

National Consortium for the Study of Terrorism and Responses to Terrorism (START). 2016b. *Global Terrorism Database Codebook: Inclusion Criteria and Variables*. College Park, MD: National Consortium for the Study of Terrorism and Responses to Terrorism (START), Website, https://www.start.umd.edu/gtd.

National Institute of Justice. 2016. *Solicitation: Research and Evaluation in Support of the Recommendations of the President's Task Force on 21st Century Policing*. Washington, D.C.: U.S. Department of Justice, Office of Justice Programs, National Institute of Justice, http://nij.gov/funding/Documents/ solicitations/NIJ-2016-9095.pdf.

National Research Council. 1996. *The Evaluation of Forensic DNA Evidence*. Washington, D.C.: National Academy Press.

National Research Council. 2001. *Informing America's Policy on Illegal Drugs: What We Don't Know Keeps Hurting Us*. Committee on Data and Research for Policy on Illegal Drugs. Charles F. Manski, John V. Pepper, and Carol V. Petrie(Eds.). Washington, D.C.: National Academy Press.

National Research Council. 2007. *Parole, Desistance from Crime, and Community Integration. Committee on Community Supervision and Desistance from Crime. Committee on Law and Justice, Division of Behavioral and Social Sciences*. Washington, D.C.: National Academy Press.

National Research Council. 2008. *Surveying Victims: Options for Conducting the National Crime Victimization Survey*. Panel to review the programs of the Bureau of Justice Statistics. Committee on National Statistics and Committee on Law and Justice, Division of Behavioral and Social Sciences. Robert M. Groves and David L. Cork (Eds.). Washington, D.C.: National Academy Press.

National Research Council. 2009. *Strengthening Forensic Science in the United States: A Path Forward*. Washington, D.C.: National Academy Press.

Navgorodoff, Danica. 2010. *I Got Arrested! Now What?* Comic book. Youth Justice Board Center for Court Innovation. Brooklyn, NY: Center for Urban Pedagogy, Making Public Policy, http://welcometocup.org/Store?product_id=14.

Nellis, Mike. 2006. "Surveillance, Rehabilitation, and Electronic Monitoring: Getting the Issues Clear." *Criminology and Public Policy* 5(1, February):103–08.

New York City Transit. 2006. "Police Department." Supplementary Tables. In *Subways*. New York: Metropolitan Transit Authority, http://www.mta.nyc.ny.us/nyct/facts/ffsubway.htm.

Newman, Oscar. 1972. *Defensible Space*. New York: Macmillan.

Newman, Oscar. 1996. *Creating Defensible Space*. Washington, D.C.: U.S. Department of Housing and Urban Development, Office of Policy Development and Research.

Office for National Statistics. 2015. *User Guide to Crime Statistics for England and Wales*. London: Office for National Statistics.

Office of National Drug Control Policy. 2014. *ADAM II 2013 Annual Report Arrestee Drug Abuse Monitoring Program II*. Research rept. Washington, D.C.: Office of National Drug Control Policy, Executive Office of the President, Accessed 20 December 2016 https://www.whitehouse.gov/sites/ default/files/ondcp/policy-and-research/adam_ii_ 2013_annual_report.pdf.

Ostermann, Michael, Laura M. Salerno, and Jordan M. Hyatt. 2015. "How Different Operationalizations of Recidivism Impact Conclusions of Effectiveness of Parole Supervision." *Journal of Research in Crime and Delinquency* 52(6):771–96.

Overall, Chris, Shalendra Singh, and Bhekekhya Gcina. 2008. "Crime Mapping and Analysis: Filling the Gaps." *PositionIT*, May–June, 37–40.

Painter, Kate. 1996. "The Influence of Street Lighting Improvements on Crime, Fear and Pedestrian Street Use After Dark." *Landscape and Urban Planning* 35(2–3):193–201.

Park, Robert E., and Ernest W. Burgess. 1921. *Introduction to the Science of Sociology*. Chicago, IL: University of Chicago Press.

Parks, Sharyn E., Linda L. Johnson, Dawn D McDaniel, and Matthew Gladden. 2014. "Surveillance for Violent Deaths – National Violent

Death Reporting System, 16 States, 2010." *Morbidity and Mortality Weekly Report* 63(1):2–33.

Paternoster, Raymond, Jean Marie McGloin, Holly Nguyen, and Kyle J. Thomas. 2013. "The Causal Impact of Exposure to Deviant Peers: An Experimental Investigation." *Journal of Research in Crime and Delinquency* 50(4):476–503.

Paterson, Barbara L., David Gregory, and Sally Thorne. 1999. "A Protocol for Researcher Safety." *Qualitative Health Research* 9(2):259–69.

Patton, Michael Quinn. 2002. *Qualitative Research and Evaluation Methods*. 3rd ed. Thousand Oaks, CA: Sage Publications.

Pawson, Ray, and Nick Tilley. 1997. *Realistic Evaluation*. Thousand Oaks, CA: Sage.

Pease, Ken. 1998. *Repeat Victimisation: Taking Stock. Crime Prevention and Detection Series, paper 90*. London: Police Research Group, Home Office Police Department.

Perrin, Andrew, and Maeve Duggan. 2016. *American's Internet Access: 2000–2015*.Washington,D.C.:PewResearchCenter,http://www.pewinternet.org/2015/06/26/americans-internet-access-2000–2015/.

Perrone, Dina. 2009. *The High Life: Club Kids, Harm and Drug Policy*. Qualitative Studies in Crime and Justice. Monsey, NY: Criminal Justice Press.

Perrone, Dina. 2010. "Gender and Sexuality in the Field: A Female Ethnographer's Experience Researching Drug Use in Dance Clubs." *Substance Use and Misuse* 45:717–35.

Petersilia, Joan. 1989. "Implementing Randomized Experiments: Lessons from BJA's Intensive Supervision Project." *Evaluation Review* 13:435–58.

Petersilia, Joan, and Susan Turner. 1991. "An Evaluation of Intensive Supervision in California." *Journal of Criminal Law and Criminology* 82:610–58.

Petrossian, Gohar, and Ronald V. Clarke. 2012. *Export of Stolen Vehicles Across Land Borders*. Problem-Oriented Guides for Police, no. 63. Washington, D.C.: U.S. Department of Justice, Office of Community Oriented Policing Services.

Pew Research Center. 2012. *Assessing the Representativeness of Public Opinion Surveys*. Washington, D.C.: Pew Research Center, http://www.pewinternet.org/2015/06/26/americans-internet-access-2000–2015/.

Pickrell, Timothy M., and Ronald Li. 2016. *Seat Belt Use in 2015: Overall Results*. Research note (DOT HS 812 243). Washington, D.C.: U.S. Department of Transportation, National Highway Traffic Safety Administration, National Center for Statistics and Analysis.

Piquero, Alex R., Carol A. Schubert, and Robert Brame. 2014. "Comparing Official and Self-Report Records of Offending Across Gender and Race/Ethnicity in a Longitudinal Study of Serious Youthful Offenders." *Journal of Research in Crime and Delinquency* 51:526–56.

Piza, Eric L., and Victoria A. Sytsma. 2016. "Exploring the Defensive Actions of Drug Sellers in Open Air Markets: A Systematic Social Observation." *Journal of Research in Crime and Delinquency* 53(a):36–65.

Planty, Michael, and Kevin J. Strom. 2007. "Understanding the Role of Repeat Victims in the Production of Annual US Victimization Rates." *Journal of Quantitative Criminology* 23:179–200.

Plouffe, Nanci, and Rana Sampson. 2004. "Auto Theft and Theft from Autos in Parking Lots in Chula Vista, CA: Crime Analysis for Local and Regional Action." In *Understanding and Preventing Car Theft*, Michael G. Maxfield and Ronald V. Clarke (Eds.). Crime prevention studies, vol. 17. Monsey, NY: Criminal Justice Press, 147–71.

Poklemba, John J. 1988. *Measurement Issues in Prison and Jail Overcrowding*. Albany, NY: New York Division of Criminal Justice Services, Criminal Justice Information Systems Improvement Program.

Pollock, Jocelyn M. 2012. *Ethics in Crime and Justice: Dilemmas and Decisions*. 7th ed. Belmont, CA: Cengage Learning.

Popper, Nathaniel. 2016. "As Marijuana Sales Grow, Start-Ups Step in for Wary Banks." *New York Times*, 17 February, B1.

Posavec, Emil J., and Raymond G. Carey. 2002. *Program Evaluation: Methods and Case Studies*. 6th ed. Englewood Cliffs, NJ: Prentice Hall.

Pösö, Tarja, Päivi Honkatukia, and Leo Nyqvist. 2008. "Focus Groups and the Study of Violence." *Qualitative Research* 8:73–89.

President's Commission on Law Enforcement and Administration of Justice. 1967. *The Challenge of Crime in a Free Society*. Washington, D.C.: U.S. Government Printing Office.

Pudney, Stephen. 2002. *The Road to Ruin? Sequences of Initiation Into Drug Use and Offending by Young People in Britain*. Home Office Research Study, 253. London: Her Majesty's Stationery Office, http://www.crimereduction.gov.uk/drugsalcohol62.htm.

Puzzanchera, Charles. 2014. *Juvenile Arrests 2012*. Juvenile offenders and victims national report. Washington, D.C.: U.S. Department of Justice, Office of Justice Programs, Office of Juvenile Justice and Delinquency Prevention.

Quade, Edward S. 1989. *Policy Analysis for Public Decisions*. 3rd ed. Rev. Grace M. Carter. New York: North-Holland.

Quinn, James W., et al. 2016. "Neighborhood Physical Disorder in New York City." *Journal of Maps* 12(1):53–60.

Ragin, Charles C. 2000. *Fuzzy-Set Social Science*. Chicago: University of Chicago Press.

Ramirez, Deborah, Jack McDevitt, and Amy Farrell. 2000. *A Resource Guide on Racial Profiling Data Collection Systems: Promising Practices and Lessons Learned*. Washington, D.C.: U.S. Department of Justice, Office of Justice Programs, National Institute of Justice and Bureau of Justice Assistance.

Ramsay, Malcolm, and Sarah Partridge. 1999. *Drug Misuse Declared in 1998: Results from the British Crime Survey*. Home Office Research Study, 197. London: Her Majesty's Stationery Office.

Ramsay, Malcolm, et al. 2001. *Drug Misuse Declared in 2000: Results from the British Crime Survey*. Home Office Research Study, 224. London: Her Majesty's Stationery Office.

Rand, Michael R., and Callie M. Rennison. 2005. "Bigger is not Necessarily Better: An Analysis of Violence Against Women Estimates from the National Crime Victimization Survey and the National Violence Against Women Survey." *Journal of Quantitative Criminology* 21(3):267–91.

Rasinski, Kenneth A. 1989. "The Effect of Question Wording on Public Support for Government Spending." *Public Opinion Quarterly* 53:388–94.

Ratcliffe, Jerry H., et al. 2011. "The Philadelphia Foot Patrol Experiment: A Randomized Controlled Trial of Police Patrol Effectiveness in Violent Crime Hotspots." *Criminology* 49(3):795–831.

Ratcliffe, Jerry. 2014. "Towards an Index for Harm-Focused Policing." *Policing* 9:164–82.

Al-Rawi, Ahmed. 2016. "Video Games, Terrorism, and ISISD's Jihad 3.0." *Terrorism and Political Violence* Prepublication online, http://dx.doi.org/10.1080/09546553.2016.1207633.

Rebellon, Cesar J., and Karen Van Gundy. 2005. "Can Control Theory Explain the Link Between Parental Physical Abuse and Delinquency? A Longitudinal Analysis." *Journal of Research in Crime and Delinquency* 42(3):247–74.

Rennison, Callie Marie. 2002. *Rape and Sexual Assault: Reporting to*

Police and Medical Attention, 1992–2000. Bureau of Justice Statistics Selected Findings. Washington, D.C.: U.S. Department of Justice, Office of Justice Programs, Bureau of Justice Statistics.

Reuter, Peter, Robert MacCoun, and Patrick Murphy. 1990. *Money from Crime: A Study of the Economics of Drug Dealing in Washington, D.C.* Santa Monica, CA: Rand.

Reynald, Danielle. 2011. "Factors Associated with the Guardianship of Places: Assessing the Relative Importance of the Spatio-Physical and Sociodemographic Contexts in Generating Opportunities for Capable Guardianship." *Journal of Research in Crime and Delinquency* 48:110–42.

Reynolds, Paul D. 1979. *Ethical Dilemmas and Social Science Research*. San Francisco, CA: Jossey-Bass.

Rich, Thomas F. 1999. "Mapping the Path to Problem Solving." *National Institute of Justice Journal* (October):2–9.

Risler, Edwin A., Tim Sweatman, and Larry Nackerud. 1998. "Evaluating the Georgia Legislative Waiver's Effectiveness in Deterring Juvenile Crime." *Research on Social Work Practice* 8:657–67.

Robb, Paul, Timothy Coupe, and Barak Ariel. 2015. "'Solvability' and Detection of Metal Theft on Railway Property." *European Journal on Criminal Policy and Research* 21:463–84.

Robers, Simone, et al. 2014. *Indicators of School Crime and Safety: 2014*. (NCES 2014-042/NCJ 243299). Washington, D.C.: National Center for Education Statistics, U.S. Department of Education, and Bureau of Justice Statistics, Office of Justice Programs, U.S. Department of Justice.

Roberts, Aki, and Steven Block. 2012. "Explaining Temporary and Permanent Motor Vehicle Theft Rates in the United States: A Crime-Specific Approach." *Journal of Research in Crime and Delinquency* 50(3):445–71.

Roberts, James C. 2002. *Serving Up Trouble in the Barroom Environment*. Unpublished Ph.D. dissertation, Rutgers University School of Criminal Justice. Newark, NJ: School of Criminal Justice, Rutgers University.

Roberts, James C. 2007. "Barroom Aggression in Hoboken, New Jersey: Don't Blame the Bouncers." *Journal of Drug Education* 37(4):429–45.

Roberts, Jennifer, et al. 2005. "A Test of Two Models of Recall for Violent Events." *Journal of Quantitative Criminology* 21(2):175–93.

Roethlisberger, Fritz J., and William J. Dickson. 1939. *Management and the Worker*. Cambridge, MA: Harvard University Press.

Roman, John, and Graham Farrell. 2002. "Cost-Benefit Analysis for Crime Prevention: Opportunity Costs, Routine Savings, and Crime Externalities." In *Evaluation for Crime Prevention*. Vol. 14, Nick Tilley (Ed.). Crime Prevention Studies. Monsey, NY: Criminal Justice Press, 53–92.

Rosenfeld, Richard, Timothy M. Bray, and Arlen Egley. 1999. "Facilitating Violence: A Comparison of Gang-Motivated, Gang-Affiliated, and Nongang Youth Homicides." *Journal of Quantitative Criminology* 15(4):495–516.

Rossi, Peter H., Howard E. Freeman, and Mark W. Lipsey. 1999. *Evaluation: A Systematic Approach*. 6th ed. Thousand Oaks, CA: Sage.

Roth, Andrea. 2010. "Database-Driven Investigations: The Promise—and Peril—of Using Forensics to Solve 'No-Suspect' Cases." *Criminology and Public Policy* 9(2):421–28.

Rubin, Herbert J., and Irene S. Rubin. 2011. 3rd ed. *Qualitative Interviewing: The Art of Hearing*. Thousand Oaks, CA: Sage Publications.

Ryan, Gery W., and H. Russell Bernard. 2003. "Techniques to Identify Themes." *Field Methods* 15(1):85–109.

Sampson, Robert J., and John H. Laub. 1993. *Crime in the Making: Pathways and Turning Points Through Life*. Cambridge, MA: Harvard University Press.

Sampson, Robert J., and Stephen W. Raudenbush. 1999. "Systematic Social Observation of Public Spaces: A New Look at Disorder in Urban Neighborhoods." *American Journal of Sociology* 105(3, November): 603–51.

Sanders, Teela. 2001. "Female Street Sex Workers, Sexual Violence, and Protection Strategies." *Journal of Sexual Aggression* 7:5–8.

Santos, Rachel Boba. 2012. *Crime Analysis with Crime Mapping*. 3rd ed. Thousand Oaks, CA: Sage.

Sauer, Carl. 1925. "The Morphology of Landscape." *University of California Publications in Geography* 2:19–54.

Schuck, Amie M., and Cathy Spatz Widom. 2001. "Childhood Victimization and Alcohol Symptoms in Females: Causal Inferences and Hypothesized Mediators." *Child Abuse and Neglect* 25(8):1069–92.

Seidman, David, and Michael Couzens. 1974. "Getting the Crime Rate Down: Political Pressure and Crime Reporting." *Law and Society Review* 8(3):457–93.

Semaan, Salaam, Jennifer Lauby, and Jon Liebman. 2002. "Street and Network Sampling in Evaluation Studies of HIV Risk-Reduction Interventions." *AIDS Reviews* 4:213–23.

Shadish, William R., Thomas D. Cook, and Donald T. Campbell. 2002. *Experimental and Quasi-Experimental Designs for Generalized Causal Inference*. Boston: Houghton Mifflin.

Shane, Jon. 2012. *Abandoned Buildings and Lots*. Problem-Oriented Guides for Police, no. 64. Washington, D.C.: U.S. Department of Justice, Office of Community Oriented Policing Services.

Shaw, Clifford R., and Henry D. McKay. 1969. *Juvenile Delinquency and Urban Areas*. Rev. ed. Chicago, IL: University of Chicago Press.

Shearing, Clifford D., and Phillip C. Stenning. 1992. "From the Panopticon to Disney World: The Development of Discipline." In *Situational Crime Prevention: Successful Case Studies*, Ronald V. Clarke (Ed.). New York: Harrow and Heston, 249–55.

Sheehan, Ivan Sadcha. 2011. "Assessing and Comparing Data Sources for Terrorism Research." Chapter 17. In *Evidence-Based Counterterrorism Policy*, Cynthia Lum and Leslie W. Kennedy (Eds.). NY: Springer.

Sheehan, Kim Bartel, and Matthew Pittman. 2016. *Amazon's Mechanical Turk for Academics: The HIT Handbook for Social Science Research*. 7th ed. Irvine, CA: Melvin & Leigh.

Sherman, Lawrence W. 1992a. "The Influence of Criminology on Criminal Law: Evaluating Arrests for Misdemeanor Domestic Violence." *Journal of Criminal Law and Criminology* 83:1–45.

Sherman, Lawrence W. 1992b. *Policing Domestic Violence: Experiments and Dilemmas*. New York: Free Press.

Sherman, Lawrence W., and Richard A. Berk. 1984. *The Minneapolis Domestic Violence Experiment*. Washington, D.C.: Police Foundation.

Sherman, Lawrence W., and Cohn Ellen G. 1989. "The Impact of Research on Legal Policy: The Minneapolis Domestic Violence Experiment." *Law and Society Review* 23(1):117–44.

Sherman, Lawrence W., Patrick R. Gartin, and Michael E. Buerger. 1989. "Hot Spots of Predatory Crime: Routine Activity and the Criminology of Place." *Criminology* 27:27–55.

Sherman. Lawrence W., and Heather M. Harris. 2013. "Increased Homicide Victimization of Suspects Arrested for Domestic Assault: A 23-Year Follow-Up of the Milwaukee Domestic Violence Experiment (MilDVE)." *Journal of Experimental Criminology* 9:419–514.

Sherman. Lawrence W., and Heather M. Harris. 2015. "Increased Death Rates of Domestic Violence Victims from Arresting Vs.

Warning Suspects in the Milwaukee Domestic Violence Experiment (MilDVE)." *Journal of Experimental Criminology* 11:1–20.

Sherman, Lawrence W., and Dennis P. Rogan. 1995. "Effects of Gun Seizures on Gun Violence: 'Hot Spots' Patrol in Kansas City." *Justice Quarterly* 12(4):673–94.

Sherman, Lawrence W., and David Weisburd. 1995. "General Deterrent Effects of Police Patrol in Crime 'Hot Spots': A Randomized, Controlled Trial." *Justice Quarterly* 12:625–48.

Sherman, Lawrence W., et al. 1992. "The Variable Effects of Arrest on Criminal Careers: The Milwaukee Domestic Violence Experiment." *Journal of Criminal Law and Criminology* 83:137–69.

Shweder, Richard A. 2006. "Protecting Human Subjects and Preserving Academic Freedom." *American Ethnologist* 33(4, November):507–18.

Sieber, Joan E. 2001. *Summary of Human Subjects Protection Issues Related to Large Sample Surveys*. Washington, D.C.: U.S. Department of Justice, Office of Justice Programs, Bureau of Justice Statistics.

Silberman, Charles. 1978. *Criminal Violence, Criminal Justice*. New York: Random House.

Silbert, Mimi H., and Ayala M. Pines. 1981. "Occupational Hazards of Street Prostitutes." *Justice and Behavior* 8:395–99. Silverman, Eli B. 1999. *NYPD Battles Crime: Innovative Strategies in Policing*. Boston: Northeastern University Press.

Sinauer, Nancy, et al. 1999. "Comparisons Among Female Homicides Occurring in Rural, Intermediate, and Urban Counties in North Carolina." *Homicide Studies* 3(2):107–28.

Singleton, Royce A., Jr., and Bruce C. Straits. 2010. *Approaches to Social Research*. 5th ed. New York: Oxford University Press.

Skogan, Wesley G. 1974. "The Validity of Official Crime Statistics: An Empirical Investigation." *Social Science Quarterly* 55:25–38.

Skogan, Wesley G. 1985. *Evaluating Neighborhood Crime Prevention Programs*. The Hague, Netherlands: Ministry of Justice, Research and Documentation Centre.

Skogan, Wesley G. 1988. "Community Organizations and Crime." In *Crime and Justice: An Annual Review of Research*, Michael Tonry and Norval Morris (Eds.). Chicago, IL: University of Chicago Press, 39–78.

Skogan, Wesley G. 1990. *Disorder and Decline: Crime and the Spiral of Decay in American Neighborhoods*. New York: Free Press.

Skogan, Wesley G. 2007. "Survey Assessments of Police Performance." In *Surveying Crime in the 21st Century*, Mike Hough and Mike Maxfield (Eds.). Crime prevention studies, vol. 22. Monsey, NY: Criminal Justice Press, 165–81.

Skogan, Wesley G., Susan M. Hartnett, Natalie Bump, and Jill Dubois. 2008. *Evaluation of CeaseFire-Chicago*. Assisted by Ryan Hollon and Danielle Morris. Evanston, IL: Center for Policy Research, Northwestern University, http://www.northwestern.edu/ipr/publications/ceasefire.Html.

Skogan, Wesley G., and Michael G. Maxfield. 1981. *Coping with Crime: Individual and Neighborhood Reactions*. Thousand Oaks, CA: Sage.

Smith, Brian T., and Ronald V. Clarke. 2015. "Shoplifting of Everyday Products That Serve Illicit Drug Use." *Journal of Research in Crime and Delinquency* 52(2):245–69.

Smith, Steven K., Greg W. Steadman, Todd D. Minton, and Meg Townsend. 1999. *Criminal Victimization and Perceptions of Community Safety in 12 Cities, 1998*. Washington, D.C.: U.S. Department of Justice, Office of Justice Programs, Bureau of Justice Statistics and Office of Community Oriented Police Services.

Smith, William R., et al. 2003. *The North Carolina Highway Traffic Study*. Final report to the National Institute of Justice. With Harvey McMurray and C. Robert Fenlon. Raleigh, NC: North Carolina State University.

Snyder, Howard N. 2000. *Sexual Assault of Young Children as Reported to Law Enforcement: Victim, Incident, and Offender Characteristics*. NIBRS Statistical Report. Washington, D.C.: U.S. Department of Justice, Office of Justice Programs, Bureau of Justice Statistics.

Sommers, Samuel R., et al. 2006. "Race and Media Coverage of Hurricane Katrina: Analysis, Implications, and Future Research Questions." *Analyses of Social Issues and Public Policy* 6:39–55.

Spergel, Irving A. 1990. "Youth Gangs: Continuity and Change." In *Crime and Justice: An Annual Review of Research*, Norval Morris and Michael Tonry (Eds.). Chicago, IL: University of Chicago Press, 171–275.

Spohn, Cassia. 1990. "The Sentencing Decisions of Black and White Judges: Expected and Unexpected Similarities." *Law and Society Review* 24(5):1197–216.

Spradley, James P. 1979. *The Ethnographic Interview*. NY: Holt, Rinehart, and Winston.

Steenbeek, Wouter, Beate Volker, Henk Flap, and Frank van Oort. 2012. "Local Businesses as Attractors or Preventers of Neighborhood Disorder." *Journal of Research in Crime and Delinquency* 49:213–48.

Stolnici, Constantin B., and Octavian Buda. 2012. "An Unclear Political Assassination: Barbu Catargiu, 1862." *Romanian Journal of Forensic Science* 79(1):907–11.

Straus, Murray A. 1999. "The Controversy Over Domestic Violence by Women: A Methodological, Theoretical, and Sociology of Science Analysis." In *Violence in Intimate Relationships*, Ximena Arriaga and Stuart Oskamp (Eds.). Thousand Oaks, CA: Sage Publications, 17–44.

Strauss, Anselm, and Juliet Corbin. 1994. "Grounded Theory Methodology: An Overview." In *Handbook of Qualitative Research*, Norman K. Denzin and Yvonne S. Lincoln (Eds.). Thousand Oaks, CA: Sage Publications.

Strom, Kevin J., and Matthew R. Durose. 2000. *Traffic Stop Data Collection Policies for State Police, 1999*. Fact Sheet. Washington, D.C.: U.S. Department of Justice, Office of Justice Programs, Bureau of Justice Statistics.

Substance Abuse and Mental Health Services Administration. 2011. *Drug Abuse Warning Network, 2009: National Estimates of Drug-Related Emergency Department Visits*. DAWN Series D-35, Publication No. SMA 11-4659. Rockville, MD: U.S. Department of Health and Human Services, Substance Abuse and Mental Health Services Administration, Office of Applied Studies, http://DAWNinfo.samhsa.gov.

Surette, Ray. 2006. *Media, Crime, and Justice: Images, Realities and Policies*. 3rd ed. Belmont, CA: Wadsworth.

Sutterlüty, Ferdinand. 2007. "The Genesis of Violent Careers." *Ethnography* 8:267–96.

Sutton, Mike. 2007. "Improving National Crime Surveys with a Focus on Fraud, High-Tech Crimes, and Stolen Goods." In *Surveying Crime in the 21st Century*, Mike Hough and Mike Maxfield (Eds.). Crime prevention studies, vol. 22. Monsey, NY: Criminal Justice Press, 243–62.

Taxman, Faye S., and Lori Elis. 1999. "Expediting Court Dispositions: Quick Results, Uncertain Outcomes." *Journal of Research in Crime and Delinquency* 36(1):30–55.

Taylor, Ralph B. 1999. *Crime, Grime, Fear, and Decline: A Longitudinal Look*. Research in Brief. Washington, D.C.: U.S. Department of Justice, Office of Justice Programs, National Institute of Justice.

Taylor, Ralph B., Sally A. Shumaker, and Stephen D. Gottfredson. 1985. "Neighborhood-Level Links Between Physical Features and Local Sentiments." *Journal of Architectural Planning and Research* 2:261–75.

Thompson, Kimberly M., and Kevin Haninger. 2001. "Violence in

E-Rated Video Games." *Journal of the American Medical Association* 286(5, 1 August):591–98.
Thompson, Steven K. 1997. *Adaptive Sampling in Behavioral Surveys*. NIDA Monograph no. 167. Bethesda, MD: U.S. Department of Health and Human Services, National Institute of Drug Abuse.
Thornberry, Terence P., and Marvin D. Krohn. 2000. "The Self-Report Method for Measuring Delinquency and Crime." In *Measurement and Analysis of Crime and Justice*. Vol. 4, David Duffee (Ed.). *Criminal Justice 2000 Vol. 4*. Washington, D.C.: U.S. Department of Justice, Office of Justice Programs, National Institute of Justice, 33–83.
Tilley, Nick. 2000. "The Evaluation Jungle." In *Secure Foundations: Key Issues in Crime Prevention, Crime Reduction and Public Safety*, Scott Ballintyne, Ken Pease, and Vic McLaren (Eds.). London: Institute for Public Policy Research, 115–30.
Tilley, Nick, and Gloria Laycock. 2002. *Working Out What to Do: Evidence-Based Crime Reduction*. Crime Reduction Research Series, paper 11. London: Home Office, Policing and Reducing Crime Unit, Research, Development and Statistics Directorate.
Tillyer, Marie Skubak, and Emily M. Wright. 2014. "Intimate Partner Violence and the Victim-Offender Overlap." *Journal of Research in Crime and Delinquency* 51(1):29–55.
Tjaden, Patricia, and Nancy Thoennes. 2000. *Extent, Nature, and Consequences of Intimate Partner Violence*. Findings from the National Violence Against Women Survey. Research Report. Washington, D.C.: U.S. Department of Justice, Office of Justice Programs, National Institute of Justice.
Townsley, Michael, Ross Homel, and Janet Chaseling. 2003. "Infectious Burglaries: A Test of the Near Repeat Hypothesis." *British Journal of Criminology* 43:615–33.
Townsley, Michael, and Ken Pease. 2002. "Hot Spots and Cold Comfort: The Importance of Having a Working Thermometer." In *Analysis for Crime Prevention*, Nick Tilley (Ed.). Crime prevention studies, vol. 13. Monsey, NY: Criminal Justice Press, 59–69.
Truman, Jennifer L., and Lynn. Langton. 2015. *Criminal Victimization, 2014*. Washington, D.C.: U.S. Department of Justice, Office of Justice Programs, Bureau of Justice Statistics, http://www.bjs.ojp.usdoj.gov/content/pub/pdf/cv12.pdf.
Truman, Jennifer L., and Rachel E. Morgan. 2014. *Nonfatal Domestic Violence, 2003–2012*. BJS Special Report. Washington, D.C.: U.S. Department of Justice, Office of Justice Programs, Bureau of Justice Statistics.
United States Bureau of the Census. 1992. *Statistical Abstract of the United States*. Washington, D.C.: U.S. Government Printing Office.
United States Bureau of the Census. 1994. *Technical Background on the Redesigned National Crime Victimization Survey*. Washington, D.C.: U.S. Department of Justice, Office of Justice Programs, Bureau of Justice Statistics.
United States Census Bureau. 2005. *Estimated Daytime Population and Employment-Residence Ratios: 2000*. PHC-T-40. Washington, D.C.: U.S. Bureau of the Census, http://www.census.gov/ population/www/socdemo/daytime/daytimepop.html.
United States Census Bureau. 2012. *National Crime Victimization Survey: CAPI Interviewing Manual for Field Representatives. NCVS-550* (12/2012). Washington, D.C.: U.S. Bureau of the Census.
United States Department of Justice. 2003. *The Nation's Two Crime Measures*. Washington, D.C.: U.S. Department of Justice, NCJ-122705.
United States Department of State. 2016. *Country Reports on Terrorism 2015*. Washington, D.C.: U.S. Department of State, Bureau of Counterterrorism and Countering Violent Extremism, Website, http://www.state.gov/j/ct/rls/crt/2015/ index.htm.
United States Sentencing Commission. 2014. *Amendments to the Sentencing Guidelines*. Washington, D.C.: U.S. Sentencing Commission.
Valdimarsdottir, Margret, and Gunnar Bernburg. 2015. "Community Disadvantage, Parental Network, and Commitment to Social Norms: Multilevel Study of Self-Reported Delinquency in Iceland." *Journal of Research on Crime and Delinquency* 52:213–44.
Van Kirk, Marvin. 1977. *Response Time Analysis*. Washington, D.C.: U.S. Department of Justice, National Institute of Law Enforcement and Administration of Justice.
Varano, Sean P., Joseph A. Schafer, Jeffrey Michael Cancino, and Marc L. Swatt. 2009. "Constructing Crime: Neighborhood Characteristics and Police Recording Behavior." *Journal of Criminl Justice* 37:553–63.
Venkatesh, Sudhir. 2006. *Off the Books: The Underground Economy of the Urban Poor*. Cambridge, MA: Harvard University Press.
Venkatesh, Sudhir. 2011. "How Tech Tools Transformed New York's Sex Trade." *Wired* 19.02 (January).
La Vigne, Nancy G., Sara Debus-Sherrill, Diana Brazzell, and P. Mitchell Downey. 2011. *Preventing Violence and Sexual Assault in Jail: A Situational Crime Prevention Approach*. Washington, D.C.: Urban Institute, Justice Policy Center.
Voas, Robert B., Eduardo Romano, and Raymond Peck. 2009. "Validity of Surrogate Measures of Alcohol Involvement When Applied to Nonfatal Crashes." *Accident Analysis and Prevention* 41:522–30.
Walker, Samuel. 1994. *Sense and Nonsense About Crime and Drugs: A Policy Guide*. 3rd ed. Belmont, CA: Wadsworth.
Wallace, Aurora. 2009. "Mapping City Crime and the New Aesthetic of Danger." *Journal of Visual Culture* 8:5–24.
Walsh, Christine A., et al. 2008. "Measurement of Victimization in Adolescence: Development and Validation of the Childhood Experiences of Violence Questionnaire." *Child Abuse and Neglect* 32(11):1037–57.
Warner, Barbara D., and Glenn L. Pierce. 1993. "Reexamining Social Disorganization Theory Using Calls to Police as a Measure of Crime." *Criminology* 31:493–517.
Weisburd, David. 2015. "The Law of Crime Concentration and the Criminology of Place." *Criminology* 53(2):133–57.
Weisburd, David, Elizabeth R. Groff, and Sue-Min Yang. 2012. *The Criminology of Place: Street Segments and Our Understanding of the Crime Problem*. Oxford: Oxford University Press.
Weisburd, David, Joshua C. Hinkle, Anthony A. Braga, and Alese Wooditch. 2015. "Understanding the Mechanisms Underlying Broken Windows Policing: The Need for Evaluation Evidence." *Journal of Research in Crime and Delinquency* 52(4):567–88.
Weisburd, David, Cynthia M. Lum, and Sue-Ming Yang. 2003. "When Can We Conclude That Treatments or Programs 'Don't Work'?" *The Annals* 587 (May):31–48.
Weisburd, David, Nancy A. Morris, and Justin Ready. 2008. "Risk-Focused Policing at Places: An Experimental Evaluation." *Justice Quarterly* 25(1, March):163–200.
Weisburd, David, Anthony Petrosino, and Gail Mason. 1993. "Design Sensitivity in Criminal Justice Experiments." In *Crime and Justice: An Annual Review of Research*, Michael Tonry (Ed.). Chicago: University of Chicago Press, 337–79.
Weisel, Deborah Lamm. 2005. *Analyzing Repeat Victimization*. Problem solving tools series. Washington, D.C.: U.S. Department of Justice, Office of Community Oriented Policing Services.
Weisel, Deborah. 1999. *Conducting Community Surveys: A Practical Guide for Law Enforcement Agencies*. Washington, D.C.: U.S. Department of Justice, Office of Justice Programs, Bureau of Justice

Statistics and Office of Community Oriented Police Services.

Weiss, Carol H. 1995. "Nothing as Practical as Good Theory: Exploring Theory-Based Evaluation for Comprehensive Community Initiatives for Children and Families." In *New Approaches to Evaluating Community Initiatives: Concepts, Methods, and Contexts*, James P. Connell, Anne C. Kubisch, Lisbeth B. Schorr, and Carol H. Weiss (Eds.). Washington, D.C.: Aspen Institute, 65–92.

Weiss, Robert S. 1994. *Learning from Strangers: The Art and Method of Qualitative Interview Studies*. NY: The Free Press.

Weitzer, Ronald. 2010. "The Movement to Criminalize Sex Work in the United States." *Journal of Law and Society* 37(1):61–84.

Wellings, Kaye, Patrick Branigan, and Kirsti Mitchell. 2000. "Discomfort, Discord, and Discontinuity as Data: Using Focus Groups to Research Sensitive Topics." *Culture, Health,& Sexuality* 2(3):255–67.

West, Donald J., and David P. Farrington. 1977. *The Delinquent Way of Life*. London: Heinemann.

Whitt, Hugh P. 2006. "Where Did the Bodies Go? The Social Construction of Suicide Data, New York City, 1976–1992." *Sociological Inquiry* 76(2):166–87.

Whyte, William Foote. 1993. 4th ed. *Street Corner Society: The Social Structure of an Italian Slum*. Chicago: University of Chicago Press.

Widom, Cathy Spatz. 1989. "Child Abuse, Neglect, and Adult Behavior: Research Design and Findings on Criminality, Violence, and Child Abuse." *American Journal of Orthopsychiatry* 59(3):355–67.

Widom, Cathy Spatz. 1992. *The Cycle of Violence*. Research in Brief. Washington, D.C.: U.S. Department of Justice, Office of Justice Programs, National Institute of Justice.

Widom, Cathy Spatz, Sally J. Czaja, and Mary Ann Dutton. 2008. "Childhood Victimization and Lifetime Revictimization." *Child Abuse and Neglect* 32:785–96.

Widom, Cathy Spatz, and Michael G. Maxfield. 2001. *An Update on the "Cycle of Violence."* Research in Brief. Washington, D.C.: U.S. Department of Justice, Office of Justice Programs, National Institute of Justice.

Widom, Cathy Spatz, Barbara Luntz Weiler, and Linda B. Cotler. 1999. "Childhood Victimization and Drug Abuse: A Comparison of Prospective and Retrospective Findings." *Journal of Consulting and Clinical Psychology* 67(6):867–80.

Wikström, Per-Olof H. 1995. "Preventing City-Center Crimes." In *Building a Safer Society: Strategic Approaches to Crime Prevention*, Michael Tonry and David Farrington (Eds.). Crime and justice: An annual review of research, vol. 19. Chicago, IL: University of Chicago Press, 429–68.

Williams, Kent M. 1991. "Using Battered Woman Syndrome Evidence with a Self-Defense Strategy in Minnesota." *Law and Inequality* 10:107–36.

Wilson, David B., Ajima Olaghere, and Charlotte Gill. 2016. "Juvenile Curfew Effects on Criminal Behavior and Victimization: A Campbell Collaboration Systematic Review." *Journal of Experimental Criminology* 12:167–86.

Wilson, James Q., and Richard J. Herrnstein. 1985. *Crime and Human Nature*. New York: Simon and Schuster.

Wilson, James Q., and George L. Kelling. 1982. "Broken Windows: The Police and Neighborhood Safety." *Atlantic Monthly March* (March):29–38.

Wilson, O.W., and Roy Clinton McLaren. 1963. *Police Administration*. 3rd ed. New York: McGraw-Hill.

Wilson, William Julius. 1987. *The Truly Disadvantaged*. Chicago, IL: University of Chicago Press.

Wilson, William Julius. 1996. *When Work Disappears: The World of the New Urban Poor*. New York: Knopf.

Wolcott, Harry. 1994. *Transforming Qualitative Data: Description, Analysis and Interpretation*. Thousand Oaks, CA: Sage Publications.

Wolfgang, Marvin E., Robert M. Figlio, and Thorsten Sellin. 1972. *Delinquency in a Birth Cohort*. Chicago: University of Chicago Press.

Wolfgang, Marvin E., Robert M. Figlio, Paul E. Tracy, and Simon I. Singer. 1985. *The National Survey of Crime Severity*. Washington, D.C.: U. S. Department of Justice, Office of Justice Programs, Bureau of Justice Statistics, NCJ-96017.

Woodward, Lianne J., and David M. Fergusson. 2000. "Childhood and Adolescent Predictors of Physical Assault: A Prospective Longitudinal Study." *Criminology* 38(1, February):233–61.

Wooten, Harold B., and Herbert J. Hoelter. 1998. "Operation Spotlight: The Community Probation-Community Police Team Process." *Federal Probation* 62(2):30–35.

World Health Organization. 2003. *WHO Ethical and Safety Recommendations for Interviewing Trafficked Women*. Geneva: World Health Organization, http://www.who.int/gender-equity-rights/knowledge/9789242595499/en/.

Wright, Doug, Peggy Barker, Joseph Gfroerer, and Lanny Piper. 2002. "Summary of NHSDA Design Changes in 1999." Chapter 2. In *Redesigning an Ongoing National Household Survey: Methodological Issues*. Publication no. SMA 03-3768, Joseph Gfroerer, Joe Eyerman, and James Chromy (Eds.). Rockville, MD: Office of Applied Studies, Substance Abuse and Mental Health Services Administration, 9–22, http://www.oas.samhsa.gov/redesigningNHSDA.pdf. Accessed 14 December 2006.

Wright, Richard T., and Scott H. Decker. 1994. *Burglars on the Job: Streetlife and Residential Break-Ins*. Boston: Northeastern University Press.

Yin, Robert K. 2013. *Case Study Research: Design and Methods*. 5th ed. Thousand Oaks, CA: Sage Publications.

Yu, Sung-suk Violet. 2011. *Do Bus Stops Increase Crime Opportunities*. El Paso, TX: Lfb Scholarly Publishing.

Zanin, Nicholas, Jon M. Shane, and Ronald V. Clarke. 2004. *Reducing Drug Dealing in Private Apartment Complexes in Newark, New Jersey*. Final report to the Office of Community Oriented Police Services. Washington, D.C.: U.S. Department of Justice, Office of Community Oriented Police Services, Accessed 20 December 2016 http://www.popcenter.org/ Library/researcherprojects/DrugsApartment.pdf.

찾아보기

주제어 찾아보기

ㅈ

ㅊ

ㅋ

ㅌ

ㅍ

인명 찾아보기

ㄹ

ㅁ

ㅂ

ㅅ

ㅊ

ㅋ

ㅌ

ㅍ

ㅎ